KB041609

新형사소송법

제2판

정웅석
—
최창호
—
김한균

박영사

제2판 머리말

형사소송법은 국민의 기본권을 보장하는 헌법 이념을 구체화하는 법체계로서 실체적 진실 발견과 인권 보호의 이념이 조화를 이루어야 한다. 이에 균형 잡힌 시각과 알찬 내용의 해설서를 바라는 독자의 희망에 부응하고자 새롭게 책을 내게 되었다.

1954년 형사소송법이 제정·시행된 지 반세기가 넘는 세월이 흐르는 동안 열아홉 차례에 걸친 개정이 있었다. 이제 그 어느 때보다도 헌법적 가치에 대한 국민의식이 높아진 만큼, 정의로운 형사사법 절차의 운용은 국민의 준엄한 명령이라 할 것이다. 즉 대한민국의 주권은 국민에게 있고 모든 권력은 국민으로부터 나온다는 헌법의식의 고양이 한국 사회의 시대정신이라 할 때, '국가권력으로부터 국민을 어떻게 보호할 것인지 여부'(국가로부터의 자유)만이 중요한 문제가 아니라, 이제는 '국가가 범죄로부터 국민을 어떻게 보호할 것인지 여부'(국가에서의 자유)에 보다 더 주의를 기울이는 논의와 입법이 필요한 시점이다.

따라서 공권력 확대에 따른 우려를 어떻게 통제할 것인가의 문제는 별론으로 하고, '행복의 최대화'보다는 '불행의 최소화'에 중점을 두는 피해자 중심의 사법, 즉 '증거능력판단의 주도권'을 피고인에게 맡기기 보다는, 국가(법원)가 담당하는 시스템을 논할 필요가 있다. 왜냐하면 국가 권력을 침해자로만 바라본다면, 현실 속 범람하는 범죄 위험 앞에 살아가야 하는 시민들의 안전도, 인권도 효과적으로 보호하기 어렵기 때문이다. 이제는 형사소송절차가 '사회 공익의 유지'와 '시민 개인의 인권보장'이라는 두 핵심가치를 주축으로 진행되도록 균형감 있는 형사소송법학이 필요한 시점이다.

본서의 특징을 간략히 소개하면 다음과 같다.

첫째, 권력기관 개혁차원에서 수사구조의 변화를 국정과제로 추진했던 문재인 정부는 2018년 6월 21일에 '검·경 수사권 조정 합의안'을 발표했고, 2020년 1월 13일 국회는 「형사소송법」과 「검찰청법」의 개정법률을 통과시켰다. 여기서 수사구조와 관련된 가장 실질적인 제도적 변화로는 검사의 수사지휘가 폐지되고 직접수사 범위가 특정범죄로 제한되었다는 점과, 사법경찰 단독으로 불송치 결정을 내리고 사건을 잠정 종결할 수 있는 권한이 인정된 부분을 꼽을 수 있다. 이후 2022년 4월 15일 형사소송법상 검사의 수사권 근거규정을 전면 삭제하는 법안이 상정되었고, 4월 22일 여야가 합의하여 형사소송법상 검사의 보완수사권을 인정하는 대신, 검찰청법상 검사의 직접수사 대상범죄를 부패 및 경제범죄로 한정하는 합의안이 작성되었다가, 다시 4월 26일 법사위조정안은 형사소송법상 검사의 보완수사권을 '경찰로부터 송치받은 사건에 한해 동일한 범죄사실의 범위 내'로 제한하였다. 4월 27

일 최종 수정안이 본회의에 상정되었고, 4월 30일 검찰청법 개정안이, 5월 3일 형사소송법 개정안이 의결되어 당일 공포되었다. 이에 관련 개정내용을 충실히 반영하여 본서를 집필하였다.

둘째, 개정 형사소송법 및 검찰청법과 공수처법 내용 해설 및 비판, 임의제출물에 관한 판례 소개, 형사소송법 제312조 제1항(삭제된 제2항 포함)과 동조 제6항과의 관계의 비교법적 검토 등 최근 학계 및 법조 실무에서 논의되는 중요 내용을 추가하였다.

셋째, 현재 당사자주의의 이념과 그 실현을 위한 많은 요소들이 대륙법계에서도 실현되고 있으며, 영미법계 국가들도 범죄 증가 문제에 효과적으로 대처하기 위해서 대륙법계 국가 제도들을 참고하여 변화를 도모하고 있다. 우리 형사소송법학 또한 외국 법제에 대한 피상적인 이해를 바로잡고, 한국 실정에 맞게 적절히 운용하면서 이론을 정비할 필요가 있다. 이에 따라 총설에서 영미법계 및 대륙법계 형사절차의 차이를 명확히 정리하고, 주요 내용마다 관련 외국 이론과 판례를 소개하였다.

넷째, 과학기술의 급속한 발전으로 인한 새로운 사회환경의 변화는 심층적이고 광범위한 연구·검토를 통한 형사소송법학의 전향적 발전을 요구하고 있다. 이에 따라 형사절차전자문서법 등 형사 전자소송의 시행을 위한 법제 개편, 디지털정보 압수·수색에 관한 판례 동향 정리와 비판 등의 내용을 추가하였다.

다섯째, 판례 해설과 참고판례 예시를 위해 가능한 한 최신 판례(2022년 12월까지) 및 이론으로 보완·대체하였고, 사례를 통한 응용력 강화를 위해 leading case 문제를 수록하였다. 주요 대법원 판례를 변형하여 수록한 문제이므로 책의 내용을 이해하는 데 매우 도움이 될 것으로 보인다.

여섯째, 이론과 판례 이해를 돕기 위해 도표를 다양하게 활용하였으며, 형사절차의 실제를 이해하는데 도움이 될만한 문서양식들도 예시하였다. ([부록]) 형사소송법의 특성상 이론적 설명만으로는 독자들이 이해하는 데 어려움을 느끼는 부분이 많이 있기 때문이다.

어려운 출판여건 속에서도 출간을 허락해 준 박영사와 까다로운 편집작업을 세심하게 수행해 주신 장유나 과장님께 깊은 감사의 말씀을 드린다.

2023. 3. 1.

공저자 일동

차 례

PART 01 총 설

PART 02 수 사

PART 03 공소제기절차

PART 04 공판절차

PART 05 증거

PART 06 재판

CHAPTER 05 　재판의 집행 　　　　　　　　　　　　　911

제1편
총 설

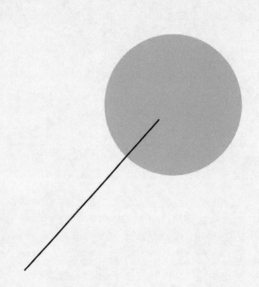

01

형사소송의 기초

제1절 형사소송법의 의의 및 법원(法源)

I. 의　　의

1. 형사소송법의 의의

형법은 어떤 행위가 범죄인지 법률요건을 확정하고 그 법률효과로서 형벌 또는 보안처분을 부과하는 법체계다. 이러한 형법을 구체적 사건에 적용하기 위해서는 일정한 절차가 필요하다. 예를 들어보면, 甲이 칼로 乙을 살해한 경우 흉기(칼)의 압수, 甲의 체포·구속, 甲에 대한 피의자신문, 현장검증, 변호인의 선임, 검사의 공소제기, 모두절차(冒頭節次, opening proceedings), 증인신문, 증거물·증거서류의 조사, 피고인 신문, 甲에 대한 정신감정, 검사의 의견진술(구형), 변호인의 변론, 甲의 최종진술, 판결의 선고에 이르기까지 일련의 절차가 진행된다. 물론 모든 절차가 형벌로 끝나는 건 아니다. 즉 수사 도중에 살인 또는 상해치사죄의 혐의가 풀리거나, 불송치결정을 받거나, 공소제기단계에서 불기소처분을 받을 수 있으며, 또 공소가 제기된 경우에도 무죄판결이나 보안처분으로 절차가 종료되기도 한다. 따라서 **형사소송법**이란 형법의 구체적 실현을 목적으로 하는 절차를 규정한 법률체계를 의미한다.

소송이란 특정 사건에 대하여 소를 제기한 자(원고)와 그 상대방(피고)의 대립을 전제로 하고 양 당사자의 공격·방어에 대하여 중립적인 제3자 입장에 있는 법원이 공권적 판단을 내리는 절차를 의미한다. 형사소송에서 원고의 역할은 공익의 대표자이자 국가기관인 검사에게 일원화되어 있고, 특정 피고에 대한 검사의 공소제기에 의하여 형사소송이 개시된다. 따라서 규문절차(糾問節次)처럼 소추기관과 재판기관이 분리되지 않고 피고인이 단지 조사 객체에 그치는 절차는 형사절차의 일종일 뿐 형사소송은 아니다. 그래서 형사절차를 정하고 있는 법률을 형사'절차(節次)'법이라 부르지 않고 형사'소송(訴訟)'법이라 하는데, 그 형사절차가 **소송**의 구조를 취하고 있음을 나타내기 위함이다.

2. 형사소송법의 법체계적 지위

형사소송법은 **공법**(公法)에 해당한다. 또한 형사소송법은 재판에 적용될 법, 즉 **사법법**(司法法)에 해당하며, 사법법 중에서도 동적·발전적 법률관계를 규율한다는 점에서 주로 정적 법률관계를 규율하기 위한 실체법인 형법과 달리 **절차법**(節次法)에 속한다.

3. 형사소송법전의 구성

형사소송법전은 총칙과 제2편(제1심), 제3편(상소), 제4편(특별소송절차), 제5편(재판의 집행)으로 구성되어 있다. 총칙은 모든 형사절차에 적용되는 일반원리를 규정하며, 제2편부터는 형사소송의 개별적인 진행절차를 규정한다.

4. 형사절차법정주의(법률적 형사소송)

범죄의 성립요건 및 내용뿐만 아니라 형벌권의 실현절차도 구체적으로 법률에 규정되어야 한다. 형사소송절차는 필연적으로 개인의 기본권제한을 수반하는데, 이러한 제한은 반드시 법률에 의해야 하기 때문이다(기본권제한의 법률유보).

헌법 제12조 제1항은 「누구든지 법률에 의하지 아니하고는 체포·구속·압수·수색 또는 심문을 받지 아니하며, 법률과 적법한 절차에 의하지 아니하고는 처벌·보안처분 또는 강제노역을 받지 아니한다」라고 규정하고 있는바, 이는 실체적 측면의 죄형법정주의와 함께 절차적 측면의 법률주의, 즉 **형사절차법정주의**를 규정한 것이다.

> 참조판례 「헌법 제12조 제3항 본문은 동조 제1항과 함께 적법절차원리의 일반조항에 해당하는 것으로서, 형사절차상 영역에 한정되지 않고 입법, 행정 등 국가의 모든 공권력 작용에는 절차상의 적법성뿐만 아니라 법률의 구체적 내용도 합리성과 정당성을 갖춘 실체적인 적법성이 있어야 한다는 적법절차의 원칙을 헌법의 기본원리로 명시하고 있는 것이다.」(헌재 1992.12.24, 92헌가8).

II. 형사소송의 법원(法源)

1. 헌 법

(1) 의 의

헌법은 피고인 및 피의자의 기본적 인권을 보장하기 위하여 형사절차에 관해 상세한 내용을 규정하고 있고, 이는 형사절차를 규율하는 최고법으로서 형사소송의 법원이 된다. 예컨대 적정절차의 원칙(제12조 제1항), 고문금지와 불이익진술거부권(제12조 제2항), 영장주의(제12조 제3항, 제16조), 변호인의 조력을 받을 권리(제12조 제4항), 체포·구속적부심사청구권(제12조 제6항), 자백의 임의성법칙과 자백의 보강법칙($^{제12조}_{제7항}$), 일사부재리의 원칙($^{제13조}_{제1항}$), 신속한 공개재판을 받을 권리($^{제27조}_{제3항}$), 피고인의 무죄추정($^{제27조}_{제4항}$), 형사보상청구권($^{제28}_{조}$) 등이 그것이다.

표 1-1 헌법과 형사소송법상 형사절차 규정 비교

	헌 법	형사소송법
진술거부권	제12조 제2항	제244조의3
영장주의	제12조 제3항	제73조, 제215조
국선변호인의 조력을 받을 권리	제12조 제4항	제33조
체포·구속적부심	제12조 제6항	제214조의2
자백배제법칙	제12조 제7항	제309조
자백보강법칙	제12조 제7항	제310조
일사부재리의 원칙	제13조 제1항	X
신속한 재판의 원칙	제27조 제3항	X
무죄추정	제27조 제4항	제275조의2
피해자진술권	제27조 제5항	제294조의2
위법수집증거배제법칙	X	제308조의2
전문법칙	X	제310조의2
보석제도	X	제94조 이하
형사보상	제28조	X
구속전피의자심문제도	X	제201조의2

(2) 헌법적 형사소송

현행 형사소송법도 헌법의 하위법로서 헌법의 요청에 반할 수 없고, 특히 기본권과 관련된 절차에 있어서 헌법적 요구를 수용해야 한다. 다만, 형사절차상 인권의 헌법적 보장과 헌법적 형사소송은 구별되는 개념이므로 자유와 권리의 보장관점에서 '헌법적 형사소송(론)'이라는 개념을 굳이 인정할 필요성이 있는지 논란이 있다.

그러나 ㉠ 법률 규정이 없는 경우에도 헌법을 고려한 해석이나 보충이 가능하고, ㉡ 헌법적 형사소송론은 형사절차의 기능과 구조의 기본이념에 대한 이론적 방향, 즉 실체적 진실주의 보다 적법절차를 강조하고, 직권주의 보다 당사자주의 소송구조 기능을 중시하는 입장에 이론적 방향을 제시해 준다는 점을 고려할 때, 헌법적 형사소송이라는 개념을 부정할 필요는 없다(통설). 미국은 형사절차에 관한 연방법률 대신 연방헌법 수정조항이 형사절차에

관하여 상세히 규정하고 있으므로 헌법적 형사소송(Constitutional criminal procedure)이라는 점에 의문이 없다.

☞ 헌법재판소가 구속적부심사시 피의자의 변호인이 신청한 수사서류에 대한 기록열람·등사권을 헌법상의 기본권(알권리 및 변호인의 조력권)에서 도출한 것(헌재 2003.3.27, 2000헌마474)은 타당하지만, 국민의 신속한 재판을 받을 권리를 입법형성의 문제로 보아 법률에 의한 구체적 형성없이는 신속한 재판을 위한 어떤 직접적이고 구체적인 청구권이 발생하지 않는다거나(헌재 1999.9.16, 98헌마75), 피고인의 반대신문권은 헌법상 명문으로 규정된 권리가 아니므로 적법절차에 의한 공정한 공개재판을 받을 기본권을 본질적으로 침해하는 것이 아니라고 본 것(헌재 1998.9.30, 97헌바51) 등은 헌법합치적 해석론의 중요성에도 불구하고 지나치게 형식논리에 치우친 판단이다.

(3) 헌법 제12조 제3항 본문과 단서의 관계

제12조 ③ 체포·구속·압수 또는 수색을 할 때에는 적법한 절차에 따라 검사의 신청에 의하여 법관이 발부한 <u>영장을 제시하여야 한다.</u> 다만, 현행범인인 경우와 장기 3년 이상의 형에 해당하는 죄를 범하고 도피 또는 증거인멸의 염려가 있을 때에는 <u>사후에 영장을 청구할 수 있다.</u>

헌법 제12조 제3항 단서에서 규정하고 있는 긴급처분의 성질과 관련하여, 같은 항 본문규정의 '영장을 제시하여야 한다'는 문구와 '사후에 영장을 청구할 수 있다'는 단서규정을 어떻게 해석할 것인지 논란이 있다.

헌법 제12조 제3항 단서에 따라 예외적인 상황에서 영장없이 긴급강제처분이 행하여져도 반드시 사후영장이 청구되어야 한다는 견해도 있다. 그러나 같은 항 본문은 영장주의를 선언함과 동시에 사전영장주의를 규정하고 있는 반면, 단서는 단지 시간적인 순서만을 정한 것이 아니라 영장주의의 예외로서 행해질 수 있는 예외적인 상황에서 수사기관에게 독자적인 긴급강제처분권을 부여한 것이므로 강제처분을 행한 결과로서의 법익침해가 계속되어야 할 경우에 사후적으로 그 침해계속을 위해서는 영장을 청구해야 한다는 의미로 해석하는 것이 타당하다(침해계속시 사후영장 필요설). 왜냐하면 현행 형사소송법은 수사기관이 현행범을 체포한 경우(제212조)나 긴급체포한 경우(제200조의3)에 법원이 그 체포의 적법성 여부를 심사한 후 반드시 사후영장을 발부하여야 한다고 규정하고 있지 않기 때문이다. 따라서 수사기관이 현행범체포 내지 긴급체포를 하였으나 계속 구금의 필요가 없어 석방한 경우는 물론, 긴급수색을 하였으나 압수할 물건이 없는 경우에는 수색 자체에 의한 법익침해는 종료하였고, 법익침해의 계속이 없으므로 사후에 영장을 청구할 필요가 없다.

2. 형사소송법

(1) 형식적 의미의 형사소송법

형식적 의미의 형사소송법은 1954년 법률 제341호로 공포된 「형사소송법」이라는 명칭이

붙은 형사소송법전으로서, 형사절차에 관한 가장 중요한 법원이다.

(2) 실질적 의미의 형사소송법

실질적 의미의 형사소송법은 실질적으로 형사절차를 규율하고 있는 모든 법률을 총칭하는 것으로, 다음과 같은 법률이 포함된다.

① **형사사법조직에 관한 법률:** 법원조직법, 각급법원의 설치와 관할구역에 관한 법률, 국민의 형사재판 참여에 관한 법률, 검찰청법, 변호사법, 경찰관직무집행법, 사법경찰관리의 직무를 수행할 자와 그 직무범위에 관한 법률 등이 여기에 해당한다.

② **특별절차에 관한 법률:** 고위공직자범죄수사처 설치 및 운영에 관한 법률, 가정폭력범죄의 처벌 등에 관한 법률, 소년법, 보호관찰 등에 관한 법률, 소송촉진 등에 관한 특례법, 즉결심판에 관한 절차법, 군사법원법, 약식절차에서의 전자문서 이용 등에 관한 법률, 조세범처벌절차법 등이 여기에 해당한다.

③ **기타 법률:** 공직선거법, 공무원범죄에 관한 몰수특례법, 국가보안법, 마약류 불법거래 방지에 관한 특례법, 범죄수익은닉의 규제 및 처벌 등에 관한 법률, 범죄피해자보호법, 사면법, 성폭력범죄의 처벌 등에 관한 특례법, 아동·청소년의 성보호에 관한 법률, 통신비밀보호법, 특정강력범죄의 처벌에 관한 특례법, 특정 범죄자에 대한 위치추적 전자장치 부착 등에 관한 법률, 형사보상법, 형의 집행 및 수용자의 처우에 관한 법률, 소송촉진 등에 관한 특례법, 형의 실효 등에 관한 법률 등이 여기에 해당한다.

3. 대법원규칙

헌법 제108조는 「대법원은 법률에 저촉되지 아니하는 범위 안에서 소송에 관한 절차, 법원의 내부규율과 사무처리에 관한 규칙을 제정할 수 있다」라고 규정하여 대법원에 규칙제정권을 인정하고 있으므로 대법원규칙도 형사소송의 법원이 된다.

그런데 이 규칙제정에 관한 규정($\frac{헌법}{제108조}$)이 형사절차법정주의($\frac{동법 제12조}{제1항}$)에 위배되는지 문제다. 근대법에서 형사절차가 법률에 규정되어야 한다는 원칙은 국민 일반의 권리·의무와 중요한 관련이 있기 때문이다. 따라서 형사소송의 기본구조 및 피고인의 중요한 이해관계에 관한 사항은 법률로서 제정할 것이 요구되지만, 형사절차에 관한 순기술적 사항으로서 피고인에게 중요한 이해관계가 없는 사항은 규칙으로 정하여도 무방하다. 예컨대 「형사소송규칙」, 「공판정에서의 좌석에 관한 규칙」, 「법정 등의 질서유지를 위한 재판에 관한 규칙」, 「소송촉진 등에 관한 특례법 시행규칙」, 「형사소송비용 등에 관한 규칙」 등이 여기에 해당한다.

☞ 사법부 내부의 복무지침이나 업무처리 통일을 위하여 대법원이 정하는 각종 예규가 있다. 이러한 대법원예규의 법적 성질에 대하여 형사소송법의 직접적인 법원이 되지 않는다는 견해도 있으나, '대법원규칙'과 동일하게 국민의 권리와 의무에 관련되는 '법규성'을 인정할 수 있는가를 판단하는 것이 보다 중요한 문제다. 헌법 제107조 제2항에서의 명령은 법규명령(위임명령과 집행명령을

포함)을 의미하며, 규칙은 자치입법인 조례와 규칙뿐만 아니라 국회규칙·대법원규칙·헌법재판소 규칙 등을 포함하고, 이러한 명령 또는 규칙은 모두 국민과 법원을 구속하는 대외적 구속력이 있는 법규를 의미하므로 사법부가 그 독자적 권한을 가지고 일반적·추상적 규정으로서 훈령·예규·지시 등의 형식으로 제정하는 사법기관의 내부규범과는 구별할 필요가 있다. 따라서 대법원이 정하는 각종 예규에 대해서는 법규성을 부정하는 것이 타당하다.

4. 대통령령과 법무부령

(1) 대통령령

헌법 제75조는 법률에서 구체적으로 범위를 정하여 위임받은 사항에 관하여 위임명령을 제정할 수 있다고 규정하고 있다. 여기서 '구체적'이라 함은 일반적, 추상적이어서는 안 된다는 것이고, '범위를 정하여'라고 하는 것은 포괄적, 전면적이어서는 안 된다는 것으로, 국회입법권의 형해화를 초래하는 포괄적 백지위임이 금지된다는 의미이다.

종래 '사법경찰관리집무규칙'이 '검사의 사법경찰관리에 대한 수사지휘 및 사법경찰관리의 수사준칙에 관한 규정'으로 개정되었다가, 2020년 개정 형사소송법 제195조 제2항에 따라 대통령령인 「검사와 사법경찰관의 상호협력과 일반적 수사준칙에 관한 규정」(제정 2020. 10. 7. [대통령령 제31089호]; 이하 '수사준칙'이라고 약칭함)이 2021년부터 시행되고 있다. 본 수사준칙은 "형사소송법 제195조에 따라 검사와 사법경찰관의 상호협력과 일반적 수사준칙에 관한 사항을 규정함으로써 수사과정에서 국민의 인권을 보호하고, 수사절차의 투명성과 수사의 효율성을 보장함"을 목적으로 규정하고 있다(통규정제1조).

(2) 법무부령

검찰의 업무처리지침을 규율하는 검찰사건사무규칙, 검찰압수물사무규칙, 검찰집행사무규칙, 검찰보존사무규칙, 검찰보고사무규칙 등 법무부가 제정한 각종 부령이 있다. 부령 역시 헌법 제95조에 따른 것으로, 법률에서 구체적으로 범위를 정하여 위임받은 사항에 관하여 제정할 수 있다.

III. 형사소송법의 적용범위

1. 시간적 적용범위

형사소송법은 시행시부터 폐지시까지 효력을 가진다. 다만 법률의 변경이 있는 경우 형사소송법은 절차법에 불과하므로 소급효금지의 원칙이 적용되지 않는다(공소시효 부분 참조). 따라서 신법 또는 구법을 적용할 것인가는 결국 입법정책의 문제다.

이와 관련하여 형사소송법 부칙은 공소제기시를 기준으로 하여 형사소송법 시행전에 공소가 제기된 사건에 대하여는 구법을 적용하고($^{제1}_{조}$), 시행후에 공소가 제기된 사건에 대하여
는 본법에 의하되 구법에 의하여 행한 소송행위의 효력에는 영향이 없는 것으로 규정하고
있는데($^{제2}_{조}$), 이는 혼합주의를 채택한 것이다.

> **참조판례** 「형사소송법 부칙(2007. 6. 1.) 제2조는 형사절차가 개시된 후 종결되기 전에 형사소송법
> 이 개정된 경우 신법과 구법 중 어느 법을 적용할 것인지에 관한 입법례 중 이른바 혼합주의를 채
> 택하여 구법 당시 진행된 소송행위의 효력은 그대로 인정하되 신법 시행 후의 소송절차에 대하여
> 는 신법을 적용한다는 취지에서 규정된 것이다. 따라서 항소심이 신법 시행을 이유로 구법이 정한
> 바에 따라 적법하게 진행된 제1심의 증거조사절차 등을 위법하다고 보아 그 효력을 부정하고 다시
> 절차를 진행하는 것은 허용되지 아니하며, 다만 이미 적법하게 이루어진 소송행위의 효력을 부정
> 하지 않는 범위 내에서 신법의 취지에 따라 절차를 진행하는 것은 허용된다」(대판 2008.10.23, 2008도2826).

2. 장소적 적용범위

형사소송법은 대한민국 법원에서 심판되는 사건에 대하여 적용된다. 피의자·피고인의
국적은 묻지 않는다. 대한민국 영역외일지라도 영사재판권이 미치는 지역에는 형사소송법
이 적용된다. 다만 대한민국 영역내라 할지라도 국제법상의 치외법권 지역(외국대사관이나 유
엔 사무소)에서는 형사소송법이 적용되지 않는다.

3. 인적 적용범위

형사소송법은 대한민국 영역내에 있는 모든 사람에게 효력이 미치므로 국적·주거지·범
죄지를 불문한다. 다만 예외적으로 대통령은 내란 또는 외환의 죄를 범한 경우를 제외하고는
재직 중 형사상의 소추를 받지 아니하며(헌법 제84조), 국회의원도 국회에서 직무상 행한 발언과
표결에 관하여 국회외에서 책임을 지지 아니하고(동법 제45조), 현행범인 경우를 제외하고는 회기
중 국회의 동의없이 체포·구금되지 아니한다(동법 제44조). 판례는 국회의원의 면책특권에 해당하는
사항에 대하여 공소가 제기된 경우에는 **공소기각의 판결**을 해야 한다는 입장이다(대판 1992.9.22, 91도3317).

> **참조판례** 「[1] 면책특권 대상이 되는 행위는 국회의 직무수행에 필수적인 국회의원의 국회 내에서
> 의 직무상 발언과 표결이라는 의사표현행위 자체에만 국한되지 않고 이에 통상적으로 부수하여 행
> 하여지는 행위까지 포함된다. 국회의원이 국회의 위원회나 국정감사장에서 국무위원·정부위원 등
> 에 대하여 하는 질문이나 질의는 입법활동에 필요한 정보를 수집하고 국정통제기능을 수행하기 위
> 한 것이므로 면책특권의 대상이다. 또한 국회의원이 국회 내에서 하는 정부·행정기관에 대한 자료
> 제출 요구는 입법 및 국정통제 활동을 수행하기 위하여 필요로 하는 것이므로 직무상 질문이나 질
> 의를 준비하기 위한 경우에는 직무상 발언에 부수하여 행하여진 것으로서 면책특권이 인정되어야
> 한다.
> [2] 면책특권이 인정되는 국회의원의 직무행위에 대하여 수사기관이 그 직무행위가 범죄행위에
> 해당하는지 여부를 조사하여 소추하거나 법원이 이를 심리한다면, 국회의원이 국회에서 자유롭게

발언하거나 표결하는데 지장을 주게 됨은 물론 면책특권을 인정한 헌법규정의 취지와 정신에도 어긋나는 일이 된다. 따라서 소추기관은 면책특권이 인정되는 직무행위가 어떤 범죄나 그 일부를 구성하는 행위가 된다는 이유로 공소를 제기할 수 없고, 또 법원 그 직무행위가 범죄나 그 일부를 구성하는 행위가 되는지 여부를 심리하거나 이를 어떤 범죄의 일부를 구성하는 행위로 인정할 수 없다」(대판 1996.11.8,
96도1742).

또한 외국의 원수, 그 가족 및 대한민국 국민이 아닌 수행자, 신임받은 외국의 사절과 그 직원·가족, 승인받고 대한민국 영역내에 주둔하는 외국의 군대 등에도 형사소송법은 적용되지 않는다.

제 2 절 형사소송법의 역사

[1] 대륙법계와 영미법계 형사소송법의 역사 및 소송절차

형사소송법의 역사는 일반적으로 대륙법계 형사소송법과 영미법계 형사소송법의 역사로 나뉜다. 대륙법계 형사소송법이 직권주의를 특색으로 하고 있는 반면, 영미법계 형사소송법의 특색은 당사자주의와 배심제도에 있다. 다만 18세기 이후 대륙법계 형사소송에도 영미 형사소송법이 영향을 미치게 되어 현재는 일정부분 서로 조화되는 경향이 있다.

Ⅰ. 대륙법계 형사절차

1. 연 혁

로마의 공화정시대에는 민회가 재판기관이었고 배심재판에 의한 공중소추(公衆訴追)도 인정되었으나 제정시대에는 재판권이 황제의 전권사항으로 되었다. 게르만 민족의 경우에도 프랑크왕국이 건설되기 이전에는 민회가 재판기관이 되어 민중재판을 행하였으나, 왕국성립 이후에는 왕권의 강화에 따라 왕이 민회에 관여하는 한편, 국왕법원을 설치하여 특별재판권을 행사하게 되고 점차 형사절차는 규문절차로 변모하여 갔다. 중세의 교회법에서도 규문절차가 행하여졌고 근세초기에는 절대군주제의 바탕 위에 이 제도가 확립되었는데, 독일의 카롤리나 형법전(Constitutio Criminalis Carolina, 1532)도 규문절차를 택한 대표적인 법전의 하나로 볼 수 있다. 이러한 규문재판의 특징으로는 ㉠ 직권에 의한 소송개시, ㉡ 법정증거주의, ㉢ 증거의 왕으로서의 자백(自白)의 편중, ㉣ 재량적(裁量的)·전단적(專斷的) 절차, ㉤ 비공개주의, ㉥ 서면주의 등을 들 수 있다.

18세기 계몽사상을 바탕으로 한 자유민권사상이 확산되어 민주개혁이 이루어지는 과정에서 규문절차는 폐지되고 불합리한 형사제도가 크게 개선되기에 이르렀다. 베까리아(Beccaria, 1738–1794)를 비롯한 계몽사상가의 주장들이 그 선구적 역할을 하였다. 그리고 프랑스 시민혁명 후 나폴레옹시대에 만들어진 새로운 형사소송법전, 즉 치죄법(治罪法)은 탄핵주의, 공개주의, 구두주의 등 영국의 당사자주의제도를 많이 채택하였으나 반면에 국가소추주의, 비공개의 예심제도, 피고인심문의 편중 등 직권주의적 색채도 농후하였다. 하지만 절대왕정시대의 규문절차와 비교하여 보면 현저한 진보가 있으므로 '**개혁된 형사소송법**'으로 불린다. 프랑스의 치죄법은 민주적 형사소송법으로 인정되어 유럽의 형사소송에 중요한 영향을 미치게 되었고, 그에 따라 독일에서도 1877년 2월 근대적 형사소송법(Strafprozessordnung)이 제정·시행되기에 이르렀다.

2. 독일의 형사소송

독일의 형사절차는 헌법상의 법치국가원리에 따라 피의자·피고인의 기본적 권리를 보장하는 것을 근간으로 하고 있다.

(1) 수사절차

① **영장에 의한 구속:** 피의자(Beschuldigte)의 인신을 구금하는 제도로 사전체포장에 의한 체포는 없으며, 구속영장은 원칙적으로 사전구속영장으로서 검찰의 청구 또는 직권에 의하여 발부된다. 법원은 검찰의 청구가 있는 경우에 구속요건이 존재하는가를 심사하여 영장을 발부하게 되는데, 구속영장(Haftbefehl)의 발부전에 피의자를 심문할 필요는 없다. 이러한 법관의 구속영장에 의하여 구속된 피의자는 지체 없이(늦어도 그 다음날까지) 관할법원에 구인되어 최초로 법관의 신문을 받는다($_{제115a}^{제115조}$). 이와 같이 법관이 구속된 피의자에 대해 신문을 한 후, 법관은 ㉠ 구속영장의 효력을 유지하거나(구속기간은 원칙적으로 6개월), ㉡ 구속영장을 취소하거나($_{조}^{제120}$), ㉢ 구속영장의 집행을 정지하는 것($_{조}^{제116}$) 중의 하나를 선택할 수 있으며, 법원에 의해 계속 구금이 결정된 이후에는 법무부가 관할하는 구치소로 이감되어 검찰의 지휘 하에 수사가 진행된다. 따라서 피의자가 유치장에 구금되어 있는 기간은 통상 구속된 다음 날까지이다.

☞ 우리나라의 경우와 차이점은 일단 구속영장의 청구시 서류심사에 의하여 구속영장 발부여부를 결정한 후, 집행시 피의자를 비로소 신문하여 구속명령 유지여부를 결정함으로써 구속명령 발부에 관한 수사기관의 제1차적 판단을 가급적 존중한다는 점이다.

② **영장에 의하지 아니한 체포:** 영장에 의하지 아니한 체포에는 현행범체포와 긴급체포 (Vorläufige Festnahme)가 있다. 독일의 경우 체포제도가 존재하지 않으므로, 긴급체포는 '체포'에 대한 예외적인 제도가 아니라 '구속'에 대한 예외적인 제도에 해당한다. 따라서 우리

나라처럼 장기 3년 이상의 형에 해당하는 등의 대상범죄에 대한 제한($^{제20조의3}_{제1항}$)은 존재하지 않는다.

일반적으로 체포된 자는 검찰이 석방하지 않는 한($^{제12조}_{제3항}$), 지체 없이(늦어도 다음날) 관할법원 법관에게 구인되어 신문을 받고 석방 또는 구속여부가 결정된다($^{제12조}_{제1항}$). 이 경우 법관은 임시적인 체포($^{제127}_{조}$)의 적법성 자체를 심사하는 것이 아니라 자유박탈조치, 즉 구금의 계속여부를 심사하여야 한다. 만약 임시적인 체포의 적법성 여부를 당사자가 다투는 경우 형사소송법 제98조(압수절차)를 준용하여 당사자는 법원에 임시적인 체포에 관한 법원의 결정을 신청할 수 있고, 그 결정에 대해 다투는 방법이 주어진다. 이러한 신문을 거친 후 법원은 ㉠ 구속영장을 발부하거나, ㉡ 구속영장을 발부함과 동시에 형사소송법 제116조(구속영장의 집행정지)에 따라 집행을 정지하거나, ㉢ 즉시 석방을 명하는 것 중의 하나를 선택할 수 있다.

> ☞ 독일 형사소송법(StPO) 제116조는 정해진 시간에 출석할 의무 등 일정한 내용의 조건을 부과함으로써 구속영장의 집행을 정지하는 규정인데, 우리나라의 경우에는 기소이후에만 법원의 권한으로 되어 있으나($^{제101조,}_{제209조}$), 독일의 경우는 기소전후를 불문하고 법원만이 구속영장의 집행정지 권한을 가지고 있다.

③ **지명수배장제도:** 피의자가 도주중이거나 은신하고 있는 경우에 검찰이나 법관은 구속영장이나 시설수용영장에 의거하여 지명수배장(Steckbrief)을 발부할 수 있고, 체포된 자가 도주하거나 구금으로부터 도주한 경우에는 영장 없이 지명수배장에 의한 추적이 허용되는데, 이 경우에는 사법경찰도 지명수배장을 발부할 수 있다($^{제131}_{조}$). 이러한 지명수배장제도는 유효기간이 길고 범인에 관한 정보가 기재된 사전구속영장에 해당한다는 점에서 독일 형사소송법상 특색 있는 제도이다.

(2) 소추절차

독일 형사소송법 제152조 제1항은 「공소제기는 검찰의 권한에 속한다.」고 규정하고, 동조 제2항에서는 「법률에 다른 규정이 없는 한, 검찰은 충분한 사실적 근거가 존재하는 모든 소추할 수 있는 범죄에 대하여 공소를 제기하여야 한다.」고 규정하여 기소법정주의(Legalitätsgrundsatz)를 취하고 있다. 다만 행위자의 책임이 경미하고, 형사소추에 대한 공적 이익이 없는 경우($^{제153}_{조}$), 행위자가 범죄행위에 의하여 야기한 손해를 복구한 경우($^{제153}_{조의a}$), 법원이 형을 면제할 수 있는 요건이 존재하는 경우($^{제153}_{조의b}$), 외국에서의 범죄행위($^{제153}_{조의c}$), 소송의 수행이 국가에 대한 중대한 위해를 발생시킬 가능성이 있거나 그 소추가 중대한 공공이익에 반하는 경우($^{제153조}_{의d, e}$), 국제형법에서 인정되는 경우($^{제153}_{조의f}$), 중요하지 않은 여죄($^{제154}_{조}$) 등에 있어서는 법원의 동의하에 기소유예할 수 있는 광범위한 예외를 인정하고 있다. 아울러 주거침입죄, 모욕죄, 상해죄와 협박죄 등 경미한 범죄에 대해서는 피해자 스스로가 검사의 지위를 갖는 형사절차, 소위 **사인소추**(Privatklage)도 인정하고 있다($^{제374}_{조}$).

(3) 공판절차

① **공소제기의 방식:** 수사경찰이 작성한 수사자료가 모두 검찰로 송부되면, 검찰은 수사자료를 확인한 후 공소를 제기하며, 이때 공소장(Anklageschrift)이 법원에 제출된다($^{제170}_{조}$). 공소장에는 피고인의 표시, 범죄사실 이외에도 '증거방법'과 '수사의 주요결과'가 기재되는 것이 특징이다($^{제200}_{조}$). '증거방법'에는 증인, 감정인 등의 주거·이름·증거물 등이 기재되며, '수사의 주요결과'에는 피고인의 경력과 범죄사실에 대한 수사결과가 상당히 자세히 기재되어 있다. 또한 공소장에는 수사기록이 첨부되는데, 이러한 수사기록 속에는 수사과정에서 작성된 수사서류와 그 과정에서 수집한 참고자료가 모두 포함되어 있다. 이후 수사기록에 대한 열람·등사가 허용되며, 수사경찰과 검사가 함께 공판전략을 짜며, 조사자(수사자)증인도 함께 논의한다.

② **공판개시결정:** 법관은 공판개시결정(기소법정주의 때문에 존재하는 제도로서 우리에게 없는 제도이다)을 위하여 최초로 기록을 읽게 된다. 따라서 공소제기된 피의자(Angeschuldigter)는 검찰의 공소제기가 아니라 법원의 공판개시결정($^{제203}_{조}$)으로 피고인(Angeklagte)이 된다. 그 후 사건의 심리를 위하여 기록을 다시 읽는 것이 보통이다. 이와 같이 미리 수사기록을 읽어보기 때문에, 법관은 사건을 어떻게 진행할 것인지, 피고인에게는 무엇을 신문할 것인지, 증인으로 어떠한 사람을 불러 집중심리 방식으로 진행할 것인지 등에 대하여 사전계획을 세울 수가 있는 것이다(공판의 준비절차). 공판기일에 있어서도 재판장의 주도하에 기본적으로 직권에 의하여 증거조사가 행하여진다($^{제24조}_{제2항}$). 피고인신문 및 증인신문에 있어서도 상호신문제도가 행하여지지 않고 재판장이 우선 질문하고 검사 및 변호인이 보충적으로 질문하는 기회를 가진다.

③ **공   판:** 지방법원(Landgericht, LG) 형사합의부는 직업법관 3명과 참심원(Schöffen) 2명으로 구성되며(5인제 합의부), 구법원(Amtgericht, AG)에서도 형사사건의 경우에는 직업법관 1명과 참심원 2명으로 구성된 3인제 합의부에서 재판한다($^{독일 \; 법원조직법}_{제28조 \; 이하}$). 공판은 1회에 종료하는 것이 원칙이고, 1회에 공판을 종료할 수 없는 경우에는 매일 행해져야 하며, 특별한 사유가 있다면 심리를 중단하고 다음 기일을 정할 수 있으나 그 간격은 3주 이내이어야 하고, 이미 한 기일이 10일 이상 진행된 때에는 그 간격을 1개월로 할 수 있다($^{제229}_{조}$).

④ **참심원제도:** 독일에서는 영미의 배심재판과 달리 2명의 참심원(Schöffen)[1]이 1명 또는

---

1) 독일의 경우 일반 민사재판을 제외한 모든 분야의 재판과 특별법원에 일반시민 출신의 비직업법관(Laienrichter)제도가 채택되어 국민의 사법참여가 높은 수준으로 유지되고 있다. 이러한 비직업법관을 형사재판에서는 참심원(Schöffe), 상사부에서는 상사(商事)법관(Handelsrichter) 그리고 기타 법원에서는 명예직법관(ehrenamtliche Richter)이라고 칭하고 있다.

3명의 직업법관과 협력하고 있다. 이러한 참심원은 5년마다 선정되며(법원조직법 제36조) 직업법관과 동일한 권리를 가지므로, 영미의 배심원과 달리 사실문제뿐만 아니라 법률문제에도 관여한다(동법 제3조). 즉 참심원은 기소된 사실의 유무에 관한 판단에 머무르지 않고 인정한 사실에 대한 법령의 적용, 유죄의 경우에 있어서의 양형 그리고 증거결정 등 공판과정에 직업법관과 대등한 입장에서 관여한다. 다만 소송지휘권은 직업법관인 재판장에게 속하고, 또 수사기록의 열람권 등 참심원에게는 인정되지 않는 권한도 존재하며, 공판기일 외에서 필요한 재판은 직업법관에 의하여 행하여지고 참심원이 관여하지 않는다. 그리고 절차상의 결정은 절대 다수결에 의하지만, 죄책문제와 양형에 관하여 피고인에게 불리한 판단을 하는 경우에는 3분의 2이상의 다수를 요한다. 이에 따르면 전술(前述)한 직업법관이 참심원의 수를 상회하는 지방법원 형사합의부에 있어서도 참심원 2명이 반대하는 경우 피고인을 유죄로 할 수 없게 되는 것이다.

⑤ **원진술자 신문의 원칙(수사상 조서의 증거능력 문제):** 원진술자 신문의 원칙이란 법원이 본래적 증거에 의하여 스스로 사실관계를 파악해야 하며, 다른 증거의 대체물을 이용해서는 안 된다는 것을 말한다. 즉, 피고인이나 증인을 공판정에서 직접 신문하여야 하며, 공판정 이외에서 행해진 신문에 의한 조서나 기타 서면을 낭독하는 것으로 이러한 직접 신문을 대체하는 것은 원칙적으로 허용되지 않는다(독일형사소송법 제250조 제2문).

그런데 주의할 것은 이와 같이 수사상 조서의 독자적인 증거능력이 부인된다고 하는 것은 원진술자의 출석이 가능하다면 기본적으로 원진술자를 공판정에서 신문하는 것이 원칙이며 그에 대한 공판정외 조사의 조서만으로 공판정 증언을 대체할 수 없다는 것을 의미하는 것이지, 원진술자의 공판정 이외에서의 진술이 공판정에서 증거로 사용될 수 없다는 것은 아니다. 다만 피고인이 공소사실을 부인하는 경우에는 피고인에게 수사상 조서의 내용을 보여주거나 낭독하는 방법 등으로 알려주면서(이를 Vorhalt라고 함) 신문할 수 있다(제254조). 이 경우 피고인이 조서의 내용대로 진술하였음을 인정하는 때에는 그 인정하는 피고인의 진술이 증거로 사용되어 공판정에서의 번복진술과 함께 법관의 심증형성에 판단대상이 된다. 또한 피고인이 수사단계에서 그와 같이 진술한 것은 인정하지만 그것이 진실이 아니라고 부인하는 진술을 하는 경우에도 수사단계에서 그러한 진술을 하였다는 사실이 공판정에서 증거조사의 대상이 되며, 그 수사단계에서의 진술에 신용성이 있는 것으로 판단되면 이를 증거로 사용할 수 있다. 나아가 피고인이 수사단계에서 그러한 진술을 하였다는 것을 부정하거나 또는 수사관의 협박으로 진술하였다는 등 수사상 조서의 내용 자체를 부인하는 경우에는 신문담당자(조사경찰관) 또는 신문시에 입회한 자 등이 법정에서 소환하여 수사단계에서의 진술내용과 조사의 상황 등에 관하여 증언하게 하며, 이 전문증언에 의하여 사실을 인정할 수 있는데, 이는 사법경찰관의 조서이든 검찰의 조서이든 같다. 그리고 이러한 절차는 증인의 경우에도 동일하다.

☞ 독일의 조사자증언제도는 조사자증언 자체를 직접신문의 원칙상 활용하는데 반해, 우리의 조사자증언제도는 피고인의 내용 부인으로 인하여 수사상 조서의 증거능력이 없거나 또는 조서를 작성하지 아니한 경우에 조서의 대체수단이나 보완수단으로 활용하는 것이 일반적이라는 점에 차이가 있다.

한편, 독일 형사소송법 제244조 제2항(「법원은 진실발견을 위하여 직권으로 재판에 의미가 있는 모든 사실과 증거에 관하여 증거조사를 하여야 한다.」)은 법관의 직무상 증거조사 의무를 규정하고 있는바, 연방대법원은 "법원의 진실발견의무로 인해 법원은 공판절차에서 피고인이 진술거부권을 행사하는 경우 이전에 자백한 내용에 관하여 조사자를 증인으로 신문하여야 할 의무가 있다"는 입장이다($\substack{\text{BGH, NJW} \\ 66, 1524.}$). 이에 따라 독일에서는 피고인을 조사한 조사자의 증언은 법원의 진실발견의무 차원에서도 논의된다.

⑥ **판　　결:** 판결은 변론종결 후 바로 합의나 검토에 들어가 동 기일에 선고하는 것이 원칙이다. 다만 사안이 복잡하거나 충분한 검토나 협의가 필요한 경우에는 선고를 연기할 수 있으나, 그 기간은 10일 이내로 11일째에는 반드시 선고하여야 한다. 이때까지 판결선고를 하지 않으면 변론이 재개된다($\substack{\text{제268조} \\ \text{제3항}}$).

(4) 형의 집행절차

형의 집행은 집행관청으로서 검찰이 법원공무원에 의해 집행력 있는 증명서가 발부되어 있는 판결서 등본에 근거하여 수행한다($\substack{\text{제45조} \\ \text{제1항}}$). 형집행에 관하여 '법원주의'를 따르는 영미법계 국가와 달리 **'검사주의'**를 취하고 있는 것이다. 이러한 형의 집행에는 벌금형의 집행뿐만 아니라 자유형의 집행과 자유박탈적 개선 및 보안처분의 집행 등도 해당된다.

(5) 상소심절차

형사법관의 제1심 판결에는 항소(Berufung)가 허용되지만, 형사부의 판결과 고등법원이 제1심으로 한 판결은 제2심을 거치지 않고 바로 연방법원으로 상고(Revision)되는 2심제구조이다($\substack{\text{제312조} \\ \text{제333조}}$). 제1심은 사실심이고, 제2심은 법률심이다. 이와 달리 제1심 구법원(AG)의 판결은 - 제2심은 지방법원합의부(LG)로 - 제3심은 주고등법원(OLG)으로 가는 3심제이다.

3. 대륙법계 형사절차의 기본원리

(1) 직권주의 소송구조

대륙법계 형사사법은 국가의 형벌권을 전제로 출발하므로 범죄를 개개인간의 불법행위임과 동시에 국가의 법질서 위반행위로 간주하여, 국가는 국법질서를 확립하기 위하여 수사 및 재판을 통해 진실을 규명하고 범인을 처벌할 권한과 책무를 가지고 있다는 이념과 철학을 바탕으로 하고 있다. 따라서 대륙법계에서 형사사법을 담당하는 국가의 사법관료(판사,

검사)가 '사실을 규명(확정)'하는 자로서 역할하며 '스스로 조사활동'을 수행하는 직권주의적인 형사사법체계가 형성·정착되어 있다.

(2) 이론적 배경

직권주의 형사사법체계는 공판절차를 주재하는 법원과 공판전절차를 주재하는 검찰 및 수사 활동의 대부분을 담당하는 사법경찰로 권한이 분배되어 있다. 그런데 직권에 의한 조사 특히, 피고인(피의자)에 대한 조사가 직권주의의 특징인데, 법원의 직권조사가 너무 형사절차의 초기단계부터 시작되어 판결에 이르면 객관성을 유지하기 어려우므로 공판전조사절차를 두어 사실심 법원으로 하여금 수사 활동으로부터 자유롭게 하였으며, 공판전단계의 조사권한도 구분하여 중죄사건의 공판전조사는 원칙적으로 예심판사(Ermittlungsrichter)가 하게 하는 등 조사권한을 여러 단계로 나누고 있다. 프랑스는 현재에도 이러한 구조를 유지하고 있으나, 독일에서는 효율성측면에서 예심판사제도를 폐지하고 공판전조사절차인 수사절차를 검찰이 주재하도록 하였다.

대륙법계의 경찰조직도 영미법계와 달리 철저한 자치경찰이 아니다. 이러한 구조 아래서 직권주의 형사사법체계는 권한을 분점한 법원, 검찰, 사법경찰이 힘의 균형을 유지하면서 어느 한 기관이 다른 기관을 견제하거나 통제하는 방식으로 사법기관 간 통제구조를 갖는다. 즉 중앙집권적인 사법경찰의 수사를 검찰이 지휘권을 가지고 통제하고, 검찰의 처분 등은 영장을 통하여 법원이 통제하며, 프랑스처럼 예심제도를 두는 경우에는 중죄사건 수사를 담당하는 예심판사를 검사가 통제하고, 예심결과에 의견을 제시한다. 또한 공판절차에서도 검사가 법관의 오류를 상소권 등으로 견제하고 있다.

(3) 법무부와 검찰청과의 관계

대륙법계 국가의 경우 법무부에 법원이 소속되어 있고, 검찰청은 부치되어 있으므로 법무부장관 밑에 대법원장과 검찰총장이 있다. 연방검찰청은 우리나라의 대검찰청과 달리 고등검찰청의 상위(上位)에 있는 것이 아니라 법관과 마찬가지로 연방정부의 법무부에 소속되어 법률에 근거한 일정한 권한을 행사하는 독립된 관청이다. 따라서 기능적으로 법원과 검찰청이 독립되어 있다는 점을 제외하고는 검찰은 법무부 소속이며, 법무부의 사무를 수행한다. 다만 법원이 법무부 산하에 있다고 하더라도 법무부장관은 법원의 재판에 관여하지 못하고, 법관은 재판권을 독립적으로 행사한다. 법무부는 법원의 인사, 예산 등 법원행정에만 관여할 뿐이다. 즉, 법원행정은 행정부인 법무부에서 관장하고 있지만, 재판에는 관여하지 않는 것으로 재판권의 독립이 보장되어 있는 것이다.

(4) 사법경찰의 개념 및 수사지휘의 형태

검찰제도가 시작된 프랑스와 이를 계승한 독일, 이탈리아, 스코틀랜드 등 대륙법계 국가에서는 검찰의 사법경찰에 대한 수사지휘권이 확립되어 있다. 수사는 범죄발생이후에 사법 적으로 국가형벌권의 존부를 규명·확정하는 절차인 '사법권'(Justiz)에 속하는 권능으로, 치 안유지 내지 위험방지 등을 목적으로 하는 '경찰권'(Polizei)과는 근본적으로 다른 작용임이 확고히 인식되어 있기 때문이다. 즉, 권력분립에 따라 수사는 본질적으로 행정작용이 아니 라 사법작용이므로 수사권은 사법관(예심판사, 치안판사 등)이나 준사법관인 검사에게 귀속되 는 것으로 본다. 이에 따라 대륙법계 국가에서는 규문주의 형사사법의 폐해를 해소하기 위 하여 형사소추시점을 전후로 이전(前)단계인 사실규명(수사)의 책임은 검사에게, 이후단계인 사실확정(재판)의 책임은 판사에게 맡겨 검찰과 법원이 서로 견제하는 사법권력의 기능적 분할에서 그 방안을 찾았던 것이다. 하지만 소수의 검사가 모든 수사 활동을 직접 담당할 수 없으므로 수사를 보조할 인력이 필요하게 되었으며, 그 보조인력이 바로 '사법경 찰'(Kriminalpolizei)로서 이는 행정경찰(Schutzpolizei)과 엄격히 구별되는 개념이다.

그리고 이러한 사법경찰의 구성방법으로는 사법기관 내에 별도로 설치하는 방법과 행정 경찰 일부를 사법경찰로 지명하는 방법이 있는데, 우리나라를 비롯한 대부분 대륙법계 국가 는 후자의 방식을 채택하고 있다. 그 결과 검찰의 수사지휘가 전제되지 않는 사법경찰의 수 사란 제도상 성립될 수 없으며, 사법경찰이 수사권을 보유하고 수사의 주체로 활동하는 근 거는 바로 검찰의 수사지휘에 있다.

표 1-2 대륙법계 국가(독일)에서의 행정경찰과 사법경찰의 차이점

범죄발생 및 수사권발동 이전(범죄예방)	범죄발생 및 수사권발동 이후(범죄수사)
행정권	사법권
(경찰)행정작용(Polizei)	(형사)사법작용(Justiz)
현장성 중시	절차과정 중시
치안 유지·위험 방지를 위한 질서확립·범죄예방·진압 활동	형벌권의 존부 확인을 위한 수사·기소·재판 활동
행정경찰(Schutzpolizei)이 담당	검찰 및 그 지휘를 받는 사법경찰(Kriminalpolizei)이 담당
연방경찰청(Bundespolizeiamt; BPOLAMT)	연방수사청(Bundeskriminalamt; BKA)

2016년 6월 프랑스가 형사소송법 제39-3조를 신설하여, 검사에게 사법경찰의 수사를 통 제할 핵심적인 역할을 확인하고, 검사의 객관의무를 규정한 이유도 바로 여기에 있다.

☞ 프랑스 형사소송법(Code de procédure pénale) 제39-3조 ① 사법경찰(police judiciaire)을 지휘 하는 영역에서, 검사는 수사관(enquêteur)에게 일반적인 지시나 구체적인 지시를 할 수 있다. 검사 는 수사관에 의해 행해지는 수사절차의 적법성, 사실관계의 본질과 중요도에 따른 수사행위의 비 례성, 수사의 방향 및 수사의 질 등을 통제한다.

② 검사는 피해자, 고소인, 피의자의 권리를 존중하는 범위 내에서, 수사가 실체적 진실을 증명하는데 이르고 있는지, 이들에게 불리한 내용뿐만 아니라 유리한 내용에 대해서도 수사가 이루어지고 있는지를 감독한다.

II. 영미법계 형사절차

1. 연　혁

영국의 형사사법제도는 대륙법계와 그 기본이념을 달리하는데, 형사재판을 국가형벌권의 실현 과정으로 보는 것이 아니라 기본적으로는 민사소송과 마찬가지로 당사자 사이의 분쟁으로 파악하고 있다는 점에서 그러하다. 따라서 개인을 상대로 우월적 지위를 가지는 국가형벌권이라는 개념은 처음부터 상정되지 아니하였으며, 민사소송법과 형사소송법의 구별을 알지 못하였고, 또한 국가소추주의·기소독점주의·기소편의주의라는 원리도 받아들여지지 아니하였다. 즉 개인과 구별되는 국가라는 법적 존재를 인정하지 않음으로써, 개인에 대한 범죄 역시 국법질서 침해행위로 보지 않고 피해자 개인에게 가해진 일종의 불법행위로 파악하였던 것이다. 그 결과 일방 당사자인 국가기관이 상대방 당사자 시민을 수사의 객체로 삼아 혐의유무를 가리고, 법원에 공소제기를 한다는 것은 "당사자주의"에 반하여 허용될 수 없었으며, 피해자나 그를 대리하는 소추인(법정변호사 barrister)의 고발에 따라 양 당사자가 법정에서 재판을 통하여 실체적 진실과 죄책을 규명하는 "공판중심주의"가 필연적으로 수반되었다. 이러한 영국의 배심재판제도, 당사자주의, 공판중심주의 등은 근대 형사재판의 모범이 되었으며, 미국과 캐나다, 호주, 인도 등 영연방 국가들에도 계수되었다.

2. 미국의 형사소송

미국형사절차의 두드러진 특색은 연방과 주(州)의 이원적(二元的) 법체계를 중심으로 배심제도와 당사자주의 및 엄격한 증거법칙이 지배하는 공판중심주의에서 찾아볼 수 있다. 당사자주의 사법제도(Adversary System)는 미국을 비롯한 영미법계의 주류로서, 수사, 기소, 사실관계판단과 형의 양정의 기능을 구분한다는데 특징이 있다. 경찰과 변호사가 수사와 조사를 담당하고, 기소배심(grand jury)이 검사의견에 기해 기소하며, 검사(state attorney)와 변호사(attorney)의 증거제시에 따라 배심이 유무죄를 평결한다. 판사는 수사와 모든 관련 증거 제출에 관한 최종적 책임을 지는 재판의 운영자이다. 이하에서는 미국 형사절차의 개략적인 면모를 살펴보고자 한다.[1]

---

1) 미국에는 연방과 50개 주 이외에 수도인 콜롬비아 특별구(워싱턴 DC)에도 독립된 관할권이 존재하기 때문에 총 52개의 재판관할(jurisdiction)이 있지만, 여기서는 연방절차에 한정하여 검토하기로 한다.

(1) 수사절차

경찰은 피의자가 범법행위를 저질렀다고 믿을 만한 상당한 이유(probable cause)가 있는 경우에 체포하게 된다. 즉 체포는 영장을 발부받기도 하지만 원칙적으로 체포(arrest)를 위한 영장은 헌법적 요청이 아니므로 대부분의 체포는 영장 없이 이루어지는데, 이러한 체포는 ㉠ 특정범죄가 발생했다는 것, ㉡ 체포될 사람이 그 위반행위를 했다는 것에 대하여 상당한 이유(probable cause)만 있으면 족하다. 또한 체포영장은 심리절차(hearing)나 피의자에 대한 진술기회 부여없이 치안판사(magistrate 또는 justice of peace) 또는 법관에 의해 발부되며, 상당한 이유의 판단에 따른 영장발부도 오직 고발인·경찰·검사가 법관에게 제출한 증거에 근거해서 이루어진다. 그리고 체포 후에는 피의자를 법무부 소속의 집행관(Marshall) 등이 관리하는 유치시설(jail)에 이송한 후, 경찰은 사건서류를 검사에게 이송하며, 검사는 해당 서류를 검토한 다음 치안판사가 주재하는 일차출두(First appearance) 단계로 넘긴다.

한편 경찰서에서는 입건절차(Booking)를 수행하게 되는데, 이 단계에서 피의자의 인적사항을 확인하고 사진을 찍고 지문을 채취하게 된다. 이때 중요한 것은 사람을 체포하였을 때에 경찰관은 체포에 이어 조사를 개시하기 전 반드시 미란다권리(Miranda Rights)를 고지하여야 한다는 점이다. 이는 연방대법원이 Miranda사건에서 **구금상태하에서의 조사**(custodial interrogation)시에는 반드시 당사자에게 묵비할 수 있는 권리가 있다는 사실, 그의 진술은 법정에서 불리한 증거로 사용될 수 있다는 사실, 조사에는 변호인을 참여시킬 수 있으며, 자력이 없으면 국가에서 변호인을 선임해 줄 수 있다는 사실 등을 사전에 고지하여야 하며, 이러한 고지없이 조사를 진행하여 얻은 진술은 법정에서 증거로 사용할 수 없다고 판시하였기 때문이다 (Miranda v. Arizona, 384 U.S. 436, 478−79(1966)). 여기서 **구금상태하에서의 조사**란 당사자가 자신의 의사에 따라 임의로 조사현장을 떠날 수 없는 상황에서의 조사를 의미한다. 다만 Miranda권리는 포기가 가능하므로 경찰관이 이러한 Miranda권리를 고지하였으나 당사자가 변호사의 참여없이 그냥 진술에 대답하겠다고 할 경우에는 Miranda권리를 포기한 것으로 본다.

이처럼 범죄용의자가 체포되면 '불필요한 지체없이'(통상 48시간이라고 얘기를 하지만 실질적으로는 체포된 다음날) 치안판사 앞에 일차 출두케 하여 계속 구금 여부를 심사받게 되고, 이때 치안판사는 피의자에게 범죄사실, 변호인 조력을 받을 권리, 보석금, 범죄혐의의 상당한 이유에 대해 고지하고, 피의자에게 도주우려가 없다고 판단되면 보석(Bail)을 허가한다. 즉 후일 법원의 기소인부절차(Arraignment)에 출석할 것을 담보하기 위하여 일정한 금액을 예치토록 한 후 석방하는 것이다. 다만 경범죄(misdemeanor)의 경우에는 더 이상의 복잡한 절차없이 이 단계에서 곧바로 형이 선고되는 경우도 있다.

(2) 소추절차

피의자가 체포되어 입건이 되고 치안판사 앞에서 보석여부에 대한 결정을 받게 되면 사건은 경찰에서 지방검사에게 송치된다. 이때 검사는 경찰에서 작성한 서류와 증거를 토대로 소추여부(filing charge)를 결정하게 되는데, 우리나라처럼 소추에 충분한 증거가 있다고 하더라도 불기소할 수 있는 재량을 갖는다.

물론 검사가 기록을 검토한 후 보완수사가 필요한 경우에는 보완이 필요한 부분을 지적하여 사건을 다시 돌려보내거나 증거가 부족하다는 이유로 사건을 송치받지 않을 수도 있다.

① **대배심절차(Grand Jury Review - Indictment Process):** 피의자의 혐의가 중죄(felony)인 경우, 대배심절차를 거쳐 소추되는 것이 원칙이다.[1]

☞ 중죄(Felony)는 모살(Murder), 중폭행(Aggravated assault or battery), 고살(Manslaughter), 절도(Larceny), 방화(Arson), 주거침입절도(Burglary), 탈세(Tax evasion), 사기(Fraud), 내란(Treason), 강간 및 성폭행(Rape/sexual assault), 유괴(Kidnapping), 사법방해(Obstruction of justice), 위증(Perjury), 저작권침해(Copyright infringement) 아동성착취물(Child pornography), 위조(Forgery), 강요(Extortion), 협박(Blackmail)을 말한다.

검사는 범죄혐의사실에 대한 기소준비서면(information 또는 charging document)을 작성한다. 대배심은 검사측의 증거를 검토하여 과연 피의자를 공판절차에 회부하기에 충분한 증거가 있는지 여부를 결정하기 위한 절차다. 대배심은 검사가 제출한 증거에 기하여 공소여부(issuing Indictment)를 결정한다. 대배심의 심리결과 기소에 충분한 증거를 발견하지 못하면 대배심은 불기소장을 발부하며, 기소의 결정을 내리게 되면 기소장을 발부한다. 이러한 대배심은 대개의 경우 그 지역에서 무작위로 선출된 최소 16인 내지 최대 23명의 시민들로 구성되며 그 결정의 허부는 과반수의 찬성으로 이루어지는데, 대배심은 증인을 소환하거나 증거조사를 할 수 있는 권한을 갖고 있으며, 비공개로 이루어지고 검찰이 제출한 증거만을 심사한다. 이는 대배심이라는 것이 단지 특정인을 소추하기에 필요한 근거가 있는 것인지의 여부를 결정하기 위한 일종의 수사체 기능만을 하는 것이기 때문이다. 이와 같이 범죄가능성만을 조사하기 위한 것이므로 피의자를 조사하기 전에 미란다 권리의 고지를 요하지 아니하며, 변호인이 대리출석하여 진술할 수도 없다. 또한 출석한 증인에 대한 반대신문권도 인정되지 아니하며, 피의자에게 유리한 증인신청도 불가능하다.

☞ 영국에서는 1948년 Grand Jury 절차가 공식폐지되고 현재는 형사지방법원(Crown Court)의 공판전심문(Pre-trial hearing)으로 대체되었으나, 미국은 18개의 주, 연방 및 워싱턴 DC가 모든 중죄사건에 관하여 대배심을 거치도록 규정하고 있다.

---

1) 우리나라에서는 대검찰청예규인 '검찰시민위원회 운영지침'에 의해 2010. 7.부터 검찰의사결정과정에 국민의 의견을 직접 반영하여 검찰권행사의 공정성과 투명성을 제고하고 국민의 인권을 보장하기 위해 각 지방검찰청과 지청에 검찰시민위원회를 설치하여 공소제기와 불기소결정, 구속취소, 구속영장 청구 및 재청구 여부 등을 심의하도록 하고, 대검찰청예규인 '검찰수사심의위원회 운영지침'에 의해 2018. 1.부터 대검찰청에 검찰수사심의위원회를 설치하여 국민적 의혹이 제기되거나 사회적 이목이 집중되는 사건에 관해 수사 계속 여부, 공소제기 또는 불기소결정 여부, 구속영장 청구 및 재청구 여부, 공소제기 또는 불기소결정이 된 사건의 수사 적정성·적법성 등을 심의하도록 하는데, 그 심의효력에 기속력이 없으나 검사는 이를 존중하여야 한다.

② **예비심문절차(Preliminary hearing - Information Process):**   기소배심제도가 존재하지 아니하는 주의 경우 검사가 혐의사실을 기재한 서류(information)를 작성한 후 판사의 예비심문절차를 거쳐 소추한다. 이러한 예비심문절차는 피의자를 체포한 후 검사의 기소 이전에 행하는 형사절차로서 ㉠ 체포의 상당한 이유가 있는지의 여부, ㉡ 보석을 허용할 것인지의 여부 및 ㉢ 피의자에 대한 기소결정여부를 판단하기 위한 절차이다. 이러한 예비심문절차는 판사나 치안판사의 면전에서 열리는데, 변호인이 대리출석할 수도 있으며, 검찰측 증인에 대하여 반대신문을 할 수가 있다. 피의자는 이 절차를 거칠 권리를 포기할 수 있다. 최초 출두를 마친 중죄(felony) 혐의의 피의자에 대하여 피의자가 예비심리에 대한 권리를 포기하거나, 이미 검찰에 의하여 기소가 된 경우가 아니라면 치안판사는 피의자가 구금되어 있는 경우 10일 이내에, 구금되어 있지 않은 경우에는 20일 이내에 예비심리 절차를 거쳐야 한다 ($\binom{연방 형사소송규칙}{제5조의 1 (a) 및 (c)}$).

(3) 공판절차

① **유죄답변협상(Plea Bargaining)[1]:**   유죄답변협상이란 피의자가 기소사실인부절차에서 소추사실에 대하여 유죄답변을 하는 것을 조건으로, 검사와 소추범죄사실에 대하여 상대적으로 가벼운 범죄사실로 변경하거나 보다 관대한 형을 선고받을 수 있도록 구형을 낮출 것을 서로 협상하는 것을 말한다. 예컨대 고의에 의한 살인혐의를 받고 있는 피의자가 유죄답변을 한다면 과실에 의한 살인혐의로 소추할 것을 제의하여 협상하는 것이다. 유죄답변한 피고인은 유죄평결로 인정되고, 나머지 형사절차는 양형뿐이다. 유죄답변의 경우 양형상 감경사유가 된다.

이와 같은 유죄답변협상은 피의자가 소추되기 전이나 그 후 언제든지 검사와 피의자 사이에서 이루어질 수 있다. 실제로는 피의자를 대리한 변호인과 검사 사이에서 유죄답변협상이 이루어지는 경우가 많으며, 경우에 따라서는 법정에서 판사의 권유에 의하여 이루어지기도 한다. 이러한 제도는 배심재판의 절차가 복잡하여 시일이 많이 걸리기 때문에 가급적 피고인과 검사 사이에서의 협상을 통한 유죄답변을 유도함으로써 배심공판절차를 생략토록 하려는 데 그 현실적인 이유가 있지만, 보다 근본적인 배경은 미국 형사사법절차가 대륙법계 국가의 경우와 달리 **당사자주의**를 그 근간으로 하고 있기 때문이라고 한다.

② **기소사실인부절차(Arraignment):**   대배심절차나 예비심문절차를 거쳐 범죄혐의로 소추된 지 수일 또는 수주일이 지나면 피고인은 법원으로부터 소환되어 소추된 범죄사실을 고지받은 다음 그 소추사실에 대하여 답변을 요구받게 된다. 이때 피고인은 소추된 사실에 대하여 유죄 또는 무죄답변을 하게 된다. 피고인이 유죄답변을 한 경우는 기소사실에 대해 다

---

[1] Plea Bargaining의 번역과 관련하여 답변거래, 유죄협상, 유죄인정협상 등 다양한 용어가 사용되고 있으나, Plea Bargaining이 기본적으로는 기소인부절차(arraignment)에서 피고인이 어떻게 답변할(Plead) 것인지에 대한 것이므로 '유죄답변협상'으로 호칭하기로 한다.

툼이 없거나 무죄항변을 하지 않겠다는 의미다. 경우에 따라서는 소추사실을 다투지 않는다는 취지의 답변을 할 수도 있다. 이러한 답변을 하는 경우에는 그 형사절차에 있어서는 유죄답변과 효력이 동일하나, 다만 민사소송 등 다른 절차에 있어서는 유죄답변의 효과가 없다는 점에서 명시적인 유죄답변의 경우와 다르다.

③ **배심재판(심리배심):** 중죄 또는 6월이상 구금형 대상인 경죄(misdeameanor)로 기소된 사안의 피고인은 배심재판을 받을 권리가 보장된다. 전통적으로 심리배심은 12명의 주민들에 의하여 구성되며, 평결을 위하여는 전원의 의견이 일치되어야 한다.[1] 이러한 배심재판에서 피고인은 자신에게 불리한 증인을 대면하고 반대신문할 수 있는 권리를 가지며, 자신에게 유리한 증인소환을 요청할 수도 있다. 다만, 일반 국민이 유·무죄를 판단한다는 점에서, 원칙적인 단심제로 운영되고 있을 뿐만 아니라 배심의 유죄평결에 그 이유를 설시하지 않는다. 즉, 법조자격을 갖고 있지 아니한 일반 시민으로 구성된 배심은 양 당사자에 의해 법정에 제시된 증거를 기초로 피고인이 유죄(guilty)인지 또는 무죄(not guilty)인지를 판단하면 되고, 어떠한 이유로 그러한 결론에 도달하였는지 그 이유를 따로 설시하지 않는다.

④ **조사자증언:** 공판 전 절차를 마치고 정식 공판절차에 들어가면, 검찰이 먼저 피고인의 범죄사실을 배심원에게 입증하는 주신문(direct-examination)을 진행하게 된다. 주신문의 목적은 직접증거(direct evidence)와 정황증거(circumstantial evidence)가 되는 증언을 이끌어내는 것이다. 이는 검사의 주요 활동내용이며, 모든 증거들을 배심원 앞에 현출시키는 중요한 수단이다. 검사가 형사소송에서 주요 무대에 서는 순간이며, 동시에 경찰관은 전문적인 입장에서 증언대에 서서 증거들을 제시하면서 자신의 사건을 장악하는 방법이다. 검사의 주신문이 끝나면 변호인은 반대신문을 통하여 검사의 주장과 입증을 반박한다. 반대신문은 변호인이 배심원에게 피고인의 유죄심증에 대하여 의심을 불러일으키는 가장 주효한 수단이다.

☞ 당사자주의 소송체계인 미국에서는 재판정에서 피고인신문을 하지 않는다. 또한 대부분의 변호인들은 피고인을 증언대에 앉히는 것이 소송에 전혀 도움이 되지 않는다고 생각한다. 왜냐하면 피고인이 증언대에 서기 전까지는 배심원들은 검찰측의 증거만을 가지고 사건에 합리적인 의심이 드는지 아닌지만을 고민하다가, 피고인이 증언대에 서는 순간부터는 그런 증거판단은 모두 던져버리고 오로지 피고인이 마음에 드는가 아닌가 또는 피고인의 변명이 믿을 수 있느냐 없느냐만 가지고 유죄판단을 해버리는 경향이 있기 때문이라고 한다. 따라서 피고인이 증언대에 서지 않을 경우, 변호인으로서는 반대신문이 피고인에게 유리한 정보를 이끌어낼 수 있는 유일한 수단이 되기 때문에, 변호인으로서는 반대신문에 최대한의 노력을 기울인다. 통상 반대신문은 ㉠ 주신문에서 증언된 사항, ㉡ 증인의 신빙성과 관련된 사항, ㉢ 부수적 사항에 대하여 할 수 있다.

⑤ **전문법칙(수사상 진술의 증거능력 문제):** 종래 보통법(common law) 상 공판정외에서 이루어진 피고인의 진술(Admissions)은 전문법칙의 예외로 허용되었으며, 나아가 미국의 연방증

---

[1] 최근의 일부 주에서는 주관할의 소송에 부분적으로 6인 또는 9인 배심제 도입의 시도가 이루어지고 있으나, 연방관할의 재판 및 형사재판에 있어서는 12인 배심원에 의한 전원합의제가 변함없이 고수되고 있다.

거규칙은 이를 아예 전문증거가 아닌 것으로 정의하고 있다($^{Federal\ Rules\ of}_{Evidence\ \S801(d)(2)}$). 다만 영미법계의 재판에서는 피고인신문이 없으므로 기소인부절차에서 피고인이 부인진술을 한다면 공판정에 피고인신문 없이 증거가 제출되어야 하는데, 이 경우 피고인이 수사단계에서 어떤 진술을 하였더라도 그러한 진술을 하였는지 여부를 피고인에게 물을 수가 없으므로 수사단계에서의 피고인의 진술을 증거로 제출하기 위해서는 경찰관이 증인으로 나서는 것이 원칙적인 모습이 될 수밖에 없다. 이 점이 피고인신문제도가 있는 대륙법계와 비교하여 큰 차이점이다.

반면에 참고인(증인)의 공판정외 진술에 대한 영미법의 접근방식은 '진술 자체'를 전문증거(hearsay)로 파악하므로 원칙적으로 증인의 공판정 진술에 대한 탄핵자료로 사용될 수 있으나 공소사실을 입증하는 증거로는 사용될 수 없다는 것이 보통법의 원칙이다. 그런데 미국의 연방증거규칙 제801조(d)(1)은 이러한 보통법의 원칙을 완화하여 ㉠ 해당 증인이 공판기일 또는 심문기일에서 증언을 하고 (상대방에게도)반대신문이 보장되며, ㉡ 증거로 하고자 하는 그 공판외 진술이 현재의 증인의 진술과 모순되고, ㉢ 선서를 하고 위증죄 처벌의 부담하에서, ㉣ 다른 공판기일, 심문기일(hearing) 또는 이에 유사한 절차나 조서작성절차(deposition)에서 행해진 것인 때에는 전문증거가 아니라고 하여 증거로 할 수 있도록 하였는데, 그 근거는 이미 반대신문이 행해졌다는 점과 신용성이 보장된다는 점을 든다.

☞ 문제는 미국 수정헌법 제6조가 피고인에게 자신의 증인에 대한 대면권을 보장하고 있기 때문에 전문법칙의 예외(예컨대 연방증거법 제803조의 경우 원진술자가 증언하는 것이 불가능할 것임을 요건으로 하지 않는 반면, 제804조는 원진술자의 증언불가능성(unavailability)을 요건으로 한다.)로서 법정제출이 허용된 증거라도 수정헌법 제6조의 대면권(Confrontation Clause)을 침해하였을 경우에는 헌법위반이 되므로 증거로 사용할 수 없게 된다는 점이다. 이에 대하여 종래 연방대법원은 Ohio v. Roberts 판결($^{Ohio\ v.\ Roberts,}_{448\ U.S.56(1980)}$)에서 "신용성의 보장"이 충분할 정도로 이루어졌다면 반대신문은 큰 의미가 없다고 판시한 바 있으나, Crawford v. Washington 판결($^{Crawford\ v.\ Washington,\ 541}_{U.S.\ 36,\ 124\ S.Ct.1354(2004)}$)에서 "증언적(testimonial) 진술의 경우에는 원진술자가 ㉠ 반대신문을 위하여 출석이 가능하거나 혹은 ㉡ 출석불능이 증명되고 그래서 증언적 진술이 이전에 피고인에 의하여 반대신문에 놓여졌을 때에만 피고인에게 불리하게 사용될 수 있다"고 판시하여 반대신문의 기회를 갖는 것은 증언적 진술의 증거능력을 인정하기 위한 충분조건이 아니라 필요조건으로 보았다. 다만 '비증언적 전문진술'의 경우에는 개별 주가 판단할 사항으로 헌법상 대면권조항의 적용대상이 아니라고 보았으며, 증언적 진술에 대해 정의내리는 것을 후일로 미루면서도 대배심 혹은 종전 재판에서의 증언, 경찰 조사단계에서의 진술은 어떠한 기준에 의하더라도 "증언적 진술"에 해당한다고 판시함으로써 피고인이 반대신문의 기회를 갖지 못한 진술에 대하여는 공판정에서 증거로 사용하는 것을 금지하였다.
그 후, 연방대법원은 Michigan v. Bryant 판결($^{Michigan\ v.\ Bryant,}_{131\ S.Ct.1143(2011)}$)에서 경찰에게 한 진술이라도 '신문의 주된 목적'(primary purpose of the questioning)이 이미 발생한 사건의 사실관계를 확인하기 위한 것이 아니라 현재 진행 중인 위급상황(ongoing emergency)에 대처하도록 하기 위한 것이라면 비증언적(non-testimonial) 진술에 해당한다고 판시하여, 경찰에게 한 진술은 모두 증언적이라는 Crawford 판결을 번복하였다.

⑥ **심리 및 평결**: 유죄답변이 있게 되면 공판절차없이 곧바로 형의 선고절차에 들어간다.

반면에 피고인이 무죄답변을 하게 되면 공판절차에 의하여 배심원들의 유죄 또는 무죄평결을 받게 되는데, 유죄평결을 받게 되면 피고인이 유죄답변을 한 경우와 마찬가지로 곧이어 형의 선고절차로 이어진다. 만약 배심원들이 평결에 이르지 못하였거나 배심원들이 매수되었을 때에는 새로운 배심이 구성되고 이들에 의하여 다시 공판이 개시될 수도 있다.

그러나 무죄평결이 있게 되면 피고인은 동일한 범죄사실로 다시 공판을 받게 되지 않는다. 이는 미국 헌법규정에 따라 피고인을 '이중위험(double jeopardy)'으로부터 보호하기 위한 것인데, **이중위험의 금지**란 누구라도 동일한 행위에 대해 중복하여 형사책임을 지지 않는다는 영미법상의 원칙을 말한다.

(4) 형의 집행절차

피고인이 기소인부절차에서 유죄답변을 하거나 배심재판을 통해 유죄평결이 내려진 경우 판사가 이에 따라 형량을 선고하게 된다(공판절차이분론 내지 소송절차이분론). 피고인이나 검사는 선고 전에 양형자료에 대한 조사를 법원에 요청할 수 있고, 이 경우 보호관찰관이 피고인의 전과사실, 직업, 가족관계, 주위환경 등을 조사하여 법원에 보고서를 제출하면 판사가 이를 참고하여 형을 선고하게 된다. 즉, 소추된 범죄사실이 그다지 중한 것이 아니면 판사는 기소사실인부에 이어 곧바로 형을 선고하는 경우도 있으나, 보다 신중한 양형이 필요한 경우에는 피고인에 관한 기록을 보호관찰부서(the probation department)로 보내고 보호관찰관(a probation officer)이 피고인의 전과사실, 직업, 범죄경위, 주변환경 등을 참작하여 양형에 대한 의견을 제기하면 판사가 적정하다고 판단되는 형을 정하여 선고하며,[1] 형집행 역시 법원이 행한다. 따라서 법원은 양형조사관의 조사 결과를 근거로 선고형을 정하게 되고, 양형과 관련하여 검찰측의 항소도 인정되지 않는 것이 원칙이다. 그 결과 당사자가 양형의 결정에 있어 위법행위를 주장하는 경우가 아니면 양형부당을 이유로 항소하는 것도 원칙적으로 인정되지 않는다.[2]

> ☞ 영미법계 국가의 경우 피고인에 대한 형벌의 근거 및 그 죄질을 국가의 입장에서 보는 것이 아니라 피고인의 불법행위로 인해 피해자를 입은 피해자의 입장에서 결정한다. 따라서 여러 건의 범죄(경합범)를 범한 피고인에게 국가의 입장에서 범죄 전체를 종합하여 하나의 형을 선고하는 것이 아니라, 피해자의 수에 따라 각 형벌을 과하는 것이 원칙이다. 예컨대 3건의 살인죄를 범한 경우 A를 살해한 행위는 징역 20년, B를 살해한 행위도 징역 20년, C를 살해한 행위는 징역 15년 등으

---

1) 영국의 형사재판에 있어서 검사는 양형에 관한 의견을 진술할 수 없고, 미국의 검사는 양형에 관하여 의견을 진술(recommendation)할 수 있지만, 우리나라 검사의 구형과는 다르다. 즉, 국가형벌권을 전제로 이를 주도적으로 행사하는 검사가 피고인의 죄상에 상응하는 형을 선고하여 달라고 법원에 청구하는 구형과 피고인의 양형에 관하여 전권을 갖고 있는 법원에 대하여 당사자로서 그 의견을 제시하는 것에 불과한 의견진술은 서로 구별되는 개념인 것이다.

2) 우리나라 형사소송법 제361조의5 15호는 "형의 양정이 부당하다고 인정할 사유가 있는 때"를 항소사유로, 제383조 4호는 "사형, 무기 또는 10년 이상의 징역이나 금고가 선고된 사건에 있어서 중대한 사실의 오인이 있어 판결에 영향을 미친 때 또는 형의 양정이 심히 부당하다고 인정할 현저한 사유가 있는 때"를 상고사유로 규정하고 있다.

로 피해자의 수에 따라 징역 55년이 선고되는 것이다.

(5) 상소심절차

국민이 유·무죄를 판단하는 배심제의 특성상 배심원이 인정한 사실문제에 대해서는 상소하여 다툴 수 없고, 법률문제를 이유로 하는 경우에만 상소가 허용된다. 이 경우 검찰측의 상소는 극히 예외적으로만 인정되는 반면, 피고인은 상소할 수 있는 권리를 가지고 있다.

3. 영미법계 형사절차의 기본원리

(1) 당사자주의 소송구조

영미법계 형사사법은 국가라는 형벌권의 주체를 상정하지 않으므로, 형사재판도 민사소송처럼 시민 대 시민, 시민 대 국가 간의 분쟁과정으로 파악하는 이념과 철학을 바탕으로 하고 있다. 따라서 영미법 체계에서는 시민이 직접 "사실을 확인"하며, 사법관은 사인간의 공방절차를 주재하거나 관여할 뿐 "스스로 조사활동"을 할 수 없다. 왜냐하면 본래 사인소추제도, 당사자주의 및 공판중심주의하에서는 형사절차가 민사절차와 다를 바 없으므로 일방 당사자의 상대방 당사자에 대한 범죄혐의 규명을 위한 수사는 인정되지 아니하고 일방의 당사자로서 공판정에 제출할 증거의 수집만이 허용되기 때문이다.

☞ 미국에는 연방증거규칙(Federal Rules of Evidence)만 존재하며, '연방형사증거법'이나 '연방민사증거법'이 따로 없다. 그러므로 미국 연방증거규칙은 검사나 피고인을 모두 당사자(party)로 지칭하고, 검찰피의자신문조서나 경찰피의자신문조서를 별도로 취급하는 규정이 없다. 때문에 형사피의자의 수사기관에서의 진술은 당사자의 법정 외에서의 진술에 해당하며, 전문증거인지 여부만이 문제될 뿐이다. 연방증거규칙 제801조(d)는 전문증거가 아닌 진술의 하나로 타방 당사자 본인의 진술(Opposing Party's Statement)을 열거하고 있으므로 당연히 증거능력이 부여되는 것이다.

그리고 이처럼 국가의 배타적인 형벌권이 인정되지 아니하므로 변호사나 개인의 의뢰에 따라 범죄 단서를 발견하고 법정에 제출할 증거를 수집하는 **사설탐정**이 필요하게 되며, 변호사의 독자적인 조사능력이 소송의 승패에 큰 영향을 끼치게 된다.

(2) 이론적 배경

당사자주의 형사사법체계는 피의자에 대하여는 체포 직후 단기간내(통상 48시간 이내) 조사까지만 허용되는 경찰수사와 이후의 법원에 의한 예비심문절차, 그리고 공판정에서의 사실확인으로 이루어진다. 그리고 사실확인과정의 공판진행을 위하여 당사자로서의 소추관(검사)을 둔다. 따라서 초동단계의 수사권을 행사하는 경찰, 소추권을 행사하는 검사, 그리고 공판정에서 소송지휘권 및 양형권한을 행사하는 판사와 사실판단자로서의 배심원단으로 구성된 법원으로 구성된다.

이와 같이 법원·검찰·경찰로 권력이 분배된 당사자주의에서는 각 기관들이 모두 독립적

이어서 지휘나 통제관계가 없는 대신 제도화된 권력분립과 지방자치와 주민참여를 통한 직접통제가 전제되어 있다. 예컨대 미국에는 국립 중앙경찰조직이 없으며, 연방(Federal), 주(State), 군(County), 시(City) 단위마다 다양한 경찰조직이 있다. 각급 자치경찰은 다른 상급 자치단체의 지휘감독을 받는 수직적 구조가 아니다. 법원의 경우도 연방대법원과 주법원 사이에 위계관계가 없고, 주 안에서도 지방법원판사와 항소법원 및 주상고법원의 판사 사이에 관료적 위계관계나 승진개념이 없다.

(3) 법무부와 검찰청과의 관계

미국의 경우는 법원만 별도로 분리되어 있을 뿐 연방검사 모두가 연방법무부 소속이며, 별도의 외청 조직이 아니다. 따라서 연방의 법무부가 우리나라의 법무부와 대검찰청의 역할을 담당하며(연방 법무부장관이 동시에 검찰총장임), 대검찰청과 고등검찰청을 따로 두고 있지 않다.

영국의 경우는 과거 대법원이나 법무부가 없었다. 최고법원의 역할은 상원(House of Lords) 상고심위원회(Appellate Committee) 소속 상임상고법관(Lords of Appeal in Ordinary)이 담당해 왔으며, 법무부의 역할은 대부분 내무부(Home Office)가 담당하였다. 2005년 헌정개혁법(Constitutional Reform Act)에 따라, 2009년 대법원(Supreme Court)이 설립되면서, 각각 선임 상임상고법관(Senior Lord of Appeal in Ordinary)이 대법원장(president)의 직을 맡게 되고, 사법부의 수장은 항소법원형사부수석법관(Lord Chief Justice)이 맡게 되었다.

2005년 헌정개혁 이전에는 대법원장 (Lord Chancellor)이 상원의장인 동시에 사법부의 수장으로서, 내각에서는 사법행정을 관할하는 헌정부(Department for Constitutional Affairs)의 장관을 담당했다. 2005년 헌정개혁법으로 형사정책, 형의 집행까지 포함한 법무행정을 담당할 기관의 필요성에 따라, 기존의 헌정부(법원행정)와 내무부(형법개정, 양형), 국립교정청의 기능을 분리하여, 법무부(Ministry of Justice)가 신설되었다. 이에 따라 종래 상원의장(Lord Chancellor)은 최고법원장이나 대법관의 역할을 수행하지 않게 되었으며, 다만 법무부 장관(Secretary of Justice)으로서 법무행정을 총괄하며, 사법정책, 법원인사정책, 입법정책의 최고 책임자가 된다.

법무부 산하의 법무총장(Attorney General)은 법무행정을 총괄하는 장관급 정무직(minister)으로서 법무차장(Solicitor General), 검찰청장(Director of Public Prosecutor), 중대사기범죄수사청(Serious Fraud Office)청장, 북아일랜드검찰청장(Director of Public Prosecutions in Northern Ireland)을 임명한다. 법무총장은 의회에 대해 검찰청(Crown Prosecution Serivce)의 업무에 대한 책임을 진다. 검찰의 기소권한의 감독권 행사에 있어서 법무총장은 행정부로부터 독립된 지위를 보장받는다.

(4) 사법경찰의 개념 및 수사지휘의 형태

영미법계 당사자주의 구조에서는 법원, 검찰, 경찰이 범죄혐의자를 직권적으로 신문하는 사실규명 활동을 할 수 없다. 따라서 경찰의 수사활동은 사인의 대리인 자격으로 법원에 소추하기 위한 자료를 수집하는 행위가 그 본질이며, 고소(charge) 이후 사실규명(수사) 과정은 전적으로 법원의 주도 하에 당사자 간 법정절차로 진행된다.

☞ 일반적으로 영미법계에서는 경찰 또는 검사가 법원에 범죄혐의자에 대한 재판을 청구하는 것을 'charge' 또는 'lay information'이라 한다. 이를 대륙법계 제도와 비교하여 검사의 '기소'로 보는 것보다는 범죄의 피해자 또는 피해자를 대리하여 경찰이 법원에 고소 내지 고발하는 것으로 보는 것이 타당할 것이다.

표 1-3 대륙법계 국가의 prosecute와 영미법계 국가의 charge의 차이

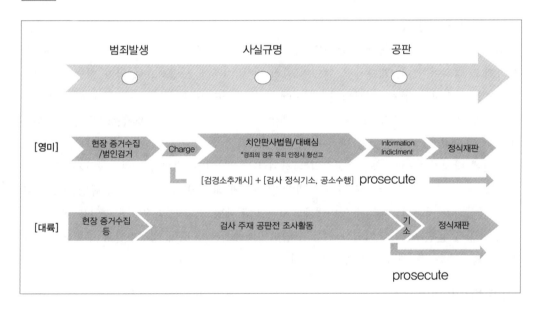

본래 영미법계에서는 행정경찰과 구별되는 사법경찰이라는 개념 자체가 존재하지 않는다. 다만 수사를 전담하는 수사경찰관(detective 또는 investigator) 제도가 등장하면서 일반 경찰관(police)과는 별개의 조직으로 운영될 뿐이다. 그러나 수사경찰은 구속권, 피의자신문권, 대질조사권 등 직권적·사법적 수사권한이 없다. 또한 검사는 대륙법계의 검사와 달리, 사실조사를 하는 수사절차의 주재자가 아니라 피해자 내지 경찰을 대리한 소송의 일방 당사자에 불과하다. 따라서 법적으로 검사가 경찰의 수사행위를 지휘·통제할 수도 없고, 그렇게 할 이유도 없다.

4. 대륙법계 형사절차와 비교

표 1-4 형사사법 체계의 각 단계에 따른 영미법계 및 대륙법계 구별

범죄예방/ 진압(A)	범죄발생 (B)	공판전(前)단계		공소제기단계(D)	공판단계(E)
		수사단계(C)			
		수사개시권(㉠)	수사종결권(㉡)		
일반경찰 (정보경찰)	대륙법계 (직권주의)	사법경찰관	수사판사, 검사	수사판사, 검사	법원 (검사, 피고인)
	영미법계 (당사자주의)	경찰 기타 수사기관		법원(소추관)과 피고인	법원 (소추관, 피고인)

(1) 범죄예방/진압(A)

대륙법계 국가에서는 범죄예방(진압) 영역(A)과 범죄발생(B) 이후 수사단계 영역(C)이 명확하게 분리되어 있다. 왜냐하면 수사는 범죄 발생 이후에 사법적으로 국가 형벌권의 존부를 규명·확정하는 절차인 '사법권(Justiz)'에 속하는 권능으로, 치안유지 내지 위험방지 등 범죄예방 및 진압을 목적으로 하는 '경찰권(Polizei)' 작용(현장성 중시)과는 근본적으로 다른 것임이 확고히 인식되어 있기 때문이다.

반면에 당사자주의 및 공판중심주의를 전제로 하는 영미법계에서는 형사절차가 민사절차와 다를 바 없으므로 일방 당사자의 상대방 당사자에 대한 범죄혐의 유무의 규명을 위한 수사는 인정되지 않는다. 따라서 영미법계에서는 범죄예방 영역과 범죄발생 영역을 명확히 분리하지 않을 뿐만 아니라 이러한 연유로 영미법계에서는 본래의 행정경찰과 구별되는 사법경찰이라는 개념 자체가 존재하지 않는다.

(2) 범죄발생(B)

B단계는 피해자나 범죄를 알고 있는 목격자, 주변인들이 알고 있을 수 있으나, 형사사법을 담당하는 기관에 범죄가 아직 알려지지 않은 단계이다. 즉, 범죄가 발생하였으나 형사사법절차는 아직 개시되지 않은 상태로서, 이때부터 대륙법계에서는 일반경찰과 다른 형사사법기관(사법경찰)이 등장하는 시점이다. 이에 반하여 영미법계에서는 일반경찰이 수사를 담당하지만, 경찰조직은 고도로 지방분권화되어 미국의 경우 연방경찰, 주경찰, 지방경찰로 구분되어 있을 뿐만 아니라 우리나라와 달리 중앙경찰청을 중심으로 일사불란한 명령체계를 가지고 있지 않고 경찰기관끼리 상호 독립적이다. 자치경찰의 인사권도 각 지방경찰서가 자체적으로 가지고 있으며, 수사도 지방경찰이 독자적으로 수행한다.

(3) 수사단계 및 공소제기단계(C + D)

대륙법계에서는 강제처분과 피의자신문 등 조사활동이 모두 공판전 조사활동으로 수사절차에 속하며, 이것을 검사 또는 수사판사가 주재하고 사법경찰이 보조하고 있다(C+D). 따라서 사법기관인 검사 또는 수사판사에 수사권 및 수사지휘권이 인정될 수밖에 없는 구조이다. 다만 수사권이 있다고 하여 검사가 자체인력을 가지고 직접수사를 하는 것이 아니라 사법경찰을 지휘하여 직접수사(기능)를 행하는 구조이다.

반면에 영미법계에서는 체포와 그에 부수하는 피의자 인터뷰정도까지만 경찰수사의 영역이고(C) 그 이후의 본격적인 사실규명 활동은 모두 치안판사 등 법원의 절차에서 이루어지는 것이며(D), 불구속사건의 경우에는 피의자 소환부터의 절차가 모두 법원의 절차로 진행된다. 특히 사기 등 재산범죄와 관련되는 고소사건의 경우, 이러한 사건의 수사는 치안질서 유지를 위한 위험예방·위험억지라는 경찰의 업무와는 매우 이질적인 것인 바, 영미법계에서는 이런 사건에 대한 조사행위는 애초부터 치안판사의 피고소인 소환으로 이루어지는 것이지 경찰이 조사를 할 수 있는 것이 아닌 전형적인 사법의 업무인 것이다. 따라서 검사의 경찰에 대한 수사지휘는 법률상 인정되지 아니하며, 중요한 사건은 직접 수사를 하는 구조이지만, 일단 치안판사에게 송치된 이후에는 경찰이 검찰의 조언(Advice)을 받는 것이 일반적이다. 왜냐하면 미국의 경우 '**징벌적 손해배상**'이 일반적으로 인정되어 경찰관의 직무상 불법행위(false arrest, false imprisonment 등)로 인한 손해배상 액수가 매우 다액이고, 고액 변호사 비용까지 경찰관이 부담하는 등 매우 강한 민사책임이 부과될 수 있기 때문이다.

더욱이 영미법계에서는 경찰의 입건(charge)단계 수준에서부터 바로 치안판사 등 법원의 절차로 넘어가는 것으로 구성되어 있으므로 법원의 절차가 매우 일찍 시작되며, 공판으로 넘어가는 단계의 혐의 정도도 대륙법계에 비해 매우 낮은 수준이다. 따라서 공판중심주의 원칙상 공판정에서 진술을 얻기 위한 면책조건부 증언제도(Immunity), 유죄답변협상제도(Plea Bargaining), 기소사실인부제도(Arraignment)는 물론 이러한 면책특권(Immunity)을 부여했음에도 불구하고 증언을 거부하거나 거짓진술을 한 경우에 처벌되는 사법방해죄(Obstruction of Justice) 등이 미국에서 발달한 이유도 여기에 있다.

☞ 우리나라에서는 사법경찰이 고소사건에서 고소인과 피고소인을 소환하여 사실이 규명될 때까지 조사할 수 있는 광범위한 수사권을 행사하고 있는데, 이는 검사로부터 지휘와 통제를 받는 등 사법권으로부터 사실규명에 관한 위임을 받고 있다는 근거가 있기 때문에 가능한 것이다. 즉, 우리나라의 사법경찰은 고소사건 조사 중 필요에 따라 고소인과 피고소인, 참고인 등을 동시에 소환하여 대질조사까지 벌이는 경우가 다반사인데, 우리나라 사법경찰이 경찰권의 본래적 기능에 속하지 않는 그러한 사법적 사실규명 행위까지 수행할 수 있는 것은 바로 사법적 지휘·통제 하에서 수사권한을 부여받고 있기 때문이다.

(4) 공판단계(E)

E단계는 정식의 공판단계로 영미법계의 형사사법체계하에서는 배심재판과 당사자주의적 공판진행이 이루어지며, 대륙법계 형사사법체계하에서는 참심제도 또는 직업법관의 합의체 하에서 법원이 주도하는 절차진행이 특징적이다.

(5) 검 토

대륙법계 체계와 영미법계 체계 중 어느 제도가 더 훌륭한 것인지는 각국의 역사적 배경과 경험, 문화에 기인하여 각각 형성된 것이므로 우열을 가리기 어려울 뿐만 아니라 무엇이 더 나은 제도인지를 판단하는 것도 의미가 없다. 왜냐하면 대륙법계에서는, 유죄판결을 받기에 충분한 혐의까지 공판전 단계에서 조사되는 법제도 하에서 그 전통의 골격을 유지한 채 단계별 주재자를 구분하여 공판전 수사절차는 이를 검사에게 맡기고 있는 것이고, 이에 따라 검사가 주재하는 수사절차에서는 판사가 유죄판결을 할 때의 확신에 가까운 정도의 고도의 혐의가 입증될 때까지 조사가 이루어지고(【표 1-4】 D단계) 그 이후 공소제기를 통해 공판으로 넘어가게 되는 구조인 반면(【표 1-4】 E단계), 영미법계에서는 경찰의 입건단계 수준에서부터 바로 치안판사 등 법원의 절차로 넘어가는 것으로 구성되어 있고 이에 따라 법원의 절차가 매우 일찍 시작되며(【표 1-4】D단계) 공판으로 넘어가는 단계의 혐의의 정도도 대륙법계에 비해 매우 낮은 수준이기 때문이다.

따라서 검사 및 사법경찰관이 제도적으로나 현실적으로 형사사건에 있어서 사실규명을 위한 '**조사자**'(피의자신문권 포함)로서 광범위한 수사권을 행사하고 있는 대륙법계 제도를 논함에 있어서, 그러한 조사권한 자체를 가지지 못한 영미법계 검사와 경찰 간의 관계나 그 권한 및 실태의 단편적인 내용들을 근거로 하여 전개되는 주장은 각국의 제도와 수사개념에 대한 이해의 부족에서 비롯된 것으로 보인다.

결국 【표 1-4】 D단계가 치안판사 법원이나 기소배심(대배심)절차와 같이 법원의 절차로서 '**당사자주의적**'으로 진행되는지, 아니면 검사나 수사판사에 의한 '**직권적 조사절차**'로 진행되는지 여부가 영미법계와 대륙법계 형사사법체계에 있어 큰 차이점이며, 영미법계에서는 이 단계가 '수사의 범위'에서 제외되어 있는 반면, 대륙법계에서는 이 단계가 수사의 범위 내에 있으며, 영미법계와 달리 대륙법계의 수사에 대하여 '**사법적 성격**'을 갖는다고 하는 것은 특히 이 부분 때문이라고 할 수 있다. 따라서 대륙법계에서는 긴급한 상황에서 경찰의 초동수사(수사개시권)가 이루어진다고 하더라도 수사지휘와 무관한 사법경찰의 '**독자적인 수사개시·진행권**'(【표 1-4】 ㉠) 및 '**독자적인 수사종결권**'(【표 1-4】 ㉡)이 인정되지 않는 반면, 영미법계에서는 경찰이 직접 치안판사에게 사건을 송치한다는 점을 고려하면, 경찰의 '독자적인 수사개시·진행권'(【표 1-4】 ㉠) 및 '독자적인 수사종결권'(【표 1-4】 ㉡)이 인정된다고 볼 수 있지만, 일단 치안판사에게 송치된 이후에는 사실상 검찰의 통제(review)를 받게 되는 것이다.

[2] 우리 형사소송법의 역사

1910년 8월 29일 한일병합에 따라 설치된 조선총독부는 1910년 10월 1일 제정 제5호로 「조선총독부재판소령」을 제정·공포하였다. 이어 1911년 조선총독부의 명령, 제령(制令)에 법률과 같은 효력을 부여하는 '조선에 시행할 법령에 관한 법률'을 제정하여 식민지 사법조직 구축을 위한 토대를 마련한 후 형사사법제도 재편에 본격적으로 착수하였다. 이 작업은 ㉠ 조선총독부재판소령의 전면 개정, ㉡ 조선형사령의 제정 및 ㉢ 조선태형령의 제정을 통하여 이루어졌다. 조선형사령을 통해 당시 일본의 1907년 형법, 1890년 형사소송법(소위 명치형사소송법)을 형사재판의 준칙으로 사용하게 되었다.

1945년 해방 이후 미군정이 실시되자, 근대 형사사법제도가 본격적으로 도입되기 시작하였는데, 1948년 3월 20일 군정법령 176호 '형사소송법의 개정'이 공포되어 법관의 영장에 의한 인신구속, 구속기간의 제한, 불법인신구속에 대한 구속적부심 제도의 도입, 검찰관의 유치장감찰권의 명문화, 수사 및 공판단계에서의 보석 인정, 피고인과의 교통권 등 인권보장을 위한 제도가 마련되었다. 1948년 5월 4일에는 군정법령 제192호 '법원조직법'이 제정·공포되어 사법권의 독립이 이루어졌으며, 1948년 8월 2일에는 군정법령 제213호로 '검찰청법'이 제정·공포되어 검찰청이 법원으로부터 분리되었다. 그 후 1954년 9월 23일 영미법적 인권보장제도를 대폭 도입한 '형사소송법'이 법률 제314호로 제정·공포됨에 따라 우리나라 형사제도의 근간이 마련되었다.

Ⅰ. 형사소송법 등의 개정

1. 개정경과와 취지

우리 형사소송법은 1954년 제정된 이래 2007년 제17차 법개정(2008. 1. 1. 시행, 법률 제8496호)을 통하여 대대적인 변화가 있었다. 그 개정취지는 형사절차에서 피고인 및 피의자 권익을 보장하기 위하여 인신구속제도 및 방어권보장제도를 합리적으로 개선하고, 공판중심주의적 법정심리절차를 도입하며, 재정신청 대상을 전면 확대함에 따라 관련규정을 체계적으로 정비·보완하는 한편, 국민의 알 권리 보장 및 사법에 대한 국민의 신뢰 제고를 위하여 형사재판기록 공개범위를 확대하는 등 인권보장과 국가형벌권 행사의 적정성을 획기적으로 제고하려는 것이다. 이와 함께 '국민의 형사재판 참여에 관한 법률'(2008. 1. 1. 시행, 법률 제8495호)도 제정되었다.

이어서 사법제도에 대한 국민의 신뢰를 회복하기 위하여 2010년 구성된 사법제도개혁특별위원회 논의를 거친 2011년 제20차 법개정(2012. 1. 1. 시행, 법률 제10864호)에서는 누구든지 확정된 형사사건의 판결서와 증거목록 등을 인터넷 등 전자적 방법으로도 열람 및 등사할 수 있도록 함으로써 판결서 등에 대한 접근성을 높여 재판의 공개원칙이 실질적으로 보장되도록 하였다. 또한 검찰의 정치적 중립성과 독립성을 강화하고, 수사의 공정성을 확보하기 위하여 검찰 인사제도를 개선하고, 사법경찰관리로 하여금 검사의 명령에 복종하도록 하는 조항을 삭제하여 검찰과 경찰의 관계 재정립을 도모하고자 검찰청법(2011. 7. 18. 시행, 법률 제10858호)을 개정하였다. 2016년에는 전기통신기술의 비약적인 발전에 따라 컴퓨터 등 각종 정보저장매체를 이용한 정보저장이 일상화되었고, 범죄행위에 사용된 증거들도 전자적 정보의 형태로 디지털화되어 있는 현실을 고려하여, '진술서' 및 그에 준하는 '디지털 증거'의 진정성립은 '과학적 분석결과에 기초한 디지털 포렌식 자료, 감정 등 객관적 방법'으로도 인정할 수 있도록 하는 등 일부 조문의 개정(2016. 10. 1. 시행, 법률 제14179호)이 있었다.

한편, 2018년 6월 '검·경 수사권조정 합의문'은 고위공직자범죄수사처 설치와 함께 경찰이 모든 사건에서 1차 수사권(수사종결권)을 갖고, 경찰이 착수한 사건을 검찰로 넘기기(송치) 전에 검사의 지휘를 금지하도록 하였다. 이는 일반수사는 경찰, 특별수사(인지사건)는 검찰, 권력형 범죄는 공수처에 맡기는 '수사 3륜' 체제를 갖춰, 수사기관 간 견제와 균형을 확보하고자 하는 것이다. 이러한 취지에 따라 2020년 2월 검찰과 경찰로 하여금 국민의 안전과 인권 수호를 위하여 서로 협력하게 하고, 수사권이 국민을 위해 민주적이고 효율적으로 행사되도록 형사소송법이 개정되었다(2021. 1. 1. 시행, 법률 제16924호).

2. 2020년 개정 내용

(1) 형사소송법 개정

㉠ 기존의 '사법경찰관에 대한 검사의 지휘'조항($^{현행}_{제19조}$)을 삭제하고, 검사와 사법경찰관의 협력의무를 명시하고($^{개정법}_{제195조}$), ㉡ 사법경찰관이 독자적·자율적 수사기관임을 규정하였다($^{개정법}_{제197조}$).

㉢ 검사로 하여금 '송치사건의 공소제기 결정', '공소의 유지' 또는 '사법경찰관이 신청한 영장의 청구 결정'에 관하여 필요한 보완수사요구를 할 수 있도록 하고($^{개정법}_{제197조의2}$), ㉣ 사법경찰관리의 수사과정에서 '법령위반, 인권침해 또는 현저한 수사권 남용'이 있을 경우 검사가 '사건기록등본 송부'를 요구할 수 있도록 했으며, 검사는 필요하다고 인정되는 경우 사법경찰관에게 시정조치를 요구할 수 있도록 하였다($^{개정법}_{제197조의3}$).

㉤ 검사와 사법경찰관이 동일한 범죄사실을 수사하게 경우 검사에게 사건송치 요구권을 인정하면서도, 검사가 영장을 청구하기 전에 동일한 범죄사실에 관하여 사법경찰관이 영장을 신청한 경우에는 해당 영장에 기재된 범죄사실을 계속 수사할 수 있도록 하였다($^{개정법}_{제197조의4}$).

㉥ 사법경찰관은 고소·고발사건을 포함하여 범죄를 수사한 후 범죄의 혐의가 인정되는 경우 지체 없이 검사에게 사건을 송치하고 관계서류와 증거물을 송부하여야 하고(사건송치), 그 밖의 경우에는 그 이유를 명시한 서면과 함께 관계서류와 증거물을 지체 없이 검사에게 송부하여야 하며(기록송부), 이 경우 검사는 송부 받은 날로부터 90일 이내에 사법경찰관에게 반환하도록 하였다($^{개정법}_{제245조의5}$).

ⓐ 범죄사실이 인정되지 않는 경우(^{개정법 제245조의5}_{제2호}) 기록 송부한 날로부터 7일 이내에 서면으로 고소인·고발인·피해자 또는 그 법정대리인에게 사건을 검사에게 송치하지 아니하는 취지와 그 이유를 통지하도록 하였으며(^{개정법}_{제245조의6}), ⓑ 사건불송치의 통지를 받은 사람은 해당 사법경찰관의 소속 관서의 장에게 이의를 신청할 수 있으며, 이의신청이 있는 경우 사법경찰관은 지체 없이 검사에게 사건을 송치하고 관계서류와 증거물을 송부하여야 하며, 처리결과와 그 이유를 신청인에게 통지하도록 하였다(^{개정법}_{제245조의7}).

ⓒ 사법경찰관이 사건을 송치하지 아니한 것이 위법 또는 부당한 때에는 그 이유를 문서로 명시하여 사법경찰관에게 재수사를 요청할 수 있으며, 이러한 요청이 있는 때에는 사법경찰관은 사건을 재수사하여야 하도록 하였다(^{개정법}_{제245조의8}).

ⓓ 사법경찰관이 신청한 영장의 청구 여부에 대하여 심의하기 위하여 각 고등검찰청에 영장심의위원회를 설치하도록 하였다(^{개정법}_{제221조의5}).

ⓔ 피고인이 검사작성 조서의 성립의 진정을 부인하는 경우에 증거능력을 특별히 인정하는 규정을 삭제하면서, 검사작성 피의자신문조서의 증거능력의 요건을 사법경찰관 작성의 조서와 동일하게 '내용의 인정'으로 그 전문법칙 예외의 요건을 강화하였다(^{개정법}_{제312조}).

2007년 6월 1일 개정	2020년 2월 4일 개정
제312조(검사 또는 사법경찰관의 조서 등) ① 검사가 피고인이 된 피의자의 진술을 기재한 조서는 적법한 절차와 방식에 따라 작성된 것으로서 피고인이 진술한 내용과 동일하게 기재되어 있음이 공판준비 또는 공판기일에서의 피고인의 진술에 의하여 인정되고, 그 조서에 기재된 진술이 특히 신빙할 수 있는 상태하에서 행하여졌음이 증명된 때에 한하여 증거로 할 수 있다.	제312조(검사 또는 사법경찰관의 조서 등) ① 검사가 작성한 피의자신문조서는 적법한 절차와 방식에 따라 작성된 것으로서 공판준비, 공판기일에 그 피의자였던 <u>피고인 또는 변호인이 그 내용을 인정할 때에 한정하여 증거로 할 수 있다.</u>
② 제1항에도 불구하고 피고인이 그 조서의 성립의 진정을 부인하는 경우에는 그 조서에 기재된 진술이 피고인이 진술한 내용과 동일하게 기재되어 있음이 영상녹화물이나 그 밖의 객관적인 방법에 의하여 증명되고, 그 조서에 기재된 진술이 <u>특히 신빙할 수 있는 상태 하에서 행하여졌음이 증명된 때에 한하여 증거로 할 수 있다.</u>	② 삭제

(2) 검찰청법 개정

개정 검찰청법(2021. 1. 1. 시행, 법률 제16908호)은 제4조(검사의 직무)에서 검사가 직접 수사할 수 있는 범위를 **가.** 부패범죄, 경제범죄, 공직자범죄, 선거범죄, 방위사업범죄, 대형참사 등 대통령령이 정하는 중요범죄, **나.** 경찰공무원이 범한 범죄, **다.** 가목·나목의 범죄 및 사법경찰관이 송치한 범죄와 관련하여 인지한 각 해당 범죄와 직접 관련성이 있는 범죄로 한정하였다.

3. 2022년 개정 내용

(1) 개정경과

2020년 12월 29일 이른바 「공소청법(안)」 발의와 동시에 이 법률안 통과의 전제로 「검찰청법 폐지법률(안)」도 발의되었다. 이들 법안 의결을 전제로 검사의 수사권을 완전히 박탈하는 「중대범죄수사청 설치 및 운영에 관한 법률(안)」(중대범죄수사청 설치법 제정안)도 발의되었다. 동 법안은 검찰이 기존의 6대 범죄(부패범죄, 경제범죄, 선거범죄, 방위사업범죄, 공직자 범죄, 대형참사) 등 관련 수사권을 중대범죄수사청에 이관하는 것으로, 대통령령으로 정하는 범죄, 수사 및 공소 업무에 종사하는 공무원의 범죄를 대상으로 한다. 2022년 4월 15일 형사소송법상 검사의 수사권 근거규정을 전면 삭제하는 안이 상정되었고, 4월 22일 여야가 합의하여 형사소송법상 검사의 보완수사권을 인정하는 대신, 검찰청법상 검사의 직접수사 대상범죄를 부패 및 경제범죄로 한정하는 합의안이 작성되었다가, 다시 4월 26일 법사위조정안에 따라 형사소송법상 검사의 보완수사권을 '경찰로부터 송치받은 사건에 한해 동일한 범죄사실의 범위 내'로 제한하였다. 4월 27일 최종 수정안이 본회의에 상정되었고, 4월 30일 검찰청법 개정안이, 5월 3일 형사소송법 개정안이 의결되어 당일 공포되었다.

(2) 형사소송법 개정[1]

㉠ 검사는 사건송치요구에 따라 사법경찰관으로부터 송치받은 사건 등에 대해서는 동일성을 해치지 않는 범위 내에서만 수사할 수 있도록 '검사는 제197조의3 제6항(사건송치요구), 제198조의2 제2항(사건송치명령), 제245조의7 제2항(이의신청에 따른 사건송치)에 따라 사법경찰관으로부터 송치받은 사건에 관해서는 해당 사건과 동일성을 해치지 아니하는 범위 내에서 수사할 수 있다'는 내용을 신설하였다(개정법 제196조 제2항).

㉡ 수사기관의 별건수사와 사실상의 자백강요 등의 폐단을 없애기 위해 수사기관의 준수사항으로 '수사기관은 수사 중인 사건의 범죄혐의를 밝히기 위한 목적으로 합리적인 근거없이 별개의 사건을 부당하게 수사하여서는 아니 되고, 다른 사건의 수사를 통하여 확보된 증거 또는 자료를 내세워 관련없는 사건에 대한 자백이나 진술을 강요하여서는 아니 된다'는 내용을 신설하였다(개정법 제198조 제4항).

㉢ 사법경찰관으로부터 수사결과 불송치결정을 받아 이의신청을 할 수 있는 주체에서 고발인을 제외하기 위해 개정법 제245조의7 제1항 중 "사람"을 "사람(고발인을 제외한다)"으로

---

[1] 2022. 9. 10. 시행, 법률 제18862호, 2022. 5. 9., 일부개정.

변경하였다.

(3) 검찰청법 개정

개정 검찰청법[1]은 제4조 제1항(검사의 직무)에서 검사의 수사개시 범위를 가. 부패범죄, 경제범죄 등 대통령령으로 정하는 중요 범죄, 나. 경찰공무원 및 고위공직자범죄수사처 소속 공무원이 범한 범죄, 다. 가목·나목의 범죄 및 사법경찰관이 송치한 범죄와 관련하여 인지한 각 해당 범죄와 직접 관련성이 있는 범죄로 제한하였다.

2020년 2월 4일 개정	2022년 5월 9일 개정
제4조(검사의 직무) ① 검사는 공익의 대표자로서 다음 각 호의 직무와 권한이 있다.	제4조(검사의 직무) ① 검사는 공익의 대표자로서 다음 각 호의 직무와 권한이 있다.
1. 범죄수사, 공소의 제기 및 그 유지에 필요한 사항. 다만, 검사가 수사를 개시할 수 있는 범죄의 범위는 다음 각 목과 같다.	1. 범죄수사, 공소의 제기 및 그 유지에 필요한 사항. 다만, 검사가 수사를 개시할 수 있는 범죄의 범위는 다음 각 목과 같다.
가. 부패범죄, 경제범죄, 공직자범죄, 선거범죄, 방위사업범죄, 대형참사 등 대통령령으로 정하는 중요 범죄	가. 부패범죄, 경제범죄 등 대통령령으로 정하는 중요 범죄
나. 경찰공무원이 범한 범죄	나. 경찰공무원(다른 법률에 따라 사법경찰관리의 직무를 행하는 자를 포함한다) 및 고위공직자범죄수사처 소속 공무원(「고위공직자범죄수사처 설치 및 운영에 관한 법률」에 따른 파견공무원을 포함한다)이 범한 범죄
다. 가목·나목의 범죄 및 사법경찰관이 송치한 범죄와 관련하여 인지한 각 해당 범죄와 직접 관련성이 있는 범죄	

또한 동조 제2항은 "검사는 자신이 수사개시한 범죄에 대하여는 공소를 제기할 수 없다. 다만, 사법경찰관이 송치한 범죄에 대하여는 그러하지 아니하다"고 하여, 사법경찰관이 송치한 범죄를 제외하고는 수사검사가 직접 기소를 할 수 없도록 제한하였다.

Ⅱ. 형사사건의 처리절차 일반론

우리 사회에서 발생한 범죄는 수사기관, 즉 사법경찰관과 검사의 수사를 거쳐 법관의 판단결정으로 종결된다. 그런데 한정된 사회자원으로 모든 범죄사건을 형사소송으로 해결할 수는 없으므로, 형사소송을 거쳐서 해결되는 경우는 전체 사건의 10% 정도다. 예컨대 2021년 기준으로 검찰청이 처리한 사건(약 160만 건) 중 불기소처분 내지 기소유예처분이 약 50만 건, 기소된 사건은 약 60만 건이다. 이 중 약 40만 건에 해당하는 사건에 대해서는 벌금형 등이 부과되는 약식재판에 청구된다(약식기소). 나머지는 즉결심판이나 소년법원 내지 가

---

[1] 2022. 9. 10. 시행, 법률 제18861호, 2022. 5. 9, 일부개정.

정법원으로 넘어간다($\substack{\text{검찰연감}\\2022}$). 결국 1년 동안 전국 지방법원이나 지방법원 지원에 정식기소되는 형사사건은 약 20만 건이며, 그중에서도 최소 1년 이상의 징역에 처할 사건은 지방법원과 지원 합의부, 즉 부장판사를 포함한 3인 재판부에 회부되고, 그 이하는 단독판사에게 회부된다.

☞ **판사에 의한 재판**

甲이 서울 성북구 정릉동에 있는 편의점에서 물건을 훔치려다가 주인에게 발각된 경우, 甲은 절도의 현행범으로 체포되어 정릉파출소로 신병이 인도될 것이다. 이에 정릉파출소는 甲을 인도받아 **현행범체포서**를 작성함으로써 수사를 개시하고 범죄 혐의 입증에 충분한 증거, 즉 CCTV 화면과 편의점 점원의 진술 등을 확보한 다음 서울북부지검에 **기소 의견으로** 송치한다.

사건을 송치 받은 서울북부지검 검사가 선택할 수 있는 방법은 네 가지가 있다. 첫째, 불기소하는 방법, 둘째, 약식으로 기소하는 것, 셋째, 정식으로 기소하는 것, 마지막으로 甲이 18세 미만의 소년인 경우 소년법원에 기소하는 것이다. 이 가운데 甲을 정식기소하게 되면 피고인을 甲으로 하는 절도사건이 서울북부지방법원 **형사단독판사**에게 배당되어 재판이 진행되며, 최종적으로 유죄판결이 선고됨으로써 재판은 종결된다. 그런데 제1심의 판결에 대해서 甲 또는 검찰이 승복하지 않는 경우에는 사건은 항소장과 더불어 제2심 법원인 **서울북부지방법원 항소부**, 즉 3인 재판부로 회부된다. 다시 이 항소심의 판결에 대해서도 불복이 있으면, **대법원**에서 최종 판결을 받는다.

그런데 만약 절도가 아닌 강도사건이라면 어떻게 될까? 즉, 물건을 단순히 몰래 훔친 것이 아니라 칼로 점원을 위협해서 강제로 **빼앗은** 것이라면, 검찰이 불기소하거나 약식으로 기소할 가능성이 없어진다는 점에서 앞의 사례와 다르다. 징역형이 선고될 가능성이 확실하므로 소년이 아니라면 검사의 선택은 정식재판을 청구하는 것밖에 없다. 또, 정식재판을 청구하는 법원도 달라진다. 사건은 서울북부지방법원 단독판사가 아니라 **형사합의부 관할**이 된다. 단순한 절도사건이 아니라 강도사건이기 때문에 처음부터 판사 3명이 신중하게 검토하는 것이다. 제2심의 경우는 서울북부지방법원의 상급법원인 **서울고등법원**으로, 최종적으로는 **대법원**으로 가게 되는 것이다.

☞ **국민참여재판**

사건이 제1심에서 형사단독판사의 관할이 아니라 합의부의 관할이라면, 즉 절도사건이 아니라 강도사건이라면, 甲은 직업법관에 의한 재판이 아닌 배심원에 의한 재판, 즉 국민참여재판을 신청할 수도 있다. '국민참여재판'이란 직업법관이 아닌 일반 국민(배심원)이 유·무죄 여부를 결정하는 재판을 말한다(「국민의 형사재판 참여에 관한 법률」 제2조). 다만 아직까지 대부분의 재판을 직업법관이 하므로 국민참여재판을 열기 위해서는 피고인 자신의 신청이 있어야 한다. 피고인이 원하지 않음에도 불구하고 강제로 국민참여재판에 회부할 수는 없다.

1. 형사사건의 처리

(1) 판결이 확정된 경우

형사사건에서 판결이 유죄 또는 무죄로 확정되는 경우에는 그 집행은 검사가 담당한다. 무죄 판결이 선고된 피고인은 검사가 석방하며, 자격정지 이상의 유죄 판결이 확정되면 지체 없이 그 형을 선고받은 수형인을 **수형인명부**에 기재하여야 한다(형의 실효 등에 관한 법률 제3조). 지방검찰청 및 지청과 군검찰부에서는 자격정지 이상의 형을 선고받은 수형인에 대한 **수형인명표**를 작성하여 수형인의 등록기준지 시·구·읍·면에 송부하여야 한다(동법 제4조 제1항). 수형인의 등록기준지 시·구·읍·면사무소는 이 수형인명표를 관리하여야 한다(동법 제2조 제3호). 다만 처음 범죄를 저질러 입건될 때 경찰청이 작성·관리한 **수사자료표**에는 벌금형뿐만 아니라 불기소된 사실까지도 전부 기록되고, 직장에 취직하거나 공무원이 되고자 할 때에는 수사자료표와 대조한 **범죄경력조회서**를 발급받아 제출해야 한다.

검찰청이 관리하고 있는 기록과 경찰청이 관리하고 있는 기록들 가운데 수형인명부, 수형인명표 및 범죄경력자료를 합하여 **전과기록**이라고 한다(동법 제2조 제7호).

(2) 사건번호

형사사건은 제1심과 제2심을 거쳐서 제3심에서 종결된다. 제2심은 제1심에 잘못이 있는 경우 사건을 되돌려 보내기보다는 새로 판단을 하는 것을 원칙으로 한다. 즉, **파기자판**을 원칙으로 한다. 반면에 제3심은 제2심에 대해 평가하는 재판이므로 일단 파기를 한 다음에 사건을 제2심으로 돌려보낸다. 즉, **파기환송**을 원칙으로 한다. 이렇게 파기환송이 되면 제2심은 제3심이 파기환송한 취지를 감안해서 새로운 판단을 해야 한다. 그리고 그 판단에 이의가 있다면, 다시 제3심으로 올라가기도 한다. 즉, 제1심 – 제2심 – 제3심 – 제2심 – 제3심이라는 과정을 거쳐 총 5번 재판 끝에 최종 확정되는 경우도 있다.

이 가운데 1심 단독판사 사건은 사건번호를 이렇게 붙인다.

2022고단123

즉, 2022년에 제1심 형사단독판사 사건 중 123번째라는 뜻이다. 반면에 합의부 사건은 '고단' 대신 '고합'이라고 한다. 간혹 2022고정134도 있다. 이처럼 '고정'사건은 약식절차(제44조 이하)에 불복하여 정식재판을 청구(제453조)한 형사사건에 부여되는 사건번호이다.

2022고합24

그리고 제2심은 '고'라는 글자 대신에 **'노'**라는 글자를 넣고, 제3심은 **'도'**로 바뀐다. 그래서 '2022노145' 사건은 지방 고등법원이나 지방법원 항소부가 담당한 사건이 되는 것이고, '2022도242' 사건은 대법원에 접수된 사건번호다. 대법원 '도' 사건은 다시 나뉜다. 가령, 4명의 대법관이 재판하는 사건도 있고, 13명의 대법관 모두가 재판하는 사건도 있다. 특히 13명 전원이 재판하는 판결을 '전원합의체 판결'이라고 하는데, 그만큼 중요한 사건이라는 뜻이다.

☞ 대법원은 대법원장을 포함하여 14명의 대법관으로 구성되지만, 대법관 중에서 보임되는 법원행정처장은 재판에 관여하지 않는다.

2. 재판의 방식

(1) 재판서의 작성

재판은 법관이 작성한 재판서에 의하여야 한다(형사소송법제38조 본문). 재판서는 재판의 내용을 기재한 문서로서, 공판정에서 선고하거나 고지하는 경우에는 재판서에 의하여야 하므로(제42조) 원칙적으로 재판의 선고 또는 고지 이전에 작성되어야 한다.

따라서 변론을 종결한 기일에 판결을 선고하는 '즉일선고'(제318조의4)가 아닌 경우에 재판서가 작성되지 아니한 상태에서 선고 또는 고지된 재판의 효력에 대하여 논란이 있다. 이에 대하여 재판내용의 기재과정을 통해 법관으로 하여금 재판에 신중을 기하도록 하려는 취지상 법률에 특별한 규정이 없는 한 재판서의 사전작성 없는 재판의 선고 또는 고지는 판결에 영향을 미치는 항소이유 또는 상고이유에 해당한다는 견해도 있다. 하지만 재판은 선고 또는 고지된 내용에 의하여 효력을 발생하는 것이지 재판서의 기재에 의하여 효력을 발생하는 것은 아니므로 재판서가 작성되지 아니한 상태에서 재판이 선고 또는 고지된 후에 재판서를 작성하더라도 판결에 영향을 미치는 위법이라고 할 수는 없다. 판례도 동일한 입장이다.

참조판례 「판결은 그 선고에 의하여 효력을 발생하는 것이고, 판결원본의 기재에 의하여 효력이 발생하는 것은 아니므로 검사는 그 선고된 형을 집행하여야 한다」(대결 1981.5.15, 81도8).

(2) 재판서의 기재사항

① **법원의 표시와 표제:** 재판서 첫머리에 위에서 언급한 법원의 명칭을 기재하고, 재판의 종류에 따라 법원 표시 다음 줄에 '판결', '결정', '명령'과 같은 표제를 기재한다.

☞ 대법원은 '제0부'로 표시하고, 전원합의체의 경우에는 부 표시를 하지 않으며, 고등법원과 지방법원(지원 포함)의 합의부는 '제0형사부'로 표시하고, 지방법원 단독판사는 재판부의 표시('제0단독')를 별도로 하지 않는다.

② **사건과 소송관계인의 표시:** 사건의 접수순서에 따라 그 사건에 붙여지는 '사건번호'와 '사건명'을 기재한다. 법률에 다른 규정이 없으면 재판을 받는 자의 성명, 연령, 직업과 주거를 기재하여야 한다(제40조제1항). 피고인을 특징하기 위하여 피고인의 성명, 주민등록번호, 변론종결 당시를 기준으로 한 직업, 주거, 등록기준지를 기재한다. 재판을 받는 자가 법인인 때에는 그 명칭과 사무소를 기재하여야 한다(동조제2항). 또한 판결서에는 기소한 검사와 공판에 관여한 검사의 관직, 성명과 변호인의 성명을 기재하여야 한다(동조제3항). 이는 기소검사의 책임 있는 공소권행사가 이루어지도록 소위 **기소검사실명제**를 도입한 것이다.

③ **작성연월일:** 공무원이 작성하는 서류에는 법률에 다른 규정이 없는 때에는 작성연월

일을 기재하여야 하므로(제57조제1항), 재판서의 경우에도 재판서의 작성연월일을 기재하여야 한다.

④ **주　문**: 주문(主文)은 재판의 대상이 된 사실에 대한 최종적인 결론이다. 유죄판결 중에서 형을 선고하는 판결의 경우에는 구체적인 선고형이 주문의 내용이 된다. 형의 집행 유예, 몰수와 폐기, 추징, 미결구금일수의 산입, 노역장의 유치기간, 재산형의 가납명령 및 소송비용의 부담도 주문에 기재된다. 주문이 없는 재판서는 재판서로서의 효력이 없다.

⑤ **이　유**: 이유(理由)는 주문에 이르게 된 논리적 과정을 설명한 것이다. 재판에는 이유를 명시하여야 하지만, 상소를 불허하는 결정 또는 명령은 예외적으로 이유를 기재하지 않을 수 있다(제39조). 이처럼 상소를 허용하는 재판에 반드시 이유를 명시하도록 한 것은 법관의 자의(恣意)를 방지하여 재판의 공정성을 담보하고 동시에 재판의 불복에 관한 판단의 자료를 제공한다는 의미다.

항소심이나 상고심의 재판서에는 항소이유나 상고이유에 대한 판단을 기재하여야 한다(제369조, 제398조). 따라서 판결에 이유를 붙이지 아니하거나 이유에 모순이 있는 때에는 절대적 항소이유(제361조의5 제11호) 또는 상대적 상고이유(제383조 제1호)가 된다.

⑥ **법관의 서명날인**: 재판서에는 재판한 법관이 서명날인하여야 한다(제41조 제1항). '재판한 법관'이란 공판심리 및 재판의 내부적 성립에 관여한 법관을 말하므로 재판의 선고에만 관여한 법관은 재판서에 서명날인할 수 없다(대판 1963.5.15, 63도5).

> **참조판례** 「재판장의 서명날인이 누락되어 있고 재판장이 서명날인을 할 수 없는 사유의 부기도 없는 재판서에 의한 판결은 형사소송법 제383조 제1호 소정의 판결에 영향을 미친 법률위반으로서 파기사유가 된다」(대판 1990.2.27, 90도145).

만일 재판장이 서명날인을 할 수 없는 때에는 다른 법관이 그 사유를 부기하고 서명날인하여야 하며, 다른 법관이 서명날인할 수 없을 때에는 재판장이 그 사유를 부기하고 서명날인하여야 한다(동조 제2항). 다만 판결서 기타 대법원규칙이 정하는 재판서를 제외한 재판서에 대하여는 서명날인에 갈음하여 기명날인을 할 수 있다(동조 제3항). 그러나 판결과 각종 영장(감정유치장 및 감정처분허가장 포함)은 서명날인에 갈음하여 기명날인할 수 없다(규 제25조의2).

> **참조판례** 「압수·수색영장에는 피의자의 성명, 죄명, 압수할 물건, 수색할 장소, 신체, 물건, 발부연월일, 유효기간과 그 기간을 경과하면 집행에 착수하지 못하며 영장을 반환하여야 한다는 취지, 그 밖에 대법원규칙으로 정한 사항을 기재하고 영장을 발부하는 법관이 서명날인하여야 한다(형사소송법 제219조, 제114조 제1항 본문). 이 사건 영장은 법관의 서명날인란에 서명만 있고 날인이 없으므로, 형사소송법이 정한 요건을 갖추지 못하여 적법하게 발부되었다고 볼 수 없다」(대판 2019.7.11, 2018도20504).

(3) 재판서의 송달과 교부

① **재산서의 송달**: 재판의 선고 또는 고지가 공판정에서 이루어지는 경우에는 그 재판의 내용이 직접 상대방에게 전달되므로 원칙적으로 재판서의 정본 또는 등본을 송달할 필요가

없다($\frac{제42}{조}$). 그러나 법원이 피고인에 대하여 판결을 선고한 때에는 선고일로부터 7일 이내에 피고인에게 판결서등본을 송달하여야 하며, 피고인이 동의하는 경우에는 판결서 초본을 송달할 수 있다($\frac{규\ 제148조}{제1항}$). 그러나 불구속 피고인과 무죄 등의 선고로 구속영장의 효력이 상실된 구속 피고인($\frac{제331}{조}$)에 대하여는 피고인이 송달을 신청하는 경우에 한하여 판결서 등본 또는 판결서 초본을 송달한다($\frac{규\ 제148조}{제2항}$). 결정 또는 명령이 공판정 외에서 행해지는 경우에는 법률에 다른 규정이 있는 때는 예외로 하고 재판서등본의 송달 또는 다른 적당한 방법으로 하여야 한다($\frac{제42조}{후단}$).

> 참조판례 「형사소송법 제343조 제2항에서는, "상소의 제기기간은 재판을 선고 또는 고지한 날로부터 진행한다."고 규정하고 있으므로, **형사소송에 있어서는 판결등본이 당사자에게 송달되는 여부에 관계없이 공판정에서 판결이 선고된 날로부터 상소기간이 기산되며, 이는 피고인이 불출석한 상태에서 재판을 하는 경우에도 마찬가지이며**」($\frac{대결\ 2002.9.27,}{2002모6}$), 「재판서 등본을 모사전송의 방법으로 송부하는 것은 형사소송법 제42조에서 정한 재판을 고지하는 '다른 적당한 방법'에 해당한다 할 것이며, 한편 재판을 받는 자가 그 재판의 내용을 알 수 있는 상태에 이른 경우라면 현실적으로 재판의 내용을 알았는지 여부에 관계없이 그 재판이 고지되었다고 보아야 할 것이므로, 재판을 받는 자가 구치소에 수용되어 있는 경우 재판서 등본이 모사전송의 방법으로 구치소장에게 송부되었다면 구치소장에게는 이를 수용중인 재판을 받는 자에게 전달할 의무가 있으므로 이로써 재판을 받는 자가 그 재판의 내용을 알 수 있는 상태에 이르렀다고 봄이 상당하고, 따라서 **재판서 등본이 모사전송의 방법으로 구치소장에게 송부된 때 그 재판이 고지되었다고 보아야 한다**」($\frac{대결\ 2004.8.12,}{2004모208}$).

검사의 집행지휘를 요하는 재판은 재판서 또는 재판을 기재한 조서의 등본 또는 초본을 재판의 선고 또는 고지한 때로부터 10일 이내에 검사에게 송부하여야 한다. 단 법률에 다른 규정이 있는 때에는 예외로 한다($\frac{제44}{조}$).

② **재판서의 교부:** 피고인 기타의 소송관계인은 비용을 납입하고 재판서 또는 재판을 기재한 조서의 등본 또는 초본의 교부를 청구할 수 있다($\frac{제45}{조}$). 여기에서 '기타의 소송관계인'이란 검사, 변호인, 보조인, 법인인 피고인의 대표자, 특별대리인($\frac{제28}{조}$), 상소권자($\frac{제340조,}{제341조\ 제1항}$)를 말한다($\frac{규\ 제26조}{제1항}$). 고소인, 고발인 또는 피해자는 비용을 납입하고 그 청구하는 사유를 소명하여 재판서 또는 재판을 기재한 조서의 등본 또는 초본의 교부를 청구할 수 있다($\frac{동조}{제2항}$).

(4) 재판서의 경정

재판서에 잘못된 계산이나 기재, 그 밖에 이와 비슷한 잘못이 있음이 분명한 때에는 법원은 직권으로 또는 당사자의 신청에 따라 경정결정을 할 수 있다($\frac{규\ 제25조}{제1항}$). 이처럼 재판서의 경정(更正)은 재판서의 기재에 사소한 오기(誤記) 기타 이와 유사한 오류가 명백하여 이를 바로잡는 것이므로 판결의 내용을 실질적으로 변경하는 것은 허용되지 않는다. 경정결정에 대하여는 즉시항고를 할 수 있으며, 다만, 재판에 대하여 적법한 상소가 있는 때에는 그러하지 아니하다($\frac{동조}{제3항}$). 대법원 판결의 정정(訂正)에 대해서는 특칙규정($\frac{법}{제400조}$)이 있는데, 정정의 주체가 상고법원인 대법원이고, 그 대상이 원칙적으로 판결에 한정된다는 점에서 재판서의 경정과 다르다.

> (참조판례) 「구 형사소송규칙(2007. 10. 29. 대법원규칙 제2106호로 개정되기 전의 것) 제25조 제1항에 의하면 재판서에 '오기 기타 이에 유사한 오류가 있는 것이 명백한 때'에 한하여 법원이 경정결정을 할 수 있다. 따라서 미결구금일수가 실제로는 전혀 존재하지 아니함에도 이를 산입한 경우에는 재판서에 오기와 유사한 오류가 있음이 명백하여 판결서의 경정으로 시정할 수 있을 것이다. 또한 주문에서 '구금일수 몇 일을 산입한다'는 형식으로 기재하는 등 판결서 기재에 의하여 미결구금일수 전부를 산입하려 한 것이 명백하지만 **착오로 실제 존재하는 구금일수보다 적은 구금일수만을 산입한 오류가 있는 경우에도 판결서의 경정으로 이를 시정할 수 있다**고 봄이 상당하다. 그러나 주문에서 '구금일수 중 몇 일을 산입한다'는 형식으로 기재하는 등 미결구금일수 중 일부만 산입하는 내용의 판결을 선고하면서 착오로 실제 존재하는 구금일수를 초과하여 산입한 경우에는 판결서의 기재만으로 실제 미결구금일수 중 몇 일을 산입하려고 하였는지 알 수 없으므로, 이를 판결서의 경정으로 시정하는 것은 허용될 수 없다. 다만, 이와 같이 실제 존재하는 미결구금일수를 초과하여 산입한 판결이 확정된 경우에도 그 초과 부분이 본형에 산입되는 효력이 생기는 것은 아니므로, 형의 집행과정에서는 실제 존재하는 미결구금일수만 산입하여야 한다」(대결 2008.4.14, 2007모726).

3. 재판의 효력

재판은 선고 또는 고지에 의하여 효력이 발생하는 것이므로 재판의 선고 또는 고지된 내용과 재판서에 기재된 내용이 일치하지 않는 경우에 재판의 효력은 실제로 선고 또는 고지된 내용에 따라 발생한다.

Ⅲ. 공판절차이분론(公判節次二分論)

1. 서   설

'공판절차이분론' 내지 '소송절차이분론'이란 소송절차를 **범죄사실의 인정절차**와 **양형절차**로 분리하자는 주장이다. 실제 영미법계 형사소송은 유죄의 평결과 형의 선고를 엄격히 구분하여 배심에 의한 유죄의 평결에 따라 법관에 의한 양형절차가 개시된다. 현행 형사소송법은 사실인정절차와 양형절차를 구별하지 않고 있으나, 최근에 독일과 일본의 형사소송법학계는 물론 우리나라에서도 공판절차이분론이 상당히 논의되고 있다.

2. 이론적 근거와 비판

(1) 이론적 근거

① **유·무죄 인정절차의 합리화**: 우리 형사소송법이 양형절차에 대한 별도규정을 두지 않

았기 때문에, 형사재판절차에서 유무죄에 관한 증거조사와 양형조사는 함께 진행된다.

그런데 유무죄에 관한 증거조사에는 엄격한 제한을 두고 있는 반면, 양형조사에 대하여는 그렇지 않다. 예컨대 부인사건의 경우, 사법경찰관이 작성한 피의자신문조서는 증거능력이 없음에도 양형자료로 이용되는데 판사로서는 당연히 유무죄에 관한 심증도 형성될 수밖에 없다. 즉 증거능력을 부여하지 않는다는 원칙적 의미는 사실상 없어지게 되는 것이다. 따라서 사실인정에 관한 증거와 정황에 관한 증거판단 절차가 분리되면, 피고인에 대한 법관의 편견과 예단을 방지할 수 있으므로 절차이분이 타당하다는 것이다.

② **양형의 합리화:** 2009년부터 양형기준제가 시행되고 있지만, 우리 형사소송법은 양형요소의 조사를 위한 특별한 절차나 과정에 관한 규정을 두고 있지 않다. 다만 대법원은 법원조직법상 심판에 필요한 자료를 수집·조사하는 업무를 담당하는 조사관을 둘 수 있도록 규정한 법원조직법(제54조의3 제1항, 제2항)을 근거로 양형인자 사전조사를 맡는 법원조사관을 전국 법원에 배치하고 있다.

> 참조판례 「법원조직법 제54조의3에 의하여 심판에 필요한 자료의 수집·조사 등의 업무를 담당하는 법원 소속 조사관에게 양형의 조건이 되는 사항을 수집·조사하여 제출하게 하고, 이를 피고인에 대한 정상 관계 사실과 함께 참작하여 피고인에게 유죄를 선고한 사안에서, 조사관에 의한 양형조사가 현행법상 위법이라거나 양형조사가 위법하게 행하여졌다고 볼 수 없다」(대판 2010.4.29, 2010도750).

따라서 실무상 양형요소 조사는 수사기관이 작성한 수사기록을 통하여 간접적으로 행하여지고 있다. 특히 수사기록 중에서도 사법경찰관이 작성한 피의자신문조서 또는 수사보고서 등에 기재된 내용에 많이 의지하고 있다. 또 양형에 있어서 매우 중요한 영향을 미치는 피고인의 전과도 수사기록 등에 첨부된 범죄경력조회서 또는 사실여부가 확인되지 않은 공판정에서의 피고인의 진술에 의존하는 경우가 많고, 피해자와의 합의 여부를 확인하기 위하여는 수사기록에 편철된 피해자진술조서의 기재(합의를 했다거나, 피의자의 처벌을 원치 않는다는 기재) 또는 수사기록에 첨부되어 있는 합의서를 살펴보고 있다.

그러나 양형은 적정한 형벌권 행사의 핵심이며, 형사재판의 가장 중요한 부분이다. 대부분 형사사건은 자백사건이며, 이 경우 쟁점은 양형일 뿐이기 때문이다. 부인사건 역시 대부분 유죄판결로 종결되기 때문에 결국 거의 모든 형사재판 사안의 핵심은 양형이다.

③ **실질적인 변호권의 보장:** 범죄사실의 인정절차와 양형절차가 분리되지 않은 상황에서는 변호인이 무죄라고 확신하는 경우라도 유죄로 인정되는 경우를 대비하여 피고인익 관대한 처벌을 구하는 양형에 관한 변론을 병행할 수밖에 없기에 변론의 일관성을 갖추기 어렵고 자칫하면 변호인도 피고인의 무죄를 확신하지 못하고 있다는 오해를 줄 수 있다. 그런데 절차이분론에 의할 경우에는 범죄사실의 인정절차에서는 피고인의 무죄만을 주장하고, 양형절차에서 양형상의 자료를 제출하면서 유리한 형을 선고받을 수 있도록 변론하는 것이 가능하므로 변호권이 실질적으로 보장된다는 것이다.

(2) 비 판

① **소송의 지연:** 공판절차이분론이 실현되려면 양형자료를 조사하는 전문조사관이 확보되어야 하는데, 전문적인 양형조사관을 충분히 확보하지 않은 상황에서 사실인정절차와 양형절차를 분리할 때에는 장기간 심리로 인해 소송 지연을 초래할 수 있다. 더구나 형사사건 대부분이 유죄판결로 종결되기 때문에 절차이분론은 현실적으로 의미가 크지 않다는 것이다.

그러나 형사정책적으로 합리적 양형을 위해서는 피고인의 인격에 대한 충분한 조사가 필요하다. 법원 양형조사관 사건처리 건수는 2017년 2,866건에서 2021년 4,541건으로 증가하고 있다. 재판 지연 문제는 양형절차의 기간제한이나 사실인정과정에서 조사관에게 조사를 개시하게 하는 방법으로 충분히 방지할 수 있다.

② **범죄사실과 양형사실의 구별 불가능:** 상습범의 경우 피고인의 인격조사는 이미 유무죄의 판단단계에서 논하여질 수밖에 없는데, 상습범 규정이 상당히 많은 우리나라 형법의 경우, 행위자형법적 요소를 제거하지 않는 한 사실심리절차와 양형절차의 이분은 사실상 곤란하다는 비판이 있다. 그러나 상습범 가중처벌 조항을 없애고 보호수용제와 같은 대안을 통해 해결이 가능할 것이다.

(3) 검 토

국민참여재판법은 '배심원은 국민참여재판을 하는 사건에 관하여 사실의 인정, 법령의 적용 및 형의 양정에 관한 의견을 제시'할 권한을 인정하고 있다(국민참여재판법 제12조 제1항). 배심원이 유죄의 심증을 형성하기 전에 양형인자가 제출된다면 예단을 배제하기 어렵고, 공정한 재판 또한 보장되기 어렵다. 따라서 범죄사실의 인정절차와 별도로 양형자료의 조사를 위한 공판절차 이분론의 제도화를 적극 검토해야 할 것이다.

Ⅳ. 형사전자소송의 도입·시행

1. 형사전자소송의 도입 필요성

정보통신기술의 비약적인 발전으로 인한 정보화 혁명은 전자법정의 구현 등 수사 및 형사재판 시스템의 변화에 큰 영향을 미치고 있다. 첫째, 형사사법기관에서의 서류 작성과 작성된 각종 서류를 유관 형사사법기관에 유통시키는 비용 및 원가를 절감함으로써 사무생산성을 향상시킬 수 있다. 둘째, 전자문서시스템을 이용함으로써 의사결정 과정이 신속화하고, 문서 접수에서부터 편철 및 보존에 이르는 문서처리절차가 대폭 축소되어 업무개선에 기여할 수 있다. 셋째, 국가기관 내 기록의 복사·편철·이동·보관방식의 혁신이 일어나게 된다. 넷째, 사건발생에서 종료까지 어느 단계에서든지 해당 사건의 범죄정보에 대한 접근이 용이하여 소송기록을 검색하는데 편리하다. 다섯째, 수작업 입력과정에서 발생할 수 있는 자료의 오류나 변형을 원천적으로 방지할 수 있게 된다.

국민의 입장에서도 형사사법업무의 신속성이 획기적으로 향상되므로 신속한 재판을 받을 헌법상 권리가 실질적으로 보장될 뿐만 아니라 형사사법절차가 투명하게 공개됨으로써 형사사법정보에 대한 접근이 보다 용이하게 된다.

이에 따라 우리나라에서도 세계 최고 수준의 정보통신기술 인프라를 활용하여 형사사법업무를 표준화·전자화하고, 형사사법정보를 공동 활용하여 시간과 자원의 낭비를 최소화하는 e-형사사법 서비스를 제공하기 위한 새로운 전자적 시스템인 'KICS시스템(Korea Information System of Criminal Justice Services)'이 2010년 도입되었다.

2. 형사전자소송의 법적 기반

전자문서 이용 법제화에 관하여 2021년 10월 제정된 「형사사법절차에서의 전자문서 이용 등에 관한 법률」(형사절차전자문서법)과, 형사사법 전자화에 관하여 2010년 제정되고 2021년 개정된 「형사사법절차 전자화 촉진법」(형사절차전자화법)을 통해 2024년부터 형사소송에서도 전자소송의 시대가 열릴 것으로 보인다.

2021년 형사절차전자문서법(2024. 10. 20. 시행, 법률 제18485호)의 제정취지는 '전자문서를 이용한 형사사법절차의 전자화를 통하여 사법절차의 신속성과 투명성을 높이고, 피의자·피고인·피해자·고소인 등의 형사사법절차상 권리 보장을 강화하여 형사사법업무 전반에 걸쳐 국민의 신뢰성을 높이려는 것'이다. 동 법률의 주요 내용은 다음과 같다.

(1) 적용범위(제3조)

동법에 따라 전자문서를 이용하도록 하는 형사사법절차의 범위를 「형사소송법」, 「가정폭력범죄의 처벌 등에 관한 특례법」 중 가정보호사건 부분, 「성폭력범죄의 처벌 등에 관한 특례법」, 「아동학대범죄의 처벌 등에 관한 특례법」 중 아동보호사건 부분, 「통신비밀보호법」 등에 따른 형사사법절차로 정하였다.

(2) 전자문서에 의한 형사사법절차의 수행(제5조)

피의자·피고인·피해자·고소인·고발인·변호인 등은 형사사법업무 처리기관에 제출할 서류 또는 도면·사진·음성·영상자료 등을 선산정보처리시스템을 통하여 전자문서로 제출할 수 있으며, 전자적인 형태로 작성되지 않은 서류 등을 동법에 따라 전자적인 형태로 변환·등재한 전자화문서는 원래의 서류 등과 동일한 것으로 보고, 동법에 따라 전산정보처리시스템을 통하여 전자문서를 출력한 서면은 전자문서와 동일한 것으로 본다.

기존 형사소송법은 서면을 전제(제48조)(제244조)로 형사재판절차를 규정하고 있기 때문에 모든 형사사법기관들은 형사재판절차에 필요한 서면을 종이서류로 작성하여 이를 물리적으로 이

동·보존하는 방식을 취하고 있는 실정이다. 그런데 종이문서 작성 및 송부에는 많은 시간과 인력이 소모되며, 인편에 의한 문서(영장 및 기록의 송부) 전달로 정보유출 가능성까지 있었다. 따라서 형사사법정보의 전자화는 종이문서 중심의 업무처리로 인한 인력과 시간의 낭비를 줄일 수 있을 것이다.

한편, 형사소송절차에서 진단서, 탄원서와 같은 종이문서를 전자적으로 유통하기 위해서는 '전자화문서'의 개념을 정립할 필요가 있었으나, 그동안 법령간 정의규정이 상이함에 따라 논란이 있었다. 형사절차전자문서법은 "전자화문서란 종이문서나 그 밖에 전자적인 형태로 작성되지 아니한 서류 또는 도면·사진·음성·영상자료 등을 전자적인 형태로 변환하여 전산정보처리시스템에 등재한 전자문서를 말한다"고 정의규정(제2조)을 두었다.

☞ 전자적 유통대상 문서에 제한을 두지 않을 경우 온갖 잡다한 문서가 유통될 우려가 있고, 전자문서로 작성·유통할 항목과 전자화문서로 작성·유통할 항목의 구별기준이 없으므로 정보처리시스템상에서 작성된 전자문서만 유통하는 것이 적절하다는 의견도 있다. 그러나 당사자 제출의 진술서 및 탄원서 등의 문서들은 사건처리에 매우 중요한 문서이지만 전자문서로 작성이 불가능한 문서인데, 이를 제외한다면 형사절차 전자화 취지에 반한다는 점에서 전자화문서 개념규정은 타당한 입법으로 보인다.

(3) 전자문서의 접수(제9조)

전산정보처리시스템을 통하여 제출된 전자문서는 전산정보처리시스템에 전자적으로 기록된 때에 접수된 것으로 본다. 형사사법업무 처리기관은 전자문서를 제출한 자가 접수된 전자문서의 동일성 확인을 요구하는 경우 그 동일성을 확인할 수 있는 기회를 주어야 한다. 또 형사사법업무 처리기관은 접수된 전자문서의 위조 또는 변조 여부를 확인할 필요가 있는 경우에는 전자문서를 제출한 자에게 그 원본을 제시하거나 제출할 것을 요구할 수 있다.

(4) 전자문서의 작성(제10조 및 제11조)

형사사법업무 처리기관 소속 공무원은 전자문서로 작성하는 것이 현저히 곤란하거나 적합하지 아니한 경우 등을 제외하고는 원칙적으로 형사사법업무와 관련된 문서를 전자문서로 작성하여야 한다. 이에 종이문서나 그 밖에 전자적인 형태로 작성되지 아니한 문서를 전자적 형태로 변환하는 것이 현저히 곤란한 경우 등을 제외하고는 종이문서 등을 전자적 형태로 변환하여 전산정보처리시스템에 등재하도록 하였다.

☞ 현재 우리나라 형사사법기관은 각기 별도의 정보시스템을 보유 및 운영하고 있는 바, 경찰에서는 범죄정보관리시스템 등 13개 시스템을 운영하고 있고, 검찰은 검사실수사정보시스템 등 13개 시스템을, 법원은 형사공판시스템 등 총 13개 시스템을 운영하고 있으며, 법무부는 통합교정정보시스템 등 총 5개 시스템을 운영하고 있다.

종래 각 형사사법기관마다 작성하는 서면 중 사법경찰관 작성의 피의자신문조서 및 검사

작성의 피의자신문조서와 같이 앞 단계에서 작성한 서면과 내용이 거의 동일한 소송서류를 그 다음 단계의 사법기관에서 작성할 때 앞 단계에서 작성·송부된 소송서류를 펼쳐 놓고 작성방법은 컴퓨터 등을 이용하지만, 여전히 수기적 방법으로 또다시 서면을 출력·작성하여 다음 단계의 형사사법기관으로 송부하다 보니 1개 형사사건을 처리하는데 소요되는 종이만 해도 수천 페이지에 달했다. 이처럼 실제 형사사건의 실체를 파악하고 처리하는데 요구되는 시간 이상으로 서면 작성에 시간을 허비해야 했다. 국가 예산의 낭비일 뿐만 아니라 업무처리나 대국민 형사사법서비스의 질적 저하 문제인 것이다. 이에 형사절차전자문서법은 형사사법업무 처리기관 소속 공무원에게 원칙적으로 형사사법업무와 관련된 문서를 전자문서로 작성하도록 의무화함으로써, 피의자 인적사항 등 경찰송치자료, 검찰처분 및 법원 선고자료 등을 중복 입력하는 과정에서의 오입력을 방지하였다.

(5) 전자문서의 유통(제13조)

형사사법업무 처리기관이 형사사법절차와 관련하여 작성한 전자문서를 다른 형사사법업무 처리기관에 송부할 때에는 원칙적으로 전산정보처리시스템을 통하여 송부한다. 형사사법업무 처리기관이 형사사법업무 처리기관 외의 기관에 사건을 이송 또는 송치할 때에는 전자문서를 전산정보처리시스템을 통하여 출력한 후 그 서면을 송부하되, 전자문서를 송신·수신할 수 있는 시스템을 갖춘 기관에는 전자문서를 전자적 방법으로 송부할 수 있도록 하였다.

그런데 종래 실무상 공소 제기시 공소장을 관할법원에 제출하여야 하는데(제254조 제1항), 사안에 따라 공소장 자체의 분량이 매우 많아도(대규모 사기 사건이나 개인정보보호법위반 사건의 경우 공소장에 첨부된 범죄일람표가 수백 쪽에 달하기도 한다) 전부 종이로 출력하여 제출할 수밖에 없었다. 대법원은 공소사실의 일부를 종이가 아닌 전자적 저장매체를 통해 제출하는 것이 허용되지 않는다고 판시하였기 때문이다.

> **참조판례** 「검사가 공소사실의 일부인 범죄일람표를 컴퓨터 프로그램을 통하여 열어보거나 출력할 수 있는 전자적 형태의 문서로 작성한 다음 종이문서로 출력하지 않은 채 저장매체 자체를 서면인 공소장에 첨부하여 제출한 경우에는, 서면에 기재된 부분에 한하여 적법하게 공소가 제기된 것으로 보아야 한다. 전자문서나 저장매체를 이용한 공소제기를 허용하는 법규정이 없는 상태에서 저장매체나 전자문서를 형사소송법상 공소장의 일부인 '서면'으로 볼 수 없기 때문이다. 이는 공소사실에 포함시켜야 할 범행 내용이나 피해 목록이 방대하여 전자문서니 CD 등 저장매체를 이용한 공소제기를 허용해야 할 현실적인 필요가 있다거나 피고인과 변호인이 이의를 제기하지 않고 변론에 응하였다고 하여 달리 볼 수 없다. 또한 일반적인 거래관계에서 전자문서나 전자매체를 이용하는 것이 일상화되고 있더라도 그것만으로 전자문서나 전자매체를 이용한 공소제기가 허용된다고 보는 것은 형사소송법 규정의 문언이나 입법 취지에 맞지 않는다. 따라서 검사가 전자문서나 저장매체를 이용하여 공소를 제기한 경우, 법원은 저장매체에 저장된 전자문서 부분을 제외하고 서면인 공소장에 기재된 부분만으로 공소사실을 판단하여야 한다. 만일 그 기재 내용만으로는 공소사실이

특정되지 않은 부분이 있다면 검사에게 특정을 요구하여야 하고, 그런데도 검사가 특정하지 않는다면 그 부분에 대해서는 공소를 기각할 수밖에 없다」(대판 2017.2.15, 2016도19027).

이에 검찰뿐만 아니라 법원도 크게 불편하게 되었다. 판결문 작성 시 공소장에 첨부된 범죄일람표가 필요한데, 사건마다 검사에게 그 파일을 요구해야 하기 때문이다. 물론 검사가 검찰의 형사사법정보시스템을 통하여 공소장 내용을 법원의 형사사법정보시스템에 전송하므로 공소제기 시 범죄일람표 파일도 첨부파일로 전송할 수 있으나, 첨부를 누락하거나 전송할 수 있는 파일 용량이 작아 부득이 첨부하지 못하는 경우가 많았다. 더욱이 만약 범죄일람표 파일을 구하지 못하면 기록의 범죄일람표를 스캔하여야 하는데, 스캔을 위해 별도의 인력과 시간이 소요될 뿐만 아니라 출력물을 다시 스캔한 것이어서 화질이 떨어지는 단점도 있었다. 결국 형사절차전자문서법의 시행에 따라 전자문서를 전송하는 방법으로 공소를 제기할 수 있으므로 이러한 문제가 사라질 것이다.

또한 종래 수사실무상 검사가 영장을 청구할 때는 그 필요를 인정할 수 있는 자료를 제출하여야 하고, 통상 기록을 그대로 제출한다(체포영장(규칙 제96조 제1항), 구속영장(법 제201조 제2항), 압수·수색·검증영장(규칙 제108조)). 이에 법원은 검사의 영장 청구서가 접수되면, 재판사무시스템에 전산입력하여 접수한다. 형사절차전자문서법에 따르면, 검사가 영장을 청구하면서 검찰청의 형사사법정보시스템에 있는 전자기록을 법원의 형사사법정보시스템으로 전송하면, 법원은 검사로부터 송부받은 전자기록을 이용하여 영장사건을 심리·결정하게 될 것이다. 법원의 심리 후 영장이 발부된 경우에는 영장청구서를 법원에 보관하고(압수·수색·검증영장이 일부 기각된 경우, 즉 일부 발부된 경우에는 영장을 사본하여 그 사본도 영장청구서와 함께 법원에 보관한다) 영장은 기록과 함께 검찰청에 송부하며, 영장이 기각된 경우에는 영장청구서를 사본하여 그 사본을 법원에 보관하고 영장청구서 원본과 기록을 검찰청에 송부한다.

☞ 종래 종이기록의 경우 법원의 결정 후 법원은 검찰에, 검찰은 경찰에 기록을 다시 반환하는 절차를 거치게 되는 경우와 달리 전자기록의 경우 이를 어떻게 처리할 것인지 논란이 될 수 있다 '반환'이라는 것은 물리적인 1개의 종이기록을 전제로 한 개념이므로 반환규정 때문에 전자기록의 '삭제' 의무가 바로 부과된다고 해석하기는 어렵다. 왜냐하면 공소제기 여부를 검사가 결정하므로 경찰의 전자기록은 전부 검찰청의 형사사법정보시스템으로 전송되고, 기소 후 전자기록은 최종적으로 결국 법원의 형사사법정보시스템에 저장되는 점, 복수의 형사사법업무 처리기관의 형사사법정보시스템에 저장된다고 하여 정보 유출 가능성이 높다고 할 수 없고, 오히려 위·변조가 힘들어지는 장점이 있는 점을 고려해 볼 때, 전자기록의 삭제조항이 불필요하기 때문이다.

(6) 전자적 송달 또는 통지(제14조)

형사사법업무 처리기관은 전자적 송달·통지에 동의한 등록사용자 등에게 송달 또는 통지를 전산정보처리시스템을 통하여 전자적으로 할 수 있다. 전자적으로 송달 또는 통지를 할 때에는 전자문서를 전산정보처리시스템에 등재하고 그 사실을 송달 또는 통지를 받을 자에게 전자적으로 통지하는 방법으로 한다. 이에 송달 또는 통지를 받을 자가 전산정보처리시스템에 등재된 전자문서를 확인한 때에 송달 또는 통지된 것으로 보되, 송달 또는 통지를 받을 자가 전산정보처리시스템에 등재된 전자문서를 확인하지 아니하는 경우에는 등재사실을 전자적으로 통지한 날부터 14일이 지난 날에 송달 또는 통지된 것으로 본다.

현재 형사사법시스템은 기관별로 구성되어 있으므로 시민이 민원을 해결하기 위해서는 각 기관을 개별적으로 방문해야만 하며, 형사사법기관 입장에서도 사법의 수요자인 국민들에게 사건진행상황에 대한 체계적이고 통일적인 서비스를 제공할 수 있는 여건이 마련되어 있지 않다. 따라서 민원인이 사건처리의 진행상태를 확인하기 위해서는 하나의 사건에 경찰·검찰·법원 등 기관별로 부여한 사건번호를 각각 알아야 하며, 또한 앞뒤 사건을 차례차례 추적해야만 사건을 전체적으로 확인할 수 있다.

이제 형사절차전자문서법의 시행에 따라 민원인 내지 소송관련자들의 편의가 도모될 뿐만 아니라, 시민의 형사절차에 대한 이해도를 높이고 사법참여를 용이하게 할 수 있기 때문에 형사사법의 공정성과 민주화에 기여할 수 있을 것이다. 결국 형사사법정보의 전자화는 형사절차의 신속성 및 효율성 확보를 위하여 가장 기본이 되며, 장차 전자법정으로 발전해 나가는데도 유용할 것이다.

(7) 영장 집행에 관한 특례(제17조)

검사 또는 사법경찰관리는 구속영장·체포영장 등을 집행할 때 전자문서를 제시하거나 전송하는 방법으로 하되, 구속영장 등을 전자문서의 형태로 집행하는 것이 현저히 곤란하거나 적합하지 아니한 경우에는 전자문서로 발부된 구속영장 등을 전산정보처리시스템을 통하여 출력한 서면으로 집행할 수 있다.

종래 대법원은 영장 원본의 제시와 관련된 수사기관이 금융기관이나 이메일 업체에 대하여 압수·수색영장을 집행할 당시 모사전송 방식으로 영장 사본을 송신하였을 뿐 영장 원본을 제시하지 않았고 압수조서와 압수물 목록을 작성하여 이를 피압수·수색 당사자에게 교부하였다고 볼 수도 없는 사안에서, "위와 같은 방법으로 압수된 금융거래 자료와 이메일 자료는 헌법과 형사소송법 제219조, 제118조, 제129조가 정한 절차를 위반하여 수집한 위법수집증거로 원칙적으로 유죄의 증거로 삼을 수 없고, 이러한 절차 위반은 헌법과 형사소송법이 보장하는 적법절차 원칙의 실질적인 내용을 침해하는 경우에 해당하고 위법수집증거의 증거능력을 인정할 수 있는 예외적인 경우에 해당한다고 볼 수도 없어 증거능력이 없다"고 판단하였다(대판 2017.9.7, 2015도10648; 대판 2019.3.14, 2018도2841). 이는 "영장은 처분을 받는 자에게 반드시 제시되어야 하고(제219조, 제118조), 압수물을 압수한 경우에는 목록을 작성하여 소유자, 소지자 등에게 교부하여야 한다(제219조, 제129조)"고 규정하고 있으므로 압수·수색영장 집행 시 영장의 원본을 제시하지 않으면 그 압수물은 위법수집증거로 증거능력이 없다고 한 것이다.

그러나 금융·통신·인터넷 자료에 대한 모든 압수·수색영장의 집행 시 영장원본을 제시하는 것은 현실적으로 어려움이 있을 수 있다. 특히 많은 금융·통신·인터넷 기업이 서울 또는 수도권에 집중되어 있는 상황에서 지방의 수사기관이 금융·통신·인터넷 자료를 압수하기 위해서는 매번 영장 원본을 가지고 서울로 이동해야 하기 때문이다. 이러한 물리적 한계를 극복하기 위해서는 형사절차전자문서법 시행에 따른 압수·수색과 관련된 전자영장의 도입이 큰 의미가 있다.

(8) 재판의 집행에 관한 특례(제19조)

검사는 재판서 또는 재판을 기재한 조서가 전자문서로 작성된 경우에는 전자문서로 재판의 집행을 지휘하되, 전자문서로 재판의 집행을 지휘하기 곤란한 경우에는 전자문서로 작성된 재판서 등을 전산정보처리시스템을 통하여 출력한 서면으로 지휘한다.

(9) 증거조사에 관한 특례(제18조)

형사재판에서 문자, 그 밖의 기호, 도면·사진 등에 대한 증거조사는 전자문서를 모니터·스크린 등을 통하여 열람하는 방법으로 할 수 있고, 음성이나 영상정보에 대한 증거조사는 전자문서의 음성을 청취하거나 영상을 재생하는 방법으로 할 수 있다.

☞ 종래 실무상 증거분리제출제도 실시 제외사건(서울중앙지방법원에서는 2016년부터 음주·무면허운전, 교통사고, 폭력 등 정형적으로 처리되는 간이한 구공판 사건에 대하여 피고인이 자백 및 증거동의하는 경우 검사가 수사기록 전체를 증거로 제출하는 것을 허용하고 있다)이 아닌 한 검사는 수사기록 중 증거로 제출할 서류만 선별하여 따로 편철하고 그 목록(증거목록)을 만든 후 증거채택결정이 되면 증거서류를 제출하며, 증거서류를 2회 이상의 공판기일에 나누어 제출하는 경우에는 색지(조서작성 시 유의사항 및 색지와 인장의 규격 등에 관한 예규(재일 2003-10) 제6조)를 매회 공판기일에 제출된 증거서류 사이에 편철하여 그 제출시기를 구분하여야 하고(증거분리제출제도의 시행에 따른 형사소송기록관리에 관한 예규(재형 2006-1) 제4조 제5항), 재판장의 명이 있으면 이와 달리 장수의 순서에 따라 편철할 수 있었다(동조 제6항). 그런데 수사기록에서 증거로 신청할 서류만 따로 빼내어 기록으로 묶는 것도, 증거 분리 제출로 인하여 증거서류를 묶은 기록에서 다시 해당 증거만을 빼내는 것도 번거로운 일이 아닐 수 없는데, 전자기록에는 이러한 물리적 제약이 없으므로 증거의 제출 및 조사가 훨씬 간편해질 것이다.

(10) 전자문서의 폐기(제20조)

전산정보처리시스템을 통하여 작성된 전자문서는 형을 선고하는 재판이 확정된 사건은 그 형의 시효가 완성된 때에, 무죄·면소 등의 재판이 확정된 사건과 불기소 처분 또는 불송치 결정된 사건은 공소시효가 완성된 때에 삭제한다. 다만, 국내외적으로 중대한 사건, 공범에 대한 수사가 필요한 사건 등의 경우에는 전자문서를 영구 보관하거나 그 폐기 시기를 늦출 수 있다.

CHAPTER 02

형사소송 구조와 기본이념

제 1 절   형사소송의 기본구조

Ⅰ. 소송구조론(訴訟構造論)

소송구조론이란 형사소송에서 소송주체의 권리·의무로서의 활동을 체계적으로 파악하여 그들 상호간의 관계를 통일적으로 구성하려는 이론을 말한다. 형사절차는 소추자인 검사와 소추를 당한 피고인간의 질서있는 대립속에서 법관이 판단을 내리는 소송형태를 취하고 있지만, 이러한 소송형태 가운데 법원·검사·피고인간의 기능분담과 역할이 어떻게 구축되어 있는가에 따라서 여러 가지 유형으로 분류된다. 다만 형사절차를 규정하는 법제도도 역사적이고 문화적인 소산이므로 오늘날의 형사소송 구조를 이해하려면 먼저 그 연혁적 과정을 살펴보아야 할 것이다.

1. 소송구조의 기초원리

(1) 규문주의(糾問主義)와 탄핵주의(彈劾主義)

누가 소송을 개시하는지에 따라 규문주의와 탄핵주의로 나누어진다.

① **규문주의:** 규문주의란 법원이 스스로 소송을 개시하여 심리·재판하는 유형이다. 소추기관이나 피고인 없이 오직 심리·재판하는 법관과 그 조사·심리의 객체만이 존재한다. 이처럼 규문주의는 범죄혐의 단계에서 시작되는 조사활동으로부터 판결에 이르기까지의 모든 조사활동을 법원이 직권적 조사방식으로 진행하여 모든 권한이 법관에게 집중되어 있다는 점이 특색이다.

② **탄핵주의:** 탄핵주의란 법원 이외의 자의 청구에 의하여 소송이 개시되는, 즉 재판기관과 소추기관을 분리하여 소추기관의 공소제기에 의하여 법원이 절차를 개시하는 유형이다. 이처럼 형사사법절차를 공소 시점을 기준으로 수사와 공소 그리고 재판으로 분리하는 탄핵주의는 재판을 담당하는 판사로 하여금 수사와 공소과정에 직접 관여하지 못하게 함으로써 재판과정을 독립시킬 뿐만 아니라, 공판절차와 공판전 조사절차로서의 수사 단계를 형성시킨다. 피고인도 공판절차에서는 소송의 주체로서 절차에 관여할 수 있게 되었다.

탄핵주의는 다시 누가 소추기관이 되느냐에 따라 공소제기를 국가기관 특히 검사에게 담당하게 하는 '**국가소추주의**'와 피해자 또는 그 친족이 소추하는 '**피해자소추주의**' 및 일반 시민이 소추하는 '**공중**(시민)**소추주의**'로 나누어진다. 통상 '피해자소추주의'와 '공중소추주의'를 합해 '사인소추주의'라고 한다.

(2) 직권탐지주의(職權探知主義)와 변론주의(辯論主義)

누가 소송의 대상(소송물)을 결정하는지에 따라 직권탐지주의와 변론주의로 나누어진다. 직권탐지주의란 소송의 대상을 법원이 결정하는 유형이다. 당사자의 변론에도 불구하고 법원이 어느 사항에 관하여 필요한 사실을 조사·탐지하고 증거조사를 한다. 반면에 변론주의란 당사자가 소송의 대상을 결정할 뿐만 아니라 소송물 범위의 확정도 당사자에게 위임되어 있는 유형이다. 따라서 원고가 소로써 정하는 범위를 초월해서 법원이 심리·판결하는 것이 허용되지 않는 불고불리(不告不理) 원칙이 적용된다.

(3) 직권추행주의(職權追行主義)와 당사자추행주의(當事者追行主義)

누가 소송추행의 주도권을 가지고 있는지에 따라 직권추행주의와 당사자추행주의로 나누어진다. 통상 직권주의, 당사자주의는 이러한 의미로 사용된다. 직권추행주의란 법원이 주도권을 담당하는 유형으로서, 대륙의 형사소송구조가 해당된다. 반면에 당사자추행주의란 당사자가 주도권을 담당하는 유형으로서, 영미의 형사소송구조가 해당된다.

(4) 불처분주의(不處分主義)와 처분권주의(處分權主義)

소송물에 있어서 처분권이 인정되는지 여부에 따라 불처분주의와 처분권주의로 나누어진다.

2. 당사자주의와 직권주의

형사소송의 기초구조로서, 당사자주의와 직권주의의 의미는 다양하게 사용되고 있다. 소송구조의 기초원리를 중심으로 당사자주의와 직권주의의 특색을 살펴보면 다음과 같다.

(1) 당사자주의(當事者主義)

① 의   의: 당사자주의란 당사자, 즉 검사와 피고인이 대등한 입장에서 자기에게 유리한 주장·입증을 행하고, 공정한 제3자인 법원이 이에 대한 판단을 행하는 소송구조를 말한다. 즉 당사자주의에서는 소송의 결과에 대하여 직접적인 이해관계를 가진 당사자에게 증거(예컨대 사실조사, 증인 면담, 전문가와의 상담 등)를 수집·제출케 함으로써 보다 많은 증거가 법원에 제출될 수 있고, 법원은 객관적 입장에서 공정한 재판이 가능하다는 장점이 있다. 당사자주의는 사실인정과 법률적용이 엄격하게 분리되는 배심재판제도를 전제로 하는 영미 형사소송법의 특징이다. 사실의 인정은 일반시민인 배심원에게 맡기고, 직업법관은 법률의 해석과 소송지휘만을 담당하도록 하는 구조이다.

② 내　　용

가) 당사자추행주의: 증거 수집과 제출이 당사자에게 맡겨지고, 심리도 당사자의 공격·방어의 형태로 진행된다. 법원은 당사자가 수집해 제시한 증거들을 판단할 뿐이므로 법원의 조사활동인 공판전 조사가 필요하지 않다. 다만 모든 사건을 배심원이 하는 공판(trial)으로 처리할 수는 없으므로 경미한 사건을 처리한다거나 공판을 개시할 만한 가치, 즉 공판을 개시할 만한 혐의가 있는지를 선별하는 절차는 당사자주의에서도 당연히 필요하다. 이러한 절차가 치안판사법원 또는 기소배심절차이다.

나) 당사자처분주의: 당사자주의를 철저히 한다면, 소송절차뿐만 아니라 소송물 또는 심판의 대상에 대해서도 당사자의 처분을 허용하게 된다. 즉 유죄협상(Plea Bargaining)이 인정되는 것이다.

③ 평　　가: 당사자주의는 ㉠ 피고인이 검사와 대등한 입장에서 다툼으로써 피고인의 인권보장에 충실하고, ㉡ 소송결과에 대하여 이해관계가 절실한 당사자가 적극적으로 소송활동 내지 입증활동을 하므로 실체적 진실발견에 기여할 수 있으며, ㉢ 법원은 제3자적 입장에서 객관적이고 공정한 재판을 할 수 있다는 장점이 있다.

반면에 ㉠ 당사자 사이에 공격과 방어의 대립이 연속되어 심리의 능률이 저해되므로 소송경제에 반할 우려가 있고, ㉡ 소송결과가 당사자의 소송수행에 대한 열의와 능력에 좌우되면서 소위 형사소송의 스포츠화 우려가 있으며, ㉢ 국가의 형벌권이 당사자의 타협이나 거래의 대상으로 전락할 위험이 있다는 단점도 지적된다.

(2) 직권주의(職權主義)

① 의　　의: 직권주의란 형사소송의 주도적 지위를 검사나 피고인에게 맡기지 않고 법원에 인정하는 소송구조를 말한다. 대륙법계 형사소송에서는 형사소송이 국가형벌권을 실현하는 절차인 이상 심리의 주체인 법원이 형벌권의 실현을 위하여 적극적으로 관여하는 것이 형사소송의 본질에 비추어 당연하다고 본다.

② 내　　용

가) 직권탐지주의: 사실규명의 임무는 국가기관이 최종적으로 담당하는 것이므로 법원은 당사자의 주장이나 청구에 구속받지 않고 직권으로 증거를 수집·조사한다. 그런데 현실적으로 공판정에서 모든 조사를 할 수는 없으므로, 먼저 공판을 열 만한 혐의가 있는지를 판단하고, 공판정에서 법원이 조사를 진행할 수 있는 기초자료를 준비하는 절차가 필요하다. 따라서 직권주의적 형사사법체계에서는 공판전 조사절차가 필수적이며, 예심판사와 검사 또는 수사를 담당할 사법경찰관이 필요한 것이다.

나) 직권심리주의: 소송물 또는 심판대상이 법원의 지배하에 놓이게 되므로 법원은 직권으로 사건을 심리한다.

③ **평   가**: 직권주의는 ㉠ 객관적이고 중립적인 법원이 소송에서 주도적 역할을 담당하게 되므로 심리의 능률과 소송경제에 도움이 될 뿐만 아니라 실체진실의 발견에 보다 적합하고, ㉡ 형사소송의 스포츠화를 방지할 수 있으며, ㉢ 국가형벌권을 실현하는 형사절차의 본질상 법원이 주도적 지위를 갖는 것이 타당하다는 장점이 있다.

반면에 ㉠ 사건심리가 법원의 독단으로 흐르게 되어 피고인의 정당한 권리행사가 무시될 우려가 있고, ㉡ 피고인이 단순한 심리의 객체로 전락되어 공정한 재판을 저해할 우려가 있으며, ㉢ 법원이 소송주도에 따르는 과중한 업무에 부담을 느끼거나 절차진행을 단순화함으로써 재판의 역동성을 무시하고 절차를 형식적으로 운영할 소지가 있다는 단점이 지적되고 있다.

II. 현행 형사소송법의 기본구조

1954년 형사소송법 제정 이전의 구형사소송법은 대륙법계 직권주의적 제도를 기본구조로 하고 있었음에 반하여, 현행 형사소송법은 영미법계 당사자주의적 제도와 적법절차의 이념을 대폭 도입하여 국민의 인권보장을 강화하고자 한 점에 특색이 있다. 그럼에도 현행 형사소송법에는 법원의 직권에 의한 증거조사가 인정되고, 당사자의 소송물에 대한 처분권을 인정하지 않는 등 직권주의적 요소가 많이 남아 있다. 따라서 현행 형사소송법의 구조에 있어서 직권주의와 당사자주의가 어떻게 조화되어 있는지 이해하기 위해서는 현행법상의 당사자주의적인 요소와 직권주의적인 요소를 살펴보아야 한다.

1. 형사소송법의 당사자주의적 요소

(1) 공소제기단계

형사소송법은 공소장에 공소사실을 특정하여 기재하도록 하고($^{제254조}_{제4항}$), 공소사실과 동일성이 인정되는 사실이라 할지라도 원칙적으로 공소장변경절차를 거쳐야만 심판의 대상이 될 수 있도록 하여($^{제298조}_{조}$) 법원의 현실적 심판의 대상을 제한하고 있다. 이와 같이 검사에게 심판의 대상을 확정하도록 한 규정은 피고인의 방어권을 보장하기 위한 당사자주의적 요소이다. 또한 「공소장에는 법원에 예단을 생기게 할 수 있는 서류 기타 물건을 첨부하여서는 아니된다」는 공소장일본주의($^{규칙 제118조}_{제2항}$) 규정은 법원이 제3자의 입장에서 공정한 재판을 하도록 하는 당사자주의적 요소다.

(2) 공판준비절차

공판준비절차는 공판기일에서의 심리를 준비하기 위하여 공판기일 전에 행하여지는 일련의 절차다. 공소장부본의 송달($^{제266조}_{조}$), 제1회 공판기일의 유예기간($^{제269조}_{조}$), 피고인의 공판기일변경신청권($\frac{\text{제}270}{\text{조}}$), 공판준비기일($\frac{\text{제}266\text{조}}{\text{의}7}$), 증거개시제도($\frac{\text{제}266\text{조}}{\text{의}3}$) 등이 당사자주의적 요소다.

(3) 공판절차

① **당사자의 공판정출석 및 모두진술:** 공판정에 검사와 피고인의 출석을 요하며($\frac{\text{제}275\text{조}}{\text{제}276\text{조}}$) 특히 피고인에 대한 궐석재판은 원칙적으로 허용되지 않는다. 또한 검사는 공소장에 의하여 기소의 요지를 진술하고($\frac{\text{제}285}{\text{조}}$), 피고인은 검사의 모두진술이 끝난 뒤에 공소사실의 인정 여부를 진술하는데($\frac{\text{제}286}{\text{조}}$), 이러한 모두진술도 당사자주의적 요소다.

② **사실심리절차**

가) 증거조사: ㉠ 원칙적으로 당사자의 신청에 의한 증거조사($\frac{\text{제}294}{\text{조}}$), ㉡ 증인신문에 있어서 상호신문제도($\frac{\text{제}161\text{조}}{\text{의}2}$), ㉢ 검사와 피고인에 의한 증거보전청구권($\frac{\text{제}184}{\text{조}}$), ㉣ 증거조사참여권 ($\frac{\text{제}145\text{조},}{\text{제}163\text{조}, \text{제}176\text{조}}$), ㉤ 증거조사에 대한 의견진술권($\frac{\text{제}293}{\text{조}}$), ㉥ 증거조사에 대한 이의신청권($\frac{\text{제}296}{\text{조}}$) 등은 증거조사에 대한 당사자의 참여와 이의를 통하여 당사자주의를 구현한 것으로 볼 수 있다. 증거에 대한 당사자의 동의($\frac{\text{제}318}{\text{조}}$)와 탄핵증거($\frac{\text{제}318\text{조}}{\text{의}2}$)도 당사자주의를 강화하기 위한 증거법상 법칙에 해당한다.

나) 피고인신문의 방법: 피고인신문제도 자체는 직권주의적 요소지만, 피고인신문의 방식으로 검사와 변호인이 먼저 신문하고 법원은 그 후에 신문하도록 하여($\frac{\text{제}296\text{조}}{\text{의}2}$) 당사자주의의 신문방법을 따르고 있다.

2. 형사소송법의 직권주의적 요소

(1) 의   의

당사자의 소송활동에 의한 실체적 진실발견이 미흡한 경우 또는 피고인의 방어권 보장이 필요한 경우, 법원이 이를 보충해 주는 후견적 기능은 마땅히 인정된다. 다만 당사자활동에 대한 규제적 역할로서의 직권주의를 인정할 것인지 여부에 대해서는 견해가 대립한다. 즉 법원의 소송지휘권에 의한 규제적 기능을 인정하는 견해와 법원의 소송지휘권을 모든 소송구조의 본질적 요소로 보아 이를 부정하는 견해가 있다. 주로 ㉠ 증거신청에 대한 결정, ㉡ 불필요한 변론의 제한, ㉢ 공소장변경의 허가, ㉣ 증거동의의 진정성조사와 관련된 문제다.

(2) 당사자활동에 대한 보충적 역할로서의 직권주의

① **재정신청제도:** 2011년 법개정으로 재정신청의 대상범죄를 모든 범죄로 확대하되, 재정신청의 남용을 방지하기 위하여 신청권자는 고소권자로 제한하였다. 형법상 직권남용($\frac{\text{제}123}{\text{조}}$), 불법체포·감금($\frac{\text{제}124}{\text{조}}$), 폭행·가혹행위($\frac{\text{제}125}{\text{조}}$) 및 피의사실공표($\frac{\text{제}126}{\text{조}}$)의 죄와 특별법에서 재정신청 대상으로 규정한 죄의 경우에는 고발한 자도 포함된다($\frac{\text{제}260\text{조}}{\text{제}1\text{항}}$).

② **직권증거조사:** 증거조사는 당사자의 신청에 의하는 것이 원칙이나, 법원이 직권으로 증거조사를 할 수 있도록 하여($\frac{\text{제}295}{\text{조}}$) 직권주의적 요소도 추가되어 있다.

③ **공소장변경요구:** 「법원은 심리의 경과에 비추어 상당하다고 인정할 때에는 공소사실 또는 적용법조의 추가 또는 변경을 요구하여야 한다」($^{제298조}_{제2항}$)고 규정하여 소송의 대상에 대한 법원의 직권행사를 인정하고 있다.

④ **증인신문에의 직권개입:** 증인신문에 있어서 재판장 또는 합의부원은 당사자의 신문이 끝난 후에 신문할 수 있고($^{제161조의2}_{제2항, 제5항}$), 필요하다고 인정할 때에는 어느 때나 신문할 수 있다($^{동조}_{제3항}$)고 규정하여, 심리의 원활한 진행과 실체진실의 발견을 위하여 법원의 직권적 개입을 인정하고 있다.

⑤ **증거동의와 진정성:** 증거동의($^{제318}_{조}$)는 소송경제를 도모하기 위한 당사자주의적 제도이나 법원이 진정한 것으로 인정할 때에만 효력이 있는데("증거로 할 수 있다"), 이는 직권주의적 요소로 볼 수 있다.

⑥ **피고인에 대한 보충신문:** 피고인신문 자체는 직권주의적 요소이다. 다만 형사소송법은 피고인신문의 방식으로 당사자주의적인 상호신문제도를 채택하면서도 재판장이 필요하다고 인정하는 때에는 피고인을 신문할 수 있게 하여 직권주의적 요소를 추가하였다($^{제296조}_{의2}$).

3. 형사소송의 기본구조에 관한 논의

(1) 학 설

형사소송의 기본구조는 당사자주의이고 직권주의적 요소는 당사자활동에 대한 보충적 역할을 한다고 보는 견해(다수설)와 형사소송의 기본구조는 직권주의이고 당사자주의적 요소의 확대는 직권주의에 대한 수정보완적 의미일 뿐이라는 견해가 대립하고 있다.

전자는 당사자대등주의 내지 무기평등의 원칙을 전제로 소송결과에 대하여 이해관계가 절실한 피고인이 검사와 대등한 입장에서 다툼으로써 실체진실의 발견에 보다 기여할 수 있고, 피고인의 인권보장에도 충실할 수 있다는 입장이다. 반면에 후자는 형사소송은 국가형벌권의 실현과정이므로 법원이 관여하는 것은 당연하며, 검사와 피고인의 실질적 평등은 어떤 노력에도 불구하고 실현될 수 없는 것이 현실이므로 법원의 직권개입을 통해서만 실체진실의 발견에 보다 접근할 수 있다는 입장이다.

(2) 판 례

헌법재판소는 「형사소송의 구조를 당사자주의와 직권주의 중 어느 것으로 할 것인가의 문제는 입법정책의 문제로서 우리나라 형사소송법은 그 **해석상 소송절차의 전반에 걸쳐 기본적으로 당사자주의 소송구조를 취하고 있는 것으로 이해되는바**, 당사자주의에 충실하려면 제1심법원에서 항소법원으로 소송기록을 바로 송부함이 바람직하다」($^{헌재 1995.11.30,}_{92헌마44}$)고 판시한 바 있고, 대법원도 「형사소송에 있어서는 입증책임의 분배를 엄격하게 따질 수는 없다고 할 것이나 **당사자주의를 그 소송구조로 하고 있는 현행 형사소송법 체계에서는** 소송범죄사실 또는 피고인의 변소사실이 증거가 없거나 불충분한 경우에 불이익을 받을 당사자는 바로 검사이거나 피고인이므로 공소범죄사실에 대한 입증책임은 검사에게 있다」(대판 1984.6.12, 84도796)고 하여 형사소송의 기본구조를 당사자주의로 파악하고 있는 것으로 보인다.

(3) 검 토

형사소송절차는 **공익의 보호**와 **개인의 인권보장**이라는 두 가치의 조화를 향해 진행되므로 현행법은 직권주의적인 대륙법체계와 당사자주의적인 영미법체계를 절충한 체계라고 할 수 있다. 그런데 국민참여재판을 계기로 증거조사를 피고인신문에 앞서 실시하는 등 대폭적으로 영미법계 제도를 받아들였다는 점에서 당사자주의가 기본이며 직권주의는 보충적 성격을 가진다고 보아야 할 것이다. 다만 주권은 국민에게 있고 모든 권력은 국민으로부터 나온다는 헌법의식이 고양된 오늘의 시점에서 **국가권력으로부터 국민을 어떻게 보호할 것인지 여부**(국가로부터의 자유)만이 중요한 문제가 아니라, 이제는 **국가가 범죄로부터 국민을 어떻게 보호할 것인지 여부**(국가에서의 자유)에 보다 더 큰 가치를 두는 논의와 입법이 필요하다. 즉 공권력의 확대에 따른 위험을 어떻게 통제할 것인가의 문제는 별론으로 하고, '**행복의 최대화**'보다는 '**불행의 최소화**'에 중점을 두는 피해자 중심의 사법, 즉 '증거능력판단의 주도권'을 피고인에게 맡기는 시스템이 아니라 국가(법원)가 맡는 시스템을 논할 시점이다.

제 2 절   형사소송의 기본이념

Ⅰ. 형사소송법의 목적

형사소송법은 국가의 형벌권을 구체적으로 실현하기 위한 절차를 규율하는 법으로서 다른 법과 마찬가지로 궁극적으로 정의실현이 목적이며, 다만 형사사법을 통하여 정의를 실현한다는데 특색이 있다. 따라서 한편으로는 공정하고 신속한 재판을 보장하며, 다른 한편으로는 **사회안전**과 **개인의 기본적 인권의 보장**이라는 두 가지 측면을 잘 조화시켜야 한다는 점이 강조되었다. 최근에는 형사소송법의 목적이 '사회적 정의의 실현이라는 의미에서의 법적 평화의 회복'에 있다는 점을 강조하는 견해도 등장하고 있다. 국가 형벌권실현의 측면에 치중하다보면 형사절차의 실체적 진실발견을 위한 기능적 효율성만을 강조하게 되고, 당사자의 주체적 참여를 무시한 채 가능한 한 많은 증거의 확보와 신속한 재판으로 사건을 처리하는 경향을 비판적으로 보기 때문이다.

물론 형사사건 처리과정에서 피의자·피고인의 권리침해가 **절대화된 정의**를 지향하는 태도에서 비롯된 것이라는 점도 부인할 수 없지만, 그동안 실체진실의 개념을 '적정절차＝인권보장'과 대치되는 개념으로 보았기 때문인 측면도 있다. 만일 실체적 진실주의와 피의자·피고인의 인권보장을 위한 적정절차의 원칙이 충돌하는 경우라면, 수사절차에서는 **적정절차의 원칙**이 더 철저히 준수되어야 하지만, 공판정에서는 **실체적 진실주의**가 보다 강조되어야 할 것이다.

왜냐하면 공판정에서 개인을 대신하여 형벌권을 행사하는 국가가 의심의 대상이 된다면, 그리고 이에 따라 피해자의 권리구제가 피고인의 권리보호와 동등한 취급을 받지 못한다면 국가형벌권의 기반 자체가 정당성을 잃게 되는 반면, 수사절차에서는 수사의 효율성을 강조하는 수사기관의 권한남용으로 인하여 피의자의 인권이 언제든지 침해될 가능성이 상존하므로 이에 대한 사법적 통제가 더 큰 의미를 가지기 때문이다. 다만, 수사의 효율성을 고려하면서도, 피의자의 인권을 어느 정도까지 충실히 보호할 것인가에 대한 판단은 구체적 사안마다 차이가 있고 사회적 인식수준에 따라 변화할 수 있으므로 매우 어려운 문제다.

☞ 현실적으로 수사단계에서 피의자의 진술을 촉진하기 위한 제도적 장치(예컨대 유죄답변협상)가 없을 뿐만 아니라 참고인의 출석을 강제하는 수단이나 수사과정에서 허위진술을 한 참고인을 처벌하는 조항도 없다. 물론 현행법상 수사기관은 긴급체포 이외에도 최장 30일간 구속(사법경찰관 10일 + 검사 20일)할 수 있으며, 참고인진술의 증거능력을 확보하기 위한 증거보전절차(제184조) 및 참고인에 대한 증인신문절차(제221조의2)가 인정되고 있다. 이는 수사기관이 구속기간 중 피의자신문을 하면서, 사건의 실체관계를 찾아내는 '수사 위주'의 패러다임이다. 그런데 조서의 증거능력을 규정하고 있던 2020년 개정 형사소송법 제312조 제1항의 개정 및 제2항의 폐지는 형사소송 실무의 커다란 변화라는 점에서, **'공판중심주의'** 구현을 위한 바람직한 제도적 대안 모색이 필요하다.

Ⅱ. 실체진실주의(實體眞實主義)

1. 의   의

형사소송법의 목적은 형벌권의 존부와 범위를 확정하여 형벌권을 정당하게 실현하는 데 있으므로 무엇보다도 실체적 진실 발견이 중요하다. 따라서 실체진실주의란 법원이 당사자의 사실상의 주장, 사실의 인부 또는 제출한 증거에 구속되지 않고 실질적으로 사안의 진상을 밝혀 객관적 진실을 발견하려는 소송법상의 원리를 의미한다.

2. 적정절차와의 관계

실체진실주의를 절차에 대한 실체우위의 원리로 이해한다면, 실체형성을 절차면에서 제약하는 적정절차원리와 조화되지 않는 것처럼 보인다. 실체적 진실만을 추구하면 적정절차와 신속한 재판의 이념이 후퇴할 수 있고, 반대로 적정절차와 신속한 재판을 강조하면 실체진실의 발견이 제한될 수 있기 때문이다. 이에 따라 통설은 수사활동 및 재판에 대한 인권보장적 관점에서, 실체진실주의를 적정절차의 범위내에서 추구되어야 하는 **소극적 실체진실**

주의로 파악하고 있다.

그러나 실체적 진실을 위하여 피의자·피고인의 인권을 무시할 수 없는 것처럼, 피의자·피고인의 인권을 위하여 실체진실을 희생시킬 수도 없으며, 양자의 조화로운 해석이 바람직하다.

☞ 그동안 피의자·피고인의 인권보장을 강조한 나머지 이론적 사고의 틀 속에 갇혀서 범죄로부터 고통받는 현실세계를 살피는 일에 소홀하지 않았는지, 대인적 수사인 피의자신문 통제만큼 실체적 진실발견을 위한 제도적 장치의 도입에도 관심을 기울였는지, 과학수사에 있어서 디지털 증거의 증거능력 인정에 과중한 요구를 하지 않았는지 고민해 볼 시기가 되었다.

3. 내　용

(1) 적극적 실체진실주의와 소극적 실체진실주의

적극적 실체진실주의란 범죄사실을 명백히 하여 죄있는 자를 빠짐없이 벌해야 한다는 관점으로 대륙법계 직권주의 소송구조의 요소다. 소극적 진실주의란 죄없는 자를 유죄로 판단해서는 안 된다는 관점으로서 '의심스러울 때는 피고인의 이익으로'라는 무죄추정의 원리에 따라 영미법계 당사자주의 소송구조의 요소다.

통설은 실체진실주의가 **소극적 실체진실주의**를 의미한다고 보지만, 실체진실의 개념이 '적정절차＝인권보장'과 대립되는 것은 아니다. 유무죄의 진실은 형사소송의 실체적 진실개념 그 자체인 동시에 형사소송의 목적이므로 이러한 구별은 무의미하다고 보아야 한다.

(2) 당사자주의와의 관계

실체진실주의는 실체적 진실을 발견하기 위하여 당사자의 주장이나 입증에 관계없이 직권으로 사실심리와 증거조사를 하는 직권주의를 전제한다. 문제는 당사자주의와도 조화될 수 있는지인데, 당사자주의도 이해관계가 있는 당사자의 공격과 방어에 의하여 보다 많은 증거가 법원에 제출될 수 있으므로 실체적 진실주의에 모순되는 것이 아니라 실체적 진실에 보다 적합한 구조로 보아야 한다. 다만, 현실적으로 피고인은 검사와 대등한 지위에서 방어할 능력을 가질 수 없으므로 순수한 당사자주의는 실체적 진실주의와 조화될 수 없다. 따라서 피의자·피고인의 지위강화 및 법원의 후견의무와 검사의 객관의무를 통하여 실질적인 당사자대등주의가 실현될 때에만 실체적 진실에 보다 가까이 접근할 수 있을 것이다.

4. 제도적 구현

(1) 수사단계

수사절차는 공소제기 또는 공판절차에 대한 준비절차로서 수집된 증거는 대부분 공판절차에서 결정적인 영향을 미치게 된다. 따라서 형사재판의 공정을 기하기 위해서는 수사단계에서부터 피의사실에 대한 진상 파악이 필요하다. 그런데 수사는 기본적 인권의 보장에 대한 배려가 전제되어야 하므로 원칙적으로 인권침해가 보다 적은 형태로 진행해야 한다. 이에 따라 형사소송법도 임의수사의 원칙($^{제199조}_{제1항\ 본문}$) 및 불구속수사의 원칙($^{제198조}_{제1항}$)을 규정하고 있고, 강제처분은 법률에 특별한 규정이 있는 경우에 필요한 최소한도의 범위안에서만 하도록 규정하고 있다($^{제199조}_{제1항\ 단서}$).

(2) 공소제기단계

실체적 진실발견을 위해서는 우선 그 사실이 명확하게 특정되어야 하므로 검사는 공소사실을 특정해야 하고($^{제254조}_{제3항}$), 법원도 심리의 경과에 비추어 상당하다고 인정할 때에는 공소장 변경을 요구할 수 있도록 규정하고 있다($^{제298조}_{제2항}$).

(3) 공판단계

실체진실 발견의 이념을 구현하기 위한 증거법의 대원칙으로, 형사소송법은 증거능력과 관련하여 합리적 사실인정을 위한 증거재판주의($^{제307}_{조}$), 증명력과 관련하여 자유심증주의($^{제308}_{조}$)를 규정하고 있다. 증거조사에 있어서도 당사자의 신청을 원칙으로 하면서 직권에 의한 증거조사를 규정하고 있고($^{제295}_{조}$), 피고인과 증인의 신문시에도 법원의 개입을 인정하고 있다($^{제287조,}_{제161조의2}$).

(4) 상소와 재심제도

형사소송법은 오판의 방지 및 시정을 위하여 미확정의 재판에 대한 상소제도($^{제361조의5,}_{제383조}$)와 유죄의 확정판결에 대한 재심제도($^{제420}_{조}$)를 규정하여 실체진실주의를 실현하고 있다.

5. 한   계

(1) 사실상의 제약

실체적 진실의 인정은 절대적 진실을 의미하는 것이 아니다. 사건의 소송적 처리를 가능하게 할 정도의 합리적 의심없는 고도의 진실이라는 개연성으로 족하다. 이는 법관 또한 인간의 능력과 한계를 넘을 수 없다는 사실상의 제약 때문이다.

(2) 형사소송의 다른 목적에 의한 제약

실체적 진실발견은 구속기간의 제한($^{제92조,\ 제202조,}_{제203조}$), 판결선고기간의 제한($^{소송촉신법}_{제21조}$), 피고인의 진술거부권($^{제289}_{조}$), 압수·수색·검증의 시간적 제한($^{제125조}_{제145조}$), 위법수집증거의 증거능력배제($^{제308조}_{의2}$), 공판조서의 절대적 증명력($^{제56}_{조}$) 등 소송법상 다른 목적에 의하여 제약을 받을 수 있다. 가정의 보호를 우선시하는 근친자의 형사책임과 증언거부조항($^{제148}_{조}$), 국가이익 유지를 우선시하는 공무상 비밀과 증인자격조항($^{제147}_{조}$), 업무자와 그 상대방의 신뢰관계를 보호하는 업무상 비밀과 증언거부조항($_조^{제149}$) 등도 해당된다.

Ⅲ. 적정절차(適正節次)의 원리

1. 의   의

적정절차 원리란 헌법정신을 구현한 공정한 법정절차에 의해서 국가형벌권이 실현되어야 한다는 원칙을 말한다. 이는 인권의 주체인 피의자·피고인의 인권을 보장하기 위한 **형사소송의 헌법화**를 의미한다. 헌법 제12조 제1항은 「누구든지 법률에 의하지 아니하고는 체포·구속·압수·수색 또는 심문을 받지 아니하며, 법률과 적법한 절차에 의하지 아니하고는 처벌·보안처분 또는 강제노역을 받지 아니한다」고 규정하고 있는데 이는 적정절차의 원칙에 대한 일반조항이라 할 수 있다.

참조판례 「헌법 제12조 제1항이 규정하고 있는 적법절차원칙은 형사소송절차에 국한되지 않고 모든 국가작용에 적용되며, 행정작용에 있어서도 적법절차원칙은 준수되어야 한다」($_{2006헌바91}^{헌재\ 2007.10.4.}$).

또한 헌법은 묵비권($_제2항^{동조}$), 영장주의($_제3항^{동조}$), 변호인의 도움을 받을 권리($_제4항^{동조}$), 체포·구속적부심사제도($_제6항^{동조}$), 무죄추정의 원칙($_제4항^{제27조}$) 및 형사보상청구권($_조^{제28}$) 등 형사피고인과 피의자의 기본권을 규정하고 있다. 이와 관련하여 현행 형사소송법 제308조의2(위법수집증거의 배제) 및 제312조(검사 또는 사법경찰관의 조서)에서 **'적법한 절차'**라는 표현을 사용하고 있는데, 그 의미가 불명확하지만 헌법 제12조 제1항을 구체화한 규정으로 보아야 할 것이다.

2. 제도적 취지

실체적 진실만을 형사소송의 유일한 목적으로 이해할 때에는 수사기관은 실체진실 발견을 위해서라면 가혹한 수단을 사용하게 되고, 법관도 범죄의 혐의를 밝히는 데 주력하여 피고인은 단순한 심리의 객체로 전락할 위험이 있다. 그러므로 적정절차의 원리 또 하나의 형사소송의 목적으로 강조하는 것은 독립된 권리를 가지고 방어권을 행사하는 소송주체로서의 피고인의 지위를 보장하는 데 그 취지가 있다.

3. 적정절차원리의 내용

적정절차원리의 내용은 포괄적이고 다의적이며, 역사적·사회적으로 형성된다. 무엇보다 국민의 자유와 정의에 대한 이해, 공정한 재판에 필요불가결한 권리가 무엇인지에 대한 당대의 사회적 인식에 따라 구체적으로 파악할 문제다.

(1) 수사단계

적정절차 원리에 따라 피의자 인권을 보장해야 할 필요성이 가장 절실한 분야가 강제수사이다. 형사소송법은 강제처분법정주의와 영장주의 원칙을 채택하고 있지만($제199조$), 법률에 규정된 강제처분이라고 할지라도 적법한 절차에 따라 적정하게 이루어져야 한다. 즉 수사상의 강제처분은 개별적인 상황을 고려하여 목적과 수단, 침해하는 사익과 공익 사이에 비례가 유지되어야 한다(비례성의 원칙). 이는 체포·구속, 압수·수색 등의 강제처분이 법적으로 허용되는 경우에도 그 명령과 집행 또는 계속에 대해 한계를 설정하는 기능을 한다($제308조의2$).

‖ 적정절차원리에 위배된다고 본 판례사안 ‖

㉠ 피고인의 소재를 확인할 수 없는 때 피고인의 진술 없이 재판할 수 있도록 제1심 공판의 특례를 규정한 구 소송촉진등에관한특례법 제23조 규정(헌재 1998.7.16, 97헌바22)

㉡ 피청구인이 청구인들로 하여금 경찰관에게 등을 보인 채 상의를 속옷과 함께 겨드랑이까지 올리고 하의를 속옷과 함께 무릎까지 내린 상태에서 3회에 걸쳐 앉았다 일어서게 하는 방법으로 실시한 정밀신체수색(헌재 2002.7.18, 2000헌마327)

㉢ 금치처분을 받은 수형자에 대하여 금치기간 중 운동을 금지하는 구 행형법시행령 제145조 제2항 중 운동부분(헌재 2004.12.16, 2002헌마478)

㉣ 검사실에서의 계구사용을 원칙으로 하면서 심지어는 검사의 계구해제 요청이 있더라도 이를 거절하도록 규정한 구 계호근무준칙(헌재 2005.5.26, 2004헌마49)

‖ 적정절차원리에 위배되지 않는다고 본 판례사안 ‖

㉠ 직접주의와 전문법칙의 예외를 규정한 형사소송법 제314조 규정(헌재 1998.9.30, 97헌바51)

㉡ 범죄의 피의자로 입건된 사람들로 하여금 경찰공무원이나 검사의 신문을 받으면서 자신의 신원을 밝히지 않고 지문채취에 불응하는 경우 벌금, 과료, 구류의 형사처벌을 받도록 하고 있는 경범죄처벌법 조항(헌재 2004.9.23, 2002헌가17)

㉢ 금치처분을 받은 수형자에 대하여 금치 기간 중 접견, 서신수발을 금지하고 있는 행형법시행령 제145조 제2항 중 접견, 서신수발부분(헌재 2004.12.16, 2002헌마478)

㉣ 법관 아닌 사회보호위원회가 치료감호의 종료여부를 결정하도록 한 사회보호법 규정(헌재 2005.2.3, 2003헌바1)

㉤ 기피신청이 소송의 지연을 목적으로 함이 명백한 경우에 신청을 받은 법원 또는 법관이 이를 기각할 수 있도록 규정한 형사소송법 제20조 제1항 규정(헌재 2009.12.29, 2008헌바124)

㉥ 수용자를 교정시설에 수용할 때마다 전자영상 검사기를 이용하여 수용자의 항문 부위에 대한 신체검사를 하는 것(헌재 2011.5.26, 2010헌마775)

(2) 공소제기단계

공소를 제기함에는 공소장을 관할법원에 제출하여야 하고($^{제254조}_{제1항}$), 공소장에는 사건에 관하여 법원에 예단을 생기게 할 수 있는 서류 기타 물건을 첨부해서는 아니된다($^{규칙 제118조}_{제2항}$). 이러한 공소장일본주의는 법관과 수사기관의 심증을 차단하여 법관이 양 당사자의 공격과 방어를 통하여 진실을 발견해야 한다는 요청을 절차상으로 반영한 것이다. 따라서 공소장에 범죄와 관계없는 전과를 기재하거나 기타 범인의 성격·경력·범죄의 동기 등을 기재하는 것은 법관에게 예단을 줄 수 있다는 점에서 허용되지 않는다.

(3) 공판단계

① **공정한 재판의 원칙:** 헌법 제27조 제1항은 「모든 국민은 헌법과 법률이 정한 법관에 의하여 법률에 의한 재판을 받을 권리를 가진다」라고 규정하여 재판청구권을 보장하고 있는데, 이 재판청구권에는 형사피고인의 공정한 재판을 받을 권리가 포함되어 있다. 여기서 공정한 재판이란 헌법과 법률이 정한 자격 및 신분이 보장된 독립된 법관에 의하여 그 양심에 따라 적법절차에 의하여 이루어지는 재판을 의미한다. 이러한 공정한 재판의 원칙은 공평한 법원의 구성과 피고인의 방어권보장을 그 내용으로 한다.

가) 공평한 법원의 구성: 독립된 법관에 의하여 인간의 존엄과 기본적 인권을 존중하며, 정의롭고 공평하게 재판이 행해져야 한다는 원칙을 말한다. 제척·기피·회피제도($^{제17조 내지}_{제24조}$) 및 관할이전제도($^{제15조}_{제2호}$)는 공평한 법원을 구성하기 위한 중요한 제도이다.

나) 피고인의 방어권보장: 제1회 공판기일의 유예기간($^{제269}_{조}$), 피고인의 공판정출석권($^{제276}_{조}$), 피고인의 진술권($^{제286}_{조}$)과 진술거부권($^{제283}_{조의2}$), 증거신청권($^{제294}_{조}$), 증거보전청구권($^{제184}_{조}$), 증거개시제도($^{제266}_{조의3}$) 등이 해당된다. 특히 검사와 피고인 사이의 실질적인 무기평등을 위하여 피고인에게 변호인의 조력을 받을 권리를 인정하고, 무자력인 피고인에게는 국선변호인을 선임해 주는 한편, 검사에게는 피고인의 정당한 이익을 옹호해야 할 객관의무를 부과하고 있다.

② **법원의 보호의무원칙**(후견의무): 피고인에게 방어준비의 기회를 부여하고 충분한 방어권을 보장해 주지 않으면 공정한 재판이라고 할 수 없다. 따라서 법원은 피고인에게 정당한 방어의 가능성을 고지하고 일정한 소송행위의 법적 결과를 설명하여 피고인이 권리를 행사할 수 있도록 알려 주어야 한다. 현행법상 법원의 후견의무는 고지의무와 통지의무 등으로 표현된다. 예컨대 피고인구금시 범죄사실의 요지 및 변호인선임권의 고지($^{제72}_{조}$), 피고인에 대한 진술거부권의 고지($^{제283}_{조의2}$), 증거조사결과에 대한 의견과 증거조사신청에 대한 고지($^{제293}_{조}$), 상소에 대한 고지($^{제324}_{조}$) 등이 여기에 해당한다.

③ **증거법칙:** 위법수집증거배제법칙($^{제308}_{조의2}$), 자백의 임의성법칙($^{제309}_{조}$), 전문법칙($^{제310}_{조의2}$) 등 증거능력을 제한하는 규정도 재판에 있어서 적정절차원리를 실현하기 위한 것이다.

4. 적정절차원리 위반에 대한 구제수단

(1) 위법수집증거의 증거능력 부정

통설 및 판례 모두 「헌법과 형사소송법이 정한 절차에 따르지 아니하고 수집된 증거는 기본적 인권 보장을 위해 마련된 적법한 절차에 따르지 않은 것으로서 원칙적으로 유죄 인정의 증거로 삼을 수 없다」(대판(전합) 2007.11.15, 2007도3061)는 입장이다. 이에 따라 2007년 개정 형사소송법은 위법하게 수집한 증거의 증거능력을 부정하는 규정(제308조의2)을 신설하였다.

(2) 상소이유·이의신청

적법절차에 위반하여 피고인의 방어권이 침해된 경우에는 상대적 상소이유가 되며 (제361조의5 제1호, 제383조 제1호), 재판장의 처분에 대하여는 이의신청(제304조)을 할 수 있다.

(3) 헌법재판 및 형법상의 범죄 성립

적정절차 원리에 대한 위반이 있는 경우에는 헌법소원 내지 위헌법률심판을 청구할 수 있다. 또한 수사기관이 위반한 때에는 경우에 따라 국가배상의 대상이 되거나 형법상의 불법감금죄 내지 직권남용죄가 성립할 수 있다.

Ⅳ. 신속한 재판의 원칙

1. 의   의

신속한 재판이란 적정한 재판을 확보함에 필요한 기간을 넘어 부당히 지연된 재판이 아닌 재판을 의미한다. 공정하고 신속한 재판이야말로 피고인의 권리보장을 위하여 가장 중요한 형사소송의 지도이념이다. 왜냐하면 형사소송의 목적은 절대적인 실체진실의 발견에 있는 것이 아니라 적정한 절차에 의한 정의로운 실체진실의 발견에 있는데, 이를 시간적 관점에서 제한하는 원리가 바로 신속한 재판원칙이기 때문이다. 현행 헌법 제27조 제3항도 「모든 국민은 신속한 재판을 받을 권리를 가진다」라고 규정하여 신속한 재판을 받을 권리를 형사피고인의 기본적 인권으로 보장하고 있다. 즉 신속한 재판 원칙은 헌법상 국민의 기본권 보장과 형사소송법의 목적에 따른 요청이다.

☞ 다만 헌법재판소는 재판지연에 대한 헌법소원심판청구에 대해 법원이 헌법 및 법률상으로 신속한 재판을 해야 할 작위의무가 존재하는지 여부에 관하여 「헌법 제27조 제3항 제1문의 신속한 재판을 받을 권리의 실현을 위해서는 구체적인 입법형성이 필요하며, 다른 사법절차적 기본권에 비하여 폭넓은 입법재량이 허용된다. 따라서 **법률에 의한 구체적 형성없이는 신속한 재판을 위한 어떤 직접적이고 구체적인 청구권이 발생하지 아니한다**」(헌재 1999.9.16, 98헌마75)고 판시하였다.

2. 신속한 재판의 필요성

신속한 재판 원칙은 주로 무죄의 추정을 받는 피고인의 이익을 보호하기 위하여 인정된 제도이나, 범죄의 예방·진압이라는 국가목적 및 증거에 의한 진실발견이라는 소송목적에도 근거가 있다. 다만, 신속한 재판만을 강조할 때에는 피고인의 방어권이 제약될 우려가 있으므로 신속한 재판을 통한 피고인의 권리보장과 형사사법의 효율성 사이의 충돌을 조화롭게 해결할 수 있는 방안이 모색되어야 할 것이다.

3. 재판의 신속을 위한 제도

(1) 수사의 신속을 위한 제도

① **수사기관의 구속기간 제한 등:** 형사소송법에 공소제기기간을 제한하는 규정은 없으나 검사와 사법경찰관의 구속기간을 제한하는 규정(제202조, 제203조)은 적어도 구속사건에 대해서는 간접적으로 수사를 신속하게 하는 의미를 가진다. 범죄의 경중에 따라 일정한 기간 동안 공소를 제기하지 않으면 공소권을 행사할 수 없게 하는 공소시효제도(제249조)도 신속한 재판의 요청에 부합한다.

② **기소편의주의와 기소변경주의:** 기소편의주의(제247조)는 공소제기 전에 일정한 사정(형법 제51조)을 참작하여 불기소처분을 통하여, 기소변경주의(제255조)는 공소제기 후에 발생한 사정의 변화를 참작하여 제1심 판결선고전까지 공소취소를 통하여 피의자 내지 피고인을 신속히 형사절차에서 벗어날 수 있게 해주므로 양자 모두 신속한 재판의 이념을 실현하는 제도라고 할 수 있다.

(2) 공판절차의 신속한 진행을 위한 제도

① **공판준비절차:** 공소장부본의 송달(제266조), 공판기일의 지정과 변경(제267조, 제270조), 공판기일전의 증거조사와 증거제출(제273조, 제274조), 공판준비기일(제266조의7) 등의 공판준비절차는 공판기일에서의 심리의 신속을 위한 제도이므로 신속한 재판 원칙에 부합된다.

② **궐석재판제도:** 구속된 피고인이 정당한 이유없이 출석을 거부하고 교도관리에 의한 인치가 불가능하거나 현저히 곤란하다고 인정되는 때에는 피고인의 출석없이 공판절차를 진행할 수 있고(제277조의2), 약식명령에 대하여 정식재판을 청구한 피고인이 공판기일에 2회 불출석한 경우에도 궐석재판이 허용된다(제458조 제2항). 또한 「소송촉진등에관한특례법」(소송촉진법)은 사형·무기 또는 장기 10년이 넘는 징역이나 금고에 해당하는 사건의 경우를 제외하고는 제1심 공판절차에서 피고인에 대한 송달불능보고서가 접수된 때부터 6월이 경과하여도 피고인의 소재를 확인할 수 없는 때에는 대법원규칙이 정하는 바에 따라 피고인의 진술 없이 재판할 수 있는 궐석재판제도를 택하고 있다(제23조).

③ **집중심리주의:** 집중심리주의란 심리에 2일 이상을 요하는 사건은 연일 계속하여 심리해야 한다는 원칙으로, 심리기간의 단축을 통해 신속한 재판을 실현하는 중요한 기능을 수행하는 제도이다($\frac{제267조}{의2}$).

④ **재판장의 소송지휘권:** 재판장의 공판기일의 지정($\frac{제267}{조}$)과 변경($\frac{제270}{조}$), 증거신청에 대한 결정($\frac{제295}{조}$), 불필요한 변론의 제한($\frac{제299}{조}$), 변론의 분리와 병합($\frac{제300}{조}$) 등에 대한 소송지휘권의 적절한 행사에 의하여 신속한 재판의 원칙이 실현될 수 있다.

⑤ **구속기간·판결선고기간의 제한:** 형사소송법은 심급에 따라 구속기간을 제한하고 있으며($\frac{제92}{조}$), 소송촉진법은 판결의 선고는 제1심에서는 공소가 제기된 날로부터 6월 이내에, 항소심과 상고심에서는 기록의 송부를 받은 날로부터 각 4월 이내에 하여야 하며($\frac{통법}{제21조}$), 약식명령은 그 청구가 있는 날로부터 14일 이내에 하여야 한다($\frac{통법}{제22조}$)고 규정하고 있다. 특히 현행 형사소송법은 「판결의 선고는 변론을 종결한 기일에 하여야 한다. 다만, 특별한 사정이 있는 때에는 따로 선고기일을 정할 수 있고, 그 선고기일은 변론종결 후 14일 이내로 지정되어야 한다」($\frac{제318조}{의4}$)고 규정하여 즉일선고를 원칙으로 하고 있다.

⑥ **증거동의제도:** 당사자가 증거로 함에 동의하면($\frac{제318}{조}$) 원진술자 또는 서류작성자를 공판정에서 증인으로 신문할 필요가 없으므로 당사자의 증거동의제도는 공판심리의 신속에 크게 기여한다. 왜냐하면 피고인측이 부동의하는 부분에 대하여만 증거조사를 하면 되므로 불필요한 심리절차로 인한 지연 없이 신속한 재판이 가능하게 되기 때문이다.

⑦ **공판조서의 절대적 증명력:** 공판기일의 소송절차로서 공판조서에 기재된 것은 그 조서만으로써 증명을 허용하고 있다($\frac{제56}{조}$). 이는 공판조서에 대하여 사전에 그 정확성을 보장하고 상소심의 판단자료를 공판조서에 한정하여 상소심에서의 심사의 편의를 도모하기 위한 규정이지만, 공판조서에 대하여 절대적 증명력을 인정함으로써 간접적으로 공판심리의 신속에 기여하는 제도로 볼 수 있다.

(3) 상소심재판 등의 신속을 위한 제도

형사소송법이 상소기간($\frac{제358조}{제374조}$), 상소기록의 송부기간($\frac{제361조}{제374조}$), 상소이유서 또는 답변서제출기간($\frac{제361조의3,}{제379조}$) 등 상소에 대한 기간을 제한하거나, 상소이유($\frac{제361조의5,}{제383조}$) 내지 상소심의 심판범위($\frac{제364조 제1항,}{제384조}$)를 제한하는 것도 신속한 재판 실현에 기여한다.

> 참조판례 「검사와 피고인 쌍방이 항소한 경우에 제1심 선고 형기 경과 후 2심 공판이 개정되었다고 해서 이를 위법이라 할 수 없고, 신속한 재판을 받을 권리를 박탈한 것이라고 할 수 없다」($\frac{대판 1972.5.23,}{72도840}$).

(4) 기   타

대표변호인제도($\frac{제32}{조의2}$), 소송지연목적의 법관기피신청에 대한 간이기각제도($\frac{제20조}{제1항}$), 단독판사의 합의부로의 사건이송($\frac{제8조}{제2항}$), 서류작성의 간소화($\frac{제41조 제3항, 제52조,}{제57조 제2항}$), 법원합의부가 심판하는 경우 간이공판절차에 의한 심판의 허용($\frac{제286}{조의2}$) 규정은 신속한 재판을 위함이다.

4. 재판지연의 판단기준 및 그 구제책

(1) 재판지연의 판단기준

신속한 재판의 원칙에 위배되지 않으면서 심리에 필요한 정도로 적정한 재판 진행 기준은 심리의 방법과 사건의 성질을 고려하여 구체적으로 판단할 수밖에 없다. 판례는 제1심 선고형기를 경과한 후에 제2심 공판이 개정되었다고 하여 반드시 위법한 것은 아니고 ($\frac{대판 1972.5.23,}{72도840}$), 구속사건에 대하여도 법원이 구속기간내에 재판을 하면 되는 것이고 구속만기 25일을 앞두고 제1회 공판이 있었다하여 헌법에 정한 신속한 재판을 받을 권리를 침해하였다고 볼 수 없다($\frac{대판 1990.6.12,}{90도672}$)는 입장이다.

(2) 재판지연의 구제책

신속한 재판을 받을 권리는 피고인의 헌법상 권리이므로($\frac{헌법 제27조}{제3항}$) 정당한 이유없이 현저하게 지연된 형사재판은 명백한 헌법위반이다. 그러나 현행 형사소송법은 신속한 재판을 받을 권리를 침해한 경우의 구제책에 대하여 아무런 규정도 두고 있지 않다. 다만 형사소송법이 공소시효에 관하여 공소제기된 범죄가 판결의 확정없이 25년을 경과한 때에는 공소시효가 완성된 것으로 보는 규정($\frac{제249조}{제2항}$)을 두고 있는 점을 미루어 볼 때 공소시효 기간에 이르지 않는 정도의 재판지연은 면소판결 또는 공소기각 판결 등 형식판결을 할 것이 아니라 양형에서 고려하는 것이 타당할 것이다.

제2편
수사

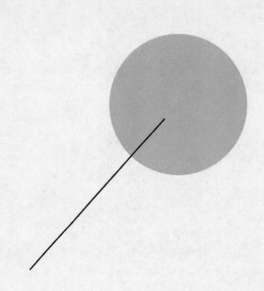

02

CHAPTER 01   수사의 기본이론

제1절 총 설

Ⅰ. 수사의 의의

수사(Investigation)란 범죄의 혐의유무를 명백히 하여 공소의 제기 및 유지여부를 결정하기 위하여 범인을 발견·확보하고 증거를 수집·보전하는 수사기관의 활동을 말한다. 이러한 수사는 공소제기 전에 공소제기 여부를 결정하기 위하여 이루어지는 것이 통상적이지만, 공소를 제기한 후에 행하는 공소유지를 위한 보강수사는 물론 공소를 제기한 후에 진범이 나타나서 공소취소여부를 결정하기 위하여 행하여질 수도 있다. 그러나 공소제기 후에 무제한적 수사를 인정한다면, 공판절차가 검사의 주도하에 놓이게 되므로 공소제기 후 수사기관의 수사는 필요최소한도로 인정하여야 하고, 임의수사에 한정되어야 할 것이다.

Ⅱ. 수사구조론(搜査構造論)

1. 의   의

수사구조론이란 수사절차가 전체로서의 형사사법절차 가운데 어떠한 위치를 차지하는가, 수사과정에서 수사기관과 피의자의 관계를 어떻게 파악해야 하는가, 이와 관련하여 수사방법으로서 강제수사를 어떠한 범위내에서 허용해야 하는가 등에 대한 논의를 말한다. 이러한 수사구조론의 논의는 수사의 현상을 설명하는 이론에 그치는 것이 아니라, 오히려 수사절차의 개선을 요구하는 정책론으로서의 의미를 가지는 데 참된 가치가 있다.

2. 규문적 수사관과 탄핵적 수사관

수사절차란 수사기관이 피의자를 조사하는 절차로서 수사기관의 고유한 권능으로 강제처분의 권한이 인정되지만 그 남용 방지를 위하여 법관에 의한 억제가 행해진다고 보는 **규문적 수사관**과 수사는 수사기관이 단독으로 행하는 공판의 준비절차에 불과하므로 피의자도 독립하여 준비활동을 할 수 있고 강제처분도 장래의 재판을 위하여 법원이 행한다는 **탄핵적**

수사관이 있다. 구별의 실익은 전자에 따르면, 수사기관의 권한을 통제하기 위한 법관의 영장에 대한 심사는 형식적 합법성의 유무에 한정되므로 형식적 요건이 구비되면 허가해야 하는 **허가장**에 불과한 반면, 후자에 따르면, 강제처분은 법에 의하여 법관만이 권한을 가지고 있으므로 영장의 성질은 그 집행을 수사기관에게 명령하는 **명령장**이고 체포 등의 필요성에 관한 판단 권한도 법관에게 있다는 입장이다.

> ☞ 최근에는 수사의 독자성을 강조하는 **소송적 수사관**도 주장되고 있는데, 소송적 수사관은 수사절차를 공판절차와 준별되는 독립된 절차로 파악하여 수사란 범죄의 혐의를 명백히 하여 기소·불기소를 결정하는 일련의 독자적인 과정으로 본다. 그 결과 수사는 검사를 정점으로 하여 사법경찰관과 피의자(변호인)가 대립하는 3면구조일 것을 요하며, 피의자는 수사의 객체가 아니라 수사의 주체가 되어야 한다고 한다. 그러나 이러한 소송적 수사관은 수사의 주체가 경찰인 일본과 달리 검사가 수사의 주재자이며 사법경찰관에게 '**독자적인 수사권의 귀속주체성**'이 인정되지 않는 현행 형사소송법구조하에서는 그 이론적 전제를 결하고 있고, 피의자를 수사의 주체로 볼 수 없다는 등의 비판을 받고 있다.

3. 수사구조론과 영장의 성질

(1) 규문적 수사관으로 이해하는 견해

수사기관의 청구에 의하여 판사가 발부한 체포영장 또는 구속영장의 성질을 **허가장**으로 보는 견해이다(다수설). 그 근거로 ⊙ 현행법상 수사의 주체, 즉 피의자에 대한 구속의 주체는 수사기관이며, ⓒ 수사기관이 구속영장을 발부받은 후에도 피의자를 구속하지 아니할 수 있다고 명문으로 규정하고 있고($^{제204}_{조}$), ⓒ 명령장설에 의하면 긴급체포 또는 현행범인의 체포후에 발부되는 영장의 성질을 합리적으로 설명하기 불가능하다는 점 등을 들고 있다.

> **참조판례** 대법원도「형사소송법 제215조에 의한 압수·수색영장은 수사기관의 압수·수색에 대한 허가장으로서 거기에 기재되는 유효기간은 집행에 착수할 수 있는 종기를 의미하는 것일 뿐이다」(대결 1999.12.1, 99모161)라고 하여, 허가장설을 취하고 있고, 헌법재판소도「법원이 직권으로 발부하는 영장은 명령장으로서의 성질을 갖지만 수사기관의 청구에 의하여 발부하는 구속영장은 허가장으로서의 성질을 갖는다는 점에서 구별된다」(헌재 1997.3.27, 96헌바28)고 판시한 바 있다.

(2) 탄핵적 수사관으로 이해하는 견해

수사기관의 청구에 의하여 판사가 발부한 체포영장 또는 구속영장을 **명령장**으로 이해하는 견해이다. 그 근거로 ⊙ 허가장설은 수사의 주체(수사기관)와 구속(강제처분)의 주체(법원)를 혼동하고 있으며, ⓒ 제204조의 규정은 불구속수사의 원칙을 최대한으로 실천하기 위하여 집행기관인 검사에게 영장집행시에 재량권을 인정한 것에 불과하며, 오히려 서면통지규정은 법관의 명령장인 구속영장을 전제로 하는 구속의 집행기관인 검사에게 의무를 부과한 것으로 보아야 한다는 점 등을 들고 있다.

(3) 검   토

공정한 제3자로서의 법관을 수사에 개입시킬 때 수사권의 남용을 억제할 수 있다는 탄핵적 수사관도 일리가 있으나, 수사절차는 공판의 준비절차이지 공판절차가 아니므로 소송구조와는 본질적으로 상이한 수사의 구조를 굳이 소송구조에 대한 논의에 맞추어 설명하기보다는 피의자의 인권보장에 대하여 현행법이 어떠한 입장을 취하고 있는지를 살펴보는 것이 보다 실천적 의미를 가진다고 본다.

4. 피의자의 지위

(1) 피의자(被疑者)의 개념

피의자란 수사기관에 의하여 범죄혐의를 받고 수사의 대상으로 되어 있는 자를 말한다. 실무상 수사기관이 범죄를 인지하고 수사를 개시하는 때에는 범죄인지서(검사의 경우) 또는 범죄인지보고서(사법경찰관의 경우)를 작성해야 하는데, 수사기관이 범죄를 인지하는 것을 실무상 **입건**(立件)이라고 하며, 입건 이전의 조사를 **내사**(內査)라고 한다. 그리고 이러한 내사를 받는 자를 피내사자라고 하며 피내사자는 입건에 의하여 피의자로 된다. 이처럼 피의자는 수사개시 이후를 의미한다는 점에서 피내사자(용의자)와 구별되고, 공소제기 이전의 개념이라는 점에서 피고인과도 구별된다.

한편 고소 · 고발사건의 경우에는 즉시 수사가 개시되고 피고소인 등은 피의자의 지위를 가지게 되므로 수사기관에 고소 · 고발이 접수 · 수리될 때 피의자의 지위가 발생하며, 수사기관에 인지되기 전에 범인이 수사기관에 자수한 경우에도 자수한 시점으로부터 피의자의 지위가 발생한다고 보아야 할 것이다.

(2) 피의자의 형사절차상 지위

① **수사대상으로서의 지위**(기본적 지위): 현행 형사소송법상 피의자는 기본적으로 수사의 대상에 불과하며 수사의 주체는 아니다. 따라서 피의자는 수사기관의 필요한 수사를 받아야 하며(제199조), 체포 · 구속의 객체로도 되고(제200조의2, 제200조의3, 제201조, 제212조), 또 압수 · 수색 · 검증을 받는 등(제215조) 조사의 객체로서의 성격도 가지고 있다.

② **준당사자적 지위**: 피의자의 지위가 기본적으로 수사의 대상임에 불과하다 할지라도 장차 피고인으로서 소송당사자가 될 자이며, 특히 수사에 있어서 인권의 보장을 위하여 피의자의 지위를 충분히 고려할 필요가 있다. 현행 형사소송법은 변호인선임 및 선임의뢰권(제30조 제1항, 제209조, 제90조), 증거보전청구권(제184조), 체포 · 구속적부심사청구권(제214조의2), 구속의 취소청구권(제209조, 제93조), 변호인 등과의 접견교통권(제209조, 제89조, 제91조), 진술거부권(제244조의3), 압수 · 수색 · 검증에의 참여권(제219조, 제121조)과 같은 권리를 인정하고 있다. 특히 변호인선임권(헌법 제12조 제4항), 체포 · 구속적부심사청구권(동종 제6항), 진술거부권(동종 제2항) 등은 헌법상 기본으로 보장되고 있다. 또한 피의자는 피의자신문

을 위한 출석요구를 거부할 수 있고, (체포·구속되지 않는 한)피의자신문의 장소에서 언제든지 퇴거할 수 있으므로 피의자신문절차에 있어서 아무런 수인의무가 없다. 따라서 현행법상 피의자는 수사의 주체는 아니라 할지라도 **준당사자적 지위**에 있다.

III. 수사의 조건

수사는 어떠한 형태로 진행되든 언제나 인권침해의 위험을 수반하기 때문에 수사를 개시하고 실행하기 위해서는 일정한 전제조건이 요구된다. 현행 형사소송법 제199조 제1항 제1문은 「수사에 관하여는 그 목적을 달성하기 위하여 필요한 조사를 할 수 있다」라고 규정하고 있다. 그런데 수사의 궁극적 목적이 범죄혐의의 유무를 명확히 하는 데 있다면, 적어도 수사는 범죄의 혐의가 존재한다는 인식에서 출발해야 하고, 수사의 목적달성을 위하여 필요한 경우에 한하여(수사의 필요성), 상당한 범위내에서만(수사의 상당성) 허용된다는 의미로 보아야 할 것이다.

1. 내사(內査)와의 구별

(1) 내사의 개념

내사란 수사기관이 범죄혐의를 확인하기 위하여 범죄 인지 전(前)의 단계에서 수행하는 조사활동을 말한다. 검찰·경찰 등 수사기관은 범죄에 관한 신문, 기타 출판물의 기사나 익명의 신고 또는 풍설 등 고소·고발이나 자수 이외의 수사 단서가 있는 경우에 일단 그 진상을 내사한 후 범죄의 혐의가 있다고 인정할 때에는 입건하여 수사를 개시하고, 혐의가 없거나 입건의 필요 또는 가치가 없다고 판단되면 내사를 종결한다.

그런데 실무상 거의 모든 종류의 인지사건은 입건에 앞서 관념상으로는 일단 내사단계를 거치게 되는데, 아직 입건 전의 내사단계라고 하더라도 당사자에게 출석요구를 하거나 예금계좌에 대한 압수·수색을 실시하고, 중요관계인에 대한 출국금지까지 하는 등 실질적인 수사활동을 하고 있다는 점 등을 고려할 때, 적법절차를 통한 인권보장의 측면에서 큰 문제점을 지니고 있다.

(2) 수사와 내사의 구별기준

내사는 주관적인 혐의조차 인정되지 않는 입건 전 조사의 단계로서, 입건 후의 수사와는 명백히 구별되는 개념이라는 **형식설**(종래의 통설)과 내사를 수사와 구별하지 않고 형사소송법상 수사일반의 문제로 취급하는 **실질설**이 대립하고 있다. 이에 대하여 **판례**는 「범죄의 인지는 실질적인 개념이므로 검사가 범죄인지서를 작성하기 전에 검사가 범죄의 혐의가 있다고 보아 수사를 개시하였다면, 이때에 범죄를 인지한 것으로 보아야 하며, 인지절차가 이루어지기 전에 수사를 하였다는 이유만으로 그 수사가 위법하다고 볼 수는 없고, 따라서 그 수사과정에서 작성된 피의자신문조서나 진술조서 등의 증거능력도 이를 부인할 수 없다」(대판 2001.10.26, 2000도2968)라고 판시하고 있는데, 범죄인지서를 작성하기 전이라도 수사가 가능하다는 입장이므로 실질설을 취하였다고 보아도 무리가 없을 것이다. 다만, 수사 이전단계인 피내사자는 증거보전을 청구할 수 없고(대판 1979.6.12, 79도792), 재정신청을 할 수 없다(대판 1991.11.5, 91모68)고 보아야 한다.

☞ 기존의 수사단서와 관련된 자료수집행위를 단계적으로 살펴보면, ㉠ 첩보나 소문 등에 따른 기초적 조사단계, ㉡ 피해자의 고소 또는 고발로 범죄사실이 수사기관에 알려지거나 진정이나 소문 등을 수집한 수사기관이 자료수집에 착수하고 피해자나 고발자, 관련 참고인의 진술을 듣고 관련 물증 등을 수집하여 범죄 혐의자가 누구인지를 확인하는 단계, ㉢ 구체적으로 특정된 혐의자를 조사하는 단계로 나눌 수 있는데, 그동안 우리나라의 수사실무는 주로 ㉢을 중심으로 이루어져 왔으며, 수사기관의 주관적 범죄혐의에 기초한 침해적 행위가 시작되는 시점인 ㉡에 대해서는 내사 기타 사유로 수사에서 중요한 의미가 부여되지 못한 것이 사실이다. 그러나 형사소송법 제196조 및 제197조가 "...... 범죄의 혐의가 있다고 사료하는 때에는 범인, 범죄사실과 증거를 수사한다"라고 규정하고 있는데, 이 경우 수사개념의 핵심표지는 '범죄의 혐의가 있다고 사료하는 때'이므로, **입건**이라는 형식적 절차에 좌우되는 것이 아닐 뿐더러, '입건'이라는 개념도 범죄혐의가 있다고 사료하게 된 이후에 취하게 되는 절차의 한 단계에 불과하다. 따라서 내사라는 명분하에 실질적인 수사활동을 하고 있는 실무 및 사건관계인의 인권보호차원 등을 고려할 때, 어느 정도 내사가 진행된 경우에는 수사의 범주에 포함시키는 것이 타당하다. 따라서 이제는 ㉡ 부분과 ㉢ 부분을 모두 수사의 한 형태로 보되, 일반 형사사건의 경우 ㉢ 부분보다는 ㉡ 부분을 중심으로 수사를 진행하는 것이 조서의 증거능력을 엄격히 제한한 개정 형사소송법의 취지 및 기존의 자백위주의 수사관행을 탈피하는 지름길이 될 것이다.

2. 수사의 필요성

수사기관은 수사에 관하여 그 목적을 달성하기 위하여 필요한 조사를 할 수 있다(제199조 제1항 본문). 형사소송법은 특히 피의자신문을 위한 출석요구(제200조)와 참고인진술을 듣기 위한 출석요구(제조)의 경우에 수사의 필요성을 명문으로 규정하고 있다. 그러나 수사기관이 아무리 수사의 필요성을 인정한다고 하더라도 강제처분은 형사소송법에 특별한 규정이 없으면 하지 못한다(제199조 제1항 단서).

(1) 범죄혐의의 존재

수사는 수사기관이 「범죄의 혐의가 있다고 사료하는 때」(제196조, 제197조 제1항)에 개시할 수 있다. 따라서 범죄의 혐의가 없는 것이 명백한 사건에 대하여는 수사가 허용되지 않는다. 이러한 수사개시를 위한 범죄혐의는 수사기관의 **주관적 혐의**를 의미하며, 아직 객관적 혐의로 발전함을 요하지 아니한다. 그러나 수사기관의 주관적 혐의만으로 수사를 인정하는 것이 수사기관의 자의적 혐의를 허용하는 것은 아니므로, 이는 구체적인 사실에 근거를 둔 것이어야 한다. 따라서 범죄의 혐의는 주위의 사정을 합리적으로 판단하여 그 유무를 결정해야 할 것이다.

(2) 소송조건의 결여와 수사의 필요성 유무

① **일반적 소송조건과 수사와의 관계:** 수사는 공소제기의 가능성이 있음을 요건으로 하므로 공소제기의 가능성이 없는 사건에 대하여는 수사가 허용되지 않는다. 여기서 처음부터 당해 사건에 대하여 법원이 적법하게 심리와 재판을 행하기 위한 조건인 소송조건이 결여된 경우에도 수사의 필요성을 인정할 수 있는지 문제된다. 왜냐하면 소송조건은 공소제기의 조건이며 실체심판의 조건이지 수사의 조건은 아니기 때문이다.

그런데 수사절차를 공판절차와 분리된 독립의 절차라고 보면 수사조건은 수사절차의 개시와 진행을 위한 조건이지 소송조건은 아니므로 소송조건이 결여되더라도 수사의 필요성은 인정될 수 있다고 볼 수도 있다. 그러나 수사절차는 공판절차를 위한 준비단계로서 독자적인 의미를 가지는 것이 아니므로 소송조건의 결여로 인하여 공소제기의 가능성이 없는 때에는 수사도 허용되지 않는다고 보아야 할 것이다. 다만 피의사건에 대하여 면소판결의 사유인 실체적 소송조건이 결여된 경우, 검사는 공소권없음을 이유로 불기소처분을 하여야 하므로 실체적 소송조건은 수사의 조건으로 되는 등 예외적으로 소송조건이 수사의 조건으로 되는 경우도 있다.

② **친고죄와 반의사불벌죄:** 친고죄의 경우에 고소가 없거나 반의사불벌죄의 경우에 처벌을 희망하지 아니하는 의사표시가 있는 경우에도 수사의 필요성을 인정하여 수사할 수 있는지 여부가 문제된다. 왜냐하면 고소는 수사의 단서에 불과하지만, 친고죄에 있어서 고소는 소송조건이므로 고소가 없으면 공소를 제기할 수 없기 때문이다. 그리고 반의사불벌죄에 있어서 처벌을 희망하지 아니하는 의사표시가 있는 경우에도 동일하게 유추할 수 있는지에 대하여 논란이 있다.

가) 학   설: 친고죄의 고소나 반의사불벌죄에 있어서 처벌의사표시의 부존재는 수사가 종결되어 공소제기여부를 결정하는 시점에서 의미를 가지는 것이므로 이는 공소제기의 조건이지 수사의 조건이 아니므로 임의수사는 물론 강제수사도 일반적으로 허용된다는 **원칙적** (전면)**허용설**도 있다. 그러나 국가형벌권의 실현이라는 형사절차의 목적에 비추어 볼 때 사인의 고소나 처벌희망의사표시에 대한 법적인 효력의 부여는 제한된 범위에 그쳐야 하므로 친고죄나 반의사불벌죄의 경우에 고소나 처벌희망의 의사표시가 없더라도 원칙적으로 수사는 허용되지만, 고소의 가능성이 없는 때에는 수사가 허용되지 않으니 제한되어야 한다는 **제한적 허용설**이 통설이다. 후자의 견해는 다시 고소나 고발의 가능성이 있을 때에 한하여 임의수사는 물론 강제수사도 허용된다는 견해(다수설), 고소나 고발의 유무와 관계없이 임의수사는 가능하지만 강제수사는 허용되지 않는다는 견해(강제수사 제한설), 원칙적으로 수사를 허용하되 예외적으로 장차 고소나 고발의 가능성이 전혀 없는 경우에만 수사가 허용되지 않는다는 견해 등으로 나누어진다.

나) 판   례: 대법원도「친고죄나 공무원의 고발이 있어야 논할 수 있는 범죄에 있어서 고소 또는 고발은 이른바 소추조건에 불과하고 당해 범죄의 성립요건이나 수사의 조건은 아니므로 위와 같은 범죄에 관하여 고소나 고발이 있기 전에 수사를 하였다고 하더라도 그 수사가 장차 고소나 고발이 있을 가능성이 없는 상태에서 행해졌다는 등의 특단의 사정이 없는 한 고소나 고발이 있기 전에 수사를 하였다는 이유만으로 그 수사가 위법하다고 볼 수 없고 따라서 수사당시 작성된 피의자신문조서의 증거능력도 부정할 수 없다」(대판 1995.2.24, 94도252,)거나 「고발이 있기 전에 수사를 했다고 하여도 공소제기의 효력에 영향을 미치지 않는다」(대판 1995.3.10, 94도3373)고 판시하는 등 제한적 허용설의 입장을 따르고 있다.

다) 검   토: 원칙적 허용설은 피해자의 의사존중이라는 친고죄의 입법취지를 무시하고 공소제기의 가능성이 없는 수사까지 허용한다는 점에서 부당하므로 고소의 가능성 유무에 따라 판단하는 제한적 허용설이 타당하다.

3. 수사의 상당성

(1) 의   의

수사의 상당성이란 수사의 방법이 사회적으로 정당시되는 것이어야 한다는 것을 말한다. 이러한 수사의 상당성은 **수사의 신의칙**과 수사는 그 목적달성을 위하여 필요한 최소한도에 그쳐야 하며, 수사를 위하여 불가피하게 침해될 개인이나 공공의 이익과 수사활동을 통하여 얻을 형사법적 이익이 형평을 이루어야 한다는 **수사비례의 원칙**을 그 내용으로 한다. 이에 개정 형사소송법(법률 제18862호, 2022. 5. 9. 일부개정)은 수사기관의 별건수사와 사실상의 자백강요 등의 폐단을 없애기 위해 수사기관의 준수사항으로 '수사기관은 수사 중인 사건의 범죄혐의를 밝히기 위한 목적으로 합리적인 근거없이 별개의 사건을 부당하게 수사하여서는 아니되고, 다른 사건의 수사를 통하여 확보된 증거 또는 자료를 내세워 관련없는 사건에 대한 자백이나 진술을 강요하여서는 아니된다'는 규정을 신설하였다(제198조 제4항). 따라서 수사기관이 함정수사의 방법으로 수사를 행하는 것이 수사의 상당성에 반하는 것은 아닌가 하는 문제가 생긴다.

(2) 함정수사(陷穽搜査)

사 례

마약전과가 있는 甲은 손을 씻고 착실히 살고 있는데, 마약감시반인 丙으로부터 아편을 꼭 구해달라는 부탁을 받고 감방동료였던 마약중개상 乙에게 의뢰하였더니 乙은 아편 10그램을 타인으로부터 입수하여 이것을 甲에게 판매하였고, 다시 甲은 이것을 마약감시반원인 丙에게 건네주었다. 이에 검사가 甲과 乙을 아편소지죄로 구속·기소한 경우 법원은 어떠한 조치를 취해야 하는가?

① **의   의**: 함정수사라 함은 마약사범 또는 밀수사범과 같이 범죄가 은밀하게 행하여지는 관계로 통상의 수사방법으로는 범인을 발견하기 곤란할 때, 수사기관 또는 그 하수인이 신분을 감추고 범죄를 교사하거나 범죄를 행할 기회를 제공한 후 그 실행을 기다렸다가 범인을 체포하는 수사방법을 말한다. 이러한 함정수사에는 이미 범죄결의를 가지고 있는 사람에 대하여 범죄를 범할 기회를 부여하는 **기회제공형 함정수사**와 전혀 범죄의사가 없는 사람에게 새로운 범죄의사를 유발하는 **범의유발형 함정수사**가 포함된다는 것이 다수설이지만, 범의유발형만을 함정수사로 보는 견해도 있다. 판례는 후자의 입장이다(대판 2004.5.14, 2004도1066).

② **함정수사의 한계(허용범위)**: 수사기관이 함정수사의 방법으로 수사를 행하는 경우 수사의 상당성 중 수사의 신의칙에 반하는 것은 아닌지 논란이 있다. 이에는 함정수사의 대상자인 피유인자의 주관 내지 내심의 의사를 기준으로 기회제공형 함정수사는 수사의 상당성을 충족하여 적법하지만, 범의유발형 함정수사는 범죄방지의무가 있는 수사기관이 오히려 범죄를 유발·조장하는 것으로서 수사의 상당성을 결한 것이므로 허용되지 않는다는 **주관설**, 수사기관 등 함정수사의 유인자가 피유인자를 함정에 빠뜨릴 때에 취한 행동에 중점을 두어 객관적으로 유인자의 행위가 통상의 일반인도 범죄를 저지르게 할 정도의 설득 내지 유혹의 방법을 사용한 경우에는 위법하다는 **객관설**이 주장되고 있으나, 주관적 기준과 객관적 기준을 종합하여, 범의유발형의 함정수사는 원칙적으로 위법하다고 보아야 하지만, 범죄의 태양·함정수사의 필요성·법익의 성질·남용의 위험성을 종합하여 기회제공형 함정수사의 한계를 정해야 한다는 **종합설**이 통설이다. 따라서 기회제공형 함정수사를 인정하더라도 범의유발형 함정수사와의 구별의 모호성 등을 고려할 때, 마약·밀수·조직범죄 등의 경우에만 제한적으로 허용하는 것이 타당할 것이다.

판례도 「본래 범의를 가지지 아니한 자에 대하여 수사기관이 사술이나 계략 등을 써서 범의를 유발하게 하여 범죄인을 검거하는 함정수사는 위법한바, 구체적인 사건에 있어서 위법한 함정수사에 해당하는지 여부는 해당 범죄의 종류와 성질, 유인자의 지위와 역할, 유인의 경위와 방법, 유인에 따른 피유인자의 반응, 피유인자의 처벌 전력 및 유인행위 자체의 위법성 등을 종합하여 판단하여야 한다」(대판 2013.3.28, 2013도1473)는 입장이다(종합설).

‖ 위법한 힘징수사에 해당하시 않는다고 본 판례사안 ‖

㉠ 甲이 수사기관에 체포된 동거남의 석방을 위한 공적을 쌓기 위하여 乙에게 필로폰 밀수입에 관한 정보제공을 부탁하면서 대가의 지급을 약속하고, 이에 乙이 丙에게, 丙은 丁에게 순차 필로폰 밀수입을 권유하여, 이를 승낙하고 필로폰을 받으러 나온 丁을 체포한 경우(대판 2007.11.29, 2007도7680)

㉡ 경찰관이 취객을 상대로 한 이른바 부축빼기 절도범을 단속하기 위하여, 공원 인도에 쓰러져 있는 취객근처에서 감시하고 있다가, 마친 피고인이 나타나 취객을 부축하여 10m 정도를 끌고

가 지갑을 뒤지자 현장에서 체포한 경우(대판 2007.5.31,/2007도1903)

ⓒ 수사기관이 이미 범행을 저지른 범인을 검거하기 위해 정보원을 이용하여 범인을 검거장소로 유인한 경우(대판 2007.7.26,/2007도4532)

ⓔ 유인자가 수사기관과 직접적인 관련을 맺지 아니한 상태에서 피유인자를 상대로 단순히 수차례 반복적으로 범행을 부탁하였을 뿐 수사기관이 사술이나 계략 등을 사용하였다고 볼 수 없는 경우(대판 2008.7.24,/2008도2794)

‖ 위법한 함정수사에 해당한다고 본 판례사안 ‖

㉠ 경찰관들이 노래방 단속 실적을 올리기 위하여 평소 손님들에게 도우미 알선 영업을 해 왔다는 자료나 첩보가 없음에도 노래방에 손님을 가장하고 들어가 도우미를 불러 줄 것을 요구한 후 이를 단속한 경우(대판 2008.10.23,/2008도7362)

③ **위법한 함정수사와 공소제기:** 범의유발형 함정수사는 위법하므로 이에 의한 체포·구속은 위법하다. 따라서 체포·구속된 피의자는 함정수사를 이유로 구속취소의 청구(제93조,제209조), 체포·구속적부심사(제214조의2)를 청구할 수 있을 것이다. 문제는 함정에 빠져 범의가 유발되어 범죄행위로 나아간 자를 어떻게 구제할 것인가, 즉 함정수사에 의해 공소가 제기된 경우 법원은 어떠한 재판을 해야 할 것인가이다.

☞ 이에 대하여 국가기관이 사술(詐術)을 사용하여 스스로 염결성을 해쳤다는 공적 측면과 수사기관이 제공한 범죄의 동기와 기회를 일반시민이 뿌리칠 수 없었다는 범죄인 개인의 특수한 상황을 함께 고려해 볼 때 국가는 처벌할 자격이 없으므로 무죄판결을 선고해야 한다는 **무죄판결설**, 범의유발형의 함정수사가 위법할지라도 범의를 유발당한 자가 자유로운 의사로 범죄를 실행한 이상 함정수사가 범죄의 성립을 조각하거나 소송조건에 해당한다고 할 수 없다는 **유죄판결설** 등이 주장되고 있으나, 함정수사는 헌법상의 적법절차에 위배되는 중대한 위법을 수반하는 수사방법이므로 이에 기초한 공소제기는 법률의 규정에 위반하여 무효인 때에 해당하며(제327조제2호), 따라서 공소기각의 재판을 해야 한다는 **공소기각판결설**(다수설)이 타당하다. 왜냐하면 범의유발형의 함정수사를 위법하다고 보면서도 처벌이 가능하다는 유죄판결설이나 함정에 빠졌다는 것만으로 고의나 책임을 부정하는 무죄판결설은 논리적 문제점이 있기 때문이다. **판례도** 위법한 함정수사에 따른 공소제기에 대하여 '공소기각의 판결'을 해야 한다(대판 2005.10.28,/2005도1247)는 입장이다.

생각건대 형사소송법 제327조 제2호는 단순히 검사의 공소제기를 둘러싼 형식적 요건의 심사에 한정되는 규정이 아니라 다양한 형태의 소송법적 관심사항을 소송조건으로 정형화하여 형사재판에 반영할 수 있는 법적 근거를 마련하기 위한 입법자의 배려에서 나온 **일반조항의 성격**을 갖는다고 보아야 한다. 따라서 함정수사도 이 조항에 의해 공소기각의 사유로 보아도 이론적인 어려움은 없다고 생각되며, 또 함정수사의 억제에도 기여하는 결과를 낳을 수 있을 것이다.

④ **증거능력에 미치는 효과:** 무죄판결설 및 공소기각설에 의하면 증거능력의 유무는 문제

가 되지 아니하지만, 유죄판결설의 입장에서는 범의를 유발한 함정수사에 의하여 수집된 증거만이 당연히 증거능력이 부정될 것이다.

⑤ **공소권남용론의 적용:** 함정수사 등 위법수사에 의한 공소제기의 경우를 이른바 공소권남용의 한 유형으로 파악할 수 있는지 논란이 있으나, 중대한 위법수사에 대해서는 공소권남용이 제기될 수도 있을 것이다(공소권남용론 참조). 다만 위법한 함정수사에 대하여 공소기각설을 취한다면 결과에 있어서 차이가 없다.

사례해설

본 설문은 함정수사의 허용범위에 관한 문제로서, 범의유발형의 함정수사가 위법한가와 함정수사를 위법하다고 보는 경우에 어떠한 소송법적 효과가 발생하는가를 묻고 있다.

첫째, 함정수사의 위법여부와 관련하여 적법설과 위법설이 있으나, 판례는 범의유발형의 함정수사는 위법하다는 입장을 취하고 있다. 이에 따라 사안을 검토해 보면, 착실히 살고 있는 甲이 마약감시반원인 丙의 부탁을 받고 乙로부터 마약을 구하여 교부한 것이므로 丙에 의하여 범의가 유발된 것으로 보인다. 따라서 범의유발형의 함정수사의 위법여부에 관하여 위법설에 따를 때 甲에 대한 수사는 위법하다고 볼 수 있다. 반면에 乙은 마약중개상에 해당하므로 乙이 마약을 판 행위는 당연히 실정법에 위반된다.

둘째, 甲에 대한 법원의 조치를 살펴보면, 범의유발형의 함정수사를 적법하다고 보는 견해에 의하면 소송법적으로 문제가 발생하지 아니하나, 위법하다고 보면 소송법적으로는 구속, 공소제기 그리고 증거능력에 있어서 문제가 된다. 먼저 구속에 미치는 영향을 살펴보면 범의유발형의 함정수사에 의한 구속은 위법하므로 구속취소(제93조)의 사유가 된다. 따라서 법원은 직권, 검사 또는 피고인 甲의 청구에 의하여 결정으로 구속을 취소해야 할 것이다. 다만 현행 구속적부심사제도(제214조의2)는 그 청구권을 구속된 피의자에 한정하여 인정하고 있으므로 피고인 甲은 구속적부심사를 청구할 수 없다.

셋째, 공소제기의 적법여부를 살펴보면, 불가벌설의 입장에서는 피교사자의 처벌을 부정하지만, 어떤 방법으로 피교사자를 구제할 것인가에 대하여 다시 무죄설과 공소기각설이 있다. 반면에 가벌설(유죄판결설)의 입장에서는 범의유발형의 함정수사가 위법할지라도 범의를 유발당한 자가 자유로운 의사로 범죄를 실행한 이상 함정수사가 범죄의 성립을 조각하거나 소송조건에 해당한다고 할 수는 없다고 본다. 이에 대하여 판례는 위법한 함정수사에 따른 공소제기에 대하여 공소기각의 판결을 해야 한다는 입장을 취한 바 있다. 생각건대 함정수사의 억제라는 견지에서 함정수사에 기한 공소제기의 효력을 부정하는 것이 타당하며, 수사기관이 사술을 이용하여 범의를 유발한 경우에는 그 위법의 정도가 중대하므로 공소제기 자체가 위법이라고 보는 공소기각설이 타당하다고 본다.

넷째, 증거능력에 미치는 효과를 살펴보면, 유죄판결설에 따르는 경우 함정수사에 의하여 수집된 증거는 위법한 절차에 의하여 수집된 증거이고 그 위법의 정도가 중대하므로 그 증거능력을 부정해야 할 것이다(제308조의2). 다만 불가벌설의 입장인 공소기각설에 따르면 본 사안과 같은 범의유발형의 함정수사에 있어서 그에 의해 수집된 증거의 증거능력은 문제되지 않을 것이다.

결국 수소법원은 甲에 대하여 직권 또는 청구권자의 청구에 의하여 구속을 취소해야 하며, 피고인의 신속한 해방을 위하여 甲에게 공소기각의 판결(제327조제2호)을 해야 할 것이다. 반면에 乙은 함정수사와 관련이 없으므로 수소법원은 乙에게 유죄판결을 선고할 수 있다.

제 2 절   수사기관

Ⅰ. 서   설

수사기관이란 법규상 범죄의 수사를 할 수 있는 권한이 인정되어 있는 자를 말한다. 현행 법상 인정되어 있는 수사기관으로서는 검사 및 사법경찰관리가 있고, 「고위공직자범죄수사처 설치 및 운영에 관한 법률」에 의한 고위공직자범죄수사처도 특별법상의 수사기관에 해당한다.

1. 검사 및 검찰청

(1) 검   사

① **임명자격:** 검사는 사법시험에 합격하여 사법연수원 과정을 마친 사람 또는 변호사 자격이 있는 사람 중에서 임명한다($\frac{검찰}{제29조}$).

② **신분보장:** 검찰권 행사의 공정성을 확보하고 외부로부터의 부당한 간섭을 방지하기 위하여 검사는 법관에 준하는 강한 신분보장을 받고 있다. 즉, 검사는 탄핵 또는 금고 이상의 형을 선고받은 경우를 제외하고는 파면되지 아니하고, 징계처분이나 적격심사에 의하지 아니하고는 해임·면직·정직·감봉·견책 또는 퇴직의 처분을 받지 아니하며($\frac{검찰}{제37조}$), 그 정원·보수 및 징계에 관한 사항은 따로 법률로 정하고($\frac{동법 제36조}{제1항}$), 그 보수는 직무와 품위에 상응하도록 정하여야 한다($\frac{동조}{제2항}$).

③ **검사의 성격:** 검사는 직무상 행정기관에 속하지만 그 직무가 사법권과 불가분의 관계에 있기 때문에 사법권독립의 정신은 검사에게도 요구되며 이러한 관점에서 검사는 **준사법기관**(準司法機關)으로 이해된다.

> 참조판례 「검사는 행정기관이면서도 동시에 사법기관인 이중의 성격을 가진 기관이고, 오로지 진실과 법령에 따라 직무를 수행하여야 할 의무를 가지고 있는 준사법기관이며, 검사는 판사와 동일한 자격을 갖춘 자로서 임명되고 공익의 대표자라는 지위에서 활동하므로...($\frac{헌재 1995.6.29,}{93헌바45}$)」.

이 때문에 검사에게는 법관에 준하는 임용자격이 요구되고 신분보장도 인정되고 있다. 또 검사는 **단독제의 관청**으로서 한 사람 한 사람이 검찰권을 행사하며, 검찰총장이나 검사장의 보조기관으로 취급되지 아니한다. 이러한 의미에서 검찰권의 행사는 항상 1인제이고 합의제는 존재하지 않는다. 따라서 검사는 자기의 권한과 책임하에 범죄의 혐의가 있다고 판단될 때에는 언제든지 수사를 개시할 수 있다. 다만 검찰조직내에서 직무상 상급자의 지휘·감독을 받는 것은 별개의 문제이다.

(2) 검 찰 청

검찰청은 검찰사무를 통할하는 기관이며(검찰 제2조), 그 자체로서는 아무런 권한도 없으므로 관청이 아니고 관서(官署)라고 할 수 있다. 따라서 검사는 검찰권의 행사에 있어서 스스로 국가의사를 결정·표시하는 권한을 가지는 **단독관청**이다. 즉 일반 행정기관에서는 1인의 장만이 권한을 가진 행정관청이고 그 산하의 국장·과장 등은 보조기관으로서 그 장의 권한을 분장하고 있는 데 불과하지만, 검찰청은 복수의 관청이 집합하여 하나의 기관을 형성하고 있다는 점에서 조직상 본질적인 차이가 있다.

검찰청의 종류에는 대검찰청·고등검찰청·지방검찰청의 3종이 있으며 각각 대법원·고등법원·지방법원 및 가정법원에 대응하여 설치한다(동법제3조). 다만 지방법원지원 설치지역에는 이에 대응하여 지방검찰청지청을 둘 수 있다(동조 제2항). 검찰청은 사법작용에 관계하나 법원에 부속하는 보조기관이 아니고 재판기관인 법관과는 전혀 독립한 행정기관이다. 검사의 직급은 검찰총장과 검사로 구분한다(동별 제6조).

대검찰청에는 검찰총장을 두고 검찰총장은 대검찰청의 사무를 맡아 처리하고 검찰사무를 통할하며 검찰청의 공무원을 지휘·감독한다(동별 제12조). 고등검찰청과 지방검찰청에는 검사장을 두고 각급 검찰청의 검사장은 그 검찰청의 사무를 맡아 처리하고 소속공무원을 지휘·감독한다(동별 제17조·제21조 참조). 지방검찰청지청에는 지청장을 두고 지청장은 지방검찰청 검사장의 명을 받아 소관사무를 맡아 처리하고 소속공무원을 지휘·감독한다(동별 제22조).

2. 사법경찰관리

(1) 일반사법경찰관리

① **경찰청소속 일반사법경찰관리**: 경무관·총경·경정·경감·경위는 사법경찰관에 해당하고(제197조 제1항), 경사·경장·순경은 사법경찰리로서 수사의 보조를 하여야 한다(동조 제2항). 경찰공무원법은 경찰공무원의 계급을 치안총감·치안정감·치안감·경무관·총경·경정·경감·경위·경사·경장·순경으로 구별하고 있다(동별 제2조). 이들 사법경찰관리가 담당하는 범죄수사의 대상에 제한이 없다는 의미에서, 특별사법경찰관리와 비교하여 일반사법경찰관리라고 한다. 경찰청에 하부조직으로 국가수사본부를 두며(국가경찰과자치경찰의조직및운영에관한법률 제16조 제1항), 국가수사본부장은 형사소송법에 따른 경찰의 수사에 관해 각 시·도경찰청장과 경찰서장 및 수사부서 소속 공무원을 지휘·감독한다.

② **검찰청소속 일반사법경찰관리**: 검찰수사서기관·수사사무관 및 마약수사사무관은 검사를 보좌하며 그 지휘를 받아 범죄수사를 행한다(검찰 제46조 제2항). 검찰주사·마약수사주사·검찰주사보 및 마약수사주사보로서 검찰총장 및 각급 검찰청 검사장의 지휘를 받은 자는 소속 검찰청 또는 지청에서 수리한 사건에 관하여 사법경찰관의 직무를, 검찰서기·마약수사서

기 · 검찰서기보 · 마약수사서기보로서 위와 같은 지명을 받은 자는 사법경찰리의 직무를 행한다(동법 제47조 제1항).

③ **사법경찰관리 상호간의 관계:** 사법경찰관은 범죄의 혐의가 있다고 사료하는 때에는 범인, 범죄사실과 증거를 수사하고, 사법경찰리는 수사의 보조를 하여야 한다(제197조 제1항·제2항). 즉 사법경찰관은 그 명의와 권한으로 수사를 할 수 있으나, 사법경찰리는 사법경찰관의 수사를 보조할 뿐 그 독자의 수사는 할 수 없다. 따라서 각종 조서의 작성에 있어서도 사법경찰리는 그 작성권한이 없고(제312조), 다만 그 작성에 참여할 수 있을 뿐이다(제243조). 그러나 실무에서는 사법경찰리가 **사법경찰관사무취급**의 명목으로 각종 조서를 작성하고 있고, 판례도 그 유효성을 인정하고 있다(대판 1982.12.28, 82도1080; 대판 1982.3.9, 82도63).

(2) 특별사법경찰관리

전문분야에 대한 범죄수사에 있어서 일반사법경찰관리만으로서는 전문지식의 부족으로 인하여 효과적이고 적정한 수사를 기대하기 어려우므로 각 전문분야의 업무에 종사하는 공무원들에게 각 전문분야에 관한 범죄수사권을 특별히 부여할 필요가 있다. 이러한 필요에 따라 생겨난 것이 특별사법경찰관리이다.

☞ 현재 '사법경찰관리의 직무를 수행할 자와 그 직무범위에 관한 법률'이 인정하는 특별사법경찰관리는 ㉠ 동법에서 당연직 사법경찰관리로 규정하는 경우와 ㉡ 동법에서 규정하고 있는 자 중 근무지를 관할하는 지방검찰청검사장의 지명절차를 거쳐야 하는 경우로 나눌 수 있다. ㉠의 경우는 교도소 · 구치소 · 소년원의 장이나 출입국관리업무에 종사하는 4급 내지 9급 국가공무원(동법 제3조), 산림보호에 종사하는 임업직 공무원(동법 제4조), 근로감독관(동법 제6조의2), 선장 · 기장(동법 제7조), 국립공원관리공단 임 · 직원(동법 제7조의2), 금융감독원 직원(동법 제7조의3), 국가정보원직원(동법 제8조) 등이고, ㉡의 경우는 동법 제5조 각 호에서 구체적으로 나열하고 있다.

개정 형사소송법도 「삼림, 해사, 전매, 세무, 군수사기관 기타 특별한 사항에 관하여 사법경찰관리의 직무를 행할 특별사법경찰관리와 그 직무의 범위는 법률로 정한다」(제245조의10 제1항)고 규정하고 있다. 다만, 특별사법경찰관은 모든 수사에 관하여 검사의 지휘를 받으므로(동조 제2항), 검사의 지휘가 있는 때에는 이에 따라야 하는데, 검사의 지휘에 관한 구체적 사항은 법무부령으로 정한다(동조 제4항).

이처럼 특별사법경찰관리는 일반사법경찰관리와 달리 검사의 지휘를 받아야 한다는 점에서, 개정법은 「특별사법경찰관리에 대하여는 제197조의2(보완수사요구)부터 제197조의4(수사의 경합)까지, 제221조의5(사법경찰관이 신청한 영장의 청구 여부에 대한 심의), 제245조의5(사법경찰관의 사건송치 등)부터 제245조의8(재수사요청 등)까지의 규정을 적용하지 아니한다」(동조 제6항)고 규정하고 있다.

그러나 특별사법경찰관리는 사법경찰관리인 점에서는 일반사법경찰관리와 다를 바가 없으며, 다만 그 직무의 범위가 특수한 사항 또는 지역에 한정되어 있다는 점에서 차이가 있을 뿐이다. 따라서 특별사법경찰관은 범죄의 혐의가 있다고 인식하는 때에는 범인, 범죄사실과 증거에 관하여 수사를 개시 · 진행하여야 하며($\frac{\text{형소}}{\text{제3항}}$), 범죄를 수사한 때에는 지체 없이 검사에게 사건을 송치하고, 관계 서류와 증거물을 송부하여야 한다($\frac{\text{형소}}{\text{제5항}}$).

II. 검사동일체(檢事同一體)의 원칙

사 례

검사 甲은 사건을 배당받아 수사한 결과 일부 무혐의, 나머지 부분은 기소유예의 의견에 도달하고 결정문을 작성하였다. 그러나 검사장 乙은 여러 사정을 종합해 볼 때 설령 무죄의 판결을 받게 된다 하여도 기소를 해야 한다고 보고 결재를 하지 않고 있다. 甲은 이를 어떻게 처리하여야 하는가?

1. 의   의

검사동일체의 원칙이란 각자가 단독관청인 개개의 검사가 검찰총장을 정점으로 하여 검찰총장, 검사장 및 지청장의 지휘 · 감독권으로 결합된 피라미드형의 계층적 조직체를 형성하여 유기적 통일체로 활동하는 것을 말한다. 즉 단독관청인 개개의 검사들의 의사의 통일성을 이루기 위한 상명하복관계, 그리고 (준)사법기관으로 이해되면서도 법관과 달리 검사의 교체가 있는 경우에 절차갱신을 요하지 않고 대리 등이 허용되는 근거인 직무이전 및 직무승계 등의 제도를 설명하기 위하여 마련된 보완적 개념이 검사동일체의 원칙인 것이다.

2. 제도적 취지

우리나라와 같이 검사에 의한 기소독점(일원)주의 · 기소편의(합리)주의 등의 원칙이 적용되는 경우에 검찰권의 행사가 입법권 또는 검찰권 이외의 행정권의 부당한 간섭에 의해 좌우된다고 하면, 검찰의 정치적 중립성 및 독립성은 유명무실하게 되어버릴 것이다. 따라서 검찰권의 행사에 대한 이러한 간섭을 방지하기 위해 검찰청법은 개개의 검사를 각각 **단독관청**으로 하고, 검사의 신분을 보장하는 등 배려를 해서 검사의 독립성을 담보하는 반면, 검찰권도 행정권의 일부이므로 검찰권의 행사에 대하여도 국가의 올바른 행정의사가 통일적으로 반영될 필요가 있을 뿐만 아니라 검찰권의 행사가 전국적으로 균형있게 이루어지는 것은 국민의 기본적인 권리의무에 관한 일인 만큼 극히 중요하다고 하지 않을 수 없기 때문에 이러한 요청을 충족시키는 가장 적절한 방안의 하나로서 검사동일체의 원칙을 인정한 것이다.

3. 내   용

(1) 상급자의 지휘 · 감독권

① **상급자의 지휘 · 감독에 대한 이의제기권:** 검사는 검찰사무에 관하여 소속 상급자의 지

휘·감독에 따른다(검찰 제7조 제1항). 이러한 지휘·감독은 일반행정조직의 경우(국가공무원법 제57조 복
종의 의무)와 다르다는 점에 유의할 필요가 있다. 검찰사무는 검찰청의 인적·물적 설비의 운
용과 관리를 내용으로 하는 **검찰행정사무**와 구체적 형사사건의 수사·공소의 제기와 유지 및
형집행 등을 내용으로 하는 **협의의 검찰사무**로 구별되는데, 제7조 제1항은 후자에 있어서 신
속성·통일성·공정성을 확보하기 위한 것에 불과하기 때문이다. 이에 동법은 구체적인 사
건과 관련된 상급자의 지휘·감독의 적법성 또는 정당성 여부에 대하여 이견이 있는 때에는
단독관청인 검사가 이의를 제기할 수 있다(제7조 제2항)고 규정하고 있다.

② **검사의 지위와 검사동일체의 원칙과의 관계**: 검사는 준사법기관으로 **단독관청으로서의 지
위**를 가지는 동시에 행정기관으로서의 **검사동일체의 원칙**이 적용되는 양면적 지위를 가진다.
따라서 이 양면성의 조화를 어떻게 이룰 것인지의 여부가 중요한데, 원칙적으로 합법성의
범위내에서는 검사동일체의 원칙에 의하여 검사는 소속 상급자의 지휘·감독에 복종해야
할 것이다. 왜냐하면 검사동일체의 원칙은 검사의 자의적인 기소·불기소를 방지함으로써
단독관청으로서의 기능을 다하는 개별 검사와 조직으로서 검사와의 조화를 도모하기 위한
제도이기 때문이다. 다만 이를 인정하더라도 검찰조직 내부에서만 효력이 인정될 뿐이고,
외부적으로 표시한 검사의 처분이나 결정은 단독관청의 판단이므로 대외적 효력이 당연히
인정된다. 따라서 검사가 상급자의 명령에 위반하거나 결재를 받지 아니하고 공소를 제기하
거나 불기소처분을 하더라도 그 처분의 효력에는 영향이 없다.

가) 상급자의 불수사명령: 검사가 범죄의 혐의가 있다고 판단하여 수사를 계속하는 도중
상급자가 수사중단을 명하는 경우에 검사는 복종할 의무가 없다. 왜냐하면 검사는 범죄의
혐의가 있다고 사료하는 때에는 범죄를 수사하여야 하기 때문이다(제196조). 판례도 '검찰총장
의 공무상비밀누설·직권남용사건'에서 「검찰의 고위 간부가 내사 담당 검사로 하여금 내사
를 중도에서 그만두고 종결처리토록 한 행위는 직권남용권리행사방해죄에 해당한다」
(대판 2007.6.14, 2004도5561)고 판시한 바 있다.

나) 상급자의 불기소명령: 검사가 공소제기의 판단을 하였으나 상급자가 불기소처분을 명
하는 경우에 형사소송법은 기소편의주의(제247조)를 채택하여 소추재량권을 부여하고 있으므로
검사는 이에 복종하여야 한다. 기소유예재량권의 행사가 일탈·남용되는 경우에 기소편의주
의의 재량은 합리성 또는 남용에 대한 사법적 심사와 규제의 제도적 장치가 없다는 점에서
현행법체계의 구조(검사동일체의 원칙)에 비추어 복종해야 한다는 견해가 있다. 그러나 검찰청
법 제7조 제2항이 지휘·감독의 적법성뿐만 아니라 정당성에 대해서도 이의제기권을 인정
하고 있는 취지에 비추어, 재량권이 일탈·남용된 경우에는 검사에게 복종할 의무가 없다고
보아야 할 것이다.

다) 상급자의 공소제기명령: 검사가 수사종결 후 불기소처분의 판단을 하였으나 상급자가
공소제기를 명한 경우에 검찰권의 통일적 운용을 위하여 검사는 복종하여야 할 것이다. 다

만, 준사법기관으로서의 검사의 법적 확신을 존중한다는 의미에서 직무승계나 이전의 방식에 의하는 것이 보다 바람직할 것이다.

라) 한　계: 검사동일체의 원칙에 의하여 검사에게 상급자의 지휘·감독관계가 인정된다고 할지라도 검찰사무의 특성에 비추어 검사의 지휘·감독관계는 순수한 의미에서의 지휘·감독관계라고 할 수 없다. 검사는 단독제의 관청으로 스스로의 책임 아래 검찰사무를 처리해야 할 뿐만 아니라 준사법기관으로서의 검사는 진실과 정의에 구속되어야 한다. 이러한 검사의 정의와 진실에 대한 의무가 상급자의 지휘·감독관계로 인하여 깨뜨려지게 된다면 그 인적·물적 독립성을 보호하고자 하는 제도적 취지가 무의미하게 된다. 따라서 진실과 정의에 대한 의무가 검사의 지휘·감독관계에 대한 한계가 된다고 할 것이므로 비록 검사에게 법관에 대한 헌법 제103조와 같은 명문규정이 없다고 하더라도 자기의 법적 확신이나 양심에 반하는 상급자의 구체적인 사건에 대한 지시나 명령을 거부해야 한다. 다만 상급자의 직무에 관한 명령이 개별사건에 대한 지시가 아닌 일반적인 업무처리지침의 형태(기소유예처리지침 등)로 이루어지는 경우에는 구속력이 있다고 보아야 할 것이다.

(2) 직무승계와 이전의 권한

검찰총장, 각급 검찰청의 검사장 및 지청장은 소속 검사의 직무를 자신이 처리하거나, 다른 검사로 하여금 처리하게 할 수 있다(검찰 제7조의2 제2항). 전자를 '직무승계의 권한', 후자를 '직무이전의 권한'이라고 한다. 직무승계와 이전의 권한은 검찰총장, 검사장 및 지청장만이 가지며 검사가 아닌 법무부장관은 이러한 권한이 없다.

> 참조판례 「검찰청법의 개정 취지와 목적, 규정 체계에 비추어 보면, 검사가 구체적 사건과 관련된 상급자의 지휘·감독의 적법성 또는 정당성에 대하여 이의한 상황에서 검찰청의 장이 아닌 상급자가 이의를 제기한 사건에 관한 검사의 직무를 다른 검사에게 이전하기 위해서는 검사 직무의 이전에 관한 검찰청의 장의 구체적·개별적인 위임이나 그러한 상황에서의 검사 직무의 이전을 구체적이고 명확하게 정한 위임규정 등이 필요하다고 보아야 한다」(대판 2017.10.31. 2014두45734).

(3) 직무위임권과 직무대리권

검찰총장과 검사장 및 지청장은 소속 검사로 하여금 그 권한에 속하는 직무의 일부를 처리하게 할 수 있으며(동법 제7조의2 제1항), 각급 검찰청의 차장검사는 소속장이 사고가 있을 때에는 특별한 수권절차가 없더라도 그 소속상의 직무를 대리하는 권한이 있다(동법 제13조 제2항, 제18조 제2항, 제23조 제2항). 전자를 '직무위임권', 후자를 '차장검사의 직무대리권'이라고 한다.

4. 효　과

(1) 검사교체의 효과

검사동일체의 원칙의 결과 범죄수사 등 일체의 검찰사무의 취급 도중에 검사가 전보·퇴관 등의 사유로 교체되어도 소송법상 효과에는 영향이 없으며, 같은 검사가 행한 것과 동일한 효과가 인정된다. 이는 판사의 경질의 경우에 반드시 공판절차를 갱신($^{제301}_{조}$)하는 것과 다르다.

(2) 검사에 대한 제척·기피

법관에 대한 제척·기피의 경우처럼 검사에 대하여도 제척·기피를 인정할 수 있는지 문제된다. 검사동일체의 원칙에 의하여 특정한 검사를 직무집행에서 배제하는 것은 무의미하며, 형사소송법이 검사에게 당사자의 지위를 인정하고 있기 때문에 당사자 사이에 제척·기피를 논하는 것은 논리·모순이라는 점을 들어 부정하는 견해(소극설)가 있다. **판례도**「범죄의 피해자인 검사가 그 사건의 수사에 관여하거나, 압수·수색영장의 집행에 참여한 검사가 다시 수사에 관여하였다는 이유만으로 바로 그 수사가 위법하다거나 그에 따른 참고인이나 피의자의 진술에 임의성이 없다고 볼 수는 없다」($^{대판 2013.9.12,}_{2011도12918}$)는 입장이다.

그러나 현행법상 검사의 제척·기피를 인정할 수 있는 근거는 없지만, 어떤 검사가 검찰사무를 처리하느냐는 당해 피의자·피고인의 입장뿐만 아니라 공정하고 신뢰받는 검찰권의 확립에 중요하며, 검사는 민사소송에서의 당사자와는 달리 형사소송에서는 단순한 반대당사자의 지위를 넘어서 공익의 대표자로서 **검사의 객관의무**가 인정되므로 검사에 대한 제척·기피가 허용된다는 견해(적극설)가 타당하다. 실무상으로는 사건의 재배당 등을 통하여 운용되고 있다.

(3) 검사장 결재없이 차장검사 전결로 기소한 경우 위법인지 여부

검찰내부의 위임전결 규정에 의하여 검사장 결재 사항인 사건을 검사장의 결재를 받지 않은 상태에서 차장검사의 결재만 받고 처리한 경우라도 내부적인 징계사유가 발생함은 별론으로 하고 기소는 대외적으로 유효하다.

5. 법무부장관의 지휘·감독권

(1) 의 의

검찰청은 행정조직상으로 법무부에 소속되어 있으므로 검찰권의 행사에 관하여 궁극적으로는 행정부가 책임을 져야 한다. 여기서 검찰사무에 관한 최고감독권을 어떠한 행태로든 법무부장관에게 인정할 필요가 있다. 그러나 검찰사무는 형사사법의 운용에 중대한 영향을 갖고 있으므로 검찰권의 행사는 항상 공익의 대표자로서 공정하게 행하여져야 하며, 행정부의 정치적 세력, 여당의 정략, 특정인의 이해 등에 의하여 좌우되는 것을 방지하여야 한다($^{검찰 제4조}_{제2항}$). 이러한 견지에서 법률은 검사에 대한 법무부장관의 지휘·감독권에 제한을 두고 있다. 즉 법무부장관은 검찰사무의 최고감독자로서 일반적으로 검사를 지휘·감독할 수 있으나, 구체적 사건에 대하여는 검찰총장만을 지휘·감독할 수 있도록 규정하고 있다($^{동법}_{제8조}$).

이는 임기제에 의하여 신분이 보장된 검찰총장을 완충대로 하여 행정부 또는 법무부장관의 위법한 지시나 부당한 간섭을 저지하여 검찰권의 독립을 보장하자는 데 그 취지가 있다.

(2) 구체적 사건에 대한 지휘감독

① **검찰청법 제8조의 형식적 의미:** 법무부장관이 검찰총장에 대해 구체적 사건에 관한 지휘를 한 경우 검찰청법 제8조의 자구(字句)만을 보면, 법무부장관이 지휘권을 가지고 있는 결과 검찰총장에게는 이에 복종할 의무가 있으므로, 그 지휘가 위법한 것이 아닌 한 이에 따라 직접 사무를 처리하거나 부하검사에게 명령하여 처리하도록 해야 할 것이다. 이에 따라 법무부장관이 검찰총장에 대해 구체적 사건에 관하여 지휘할 수 있는 권한을 속칭 '지휘권'이라고 부르고 법무부장관이 그 권한을 행사하는 것을 '지휘권발동'이라고 한다. 그러나 검찰권은 사법권과 밀접불가분의 관계에 있고, 사법권의 적정한 실현을 위해서는 검찰권이 공정하게 행사될 것이 불가결한 전제가 된다. 따라서 사법권의 독립을 확보하기 위해서는 검찰권의 입법권 및 다른 행정권으로부터의 독립이 담보되어야 할 것인바, 오늘날 우리나라와 같은 정당정치체제하에서는 특히 그 필요성이 크다.

② 소위 지휘권발동과 검찰총장의 대응

원래 법무부장관은 검찰총장의 '상사'(上司)에 해당한다. 따라서 법무부장관이 구체적 사건에 관해서 검찰총장을 지휘할 경우에는 국가공무원법 제57조(복종의 의무)의 규정에 따라 통상적인 경우 검찰총장이 그 지휘에 따라야 하는 것은 당연하다. 그러나 검찰청법 제8조의 존재이유는 단순히 법무부장관과 검찰총장의 명령복종의 관계를 규정한 것에 그치지 않고 행정부 내지 그 일원인 법무부장관과 검찰권의 접촉점에 관한 이상적인 상태를 규정한 것으로 이해해야 한다. 불행하게도 법무부장관의 지휘에 관해서 법무부장관과 검찰총장의 의견이 다른 경우에 검찰권의 대표자인 검찰총장이 법무부장관의 지휘가 위법이 아닌 한 이를 무조건 따라야 한다고 해석하는 것은 문제가 있다. 따라서 양자의 의견이 상이한 경우, 우선 검찰총장으로서는 소신에 따라 상세하게 법무부장관에게 의견을 개진함과 동시에 법무부장관의 진의를 파악하도록 최대한의 노력을 다해야 할 것이며, 그와 같은 사실상의 조치에도 불구하고 최종적으로 상호 의견이 대립된 경우에는 검찰총장은 ㉠ 불복이지만 법무부장관의 지휘에 따르든지, ㉡ 지휘에 따르지 않고 스스로 이에 반하는 처리를 하거나 부하검사에게 법무부장관의 지휘에 반하는 지휘를 하든지, ㉢ 관직을 사임하든지의 세 가지 태도를 취할 수밖에 없을 것이다. 그런데 현행 검찰청법 제8조는 위와 같은 극단적인 경우 검찰총장의 대처방안에 대한 명확한 규정을 두고 있지 않다. 결국 검찰총장이 어떠한 태도를 취할 것인가는 당해 사안의 성질, 내용, 지휘의 내용과 목적, 파급효과, 나아가 검찰총장의 인생관과 소신 등에 따라 좌우될 것이며, 그 이상은 검찰청법 제8조의 해석론의 범위를 벗어나는 것으로 보인다.

(3) 한 계

입법자가 국가공무원법 제57조(복종의 의무)의 규정과 별도로 검찰청법 제8조를 규정한 이유는 검찰총장에게 법무부장관과 대등한 지위에서 지휘의 적법성 및 타당성에 대하여 스스로의 책임하에 검토해야 할 권한과 의무를 부여한 것이다. 따라서 만약 검찰총장이 법무부장관의 위법한 지휘를 따라 그 지휘를 일선에 행한다면, 최종적인 책임은 검찰총장이 진다고 보아야 할 것이다. 이와 같이 검찰청법 제8조는 법무부장관과 검찰총장의 관계를 다른 행정기관과 달리 규정하고 있는 특별규정이므로 법무부장관의 지휘·감독권 역시 검찰권의 행사가 위법한 경우 내부적인 지휘체계로도 그 불법상황이 해결되지 않는 예외적인 상황에서 적법성통제를 위해서만 행사되어야 할 것이다(내재적 한계). 왜냐하면 검찰총장의 지휘권이 박탈된 경우, 해당 수사의 지휘권이 누구에게 갈 것인지 모호할 뿐더러 이를 인정한다면 장관이 수사주체를 결정하게 되는 상황이 초래되기 때문이다.

결국 검찰청법 제8조의 취지가 검찰총장의 일차적 지휘권을 전제조건으로 하고 있다는 점에서 검찰총장의 권한을 **박탈하는 지휘**는 할 수 없으며, 이는 검찰청법 제8조의 한계를 벗어난 것으로 보아야 할 것이다.

☞ 법무부장관이 구체적 사건에 대해 검찰총장에게 지휘한 것은 ① 1949. 4. 이승만 정부시기 법무부장관이 임영신 상공부장관 등의 독직사건에서 당시 검찰총장에게 불기소지시를 하였으나 기소를 하는 바람에 법무부장관이 사임한 사건, ② 2005. 10. 노무현 정부시기 법무부장관이 강정구 교수에 대한 국가보안법 위반사건에서 당시 검찰총장에게 불구속 수사를 하도록 수사지휘한 결과 검찰총장이 이를 수용하는 대신 사퇴하고 강정구 교수는 불구속 수사를 받게 된 사건, ③ 2020. 6. 문재인 정부시기 법무부장관이 당시 검찰총장에게 '한명숙 전 총리 사건 위증교사의혹' 사건과 관련하여 참고인 한모씨를 서울중앙지검 인권감독관이 아닌 대검 감찰부에서 조사하도록 하고, 이어서 '검·언유착의혹' 사건과 관련하여 대검 전문수사자문단 소집절차를 중단하고 서울중앙지검장이 지휘 중인 수사에 관하여 검찰총장으로 하여금 수사지휘를 하지 못하도록 한 사건 및 2020. 10. 법무부장관이 당시 검찰총장에게 라임사건 및 검찰총장의 가족 관련 사건에서 수사지휘권을 배제하는 지휘를 한 바 있다. ④ 2021. 3. 법무부장관 또한 당시 검찰총장 직무대행에게 '한명숙 수사팀의 모해위증' 의혹과 관련하여 대검 부장회의에서 기소 가능성을 심의하라는 수사지휘를 한 바 있다.

기본적으로 정무직 공무원인 법무부장관에게 준사법기관인 검찰에 대한 민주적 통제의 역할을 맡기는 것 자체가 정치적 논란을 부를 수 있다는 점에서, 입법적으로는 법무부장관에게 검사에 대한 일반적인 지휘·감독권만을 부여하고 구체적인 사건에 대하여는 지휘할 수 없도록 하는 것이 바람직할 것이다.

사례해설

사안은 당해 검사의 범죄사실에 대한 일부 무혐의, 일부 기소유예의 결정을 놓고 검사장의 의견이 다른 경우로, 통상적인 결재제도는 검사동일체의 원칙을 규정한 검찰청법상 정당하다. 따라서 검사장이 다소 의구심을 가지고 공소제기의 의견을 요구한다고 해도 그것이 불법 내지 부당하다고 볼 수 있는 사정이 없는 한 이에 따를 수밖에 없다고 본다. 물론 이 경우 검사 甲은 검사장 乙의 지휘·감독의 정당성 여부에 대하여 이견이 있을 때에는 이의를 제기할 수도 있을 것이다. 다만 검찰권의 통일적 운용을 위하여 검사가 복종하여야 한다고 할지라도 준사법기관으로서의 검사의 법적 확신을 존중하여 검사장 乙은 직무승계나 이전의 방식에 의하는 것(검찰 제7조의2 제2항)이 보다 바람직할 것이다. 아울러 기소유예에 해당될 사건이나 무혐의에 해당될 사건에 대한 기소명령은 공소권남용론이 제기될 수도 있다.

III. 검사의 소송법상 지위

1. 서 설

검사는 수사, 공소, 공판 및 재판의 집행으로 이루어지는 모든 단계의 형사절차에 관여하는 국가기관이다. 즉 검사는 다른 법령에 의하여 그 권한에 속하는 사항 이외에 공익의 대표자로서 ① 범죄수사·공소제기와 그 유지에 필요한 사항, ② 범죄수사에 관한 특별사법경찰관리의 지휘·감독, ③ 법원에 대한 법령의 정당한 청구, ④ 재판집행의 지휘·감독, ⑤ 국가를 당사자 또는 참가인으로 하는 소송과 행정소송의 수행 및 지휘·감독에 관한 직무와 권한을 가진다($^{검찰}_{제4조}$).

2. 수사의 주재자

(1) 수사권

검사는 범죄의 혐의가 있다고 사료하는 때에는 범인, 범죄사실과 증거를 수사한다($^{제196조, 검찰}_{제4조 제1호}$). 따라서 검사는 피의자신문($^{제200}_{조}$)·참고인조사($^{제221}_{조}$) 등의 임의수사는 물론 체포($^{제200조}_{의2}$)·구속($^{제201}_{조}$), 압수·수색·검증($^{제215조 내지}_{제218조}$) 등의 강제수사를 할 수 있다. 특히 검사에게만 인정되는 권리로서는 영장청구권($^{제201조,}_{제215조}$), 증거보전청구권($^{제184}_{조}$), 증인신문청구권($^{제221조}_{의2}$), 피의자에 대한 감정유치청구권($^{제221조}_{의3}$), 감정처분허가청구권($^{제221조}_{의4}$) 등이 있다. 또한 변사체검시의 권한($^{제222}_{조}$)도 검사에게만 인정되고 사법경찰관에게는 대행검시의 권한만을 인정하고 있다.

☞ 수사개시의 범위와 관련하여, 2022년 개정 검찰청법 제4조는 가. 부패범죄, 경제범죄 등 대통령령으로 정하는 중요범죄, 나. 경찰공무원이 범한 범죄, 다. 가목·나목의 범죄 및 사법경찰관이 송치한 범죄와 관련하여 인지한 각 해당 범죄와 직접 관련성이 있는 범죄로 제한하고 있다. 여기서 가목의 '**등**'과 관련하여 논란이 있으나, 개정법은 '**부패범죄 및 경제범죄**' 등의 예시범죄 외에 이와 유사한 종류의 중요범죄를 대통령령으로 정하도록 한 것으로 해석하는 것이 타당할 것이다. 왜냐하면 타법에서 의존명사 '등'을 사용한 경우에는 그 앞의 열거된 부분을 포함하고 그와 같은 종류의 것을 더 규정한 것으로 확인되는 반면, 앞의 열거된 대상에 대하여 하위법령으로 제한하고자 하는 경우에는 의존명사 '**중**'을 사용하여 규정하기 때문이다.

그러나 OECD 국가 중에서 법률로 검사의 수사범위를 제한하는 입법례는 없을 뿐만 아니라 죄명이나 범죄유형으로 직접수사의 범위를 정하는 방식은 그 용어의 해석을 두고 많은 논란이 생길 수밖에 없다. 이는 검찰의 직접 수사가 필요한 중대사건에서 죄명의 제약을 받으며 수사를 해야 하고, 소송법적 효력에도 문제가 발생할 가능성이 있다.

결국 검사에게 수사권의 '귀속주체성'을 인정하면서, 실질적 수사는 경찰이 하고 검사는 경찰의 수사를 법률적으로 지휘하며, 수사종결에 관한 권한을 행사하는 방식이 타당할 것이다.

(2) 보완수사권

2022. 4. 30. 통과된 검찰청법과 2022. 5. 3. 통과된 형사소송법과 연계하면, 시정요구 송치($^{제197조의3}_{제6항}$), 불법구금 송치($^{제198조의2}_{제2항}$), 이의신청 송치($^{제245조의7}_{제2항}$), 재수사요청 송치($^{제245조의}_{8}$)의 경우에는 '동일성을 해하지 않는 범위내에서'만 검찰이 보완수사를 할 수 있다.[1] 물론 경찰이 적극적으로 송치한 사건($^{검찰청법 제4조}_{제1항 다목}$)의 경우에는 이러한 제한없이 '사법경찰관이 송치한 사건과 관련하여 인지한 각 해당범죄와 직접 관련성이 있는 범죄'까지 보완수사를 할 수 있다.

그러나 첫째, '동일성을 해하지 않는 범위내에서'와 관련하여, 그 의미가 불명확하다. 원래 공소사실의 동일성은 공소장변경의 한계($^{제298조}_{제1항}$) 및 재판의 효력(기판력)에서 나오는 개념으로 수사는 살아있는 생물이라고 하는데, 과연 어떻게 한정할 것인지 의문이 든다. 물론 재구속의 제한($^{제208조}_{제1항}$), 재체포 및 재구속의 제한($^{제214조의3}_{제1항}$), 보증금의 몰수($^{제214조의4 제1항}_{제2호 및 제2항}$) 등에서 '동일한 범죄사실'이라는 개념이 나오지만, '동일한 범죄사실'과 '동일성을 해하지 않는 범위내에서'가 같은 의미인지 해석상 논란이 있을 것이다. 이는 특히 공범문제, 압수·수색의 범위, 여죄수사의 범위 등에서 수사기관과 피의자 사이에 치열한 법리다툼을 야기할 것이다.

다만, 구속영장의 효력이 미치는 공소사실의 범위 및 그 판단 기준과 관련하여, 과거 판례는 「구속영장의 효력은 구속영장에 기재된 범죄사실 및 그 사실의 기초가 되는 사회적 사실관계가 기본적인 점에서 동일한 공소사실에 미친다고 할 것이고, 이러한 기본적 사실관계의 동일성을 판단함에 있어서는 그 사실의 동일성이 갖는 기능을 염두에 두고 피고인의 행위와 그 사회적인 사실관계를 기본으로 하되 규범적 요소도 아울러 고려하여야 한다」($^{대결 2001.5.25,}_{2001모85}$)고 판시하면서, 「구속영장에 기재된 횡령죄의 범죄사실과 공소장에 기재된 사기죄의 공소사실이 범행일시 및 장소, 범행의 목적물과 그 행위의 내용에 있어서는 같으나 그 영득행위에 대한 법적인 평가만이 다를 뿐이므로 그 기본적인 사실관계는 동일하다는 이유로 구속영장의 효력이 공소사실에 미친다」고 판시한 바 있다.

☞ 2020년 검찰청법 등 법령의 개정에 따라 검찰의 수사개시 범위가 경찰이 송치한 범죄와 '직접 관련성이 있는 범죄'로 한정된 이후 나온 판례를 살펴보면, 직접 관련성이 있다고 판시한 제1심 판결도 있고, 부정한 판결도 있는 등 일선에서는 혼선이 있는 것으로 보인다. 즉, 검찰이 도박장소개설 사건을 송치받아 추가수사한 끝에 범죄수익은닉규제법과 식품위생법 위반 혐의를 추가했는데, 이것이 도박장소개설죄와 '동종범죄'인지 문제된 사안에서, 재판부는 범죄수익은닉규제법 혐의는 도박장소개설죄나 상습도박죄에 사용된 금품을 은닉하려고 이뤄진 범행이고, 식품위생법 위반 역시 식품접객업자가 영업 준수사항을 위반해 도박장소를 열어준 것이니 '직접 관련성'이 명백히 존재한다고 판단한 반면, 2020년 검사는 경찰로부터 경기 안양의 아파트 부정청약사건(주택법, 주민등록법 위반)을 송치받았는데, 수사를 하다 피의자들이 강원 속초와 경남 밀양, 부산 등의 비슷한

---

1) 제196조 제목 외의 부분을 제1항으로 하고, 같은 조에 제2항을 다음과 같이 신설한다. ② 검사는 제197조의3 제6항, 제198조의2 제2항 및 제245조의7 제2항에 따라 사법경찰관으로부터 송치받은 사건에 관하여는 **해당 사건과 동일성을 해치지 아니하는 범위** 내에서 수사할 수 있다.

사건에 연루되었다는 점을 인지한 후 계속 수사를 한 결과 가담자가 당초 경찰이 지목한 2명에서 13명으로 늘어난 사건에서, 제1심 재판부는 검찰이 추가로 밝혀낸 피고인들의 범행은 경찰이 송치한 사건과 직접 관련성이 있는 범죄가 아니며, 따라서 검사가 직접수사를 개시할 수 없는 범죄라고 판단하였다. 여기서 통상 '직접 관련성이 있는 범죄'란 첫째, 1인이 범한 수죄, 둘째, 수인이 공동으로 범한 죄, 셋째, 수인이 동시에 동일장소에서 범한 죄 등을 가리키는데(제11조), 여기서 '1인이 범한 수죄'는 다시 '동종 범죄'등으로 제한되는 것인지 논란이 있다.

결국 공소장 변경(제298조제1항)의 허가기준인 '기본적 사실관계의 동일성'과 동일하게 해석해야 하는지 문제되는데, 공소장 변경의 허가기준인 '동일성'은 재판이 시작된 후 피고인이 예측 불가능한 상황에 놓이지 않도록 방어권을 보장하기 위해 만든 장치라는 점에서, 실체관계를 파악해가는 수사의 초기단계에서 이것을 요구한다면, 고소장 등에 나온 범죄사실만 수사하라는 의미밖에 되지 않아 부적절하다고 보지 않을 수 없다.

둘째, 경찰이 기소의견으로 송치한 사건만 동일성 범위를 벗어나는 보완수사(각 해당범죄와 직접관련성이 있는 범죄)가 가능하다고 보더라도 실무상 판사가 기록을 보면서 사안마다 사건의 송치근거를 일일이 따져가면서 동일성 위배여부를 판단할 수 있을 것인지 의문이다.

셋째, 동일성 위배시 법적 효과와 관련하여, 형사소송법 제327조 제2호(공소제기의 절차가 법률의 규정에 위반하여 무효일 때)에 따라 '공소기각의 판결'을 할 수밖에 없는데, 이 경우 공소 기각된 범죄와 공소제기된 범죄가 분리될 수밖에 없어서 가중주의를 취하는 형법체계(형법제38조)상 과연 이것이 가능할 것인지 의문이다.

(3) 직접수사 개시 범위 외 사건의 이첩 등 방안

① **고소·고발 사건의 경우:** 고소·고발 내용 중 검사의 직접수사 개시 범위 외 해당부분은 사법경찰에게 이첩해야 할 것이다.

② **인지사건의 경우:** 직접 관련성이 있는 범죄에 대해서만 인지수사를 해야 하며, 범위 외 중요범죄의 단서를 발견한 경우라도 관련 증거와 범죄 혐의 단서들을 정리하여 사법경찰에 이첩해야 할 것이다. 다만, 수사개시 가능 범위 내 사건과 범위 외 사건이 혼재된 경우에는 수사개시 결정 과정 중 **'직접 관련성 판단'**이 추가되므로 사법경찰에 이첩하지 않고 병행수사를 하는 것이 필요하다. 이 경우 직접 관련성 여부는 고소·고발장의 기재만으로는 판단하기 어렵고, 수사착수 후 실체규명 과정에서 판단할 수밖에 없는 경우가 많을 것으로 예상된다. 따라서 수사초기 단계에서 판단의 기초자료가 부족하여 '직접 관련성 인정여부 판단'이 어려운 경우에는 수사진행 과정에서 사후에 판단하도록 하는 것이 타당할 것이다.

③ **진정·내사 사건의 경우:** 수사의 단서가 있는 진정·내사사건의 경우에도 고소·고발 사건의 경우와 동일하게 처리하면 될 것이다.

(4) 수사종결권

수사의 주된 목적은 공소제기의 여부를 결정하는 데 있고, 공소의 제기여부를 결정하는 수사종결권은 검사가 가지고 있다($\frac{\text{제246조}}{\text{제247조}}$). 종전에는 사법경찰관이 모든 사건을 검사에게 송치하였으나 검경수사권조정에 따라 범죄혐의가 인정되지 않는 경우에는 검사에게 송치하지 않을 수 있는 1차 수사종결권이 사법경찰관에게 부여되었다. 사법경찰관은 범죄를 수사한 후 범죄의 혐의가 있다고 인정되는 경우에는 검사에게 사건을 송치하고, 관계 서류와 증거물을 검사에게 송부하여야 한다($\frac{\text{제245조의5}}{\text{제1호}}$).

3. 공소권의 주체

(1) 공소제기권

검사는 공익의 대표자로서 기소독점주의[1]에 입각하여 원칙적으로 공소권을 일원적으로 행사하므로($\frac{\text{제246}}{\text{조}}$), 피해자나 사법경찰관리에 의한 기소는 인정되지 않는다. 또한 공소권 행사에 있어서도 기소편의주의에 입각하여 검사의 재량에 따른 기소유예제도를 인정하고 있다. 다만, 판사 및 검사 등에 대한 공수처의 기소, 즉결심판(즉결심판에관한절차법 제3조), 재정신청($\frac{\text{제260조}}{\text{이하}}$) 등의 예외 내지 제한이 있다.

> ☞ 고위공직자범죄수사처는 고위공직자 중에서 대법원장 및 대법관, 검찰총장, 판사 및 검사, 경무관 이상 경찰공무원에 해당하는 고위공직자로 재직 중에 본인 또는 본인의 가족(배우자, 직계존비속)이 범한 고위공직자범죄 및 관련범죄의 공소제기와 유지를 하므로(공수처법 제3조), 고위공직자에 대해서는 기소독점주의의 예외로 볼 수 있을 것이다.

(2) 공소수행의 담당

검사는 소송의 당사자로서 공소를 유지할 권한과 책임을 진다. 다만 검사의 지위와 관련하여 공판절차에서 피고인에 대립하는 상대방이라는 의미에서 **당사자**라고 할 수 있는지 논란이 있다. 검사와 피고인이 당사자 입장에서 서로 공격·방어를 할수록 보다 효율적으로 실체적 진실에 접근할 수 있다는 점에서 긍정하는 것이 타당하다고 본다.

4. 재판의 집행기관

검사는 재판의 집행을 지휘·감독할 권한과 책임이 있으며($\frac{\text{제460조, 검찰}}{\text{제4조 제4호}}$), 이 점은 현행법이 재판의 집행지휘에 관하여 검사주의에 입각하여 검사가 형집행장을 발부하도록 하고 있는 데에서 잘 나타나 있다($\frac{\text{제473조}}{\text{제474조}}$). 검사가 발부한 형집행장은 구속영장과 같은 효력이 인정된다.

---

1) 우리나라에서는 일본 형사소송법 제247조(公訴は 檢察官がこれを行う)를 '**국가소추주의**'로 번역하면서 학자들은 '기소독점주의'라는 표현을 사용하고 있으나, 검사에게 기소권이 일임되어 있다는 의미에서 '**기소일원주의**'라는 명칭이 더 타당할 것이다.

5. 검사의 참여권 및 의무

(1) 검사의 참여권

① **법원의 구성 및 소송절차의 진행:** 전자에 해당하는 것으로 관련사건에 대한 병합심리신청권($^{제6조}_{제13조}$), 관할이전신청권($^{제15}_{조}$), 기피신청권($^{제18}_{조}$) 등을 들 수 있고, 후자에 해당하는 것으로 공판기일변경신청권($^{제270}_{조}$), 변론의 분리·병합·재개신청권($^{제300조}_{제305조}$) 등을 들 수 있다.

② **법원에 대한 법령의 정당한 적용의 청구:** 검사는 공익의 대표자로서 법원의 법령적용에 관심을 가지고 법의 지배를 실현하는 데 협력하고 감독하여야 한다. 형사사건의 경우 사실심리절차가 끝난 후 사실과 법률적용에 관한 의견진술, 즉 논고와 구형을 하며($^{제302}_{조}$), 위법 또는 부당한 재판에 대하여는 상소, 재심청구, 비상상고 등의 방법으로 그 시정을 구하게 된다.

(2) 검사의 의무

① **객관의무:** 검사는 피고인에 대립하는 당사자이면서도 단순한 당사자가 아니라 공익의 대표자로서 피고인의 정당한 이익을 옹호해야 할 의무가 있는데, 이를 검사의 객관의무라고 한다. 공익의 대표자인 검사가 진실을 탐지하고 법을 발견·적용해야 하는 것은 당연하기 때문이다. 판례도「검사는 공익의 대표자로서 실체적 진실에 입각한 국가 형벌권의 실현을 위하여 공소제기와 유지를 할 의무뿐만 아니라 그 과정에서 피고인의 정당한 이익을 옹호하여야 할 의무를 진다고 할 것이고, 따라서 검사가 수사 및 공판과정에서 피고인에게 유리한 증거를 발견하게 되었다면 피고인의 이익을 위하여 이를 법원에 제출하여야 한다」($^{대판\ 2002.2.22,}_{2001다23447}$)고 판시한 바 있다.

② **인권옹호 및 비밀엄수의무:** 검사는 인권옹호기관으로서 사법경찰관리에 의한 불법구속을 억제하기 위하여 인권침해사건을 조사할 권한과 책무가 있으며($^{인권침해사건}_{처리규정\ 제6조}$), 검사의 구속장소감찰제도($^{제198조}_{의2}$)를 두고 있다. 특히 현행 형사소송법은 체포를 포함시켰을 뿐만 아니라, 장소도 수사관서로 확대했으며 즉시석방을 추가한 점에 특색이 있다. 또한 검사는 피의자 또는 다른 사람의 인권을 존중하고 수사과정에서 취득한 비밀을 엄수하며 수사에 방해되는 일이 없도록 하여야 한다($^{제198조}_{제2항}$).

③ **수사과정에서의 목록작성의무 등:** 검사는 수사과정에서 수사와 관련하여 작성하거나 취득한 서류 또는 물건에 대한 목록을 빠짐없이 작성하여야 하며($^{제198조}_{제3항}$), 재판장의 소송지휘권·법정경찰권의 행사에 복종할 의무 등이 있다.

6. 개정 검찰청법에 따른 검사의 소송법상 지위의 문제점

(1) 공소제기 범위의 모호함

사법경찰이 송치한 사건에서 관련인지한 범죄를 공소제기하는 것이 가능한지 문언상 불명확하다. 문언에 충실하면, '관련인지 범죄'도 공소제기를 하는 것이 불가능해 보이지만, 이 경우 본문만으로도 '수사개시 범죄 전체의 공소제기가 불가'함에도 불구하고 굳이 '사경 송치한 범죄에 대해서는 그러하지 아니하다'고 단서를 둔 의미가 없어진다는 점에서 입법자의 의사를 파악하는 것이 어렵다. 또한 검사는 자신이 수사개시한 범죄에 대해서는 공소를 제기할 수 없다는 규정과 관련하여, ① 부장-차장-검사장의 결재를 받은 경우 이들도 여기에 포함되는 것인지, ② 공소를 제기할 수 없을 뿐 공소유지는 가능하다고 보는 것인지 명확하지 않다.

(2) 수사검사와 기소검사 분리의 허구성

수사검사가 기소하지 못하도록 기속적 규정을 두는 것은 검사가 소추관이라는 본질을 침해하는 것으로, 위헌의 소지가 있다. 이는 수사와 기소를 분리한 원칙이 검찰에만 적용되고, 공수처에는 빠져 있다(부칙 제4조)는 점에서 형평성 문제도 제기된다.

현재 대륙법계·영미법계 국가를 불문하고 검사는 기소만 전담하고 수사는 오직 경찰이 전담하는 식으로 '수사와 기소가 분리'되어 있는 국가(2020년 기준 OECD국가 38개국)는 없다.[1] 왜냐하면 수사는 기소를, 기소는 다시 법선언(Rechtssprechung)이라는 의미의 판결을 향해 진행되어가는 역동적인 국가권력적 행위라면, 본질상 불가분의 관계에 있기 때문이다. 특히 대륙법계 국가에서 이를 사법의 영역으로 보고, 수사역할을 담당하는 경찰을 '사법'경찰이라고 불러왔던 이유도 이러한 맥락적 차원 때문이다. 이와 같이 수사는 ─ 기소와 함께 ─ 사법의 영역이었거나 사법의 영역에 근접해 있는 것이므로 사법과 마찬가지로 다른 권력으로부터의 독립성이 관건이지, 그 수사권을 어느 특정 주체에게 분점시키는 것은 관건이 아닌 것이다. 수사 및 기소와 재판은 긴밀하게 연관되어 있어 따로 분리되기 어려운 속성을 가지고 있기 때문에 기소뿐만 아니라 수사의 독립성이 침식되는 만큼 사법의 독립성도 그만큼 제한된다는 점은 자명하다.

(3) 검찰의 정치적 중립성 침해 우려

검찰총장이 직접수사부서 현황을 분기별로 국회에 보고하도록 한 규정은 검찰의 정치적 중립성을 침해할 우려가 있다. 왜냐하면 정치권 자체가 수사대상이 될 수 있는데, 직제나

---

1) 2020년 기준 OECD 회원국 38개국 중 검사의 수사권한과 수사지휘 권한이 법령에 규정되어 있지 않는 국가는 6개국(뉴질랜드, 아일랜드, 영국(스코틀랜드 제외), 이스라엘, 캐나다, 호주)인데, 이들 나라에서는 경찰기관이 수사는 물론 대부분 사건에 대한 기소까지 담당하는 실정이고, 신생조직인 검찰은 중요 사건에 대한 기소와 경찰기관이 기소한 사건의 공소유지만을 담당하고 있으므로 이들 나라도 '수사·기소가 분리'되어 있다고 볼 수는 없을 것이다.

인원을 보고하도록 하면 수사대상에게 누가 수사하고 있는지를 알리는 셈이며, 이는 정치적 외압으로 작용할 수 있기 때문이다.

Ⅳ. 사법경찰관의 소송법상 지위

1. 수사권의 주체

(1) 내　　용

개정법상 사법경찰관에게 수사권의 주체성이 인정된다(제197조제1항). 다만, 사법경찰관의 수사 주체성을 인정하더라도 검사에게 인정되는 완전한 수사권과는 다른 개념으로 보아야 한다. 왜냐하면 사법경찰관은 사건을 종결할 수 없는 제한적 권한만을 가지고 있기 때문이다. 결국 현행법 해석상 사법경찰관에게도 '수사행위의 주체성'(제197조제1항)이 인정된다고 보아야 하지만, 이것이 검사와 대등한 독자적인 '수사권의 귀속주체성'(제196조)을 인정하는 것으로 볼 수는 없다. 물론 사법경찰리는 수사의 보조기관에 해당한다. 다만 사법경찰리라 할지라도 검사 또는 사법경찰관으로부터 구체적 사건에 관하여 특정한 수사명령을 받으면 사법경찰관의 사무를 취급할 권한이 인정된다. 이는 대법원의 확립된 견해로서, 이러한 사법경찰리를 실무상 '사법경찰관사무취급'이라고 한다.

(2) 1차 수사종결권 부여

① **내　용:** 기존 형사소송법 제196조 제4항의 「사법경찰관은 범죄를 수사한 때에는 관계 서류와 증거물을 지체 없이 검사에게 송부하여야 한다」는 규정을 삭제하고, 개정법은 제245조의5에 제명을 '사법경찰관의 사건송치 등'으로 하고, '사법경찰관이 범죄를 수사한 때에 ① 범죄의 혐의가 인정되는 경우에는 지체 없이 검사에게 사건을 송치하고, 관계서류와 증거물을 송부하여야 하고, ② 그 밖의 경우에는 그 이유를 명시한 서면과 함께 관계서류와 증거물을 지체 없이 검사에게 송부하여야 하고, 이 경우 검사는 송부받은 날로부터 90일 이내에 사법경찰관에게 반환하여야 한다'는 규정을 신설함으로써, 기존의 '전건송치주의'와 달리 앞으로는 범죄혐의가 있다고 인정되지 않는 사건에 대해서는 경찰이 검사에게 송치하지 않고 1차로 수사를 종결할 수 있도록 하였다.

② **경찰 불송치처분의 법적 성질:** 개정법상 경찰의 불송치는 그 법적 성질이 사건에 대한 처분이며, 검사의 불기소처분과 마찬가지로 피의자에 대한 형사절차를 종결하는 처분이다. 이와 관련하여 개정법은 "검사에게 송부하고"와 "반환하여야 한다"는 사실행위만을 문구로 하고 있을 뿐 검사가 기록을 송부받아 반환하는 절차의 법적 성질이 무엇이며, 검사가 이 절차에서 어떤 권한을 행사하는지 규정하고 있지 않다.

☞ **'검토와 반환의 법적 성질'**을 단순히 검토해 준다는 의미의 사실행위로 본다면, 왜 검사가 업무 부담을 감수하고 법률적으로 아무 의미가 없는 이러한 사실행위를 그것도 90일이라는 기한까지 정해서 강제당해야 하는지 의문이다. 경찰은 검사에게 기록을 보내서 검토받았다는 점을 내세워서 불송치처분의 정당성을 주장할 수 있겠지만, 검사는 경찰의 이러한 정당성 보강을 위해 아무런 법적 의미가 없는 검토행위로 경찰을 도와주는 기관이 되기 때문이다. 그러나 어떤 기관에 일정한 행위에 대한 의무를 부담하게 하면서 법적인 의미가 없는 사실행위로만 규정하는 것은 타당하지 않다. 한편, 검사가 경찰의 불송치처분을 검토하고 반환하는 행위의 법적 성질을 불송치처분의 승인으로 구성할 수도 있을 것이다. 법적 성질을 이렇게 보면, 경찰의 불송치처분은 검사의 승인을 받는 경우에 할 수 있는 것이므로 결과적으로 사건의 최종적인 결정권자는 검사가 된다. 또 이와 같이 보면 개정법의 재수사요청은 경찰 불송치결정의 불승인에 해당한다. 그런데 이와 같이 검사가 경찰의 불송치처분에 대한 승인권자라고 한다며, 무엇 때문에 이런 제도를 만들었고, 그 효용성이 무엇인지 의문이다. 어차피 검사가 최종적 결정권을 행사하는 것이라면, 현재와 같이 그 기록을 송부받은 검사가 스스로 불기소처분을 하면 되고, 개정법처럼 승인하고 기록을 다시 경찰에 반환할 필요가 없기 때문이다.

문제는 검사가 경찰의 처분을 승인하는 것이라면, 이는 검사와 경찰의 관계를 지휘관계로 하는 것을 전제로 한다는 점이다. 그런데 개정법은 검사의 검토와 반환의 과정을 법률적 의미를 가지는 '승인'이라는 용어를 사용하지 않고 일부러 사실행위로서 '송부'와 '반환'이라는 용어를 사용하고 있다는 점에서, 개정법의 취지대로 검사와 경찰이 대등관계라면 경찰의 처분을 검사가 검토한다는 것 자체가 대등한 관계 설정과 모순되는 것이다.

③ **사건 송치·불송치 구체적 범위**: 대통령령인 수사준칙 제51조 제1항 제3호는 불송치대상으로 혐의없음(범죄인정안됨, 증거불충분), 죄가 안됨, 공소권없음, 각하를 규정하고 있으므로 구성요건해당성·위법성·책임·처벌조건이 모두 충족되어야만 송치대상이 될 것이다.

그러나 법문상 사건이 송치되는 '범죄의 혐의가 있다고 인정되는 경우'란 '구성요건해당성'이 인정되는 사건을 의미함에도 법해석에 반하는 문제점이 있다. 따라서 구성요건해당성이 인정될 경우 사법경찰관이 1차적 수사종결을 하는 것이 불가능하므로 위법성조각사유·책임조각사유 여부를 불문하고 검사에게 '송치'해야 할 것이다. 왜냐하면 '죄가 안됨' 대상인 위법성조각사유(정당행위, 정당방위, 긴급피난 여부 등) 내지 책임조각사유는 구성요건에 해당함을 전제로 하여 이루어지는 '사법적 판단'이므로 검사가 송치받아 최종적으로 결정하는 것이 타당하기 때문이다. 물론 '공소권없음'은 구성요건 판단에 선행하는 '형식판단'이므로 불송치해야 할 것이며, 형사미성년자는 책임조각사유이지만 일종의 '형식판단'으로 볼 수 있으므로 불송치가 가능하다. 즉, '구성요건해당성'이 인정되지 않을 경우에는 사법경찰관이 1차적 수사종결이 가능하므로 불송치가 가능하지만, 다른 법률에서 보호사건처리 등을 위해 검사에게 사건 전부 송치를 규정한 경우에는 사건이 불기소(공소권없음, 혐의없음) 등 의견으로 송치되어야 하는 경우가 있을 수 있을 것이다(가정폭력처벌법 제7조, 아동학대처벌법 제24조 등).

한편, 예외적 불송치 사건의 구체적 범위와 관련하여, 일반적으로 '공소권 없음' 사유들은 '구성요건해당성' 인정에 대한 판단없이 '형식판단'을 우선하게 되므로 '범죄의 혐의가 있다고 인정되는 경우'에 해당하지 않는다는 점에서 불송치 대상이다. 즉, 교통사고나 폭행 사건과 같이 '구성요건해당성'이 일응 명백한 사건도 '구성요건해당성'이 있다는 판단이 아닌 '공소권 없음'이라는 판단을 하게 되는 것이다. 다만, 동일사건이 이미 공소제기되어 '공소권 없음'에 해당하더라도 예외적으로 포괄일죄 등 공소제기된 사건의 공소장변경이 가능하여 사법경찰이 '구성요건해당성'이 인정된다는 판단을 하는 사건은 '범죄의 혐의가 있다고 인정되는 경우'에 해당하여 송치대상이 될 것이다. 예컨대 상습범·영업범 등 포괄일죄 중 일부에 대해 재판 진행 중인 경우 '공소권 없음' 사유에 해당하지만, 검사의 공소장변경(추가기소 의미)이 가능한 경우 사법경찰이 '구성요건해당성'이 인정된다는 판단을 하며 송치하는 것이 가능하다.

표 2-1 사법경찰의 송치/불송치 상황

'구성요건해당성'이 인정될 경우 → 송치 원칙 - '죄가 안됨' 해당사유(위법성/책임조각사유 등) → 송치(다만, 형사미성년자는 불송치) - '공소권 없음' 해당사유(소추조건 미구비 등) → 불송치
'구성요건해당성'이 인정되지 않을 경우 → 불송치 * 타 법률에서 사건의 전부 송치를 규정한 경우는 예외

④ **문제점:** 첫째, 다수 피의자, 다수 죄명인 사건에 관하여 일부 기소의견인 경우의 사건 처리가 문제된다. 즉, 피의자 1명, 죄명 하나인 사건인 경우 기소·불기소가 간명할 수 있으나, 피의자가 다수이거나 죄명이 다수인 경우 기소·불기소 여부가 달라질 수 있는데, 기소 사건 송치사건과 불기소의견으로 인한 불송치사건이 하나의 기록에 혼재해 있는 경우 어떻게 처리해야 하는지 불명확하다. 또 기소·불기소 혼재사건의 경우 불기소부분에 관하여는 90일 이내 기록 등을 반환해야 하는지(기소한 부분과 관련없는 기록과 증거를 분리해서 경찰로 다시 돌려보내야 하는지) 여부도 불명확하다.

둘째, 하나의 사건에 대해 처리시기가 달라지는 경우 논란이 있을 수 있다. 즉, 일부 기소의견으로 송치한 후 불기소 부분은 이후에 송치하는 경우처럼 경찰이 하나의 사건 중 일부를 기소의견으로 송치하고 나머지 부분은 추가수사해서 불기소의견으로 불송치결정을 하는 경우 하나의 사건이 2건으로 분리될 수밖에 없다. 그런데 검사가 불기소부분에 관한 기록이나 증거를 검토하지 못한 채 경찰이 송치한 부분만으로 기소 여부를 판단해야 한다면 부적절한 판단을 할 수도 있으며, 뒤늦게 불송치 결정을 하는 부분까지 검토한 결과 기소한 부분에 관한 공소사실이나 죄명 등을 변경해야 하거나 공소취소까지 고려해야 할 상황으로 인한 문제점이 발생할 수 있다. 반면에 일부 불송치 후 일부 기소의견으로 송치하는 경우처럼 불송치결정에 따른 기록송부 후 90일 이내에 기소의견으로 송치하는 경우에는 그나마 같이 검토할 가능성이 있으나, 이 경우에도 불송치결정으로 송부한 기록검토기한(90일) 내에 기소의견으로 송치한 부분과의 종합적인 검토가 어려울 수 있다. 결국 불송치결정에 따른 기록송부 후 90일 이후에 기소의견으로 송치하는 경우 불송치결정부분을 다시 검토할 필요가 있더라도 이에 대한 제도적 장치가 없을 뿐만 아니라 이런 경우 적절한 판단이 이루어질 수 없는 어려움이 존재한다.

셋째, 불송치사유별 검토를 하면, 현재 검사의 불기소처분은 ① 공소권 없음, ② 죄가 안됨, ③ 혐의없음(범죄인정 안됨, 증거불충분), ④ 각하, ⑤ 기소유예, ⑥ 공소보류, ⑦ 기소중지, ⑧ 참고인중지 등이 있는데, 경찰이 불송치결정을 하게 되는 것이 어떤 경우까지인지 명확한 규정이 없다. 즉, 법령상 분명한 사유에 따른 처리기준을 정할 필요가 있는데도 불구하고 어떤 범위에서 불송치결정을 할 수 있는지를 정하지 않은 것이다. 따라서 불기소처분사유에 해당하는지 여부에 관한 판단은 법률해석과 판단에 관한 것으로 법률전문가인 검사가 하는 것이 타당하고, 전국적으로 동일한 기준으로 운용해야 할 필요가 있는 것들(대표적으로 위법성조각사유, 책임조각사유, 각하사유 등)이 상당수 있지만, 통일적 기준에 따라 경찰이 어떤 식으로 이를 처리할 수 있을지 의문이다. 물론 불송치결정은 그 자체로 검사의 기소범위를 제한하는 효과가 있으므로 불송치사유 자체도 중요하지만, 그 사유를 어떻게 해석 및 적용하느냐에 따라 경찰이 검사의 기소여부에 관한 판단권을 먼저 행사하는 것이다. 이는 수사－기소를 분리하자는 입장에 의하더라도 수사권이 기소권을 본질적으로 침해하는 결과라고 볼 수 있을 것이다.

넷째, 개정법에 따르면 사법경찰관이 자체 종결한 사건은 사법경찰관이 기록을 보존하고, 검사가 불기소 처분한 사건은 검사가 기록을 보존하게 된다. 이처럼 기록을 검찰과 경찰 등으로 분산하여 보관하면, 관련사건 병합수사가 필요하더라도 개별사건을 송치받거나 지휘할 수 없어, 실체진실을 밝히는데 한계가 있을 수밖에 없다.

2. 수사권독립논쟁

종래 수사권의 (귀속)주체가 검사임에도 불구하고 실제상 수사의 대부분은 경찰에 의하여 행해지고 있다는 점에서, 수사활동의 실효성을 담보하기 위하여는 경찰수사의 자유와 재량이 확보되어야 한다는 소위 경찰수사권독립론이 논의된 바 있다. 이와 관련하여 개정 형사소송법은 검찰과 경찰의 관계를 상호협력관계로 규정하고 있으므로 이제는 큰 의미가 없다고 본다.

다만, 검사의 수사지휘권을 부정하면서, 경찰에게 독자적인 수사권(귀속주체성)을 인정할 경우 이원화된 수사권으로 인하여 수사권의 충돌문제가 발생한다. 즉, 국가형벌권을 위한 형사재판 및 소추는 모두 사법작용에 속하는 것으로서, 재판의 절차와 내용이 이원화될 수 없듯이 수사의 절차와 내용도 이원화되어서는 안 된다. 그런데 사법경찰관에게 독자적인 수사개시·진행권(귀속주체성)을 인정하여 검사의 수사권과 사법경찰의 수사권을 병렬적으로 규정할 경우, 동일한 범죄에 대하여 검사의 수사권과 사법경찰의 수사권이 동시에 발동될 수 있으므로 양 기관의 수사권이 충돌하게 되는 것이다.

☞ 경찰에 독자적인 수사주체성을 부여하게 되면, 그 수사권이 귀속되는 주체는 개개 '사법경찰관'이 아니라 '경찰' 기관 전체가 될 수밖에 없는데(경찰청장을 제외하고는 단독관청이 아니므로), 이는 현재 수사권을 '경찰'이라는 기관이 아니라 단독관청인 '검사'에게 귀속시키고 그 수사의 사법적 공정성을 확보하기 위해 검사에게 고도의 직무 독립성과 신분을 보장해 주고 있는 체계에서, 수사권을 검사 외에 행정기관으로서의 '경찰' 전체에도 부여하여, 직무 독립성이나 신분 보장이 없는 경찰청 소속 정보·보안·작전 경찰 등 16만 경찰 전체가 수사권을 행사하게 되는 체계로 국가의 수사권 구조 및 그 규모가 전면적으로 변질되는 결과를 초래하게 된다. 따라서 사법경찰인지 아닌지를 불문하고 경찰청 소속 경찰관이면 누구나 수사권능을 행사할 수 있다는 결론에 이르게 된다. 그러나 개정 형사소송법 제197조 제1항이 '경무관, 총경, 경정, 경감, 경위'까지만 사법경찰관으로 지정하여 수사권을 위임(Auftrag)하고 있으므로(수사행위의 주체 인정) 그 위 계급인 치안감, 치안정감, 치안총감(경찰청장)은 사법경찰관이 아니다. 그렇다면, 사법경찰만이 수사할 수 있도록 한 형사소송법에 부합하도록, 일본처럼 우선 경찰청장을 포함한 경찰관 전원이 사법경찰관이 되어야 한다는 전제가 해결되어야 할 것이다.

표 2-2 일본 경찰의 계급체계

※ 일본 경찰법 제62조 경찰관의 계급(장관을 제외한다)은 警視總監(경시총감), 警視監(경시감), 警視長(경시장), 警視正(경시정), 警視(경시), 警部(경부), 警部補(경부보), 巡査部長(순사부장) 및 巡査(순사)로 한다.
※ 일본 형사소송법 제189조(司法警察職員) ① 경찰관은 각각 다른 법률 또는 國家公安委員會(국가공안위원회) 혹은 都道府縣公安委員會(도도부현공안위원회)가 정하는 바에 의하여 사법경찰직원으로서 직무를 행한다.

V. 검사와 사법경찰관의 관계

1. 협력관계의 제도적 보장

개정 형사소송법(법률 제16924호, / 2020.2.4., 일부개정) 제195조는 제명을 '검사와 사법경찰관의 관계 등'으로 하고, '① 검사와 사법경찰관은 수사, 공소제기 및 공소유지에 관하여 서로 협력하여야 한다. ② 제1항에 따른 수사를 위하여 준수하여야 하는 일반적 수사준칙에 관한 사항을 대통령령으로 정한다'는 규정을 신설한 후, 기존 제196조 제1항의 '수사관, 경무관, 총경, 경정, 경감, 경위는 사법경찰관으로서 모든 수사에 관하여 검사의 지휘를 받는다'는 내용을 개정 형사소송법은 제197조 제1항에서 「경무관, 총경, 경정, 경감, 경위는 사법경찰관으로서 범죄의 혐의가 있다고 사료하는 때에는 범인, 범죄사실과 증거를 수사한다」고 변경하고, 제196조 제3항 「사법경찰관리는 검사의 지휘가 있는 때에는 이에 따라야 한다. 검사의 지휘에 관한 구체적 사항은 대통령령으로 정한다」는 규정을 삭제하고 있다. 그리고, 개정법은 제197조의2에 '보완수사요구' 규정과 제197조의3에 '시정조치요구 등'의 규정을 신설하고 있다.

이에 따르면 개정법은 검찰과 경찰 양 기관을 상호협력관계로 규정하여, 검사의 경찰에 대한 수사지휘권을 폐지하는 대신 그 보완책으로 검사에게 경찰에 대한 보완수사요구권과 시정조치요구권을 부여하고 있다고 할 것이다.

2. 사법경찰관의 수사권과 검사의 수사감독권

(1) 보완수사요구권

① **내 용:** 검사는 송치사건의 공소제기 여부 결정 또는 공소의 유지에 관하여 필요한 경우나 사법경찰관이 신청한 영장의 청구 여부 결정에 관하여 필요한 경우 사법경찰관에게 보완수사를 요구할 수 있으며($^{제197조의2}_{제1항}$), 사법경찰관은 정당한 이유가 없는 한 지체 없이 이를 이행하고 그 결과를 검사에게 통보하여야 한다($^{동조}_{제2항}$). 검찰총장 또는 각급 검찰청 검사장은 사법경찰관이 정당한 이유 없이 이러한 요구에 따르지 아니하는 때에는 권한 있는 사람에게 해당 사법경찰관의 직무배제 또는 징계를 요구할 수 있고, 그 징계절차는 「공무원 징계령」 또는 「경찰공무원 징계령」에 따른다($^{동조}_{제3항}$).

사법경찰관은 검사의 보완수사요구에 따라 범죄혐의가 인정된다고 판단되면 송치결정($^{제245조의5}_{제1호}$)을 하고, 그 밖의 경우에는 불송치결정(송부결정)을 해야 할 것이다($^{제245조의5}_{제2호}$).

② **문제점:** 첫째, 검사의 보완수사요구에 따라 경찰이 보완수사를 하고, 보완수사결과를 통보받았는데, 검사가 해당 보완수사결과를 보니 다른 측면에서 추가수사가 필요하다고 판단하는 경우 또다시 기록을 경찰로 돌려보내고 재보완수사요구를 해야 하는 문제점이 발생한다. 한편, 경찰이 이행하지 않아 검사가 사건을 송치받아 직접수사하는 경우, 검찰청법상 검사 직접수사 범위 내 아니면 검사의 직접 보완수사도 불가능한 문제가 발생한다. 즉, 경찰이 보완의 범위를 벗어났으므로 수사를 하지 않을 정당한 이유가 있다고 주장하며 수사를 거부할 경우 해결방법이 없으며, 검찰청법상 검사의 수사범위는 제한되어 있으므로 이 경우 검찰이 직접 수사할 수도 없다. 더욱이 사법경찰관이 '정당한 이유'가 있다고 주장하면서 보완수사요구를 거부하거나 '인권침해 등이 발생한 경우'가 아니라고 하면서 시정조치요구를 거부하는 경우, 당해 사건에서 즉시 시정할 수 없는 어려움도 발생할 것이다.

☞ 2018년 버닝썬 클럽 폭행사건에서 경호원들에게 폭행당한 김씨 사건이 검찰에 송치된 후, 검사가 '김씨가 경찰관에게도 폭행당한 독직폭행' 사건과 '클럽내에서 마약을 이용한 성폭력' 사건이 벌어

진 것을 발견한 경우, '**마약 성폭력 사건**'은 검찰청법상 검사의 수사범위에 포함되지 않으므로 검찰 수사가 불가하며, 경찰에 '**독직폭행, 마약 성폭력 사건**'을 다시 수사하라고 보완수사를 요구하더라도 경찰이 이는 처음 사건(폭력)의 보완이 아닌 새로운 수사를 지휘하는 것이라고 거부한다면 이에 대한 대책이 전무하다. 즉, 버닝썬 사건에서 경찰관의 유착 의혹이 있어 경찰에 버닝썬 컴퓨터와 회계담당자의 휴대전화, 장부 등을 압수하라고 보완수사를 요구하더라도 경찰이 보완수사요구 범위 밖이라고 거부할 경우 대책이 없으며, 검찰에서 추후 수사에 착수할 경우 컴퓨터와 장부, 휴대전화 등은 모두 폐기된 상태로 증거수집이 불가능하여 결국 사건은 암장될 것이다.

둘째, 보완수사결과, 경찰이 당해 사건의 피의자들 중 일부에 대해 기존 의견을 변경해서 송치의견에서 불송치결정을 하게 되는 경우(피의자들 전부 또는 일부에 대한 죄명 변경도 동일) 불송치결정 이유서와 함께 기록을 검찰로 다시 보내면, 검사는 다시 보완수사요구를 하지 못하고 불송치결정한 부분에 관하여는 재수사요청을 하는 것인지 모호하다. 특히 하나의 사건에서 일부 기소 및 일부 불기소를 하는 경우, 기록을 분리해야 하는지 논란이 있으며, 만약 기록을 분리한다고 하더라도 고소인 등의 이의신청 시 그 이의신청에 따른 절차진행에 어려움이 있을 것이다.

셋째, 한 사건의 일부는 기소의견이고 일부는 불기소의견인 경우, 기소의견인 부분만 송치하고, 불기소의견인 부분은 기록송부를 하도록 함으로써 피의자가 다수인 사건이거나 죄명이 다수인 사건의 경우에 혼선이 불가피하다. 만약 송치하는 부분에 관한 추가수사·보완수사가 필요하고, 불기소의견이라 기록만 보내는 부분에 관하여도 의견을 변경하거나 추가수사·보완수사가 필요한 경우 보완수사요구와 재수사요청을 같이 해야 하는 것인지 등 복잡한 상황이 발생할 수 있다.

넷째, 보완수사요구의 형식은 서면이 적절하다고 보여지는데, 이와 관련된 검·경의 의견 대립이 기록으로 남겨질 경우, 사건관계자(고소인, 피해자, 피의자 등)는 자신에게 유리한 한쪽 입장을 근거로 수사의 문제점 또는 정당성을 주장할 수 있는바, 검·경 간의 대립에 사건관계자들이 가세하여 분쟁이 확대될 우려가 있다. 특히 검사의 처분에 불만을 품은 사건관계자는 공수처에 검사를 고소 내지 고발할 가능성이 매우 농후하다.

다섯째, 송치사건에서 경찰에 대한 보완수사요구의 범위를 "공소제기 여부 결정 및 공소의 유지에 관하여 필요한 경우"로 한정하고 있어서, 경찰이 송치사건으로 기재하여 보낸 사항 이외에는 검사가 사건의 실체를 확인하여 송치 시의 실체파악에 관한 경찰의 오류를 시정할 수 있는 방법이 없다. 이는 사건의 최종 결정권자가 소추권자이므로 소추권자인 검사의 의사가 수사활동을 하는 사법경찰관의 의사보다 우선해야 한다는 기본원칙에도 반하는 것이다.

여섯째, 조문구조상, 보완수사요구 이행과 관련된 '정당한 이유'의 1차적 판단을 경찰이 하게끔 되어 있는데, 정당한 이유없이 보완수사 요구를 이행하지 않을 경우 검찰총장 또는 검사장이 직무배제 또는 징계요구를 할 수 있으므로 검·경 간의 '정당한 이유'의 해석에 관한 다툼이 생길 소지가 있다. 한편, '정당한 이유'가 없으면 보완수사요구에 따르라고 하는 것 역시 보완수사요구 자체의 효력을 무효화시키는 것이고, 또한 검·경 간의 극한 갈등을 조장하는 조항에 불과하다. 특히 검사의 직무범위를 벗어난 사건의 수사와 관련하여, 검사의 보완수사요구에 '정당한 이유'로 불응하겠다고 하는 경우 검사가 직접 수사할 수도 없고, 경찰이 수사한 대로 기소할 수도 없어서 그 사건을 처리할 수 없는 상황에 이르게 될 것이다.

(2) 시정조치요구와 사건송치요구권

① **내 용**: 검사는 사법경찰관리의 수사과정에서 법령위반, 인권침해 또는 현저한 수사권 남용이 의심되는 사실의 신고가 있거나 그러한 사실을 인식하게 된 경우에는 사법경찰관에게 사건기록 등본의 송부를 요구할 수 있으며(제197조의3 제1항), 송부 요구를 받은 사법경찰관은 지체 없이 검사에게 사건기록 등본을 송부하여야 한다(동조 제2항). 송부를 받은 검사는 필요하다고 인정되는 경우에는 사법경찰관에게 시정조치를 요구할 수 있고(동조 제3항), 사법경찰관은 이러한 시정조치 요구가 있는 때에는 정당한 이유가 없는 한 지체없이 이를 이행하고, 그 결과를 검사에게 통보하여야 한다(동조 제4항).

통보를 받은 검사는 위의 시정조치 요구가 정당한 이유 없이 이행되지 않았다고 인정되는 경우에는 사법경찰관에게 사건을 송치할 것을 요구할 수 있으며(동조 제5항), 송치 요구를 받은 사법경찰관은 검사에게 사건을 송치하여야 한다(동조 제6항). 검찰총장 또는 각급 검찰청 검사장은 사법경찰관리의 수사과정에서 법령위반, 인권침해 또는 현저한 수사권 남용이 있었던 때에는 권한 있는 사람에게 해당 사법경찰관리의 징계를 요구할 수 있고, 그 징계 절차는 「공무원 징계령」 또는 「경찰공무원 징계령」에 따른다(동조 제7항).

사법경찰관은 피의자를 신문하기 전에 수사과정에서 법령위반, 인권침해 또는 현저한 수사권 남용이 있는 경우 검사에게 구제를 신청할 수 있음을 피의자에게 알려주어야 한다(동조 제8항).

② **문제점**: 첫째, '**법령위반, 인권침해 또는 현저한 수사권남용**'의 해석·적용에 관한 다툼이 있는 경우 해결방법이 없다. 즉, 이를 폭넓게 해석·적용하는 경우 사실상 수사지휘의 부활로 이어질 수 있고, 반대로 엄격하게 해석·적용하는 경우 경찰수사절차에 대한 통제장치로 기능하기 어려울 것이다. 특히 '법령위반, 인권침해, 현저한 수사권남용'에 관한 경찰과 검찰의 의견차이가 있어 경찰이 "정당한 이유"를 들어 시정요구를 거부할 경우 검사는 사건송치를 요구할 수 있고(제197조의3 제5항), 경찰은 이에 따르도록 하고 있다. 문제는 검사의 직무범위를 제한한 검찰청법에 따를 경우 송치받은 사건이 검사의 직무범위를 벗어나면 개정법 제197조의3 제6항에 따라 송치받은 사건을 예외적으로 수사할 수 있다는 것인지 아니라면 어떻게 한다는 것인지 모호하다는 점이다.

둘째, 시정조치를 위한 조사절차의 법적 성격이 모호하다. 개정법에 따르면 법령위반 등의 신고·인지시 사건기록 '등본'을 송부하도록 요구할 수 있고, 이 요구에는 지체없이 따르도록 하고 있으나, 당해 사건의 증거물은 어떻게 처리해야 하는지 규정이 없고, 개정법상으로 기록만 '복사'해서 보내면 되고 증거물은 송부하지 않아도 되는 것으로 설계되어 있다. 그런데 법령위반 여부는 별론으로 하더라도, 인권침해 또는 현저한 수사권남용을 사건기록만으로 파악하기 어려울 수 있어 검찰에서 신고·인지사실이 실제 존재하는지, 경찰측 입장이 무엇인지 확인하는 과정이 필요한데 이에 관한 아무런 절차규정이 존재하지 않아 실제 시정조치요구를 위한 조사가 이루어질 수 있을지 의문이다.

셋째, 신고·인지시점에 따른 절차규정이 없다. 법령위반 등의 신고·인지시점이 경찰이 당해 사건을 수사 중인 때라면, 시정조치를 요구하고 이에 불응할 경우 (검사의 직접수사는 별론으로 하고) 당해 사건을 송치하도록 할 수 있지만, 법령위반 등의 신고·인지시점이 경찰이 당해 사건에 관한 수사를 종결하고 송치 또는 불송치하였고 검사가 아직 처분 전이라면, 우선 기록을 '송치'하도록 할 수 없으며(개정법은 이 부분을 예정하지 않았음), 검사가 이 경우 어떤 시정요구를 할 수 있는지 의문이다.

(3) 재수사요청권

검사는 사법경찰관이 범죄를 수사하였으나, 사건을 송치하지 아니한 것($^{제245조의5}_{제2호}$)이 위법 또는 부당한 때에는 그 이유를 문서로 명시하여 사법경찰관에게 재수사를 요청할 수 있고 ($^{제245조의8}_{제1항}$), 사법경찰관은 재수사요청이 있는 때에는 사건을 재수사하여야 한다($^{동조}_{제2항}$). 다만, 보완수사요구에 대해 정당한 이유없이 따르지 않는 때에는 사법경찰관의 직무배제 또는 징계를 요구할 수 있으나($^{제197조의2}_{제3항}$), 재수사요청에 대해서는 아무런 규정이 없다는 점에서 그 실효성이 앞으로 문제될 수 있을 것이다. 왜냐하면 검사가 경찰이 종결한 사건을 90일 동안 검토하여 그 불송치가 위법·부당한 경우 재수사요청할 수 있도록 규정하고 있으나, 재수사요청에 대해 경찰은 임의로 종결하고 불송치할 수 있는데, 이에 검사는 다시 90일 동안 그 사건의 위법·부당성을 찾아내 다시 재재수사요청만 할 수 있기 때문이다. 즉, 검사가 사건 송치를 요구할 수 있는 규정이 없고, 경찰에게 조치결과의 검찰에 대한 통지의무가 없으므로 경찰이 이를 거부할 경우 아무런 보완방법이 없는 것이다.

결국 사법경찰이 불송치한 후 검사가 90일 이내에 기록을 검토하여 재수사요청을 하더라도 경찰이 수사를 진행하지 않고 방치한다면, 제재방법이 없으므로 분쟁은 미해결상태로 방치될 수밖에 없을 것이다. 불송치 기록 자체로 기소 가능한 경우의 규정이 부재하므로 불송치가 위법·부당하더라도 검사는 '재수사요청'만을 할 수 있기 때문이다.

(4) 수사중지명령권과 교체임용요구권

서장(署長)이 아닌 경정(警正) 이하의 사법경찰관리가 직무집행과 관련하여 부당한 행위를 하는 경우에 지방검찰청 검사장은 해당 사건의 수사중지를 명하고(수사중지명령권), 임용권자에게 그 사법경찰관리의 교체임용을 요구할 수 있으며(교체임용요구권) 이러한 요구를 받은 임용권자는 정당한 사유가 없으면 교체임용을 하여야 한다(검찰청법 제54조).

(5) 영장심의위원회의 설치

사법경찰관은 검사가 사법경찰관이 신청한 영장을 정당한 이유 없이 판사에게 청구하지 아니한 경우 그 검사 소속의 지방검찰청 소재지를 관할하는 고등검찰청에 영장 청구 여부에 대한 심의를 신청할 수 있다($\frac{제221조의5}{제1항}$). 이러한 사항을 심의하기 위하여 각 고등검찰청에 영장심의위원회를 두는데($\frac{동조}{제2항}$), 심의위원회는 위원장 1명을 포함한 10명 이내의 외부 위원으로 구성하고, 위원은 각 고등검찰청 검사장이 위촉하며($\frac{동조}{제3항}$), 사법경찰관은 심의위원회에 출석하여 의견을 개진할 수 있다($\frac{동조}{제4항}$). 심의위원회의 구성 및 운영 등 그 밖에 필요한 사항은 법무부령으로 정한다($\frac{동조}{제5항}$).

이에 따라 제정된 '영장심의위원회 규칙'(법무부령 제996호, 2021.1.1. 제정 및 시행 중)에 의하면 심의신청을 한 사법경찰관뿐만 아니라 담당검사도 심의위원회에 의견서를 제출하거나 출석하여 의견을 개진할 수 있으며($\frac{동 규칙 제17조,}{제18조}$), 피의자 또는 변호인은 심의위원회에 의견서를 제출할 수 있고($\frac{동 규칙}{제19조}$), 담당검사와 사법경찰관은 심의위원회의 심의결과를 존중해야 한다($\frac{동 규칙 제25조}{제2항}$).

☞ 영장심의위원회의 결정에 따라 영장청구를 하는 것이 적정하다고 판단하는 경우 검사가 영장심의위원회의 결정에 따라 영장청구를 해야 한다는 내용까지 전제한 것이라면, 검사가 아닌 영장심의위원회에 의한 영장청구로 위헌논란이 있을 수 있다. 즉, 외부위원으로 구성되는 심의위원회에 영장청구 여부에 대한 결정권한이 부여될 경우 이는 헌법개정이 필요한 사항이고, 심의위원회의 결정에 권고적 효력만 부여될 경우 이는 시간과 사회적 비용만 증가시키게 될 것이다. 특히, 영장심의위원회에 수사 주체인 사법경찰권 및 검사는 참석하여 의견을 개진할 수 있으나, 그 대상자인 국민에게는 의견서 제출권만 인정하고 있으므로 당사자의 방어권 보장면에서 볼 때, 위헌적 독소조항이다. 만약 대상자도 심의회에 나가 의견 제시를 할 수 있게 한다면 이것은 사실상 재판이 되는 것이고, 법관이 아닌 자에 의한 재판을 받는 것으로 역시 위헌문제가 제기될 것이다.

(6) 검사의 체포 · 구속장소감찰

지방검찰청 검사장 또는 지청장은 불법체포 · 구속의 유무를 조사하기 위하여 검사로 하여금 매월 1회 이상 관하 수사관서의 피의자의 체포 · 구속장소를 감찰하게 하여야 하며, 감찰하는 검사는 체포 또는 구속된 자를 심문하고 관련서류를 조사하여야 한다($\frac{제198조의}{2 \ 제1항}$). 검사는 적법한 절차에 의하지 아니하고 체포 또는 구속된 것이라고 의심할 만한 상당한 이유가 있는 경우에는 즉시 체포 또는 구속된 자를 석방하거나 사건을 검찰에 송치할 것을 명하여야 한다($\frac{동조}{제2항}$).

(7) 인권옹호직무방해죄 등 처벌

경찰의 직무를 행하는 자 또는 이를 보조하는 자가 인권옹호에 관한 검사의 직무집행을 방해하거나 그 명령을 준수하지 아니한 경우에는 인권옹호직무방해죄로 처벌될 수 있다(형법제139조). 여기서 '인권'이란 범죄수사 과정에서 사법경찰관리에 의해 침해되기 쉬운 인권으로서 주로 헌법 제12조에 의한 국민의 신체의 자유 등을 그 내용으로 한다고 할 것이다(대판 2010.10.28, 2008도11999).

3. 수사 경합시 사건송치요구

(1) 법 규정

검사는 사법경찰관과 동일한 범죄사실을 수사하게 된 때에는 사법경찰관에게 사건송치를 요구할 수 있고(제197조의4 제1항), 위 요구를 받은 사법경찰관은 지체 없이 검사에게 사건을 송치하여야 한다. 다만, 검사가 영장을 청구하기 전에 동일한 범죄사실에 관하여 사법경찰관이 영장을 신청한 경우에는 해당 영장에 기재된 범죄사실을 계속 수사할 수 있다(동조 제2항). 검사와 사법경찰관의 수사가 경합하는 경우에 중복수사로 인한 수사력낭비와 사건관계인의 권익침해 등을 방지하기 위하여 검사에게 우선적 수사권을 부여하는 한편, 사법경찰관이 계속 수사를 할 수 있는 예외적인 경우를 인정하고 있는 것이다.

(2) 송치요구 대상

① **송치요구 대상이 되는 동일한 범죄사실의 판단기준**: 대통령령인 수사준칙 제48조(동일한 범죄사실 여부의 판단 등)는 송치요구 대상이 되는 '동일한 범죄사실'에 대한 관련규정이 없다. 따라서 검·경 간의 '동일한 범죄사실'의 해석(대판 2017.9.21, 2017도7843)에 관한 다툼이 있는 경우 해결방안이 없다. 즉, 동일사건이 아니라는 이유로 송치거부시 대책이 없는 것이다. 왜냐하면 동일한 범죄사실인지 여부가 불명확한 것이 현실이며, 특히 수사를 진행하는 과정에서 동일성 여부를 판단하기 어려운 경우가 많기 때문이다. '영장기재 범죄사실의 범위(사건의 동일성 등) 등'의 해석과 관련해서도 실무상 갈등이 우려되는데, 사법경찰이 '동일사건'이 아니라는 이유 등으로 송치요구를 거부하는 경우, 이행을 담보할 장치 역시 부재하다.

결국 형사소송법상 공소사실의 동일성, 영장의 효력범위, 공소장의 변경(심판의 대상), 기판력 범위 등을 기본적 사실관계의 동일성 여부를 기준으로 정하고 있는 바, 통일적 해석을 위하여 수사의 경합에서의 '동일한 범죄사실'도 기본적 사실관계의 동일성 여부를 그 기준으로 해석하는 것이 상당할 것이다.

② **동일한 범죄사실의 판단 주체**: 법문상 검사가 '송치요구'여부를 결정하고, 송치요구시 사법경찰은 '지체 없이 사건을 송치'하도록 규정하고 있으므로 해석상 '동일성'여부 판단의 주체는 '검사'로 보아야 할 것이다.

(3) 사법경찰의 계속 수사를 위한 '영장신청'의 범위

수사의 경합은 검·경이 중복수사를 진행할 경우 초래되는 사건관계인의 방어권 보장 및 국가수사력의 낭비, 두 기관의 다른 판단으로 인한 법적 안정성 침해, 수사기관의 신뢰 훼손 방지라는 입법취지를 고려할 때, 영장의 범위를 한정적으로 해석할 필요가 있다. 이에 개정법 제197조의4 제2항에서 선착수 여부를 판단하는 기준으로 제시한 **'영장신청'**에 '통신사실확인자료 확보를 위한 신청, 금융거래정보제공명령을 위한 신청 등'도 포함되는지 문제되는데, 대통령인 수사준칙 제48조 제1항은 체포·구속영장, 신체·주거지 압수수색영장 외에 통신영장·금융계좌 영장도 포함하고 있다. 그러나 무리한 '사건탈취'를 방지하기 위한 선착수 우선 원칙의 취지가 왜곡되어서 '사건선점'의 수단으로 '영장'이 활용될 여지가 있다. 즉, 범죄혐의를 수명할 정도로 수사가 진행되지 않거나 강제수사의 필요성이 인정되지 않는 상황임에도 수사권 확보를 위하여 무리하게 영장신청을 남발할 우려가 있고, 그 과정에서 심각한 인권침해가 발생할 우려가 있는 것이다. 따라서 피의자 등 사건관계인들에게 직접적으로 이루어지는 체포·구속영장의 신청, 신체·주거지 등에 대한 압수·수색영장 신청으로 한정하는 것이 타당하다고 본다. 이러한 영장들은 집행 시 사건관계인들이 수사진행 사실을 바로 인식할 수 있으므로 해당기관이 수사를 계속하도록 하는 것이 수사의 효율성 제고와 사건관계인의 방어권 및 예측가능성 보장 측면에서도 타당하기 때문이다.

(4) 중복수사 해소방안

개정법($^{제197조의4}_{제2항}$)에 따라 사법경찰관이 계속 수사를 하는 경우에도 검사가 수사를 계속할 수 없다거나 사법경찰관에게 사건을 이송하여야 한다고 할 수는 없다. 그러나 사건의 내용, 수사 진행상황 등에 따라서는 중복수사로 인한 사건관계인의 권익침해를 방지할 현실적 필요성은 있을 수 있으므로 이를 위한 방안을 마련할 필요가 있다. 다만, 이는 개별사안에 있어서 검사의 구체적 판단이 이루어져야 하는 사항으로 그 기준을 수사준칙에서 일률적으로 규정하는 것은 사실상 불가능할 것이다. 이에 대통령인 수사준칙 제49조(수사경합에 따른 사건송치)도 검사는 사법경찰관에게 사건송치를 요구할 때에는 그 내용과 이유를 구체적으로 기재한 서면으로 해야 하며($^{제1}_{항}$), 사법경찰관은 요구를 받은 날로부터 7일 이내에 사건을 검사에게 송치하고, 관계서류와 증거물을 검사에게 송부해야 한다($^{제2}_{항}$)고 절차만을 규정하고 있다.

(5) 영장'신청' 및 '청구' 기준 시점

우리 형사사법체계는 도달주의를 원칙으로 하고 있고, 영장신청 및 접수시기는 검·경 뿐만 아니라 법원과의 관계에 있어서도 통일적인 해석이 필요한 사항이다. 그런데 형사소송법 등은 영장'청구'의 방식을 '서면'으로 하도록 규정하면서, '서면'이 접수된 때를 '청구'로 보고 있으므로[1] 영장신청도 영장청구와 마찬가지로 '서류 접수시점'을 기준으로 하는 것이

---

1) 형사소송규칙 제93조(영장청구의 방식) ① 영장의 청구는 서면으로 하여야 한다.
　　대법원 인신구속사무의 처리에 관한 예규(재형 2003-4) 검사의 청구서가 제출되면 접수인을 찍고 재판사무시스템에 전산입력하여 접수한다.
　　형사소송법 제214조의2(체포와 구속의 적부심사) ④ 제1항의 청구를 받은 법원은 청구서가 접수된 때부터 48시간

타당하다. 그러나 사법경찰관의 영장신청만으로 선착수를 인정하는 것은 문제가 있다. 경찰이 영장신청을 한 것만으로 선착수를 인정하게 되면, 영장신청에 대해 검사가 기각해 실질적으로 강제수사에 들어가지 못한 경우까지 광범위한 우선권을 인정받게 되어 사건선점의 수단으로 전락할 우려가 있기 때문이다.

VI. 고위공직자범죄수사처

1. 의 의

고위공직자 등의 범죄는 정부에 대한 신뢰를 훼손하고, 공공부문의 투명성과 책임성을 약화시키는 중요한 원인이다. 이에 고위공직자범죄수사처법(이하 '공수처법'으로 약칭함)에 고위공직자 등의 범죄를 독립된 위치에서 수사할 수 있는 고위공직자범죄수사처(이하 '수사처'로 약칭함)의 설치 근거와 그 구성 및 운영에 필요한 사항을 정함으로써 고위공직자 등의 범죄를 척결하고, 국가의 투명성과 공직사회의 신뢰성을 높이려는 것이다.[1]

공수처법의 전체적인 구성은 제1장 총칙, 제2장 조직, 제3장 직무와 권한, 제4장 수사와 공소의 제기 및 유지, 제5장 징계, 제6장 보칙 그리고 부칙으로 구성되어 있다. 총 조문은 47개 조문으로 되어 있으며, 마지막 조문인 제47조에는 수사처검사와 수사처수사관의 직무와 권한에 대하여 세부적인 조문을 본법에 두지 않는 대신 다른 법률(형사소송법, 제4조 제1항 제2호 제4호, 제5호를 제외한 검찰청법)을 준용하도록 하고 있다.

2. 상설 특검과의 관계

상설 특검법[2]은 특별 검찰청을 설치하는 것이 아니라, 특정 사건에 대해 수사, 기소 및 공소유지를 수행하는 한시적·한정적 검사를 임명하는 것으로 기구를 신설하는 공수처법과는 본질적으로 상이하다.

표 2-3 공수처법과 상설 특검법 비교

구 분	공수처법	상설 특검법
입법 목적	수사처라는 새로운 **기구의 신설과 운영** 고위공직자범죄의 척결	특정사건을 한정된 시간에 수사, 기소하는 독립적 **검사(특별검사)의 임명**
주요 내용	• 헌법상 입법, 행정, 사법(헌재 포함)	• 별도 조직 설치 없이 검찰청 검사와

이내에 체포 또는 구속된 피의자를 심문하고...(이하 생략).

[1] 고위공직자범죄수사처 설치 및 운영에 관한 법률 [법률 제16863호, 2020. 1. 14. 제정] 제정문.
[2] 「특별검사의임명등에관한법률」은 검찰청과 독립된 별도의 검사를 임명하는 절차를 규정하고 있다.

	중 어떤 영역에도 속하지 않는 공수처라는 기구의 신설	동일한 독립관청인 검사 등을 임명
	• 인적·범죄 단위로 수사대상 특정	• 개별 사건 단위로 수사대상 특정
	• 수사처장 등 지휘부와 수사처검사, 수사관의 임명, 징계, 신분보장 등	• 특별검사 등의 보수, 퇴직 및 신분보장
	• 이첩요청권, 검찰 등의 사건통보의무 등 특별권한 부여	• 특별권한은 없고, 검사 권한과 동일
	• 주로 권한 행사 측면에서 검찰청법(일부), 형소법 준용	• 권한 및 의무에 관한 조항 모두 검찰청법, 형소법 포괄 준용
	• 수사처 자체의 규칙 제정을 통한 하위 입법	• 대통령령 또는 국회규칙 제정을 통한 하위 입법
검사의제 규정	• 있음(검사와 수사처검사 동일성 부정)	• 없음(특별검사는 검사임을 전제)
헌법상 본질적 차이	• 헌법상 수사처 설치근거 없음 • 특별 권한 등 신설 • 규칙 등 위임 입법권 보유	• 헌법상 검사 임명근거 있음 • 특별 권한은 없음 • 위임 입법권 부재

3. 적용대상 및 대상범죄

(1) 고위공직자

'고위공직자'란 다음 각 목의 어느 하나의 직(職)에 재직 중인 사람 또는 그 직에서 퇴직한 사람을 말한다. 다만, 장성급 장교는 현역을 면한 이후도 포함된다.

가. 대통령
나. 국회의장 및 국회의원
다. 대법원장 및 대법관
라. 헌법재판소장 및 헌법재판관
마. 국무총리와 국무총리비서실 소속의 정무직공무원
바. 중앙선거관리위원회의 정무직공무원
사. 「공공감사에 관한 법률」 제2조제2호에 따른 중앙행정기관의 정무직공무원
아. 대통령비서실·국가안보실·대통령경호처·국가정보원 소속의 3급 이상 공무원
자. 국회사무처, 국회도서관, 국회예산정책처, 국회입법조사처의 정무직공무원
차. 대법원장비서실, 사법정책연구원, 법원공무원교육원, 헌법재판소 사무처의 정무직공무원
카. 검찰총장
타. 특별시장·광역시장·특별자치시장·도지사·특별자치도지사 및 교육감
파. 판사 및 검사
하. 경무관 이상 경찰공무원
거. 장성급 장교
너. 금융감독원 원장·부원장·감사
더. 감사원·국세청·공정거래위원회·금융위원회 3급 이상 공무원

(2) 가 족

수사대상 가족의 범위에 대하여, 일반 고위공직자의 경우에는 배우자와 직계존비속을, 대통령의 경우에는 배우자와 4촌 이내의 친족을 규정하고 있다. 친족이란 배우자, 혈족 및 인척을 말한다 (민법 제767조). 혈족에는 직계혈족으로 자기의 직계존속과 직계비속이, 방계혈족으로 자기의 형제자매와 형제자매의 직계비속, 직계존속의 형제자매 및 그 형제자매의 직계비속이 있다(동법 제768조). 인척은 혈족의 배우자, 배우자의 혈족, 배우자의 혈족의 배우자를 말한다(동법 제769조). 대통령의 경우에는 4촌 이내의 친족까지 수사대상의 범위를 다소 넓게 규정하고 있는데, 이는 대통령의 특수한 권한과 책임의 정도를 고려한 규정으로 보인다. 현행 특별감찰관법의 경우도 특별감찰관의 감찰대상자로 대통령의 배우자 및 4촌 이내 친족으로 규정하고 있다(제5조).

(3) 고위공직자범죄

고위공직자범죄란 고위공직자로 재직 중에 본인 또는 본인의 가족이 범한 범죄로서 각각 형법, 특정범죄가중처벌법, 변호사법, 정치자금법, 국가정보원법, 국회증언·감정법, 범죄수익은닉처벌법 규정에 해당하는 범죄를 뜻한다.

☞ 직무범죄와 관련하여, 형법상 직무유기(제122조), 직권남용(제123조), 불법체포·불법감금(제124조), 폭행·가혹행위(제125조), 피의사실공표(제126조), 공무상 비밀의 누설(제127조), 선거방해(제128조), 공용서류 등의 무효·공용물의 파괴(제141조), 공문서등의 위조·변조(제225조), 허위공문서작성등(제227조), 공전자기록위작·변작(제227조의2), 위조등 공문서의 행사(제229조), 국가정보원법상 정치관여죄(제18조) 및 직권남용죄(제19조), 국회 증언·감정법상 위증 등의 죄(제14조 제1항) 등이 여기에 해당된다.

☞ 부패범죄와 관련하여, 형법상 수뢰·사전수뢰(제129조), 제3자뇌물 제공(제130조), 수뢰후부정처사·사후수뢰(제131조), 알선수뢰(제132조), 뇌물공여 등(제133조), 횡령·배임(제355조), 업무상의 횡령과 배임(제356조) 배임수증재(제357조), 특정범죄가중처벌법상 알선수재(제3조), 변호사법상 청탁 또는 알선(제111조), 정치자금법상 정치자금부정수수죄(제45조), 범죄수익은닉처벌법상 범죄수익등의 은닉 및 가장(제2조 제3조) 및 범죄수익등의 수수(제4조) 등이 여기에 해당된다.

(4) 관련범죄

첫째, 고위공직자와 공동정범(형법 제30조)·교사범(동법 제31조)·종범(동법 제32조)의 관계에 있는 자가 범한 고위공직자범죄, 둘째, 고위공직자를 상대로 한 자의 뇌물공여등(동법 제133조) 및 배임증재(동법 제357조 제2항), 셋째, 고위공직자범죄와 관련된 범인은닉·도피(동법 제151조 제1항), 위증 및 모해위증(동법 제152조), 허위의 감정·통역·번역(동법 제154조), 증거인멸 등과 친족간의 특례(동법 제155조), 무고(동법 제156조) 및 「국회에서의 증언·감정 등에 관한 법률」상 위증 등의 죄(동법 제14조 제1항), 넷째, 고위공직자범죄 수사과정에서 인지한 그 고위공직자범죄와 직접 관련성이 있는 죄로서 해당 고위공직자가 범한 죄를 말한다. 공수처법은 (3) 고위공직자범죄 + (4) 관련범죄를 '**고위공직자범죄 등**'이라고 규정하고 있다(동법 제2조 제5호).

4. 조직과 운영

수사처는 형사소송법과 검찰청법에 의해 조직된 검사와는 독립된 기관으로 처장, 차장, 수사처검사, 수사처수사관과 그 밖의 직원 등으로 구성한다(공수처법 제17조 등). 처장은 수사처의 사무를 통할하고 소속 직원을 지휘·감독하며(동법 제17조 제1항), 국회에 출석하여 수사처의 소관 사무에 관하여 의견을 진술할 수 있고, 국회의 요구가 있을 때에는 수사나 재판에 영향을 미치지 않는 한 국회에 출석하여 보고하거나 답변하여야 한다. 수사처검사는 고위공직자범죄의 혐의가 있다고 사료하는 때에는 범인, 범죄사실과 증거를 수사해야 하고(동법 제23조), 직무를 수행함에 있어서 검찰청법 제4조에 의한 검사의 직무 및 군사법원법 제37조에 따른 군검사의 직무를 수행할 수 있다(동법 제8조 제4항).

처장은 수사처검사로 하여금 그 권한에 속하는 직무의 일부를 처리하게 할 수 있으며, 수사처검사의 직무를 자신이 처리하거나 다른 수사처검사로 하여금 처리하게 할 수 있다(동법 제19조). 따라서 수사처에도 검사동일체의 원칙과 같이 '**수사처검사동일체의 원칙**'이 적용된다.

5. 자격과 인원

(1) 수사처검사

수사처검사는 변호사 자격을 7년 이상 보유한 자 중에서 인사위원회의 추천을 거쳐 대통령이 임명한다. 이 경우 검사의 직에 있었던 사람은 수사처검사 정원(25명 이내)의 2분의 1(처장과 차장을 포함하여 최대 12명)을 넘을 수 없다. 따라서 법상으로는 수사처 검사를 임명할 때 검찰청 검사로 근무한 사람은 정원의 1/2을 넘지 못하게 되어 있으므로 해석상 1명도 뽑지 않더라도 위법은 아니다.

수사처검사는 특정직공무원으로 보하고, 처장과 차장을 포함하여 25명 이내이다. 임기는 3년이고, 3회에 한하여 연임할 수 있으며, 정년은 63세이다. 따라서 최초 3년에 3년 임기의 3회 연임이 가능한 것으로 보아야 하므로 최대 근무연한은 12년으로 보는 것이 타당할 것이다.

(2) 수사처수사관

수사처수사관은 첫째, 변호사 자격을 보유한 사람, 둘째, 7급 이상 공무원으로서 조사, 수사업무에 종사하였던 사람, 셋째, 수사처규칙으로 정하는 조사업무의 실무를 5년 이상 수행한 경력이 있는 사람 중에서 수사처장이 임명한다.

수사처수사관은 40명 이내의 일반직 공무원으로, 검찰청으로부터 파견받은 검찰수사관은 수사처수사관 정원에 포함된다. 수사처수사관의 임기는 6년으로 연임할 수 있으며, 정년은 60세이다.

6. 고위공직자범죄의 통보와 이첩

(1) 통보 및 이첩권

다른 수사기관이 범죄를 수사하는 과정에서 고위공직자범죄 및 관련범죄를 인지한 경우 그 사실을 즉시 수사처에 통보해야 하고(동법 제24조 제2항), 위 사실의 통보를 받은 처장은 통보를 한 다른 수사기관의 장에게 수사처규칙으로 정한 기관과 방법으로 수사개시 여부를 회신해야 한다(동조 제4항). 수사처의 범죄수사와 중복되는 다른 수사기관의 범죄수사에 대해 처장이 수사의 진행 정도 및 공정성 논란 등에 비추어 수사처에서 수사하는 것이 적절하다고 판단하여 이첩을 요청하는 경우 해당 수사기관은 이에 응해야 하고(동조 제1항), 처장은 피의자, 피해자, 사건의 내용과 규모 등에 비추어 다른 수사기관이 고위공직자범죄 및 관련범죄를 수사하는 것이 적절하다고 판단될 때에는 해당 수사기관에 사건을 이첩할 수 있다(동조 제3항).

수사처 외의 다른 수사기관이 검사의 고위공직자범죄 혐의를 발견한 경우에 그 수사기관의 장은 수사처에 사건을 이첩해야 하고(동법 제25조 제2항), 처장은 수사처검사의 범죄혐의를 발견한 경우에 관련 자료와 함께 이를 대검찰청에 통보해야 한다(동조 제1항). 수사처와 검찰이 서로 견제할 수 있도록 한 규정이다.

(2) 재이첩 및 공소유보부 재이첩권의 인정여부

공수처법 제25조 제3항은 "처장은 피의자, 피해자, 사건의 내용과 규모 등에 비추어 다른 수사기관이 고위공직자범죄 등을 수사하는 것이 적절하다고 판단될 때에는 해당 수사기관에 사건을 이첩할 수 있다"고 규정하여 수사처장의 재이첩권을 인정하고 있다. 문제는 수사처장이 수사기관에 사건을 재이첩하면서, 기소권을 유보한 채 수사권만 재이첩을 하는 것도 가능하다고 볼 것인지 여부이다.

☞ 수사처규칙 제25조 제2항은 '처장은 제1항에 따라 다른 수사기관에서 수사하는 것이 적절하다고 판단한 경우 별지 제8호 서식의 사건이첩서에 따라 해당 수사기관에 관계 서류와 증거물 등을 이첩한다. 다만, 제14조 제3항 제1호 나목1)에 해당하는 경우, 처장은 해당 수사기관의 수사 완료 후 사건을 수사처로 이첩하여 줄 것을 요청할 수 있다'고 하여 재이첩권을 규정하고 있으며, 그 근거로 대(大)에 소(小)가 포함되고, 전체는 부분을 포함하므로 재량 이첩권을 인정하고 있는 이상, 아무런 단서를 달지 않고 단순 이첩을 하는 경우도 있고, 아니면 공소제기권을 유보한 채 이첩하는 재량을 행사할 수도 있다는 것이다.

그러나 '이첩'이란 특정기관이 조사한 사건을 다른 기관으로 보내 다른 기관이 사건을 처리하게 하는 행위이므로 수사처가 이첩한 이상 수사처가 다시 사건을 처리할 권한은 없다

---

1) 수사처 규칙 제14조 ③ 1. 나. 처장이 법 제3조 제1항에 따라 수사처가 수사권 및 공소제기와 그 유지 권한까지 보유한 사건에 대하여 법 제24조 제3항에 따라 다른 수사기관에 사건을 이첩하면서 수사처가 추가수사 및 공소제기 여부를 판단할 수 있도록 해당 수사기관의 수사 완료 후 법 제24조 제1항에 따라 수사처로 이첩하여 줄 것을 요청하는 경우

고 보는 것이 타당하다. 왜냐하면 ㉠ 공수처법 제24조 제1항이 '수사처의 범죄수사와 중복되는 다른 수사기관의 범죄수사에 대하여 처장이 수사의 진행 정도 및 공정성 논란 등에 비추어' 이첩을 요청할 수 있도록 규정하고 있는데, 이는 다른 수사기관(예컨대 검사의 범죄혐의에 대한 국가수사본부 등)의 수사를 허용하고 있다고 보는 것이 타당하므로 검사의 수사 및 기소에 대한 전속권 관할권을 주장하는 것은 문구에 반하고, ㉡ 공수처법 제24조 제3항은 '사건'을 이첩할 수 있다고 규정되어 있으므로 수사권한만 이첩할 수 있다고 보는 것은 문언의 해석 및 권한법정주의에 반하며, ㉢ 수사처의 송치요구는 사건을 재이첩하라는 것인데, 이러한 수사처의 송치요구는 수사기관 간 '사건 돌리기'와 마찬가지로 그 과정에서 사건처리의 지연, 수사대상자의 권익침해, 불공정 수사논란 등 문제가 심각하게 발생할 수 있을 뿐만 아니라, ㉣ 법원 간의 사건의 이송의 경우에도 이송결정이 확정되면 사건은 이송된 법원에 계속되므로, 다시 그 사건을 이송한 법원으로 역송할 수 없다(통설)는 점에서 타당하지 않다.

또 대(大)에 소(小)가 포함되고, 전체는 부분을 포함하므로 재량 이첩권을 인정하고 있는 이상, 아무런 단서를 달지 않고 단순 이첩을 하는 경우도 있고, 아니면 공소제기권을 유보한 채 이첩하는 재량을 행사할 수도 있다고 보는 것도 타당하지 않다. 왜냐하면 이에 따를 경우 수사처가 수사권을 쪼개서 검사에게 피의자신문(권) 내지 참고인조사(권)만 하고 사건을 다시 이첩하라고 하는 것도 가능하기 때문이다.

7. 수사종결권

(1) 문제점

공수처법 제26조 제1항은 수사처검사는 '제3조 제1항 제2호에서 정하는 사건(기소가능범죄)을 제외한 고위공직자범죄등에 관한 수사를 한 때에는 관계 서류와 증거물을 지체 없이 서울중앙지검 검사에게 송부하여야 한다'고 규정하고 있다. 반면, 동법 제27조는 수사처장은 고위공직자범죄에 대하여 불기소 결정을 하는 때에는 해당 범죄의 수사과정에서 알게 된 관련범죄 사건을 대검찰청에 이첩하도록 규정하도록 규정하고 있다. 따라서 일응 충돌하는 두 가지 규정을 합리적, 체계적으로 해석하여 수사처검사가 검찰 송치없이 불기소결정할 수 있는 사건의 범위 등을 검토할 필요가 있다.

(2) 수사처검사의 수사종결 가능 범위

① **기소권이 없는 사건을 수사한 경우:** 수사처검사의 지위를 특별사법경찰로 해석한다면(개정 형사소송법을 준용하지 않거나, 준용하더라도 특별사법경찰로 해석할 경우), 공수처법 제26조 제2항은 사법경찰의 모든 사건 송치의무를 규정한 (구)형사소송법 제196조 제4항「사법경찰관은 범죄를 수사한 때에는 관계 서류와 증거물을 지체 없이 검사에게 송부하여야 한다」는 조문 내용과 일치한다. 특히, 공수처법은 개정 형사소송법과 달리 송부(송치) 대상 사건에 대해 기소, 불기

소(의견)를 구분하여 사건송치 또는 불송치(기록 송부)한다는 취지의 규정도 없어 개정 전(前) 형사소송법에 따르면 사건을 모두 검찰에 송치하여야 할 것이다. 따라서, 기소권을 가진 사건을 제외하고 나머지 사건은 기소(의견), 불기소(의견)를 불문하고 모두 검찰에 의무적으로 송치할 필요가 있다. 물론 공수처법 제47조(형소법 준용)에 따라 불기소 사건은 수사처 자체 종결이 가능하다(사법경찰과 동일한 1차 종결권을 보유한다는 이유)는 반론이 있을 수 있으나, 형사소송법 등 준용은 공수처법 규정에 반하지 아니하는 경우에만 가능하므로 사법경찰의 종결권 준용은 불가능하다고 보는 것이 상당할 것이다. 더욱이 개정 형사소송법에 따르더라도 특사경에 대해서는 검사의 수사지휘를 인정하고 있다.

반면, 공수처법 제47조에 의해 형사소송법이 준용된다고 해석할 경우(개정 형사소송법을 준용하여 사법경찰로 해석할 경우), 수사처검사는 기소의견 사건은 검찰에 송치하고, 불송치(불기소의견) 사건은 기록과 증거물을 검찰에 송부할 의무(검사는 불송치 사건을 90일간 검토)가 발생한다. 이에 따라 검사는 사법경찰관과 동일한 지위를 가진 수사처검사에 대하여 보완수사요구, 시정조치요구, 재수사요청 등이 가능하다는 해석도 있을 수 있다.

② **기소권을 가진 사건을 수사한 경우:** 기소권을 가진 사건에 대하여는 소추권과 불기소결정권은 불가분이므로 불기소결정권을 보유한다고 보는 것이 타당할 것이다. 이에 따라 공수처법 제27조의 '불기소결정'은 '기소권을 가진 범죄에 대해 불기소결정을 하는 때'로 해석함이 상당하다고 본다.

(3) 수사처 송치사건과 검사의 직접(보완) 수사권

수사처에서 검찰로 송치된 사건(이하 '수사처 송치사건')을 검사가 직접 보완수사할 수 있는지 여부에 대하여, 공수처법에는 아무런 명문규정이 없다. 따라서 수사처 송치사건에 대하여는 검사의 직접 수사가 불가능하고, 검사는 기소·불기소 여부만 판단 가능하다는 주장이 제기될 가능성(수사·기소 분리)이 상존한다.

그러나 검사의 수사권은 공수처법이 부여하는 것이 아니라, 검찰청법 제4조와 형사소송법 제196조에 의해 부여되는 것이므로 수사처 송치사건에 대하여도 당연히 기소여부 결정을 위한 수사권을 보유한다고 보아야 할 것이다. 왜냐하면 형사소송법에도 사법경찰 송치사건에 대해 검사가 직접 수사할 수 있다는 명문규정이 없으나, 검찰청법 제4조 및 형사소송법 제196조에 근거하여 수사가 진행되고 있기 때문이다. 따라서, 공수처법 등 다른 법률에 검사의 수사권을 제한하는 규정이 없는 이상 수사처 송치사건에 대한 검사의 수사권 제한 등은 어렵다고 본다. 더욱이 공수처법 제26조 제2항과 제30조에 따르면 수사처에서 송치(송부)한 사건에 대해 검사가 불기소결정을 할 수 있음을 전제로 공소제기 여부에 대한 통보규정과 검사의 불기소처분에 대한 수사처장의 재정신청권을 인정하고 있다. 따라서, 검찰청법 및 형사소송법, 공수처법의 체계적 해석상 검사는 수사처에서 송치(송부)된 사건에 대해 불기소결정권과 보완수사권을 보유한다고 보는 것이 타당할 것이다. 이에 따르면, 현행법 해석상 검사의 보완수사권과 사법경찰에 대한 보완수사요구권은 다르다고 볼 수밖에 없다. 왜냐하면 개정 형사소송법 제245의10 제6항이 제197조의2(보완수사요구) 규정을 적용하지 아니한다고 규정하고 있으므로(기소가능범죄를 제외하고는 공수처검사를 특사경으로 보는 한) 검사의 수사처에 대한 보완수사요구는 어렵다고 해석되기 때문이다.

결국 형사소송법에 따르면, 상호 협력관계에 있는 (일반)사법경찰(제195조)에 대해서는 보완수사 내지 보완수사요구를, 검사가 모든 수사에 대해 지휘권을 가지고 있는 특별사법경찰(제245조의10 제2항)에 대해서는 직접(보완)수사를 해야 한다는 것으로 해석할 수밖에 없다. 검사의 사법경찰에 대한 수사지휘를 제한하다보니, 조문체계의 정합성이 많이 떨어진다는 점을 부인할 수 없다.

8. 문제점

(1) 수사처 설치·운영과 관련된 헌법적 규정의 부재

현행 헌법은 대통령, 총리, 국무위원, 행정 각부, 감사원, 법원, 헌법재판소, 선거관리위원회, 지방자치단체 및 의회는 물론 검찰청, 검찰총장, 검사 등[1]에 대하여 헌법상 설치 근거를 명확히 하고 있는 반면, 수사처에 대해서는 헌법상 설치 근거가 전무(全無)한 것이 사실이다. 따라서 기능적 권력분립론 입장에서 볼 때, 실질적인 권력분립 원칙의 확보를 위한 견제장치로서 상설적인 독립된 강제기구를 설치하는 것이 헌법적 가치에 부합하는가에 달려있다고 할 것이다. 이에 대하여, 헌법재판소는 2021년 1월 28일 재판관 5(합헌) : 3(위헌) : 1(각하)의 의견으로, 구 고위공직자범죄수사처 설치 및 운영에 관한 법률 제2조, 고위공직자범죄수사처 설치 및 운영에 관한 법률 제3조, 제8조 제4항이 청구인들의 기본권을 침해하지 않고, 나머지 심판청구는 부적법하다는 결정을 선고하였다.[2] 구체적인 내용을 살펴보면 다음과 같다.

① **공수처법 제2조 및 공수처법 제3조 제1항에 대한 판단:** 헌법재판소 다수의견은 「헌법 제66조 제4항은 "행정권은 대통령을 수반으로 하는 정부에 속한다."고 규정하고 있다. 여기에서의 '정부'의 의의에 대하여 헌법이 명시적으로 밝히고 있지는 않으나, 헌법은 제4장에서 '정부'라는 표제 하에 대통령(제1절)과 행정부(제2절)를 통합하여 규정하고 있고, 헌법 제66조 제4항이 헌법 제40조(입법권) 및 제101조 제1항(사법권)과 함께 헌법상의 권력분립원칙의 직접적인 표현인 점을 고려할 때, 헌법 제66조 제4항에서의 '정부'란 입법부와 사법부에 대응하는, 넓은 개념으로서의 집행부를 일컫는다 할 것이다. 나아가 헌법은 대통령의 명을 받은 국무총리가 행정각부를 통할하도록 규정하고 있으나(제86조 제2항), 대통령과 행정부, 국무총

---

1) 검사는 헌법 제12조(신체의 자유), 제16조(주거의 자유), 검찰총장은 제89조(국무회의 심의 사항)에 명확한 설치근거가 존재한다.
2) 헌재 2021.1.28, 2020헌바264, 681(병합)(고위공직자범죄수사처 설치 및 운영에 관한 법률 위헌확인).

리에 관한 헌법 규정의 해석상 국무총리는 행정에 관하여 독자적인 권한을 가지지 못하고 대통령의 명을 받아 행정각부를 통할하는 기관으로서의 지위만을 가지며 행정권 행사에 대한 최후의 결정권자는 대통령으로 보아야 할 것이므로, 국무총리의 통할을 받는 '행정각부'에 모든 행정기관이 포함된다고 볼 수 없다(헌재 1994.4.28, 89헌마221 참조). 다시 말해 **정부의 구성단위로서 그 권한에 속하는 사항을 집행하는 중앙행정기관을 반드시 국무총리의 통할을 받는 '행정각부'의 형태로 설치하거나 '행정각부'에 속하는 기관으로 두어야 하는 것이 헌법상 강제되는 것은 아니라 할 것이므로, 법률로써 '행정각부'에 속하지 않는 독립된 형태의 행정기관을 설치하는 것이 헌법상 금지된다고 할 수 없다」**고 하면서, 「공수처법은 수사처의 직무수행상의 독립을 명시하면서(제3조), 대통령 및 대통령비서실의 공무원은 수사처의 사무에 관하여 업무보고나 자료제출 요구, 지시, 의견제시, 협의, 그 밖에 직무수행에 관여하는 일체의 행위를 하여서는 아니 된다고 규정하고 있다(제3조 제3항). 그러나 공수처법에 의하면, 수사처장은 추천위원회에서 추천한 2명 중 1명을 대통령이 지명한 후 인사청문회를 거쳐 임명하고, 차장은 수사처장의 제청으로 대통령이 임명하며, 수사처검사는 인사위원회의 추천을 거쳐 대통령이 임명한다(제5조 제1항, 제7조 제1항, 제8조 제1항). 또한 수사처검사 뿐만 아니라 수사처장과 차장도 징계처분의 대상이 되고(제14조), 징계처분 중 견책은 수사처장이 하지만 해임·면직·정직·감봉은 수사처장의 제청으로 대통령이 한다(제42조 제1항). 이처럼 대통령은 수사처장과 차장, 수사처검사의 임명권과 해임권 모두를 보유하고 있는데, 이들을 임명할 때 추천위원회나 인사위원회의 추천, 수사처장의 제청 등을 거쳐야 한다는 이유만으로 대통령이 형식적인 범위에서의 인사권만 가지고 있다고 볼 수는 없고(헌재 2019.2.28, 2017헌바196 참조), 수사처 구성에 있어 대통령의 실질적인 인사권이 인정된다고 할 것이다. 또한 공수처법 제17조 제3항에 의하면 수사처장은 소관 사무와 관련된 안건이 상정될 경우 국무회의에 출석하여 발언할 수 있는 한편, 그 소관 사무에 관하여 독자적으로 의안을 제출할 권한이 있는 것이 아니라 법무부장관에게 의안의 제출을 건의할 수 있다. 이상의 점들에 비추어 보면, 수사처가 직제상 대통령 또는 국무총리 직속기관 내지 국무총리의 통할을 받는 행정각부에 속하지 않는다고 하더라도 대통령을 수반으로 하는 행정부에 소속된 행정기관으로 보는 것이 타당하다 공수처법이 대통령과 대통령비서실의 공무원에 대하여 수사처의 직무수행에 관여하는 일체의 행위를 수사처 직무의 독립성과 정치적 중립성을 보장하기 위한 것으로, 위 규정을 들어 수사처가 행정부 소속이 아니라고 볼 수 없다」는 입장이다.

결국 **수사처의 소속에 대하여 정부조직법에는 아무런 규정을 두고 있지 않지만, 다른 법령[1]에서 수**

---

[1] 예컨대 '공공감사에 관한 법률' 제2조 제2호에서는 중앙행정기관을 '정부조직법 제2조에 따른 부·처·청과 감사원, 국가인권위원회, 국민권익위원회, 공정거래위원회, 금융위원회, 방송통신위원회 및 그 밖에 대통령령으로 정하는 기관'으로 정의하면서, 동법 시행령 제2조에서 수사처를 그중 하나로 규정하고 있다. 공직자윤리법 제5조 제1항에서도 공직자가 재산을 등록하여야 하는 등록기관을 구분하면서 제5호에서 '정부의 부·처·청(대통령령으로 정하는 위원회 등의 행정기관을 포함한다) 소속 공무원은 그 부·처·청'에 등록하는 것으로 규정하였는데, 동법 시행령 제4조의3 제1항 제6호의2에서 수사처도 위에서 말하는 '대통령령으로 정하는 위원회 등의 행정기관'에 포함되는 것으로 규정하고 있다.

사처를 '행정기관'으로 규정하고 있으므로 행정업무를 수행하면서도 입법부·행정부·사법부 어디에도 속하지 않는 기관이 아니라, 그 관할권의 범위가 전국에 미치는 행정부 소속의 중앙행정기관으로 보아야 한다는 것이다.

☞ 소수의견은 독립행정기관을 창설하는 입법도 헌법이 규율하는 국가형태 및 기능에 관한 기본적 원칙과 체계를 준수하여야 하므로, 다음과 같은 권력분립원칙에 따른 헌법적 기준과 한계를 가진다는 입장이다. 첫째 헌법 제66조 제4항은 행정권은 "대통령을 수반으로 하는 정부에 속한다."고 규정하고 있다. 여기서 '대통령을 수반으로 하는 정부'란 좁게는 국무총리, 국무위원, 국무위원이 장으로 있는 행정각부를 말하고, 넓게는 감사원 및 각종 자문기관을 포함하는 개념이다(헌법 제86조부터 제100조 참조). 헌법 제66조 제4항의 의미와 관련하여, 적어도 행정권의 핵심영역이나 전통적으로 행정부의 영역에 해당하는 전형적 행정업무는 헌법에서 따로 규정하고 있지 않는 한 '대통령을 수반으로 하는 정부인 행정각부'에 속하여야 한다고 보는 것이 타당하다. 따라서 국회가 법률을 제정하여 독립행정기관을 설치하더라도 해당 독립행정기관에게 행정권의 핵심영역 또는 전통적인 행정부의 영역으로 인정되는 행정업무의 전부 또는 일부를 취급하도록 허용하는 것은 헌법 제66조 제4항에 위반된다.

둘째, 국회가 행정의 비대화를 방지하고 행정의 효율성을 증대하기 위하여 법률로써 독립행정기관을 설치하고 새로운 기술적·전문적 영역이나 행정부 내부의 이해관계 충돌이 있는 영역에서 비전형적 업무에 관한 권한을 부여한다고 하여도, 그 권한 행사는 행정부 내부의 다른 조직 및 다른 국가기관과 상호 협력적 견제를 유지하도록 하여야 한다. 만약 독립행정기관 설치 법률이 해당 독립행정기관에게 일방적 우위의 지위를 부여하고 다른 국가기관의 핵심적 기능을 침해하는 권한을 행사하도록 하고 있다면 이는 권력분립원칙에 위반된다.

셋째, 독립행정기관이 헌법적으로 정당화되기 위해서는 독립행정기관의 조직, 운영 및 권한 등에 있어서 독립성이 충분히 보장되어야 한다. 만약 국회가 '행정권의 비대화 방지'라는 독립행정기관의 설치 목적을 도외시한 채 특정 분야와 관련된 업무를 외견상 독립행정기관으로 이전시키면서도 해당 업무와 관련된 실질적 권한을 부여하지 않거나 독립성을 확보하는 입법을 제대로 하지 않는다면, 대통령 및 기존 행정관청은 이러한 독립행정기관을 이용하여 손쉽게 업무 영역을 확장하면서 자의적 결정을 내릴 수가 있어 오히려 행정권의 비대화를 심화시키고 권력분립원칙에 역행하는 부작용을 초래하게 된다.

넷째, 독립행정기관은 법률에 의해 독립적 권한을 보장받아야 하지만, 다른 한편으로는 이에 상응하는 책임도 함께 부담하여야 헌법에 부합한다고 할 것이다. 만약 독립행정기관이 독립성만을 부여받고 국민에 대하여 아무런 책임을 지지 않는다면, 이는 국민의 기본권 보장에 위협이 될 뿐만 아니라 국가기능의 효율성을 저해할 위험성도 크게 된다. 따라서 국회가 법률로써 독립행정기관을 구체적으로 형성할 때는 그 권한행사 과정에서 절차적인 공정성을 확보하도록 하여야 하고, 행정부 내부의 협력과 통제는 물론 입법부와 사법부에 의한 적절한 견제가 함께 이루어지도록 하여야 한다. 특히 독립행정기관에 대한 민주적 정당성 및 책임성을 구현하기 위해서는 입법자인 국회에 의한 견제와 감독은 매우 중요하다고 할 것이다.

② 공수처법 제8조 제4항에 대한 판단

참조판례 「우리 헌법이 영장주의를 실현하는 과정에서 수사단계에서의 영장신청권자를 검사로 한정한 것은 검찰의 다른 수사기관에 대한 수사지휘권을 확립시켜 종래 빈번히 야기되었던 검사 아닌 다른 수사기관의 영장신청에서 오는 인권유린의 폐해를 방지하고, 반드시 법률전문가인 검사를 거치도록 함으로써 다른 수사기관의 무분별한 영장신청을 막아 기본권침해가능성을 줄이는 데에 그 목적이 있다. 이처럼 **영장신청권자를 검사로 한정한 취지를 고려할 때, 영장신청권자로서의 '검사'는 '검찰권 을 행사하는 국가기관'인 검사로서 공익의 대표자이자 인권옹호기관으로서의 지위에서 그에 부합하는 직무를 수행 하는 자를 의미하는 것이지, 검찰청법상 검사만을 지칭하는 것으로 보기 어렵다.** 실제로 군사법원법 및 '특별 검사의 임명 등에 관한 법률' 등에 의하여 검찰청법상 검사 외에 군검사와 특별검사도 영장신청권 을 행사한다. 군검사와 특별검사는 검찰청법상 검사에 해당하지는 않으나 검찰권을 행사하는 국가 기관으로서 수사단계에서 다른 수사기관을 지휘·감독하여 수사대상자의 인권을 보호하는 역할을 하고 법률전문가로서의 자격 또한 갖추고 있으므로, 검찰청법상 검사와 마찬가지로 수사단계에서 영장을 신청할 수 있도록 규정되어 있다 할 것이다. 따라서 헌법에 규정된 영장신청권자로서의 '검 사'가 '검찰청법상 검사'에 한정된다고 할 수 없다」고 보면서, 「수사처검사는 직무를 수행함에 있 어 검찰청법 제4조에 따른 검사의 직무 및 군사법원법 제37조에 따른 군검사의 직무를 수행할 수 있는데(공수처법 제8조 제4항), 검찰청법 제4조 제1항은 검사가 '공익의 대표자'로서 직무를 수행한다는 점을 명 시하고 있다. 검찰청법 제4조 제1항에 규정된 직무를 수행하는 수사처검사 또한 공익의 대표자로 서, 다른 수사기관인 수사처수사관을 지휘·감독하고, 단지 소추권자로서 처벌을 구하는 데에 그치 는 것이 아니라 피고인의 이익도 함께 고려하여 공정한 재판을 구하는 등 수사대상자의 기본권을 보호하는 인권옹호기관으로서의 역할을 한다고 할 것이다. 또한 수사처검사는 변호사 자격을 일정 기간 보유한 사람 중에서 임명하도록 되어 있으므로(공수처법 제8조 제1항), 법률전문가로서의 자격도 충분히 갖 추었다. 이처럼 수사처검사의 지위와 직무 및 자격의 측면에서 볼 때, 수사처검사는 고위공직자범 죄등 수사를 위하여 영장신청권자로서의 검사의 지위와 권한에 따라 직무를 수행한다고 볼 수 있 으므로, 수사처검사의 영장신청권 행사가 영장주의원칙에 위반된다고 할 수 없다」(헌재 2021.1.28, 2020헌바264, 681).

결국 공소제기 및 유지행위가 검찰청법상 검사의 주된 직무에 해당한다고 할 것이나, 헌 법에서 검사를 영장신청권자로 한정한 취지는 검사가 공익의 대표자로서 인권을 옹호하는 역할을 하도록 하는 데에 있고, 검사가 공소제기 및 유지행위를 수행하기 때문에 검사를 영 장신청권자로 한정한 것으로 볼 수는 없다는 것이다. 즉 헌법상 공소권이 있는 검사에게만 반드시 영장신청권이 인정되어야 하는 것은 아니며, 수사처검사가 공익의 대표자로서 수사 대상자의 기본권을 보호하는 역할을 하는 한 수사처검사가 영장신청권을 행사한다고 하여 이를 영장주의원칙에 위반된다고 할 수 없고, 공소권의 존부와 영장신청권의 행사 가부를 결부시켜야 한다는 주장은 직무와 지위의 문제를 동일하게 본 것으로 받아들이기 어렵다는 입장으로 정리할 수 있을 것이다.

(2) 공수처법상 영장청구와 관련한 '검사' 의제 규정의 부재

현행 형사소송법은 사법경찰관에게 수사권과 영장신청권을, 검사에게 수사, 공소제기 및 유지, 영장청구권, 재판집행 지휘·감독권을 부여하고 있으며, 공수처법은 수사처검사가 검 찰청법이 정한 검사의 직무를 수행할 수 있고, 직무 등에 관해 형사소송법 등을 준용한다고 규정하고 있으나, 수사처검사의 영장청구와 관련한 명확한 규정이 공수처법에 부재하고 있 다. 즉, 공수처법 제29조는 재정신청과 관련하여 형사소송법 제262조 등을 준용하도록 하면서 "이 경우 검사를 수사처검사로 본다"는 의제규정을 명문화하고 있으며, 동법 제43조도 수사처검사의 징계와 관련하여 검사징계법을 준용하도록 하면서 동일한 의제규정을 명시하고 있는 반면, 위 각 의제규정과 달리 영장청구와 관련하여서는 '수사처검사를 검사로 본다'는 의제규정이 공수처법에 부존재한다. 따라서 의제규정을 둔 취지를 반대해석하면, 의제규정이 없는 경우에는 형사소송법을 준용하더라도 수사처검사와 검사를 동일하게 보지 않는다는 취지로 해석함이 타당할 것이다. 즉, 공수처법에 형사소송법 중 영장청구와 관련된 규정에 대하여 "이 경우 검사는 수사처검사로 본다"는 별도의 의제규정이 없는 이상 수사처검사의 영장청구권을 인정하는 것은 어렵다고 본다.

더욱이 수사만 하고, 판사·검사·경무관 이상 경찰공무원만 기소할 수 있는 기구는 헌법정신에 비추어 볼 때, 공소제기를 본연의 임무로 하는 '검사'로 볼 수는 없을 것이다. 왜냐하면 수사처검사가 검사가 아님을 전제로 하는 공수처법 제29조, 제43조와 같은 의제규정이 있는 이상, 동법 제47조에 따라 재판집행 지휘·감독권 등이 없는 수사처검사를 검사와 동일한 지위로 보기는 곤란하기 때문이다. 오히려, 공수처법 제26조는 기소가능 범죄를 제외한 범죄에 대해 검찰 송치(송부)의무를 규정하고 있는 바, 수사처검사는 본질적으로 사법경찰과 동일한 지위를 보유한다고 보는 것이 타당할 것이다.

그런데 수사처검사가 수사만 가능한 범죄를 처리한 경우, 헌법상 영장(압수/수색영장 및 체포/구속영장)청구를 할 수 있는지, 구속기간은 어떻게 되는지, 구속영장실질심사 시 검사의 지위를 갖는 것인지 등 많은 논란이 예상된다.

표 2-4 영장청구에 관한 수사처와 검찰의 시각 차이

수사처의 '기소권 없는 사건' 수사를 둘러싼 입장 차		
수사처	**쟁점**	**검찰**
"검사, 헌법재판소도 수사처 검사를 검사로 인정"	수사처 검사의 자격	"기소권 있는 사건에서 검사 역할이지만 기소권 없는 사건에선 사법경찰관"
"수사권을 갖는 수사처 검사는 수사 도중 영장 청구 가능"	영장 청구	"수사권만 있는 사건을 수사할 때는 영장을 검찰에 신청해야"
"수사한 모든 범죄 사건에 대해서 불기소 결정권 가져"	불기소처분	"기소권 있는 사건에 대해서만 불기소 처분 가능"

【표 2-4】에서 보는 것처럼, 수사처의 공식 '1호 사건'이지만, 교육감사건이어서 수사만 할 수 있을 뿐이고, 기소(영장 청구 포함)와 공소유지는 기소권을 가진 검찰이 하는 것이 타당하다고 본다. 만약 수사처의 영장청구가 허용된다면, 국정원 등 특사경이나 일반사법경찰이 변호사직원을 "검

사"라고 지칭하면서 영장청구 등 검사의 역할을 하도록 할 경우 어떤 근거로 부정할 수 있을 것인지 의문이다.

(3) 영장청구 가부에 따른 구속기간 등 문제

검찰 송치대상 사건의 경우 수사처검사는 영장청구가 불가능하다고 본다면, 사법경찰의 지위에 있으므로 수사처검사는 10일간, 검찰은 보충수사 등을 위해 20일(1회 연장)간 구속가능하다고 보는 것이 합리적인 해석이다. 왜냐하면 검찰 송치 대상사건에 관해 수사처검사의 영장청구권을 인정하고, 구속기간도 20일로 인정할 경우 이를 송치받은 검사는 형사소송법에 따라 보완수사 등을 위해 추가로 20일을 구속할 수 있게 되고, 피의자는 총 40일간 구속되는 결과가 초래되어 부당한 인권침해의 소지가 있기 때문이다.

(4) 재판의 집행 지휘·감독 권한과 영장청구의 관계

형사소송법 및 검찰청법은 우리 형사사법체계에서 국가기관의 법원에 대한 소송행위(기소, 청구 등)와 그에 따른 법원의 판단, 즉 재판(판결, 결정, 명령)에 대한 집행 지휘·감독권을 검사에게만 전속적으로 부여하고 있다. 즉, 법원에 대한 소송행위와 재판의 집행 지휘·감독은 불가분의 일체로 보는 것이 상당하므로 재판의 집행 지휘·감독권이 없는 경우 영장청구 등 법원에 대한 소송행위도 불가하다고 해석해야 할 것이다. 왜냐하면 우리 형사소송법은 재판의 집행 지휘·감독권이 없는 사법경찰의 영장청구를 불허하기 때문이다.

그런데 공수처법 제28조(검사에 의한 형 집행), 동법 제47조(준용 규정)에 따르면 재판의 집행 지휘·감독에 관한 직무가 수사처검사의 직무가 아님이 명백한 이상, 수사처검사의 영장청구를 인정하는 것은 곤란하다고 본다. 이에 대하여 수사처검사는 소추권이 있으므로 영장청구도 가능하다는 반론이 있을 수 있으나, 소추권과 영장청구는 아무런 관련성이 없고, 오히려 형 집행에 관한 권한을 포기(공수처법 제28조)한 수사처검사가 소추권만 행사하는 것은 우리 형사법체계에 부합하지 아니한 이질적인 내용이라고 할 것이다.

표 2-5 검찰청법상의 검사와 공수처법상의 수사처검사 비교

구 분	검사(검찰청)	수사처검사(수사처)
법률용어	검사	수사처검사(공수처법 제29조, 제30조, 제43조의 검사 의제규정은 검사와 수사처검사가 별도 의제규정이 없는 한 법률상 동일하지 않은 별개 개념임을 의미) ※ 공수처법 제2조, 제5조, 제12조, 제13조, 제16조도 검사와 수사처검사를 엄격히 구분
헌법상 근거	헌법 제12조, 제16조	없음
최종 감독자 및	법무부장관(구체적 사건은 검찰총장)	수사처장

구 분	검사(검찰청)	수사처검사(수사처)
헌법상 근거	헌법 제96조(법무부장관) 헌법 제89조(검찰총장)	없음
최종 감독자에 대한 입법부의 통제	헌법 제63조(국회의 해임건의) ※ 헌법상 국회 출석 및 보고 의무 등 (헌법 제62조)	없음 ※ 법률상 국회 출석 및 보고 의무 등 (공수처법 제17조)
소속기관 및 법적 근거	검찰청 ※ 헌법(제96조)의 위임에 따라 정부조직법(제32조)에 근거를 마련하고, 이에 따라 검찰청법으로 설치	수사처 ※ 헌법과 정부조직법에 설치 근거나 위임 없고, 공수처법이 유일한 설치근거
권력분립원칙에 따른 소속 영역 (입법, 행정, 사법)	검찰청은 헌법과 정부조직법에 따라 행정각부(행정부)인 법무부의 외청(즉 행정부 소속)	수사처는 헌법과 정부조직법에 설치 근거가 없고, 공수처법(제3조, 제22조)에 따르면 입법, 사법, 행정 어떤 영역에도 속하지 아니한 독립조직
직무권한	① 모든 범죄수사(일부 수사개시만 한정), 공소제기 및 유지 ② 특별사법경찰지휘감독 ③ 법령의 정당한 적용 청구 ④ 재판집행 지휘·감독 ⑤ 국가의 법률대리인 ⑥ 다른 법령에 정한 권한 ※ 개정 검찰청법과 개정 형사소송에 따르더라도 검사의 사법경찰에 대한 사법통제(보완수사요구 등) 권한은 형태를 달리하여 유지	① 고위공직자범죄(등) 수사, 고위공직자범죄 중 법원, 검찰, 경찰 범죄 공소제기 및 유지 ② 법령의 정당한 적용 청구 ③ 다른 법령에 정한 권한 ※ ②③은 ①수행을 위해 필요한 범위로 한정(공수처법 제8조, 제20조) ※ 수사처검사는 재판집행 지휘·감독 권한이 없는 바, 재판은 판결, 결정, 명령을 포함하는 개념으로 영장 청구에 대한 판사의 결정도 재판에 해당하므로(2006모646), 형집행은 물론 영장집행도 재판집행에 포함
직무권한의 주체	검사	수사처(공수처법 제3조)
직무권한의 본질	직무(의무)이자 권한 ※ 검찰청법 제4조 제1항 '직무와 권한이 있다'고 규정하여 직무(의무)이자 권한임을 명시	권한 ※ 공수처법 제8조 제4항 '직무를 <u>수행할 수 있다</u>'고 명시되어 있어 의무 부과 없이 권한만 부여
국민 전체에 대한 봉사자 규정	헌법 제7조 검찰청법 제4조 제2항	공수처법 제22조(정치적 중립만 규정) ※ 공수처법 제22조에 국민전체에 대한 봉사자 지위를 미부여(헌법 제7조에 따라 공무원으로서 지위 부여) ※ 공수처법 제8조 제4항은 '검사의 직무(검사의 직무는 검찰청법 제4조 제1항에 규정)를 <u>수행할 수 있다</u>'고 명시하여 검찰청법 제4조 제2항을 준용하지 않음이 명백

구 분	검사(검찰청)	수사처검사(수사처)
직업공무원제도와 신분보장	임용 후 정년보장 별도 임기 제한 없음 특정직 공무원	임용 후 정년보장 없음 임용 후 임기 3년, 3회 연임 한도 특정직 공무원
인권옹호 직무	정부조직법 제32조(법무부 분장 사무에 인권옹호 명시) 형법 제139조(검사의 인권옹호직무) 검찰청사무기구에관한규정 제9조의3(인권부 분장사무)	관련 근거 전무하여 직무 부여 인정 곤란
불기소결정에 대한 국민의 불복수단	항고(검찰청법), 재정신청(형소법)	재정신청(공수처법)

(5) 재판관할

　공수처법 제31조에 따르면, 원칙적으로 수사처검사가 공소를 제기하는 고위공직자범죄등 사건의 제1심 재판은 서울중앙지방법원의 관할이다. 이에 따르면, 수사처 검사가 제1심·제 2심·제3심의 기소 및 공소유지를 모두 책임지는 형태이다. 그렇다면 제1심 기소 및 공소유 지를 담당했던 검사가 제2심 및 제3심도 모두 담당한다는 것인지 아니면 새로운 수사처 검 사가 담당하는 것인지, 그렇다면 기존의 검찰과 동일하게 수사처도 심급제도에 맞춰서 재구 성해야 하는 것은 아닌지 등 실무상 난제가 있다.

표 2-6 수사기관의 수사진행

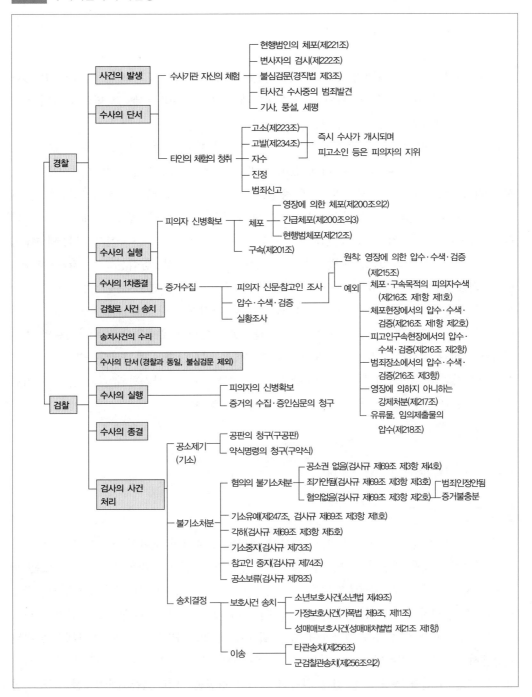

제3절 수사개시의 단서

Ⅰ. 서 설

수사기관은 '범죄의 혐의가 있다고 사료하는 때'에는 언제든지 수사를 개시할 수 있다 (제196조/제197조). 이처럼 수사는 수사기관의 주관적 혐의에 기하여 개시되는데, 그 혐의를 가지게 된 원인을 '수사개시의 단서'라고 한다.

현행 형사소송법은 수사개시의 단서로서 현행범인의 체포, 고소, 고발, 자수 및 변사자의 검시를 규정하고 있으나 반드시 이에 한하지 않고, 예컨대 불심검문 내지 직무질문(경직법/제3조), 신문 기타 출판물의 기사, 익명의 신고, 풍설, 수사기관의 인지(예컨대 화재, 교통사고의 현장에서 인지) 등 그 원인의 여하를 불문한다. 이러한 수사의 단서는 현행범인의 체포·변사자의 검시·불심검문·타사건 수사 중 범죄발견·출판물의 기사나 풍설 등 **수사기관 자신의 체험에 의한 경우**(자율적 개시)와 고소·고발·자수·피해신고·진정·투서·범죄신고 등 **타인의 체험의 청취에 의한 경우**(타율적 개시)로 나눌 수 있다. 이 중에서 고소·고발·자수가 있는 때에는 즉시 수사가 개시되고 피고소인 등은 피의자의 지위를 가지게 된다. 그러나 기타의 경우는 수사의 단서가 있다고 하여 바로 수사가 개시되는 것이 아니라 원칙적으로 수사기관의 범죄인지에 의하여 비로소 수사가 개시되며, 그 이전에는 내사단계에 불과하다. 결국 고소·고발·자수 이외의 수사단서가 있는 경우에는 내사단계를 거쳐 수사기관의 범죄인지, 즉 입건(立件)에 의하여 비로소 피의자가 되는 것이다(종래의 통설).

Ⅱ. 변사자(變死者)의 검시(檢視)

1. 의 의

검시란 사망이 범죄로 인한 것인지 여부를 판단하기 위하여 오관의 작용으로 사체의 상황을 검사하는 것을 말한다. 사법경찰관리는 변사자 또는 변사의 의심있는 사체가 있는 때에는 즉시 검사에게 보고하고(사경규 제32조/제1항), 검사는 이를 직접 검시하거나(제222조/제1항) 사법경찰관에게 명하여 검시하게 하여야 한다(동조/제3항). 이처럼 우리나라는 **사법검시우선제도**를 취하고 있으나, 검시에는 당연히 주검을 검사해야 하는 일(檢屍)이 필요하다는 점에서 변사체가 발견된 현장에서 검안하는 일부터 부검여부의 결정, 부검시행, 사망원인의 결정, 사망의 종류 결정에 이르기까지 이를 총괄할 수 있는 의학적 지식과 경험을 가진 **전담검시관제도**를 별도로 설치하는 것이 타당할 것이다.

2. 검시의 성질

검시는 사인(死因)을 조사하여 범죄에 기인하는지 여부를 판단하는 수사전의 처분이며 수사 그 자체는 아니다. 검시의 결과 범죄의 혐의가 있다고 사료될 때 비로소 수사가 개시되는 것이며, 이 점에 있어서 검시 후 범죄의 혐의가 있다고 사료되어 그 사인을 더욱 명백히 규명하고 증거를 확보하기 위하여 행하여지는 사체해부, 즉 영장에 의한 검증과 다르다. 실무상 사체해부를 **부검**(剖檢)이라고 하며, 압수·수색·검증영장에 의하고 있다.

3. 검시의 대상

검시의 대상은 변사자와 변사의 의심이 있는 사체, 즉 변사체이다. 변사자라 함은 노쇠사·병사 등 자연사가 아닌 부자연사(不自然死)로서 범죄로 인한 사망이 아닌가 라는 의심이 있는 사체를 말한다. 변사의 의심이 있는 사체라 함은 자연사인지 부자연사인지 불명한 사체로서 부자연사의 의심이 있고 또한 범죄로 인한 것인지 여부가 불명한 사체를 지칭한다. 따라서 자연사임이 명백한 사체 또는 자연사가 아니더라도 범죄로 인한 것이 아님이 명백한 사체 예컨대 익사, 천재지변사 등은 변사체에 포함되지 않는다. 다만 범죄사가 명백한 경우에는 검시를 기다릴 필요 없이 바로 수사를 개시해야 하므로 변사체의 개념에서 제외된다.

III. 불심검문(不審檢問)

> **사 례**
>
> 경찰관 X는 조직폭력단 간부 甲이 상습도박을 하였다는 도박피의사건에 관하여, 고객으로부터 주문을 적어둔 메모류를 압수목적물로 하는 압수·수색영장에 의하여 위 폭력단사무소를 수색하였다. 그 때 마침 그 자리에 있던 동 폭력단원 乙이 안절부절 못하는 모습을 보이면서 자리를 뜨려고 했기 때문에 경찰관 X는 그를 불러 세운 후 그가 가지고 있던 가방을 열어 보도록 요구하였지만 乙이 불응하였다. 그러자 경찰관 X는 지퍼를 열고 그 안을 보았던 바, 아편 100g이 들어 있으므로 乙을 아편소지죄의 현행범으로 체포하였다. 경찰관 X의 행위는 적법한가?

1. 의   의

불심검문이란 경찰관이 거동이 수상한 자를 범죄의 예방차원에서 정지시켜 질문하고, 경우에 따라서는 경찰관서까지 임의동행을 요구할 수 있는 경찰작용을 말한다. 이와 같은 불심검문은 그 시행상 필수적으로 국민의 신체의 자유를 침해할 가능성이 다분한 영역이므로 법률의 근거를 필요로 하고 있으며, 이에 따라 경찰관직무집행법은 불심검문의 방법으로 정지와 질문($\frac{\text{동법}}{\text{제1항}}$제3조), 동행요구 또는 임의동행($\frac{\text{동조}}{\text{제2항}}$)과 흉기소지검사($\frac{\text{동조}}{\text{제3항}}$)를 규정하고 있다. 이러한 불심검문은 어디까지나 경찰행정작용 특히 보안경찰의 분야에 속하는 것으로 수사의 단서에 불과하므로 범죄수사와는 엄격히 구별되어야 한다.

2. 경찰관직무집행법의 구조

(1) 문 제 점

과거에 발생한 범죄사실에 대하여 수사를 행하는 사법경찰작용은 형사소송법상의 사법경찰이 담당하지만, 범죄예방과 진압을 그 직무내용으로 하는 경찰행정작용은 일반경찰의 임무로서 행정안전부 산하 경찰청소속 보안경찰이 이를 담당한다. 이처럼 사법경찰작용과 행정경찰작용을 분리하여 서로 다른 국가기관에 맡기는 구상은 대륙형 형사소송법에서 유래하는 것으로서 권력분립의 사상을 그 바탕으로 하고 있다. 그런데 현행 경찰관직무집행법 제3조는 ㉠ 어떠한 죄를 범하였다고 의심할 만한 경우와 ㉡ 어떠한 죄를 범하려 하고 있다고 의심할 만한 경우를 모두 보안경찰의 직무대상으로 포괄하고 있다. 이는 행정경찰과 사법경찰을 엄격히 구별하지 않는 영미법계에 기초한 제도라는 점에서 본법의 성격을 어떻게 파악해야 하는지, 특히 불심검문의 내용상 그 진행경과에 따라 형사절차로 이행되는 경우 그 법적 성격을 무엇으로 보아야 하는지 논란이 있다.

(2) 학 설

경찰관직무집행법의 불심검문은 그 주체가 경찰관으로 규정되어 있으므로 아직 특정되지 않은 범죄나 범죄인을 전제로 이루어지는 행정경찰작용으로 파악하는 **행정경찰**(보안경찰)**작용설**과 경찰을 그 직접적인 목적에 따라 행정경찰과 사법경찰로 구분하는 대륙법계의 일반적인 경향과 달리 우리나라의 경우는 경찰조직법상 이를 구분하지 않고 있으므로 경찰관은 행정경찰관인 동시에 사법경찰관이라는 점을 근거로 불심검문은 행정목적달성을 위한 행정경찰작용뿐만 아니라 수사목적을 달성하기 위한 사법경찰작용도 동시에 내포하고 있다고 보거나 또는 불심검문은 수사착수 이전까지는 행정경찰작용이며 그 이후는 형사소송법에 의한 사법경찰작용이라는 **병유설**(행정경찰·사법경찰작용병존설)이 대립하고 있다.

(3) 검 토

행정경찰작용설은 경찰관직무집행법 제2조 및 제3조의 명문의 규정에 반한다는 점에서 문제가 있다. 왜냐하면 경찰관직무집행법 제2조 제1호는 경찰관의 직무범위로서 범죄의 예방·진압 이외에 수사까지도 함께 규정하고 있으며, 제3조 제1항 후단은 이미 '범죄혐의'가 있다는 판단을 전제하고 있기 때문이다. 따라서 경찰관직무집행법상의 불심검문은 원칙적으로 행정경찰작용이지만, 초동수사의 긴급성에 비추어 예외적으로 경찰관의 초동수사권을 인정한 것으로, 모든 경찰관은 사법경찰의 자격여부와 상관없이 초동수사를 할 수 있으며,

다만 그 수사활동의 범위는 초동수사에 그쳐야 하고, 그 수사활동이 개시되면 바로 검사의 사법적 통제에 들어온다고 보아야 할 것이다(행정경찰·초동사법경찰작용한정설).

3. 불심검문의 대상

경찰관직무집행법 제3조는 불심검문의 대상을 「수상한 거동 기타 주위의 사정을 합리적으로 판단하여 어떠한 죄를 범하였거나 죄를 범하려 하고 있다고 의심할 만한 상당한 이유가 있는 자 또는 이미 행하여진 범죄나 행하여지려고 하는 범죄행위에 관하여 그 사실을 안다고 인정되는 자」로 규정하고 있다. 불심검문은 수사 그 자체가 아니라 단지 행정경찰작용 내지 초동사법경찰작용으로서 장래의 범행을 방지하기 위한 것이고, 그 침해정도도 수사처분보다는 상대적으로 미약하다고 볼 것이다. 따라서 불심검문상의 '상당한 이유'는 충분한 범죄혐의 내지 범죄혐의의 '고도의 개연성'을 요구하는 형사소송법의 체포($^{제200조}_{의2}$)나 긴급체포($^{제200조}_{의3}$)의 상당한 이유와 달리 범죄를 범하였거나 범할 '합리적인 가능성'으로 족하다고 본다.

> **참조판례** 「경찰관이 법 제3조 제1항에 규정된 대상자 해당 여부를 판단함에 있어 불심검문 당시의 구체적 상황은 물론 사전에 얻은 정보나 전문적 지식 등에 기초하여 불심검문 대상자인지 여부를 객관적·합리적인 기준에 따라 판단하여야 할 것이나, 반드시 불심검문 대상자에게 형사소송법상 체포나 구속에 이를 정도의 혐의가 있을 것을 요한다고 할 수는 없다」($^{대판\ 2014.12.11,}_{2014도7976}$).

4. 불심검문의 방법

(1) 정지와 질문

불심검문은 정지와 질문 및 질문을 위한 동행요구를 그 내용으로 한다. 정지는 질문을 위한 준비행위로서 보행자일 경우에는 가는 사람을 세우는 것이고, 차량에 타고 있는 사람일 경우에는 정차시키는 것이다. 질문은 피검문자에 대하여 경찰관이 의심을 품은 사항을 해소하기 위하여 혹은 경찰목적상 필요한 사항을 알아내기 위하여 행하는 것으로, 어디까지나 임의수단이므로 질문에 대하여 상대방은 답변을 강요당하지 않는다($^{경직법\ 제3조}_{제1항,\ 제7항}$). 즉, 질문의 강제는 어떤 경우에도 허용될 수 없으므로 질문을 하는 동안 수갑을 채우는 것과 같이 질문에 대한 답변을 사실상 강요하는 결과가 되는 행위도 금지된다.

① **정지와 그 한계:** 거동불심자가 정지요구에 응하지 않고 지나가거나 질문도중에 떠나는 경우에 어느 정도의 실력행사를 인정할 수 있는지 여부가 문제된다. **제한적 허용설**(실력설)은 물리력의 행사를 비교적 넓게 인정하여 현행범체포나 긴급체포의 요건을 충족하지 못한 경우라도 범죄의 조기발견이나 예방목적을 달성하기 위하여 필요한 경우에는 사태의 긴급성, 혐의의 정도, 질문의 필요성과 수단의 상당성(경찰비례의 원칙)을 고려하여 강제에 이르지 않는 정도의 유형력의 행사는 허용된다고 한다(다수설). 한편 **예외적 허용설**(임의설)은 강제와 실

력행사의 구별은 사실상 불가능하므로 정지에 있어서도 원칙적으로 실력을 행사하는 것은 허용되지 않고, 다만 살인·강도 등의 중범죄에 한하여 긴급체포도 가능하지만 신중을 기하기 위한 경우에 예외적으로 물리력의 행사를 인정할 수 있다고 본다.

> 대법원은 「경찰관직무집행법의 목적, 규정내용 및 체계 등을 종합하면, 경찰관은 제3조 제1항에 규정된 대상자에게 질문을 하기 위하여 범행의 경중, 범행과의 관련성, 상황의 긴박성, 혐의의 정도, 질문의 필요성 등에 비추어 그 목적 달성에 필요한 최소한의 범위 내에서 사회통념상 용인될 수 있는 상당한 방법으로 그 대상자를 정지시킬 수 있고 질문에 수반하여 흉기의 소지여부도 조사할 수 있다고 할 것이다. … 이 사건 범행 장소 인근에서 자전거를 이용한 날치기 사건이 발생한 직후 검문을 실행 중이던 경찰관들이 날치기 사건의 범인과 흡사한 인상착의 피고인을 발견하고 '앞을 가로막으며 진행을 제지한 행위'는 그 범행의 경중, 범행과의 관련성, 상황의 긴박성, 혐의의 정도, 질문의 필요성 등에 비추어 그 목적 달성에 필요한 최소한의 범위 내에서 '사회통념상 용인될 수 있는 상당한 방법'으로 법 제3조 제1항에 규정된 자에 대하여 의심되는 사항에 관한 질문을 하기 위하여 정지시킨 것으로 보아야 한다」(대판 2012.9.13, 2010도6203)고 판시하여 '제한적 허용설(실력설)'을 따르는 것으로 보인다.

예외적 허용설에 따르면 불심검문을 하는 초기단계에서 어떻게 중범죄를 판단할 수 있는 가의 문제 및 질문을 위한 정지요구 자체가 실효성을 거둘 수 없다는 문제점이 나타난다. 한편 제한적 허용설에 따르면 실력행사와 강제를 관념적으로 구별하는 것이 가능할지라도, 실제에 있어서는 양자가 연속적이므로 그 구별이 곤란할 경우가 많을 것이다. 따라서 수사 단서로서의 직무질문이 범죄혐의와 어떤 연관성을 가지고 있는 거동불심자를 그 대상으로 하기 때문에 앞으로 진행될 본격수사와 관련하여 어느 정도의 물리력 행사가 허용되지 않을 수 없다고 보더라도, 시민의 인권보장을 위해서는 경찰관의 행동에 대하여 명확한 기준 (bright-line)을 설정해 주는 것이 필요하다. 이러한 점을 고려해 볼 때, 제한적 허용설에 의하더라도 길을 막거나 추적하는 것과 같은 상대방의 의사를 제압하지 않는 소극적인 행동만이 허용되며, 상대방이 명백히 거부의사를 표명하는 한, 그 이상의 불심검문은 허용될 수 없다고 보아야 할 것이다.

> 그 근거로 첫째, 경찰관직무집행법 제3조 제1항, 제2항, 제3항은 이미 이루어진 범죄뿐만 아니라 장차 이루어질 범죄까지도 함께 다루고 있고, 범인으로 의심되는 사람뿐만 아니라 참고인 또는 목격자로 보이는 사람까지 모두 다루고 있으므로 이를 인정한다면, 경찰관들은 형사소송법이 예상하지 못했던 참고인 또는 목격자에 대한 강제조사권한을 인정받게 되며, 흉지소지조사 권한 역시 형사소송에 관한 법률과의 조화로운 해석이 문제가 된다. 둘째, 현행 형사소송법은 외국의 입법례와 달리 준현행범인(형사소송법 제211조 제2항 제4호 '누구임을 물음에 대하여 도망하려 하는 때') 체포절차를 인정하고 있으므로 구체적인 실무에서는 대부분 이 조항으로 해결이 가능할 것이다.

② **질문의 방법:** 질문은 거동불심자에게 성명·주소·연령, 용건이나 행선지를 묻거나, 필요할 경우 소지품 내용을 물어서 수상한 점을 밝히는 방법에 의한다. 질문시에 경찰관은 상대방에게 자신의 신분을 표시하는 증표를 제시하면서 소속과 성명을 밝히고 그 목적과

이유를 설명하여야 한다(^{동법 제3조}_{제4항}). 다만 판례는 「검문하는 사람이 경찰관이고 검문하는 이유가 범죄행위에 관한 것임을 피고인이 충분히 알고 있었다고 보이는 경우에는 신분증을 제시하거나 그 소속 등을 밝히지 않았다고 하여 그 불심검문이 위법한 공무집행이라고 볼 수는 없다」(^{대판 2014.12.11,}_{2014도7976})는 입장이다.

(2) 동행요구

경찰관은 그 장소에서 질문하는 것이 상대방에게 불리하거나 교통의 방해가 된다고 인정되는 때에 한하여 상대방을 부근의 경찰서, 지서, 파출소 또는 출장소에 동행할 것을 요구할 수 있다(^{경직법}_{제3조 제2항}). 특히 이는 임의수사 방법의 하나로서 행해지는 형사소송법 제199조 제1항의 임의동행과 구별하여 **경찰관직무집행법상의 임의동행**이라고 한다. 그런데 동행시간과 관련하여, 동법은 동행시간을 6시간으로 제한하고 있으나(^{동조}_{제6항}), 이는 어떠한 경우에도 동행시간이 6시간을 초과할 수 없다는 것이지 6시간 동안은 구금이 허용된다는 의미는 아니다(^{대판 1997.8.22,}_{97도1240}). 왜냐하면 임의동행은 상대방의 동의 또는 승낙을 그 요건으로 하고 있어서 경찰관으로부터 임의동행 요구를 받은 경우 상대방은 이를 거절할 수 있을 뿐만 아니라 임의동행 후 언제든지 경찰관서에서 퇴거할 자유가 인정되기 때문이다.

5. 소지품검사(所持品檢査)

소지품검사란 불심검문에 수반하여 흉기 기타 물건의 소지여부를 밝히기 위하여 거동불심자의 착의 또는 휴대품을 조사하는 것을 말한다. 이는 수사의 단서로서 불심검문에 수반하는 부수적 처분으로 볼 수 있다. 그런데 소지품검사는 그 진행정도에 따라 ㉠ 외부에서 소지품을 관찰하는 행위(오관의 작용에 의한 일반적 인식작용이므로 개나 도구 등을 사용하더라도 관찰행위로서의 성격에 영향을 미치지 않음), ㉡ 소지품의 내용에 대하여 질문하는 행위, ㉢ 외부에서 손을 가볍게 대어 의복이나 휴대품을 만지면서 질문하는 행위(외표검사), ㉣ 소지품의 내용 개시를 요구하는 행위, ㉤ 소지품을 경찰관 스스로 열어보거나(개피행위) 또는 손을 넣어 주머니속의 소지품을 점검하는 행위로 구분할 수 있다. ㉠㉡은 불심검문에 수반하는 행위 또는 직무질문의 일부에 해당하므로 경찰관직무집행법 제3조 제1항에 의하여 인정된다. 따라서 주로 외표검사 및 개시요구(㉢㉣)와 개피행위(㉤)에 대하여 상대방의 동의가 없는 경우, 어디까지 허용되는지 많은 논란이 있다.

(1) 외표검사 및 개시요구의 법적 근거

① **문 제 점:** 외표검사란 의복 또는 휴대품의 외부를 손으로 만져서 확인하는 것으로 영미법상 stop and frisk라고 한다. 'stop'이란 "정지"에 상응하는 개념으로서 영장 등에 의한 정식체포에 이르지 않은 사전적이고 일시적인 행동의 자유에 대한 제약을 의미한다. 'frisk'란 '외표검사'의 의미로서 통상은 숨겨진 무기를 탐색하기 위하여 옷의 겉면을 가볍게 두드

리는 처분(patting down)으로 수색에 이르지 않는 정도의 일시적 소지품검색을 의미한다. 그런데 이러한 외표검사가 상대방의 동의가 없는 경우에도 허용될 수 있는지 여부에 대하여 논란이 있다.

② **흉기소지조사**: 경찰관은 거동수상자에 대하여 질문을 할 때 흉기의 소지여부를 조사할 수 있다($_{제3조\ 제3항}^{경직법}$). 이는 직무를 집행하는 경찰관의 생명·신체의 안전을 보장하기 위한 규정이다. 다만 이에 따르더라도 외표검사 및 개시요구까지 가능하며, 개피행위 등 강제개시는 수색에 해당하므로 영장에 의하지 아니한 강제처분($_{조}^{제216}$)에 해당하는 경우에 한하여 허용된다고 보아야 한다.

③ **흉기소지조사를 제외한 소지품검사**: 경찰관직무집행법 제3조 제3항은 흉기소지의 조사에 관하여만 규정하고 있으므로 흉기 이외의 마약·장물·위조지폐·음란물 등의 소지품검사에 관해서는 법적 근거가 없다. 이에 대하여 흉기소지조사를 제외한 소지품검사는 불심검문의 범위를 벗어나는 것으로서 법적 근거가 없기 때문에 허용되지 않는다는 **부정설**과 소지품검사도 불심검문의 안전을 확보하거나 질문의 실효성을 유지하기 위한 불심검문에 수반된 행위이므로 경찰관직무집행법 제3조에 의하여 근거를 가지며 그 범위안에서 허용될 수 있다는 **긍정설**이 대립하고 있다.

생각건대 긍정설은 '흉기의 소지여부'로 규정되어 있는 경직법 제3조 제3항의 명문에 반할 뿐만 아니라, 영장주의를 탈법적으로 회피할 우려가 있다는 점에서 원칙적으로 실력을 행사하여 소지품을 검사하는 것은 허용되지 않는다고 해야 한다. 다만 소지품검사는 구두에 의한 질문과 밀접하게 관련되어 있을 뿐만 아니라 흉기소지를 검사하기 위해서는 상대방의 의복이나 손가방 등의 휴대품을 조사할 수밖에 없으며, 불심검문이 유동적인 경찰현상에 신속·적절하게 대처하여야 할 행정경찰작용인 동시에 초동사법경찰작용인 점을 감안하면, 승낙이 없는 한 소지품검사가 일체 허용되지 않는다고 보는 것은 현실적으로 문제가 생길 수 있다. 따라서 흉기소지의 고도의 개연성이 있고 경찰관 또는 제3자의 생명·신체의 안전과 범죄의 예방 및 제지를 위하여 긴급한 필요가 있는 경우, 즉 소지품검사의 필요성과 긴급성이라는 요건을 충족하는 경우에는 **준현행범인 체포절차**($_{제2항}^{제211조}$)에 준하여 상대방의 의사에 반한 외표검사도 허용되어야 할 것이다.

(2) 개피행위

개피행위란 외표검사를 넘어서 상대방의 승낙없이 옷 호주머니속에 손을 넣거나 가방류를 직접 열어 본다든지 더 나아가서 상대방의 소지품을 끄집어내거나 심지어는 소지품을 빼앗는 단계의 행위를 말한다. 이러한 개피행위가 허용되는지 논란이 있으나, 소지품검사는 임의처분에 그쳐야 할 뿐만 아니라 개인의 사생활(Privacy)를 과도하게 침해할 소지가 크기 때문에 **영장에 의하지 아니한 강제처분**($_{조}^{제216}$)에 해당하는 경우를 제외하고는 개피행위가 허용되지 않는다고 보아야 한다.

6. 자동차검문(自動車檢問)

자동차검문이란 범죄의 예방과 검거를 목적으로 통행중인 자동차를 정지케 하여 운전자 또는 같이 탄 사람에게 질문하는 것을 말한다. 이에는 무면허운전, 음주운전 등 도로교통법 위반을 단속하기 위하여 차를 일시 정지시키는 ① **교통검문**과 범죄일반의 예방이나 검거를 목적으로 자동차를 정지시켜 운전자나 동승자에게 질문을 하는 ② **경계검문** 및 특정범죄가 발생한 때 범인의 검거와 수사정보의 수집을 목적으로 자동차를 일시 정지시켜 운전자나 동승자에게 질문하는 ③ **긴급수배검문**이 있다.

(1) 법적 근거

① **교통검문:** 자동차검문은 무차별적으로 정지시켜서 질문을 행하는 점에서, 통상의 직무질문과 다르므로 그의 법적 근거 및 적법성이 문제되는데, 교통검문의 법적 근거는 도로교통법 제47조의 일시정지권에 있다. 이에 따라 경찰공무원은 자동차의 운전자가 무면허운전(통법제43조), 음주운전(통법제44조), 과로운전(통법제45조)을 하고 있다고 인정되는 경우에 자동차를 일시정지시키고 그 운전자에게 자동차 운전면허증을 제시할 것을 요구할 수 있다.

② **경계검문:** 경계검문에 대한 명시적인 근거규정은 존재하지 않는다. 그러나 자동차 문명의 발달과 자동차를 이용한 범죄의 증가라는 현실에 비추어 볼 때, 범죄일반의 예방이나 적발을 목적으로 하는 경우에는 정지시키는 방법이 물리적 강제 등에 해당하지 않고 전적으로 상대방의 임의적인 협력을 전제하여 실시한다면 그 정당성을 인정해야만 할 것이다. 따라서 자동차의 운전자나 동승자가 거동이 수상한 자에 해당하는 경우에는 자동차를 정지시켜서 운전자 등에게 질문할 수 있으며, 그 근거규정은 경찰관직무집행법 제3조 제1항에 해당한다고 보아야 할 것이다.

③ **긴급수배검문:** 경계검문과 동일하게, 긴급수배검문에 대한 명시적인 근거규정은 존재하지 않는다. 그러나 중대한 범죄가 발생한 후, 범인의 체포나 정보의 수집을 목적으로 검문을 하는 소위 긴급수배검문은 전형적인 사법경찰작용에 해당하므로 어느 정도의 실력적인 수단도 허용되어야 할 것이다. 따라서 형사소송법 제199조 제1항에 따라 탑승자들의 동의가 있으면 이에 따라 정지와 질문을 할 수가 있으며, 동의가 없는 경우에도 현행범인의 체포나 긴급체포의 요건에 해당하면 체포행위로 자동차를 정지시키고, 긴급압수·수색을 할 수가 있다고 본다.

(2) 자동차검문의 한계

일제검문(一齊檢問)이란 검문소 등 일정한 지역을 통과하는 모든 자동차를 대상으로 일일이 검문하는 경우를 말한다. 특히 경계검문이나 긴급수배검문은 명시적인 근거규정이 없다는 점에서, 일제검문이 허용되는지 논란이 있다. 생각건대 경계검문이나 긴급수배검문은 구체적 범죄혐의가 없는 모든 시민에 대하여 무차별적으로 실시된다는 점에서 문제가 있으나, 자동차검문의 필요성은 분명히 존재하므로 엄격한 요건(범죄를 범하였거나 범하려 하고 있는 자가 자동차를 이용하고 있을 개연성이 있는 등)에 따라 일제검문을 허용할 수밖에 없다. 다만 허용된다고 하더라도 ㉠ 자동차를 이용하는 중대범죄에 제한되어야 하며, ㉡ 그 정도도 범죄의 예방 및 검거에 필요한 최소한도에 그쳐야 할 것이다.

☞ 헌법재판소도 '도로를 차단하고 불특정 다수인을 상대로 실시하는 일제단속식 음주단속이 그 자체로 국민의 기본권을 침해하는 위헌적인 경찰작용인지 여부'에 대하여, 「도로교통법 제41조 제2항 전단에 규정된 "교통안전과 위험방지의 필요성"이란, 음주측정을 요구할 대상자인 당해 운전자의 운전으로 인하여 야기된 개별적·구체적인 위험방지를 위하여 필요한 경우뿐만 아니라, 잠재적 음주운전자의 계속적인 음주운전을 차단함으로써 그렇지 않았을 경우 음주운전의 피해자가 되었을지도 모를 잠재적인 교통관련자의 위해를 방지할 가능성이 있다면 그 필요성이 충족되는 것으로 넓게 해석하여야 하고, 이러한 음주측정을 위하여, 검문지점을 설치하고 그곳을 통행하는 불특정 다수의 자동차를 정지시켜 운전자의 음주 여부를 점검해 볼 수 있는 권한도 여기에 내포되어 있다고 보아야 한다」고 보면서도, 「그 경우에도 과잉금지원칙은 준수되어야 하므로, 음주단속의 필요성이 큰, 즉 음주운전이 빈발할 것으로 예상되는 시간과 장소를 선정하여야 할 것이고, 운전자 등 관련국민의 불편이 극심한 단속은 가급적 자제하여야 하며, 전방지점에서의 사전예고나 단시간내의 신속한 실시 등과 같은 방법상의 한계도 지켜야 할 것이다」(헌재 2004.1.29. 2002헌마293)라는 입장이다.

사례해설

사안에서 경찰관 X의 행위의 적법성과 관련하여, 첫째, 甲의 도박죄에 관하여 압수·수색영장이 발부되어 있으므로 우선 이 영장으로 乙의 가방을 수색할 수 있는가를 검토할 필요가 있으며, 둘째, 만일 수색할 수 없다고 한다면 경찰관 X의 불심검문에 수반하여 乙의 가방을 열어 본 것이 적법한가라는 소지품검사의 적법성이 문제되고, 셋째, 소지품검사가 위법한 경우 그 위반행위에 기한 현행범 체포가 적법한지 여부가 문제되며, 넷째, 아편 100g 압수의 위법성 여부 및 위법수집증거의 증거능력을 인정할 수 있는지 여부도 검토해 보아야 한다.

첫째, 도박죄에 대한 압수·수색영장으로 乙의 가방을 수색할 수 있는지 문제되는데, 일반적으로 압수·수색영장에는 수색장소를 특정하여 기재하여야 한다. 이는 수색을 행할 장소를 명확히 한정하여 다른 장소의 안전을 보장하고, 나아가 개인의 프라이버시의 침해가 필요 이상으로 확대되는 것을 방지하기 위한 것이다. 그런데 사안처럼 압수의 목적물이 아닌 甲의 사무소 내에 있는 물건에 대하여도 압수·수색영장의 효력이 미치는지에 대해, ㉠ 장소적으로는 甲이 속하는 사무소 내이너라노 관리권자가 다른 이상 乙의 가방에는 영장의 효력이 미치지 않는다는 부정설과 ㉡ 수색장소에 우연히 있던 자가 수색에 의하여 증거물이 발견되는 것을 방해하기 위하여 자기의 의복 등에 물건을 은닉하는 경우가 종종 있기 때문에 수색장소에 우연히 있던 자의 신체 등을 수색하는 데 일일이 별개의 영장을 요구한다는 것은 수사의 필요성을 경시하는 것으로서 부당하다는 긍정설이 있다. 특히 후자의 견해는 당해 장소의 성질이나 그 자리에 있던 자의 태도 등을 종합적으로 판단하여 필요하고도 상당하다고 인정될 때에는 신체 등의 수색이 가능하다고 본다. 생각건대 수사상 필요성이 인정된다고 하더라도 헌법이 보장하는 개인의 프라이버시권을 심각하게 침해하는 일반영장의 발부는 금지되므로 법관이 발부하는 압수·수색영장에는 피의자의 성명, 압수할 물건, 압수할 장소를 기재하여야 하며($\frac{제114조·}{제219조}$), 이에 따라 발부된 영장은 영장에 기재된 장소와 피의자에 대하여만 그 효력이 있다고 보아야 한다. 따라서 사안에서 甲에 대하여 발부된 영장은 乙에 대하여 그 효력이 미치지 아니하며, 乙이 수색장소에 있다고 하더라도 영장에 기재된 수색할 장소에 해당하지는 않으므로 甲에 대한 영장으로 乙을 수색하는 것은 적법하지 않다고 보아야 할 것이다.

둘째, 소지품검사의 적법성과 관련하여, 사안에서는 乙의 태도를 수상히 여긴 경찰관 X가 乙에 대하여 불심검문과 더불어 소지품검사를 행한 것으로 볼 수 있는데, 경찰관직무집행법은 불심검문에 관하여 흉기소지의 검사에 대하여만 규정하고 있다($\frac{동법 제3조}{제3항}$). 따라서 흉기소지조사를 제외한 소지품검사가 적법한지 여부가 문제된다. 이에는 흉기소지조사 이외의 소지품조사의 허용성에 대하여 경찰관직무집행법 제3조 제3항은 흉기소지의 조사에 대해서만 규정하고 있다는 점을 근거로 이를 부정하는 견해도 있으나, 경찰관 또는 제3자의 생명·신체의 안전과 범죄의 예방 및 제지를 위하여 긴급한 필요가 있는 경우, 즉 소지품검사의 필요성과 긴급성이라는 요건을 충족하는 경우에는 동조 제1항에 의한 불심검문에 부수하여 이를 행할 수 있다고 보아야 할 것이다(제한적 긍정설). 다만 외표검사를 넘어서 개피행위가 허용될 수 있는지 문제되는데, 외표검사를 넘는 개피행위는 사실상 수색에 해당하므로 경찰관의 불심검문에 수반하는 부수적 처분의 한계를 넘는 것으로, 영장에 의하지 아니한 강제처분($\frac{법}{제216조}$)에 해당하는 경우를 제외하고는 의복 내지 휴대품 등에서 흉기소지는 물론 일반소지품을 강제로 개피하는 것은 허용될 수 없다고 보아야 한다. 이에 따르면 경찰관 X의 가방의 내용개시를 요구하는 행위는 적법하지만, 경찰관 X가 가방을 스스로 열어본 행위(개피행위)는 사실상 수색에 해당하므로 위법하다고 보아야 할 것이다.

셋째, 체포행위의 적법성과 관련하여, 소지품검사를 위법하다고 판단한 경우 현행범체포는 위법하게 수집된 자료를 기초로 하여 행하여진 것이므로, 과연 위법하게 수집된 것도 체포이유의 판단자료로 허용될 수 있는지 여부가 문제된다. 생각건대 체포자료는 반드시 증거능력이 있는 것에 한정될 필요가 없으며, 체포이유의 판단은 재판보다 훨씬 신속히 이루어질 필요가 있다는 점, 강제수사의 요건판단의 주체는 1차적으로 수사기관이고 위법수집증거배제의 법칙은 사실인정과 관련된 법관 또는 법원이 판단하는 증거법칙이라는 점에서 현행범의 체포가 가능하다고 볼 수도 있지만, 국민의 기본권을 보장하기 위해서는 영장주의의 예외인 현행범의 체포에서도 위법수사가 방지되어야 한다는 적법절차의 요청상 위법수집증거배제법칙이 수사에도 유추적용될 수 있을 것이다. 따라서 위법수집증거배제법칙을 유추하여 위법한 소지품검사에 기한 乙에 대한 현행범체포는 위법하다고 보아야 한다.

넷째, 아편 100g의 증거능력과 관련하여, 아편 100g의 압수는 불법체포에 수반한 위법수집증거이므로 증거능력이 부정된다($\frac{법}{제308조의2}$). 판례도 「헌법과 형사소송법이 정한 절차에 따르지 아니하고 수집된 증거는 기본적 인권 보장을 위해 마련된 적법한 절차에 따르지 않은 것으로서 원칙적으로 유죄 인정의 증거로 삼을 수 없다」($\frac{대판(전합) 2007.11.15,}{2007도3061}$)는 입장이다.

결국 甲에 대한 영장으로 乙을 수색한 행위는 영장주의 위반으로 위법하며 乙의 소지품을 검사한 행위도 소지품검사의 한계를 넘은 것으로 위법하다고 할 것이다. 위법한 소지품검사에 의해 乙을 현행범으로 체포한 행위 역시 위법하다고 할 것이며 압수한 아편도 위법수집증거로 증거능력이 부정된다.

IV. 고　　소

여고생 甲(18세)은 친구 X와 Y로부터 '첩년 자식'이라고 하는 등 모욕을 당하였다. 이에 甲은 혼자서 고민하다가 이 사실을 어머니에게 알렸다. 이에 화가 난 어머니 乙은 경찰에 고소하겠다고 하자, 甲은 주위에 알려지는 것이 창피하다고 하면서 극구 만류하였다. 하지만 어머니 乙은 또 다른 피해가 생기는 것을 막기 위해서도 주동자인 X를 처벌할 필요성이 있다고 생각하고 경찰에 X를 모욕죄로 고소하였다.

1. 乙의 고소의 근거는 무엇이며, 甲은 乙이 한 고소를 취소할 수 있는가?
2. 乙의 X에 대한 고소의 효력은 Y에게도 미치는가?
3. 만약 乙이 고소 전에 X와 협의하여 고소를 포기하기로 약정을 맺었다면 이는 인정될 수 있는가?
4. 주동자 X에 대한 제1심판결 선고 후, 乙은 잘못을 뉘우치고 있는 Y에 대한 고소를 취소할 수 있는가?

1. 의　　의

고소란 범죄의 피해자 또는 그와 일정한 관계가 있는 고소권자가 수사기관에 대하여 범죄사실을 신고하여 범인의 처벌을 구하는 의사표시를 말한다. 따라서 고소는 고소권자에 의하여 행해져야 하며, 수사기관에 대한 것이어야 하므로 법원에 대하여 진술서를 제출하거나 피고인의 처벌을 바란다고 증언하는 것은 고소가 아니다. 또 소추를 구하는 의사표시임을 요하므로 범죄로 인한 피해사실만을 신고하고 처벌을 구하는 의사표시가 없는 피해계(被害屆)나 단순히 피해전말서를 제출하는 범죄사실의 신고도 고소로 볼 수 없다. 고소는 피해자 등 고소권자가 행하는 점에서, 일반인이 수사기관에 범죄사실을 신고하여 범인의 처벌을 희망하는 고발과도 구별된다.

2. 친고죄 및 반의사불벌죄의 경우

(1) 수사단서로서의 성격

양자 모두 일반 수사개시의 원인과 동일하게 수사단서로서의 성격을 가진다. 다만 판례는 친고죄의 경우 행위자에 대한 고소가 있으면 족하고, 양벌규정에 의하여 처벌받는 자에 대한 별도의 고소를 요하지 않는다는 입장이다(대판 1996.3.12, 94도2423).

(2) 소송조건으로서의 성격

친고죄의 고소, 반의사불벌죄의 처벌을 희망하지 않는 의사표시는 소송조건으로 수사절차 및 공판절차에서 중요한 의미를 지닌다. 판례도 이른바 반의사불벌죄에 있어서 처벌불원의 의사표시의 부존재는 소위 소극적 소송조건으로서 직권조사사항이라 할 것이므로 당사자가 항소이유로 주장하지 아니하였다고 하더라도 법원은 이를 직권으로 조사·판단하여야 한다($\substack{대판 2001.4.24,\\2000도3172}$)고 보고 있다. 문제는 고소권자가 비친고죄로 고소한 사건을 검사가 친고죄로 구성하여 공소를 제기한 경우, 법원이 친고죄에서 소송조건이 되는 고소가 유효하게 존재하는지 직권으로 조사·심리하여야 하는가이다.

> 참조판례 「법원은 검사가 공소를 제기한 범죄사실을 심판하는 것이지 고소권자가 고소한 내용을 심판하는 것이 아니므로, **고소권자가 비친고죄로 고소한 사건이더라도 검사가 사건을 친고죄로 구성하여 공소를 제기하였다면 공소장 변경절차를 거쳐 공소사실이 비친고죄로 변경되지 아니하는 한, 법원으로서는 친고죄에서 소송조건이 되는 고소가 유효하게 존재하는지를 직권으로 조사·심리하여야 한다.** 그리고 이 경우 친고죄에서 고소와 고소취소의 불가분 원칙을 규정한 형사소송법 제233조는 당연히 적용되므로, 만일 그 공소사실에 대하여 피고인과 공범관계에 있는 자에 대한 적법한 고소취소가 있다면 그 고소취소의 효력은 피고인에 대하여 미친다고 보아야 한다」($\substack{대판 2015.11.17,\\2013도7987}$).

3. 고소의 절차

(1) 고소권자

① **피 해 자:** 범죄로 인한 피해자는 고소할 수 있다($제223\atop조$). 여기서 피해자란 직접적 피해자만을 의미하고 범죄로 인하여 간접적으로 피해를 받은 자는 포함되지 아니한다. 예컨대 처가 강간당하거나 명예훼손을 당한 경우에 남편은 피해자가 아니다. 다만 직접적 피해자인 한 보호법익의 주체이건, 공격의 객체이건 불문한다. 피해자가 법인(또는 법인에 준하는 단체)인 경우에는 그 대표자도 고소할 수 있다. 고소를 함에는 소송행위능력, 즉 고소능력이 있어야 하는바, 고소능력은 피해를 받은 사실을 이해하고 고소에 따른 사회생활상의 이해관계를 알아차릴 수 있는 사실상의 의사능력으로 충분하다($\substack{대판 2011.6.24,\\2011도4451}$). 따라서 민법상의 행위능력이 없는 자라도 이러한 능력을 갖춘 자에게는 고소능력이 인정되며, 고소위임을 위한 능력도 위와 동일하게 보아야 할 것이다.

한편, 고소권은 일신전속적 권리이므로 상속이나 양도가 허용되지 않는다. 다만, 저작권이나 지적재산권 등과 같이 범죄로 인한 침해가 계속될 수 있는 경우에는 그 권리의 이전에 따라 이전 전에 이루어진 침해에 대한 고소권은 이전될 수 있다. 판례도 「상표권을 이전등록받은 승계인은 그 이전등록 이전에 발생한 침해에 대하여도 상표권의 성질상 그 권리의 주체로서 피해자인 지위를 승계한다」($\substack{대판 1995.9.26,\\94도2196}$)고 판시하여 동일한 입장이다.

② **피해자의 법정대리인:** 피해자의 법정대리인은 독립하여 고소할 수 있다($\substack{제225조\\제1항}$). 여기서 법정대리인이란 친권자나 후견인과 같이 일반적으로 무능력자의 행위를 대리할 수 있는 자를 말하며, 재산관리인·파산관재인 또는 법인의 대표자는 포함되지 않는다. 다만, 법원이 선임한 부재자 재산관리인이 그 관리대상인 부재자의 재산에 대한 범죄행위에 관하여 법원으로부터 고소권 행사에 관한 허가를 얻은 경우에는 적법한 고소권자에 해당한다($\substack{대판 2022.5.26,\\2021도2488}$).

물론 법정대리인의 고소권이 무능력자인 피해자 본인의 고소권을 배제하는 것은 아니므로 피해자가 민법상의 행위무능력자라 할지라도 고소능력이 있으면 고유의 고소권자로서 유효하게 고소를 할 수 있다. 이러한 법정대리인의 지위는 고소시점을 기준으로 판단하므로 범죄당시에는 그 지위가 없었거나 고소 후에 그 지위를 상실하더라도 고소의 효력에 영향을 미치지 않는다. 문제는 '독립하여 고소할 수 있다'는 뜻과 관련하여 논란이 있다.

가) 학 설: 피해자의 고소권은 일신전속적 권리이고, 친고죄·반의사불벌죄에서 법률관계의 불안정을 피하기 위해서는 피해자의 고소권이 소멸하면 법정대리인의 고소권도 소멸되고 피해자 본인은 법정대리인이 한 고소를 취소할 수 있어야 하므로 **독립대리권**으로 보아야 한다는 견해와 불기소처분이나 공소기각의 판결과 같이 중요한 소송법적 효과를 발생시키는 고소권의 행사를 무능력자의 판단에만 맡길 수 없다는 점에서 법정대리인의 고소권은 무능력자의 보호를 위하여 법정대리인에게 특별히 주어진 **고유권**으로 보아야 한다는 견해 (다수설)가 대립하고 있다.

나) 판 례: 대법원은「형사소송법 제225조 제1항이 규정한 법정대리인의 고소권은 무능력자의 보호를 위하여 법정대리인에게 주어진 고유권이므로, 법정대리인은 피해자의 고소권 소멸여부에 관계없이 고소할 수 있고, 이러한 고소권은 피해자의 명시한 의사에 반하여도 행사할 수 있다」(대판 1999.12.24, 99도3784)고 판시하여 **고유권설**의 입장을 취하고 있다.

다) 검 토: 독립대리권설에 따르면 무능력자를 소송능력자로 간주하는 결과가 되어 피해자가 무능력자이기 때문에 법정대리인을 고소권자로 인정하는 제225조의 입법취지에 반하므로 고유권설이 타당하다. 이에 따르면 피해자 본인의 고소권 소멸과 관계없이 법정대리인은 고소권을 행사할 수 있고 고소기간도 법정대리인을 기준으로 결정된다. 또한 법정대리인은 피해자 본인의 명시·묵시의 의사에 반하여 고소할 수 있고, 피해자 본인은 법정대리인이 한 고소를 취소할 수 없게 된다. 특히 가정폭력범죄에 대해서 가정폭력범죄의처벌등에관한특례법은「피해자 또는 그 법정대리인은 가족폭력행위자를 고소할 수 있다」고 규정(법제6조 제1항)하여 피해자와 대등한 지위에서 법정대리인에게 고소권을 부여하고 있다.

③ **피해자의 배우자 및 친족:** ㉠ 피해자의 명시적 의사에 반하지 않는 한 피해자가 사망한 때에는 그 배우자·직계친족 또는 형제자매가 고소할 수 있고(제225조 제2항), ㉡ 피해자의 법정대리인이 피의자이거나 법정대리인의 친족이 피의자인 때에는 피해자의 친족은 독립하여 고소할 수 있으며(제226조), ㉢ 사자의 명예를 훼손한 범죄에 대하여는 그 친족 또는 자손이 고소할 수 있다(제227조). 이러한 피해자의 배우자 및 친족의 고소의 경우, ㉠은 피해자가 사망했다는 점에서, ㉡은 미성년자인 피해자보호를 위하여, ㉢은 사자에 대한 명예훼손죄(형법 제308조)의 특수성에 비추어 볼 때, 모두 고유권으로 보는 것이 타당할 것이다.

④ **고소권자가 없는 경우의 지정고소권자:** 친고죄에 있어서 고소할 자가 없는 경우에 이해관계인의 신청이 있으면 검사는 10일 이내에 고소할 수 있는 자를 지정해야 한다(제228조). 이 경우에 고소권자는 피해자의 친족임을 요하지 않는다. 다만 검사의 지정을 받은 고소인이

고소할 때에는 그 지정받은 사실을 소명하는 서면을 제출하여야 한다($^{규\ 제116조}_{제2항}$). 여기서 이해관계인은 법률상 또는 사실상 이해관계를 가진 자를 말하므로, 단순한 감정상의 관계로는 해당되지 않는다.

(2) 고소의 제한

자기 또는 배우자의 직계존속을 고소하지 못한다($^{제224}_{조}$). 다만 가정폭력범죄($^{가정폭력특별}_{제6조\ 제2항}$), 성폭력범죄($^{성폭력특별법}_{제18조}$), 아동학대범죄($^{아동학대범죄의처벌등에관}_{한특례법\ 제10조의4\ 제2항}$)에 대하여는 형사소송법 및 군사법원법($^{제266}_{조}$)상의 규정에도 불구하고 자기 또는 배우자의 직계존속을 고소할 수 있다.

> **참조판례** 「범죄피해자의 고소권은 형사절차상의 법적인 권리에 불과하므로 원칙적으로 입법자가 그 나라의 고유한 사법문화와 윤리관, 문화전통을 고려하여 합목적적으로 결정할 수 있는 넓은 입법형성권을 갖는다. 가정의 영역에서는 법률의 역할보다 전통적 윤리의 역할이 더 강조되고, 그 윤리에는 인류 공통의 보편적인 윤리와 더불어 그 나라와 사회가 선택하고 축적해 온 고유한 문화전통과 윤리의식이 강하게 작용할 수밖에 없다. 우리는 오랜 세월동안 유교적 전통을 받아들이고 체화시켜 이는 현재에 이르기까지 일정한 부분 엄연히 우리의 고유한 의식으로 남아 있다. 이러한 측면에서 '효'라는 우리 고유의 전통규범을 수호하기 위하여 비속이 존속을 고소하는 행위의 반윤리성을 억제하고자 이를 제한하는 것은 합리적인 근거가 있는 차별이라고 할 수 있다. 따라서, 이 사건 법률조항은 헌법 제11조 제1항의 평등원칙에 위반되지 아니한다」($^{헌재\ 2011.2.24,}_{2008헌바56}$).

(3) 고소의 기간

① **원　칙:** 고소기간의 시기는 기수·미수를 불문하고 범죄종료 후 범인을 알게 된 날이며, 시기상의 제한은 없다. 여기서 **범인을 알게 된 날**이란 범죄행위가 종료된 후에 범인을 알게 된 날을 가리키는 것으로서, 고소권자가 범죄행위가 계속되는 도중에 범인을 알았다 하여도, 그 날부터 곧바로 위 조항에서 정한 친고죄의 고소기간이 진행된다고는 볼 수 없다. 이러한 경우 고소기간은 범죄행위가 종료된 때부터 계산하여야 하며, 동종행위의 반복이 당연히 예상되는 영업범 등 포괄일죄의 경우에는 최후의 범죄행위가 종료한 때에 전체 범죄행위가 종료된 것으로 보아야 한다($^{대판\ 2004.10.28,}_{2004도5014}$). 다만 범인의 주소·성명 등을 자세하게 알 필요는 없으며, 공범자가 있는 경우에는 범인의 1인만 특정되면 범인을 알게 된 때에 해당한다.

② **예　외:** 친고죄에 대하여는 범인을 알게 된 때로부터 6개월을 경과하면 고소하지 못한다($^{제230조}_{제1항\ 본문}$). 여기서 **범인을 알게 된다** 함은 통상인의 입장에서 보아 고소권자가 고소를 할 수 있을 정도로 범죄사실과 범인을 아는 것을 의미하고, 범죄사실을 안다는 것은 고소권자가 친고죄에 해당하는 범죄의 피해가 있었다는 사실관계에 관하여 확정적인 인식이 있음을 말한다($^{대판\ 2001.10.9,}_{2001도3106}$). 다만 고소할 수 없는 불가항력의 사유가 있는 때에는 그 사유가 없어진 날로부터 기산한다($^{제230조}_{제1항\ 단서}$). 그러므로 고소능력이 없다가 후에 비로소 그 능력이 생긴 경우에는 그 능력이 생긴 때부터 고소기간이 진행한다. 이러한 제한을 두는 이유는 친고죄의 고

소는 소송조건이므로 공소제기의 여부를 오랫동안 피해자 등의 의사에 맡겨서 불안정한 상태를 지속시키는 것은 적당하지 않기 때문이다.

③ **수인의 고소권자:** 고소할 수 있는 자가 수인인 경우에는 1인의 기간의 해태는 타인의 고소에 영향이 없다(제231조). 즉 각인의 고소기간은 독립하여 진행되므로 고소권자에 따라서 각각 '범인을 알게 된 날'을 결정해야 할 것이다.

4. 고소의 방식

(1) 서면 또는 구술

고소는 서면 또는 구술로써 검사 또는 사법경찰관에게 하여야 한다(제237조 제1항). 구술에 의한 고소가 있는 경우에 수사기관은 절차적 확실성을 확보하기 위하여 조서를 작성하여야 한다(제237조 제2항). 특히 고소는 반드시 고소장이나 조서에 직접 표시함을 요하므로 전화·전보·팩시밀리에 의한 고소는 조서에 작성되지 않는 한 고소의 효력이 없다. 판례도 고소인이 사건 당일 범죄사실을 신고하면서 현장에 출동한 경찰관에게 고소장을 교부하였다고 하더라도 경찰서에 도착하여 최종적으로 고소장을 접수시키지 않기로 결심하고 고소장을 반환받은 것이라면 고소장이 수사기관에 적법하게 수리되어 고소의 효력이 발생하였다고 할 수는 없으며(대판 2008.11.27, 2007도4977), 피해자가 경찰청 인터넷 홈페이지를 통해 저작권법위반 사건의 신고민원을 접수한 것(대판 2012.2.23, 2010도9524)은 적법한 고소가 아니라는 입장이다. 하지만 고소조서는 독립한 고소조서임을 요하지 않는다. 따라서 참고인진술조서에 고소의 의사표시가 기재되었으면 고소의 효력이 있다. 판례도 동일한 입장이다.

> 참조판례 「친고죄에서 고소는, 고소권 있는 자가 수사기관에 대하여 범죄사실을 신고하고 범인의 처벌을 구하는 의사표시로서 서면뿐만 아니라 구술로도 할 수 있고, 다만 구술에 의한 고소를 받은 검사 또는 사법경찰관은 조서를 작성하여야 하지만 그 조서가 독립된 조서일 필요는 없으며, 수사기관이 고소권자를 증인 또는 피해자로서 신문한 경우에 그 진술에 범인의 처벌을 요구하는 의사표시가 포함되어 있고 그 의사표시가 조서에 기재되면 고소는 적법하다」(대판 2011.6.24, 2011도4451).

사법경찰관이 고소를 받은 때에는 신속히 조사하여 관계서류와 증거물을 검사에게 송부하여야 하고(제238조), 검사는 고소사건을 수리한 날로부터 3월 이내에 수사를 완료하여 공소제기여부를 결정하여야 한다(제257조).

(2) 고소의 대리

고소는 대리인으로 하여금 하게 할 수 있다(제236조). 이 경우 대리권이 정당한 고소권자에 의하여 수여되었음이 실질적으로 증명되면 충분하고, 그 방식에 특별한 제한은 없다. 따라서 고소를 할 때 반드시 위임장을 제출한다거나 '대리'라는 표시를 하여야 하는 것은 아니고, 또 고소기간은 대리고소인이 아니라 정당한 고소권자를 기준으로 고소권자가 범인을 알게 된 날부터 기산한다($^{대판\ 2001.9.4,}_{2002도3081}$). 그러나 반의사불벌죄에 있어서 피해자가 처벌을 희망하지 아니하는 의사표시나 처벌을 희망하는 의사표시의 철회를 하였다고 인정하기 위해서는 피해자의 진실한 의사가 명백하고 믿을 수 있는 방법으로 표현되어야 한다($^{대판\ 2001.6.15,}_{2001도1809}$). 피해자가 나이 어린 미성년자인 경우 그 법정대리인이 피고인 등에 대하여 밝힌 처벌불원의 의사표시에 피해자 본인의 의사가 포함되어 있는지는 대상 사건의 유형 및 내용, 피해자의 나이, 합의의 실질적인 주체 및 내용, 합의 전후의 정황, 법정대리인 및 피해자의 태도 등을 종합적으로 고려하여 판단하여야 한다.($^{대판\ 2010.5.13,}_{2009도5658}$).

☞ 고소대리의 허용범위와 관련하여, 고소여부에 대한 결정권까지 위임한 것은 아니므로 표시대리에 한한다는 **표시대리설**(다수설), 의사표시 그 자체를 결정하는 의사대리까지도 포함된다는 **의사대리 포함설** 등이 있으나, 비친고죄의 고소는 수사단서에 불과하므로 의사대리까지 포함해도 무방하지만, 친고죄의 고소의 경우 갈등당사자가 아닌 대리인이 고소여부를 결정한다는 것은 부당하므로 표시대리에 한정하는 **구별설**이 타당하다고 본다. 판례도 **반의사불벌죄**에 해당하는 (구)청소년의 성보호에 관한 법률 위반의 공소사실에 대하여, 「형사소송법상의 소송능력이 있는 미성년의 피해자를 대리하여 법정대리인인 부모가 처벌 불원의 의사결정 자체를 할 수 있다는 원심의 판시는 적절하지 아니하다」($^{대판\ 2010.11.11,}_{2010도11550}$)고 판시한 바 있다.

(3) 조건부고소

고소는 그 성질상 단순해야 하므로 형사절차의 확실성을 해치는 조건부고소는 허용되지 않는다는 견해도 있으나, 고소는 수사개시의 단서에 불과하므로 소송의 진행에 영향을 미치지 않는 한 조건을 붙이는 것도 허용된다고 볼 것이다. 다만 친고죄의 경우에는 동시에 소송조건이 되므로 고소의 의사를 좌우하는 조건부고소는 허용되지 않는다고 보아야 한다.

5. 고소불가분의 원칙

고소불가분의 원칙이란 친고죄에 있어서 고소의 효력이 미치는 범위에 관한 원칙으로, 한 개의 범죄의 일부에 대한 고소 또는 취소는 그 전부에 대하여 효력이 발생하며(고소의 객관적 불가분의 원칙), 수인의 공범 중 1인 또는 수인에 대한 고소 또는 취소는 다른 공범자에게도 효력이 있다는 것(고소의 주관적 불가분의 원칙)을 말한다. 형사소송법은 주관적 불가분의 원칙만을 규정하고 있으나($^{제233}_{조}$), 객관적 불가분의 원칙도 학설에 의하여 당연히 인정되고 있다. 이와 같이 고소불가분의 원칙은 친고죄에서만 문제된다. 왜냐하면 비친고죄에 있어서의 고소란 단순히 수사의 단서에 지나지 않고 주관적·객관적인 범위에서 제한을 받지 않기 때문이다.

(1) 고소의 객관적 불가분의 원칙

① **의   의**: 고소의 객관적 불가분의 원칙이란 한 개의 범죄사실의 일부분에 대한 고소 또는 그 취소는 그 범죄사실의 전부에 대하여 효력이 발생한다는 원칙을 말한다. 이처럼 고

소의 객관적 불가분의 원칙은 한 개의 범죄사실에 대하여만 적용되는 것이므로 범죄사실의 단일성이 기준이 된다. 이 원칙은 범죄사실의 고소가 처벌의 범위까지 고소권자의 의사에 좌우되는 것을 방지함으로써 형사사법의 공평성과 객관성을 도모하기 위한 것이다.

② **적용범위**

가) 단순일죄: 단순일죄에 대하여는 이 원칙이 예외없이 적용된다. 따라서 강간죄에 대하여 피해자가 그 수단인 폭행·협박죄로 고소하더라도 고소불가분의 원칙상 수사기관은 강간죄에 대하여 수사·기소할 수 있으며, 법원은 이에 대하여 유죄판결을 선고할 수 있다.

나) 과형상 일죄: 과형상 일죄의 각 부분이 친고죄이고 피해자가 같을 때에는 객관적 불가분의 원칙이 적용된다. 반면에 과형상 일죄의 각 부분이 모두 친고죄이나 피해자가 다를 때(예컨대 1통의 문서로서 甲·乙·丙 3인을 모욕한 경우)에는 1인의 피해자(甲)가 한 고소의 효력은 이 원칙이 적용되지 않으므로 다른 피해자(乙·丙)의 모욕죄의 성부에 영향을 미치지 않는다. 일죄의 일부분만이 친고죄인 경우에도 비친고죄에 대한 고소의 효력은 친고죄에 대하여 미치지 않는다. 친고죄에 대하여는 고소가 없기 때문이다. 그러나 판결의 기판력은 친고죄에도 미친다. 또한 친고죄에 대한 고소의 취소의 효력은 비친고죄에 대하여 영향을 미치지 않는다. 판례도 동일한 입장이다(대판 1983.4.26, 83도323).

다) 수   죄: 객관적 불가분의 원칙은 한 개의 범죄사실을 전제로 한 원칙이므로 수죄, 즉 경합범에 대하여는 적용이 없다.

(2) 고소의 주관적 불가분의 원칙

① **의   의:** 고소의 주관적 불가분의 원칙이란 친고죄의 공범 중 1인 또는 수인에 대한 고소와 그 취소는 다른 공범자에 대하여도 그 효력이 있다는 원칙을 말한다(제233조). 이를 인정하는 이유는 고소가 원래 범죄사실을 대상으로 하는 것이지 특정한 범인을 대상으로 하는 것이 아니므로(피의자불상이어도 고소는 가능하다) 고소인의 자의에 의하여 불공평한 결과가 발생하는 것을 방지하고자 하는 데 있다.

② **적용범위:** 절대적 친고죄에 있어서는 언제나 이 원칙이 적용되므로 공범 중 1인에 대한 고소의 효력은 전원에 대하여 미친다. 반면에 친족상도례의 경우와 같이 범인과 피해자 사이에 일정한 신분관계가 있는 경우에만 친고죄로 되는 상대적 친고죄에 있어서는 비신분자에 대한 고소의 효력은 신분관계있는 공범에게는 미치지 아니하며, 신분관계있는 자에 대한 고소취소는 비신분자에게 효력이 없다.

③ **공범자에 대한 제1심 판결선고 후의 고소취소:** 고소의 취소는 제1심 판결선고 전에만 허용된다(제232조). 따라서 공범자의 일부에 대한 제1심판결이 선고된 후에는 아직 제1심판결이 선고되지 않은 나머지 공범에 대하여도 고소를 취소할 수 없고, 고소의 취소가 있어도 효력이 없다(통설). 고소의 주관적 불가분의 원칙에 반할 뿐만 아니라 고소권자의 선택에 의하여

불공평한 결과를 초래하기 때문이다. 판례도 부정적인 입장이다(대판(전합) 1975.6.24, 75도1449).

1. 형사소송법은 피해자의 법정대리인은 독립하여 고소할 수 있다(법 제225조 제1항)고 규정하고 있다. 따라서 그 고소권을 고유권으로 보아야 하는지 아니면 독립대리권으로 보아야 하는지 문제되는데, 판례는 법정대리인의 고소권을 고유권으로 보고 있으므로(대판 1984.9.11, 84도1579,) 이에 따르면 甲은 乙이 한 고소를 취소할 수 없다.

2. 고소의 주관적 불가분의 원칙이란 친고죄의 공범 중 1인 또는 수인에 대한 고소와 그 취소는 다른 공범자에 대하여도 그 효력이 있다는 원칙을 말한다(법 제233조). 이러한 고소의 주관적 불가분의 원칙을 인정하는 이유는 고소가 원래 범죄사실을 대상으로 하는 것이지 특정한 범인을 대상으로 하는 것이 아니므로 고소인의 자의에 의하여 불공평한 결과가 발생하는 것을 방지하고자 하는 데 있다. 따라서 본 사안의 경우 모욕죄는 친고죄로서 고소불가분의 원칙이 적용되어 乙의 X에 대한 고소의 효력은 그와 필요적 공범관계에 있는 Y에게도 미친다.

3. 고소권의 포기란 친고죄의 고소기간 내에 장차 고소권을 행사하지 않겠다는 의사표시를 하는 고소권자의 소송행위를 말한다. 이러한 고소권의 포기는 고소기간이 경과되기 전에 하여야 한다. 이러한 점에서 고소권의 포기는 고소권을 행사하지 아니하고 고소기간이 경과하면 고소권이 소멸하는 고소권의 불행사와 구별된다. 그런데 이러한 고소권의 포기가 현행법상 인정될 수 있는지 논란이 있으나, 고소권은 공법상의 권리이며 포기를 허용하면 고소권의 포기가 강요될 수 있으므로 고소권의 포기는 인정될 수 없다. 판례도 "고소권의 포기에 관하여는 아무런 규정이 없으므로 고소 전에 고소권을 포기할 수는 없다고 함이 상당하다 할 것이다"(대판 1967.5.23, 67도471,)라고 판시하여 소극설의 입장을 취하고 있다.

4. 고소의 취소는 제1심판결 선고 전에만 허용된다(법 제232조). 이와 관련하여 공범자의 일부에 대한 제1심판결이 선고된 후에 제1심판결 선고 전의 다른 공범자에 대하여 고소를 취소할 수 있는지 문제된다. 이미 제1심판결이 선고된 공범자에게는 고소취소의 효력이 미치지 않지만, 아직 제1심판결이 선고되지 않은 공범자에게는 피해자의 의사를 존중한다는 친고죄의 취지를 살릴 필요가 있다는 입장에서 고소취소가 가능한 것으로 보는 적극설도 있으나, 일부 공범자에 대하여 제1심판결이 선고되면, 아직 제1심판결이 선고되지 않은 나머지 공범에 대하여는 고소를 취소할 수 없고 고소의 취소가 있어도 효력이 없다고 보는 소극설이 타당하다(통설). 왜냐하면 적극설은 고소의 주관적 불가분의 원칙에 반할 뿐만 아니라 고소권자의 선택에 의하여 불공평한 결과를 초래하기 때문이다. 판례도 「친고죄의 공범 중 그 일부에 대하여 제1심판결이 선고된 후에는 제1심 판결 선고전의 다른 공범자에 대하여는 그 고소를 취소할 수 없고, 그 고소의 취소가 있다 하더라도 그 효력을 발생할 수 없다」(대판 1985.11.12, 85도1940,)고 판시하고 있다.

6. 반의사불벌죄의 경우

사 례

국회의원 A가 사망하자 모주간지에서는 특집기사를 기획하여 A와 그의 여비서였던 B와의 스캔들을 폭로하는 기사를 실었다. B는 그 주간지의 편집장 甲과 취재기자 乙을 명예훼손죄로 검찰에 고소하였다. 甲과 乙에 대한 명예훼손 피고사건의 제1심 공판절차가 진행되는 도중에 B는 취재기자 乙에 대한 고소를 취소하였다. 이 경우 피고인 甲과 乙에 대하여 법원이 취해야 할 조치를 검토하시오.

(1) 의 의

반의사불벌죄란 비교적 경미하고 주로 피해자 개인의 법익을 침해하는 범죄에 관하여 피해자가 처벌을 희망하지 않는다는 명시적 의사표시가 있으면 소추하지 못하는 범죄를 말한다. 반의사불벌죄에는 폭행죄(형법 제260조), 협박죄(동법 제283조), 출판물에 의한 명예훼손죄(동법 제312조 제2항, 제309조), 부정수표단속법(제2조 제4항), 근로기준법(제109조 제2항) 등이 있다.

(2) 문 제 점

반의사불벌죄에도 친고죄와 동일하게 고소불가분의 원칙이 적용되는지 여부가 문제된다. 이는 제232조 제1항, 제2항에서 고소취소의 시한과 재고소의 금지를 규정하고 제3항에서는 제1항, 제2항의 규정을 준용하는 규정을 둔 반면, 반의사불벌죄에 대해서는 제233조의 고소와 고소취소의 불가분에 관한 규정을 준용한다는 규정을 두고 있지 않기 때문에 생기는 문제이다.

(3) 학설 및 판례

① **학 설:** ㉠ 친고죄의 고소취소와 반의사불벌죄의 불처벌희망의사표시에 대하여 모두 공소기각의 판결(제327조 제5호와 제6호)이라는 동일한 법적 효과가 부여되며, ㉡ 반의사불벌죄에 고소불가분의 원칙을 적용하지 않으면 고소인의 자의에 의하여 국가형벌권의 행사가 좌우되게 되는 불공평한 결과가 발생할 수 있다는 점을 근거로 반의사불벌죄에 고소불가분의 원칙이 적용된다는 **준용긍정설**과 ㉠ 친고죄에 있어서 '고소'는 수사 또는 소송을 개시시키는 적극적 행위이나 반의사불벌죄에 있어서의 '명시한 의사'는 일단 개시된 수사 또는 소송의 진행을 저지하는 소극적 행위이고, ㉡ 친고죄는 피해자의 이익보호를 위해서도 인정되지만 반의사불벌죄는 피해자의 이익보호를 위한 것이라기보다는 침해법익이 경미하기 때문에 인정되는 것이며, ㉢ 고소는 특정한 범죄에 대한 것이 아니고 범죄사실에 대한 것이지만, 처벌희망의 의사표시 또는 그 철회는 범죄사실뿐만 아니라 범인에 대해서도 할 수 있다는 점을 근거로 반의사불벌죄에 고소불가분의 원칙이 적용될 수 없다는 **준용부정설**(다수설)이 대립하고 있다.

② 판   례: 대법원은 「반의사불벌죄에 이를 준용하는 규정을 두지 아니한 것은 처벌을 희망하지 아니하는 의사표시나 처벌을 희망하는 의사표시의 철회에 관하여 친고죄와는 달리 공범자간에 불가분의 원칙을 적용하지 아니함에 있다고 볼 것이지 입법의 불비로 볼 것은 아니다」(대판 1994.4.26, 93도1689)라고 판시하여 준용부정설을 취하고 있다.

③ 검   토: 친고죄와 반의사불벌죄는 위에서 언급한 것처럼 차이가 있으므로 반의사불벌죄에 고소불가분의 원칙을 적용할 것인지 여부는 입법정책의 문제라고 할 것이다. 그런데 형사소송법은 처벌희망의 의사표시의 철회에 대해서는 고소취소에 관한 규정을 준용하면서도(동법 제232조 제3항), 고소불가분의 원칙에 관해서는 준용하는 규정을 두고 있지 아니하므로 형사절차법정주의의 원칙상 준용부정설이 타당하다. 따라서 반의사불벌죄의 공범 중 일부에 대하여 제1심판결이 선고된 후라도 제1심판결 선고 전의 다른 공범자에 대한 처벌을 희망하지 아니하는 의사표시나 처벌을 희망하는 의사표시를 철회할 수 있다.

(4) 처벌불원 등의 의사표시에 대한 법정대리인의 동의 필요여부

판례는 반의사불벌죄라고 하더라도 피해자인 청소년에게 의사능력이 있는 이상 단독으로 피고인 또는 피의자의 처벌을 희망하지 않는다는 의사표시 또는 처벌희망 의사표시의 철회를 할 수 있고, 거기에 법정대리인의 동의가 있어야 하는 것으로 볼 것은 아니며(대판(전합) 2009.11.19, 2009도6058), 친고죄와 달리 명시적 규정(제227조, 제228조)이 없으므로 피해자가 사망한 후 그 상속인이 피해자를 대신하여 처벌불원의 의사표시를 할 수는 없다(대판 2010.5.27, 2010도2680)는 입장이다.

> **참조판례** 「반의사불벌죄에서 피해자가 처벌을 희망하지 아니하는 의사표시를 하였다거나 처벌을 희망하는 의사표시의 철회를 하였다고 인정하기 위해서는 피해자의 진실한 의사가 명백하고 믿을 수 있는 방법으로 표현되어야 한다. 그러나 반의사불벌죄의 피해자는 피의자나 피고인 및 그들의 변호인에게 자신을 대리하여 수사기관이나 법원에 자신의 처벌불원의사를 표시할 수 있는 권한을 수여할 수 있다」(대판 2017.9.7, 2017도8989).

(5) 항소심에서 공소장변경으로 반의사불벌죄로 변경된 경우

항소심에서 반의사불벌죄로 공소장이 변경된 경우에 그 처벌을 희망하는 의사표시를 철회할 수 있는지 여부에 관하여, 판례는 「형사소송법 제232조 제1항, 제3항의 취지는 국가형벌권의 행사가 피해자의 의사에 의하여 좌우되는 현상을 장기간 방치할 것이 아니라 제1심판결선고 이전까지로 제한하자는 데 그 목적이 있다 할 것이므로 비록 항소심에 이르러 비로소 반의사불벌죄가 아닌 죄(상해죄)에서 반의사불벌죄(폭행죄)로 공소장변경이 있었다 하여 항소심인 제2심을 제1심으로 볼 수는 없다」(대판 1988.3.8, 85도2518)고 판시하여 부정적인 입장을 취하고 있다.

(6) 피고인의 진술 없이 판결이 확정되어 재심개시결정이 내려진 경우

참조판례 「제1심 법원이 반의사불벌죄로 기소된 피고인에 대하여 소송촉진 등에 관한 특례법(이하 '소송촉진법'이라고 한다) 제23조에 따라 피고인의 진술 없이 유죄를 선고하여 판결이 확정된 경우, 만일 피고인이 책임을 질 수 없는 사유로 공판절차에 출석할 수 없었음을 이유로 소송촉진법 제23조의2에 따라 제1심 법원에 재심을 청구하여 재심개시결정이 내려졌다면 피해자는 재심의 제1심 판결 선고 전까지 처벌을 희망하는 의사표시를 철회할 수 있다. 그러나 피고인이 제1심 법원에 소송촉진법 제23조의2에 따른 재심을 청구하는 대신 항소권회복청구를 함으로써 항소심 재판을 받게 되었다면 항소심을 제1심이라고 할 수 없는 이상 항소심 절차에서는 처벌을 희망하는 의사표시를 철회할 수 없다」($^{대판\ 2016.11.25,}_{2016도9470}$).

사례해설 _____

본 사안에서 A의 여비서 B는 주간지 편집장 甲과 취재기자 乙을 명예훼손으로 고소하였는데, 그에 대한 제1심 공판절차가 진행되는 도중에 B는 乙에 대한 고소를 취소하였다. 이 경우 乙에 대해 법원이 취해야 할 조치에 대해서는 (1) B의 고소취소의 적법여부 및 (2) 친고죄와 반의사불벌죄에서 고소가 취소된 경우의 효력이 문제되며, 甲에 대해서는 (1) 친고죄에 있어서 공범자 중 1인에 대한 고소취소의 효력이 다른 공범자에게도 미치는지 여부 및 (2) 반의사불벌죄에 있어서 공범자 중 1인에 대한 처벌희망의사표시 철회의 효력이 다른 공범자에게도 미치는가의 여부가 문제된다.

첫째, 乙에 대한 법원의 조치와 관련하여, ① 출판물에 의한 명예훼손죄는 반의사불벌죄($^{형법\ 제309조}_{제312조\ 제2항}$)이다. B는 피해자이므로 고소권이 있으며($^{형사소송법}_{제223조}$), 자신이 제기한 고소를 취소할 수 있다. 한편 반의사불벌죄에 있어서 처벌희망 의사표시의 철회는 제1심판결 선고 전까지 할 수 있는바($^{형사소송법\ 제232조}_{제3항,\ 제1항}$), 본 사안에 있어 B는 제1심 공판절차 진행중에 고소를 취소했으므로 B의 고소취소(처벌희망의사표시의 철회)는 적법하다. ② 법원의 조치와 관련하여, 반의사불벌죄에 있어서 처벌희망의 표시는 소추요건이므로, 처벌희망의사표시가 적법하게 철회된 이상 법원은 乙에 대해 공소기각의 판결을 해야 한다($^{동법\ 제327조}_{제6호}$).

둘째, 甲에 대한 법원의 조치와 관련하여, B는 乙에 대한 고소를 취소하여 처벌희망의사표시를 철회하였으나 甲에 대한 고소는 취소하고 있지 않다. 따라서 이 경우에 甲에 대한 처벌희망 의사표시가 철회된 것으로 보아야 할 것인지 문제된다. 이에 대해서는 준용긍정설과 준용부정설이 있으나, 판례는 후자의 입장이다. 이에 따르면 乙에 대한 고소취소의 효력은 甲에 대해서는 미치지 아니하므로 법원은 공소기각의 판결을 해서는 안 되며, 출판물에 의한 명예훼손죄의 성립여부에 대한 실체심리를 진행해야 할 것이다.

7. 고소의 취소

(1) 의   의

고소의 취소란 일단 제기한 고소를 철회하는 고소인의 법률행위적 소송행위를 말한다. 이러한 고소의 취소는 소급효과가 없는 고소의 철회라는 점에서 고소의 포기와 구별되며,

따라서 그 효과는 장래에 대해서만 발생한다.

(2) 기 능

현실적으로 범인과 피해자 사이의 사적 분쟁의 해결을 촉진하여 범죄피해자에 대한 신속한 피해배상을 가능케 하며, 또한 친고죄나 반의사불벌죄가 아닌 범죄에서 합의에 의한 고소취소는 수사종결처분 및 양형단계에서 중요한 참고자료가 되는 순기능을 가지고 있다. 반면에 민사소송의 형식화를 초래할 우려가 있고, 형사절차가 피해배상을 위한 압력수단으로 악용될 우려가 있다는 점도 부정할 수 없을 것이다.

(3) 고소의 취소권자

고소를 취소할 수 있는 자는 고소를 제기한 자, 즉 '고소인'이다. 고소권자는 대리인으로 하여금 고소를 취소하게 할 수 있다($^{제236}_{조}$). 고소권자가 대리인을 통하여 고소를 한 경우 고소권자 본인은 대리인의 고소를 취소할 수 있지만, 고소의 대리권자는 고유의 고소권자가 제기한 고소를 취소할 수 없다($^{대판\ 2019.12.13,}_{2019도10678}$). 따라서 피해자의 부친이 피해자 사망 후에 피해자를 대신하여 그 피해자가 이미 하였던 고소를 취소하더라도 이는 적법한 고소취소라고 할 수 없다($^{대판\ 1969.4.29,}_{69도376}$).

(4) 고소취소의 방식

① **서면 또는 구술**: 고소취소의 방법은 고소의 경우와 동일하게 서면 또는 구술로 검사 또는 사법경찰관에게 하여야 한다($^{제239}_{조}$). 공소제기 후의 고소취소는 법원에 대하여 할 수 있다. 즉 고소의 취소나 처벌을 희망하는 의사표시의 철회는 수사기관 또는 법원에 대한 법률행위적 소송행위이므로 공소제기 전에는 고소사건을 담당하는 수사기관에, 공소제기 후에는 고소사건의 수소법원에 대하여 이루어져야 한다.

② **합의서가 제출된 경우**: 고소취소의 효력은 합의서가 법원에 접수된 때로부터 효력이 발생하므로 합의서 제출후 고소취소의 의사를 번복하는 것은 재고소금지를 규정한 법 제232조 제2항의 취지에 반할 뿐만 아니라, 악의의 고소인에게 금품갈취의 수단으로 악용될 우려가 있다는 점 등을 근거로 합의서의 작성·제출에 고소취소의 효과를 인정하는 견해(적극설)가 있다. 그러나 고소의 취소는 고소인의 수사기관 또는 법원이라는 국가기관에 대한 소송행위이지만 합의는 가해자와 피해자 사이의 사적인 계약에 불과하기 때문에 합의와 고소취소는 동의어가 아니라는 견해(소극설)가 타당하다. 따라서 구술에 의한 고소를 취소하는 경우에도 법대로 처벌하되 관대하게 처리하여 달라는 취지의 진술이나 관련 민사사건에서 '이 사건과 관련하여 형사고소사건 일체를 모두 취하한다'는 내용이 포함된 조정이 성립된 것($^{대판\ 2004.3.25,}_{2003도8136}$)만으로는 고소의 취소라고 보기 어렵다. 다만 그 서류의 명칭이나 제목이 합의서·약정서·진정서·탄원서라 할지라도 그 서류의 내용이 고소를 취소한다는 취지가 명백

히 기재되어 있으면, 기재내용과 제출경위 등 당사자의 진정한 의사를 고려하여 이를 고소취소서로 인정해도 무방할 것이다. 판례도 동일한 입장이다(대판 2002.7.12, 2001도6777).

(5) 고소취소의 시기

고소는 친고죄의 경우 제1심판결 선고 전까지 취소할 수 있으며, 반의사불벌죄에 있어서 처벌을 희망하는 의사표시의 철회에 관하여서도 고소의 취소에 관한 규정이 준용된다(제232조 제3항). 항소심에서 공소장의 변경에 의하여 친고죄가 아닌 범죄가 친고죄로 인정된 경우에도 항소심을 제1심이라고 할 수는 없으므로 고소취소의 효력이 인정되지 않는다(대판(전합) 1999.4.15, 96도1922). 다만, 상소심에서 제1심 공소기각판결을 파기하고 사건을 제1심으로 환송한 경우에는 종전의 제1심판결은 이미 파기되어 효력을 상실하였으므로 판결 선고 전이더라도 고소를 취소할 수 있다. 비친고죄의 고소는 수사의 단서에 불과하므로 시기상 제한이 없다.

> **참조판례** 「상소심에서 형사소송법 제366조 또는 제393조 등에 의하여 법률 위반을 이유로 제1심 공소기각판결을 파기하고 사건을 제1심법원에 환송함에 따라 다시 제1심 절차가 진행된 경우, 종전의 제1심판결은 이미 파기되어 효력을 상실하였으므로 환송 후의 제1심판결 선고 전에는 고소취소의 제한사유가 되는 제1심판결 선고가 없는 경우에 해당한다」(대판 2011.8.25, 2009도9112).

(6) 고소취소의 소송법적 효과

① **재고소의 금지**: 고소의 취소에 의하여 고소권이 소멸하므로 고소를 취소한 자는 다시 고소하지 못한다(제232조 제2항). 따라서 고소를 취소한 자에 의한 재고소는 무효이다.

② **고소인의 지위상실**: 고소의 취소에 의하여 고소인의 지위를 상실하게 되므로 불기소이유고지청구권(제159조), 재정신청권(제260조), 검찰항고권(검찰청법 제10조) 등을 상실한다. 그리고 검사는 사건처리통지의 의무(제258조)가 없다.

③ **친고죄와 고소취소의 효과**: 비친고죄의 경우에는 양형의 자료로 됨에 반하여, 친고죄의 경우는 공소제기전에는 불기소처분(공소권없음)의 사유이고, 공소제기 후에는 공소기각의 판결사유(제327조 제5호)가 된다.

(7) 고소취소의 효력이 미치는 범위

고소의 취소에 대하여도 고소불가분의 원칙이 적용된다. 따라서 공범자의 1인 또는 수인에 대한 고소의 취소는 다른 공범지에 대하여도 효력이 있고(주관적 불가분의 원칙), 한 개의 범죄사실의 일부에 대한 고소의 취소는 그 전부에 대하여 효력을 미친다(객관적 불가분의 원칙).

8. 고소(권)의 포기

(1) 의 의

고소(권)의 포기란 친고죄의 고소기간내에 장차 고소권을 행사하지 않겠다는 의사표시를 하는 고소권자의 소송행위를 말한다. 반의사불벌죄의 경우는 불처벌의 의사표시를 미리 해두는 것을 의미한다. 고소의 포기는 고소기간이 경과되기 전에 하여야 한다. 이러한 점에서 고소의 포기는 고소권을 행사하지 아니하고 고소기간이 경과하면 고소권이 소멸하는 고소권의 불행사와 구별된다. 문제는 이러한 고소의 포기가 현행법상 인정될 수 있는지 논란이 있다.

(2) 고소권포기의 허용여부

① **학   설:** 고소권은 국가와 피해자 등과의 사이에 존재하는 공법상 권리이므로 사적 처분이 허용되지 아니할 뿐만 아니라 고소의 취소에 관하여는 명문규정이 있는 반면 고소의 포기에 관하여는 명문규정이 없다는 점을 근거로 고소권의 포기가 허용되지 않는다는 **소극설**, 법률이 고소의 취소를 인정하고 있는 이상 그 취지를 유추하여 고소권의 포기를 인정하더라도 아무런 문제가 없을 뿐만 아니라, 오히려 공소를 제기할 것인가 여부의 불안정한 상태가 고소기간의 경과를 기다리지 않고서 확정된다는 실익이 있다는 점을 근거로 고소권의 포기가 허용된다는 **적극설**, 고소의 취소와 동일한 방법(서면 또는 구두)으로 고소권을 포기한다는 의사표시를 하는 경우에 한해 고소권의 포기로서의 효력이 발생한다는 **절충설**이 있다.

② **판   례:** 대법원은「피해자의 고소권은 형사소송법상 부여된 권리로서 친고죄에 있어서 고소의 존재는 공소의 제기를 유효하게 하는 것이며 공법상의 권리라고 할 것이므로 그 권리의 성질상 법이 특히 명문으로 인정하는 경우를 제외하고는 자유처분을 할 수 없다고 함이 상당하다 할 것이다. 그런데 형사소송법 제232조에 의하면 일단 한 고소는 취소할 수 있도록 규정하였으나, 고소권의 포기에 관하여는 아무런 규정이 없으므로 고소전에 고소권을 포기할 수는 없다고 함이 상당하다 할 것이다」(^{대판 1999.12.21.}_{99도4670})라고 판시하여 소극설을 취하고 있다.

③ **검   토:** 절충설은 수사기관이 인지하지도 않은 사건에 대하여 고소권자가 미리 고소포기서를 제출하는 등의 절차를 밟는다는 것은 생각할 수 없다는 점에서 타당하지 않으며, 범인과 피해자간의 고소권포기를 허용하게 되면 고소권의 포기가 강요될 위험성이 있으므로 적극설도 문제가 있다. 생각건대 이미 행사한 고소권을 취소하는 것과 고소기간내에 미리 고소권을 포기하는 것은 별개의 문제이므로 소극설이 타당하다고 본다.

(3) 고소권포기의 방식

고소권포기의 인정여부에 관한 적극설의 입장에 의하면 원칙적으로 방식상의 제한을 받지 않는다. 그러나 절충설에 의하면, 고소취소의 방식과 동일하게 수사기관에 대하여 서면 또는 구두로 고소권을 포기한다는 취지의 의사표시를 하여야 한다. 다만 고소권의 포기는 고소전의 소송행위이므로 법원에 대한 고소권포기는 있을 수 없다. 소극설에 따르는 한 이러한 문제는 발생하지 않는다.

V. 고 발

1. 의 의

고발은 범인 및 고소권자 이외의 제3자가 수사기관에 대하여 범죄사실을 신고하여 범인의 처벌을 구하는 의사표시이다. 대법원도「고발이란 범죄사실을 수사기관에 고하여 그 소추를 촉구하는 것으로서 범인을 지적할 필요가 없는 것이고, 또한 고발에서 지정한 범인이 진범인이 아니더라도 고발의 효력에는 영향이 없는 것이므로, 고발인이 농지전용행위를 한 사람을 甲으로 잘못 알고 甲을 피고발인으로 하여 고발하였다고 하더라도 乙이 농지전용행위를 한 이상 乙에 대하여도 고발의 효력이 미친다」(^{대판 1994.5.13,}_{94도458})고 보고 있다. 고발도 일반적으로 수사개시의 단서에 불과하나, 예외로서 소송조건으로 되는 경우가 있다. 예컨대 관세범에 관한 사건은 세관장의 고발이 없는 한, 검사는 공소를 제기할 수 없다(^{관세법}_{제228조}).

> **참조판례** 「조세범처벌법 제6조는 조세에 관한 범칙행위에 대하여는 원칙적으로 국세청장 등의 고발을 기다려 논하도록 규정하고 있는바, 같은 법에 의하여 하는 고발에 있어서는 이른바 고소·고발 불가분의 원칙이 적용되지 아니하므로, 고발의 구비여부는 양벌규정에 의하여 처벌받는 자연인인 행위자와 법인에 대하여 개별적으로 논하여야 한다」(^{대판 2004.9.24,}_{2004도4066}).

2. 내 용

(1) 고소와 이동(異同)

누구든지 범죄가 있다고 사료하는 때에는 고발할 수 있다(^{제234조}_{제1항}). 공무원은 그 직무를 행함에 있어 범죄가 있다고 사료하는 때에는 고발하여야 한다(^{동조}_{제2항}). 이 고발의무자로서의 공무원에는 수사기관은 포함되지 아니한다. 왜냐하면 수사기관인 검사 또는 사법경찰관리는 범죄가 있다고 사료하는 때에는 스스로 수사에 착수해야 하기 때문이다. 고발도 고소와 같이 자기 또는 배우자의 직계존속을 고발하지 못한다(^{제235조,}_{제224조}). 고발과 그 취소의 방식 또는 이에 관한 절차는 고소의 경우와 같다(^{제237조,}_{제238조}). 다만 고발에는 죄형법정주의의 원칙상 '고소불가분의 원칙'을 규정한 형사소송법 제233조를 유추적용할 수 없음(^{대판 2010.9.30,}_{2008도4762})은 물론, 대리고발·대리취소도 인정되지 않으며, 그 기간의 제한도 없고 취소 후 다시 고발할 수 있는 점에서 고소와 다르다(^{제236조,}_{제230조}). 또 고소인의 경우에는 검사의 불기소처분에 대하여 재정신청이 허용되지만, 고발인의 경우에는 형법 제123조부터 제126조까지를 제외하고는 재정신청이 허용되지 않는다(^{제260조}_{제1항}).

(2) 고발인을 이의신청 대상에서 제외

개정 형사소송법은 고발인을 이의신청의 대상에서 제외하였다(^{제245조의}₇). 공직자범죄(직권남용) 및 선거범죄에 대한 수사 등을 의식한 입법으로 보이지만, 공익단체의 고발이나 기관고발의 경우 피해가 예상된다.

어쨌든 개정법상 고발인은 사법경찰법의 불송치결정에 대한 이의신청이 불가하므로, 고발사건은 ① 사법경찰법의 불송치결정이 부당할 경우 검사가 재수사요청을 하고, ② 재수사결과에도 법리 위반, 채증법칙 위반, 공소시효 및 형사소추 요건 판단 오류가 있다면 송치요구하여, ③ 동일성을 해하지 않는 범위 내에서 수사하는 절차를 밟아야 하므로 그 구제가 매우 어렵게 되었다. 더욱이 불기소처분을 받은 피의자는 헌법상 보상청구권이 인정되는데(헌법 제28조), 불송치로 끝난 피의자에게 보상이 되는 것인지 의문이며, 고발권자가 이의제기를 할 수 없다면 불송치된 고발자의 항고권은 어떻게 되는 것인지 불명확하다.

3. 전속적 고발사건

(1) 전속고발의 개념

일정한 범죄에 대하여 소추기관인 검사의 공소제기에 반드시 전제되어야 하는 특정 행정기관에 의한 고발을 '전속고발'이라고 하는데, 이러한 제도는 특수한 행정영역으로서 법위반 여부, 그 위반의 범죄 여부 및 처벌의 범위 등의 판단에 고도의 전문성이 요구되는 분야(예컨대 관세법 제284조 제1항, 독점규제및공정거래에관한법률 제129조 제1항, 조세범처벌법 제21조, 출입국관리법 제101조 제1항, 국회에서의증언·감정등에관한법률 제15조 등)에서 도입되어 있다.

> 참조판례 국회에서의 증언·감정 등에 관한 법률의 목적과 위증죄 관련 규정들의 내용에 비추어 보면, 위 법률은 국정감사나 국정조사에 관한 국회 내부의 절차를 규정한 것으로서 국회에서의 위증죄에 관한 고발 여부를 국회의 자율권에 맡기고 있고, 위증을 자백한 경우에는 고발하지 않을 수 있게 하여 자백을 권장하고 있으므로 동법 제14조 제1항 본문에서 정한 위증죄는 동법 제15조의 고발을 소추요건으로 한다고 봄이 타당하다(대판(전합) 2018.5.17, 2017도14749).

공정거래법 제71조 제1항 역시 「제66조(罰則) 및 제67조(罰則)의 죄는 공정거래위원회의 고발이 있어야 공소를 제기할 수 있다」고 규정하여 일부 공정거래법위반죄에 대하여 공정위의 고발을 소추조건으로 정함으로써 위와 같은 전속고발제도를 채택하고 있다. 다만 공정거래법은 공정위가 공정거래법위반행위자 중 일부에 대하여만 고발을 한 경우에 그 고발의 효력이 나머지 공정거래법위반행위자에게도 미치는지 여부, 즉 고발의 주관적 불가분원칙의 적용여부에 관하여 규정하고 있지 않으며, 형사절차법의 일반법인 형사소송법 역시 고발에 관한 규정 및 그 준용규정(법 제234조, 제235조 등)을 두면서도 고소의 주관적 불가분의 원칙에 관한 규정(법 제233조)을 준용하고 있지 않다.

(2) 전속고발과 '고소불가분의 원칙'의 유추적용 여부

학설은 ㉠ 공정위 고발의 소추조건 해당성, 그 행사에 관한 재량권남용 방지의 필요성, 공범간의 형평성 및 소송경제 등을 이유로 **유추적용긍정설**과 ㉡ 명문의 규정도 없이 형사소송법 제233조를 적용 내지 준용함은 피고인에게 불리한 유추해석을 하는 결과가 되어 죄형법정주의에 정면으로 반할 뿐만 아니라 공정거래법상 전속고발제도를 둔 취지가 몰각된다는 점 등을 이유로 **유추적용부정설**이 대립하고 있다.

> **참조판례** 판례는 「독점규제 및 공정거래에 관한 법률 제71조 제1항은 「제66조 제1항 제9호 소정의 부당한 공동행위를 한 죄는 공정거래위원회의 고발이 있어야 공소를 제기할 수 있다.」고 규정함으로써 그 소추조건을 명시하고 있다. 반면에 위 법은 공정거래위원회가 같은 법 위반행위자 중 일부에 대하여만 고발을 한 경우에 그 고발의 효력이 나머지 위반행위자에게도 미치는지 여부, 즉 고발의 주관적 불가분원칙의 적용 여부에 관하여는 명시적으로 규정하고 있지 아니하고, **형사소송법도 제233조에서 친고죄에 관한 고소의 주관적 불가분원칙을 규정하고 있을 뿐 고발에 대하여 그 주관적 불가분의 원칙에 관한 규정을 두고 있지 않고, 또한 형사소송법 제233조를 준용하고 있지도 아니하다.** 이와 같이 명문의 근거규정이 없을 뿐만 아니라 소추요건이라는 성질상의 공통점 외에 그 고소·고발의 주체와 제도적 취지 등이 상이함에도, 친고죄에 관한 고소의 주관적 불가분원칙을 규정하고 있는 형사소송법 제233조가 공정거래위원회의 고발에도 유추적용된다고 해석한다면 이는 공정거래위원회의 고발이 없는 행위자에 대해서까지 형사처벌의 범위를 확장하는 것으로서, 결국 피고인에게 불리하게 형벌법규의 문언을 유추해석한 경우에 해당하므로 죄형법정주의에 반하여 허용될 수 없다」(대판 2010.9.30, 2008도4762) 고 판시하여, 후자의 입장을 따르고 있다.

생각건대 공정거래법이 검찰총장의 고발요청제도를 명시적으로 둔 이유는 공정위의 고발에 주관적 불가분의 원칙을 적용하지 아니함을 전제로 한 것이며, 여러 사정을 참작하여 행정처분으로 족한 것인지 아니면 형사고발까지 필요한 것인지를 판단하는 것이 오히려 실질적 형평성에 부합한다는 점에서, 유추적용부정설이 타당하다고 본다.

VI. 자 수

자수란 범인이 수사기관에 대하여 자발적으로 자기의 범죄사실을 신고하여 그 수사 및 소추를 구하는 의사표시를 말한다. 이러한 자수는 자기의 범죄사실을 신고한다는 점에서 타인의 범죄사실을 신고하는 고소·고발과 구별되며, 자발적으로 자기의 범죄사실을 신고한다는 점에서 수사기관의 신문을 받고 범죄사실을 자인하는 자백과도 구별된다. 또 피해자에게 범죄사실을 신고하여 용서를 구하는 것은 자복(自服)이고 자수는 아니다. 그러나 자복은 반의사불벌죄에 있어서는 자수와 같은 효력이 있다. 자수의 절차는 고소·고발이 방식에 관한 제237조, 제238조의 규정을 준용한다(제240조). 대리인에 의한 자수는 허용되지 않으나, 자수의 신고방법에는 법률상 특별한 제한이 없으므로 제3자를 통하여서도 할 수 있다.

VII. 보도·풍설·진정·익명의 신고

신문·잡지 등의 출판물이나 라디오·TV 등의 방송으로 보도되는 내용, 익명(匿名)의 신고, 풍설 기타 사회현상, 피해자나 제3자의 진정·탄원·투서, 고소·고발에 이르지 아니하는 단순한 범죄사실의 신고 등도 수사의 단서로 될 수 있다. 그러나 이러한 수사의 단서에 의하여서는 그 출처의 불명·신빙성의 미약·소추의사요구의 결여 등의 사유로 인하여 곧바로 수사가 개시되지 아니하고 통상 일단 내사의 과정을 거쳐 비로소 수사가 개시된다. 즉 내사의 결과 수사기관이 '범죄의 혐의'가 있다고 사료할 때 수사가 개시되는 것이다.

CHAPTER 02 임의수사 및 강제수사

제1절 수사의 방법 및 실행

Ⅰ. 서 설

수사의 방법에는 임의수사와 강제수사가 있다. 전자는 범인 및 증거를 발견하고 공소제기 및 그 유지여부를 결정하기 위하여 수사를 받는 상대방의 동의·승낙을 전제로 하여 이에 필요한 수사를 하는 것을 말하고($^{제199조}_{제1항}$), 후자는 상대방의 의사에 반하여 강제적으로 실시하는 수사를 말하는데, 이 강제수사는 형사소송법에 특별한 규정이 없는 한 허용되지 아니한다($^{동조}_{단서}$).

Ⅱ. 수사의 일반원칙 및 적법성

1. 수사의 일반원칙

(1) 임의수사의 원칙

수사는 그 목적을 달성하기 위하여 필요한 조사를 할 수 있으나, 강제처분은 법률에 특별한 규정이 없는 한 하지 못한다. 이처럼 수사는 원칙적으로 임의수사에 의하고, 강제수사는 법률에 규정된 경우에 한하여 허용된다는 원칙을 임의수사의 원칙이라고 한다. 따라서 임의수사의 원칙은 ㉠ 수사는 될 수 있는 한 임의처분에 의하여야 한다는 수사방법의 일반원리, ㉡ 임의수사도 목적을 달성하기 위하여 필요한 한도에서 허용되어야 한다는 수사비례의 원칙, ㉢ 강제처분은 법률에 규정이 있는 경우에 필요한 최소한도의 범위내에서 허용된다는 강제수사법정주의(영장주의)를 그 내용으로 하고 있다. 현행법도 이러한 취지를 반영하여 「피의자에 대한 수사는 불구속상태에서 함을 원칙으로 한다」($^{제198조}_{제1항}$)고 규정하고 있다. 그러나 임의수사라 하더라도 그 성질상 개인의 기본적 인권을 침해할 염려가 있으므로 현행법은 검사·사법경찰관리 그 밖에 직무상 수사에 관계있는 자는 피의자 또는 다른 사람의 인권을 존중하고 수사과정에서 취득한 비밀을 엄수하며, 수사에 방해되는 일이 없도록 하여야 한다

($^{제198}_{조}$)는 주의규정을 두고 있다.

(2) 강제수사법정주의

형사절차에 있어서 피고인에 대한 형의 집행 확보, 증거의 수집·보전을 위하여 각종의 강제력의 행사를 필요로 한다. 다만 강제처분이 국가형벌권의 구체적 실현을 위하여 필요한 처분일지라도 그것이 본질적으로 사람의 신체, 재산 및 프라이버시 등에 대한 침해 내지 강제를 수반하게 되므로, 부득이한 경우에 한하여 필요한 최소한의 범위내에서 이루어질 것이 요청된다. 이러한 취지에서 형사소송법은 강제처분의 요건 및 절차를 엄격하게 규정하고 있고, 수사기관은 그 요건과 절차에 따라서만 강제처분 또는 강제수사를 할 수 있는데, 이를 '강제수사법정주의' 또는 '강제처분법정주의'라고 한다.

2. 임의수사의 적법성이 문제되는 경우

(1) 문 제 점

임의수사는 강제수사와 달리 비유형적이고 다양한 방법으로 행해지므로 법적 규제를 세부사항에 이르기까지 가하는 것은 사실상 불가능하다. 그러나 임의수사의 원칙이 임의수사 자유의 원칙을 의미하는 것은 아니고, 임의수사도 형사절차인 이상 형사소송의 모든 절차를 지배하는 적법절차의 원리에 의한 법적 규제를 받아야 할 것이다.

(2) 수사상 임의동행

① **의   의:** 수사상 임의동행이란 피의자신문을 위한 보조수단으로서 수사기관이 피의자의 동의를 얻어 피의자와 수사기관까지 동행하는 것을 말한다. 통상 임의동행에는 형사소송법 제199조 제1항에 의한 임의동행과 경찰관직무집행법 제3조 및 주민등록법 제26조 제1항 등에 규정되어 있는 임의동행의 두 가지 형태가 있다. 수사상 임의동행은 피의자의 인권보장 및 임의동행의 형식을 취한 실질적인 인신구속을 방지할 필요성 때문에 논이되고 있다.

② **임의동행의 적법성:** 임의동행은 외형상 동의의 형식을 취하고 있지만 실질상 신체의 자유가 이미 제한되어 있는 경우가 대부분이고, 경찰관직무집행법이나 주민등록법이 특정한 목적을 위하여 엄격한 요건하에 임의동행을 인정하고 있는 취지에 비추어 볼 때, 법률(형사소송법)에 구체적인 요건 및 절차에 관한 규정이 없음에도 불구하고 일반적인 수사의 방법으로 임의동행을 인정하는 것은 인권침해의 우려가 있다는 점 등을 근거로 임의동행을 강제수사의 일종으로 보는 **강제수사설**이 있다. 그러나 범인의 신병확보가 요구되는 긴박한 초동수사의 단계에서 당사자의 동의가 있는 경우까지 굳이 영장청구의 절차를 거칠 실질상의 필요가 없으며, 형사소송법상 피의자에 대한 출석요구의 방법에 제한이 없는($^{제200조}_{제1항}$) 점 등을 고려할 때, 상대방의 진지한 동의·승낙이 있는 한 제199조 제1항 본문이 예정하고 있는 임의수사의 일종으로 보는 **임의수사설**이 타당하다(통설). 다만 문자 그대로 임의의 동행이 되기

위해서는 피동행자가 동행요구를 거절할 수 있어야 하고 동행된 경우에도 퇴거의 자유가 보장되어야 할 것이고, 사회통념상 신체의 속박이나 심리적 압박에 의한 자유의 구속이 없었다고 볼 만한 객관적 상황하에서의 동행이어야 할 것이다. 따라서 임의동행이 허용된다고 할지라도 그 과정에서 강제력이나 심리적 압박이 개입되어 강제연행이 된다면 임의동행의 한계를 벗어나게 된다. 그러므로 임의동행과 강제동행의 구별은 ㉠ 동행의 시각, ㉡ 경찰관의 수·태도 등 동행의 방법, ㉢ 동행 후의 신문방법, ㉣ 식사·휴식·용변의 감시, ㉤ 퇴거희망이나 동행거부의 유무를 종합하여 판단할 수밖에 없을 것이다.

> 참조판례 「이른바 임의동행에 있어서의 임의성의 판단은 동행의 시간과 장소, 동행의 방법과 동행거부의사의 유무, 동행 이후의 조사방법과 퇴거의사의 유무 등 여러 사정을 종합하여 객관적인 상황을 기준으로 하여야 할 것이다」($^{대판\ 1993.11.23.}_{93다35155}$)라고 보면서, 「수사관이 동행에 앞서 피의자에게 동행을 거부할 수 있음을 알려 주었거나 동행한 피의자가 언제든지 자유로이 동행과정에서 이탈 또는 동행장소로부터 퇴거할 수 있었음이 인정되는 등 오로지 피의자의 자발적인 의사에 의하여 수사관서 등에의 동행이 이루어졌음이 객관적인 사정에 의하여 명백하게 입증된 경우에 한하여, 그 적법성이 인정되는 것으로 봄이 상당하다」($^{대판\ 2006.7.6.}_{2005도6810}$). 이는 임의동행 자체를 부정하지는 않지만, 그 임의성에 대하여는 객관적 사정을 종합하여 극히 신중하게 판단하는 것으로 보인다.

③ 강제연행의 경우: 임의동행의 형식을 취한 경우에도 강제의 실질을 갖춘 때에는 그 시점에서 강제수사, 즉 긴급체포에 해당한다고 보아야 한다. 따라서 임의동행의 형식으로 피의자를 연행하였더라도 이미 체포영장이 발부되었거나 긴급체포의 사유가 존재하는 경우에는 임의동행으로 인하여 수사로 이행된 때에 체포되었다고 해석해야 한다. 따라서 체포영장이 발부되지 않고 긴급체포사유가 없음에도 불구하고 수사기관이 강제력을 행사하거나 심리적 압박을 가하여 연행한 때에는 불법체포에 해당한다($^{대판\ 2006.7.6.}_{2005도6810}$).

(3) 승낙수색(승낙검증)

승낙수색(승낙검증)이 임의수사로 허용되느냐에 관하여 이 경우의 승낙은 완전한 의미의 법익포기의 승낙이 아니므로 허용되지 않는다는 견해도 있으나, 형사소송법상 임의제출물의 압수에 대하여 영장을 요하지 않는 취지에 비추어 볼 때($^{제218}_{조}$), 승낙의 임의성이 인정되는 경우에는 임의수사로서 허용된다는 견해가 타당하다(통설).

(4) 음주운전측정

> 참조판례 「도로교통법 제41조 제2항에서 말하는 '측정'이란, 측정결과에 불복하는 운전자에 대하여 그의 동의를 얻어 혈액채취 등의 방법으로 다시 측정할 수 있음을 규정하고 있는 같은 조 제3항과의 체계적 해석상, 호흡을 채취하여 그로부터 주취의 정도를 객관적으로 환산하는 측정방법, 즉 호흡측정기에 의한 측정이라고 이해하여야 할 것이고, 한편 호흡측정기에 의한 음주측정은 운전자가 호흡측정기에 숨을 세게 불어넣는 방식으로 행하여지는 것으로서 여기에는 운전자의 자발적인 협조가 필수적이라 할 것이므로, 운전자가 경찰공무원으로부터 음주측정을 요구받고 호흡측정기에

숨을 내쉬는 시늉만 하는 등 형식적으로 음주측정에 응하였을 뿐 경찰공무원의 거듭된 요구에도 불구하고 호흡측정기에 음주측정수치가 나타날 정도로 숨을 제대로 불어넣지 아니하였다면 이는 실질적으로 음주측정에 불응한 것과 다를 바 없다 할 것이고, 운전자가 정당한 사유 없이 호흡측정기에 의한 음주측정에 불응한 이상 그로써 음주측정불응의 죄는 성립하는 것이며, 그 후 경찰공무원이 혈액채취 등의 방법으로 음주여부를 조사하지 아니하였다고 하여 달리 볼 것은 아니다」(대판 2000.4.1, 99도5210.) 이는 음주측정 자체를 임의수사의 일종으로 인정하는 것으로 보인다.

(5) 사진촬영

누구든지 자기의 얼굴 기타 모습을 함부로 촬영당하지 않을 자유를 가지나 이러한 자유도 국가권력의 행사로부터 무제한으로 보호되는 것은 아니고 국가의 안전보장·질서유지·공공복리를 위하여 필요한 경우에는 상당한 제한이 따르는 것이고, 수사기관이 범죄를 수사함에 있어 현재 범행이 행하여지고 있거나 행하여진 직후이고, 증거보전의 필요성 및 긴급성이 있으며, 일반적으로 허용되는 상당한 방법에 의하여 촬영을 한 경우라면 위 촬영이 영장 없이 이루어졌다 하여 이를 위법하다고 단정할 수 없다(대판 1999.9.3, 99도2317.). 한편 무인장비에 의한 제한속도 위반차량 단속은 이러한 수사활동의 일환으로서 도로에서의 위험을 방지하고 교통의 안전과 원활한 소통을 확보하기 위하여 도로교통법령에 따라 정해진 제한속도를 위반하여 차량을 주행하는 범죄가 현재 행하여지고 있고, 그 범죄의 성질·태양으로 보아 긴급하게 증거보전을 할 필요가 있는 상태에서 일반적으로 허용되는 한도를 넘지 않는 상당한 방법에 의한 것이라고 판단되므로, 이를 통하여 운전 차량의 차량번호 등을 촬영한 사진을 두고 위법하게 수집된 증거로서 증거능력이 없다고 말할 수 없다(대판 1999.12.7, 98도3329.).

제2절 임의수사(任意搜査)

Ⅰ. 임의수사의 유형

1. 피의자신문(被疑者訊問)

(1) 의   의

피의자신문이란 수사기관, 즉 검사 또는 사법경찰관이 피의자를 신문[1]하여 피의자로부터 진술을 듣는 것을 말한다. 피의자신문의 법적 성질은 진술거부권이 보장되어 있는 피의자에 대하여 진술을 강제할 수는 없으므로 임의의 진술을 듣는 임의수사에 불과하다(통설). 판례도 「수사기관이 구속영장에 의하여 구인된 피의자에 대한 피의자신문절차라 할지라도 어디

---

[1] 신문과 심문의 차이: 訊問(Vernehmung)이란 상대방에 대하여 질문하는 것을 말하며, 審問(Gehör)이란 상대방에게 자신의 생각을 진술할 수 있는 기회를 주어 그 말을 들어본다는 의미이다.

까지나 법 제199조 제1항 본문, 제200조의 규정에 따른 임의수사의 한 방법으로 진행되어야 할 것이므로, 피의자는 헌법 제12조 제2항과 형사소송법 제244조의3에 따라 일체의 진술을 하지 아니하거나 개개의 질문에 대하여 진술을 거부할 수 있고, 수사기관은 피의자를 신문하기 전에 그와 같은 권리를 알려주어야 한다」(대결 2013.7.1, 2013모160)는 입장이다. 이러한 피의자신문의 기능은 수사기관에게는 증거를 수집할 기회를 제공하고 피의자에게는 유리한 사실주장의 기회를 제공한다는 점에 의의가 있다.

(2) 피의자신문의 필요성

통상 피의자가 수사기관에게 범행을 자백하면 수사가 쉽게 진행되므로 자연히 자백편중의 수사를 하게 되는 경향이 있으나, 이 과정에서 무리하게 자백을 받으려고 한다면 인권침해가 따를 수 있기 때문에 보다 더 인권침해의 소지가 없는 과학적 수사방법을 지속적으로 개발해야 할 것이다. 그러나 아무리 과학적 수사방법이 발달한다고 하여도 과학적 수사장비의 이용과 감식에는 한계가 있을 수밖에 없다. 예컨대 공범간의 범행실행 분담정도, 동기범죄에 있어서 동기 등과 같이 피의자 자신만이 유일하게 알고 있는 구체적 사실은 피의자의 진술없이는 밝혀질 수 없기 때문에 과학적 수사방법의 발달에도 불구하고 피의자신문의 중요성은 상존하며,[1] 이러한 의미에서 피의자신문은 참고인조사와 함께 수사의 중심을 이룬다고 말할 수 있다. 더욱이 피의자를 신문하지 않고 검사로 하여금 기소 혹은 불기소를 하도록 하는 것은 정확하지 않은 결정으로 피의자와 피해자에게 손해를 입히고, 나아가 국가 사법기관에 대한 불신을 초래함은 물론 불필요한 절차의 진행으로 사법비용의 증가를 초래할 것이다.

(3) 피의자신문의 방식

① **주   체:** 검사 또는 사법경찰관은 수사에 필요한 때에는 피의자의 출석을 요구하여 진술을 들을 수 있다(제200조). 여기서 사법경찰관은 경무관, 총경, 경정, 경감, 경위를 말한다(제197조 제1항). 따라서 문리적으로 해석하면 순경은 경사, 경장과 함께 사법경찰리에 불과하므로 피의자신문의 권한이 없다. 그러나 '검사의 사법경찰관리에 대한 수사지휘 및 사법경찰관리의 수사준칙에 관한 규정'(이하 '수사규정'이라고 함) 제20조는 피의자신문을 사법경찰관리가 한다고 규정하고 있고, 판례도 「검사 또는 사법경찰관의 지휘를 받고 수사사무를 보조하면 사법경찰관의 사무를 취급할 권한이 인정된다」(대판 1970.6.30, 70도982)고 판시한 바 있다. 실무에서는 사법경찰리(吏)도 **사법경찰관사무취급**이라는 개념으로 피의자신문의 주체가 되고 있다.

② **출석요구:** 수사기관이 피의자를 신문하기 위하여는 원칙적으로 '출석요구서'의 발부에 의하여야 하나 필요한 경우에는 전화, 모사전송, 기타 상당한 방법(예컨대 인편)으로 출석을 요구할 수 있다(검사규 제12조, 수사규정 제19조). 다만, 임의동행에 의한 출석요구가 허용되는지 문제되는데, 논

---

[1] 과거 우리나라 수사기관의 잘못된 수사관행 때문에 피의자조사(Interview) 내지 신문(Investigation)을 오로지 인권침해적인 행위로 파악하는 경향이 있으나, 미국 수사드라마인 CSI(뉴욕, 마이애미, 라스베이거스), NCIS(해군범죄수사대), 국경특수수사대, 미제사건(cold case), 성범죄전담반(Law and Order), 뉴욕특수수사대, Criminal mind, Close to home, without a trace 등을 보더라도 세계 어느 나라에서나 피의자조사 내지 신문은 필요하며, 그 기법 또한 다양화되고 있는 것을 알 수 있다(Reid 기법 등).

란이 있다(임의동행 부분 참조).

문제는 피의자신문을 위한 구인이 가능한지 여부인데, 1995년 도입된 체포제도가 불법적인 임의동행 관행을 없애고 적법한 절차에 의한 강제연행을 가능하게 하기 위한 것일 뿐만 아니라 현행법상 체포제도가 피의자신문을 위한 출석강제의 수단으로서 중요한 의미를 가진다는 점 등을 고려할 때, 현행법상의 구인제도는 체포되지 않은 피의자에 대하여 법원에의 출석을 강제하는 **구속전 피의자심문**(^{제201조의2}_{제3항})을 위해서만 가능하다고 보아야 한다.

> 판례는「수사기관이 관할 지방법원 판사가 발부한 구속영장에 의하여 피의자를 구속하는 경우, 그 구속영장은 기본적으로 장차 공판정에의 출석이나 형의 집행을 담보하기 위한 것이지만, 이와 함께 법 제202조, 제203조에서 정하는 구속기간의 범위 내에서 수사기관이 법 제200조, 제241조 내지 제244조의5에 규정된 피의자신문의 방식으로 구속된 피의자를 조사하는 등 적정한 방법으로 범죄를 수사하는 것도 예정하고 있다고 할 것이다. 따라서 구속영장 발부에 의하여 적법하게 구금된 피의자가 피의자신문을 위한 출석요구에 응하지 아니하면서 수사기관 조사실에 출석을 거부한다면 수사기관은 그 구속영장의 효력에 의하여 피의자를 조사실로 구인할 수 있다고 보아야 한다. 다만 이러한 경우에도 그 피의자신문 절차는 어디까지나 법 제199조 제1항 본문, 제200조의 규정에 따른 임의수사의 한 방법으로 진행되어야 하므로, 피의자는 헌법 제12조 제2항과 법 제244조의3에 따라 일체의 진술을 하지 아니하거나 개개의 질문에 대하여 진술을 거부할 수 있고, 수사기관은 피의자를 신문하기 전에 그와 같은 권리를 알려주어야 한다」(^{대결 2013.7.1.}_{2013모160})고 판시하여, 구속영장의 효력으로 피의자신문을 위하여 구인까지는 할 수 있다는 입장이다.

③ **진술거부권 및 변호인 조력권의 고지:** 검사 또는 사법경찰관은 피의자를 신문하기 전에 ㉠ 일체의 진술을 하지 아니하거나 개개의 질문에 대하여 진술을 하지 아니할 수 있다는 것, ㉡ 진술을 하지 아니하더라도 불이익을 받지 아니한다는 것, ㉢ 진술을 거부할 권리를 포기하고 행한 진술은 법정에서 유죄의 증거로 사용될 수 있다는 것, ㉣ 신문을 받을 때에는 변호인을 참여하게 하는 등 변호인의 조력을 받을 수 있다는 것을 알려주어야 한다(^{제244조의3}_{제1항}).

④ (체포·구속된) **피의자신문시 조사수인의무의 인정여부:** 통설은 ㉠ 수사기관의 피의자신문은 강제수사가 아니라 임의수사이고, ㉡ 피의자의 체포 또는 구속은 절차를 확보하기 위한 것이지 피의자신문을 위한 것이 아니고, ㉢ 체포 또는 구속된 피의자에게 출석 및 체류의무를 인정하면 실질적으로는 피의자에게 진술을 강요하는 결과를 초래하게 되며, ㉣ 피의자에게 진술거부권이 보장된다는 것은 수사기관의 조사에 단순히 침묵할 수 있다는 것에 그치지 않고 조사 자체를 거부할 수 있는 것까지 포함된다는 점 등을 근거로 부정하고 있다.

> 그러나 위에서 언급한 것처럼 수사기관이 체포·구속제도를 활용하여 피의자신문을 할 수 있다고 본다면, 피의자신문 자체는 임의수사라 하더라도 일단 강제처분에 의하여 출석한 이상 피의자에게 전면적인 신문거부권까지 인정된다고 볼 수는 없다고 생각된다. 왜냐하면 ㉠ 형사소송법 제200조가 피의자의 출석요구를 규정하고, 이어서 제200조의2에서 체포, 제200조의3에서 긴급체포, 제201조에서 구속 등 강제처분을 규정한 후, 제241조 이하에서 피의자신문에 관한 절차와 방식을 규정하고 있고, ㉡ 피의자신문의 절차와 방식에 관한 제241조 이하의 규정은 피의자신문조서에 피의자

의 서명 또는 기명날인을 요구하는 등 피의자신문이 당연히 인정되는 전제하에 이러한 절차와 방식을 규정하고 있으며, ⓒ 위에서 본 것처럼 체포·구속제도를 통한 출석강제는 결국 출석의무를 전제로 한다고 볼 수 있기 때문이다.

⑤ **신문사항:** 피의자신문의 중심적인 내용은 피의사실 및 이것에 대한 피의자의 관련여부를 파악하는 것이지만, 그 밖에 전과전력, 생활상황, 범죄후의 행동 등 소위 정상에 속하는 사항도 일반적으로 신문의 대상이 된다($\substack{제241조,\\제242조}$).

⑥ **피의자신문과 참여자:** 검사가 피의자를 신문함에는 검찰청서기관·검찰사무관·수사서기관·수사사무관·검찰주사 또는 검찰주사보를 참여하게 하여야 하고, 사법경찰관이 피의자를 신문함에는 사법경찰관리를 참여하게 하여야 한다($\substack{제243\\조}$). 이는 참여자로 하여금 신문을 보조하게 하는 한편 조서기재의 정확성을 확보하고자 하는 취지이다.

(4) 피의자신문과 변호인참여권

① **의   의:** 피의자신문시 변호인참여권이란 검사 또는 사법경찰관이 피의자를 신문하는 경우에 변호인이 피의자에 대한 신문에 참여할 수 있는 권리를 말한다($\substack{제243조\\의2}$). 헌법상 변호인의 조력을 받을 권리를 구체화한 것으로, 피의자신문절차의 투명성과 적법절차를 보장하기 위한 규제장치이다.

② **근   거:** 헌법재판소는「우리 헌법은 변호인의 조력을 받을 권리가 불구속 피의자·피고인 모두에게 포괄적으로 인정되는지 여부에 관하여 명시적으로 규율하고 있지는 않지만, 피의자·피고인의 구속 여부를 불문하고 조언과 상담을 통하여 이루어지는 변호인의 조력자로서의 역할은 변호인선임권과 마찬가지로 변호인의 조력을 받을 권리의 내용 중 가장 핵심적인 것이고, 변호인과 상담하고 조언을 구할 권리는 변호인의 조력을 받을 권리의 내용 중 구체적인 입법형성이 필요한 다른 절차적 권리의 필수적인 전제요건으로서 변호인의 조력을 받을 권리 그 자체에서 막바로 도출되는 것이다」($\substack{헌재 2004.9.23,\\2000헌마138}$)라고 보고 있다.

③ **성   질:** 진술의 임의성과 절차의 적법성 확보를 위한 조치로 이해하여 변호인이 출석하여 위법을 감시하는 **입회권**으로 보는 견해도 있으나, 피의자신문에 대한 **절차참여권**으로 보는 것이 타당하다. 따라서 변호인은 피의자신문에 참여하여 위법을 감시할 뿐만 아니라 피의자신문 중에 피의자의 요청에 따라 조언과 상담을 제공하고 의견을 진술하는 것을 모두 포함하는 것으로 해석해야 할 것이다. 판례도「피의자신문에 참여한 변호인은 피의자가 조력을 먼저 요청하지 않는 경우에도 그 의사에 반하지 않는 한 스스로의 판단에 따라 능동적으로 수사기관의 신문방법이나 내용에 적절한 방법으로 상당한 범위 내에서 이의를 제기하거나 피의자에게 진술거부권 행사를 조언할 수 있는 것이 원칙이고, 이를 신문을 방해하는 행위라고 평가할 수는 없다」($\substack{대결 2007.11.30,\\2007모26}$)고 판시한 바 있다.

④ **내   용:** 검사 또는 사법경찰관은 피의자 또는 그 변호인·법정대리인·배우자·직계

친족 또는 형제자매의 신청에 따라 변호인을 피의자와 접견하게 하거나 정당한 사유가 없는 한 피의자에 대한 신문에 참여하게 하여야 한다(제243조의2 제1항). 심문에 참여하고자 하는 변호인이 2인 이상인 때에는 피의자가 신문에 참여할 변호인 1인을 지정하며, 지정이 없는 경우에는 검사 또는 사법경찰관이 이를 지정할 수 있다(동조 제2항). 신문에 참여한 변호인은 신문 후 의견을 진술할 수 있으며, 다만 신문 중이라도 부당한 신문방법에 대하여 이의를 제기할 수 있고, 검사 또는 사법경찰관의 승인을 얻어 의견을 진술할 수 있는데(동조 제3항), 이러한 변호인의 의견이 기재된 피의자신문조서는 변호인에게 열람하게 한 후 변호인으로 하여금 그 조서에 기명날인 또는 서명하게 하여야 하고(동조 제4항), 검사 또는 사법경찰관은 변호인의 신문참여 및 그 제한에 관한 사항을 피의자신문조서에 기재하여야 한다(동조 제5항). 이는 검사 또는 사법경찰관의 자의적인 참여제한을 방지하고, 조서의 증거능력 판단 및 준항고 재판의 자료로 삼기 위한 것으로 볼 수 있다.

여기서 **정당한 사유**가 있는 경우에는 참여를 제한할 수 있는 규정과 관련하여, 이는 앞으로 판례를 통하여 구체화될 것으로 보이지만, 대법원은 「제243조의2 제1항에서 '정당한 사유'란 변호인이 피의자신문을 방해하거나 수사기밀을 누설할 염려가 있음이 객관적으로 명백한 경우 등을 말하는 것이므로, 수사기관이 피의자신문을 하면서 위와 같은 정당한 사유가 없는데도 변호인에 대하여 피의자로부터 떨어진 곳으로 옮겨 앉으라고 지시를 한 다음 이러한 지시에 따르지 않았음을 이유로 변호인의 피의자신문 참여권을 제한하는 것은 허용될 수 없다」(대결 2008.9.12, 2008모793)고 판시한 바 있다. 다만, 신문에 참여한 변호인이 신문을 부당하게 제지 또는 중단시키는 행위, 피의자의 특정한 답변이나 진술번복을 유도하는 행위, 신문내용을 촬영·녹음하는 등 신문을 방해하는 행위를 하는 경우까지 허용된다고 볼 수는 없을 것이다.

> **참조판례** 「변호인과의 조언과 상담과정이 피의자신문을 방해하거나 수사기밀을 누설하는 경우 등 특별한 사정이 없는 한 변호인의 피의자신문참여권이 인정된다」(헌재 2004.9.23, 2000헌마138).

⑤ **불복방법:** 검사나 사법경찰관이 변호인의 참여를 제한하거나 퇴거시킨 처분에 대해서는 준항고를 통해 다툴 수 있다(제417조). 따라서 변호인의 참여신청이 있었으나, 참여없이 신문한 경우에는 신문의 방식과 요건에 있어서 하자가 있게 되며, 작성된 조서의 증거능력 인정에 있어서 특신상태 여부 등이 문제될 수 있을 것이다.

> **참조판례** 「피의자가 변호인의 참여를 원한다는 의사를 명백하게 표시하였음에도 수사기관이 정당한 사유 없이 변호인을 참여하게 하지 아니한 채 피의자를 신문하여 작성한 피의자신문조서는 형사소송법 제312조에 정한 '적법한 절차와 방식'에 위반된 증거일 뿐만 아니라, 형사소송법 제308조의2에서 정한 '적법한 절차에 따르지 아니하고 수집한 증거'에 해당하므로 이를 증거로 할 수 없다」(대판 2013.3.28, 2010도3359).

⑥ 허위진술죄의 도입문제

☞ 허위진술죄가 있는 미국의 경우에는 피의자에게 거짓말을 할 권리가 인정되지 않고, 피의자는 단지 진술거부권을 행사하여 묵비하거나 수사에 협조해서 진술을 말하거나 하는 양자선택권만 인정된다. 따라서 허위진술죄를 인정하는 나라에서는 수사과정에 참여한 변호인 역시 피의자에게 진술거부권을 행사하거나 진실을 말하라고 조언할 수 있을 뿐, 적극적으로 피의자에게 허위진술을 권유할 수도 없고, 피의자의 거짓말을 도와줄 수도 없다. 반면에, 우리나라의 경우 수사단계에서 피의자의 진술을 얻기 위한 제도적 장치가 없을 뿐만 아니라, 판례는 「피의자나 피고인이 수사과정이나 공판과정에 '적극적으로' 허위의 진술을 하더라도 처벌할 수 없고, 피의자나 피고인은 자신을 방어하기 위해 본능적으로 거짓말을 할 수 있으므로 그것을 밝혀야 할 책무는 검사에게 있다」(대판 2011.10.10, 2011도7261)고 판시한 바 있다.

다만, 최근에는 「수사기관이 범죄사건을 수사함에 있어서는 피의자 등의 진술 여하에 불구하고 피의자를 확정하고 그 피의사실을 인정할 만한 객관적인 모든 증거를 수집·조사할 권한과 의무가 있다. 한편 피의자는 진술거부권 및 자기에게 유리한 진술을 할 권리와 유리한 증거를 제출할 권리를 가질 뿐이고, 수사기관에 대하여 진실만을 진술하여야 할 의무가 있는 것은 아니다. 따라서 피의자 등이 수사기관에 대하여 허위사실을 진술하거나 피의사실 인정에 필요한 증거를 감추고 허위의 증거를 제출하였더라도, 수사기관이 충분한 수사를 하지 않은 채 이와 같은 허위의 진술과 증거만으로 증거의 수집·조사를 마쳤다면, 이는 수사기관의 불충분한 수사에 의한 것으로서 피의자 등의 위계에 의하여 수사가 방해되었다고 볼 수 없어 위계에 의한 공무집행방해죄가 성립된다고 할 수 없다. 그러나 피의자 등이 적극적으로 허위의 증거를 조작하여 제출하고 그 증거 조작의 결과 수사기관이 그 진위에 관하여 나름대로 충실한 수사를 하더라도 제출된 증거가 허위임을 발견하지 못할 정도에 이르렀다면, 이는 위계에 의하여 수사기관의 수사행위를 적극적으로 방해한 것으로서 위계공무집행방해죄가 성립된다」(대판 2019.3.14, 2018도18646)는 입장이다. 따라서 구속·불구속을 가리지 않고 변호인참여권을 인정할 뿐만 아니라 변호인의 의견진술권, 부당한 신문방법 등에 대한 이의제기권 등 강력한 참여권을 보장한다면, 다른 한편으로는 허위진술죄의 도입 등 실체적 진실발견을 위한 제도적 보완장치에도 관심을 기울여야 할 것이다.

(5) 피의자신문조서의 작성

① **조서작성의 원칙:** 피의자의 진술은 조서에 기재하여야 하고(제244조 제1항), 그 조서는 나중에 공판정에서 증거로 사용된다(제312조).

② **조서의 열람·낭독·증감변경 청구권:** 조서의 열람·낭독·증감변경 청구권(제244조 제2항)을 인정하는 취지는 조서기재의 정확성을 보장하기 위한 배려이므로 이에 위배된 경우에는 증거능력이 부정된다(대판 1994.11.11, 94도343).

③ **조서의 진정성 보장:** 조서에 피고인의 서명·날인 및 간인이 없거나 피고인의 기명만이 있고, 그 날인이나 무인이 없는 경우에는 증거능력이 부정된다(대판 1992.6.23, 92도954). 작성자·참여자의 서명, 날인, 간인도 필요하다(대판 2001.9.28, 2001도4091).

④ **수사과정의 기록:** 검사 또는 사법경찰관은 피의자가 조사장소에 도착한 시각, 조사를 시작하고 마친 시각, 그 밖에 조사과정의 진행경과를 확인하기 위하여 필요한 사항을 피의

자신문조서에 기록하거나 별도의 서면에 기록한 후 수사기록에 편철하여야 한다($^{제244조의4}_{제1항}$). 피의자신문조서의 열람·낭독·증감변경 청구권의 내용은 여기의 조서 또는 서면에 관하여 준용한다($^{동조}_{제2항}$). 이처럼 조사장소 도착시각, 조사개시 및 종료시각을 조서에 기재하도록 하는 것은 장기간 조사가 이루어질 경우 강압행위가 행해질 수 있다는 우려에 기인한 것으로 피의자의 인권을 보장하기 위한 취지로 보인다.

⑤ **신뢰관계에 있는 자의 동석:** 검사 또는 사법경찰관은 피의자를 신문하는 경우 피의자가 신체적 또는 정신적 장애로 사물을 변별하거나 의사를 결정·전달할 능력이 미약하거나 피의자의 연령·성별·국적 등의 사정을 고려하여 그 심리적 안정의 도모와 원활한 의사소통을 위하여 필요한 경우에 해당하는 때에는 직권 또는 피의자·법정대리인의 신청에 따라 피의자와 신뢰관계에 있는 자를 동석하게 할 수 있다($^{제244조}_{의5}$).

이는 의사전달의 불완전성 및 심리적 불안을 해소하여 피의자의 권리를 보장하기 위한 조치이다. 다만 구체적인 사안에서 위와 같은 동석을 허락할 것인지는 원칙적으로 검사 또는 사법경찰관이 피의자의 건강 상태 등 여러 사정을 고려하여 재량에 따라 판단하여야 할 것이나, 이를 허락하는 경우에도 동석한 사람으로 하여금 피의자를 대신하여 진술하도록 하여서는 안 된다.

> 참조판례 「만약 동석한 사람이 피의자를 대신하여 진술한 부분이 조서에 기재되어 있다면 그 부분은 피의자의 진술을 기재한 것이 아니라 동석한 사람의 진술을 기재한 조서에 해당하므로, 그 사람에 대한 진술조서로서의 증거능력을 취득하기 위한 요건을 충족하지 못하는 한 이를 유죄 인정의 증거로 사용할 수 없다」($^{대판\ 2009.6.23,}_{2009도1322}$).

(6) 피의자신문의 영상녹화(조사)

① **의   의:** 피의자신문의 영상녹화조사(녹음·녹화조사제도)란 수사과정의 투명성확보를 통한 인권보장을 위하여 피의자의 수사기관에서의 진술을 오디오, 비디오 또는 DVD로 녹음·녹화하여 이를 법정에 제출하는 일련의 조사과정을 총칭한다. 통상 사람의 의사소통수단을 언어적 수단과 비언어적 수단으로 나누고 비언어적 수단을 음성·얼굴표정·몸짓으로 나눈다면, 조서는 언어적 내용만을 보고하고 있을 뿐임에 반하여, 음성녹음은 언어적 내용과 함께 음성을 보고하고 있고, 영상녹화는 언어적 내용·음성은 물론 얼굴표정과 몸짓을 고스란히 담고 있다는 점에서 '백문이불여일견'(百聞而不如一見)의 증거가 될 것이다. 다만, 개정법은 수사절차의 적법성과 투명성을 보장하고 인권침해를 방지할 목적으로 피의자의 진술을 영상녹화할 수 있는 규정($^{제244조}_{의2}$)을 두면서도, 조서의 진정성립 입증방법의 규정($^{제312조}_{제2항}$)을 삭제하고 단지 피고인·증인의 기억 환기용($^{제318조}_{의2}$)으로 사용하도록 규정하고 있다. 이에 영상녹화의 본증(요증사실 입증을 위한 자료) 사용이 허용되는지 논란이 있다.

② **영상녹화 관련규정:** 형사소송법 제244조의2의 근거규정 이외에 특별법 규정으로, 성폭

력범죄의 피해자가 19세 미만이거나 신체장애 또는 정신상의 장애로 사물을 변별하거나 의사를 결정할 능력이 미약한 경우에 비디오녹화기 등 영상물 녹화장치에 의하여 촬영을 의무화하고 있는 「성폭력범죄의 처벌 및 피해자보호에 관한 법률」 제30조 규정과 2013. 6. 19.부터 시행되고 있는 「아동·청소년의 성보호에 관한 법률」 제26조 및 「특정범죄신고자 등 보호법」 제10조를 들 수 있다.

③ **내   용**: 피의자의 진술은 영상녹화할 수 있다(제244조의2 제1항). 동의를 받아야만 영상녹화를 할 수 있는 참고인의 경우(제221조 제1항)와 달리, 영상녹화할 것인가는 수사기관의 재량에 속한다. 이 경우 미리 영상녹화사실을 알려주어야 하며, 조사의 개시부터 종료까지의 전 과정 및 객관적 정황을 영상녹화하여야 하며, 영상녹화가 완료된 때에는 피의자 또는 변호인 앞에서 지체 없이 그 원본을 봉인하고 피의자로 하여금 기명날인 또는 서명하게 하여야 한다(동조 제2항). 이 경우 피의자 또는 변호인의 요구가 있는 때에는 영상녹화물을 재생하여 시청하게 하여야 하며, 그 내용에 대하여 이의를 진술하는 때에는 그 취지를 기재한 서면을 첨부하여야 한다(동조 제3항).

④ **영상녹화물의 본증**(독자적 증거능력) **인정여부**: 피고인이 검찰의 영상녹화 조사시에는 뇌물공여사실을 구체적으로 진술하였다가 법정에서 이를 부인한 경우 영상녹화물(엄밀히 말하면 그에 녹화된 진술)이 피고인의 법정진술과 독립된 유죄의 증거가 될 수 있는지 문제된다. 과거에는 논란이 있었지만, 개정법이 조서의 진정성립 입증방법의 규정(제312조 제2항)을 삭제한 점을 고려하면, 영상녹화물 자체에 증거능력을 인정하는 것은 해석상 어려울 것이다.

그러나 ㉠ 형사소송법의 증거체계는 모든 증거가 증거능력이 있다는 것을 원칙으로 하고 증거능력을 배제할 경우에는 배제규정이 있어야 하는데 영상녹화물은 그런 규정이 없다는 점, ㉡ 영상녹화물의 증거능력을 인정하는 것과 공판중심주의는 별개이며, 증거능력을 인정한다고 하여도 모든 사건에서 영상녹화물을 상영하는 것이 아니라 진술을 번복하는 등 필요한 경우에만 특정부분을 제출하도록 하면 실무 운영상 아무런 문제가 없다는 점, ㉢ 실체적 진실발견 및 사건관계인의 인권보호에 기여한다는 점, ㉣ 피의자진술의 임의성 유무 등에 관한 사후확인 가능성이 있다는 점, ㉤ 원칙적으로 제1심 재판으로 끝나는 미국과 달리 제1심·제2심·제3심까지 거쳐야 확정된다는 점 등을 고려할 때, 영상녹화물의 증거능력을 인정하는 것이 수사 및 재판실무상 여러 어려움과 혼선을 방지할 수 있는 해결책으로 보인다.

(7) 진술의 임의성과 그 보장방법

형사소송법은 피의자신문에 있어서 자백을 얻기 위한 고문 또는 기타 강제를 제거하기 위하여 신문 이전에 진술거부권을 고지하도록 하고 있을 뿐만 아니라 고문·폭행·협박 기타 임의성에 의심있는 자백의 증거능력을 부정하여(제309조) 피의자신문에 대한 사전적·사후적 규제를 하고 있다.

2. 참고인조사

(1) 의   의

검사 또는 사법경찰관은 수사에 필요한 때에는 피의자 아닌 자(이를 참고인이라고 한다)의 출석을 요구하여 진술을 들을 수 있다. 이 경우 그의 동의를 얻어 영상녹화를 할 수 있다($\frac{제221조}{제1항}$). 또 검사 또는 사법경찰관이 사실을 발견함에 필요한 때에는 피의자와 다른 피의자 또는 피의자 아닌 자와 대질하게 할 수 있다($\frac{제245}{조}$).

(2) 참고인조사의 방식

① **출석요구:** 수사기관이 참고인을 조사하기 위하여는 원칙적으로 '참고인출석요구서'에 의하고 필요한 경우에는 전화·모사전송·기타 상당한 방법(예컨대 인편)으로 할 수 있다($\frac{검사규 제12조,}{수사규정 제19조 제2항}$). 참고인에게는 출석의무가 없다. 그러나 출석거부는 수사상 반드시 필요한 참고인일 경우에는 증인신문청구의 사유가 되고($\frac{제221조의2}{제1항}$), 국가보안법 위반사건에서는 구인의 사유가 된다($\frac{동법}{제18조}$).

② **참여 및 진술거부권의 불고지:** 참고인조사는 피의자신문과 달리 검찰청 수사관, 서기관 또는 사법경찰관리의 참여없이 할 수 있으며, 참고인에게 진술거부권을 고지할 필요도 없다. 이는 참고인에 대한 조사는 타인의 범죄에 관한 내용이므로 특히 고지할 필요가 없다는 고려에서 기인한다고 볼 수 있다.

③ **조사과정의 기록:** 앞에서 언급한 수사과정의 기록은 참고인에 대한 조사과정의 기록에 준용된다($\frac{제244조의4}{제3항}$). 이와 관련하여, 판례는 「형사소송법의 규정 및 그 입법 목적 등을 종합하여 보면, 피고인이 아닌 자가 수사과정에서 진술서를 작성하였지만 수사기관이 그에 대한 조사과정을 기록하지 아니하여 형사소송법 제244조의4 제3항, 제1항에서 정한 절차를 위반한 경우에는, 특별한 사정이 없는 한 '적법한 절차와 방식'에 따라 수사과정에서 진술서가 작성되었다 할 수 없으므로 그 증거능력을 인정할 수 없다」($\frac{대판 2015.4.23,}{2013도3790}$)는 입장이지만, 참고인 조사에도 피의자신문 과정에서와 같이 조사과정을 기록하도록 하는 규정을 준용하는 것이 타당한지에 대하여는 재검토가 필요하다고 본다.

④ **신뢰관계에 있는 자의 동석**

가) 임의적 동석: 검사 또는 사법경찰관이 범죄로 인한 피해사를 조사하는 경우 범죄피해자의 연령, 심신의 상태 그 밖의 사정을 고려하여 범죄피해자가 현저하게 불안 또는 긴장을 느낄 우려가 있다고 인정되는 때에는 직권 또는 피해자·법정대리인의 신청에 따라 피해자와 신뢰관계에 있는 자를 동석하게 할 수 있다($\frac{제163조의2 제1항,}{제221조 제3항}$).

나) 필요적 동석: 검사 또는 사법경찰관은 범죄로 인한 피해자가 13세 미만이거나 신체적 또는 정신적 장애로 사물을 변별하거나 의사를 결정할 능력이 미약한 경우에는 수사에 지장을

초래할 우려가 있는 등 부득이한 경우가 아닌 한 피해자와 신뢰관계에 있는 자를 동석하게 하여야 한다(^{제163조의2 제2항,}_{제221조 제3항}). 이 경우 동석한 자는 수사기관의 신문 또는 피해자의 진술을 방해하거나 그 진술의 내용에 부당한 영향을 미칠 수 있는 행위를 해서는 아니된다(^{제163조의2 제3항,}_{제221조 제3항}).

　⑤ **참고인진술의 영상녹화:** 피의자진술과 동일하게 참고인진술에 대한 영상녹화물(엄밀히 말하면 그에 녹화된 진술)이 원진술자의 법정진술 내지 증언과 별도의 독립된 증거가 될 수 있는지 문제된다. 그러나 참고인진술의 경우에는 피의자와 달리 형사소송법에 그 진술을 조서에 기재하도록 강제하는 규정이 없으므로 검사가 참고인진술조서를 작성하여 제출하지 않고 참고인의 진술을 녹화한 영상녹화물만을 유죄의 증거로 제출하더라도, 공판전에 미리 영상녹화물을 열람한 피고인 또는 변호인이 그 진술내용을 부동의하는 경우에는 조서에 준하여 그 참고인을 증인으로 소환하여 생생한 법정 증언을 들을 수 있으므로 영상녹화물이 실제로 증거로 제출되는 경우는 거의 없을 것이다.

> 　[참조판례] 「수사기관이 참고인을 조사하는 과정에서 형사소송법 제221조 제1항에 따라 작성한 영상녹화물은, 다른 법률에서 달리 규정하고 있는 등의 특별한 사정이 없는 한, 공소사실을 직접 증명할 수 있는 독립적인 증거로 사용될 수는 없다고 해석함이 타당하다」(^{대판 2014.7.10,}_{2012도5041}).

(3) 참고인진술조서의 작성

　참고인의 진술은 조서에 기재하여야 하고(^{검사규 제13조 제2항,}_{수사규정 제24조 제2항}), 그 조서는 나중에 공판정에서 증거로 사용되며(^{제312조}_{제4항}), 참고인의 진술에 대한 영상녹화물은 진술조서의 진정성립·특신상태의 입증방법(^{제312조}_{제4항})과 증언시 기억환기용(^{제318조의2}_{제2항})으로 사용된다. 다만 증인이 선서한 후에 허위진술을 하면 위증죄로 처벌되지만, 참고인은 수사기관에 대하여 허위진술을 하여도 원칙적으로 처벌되지 않는다.

표 2-7 피의자신문과 참고인조사의 구별

구　분	피의자신문	참고인조사
출석요구에 응할 의무	X	X
진술거부권의 고지여부	O	X
수사(조사)과정의 기록	O	O
신뢰관계인의 동석	O(임의적 동석)	O(임의적/필요적 동석)
영상녹화	O(피의자 동의 불요)	O(참고인 동의 필요)
수사(조사)시 참여자	O	X

3. 감정, 통역 또는 번역의 위촉

검사 또는 사법경찰관은 수사에 필요한 때에는 특별한 지식·경험을 가진 자에게 감정을 위촉할 수 있다(제221조 제2항). 수사기관으로부터 감정을 위촉받은 자(감정·수탁자)가 수락하는가의 여부는 자유이다. 감정을 위촉하는 처분 그 자체는 임의수사이지만 감정을 실행함에 있어서 유치처분 또는 신체검사 등 강제처분이 필요한 경우에는 강제수사(제221조의3, 제221조의4)로 넘어가는 경우가 있다. 또 검사 또는 사법경찰관은 수사에 필요한 때에는 통역 또는 번역을 위촉할 수 있다(제221조 제2항). 즉 외국인 등 국어가 통하지 아니하는 자의 진술을 듣거나 농자 또는 아자(啞者)의 진술을 듣고자 할 때에는 통역인으로 하여금 통역하게 하고, 국어가 아닌 문자 또는 부호는 번역인으로 하여금 번역하게 하여야 한다(제180조 내지 제182조). 원래 이 규정들은 법원의 조치에 관한 것이나, 수사에 있어서도 다를 바 없다.

4. 공무소 등에 대한 조회(사실조회)

수사에 관하여는 공무소 기타 공사단체에 조회하여 전과나 신원 등 필요한 사항의 보고를 요구할 수 있고(제199조 제2항), 조회를 요청받은 상대방은 보고의무가 있다. 그러나 그 이행을 강제할 수 없을 뿐만 아니라 영장에 의할 것을 요하는 것도 아니므로 임의수사로 보아야 할 것이다. 현재 2010년도부터 시행된 「디엔에이신원확인정보의 이용 및 보호에 관한 법률」에 따르면 검사 또는 사법경찰관이 범죄수사 또는 변사자 신원확인을 위하여 DNA 신원확인정보를 요청하거나 법원이 형사재판에서 사실조회를 하는 경우, DNA 신원확인정보 담당자는 DNA 신원확인정보를 검색하거나 그 결과를 회보할 수 있도록 규정하고 있다(동법 제11조 제1항).

5. 전문수사자문위원의 참여

검사는 공소제기 여부와 관련된 사실관계를 분명하게 하기 위하여 필요한 경우에는 직권이나 피의자 또는 변호인의 신청에 의하여 전문수사자문위원을 지정하여 수사절차에 참여하게 하고 자문을 들을 수 있다(제245조의2 제1항). 이 경우 전문수사자문위원은 전문적인 지식에 의한 설명 또는 의견을 기재한 서면을 제출하거나 전문적인 지식에 의하여 설명이나 의견을 진술할 수 있으며(제2항), 검사는 이에 따라 전문수사자문위원이 제출한 서면이나 전문수사자문위원의 설명 또는 의견의 진술에 관하여 피의자 또는 변호인에게 구술 또는 서면에 의한 의견진술의 기회를 주어야 한다(동조 제3항).

이러한 전문수사자문위원제도는 검사가 수사를 함에 있어 의료, 첨단산업분야, 건축, 지적재산권 기타 전문적인 지식이 필요한 사건에서 전문가의 조력을 받아 수사절차를 충실하게 진행하기 위하여 도입한 제도이다. 소송절차에서의 전문심리위원제도와 유사하다(제279조의2).

Ⅱ. 진술거부권(陳述拒否權)

1. 의   의

진술거부권이란 피의자 또는 피고인이 수사절차 또는 공판절차에서 수사기관 또는 법원의 신문에 대하여 진술을 거부할 수 있는 권리를 말한다(제244조의3; 제283조의2). 이러한 진술거부권은 영미의 자기부죄거부의 특권에서 유래하지만, 자기부죄거부특권에는 피의자 또는 피고인의 진술거부권 이외에 증인의 증언거부권이 포함되어 있다는 점에서 피의자나 피고인이 가지는 이러한 권리를 특히 진술거부권 또는 묵비권이라고 한다. 헌법 제12조 제2항도 「모든 국민은 고문을 받지 아니하며 형사상 자기에게 불리한 진술을 강요당하지 아니한다」라고 규정하여 진술거부권을 국민의 기본권으로 보장하고 있다. 다만 판례는 「진술거부권을 고지받을 권리가 헌법 제12조 제2항에 의하여 바로 도출된다고 할 수는 없고, 이를 인정하기 위해서는 입법적 뒷받침이 필요하다」(대판 2014.1.16, 2013도5441)는 입장이다.

2. 제도적 취지

진술거부권을 인정하는 제도적 취지는 ① 피의자 또는 피고인의 인권을 실체적 진실발견이나 사회정의의 실현이라는 국가이익보다 우선적으로 보호함으로써 인간의 존엄성과 가치를 보호하고 나아가 비인간적인 자백의 강요와 고문을 근절하고, ② 피의자 또는 검사 사이에 무기평등을 도모하여 공정한 재판을 실현하는데 있다.

3. 진술거부권의 주체

헌법 제12조 제2항은 모든 국민에게 진술거부권을 보장하고 있으므로 진술거부권의 주체에는 제한이 없다. 이에 따라 통설은 피고인뿐만 아니라 피의자는 물론 의사무능력자인 피고인 또는 피의자의 대리인(제26조)도 진술거부권의 주체가 되고, 외국인에게도 진술거부권이 인정된다고 본다. 그러나 형사소송법 제26조는 소송행위의 대리에 관한 규정이므로 수사기관에서의 진술이 소송행위인지 여부가 문제되는데, 피의자 또는 피고인에 대한 신문은 대리에 친하지 않는 것으로 성질상 대리가 불가능하다고 보아야 한다. 즉 법정대리인이 피의자·피고인의 신문에 참여할 수는 있을지언정, 그의 진술을 형사절차상 피의자·피고인의 자백으로 볼 수는 없으므로 본인이 직접 진술거부권을 행사해야 할 것이다.

4. 진술거부권의 범위

(1) 진술강요의 금지

① **피의자의 경우:** 검사 또는 사법경찰관은 피의자를 신문하기 전에 ㉠ 일체의 진술을 하지 아니하거나 개개의 질문에 대하여 진술을 하지 아니할 수 있다는 것, ㉡ 진술을 하지

아니하더라도 불이익을 받지 아니한다는 것, ⓒ 진술을 거부할 권리를 포기하고 행한 진술은 법정에서 유죄의 증거로 사용될 수 있다는 것, ⓓ 신문을 받을 때에는 변호인을 참여하게 하는 등 변호인의 조력을 받을 수 있다는 사항을 알려주어야 한다(제244조의3 제1항).

이처럼 현행법은 피의자의 진술거부권을 일체의 진술을 하지 아니하는 **침묵과** 개개의 질문에 대하여 답변을 거부하는 **진술거부**를 모두 포괄하는 개념으로 규정하여 피의자가 개별적 질문에 대하여 답변을 거부할 수 있음은 물론이고, 처음부터 일체의 진술을 하지 않고 침묵할 수 있는 권리가 있음을 명백히 하였다. 다만 강요당하지 않는 것은 진술에 한하므로, 지문이나 신체의 측정, 족형(足形)의 채취, 피의자나 피고인의 동일성을 판단하기 위하여 행해지는 성문검사(聲紋檢查), 사진촬영이나 음주운전단속을 위한 호흡식 음주측정 등에는 진술거부권이 미치지 않는다.

> **참조판례** 「헌법 제12조 제2항은 진술거부권을 보장하고 있으나, 여기서 "진술"이라 함은 생각이나 지식, 경험사실을 정신작용의 일환인 언어를 통하여 표출하는 것을 의미하는데 반해, 도로교통법 제41조 제2항에 규정된 음주측정은 호흡측정기에 입을 대고 호흡을 불어 넣음으로써 신체의 물리적, 사실적 상태를 그대로 드러내는 행위에 불과하므로 이를 두고 "진술"이라 할 수 없고, 따라서 주취운전의 혐의자에게 호흡측정기에 의한 주취여부의 측정에 응할 것을 요구하고 이에 불응할 경우 처벌한다고 하여도 이는 형사상 불리한 "진술"을 강요하는 것에 해당한다고 할 수 없으므로 헌법 제12조 제2항의 진술거부권조항에 위배되지 아니한다」(헌재 1997.3.27, 96헌가11).

거짓말탐지기에 의한 검사는 논란이 있으나, 검사자의 질문과 피검사자의 답변이 불가분의 관계를 이루면서 신체상황의 변화가 측정된다는 점에서 넓은 의미의 진술에 속한다고 보는 것이 타당하다(거짓말탐지기 부분 참조). 다만, 마취분석은 약물 등을 이용하여 직접 진술을 얻어내는 것이므로 분석 자체가 바로 진술거부권을 침해한다고 보아야 한다. 그러나 진술인 이상 구술의 진술에 한하지 않으며 이에 갈음하여 서면에 대해서도 진술거부권이 적용된다. 따라서 피의자는 수사기관의 진술서 제출요구를 거부할 수 있다.

검사 또는 사법경찰관은 피의자가 진술을 거부할 권리와 변호인의 조력을 받을 권리를 행사할 것인지의 여부를 질문하고, 이에 대한 피의자의 답변을 조서에 기재하여야 한다. 이 경우 피의자의 답변은 피의자로 하여금 자필로 기재하게 하거나 검사 또는 사법경찰관이 피의자의 답변을 기재한 부분에 기명날인 또는 서명하게 하여야 한다(제244조의3 제2항). 이러한 고지는 반드시 피의자신문을 시작하기에 앞서 행해져야 하므로, 피의자의 서명 · 날인이 있는 피의자신문조서에 인쇄된 진술거부권을 고지하였다는 문구가 있다고 하여 진술거부권의 사전고지의무가 유효하게 이행되었다고 볼 수는 없다.

> **참조판례** 「피의자의 진술을 기재한 서류 또는 문서가 수사기관에서의 조사 과정에서 작성된 것이라면, 그것이 '진술조서, 진술서, 자술서'라는 형식을 취하였다고 하더라도 피의자신문조서와 달리 볼 수 없고, **수사기관에 의한 진술거부권 고지의 대상이 되는 피의자의 지위는 수사기관이 범죄인지서를 작성하**

는 등의 형식적인 사건수리 절차를 거치기 전이라도 조사대상자에 대하여 범죄의 혐의가 있다고 보아 실질적으로 수사를 개시하는 행위를 한 때에 인정된다. 특히 조사대상자의 진술 내용이 단순히 제3자의 범죄에 관한 경우가 아니라 자신과 제3자에게 공동으로 관련된 범죄에 관한 것이거나 제3자의 피의사실뿐만 아니라 자신의 피의사실에 관한 것이기도 하여 실질이 피의자신문조서의 성격을 가지는 경우에 수사기관은 진술을 듣기 전에 미리 진술거부권을 고지하여야 한다」(^{대판 2015.10.29,} ^{2014도5939}).

② **피고인의 경우:** 피고인은 진술하지 아니하거나 개개의 질문에 대하여 진술을 거부할 수 있으며, 재판장은 피고인에게 진술을 거부할 수 있음을 고지하여야 한다(^{제283조}_{의2}).

(2) 진술의 범위

헌법 제12조 제2항은 '형사상 자기에게 불리한 진술'에 한하여 진술거부권을 인정하고 있으므로 진술거부권의 범위는 형사책임과 관련된 사실의 진술에만 적용된다고 보아야 한다(통설). 여기서 형사책임과 관련된 '사실'이란 범죄사실뿐만 아니라 간접사실이나 보조사실, 범죄의 단서를 제공하는 사실도 포함된다. 따라서 공소시효가 완성된 경우나 사면된 경우처럼 형사책임이 부과될 가능성이 없는 경우에는 진술거부권이 적용되지 않는다. 또한 헌법상으로는 진술거부권의 행사가 불이익한 진술에 한정되어 있으나, 형사소송법에는 이러한 제한이 없으므로 자기에게 이익이 되는 진술에 대해서도 진술거부권이 인정된다(통설). 증인의 증언거부권이 자기에게 불이익한 증언에 제한되어 있는 것과 구별된다. 증인은 소송의 주체가 아니라 증거방법에 불과하고, 피고인은 소송의 주체로서 진술 또는 침묵을 결정할 수 있다.

(3) 인정신문과 진술거부권

종래 인정신문에 대하여도 진술거부권이 미치는지 논란이 있었으나, 현행법은 피고인의 방어권을 강화한다는 차원에서 진술거부권의 규정위치(^{제283조}_{의2})를 인정신문 앞으로 옮겨 인정신문에 들어가기 전에 피고인에게 진술거부권을 고지하도록 하였고, 이에 따라 형사소송규칙도 인정신문에 앞서서 진술거부권을 고지하도록 규정하고 있으므로(^규_{제127조}) 입법론적으로 해결되었다. 따라서 이제는 주로 피의자가 수사단계에서 이름 등 인적사항에 대하여 묵비하는 경우, 이를 근거로 양형 또는 구속사유로 고려할 수 있는지, 기타 체포된 피의자에 대하여 별도의 영장없이 강제로 지문을 날인케 하여 인적사항을 파악할 수 있는지 등이 문제될 것이다.

☞ 피의자신문을 받는 피의자가 인적사항에 대하여 묵비하는 경우, 실무에서는 검증영장을 발부받아 지문을 날인한 후 지문조회를 통하여 인적사항을 확인하고 있다.

5. 진술거부권의 내용

(1) 사전고지의무

① **피의자의 경우:** 경찰관의 직무질문은 행정경찰활동에 불과하므로 진술거부권을 고지

할 필요가 없지만, 내사·피의자신문조서·피의자진술서의 경우 등에는 진술거부권을 고지해야 한다. 이와 관련하여 판례는 피의자의 지위는 수사기관이 조사대상자에 대한 범죄혐의를 인정하여 수사를 개시하는 행위를 한 때 인정되는 것으로 보아야 하므로, 공범의 혐의를 받고 있는 사람이라 하더라도 다른 공범의 혐의를 해명하기 위하여 참고인으로 조사를 받는 경우라면 진술거부권의 고지대상에 해당한다고 볼 수 없으며, 이러한 피의자의 지위에 있지 아니한 자에 대하여 진술거부권이 고지되지 아니하였더라도 참고인진술조서의 증거능력이 부정되는 것은 아니라는 입장이다(대판 2011.11.10, 2011도8125).

> 참조판례 「만약 상대방을 확인하지도 않은 채로 먼저 체포하고 미란다 원칙을 고지한다면, 때로는 실제 피의자가 아닌 사람을 체포하는 경우도 생길 수 있고, 이런 경우에는 일반적으로 미란다 원칙의 고지가 앞당겨짐에서 얻어지는 인권보호보다도 훨씬 더 큰 인권침해가 생길 수도 있다는 점에서 체포하는 과정에서 체포하려는 상대방이 피고인 본인이 맞는지 등 신원확인을 거친 후에 미란다원칙을 고지하더라도 부적법하지 않다」(대판 2007.11.29, 2007도7961).

② **피고인의 경우:** 추가기소된 사건을 병합심리하거나 공소제기후 수사에 있어서 피고인신문을 하는 경우에는 진술거부권을 고지해야 한다. 판사의 경질이나 간이공판절차결정의 취소 또는 공판절차의 정지후 공판절차를 갱신하는 경우에는 형사소송규칙이 피고인에게 진술거부권 등을 고지하도록 규정하고 있다(규 제144조 제1항 제3호). 다만 공소장의 변경은 공소사실의 동일성이 인정되는 범위내에서 가능하므로 변경된 공소사실에 대해서는 새로 진술거부권을 고지할 필요가 없을 것이다.

(2) 진술거부권 불고지의 효과

진술거부권을 고지하지 않은 경우에 진술거부권의 침해가 되어 증거능력이 없다는 점에는 이론(異論)이 없으나, 그 근거에 대하여 위법수집증거배제법칙(제308조 의2)이 적용된다는 견해와 자백의 임의성법칙(제309 조)이 적용된다는 견해(다수설)가 대립하고 있다(후술). 이에 대하여 판례는 소위 신 이십세기파사건에서 「수사기관이 피의자를 신문함에 있어 피의자에게 미리 진술거부권을 고지하지 않은 때에는 그 피의자의 진술은 위법하게 수집된 증거로서 진술의 임의성이 인정되는 경우라도 증거능력이 부정되어야 한다」(대판 1992.6.23, 92노682)라고 하여 위법수집증거배세법직 적용설과 같은 내용의 판시를 하고 있다. 생각건대 2007년 개정전 형사소송법 하에서는 제309조의 자백배제법칙을 자백의 임의성법칙으로 한정할 것인지, 아니면 위법수집자백배제법칙도 포함된다고 볼 것인지 문제가 되었지만, 현행법이 위법수집증거를 배제하는 명문규정(제308조 의2)을 두고 있으므로 이에 따라 해결하는 것이 타당하다(후술).

6. 진술거부권 행사의 효과

(1) 불이익추정의 금지

① **구속사유의 인정여부:** 진술거부의 사실을 근거로 구속·보석의 사유인 증거인멸의 염려를 판단하는 것은 진술거부권의 효과와는 별개문제라는 견해도 있으나, 구속가능성을 제시하면서 진술을 강요할 우려가 있으므로 진술거부권의 행사를 구속사유로 판단할 수 없다는 견해가 타당하다(통설).

② **피고인에 불리한 심증형성의 금지:** 진술거부권의 보장을 무의미하게 할 우려가 있으므로 진술거부권의 행사를 피고인에게 불이익한 간접증거로 하거나 또는 이를 근거로 유죄의 추정을 하는 것도 허용되지 않는다(통설). 따라서 진술거부권의 보장은 자유심증주의에 대한 예외에 해당한다.

③ **양형에서의 고려여부:** ㉠ 피의자·피고인의 진술의 자유를 보장하기 위하여는 이를 양형에서 고려해서는 안 된다는 **소극설**, ㉡ 증거조사의 선행을 통하여 피고인은 자신에게 유·불리한 증거를 모두 알고 있으므로 객관적이고 명백한 증거가 있음에도 진실의 발견을 적극적으로 숨기거나 법원을 오도하기 위한 피고인의 거짓진술이나 개별적인 진술거부는 불리한 양형사실로 평가할 수 있다는 **절충설**도 있으나, ㉢ 개전이나 회오는 양형에서 고려할 사정이며 진술거부권을 행사하지 않고 범행을 자백한 경우와 범행을 부인하면서 진술거부권을 행사한 경우를 동일하게 처벌하는 것은 합리적이라고 할 수 없으므로 양형에서의 고려가 허용된다는 **적극설**이 타당하다.

> 판례는「범죄사실을 단순히 부인하고 있는 것이 죄를 반성하거나 후회하고 있지 않다는 인격적 비난요소로 보아 가중적 양형의 조건으로 삼는 것은 결과적으로 피고인에게 자백을 강요하는 것이 되어 허용될 수 없다고 할 것이나, 그러한 태도나 행위가 피고인에게 보장된 방어권 행사의 범위를 넘어 객관적이고 명백한 증거가 있음에도 진실의 발견을 적극적으로 숨기거나 법원을 오도하려는 시도에 기인한 경우에는 가중적 양형의 조건으로 참작될 수 있다」(^{대판 2001.3.9,}_{2001도192})고 판시하여 절충설의 입장을 취하고 있다.

(2) 진술거부권 행사의 한계

진술거부권의 행사는 소극적으로 진술을 거부할 수 있을 뿐이고, 이를 넘어서 적극적으로 허위의 진술을 할 수 있는 권리까지 인정되는 것은 아니다. 물론 허위의 진술을 하더라도 증인처럼 위증죄로 처벌할 수 없지만, 경우에 따라서는 무고죄 또는 명예훼손죄가 성립할 수 있다. 이에 대하여 판례는「모든 국민은 형사상 자기에게 불리한 진술을 강요당하지 아니할 권리가 보장되어 있으므로(^{헌법 제12조}_{제2항}), 형사소송절차에서 피고인은 방어권에 기하여 범죄사실에 대하여 진술을 거부하거나 거짓진술을 할 수 있다」(^{대판 2001.3.9,}_{2001도192})고 판시하여, 범죄사실을 단순히 부인하는 것은 허용된다는 입장이다.

7. 진술거부권의 포기

(1) 허용여부

피고인 또는 피의자가 진술거부권을 포기하고 피의사건·피고사건에 관하여 진술을 할 수 있음은 당연하다는 **긍정설**도 있으나, 진술거부권의 포기와 불행사는 구별되어야 하므로 한번 진술을 하였더라도 진술거부권의 포기로 되지 않고 전체적으로 진술거부권의 포기는 인정되지 않는다는 **부정설**(통설)이 타당하다.

(2) 법률상의 기록·보고의무

행정상의 단속목적을 위하여 각종 행정법규가 일정한 기록·보고의무를 규정하고 있는 것이 진술거부권을 침해하는 것은 아닌지 문제된다. 특히 도로교통법상 교통사고에 대한 운전자의 신고의무를 벌칙으로 강제하고 있는 것이 문제되고 있는데, 이에 대하여 헌법재판소는 「도로교통법 제50조 제2항 및 동법 제111조 제3호는 피해자의 구호 및 교통질서의 회복을 위한 조치가 필요한 상황에만 적용되는 것이고 형사책임과 관련되는 사항에는 적용되지 아니하는 것으로 해석하는 한 헌법에 위반되지 아니한다」(헌재 1990.8.27, 89헌가118)고 한정합헌을 내린 바 있다. 생각건대 도로교통법의 위 교통사고신고의무 규정이 형벌을 수단으로 하여 교통사고 운전자에게 형사책임에 관한 진술을 강요하는 것은 사실이므로 진술거부권의 침해로 보아야 한다는 견해도 있으나, 첫째, 자동차운전자는 운전을 통하여 많은 편리함을 누리고 있으며, 둘째, 업무상과실치사상죄는 결과가 중대한 경우임에도 불구하고 고의범보다 현저하게 경하게 처벌되고, 셋째, 도로교통법 제54조 제2항은 사고발생 시의 조치 중 신고의무의 내용으로 ㉠ 사고가 일어난 곳, ㉡ 사상자 수 및 부상정도, ㉢ 손괴한 물건 및 손괴 정도, ㉣ 그 밖의 조치사항 등에 대해서만 규정하고 있을 뿐, 사고발생의 경위는 포함되어 있지 않다는 점 등을 고려해 볼 때, 위헌으로 보기는 어렵다고 본다.

> **참조판례** 「도로교통법 제54조 제2항 본문에 규정된 신고의무는, 교통사고가 발생한 때에 이를 지체 없이 경찰공무원 또는 경찰관서에 알려서 피해자의 구호, 교통질서의 회복 등에 관한 적절한 조치를 취하게 함으로써 도로상의 소통장해를 제거하고 피해의 확대를 방지하여 교통질서의 유지 및 안전을 도모하는 데 입법취지가 있다. 이와 같은 도로교통법상 신고의무 규정의 입법취지와 헌법상 보장된 진술거부권 및 평등원칙에 비추어 볼 때, 교통사고를 낸 차의 운전자 등의 신고의무는 사고의 규모나 당시의 구체적인 상황에 따라 피해자의 구호 및 교통질서의 회복을 위하여 **당사자의 개인적인 조치를 넘어 경찰관의 조직적 조치가 필요하다고 인정되는 경우에만 있는 것이라고 해석**하여야 한다. 그리고 이는 도로교통법 제54조 제2항 단서에서 '운행 중인 차만 손괴된 것이 분명하고 도로에서의 위험방지와 원활한 소통을 위하여 필요한 조치를 한 경우에는 그러하지 아니하다'고 규정하고 있어도 마찬가지이다」(대판 2014.2.27, 2013도15500).

III. 임의수사와 강제수사의 구별

1. 구별의 필요성

형사소송법은 강제수사의 방법을 규정하고 있으나, 과학기술의 발달로 인하여 예측하지 못한 새로운 수사방법이 개발되고 있으므로 오로지 강제수사법정주의를 고집하게 되면 이러한 수사방법을 모두 임의수사라고 해야 한다. 하지만 이러한 수사방법에 의한 기본권침해는 별다른 제재없이 사실상 남용될 위험성이 상존하고 있으므로, 새로운 수사방법 중 일정한 수사방법에 대해서는 강제처분으로 규정하는 입법이 필요하며, 그 선결과제로서 해당 수사방법의 내용을 분석함과 동시에 임의수사에 대한 법적 통제의 측면에서 이를 고찰해야 할 필요가 있다.

2. 구별기준에 관한 학설

(1) 형 식 설

형사소송법에 규정된 유형의 강제처분만이 강제수사이고 그 밖의 것은 임의수사라는 견해이다. 즉 형식설은 "강제처분은 이 법률에 특별한 규정이 있는 경우에 한하며"로 규정된 형사소송법의 명문($\frac{제199조}{제1항}$ 단서)에 충실하려는 입장으로, 상대방에게 직접·간접으로 물리적 강제력을 행사하는 경우뿐만 아니라 상대방에게 수인의무를 부담시키는 경우도 강제수사라고 본다. 이에 따르면 체포·구속($\frac{제200조의}{2\,이하}$), 압수·수색·검증($\frac{제215조}{이하}$), 증거보전절차($\frac{제184}{조}$), 판사에 의한 증인신문청구($\frac{제221조}{의2}$), 공무소에의 조회($\frac{제199조}{제2항}$) 등 형사소송법에 특별한 규정들이 마련되어 있는 수사방법이 여기에 해당할 것이다. 그러나 도청이나 사진촬영, 거짓말탐지기의 사용, DNA검사처럼 과학기술의 발달로 새로운 수사방법이 등장함에 따라 수사로 인한 권리침해의 위험성은 현저히 증가하고 있는데 단순히 법률에 규정이 없다는 이유만으로 이를 임의수사로 보아 법적 통제를 배제하는 것은 문제가 있다.

(2) 실 질 설

형식설의 난점을 극복하기 위하여 형식적 법률이 아닌 실질적인 수사기관의 물리적 강제력의 행사여부 또는 상대방의 의사에 반하여 실질적으로 그의 법익을 침해하는지 여부에 따라 임의수사와 강제수사를 구별하는 견해이다(다수설). 그러나 강제수사와 임의수사의 구별은 수사기관의 권한행사에 의하여 국민의 기본권이 침해되지 않도록 하려는 문제의식에서 비롯된 것인데, 오로지 수사기관의 물리적 강제력의 행사나 상대방의 의사유무를 기준으로 판단한다면 강제수사의 법적 규제를 요구하는 근본취지를 고려하지 않은 흠이 있다는 비판이 있다.

(3) 적법절차기준설

헌법상의 적법절차원칙($^{제12조 제1항}_{제3항}$)에 따라 기본권침해의 위험성여부를 기준으로 하여 판단해야 한다는 견해이다. 이에 따르면 수사기관의 처분이 헌법상 개별적으로 명시된 기본권을 침해하거나, 또는 명시되지 아니하였더라도 법공동체가 공유하고 있는 최저한도의 기본적 인권마저도 침해할 우려가 있는 때에는 강제수사이고, 이러한 최소한도의 요구범위에 들지 않으면 임의수사라고 본다. 그러나 적법절차는 강제수사에 있어서만 요구되는 것이 아니므로 적법절차기준설도 사실상 강제수사와 임의수사의 구별을 불명확하게 한다는 점에서 문제가 있다.

(4) 검   토

강제수사와 임의수사를 구별하는 실익은 새로운 수사방법에 대하여 가능한 한 사법적 통제를 가하자는 데 목적이 있으므로 그 기준은 일응 명쾌해야 할 것이다. 그런데 적법절차기준설은 그 판단기준이 너무 모호하여 실제 사안에서는 또 다른 기준을 요구할 수밖에 없을 것이다. 이러한 점에서 상대방의 의사에 반하여 실질적으로 그의 법익을 침해하면 강제처분이고, 이러한 법익침해를 수반하지 않으면 임의수사로 보는 **실질적 법익침해설**이 가장 무난하다고 본다. 이러한 입장에서 크게 문제되는 경우를 중심으로 살펴보고자 한다.

3. 문제되는 경우

(1) 마취분석

아미탈, 벤도탈 등의 약품작용에 의하여 반수·반각상태(半睡·半覺狀態)에서 질문에 대답하게 하는 마취분석에 대하여는 당사자의 동의여하를 불문하고, 인간의 존엄이라는 헌법상의 요청에 반하므로 학설은 일치하여 수사방법으로서 (강제수사로도)허용되지 않는 것으로 보고 있다.

(2) 감청 등 통신제한조치

① 의   의: 통신제한조치는 우편물의 검열과 전기통신의 감청으로 이루어지는데, 우편물의 검열이란 우편물에 대하여 당사자의 동의없이 이를 개봉하거나 기타의 방법으로 그 내용을 지득 또는 채록(採錄)하거나 유지하는 것을 말하며($^{통신비밀보호법}_{제2조 제6호}$), 전기통신의 감청이란 전기통신에 대하여 당사자의 동의없이 전자장치·전기장치 기타 설비 등 감청설비를 사용하여 통신의 음향·문언·부호·영상을 청취·공독(共讀)하여 그 내용을 지득 또는 채록하거나 전기통신의 송·수신을 방해하는 것을 말한다($^{동조}_{제7호}$).

> 참조판례 「통신비밀보호법에 규정된 '통신제한조치'는 '우편물의 검열 또는 전기통신의 감청'을 말하는 것으로($^{제3조}_{제2항}$), 여기서 '전기통신'은 전화·전자우편·모사전송 등과 같이 유선·무선·광선

및 기타의 전자적 방식에 의하여 모든 종류의 음향·문언·부호 또는 영상을 송신하거나 수신하는 것을 말하고(제2조 제3호), '감청'은 전기통신에 대하여 당사자의 동의 없이 전자장치·기계장치 등을 사용하여 통신의 음향·문언·부호·영상을 청취·공독하여 그 내용을 지득 또는 채록하거나 전기통신의 송·수신을 방해하는 것을 말한다고 규정되어 있다(제2조 제7호). 따라서 '전기통신의 감청'은 '감청'의 개념 규정에 비추어 전기통신이 이루어지고 있는 상황에서 실시간으로 전기통신의 내용을 지득·채록하는 경우와 통신의 송·수신을 직접적으로 방해하는 경우를 의미하는 것이지, **이미 수신이 완료된 전기통신에 관하여 남아 있는 기록이나 내용을 열어보는 등의 행위는 포함하지 않는다**(대판 2016.10.13, 2016도8137).

② **법적 성질:** 통설은 도청이 비록 물리적 강제력을 행사하지는 않지만 개인의 프라이버시에 대한 중대한 침해를 가져온다는 점에서 영장주의에 의한 규제가 요청되는 강제수사의 일종으로 보고 있다. 통신비밀보호법이 일정한 요건아래 법원의 허가를 얻은 때에만 전기통신의 감청을 할 수 있게 한 것도 동일한 맥락에서 이해할 수 있다(동법 제6조, 제7조).

③ **감청결과의 증거능력:** 누구든지 이 법과 형사소송법 또는 군사법원법의 규정에 의하지 아니하고는 우편물의 검열·전기통신의 감청 또는 통신사실확인자료의 제출을 하거나 공개되지 아니한 타인간의 대화를 녹음 또는 청취하지 못한다(동법 제3조). 제3조의 규정에 위반하여 불법검열에 의하여 취득한 우편물이나 그 내용 및 불법감청에 의하여 지득 또는 채록된 전기통신의 내용은 재판 또는 징계절차에서 증거로 사용할 수 없다(동법 제4조).

(3) 계좌추적(計座追跡)

금융거래추적수사, 즉 소위 계좌추적이란 금융기관에 예금을 하거나 주식을 매매하는 것과 같이 금융자산을 대상으로 하는 거래를 조사하여 수사하는 기법을 말한다. 이러한 금융거래는 현대의 신용사회에 있어서 개인 프라이버시권의 중요한 부분이므로 원칙적으로 보장되어야 하지만, 예외적으로 마약사범·국제테러사범·강력사범·선거사범 등 경제적 이익을 획득하기 위한 범죄 동기에 있어서는 실체규명을 위해 필수적인 수사방식이 되고 있다. 현재 「금융실명거래및비밀보장에관한법률」 제4조는 금융거래의 비밀보장을 원칙적으로 규정하고 예외적인 경우 일반형사사범의 수사와 관련하여 금융거래추적수사를 허용하고 있다. 「마약류불법거래방지에관한특례법」 제76조도 마약류 불법거래와 관련하여 특별히 불법수익의 방지를 위해 검사에게 금융거래수사를 인정하고 있다. 다만 수사기관이 범죄의 수사를 목적으로 금융실명법 제4조에 정한 '거래정보 등'을 획득하기 위해서는 법관의 영장이 필요하다.

(4) 위치추적(GPS)

급속한 정보통신기술의 발달로 이제 스마트폰은 일반인의 생활필수품이 되었고, 이를 이용한 상대방의 위치추적도 드물지 않은 일이 되었다. 특히 GPS(Global Positioning System)와 같이 위성을 이용한 위치추적은 기존의 법이 전혀 예상을 하지 못한 새로운 종류의 정보수집 기술이며, 통신비밀보호법이 통신사실확인자료제공요청에 의하여 허용하고 있는 휴대폰 기지국(Cell site) 위치정보보다 정확도가 비교할 수 없을 정도로 높다. 이에 대하여 2011년 미국 연방대법원은 연방 형사사건에 적용되는 연방형사소송규칙 제41조에서 수색과 압수의 대상으로서 서류, 장부, 문서, 기타 유체물과 정보 외에 추적장치(Tracking device)를 추가하는 개정을 하였다. 따라서 연방사건에 관한 한 위치정보 획득을 위한 tracking device를 설치하려면 법원의 영장을 받아야 한다.

그런데 수사와 관련하여 위치추적을 규제하는 우리나라 법률은 '통신비밀보호법'으로 이 법 제2조 제11호의 '통신사실확인자료'에 '정보통신망에 접속된 정보통신기기의 위치를 확인할 수 있는 발신기지국의 위치추적자료'가 포함되어 있으나, 통신비밀보호법상의 규제대상이 '통신'(우편물 및 전기통신)인 점을 고려한다면, 이 자료 역시 통신수단으로서 정보통신망 접속을 전제한다고 보아야 하므로 개인의 통신을 전제하지 않은 GPS에 의한 위치추적은 '통신사실확인자료'에 포함되지 못한다고 볼 수밖에 없다. 위치정보에 대한 자료를 규제하는 다른 법률로는 '위치정보의 보호 및 이용에 관한 법률'이 있으나, 동법이 수사기관의 위치정보 취급에 대하여 규율하고 있는 것은 긴급구조를 위한 개인위치정보 활용의 경우(제15조 제29조)에 한정될 뿐, 별도로 수사를 위한 사용 제한규정을 두고 있지는 않다.

결국 발전하는 기술들을 수사기관이 이용할 수 있도록 하되 그것이 가지고 있는 인권침해적 요소와 범죄의 예방과 진압에 대한 국가·사회적 이익을 고려하고, 다른 나라의 구체적 입법례를 참조하여 GPS 위치정보 수집에 대한 법원의 적절한 허가기준을 확립하고 수사기관의 남용을 방지할 수 있는 구체적 절차를 마련하는 것이 필요하다고 본다.[1]

제 3 절 강제처분 및 강제수사

Ⅰ. 영장주의(令狀主義)

1. 의   의

영장주의란 법원 또는 법관이 발부한 적법한 영장에 의하지 않으면 형사절차상의 강제처분을 할 수 없다는 원칙을 말한다(헌법 제12조 제3항). 즉 체포·구속·압수 등 신체의 자유를 침해하는 강제처분을 함에 있어서는 중립적인 법관이 구체적 판단을 거쳐 발부한 영장에 의해서만 가능하다는 것이다. 이처럼 영장주의를 엄격하게 규정하는 이유는 법관의 공정한 판단에 의하여 수사기관에 의한 강제처분의 권한남용을 억제하고 시민의 자유와 재산을 보장하는 데 그 취지가 있다. 형사소송법은 법원의 강제처분을 원칙으로 규정한 뒤(제68조 내지 제145조), 이를 강제수사에 관하여 준용하는(제209조 제219조) 체제로 구성되어 있다. 이하에서는 강제처분으로서의 공통성을 고려하여 법원의 강제처분도 수사기관의 강제처분과 함께 검토하기로 한다.

2. 영장의 종류

강제처분의 내용에 따라 분류해 보면 ㉠ 법원이 피고인 또는 증인에 대하여 출석할 것을 명하는 소환장(제73조 제74조), ㉡ 법원 또는 판사가 행하는 구속영장(제74조 제77조) 및 물건의 압수·수색을 명하

---

1) 김종구, "위치추적장치(GPS단말기)를 이용한 수사와 영장주의-미국과 일본의 판례를 중심으로", 비교형사법연구 제17권 제4호(2015), 89면 이하.

는 압수·수색영장($^{제113조,}_{제136조, 제184조}$), ㉢ 수사기관이 행하는 체포($^{제200조}_{의2}$)·구속영장($^{제201조, 제207조,}_{제209조}$) 및 압수·수색영장($^{제215조,}_{제219조}$), ㉣ 감정을 위하여 피고인의 유치를 명하거나 허가하는 감정유치장($^{제172조}_{제4항}$) 또는 감정처분허가장($^{제221조}_{의4}$) 등이 있다.

3. 영장의 발부

수사단계에서 영장의 발부는 검사의 청구에 의하여 관할지방법원판사가 발부하고, 사법경찰관은 검사에게 신청하여 검사의 청구로 관할지방법원판사가 발부한다($^{제200조의2,}_{제201조, 제215조}$). 따라서 수사기관은 강제처분을 행할 경우 반드시 법관이 발부한 영장을 제시하여야 한다. 그리고 이 경우 제시되는 영장은 반드시 **원본**이어야 하고 사본의 제시는 허용되지 않는다. 필요한 경우 수통의 영장을 발부받아 집행한다($^{법}_{제82조}$). 다만 공판정에서의 영장은 법관 스스로 발부할 수 있다($^{헌재 1997.3.27.,}_{96헌바28·31·32}$). 이러한 법관이 발부하는 영장에는 강제처분의 대상, 시간 및 장소가 특정되어야 한다. 즉 일반영장의 발부는 금지된다.

4. 영장주의 위반의 효과

영장주의에 위반한 경우의 구제방법으로 피고인의 경우에는 구속의 취소($^{제93}_{조}$), 항고($^{제403}_{조}$)가 있고, 피의자의 경우에는 검사의 구속취소($^{제209조,}_{제93조}$), 체포·구속적부심사($^{제214조}_{의2}$), 준항고($^{제417}_{조}$) 등이 있다. 그리고 불법체포·구속중에 수집된 증거의 증거능력이 부정($^{제308조}_{의2}$)될 뿐만 아니라 불법체포·구속한 공무원은 형사상 책임($^{형법}_{제124조}$)을 질 수도 있다.

Ⅱ. 강제처분의 종류

1. 처분의 객체에 의한 분류

강제처분은 그 처분의 객체(강제력의 행사가 직접 행해진 객체)가 '사람'인가, '물건'인가에 따라 대인적 강제처분과 대물적 강제처분으로 나누어진다. 예컨대 소환, 체포·구속(구인과 구금), 증인신문 등은 전자에 속하고, 제출명령, 압수·수색·검증 등은 후자에 속한다.

2. 처분의 주체에 의한 분류

강제처분은 그 처분의 주체에 따라 수소법원의 강제처분과 수사기관의 강제처분 및 수사기관의 청구에 의하여 판사가 행하는 강제처분으로 나눌 수 있다. 피고인의 구속($^{제73}_{조}$), 감정유치($^{제172조}_{제4항}$), 피고인의 소환($^{제73조,}_{제76조}$), 증인의 구인($^{제155조,}_{제73조}$), 공판정외에서의 압수·수색($^{제113}_{조}$), 감정인의 감정처분($^{제173}_{조}$) 등은 수소법원의 강제처분이고, 피의자의 체포·구속($^{제200조의2,}_{제201조}$), 압수·

수색·검증($^{제215}_{조}$), 참고인의 구인·유치($^{국가보안법}_{제18조}$) 등은 수사기관의 강제처분에 해당한다. 수사기관의 청구에 의하여 판사가 행하는 강제처분으로는 증거보전절차상의 강제처분($^{제184}_{조}$), 참고인에 대한 증인신문청구($^{제221조}_{의2}$), 감정유치처분($^{제221조}_{의3}$) 등을 들 수 있다.

CHAPTER 03 대인적 강제처분

제1절 수사기관의 인신구속

Ⅰ. 서 설

체포·구속은 개인의 신체자유에 대한 중대한 제한수단이므로 국가기관이 체포·구속권한을 남용하여 신체의 자유를 부당하게 침해하는 경우에는 이에 대한 적절한 통제수단을 마련하는 것이 필요하다. 이에 따라 탈법적 수사관행을 근절하고 적법한 수사절차를 확보하기 위하여 헌법 제12조 제3항을 근거로 한 체포제도가 1995년 형사소송법의 개정으로 도입되었으며, 체포제도의 도입으로 현행 인신구속제도는 단기간의 '체포'와 상대적으로 요건이 엄격하고 기간이 긴 '구속'으로 이원화되었다. 즉 종래의 현행범체포제도(제212조)는 그대로 유지하되, 영장에 의한 체포제도(제200조의2)를 도입하여 체포는 원칙적으로 체포영장에 의하도록 한 것이다. 다만 체포제도가 도입되었다고 하여 구속에 앞서 반드시 체포가 선행되어야 하는 것은 아니다. 더욱이 현행법은 피의자에 대한 불구속수사를 원칙으로 규정하고(제198조 제1항), 긴급체포제도를 개선하여 긴급체포를 한 경우 지체없이 구속영장을 청구하도록 하되, 영장청구기간은 48시간을 초과할 수 없도록 하는 한편(제200조의4 제1항), 수사기관이 구속영장을 청구하지 아니하고 긴급체포한 피의자를 석방한 경우에는 사후 통지하는 제도를 신설(제200조의4 제4항)하는 등 인신구속제도를 합리적으로 개편하였다.

Ⅱ. 인신구속의 필요성

모든 피의자가 수사기관의 출석요구에 따라 자진하여 출석하고, 증거도 인멸하지 않는다면, 피의자를 체포·구속할 필요가 없을 것이다. 그러나 인간은 누구나 자기를 보호하려는 본능이 있기 때문에 수사기관에서 자신의 범죄사실을 조사하여 처벌을 받게 된다고 생각하면, 이를 감추고 싶을 것이다. 이러한 행동에 대처하기 위하여 체포·구속이 필요하다. 그리고 이러한 필요성은 수사초기단계에서 더 크다. 왜냐하면 초기단계일수록 증거가 그대로 남아 있을 가능성이 높고, 관련자의 기억도 생생하며, 피의자의 입장에서도 자신이 수사대상이라는 사실을 모르기 때문에 증거를 인멸하기 어려울 뿐더러 시간적 여유가 없어 증거를 왜곡하거나 도주하기 어렵기 때문이다. 미국에서도 영장에 의한 체포 및 영장없는 체포를 인정하고 있는데, 이는 사회적 이익과 개인의 이익이 균형을 이루는 범위내에서 수사기관의 피의자 체포행위가 국가 및 사회적 이익을 실현함에 있어 필요한 수단임을 현실적으로 인정하고 있는 증거라고 할 것이다.

제 2 절 체 포

체포란 초동수사단계에서 피의자가 범죄를 저지르고 있거나 저지르려고 하는 경우에 피의자를 체포함으로써 범죄를 막는 동시에 피의자의 인신을 확보함으로써 수사절차의 원활한 진행 및 형벌의 집행을 확보함을 그 목적으로 하는 강제처분을 말한다. 이러한 체포는 특정인의 신체의 자유를 억제하는 강제처분이라는 점에서는 구속과 같으나, 그 기간이 비교적 단기라는 점과 요건이 비교적 완화되어 있다는 점에서 구속과 구별된다. 또 구속전 피의자심문제도가 없고, 예외적으로 영장에 의하지 아니한 체포가 가능하다는 점에서도 구속과 구별된다.

현행법상 체포는 체포영장에 의한 체포, 긴급체포, 현행범인체포의 세 가지로 나누어지며, 요건이나 영장의 요부 등에서 서로 다르다.

Ⅰ. 통상체포(체포영장에 의한 체포)

1. 의   의

통상체포란 피의자가 죄를 범하였다고 의심할 만한 상당한 이유가 있고, 정당한 이유없이 수사기관의 출석요구에 응하지 아니하거나 응하지 아니할 우려가 있는 때에 법관이 발부한 영장에 의하여 수사기관이 체포하는 것으로 체포의 원칙적 형태이다($^{제200조의2}_{제1항}$). 이는 수사 초기에 간편하게 피의자의 신병을 확보할 수 있도록 하면서 구속을 신중하게 하기 위하여 도입된 제도이다.

2. 체포의 요건

(1) 범죄혐의의 상당성

① 내   용: 체포영장이 발부되기 위해서는 범죄의 혐의, 즉 피의자가 죄를 범하였다고 의심할 만한 상당한 이유가 있어야 한다($^{제200조의2}_{제1항}$). 따라서 수사기관의 단순한 주관적 혐의만으로는 부족하며, 증거자료를 기초로 하여 특정한 범죄와 특정 피의자의 결합을 긍정할 수 있는 객관적이고 합리적인 혐의가 있을 것을 요한다. 즉 소송법상 유죄의 판결을 받을 수 있는 개연성이 높아야 하므로 위법성조각사유, 책임조각사유가 있으면 체포할 수 없다.

② **구속영장발부와 동일여부:** 범죄혐의의 '상당성' 해석과 관련하여 체포영장을 발부하기 위한 범죄혐의의 정도가 구속영장발부의 경우와 동일한지에 대하여, 형사소송법이 '죄를 범하였다고 의심할 만한 상당한 이유가 있고'라는 요건을 체포($\frac{제200조의2}{제1항}$) 및 구속($\frac{제201조}{제1항}$)에서 각각 동일하게 규정하고 있다는 점 등을 근거로 범죄혐의의 정도가 동일하다는 **동일설**과 체포는 구속의 전단계인 수사 초기단계에서 이루어지는 것으로 그 효력기간이 48시간에 불과하고, 구속에 대하여는 영장청구시에 피의자심문 등 더욱 엄격한 사법적 심사가 이루어지고 있다는 점 등을 근거로 구속영장발부의 경우보다 약한 혐의로 족하다고 보는 **구별설**이 대립하고 있다.

생각건대 동일설이 규정의 문리해석에는 충실하다고 볼 수 있으나, 피의자가 소환에 불응하여 피의자신문이 불가능한 경우와 피의자신문을 거쳐 구속영장을 청구하는 경우에 동일한 정도의 혐의입증을 요구하는 것은 대표적 임의수사 방법의 하나로서 피의자신문을 규정한 형사소송법의 규정과도 부합하지 않을 뿐만 아니라 소환에 응하지 아니한 피의자를 체포 또는 긴급체포하기 전에 이미 구속에 필요한 정도로 범죄의 소명이 끝나 있어야 하고 따라서 구속영장 청구 전에 범죄사실 입증을 위한 피의자조사는 할 수 없고, 오직 증거인멸 및 도주 우려에 관한 조사만을 할 수 있다는 기묘한 이론마저 등장할 소지가 있다.

결국 법규정과 현실의 괴리를 없애고 구속에는 체포보다 엄격한 요건을 갖추어야 한다는 점을 분명히 하기 위하여 구속을 위한 혐의의 정도는 '피의자가 죄를 범하였다고 의심할 만한 상당한 이유'를, 체포를 위한 혐의의 정도는 이보다 약한 '피의자가 죄를 범하였다고 의심할 만한 객관적인 이유'를 요건으로 구별하여 규정하는 것이 타당하다고 본다.

(2) 체포사유

① **출석요구에 대한 불응 또는 불응의 우려:** 피의자를 체포하기 위해서는 범죄혐의의 상당성과 함께 수사기관이 임의수사처분으로서 피의자에게 출석요구를 하여 정당한 이유없이 이에 불응하거나 불응할 우려가 인정되어야 한다. 다만 체포영장을 청구하기 위해서는 미리 피의자에게 사전에 출석요구를 해야 하고, 피의자가 그 소환요구에 불응할 때에만 체포영장을 발부할 수 있는 것으로 엄격하게 해석한다면, '출석요구에 불응할 우려'라는 명문규정을 사문화시킬 뿐만 아니라 수사기관은 항상 피의자에게 미리 출석요구를 해야 하므로 수사의 초기단계에서 자신이 수사의 대상이 되었다는 사실을 알게 된 피의자는 증거를 인멸하거나 도주의 기회를 제공받게 된다. 따라서 구체적 상황에 대하여 가장 정확하게 알고 있는 수사기관의 판단을 가급적 존중하여 미리 출석요구를 하지 않고 체포영장을 청구하는 경우에도 특별한 하자가 없는 한, 이를 허용하는 것이 타당할 것이다.

출석요구에 대해 불응할 우려에는 출석요구에 불응할 장래의 사유, 예컨대 피의자가 도망하거나 지명수배 중에 있는 경우 등을 말한다고 볼 수 있지만, 구속사유가 있는 경우 나아가 피의자가 부당하게 형사절차의 지연을 도모할 우려가 있는 경우까지도 포함된다고 보는 것이 타당하다고 본다. 이러한 요건이 구비되면 족하고, 구속사유인 주거부정이나 도망 또는 증거인멸의 우려가 있어야 하는 것은 아니다. 왜냐하면 체포제도를 도입한 현행 형사소송법은 검사에게 이러한 구속사유의 존부에도 불구하고 체포영장의 신청을 가능하게 하여 검사의 영장신청을 용이하게 한 것으로 보아야 하기 때문이다.

② **체포의 필요성:** 현행 형사소송법은 체포의 필요성과 관련하여 체포의 남용을 방지하기 위하여 구속사유인 '도망이나 증거인멸의 우려'는 적극적인 체포의 요건이 아니지만, 소극적 요건으로 이러한 사유의 부존재가 명백한 때에는 체포의 필요성이 부인되어 체포영장을 발부할 수 없다고 규정하고 있고(제200조의2 제2항 단서), 형사소송규칙에서는 체포영장의 청구를 받은 판사는 체포의 사유가 인정되는 경우에도 피의자의 연령과 경력, 가족관계나 교우관계, 범죄의 경중 및 태양 기타 제반사정에 비추어 피의자가 도망할 염려가 없고 증거를 인멸할 염려가 없는 등 명백히 체포의 필요가 없다고 인정되는 때에는 체포영장을 기각하여야 한다고 규정하고 있다(제96조의2). 이러한 요건은 실질적으로 구속의 요건에 준하는 것으로 체포의 필요성에 대한 판단을 엄격히 함으로써 체포영장에 의한 체포가 남용되는 것을 방지하고자 하는 데 있는 것으로 보인다. 그러나 체포영장의 발부를 엄격하게 제한한다면 수사기관이 임의동행의 형식에 의하여 피의자를 연행, 구금하는 종전의 관행에 의하거나 긴급체포제도를 남용할 우려가 있게 된다. 따라서 체포영장의 발부기준은 구속영장의 발부기준보다는 완화되어 적용되어야 할 것이다.

☞ 강제수사처분 일반의 필요요건에 비추어 체포의 필요성이 적극적으로 인정되어야 체포가 가능하다는 견해도 있다. 그러나 이 견해는 ㉠ 형사소송법 제200조의2 제2항 단서가 소극적 요건으로서 체포필요성의 명백한 부존재만을 규정하고 있고, ㉡ 형사소송법은 체포영장에 의한 체포의 요건으로 '출석요구의 불응 또는 불응우려'를, 긴급체포는 구속사유인 '증거인멸 또는 도주우려' 및 '긴급성'을 요건으로 규정하고 있는데, 동 규정을 엄격히 해석한다면 출석 불응의 우려는 없으나 증거인멸의 우려가 있는 경우에는 체포영장에 의한 체포가 불가능하고 긴급체포만이 가능하다는 불합리한 결론에 이르며, ㉢ 현행법이 체포제도를 도입하면서 체포의 이유를 구속보다 완화함으로써 수사초기의 탈법적인 수사관행을 근절하고 피의자에 대한 단기간의 간편한 인치를 가능하게 한 체포제도의 도입취지와 부합하지 않는 점에서 타당하시 않다고 본다.

(3) 경미사건에 대한 특칙

다액 50만 원 이하의 벌금, 구류, 과료에 해당하는 사건에 관하여는 피의자가 일정한 주거가 없거나 정당한 이유없이 출석요구에 응하지 아니한 경우에만 체포할 수 있는데, 이는 경미범죄에 대하여 강제력의 행사를 제한함으로써 수사기관의 체포권 남용을 억제하려는 것이다. 따라서 정당한 이유없이 수사기관의 출석요구에 불응한 사유 중 출석요구에 불응할 '장래의 사유'는 제외될 것이다.

3. 체포의 절차

(1) 체포영장의 청구

① **청구권자:** 체포영장의 청구는 검사만이 할 수 있다. 사법경찰관은 직접적인 청구권이 없으며 검사에게 신청하여 검사의 청구로 관할 지방법원판사의 체포영장을 발부받아 피의자를 체포할 수 있다($^{제200조의2}_{제1항}$).

② **영장청구의 방식:** 체포영장의 청구는 서면으로 하여야 하며, 청구서에는 범죄사실의 요지를 따로 기재한 서면(수통의 영장을 청구하는 때에는 그에 상응하는 통수)을 첨부하여야 한다($^{규}_{제93조}$). 체포영장을 청구하는 경우에는 체포의 사유 및 필요를 인정할 수 있는 자료를 제출하여야 하고, 적부심사청구권자는 영장의 청구를 받은 판사에게 유리한 자료를 제출할 수 있다($^{규}_{제96조}$). 체포영장의 청구에는 체포적부심에 의하여 석방된 피의자를 제외하고는 긴급체포($^{제200조의4}_{제3항}$)나 구속영장의 경우와는 달리 재체포·재구속의 제한이 적용되지 않는다($^{제200조의2}_{제4항}$).

(2) 체포영장의 발부

① **담당법관:** 체포영장 청구사건은 당직법관($^{법원당직및비상근무규칙}_{제22조, 제24조}$) 또는 영장전담법관이 이를 처리한다. 실무상 대개는 당직법관이 처리하나, 영장전담법관 근무시간 중에 청구된 사건이나 체포영장청구사건의 수가 많은 경우 그 일부를 영장전담법관이 처리하는 경우도 있다.

② **체포영장의 심사:** 체포영장을 심사함에 있어 영장실질심사(피의자심문)를 허용할 것인가에 대하여, 체포영장은 구속영장의 심사에 비하여 신속성과 밀행성을 요한다는 점 및 현행 형사소송법이 구속영장의 발부에 대해서만 실질심사를 명시한 점 등을 고려해 볼 때, 피의자심문은 허용되지 않는다고 보아야 할 것이다(형식심사).

③ **체포영장의 발부:** 체포영장의 청구를 받은 지방법원 판사는 상당하다고 인정할 때에는 체포영장을 발부한다($^{제200조의2}_{제2항}$). 체포영장에는 피의자의 성명, 주거, 죄명, 범죄사실의 요지, 인치구금할 장소, 발부년월일, 그 유효기간과 그 기간을 경과하면 집행에 착수하지 못하며, 영장을 반환하여야 할 취지를 기재하고 법관이 서명날인하여야 한다($^{제200조의6,}_{제75조 제1항}$). 체포영장의 유효기간은 7일이며, 다만 법원 또는 법관이 상당하다고 인정하는 때에는 7일을 넘는 기간을 정할 수 있다($^{규}_{제178조}$).

④ **영장청구의 기각:** 체포영장의 청구를 받은 지방법원 판사가 체포영장을 발부하지 아니할 때에는 체포영장청구서에 그 취지 및 이유를 기재하고 서명날인한 후 청구한 검사에게 교부한다($^{제200조의2}_{제3항}$).

(3) 체포영장의 집행

① **집행절차:** 체포영장의 집행에는 구속영장의 집행에 관한 규정이 준용된다($^{제200조의5,}_{제85조}$). 따라서 체포영장은 검사의 지휘를 받아 사법경찰관리(또는 교도관리)가 집행한다($^{제200조의6, 제81조}_{제1항, 제3항}$).

피의자에 대하여 체포영장을 집행하는 경우에는 수색영장 없이 타인의 주거 등에 들어가서 피의자 발견을 위하여 수색할 수 있으며, 체포현장에서 압수·수색영장 또는 검증영장 없이 압수·수색·검증을 할 수 있다(제216조 제1항).

② **고지의무 및 통지의무:** 검사 또는 사법경찰관이 피의자를 체포하는 경우에는 피의사실의 요지, 체포의 이유와 변호인을 선임할 수 있음을 말하고, 변명할 기회를 주어야 하고 (제200조의5), 변호인이 있으면 변호인에게, 변호인이 없으면 변호인선임권자 중 피의자가 지정한 자에게 피의사건명, 체포일시·장소, 피의사실의 요지, 체포이유 및 변호인을 선임할 수 있다는 사실을 알려야 한다(제200조의6, 제87조). 통지의 방법 및 시간은 '체포한 때로부터 늦어도 24시간 이내에' 서면으로 통지하여야 하며, 급속을 요하는 경우에는 체포되었다는 취지 및 체포의 일시·장소를 전화 또는 모사전송기 기타 상당한 방법으로 통지할 수 있다(규 제51조 제3항).

(4) 체포영장의 집행 후 조치

① **구속영장의 청구:** 체포한 피의자를 수사한 결과 다시 구속하고자 할 때에는 검사는 체포한 때부터 48시간 내에 제201조의 규정에 의하여 구속영장을 청구하여야 한다(제200조의2 제5항). 이처럼 현행 형사소송법이 구속영장의 발부기간이 아니라 청구기간으로 규정한 것은 영장 발부에 필요한 충분한 수사와 구속전 피의자심문제도의 신설과 관련하여 법원이 충분한 영장심사기간을 확보할 수 있도록 하여 피의자의 인권을 실질적으로 보장하기 위한 것이다. 체포후 피의자 등은 체포의 적부심사를 청구할 수 있고(제214조의2 제1항), 이 경우 법원이 수사관계서류와 증거물을 접수한 때로부터 검찰청에 반환될 때까지의 기간은 48시간의 청구제한기간에 포함되지 않는다.

② **피의자의 석방:** 검사 또는 사법경찰관이 피의자를 체포한 때로부터 48시간이 경과하였음에도 구속영장을 청구하지 아니하거나 구속영장을 발부받지 못한 때에는 피의자를 즉시 석방하여야 한다(제200조의2 제5항, 규 제100조 제2항).

4. 구속기간의 계산

체포된 피의자를 구속영장에 의하여 구속한 때에는 구속기간은 영장을 발부한 때가 아니라 피의자를 체포한 날부터 기산한다(제203조의2). 이는 현행 형사소송법이 종전의 임의동행 또는 보호실유치를 통하여 나타났던 피의자 신병의 조기확보라는 실무상의 필요성을 체포제도에 의하여 합법화하고, 그 대신 개정전 형사소송법하에서 전혀 고려의 대상이 되지 않던 초동수사단계의 신체구속을 구속기간에 산입함으로써 피의자의 인권을 신장하려는 것으로 볼 수 있다.

Ⅱ. 긴급체포

1. 의 의

긴급체포란 사형·무기 또는 장기 3년 이상의 징역이나 금고에 해당하는 죄를 범하였다고 의심할 만한 상당한 이유가 있는 피의자를 수사기관이 일정한 요건 하에 법관의 영장을 발부받지 않고 체포할 수 있는 제도를 말한다(제200조의3). 이러한 긴급체포를 인정하는 취지는 영장주의의 원칙을 고수함으로써 중대범죄의 범인을 놓치는 결과를 방지하기 위한 것이다. 즉 체포의 긴급성에 대처함으로써 수사의 합목적성을 실현하기 위한 것이다.

2. 긴급체포의 요건

(1) 범죄혐의의 상당성

피의자가 죄를 범하였다고 의심할 만한 상당한 이유가 있어야 한다(통상체포 부분 참조).

(2) 범죄의 중대성

사형·무기 또는 장기 3년 이상의 징역이나 금고에 해당하는 범죄를 말한다. '사형·무기 또는 장기 3년 이상의 징역이나 금고'는 법정형을 의미하므로 법정형이 장기 3년 미만의 범죄들인 경우에는 실체적 경합을 이루더라도 긴급체포에 해당하지 않는다.

(3) 체포의 필요성

피의자가 증거를 인멸할 염려가 있거나 피의자가 도망 내지 도망할 우려가 존재할 것을 요한다(제200조의3 제1항). 이것은 긴급체포가 영장에 의한 체포가 아닌 점을 고려하여 그 요건을 엄격하게 요구한 것으로 볼 수 있다. 따라서 피의자가 수사기관의 소환에 응하여(자진출석하여) 조사도중 또는 즉시 귀가를 요구하는 경우에는 도주 또는 증거인멸의 구속사유를 인정할 수 없으므로 긴급체포는 원칙적으로 허용되지 않을 것이다. 다만 조사 후 구속영장을 청구하는 사이에 도망할 경우도 있을 수 있으므로 이를 일률적으로 단정할 수는 없고, 피의자가 출석하게 된 경위(경찰의 요청, 자수, 임의동행, 다른 사건의 조사차인지 등), 출석횟수, 출석불응이 있었는지, 조사시간, 수사상황 등 제반사정을 고려하여 조사과정에서 중범죄의 혐의가 인정됨에 따라 구속을 우려하여 귀가를 요구하는 것과 같이 도망 및 증거인멸의 우려가 현저한 경우에는 긴급체포를 할 수 있다(대판 1998.7.6. 98도785)고 보아야 한다. 왜냐하면 불구속 피의자가 수사기관에 자진 출석하고 있는 상황에서 피의자를 조사한 결과 구속할 필요가 있다고 판단(즉 범죄의 혐의가 있고, 증거인멸 또는 도주우려가 있다고 판단)하였을 경우에도 피의자를 귀가시킨 후 사전영장을 청구하도록 하는 것은 구속영장을 청구하는 취지(즉 증거인멸이나 도주우려)와 배치되기 때문이다. 참고인의 경우에도 참고인을 조사한 직후에 "범죄의 혐의"가 소명되었다든지, "증거인멸 또는 도주의 우려"가 있다는 것이 확인되었다면, 그 시점에서 긴급체포를 하여야 할 필요가 크다고 할 것이다.

(4) 체포의 긴급성

피의자를 우연히 발견한 경우처럼 긴급을 요하여 판사의 체포영장을 받을 시간적 여유가 없을 때를 말한다. 즉 체포영장의 발부에 소요되는 시간의 경과로 인하여 체포가 불가능하거나 현저히 곤란한 경우라고 할 수 있다. 이는 긴급체포의 남용을 방지하기 위한 것이므로, 긴급성의 요건은 기본적 인권보장의 이념과 수사의 효율성을 신중히 비교형량하여 구체적인 사정에 따라 합리적으로 판단해야 할 것이다.

문제는 피의자가 수사기관에 자진 출석하여 조사를 받는 경우에도 체포의 긴급성이 인정되는지 논란이 있다. 이에 대하여 자진 출석한 피의자에게는 체포의 긴급성이 인정되지 않으므로 원칙적으로 위법하다는 견해도 있으나, 비록 자진 출석하여 조사를 받는 경우라고하더라도 조사과정에서 새로운 혐의점이 발견되거나 조사 후 영장을 청구하는 사이에 도망할 염려도 있는 것이므로 여러 사정을 종합적으로 고려하여 체포의 긴급성을 판단하여야할 것이다.

판례도 '검사가 참고인조사를 받는 줄 알고 검찰청에 자진출석한 변호사사무실 사무장을 합리적근거 없이 긴급체포하자 그 변호사가 이를 제지하는 과정에서 위 검사에게 상해를 가한 것이 정당방위에 해당하는지 문제된 사안'에서, 「변호사 사무장은 참고인조사를 받는 줄 알고 검찰청에 자진출석하였는데 예상과는 달리 갑자기 피의자로 조사한다고 하므로 임의수사에 의한 협조를 거부하면서 그에 대한 위증 및 위증교사 혐의에 대하여 조사를 시작하기도 전에 귀가를 요구한 것이므로, 검사가 피고인을 긴급체포하려고 할 당시 사무장이 위증 및 위증교사의 범행을 범하였다고 의심할만한 상당한 이유가 있었다고 볼 수 없고, … 사무장이 임의수사에 대한 협조를 거부하고 자신의혐의사실에 대한 조사가 이루어지기 전에 퇴거를 요구하면서 검사의 제지에도 불구하고, 퇴거하였다고 하여 도망할 우려가 있다거나 증거를 인멸할 우려가 있다고 보기도 어려우므로, 위와 같이 긴급체포를 하려고 한 것은 그 당시 상황에 비추어 보아 형사소송법 제200조의3 제1항의 요건을 갖추지 못한 것으로 쉽게 보여져 이를 실행한 검사 등의 판단이 현저히 합리성을 잃었다고 할 것이다」(대판 2006.9.8, 2006도148)라고 본 반면, '피고인이 고소한 피의사실에 대하여 고소인 자격으로 피고소인과 대질조사를 받고 나서 조서에 무인하기를 거부하자 수사검사기 무고혐의가 인정된다면서 무고죄로 인지하여 조사를 하겠다고 하였고, 이에 피고인이 조사를 받지 않겠다고 하면서 가방을 들고 일어나집으로 돌아가려고 하자 검사가 범죄사실의 요지, 체포이 이유와 변호인선임권, 변명할 기회를 준후에 피고인을 긴급체포한 사안'에서, 「피의자는 임의출석의 형식에 의하여 수사기관에 자진 출석한 후 조사를 받았고, 그 과정에서 피의자가 장기 3년 이상의 범죄를 범하였다고 볼 상당한 이유가드러나고, 수사기관이 영장을 청구할 경우에는 피의자가 도주하거나 증거를 인멸할 우려가 생긴다고 객관적으로 판단되는 경우에는 자진출석한 피의자에 대해서도 긴급체포가 가능하다」(대판 1998.7.6, 98도785)고 판시한 바 있다.

3. 긴급체포의 절차

(1) 주　　체

긴급체포를 할 수 있는 자는 검사 또는 사법경찰관이다(제200조의3). 이와 관련하여 판례는 사법경찰리도 긴급체포의 권한이 있다는 입장이지만(대판 2000.7.4, 99도434), 긴급체포는 예외적 강제처분이므로 그 주체를 엄격히 제한할 필요가 있으며, 사법경찰리는 수사를 보조하는 자에 불과하므로 독자적인 긴급체포권을 부정하는 것이 타당하다고 본다. 따라서 사법경찰리는 현행범체포의 방식에 의해서만 독자적으로 피의자의 신병을 확보할 수 있다고 보아야 할 것이다. 물론 사법경찰리도 검사나 사법경찰관으로부터 구체적인 사건의 수사 및 피의자 검거를 담당하라는 수사명령을 받는 경우 사법경찰관의 사무를 취급할 수 있는 권한이 인정되는 **사법경찰관사무취급**가 되므로, 해당 사건의 피의자를 긴급체포할 수 있다고　본다.

사법경찰관이 긴급체포한 경우에는 즉시 검사의 사후승인을 얻어야 하며, 승인을 얻지 못하면 석방하여야 한다(동조 제2항). 이는 사법경찰관이 긴급체포를 하는 초동수사단계의 긴급을 요하는 상황에서 검사의 사전지휘를 받도록 하는 것은 논리적 모순일 뿐만 아니라 현실적으로도 불가능하므로 사후승인만을 받도록 한 반면, 적법한 절차로 긴급체포를 한 것인가의 여부를 감독하기 위하여 긴급체포장 발부대장 및 긴급체포 사후승인대장 등을 비치하여 긴급체포상황을 명확하게 하려는 취지로 볼 수 있다.

(2) 고지의무 및 통지의무

체포영장에 의한 체포의 경우와 동일하다. 다만 달아나는 피의자를 쫓아가 붙들거나 폭력으로 대항하는 피의자를 실력으로 제압하는 경우에는 붙들거나 제압하는 과정에서 하거나, 그것이 여의치 않은 경우에는 일단 붙들거나 제압한 후에 지체 없이 미란다 원칙을 고지하면 족하다는 것이 판례의 입장이다(대판 2009.11.29, 2007도7961).

(3) 긴급체포의 승인

사법경찰관이 긴급체포를 하였을 때에는 12시간 내에 검사에게 긴급체포한 사유와 체포를 계속하여야 할 사유 등을 기재한 '긴급체포승인건의서'를 작성하여 긴급체포 승인건의를 하여야 한다(제200조의3 제2항, 검사규 제30조 제2항, 수사준칙 제35조 제3항). 검사가 사법경찰관의 긴급체포를 승인하지 아니한 때에는 즉시 그 사실을 사법경찰관서에 통보하여야 하고, 이를 통보받은 사법경찰관은 피의자를 즉시 석방한 후 석방일시와 석방사유를 기재한 서면을 작성하여 사건기록에 편철하여야 한다.

(4) 긴급체포 후 조치

① **피의자를 구속하고자 하는 경우:** 검사 또는 사법경찰관이 긴급체포에 의하여 피의자를 구속하고자 할 때에는 지체없이 검사는 관할지방법원판사에게 구속영장을 청구하여야 하고, 사법경찰관은 검사에게 신청하여 검사의 청구로 관할지방법원판사에게 구속영장을 청

구하여야 한다. 이 경우 구속영장은 피의자를 체포한 48시간 이내에 청구하여야 하며, 긴급 체포서를 첨부하여야 한다(제200조의4 제1항). 다만 검사가 지체없이 구속영장을 청구하지 아니하거나 발부받지 못한 때에는 피의자를 즉시 석방하여야 한다(동조 제2항).

☞ 사법경찰관이 검사에게 긴급체포된 피의자에 대한 긴급체포승인건의와 함께 구속영장을 신청한 경우, 검사가 이의 판단을 위하여 피의자를 대면할 수 있는지 여부에 대하여 논란이 있다. 이에 대 하여 판례는 「**피의자의 인권에 대한 부당한 침해를 초래하지 않도록 긴급체포의 적법성 여부를 심사하면서 수사 서류뿐만 아니라 피의자를 검찰청으로 출석시켜 직접 대면조사할 수 있는 권한을 가진다고 보아야 한다.** 따라서 이와 같은 목적과 절차의 일환으로 검사가 구속영장 청구 전에 피의자를 대면조사하기 위하여 사 법경찰관리에게 피의자를 검찰청으로 인치할 것을 명하는 것은 적법하고 타당한 수사지휘 활동에 해당하고, 수사지휘를 전달받은 사법경찰관리는 이를 준수할 의무를 부담한다. 다만 체포된 피의자 의 구금장소가 임의적으로 변경되는 점, 법원에 의한 영장실질심사제도를 도입하고 있는 현행 형 사소송법 하에서 체포된 피의자의 신속한 법관 대면권 보장이 지연될 우려가 있는 점 등을 고려하 면, 위와 같은 검사의 구속영장 청구전 피의자 대면조사는 긴급체포의 적법성을 의심할 만한 사유 가 기록 기타 객관적 자료에 나타나고 피의자의 대면조사를 통해 그 여부의 판단이 가능할 것으로 보이는 예외적인 경우에 한하여 허용될 뿐, 긴급체포의 합당성이나 구속영장청구에 필요한 사유를 보강하기 위한 목적으로 실시되어서는 아니된다. 나아가 검사의 구속영장 청구전 **피의자 대면조사는 강제수사가 아니므로 피의자는 검사의 출석요구에 응할 의무가 없고, 피의자가 검사의 출석요구에 동의한 때에 한 하여 사법경찰관리는 피의자를 검찰청으로 호송하여야 한다**」(대판 2010.10.28, 2008도11999)라고 판시하여 제한적으로 긍정적 인 입장을 취하고 있다.

② **구속영장을 청구하지 아니하고 석방한 경우:** 검사가 구속영장을 청구하지 아니하고 피 의자를 석방한 경우에는 석방한 날로부터 30일 이내에 서면으로 ㉠ 긴급체포 후 석방된 자 의 인적 사항, ㉡ 긴급체포의 일시·장소와 긴급체포하게 된 구체적 이유, ㉢ 석방의 일시· 장소 및 사유, ㉣ 긴급체포 및 석방한 검사 또는 사법경찰관의 성명 등의 사항을 법원에 통 지하여야 하며, 이 경우 긴급체포서의 사본을 첨부하여야 한다(제200조의4 제4항). 사법경찰관이 긴급 체포한 피의자에 대하여 구속영장을 신청하지 아니하고 석방한 경우에는 즉시 검사에게 보 고하여야 하며(동조 제6항), 이 경우 검사가 법원에 일정사항을 통지하도록 규정함으로써 사법경찰 관의 긴급체포자 석방여부가 검사의 통제 하에 있음을 명확히 하였다.

③ **열람·등사의 청구:** 긴급체포 후 석방된 자 뜨는 그 변호인·법정대리인·배우사·식계 친족·형제자매는 통지서 및 관련서류를 열람하거나 등사할 수 있다(제200조의4 제5항). 석방된 피의 자측에게 열람·등사권을 부여한 것은 긴급체포로 인한 위법행위의 시정이나 배상을 구하 는 데에 이를 사용할 수 있도록 하기 위한 것으로 볼 수 있다.

④ **위법수사의 고려여부:** 구속사유는 인정되지만 긴급체포가 위법한 경우에 이를 고려할 것인지 여부가 문제된다. 이에 대하여 ㉠ (수임)판사는 수사절차의 적법절차의 보장 및 피의 자의 인권보장을 위하여 구속의 요건뿐만 아니라 긴급체포의 적법성, 즉 체포당시 긴급체포 의 요건이 충족되었는지도 함께 판단해야 한다는 **고려설**과 ㉡ 현행 형사소송법은 피의자에

대한 체포와 구속을 구별하고 있을 뿐만 아니라 체포전치주의를 채택하지도 않고 긴급체포의 경우에는 사후에 구속영장을 청구하도록 규정하고 있어서 긴급체포는 영장 없는 무영장체포가 되었으며, 따라서 구속영장의 발부에 있어서 구속과 관계없는 체포의 적법성을 심사할 여지는 없게 되었다는 **불고려설**이 있다.

생각건대 종래 긴급구속에서 사후구속영장을 발부받게 하던 것과 달리 긴급체포는 사후에 체포영장이 아닌 구속영장을 발부받도록 하고 있다는 점에서 불고려설도 일리가 있으나, 일련의 절차를 이루는 수사과정에서 선행절차의 위법성이 중대하고 후행절차의 전제가 된다면 선행절차의 위법은 후행절차의 위법으로 이어지게 되는 것이므로 형사사법에 있어서의 기본권보장 및 적법절차 확보의 측면에서 이러한 위법한 수사는 배척되어야 하고, 제200조의4 제1항에서 구속영장청구기간을 48시간 이내로 제한하고 있을 뿐만 아니라 긴급체포서를 첨부하여야 한다고 규정하고 있는 취지를 고려할 때 고려설이 타당하다고 본다. 따라서 제201조 제4항의 '상당하다'에는 수사절차의 적법성까지 포함하는 것으로 해석하는 것이 타당하며, 다만 형사사법의 직무부담과 소송경제를 고려하여 중대한 위법이 있는 경우에 한정해야 할 것이다.

(5) 재(긴급)체포의 제한

긴급체포되었으나 구속영장을 청구하지 아니하거나 구속영장을 발부받지 못하여 석방된 자는 영장 없이는 동일한 범죄사실에 관하여 다시 체포하지 못한다($^{제200조의4}_{제3항}$). 따라서 검사 또는 사법경찰관은 동일한 범죄사실에 관하여는 재차 긴급체포를 할 수 없고, 체포영장에 의한 체포나 구속영장에 의한 구속만이 가능하다($^{대판\ 2001.9.28,}_{2001도4291}$).

4. 관련문제

(1) 긴급체포의 요건을 결여한 체포 중 작성된 피신조서의 증거능력

참조판례 「긴급체포의 요건을 갖추었는지 여부는 사후에 밝혀진 사정을 기초로 판단하는 것이 아니라 체포당시의 상황을 기초로 판단하여야 하고, 이에 관한 검사나 사법경찰관 등 수사주체의 판단에는 상당한 재량의 여지가 있다고 할 것이나, 긴급체포당시의 상황으로 보아서도 그 요건의 충족여부에 관한 검사나 사법경찰관의 판단이 경험칙에 비추어 현저히 합리성을 잃은 경우에는 그 체포는 위법한 체포라 할 것이고, 이러한 위법은 영장주의에 위배되는 중대한 것이니 그 체포에 의한 유치중에 작성된 피의자신문조서는 위법하게 수집된 증거로서 특별한 사정이 없는 한 이를 유죄의 증거로 할 수 없다」($^{대판\ 2006.9.8,}_{2006도148}$).

(2) 긴급체포와 압수·수색·검증

검사 또는 사법경찰관이 피의자를 긴급체포하는 경우에 영장없이 타인의 주거 등에 들어가서 피의자를 수색하거나, 체포현장에서 압수·수색·검증을 할 수 있고($^{제216}_{조}$), 긴급체포된 자가 소유·소지·보관하는 물건에 대하여 긴급히 압수할 필요가 있는 경우에는 체포한 때부터 24시간 이내에 한하여 영장없이 압수·수색 또는 검증을 할 수 있으며(제217조 제1항), 다만 이 경우 계속 압수할 필요가 있는 경우에는 지체없이 압수수색영장을 청구하여야 한다(동조 제2항). 따라서 압수수색영장을 청구하여 이를 발부받지 아니하고도 즉시 반환하지 아니한 압수물은 이를 유죄 인정의 증거로 사용할 수 없으며, 헌법과 형사소송법이 선언한 영장주의의 중요성에 비추어 볼 때 피고인이나 변호인이 이를 증거로 함에 동의하였다고 하더라도 달리 볼 것은 아니다(대판 2009.12.24, 2009도11401).

III. 현행범인의 체포

1. 의 의

현행범인은 누구든지 영장없이 체포할 수 있는데(헌법 제12조 제3항 단서), 형사소송법은 현행범인을 고유한 의미의 현행범인과 준현행범인으로 나누어 규정하고 있다. 이러한 현행범인의 체포를 인정하는 이유는 경찰관이 영장이 없다고 하여 현행범인을 방치할 경우 구속을 비롯한 수사활동이 불필요하게 어려워지거나 효율성이 떨어질 뿐더러 부당한 인신구속의 염려도 있다는 점을 고려한 것이다. 현행범인의 체포에 일반 국민의 협조를 기대하기 위하여 일반 사인에게도 그 권한을 인정하고 있다.

(1) 고유한 의미의 현행범인(現行犯人)

현행범인이란 범죄의 실행 중이거나 실행의 즉후인 자를 말한다(제211조 제1항). 여기서 '범죄의 실행 중'이란 범죄의 실행에 착수하여 종료하지 못한 상태를 말하고, '범죄의 실행의 즉후'란 범죄의 실행행위를 종료한 직후의 범인이라는 것이 체포하는 자의 입장에서 볼 때 명백한 경우를 말한다(대판 2002.5.10, 2001도300). 따라서 미수가 처벌되는 범죄에 있어서는 실행의 착수가 있으면 족하고, 예비·음모를 벌하는 경우에는 예비·음모가 실행행위에 해당한다. 교사범과 방조범도 정범의 실행행위를 전제로 하므로 정범의 실행행위가 개시된 때로 보아야 한다(통설). 다만 간접정범의 경우 간접정범의 이용행위가 있으면 족하다는 견해가 있으나, 이용행위 자체는 구성요건적 정형성이 없을 뿐만 이니라 이용행위를 기준으로 하면 현행범인의 범위가 넓어진다는 점에서 간접정범의 현행범 성립은 피이용자의 행위를 기준으로 하는 것이 타당하다고 본다(다수설).

(2) 준현행범인(準現行犯人)

준현행범인이란 현행범인은 아니지만, ① 범인으로 불리며 추적되고 있을 때, ② 장물이나 범죄에 사용되었다고 인정하기에 충분한 흉기나 그 밖의 물건을 소지하고 있을 때, ③

신체나 의복류에 증거가 될 만한 뚜렷한 흔적이 있을 때, ④ 누구냐고 묻자 도망하려고 할 때 현행범인으로 간주되는 자를 말한다(제211조
제2항).

여기서 누구냐고 묻자 도망하려고 할 때란 주로 경찰관직무집행법에 의한 불심검문의 경우를 말하는데, 이러한 자는 범행실행행위의 종료와 시간적 접착성이 인정되는 경우가 아니므로 이러한 자를 준현행범인으로 보는 것은 문제가 있다. 판례는「순찰중이던 경찰관이 교통사고를 낸 차량이 도주하였다는 무전연락을 받고 주변을 수색하다가 범퍼 등의 파손상태로 보아 사고차량으로 인정되는 차량에서 내리는 사람을 발견한 경우, 형사소송법 제211조 제2항 제2호 소정의 '장물이나 범죄에 사용되었다고 인정함에 충분한 흉기 기타의 물건을 소지하고 있는 때'에 해당하므로 준현행범으로서 영장없이 체포할 수 있다」(대판 2000.7.4,
99도4341)고 판시한 바 있다.

2. 체포의 주체

현행범인은 누구든지 영장 없이 체포할 수 있다. 즉 검사 또는 사법경찰관리는 물론 사인도 현행범인을 체포할 수 있다. 그러나 사인은 체포할 권한을 가질 뿐이며 체포의 의무가 있는 것은 아니다. 국회의원의 불체포특권은 현행범의 경우에는 인정되지 않는다(헌 제44조
제1항).

3. 체포의 요건

(1) 범죄사실의 명백성

범죄사실이 존재해야 한다. 따라서 범죄의 성립여부가 불확실한 경우는 물론 위법성조각사유 내지 책임조각사유가 있거나 형사미성년자의 범죄인 경우에는 현행범체포가 허용되지 않는다. 친고죄의 경우, 고소가 없어도 체포는 가능하지만 고소가능성이 전혀 없으면 체포할 수 없다고 보아야 할 것이다. 다만, 범죄사실의 명백성은 체포 당시의 구체적 상황을 기초로 객관적으로 판단하여야 하고, 사후에 범인으로 인정되었는지에 의할 것은 아니다(대판 2013.8.23,
2011도4763).

(2) 체포의 필요성

긴급체포의 경우와는 달리 현행범인의 체포에 도망이나 증거인멸의 우려와 같은 구속사유가 필요하다는 명문규정이 없지만, 현행범인의 체포에도 긴급체포와 같이 구속사유가 인정되어야 하는지 논란이 있다.

① **학   설:** 현행범체포는 사전영장주의의 예외를 인정하는 것에 그치는 것이지 체포의 요건까지 완화시키는 것은 아니므로 현행범인이라도 긴급체포의 경우와 마찬가지로 증거인멸이나 도망 또는 도망의 염려가 있는 경우에 한하여 허용된다는 **적극설**(구속사유필요설)(다수설)과 현행 형사소송법은 현행범 체포후 사후체포영장을 요구하지 않을 뿐만 아니라 현행범체포는 범죄사실과 진범여부가 분명한 경우에 예외적으로 인정되는 인신구속의 장치이므로

별도로 구속사유를 요구하여 제한을 가할 필요가 없다는 **소극설**(구속사유불요설)이 대립하고
있다.

② **판　례:** 판례는 「현행범인은 누구든지 영장없이 체포할 수 있으므로 사인의 현행범
인 체포는 법령에 의한 행위로서 위법성이 조각된다고 할 것인데, 현행범인 체포의 요건으
로서는 행위의 가벌성, 범죄의 현행성·시간적 접착성, 범인·범죄의 명백성 외에 체포의 필
요성 즉, 도망 또는 증거인멸의 염려가 있을 것을 요한다」(대판 2011.5.26,
2011도3682)는 적극설의 입장이다.

③ **검　토:** 현행범의 경우에 있어서는 체포시에 특정한 범죄의 범인임이 명백할 뿐만
아니라 긴급성이 인정된다는 점에서, 체포영장에 의한 체포의 예외가 인정되는 경우이므로
구속사유가 존재할 필요는 없다고 본다.

(3) 비례성의 원칙

비례성의 원칙은 강제처분을 지배하는 대원칙이므로 현행범인의 체포에도 요구된다. 형
사소송법이 다액 50만원 이하의 벌금, 구류 또는 과료에 해당하는 경미사건에 대해서는 주
거부정에 한하여 체포할 수 있다고 규정하고 있는 이유도 비례성의 원칙을 표현한 것으로
볼 수 있다(제214
조).

4. 체포 시 절차

(1) 수사기관이 체포한 경우

수사기관이 체포한 경우에는 범죄사실의 요지, 체포의 이유와 변호인을 선임할 수 있음
을 말하고 변명할 기회를 주어야 한다(제213조의2,
제200조의5). 위와 같은 고지는 체포를 위한 실력행사에
들어가기 전에 미리 하여야 하는 것이 원칙이지만, 예외적으로 달아나는 피의자를 쫓아가
붙들거나 폭력으로 대항하는 피의자를 실력으로 제압하는 경우에는 붙들거나 제압하는 과
정에서 하거나 그것이 여의치 않은 경우에는 일단 붙들거나 제압한 후에 지체 없이 행하여
야 한다(대판 2012.2.9,
2011도7193).

(2) 수사기관이 아닌 자가 체포한 경우

검사 또는 사법경찰관리 아닌 자가 현행범인을 체포한 때에는 즉시 검사 또는 사법경찰
관리에게 인도하여야 한다. 따라서 사인이 체포한 현행범인을 인도하지 않고 석방하는 것은
허용되지 않는다. 왜냐하면 신체의 구속을 사인의 처분에 맡길 수 없을 뿐만 아니라, 체포
후에 임의로 석방하는 것을 허용할 때에는 체포권이 남용될 우려가 있기 때문이다. 여기서
즉시라고 함은 반드시 체포시점과 시간적으로 밀착된 시점이어야 하는 것은 아니고, '정당
한 이유 없이 인도를 지연하거나 체포를 계속하는 등으로 불필요한 지체를 함이 없이'라는
뜻으로 볼 것이다(대판 2011.12.22,
2011도12927). 사법경찰관리가 현행범인의 인도를 받은 때에는 체포자의 성
명·주거, 체포의 사유를 물어야 하고(수사준칙
제37조 제2항), 필요한 때에는 체포자에 대하여 경찰관서에

동행을 요구할 수 있다($\frac{제213조}{제2항}$).

(3) 실력행사의 가능여부

체포 시에 현행범인이 저항하는 경우에는 사회통념상 체포를 위하여 필요하고 상당하다고 인정되는 범위 내에서 실력을 행사할 수 있다. 판례도 「피고인이 도망하려는 피해자를 체포함에 있어서 멱살을 잡고 흔들어 피해자가 결과적으로 상처를 입게 된 사실이 인정된다고 하더라도 그것이 사회통념상 허용될 수 없는 행위라고 보기는 어렵다」($\frac{대판 1999.1.26,}{98도3029}$) 고 판시하고 있다. 다만 강제력의 사용은 체포목적을 달성하기 위한 적절한 수단이어야 한다.

5. 체 포 후 조 치

검사는 피의자를 구속하고자 하는 경우 48시간 이내에 체포영장의 청구가 아닌 구속영장을 청구하여야 한다. 이 경우 구속기간은 체포시부터 적용된다. 체포 후 48시간 이내에 구속영장을 청구하지 않거나 구속영장이 기각된 경우에는 즉시 석방하여야 한다($\frac{제213조의2, 제200조의2}{제5항, 규 제100조 제2항}$). 다만 이처럼 체포된 현행범인에 대하여 일정 시간 내에 구속영장의 청구여부를 결정하도록 하고 그 기간 내에 구속영장을 청구하지 아니하는 때에는 즉시 석방하도록 한 것은 영장에 의하지 아니한 체포상태가 부당하게 장기화되어서는 안 된다는 인권보호의 요청과 함께 수사기관에서 구속영장의 청구여부를 결정하기 위한 합리적이고 충분한 시간을 보장해 주려는 데에도 그 입법취지가 있다. 따라서 검사 등이 아닌 자에 의하여 현행범인이 체포된 후 불필요한 지체 없이 검사 등에게 인도된 경우에는 위 48시간의 기산점은 체포시가 아니라 검사 등이 **현행범인을 인도받은 때**로 보아야 할 것이다($\frac{대판 2011.12.22,}{2011도12927}$).

6. 체포와 압수·수색·검증

검사 또는 사법경찰관이 현행범인을 체포하는 경우에 영장 없이 타인의 주거 등에 들어가서 피의자를 수색하거나, 체포현장에서 압수·수색·검증을 할 수 있다($\frac{제216}{조}$).

제 3 절 피의자(피고인)의 구속

I. 서   설

1. 구속의 의의

구속이란 피의자 또는 피고인의 신체의 자유를 제한하는 대인적 강제처분으로 구인과 구금을 포함한다($\frac{제69조}{제201조}$). 피의자의 구속에는 체포에 연속되는 구속과 체포를 거치지 않는 구속

(피의자구인)의 두 가지 유형이 있다. 그러나 피고인의 구속(법원이 공소제기 후에 피고인을 구금하거나 구인하는 것)에는 사전구속영장에 의한 구속만이 인정되고 있으며, 이를 **법정구속**이라고도 한다. 이러한 구속은 피의자 또는 피고인의 도망이나 증거인멸을 방지하여 공판에의 출석 및 확정된 형의 집행을 확보하기 위하여 행하여지지만, 피의자의 경우에는 피의자를 구속함으로써 피의자가 추가적인 범죄행위를 저지르는 것을 차단하여 사회를 보호할 필요성도 주된 목적으로 볼 수 있다.

표 2-8 피의자구속과 피고인구속의 구별

	피의자구속	피고인구속
구속요건	O	O
검사의 영장청구	O	X
영장실질심사	O	X
영장발부	지방법원판사(수임판사)	수소법원
영장의 성격	허가장	명령장
구속기간	경찰 10일/ 검사 10일(1회 연장가능)	2개월, 심급마다 2회 연장 가능(상소심은 부득이한 경우 3회 연장 가능)
재구속 제한	다른 중요한 증거를 발견한 경우만 가능	X
구속 후 서면 통지	O	O

2. 구인과 구금

구인(拘引)이란 피의자 또는 피고인을 강제력에 의하여 법원, 교도소, 구치소 또는 경찰서 유치장에 인치하는 것($^{제71}_{조}$)을 말하며, 이 경우 유치기간은 인치한 때부터 24시간을 초과할 수 없다($^{제71조}_{의2}$). 반면에 구금(拘禁)이란 피의자 또는 피고인을 강제력에 의하여 구치소 또는 교도소에 구속하는 강제처분을 말한다(미결구금).

3. 구속영장의 유형

수사기관이 피의자를 구속함에 있어서는 지방법원 판사의 영장이 필요하다($^{제201}_{조}$). 영장은 그 용도에 따라 구인영장(구인을 위한 구속영장)과 구금영장(구금을 위한 구속영장)으로 나누어 볼 수 있다. 구금영장으로는 구인을 할 수 있으나, 구인영장으로는 피의자를 구금할 수 없다. 판례도 구속영장의 효력에 의하여 피의자를 조사실로 구인할 수 있다($^{대결\ 2013.7.1,}_{2013모160}$)는 입장이다.

Ⅱ. 구속의 요건

1. 범죄혐의의 상당성

구속의 요건으로는 피의자 또는 피고인이 죄를 범하였다고 의심할 만한 상당한 이유가 있어야 한다. 이는 범죄에 대한 객관적 혐의가 유죄의 확신에 이를 정도로 고도의 개연성이 인정되면 족하다고 본다. 따라서 소송조건이 구비되지 아니하였거나 위법성조각사유나 책임조각사유 등과 같이 범죄성립조각사유가 명백할 때에는 범죄혐의를 인정할 수 없다고 할 것이다. 다만 심신장애로 인하여 책임능력이 없거나 책임능력이 제한된 자에 대해서는 치료감호법상의 감호영장($\substack{\text{동법}\\\text{제6조}}$)에 의하여 신체의 자유를 제한할 수 있다.

2. 구속사유

(1) 일정한 주거가 없을 때($\substack{\text{제70조 제1항}\\\text{제1호}}$)

주거부정이란 생활의 본거로서 어느 정도 계속하여 기거·침식할 만한 일정한 주소나 거소가 없는 상태를 말한다. 여기서 주거부정으로 인정해야 할 것인지 여부는 주거의 종류(자택, 여관, 기숙사 등), 거주기간, 주민등록의 유무 등 주거 자체의 안정성, 피의자의 지위, 직업, 가족관계 등 생활의 안정성 등을 참작하여 판단한다. 전형적인 예로는 부랑자, 공사장을 단기간 전전하는 자, 가출한 자 등을 들 수 있지만, 주거부정은 도망의 염려를 판단하는 보조자료의 의미를 가지는 데 불과하므로 이를 독자적인 구속사유로 하는 것은 문제가 있다. 따라서 주거부정은 경미한 범죄(다액 50만 원 이하의 벌금, 구류 또는 과료에 해당하는 범죄)에 대한 유일한 구속사유가 된다는 점에서 독자적인 의미를 가질 뿐이다($\substack{\text{제70조 제3항,}\\\text{제201조 제1항}}$).

(2) 증거를 인멸할 염려가 있을 때($\substack{\text{제70조 제1항}\\\text{제2호}}$)

증거인멸의 염려란 인적·물적 증거방법에 대하여 부정한 영향을 미쳐 진실발견과 사실인정을 곤란하게 하는 것을 말한다. 예컨대 증거물·증거서류의 위조, 변조, 은닉, 손괴, 멸실 등이 여기에 해당한다. 이는 객관적으로 보아 증거인멸의 가능성이나 실효성이 인정되어야 하고, 주관적으로 피의자 자신에게 증거인멸의 의도가 있어야 한다.

(3) 도망 또는 도망할 염려가 있을 때($\substack{\text{제70조 제1항}\\\text{제3호}}$)

도망 또는 도망의 염려란 피의자가 종전 생활의 중심지를 이탈하여 그 소재가 불명하게 되어 수사기관 및 법원의 입장에서 그에 대한 소환과 구인이 불가능하게 되었거나 불가능하게 될 염려가 있는 때를 말한다. 도망할 염려를 판단함에 있어서는 일반적으로 '생활의 불안정 때문에 소재불명이 될 가능성(가족관계, 연령, 주거, 직업, 신병인수인 등의 요인)', '처벌을 모면할 목적으로 소재불명이 될 가능성(사건의 경중, 전과·전력, 집행유예·보석중, 여죄, 범행후 소재불명, 체포시의 태도 등의 요인)', '기타 사유에 의하여 소재불명이 될 가능성(신상관계 미확인, 피의사실 등에 대한 묵비·부인 등의 진술태도, 자살의 염려, 피해자와의 합의, 해외여행경력 등의 요인)'의 세 가지 요소를 판단의 기준으로 하는 것이 일반적이라고 한다.

3. 구속의 필요성

법원은 위의 구속사유를 심사함에 있어서 범죄의 중대성, 재범의 위험성, 피해자·중요 참고인 등에 대한 위해우려 등을 고려하여야 한다(제70조 제2항, 제209조). 이는 구속사유가 충족되더라도 국가형벌권의 적정한 행사를 위하여 피의자를 구속하지 않으면 안 되는 구속의 필요성을 규정한 것으로, 미국 등 선진 외국의 예방적 구금개념과 유사한 범죄의 중대성, 재범의 위험성, 피해자·중요 참고인 등에 대한 위해 우려 등이 구속사유 심사의 고려사항으로 되었다는 점에 큰 의미가 있다. 이 규정은 피의자에게도 준용된다.

III. 구속의 절차

1. 구속에 관한 결정

피의자구속에 관한 결정은 관할지방법원 판사가 결정한다. 피고인구속에 관한 결정은 원칙적으로 수소법원(긴급을 요하는 때에는 재판장 또는 수명법관)이 하여야 하나, 상소 중 또는 상소기간 중의 사건이나 이송, 파기환송 또는 파기환송중의 사건의 경우에는 예외규정이 있다(규제57조).

2. 구속영장의 청구 및 발부

(1) 구속영장의 성질 및 청구권자

① **구속영장의 성질:** 피의자에 대한 구속영장의 성질은 수사구조론과 관련되는 것으로, 허가장설과 명령장설의 대립이 있다(수사구조론 부분 참조). 반면에 피고인에 대한 구속영장은 피고인의 구속을 결정하는 수소법원의 재판서로서 재판의 집행기관에 피고인의 구속을 집행해야 한 의무를 발생시키는 **명령장**의 성질을 갖는다. 따라서 검사에 의한 구속영장의 청구를 필요로 하지 않는다. 판례도 재판 중인 피고인에 대한 법원의 구속영장의 발부시 검사의 신청이 필요한가에 대하여 소극적인 입장을 취하고 있다(대결 1996.8.12, 96모46).

② **청구권자:** 구속영장의 청구권자는 검사에 한하고(제201조 제1항), 사법경찰관은 검사에게 구속영장의 청구를 신청할 수 있을 뿐 직접적인 청구권이 없다.

(2) 사법경찰관이 신청한 영장의 청구 여부에 대한 심의

사법경찰관은 검사가 사법경찰관이 신청한 영장을 정당한 이유 없이 판사에게 청구하지 아니한 경우, 그 검사 소속의 지방검찰청 소재지를 관할하는 고등검찰청에 영장 청구 여부에 대한 심의를 신청할 수 있다($^{제221조의5}_{제1항}$). 이를 위하여 각 고등검찰청에 영장심의위원회를 두며, 심의위원회는 각 고등검찰청검사장이 위촉하는 위원장 1명을 포함한 10명 이내의 외부 위원으로 구성한다($^{동법}_{제3항}$). 사법경찰관은 심의위원회에 출석하여 의견을 개진할 수 있다($^{동법}_{제4항}$).

이에 대해, 검사의 영장불청구에 대한 정당성 여부를 심의하는 기구를 검찰청 내에 설치하는 점과 심의결과의 기속력에 대하여 언급이 없는 점은 아쉽지만 기본적으로 찬성하는 입장도 있으나, 첫째, 국민은 경찰의 판단에 따라 여러 번 강제수사의 위험에 빠지고, 민간인에 의한 영장재판을 받게 된다는 점, 둘째, 영장심의위원회에 수사주체인 사법경찰은 참석하여 의견을 개진할 수 있는 반면, 그 대상자인 국민은 아무런 절차를 보장하고 있지 않을 뿐만 아니라 설령 대상자가 심의위원회에 나가 의견 제시를 할 수 있게 한다면 이것은 사실상 재판이 되는 것이고, 법관이 아닌 자에 의한 재판을 받는 것으로 위헌문제가 제기될 수 있다는 점 등을 고려할 때, 과연 무엇을 위한 심의위원회인지 의문이 든다.

(3) 구속영장의 발부

① **담당법관:** 체포영장의 경우와는 달리 구속영장청구에 대한 심사는 지방법원 또는 지원의 장이 정하는 전담법관이 담당한다($^{규}_{제96조의5}$).

② **구속 전 피의자심문:** 체포된 피의자에 대하여 구속영장을 청구받은 판사는 지체없이 피의자를 심문하여야 한다. 이 경우 특별한 사정이 없는 한 구속영장이 청구된 날의 다음날까지 심문하여야 한다($^{제201조의2}_{제1항}$).

③ **구속의 결정:** 피의자심문이 끝나면 구속여부를 결정하여야 하는데, 피의자에 대하여 피의자심문을 한 경우에 구속영장 발부의 결정은 피의자심문을 종료한 때로부터 지체 없이 하여야 한다. 특히 구인된 피의자가 법원에 유치된 때에는 피의자심문 후 지체없이 구금영장의 발부여부를 결정하여야 한다.

④ **구속영장의 기각:** 판례는 구속영장의 기각은 판사의 명령에 해당하므로 이에 대해서는 항고($^{대결 1997.9.9,}_{97모84}$)나 준항고($^{대결 2006.12.18,}_{2006모646}$)는 물론 재항고도 할 수 없다는 입장이다. 그 근거로 ㉠ 형사사법절차에서 수사 또는 공소제기 및 유지를 담당하는 주체로서 피의자 또는 피고인과 대립적 지위에 있는 검사에게 어떤 재판에 대하여 어떤 절차를 통하여 어느 범위 내에서 불복방법을 허용할 것인가 하는 것은 입법정책의 문제이고, ㉡ 구속영장 기각처분의 법적 성질은 '명령'에 해당하고 항고의 대상이 되는 것은 '결정'에 한하므로 구속영장 기각처분은 항고의 대상이 되지 않고, ㉢ 영장청구가 기각된 경우에 검사는 그 영장의 발부를 재청구($^{제201조}_{제5항}$)하면 족하며, ㉣ 형사소송법 제416조 준항고의 대상은 그 주체가 수소법원의 일원인 '재판장 또는 수명법관'의 재판을 의미하므로 (지방법원)판사의 재판에 대하여는 준항고를 제기할 수 없다는 점 등을 들고 있다.

그러나 ㉠ 법원의 결정에 대하여 개별조문에 "항고할 수 없다"는 규정($^{예컨대 제214조의2}_{제8항}$)이 없는 한, 원칙적으로 모두 (일반)항고가 허용된다고 보아야 하며, 이는 '수소법원이 아닌 법원'의 보증금납입조건부 석방결정($^{제214조의2}_{제5항}$) 등에 대하여 판례가 항고를 허용($^{대결 1997.8.27.}_{97모21}$)하는 이유이며, ⓒ 영장의 재청구제도는 새로운 증거자료 등에 기초한 새로운 청구이므로 영장재판의 자의성을 시정하고, 법적용의 통일을 도모하기 위한 원재판의 동일성을 유지한 상태에서 그에 불복하는 항고제도와는 질적으로 성격이 다르고, ⓒ 검사의 불복방법을 인정하더라도 집행정지효력이 없으면 피의자는 석방된 상태에 있으므로 부당한 신체구속이 계속되는 것은 아니며, ② 현행법은 증거보전청구기각에 대한 항고를 인정하고 있는데($^{제184조}_{제4항}$), 증거보전절차에서 압수·수색이나 증인신문청구를 기각하는 재판에 대하여는 항고를 허용하고, 일반절차에서의 압수·수색이나 제221조의2에 의한 증인신문청구를 기각하는 재판에 대하여 항고를 불허하는 것은 동일한 수사절차상 처분을 구별하여 취급하는 것으로 부당하다는 점 등을 고려해 볼 때, 구속영장 기각결정에 대한 불복수단을 인정해야 할 것이다. 다만 현행법은 준항고의 대상을 '재판장 또는 수명법관'으로 한정하고 있으므로 법원의 결정(명령)에 대한 일반적 불복조항인 보통항고($^{제402}_{조}$)를 인정하는 것이 타당하다고 본다.

3. 구속영장의 집행

(1) 구속영장의 집행기관

구속영장은 검사의 지휘로 사법경찰관리가 집행하고($^{제209조, 제81조 제1항 본문, 검사규}_{제20조, 수사준칙 제31조 제1항}$), 급속을 요하는 경우에는 재판장, 수명법관 또는 수탁판사가 그 집행을 지휘할 수 있고($^{제81조}_{제1항 단서}$), 이 경우 법원사무관 등에게 그 집행을 명할 수 있으며, 법원사무관등은 사법경찰관리·교도관 또는 법원경위에게 보조를 요구할 수 있다($^{제81조}_{제2항}$). 교도소 또는 구치소에 있는 피의자에 대하여는 교도관이 집행한다($^{제209조,}_{제81조 제3항}$).

(2) 구속 시 조치

① **영장제시와 사본교부의 의무:** 구속영장을 집행함에는 피의자 또는 피고인에게 영장을 제시하고 그 사본을 교부하여야 하며, 신속히 지정된 법원 또는 기타 장소에 인치하여야 한다. 다만 구속영장을 소지하지 않은 경우에 급속을 요하는 때에는 피의사실요지 내지 공소사실요지, 영장발부의 사실을 알리고 집행할 수 있고, 이때에는 집행을 완료한 후에 신속히 구속영장을 제시하고 그 사본을 교부하여야 한다($^{제209조,}_{제85조}$).

〔삼초판례〕 「사법경찰관리가 벌금형을 받은 이를 그에 따르는 노역장 유치의 집행을 위하여 구인하려면 검사로부터 발부받은 형집행장을 상대방에게 제시하여야 한다」($^{대판 2017.9.26.}_{2017도9458}$).

② **고지의무:** 피의자의 경우에는 체포영장의 고지와 동일하다($^{제209조,}_{제200조의5}$). 피고인의 경우에도 체포영장의 고지와 동일하게 범죄사실의 요지, 구속의 이유, 변호인을 선임할 수 있음을 말하고 변명의 기회를 주어야 하지만, 피고인이 도망한 때에는 이러한 사실을 고지할 필요가 없다($^{제72}_{조}$). 이와 같은 체포영장의 제시나 고지 등은 체포를 위한 실력행사에 들어가기 이전에 미리 하여야 하는 것이 원칙이지만, 달아나는 피의자를 쫓아가 붙들거나 폭력으로

대항하는 피의자를 실력으로 제압하는 경우에는 붙들거나 제압하는 과정에서 하거나, 그것이 여의치 않은 경우에는 일단 붙들거나 제압한 후에 지체 없이 하여야 한다(대판 2017.9.21, 2017도10866). 도망간 피고인은 스스로 법관을 대면할 기회를 포기한 것으로 볼 수 있으므로 범죄사실의 요지 등을 고지할 필요성이 크지 아니할 뿐만 아니라 현실적으로 도망간 피고인에게 이를 고지하는 것은 사실상 불가능한 측면을 고려한 것이다. 피고인을 구속한 경우에는 즉시 공소사실의 요지와 변호인을 선임할 수 있음을 알려야 한다(제88조). 다만 판례는 형사소송법 제88조는 사후 청문절차에 관한 규정으로서 이를 위반하였다 하여 구속영장의 효력에 어떠한 영향을 미치는 것은 아니라는 입장이다(대결 2000.11.10, 2000모134).

  ③ **통지의무:** 체포영장의 통지와 동일하다(규 제51조 제3항).

4. 구속 후 조치

  구속영장의 집행사무를 담당한 자가 구속영장을 집행한 때에는 구속영장에 집행일시와 장소를, 집행할 수 없었을 때에는 그 사유를 각 기재하고 서명·날인하여야 한다(규 제49조 제1항). 구속영장의 집행에 관한 서류는 집행을 지휘한 검사 또는 수탁판사를 경유하여 구속영장을 발부한 법원에 이를 제출하여야 한다(동조 제2항).

Ⅳ. 구속영장의 효력

1. 의   의

  구속영장의 효력으로는 인신의 자유를 제한하는 적극적 효력(제73조, 제75조,)과 재구속이 금지되는 소극적 효력(제208조 제1항)이 인정된다. 한편 감정유치장(제172조, 제221조의3)도 인신구속을 내용으로 하는 영장이지만, 그 인신구속의 목적이 신병의 확보 그 자체에 있는 것이 아니라 감정에 있으므로 구속영장과 구별되며, 검사가 발부한 형집행장(제473조)도 실질적으로 구속영장의 성질을 갖고 있으나, 법원 또는 법관이 발부한 영장이 아니므로 현행법상 구속영장에 해당하지 않는다.

2. 구속영장의 효력범위

  구속은 범죄사실을 단위로 하는 것이 아니라 피의자 또는 피고인에 대한 것이라는 인단위설도 있으나, 구속영장의 효력은 구속영장에 기재된 범죄사실에 대해서만 미친다는 **사건단위설**이 통설이다. 그 근거로 ㉠ 구속영장의 효력에 관하여 인단위설의 입장을 취하게 되면, 법원에 의한 구속사유의 심사대상이 되지도 않고 피의자에게 고지되지도 않은 범죄사실에까지 구속의 효력이 미치게 되므로 영장주의에 입각한 사법적 억제의 기능을 해하게 되고, ㉡ 제81조 제3항은 교도소 또는 구치소에 있는 피고인에 대하여 발부된 구속영장은 검사의 지휘에 의하여 교도관리가 집행한다고 규정하고 있는바, 이는 구속 중인 피의자·피고인에 대한 이중구속을 당연히 예정하고 있다고 볼 수 있다는 점 등을 들고 있다.

> **참조판례** 「구속의 효력은 원칙적으로 구속영장에 기재된 범죄사실에만 미친다」(대결 1996.8.12, 96모46)고 판시하여 기본적으로는 사건단위설을 취하면서도, 「구속영장의 효력은 구속영장에 기재된 범죄사실 및 그 사실의 기초가 되는 사회적 사실관계가 기본적인 점에서 동일한 공소사실에 미친다고 할 것이고, 이러한 기본적 사실관계의 동일성을 판단함에 있어서는 그 사실의 동일성이 갖는 기능을 염두에 두고 피고인의 행위와 그 사회적인 사실관계를 기본으로 하되 규범적 요소도 아울러 고려하여야 한다」(대결 2001.5.25, 2001모85).

3. 구속영장의 집행정지

(1) 보 석

보석허가결정의 경우는 구속영장이 실효되는 것이 아니고, 구속의 집행이 정지될 뿐이다(제94조, 제95조, 제209조 불준용).

(2) 구속의 집행정지

검사는 상당한 이유가 있는 때에는 '구속집행정지결정서'에 의하여 구속된 피의자를 친족·보호단체 기타 적당한 자에게 부탁하거나 피의자의 주거를 제한하여 구속의 집행을 정지할 수 있고, 사법경찰관은 검사에게 구속집행정지신청을 할 수 있다(제209조, 제101조 제1항, 검사규 제48조 제1항). 피의자 또는 피고인에 대한 구속의 집행정지의 경우에는 구속의 집행이 정지될 뿐이며 구속영장의 효력에는 영향이 없다(제101조 제1항, 제209조).

4. 구속영장의 실효

(1) 의 의

구속영장의 실효는 구속의 법적 근거인 구속영장 자체가 효력을 잃는다는 점에서 구속의 집행만을 차단하는 구속집행정지와는 구별된다. 공소제기는 구속영장의 실효사유에 포함되지 않는다.

(2) 실효사유

① **구속의 취소:** 구속의 사유가 없거나 소멸된 경우에 지방법원판사가 직권 또는 검사, 피의자, 변호인 또는 변호인선임권자의 청구에 의하여 구속을 취소하는 때(제93조, 제209조)에는 구속영장이 실효된다.

② **구속적부심에 의한 석방결정:** 법원의 구속적부심사에 의한 석방결정이 외부적으로 성립하면 피의자에 대한 구속영장은 당연히 실효된다.

③ **구속기간의 만료:** 피의자에 대한 구속기간이 만료되면 구속영장은 당연히 실효된다(제202조, 제203조). 피고인에 대한 구속기간이 만료된 경우에도 구속영장은 당연히 실효된다(통설). 이

에 대하여 판례는 구속영장의 효력이 당연히 실효되는 것은 아니라는 입장이다(대판 1964.11.17,
64도428).
그러나 수사기관의 피의자에 대한 구속기간의 만료는 당연히 구속영장의 실효와 피의자의
석방을 가져옴에 대하여, 법원의 피고인에 대한 구속기간만료는 구속영장의 효력을 지속시
킨다는 것은 모순이므로 통설이 타당하다.

④ **무죄 등의 선고:** 피고인에 대하여 무죄, 면소, 형의 면제, 형의 선고유예, 형의 집행유
예, 공소기각 또는 벌금이나 과료에 과하는 판결이 선고된 때에는 선고와 동시에 구속영장
은 당연히 그 효력을 상실한다(제331
조).

⑤ **사형 또는 자유형의 확정:** 구속(구금)은 이른바 미결구금을 말하고 종국판결이 확정될
때까지 인정되는 것이므로, 판결이 확정되면 이미 구속이라는 것이 있을 수 없다. 따라서
구속 중의 피고인에 대하여는 자유형의 판결이 확정되면 그와 동시에 형의 집행이 시작되
며(형법 제84조
제1항), 구속영장은 효력을 상실한다. 또 사형의 선고를 받은 자는 그것이 집행될 때까
지 교도소 또는 구치소에 구치되나 이는 확정판결 그 자체의 효력이지 구속영장의 효력이
존속하는 것은 아니다.

표 2-9 체포 및 구속의 비교

	체포영장에 의한 체포	긴급체포	현행범체포	구　속
1. 체포·구속사유 (요건의 차이)	범죄혐의의 상당성/ 체포사유(출석요구 불응 또는 불응우려)/ 체포의 필요성 (포함설/제외설)	범죄혐의의 상당성 /범죄의 중대성/ 체포의 필요성 (제70조의 구속사유)/ 체포의 긴급성	범죄의 명백성/ 체포의 필요성 (판례: 구속사유 필요)	범죄혐의의 상당성/ 구속사유(제70조)/ 구속의 필요성
2. 영장의 종류 및 요부	체포영장/사전영장	불요/구속시 구속영장청구	불요/구속시 구속 영장청구	사전구속영장발부/ 구속전피의자심문
3. 인신구속의 적부심사청구	체포적부심 인정	체포적부심 인정	체포적부심 인정	구속적부심 인정
4. 체포·구속기간	체포시로부터 48시간 이내에 구속영장 청구하지 않으면 석방/ 체포기간은 구속기간에 산입	동　일	동　일	사경 및 검사 각각 10일/검사는 1차에 한해 연장 가능
5. 경미사건에 대한특칙(다액 50만 원 이하의 벌금)	① 주거부정 또는 　출석요구 불응 ② 불응우려는 제외	특칙 부적용 긴급체포 자체가 중대사건에 한정	주거부정	주거부정

V. 관련문제

1. 이중구속(二重拘束)

> **사 례** ─────────────
>
> 피의자 甲은 서울중앙지검 A검사가 발부받은 사문서위조죄에 대한 구속영장에 의거, 이미 서울구치소에 수감되어 있는데, 이 사실을 알지 못한 수원지검의 B검사가 위 甲에 대한 사기죄의 사전영장을 발부받았다. 이 경우 B검사가 발부받은 구속영장의 효력은 어떠한가?

(1) 의   의

이중구속이란 '甲'범죄사실로 이미 구속되어 있는 피의자 또는 피고인을 별개의 범죄사실인 '乙'범죄사실로 거듭 구속하는 것을 말하며 **구속의 경합**이라고도 한다. 이는 동일 피의자·피고인에 대한 별개의 범죄사실에 기한 것이라는 점에서 동일한 범죄사실에 기한 재차의 구속을 금하는 이른바 재구속금지의 원칙(제208조 제1항, 제214조의3)과는 구별되는 개념이다. 이러한 이중구속의 허용여부는 구속영장의 효력이 미치는 범위에 관하여 사건단위설을 취하는가 아니면 인단위설을 취하는가에 따라 그 결론이 달라지는데, 이 견해의 차이는 구속의 효력, 여죄수사의 허부, 보석허가 판단의 기초자료의 범위, 미결구금일수의 통산 등 여러 문제들에서 견해의 대립을 가져오게 한다.

(2) 허용여부

① **학   설:** 구속영장의 효력범위에 관한 사건단위설 및 구속된 피의자·피고인의 석방에 대비하여 미리 구속해 둘 필요가 있다는 이유로 이중구속이 허용된다는 **긍정설**(적법설)과 구속영장의 효력범위에 관한 사건단위설을 취한다고 하더라도 구속중인 피의자·피고인은 이미 구속되어 있으므로 구속사유가 없을 뿐만 아니라 구속된 피의자·피고인의 석방에 대비하기 위하여는 석방전에 구속영장을 발부받아 두었다가 구속된 피의자 또는 피고인의 구속영장의 집행에 관한 규정(제81조 제3항, 제209조)에 의하여 구속영장을 집행하면 족하므로 이중구속은 허용되지 않는다는 **부정설**이 있다.

② **판   례:** 대법원은 「구속의 효력은 원칙적으로 구속영장에 기재된 범죄사실에만 미치는 것이므로, 구속기간이 만료될 무렵에 종전 구속영장에 기재된 범죄사실과 다른 범죄사실로 피고인을 구속하였다는 사정만으로는 피고인에 대한 구속이 위법하다고 할 수 없다」(대결 2000.11.10, 2000모134)라고 판시하여, 예외적으로 이중구속을 허용하는 입장을 취하고 있는 것 같다.

③ **검   토:** 현행법 해석상 구속은 마땅히 범죄사실을 단위로 해야 하며, 각 범죄사실에 대하여 구속의 요건이 존재하는 한 이중구속은 허용될 수 있다고 본다. 다만 긍정설이나 부정설 모두 구속된 피의자나 피고인에 대하여 별개의 범죄사실을 이유로 재차 구속영장을

발부받을 수 있다는 점에서 의견이 일치하고, 또한 구속 중인 피의자 또는 피고인에 대하여 후속의 구속영장이 현실적으로 집행되는 시기가 이전 영장의 구속기간이 만료될 때라는 점에 대하여도 견해의 차이가 없다.

(3) 집행방법

교도소 또는 구치소에 있는 피고인·피의자에 대하여 발부된 구속영장은 검사의 지휘에 의하여 교도관이 집행하고($\substack{제81조 \\ 제3항}$), 경찰서유치장에 있는 피의자에 대하여는 사법경찰관리가 검사의 지휘를 받아 집행한다($\substack{제209조, 제81조 \\ 제1항 본문}$).

> **사례해설**
>
> 설문은 이른바 이중구속의 허용여부를 묻고 있는데, 이는 결국 구속영장의 효력이 미치는 범위를 어떻게 볼 것이냐의 문제와 직결되는 것이라 할 수 있다. 사건단위설의 입장에서 설문의 사례를 파악해 볼 때 B검사가 피의자 甲에 대하여 발부받은 구속영장은 적법한 것으로서 유효하고, 피의자 甲은 구치소에 수감되어 있으므로 이 영장은 형사소송법 제81조 제3항에 의거 검사의 지휘에 의하여 교도관이 집행하게 된다. 다만 이러한 이중구속은 피구속자 자신의 신병에 대하여 어떤 변화를 가져오는 것이 아니라 관념상으로만 존재하므로 구속영장에 집행일시를 기재하는 등 서류상의 정리에 그치게 될 것이다. 따라서 미결구금일수를 본형에 산입함에 있어서는 중복된 구속기간을 이중으로 산입하여서는 안 된다. 왜냐하면 미결구금일수 산입의 취지가 미결구금이 실제로 피고인에게 주는 고통이 형벌과 다름없다는 데 있다 할 것인바, 이중구속의 경우 중복된 구속기간이라 하여 피고인이 중복된 고통을 받는 것은 아니므로 실제로 구금된 일수만을 산입하는 것이 타당하기 때문이다.

2. 별건구속(別件拘束)

(1) 의 의

별건구속이란 수사기관이 본래 수사하고자 하는 사건(본건)에 대해서는 구속의 요건이 구비되지 않았기 때문에 본건의 수사에 이용할 목적으로 구속요건이 구비된 별건으로 구속하는 경우를 말한다. 이러한 별건구속은 예컨대 혐의를 둔 피의자에 대하여, 사안이 중한 본건에 대한 증거의 수집이 용이하지 않거나 미흡하여 그 사실을 들어 영장을 청구해도 기각이 예상되는 경우에 그 사실에 대한 수사를 계속할 목적으로 이용된다. 그런데 구속영장의 효력범위에 관한 인단위설에 의하면 수개의 범죄사실 중 그 일부에 대해서만 구속영장이 발부되어 있는 경우에도 그 구속영장의 효력은 구속의 기초가 되지 않은 다른 범죄사실에도 미친다고 하므로 별건 구속의 위법성 문제가 발생할 여지가 없다.

그러나 사건단위설에 의하면 강제처분의 효력은 영장에 기재된 범죄사실에 대해서만 미치고, 그 이외의 사실에는 미치지 아니하므로, 법원에 의한 구속사유의 심사대상이 되지도 않고 피의자에게 고지되지도 않은 범죄사실에 대한 수사를 위하여 구속되었다는 것은 영장주의의 위반으로 그 적법성이 문제된다.

(2) 구속영장효력의 적법여부

별건에 의한 구속영장청구를 본건을 기준으로 기각한다면 영장심사단계에서 수사기관의 의도를 조사해야 하는데 이는 실무와 합치되지 않을 뿐만 아니라, 불필요한 수사의 반복회피 및 별건에 대한 구속요건이 구비되어 있다는 점 등을 근거로 아무런 위법도 없다는 **적법설**(별건기준설)도 있으나, 별건구속은 영장주의가 요청하는 '범죄사실의 요지'($\frac{제75조}{제209조}$)를 기재하지 않고 구속기간의 잠탈 등 법원에 의한 사법적 억제를 회피하며, 피의자의 방어권행사를 불능케 하므로 수사기관의 진정한 의도가 본건에 관한 것인 이상 위법하다는 **위법설**(본건기준설)이 타당하다(통설). 다만 별건구속은 본건에 대하여 구속의 요건이 구비되지 않은 경우에 별건으로 구속하려는 것을 말하고, 본건에 대한 구속요건이 존재하는 경우에는 본건에 대한 구속영장을 발부받을 것이므로 본건기준설에 따를 경우, 주관적으로 오로지 증거가 갖추어지지 않은 본건의 수사를 목적으로 하고 객관적으로 별건은 명목일 뿐 실제로는 본건의 구속과 동일시될 수밖에 없는 경우에만 별건구속이 위법하게 될 것이다.

☞ 전형적인 별건구속을 다룬 판례는 존재하지 않으나, 신용카드업법위반 등 피의사건으로 구속되었던 기간에 연이어 이 사건 사기 등 범행으로 구속되었으므로 전에 구속되었던 기간을 이 사건 본형에 산입하지 아니한 것은 위법하다는 피고인의 주장에 관하여 대법원은 「기록에 의하여 살펴보면 피고인은 이 사건 사기 등 범행으로 기소되기 전에(이 사건으로는 1990.3.27. 구속영장이 발부되어 그 날 집행되었다.) 기소중지 처분된 신용카드업법위반 등 피의사실로 1990. 3.1.부터 같은 달 27일까지 27일간 구속된 사실을 알 수 있는 바, **결과적으로 위 구속기간이 이 사건 사기 등 범행사실의 수사에 실질상 이용되었다 하더라도** 위 구금일수를 이 사건 사기죄의 본형에 산입할 수는 없다 할 것이므로 같은 취지의 원심판단은 정당하고 소론과 같은 위법이 없다」($\frac{대판 1990.12.11.}{90도2337}$)고 판시하고 있는데, 이는 별건구속을 허용하는 입장으로 보인다.

(3) 여죄수사와의 관계

수사기관이 현재 수사하고 있는 범죄사실(甲)과 별도로 동일한 피의자가 혐의를 받고 있는 범죄사실(乙)을 '여죄'라고 하며, 甲범죄사실을 수사하면서 乙범죄사실에 대해서도 조사하는 것을 '여죄수사(餘罪搜査)'라고 한다. 문제는 별건구속이 위법하다고 하여 구속 중인 피의자에 대한 이러한 여죄수사까지 금지되는가이다. 이에 대하여 별건구속과는 달리 여죄수사는 허용된다는 것이 다수설이고 실무의 입장이지만, 별건구속은 별건을 조사하지 않고 본건에 대한 수사만 하는 것이 아니라 별건구속과 여죄수사를 동시에 진행하는 경우도 있을 수 있으므로 합법적 여죄수사와 위법한 별건구속이 명백히 구별되지 않는다는 점에서 사법적 기능과 피의자의 방어권을 실질적으로 저해하지 않는 범위안에서 예외적으로만 이를 허용하는 것이 타당하다고 본다(예외적 허용설). 예컨대 피의자가 자진하여 자백한 경우, 여죄가 영장기재 사안보다 경미한 경우, 동종 사안이나 밀접한 연관성(지역적 근접성)이 있는 경우를 들 수 있다.

(4) 별건구속에 이은 본건구속의 적법성

별건은 실질에서 본건을 위한 구속이므로 본건으로 다시 구속하는 것은 재구속에 해당하므로 다른 중요한 증거를 요한다고 할 것이다.

(5) 구제수단

① **사전적 구제**: 구속영장 발부단계에서 별건구속인 것이 판명되면 영장기각, 구속기간 연장의 불허, 준항고에 의하여 취소될 수 있다.

② **사후적 구제**

가) 구속적부심사제도: 별건구속은 위법하므로 별건구속된 자는 구속적부심사를 청구하여 당해 구속이 실질적으로 본건을 위한 구속이며 본건에 대해서는 구속사유가 없음을 주장하여 구제받을 수 있다.

나) 증거능력의 배제: 별건구속중의 자백이 자백배제법칙에 의하여 증거능력이 배제될 수 있는지 문제되는데, 별건구속으로 인한 자백이 별건구속을 위법하다고 볼 때에는 신체구속의 부당한 장기화로 인한 자백 또는 적어도 위법한 구속으로 인한 자백에 해당한다고 볼 수 있다. 따라서 위법수집증거의 배제($제308조의2$)에 의해 그 증거능력을 부정하는 것이 타당할 것이다.

③ **공소기각**: 별건구속과 같이 위법의 정도가 강한 것에 대해서는 공소권의 남용으로서 공소제기자체가 부적법하다고 보아 공소를 기각할 수 있는지 문제된다(공소권남용론 참조). 기타 구속취소청구, 불법체포·감금죄, 국가배상 등을 고려해 볼 수 있을 것이다.

제 4 절 체포·구속된 피의자를 보호하기 위한 제도

I. 서 설

체포·구속된 피고인은 물론 피의자도 유죄의 판결이 확정될 때까지는 무죄로 추정되므로 형벌권의 구체적 실현이라는 형사소송의 목적달성을 위하여 부득이하게 인신을 구속하는 경우에도 이들에 대해서는 최대한도로 그 인권이 보장되어야 한다.

표 2-10 체포·구속된 피의자 석방제도

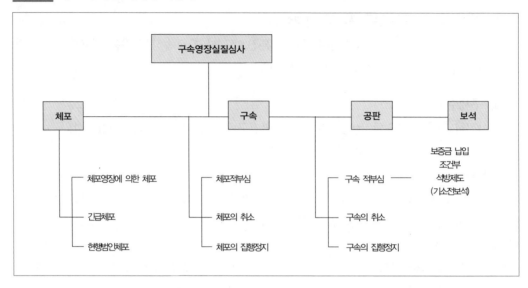

이러한 체포·구속된 피의자를 보호하기 위한 제도에는 **체포·구속 중의 인권보장제도와 석방제도**로 구분할 수 있는데, 피의사실의 요지와 변호인선임권의 고지, 접견교통권의 보장, 체포·구속기간의 제한 등은 전자에 해당하고, 구속전 피의자심문제도, 체포·구속적부심사, 체포·구속의 취소, 체포·구속의 집행정지 등은 후자에 해당한다. 다만 형사소송법에 의하면 피의자는 동일한 범죄사실에 대하여 체포적부심사를 청구할 수 있고, 실패하면 구속전 피의자심문을 청구할 수 있으며, 또 실패하면 구속적부심사를 청구할 수도 있다. 그런데 체포적부심사, 구속전 피의자심문, 구속적부심사가 열릴 때마다 수사기관은 반드시 피의자를 판사 앞에 출석시켜야 한다. 이는 현행 형사소송법 체계가 영미법 및 대륙법체계를 가리지 않고 전세계의 인권보장 절차를 망라하는 식으로 규정하여 체계상 일관성이 없을 뿐만 아니라, 체포·구속절차가 지나치게 복잡하여 실질적으로 이중, 삼중의 심사를 거치도록 비효율적으로 규정되어 있는 문제점을 나타내고 있다고 할 것이다.

이하에서는 체포·구속 중의 인권보장제도와 관련하여 접견교통권의 보장을 중심으로, 그리고 석방제도와 관련하여 구속전 피의자심문제도 및 체포·구속적부심사를 중심으로 설명하기로 한다.

Ⅱ. 접견교통권(接見交通權)

1. 의   의

접견교통권이란 체포 또는 구속된 피의자·피고인이 변호인이나 가족, 친지 등의 타인과 접견하고 서류 또는 물건을 수수하며 의사의 검진을 받을 수 있는 권리를 말한다. 헌법은 체포·구속을 당한 피고인·피의자의 변호인의 조력을 받을 권리를 기본적 인권으로 보장하고 있으므로($^{동법 제12조,}_{제4항}$), 변호인과의 자유로운 접견교통권은 헌법상의 요청이다. 이에 따라 현행 형사소송법도 변호인과의 접견교통권을 제한없이 보장하고 있으며, 비변호인과의 접견교통권은 법률이 정한 범위에서 인정하면서 이에 대한 법률적 규제를 하고 있다($^{제89조, 제91조,}_{제209조}$). 이 권리는 구속된 피고인·피의자의 권리인 동시에 변호인에 대하여도 변호인의 고유권 가운데 가장 중요한 권리라는 양면적 성격을 가지고 있다.

2. 제도적 취지

접견교통권을 보장하는 제도적 취지는 피의자·피고인의 인권보장 및 방어권을 보장하는 데 있다. 왜냐하면 구속된 피의자·피고인은 무죄의 추정을 받고 있으면서도 형사소송의 확보를 위하여 자유가 제한되어 있는 데 불과하므로, 피의자·피고인에게 구속의 목적에 반하지 않는 범위에서 외부와의 교통을 보장하여 주는 것은 피의자·피고인의 인권보장과 방어 준비를 위한 필수불가결한 권리이기 때문이다. 이하에서는 주로 피의자를 중심으로 접견교통권을 검토하기로 한다.

3. 변호인과의 접견교통권

(1) 주체와 상대방

① 주   체: 헌법 제12조 제4항이 「누구든지 체포·구속을 당한 때」라고 규정하고 있으므로, 구속영장에 의하여 구속된 자, 통상체포·긴급체포·현행범인체포에 의하여 체포된 자뿐만 아니라 감정유치에 의하여 구속된 자, 임의동행에 의하여 연행된 자도 포함된다. 판례도 임의동행의 형식으로 수사기관에 연행된 피의자에게도 변호인 또는 변호인이 되려는 자와의 접견교통권은 당연히 인정된다고 보아야 하고, 임의동행의 형식으로 연행된 피내사자의 경우에도 접견교통권이 인정된다($^{대결 1996.6.3,}_{96모18}$)고 보고 있다.

☞ 종래 '체포·구속'이 형사사건에 한정되는 것인지 논란이 있었는데, 헌법재판소는 「헌법 제12조 제4항 본문에 규정된 변호인의 조력을 받을 권리는 형사절차에서 피의자 또는 피고인의 방어권을 보장하기 위한 것으로서 출입국관리법상 보호 또는 강제퇴거의 절차에는 적용된다고 보기 어렵다」 ($^{헌재 2012.8.23,}_{2008헌마430}$)고 본 기존의 입장을 변경하면서, 「헌법 제12조 제4항 본문의 문언 및 헌법 제12조의 조문 체계, 변호인 조력권의 속성, 헌법이 신체의 자유를 보장하는 취지를 종합하여 보면 헌법 제12조 제4항 본문에 규정된 '구속'은 사법절차에서 이루어진 구속뿐만 아니라, 행정절차에서 이루어진 '구속'까지 포함하는 개념이므로, 헌법 제12조 제4항 본문에 규정된 변호인의 조력을 받을 권리는 행정절차에서 구속을 당한 사람에게도 즉시 보장된다」($^{헌재 2018.5.31,}_{2014헌마346,}$)는 결정을 하면서, 인천국제공항 송환대기실에 수용중인 난민신청자에 대한 변호사 접견신청을 거부한 행위는 변호인의 조력을 받을 권리를 침해하는 것으로 보았다.

문제는 변호인의 조력을 받을 권리가 수형자의 경우에도 동일하게 보장될 수 있는지 논란이 있으나, 헌법재판소는 「변호인의 조력을 받을 권리에 대한 헌법과 법률의 규정 및 취지에 비추어 보면 형사절차가 종료되어 교정시설에 수용중인 수형자는 원칙적으로 변호인의 조력을 받을 권리의 주체가 될 수 없다」(헌재 2013.9.26, 2011헌마398)고 결정한 바 있으며, 대법원도 「수형자는 자유형의 처벌을 받고 있는 자의 본질적 지위상 미결수용자에 비하여 접견 등의 빈도가 대폭 제한되어야 하고 그 제한의 정도는 일반적 접견권의 본질적 내용을 침해하지 아니하는 범위 내에서 교도소장 등 관계행정청의 재량에 속한다」(대판 1998.4.28, 96다48831)고 판시하여 동일한 입장을 취하고 있다.

② **접견교통권의 상대방:** 변호인 또는 변호인이 되려는 자이다. 변호인은 사선·국선을 불문하며 특별변호인을 포함한다. 또 변호인이 되려는 자에는 변호인 선임의뢰를 받았으나 아직 변호인 선임신고를 하지 않은 자뿐만 아니라 자발적으로 변호인이 되려는 자를 포함한다. 판례도 '변호인이 되려는 의사표시를 한 자가 객관적으로 변호인이 될 가능성이 있다면 신체구속을 당한 피고인과의 접견교통을 제한할 수 없다'(대판 2017.3.9, 2013도16162)고 판시한 바 있다. 특히 현행법은 신체구속 여부를 불문하고 피의자신문시 변호인에게 피의자에 대한 접견교통권을 보장하고 있다(제243조의2 제1항).

(2) 자유로운 접견교통권의 보장

① **접견의 비밀보장:** 헌법상 이유로 한 제한(헌법 제37조 제2항)은 별론으로 하고 변호인과의 접견교통권을 제한하는 법률은 없고, 법령에 의한 제한이 없는 한 법원의 결정이나 수사기관의 처분에 의하여 제한할 수 없다(대결 2002.5.6, 2000모112).

☞ 헌법재판소가 「미결수용자와 변호인과의 접견에 대해 어떠한 명분으로도 제한할 수 없다」(헌재 1992.1.28, 91헌마111)고 한 것은 구속된 자와 변호인 간의 접견이 실제로 이루어지는 경우에 있어서의 '자유로운 접견', 즉 '대화내용에 대하여 비밀이 완전히 보장되고 어떠한 제한, 영향, 압력 또는 부당한 간섭 없이 자유롭게 대화할 수 있는 접견'을 제한할 수 없다는 것이지, 변호인과의 접견 자체에 대해 아무런 제한도 가할 수 없다는 것을 의미하는 것이 아니므로 미결수용자의 변호인 접견권 역시 국가안전보장·질서유지 또는 공공복리를 위해 필요한 경우에 법률로써 제한될 수 있음은 당연하다(헌재 2011.5.26, 2009헌마341).

접견의 일시, 장소의 제한도 금지된다. 다만 구속장소의 질서유지를 위한 일요일 또는 일과시간 이후이 접견금지와 같은 일반적인 시간의 제한은 가능하다. 「형의 집행 및 수용자의 처우에 관한 법률」도 공휴일과 퇴근시간에서의 접견교통권의 제한과 변호인의 수진권 행사시 교도관과 의무관의 참여를 허용하는 등 법률상 제한을 가하고 있다(시행령 제41조 제6항, 제58조, 제106조).

이와 관련하여 변호인과의 접견내용을 청취 내지 녹취할 수 있는지 문제되는데, 「형의 집행 및 수용자의 처우에 관한 법률」에 따르면 미결수용자와 변호인 또는 변호인이 되려고 하는 자와의 접견에 교도관이 참여하거나 그 내용을 청취 또는 녹취하지 못하며, 다만 보이는 거리에서 수용자를 관찰할 수 있을 뿐이다(동법 제84조 제3항). 따라서 교도관이 접견내용을 기록하거나 대화장면의 사진을 찍는 것은 허용되지 않으며, 접견내용을 기록하더라도 증거능력이 인정되지 않는다.

② 수사 중의 접견교통지연: 헌법 제12조 제4항은 '즉시 변호인의 조력을 받을 권리'를 인정하고 있으므로 변호인의 조력을 받을 권리인 접견교통권이 즉시 허용되지 않는 경우에도 접견교통권의 침해에 해당한다. 따라서 접견교통의 지연은 접견교통의 불허처분과 동일하다. 판례도 접견허용에 관한 시간적 한계와 관련하여 「변호인의 구속피의자에 대한 접견이 접견신청일이 경과하도록 이루어지지 아니한 것을 실질적으로 접견불허가처분이 있는 것과 동일시된다」(대결 1991.3.28.) 고 보고 있다.

그런데 변호인과의 접견교통을 수사 중이라는 이유로 지연시키다가 일정한 시간이 경과한 후에 허용하는 경우에 이를 적법한 것으로 볼 수 있는지 문제되는데, 접견교통권은 처분이 불가능한 권리로서 접견교통의 지연을 '변호인과의 접견교통권의 보장과 수사의 필요성을 조화하는 이익형량의 문제'로 파악해서는 안 될 것이다. 따라서 수사 중이라는 이유만으로는 변호인과의 접견교통권을 제한할 수 없다고 보아야 한다.

> 참조판례 「1. 헌법재판소가 91헌마111 결정에서 미결수용자와 변호인과의 접견에 대해 어떠한 명분으로도 제한할 수 없다고 한 것은 구속된 자와 변호인 간의 접견이 실제로 이루어지는 경우에 있어서의 '자유로운 접견', 즉 '대화내용에 대하여 비밀이 완전히 보장되고 어떠한 제한, 영향, 압력 또는 부당한 간섭 없이 자유롭게 대화할 수 있는 접견'을 제한할 수 없다는 것이지, 변호인과의 접견 자체에 대해 아무런 제한도 가할 수 없다는 것을 의미하는 것이 아니므로 미결수용자의 변호인 접견권 역시 국가안전보장·질서유지 또는 공공복리를 위해 필요한 경우에는 법률로써 제한될 수 있음은 당연하다.
> 2. 수용자처우법 제84조 제2항에 의해 금지되는 접견시간 제한의 의미는 접견에 관한 일체의 시간적 제한이 금지된다는 것으로 볼 수는 없고, 수용자와 변호인의 접견이 현실적으로 실시되는 경우, 그 접견이 미결수용자와 변호인의 접견인 때에는 미결수용자의 방어권 행사로서의 중요성을 감안하여 자유롭고 충분한 변호인의 조력을 보장하기 위해 접견 시간을 양적으로 제한하지 못한다는 의미로 이해하는 것이 타당하므로, 수용자처우법 제84조 제2항에도 불구하고 같은 법 제41조 제4항의 위임에 따라 수용자의 접견이 이루어지는 일반적인 시간대를 대통령령으로 규정하는 것은 가능하다.
> 3. 변호인의 조력을 받을 권리를 보장하는 목적은 피의자 또는 피고인의 방어권 행사를 보장하기 위한 것이므로, 미결수용자 또는 변호인이 원하는 특정한 시점에 접견이 이루어지지 못하였다 하더라도 그것만으로 곧바로 변호인의 조력을 받을 권리가 침해되었다고 단정할 수는 없는 것이고, 변호인의 조력을 받을 권리가 침해되었다고 하기 위해서는 접견이 불허된 특정한 시점을 전후한 수사 또는 재판의 진행 경과에 비추어 보아, 그 시점에 접견이 불허됨으로써 피의자 또는 피고인의 방어권 행사에 어느 정도는 불이익이 초래되었다고 인정할 수 있어야만 하며, 그 시점을 전후한 변호인 접견의 상황이나 수사 또는 재판의 진행 과정에 비추어 미결수용자가 방어권을 행사하기 위해 변호인의 조력을 받을 기회가 충분히 보장되었다고 인정될 수 있는 경우에는, 비록 미결수용자 또는 그 상대방인 변호인이 원하는 특정 시점에는 접견이 이루어지지 못하였다 하더라도 변호인의 조력을 받을 권리가 침해되었다고 할 수 없다」(헌재 2011.5.26., 2009헌마341).

③ **구금장소의 임의적 변경금지:** 「형의집행및수용자의처우에관한법률」 제20조에 의하여 수용자의 수용·작업·교화·의료 등 처우, 시설안전 및 질서유지를 위하여 필요한 경우 교도소장이 법무부장관의 승인을 얻어 수용자를 다른 수용시설로 이송할 수 있는데, 구금장소의 임의적 변경이 청구인의 방어권이나 접견교통권의 행사에 중대한 장애를 초래하는 경우에는 위법하다(대결 1996.5.15, 95모94).

(3) 서류 또는 물건의 수수 및 의사의 진료

접견교통권에는 서류 또는 물건의 수수가 포함되므로 수수한 서류의 검열과 물건의 압수는 인정되지 않는다. 또한 변호인 또는 변호인이 되려는 자는 의사로 하여금 구속된 피의자·피고인을 진료하게 할 수 있는데, 이는 인도적 견지에서 요청되는 것이므로 원칙적으로 제한이 인정되지 않는다.

4. 비변호인과의 접견교통권

(1) 접견교통권의 보장

체포 또는 구속된 피의자·피고인은 법률의 범위 내에서 타인과 접견하고 서류 또는 물건을 수수하며 의사의 진료를 받을 수 있다(제89조, 제200조의6, 제209조). 여기의 체포 또는 구속된 피의자·피고인에는 체포·구속영장에 의하여 체포·구속된 피의자·피고인에 한하지 않고 현행범인으로 체포되거나 긴급체포된 자를 포함한다.

(2) 접견교통권의 제한

① **제한의 범위:** 비변호인과의 접견교통권은 「형의집행및수용자의처우에관한법률」에 의하여 일정한 사유가 있으면 접견의 금지(동법 제41조) 및 중지(동법 제42조), 서신수수(동법 제43조) 및 전화통화의 중지(동법 제44조) 등의 제한을 받을 수 있다.

② **제한의 절차**

가) 피고인에 대한 접견교통권의 제한: 도망 또는 증거인멸의 염려가 상당한 경우에 법원은 직권 또는 검사의 청구에 의하여 결정으로 구속된 피고인과 비변호인과의 접견교통을 제한할 수 있다(제91 조).

나) 피의자에 대한 접견교통권의 제한: 형사소송법의 준용규정(제200조의6, 제209조)을 근거로 신체구속을 당한 피의자에 대하여 수사기관이 독자적으로 접견교통권을 제한할 수 있다는 **수사기관결정설**과 형사소송법의 준용규정(제200조의6, 제209조)이 수사기관에게 독자적인 접견교통권의 제한에 대한 법적 근거를 제공한 것은 아닐 뿐만 아니라 접견교통권의 제한은 영장의 불집행이나 석방과는 달리 피의자의 방어권을 제한하는 강력한 처분이라는 점을 근거로 법원의 결정을 요한다는 **법원결정설**이 대립하고 있다.

생각건대 법원의 결정을 거쳐야 한다는 논리에 따를 경우, 피의자에 대한 구속의 취소나 집행정지도 법원의 결정이 가능하게 되는 기이한 결과를 초래한다는 점에서 전자의 견해가 타당하다고 본다. 판례도 「검사의 접견금지결정으로 피고인들의 (비변호인 간의)접견이 제한된 상황 하에서 피의자신문조서가 작성되었다는 사실만으로 바로 그 조서가 임의성이 없는 것이라고는 볼 수 없다」(대판 1984.7.10, 84도846)고 판시한 바 있다. 다만 입법론적으로는 법원의 결정으로 피의자에 대한 접견교통권을 제한하는 것이 타당할 것이다.

(3) 서류 또는 물건의 수수 등 제한

도망하거나 또는 죄증을 인멸할 염려가 있다고 인정할 만한 상당한 이유가 있는 때에는 수수할 서류 기타 물건의 검열, 수수의 금지 또는 압수를 할 수 있다. 단, 의류, 양식, 의료품의 수수를 금지 또는 압수할 수 없다(제91조 단서).

5. 변호인 등의 접견신청의 장소와 상대방

(1) 접견신청의 장소

관행상 수사단계에서 구속피의자의 신병에 대한 처분권자는 수사기관이다. 따라서 접견신청의 장소는 구속피의자의 현재지이므로 구속영장상의 구속집행장소와 실제의 구속장소가 다를지라도 구속영장과 구속통지서상의 구속장소(경찰서유치장, 구치소, 교도소의 미결수용실)에 찾아가면 된다고 보아야 한다.

(2) 접견신청의 상대방

접견신청의 상대방은 현재 피의자의 신병에 대하여 일정한 권한과 책임을 갖고 있는 공무원이나 혹은 담당부서의 책임자(구치소장, 교도소장, 경찰서장)가 되어야 한다. 따라서 수사기관이 법정외 구금시설(예컨대 국가정보원)에서 피의자를 장기간 억류하고 있는 경우에는 변호인이 구속영장상 구금시설의 장이나 당해 수사업무를 총괄하는 책임자(국정원장, 경찰청장), 혹은 수사기관 조직내부의 특정 담당수사관 중의 어느 하나를 상대방으로 하여 접견신청하는 것으로 족하다고 본다.

6. 접견교통권의 침해에 대한 구제

(1) 항고·준항고

법원의 접견교통제한결정에 대하여 불복이 있는 때에는 항고를 할 수 있고(제403조 제2항), 검사 또는 사법경찰관의 접견교통권의 제한은 구금에 대한 처분이므로 준항고에 의하여 취소 또는 변경을 청구할 수 있다(제417조). 특히 현행법은 '제243조의2에 따른 변호인의 참여 등에 관한 처분'을 수사절차상 준항고의 대상에 포함시키고 있으므로, 수사단계에서 검사 또는 사법경찰관이 피의자와 변호인간의 접견교통을 침해하거나 피의자신문시에 변호인의 참여를 정당한 사유없이 제한하는 경우에는 준항고를 제기할 수 있을 것이다.

☞ 교도소나 구치소의 소장 등 교정공무원에 의하여 접견교통권이 침해된 경우에 준항고가 가능한 것인지 문제되는데, 이에 대하여 헌법재판소는 「형사소송법 제417조의 준항고는 형사절차에서 이루어지는 검사 또는 사법경찰관의 처분에 대한 불복절차로서 구치소장의 접견불허 처분에 대해서는 적용될 수 없고, '형의 집행 및 수용자의 처우에 관한 법률' 제117조가 규정하고 있는 청원은 처리기관이나 절차 및 효력 면에서 권리구제절차로는 불충분하고 우회적인 제도로서 헌법소원에 앞서 반드시 거쳐야 하는 사전구제절차로 보기 어려우므로(헌재 2009.9.24, 2007헌마738), 청구인이 이 사건 접견불허 처분에 대하여 준항고 또는 청원의 절차를 거치지 않았다 하더라도 법률이 정한 구제절차를 거치지 않았다고 볼 수 없다. 한편, 구치소장의 접견불허 처분은 행정심판이나 행정소송을 통해 다툴 수 있으나, 이 사건 접견불허 처분의 대상이 된 6. 6.자 접견은 그 시간이 경과함으로써 확정적으로 불가능하게 되었고, 이 사건 접견불허처분의 취소를 구하는 행정심판이나 행정소송은 이로써 소의 이익이 없어 부적법한 것으로 판단될 것이 예상되므로, 이 사건 심판청구에 대해서는 보충성원칙의 예외를 인정하는 것이 타당하다」(헌재 2011.5.26, 2009헌마341)고 판시하면서, 직접 헌법소원심판을 청구할 수 있다는 입장이다.

(2) 증거능력의 배제

접견교통권의 침해행위는 헌법상 보장된 기본권에 대한 중대한 침해에 해당하므로 이에 의하여 획득한 증거는 증거능력이 부정된다(대판 1990.8.24, 90도1285).

(3) 항소이유의 해당여부

수사기관에 의한 접견교통권의 침해는 항소이유가 되지 않으나, 수소법원의 침해로 인해 피고인의 방어준비에 지장을 준 때에는 상대적 항소이유가 된다(제361조의5 제1호).

> 참조판례 「검사 또는 사법경찰관의 구금에 관한 처분에 대하여 불복이 있는 경우 형사소송법 제417조에 따라 법원에 그 처분의 취소 또는 변경을 청구하는 것은 별론으로 하고 수사기관에서의 구금의 장소, 변호인의 접견 등 구금에 관한 처분이 위법한 것이라는 사실만으로는 그와 같은 위법이 판결에 영향을 미친것이 아닌 한 독립한 상소이유가 될 수 없다」(대판 1990.6.8, 90도646).

(4) 헌법소원
① 보충성의 원칙

헌법재판소는 헌법소원의 세기 이후에 변호인과의 접견을 허용하여 종전의 방해행위가 이미 끝나버린 경우에는 원칙적으로 심판청구의 이익을 부인하여 부적법 각하의 대상으로 보고 있다. 그러나 「예외적으로 그러한 침해행위가 앞으로 반복될 위험이 있거나 당해 분쟁의 해결이 헌법질서의 수호유지를 위한 긴요한 사항이어서 헌법적으로 그 해명이 중대한 의미를 지니고 있는 경우에는 심판청구이익을 인정하여 이미 종료한 침해행위가 위헌이었음을 선언적 의미에서 확인할 필요가 있다」고 판시하면서, 「수사기관의 접견거부처분에 대해서는 법원에 준항고를 할 수 있고, 법원의 취소결정에도 불구하고 수사기관이 이를 무시한 채 재차 접견거부처분에 이른 경우에는 준항고절차에 의거하여서는 권리구제의 기대가능성이 없는 경우로 되었다 할 것이므로 보충성의 원칙의 예외에 해당되어 헌법소원심판청구가 허용된다」(헌재 1991.7.8, 89헌마181)는 입장이다.

② **청구권자:** 변호인과의 접견교통권은 체포 또는 구속당한 피의자·피고인에게 인정되는 기본권이므로 체포·구속된 피의자·피고인이 제기할 수 있는 것은 당연하다.

☞ 그 상대방인 변호인의 권리에 대하여, 헌법재판소는 종래 '형사소송법 제34조에 의하여 비로소 보장받는 권리(법률상의 공권)에 불과하므로 변호사가 직접 헌법소원을 제기할 수는 없다'($^{헌재\ 1991.7.8,}_{89헌마181}$) 고 판시한 바 있다. 그러나 그 후 구속적부심사건의 변호인에게 수사기록 중 고소장과 피의자신문 조서의 내용을 알 권리 및 그 서류들을 열람·등사할 권리가 인정되는지 문제된 사건에서, 「피고인을 조력할 변호인의 권리 중 그것이 보장되지 않으면 피구속자가 변호인으로부터 조력을 받는다는 것이 유명무실하게 되는 핵심적인 부분은 조력을 받을 피구속자의 기본권과 표리관계에 있기 때문에 이러한 핵심부분에 관한 변호인의 조력할 권리 역시 헌법상의 기본권으로서 보호되어야 한다」 ($^{헌재\ 2003.3.27,}_{2000헌마474}$)고 판시한 바 있으며, 최근 「피의자 등이 가지는 변호인이 되려는 자의 조력을 받을 권리가 실질적으로 확보되기 위해서는 변호인이 되려는 자의 접견교통권 역시 헌법상 기본권으로 보장되어야 한다」($^{헌재\ 2019.2.28,}_{2015헌마1204}$)는 입장으로 변경하였다.

(5) 손해배상책임

접견교통권을 침해한 경우에는 국가 및 수사기관은 변호인이나 피의자·피고인에 대하여 손해배상책임을 진다.

III. 구속 전 피의자심문제도

1. 의   의

구속 전 피의자심문제도란 구속영장을 청구받은 판사가 피의자를 직접 심문하여 구속사유의 존부를 심리, 판단하는 제도를 말하며, **영장실질심사**라고도 한다($^{제201조}_{의2}$). 종전에 판사가 수사기록만 검토한 후 구속영장을 발부하던 소위 형식심사에 대응하는 개념으로, 영장주의에 입각한 구속통제의 실효성 및 수사과정에서의 고문 등 불법수사를 방지한다는 피의자의 인권보장적 측면에서 구속전 피의자심문제도가 도입된 것이다.

2. 적용범위

(1) 피의자가 체포되어 있는 경우

체포영장에 의한 체포($^{제200조}_{의2}$), 긴급체포($^{제200조}_{의3}$), 현행범인의 체포($^{제212}_{조}$) 규정에 따라 체포된 피의자에 대하여 구속영장을 청구받은 판사는 지체없이 피의자를 심문하여야 하며, 이 경우 특별한 사정이 없는 한 구속영장이 청구된 날의 다음날까지 심문하여야 한다($^{제201조의2}_{제1항}$).

(2) 피의자가 체포되어 있지 않은 경우

① **구인을 위한 구속영장 발부:** 체포되지 아니한 피의자에 대하여 구속영장을 청구받은 지방법원판사는 피의자가 죄를 범하였다고 의심할 만한 이유가 있는 경우에 '구인을 위한

구속영장'을 발부하여 피의자를 구인한 후 심문하여야 한다. 다만 피의자가 도망하는 등의 사유로 심문할 수 없는 경우에는 그러하지 아니한다(제201조의2 제2항). 미체포 피의자에 대하여 구인을 위한 구속영장(구인영장)을 발부하는 경우의 절차는 피고인의 구인에 관한 규정이 준용된다(제201조의2 제10항). 이러한 구인영장의 유효기간은 7일(초일 불산입)이다.

② **구인 후 유치절차:** 법원은 인치받은 피고인을 유치할 필요가 있는 때에는 교도소·구치소 또는 경찰서 유치장에 유치할 수 있고, 이 경우 유치기간은 인치한 때부터 24시간을 초과할 수 없다(제201조의2 제10항, 제71조의2). 종래 법원에 인치된 피의자를 법원 이외의 구금시설에 유치할 수 있는지, 유치할 수 있다면 그 유치책임은 누구에게 있는가에 대하여 형사소송법상 아무런 규정이 없어서 논란이 있었는데, 이를 입법적으로 해결한 것이다.

3. 방법과 절차

(1) 영장전담법관의 지정

지방법원 또는 지원의 장은 구속영장청구에 대한 심사를 위한 전담법관을 지정할 수 있다(규제96조의5). 이에 따라 대법원예규[1]에서는 「지방법원 또는 지원의 장은 경력이 풍부한 판사 중에서 구속영장 청구사건을 전담하는 영장전담법관을 1인 이상 지정하여야 한다. 그러나 구속영장 청구사건의 수, 판사의 수 및 사무분담상 곤란 등으로 인하여 영장전담법관을 지정할 수 없는 특별한 사정이 있는 경우에는 그러하지 아니한다」고 규정하고 있다.

(2) 심문기일과 장소의 통지

① **심문기일의 지정:** '체포된 피의자'에 대한 심문기일은 특별한 사정이 없는 한 구속영장이 청구된 날의 다음날까지 심문하여야 한다(제201조의2 제1항). 그러나 사전 구속영장이 청구된 때에는 구속전 피의자심문 시한의 제한이 없으므로, 관계인에 대한 심문기일의 통지 및 그 출석에 소요되는 시간 등을 고려하여 피의자가 법원에 인치된 때로부터 가능한 한 빠른 일시로 지정하여야 할 것이다(규제96조의12).

② **심문기일 및 장소의 통지:** 지방법원판사는 피의자가 체포되어 있는 경우에는 즉시, 피의자가 체포되어 있지 않은 경우에는 인치한 후 즉시 검사·피의자 및 변호인에게 심문기일과 장소를 통지하여야 하고(제201조의2 제3항), 위 심문기일의 통지는 서면, 구술, 전화 또는 모사전송, 전자우편, 휴대전화 문자전송 그 밖에 적당한 방법으로 신속하게 하여야 한다(규제96조의12 제3항). 심문장소는 법원의 청사내가 원칙이지만 피의자가 출석을 거부하거나 질병 기타 부득이한 사유로 법원에 출석할 수 없는 때에는 경찰서, 구치소 기타 적당한 장소에서 심문할 수 있다(규제96조의15).

③ **변호인의 구속영장청구서 및 소명자료의 열람:** 피의자심문에 참여할 변호인은 지방법원

---

1) 대법원 송무예규 제501호 인신구속사무의 처리요령(송형 96-3).

판사에게 제출된 구속영장청구서 및 그에 첨부된 고소·고발장, 피의자의 진술을 기재한 서류와 피의자가 제출한 서류를 열람할 수 있다. 증거인멸 또는 피의자나 공범관계에 있는 자가 도망할 염려가 있는 등 수사에 방해가 될 염려가 있는 때에 검사는 지방법원판사에게 위 서류의 열람 제한에 관한 의견을 제출할 수 있고, 검사의 의견이 상당하다고 인정되는 경우, 지방법원 판사는 서류의 전부 또는 일부의 열람을 제한할 수 있다(규제96조의21).

(3) 피의자의 출석 및 출석거부

① **피의자의 출석:** 검사는 피의자가 체포되어 있는 경우에는 심문기일에 피의자를 출석시켜야 한다(제201조의2 제3항). 미체포 피의자에 대하여는 구인을 위한 구속영장을 발부하여 구인한 후 심문한다.

② **피의자의 출석거부:** 피의자가 심문기일에의 출석을 거부하거나 질병 그 밖의 사유로 출석이 현저하게 곤란하고, 피의자를 심문법정에 인치할 수 없다고 인정되는 때에는 피의자의 출석없이 심문절차를 진행할 수 있다(규제96조의13 제1항). 검사는 피의자가 심문기일에 출석을 거부하는 때에는 판사에게 그 취지 및 사유를 기재한 서면을 작성·제출하여야 한다(규제96조의13 제2항).

③ **변호인의 선정:** 심문할 피의자에게 변호인이 없는 때에는 지방법원판사는 직권으로 변호인을 선정하여야 한다. 이 경우 변호인의 선정은 피의자에 대한 구속영장 청구가 기각되어 효력이 소멸한 경우를 제외하고는 제1심까지 효력이 있다(제201조의2 제8항). 법원은 변호인의 사정 그 밖의 사유로 변호인의 선정결정이 취소되어 변호인이 없게 된 때에는 직권으로 변호인을 다시 선정할 수 있다(동조 제9항).

④ **변호인의 피의자접견:** 종래 변호인은 영장심사단계에서 피의자를 접견하기 위해서는 피의자가 체포 또는 유치되어 있는 경찰서유치장을 방문하여야 했기 때문에 피의자접견이 매우 불편하였으나, 새로운 국선변호인제도의 도입을 계기로 개정된 형사소송규칙은 변호인이 영장실질심사 전에 법원에서 피의자를 접견할 수 있도록 하였으며(규제96조의20), 이를 위해 피의자의 접견시간을 고려하여 호송경찰관이 심문기일보다 일찍 피의자를 법원에 인치하도록 하였고, 현재 전국 지방법원(지원 포함)에서는 피의자의 접견공간을 마련하고 있다. 따라서 이제는 체포된 피의자에게 변호인의 조력을 받을 권리가 더욱 두텁게 보장될 것으로 예상된다.

(4) 심문기일의 절차

① **비공개심문:** 판사는 심문시 공범의 분리심문 그 밖에 수사상 비밀보호를 위하여 필요한 조치를 하여야 한다(제201조의2 제5항). 심문절차는 공개하지 않는 것이 원칙이지만, 판사는 상당하다고 인정하는 경우에는 피의자의 친족, 피해자 등 이해관계인의 방청을 허가할 수 있다(규제96조의14).

② **범죄사실의 요지의 고지 및 진술거부권·이익사실진술권의 고지:** 판사는 피의자에게 구속

영장청구서에 기재된 범죄사실의 요지를 고지하고, 피의자에게 일체의 진술을 하지 아니하거나 개개의 질문에 대하여 진술을 거부할 수 있으며, 이익되는 사실을 진술할 수 있음을 알려주어야 한다(규 제96조
의16 제1항).

③ **심문방법 및 심문사항:** 판사는 구속여부를 판단하기 위하여 필요한 사항에 관하여 신속하고 간결하게 심문하여야 하고, 증거인멸 또는 도망의 염려를 판단하기 위하여 필요한 때에는 피의자의 경력, 가족관계나 교우관계 등 개인적인 사항에 관하여 심문할 수 있다(규 제96조의16
제2항). 또 판사는 심문장소에 출석한 피해자 기타 제3자를 심문할 수 있다(동조
제5항).

④ **참여자의 의견진술:** 검사와 변호인은 심문기일에 출석하여 의견을 진술할 수 있다(제201조의2
제4항).

⑤ **조서의 작성:** 법원이 피의자를 심문하는 경우 법원사무관등은 심문의 요지 등을 조서로 작성하여야 한다(제201조의2
제6항). 다만 현행법은 구속전 피의자심문의 경우 형사소송법 제48조(조서의 작성방식), 제51조(공판조서의 기재요건), 제53조(공판조서의 서명 등), 제56조의2(공판조서의 속기·녹음 및 영상녹화), 제276조의2(장애인 등 특별히 보호를 요하는 자에 대한 특칙)만을 준용하고, 제52조(공판조서 작성상의 특례)를 준용대상에서 제외하고 있으므로 법원이 구속전 피의자심문조서를 작성하는 경우에는 조서작성의 일반원칙에 따라 조서 기재내용의 정확성 여부를 진술자에게 확인하고, 조서에 간인·기명날인을 받아야 하며, 검사·피의자 또는 변호인이 조서기재의 정확성에 관하여 이의를 제기한 때에는 그 진술의 요지를 기재하고, 법관·법원사무관 등이 조서에 기명날인하여야 한다. 다만 구속전 피의자심문조서가 형사소송법 제315조 제3호 소정의 '기타 특히 신용할 만한 정황에 의하여 작성된 문서'에 해당하여 당연히 증거능력이 인정된다고 본다면(대판 2004.1.16,
2003도5693), 실무상 검사와 변호인의 단순한 의견진술(제201조의2
제4항)을 넘어 피의자에 대한 심문까지 별다른 제한없이 하고 있는 상황에서 영장재판이 사실상 본안재판화하는 등 문제점이 발생하므로 실무운영을 신중하게 해야 할 것이다.

(5) 영장의 발부 또는 기각

① **영장의 발부:** 판사는 피의자를 심문한 후 피의자를 구속할 사유가 있다고 인정하는 때(도망 내지 증거인멸우려)에는 **구금을 위한 구속영장**을 발부하여야 한다(제201조의2
제7항).

피의자심문을 하는 경우 법원이 구속영장청구서·수사관계서류 및 증거물을 접수한 날부터 구속영장을 발부하여 검찰청에 반환한 날까지의 기간은 수사기관의 구속기간에 산입하지 아니한다(제201조의2
제7항). 본래 체포 또는 구인된 피의자에 대한 동법 제202조 및 제203조 소정의 구속기간은 구속영장 발부시부터가 아니라 실제로 체포 또는 구인된 날로부터 기산해야 하는 것이지만(제201조
의2), 구속영장이 청구된 사건에 대하여 특히 구속전 피의자심문이 실시되는 경우 그 기간동안에는 수사기관이 수사를 할 수 없게 되는바, 구속전 피의자심문에 소요된 기간만큼 수사기관의 구속기간에서 제외시킴으로써 수사방해목적의 구속전 피의자심문신청권의 남용 등을 억제하고자 도입된 규정이다.

② **영장기각:** 영장이 기각된 경우에는 인치시부터 24시간 이내에 석방하여야 한다. 왜냐하면 판사는 피의자가 법원에 인치된 때로부터 24시간 이내에 피의자심문을 하고 구금영장의 발부여부를 결정해야 하기 때문이다.

4. 현행제도의 문제점

(1) 현실적 운영상의 문제점

현장수사에 바쁜 경찰이 최종적으로 멀리 떨어진 법원으로 피의자를 호송하고 실질심사가 끝날 때까지 기다렸다가 다시 유치장으로 데려가는 과정을 거쳐야 하는데, 이러한 운용실태는 제반여건이 불충분하다는 점에서 많은 문제점을 나타내고 있다. 따라서 호송을 전담할 인력과 차량을 대폭 사법경찰에게 확보해 주는 이외에 영장담당법관이 경찰관서를 자주 왕림하는 순회판사제도를 갖추는 것이 필요하다고 본다.

(2) 객관적 구속기준이 결여된 부당한 영장기각

법원이 동질의 사건에 대해서도 그 결과가 서로 다른 형평성없는 영장실질심사를 하고 있으며, 단순히 도주 또는 증거인멸이라는 기준에 의하여 영장기각 여부를 판단함으로써 피의자간의 형평성 상실, 사회불안, 피해자의 인권의 상대적 침해 등을 야기시키고 있다. 따라서 대법원예규로 이에 대한 객관적이고 통일적인 기준을 마련하는 것이 필요하다고 본다.

IV. 체포·구속적부심사청구권

1. 의　　의

체포·구속적부심사제도란 수사기관에 의하여 체포·구속된 피의자에 대하여 법원이 체포·구속의 적부여부와 그 계속의 필요성을 심사하여 그 체포·구속이 부적법·부당한 경우에 체포·구속된 피의자를 석방시키는 제도를 말한다(제214조의2). 수사단계에 있는 피의자의 체포·구속이 적법한가의 여부를 심사하는 제도라는 점에서, 수소법원이 구속된 피고인의 석방여부를 결정하는 보석과 구별되며, 법원의 결정에 의하여 석방되는 제도라는 점에서 검사가 구속을 취소하여 피의자를 석방하는 구속취소와도 구별된다.

2. 내　　용

(1) 심사의 청구

① **청구권자:** 체포·구속적부심사제도의 청구권자는 체포 또는 구속된 피의자, 그 피의자

의 변호인·법정대리인·배우자·직계친족·형제자매·가족·동거인 또는 고용주이다($^{제214조의2}_{제1항}$). 현행법은 불법 또는 부당한 체포·구속으로부터 국민의 자유를 보장하기 위하여 기존의 통설·판례($^{대결\ 1997.8.27,}_{97모21}$)에 따라 '체포영장 또는 구속영장에 의하여 체포 또는 구속된 피의자'의 규정을 '체포·구속된 피의자'로 변경하여 본 제도가 적용되도록 명문으로 규정하였다. 다만 체포·구속적부심을 청구할 수 있는 피의자는 수사기관에 의하여 신체의 자유가 제한되어 있는 피의자이므로 사인(私人)에 의하여 불법하게 신체구속을 당하고 있는 자의 구제문제는 여기에 해당하지 않는다.

② **적부심청구의 통지:** 피의자를 체포 또는 구속한 검사 또는 사법경찰관은 체포 또는 구속된 피의자와 제1항에 규정된 자 중에서 피의자가 지정하는 자에게 적부심사를 청구할 수 있음을 알려야 한다($^{제214조의2}_{제2항}$). 이에 위반한 경우에는 구금에 관한 처분에 위반한 경우로서 준항고($^{제417}_{조}$)의 대상이 된다고 보아야 할 것이다.

③ **청구사유:** 체포·구속적부심사의 청구사유는 체포 또는 구속의 불법뿐만 아니라 부당한 경우, 즉 구속계속의 필요성에 대한 판단을 포함하는 체포 또는 구속의 적부이다. 따라서 체포·구속기간을 경과한 체포·구속, 재구속제한($^{제208}_{조}$)에 위반하거나 긴급체포나 현행범인으로 체포된 자에 대하여 구속영장 청구기간($^{제200조의4,\ 제214조의2,}_{제200조의2\ 제5항}$)이 경과한 후에 구속영장이 발부된 경우 등은 물론이고 구속을 계속할 필요성이 없거나 구속사유에 해당하지 않는 경우에도 적부심사를 청구할 수 있다. 여기서 구속을 계속할 필요성이 없는 경우라 함은 피해배상, 피해회복, 피해자와의 합의, 고소취소 등 구속 후 중대한 사정변경이 있는 경우를 주로 의미한다. 다만 구속사유가 없거나 사후에 소멸한 경우에는 구속의 취소에 의해서도 구제될 수 있음은 물론이다.

④ **청구방법:** 체포·구속적부심사의 청구는 서면으로 청구하여야 하며, 그 청구서에는 ㉠ 체포 또는 구속된 피의자의 성명, 주민등록번호 주거 등, ㉡ 체포 또는 구속된 일자, ㉢ 청구의 취지와 청구의 이유, ㉣ 청구인의 성명과 체포 또는 구속된 피의자와의 관계 등을 기재하여야 한다($^{규}_{제102조}$).

(2) 법원의 심사

① **심사법원:** 체포·구속적부심사청구사건은 지방법원 합의부 또는 단독판사가 심사한다. 체포영장·구속영장을 발부한 법관은 심문·조사·결정에 관여하지 못한다. 이는 체포영장 또는 구속영장을 발부한 법관의 예단을 배제하기 위한 것이다. 다만 체포영장 또는 구속영장을 발부한 법관외에는 심문·조사·결정을 할 판사가 없는 경우에는 그러하지 아니하다($^{제214조의2}_{제12항}$).

② **피의자심문 및 수사관계서류 등의 조사:** 체포·구속적부심사의 청구를 받은 법원은 청구서가 접수된 때로부터 48시간 이내에 피의자를 심문하고 수사관계서류와 증거물을 조사

한다(^{제214조의2}_{제4항}). 이를 위하여 심문기일의 통지를 받은 검사 또는 사법경찰관은 지정된 심문기일까지 수사관계서류와 증거물을 법원에 제출하여야 하고, 피의자를 구금하고 있는 관서의 장은 위 심문기일에 피의자를 출석시켜야 한다(^{규 제104조}_{제2항 전문}). 법원은 피의자심문을 하는 경우 공범의 분리심문 그 밖에 수사상의 비밀보호를 위한 적절한 조치를 취하여야 한다(^{제214조의2}_{제11항}). 심문기일에 출석한 검사·변호인과 청구인은 심문기일에 출석하여 의견을 진술할 수 있고 (^{제214조의2}_{제9항}), 체포 또는 구속된 피의자·변호인·청구인은 피의자에게 유리한 자료를 제출할 수 있다(^{규 제105조}_{제3항}).

③ **국선변호인의 선정:** 법원은 체포 또는 구속된 피의자에게 변호인이 없는 때에는 그 피의자가 제33조에 해당하는 경우 직권으로 국선변호인을 선정하여야 한다(^{제214조의2}_{제10항}). 따라서 심문 없이 기각결정을 하는 경우에도 국선변호인을 선정하여야 한다.

(3) 법원의 결정

① **결정의 시기:** 결정은 심문절차가 종료된 때로부터 24시간 이내에 하여야 한다(^규_{제106조}). 이 경우 법원이 수사관계서류와 증거물을 접수한 날로부터 검찰청에 반환된 때까지의 기간은 체포 또는 구속기간에 산입되지 않는다(^{제214조의2}_{제13항}). 이는 체포 또는 구속적부심사청구권의 남용을 방지하고, 사실상의 구속기간 단축으로 인한 수사상의 지장을 해소하는 한편, 나아가서는 검사의 전격기소의 폐해를 방지하기 위한 것이다.

② **결정의 내용**

가) 기각결정: 법원은 심사의 결과 청구가 이유없다고 인정될 때에는 결정으로 그 청구를 기각하여야 한다. 다만 ㉠ 청구권자가 아닌 자가 청구하였거나 동일한 체포영장 또는 구속영장의 발부에 대하여 재청구한 때, ㉡ 공범 또는 공동피의자의 순차청구가 수사방해의 목적임이 명백한 때에는 심문 없이 청구를 기각할 수 있다(^{제214조의2}_{제3항}). 이를 **간이기각결정**이라고도 하며, 형식적 요건의 심사에 불과하므로 체포영장 또는 구속영장을 발부한 법관도 관여할 수 있다(^{동조}_{제12항}).

나) 석방결정: 법원은 적부심사의 청구가 이유있다고 인정한 때에는 결정으로 피의자의 석방을 명하여야 한다(^{동조}_{제4항}). 심사청구 후 피의자에 대한 공소제기가 있는 경우에도 동일하다. 석방결정은 그 결정서 등본이 검찰청에 송달된 때에 효력이 발생하며(^{제42}_조), 이에 따라 검사의 석방지휘에 의해 피의자는 구금되어 있는 관서에서 해방된다.

다) 재체포·재구속의 제한: 법원의 석방결정에 의하여 석방된 피의자가 도망하거나 죄증을 인멸하는 경우를 제외하고는 동일한 범죄사실에 대하여 재차 체포 또는 구속하지 못한다 (^{제214조의3}_{제1항}).

라) 항고의 금지: 항고로 인한 수사의 지연과 심사의 장기화를 피하기 위하여 체포·구속적부심사에 관한 법원의 결정에 대하여는 기각결정과 석방결정을 불문하고 항고가 허용되

지 않는다(^{제214조의2}_{제8항}).

③ **조서의 작성:** 법원이 피의자를 심문하는 경우 법원사무관 등은 심문의 요지 등을 구속 전 피의자심문의 조서에 준하여 작성하여야 한다(^{제214조의2 제14항,}_{제201조의2 제6항}). 따라서 앞에서 언급한 것처럼 체포·구속적부심문조서의 증거능력에 관해서도 형사소송법 제315조 제3호가 적용될 것이다(^{대판 2004.1.16,}_{2003도5693}).

(4) 보증금납입조건부 피의자석방제도(기소전 보석)

① **의   의:** 보증금납입조건부 피의자석방제도란 피의자에 대하여 보증금납입을 조건으로 구속의 집행을 정지하는 제도를 말한다. 현행 형사소송법은 구속적부심사를 청구한 피의자를 보증금납입조건부로 석방하는 제도를 도입하였다. 즉 법원은 구속된 피의자(심사청구후 공소제기된 자를 포함한다)에 대하여 피의자의 출석을 보증할 만한 보증금의 납입을 조건으로 하여 결정으로 석방을 명할 수 있다(^{제214조의2}_{제5항}). 이는 보석제도를 피의자까지 확대한 것으로 볼 수 있으나, 다만 형사소송법은 보석을 피의자에게 준용하는 대신에 구속적부심사와 결합하여 보증금납입조건부 피의자석방제도를 신설한 것이다. 이러한 보증금납입조건부 피의자석방제도는 구속적부심사의 청구가 있을 때에만 허용되며, 법원의 직권에 의하여 석방을 명할 수 있을 뿐인 직권보석이고 재량보석이며, 피의자에게 보석권이 인정되는 것은 아니라는 점에 한계가 있다.

② **심사법원:** 체포영장·구속영장을 발부한 법관은 심문·조사·결정에 관여하지 못한다. 이는 체포영장 또는 구속영장을 발부한 법관의 예단을 배제하기 위한 것이다. 다만 체포영장 또는 구속영장을 발부한 법관외에는 심문·조사·결정을 할 판사가 없는 경우에는 그러하지 아니하다(^{제214조의2}_{제12항}).

③ **내   용**

가) 피의자보석의 청구: 보증금납입조건부 피의자석방의 청구에 있어서 피의자의 보석청구는 인정되지 않으며, 피의자가 구속적부심사를 청구한 경우에 법원이 보증금의 납입을 조건으로 피의자의 석방을 명할 수 있을 뿐이다.

나) 피의자석방의 제외사유: 피의자에게 ㉠ 죄증을 인멸할 염려가 있다고 믿을 만한 충분한 이유가 있는 때, ㉡ 피해자, 당해 사건의 재판에 필요한 사실을 알고 있다고 인정되는 자 또는 그 친족의 생명·신체나 재산에 해를 기하거나 가할 염려가 있다고 믿을 만한 충분한 이유가 있는 때에는 보증금납입조건부로 피의자의 석방을 명할 수 없다(^{제214조의2}_{제5항 단서}). 전자는 피의자가 실체진실의 발견을 해하는 경우까지 보석을 허용하지 않겠다는 취지이며, 후자는 피해자 또는 증인보호를 위한 규정이다.

다) 보증금과 조건: 보증금납입을 조건으로 하는 피의자석방의 경우에 보증금의 결정이나 집행절차에 관하여는 보석에 관한 규정이 준용된다(^{동조}_{제7항}). 법원은 석방결정을 하는 경우에

주거의 제한, 법원 또는 검사가 지정하는 일시·장소에 출석할 의무 기타 적당한 조건을 부가할 수 있다($\frac{동조}{제6항}$).

라) 재체포·재구속의 제한: 보증금납입을 조건으로 석방된 피의자가 ㉠ 도망한 때, ㉡ 도망하거나 죄증을 인멸할 염려가 있다고 믿을 만한 충분한 이유가 있는 때, ㉢ 출석요구를 받고 정당한 이유없이 출석하지 아니한 때, ㉣ 주거의 제한 기타 법원이 정한 조건에 위반한 때의 어느 하나에 해당하는 사유가 있는 경우를 제외하고는 동일한 범죄사실에 관하여 피의자를 재차 체포 또는 구속하지 못한다($\frac{제214조의3}{제2항}$).

④ 보증금의 몰수

가) 임의적 몰수: 법원은 보증금납입을 조건으로 석방된 피의자를 재체포·재구속 제한의 예외사유에 해당하여 재차 구속하거나 보증금납입을 조건으로 석방된 피의자에 대하여 공소가 제기된 후 법원이 동일한 범죄사실에 관하여 피고인을 재차 구속할 때에는 납입된 보증금의 전부 또는 일부를 몰수할 수 있다($\frac{제214조의4}{제1항}$).

나) 필요적 몰수: 보증금납입을 조건으로 석방된 피의자가 동일한 범죄사실에 관하여 형의 선고를 받고 그 판결이 확정된 후 집행하기 위한 소환을 받고 정당한 이유 없이 출석하지 아니하거나 도망한 때에는 법원은 직권 또는 검사의 청구에 의하여 결정으로 보증금의 전부 또는 일부를 몰수하여야 한다($\frac{제214조의4}{제2항}$).

⑤ 항   고: 보증금납입조건부 피의자석방결정에 대하여 항고할 수 있는가의 문제가 있다. 형사소송법은 체포 또는 구속적부심사절차에서 법원의 기각결정과 석방결정에 대하여는 항고하지 못한다고 규정하고 있으면서($\frac{제214조의2}{제8항}$) 보증금납입조건부 피의자석방결정에 대하여는 명문의 규정을 두고 있지 않기 때문이다.

☞ 판례는 ㉠ 제214조의2 제8항은 제3항과 제4항의 기각결정 및 석방결정에 대하여 항고하지 못하는 것으로 규정하고 있을 뿐이고 제5항에 의한 석방결정에 대하여 항고하지 못한다는 규정은 없고, ㉡ 제214조의2 제4항의 석방결정은 체포 또는 구속이 불법이거나 이를 계속할 사유가 없는 등 부적법한 경우에 피의자의 석방을 명하는 것임에 비하여, 동법 제214조의2 제5항의 석방결정은 구속의 적법을 전제로 하면서 그 단서에서 정한 제한사유가 없는 경우에 한하여 출석을 담보할 만한 보증금의 납입을 조건으로 하여 피의자의 석방을 명하는 것이어서 동법 제214조의2 제4항의 석방결정과 제5항의 석방결정은 원래 그 실질적인 취지와 내용을 달리 하는 것이며, ㉢ 기소후 보석결정에 대하여 항고가 인정되는 점에 비추어 그 보석결정과 성질 및 내용이 유사한 기소전 보증금납입조건부 석방결정에 대하여도 항고할 수 있도록 하는 것이 균형에 맞는 측면도 있다는 점 등을 근거로 동법 제214조의2 제5항의 석방결정에 대하여는 피의자나 검사가 그 취소의 실익이 있는 한 동법 제402조에 의하여 항고할 수 있다($\frac{대결 1997.8.27.}{97모21}$)는 입장이다.

⑥ 체포적부심사를 청구한 피의자에의 준용여부: 피의자보석에 의해 석방된 자에 대한 재체포 또는 재구속 제한을 규정한 제214조의3 제2항은 "재차 체포 또는 구속되지 아니한다"고 명시하고 있으므로 위 제214조의2 제5항에도 불구하고 체포적부심절차에서도 피의자보

석이 가능하다는 **긍정설**(다수설)과 비록 보증금납입조건부 피의자석방이 피의자에게 보석을 확대한 것이지만, 체포는 구속과 구별되는 수사초기의 48시간의 제한된 시간내에 피의자를 간편하게 인치하기 위한 제도이며, 구속전 피의자심문을 구속에 대하여만 인정하고 있고 보증금납입조건부 피의자석방도 이 단계에서 인정하면 족하다는 점에 비추어 체포단계까지 적용할 필요성이 없다는 **부정설**이 대립하고 있다. **판례**는 제214조의2 제5항이 기소전 보증금 납입을 조건으로 한 석방의 대상자를 '구속된 피의자'로 명시하고 있는 점을 근거로 부정적인 입장이다(대결 1997.8.27, 97모21).

생각건대 체포된 자를 위하여 체포적부심의 청구를 인정하면서 적부심청구를 전제로 하여 도입된 기소전 피의자보석을 인정하지 않는 부정설의 태도는 지나치게 형사소송법의 법문용어에만 의존한 것으로 보인다. 따라서 비록 법문에는 '구속'이라는 용어가 사용되었다고 하더라도 불구속수사의 원칙은 인신구속을 당하는 순간부터 최대한 보장되는 것이 바람직하므로 긍정설이 타당하다고 본다. 입법론적으로는 피의자석방제도를 통합하여 단일화해야 할 것이다.

V. 기타 체포·구속된 피의자를 보호하기 위한 제도

1. 체포·구속 중 인권보장제도

(1) 체포·구속기간의 제한

① **체포기간의 제한:** 체포한 피의자를 구속하고자 하는 때에는 48시간 이내에 구속영장을 청구하여야 하고, 이 기간내에 구속영장을 청구하지 아니한 때에는 피의자를 즉시 석방하여야 하므로 체포기간은 48시간(+ 법관의 구속영장발부기간)이다(제200조의2 제5항).

② **구속기간의 제한:** 사법경찰관의 구속기간은 10일이며 연장이 허용되지 아니하고 검사의 구속기간은 10일이나 1차에 한하여 10일의 한도내에서 연장이 가능하다(제202조, 제203조, 제205조). 따라서 사법경찰관은 피의자에 대한 구속기간 이내에 피의자를 검사에게 인치하지 아니하면 그 피의자를 석방하여야 하고(제202조), 검사가 피의자에 대한 구속기간 이내에 공소를 제기하지 아니하면 그 피의자를 석방하여야 한다(제203조). 수사기관의 구속기간에 대해서는 국가보안법에서 특칙을 규정하고 있다(동법 제19조).

③ **구속기간을 도과한 구속의 효력:** 판례는 구속기간의 효력이 당연히 실효되는 것은 아니라고 판시하고 있다(대판 1964.11.17, 64도428). 그러나 구속기간을 제한하고 있는 취지에 비추어 볼 때 기간을 도과하면 구속영장의 효력은 당연히 상실되어 불법구금이 된다고 보아야 한다.

(2) 변호인선임권 등의 고지

피의자를 체포·구속한 때에는 즉시 피의사실의 요지와 변호인을 선임할 수 있음을 알려야 한다($^{제88조, 제200조의6}_{제209조}$). 이는 피고인의 방어준비를 용이하게 함과 동시에 피고인의 변호인선임권을 실질적으로 보장하려는 데 그 목적이 있다.

(3) 체포·구속의 통지

피의자를 체포·구속한 때에는 법원은 지체없이 서면으로 변호인이 있는 경우에는 변호인에게, 변호인이 없는 경우에는 법정대리인 등 가족($^{제30조}_{제2항}$) 중에서 피의자가 지정한 자에게 피의사건명, 체포·구속일시·장소, 피의사실의 요지, 체포·구속의 이유와 변호인을 선임할 수 있는 취지를 알려야 한다($^{제87조, 제200조의5,}_{제209조}$). 특히 형사소송규칙은 구속통지의 상대방의 범위를 확대하고 있다($^{규}_{제51조}$).

(4) 변호인선임의뢰권

체포·구속된 피의자는 법원·교도소장·구치소장 또는 그 대리인에게 변호사를 지정하여 변호인의 선임을 의뢰할 수 있으며, 이의 의뢰를 받은 자는 급속히 피의자가 지명한 변호인에게 그 취지를 통지하여야 한다($^{제90조, 제200조의5,}_{제209조}$).

(5) 증거능력의 배제

피의자의 자백이 신체구속의 부당한 장기화로 인하여 임의성이 없다고 의심할 만한 이유가 있는 때에는 그 증거능력이 부정된다($^{제309}_{조}$).

(6) 구속일수의 본형통산

구속은 형이 아니나, 피고인의 자유를 침해하여 고통을 주는 점에 있어서 또 구속 중의 처우의 점에 있어서 실질적으로 자유형의 집행과 유사하므로, 형사소송법은 공평관념의 입장에서 이를 본형에 통산하는 것을 인정하고 있다.

(7) 형사보상제도

형사피의자로서 구금되었던 자가 법률이 정하는 불기소처분을 받은 경우에는 그 구금에 관한 보상을 청구할 수 있다($^{형보법 제1조,}_{제26조 제1항}$).

2. 체포·구속된 피의자의 석방제도

(1) 체포·구속의 집행정지

① **체포의 집행정지:** 체포된 피의자가 국회의원이고 국회의 석방요구가 있으면 당연히 체포의 집행이 정지된다($^{제200조의6,}_{제101조 제4항}$). 따라서 국회의 석방요구가 있으면 즉시 피의자를 석방하여야 한다. 체포된 피의자가 국회의원이 아닌 경우에는 체포의 집행정지가 허용되지 않는

다고 보아야 한다. 왜냐하면 형사소송법 제200조의6은 동법 제101조 중 제4항만을 준용하고 있기 때문이다.

② **구속의 집행정지:** 구속된 피의자에 대하여 검사 또는 사법경찰관은 구속의 집행을 정지할 수 있다($\frac{제209}{조}$). 단, 사법경찰관은 검사의 지휘를 받아야 한다. 이와 같이 구속의 집행정지는 보증금의 납부를 조건으로 하지 않고 직권에 의하여서만(청구에 의하지 않고) 행하는 점에서 보석과 다르고, 구속의 효력을 소멸시키지 않는 점에서 구속취소와 다르다. 헌법 제44조에 의하여 구속된 국회의원에 대한 석방요구가 있으면 당연히 구속의 집행이 정지된다($\frac{제101조}{제4항}$). 이 석방요구의 통지를 받은 검찰총장은 즉시 석방을 지휘하고 그 사유를 수소법원에 통지하여야 한다($\frac{통조}{제5항}$). 이러한 구속집행정지의 효력은 법원의 결정에 의해서가 아니라 국회의 석방결의에 의하여 발생한다는 점에서 그 특색이 있다.

③ **구속의 집행정지의 취소:** 법원은 피고인이 일정한 사유(보석의 경우와 동일)에 해당하는 경우 직권 또는 검사의 청구에 따라 결정으로 구속의 집행정지를 취소할 수 있다($\frac{제102조}{제2항 본문}$). 구속집행정지의 취소결정이 있는 때에는 검사는 그 취소결정의 등본에 의하여 피고인을 재구속하여야 한다($\frac{규}{제56조}$). 다만 헌법 제44조에 의하여 석방된 국회의원의 구속의 집행정지($\frac{제101조}{제4항}$)는 그 회기 중 취소하지 못한다($\frac{제102조}{제1항 단서}$).

(2) 체포·구속의 실효

① **체포·구속의 취소에 의한 실효:** 체포·구속의 취소라 함은 피의자를 체포·구속한 후 체포·구속의 사유가 없거나(체포·구속의 사유가 최초부터 부존재하였던 것이 판명된 경우) 소멸된 경우(영장발부시에는 존재하였으나 사후적으로 소멸한 경우)에 검사가 체포·구속을 취소하는 제도를 말한다($\frac{제200조의6,}{제93조, 제209조}$). 예컨대 피의자를 체포·구속한 후 피의자의 알리바이가 입증되거나 진범인이 검거된 경우, 친고죄인 피의자를 체포·구속한 후 고소가 취소된 경우, 피의자를 체포·구속한 후 공소시효가 완성된 경우, 피의자를 체포·구속한 후 일반사면이 있거나 법령의 개폐로 인하여 형이 폐지된 경우, 체포·구속된 피의자에 대하여 재판권이 없음이 판명된 경우 등이 여기에 해당한다. 따라서 체포, 구금 당시에 헌법 및 형사소송법에 규정된 사항(체포, 구금의 이유 및 변호인의 조력을 받을 권리) 등을 고지받지 못하였고, 그 후의 구금기간 중 면회거부 등의 처분을 받았다 하더라도 이와 같은 사유는 형사소송법 제93조 소정의 구속취소사유에는 해당하지 아니한다($\frac{대결 1991.12.30.}{91모76}$).

사법경찰관도 체포·구속취소의 권한을 가지고 있다고 보는 견해도 있으나, 사법경찰관은 검사에게 체포·구속취소의 신청을 할 수 있을 뿐($\frac{검수규}{제29조}$), 피의자에 대한 체포·구속을 직접 취소할 권한은 없다고 보아야 한다.

② **체포·구속의 당연실효:** 체포·구속기간의 만료 등의 사유로 체포·구속영장의 효력이 상실되면 체포·구속취소의 결정이 없더라도 그 결과 체포·구속은 당연히 실효된다.

(3) 검사의 체포·구속장소감찰제도

지방검찰청검사장 또는 지청장은 불법체포·구속의 유무를 조사하기 위하여 검사로 하여금 매월 1회 이상 관하 수사관서의 피의자의 체포·구속장소를 감찰하게 하여야 하고, 검사는 적법한 절차에 의하지 아니하고 체포 또는 구속된 것이라고 의심할 만한 상당한 이유가 있는 때에는 즉시 체포 또는 구속된 자를 석방할 수 있다(^{제198조의}2). 이 경우 체포·구속된 피의자를 석방하기 위해서는 체포·구속취소의 결정을 하여야 한다.

3. 재체포·재구속의 제한

(1) 의   의

일단 석방된 피의자를 특별한 사유없이 다시 체포·구속할 수 있다면 석방제도의 취지를 발휘할 수 없게 되고 국민의 신체의 자유는 침해당할 수밖에 없다. 이에 형사소송법은 재체포·재구속에 대하여 일정한 제한을 가하고 있다. 다만 불구속상태에서 재판을 받은 후 형의 선고를 받은 자를 구인하는 것은 재판의 집행을 위한 것이므로 별개의 문제이다(^{제473}조).

(2) 재체포의 제한

① **통상체포의 경우:** 아무런 제한이 없다(^{제200조의2}_{제4항}). 따라서 통상체포된 피의자가 석방된 경우에는 검사는 다시 체포영장을 청구하는 취지 및 이유를 체포영장청구서에 기재함으로써 재체포할 수 있다.

② **긴급체포의 경우:** 긴급체포후 구속영장을 청구하지 않거나 발부받지 못하여 석방된 경우에는 영장없이는 동일한 범죄사실에 관하여 체포하지 못한다(^{제200조의4}_{제3항}).

③ **현행범인의 체포의 경우:** 재체포의 개념을 생각할 수 없으며, 계속 신병확보가 필요하다면 구속영장의 청구가 있게 되어 이에 따라 재구속의 제한이 문제될 수 있지만 이는 체포의 문제는 아니다.

(3) 재구속의 제한

① **의   의:** 검사 또는 사법경찰관에 의하여 구속되었다가 석방된 자는 다른 중요한 증거를 발견한 경우를 제외하고는 동일한 범죄사실에 관하여 재차 구속하지 못한다(^{제208조}_{제1항}). 다만 이 경우 재구속이 제한될 뿐, 재구속이 되었다고 하여 공소제기가 무효가 되는 것은 아니다(^{대결 2001.5.25,}_{2001모85}). 수소법원이 발하는 피고인에 대한 구속영장은 재구속의 제한규정이 적용되지 않는다(^{대판 1969.5.29,}_{69도507}).

② **요   건**

가) 구속되었다가 석방된 자일 것: '구속되었다가 석방된 자'란 구속영장에 의하여 구속되었다가 석방된 자를 말한다. 따라서 긴급체포나 현행범으로 체포되었다가 사후영장발부전

에 석방된 경우는 포함되지 않으므로, 수사당시 긴급체포되었다가 수사기관의 조치로 석방된 후 법원이 발부한 구속영장에 의하여 구속이 이루어진 경우에는 위법한 구속이 아니다 (대판 2001.9.28, 2001도4291).

나) 다른 중요한 증거를 발견한 경우: 구속기간의 도과로 인한 석방의 경우에는 다른 증거를 발견한다는 것을 상정하기 어렵고, 구속집행정지로 인한 석방의 경우에는 구속집행정지의 취소결정에 의하여 재구속하는 독자적인 방법이 있으며, 구속적부심사에 의한 석방의 경우에도 재구속에 관한 특칙이 있다는 점에 비추어 볼 때, 구속취소를 염두에 둔 규정이다. 수사 중 증거불충분으로 석방한 후 계속 수사로 다른 증거를 발견한 경우와 검사의 구속취소결정후 그 결정이 잘못되었음을 뒷받침하는 결정적인 증거가 새로 발견된 경우, 예컨대 친고죄에 있어서 고소취소를 이유로 구속취소하였으나 그 후 그 고소취소가 강압에 의한 것으로서 진의가 아니었음을 증명한 경우 등을 가리킨다고 볼 수 있다.

다) 동일범죄사실일 것: 동일범죄사실이란 죄명에 관계없이 기본적 사실이 동일함을 말하므로 포괄일죄, 처분상의 일죄(想像的競合)가 포함됨은 물론이고 실체적 경합관계라고 하더라도 1개의 목적을 위하여 동시 또는 수단·결과의 관계에서 행하여진 행위는 동일한 범죄사실로 간주된다(동조 제2항).

(4) 체포·구속적부심사청구에 의하여 석방된 경우

① **심사청구가 이유있다고 인정되어 석방된 경우:** 심사청구가 이유있다고 인정되어 석방된 경우(제214조의2 제4항)에는 석방된 피의자가 ㉠ 도망하거나 ㉡ 죄증을 인멸하는 경우를 제외하고는 동일한 범죄사실에 관하여 재차 체포 또는 구속하지 못한다(제214조의3 제1항).

② **보증금납입조건부석방의 경우:** 보증금납입조건부석방의 경우(제214조의2 제5항)에는 석방된 피의자가 일정한 사유(㉠ 도망한 때, ㉡ 도망하거나 죄증을 인멸할 염려가 있다고 믿을 만한 충분한 이유가 있는 때, ㉢ 출석요구를 받고 정당한 이유없이 출석하지 아니한 때, ㉣ 주거의 제한 기타 법원이 정한 조건에 위반한 때)가 있는 경우(제214조의3 제2항)를 제외하고는 동일한 범죄사실에 대하여 재차 체포 또는 구속하지 못한다.

표 2-11 석방 관련 제도 구별

구 분	구속집행정지	구속취소	구속적부심	피의자보석	피고인보석
주 체	법원, 수사기관	법원, 수사기관	법원	법원	법원
대 상	피의자, 피고인	피의자, 피고인	피의자	피의자	피고인
절 차	직권	청구, 직권	청구	직권	청구, 직권
사 유	상당한 이유	구속사유 없거나 소멸	불법, 부당	적부심사시 법원재량	필요적 보석
영 장	효력유지	효력 상실	효력 상실	효력 유지	효력 유지
보증금	X	X	X	O	O
검사 의견	O(예외: 급속을 요하는 경우	O(예외: 검사의 청구에 의하거나 급속을 요구하는 경우)	X	X	X
불 복	보통항고	즉시항고(검사)	항고 불가	보통항고	보통항고
제재 규정	취소 가능	X	X	보증금 몰수	보증금 몰취

CHAPTER 04 대물적 강제처분

제1절 총 설

Ⅰ. 서 설

대물적 강제처분이란 증거물이나 몰수물의 수집·보전을 목적으로 하는 강제처분을 말하며, 이에는 압수·수색·검증이 있다. 다만 법원이 행하는 검증은 증거조사의 일종이므로 강제처분의 요소가 포함되어 있는 수사기관의 검증만이 강제처분이라고 할 수 있다(후술하는 검증 부분 참조). 그런데 현행법이 압수·수색·검증 과정에서 절차적 위법이 있을 경우 그 증거가치에 관계없이 대상 증거의 증거능력을 배제하는 위법수집증거배제원칙($^{제308조}_{의2}$)을 새로이 도입함에 따라 압수·수색·검증 과정에서 발생할 수 있는 절차규범 위반을 둘러싼 다양한 논란이 예상된다.

Ⅱ. 요 건

1. 영장주의의 원칙

압수·수색·검증은 구속과 함께 형사소송법에 있어서 가장 중요한 강제처분이므로 원칙적으로 영장주의의 원칙이 적용된다. 다만 법원이 공판정에서 행하는 압수에는 영장을 요하지 않는다. 공판정외에서 법원이 압수·수색을 함에는 영장을 발부하여야 하며($^{제113}_{조}$), 검사는 범죄수사에 필요한 때에는 피의자가 죄를 범하였다고 의심할 만한 정황이 있고 해당 사건과 관계가 있다고 인정할 수 있는 것에 한정하여 지방법원판사에게 청구하여 발부받은 영장에 의하여 압수·수색 또는 검증을 할 수 있다. 사법경찰관도 범죄수사에 필요한 때에는 피의자가 죄를 범하였다고 의심할 만한 정황이 있고 해당 사건과 관계가 있다고 인정할 수 있는 것에 한정하여 검사에게 신청하여 검사의 청구로 지방법원판사가 발부한 영장에 의하여 압수·수색 또는 검증을 할 수 있다($^{제215}_{조}$).

2. 범죄의 혐의

압수·수색 또는 검증을 함에 있어서도 범죄에 대한 혐의가 존재하여야 한다. 그것은 강제처분의 대상과 필요성을 판단하는 기준이 되기 때문이다. 이와 관련하여 압수·수색의 요건으로서 범죄혐의가 인신체포·구속시의 범죄혐의와 동일함을 요하는가에 대하여, 구별설 및 비구별설의 대립이 있었으나, 개정 형사소송법이 인신체포·구속시의 범죄혐의에 대하여 '피의자가 죄를 범하였다고 의심할 만한 상당한 이유'($^{제200조의2 제1항,}_{제201조 제1항}$)를 요구하는 반면, 압수·수색·검증의 범죄혐의에 대하여 '피의자가 죄를 범하였다고 의심할 만한 정황이 있을 것'($^{제215}_{조}$)을 요구하고 있으므로 구별설의 입장에서 입법적으로 해결되었다고 할 것이다. 따라서 압수·수색·검증의 혐의는 체포·구속보다는 낮은 **최초의 범죄혐의** 또는 **단순한 범죄혐의**로 충분하다고 판단된다.

3. 강제처분의 필요성 및 관련성

(1) 압수·수색·검증의 필요성

형사소송법은 '법원은 필요한 때에는 압수 또는 수색할 수 있고($^{제106조 제1항,}_{제109조 제1항}$), 검사와 사법경찰관은 범죄수사에 필요한 때에 압수, 수색 또는 검증을 할 수 있다($^{제215}_{조}$)'고 규정하고 있으며, 압수수색영장에 압수수색의 사유를 기재하도록 하고($^{규}_{제58조}$), 압수, 수색 또는 검증영장을 청구할 때에는 압수, 수색 또는 검증의 필요를 인정할 수 있는 자료를 제출하도록 규정($^{규}_{제108조}$)하고 있다. 따라서 압수·수색·검증을 하기 위해서는 필요성이 인정되어야 한다.

(2) 해당 사건과의 관련성

형사소송법은 범죄수사에 필요한 때에도 '피의자가 죄를 범하였다고 의심할 만한 정황이 있고 해당사건과 관계가 있다고 인정할 수 있는 것에 한정하여' 이를 인정하고 있으며($^{제215조}_{제1항}$), 영장을 청구할 때에도 피의자에게 범죄의 혐의가 있다고 인정되는 자료와 압수·수색 또는 검증의 필요 및 해당 사건과의 관련성을 인정할 수 있는 자료를 제출하도록 규정히여($^{규}_{제108조}$) 필요성과 독립하여 관련성을 요구하고 있다. 따라서 형사소송법상 '관련성'은 필요성과 구별되는 독자적인 압수·수색·검증의 요건이 되었다고 보아야 할 것이다. 나만 **필요성** 요건이 수사를 진행하는 강제처분을 하는 **주체**의 입장에서 결정되는 반면, **관련성**(relevancy) 요건은 **해당 사건**을 전제로 하여 중요한 어떤 사실이 그 증거가 없을 때보다는 그 증거에 의하여 더 존재가능성이 있게(probable) 인정되거나 반대로 존재가능성이 없게 여겨지도록 만드는 경향으로서, 이러한 관련성을 결정할 때에는 반드시 **배경정보**가 객관적으로 고려되어야 할 것이다. 따라서 수사상 압수·수색·검증의 관련성이 인정되지 않는 경우라면, 수사기관의 입장에서 필요성이 있다고 판단되는 대상물이라 할지라도 압수·수색·검증이 허용되지 않는다.

이와 관련하여, 관련성 요건이 도입되기 이전부터 대법원은 관련성 요건을 검토하면서 (대판 2008.7.10, 2008도2245), 주관적 관련성(인적 관련성)과 객관적 관련성으로 구분하였으므로 이에 따라 검토하고자 한다.

① **주관적 관련성(인적 관련성):** 주관적 관련성이란 특정 사건이 발생한 경우 피의사건의 행위주체인 피의자 및 피고인과 관련된 디지털 증거를 압수·수색해야 한다는 것을 말한다. 예를 들어 살인사건이 발생한 경우 그 살인사건의 피의자 및 피고인이 소유하거나 소지, 보관, 사용, 관리하고 있는 증거에 한해서 주관적 관련성이 인정되게 되는 것이다. 따라서 피의자 및 피고인의 가족이나 친인척, 친한 친구라고 해서 당연히 압수·수색의 대상이 되는 것은 아니며, 사건을 의뢰받은 변호사도 그 대상이 될 수 없다. 다만, 예외적으로 해당 피의자 및 피고인과 공범인 자, 증거인멸죄나 장물죄와 같이 본범과 연관이 있는 자, 객관적으로나 시간적으로 범죄혐의 사실과 관련된 정보를 저장매체에 소유·소지·보관하는 자 등에게는 주관적 관련성이 인정될 수 있다. 그러나 별개 범죄의 공범자인 경우 등에 대한 압수·수색은 주관적 관련성이 인정되지 않으므로 주관적 관련성이 인정되지 않는 사람이 동의를 하더라도 수사기관은 영장없이 압수·수색을 할 수 없다.

수사기관이 피의자 甲의 공직선거법 위반 범행을 영장 범죄사실로 하여 발부받은 압수·수색영장의 집행 과정에서 乙, 丙 사이의 대화가 녹음된 녹음파일(이하 '녹음파일'이라 한다)을 압수하여 乙, 丙의 공직선거법 위반 혐의사실을 발견한 사안에서, 대법원은 「**압수·수색영장에 기재된 '피의자'인 甲이 녹음파일에 의하여 의심되는 혐의사실과 무관한 이상, 수사기관이 별도의 압수·수색영장을 발부받지 아니한 채 압수한 녹음파일은 형사소송법 제219조에 의하여 수사기관의 압수에 준용되는 형사소송법 제106조 제1항이 규정하는 '피고사건' 내지 같은 법 제215조 제1항이 규정하는 '해당 사건'과 '관계가 있다고 인정할 수 있는 것'에 해당하지 않으며,** 이와 같은 압수에는 헌법 제12조 제1항 후문, 제3항 본문이 규정하는 영장주의를 위반한 절차적 위법이 있으므로, 녹음파일은 형사소송법 제308조의2에서 정한 '적법한 절차에 따르지 아니하고 수집한 증거'로서 증거로 쓸 수 없고, 그 절차적 위법은 헌법상 영장주의 내지 적법절차의 실질적 내용을 침해하는 중대한 위법에 해당하여 예외적으로 증거능력을 인정할 수도 없다」(대판 2014.1.16, 2013도7101)고 판시한 바 있다.

② **객관적 관련성:** 객관적 관련성이란 해당 범죄혐의와 객관적으로 연결된 증거를 말한다. 그런데 객관적 관련성에 있어서 문제가 되는 것은 해당 범죄혐의와 객관적으로 관련성이 있는 것보다는 해당 범죄행위와 객관적으로 관련된 증거와 일체를 이루고 있거나 부수적인 증거를 어떻게 처리해야 할지가 그 쟁점이 될 수 있다. 왜냐하면 객관적 관련성은 무수히 많은 증거들 가운데 해당 범죄와 연결되어 있다고 판단되는 관련 증거를 추려내는 작업이기 때문이다. 예를 들어 아날로그 증거를 생각해 보면 살인사건이 발생한 경우 가해자가 사용한 칼이나 피 묻은 옷, 신발 등을 자신의 집에 숨겨 놓았다면, 가해자의 집에 있던 해당 증거들은 살인사건과 객관적 관련성이 있다고 볼 수 있다. 그런데 문제는 아날로그 증거라고 하더라도 객관적 관련성을 구분하기 쉽지 않은 경우가 있다. 예를 들어, 살인사건의 가

해자가 범죄와 관련된 내용을 일기로 작성한 경우를 상정해 보자. 가해자의 일기장에는 범죄와 관련된 내용과 관련되지 않은 내용들이 혼재되어 존재하게 되는데, 이 경우 일기장의 범죄와 연관된 부분은 관련 증거이기 때문에 압수·수색할 수 있는 반면, 관련이 없는 부분은 압수·수색할 수 없는 문제가 발생하게 된다. 이와 같은 경우 객관적 관련성에 따라 압수·수색을 하는 방법은 일기장을 훼손하여 관련 부분만을 떼어내는 것이다. 만일 그렇지 않고 일기장 모두를 압수·수색하는 행위는 관련성을 위반하게 되고, 결국은 위법하게 수집한 증거가 될 것이기 때문에 증거능력을 잃게 될 것이다.

판례 역시 '압수·수색영장의 범죄 혐의사실과 관계있는 범죄'라는 것의 의미 및 이때 혐의사실과의 '객관적 관련성'이 인정되는 범위와 판단기준과 관련하여, 「압수·수색영장의 범죄 혐의사실과 관계있는 범죄라는 것은 **압수·수색영장에 기재한 혐의사실과 객관적 관련성이 있고 압수·수색영장 대상자와 피의자 사이에 인적 관련성이 있는 범죄를 의미한다**」고 보면서, 「그중 혐의사실과의 객관적 관련성은 압수·수색영장에 기재된 혐의사실 자체 또는 그와 기본적 사실관계가 동일한 범행과 직접 관련되어 있는 경우는 물론 범행 동기와 경위, 범행 수단과 방법, 범행 시간과 장소 등을 증명하기 위한 간접증거나 정황증거 등으로 사용될 수 있는 경우에도 인정될 수 있다」(^{대판 2020.2.13.} _{2019도14341})라고 판시하고 있다.

다만, '해당사건'의 의미는 범죄사실의 가변성에 비추어 볼 때, 구체적으로 영장에 기재한 범죄사실에 한정되는 것이 아니라 영장 기재 범죄사실과 기본적 사실관계가 동일한 범죄 또는 동종·유사의 범행과 관련된다고 의심할 만한 상당한 이유가 있는 범위 내에서는 관련성이 있다고 할 것이다. 이에 대하여 판례는 동종·유사의 범행보다 그 관련성의 범위를 엄격하게 한정하고 있는 것으로 보인다.

甲이 2016.4.11. 선거운동과 관련하여 자신의 페이스북에 허위의 글을 게시하였다는 공직선거법상 허위사실공표 혐의사실로 수사기관이 압수·수색영장(1차 압수·수색영장)을 발부받아 압수한 공소외 A의 휴대전화에 대한 분석결과로 甲이 2016.3.30.경 선거운동과 관련하여 자신의 페이스북에 선거홍보물 게재를 부탁하면서 공소 외 A에게 금품을 제공한 사실을 밝혀져 甲을 기소한 사안에서, 대법원은 「압수·수색영장의 범죄 혐의사실과 관계있는 범죄라는 것은 압수·수색영장에 기재한 혐의사실과 객관적 관련성이 있고 압수·수색영장 대상자와 피의자 사이에 인적 관련성이 있는 범죄를 의미한다. 그중 혐의사실과의 객관적 관련성은 압수·수색영장에 기재된 혐의사실 자체 또는 그와 기본적 사실관계가 동일한 범행과 직접 관련되어 있는 경우는 물론 범행 동기와 경위, 범행 수단과 방법, 범행 시간과 장소 등을 증명하기 위한 간접증거나 정황증거 등으로 사용될 수 있는 경우에도 인정될 수 있다. 그 관련성은 압수·수색영장에 기재된 혐의사실의 내용과 수사의 대상, 수사 경위 등을 종합하여 구체적·개별적 연관관계가 있는 경우에만 인정되고, 혐의사실과 단순히 동종 또는 유사 범행이라는 사유만으로 관련성이 있다고 할 것은 아니다. 그리고 피의자와 사이의 인적 관련성은 압수·수색영장에 기재된 대상자의 공동정범이나 교사범 등 공범이나 간접정범은 물론 필요적 공범 등에 대한 피고사건에 대해서도 인정될 수 있다」(^{대판 2017.12.5.} _{2017도13458})고 하면서, 이 사건 공소사실은 1차 압수·수색영장 기재 혐의사실에 대한 범행의 동기와 경위, 범행 수단과 방법, 범행 시간과 장소 등을 증명하기 위한 간접증거나 정황증거 등으로 사용될 수 있는 경우에 해당하므로, 1차 압수·수색영장 기재 혐의사실과 객관적 관련성이 있고, 또한 이 사건 공소사실과 1차 압수·수색영장 기재 혐의사실은 모두 피고인이 범행 주체가 되어 페이스북을 통한 선거운동과 관련된 내용이므로 인적 관련성 역시 인정된다고 판시한 바 있다.

4. 비례성의 원칙(수사의 조건 참조)

III. 현행법의 입법태도 및 문제점

1. 법원의 압수·수색·검증

형사소송법은 대물적 강제수사를 증거물을 찾는 **수색**, 증거물을 오관의 작용으로 확인하는 **검증**, 소유자·소지자 또는 보관자로부터 증거물의 점유를 빼앗는 **압수**로 나누어 규정하고 있다. 물론 논리적인 순서로 보면 수색·검증·압수나 검증·수색·압수 순으로 규율되어야 할 것으로 보이는데, 현행법은 오히려 압수와 수색을 한 데 묶어 규율하고, 물건을 오관으로 확인하는 검증은 따로 떼어내서 별개의 조항에 규정하고 있다. 즉, 대물적 강제수사를 압수·수색(제113조제115조)과 검증(제273조제2항)으로 나누고 있는 것이다.

그런데 법원이 압수·수색을 하는 이유는 증거물을 가져와서 공판정에서 증거조사를 하기 위한 것인 반면, 법원이 검증을 하는 이유는 증거물을 가져올 필요 없이 법관 한 명을 파견하거나 전체 법관들이 나가서 현장에서 증거조사를 하기 위한 것이다. 이런 의미에서 보면 법원의 압수·수색과 검증은 증거조사의 장소도 다르고, 주체도 다르고, 절차도 다른 매우 이질적인 행위이다. 특히 법원이 압수·수색을 하는 경우에는 반드시 영장을 발부해서 진행할 필요가 있지만, 법원이 검증을 하는 경우에는 영장을 발부할 필요가 없는 것도 이런 차이에서 기인한다.

2. 문 제 점

현행법은 법원의 압수·수색·검증을 규정한 다음, 수사기관이 이를 행하는 경우 법원 편의 규정을 준용하도록 편제되어 있다. 즉, 오늘날 대부분의 수사행위는 경찰과 검찰 등 수사기관이 수행하고 있음에도 불구하고 체포를 제외한 대부분의 수사활동이 법원 편 조문을 준용하는 구조로 되어 있다. 이는 압수·수색도 마찬가지여서, 압수·수색의 기본 규정(제106조, 제109조,제139조)이 법원 편에 규정되어 있고, 이 규정이 수사기관의 수사에 준용되어 있다. 그런데 이러한 준용 구조로 인해 실무에서는 다음과 같은 문제점이 지적되고 있다.

첫째, **피의자의 참여권 문제**이다. 공소가 제기된 피고인과 공소를 제기한 검사가 법정에서 대등한 당사자의 지위를 갖는다는 점에는 이론(異論)이 없다. 따라서 법원이 주도해서 증거를 수집할 때에는 당연히 검사나 피고인을 배제해서는 안 되고, 양측의 입회하에 공정하게 증거를 조사해야 한다. 따라서 법원의 압수·수색에 있어서는 그것이 피고인의 물건에 대한 것이 아닌 경우에도(다시 말하면, 피고인이 피압수자가 아닌 경우에도) 피고인에게 참여권을 부여하고 있고, 그렇지 않으면 위법하게 수집한 증거로서 증거능력이 없다. 그런데 이 규정을 그대로 수사기관의 수사에 준용하는 경우에는 문제가 발생한다. 수사는 법원의 재판과는 달리 피고인 또는 장래 피고인이 될 피의자와 대등한 관계를 유지하면서 진행할 필요가 없을 뿐만 아니라 수사기관이 수사를 할 때마다 피의자의 허락이나 동의를 받아야 할 이유는 없기 때문이다. 더욱이 공개가 원칙인 재판과는 달리 비공개가 원칙인 수사에서 장래 피고인이 될지도 모른다는 이유 때문에 피의자에게 증거물 수집 또는 증거조사에 대한 입회권을 항상 부여하는 것은 바람직한 일도 아니다.

둘째, **압수·수색의 자유영역의 문제**이다. 즉, 법원의 명령에 따라 법원으로 가져오는 경우($\frac{제113}{조}$)는 별론으로 하고, 수사기관이 장차 법정에 증거물로 제출하기 위해 물건을 수색·검증·압수하는 경우 수사기관 이외의 장소에 있는 물건에 대하여 영장을 발부받아서 가져와야 되는가이다. 왜냐하면 압수·수색은 증거물과 몰수물을 대상으로 하는데, 이러한 증거물과 몰수물 중 소유자·소지자·보관자가 특정되어 있지 않은 것도 얼마든지 있을 수 있기 때문이다(예컨대 길가에 내놓은 쓰레기봉투 등). 그런데 현행법상으로는 체포·구속 또는 범죄현장을 제외하고는 영장을 받아 대물적 강제수사를 할 수밖에 없는 구조이다.

결국 수사기관의 수사행위 편을 법원 편과 분리한 후, 수색·검증과 제한의 필요성이 큰 압수규정을 별도로 구분하여 규정할 필요가 있다. 이 경우 체포·구속 또는 범죄현장과 체포·구속 또는 범죄현장이 아닌 곳으로 나눌 것이 아니라, **객관적으로 볼 때 사생활 보호의 합리적 기대가 있는 경우**와 **없는 경우**로 구분하여, 전자에 한정하여 영장 없는 수색을 금지하도록 해야 할 것이다.

제2절 압수와 수색

I. 서 설

1. 압수의 의의

압수란 증거방법으로 의미가 있는 물건에 대하여 점유자나 소유자의 의사에 반하여 점유의 취득 및 그 점유의 계속을 내용으로 하는 강제처분을 말한다. 압류, 영치 및 제출명령의 세 종류가 있다. 압류란 점유를 취득하는 과정에 강제력이 가하여지는 경우를 말하고, 영치란 유류한(떨어뜨린) 물건과 임의로 제출하는 물건을 점유하는 경우로서 점유의 취득 자체는 소유자나 점유자의 의사에 반하지 않으나 점유가 취득된 이후에는 그 의사에 반하여 계속 점유가 유지될 수 있다는 점에서 압수의 일종이다(제218조). 제출명령이란 일정한 물건의 제출을 명하는 처분으로 점유 이전방식이 강제적이 아니라는 점에서 압류와 구분되고, 점유이전이 압수대상자의 임의적 의사에 따라 이전되는 것이 아니라 명령에 의해 부과되는 의무이행으로 행해진다는 점에서 임의제출물의 압수인 영치와 구분된다.

2. 수색의 의의

수색이란 물건 또는 사람을 발견하기 위하여 일정한 장소나 사람의 신체에 대하여 행하는 강제처분을 말한다. 그런데 이러한 수색을 위해 타인의 주거에 들어가야 하는 등 개인의 기본권을 침해하는 경우가 있는데, 이 경우 어느 정도의 기본권 침해가 있어야 수색(Search)에 해당하는지 문제된다.

☞ 이에 대하여 미국 연방대법원은 Katz사건에서 첫째, 어떤 사람이 실제로 (주관적인) 프라이버시에 대한 기대를 표시하였어야 하고, 둘째, 그러한 기대는 그 사회가 '합리적'인 것이라고 기꺼이 인정할 수 있는 그런 기대여야 한다는 기준을 제시하였다. 이때 합리적인가는 사회 일반인의 입장에서 합리적인가를 따지는 점에서 객관적 합리성을 기준으로 한다(Katz v. United States, 389 U.S. 347 (1967)). 따라서 ㉠ 집에 창문이 있고 그 창을 통해 집안이 들여다보이는 상황에서 수사기관이 길거리에서 창문을 통해 집안을 보고 증거물이 있는 것을 확인한 경우, ㉡ 야간에 야간조명등을 비추어 배의 갑판을 보거나 마약 등을 냄새로 감지하기 위해 탐지견을 사용하는 등 감각의 보조수단을 사용하는 경우, ㉢ 주거지의 마당을 비행기에서 관찰하거나 비행기에서 사진을 촬영하는 경우, ㉣ 일반인에게 개방된 장소인 경우 등에는 프라이버시에 대한 합리적인 기대가 있다고 볼 수 없으므로 강제처분인 수색에 해당하지 않을 것이다. 다만, Katz판결 이후, 수색이 금지되는 범위가 너무 좁아진다는 점에 문제점이 제기되어, 현재는 주관설이 아니라 객관설에 따라 "객관적으로 볼 때 사생활 보호의 합리적 기대가 있는 경우"에만 영장 없는 수색이 금지되는 것으로 해석되고 있다. 특히, 사유지가 아닌 공로(street)나 개방된 장소(open field) 그리고 위요지(curtilage)는 '사생활 보호의 합리적 기대가 없는 지역'으로 분류되고 있다.

II. 압수·수색의 목적물

1. 압수의 목적물

(1) 의   의

압수의 목적물은 증거물이나 몰수물이다(제106조 제1항; 제219조). 전자의 압수는 절차의 확보를 위한 것이고, 후자의 압수는 판결 확보의 기능을 한다. 또 법원은 압수할 물건을 지정하여 소유자, 소지자 또는 보관자에게 제출을 명할 수 있다(동조 제2항). 다만 소유자, 소지자 또는 보관자가 임의로 제출한 물건이나 유류한 물건은 영장없이 압수할 수 있다(제108조). '증거물'은 동산·부동산을 불문한다. 다만 사람의 신체, 장소는 물적 증거로서 검증의 대상이 되지만 성질상 압수의 목적물로는 되지 아니한다. 또 '몰수할 물건'은 필요적 몰수에 한하지 않고 임의적 몰수의 대상이 되는 것도 포함한다.

종래에는 법원 또는 수사기관이 어떠한 물건에 대하여도 증거 또는 몰수할 물건으로 사료되는 한 그 소유가 누구에게 속하건 이를 압수할 수 있었으나, 개정법은 '피고사건과 관계가 있다고 인정할 수 있는 것에 한정'함으로써 현행 압수·수색의 요건인 '필요성'에 '피고사건과의 관련성'을 추가하여 압수·수색의 요건을 강화하였다(제106조 제1항, 제219조). 단 「법률에 다른 규정이 있는 때에는 예외로 한다」는 단서를 두고 있는데, 여기서 '다른 규정'으로서는 공무상 또는 업무상 비밀보호라는 초소송법적 이익을 규정하고 있는 제107조, 제110조, 제111조 및 제112조 등을 들 수 있다.

(2) 정보저장매체 등의 압수·수색·검증방법

① **문 제 점**: 최근 디지털 증거에 저장된 정보의 대량성으로 인해 디지털 증거의 압수·수색에 있어서는 저장매체가 있는 장소에서 그 저장매체에 들어 있는 정보를 검색하여 정보내용을 확인하는 것이 불가능한 경우가 흔하게 발생한다. 이에 따라 저장매체가 있는 장소에서 그 정보를 확인하기보다는 저장매체를 압수한 후 수사기관의 사무실로 가져가서 매체 안에 있는 정보를 확인하거나 또는 저장매체를 가져가는 것이 적절하지 않은 때에는 디지털 매체를 복사하거나 이미징(Imagining)[1]하는 방법으로 복제한 후에 그 내용을 사무실에서 확인하는 방법을 사용하는 것이 일반화되었다. 이처럼 디지털 증거의 압수·수색절차에서 일반적으로 필요한 정보의 저장매체를 찾아 압수하는 단계와 그 저장매체에서 다시 그 필요한 정보를 인식하기 위한 행위의 단계를 절차적으로 구분하고, 그 정보 인식행위에 대해 새로운 취급을 하려는 이유는 **정보의 대량성**과 **비가독성** 때문이다.

이러한 '정보저장매체'로는 컴퓨터 하드디스크, 외장 하드, 파일서버, 메일서버는 물론 웹하드, USB 기억장치, SD 카드 등이 포함되며, 전자정보에는 이메일 계정 및 이메일 내용, 휴대전화 메시지, 음성사서함 및 그에 저장된 음성, 페이스북이나 트위터 등 SNS로 전송한 메시지·사진·동영상, 컴퓨터 시스템이 작동하면 자동으로 생성·기록되는 정보(Computer Generated Evidence)인 컴퓨터 운영기록이나 로그기록 등 웹히스토리도 여기에 해당한다.

② **원 칙**: 전자정보의 압수·수색·검증방법은 원칙적으로 해당 정보서장매체등의 소재지에서 수색 또는 검증한 후 범죄사실과 관련된 전자정보의 범위를 정하여 출력하거나 복제하는 방법으로 한다(①단계). 그리고 위와 같은 압수 방법의 실행이 불가능하거나 현저히 곤란한 경우에는 압수·수색 또는 검증 현장에서 정보저장매체등에 들어 있는 전자정보 전부를 복제하여 그 복제본을 정보저장매체등의 소재지 외의 장소로 반출할 수 있고(②단계),

---

1) 디스크를 "Imagining"한다는 것은 개개파일을 전자복사하는 것이 아니라 여러 파일이 디스크의 각 섹터에 분산·저장되어 있는 원형 그대로 복사하는 것을 의미한다. 이러한 작업은 추후 컴퓨터전문가가 위 "Image"를 토대로 디스크를 원형 그대로 재생하여 복사할 수 있는 장점이 있다.

위와 같은 압수 방법의 실행이 불가능하거나 그 방법으로는 압수의 목적을 달성하는 것이 현저히 곤란한 경우에는 피압수자등이 참여한 상태에서 정보저장매체등의 원본을 봉인(封印)하여 정보저장매체등의 소재지 외의 장소로 반출할 수 있다(③단계). ①단계는 현장에서 선별 압수가 완료되므로 압수수색의 절차가 현장에서 종료되고, ②단계와 ③단계는 정보저장매체의 전부 복제본과 원본 매체가 현장에서 반출되어 현장 외에서 압수·수색절차가 계속 진행되며, 그 전자정보 수집절차는 현장에서의 절차와 동일하다.

여기서 정보저장매체 자체를 압수할 수 있는 ②단계 기준인 '출력 또는 복제하는 방법이 불가능하거나 압수의 목적을 달성하기에 현저히 곤란하다고 인정되는 때'의 판단기준이 문제되는데, 첫째, '불가능'이란 저장매체에서 유관정보를 출력복제할 수 없는 기술적 불가능은 물론 피처분자의 적대적 태도와 같은 상황적 불가능도 포함된다고 보아야 하고, 둘째, '압수의 목적을 달성하기에 현저히 곤란하다고 인정되는 때'란 모호한 개념이지만 저장매체에 대한 수색·검증, 출력, 복제로 인하여 피처분자의 영업활동이 심각하게 제한받는 경우 등으로 한정해야 할 것이다.

대법원 역시 일명 '전교조 시국 선언 준항고 사건'에서, 「전자정보에 대한 압수·수색영장의 집행에 있어서는 원칙적으로 영장발부의 사유로 된 혐의사실과 관련된 부분만을 문서 출력물로 수집하거나 수사기관이 휴대한 저장매체에 해당 파일을 복사하는 방식으로 이루어져야 하고, 집행현장의 사정상 위와 같은 방식에 의한 집행이 불가능하거나 현저히 곤란한 부득이한 사정이 존재하더라도 그와 같은 경우에 **그 저장매체 자체를 직접 혹은 하드카피나 이미징 등 형태로 수사기관 사무실 등 외부로 반출하여 해당 파일을 압수·수색할 수 있도록 영장에 기재되어 있고 실제 그와 같은 사정이 발생한 때에 한하여 예외적으로 허용될 수 있을 뿐이다** 나아가 이처럼 저장매체 자체를 수사기관 사무실 등으로 옮긴 후 영장에 기재된 범죄 혐의관련 전자정보를 탐색하여 해당 전자정보를 문서로 출력하거나 파일을 복사하는 과정 역시 전체적으로 압수·수색영장 집행의 일환에 포함된다고 보아야 한다. 따라서 그러한 경우의 문서출력 또는 파일복사의 대상 역시 혐의사실과 관련된 부분으로 한정되어야 함은 헌법 제12조 제1항, 제3항, 형사소송법 제114조, 제215조의 적법절차 및 영장주의의 원칙상 당연하다. 그러므로 수사기관 사무실 등으로 옮긴 저장매체에서 범죄혐의와의 관련성에 대한 구분없이 저장된 전자정보 중 임의로 문서출력 혹은 파일복사를 하는 행위는 특별한 사정이 없는 한 영장주의 등 원칙에 반하는 위법한 집행이 된다」(대결 2011.5.26, 2009모1190)고 판시하여, 압수·수색영장 집행에 대해서도 범죄와의 관련성을 엄격히 요구하고 있고, 예외적으로 현장에서 관련성 여부를 판단하기 곤란하고 영장에 저장매체에 대한 외부반출 가능하다는 내용이 기재되어 있는 경우에만 이미징 등을 위해 외부반출이 가능하다고 하고 있으며, 외부로 옮긴 후에도 출력·복사를 감정이 아닌 압수 자체로 보아 관련성을 요구하고 압수수색영장 유효기간 내에만 한정적으로 허용하는 **전체적 집행과정설**을 따르고 있다.

③ **정보저장매체에 대한 증거분석의 법적 성격:** 영장의 집행 이후에 수사기관의 시설 내에서 이루어지는 컴퓨터 관련증거의 검색 등도 수색(수색 및 검증)이라고 전제하면서, 피고인이나 변호인의 참여 없이 분석하여 획득한 디지털 증거는 형사소송법 제121조, 제122조 및 제145조를 위반한 위법수집증거라는 **수색** 내지 **수색·검증설**도 있으나, 현행법의 해석상 하드디

스크 등 디지털 저장매체를 직접 압수하거나 일부 복사 또는 이미징 방법으로 복제하는 등의 행위가 있는 때에 압수·수색 집행은 종료되는 것이고, 그 이후에 그 내용을 검색하는 행위는 압수물의 내용을 알기 위한 수사기관의 내부적인 확인행위로 보는 임의수사로서의 **압수물의 확인행위설**이 타당하다(포괄압수설).

대법원은 일명 '종근당 사건'에서, 「형사소송법 제219조, 제121조에 의하면, 수사기관이 압수·수색영장을 집행할 때 피의자 또는 변호인은 그 집행에 참여할 수 있다. 압수의 목적물이 컴퓨터용디스크 그 밖에 이와 비슷한 정보저장매체인 경우에는 영장 발부의 사유로 된 범죄 혐의사실과 관련 있는 정보의 범위를 정하여 출력하거나 복제하여 이를 제출받아야 하고, 피의자나 변호인에게 참여의 기회를 보장하여야 한다. 만약 그러한 조치를 취하지 않았다면 이는 형사소송법에 정한 영장주의 원칙과 적법절차를 준수하지 않은 것이다. 수사기관이 정보저장매체에 기억된 정보 중에서 키워드 또는 확장자 검색 등을 통해 범죄 혐의사실과 관련 있는 정보를 선별한 다음 정보저장매체와 동일하게 비트열 방식으로 복제하여 생성한 파일(이하 '이미지 파일'이라 한다)을 제출받아 압수하였다면 이로써 압수의 목적물에 대한 압수·수색 절차는 종료된 것이므로, **수사기관이 수사기관 사무실에서 위와 같이 압수된 이미지 파일을 탐색·복제·출력하는 과정에서도 피의자 등에게 참여의 기회를 보장하여야 하는 것은 아니다**」(ᵈᵃᵉᵖᵃⁿ ²⁰¹⁸·²·⁸, ²⁰¹⁷ᵈᵒ¹³²⁶³)는 입장이다. 이는 ㉠ 저장매체 자체를 직접 또는 이미징 형태로 수사기관의 사무실 등 외부로 가져오는 과정과 ㉡ 관련정보를 탐색하여 해당 부분의 파일을 복사하거나 출력하는 과정을 전체적으로 압수·수색영장의 집행에 포함된다는 입장으로 볼 수 있다. 다만, 저장매체에 대하여 키워드 또는 확장장 검색 등을 통해 범죄 혐의사실과 관련있는 정보를 선별하여 이를 별도 저장장치에 저장하는 경우 압수·수색이 종료되고, 그 이후 과정은 수사기관의 내부적 분석행위로써 이 단계까지 피압수자의 참여권이 보장되는 것은 아니라는 입장이다. 즉, '유관·무관정보의 선별절차'와 '수사기관의 내부적 분석행위'를 준별하고, 참여권이 보장되는 과정은 전자에 한한다는 점을 분명히 한 것이다.

왜냐하면 ㉠ 형사소송법은 디지털 증거에 대하여 다른 유체물과 달리 취급하는 규정을 두고 않으므로 양자에 동일한 법리가 적용되어야 한다는 점, ㉡ 범죄혐의와 관련된 정보를 찾을 때까지 압수가 종료되지 않는다고 보게 되면 목적물의 점유이전을 본질적 내용으로 하는 압수의 특성에도 불구하고 점유이전에 따른 압수를 인정하지 아니하여 수사절차가 불안정하게 될 뿐만 아니라 영장의 집행종료시점을 확정하지 못한 채 영장의 집행과정을 무한하게 확장할 위험이 있다는 점, ㉢ 형사소송법 제106조 제1항에서 압수대상으로 물건, 즉 무체물로서의 정보가 아니라 유체물을 규정하고 있고, 형사소송법 제106조 제3항은 압수의 목적물을 '정보저장매체'라고 규정하면서 그 집행방법으로 출력 또는 복제를 규정하고 있다는 점 등을 고려할 때, 현행법의 규정 및 그 구조상 저장매체의 압수 또는 관련정보의 출력이나 복제가 이루어지는 시점에 압수영장이 종료된다고 보아야 할 것이기 때문이다.

(3) 피압수자의 참여문제

일반적으로 피압수자란 압수 처분의 대상자로서 압수·수색 당시 현장에서 실제로 정보저장매체(정보)를 소지 또는 보관하고 있다가 이를 압수당하여 제출한 자를 의미하지만, 판례는 참여권 보장문제와 관련하여, '실질적 피압수자'라는 개념을 사용하고 있으므로, 이하에서는 '실질적 피압수자'의 의미를 살펴보고, 저장매체(정보) 제출자(피압수자)와 실질적 피압수자를 기준으로 사안의 유형을 구별하여 살펴보고자 한다.

① **실질적 피압수자의 의미:** 실질적 피압수자란 압수·수색 당시 또는 이와 시간적으로 근접한 시기까지 해당 정보저장매체를 현실적으로 지배·관리하면서, 그 정보저장매체 내 전자정보 전반에 관한 전속적인 관리처분권을 보유·행사하고, 달리 이를 자신의 의사에 따라 제3자에게 양도하거나 포기하지 않은 경우로써, 그 정보저장매체에 저장된 전자정보에 대하여 실질적인 압수수색 당사자로 평가할 수 있는 사람을 의미한다(대판 2022.1.27, 2021도11170,). 따라서 정보저장매체의 외형적·객관적 지배·관리 등 상태와 별도로 단지 피의자나 그 밖의 제3자가 과거 그 정보저장매체의 이용 내지 개별 전자정보의 생성·이용 등에 관여한 사실이 있다거나 그 과정에서 생성된 전자정보에 의해 식별되는 정보주체에 해당한다는 사정만으로 그들을 실질적으로 압수·수색을 받는 당사자로 취급해야 하는 것은 아니다.

> 판례는 일명 '동양대 PC사건'에서, 「피해자 등 제3자가 피의자의 소유·관리에 속하는 정보저장매체를 영장에 의하지 않고 임의제출한 경우에는 실질적 피압수·수색 당사자(이하 '피압수자'라 한다)인 피의자가 수사기관으로 하여금 그 전자정보 전부를 무제한 탐색하는 데 동의한 것으로 보기 어려울 뿐만 아니라 피의자 스스로 임의제출한 경우 피의자의 참여권 등이 보장되어야 하는 것과 견주어 보더라도 특별한 사정이 없는 한 형사소송법 제219조, 제121조, 제129조에 따라 피의자에게 참여권을 보장하고 압수한 전자정보 목록을 교부하는 등 피의자의 절차적 권리를 보장하기 위한 적절한 조치가 이루어져야 한다. 이와 같이 정보저장매체를 임의제출한 피압수자에 더하여 임의제출자 아닌 피의자에게도 참여권이 보장되어야 하는 '**피의자의 소유·관리에 속하는 정보저장매체**'란, 피의자가 압수·수색 당시 또는 이와 시간적으로 근접한 시기까지 해당 정보저장매체를 현실적으로 지배·관리하면서 그 정보저장매체 내 전자정보 전반에 관한 전속적인 관리처분권을 보유·행사하고, 달리 이를 자신의 의사에 따라 제3자에게 양도하거나 포기하지 아니한 경우로써, 피의자를 그 정보저장매체에 저장된 전자정보에 대하여 실질적인 피압수자로 평가할 수 있는 경우를 말하는 것이다. 이에 해당하는지 여부는 민사법상 권리의 귀속에 따른 법률적·사후적 판단이 아니라 압수·수색 당시 외형적·객관적으로 인식 가능한 사실상의 상태를 기준으로 판단하여야 한다. 이러한 정보저장매체의 외형적·객관적 지배·관리 등 상태와 별도로 단지 피의자나 그 밖의 제3자가 과거 그 정보저장매체의 이용 내지 개별 전자정보의 생성·이용 등에 관여한 사실이 있다거나 그 과정에서 생성된 전자정보에 의해 식별되는 정보주체에 해당한다는 사정만으로 그들을 실질적으로 압수·수색을 받는 당사자로 취급하여야 하는 것은 아니다」(대판 2022.1.27, 2021도11170)라고 하여, 피의자가 아닌 제3자가 임의제출한 경우 형사소송법 제121조 참여권의 대상자로 '실질적 피압수자'라는 개념을 사용하고 있다는 점에서, '피의자'와 '피압수자'가 분리되는 상황에서도 '피압수자의 참여권'을 '피의자의 참여권' 보장규정인 형사소송법 제121조에서 찾고 있는 것으로 보인다.

① **피의자가 정보저장매체 제출자(피압수자)인 경우:** 피의자는 피압수자로서 압수의 전 과정에 걸쳐(현장 및 현장 외 수사기관 분석실에서의 선별절차 등) 원칙적으로 참여 기회가 보장되어야 한다. 다만, 참여의 기회가 보장되지 않았더라도 피압수자 측이 참여하지 아니한다는 의

사를 명시적으로 표시하였거나 절차 위반행위가 이루어진 과정의 성질과 내용 등에 비추어 피압수자 측에 절차 참여를 보장한 취지가 실질적으로 침해되었다고 볼 수 없는 특별한 사정이 있는 경우에는 예외적으로 적법성이 인정될 수 있을 것이다.

> **참조판례** 「저장매체에 대한 압수·수색 과정에서 범위를 정하여 출력 또는 복제하는 방법이 불가능하거나 압수의 목적을 달성하기에 현저히 곤란한 예외적인 사정이 인정되어 전자정보가 담긴 저장매체 또는 하드카피나 이미징 등 형태(이하 '복제본'이라 한다)를 수사기관 사무실 등으로 옮겨 복제·탐색·출력하는 경우에도, 그와 같은 일련의 과정에서 형사소송법 제219조, 제121조에서 규정하는 피압수·수색 당사자(이하 '피압수자'라 한다)나 변호인에게 참여의 기회를 보장하고 혐의사실과 무관한 전자정보의 임의적인 복제 등을 막기 위한 적절한 조치를 취하는 등 영장주의 원칙과 적법절차를 준수하여야 한다. 만약 그러한 조치가 취해지지 않았다면 피압수자 측이 참여하지 아니한다는 의사를 명시적으로 표시하였거나 절차 위반행위가 이루어진 과정의 성질과 내용 등에 비추어 피압수자 측에 절차 참여를 보장한 취지가 실질적으로 침해되었다고 볼 수 없을 정도에 해당한다는 등의 특별한 사정이 없는 이상 압수·수색이 적법하다고 평가할 수 없고, 비록 수사기관이 저장매체 또는 복제본에서 혐의사실과 관련된 전자정보만을 복제·출력하였다 하더라도 달리 볼 것은 아니다」(대결(전합) 2015.7.16, 2011모1839).

③ 피의자 아닌 제3자가 정보저장매체 제출자(피압수자)인 경우

가) 현장인 경우: 피의자가 아닌 제3자는 정보저장매체의 제출자로서 피압수자에 해당하므로 현장 압수 절차에서 참여 기회가 보장되어야 한다.

반면 실질적 피압수자인 피의자에게 참여 기회를 보장할 것인지를 두고는 다툼이 있었는데, 아래 대판(전합) 2021.11.18, 2016도348은 '피의자의 소유·관리에 속하는 정보저장매체'를 피해자 등 제3자가 임의제출하는 경우와 같이, 피압수자와 사건당사자가 별도로 구분되어지는 경우에는 '실질적 피압수자'인 사건당사자에게도 참여권을 인정해 주어야 한다고 보았지만, 전술(前述)한 대판 2022.1.27, 2021도11170에서는 피압수자와 피의자가 구별되는 경우라도 무조건 피의자에게 참여권이 보장되어야 하는 것이 아니라, 피의자가 최근까지 압수·수색의 대상이 되는 정보저장매체를 현실적으로 지배·관리하는 경우에만 해당 피의자에게도 참여권이 보장되어야 한다는 것으로, '피의자의 소유·관리에 속하는 정보저장매체'를 제한적으로 해석함으로써 피의자의 참여권을 일부 제한한 것으로 평기된다.

> **참조판례** 「피의자가 소유·관리하는 정보저장매체를 피의자 아닌 피해자 등 제3자가 임의제출하는 경우에는, 그 임의제出 및 그에 따른 수사기관의 압수가 적법하더라도 임의제출의 동기가 된 범죄 혐의사실과 구체적·개별적 연관관계가 있는 전자정보에 한하여 압수의 대상이 되는 것으로 더욱 제한적으로 해석하여야 한다. 피의자 개인이 소유·관리하는 정보저장매체에는 그의 사생활의 비밀과 자유, 정보에 대한 자기결정권 등 인격적 법익에 관한 모든 것이 저장되어 있어 제한 없이 압수·수색이 허용될 경우 피의자의 인격적 법익이 현저히 침해될 우려가 있기 때문이다」(대판(전합) 2021.11.18, 2016도348).

그런데 최근 대법원은 '카카오톡 사건'에서 인터넷서비스업체가 보관하고 있는 전자정보의 압수·수색 과정에 피의자의 참여권을 보장하지 않은 것은 위법하다고 판단했다.

참조판례 「원심이 갑 회사의 본사 서버에 보관된 준항고인의 카카오톡 대화내용에 대한 압수·수색영장의 집행에 의하여 전자정보를 취득하는 것이 참여권자에게 통지하지 않을 수 있는 형사소송법 제122조 단서의 '급속을 요하는 때'에 해당하지 않는다고 판단한 것은 잘못이나, 그 과정에서 압수·수색영장의 원본을 제시하지 않은 위법, 수사기관이 갑 회사로부터 입수한 전자정보에서 범죄 혐의사실과 관련된 부분의 선별 없이 그 일체를 출력하여 증거물로 압수한 위법, 그 과정에서 서비스이용자로서 **실질적 피압수자이자 피의자인 준항고인에게 참여권을 보장하지 않은 위법과 압수한 전자정보 목록을 교부하지 않은 위법**을 종합하면, 압수·수색에서 나타난 위법이 압수·수색절차 전체를 위법하게 할 정도로 중대하다고 보아 압수·수색을 취소한 원심의 결론을 수긍할 수 있다」(대결 2022.5.31,
2016모587).

생각건대 대법원은 대량의 정보와 관련된 정보 주체의 정보 프라이버시권 보장을 위하여, 현행 형사소송법에는 존재하지 않는 "실질적 피압수자"라는 개념을 만든 것으로 보이나 '실질적 피압수자'라는 용어는 그 개념이 불명확하다는 점에서 해석상 또 다른 문제를 가져올 수 있다. 왜냐하면 형사소송법상 '피압수자'의 정의규정은 없고, '피압수자'는 피의자뿐만 아니라 제3자의 경우도 있으므로, 형사소송법 제121조의 '피의자'를 '피압수자'로 해석하는 것이 문언 해석상 가능한지 의문일 뿐만 아니라,[1] 형사소송법 제123조는 장소를 기준으로 한 규정으로, '피압수자' 참여권의 근거규정으로 볼 수 없으므로, 현장 외 수사기관의 사무실이나 분석실에서의 압수 절차에는 제123조에 규정된 책임자에게 참여의 기회를 보장해줄 필요가 없기 때문이다.

둘째, 일명 '동양대 PC사건'의 판결(대판 2022.1.27,
2021도11170)에 의하더라도 혼란스러운 압수·수색 현장에서 외관만으로 '피의자의 소유·관리에 속하는 정보저장매체' 여부를 신속·명확하게 판단한다는 것은 현실적으로 쉽지 않을 뿐만 아니라 수사기관의 경과실로 '실질적 피압수자'에 대하여 오판을 한 경우에도 위법수집증거로 보아 증거능력을 부정하는 것이 비례성의 원칙상 옳은 것인지 의문이다.

셋째, 제3자가 보관하는 전자정보에 대한 압수·수색의 경우 "급속을 요하는 때"에 해당하여 통지의무가 없더라도(제122조
단서), 판례(대결 2022.5.31,
2016모587)는 선별과정에 피의자를 참여시키지 않아 위법하다고 판시함으로써 사실상 '피압수자'의 참여권에 대한 예외를 인정하고 있지 않다는 점에서 문제가 있다. 왜냐하면 복제·출력·탐색시 보장되는 피압수자 등의 참여가 디지털정보의 관련성 유무에 대한 감시를 위한 것이라면 실무상 해당 정보가 관련성이 있는지 여부에 대하여 수사기관과 피의자 등의 의견이 달라 해당 정보의 출력·삭제·반환 등을 둘러싼 다툼과 혼란이 생길 여지가 많기 때문이다. 더욱이 테러·안보사건, 산업기술 해외유출

---

1) 형사소송법과 달리 시행령인 「검사와 사법경찰관의 상호협력과 일반적 수사준칙에 관한 규정」에는 '피압수자'의 참여권에 대한 규정은 있으나(제42조 제3항), '피의자'의 참여권에 대한 규정은 없고, '피압수자'의 범위에 대한 규정도 없다.

사건 등 수사의 밀행성이 극도로 요구되는 범죄는, 수사기관이 내사 진행을 통해 혐의와 관련된 기초 자료들을 수집하는데, 내사 단계에서 피압수자에게 참여를 통보한다는 것은 수사의 밀행성을 포기하고, 피고인의 증거인멸이나 도주, 증인 위협 등을 초래할 수 있는 것이다.

넷째, '실질적 피압수자' 개념의 불명확성으로 인한 혼란이 야기된다. 왜냐하면 판례가 판시하고 있는 '실질적 피압수자'의 지표인 '압수·수색 당시 또는 이와 시간적으로 근접한 시기까지 해당 정보저장매체를 현실적으로 지배·관리하면서, 정보저장매체 내 전자정보 전반에 관한 전속적인 관리처분권을 보유·행사한 자'는 개념상 평가적인 영역에 해당하기 때문이다. 예컨대 간첩(또는 핵심 산업기술 해외 유출, 국제 테러단체 가입) 혐의로 내사중인 A의 이메일을 압수·수색하는 경우, 아파트 거실에 있는 PC를 압수하려는데, 피의자 B의 동생 C가 자신의 것이라고 주장하는 경우, D의 주거지에 피의자 E가 몰래 카메라를 설치하여 D의 성관계 장면을 촬영하였고, 카메라를 발견한 D가 경찰에 임의제출한 경우, F 회사 직원 G에 대한 배임 혐의로 사무실을 압수·수색하는 과정에서 오래된 구형 스마트폰(G는 이전 근무자가 사용하던 공용폰이라고 주장)을 발견한 경우 등에 있어서 피압수자의 참여권에 관한 판례만으로는 참여시기·대상자·방법·예외사유 등을 구체적으로 알기 어려울 것이다.

결국 피압수자와 피의자(사건관계자)가 일치하는 경우에만 형사소송법 제219조, 제121조에 따라 피의자에게 참여권이 보장되고, 피압수자와 피의자가 분리되는 경우에는 동법 제219조, 제123조 등에 따라 압수·수색 대상물을 사실상 점유·관리하고 있는 피압수자, 즉 '관리책임자'에게만 참여권을 부여하는 것이 현행 형사소송법의 체계상 타당하다고 본다.

나) 현장 외인 경우: 피의자 소유의 전자정보 선별절차에 피압수자인 제3자가 참여할 경우 피의자의 사생활을 침해할 우려가 있지만, 위 제3자는 피압수자로서 현장 압수와 동일하게 참여권이 보장되어야 하므로 원칙적으로 현장 외의 선별절차에 참여권이 보장된다고 보아야 할 것이다. 문제는 피의자의 참여권이 인정되는지 여부인데, 판례는 피해자인 제3자가 임의제출한 피의자 소유의 핸드폰을 압수한 사안에서, 전자정보 탐색·복제·출력 시 실질적 피압수자인 피의자가 수사기관으로 하여금 그 전자정보 전부를 무제한 탐색하는 데 동의한 것으로 보기 어려울 뿐만 아니라 피의자 스스로 임의제출한 경우 피의자의 참여권 등이 보장되어야 하는 것과 견주어 보더라도 특별한 사정이 없는 한 형사소송법 제219조, 제121조에 따라 피의자에게 참여권을 보장해야 한다(대판(전합) 2021.11.18. 2016도348)고 판시하였다. 따라서 판례에 따르면, 특별한 사정이 없는 한 정보저장매체의 실질적 피압수자인 피의자에게도 참여의 기회를 보장해야 할 것이다.

④ **피의자 아닌 제3자 A가 실질적 피압수자인 경우:**

가) 제3자 A가 정보저장매체 제출자(피압수자)인 경우: 제3자 A는 피압수자 겸 정보저장매체의 실질적 피압수자이므로, 위의 판례의 취지에 비추어 볼 때, 현장 및 현장 외의 모든 압수절차에서 참여 기회가 보장되어야 할 것이다. 반면, 피의자는 피압수자가 아니고, 정보저장

매체의 실질적 피압수자도 아니므로 현장 및 현장 외의 모든 압수절차에서 참여 기회가 보장될 필요는 없다고 본다.

나) 제3자 B가 정보저장매체 제출자(피압수자)인 경우: 현장인 경우 제3자 A는 피압수자가 아니므로, 현장 압수절차에서 참여 기회를 보장할 필요는 없다고 본다. 피의자의 경우도 피압수자가 아니고, 저장매체(정보)의 실질적 피압수자도 아니므로 현장 압수절차에서 참여 기회를 보장할 필요는 없다고 본다. 반면, 제3자 B는 피압수자로서 현장 압수절차에서 참여 기회가 보장될 필요가 있다.

반면에 현장이 아닌 경우 제3자 A와 관련하여, 위 판례($^{대판(전합)\ 2021.11.18,}_{2016도348}$)를 유추하여 해석하면, 현장 외 압수절차에서는 실질적 피압수자라는 이유로 참여 기회를 보장해야 할 것으로 판단된다. 제3자 B도 피압수자로서 현장 외의 압수절차에서 참여 기회가 보장될 필요가 있다. 반면, 피의자는 피압수자도 아니고, 저장매체(전자정보)의 실질적 피압수자도 아니므로 현장 외의 압수절차에서 참여 기회를 보장할 필요는 없을 것이다.

(4) 혐의사실과 무관한 전자정보(별건범죄의 증거)에 대한 압수·수색의 요건

대법원은 「전자정보에 대한 압수·수색에 있어 저장매체 자체를 외부로 반출하거나 하드카피·이미징 등의 형태로 복제본을 만들어 외부에서 저장매체나 복제본에 대하여 압수·수색이 허용되는 예외적인 경우에도 혐의사실과 관련된 전자정보 이외에 이와 무관한 전자정보를 탐색·복제·출력하는 것은 원칙적으로 위법한 압수·수색에 해당하므로 허용될 수 없다. 그러나 전자정보에 대한 압수·수색이 종료되기 전에 **혐의사실과 관련된 전자정보를 적법하게 탐색하는 과정에서 별도의 범죄혐의와 관련된 전자정보를 우연히 발견한 경우라면, 수사기관은 더 이상의 추가 탐색을 중단하고 법원에서 별도의 범죄혐의에 대한 압수·수색영장을 발부받은 경우에 한하여 그러한 정보에 대하여도 적법하게 압수·수색을 할 수 있다.** 나아가 이러한 경우에도 **별도의 압수·수색 절차는 최초의 압수·수색 절차와 구별되는 별개의 절차이고, 별도 범죄혐의와 관련된 전자정보는 최초의 압수·수색영장에 의한 압수·수색의 대상이 아니어서 저장매체의 원래 소재지에서 별도의 압수·수색영장에 기해 압수·수색을 진행하는 경우와 마찬가지로 피압수·수색 당사자**(이하 '피압수자'라 한다)**는 최초의 압수·수색 이전부터 해당 전자정보를 관리하고 있던 자라 할 것이므로, 특별한 사정이 없는 한 피압수자에게 형사소송법 제219조, 제121조, 제129조에 따라 참여권을 보장하고 압수한 전자정보 목록을 교부하는 등 피압수자의 이익을 보호하기 위한 적절한 조치가 이루어져야 한다**」($^{대결(전합)\ 2015,}_{7.16,\ 2011모1839}$)고 판시하면서, 「다만 수사기관이 별개의 증거를 피압수자 등에게 환부하고 후에 임의제출받아 다시 압수하였다면 증거를 압수한 최초의 절차 위반행위와 최종적인 증거수집 사이의 인과관계가 단절되었다고 평가할 수 있으나, 환부 후 다시 제출하는 과정에서 수사기관의 우월적 지위에 의하여 임의제출 명목으로 실질적으로 강제적인 압수가 행하여질 수 있으므로, 제출에 임의성이 있다는 점에 관하여는 검사가 합리적 의심을 배제할 수 있을 정도로 증명하여야 하고, 임의로 제출된 것이라고 볼 수 없는 경우에는 증거능력을 인정할 수 없다」($^{대판\ 2016.3.10,}_{2013도11233}$)는 입장이다.

이에 따르면, ㉠ 별도의 범죄혐의와 관련된 전자정보를 우연히 발견할 것, ㉡ 추가 탐색을 중단하고 법원으로부터 별도의 범죄혐의에 대한 압수·수색영장을 발부받을 것, ㉢ 압수의 대상이 적법한 압수물일 것, ㉣ 최초의 압수·수색 이전부터 해당 전자정보를 관리하고 있던 자를 피압수자로 보아 참여권을 보장하고 압수한 전자정보 목록을 교부하는 등의 조치를 취한 경우에 한하여, 적법하다는 입장으로 정리할 수 있을 것이다. 따라서 이러한 과정을 거치지 않은 혐의사실과 무관한 전자정보(별건범죄의 증거)를 삭제·폐기할 의무가 수사기관에게 인정되는지 문제되는데, 위 대법원 다수의견은 수사기관에게 '무관정보를 삭제·폐기할 의무'를 인정하는 방안을 선택하지 않고 수사기관의 부주의한 처분(참여기회 제공의무의 불이행 등)이 후속되는 경우에는 하자있는 후속처분(_{3처분}^{제2,}) 때문에 선행하는 적법처분(^{제1처}_분)도 하자있는 후속처분(_{3처분}^{제2,})과 함께 취소되어야 한다(^{대결(전합) 2015.}_{7.16, 2011모1839})는 입장을 취한 바 있다.

> **참조판례** 「혐의사실 관련성에 대한 구분 없이 이루어지는 복제·출력·탐색을 막는 절차적 장치가 필요하므로, 이를 위하여 피압수자나 그 변호인에게 참여의 기회를 보장해야 한다」고 판시하면서, 「제2·3처분은 제1처분 후 피압수자에게 계속적인 참여권을 보장하는 등의 조치가 이루어지지 아니한 채 제1영장 기재 혐의사실과 관련된 정보는 물론 그와 무관한 정보까지 재복제·출력한 것으로서 영장이 허용한 범위를 벗어나고 적법절차를 위반한 위법한 처분이라 하지 않을 수 없다. 특히 제2·3처분에 해당하는 전자정보의 복제·출력과정은 증거물을 획득하는 행위로서 압수·수색의 목적에 해당하는 중요한 과정인 점, 이 과정에서 혐의사실과 무관한 정보가 수사기관에 남겨지게 되면 피압수자의 다른 법익이 침해될 가능성이 한층 커지게 되므로 피압수자에게 참여권을 보장하는 것이 그러한 위험을 방지하기 위한 핵심절차인데도 그 과정에 참여권을 보장하지 않은 점, 더구나 혐의사실과 무관한 정보까지 출력한 점 등 위법의 중대성에 비추어 볼 때, 비록 제1처분까지의 압수·수색과정이 적법하다고 하더라도 전체적으로 제1영장에 기한 압수·수색은 취소되어야 할 것이므로, **甲이 전체 압수·수색과정을 단계적·개별적으로 구분하여 각 단계의 개별 처분의 취소를 구하더라도 법원으로서는 특별한 사정이 없는 한 그 구분된 개별 처분의 위법이나 취소여부를 판단할 것이 아니라 당해 압수·수색과정 전체를 하나의 절차로 파악하여 그 과정에서 나타난 위법이 압수·수색절차 전체를 위법하게 할 정도로 중대한지 여부에 따라 전체적으로 그 압수·수색처분을 취소할 것인지를 가려야 할 것이다.** 여기서 위법의 중대성은 위반한 절차조항의 취지, 전체과정 중에서 위반행위가 발생한 과정의 중요도, 그 위반사항에 의한 법익침해 가능성의 경중 등을 종합하여 판단하여야 한다」(^{대결(전합) 2015.7.16,}_{2011모1839}).

결국 범죄 무관 정보에 대한 과잉압수 또는 환부 거부처분 등의 문제에 대하여는 법원에 준항고로 해결하거나 위법수집증거의 문제로 다루면 족할 것이다.

(5) 스마트폰에 대한 긴급압수·수색의 경우

전술(前述)한 정보저장매체와 동일하게 휴대폰 긴급압수는 휴대폰은 물론 거기에 저장된 정보를 포함하여 휴대폰에 대한 일체의 점유를 취득한 것으로 보는 견해(포괄압수설), 긴급압수는 휴대폰이라는 유형물 자체에 대한 점유만을 취득한 것으로 보아야 한다는 견해(유형물한정압수설), 휴대폰 및 서상정보 중 혐의사실과 관련성 있는 정보만을 취득한 것이라는 견해(유관정보압수설) 및 수사기관이 특별한 기술적 조치없이 육안으로 확인할 수 있는 사항에 대해서는 긴급압수의 효력이 미친다는 견해(육안확인정보압수설) 등이 있다.

실무적 관점에서 스마트폰에 대한 압수·수색 집행의 프로세스를 나열해 보면, ① 압수·수색 현장에서 스마트폰 단말기 수색, ② 스마트폰이 발견된 경우 피압수자의 점유를 해제하고 수사관 등에게 점유 이전, ③ 이미징 등 포렌식 절차를 위하여 수사기관의 사무실 등으로 반출, ④ 스마트폰 저장장치에 대한 이미징 작업, ⑤ 이미징 파일을 사진, 음성, 텍스트 등으로 분류하여 엑셀파일 등에 재정렬 시키는 이른바 '가시화 작업', ⑥ 육안으로 또는 키워드 검색을 통하여 혐의사실과 관련된 정보만을 추출하는 선별작업, ⑦ 위 선별작업을 통하여 뽑아낸 전자정보(사진, 음성, 텍스트파일) 등을 CD 등 별도의 저장장치에 복제하는 작업, ⑧ 선별된 자료를 분석하는 작업, ⑨ 분석 후 혐의사실과 관련된 증거내용을 수사보고서 등으로 정리하는 작업 등으로 정리할 수 있을 것이다. 문제는 전술(前述)한 것처럼, 스마트폰의 특성상 압수현장에서 유관정보 추출을 위한 선별작업이 어렵다는 점에서, 개인용 PC 내지 노트북과 달리 외부로 반출하여 ①부터 ⑤까지 과정을 거쳐야 한다는 점이다. 결국 ⑥~⑦까지(⑧⑨는 별론)의 작업을 디지털 저장매체와 동일하게 압수물 확인행위로 볼 것인지(유관정보압수설도 동일) 아니면, 휴대폰의 전자정보는 긴급압수된 것이 아니므로 이를 탐색·수집하려면 별도의 사전압수·수색영장을 발부받아야 하는 것인지 문제된다.

통상 피체포자의 스마트폰 분석행위는 체포한 때로부터 사후영장 청구시한인 '48시간' 이내에 스마트폰 전부를 이미징하여 엑셀로 변환한 후 키워드 검색 등으로 이루어지며, 그 분석장소도 수사기관에 설치되어 있는 디지털 포렌식 센터로서, 처음 체포된 장소와 시간적·장소적 근접성이 인정되지 아니하여 동일 관리권이 미치지 아니하므로 스마트폰에 저장되어 있는 전자정보에 대한 열람은 '체포현장에서의 압수·수색'이 이미 종료된 확인과정에 불과하다고 볼 수밖에 없다. 이에 따르면, 해당 혐의사실 관련 전자정보가 확인되면 스마트폰을 계속 압수할 필요가 있으므로 체포시부터 48시간 이내에 지체없이 사후 압수·수색영장을 청구하여 발부받아야 하고, 범죄사실과 관련이 없다고 판단될 경우에는 스마트폰을 즉시 환부해야 할 것이다. 다만, 스마트폰의 경우에는 통상 사무실에서 사용하는 PC나 노트북과 달리 혐의사실과 관련된 정보 외에도 연인과의 대화, 개인사와 관련된 내용 등 지극히 내밀한 개인적 영역의 전자정보도 다수 함유되어 있는 경우가 많다는 점에서, ⑥~⑦의 행위를 하는 과정에서 당사자의 참여권 보장은 물론 혐의사실과 무관한 전자정보(별건범죄의 증거)가 발견된 경우에는 즉시 탐색을 중단하고 별도의 사전영장을 받아야 할 것이다.

(6) 이메일 계정에 대한 압수·수색

판례는「비록 수사기관이 위와 같이 원격지의 저장매체에 접속하여 그 저장된 전자정보를 수색장소의 정보처리장치로 내려받거나 그 화면에 현출시킨다 하더라도, 이는 인터넷서비스제공자가 허용한 피의자의 전자정보에 대한 접근 및 처분권한과 일반적 접속 절차에 기초한 것으로서, 특별한 사정이 없는 한 인터넷서비스제공자의 의사에 반하는 것이라고 단정할 수 없다. 또한 형사소송법 제109조 제1항, 제114조 제1항에서 영장에 수색할 장소를 특정하도록 한 취지와 정보통신망으로 연결되어 있는 한 정보처리장치 또는 저장매체 간 이전, 복제가 용이한 전자정보의 특성 등에 비추어 보면, **수색장소에 있는 정보처리장치를 이용하여 정보통신망으로 연결된 원격지의 저장매체에 접속하는 것이 위와 같은 형사소송법의 규정에 위반하여 압수·수색영장에서 허용한 집행의 장소적 범위를 확대하는 것이라고 볼 수 없다.** 수색행위는 정보통신망을 통해 원격지의 저장매체에서 수색장소에 있는 정보처리장치로 내려받거나 현출된 전자정보에 대하여 위 정보처리장치를 이용하여 이루어지고, 압수행위는 위 정보처리장치에 존재하는 전자정보를 대상으로 그 범위를 정하여 이를 출력 또는 복제하는 방법으로 이루어지므로, 수색에서 압수에 이르는 일련의 과정이 모두 압수·수색영장에 기재된 장소에서 행해지기 때문이다. 위와 같은 사정들을 종합하여 보면, **피의자의 이메일 계정에 대한 접근권한에 갈음하여 발부받은 압수·수색영장에 따라 원격지의 저장매체에 적법하게 접속하여 내려받거나 현출된 전자정보를 대상으로 하여 범죄 혐의사실과 관련된 부분에 대하여 압수·수색하는 것은, 압수·수색영장의 집행을 원활하고 적정하게 행하기 위하여 필요한 최소한도의 범위 내에서 이루어지며 그 수단과 목적에 비추어 사회통념상 타당하다고 인정되는 대물적 강제처분 행위로서 허용되며,** 형사소송법 제120조 제1항에서 정한 압수·수색영장의 집행에 필요한 처분에 해당한다. 그리고 이러한 법리는 원격지의 저장매체가 국외에 있는 경우라 하더라도 그 사정만으로 달리 볼 것은 아니다」(대판 2017.11.29, 2017도9747)라고 판시하고 있다.

(7) 기   타

① **우체물의 압수:** 법원 또는 수사기관은 우체물 또는 통신비밀보호법 제2조 제3호에 따른 전기통신에 관한 것으로서 필요한 때에는 피고사건과 관계가 있다고 인정할 수 있는 것에 한정하여 체신관서 기타 관련기관 등이 소지 또는 보관하는 물건의 제출을 명하거나 압수를 할 수 있다. 이러한 처분을 할 때에는 발신인이나 수신인에게 그 취지를 통지하여야 한다. 단 심리에 방해가 될 염려가 있는 경우에는 예외로 한다(제107조, 제219조). 규정취지상 압수의 대상이 되는 우체물이나 전기통신 관련물건이 반드시 증거물 또는 몰수할 것으로 사료되는 물건일 필요는 없다고 본다.

② **군사상 비밀과 압수:** 군사상 비밀을 요하는 장소는 그 책임자의 승낙없이는 압수 또는 수색할 수 없다. 책임자는 국가의 중대한 이익을 해하는 경우를 제외하고는 승낙을 거부하지 못한다(제110조, 제219조). 범죄사실에 대한 실체적 진실발견보다 국가의 중대한 이익을 해할 수 있는 군사상 비밀을 보호하기 위하여 예외를 인정하고 있는 것이다.

③ **공무상 비밀과 압수:** 공무원 또는 공무원이었던 자가 소지 또는 보관하는 물건에 관하여는 본인 또는 그 당해 공무소가 직무상의 비밀에 관한 것임을 신고한 때에는 그 소속공무원 또는 당해 감독관공서의 승낙없이는 압수하지 못한다. 소속공무소 또는 당해 감독관공서는 국가의 중대한 이익을 해하는 경우를 제외하고는 승낙을 거부하지 못한다(제111조, 제219조). 위 군사상 비밀과는 달리, '승낙' 이외에 '신고'절차가 규정되어 있고, '압수'만 거부할 수 있을 뿐이고 '수색'은 거부할 수 없다는 점에서 차이가 있다.

④ **업무상 비밀과 압수:** 변호사·변리사·공증인·공인회계사·세무사·대서업자·의사·한의사·치과의사·약사·약종상·조산원·간호원·종교의 직에 있는 자 또는 이러한 직에 있던 자가 그 업무상 위탁을 받아 소지 또는 보관하는 물건으로 타인의 비밀에 관한 것은 압수를 거부할 수 있다. 단 그 타인의 승낙이 있거나 중대한 공익상 필요가 있는 때에는 예

외로 한다(제112조, 제219조).

2. 수색의 목적물

수색의 목적물은 사람의 신체, 물건 또는 주거 기타 장소이다. 법원 또는 수사기관은 필요한 때에는 피고사건과 관계가 있다고 인정할 수 있는 것에 한정하여 피고인의 신체, 물건 또는 주거 기타 장소를 수색할 수 있고(제109조 제1항, 제219조), 피의자 아닌 자의 신체, 물건 또는 주거 기타 장소에 관하여는 압수할 물건이 있음을 인정할 수 있는 경우에 한하여 수색할 수 있다(제109조 제2항, 제219조).

III. 압수·수색의 절차

1. 압수·수색영장의 청구

압수·수색영장의 청구권자는 검사이다. 따라서 검사는 범죄수사에 필요한 때에는 지방법원판사에게 청구하여 발부받은 영장에 의하여 압수·수색을 할 수 있고, 사법경찰관이 범죄수사에 필요한 때에는 검사에게 신청하여 검사의 청구로 지방법원판사가 발부한 영장에 의하여 압수·수색을 할 수 있다(제215조). 압수·수색영장의 청구방식(제114조)은 대체로 구속영장의 청구방식(제75조)과 동일하지만, 압수·수색할 물건이 전기통신에 관한 것인 경우에는 작성기간을 기재하여야 한다(규 제107조 제1항, 제95조 제1항).

2. 압수·수색영장의 발부

(1) 영장의 기재사항

압수·수색영장에는 피고인 또는 피의자의 성명, 죄명, 압수할 물건, 수색할 장소·신체·물건, 발부연월일, 유효기간과 그 기간을 경과하면 집행에 착수하지 못하며 영장을 반환하여야 한다는 취지, 압수·수색의 사유, 압수·수색할 물건이 전기통신에 관한 것일 경우에는 작성기간을 기재하고, 피고인에 대한 영장의 경우에는 재판장 또는 수명법관이, 피의자에 대한 영장의 경우에는 지방법원 판사가 서명날인하여야 한다(제114조 제1항, 제219조, 규 제58조). 이와 관련하여, 판례는 '법관의 서명날인란에 서명만 있고 날인이 없는 경우 법관의 진정한 의사에 따라 발부되었다고 하더라도 형사소송법이 정한 요건을 갖추지 못하여 적법하게 발부된 영장으로 볼 수 없다'(대판 2019.7.11. 2018도20504)는 입장이다. 피고인 또는 피의자의 성명이 분명하지 아니한 때에는 인상, 체격 기타 피고인 또는 피의자를 특정할 수 있는 사항으로 표시할 수 있다(제114조 제2항, 제75조 제2항, 제219조).

(2) 영장의 유효기간

법원이 공판정에서 압수·수색을 행할 때에는 영장을 요하지 않으나 공판정외에서 압수·

수색을 행할 때에는 영장을 발부하여야 한다($\frac{제113}{조}$). 다만 임의제출물이나 유류물의 압수를 할 때에는 영장이 필요없다($\frac{제108}{조}$). 영장의 유효기간은 7일이며, 법관이 상당하다고 인정하는 때에는 7일을 넘는 기간을 정할 수 있다($\frac{규}{제178조}$). 영장에 기재된 유효기간은 집행에 착수할 수 있는 종기(終期)를 의미하므로 만일 수사기관이 압수·수색을 실시하여 그 집행을 종료하였다면 영장의 유효기간이 남아있더라도 그 영장의 효력은 상실되지만, 그 집행을 하지 못하였다면 7일 이내에 다시 영장을 집행할 수 있으며, 일단 집행이 시작되면 7일을 넘기더라도 무방하다. 판례도 동일한 입장이다.

> 참조판례 「형사소송법 제215조에 의한 압수·수색영장은 수사기관의 압수·수색에 대한 허가장으로서 거기에 기재되는 유효기간은 집행에 착수할 수 있는 종기(終期)를 의미하는 것일 뿐이므로, 수사기관이 압수·수색영장을 제시하고 집행에 착수하여 압수·수색을 실시하고 그 집행을 종료하였다면 이미 그 영장은 목적을 달성하여 효력이 상실되는 것이고, 동일한 장소 또는 목적물에 대하여 다시 압수·수색할 필요가 있는 경우라면 그 필요성을 소명하여 법원으로부터 새로운 압수·수색영장을 발부 받아야 하는 것이지, 앞서 발부 받은 압수·수색영장의 유효기간이 남아있다고 하여 이를 제시하고 다시 압수·수색을 할 수는 없다」($\frac{대결\ 1999.12.1,}{99모161}$).

(3) 일반영장의 금지

영장주의는 일반영장의 금지를 그 내용으로 하므로, 압수·수색영장에 '압수할 물건'은 구체적으로 특정되어야 하고, '수색할 장소'도 압수·수색영장을 집행할 때에 다른 장소와 합리적으로 구별될 수 있도록 구체적으로 특정되어야 한다. 따라서 압수할 물건에 대하여 '압수장소에 보관 중인 물건'이라고 기재하고 있는 것을 '압수장소에 현존하는 물건'으로 해석할 수 없으며($\frac{대판\ 2009.3.12,}{2008도763}$), 수색장소가 회사·법인·단체·공공기관의 사무실인 경우에는 범죄혐의사실과 관련된 장소로 제한하여 수색장소를 특정하여야 한다. 판례도 법원이 발부한 압수·수색영장에는 '압수할 물건'이 여성의 신체를 몰래 촬영한 것으로 판단되는 사진, 동영상 파일이 저장된 컴퓨터 하드디스크 및 외부 저장매체로 되어 있는데도 경찰이 위 압수·수색영장으로 압수한 휴대전화가 구글계정에 로그인되어 있는 상태를 이용하여 구글클라우드에서 불법촬영물을 다운로드 받는 방식으로 압수한 사안에서, 압수·수색영장에 적힌 '압수할 물건'에 원격지 서버 저장 전자정보가 기재되어 있지 않은 이상 '압수할 물건'은 컴퓨터 하드디스크 외 외부 저장매체에 저장된 전자정보에 한정되므로 경찰이 압수한 불법촬영물은 위법수집증거에 해당하고, 이를 이용하여 수집한 다른 증거도 위법수집증거에 의한 2차적 증거에 해당하여 증거능력이 없다($\frac{대판\ 2022.6.30,}{2022도1452}$)고 판시한 바 있다.

3. 영장의 집행

(1) 영장의 집행기관

압수·수색영장은 검사의 지휘에 의하여 사법경찰관리가 집행한다. 단, 필요한 경우에는 재판장이 법원사무관 등에게 그 집행을 명할 수 있다(제115조 제1항, 제219조).

(2) 영장의 집행방법

압수·수색영장은 처분을 받는 자에게 반드시 사전에 제시하여야 하고(제118조, 제219조), 처분을 받는 자가 피고인인 경우에는 그 사본을 교부하여야 한다. 구속과 달리 영장의 사후제시 방법에 의한 긴급집행은 인정되지 않는다. 팩스로 영장 사본을 송신하는 것도 인정되지 않는다(대판 2017.9.7, 2015도10648). 다만 이러한 영장제시는 현실적으로 가능한 상황을 전제로 한 규정이므로, 처분을 받는 자가 현장에 없는 등 영장의 제시나 그 사본의 교부가 현실적으로 불가능한 경우 또는 처분을 받는 자가 영장의 제시나 사본의 교부를 거부한 때에는 예외로 한다(제118조 단서).[1] 물론 현장에서 압수·수색을 당하는 사람이 여러 명일 경우에는 그 사람들 모두에게 개별적으로 영장을 제시해야 하는 것이 원칙이고, 수사기관이 압수·수색에 착수하면서 그 장소의 관리책임자에게 영장을 제시하였다고 하더라도 물건을 소지하고 있는 다른 사람으로부터 이를 압수하고자 하는 경우에는 그 사람에게 별도로 영장을 제시하여야 한다(대판 2009.3.12, 2008도763).

압수·수색영장의 집행 중에는 타인의 출입을 금지할 수 있고, 이에 위배한 때에는 퇴거하게 하거나 집행종료시까지 간수자를 붙일 수 있다(제119조, 제219조). 또 압수·수색영장의 집행에 있어서 건정(자물쇠)을 열거나 개봉 기타 필요한 처분을 할 수 있고, 압수물에 대하여도 같은 처분을 할 수 있다(제120조, 제219조). 이와 관련하여, 판례는 피의자의 이메일 계정에 대한 접근권한에 갈음하여 발부받은 압수·수색영장에 따라 원격지의 저장매체에 적법하게 접속하여 내려받거나 현출된 전자정보를 대상으로 하여 범죄 혐의사실과 관련된 부분에 대하여 압수·수색을 하거나(대판 2017.11.29, 2017도9747), 혈액의 취득을 위하여 피의자의 신체로부터 혈액을 채취하는 행위는 그 혈액의 압수를 위한 것으로서 형사소송법이 정한 '압수영장의 집행에 있어 필요한 처분'에 해당한다(대판 2012.11.15, 2011도15258)는 입장이다.

(3) 당사자 등의 참여

검사·피고인(피의자) 또는 변호인은 압수·수색영장의 집행에 참여할 수 있는데(제121조, 제219조), 이는 압수·수색절차의 공정을 확보하고 집행을 받는 자의 이익을 보호하기 위한 것이다. 따라서 압수·수색영장을 집행함에는 미리 집행의 일시와 장소를 참여자에게 통지하여야 하고, 여자의 신체에 대하여 수색할 때에는 성년의 여자를 참여하게 하여야 한다(제124조, 제219조). 다만, 참여권자가 참여하지 아니한다는 의사를 명시한 때 또는 급속을 요하는 때에는 예외로 한다(제122조, 제219조). 여기서 '급속을 요하는 때'란 압수·수색영장 집행사실을 미리 알려주면 증거물을 은닉할 염려 등이 있어서 압수·수색의 실효를 거두기 어려운 경우를 말한다(대판 2012.10.11, 2012도7455).

---

[1] 2022. 1. 11. 형사소송법 제118조의 개정에 의하여 처분을 받는 자가 피고인인 경우에는 영장 사본을 원칙적으로 교부하게 되었다(그 전에는 영장 제시만 규정되어 있었음).

참조판례 「형사소송법 제219조, 제121조가 규정한 변호인의 참여권은 피압수자의 보호를 위하여 변호인에게 주어진 고유권이다. 따라서 설령 피압수자가 수사기관에 압수·수색영장의 집행에 참여하지 않는다는 의사를 명시하였다고 하더라도, 특별한 사정이 없는 한 그 변호인에게는 형사소송법 제219조, 제122조에 따라 미리 집행의 일시와 장소를 통지하는 등으로 압수·수색영장의 집행에 참여할 기회를 별도로 보장하여야 한다」(대판 2020.11.26, 2020도10729).

(4) 책임자의 참여

공무소, 군사용의 항공기 또는 선차내에서 압수·수색영장을 집행함에는 그 책임자에게 참여할 것을 통지하여야 하고(제123조 제1항), 이외의 타인의 주거, 간수자 있는 가옥, 건조물, 항공기 또는 선차내에서 압수·수색영장을 집행함에는 주거주, 간수자 또는 이에 준하는 자를 참여하게 하여야 하고(제121조 제2항), 이들을 참여하게 하지 못할 경우에는 인거인(隣居人) 또는 지방공공단체 직원을 참여하게 하여야 한다(제121조 제3항). 이는 주거주 등의 참여를 통하여 영장집행 절차의 적정을 담보하기 위한 압수·수색영장 실행의 절차적 요건이므로, 주거주·간수자 참여없는 압수·수색은 위법하고, 급속을 요하는 경우에도 반드시 참여하게 하여야 한다.

(5) 야간집행의 제한

일출전, 일몰후에는 압수·수색영장에 야간집행을 할 수 있는 기재가 없으면 그 영장을 집행하기 위하여 타인의 주거, 간수자있는 가옥·건조물·항공기 또는 선차내에 들어가지 못하나(제125조, 제219조), 도박 기타 풍속을 해하는 행위에 상용된다고 인정되는 장소나 공개된 시간내에 한하는 한 여관·음식점 기타 야간에 공중이 출입할 수 있는 장소에 대하여는 이러한 제한을 받지 않는다(제126조, 제219조).

(6) 압수증명서·압수목록의 교부

수색한 경우에 증거물 또는 몰수할 물건이 없는 때에는 그 취지의 증명서를 교부하여야 한다(제128조, 제219조). 압수한 때에는 목록을 작성하여 소유자·소지자·보관자 기타 이에 준할 자에게 교부하여야 한다(제129조, 제219조). 이는 수색이 실시되었다는 사실을 공적으로 증명하여 줌으로써 동일한 영장에 의한 재차 수색을 방지하기 위한 것이다. 소유자 등의 청구를 증명서 교부요건으로 규정하고 있지 않으므로 수색을 당한 자의 청구 유무에 관계없이 증명서를 교부하여야 한다. 법원은 압수·수색영장의 집행에 관하여 범죄 혐의사실과 관련 있는 정보의 탐색·복제·출력이 완료된 때에는 지체없이 압수된 정보의 상세목록을 피의자 등에게 교부할 것을 정할 수 있다(대판 2018.2.8, 2017도13263).

IV. 압수물의 처리

1. 압수물의 보관과 폐기

(1) 자청보관의 원칙

압수물은 압수한 법원 또는 수사기관의 청사로 운반하여 직접 보관하는 것이 원칙이다. 법원 또는 수사기관이 압수물을 보관함에 있어서는 그 상실 또는 파손 등의 방지를 위하여 상당한 조치를 하여야 한다($\substack{제131조,\\제219조}$).

(2) 위탁보관

운반 또는 보관에 불편한 압수물에 관하여는 간수자를 두거나 소유자 또는 적당한 자의 승낙을 얻어 보관하게 할 수 있다($\substack{제130조 제1항,\\제219조}$). 이러한 위탁보관을 명하는 것이 공법상의 권력작용인 강제처분에 해당하지만, 보관자의 승낙을 얻어 보관하는 것이므로 임치계약에 해당한다고 보아야 할 것이다.

(3) 폐기처분

위험발생의 염려가 있는 압수물은 폐기할 수 있고($\substack{제130조 제2항,\\제219조}$), 법령상 생산·제조·소지·소유 또는 유통이 금지된 압수물로서 부패의 염려가 있거나 보관하기 어려운 압수물은 소유자 등 권한있는 자의 동의를 얻어 폐기할 수 있다($\substack{제130조 제3항,\\제219조}$). 사법경찰관이 압수물을 폐기하는 경우에는 폐기조서를 작성하고 사진을 촬영하여 수사기록에 첨부하여야 한다($\substack{수사준칙\\제46조 제2항}$).

(4) 대가보관

몰수하여야 할 압수물로서 멸실·파손 또는 부패 또는 현저한 가치 감소의 염려가 있거나 보관하기 어려운 압수물은 이를 매각하여 대가를 보관할 수 있고, 환부하여야 할 압수물 중 환부를 받을 자가 누구인지 알 수 없거나 그 소재가 불명한 경우로서 그 압수물의 멸실·파손·부패 또는 현저한 가치 감소의 염려가 있거나 보관하기 어려운 압수물은 매각하여 대가를 보관할 수 있다($\substack{제132조,\\제219조}$). 이를 **환가처분**이라고도 한다. 이처럼 환부하여야 할 압수물에 대해서도 불가피한 경우에는 대가보관이 가능하게 되어 대가보관의 범위가 확대되었다. 매각 및 대가보관의 대상은 '몰수하여야 할 물건'에 한정되므로, 몰수에 해당하지 않는 증거물(장물 등)의 경우는 멸실·부패의 염려가 있어도 환가처분이 허용되지 않는다. 몰수의 대상인 압수물이 동시에 증거물인 때에도 환가처분을 할 수 있다고 보아야 하지만, 이러한 경우에는 미리 검증을 시행하여 증거가치를 보존하는 것이 필요할 것이다. 환가처분을 함에는 미리 검사, 피해자 및 피고인 또는 변호인에게 통지하여야 한다($\substack{제135조,\\제219조}$).

2. 압수물의 가환부와 환부

(1) 압수물의 가환부(仮還付)

① 의　　의: 압수물의 가환부란 압수의 효력을 존속시키면서 압수물을 소유자·소지자 또는 보관자 등에게 잠정적으로 환부하는 법원 또는 수사기관의 처분을 말한다. 즉 압수를 계속할 필요성은 상존하나 법원이 점유를 계속하지 않아도 심리에 지장이 없는 경우 소유자 등의 청구에 의하거나(제133조 제1항 후단), 증거물로서만 압수하였는데 소유자나 소지자의 계속사용이 필요한 경우(절취된 피해자의 밥통 등) 직권에 의하여(동조 제2항) 각각 압수의 효력을 유지하면서 압수물을 일시적으로 반환하는 것이다.

> ☞ 종래 수사기관의 압수물 가환부와 환부에 대해서는 제219조에 의하여 법원의 압수물 가환부와 환부에 관한 제133조가 준용되었으나, 현행법은 종전의 준용규정 방식을 버리고 수사기관의 압수물 가환부와 환부에 대하여 독립적인 제218조의2를 신설하였다. 따라서 압수물의 가환부와 압부의 절차는 공소제기 전(수사기관에 의한 경우)과 공소제기 후(법원에 의한 경우)로 구분된다. 그러나 압수장물의 피해자환부는 여전히 종전의 준용방식을 따르고 있다(제219조, 제134조).

② 가환부의 대상: 가환부의 대상은 증거에 공할 압수물로서 소유자 등이 계속 사용해야 할 물건이다. 따라서 몰수의 대상이 되는 압수물은 가환부할 수 없다(대결 1968.7.18, 68모26). 다만 판례는 임의적 몰수의 대상이 되는 압수물(형법 제48조)에 대하여는 이를 몰수할 것인지 여부가 법원의 재량에 맡겨진 것이므로 특별한 사정이 없다면 수소법원이 피고본안사건에 관한 종국판결에 앞서 이를 가환부하는 것도 가능하다(대결 1998.4.16, 97모25)는 입장이다. 그러나 소유권을 포기한 자는 가환부를 청구할 수 없다(대결 1968.2.27, 67모70).

③ 가환부의 절차

가) 공소제기 전의 수사기관에 의한 경우: 검사는 사본을 확보한 경우 등 압수를 계속할 필요가 없다고 인정되는 압수물 및 증거에 사용할 압수물에 대하여는 공소제기 전이라도 소유자·소지자, 보관자 또는 제출인의 청구가 있는 때에는 가환부하여야 하고, 검사가 이를 거부하는 경우 신청인은 해당 검사의 소속 검찰청에 대응한 법원에 압수물의 가환부 결정을 청구할 수 있으며, 이러한 청구에 대하여 법원이 가환부를 결정하면 검사는 신청인에게 압수물을 가환부하여야 한다. 사법경찰관의 가환부 처분에 관하여도 이의 규정을 준용한다. 다만, 이 경우 사법경찰관은 검사의 지휘를 받아야 한다(제218조의2). 이와 같이 수사기관의 증거에 사용할 압수물에 대해서는 **필요적 가환부**이므로 신청인의 청구가 있으면 수사기관은 사진촬영 기타 원형보존의 조치를 취하고 압수물을 신속히 가환부하여야 한다(제133조 제2항). 판례도 「검사는 증거에 사용할 압수물에 대하여 가환부의 청구가 있는 경우 가환부를 거부할 수 있는 특별한 사정이 없는 한 가환부에 응하여야 한다」(대결 2017.9.29, 2017모236)는 입장이다.

나) 공소제기 후의 법원에 의한 경우: 수소법원은 증거에 공할 압수물에 대하여 소유자, 소

지자, 보관자 또는 제출인의 청구에 의하여 가환부할 수 있다($^{제133조}_{제1항}$). 이와 같이 법원의 증거에 공할 목적물에 대해서는 '임의적 가환부'이므로 법원은 압수물을 가환부할 것인지에 대하여 범죄의 태양, 경중, 압수물의 증거로서의 가치, 압수물의 은닉, 인멸, 훼손될 위험, 공판수행상의 지장 유무, 압수에 의하여 받는 피압수자의 등의 불이익의 정도 등 여러 사정을 종합적으로 판단하여야 한다($^{대결\ 1994.8.18,}_{94모42}$). 다만 **증거에만 공할 목적**으로 압수한 물건으로서 그 소유자 또는 소지자가 계속 사용하여야 할 물건은 사진촬영 기타 원형보존의 조치를 취하고 신속히 가환부하여야 한다($^{제133조}_{제2항}$). 예외적으로 증거에만 공할 목적인 압수물의 경우에는 필요적 가환부이다.

④ **가환부의 결정:** 가환부는 소유자·소지자·보관자 또는 제출인의 청구에 의하여 공소제기 전에는 수사기관의 처분에 의하여($^{제218조}_{의2}$), 공소제기 후에는 수소법원의 결정으로 한다($^{제133조}_{제1조}$). 수사기관이 가환부 결정을 함에는 피해자, 피의자 또는 변호인에게 미리 통지를 하여야 하며, 수소법원이 가환부의 결정을 함에는 검사, 피해자, 피고인 또는 변호인에게 미리 통지하여야 한다($^{제135조,}_{제219조}$). 이는 피고인 등으로 하여금 압수물의 가환부에 대한 의견을 진술할 기회를 주기 위한 조치이므로, 피고인에게 의견을 진술할 기회를 주지 아니한 채 가환부 처분이나 결정을 하면 위법하게 된다($^{대결\ 1980.2.5,}_{80모3}$).

수사기관에 대한 소유자 등 신청인의 가환부 청구에 대하여 수사기관이 이를 거부하는 경우에는 신청인은 해당 검사의 소속 검찰청에 대응한 법원에 압수물의 가환부 결정을 청구할 수 있으며($^{제218조의2}_{제2항}$), 위 청구에 대하여 법원이 가환부를 결정하면 수사기관은 신청인에게 압수물을 가환부하여야 한다($^{동조\ 제3항,}_{제4항}$). 가환부에 관한 법원의 결정에 대하여는 항고를 제기할 수 있다($^{제403조}_{제2항}$).

⑤ **가환부의 효력:** 가환부는 압수 자체의 효력을 잃게 하는 것이 아니다. 따라서 가환부를 받은 자는 압수물에 대한 보관의무를 가지며, 이를 임의로 처분하지 못하고, 법원의 요구가 있는 때에는 이를 제출하여야 한다. 가환부한 장물에 대하여 별단의 선고가 없는 때에는 환부의 선고가 있는 것으로 간주한다($^{제333조}_{제3항}$).

(2) 압수물의 환부(還付)

사 례

피의자 甲은 시가 6500만 원 상당의 다이아몬드를 매도하려다가 경찰에 적발되어 관세법위반죄로 조사를 받고 다이아몬드를 압수당했다. 그런데 검사 X는 위 다이아몬드가 밀수품인지 여부를 수사하였는데 다이아몬드의 매매알선 의뢰인인 乙의 소재불명으로 인하여 다이아몬드가 밀수품인지 여부를 알 수 없자, 피의자 甲으로부터 '어떠한 권리나 소유권을 주장하지 않을 것임을 서약한다'는 소유권포기각서를 받은 다음, 위 다이아몬드를 국고에 귀속시키면서 관세법위반의 피의사실에 대하여는 기소중지처분을 하였다. 이에 甲은 검사 X에게 다이아몬드의 압수를 계속할 필요성이 없어졌다는 이유로 압수된 다이아몬드를 환부해 달라고 청구하였다. 검사 X는 환부해야 하는가?

① **의   의**: 압수물의 환부란 압수의 필요가 없게 된 경우 압수의 효력을 소멸시키고 종국적으로 압수물을 피압수자(소유자 또는 제출인)에게 반환하는 법원 또는 수사기관의 처분을 말한다. 압수가 종국적으로 실효되는 점에서 압수의 효력이 존속하면서 일시적으로 반환하는 데 불과한 가환부나 피압수자에 대한 반환을 원칙으로 하는 점($\binom{제218조의2 제1항,}{제133조 제1항}$)에서, 재산범죄의 피해자에 대한 장물의 반환인 피해자환부($\binom{제134}{조}$)와 구별된다. 여기서 압수를 계속할 필요가 없다고 인정되는 경우란 예컨대 몰수대상물로서 압수된 물건이 범인 이외의 자의 소유에 속하는 것으로 판명되어 몰수불능임이 명백해진 경우이거나 증거물로서 압수된 물건이 증거가치를 결하여 증거조사를 할 필요조차 없게 된 경우를 가리킨다.

② **환부의 성질**: 「압수를 계속할 필요가 없다고 인정되는 압수물은 피고사건 종결전이라도 (법원은) 결정으로 환부하여야 한다」($\binom{제133조}{제1항}$)는 규정 및 「검사가 사본을 확보한 경우 등 압수를 계속할 필요가 없다고 인정되는 압수물에 대하여는 공소제기 전이라도 소유자, 소지자, 보관자 또는 제출인의 청구가 있는 때에는 환부하여야 한다」($\binom{제218조의2}{제1항}$)는 규정 등을 고려해 볼 때, 압수의 요건이 상실된 물건에 대한 법원 및 수사기관의 압수물환부는 필요적이고 의무적인 강행규정으로 보아야 할 것이다. 다만 제219조에 의하여 검사의 환부사무에 준용되는 제486조는 환부할 압수물 중 환부받을 자의 소재가 불명하거나 기타 사유로 환부할 수 없는 경우에는 그 압수물은 일정한 절차를 거쳐 국고에 귀속한다고 규정하고 있다.

③ **환부의 대상**: 압수계속의 필요성이 상실된 압수물이다. 따라서 몰수의 대상이 되는 압수물을 환부하는 것은 위법하므로 항고 또는 준항고의 사유가 된다. 증거에 공할 압수물도 가환부의 대상은 될 수 있어도 환부의 대상이 될 수는 없다.

④ **환부의 절차**: 환부의 절차와 그에 대한 불복방법은 가환부의 경우와 동일하다. 따라서 공소제기 후 법원에 의한 환부의 경우 소유자 등의 청구가 있을 것을 요하지 않지만, 소유자 등이 환부청구를 할 수는 있다. 이 경우 압수물의 환부를 받을 자의 소재가 불명하거나 기타 사유로 인하여 환부를 할 수 없는 경우에 검사는 그 사유를 관보에 공고하여야 한다. 공고한 후 3월 이내에 환부의 청구가 없는 때에는 그 물건은 국고에 귀속한다. 이 기간 내에도 가치없는 물건은 폐기할 수 있고, 보관하기 어려운 물건은 공매하여 그 대가를 보관할 수 있다($\binom{제219조,}{제486조}$).

검사가 불기소처분으로 수사를 종결하는 경우에도 압수를 계속할 필요가 없으면 압수물을 환부해야 하는 것은 당연하다. 그런데 기소중지는 수사의 종결이라기보다는 수사의 중지처분에 불과하므로 기소중지의 경우에 압수물을 어떻게 처리해야 하는지 문제된다.

☞ 판례는 「외국산 물품을 관세장물의 혐의가 있다고 보아 압수하였다 하더라도 그것이 언제, 누구에 의하여 관세포탈된 물건인지 알 수 없어 기소중지 처분을 한 경우에는 그 압수물은 관세장물이라고 단정할 수 없어 이를 국고에 귀속시킬 수 없을 뿐만 아니라 압수를 더 이상 계속할 필요도 없다」($\binom{대결(전합)1996.}{8.16, 94모51}$)고 판시하여 압수계속의 필요성을 부정한 바 있다.

생각건대 사실상의 장애 등으로 인한 수사가 미진하고 입증이 부족하여 확신이 들지 않아 기소하지 못하고 기소중지처분을 하는 것은 오로지 수사기관의 책임일 뿐이므로 기소중지처분의 경우에도 다른 불기소처분의 경우와 마찬가지로 역시 압수계속의 필요성을 부정하는 것이 타당할 것이다. 실무상 검사가 기소중지 및 참고인중지의 처분을 하는 경우 압수물은 공소시효가 완성될 때까지 계속 보관의 처분을 한다(^{검찰압수물사무규}_{칙 제62조}). 다만, 사건처리에 지장이 없는 경우에는 기소중지결정시 환부명령을 하는 등 가급적 압수물에 대한 종국처분을 하고 부득이 계속 보관이 필요한 경우에는 사진촬영 후 가환부하거나 기록편철하는 등의 방법을 적극 활용하고 있다.

⑤ **환부의 효력:** 환부에 의하여 압수는 그 효력을 상실한다. 그러나 압수물의 환부는 압수를 해제할 뿐이며 환부를 받은 자의 실체법상의 권리를 확인시키는 효력은 없으므로, 환부의 상대방은 실체법상의 권리가 있는지를 불문하고 피압수자가 되지 않을 수 없다. 따라서 이해관계인은 민사소송절차에 의하여 그 권리를 주장할 수 있다(^{제333조}_{제4항}). 판례도 「검사가 사건을 불기소처분하는 경우에 당해사건에 관하여 압수한 압수물은 피해자에게 환부할 이유가 명백한 경우를 제외하고는 피압수자나 제출인 이외의 누구에게도 환부할 수 없다」(^{대판 1969.5.27,}_{68다824})고 판시하여 같은 입장이다.

☞ 검사가 기소중지처분을 내릴 경우 누구에게 환부해야 하는지 문제되는데, 이에 대하여 형사소송법상 특별한 규정이 없으므로 그 결정은 수사기관의 판단에 일임되어 있고, 결정기관이 소유자·소지자·보관자 기타 실체법상의 권리자 중 누군가에게 환부하면 된다는 **실체적 권리자설**도 있으나, 환부는 압수를 해제하여 압수 이전의 상태로 되돌리는 것이므로 실체적 권리관계와 관계없이 피압수자에게 환부해야 한다는 **피압수자설**이 타당하다고 본다. 왜냐하면 실체적 권리자설에 의하면 소유권자로 추정되는 자가 소재불명이어서 그에게 압수물을 환부할 수 없게 될 경우에도 형사소송법 제486조가 적용될 수 있게 되며, 그 경우 압수물의 국고귀속도 가능해지게 되는데, 이는 소유권포기에 따른 압수물환부청구권의 포기를 허용하는 것과 동일한 결과가 되어 부당하기 때문이다. 판례도 「실체법인 민법(사법)상 권리의 유무나 변동이 압수물의 환부를 받을 자의 절차법인 형사소송법(공법)상 지위에 어떠한 영향을 미친다고는 할 수 없다」(^{대결(전합) 1996.8.16,}_{94모51})고 판시하여 피압수자설을 취하고 있다.

⑥ **소유권의 포기 내지 압수물에 대한 환부청구권의 포기의 경우:** 검찰의 수사실무상 검사가 기소중지나 참고인중지처분을 하면서 피의자에게 압수물에 대한 소유권포기각서를 제출하게 하는 관행이 있는데(^{검찰압수물사무규}_{칙 제47조}), 이처럼 수사절차에서 피의자가 압수물을 포기하겠다는 의사표시를 하는 경우에 수사기관에 대한 압수물환부청구권이 소멸하고, 따라서 검사는 압수물환부의 의무를 면하는 것인지 논란이 있다. 피압수자가 압수물에 대한 환부청구권을 포기한 경우에도 동일한 문제가 발생한다.

☞ 이에 대하여 대법원 다수의견은 압수물의 환부는 실체법상의 권리와 관계없이 압수당시의 소지

인에 대하여 행하는 것이므로 실체법인 민법(사법)상 권리의 유무나 변동이 절차법인 형사소송법(공법)상의 지위에 어떠한 영향을 미친다고 할 수 없으므로 피압수자 등 환부를 받을 자가 압수된 후 그 소유권을 포기하는 등에 의하여 실체법상의 권리를 상실하더라도 압수물에 대한 환부청구권이 소멸하는 것은 아니라고 보는 반면(환부청구권불소멸설), 소수의견은 소유권포기 등에 대한 의사표시의 의미는 수사기관이 압수한 목적물에 대하여 모든 권리를 포기하여 장차 환부청구도 하지 아니하겠다는 것이므로 수사기관으로서는 그 환부의무를 면하게 된다는 입장이다(환부청구권소멸설). 다만 후자의 견해도 피압수자의 소유권포기가 수사기관의 강요나 기망 등으로 인한 하자있는 의사표시에 의하여 이루어진 경우에는 그 포기는 무효 또는 취소할 수 있는 법률행위로서 피압수자는 이를 주장하여 압수물의 환부를 청구할 수 있다(^{대결(전합) 1996.8.16,}_{94모51})고 보고 있다.

생각건대 환부청구권소멸설은 압수물환부청구권의 포기가 문제되는 대부분의 경우가 피의사실에 대하여 불기소처분을 할 때에 우리 형사소송법상 압수된 범칙물을 몰수할 수 있는 제도가 마련되어 있지 아니한 관계로(형법 제48조는 물건 자체에 대한 몰수를 인정하지 않고 반드시 범죄행위가 있음을 전제로 몰수를 허용하고 있다) 피압수자에게 압수물을 반환함이 사회정의에 반하거나 압수물이 다시 범죄에 제공될 위험이 있음에도 불구하고 압수물을 반환해야 하는 불합리한 결과를 피하기 위한 것이라는 점 및 피압수자가 수사기관에 소유권포기서를 제출한 경우에는 의사표시의 해석상 특별한 사정이 없는 한 환부청구권을 포기한 것으로 보고 이에 따른 소유권포기로 인한 분쟁도 형사재판에서 동시에 심리하여 국민의 법률적 분쟁을 신속히 해결하려는 입장으로 보인다.

그러나 형사소송법상의 환부청구권은 개인이 법원 또는 수사기관에 대하여 가지는 공법상 권리(공권)인데 법규에 특별한 규정이 없는데도 불구하고 국가가 이를 포기하게 하는 등의 방법으로 절차상 의무를 면하는 것은 헌법이 보장하는 재산권의 보장 및 적법절차에 따른 형벌권의 행사를 형해화시킬 우려가 있다는 점에서 환부청구권불소멸설이 타당하다고 본다. 다만 이에 따르면 소유권포기 등으로 인한 분쟁은 일단 압수물의 환부 후 민사사건으로 다시 다툴 수밖에 없으므로 권리관계의 분쟁을 일거에 해결할 수 있는 방법을 포기하고 굳이 번거로운 절차를 거치도록 함으로써 소송경제에 반하는 흠이 있다는 점을 부정할 수는 없다. 현재 검찰압수물사무규칙도 위 대법원 결정의 취지를 반영하여 검사는 직권이나 피압수자 또는 소유자의 신청에 의하여 환부할 수 있다(^{동규칙}_{제48조 단서})는 단서조항을 신설하여 일단 소유권을 포기한 압수물도 환부할 수 있는 길을 열어두었다.

㉗ **압수장물의 피해자환부**: 압수한 장물은 피해자에게 환부할 이유가 명백한 때에 수사 중에는 수사가 종결되기 전에도 수사기관의 처분으로 피해자에게 환부할 수 있고, 공소제기 전에는 피고사건의 종결 전이라도 법원의 결정으로 피해자에게 환부할 수 있다(^{제134조,}_{제219조}). 압수한 장물의 경우에는 피압수자가 피의자나 피고인일 경우가 많으므로 피해자의 보호를 위하여 이를 피해자에게 환부하도록 한 것이다. 여기서 **환부할 이유가 명백한 때**라 함은 피해자가 사법상 반환청구권을 가지는 것이 명백한 때를 의미하므로, 그 인도청구권에 관하여 사실상

내지 법률상 다소라도 의문이 있는 경우에는 여기에 해당하지 않는다(대결 1984.7.16, 84모38). 이는 피해자에 대한 신속한 권리회복과 동시에 압수장물의 환부에 따른 재산상 분쟁을 예방하기 위한 것이다.

수사기관이 피해자환부의 처분을 함에는 피해자, 피의자 또는 변호인에게 미리 통지를 하여야 하고, 수소법원이 피해자환부의 결정을 함에는 검사, 피해자, 피고인 또는 변호인에게 미리 통지를 하여야 한다(제219조, 제135조). 만일 압수한 장물을 처분하였을 때에는 수사기관이 그 대가로 취득한 것을 피해자에게 교부하는 처분을 하여야 한다(제219조, 제333조 제2항).

압수한 장물로서 피해자에게 환부할 이유가 명백한 것은 판결로써 피해자에게 환부하는 선고를 하여야 하며(제333조 제1항), 이 경우 장물을 처분하였을 때에는 판결로써 그 대가로 취득한 것을 피해자에게 교부하는 선고를 하여야 한다(제219조, 제333조 제2항).

사례해설

본 사안의 논점은 첫째 검사 X가 기소중지를 한 경우에 압수를 계속할 필요가 있는가, 둘째 소유권포기각서에 따른 압수물환부청구권이 소멸되는가, 셋째 피압수자의 권리포기를 근거로 압수물의 국고귀속이 가능한가, 넷째 국고귀속이 불가능하다면 그 압수물을 환부할 상대방이 누구인가이다.

첫째, 기소중지와 압수물의 환부여부를 살펴보면, 형사소송법은 압수요건이 소멸된 압수물에 대하여 필요적·의무적 환부를 규정하고 있다(제219조, 제133조 제1항). 따라서 검사가 불기소처분으로 수사를 종결하는 경우에도 압수를 계속할 필요가 없으면 압수물을 환부해야 하는 것은 당연하다. 문제는 기소중지의 경우에도 동일하게 해석될 수 있는지 문제된다. 왜냐하면 기소중지는 수사의 종결이라기보다는 수사의 중지처분에 불과하기 때문이다. 이에 대하여 판례는 '압수를 더 이상 계속할 필요가 없는 경우'에 해당한다(대결 1988.12.14, 88모55)고 판시하였다. 따라서 판례에 따를 경우 수사기관은 기소중지의 처분을 하면서 압수물을 환부해야만 한다.

둘째, 소유권포기각서를 수사기관에 제출한 경우 압수물환부청구권이 소멸되는지 여부를 살펴보면, 학설상 다툼이 있으나 압수물환부청구권은 개인이 법원 또는 수사기관에 대하여 가지는 공법상의 권리, 즉 공권이므로 포기를 인정할 수 없다. 만약 이를 인정하면 강제처분법정주의를 잠탈할 위험이 있다. 판례도 '압수물의 환부는 환부를 받는 자에게 환부된 물건에 대한 소유권 기타 실체법상의 권리를 부여하거나 그러한 권리를 확정하는 것이 아니라 단지 압수를 해제하여 압수 이전의 상태로 환원시키는 것뿐으로서, 이는 실체법상의 권리와 관계없이 압수당시의 소지인에 대하여 행하는 것이므로, 실체법인 민법(사법)상 권리의 유무나 변동이 압수물의 환부를 받을 자의 절차법인 형사소송법(공법)상 지위에 어떠한 영향을 미친다고는 할 수 없다'고 판시하여 부정적인 입장이다.

셋째, 압수물의 국고귀속이 문제되는데, 형사소송법은 환부받을 자의 소재가 불명하거나 기타 사유로 환부받을 수 없는 경우에 한하여 압수물을 국고귀속할 수 있는 규정을 두고 있다(제486조). 이와 관련하여 피압수자의 소유권포기를 이유로 법원 또는 수사기관이 압수물을 국고귀속할 수 있는지 문제되는데, 형사소송법은 강제처분법정주의를 채택하고 있으므로 법률의 규정이 없음에도 불구하고 피압수자의 소유권포기를 근거로 국고귀속을 허용하는 것은 강제처분법정주의에 반한다고 본다.

넷째, 이 경우 그 압수물을 환부할 상대방이 누구인지 문제되는데, 이에 관해서 형사소송법에는 아무런 규정이 없다. 하지만 압수물의 환부는 압수를 해제할 뿐이며 환부를 받은 자에게 실체법상의 권리가 있는가의 여부를 불문하므로 환부의 상대방은 피압수자가 되지 않을 수 없다. 결국 사안에서 검사 X는 피의자 甲에게 다이아몬드를 환부해야 할 것이다.

제3절 수사상 검증과 감정유치

모 회사 영업사원인 甲은 음주운전을 하다 중앙선을 침범하여 반대차선에서 오던 차와 충돌하여 상대편 차량에 타고 있던 2명(X, Y)에게 상해를 입히고 자신도 부상을 당하였다. 사고장소에 긴급출동한 A 경찰서소속 경찰관 乙은 사고현장과 피해자들을 촬영하는 등 교통사고장소에 대한 실황조사를 실시하는 한편, 甲과 피해자들을 인근병원의 응급실로 후송하였다. 한편, 이 병원의 간호사 丙은 치료를 위해 甲에게서 혈액을 채취하였고, 곧이어 응급실로 뒤쫓아 온 경찰관 乙은 丙으로부터 甲과 그 가족의 동의를 받지 않은 채, 甲의 혈액 일부를 제공받아 국립과학수사연구원에 감정을 의뢰하였고, 甲의 혈액에 약 0.09 %가량의 알콜농도가 검출되었다는 국립과학연구원장 명의의 감정결과를 통보받았다. 그리고 乙은 실황조사에 대해 아무런 영장도 발부받지 않았다. 사법경찰관 乙이 행한 수사의 위법여부 및 이 감정의뢰회보는 甲 피고사건에서 증거능력이 있는가?

Ⅰ. 수사상 검증

1. 의   의

수사상 검증이란 수사기관이 사람의 신체나 장소 또는 물건의 존재·성질·형상 등을 오관의 작용에 의하여 직접 인식하는 것을 말한다. 후술하는 것처럼 검증은 임의수사로서 행하는 경우도 있지만, 검증을 위해 타인의 주거에 들어가거나 검증대상 물건을 확보하고자 하는 경우에는 프라이버시 등 법익침해가 발생하므로 압수·수색의 경우와 동일하게 원칙적으로 영장에 의하지 않으면 안 된다. 따라서 영장의 청구권자, 청구의 방식, 영장의 기재내용 등에 관해서는 압수·수색의 경우에 순하여 취급되어진다. 다만 검증은 오관으로 인식하는 행위인 동시에 장소 또는 물건 등의 존재·성질·형상 그 자체가 쟁점이 된다는 점에서, 일반적인 사건의 **경험행위**와는 구별되어야 한다. 예컨대 경찰관이 거리 순찰 중 소매치기 현장을 목격하거나 불법 시위현장에서 시위장면을 목격한 경우 오관으로 직접 인식하였지만, 이것은 일반적인 경험일 뿐 검증이 아니다.

☞ 경찰관이 교통사고가 발생한 현장에서 사고차량의 위치, 주변 파편의 존재, 도로의 형상과 상황 등을 오관에 의해 직접 인식하고 자신이 인식한 내용을 기록하는 경우, 이는 검증의 개념에 포섭된다. 그러나 경찰관이 이러한 행위를 하더라도 도로는 공개된 장소이므로 누구의 프라이버시 등 법

익을 침해한 바 없으며, 또 이러한 행위를 하는 것 자체에 대해 누구도 반대하거나 이의를 제기하지 않을 것이며, 나아가 이 행위를 위해 누구에게 의무를 부과하는 일도 없다. 따라서 강제처분의 기준에 관한 어떠한 기준에 따르더라도 강제처분이라고 할 수는 없다. 그러나 검증을 위해 타인의 주거에 들어가거나 검증대상 물건을 확보하고자 하는 경우에는 프라이버시 등 법익침해가 발생하므로 강제처분으로 보아야 할 것이다. 결국 임의수사로서의 검증($^{제199조}_{제1항}$) 내지 강제수사로서의 검증($^{제215}_{조}$)의 판단여부는 그 행위를 위하여 강제처분의 요소가 포함되어 있는가에 따라 판단하는 것이 타당하다. 현행 헌법 제12조도 검증에 대해서는 전혀 규정이 없고, 오로지 압수·수색에 대해서만 영장주의의 원칙을 선언하고 있다.

2. 검증의 종류

(1) 법원의 검증과 수사기관이 하는 검증

법원의 검증은 법원에 제출된 증거(예컨대 뇌물수수과정이 촬영된 CCTV 동영상 등)를 오관의 작용에 의해 인식하는 증거조사의 일종으로 영장을 요하지 않으나, 수사기관의 검증은 증거를 수집·보전하기 위한 강제처분에 속하므로 원칙적으로 법관의 영장에 의하여야 한다. 형사소송법은 수사기관의 검증에 관하여는 압수·수색과 같이 규정하면서 법원의 검증에 관한 규정을 준용하고 있다($^{제219}_{조}$). 물론 법원의 검증도 공판정에서 증거조사로 행하는 검증이 아니라 공판정외에서 별도의 절차로 행하는 검증은 증거수집·보전으로서의 검증에 해당한다. 예컨대 법원이 공판정에서 증거조사로서 CCTV 동영상을 재생하여 시청하지 않고, 판사실에서 별도의 검증기일을 행하여 판사실에서 이를 재생·시청하면 이는 증거수집으로서의 검증이다.

(2) 영장에 의한 검증과 영장에 의하지 않는 검증

영장에 의한 검증이란 검사가 법원이 발부한 영장에 의하여 행하는 검증을 말하고($^{제215}_{조}$), 영장에 의하지 않는 검증이란 긴급강제처분으로서의 검증과 임의수사로서 행하는 검증을 말한다. 또 체포 또는 구속되어 있는 피의자의 지문이나 족형의 채취, 신장이나 체중의 측정 및 사진의 촬영 등도 영장없이 행하여지므로 후자에 해당한다고 볼 수 있다.

(3) 사람의 신체에 대한 검증과 물건이나 장소에 대한 검증

양자는 원칙적으로 검증이라는 점에서는 차이가 없으나 형사소송법은 검증을 당하는 자의 인격을 고려하여 전자에 대해서 특별히 **신체검사**라고 부른다.

3. 대상·시기·절차

(1) 대   상

검증의 대상에는 제한이 없다. 따라서 신체의 검사, 사체의 해부, 분묘의 발굴, 물건의 파괴 기타 필요한 처분을 할 수 있다($^{제219조}_{제140조}$). 수사실무에서는 범죄의 현장 기타 장소, 신체 또는 물건에 대해서 사실을 발견하기 위하여 필요한 경우에 행하여지는데, 이러한 검증의 결과는 객관적으로 검증조서에 기재하고 도면이나 사진을 첨부해서 정확성을 높이고 있다. 다만 **신체검사**는 사람의 신체 자체를 검사의 대상으로 하는 점에서, 신체 외부나 착의에 대한 증거물의 수색인 **신체수색**과 구별된다. 따라서 신체를 뒤져 물건 등을 찾는 것이 목적이라면 신체에 대한 수색이 되고, 신체적인 특징, 형상 등을 확인하여 증거로 사용하기 위한 것이라면 검증으로서의 신체검사로 보아야 할 것이다. 다만 신체내부에 대한 수색의 경우에는 양자의 한계와 관련하여 논란이 있다.

(2) 시　기

공소제기 이후에도 수사기관에 의한 강제검증이 허용되는지 문제된다. 논란이 있으나 공소제기후 제1회 공판기일전까지는 증거보전절차($\frac{제184}{조}$)에 의하여 가능하며, 그 이후에는 수소법원에 의한 검증($\frac{제139}{조}$)이 인정되므로 부정하는 것이 타당하다고 본다.

(3) 절　차

사전영장에 의한 검증($\frac{제215}{조}$) 및 영장없이 행하는 검증($\frac{제216조,}{제217조}$)의 절차는 압수·수색에 준하여 취급되어진다. 검증을 함에 있어서 피고인에게 증거조사기일(검증기일)을 통지하여 참여의 기회를 준 이상 피고인이 실제로 참여하지 않았다고 하여도 그 증거조사의 결과(검증결과)를 증거로 채택할 수 있다($\frac{대판 1968.1.31,}{67도1493}$).

4. 검증조서

(1) 기재사항

형식적 기재사항으로는 피의자의 성명·사건명, 검증관의 관직·성명, 검증일시, 검증을 한 장소 또는 물건, 검증목적, 참여인(성명, 직업, 생년월일, 연령 등), 검증내용 등이 있고, 실질적 기재사항(검증내용, 즉 검증의 경위 및 결과)으로는 현장의 위치, 현장부근의 상황, 현장의 상황, 피해상황, 증거물, 참여인의 지시설명, 검증관의 의견·판단, 도면·사진 등이 있는데, 이에 대하여 구체적·실질적으로 기재하여야 한다.

(2) 검증조서의 증거능력

수사기관이 작성한 검증조서의 증거능력에 관해서는 제312조 제6항이 적용된다. 다만 검사작성의 검증조서에 기재된 피의자 진술의 증거능력은 제312조 제1항 및 제2항이 적용되고, 사법경찰관작성의 검증조서에 기재된 피의자 진술의 증거능력은 제312조 제3항이 적용된다고 보아야 한다(전문법칙 부분 참조).

5. 체내검사(강제수사)의 허용성

체내검사(강제수사)란 신체검사 중에서 일정한 증거를 수집하기 위하여 신체의 내부에 대하여 강제처분을 하는 것을 말한다. 이에는 체내강제수색, 연하물의 강제배출, 강제채혈 등이 해당한다. 이러한 신체 내부에 대한 강제수사는 인격의 존엄성과 신체의 완전성을 해할 염려가 있으므로 허용여부가 문제되는데, 허용되는 경우에도 그 요건과 절차에 대한 엄격한 제한이 요구된다.

(1) 체내강제수색

① **허 용 성:** 신체 내부 예컨대 질내·구강내·항문내 등 신체의 내부에 대한 수사기관의 강제수색이 허용되는지 문제된다. 현행 형사소송법은 수색의 대상에 피의자 또는 피의자 아닌 자의 '신체'를 포함시키고 있는데(제219조, 제109조), 신체 내부에 대한 수색금지의 예외규정이 없으므로 신체 내부에 대한 강제적 수색이 허용된다고 본다. 다만 신체 외부에 대한 강제수색에 비하여 인권침해의 정도가 심하므로 그 요건을 엄격하게 제한해야 할 것이다.

② **요   건**

가) 압수물 존재의 개연성: 압수할 물건이 신체의 내부에 있다고 인정할 만한 상당한 이유가 있는 때에 한하여 신체 내부에 대한 강제수색이 허용된다. 형사소송법은 '피고인 아닌 자'의 신체수색에 한하여 압수물의 개연성을 수색의 요건으로 규정하고 있으나(제209조, 제109조), 압수물존재의 개연성이 없음에도 불구하고 피의자의 체내를 강제수색하는 것은 부당하므로 피의자의 체내강제수색의 경우에도 압수물존재의 개연성이 강제수색에 대한 요건이 된다고 보아야 할 것이다.

나) 수색의 필요성과 수색방법의 상당성: 체내강제수사의 요건상 수색의 필요성이 존재하여야 하고(제219조, 제109조 제1항) 사회통념상 상당하다고 인정되는 방법으로 하여야 하므로 전라(全裸)수색과 같은 방법은 원칙적으로 허용되지 않는다고 본다.

③ **절   차:** 체내강제수색을 하는 경우에 압수·수색영장만으로 가능한지 또는 압수·수색영장 이외에 검증영장을 요하는지 문제된다. ㉠ 질내·구강내 등 신체 내부에 대한 수색은 실질적으로 신체검증의 성질을 병유하고, ㉡ 신체 내부에 대한 수색의 경우에는 신체검증에 관한 인권보장적 규정(제219조, 제141조, 제142조,)을 준용하는 것이 요청된다는 점에서 압수·수색영장 및 검증영장이 필요하다고 본다. 따라서 신체검사를 하는 경우에는 검사를 당하는 자의 성별·연령·건강상태 기타 사정을 고려하여 그 사람의 건강과 명예를 해하지 않도록 주의하여야 하고, 수사기관이 여자의 신체를 검사하는 경우에는 의사나 성년의 여자를 참여하게 하여야 한다(제219조, 제141조,).

④ **한   계:** 체내강제수색이 허용된다고 하더라도 압수 또는 감정의 목적으로 피의자

등이 입으로 삼킨 물건, 즉 연하물 등을 구토제·설사제 등을 사용하여 강제로 배출시키는 소위 '연하물(嚥下物)의 강제배출'은 허용되지 않는다. 미국 연방대법원도 구토제를 사용하여 마약캡슐을 삼킨 피의자의 입에 삽관하여 연하물을 강제배출해 낸 Rochin사건에서 그러한 강제배출은 '양심에 대한 충격'이며 '적정절차의 위반'이라고 판시한 바 있다($\substack{\text{Rochin v. California} \\ \text{342 U.S. 165 (1952)}}$). 다만 마약범죄 등 특정한 범죄를 수사하기 위하여 정액 또는 오줌 등에 대한 강제채뇨 등이 허용되는지 문제되는데, 이에 대하여 영장을 받고 의사에 의해 이루어진다고 하더라도 피의자에게 굴욕감 등 정신적 고통을 가하고 인격의 존엄을 현저히 해할 뿐만 아니라 채뇨 등은 일정한 시간이 지나면 생리현상으로 자연히 체외로 배출되는 점을 고려할 때 허용되지 않는다는 견해도 있으나, 수사기법상 아래에서 논하는 강제채혈과 동일한 요건 하에 허용된다고 보는 것이 타당할 것이다.

(2) 강제채혈

① **허 용 성:** 강체채혈이란 채혈대상자의 신체의 자유를 구속하고 의사가 주사기를 사용하여 대상자의 혈관으로부터 일정량의 혈액을 마이너스 압력으로 채취하는 것을 말한다. 현행 형사소송법은 이에 대하여 명문의 규정을 두고 있지 않으나, 강제력을 사용하여 체내에 있는 혈액을 추출함으로 인간의 존엄과 신체의 안전을 해할 우려가 있기 때문에 강제처분이라는 점은 의문이 없다. 그리고 이러한 강제채혈의 개념에 대하여 논란이 있으나, 동의없는 강체채혈은 물론이고 의료인이 채혈당시에 수사기관으로부터 '부탁'받거나 '하도록 요구받아' 혈액을 채취하고 그 일부를 수사기관에게 임의로 제출한 경우도 수사기관이 물리적 강제력을 행사하지 않았고, 당사자의 명시적인 채혈거부의사가 없었다는 점에서 통상의 강제채혈과 다른 점이 있지만 강제채혈의 문제로 보는 것이 타당할 것이다.

② **요   건:** 강제채혈이 압수·수색이면서 동시에 감정처분이라면 ㉠ 압수·수색과 감정처분의 요건, ㉡ 강제채혈의 보충성요건, ㉢ 강제채혈 실시방법의 상당성요건, ㉣ 영장주의의 요청을 충족하여야 할 것이다.

③ **영장의 종류:** 강제채혈은 대상자의 혈액을 채취한다는 점(혈액채취)에서 압수·수색의 성격 및 신체검사에 필요한 처분이라는 점에서 검증의 성격을 가지고 있고, 채취된 혈액을 검사하는 것(혈액검사)은 의료지식과 임상경험이 없는 경찰이 직접 행하는 것이 아니라 의학적인 전문기능을 가진 의사에 의하여 행해진다는 점에서 감정의 성격도 갖고 있으므로 이에 대한 법적 성격을 규명하는 것이 필요하다. 특히 혈액의 강제채취는 수사상의 강제처분으로서 법관의 영장이 필요하다는 점에 대해서는 견해가 일치하고 있으나, 구체적으로 어떠한 종류의 영장이 필요한가에 관해서는 논란이 있다. 이러한 학설대립의 쟁점은 첫째, 용의자의 혈액을 그의 신체로부터 분리하는 것이 **검증**에 해당하는지 아니면 **압수수색**에 해당하는지 여부 둘째, 강제채혈이 **감정**의 성격도 함께 가지고 있는지 여부와 관련하여 문제된다.

가) 학   설: 혈액도 점유이전의 대상물이 될 수 있기 때문에 압수대상물이 될 수 있고, 강제채혈은 의사에 의해 의학적 방법으로 실시되어야 하며, 혈액의 압수·수색은 감정을 위한 것이라는 점을 근거로 압수·수색영장과 감정처분허가장이 필요하다는 **압수수색·감정처분설**과 채혈 등은 신체검사의 일종인 체내검사이어서 기본적으로는 검증에 해당하지만 의사 등 전문가에 의해 행해져야 한다는 점에서 감정처분의 성격도 가지고 있으므로 **검증·감정처분설**, 및 혈액이 체내를 순환하며 생체를 유지하는 인체의 구성요소라는 점에서 압수나 수색의 대상이 될 수는 없으므로 음주운전의 수사를 위한 혈액채취는 수사상 검증의 방법에 의해야 한다는 **검증설**이 대립하고 있다.

나) 판   례

대법원은 「형사소송법 제218조의 규정 이외에 형사소송법 및 기타 법령상 의료인이 진료목적으로 채혈한 혈액을 수사기관이 수사목적으로 압수하는 절차에 관하여 특별한 절차적 제한을 두고 있지 않으므로, **의료인이 진료목적으로 채혈한 환자의 혈액을 수사기관에 임의로 제출하였다면** 그 혈액의 증거사용에 대하여도 환자의 사생활의 비밀 기타 인격적 법익이 침해되는 등의 **특별한 사정이 없는 한 반드시 그 환자의 동의를 받아야 하는 것이 아니고**, 따라서 경찰관이 간호사로부터 진료목적으로 미리 채혈되어 있던 피고인의 혈액 중 일부를 주취운전여부에 대한 감정을 목적으로 임의로 제출받아 이를 압수한 경우, 당시 간호사가 위 혈액의 소지자 겸 보관자인 병원 또는 담당의사를 대리하여 혈액을 경찰관에게 임의로 제출할 수 있는 권한이 없었다고 볼 특별한 사정이 없는 이상, **그 압수절차가 피고인 또는 피고인의 가족의 동의 및 영장없이 행하여졌다고 하더라도 이에 적법절차를 위반한 위법이 있다고 할 수 없다**」(대판 1999.9.3, 98도968)고 판시하여, 진료목적 채혈의 경우 형사소송법 제218조를 근거로 간호사가 혈액을 수사기관에 '임의로' 제출하였다면 그 압수절차가 피고인 또는 피고인의 가족의 동의 및 영장 없이 행하여졌다고 하더라도 이에 적법절차를 위반한 위법이 없다고 보았다. 그러나 「**수사기관이 법원으로부터 영장 또는 감정처분허가장을 발부받지 아니한 채** 피의자의 동의 없이 피의자의 신체로부터 혈액을 채취하고 더구나 사후적으로도 지체없이 이에 대한 영장을 발부받지도 아니하고서 그 강제채혈한 피의자의 혈액 중 알콜농도에 관한 감정이 이루어졌다면, 이러한 감정결과보고서 등은 형사소송법상 영장주의 원칙을 위반하여 수집되거나 그에 기초한 증거로서 그 절차 위반행위가 적법절차의 실질적인 내용을 침해하는 정도에 해당하고, 이러한 증거는 피고인이나 변호인의 증거동의가 있다고 하더라도 유죄의 증거로 사용할 수 없다」(대판 2011.4.28, 2009도2109)고 하여 수사목적 채혈에 대하여는 적법성을 부정하였다. 특히 판례는 「수사기관이 범죄 증거를 수집할 목적으로 피의자의 동의 없이 피의자의 혈액을 취득·보관하는 행위는 법원으로부터 **감정처분허가장을 받아 형사소송법 제221조의4 제1항, 제173조 제1항에 의한 '감정에 필요한 처분'으로도 할 수 있지만**, 형사소송법 제219조, 제106조 제1항에 정한 압수의 방법으로도 할 수 있고, **압수의 방법에 의하는 경우 혈액의 취득을 위하여 피의자의 신체로부터 혈액을 채취하는 행위는 혈액의 압수를 위한 것으로서 형사소송법 제219조, 제120조 제1항에 정한 '압수영장의 집행에 있어 필요한 처분'에 해당한다**」(대판 2012.11.15, 2011도15258)고 판시하여, 압수·수색영장 또는 감정처분허가장만 있으면 족하다는 입장을 취하고 있다.[1]

---

[1] 감정으로 보면 수사기관은 피의자의 체내의 혈중알코올농도가 얼마인지를 감정하기 위해 감정인을 위촉하여야 하는데 혈중알코올농도를 감정할 수 있는 기관, 예컨대 국립과학수사연구원의 의료진이 감정인이 되며(제221조 제2항), 이 경우 그 감정인은 감정을 위한 조치로서 혈액채취를 하기 위해 검사의 청구로 감정처분허가장을 받는다(제221조의4 제1항, 제2항). 결국 그 채혈행위는 '감정인'이 행하게 되는 것이다. 반면에 압수수색으로 보면 압수수색

다) 검 토: 강제채혈의 궁극적인 목적은 혈액의 취득 그 자체 또는 그 존재나 상태에 대한 인식이 아닌 채혈된 혈액을 의학적으로 분석하여 그 결과를 증거로 사용하고자 하는 것이므로 감정처분의 성격을 가장 강하게 갖고 있다(제221조의4). 결국 강제채혈은 감정을 위하여 혈액을 찾아(수색) 그 점유를 취득하는 것(압수)이므로 압수·수색과 감정처분의 결합설이 타당하다고 본다.

④ 긴급채혈의 허용여부

음주운전 중 교통사고를 내고 의식불명 상태에 빠져 병원으로 후송된 운전자에 대하여 수사기관이 영장 없이 강제채혈을 할 수 있는지 여부 및 이 경우 사후 압수영장을 받아야 하는지 여부에 대하여, 판례는「음주운전 중 교통사고를 야기한 후 피의자가 의식불명 상태에 빠져 있는 등으로 도로교통법이 음주운전의 제1차적 수사방법으로 규정한 호흡조사에 의한 음주측정이 불가능하고 혈액 채취에 대한 동의를 받을 수도 없을 뿐만 아니라 법원으로부터 혈액 채취에 대한 감정처분허가장이나 사전 압수영장을 발부받을 시간적 여유도 없는 긴급한 상황이 생길 수 있다. 이러한 경우 피의자의 신체 내지 의복류에 주취로 인한 냄새가 강하게 나는 등 **형사소송법 제211조 제2항 제3호가 정하는 범죄의 증적이 현저한 준현행범인의 요건이 갖추어져 있고 교통사고 발생 시각으로부터 사회통념상 범행 직후라고 볼 수 있는 시간 내라면**, 피의자의 생명·신체를 구조하기 위하여 사고현장으로부터 곧바로 후송된 병원 응급실 등의 장소는 형사소송법 제216조 제3항의 범죄 장소에 준한다 할 것이므로, 검사 또는 사법경찰관은 피의자의 혈중알코올농도 등 증거의 수집을 위하여 의료법상 의료인의 자격이 있는 자로 하여금 의료용 기구로 의학적인 방법에 따라 필요최소한의 한도 내에서 피의자의 혈액을 채취하게 한 후 그 혈액을 영장 없이 압수할 수 있다. 다만 **이 경우에도 형사소송법 제216조 제3항 단서, 형사소송규칙 제58조, 제107조 제1항 제3호에 따라 사후에 지체 없이 강제채혈에 의한 압수의 사유 등을 기재한 영장청구서에 의하여 법원으로부터 압수영장을 받아야 한다**」(대판 2012.11.15. 2011도15258)는 입장을 취하고 있다.

(3) 강제채뇨

참조판례 피고인이 메트암페타민(일명 '필로폰')을 투약하였다는 마약류 관리에 관한 법률 위반(향정) 혐의에 관하여, 피고인의 소변(30cc), 모발(약 80수), 마약류 불법사용 도구 등에 대한 압수·수색·검증영장을 발부받은 다음 경찰관이 피고인의 주거지를 수색하여 사용 흔적이 있는 주사기 4개를 압수하고, 위 영장에 따라 3시간가량 소변과 모발을 제출하도록 설득하였음에도 피고인이 계속 거부하면서 자해를 하자 이를 제압하고 수갑과 포승을 채운 뒤 강제로 병원 응급실로 데려고 가 응급구조사로 하여금 피고인의 신체에서 소변(30cc)을 채취하도록 하여 이를 압수한 사안에서,「강제채뇨는 피의자가 임의로 소변을 제출하지 않는 경우 피의자에 대하여 강제력을 사용해서 도뇨관(catheter)을 요도를 통하여 방광에 삽입한 뒤 체내에 있는 소변을 배출시켜 소변을 취득·보관하는 행위이다. 수사기관이 범죄 증거를 수집할 목적으로 하는 강제채뇨는 피의자의 신체에 직접적인 작용을 수반할 뿐만 아니라 피의자에게 신체적 고통이나 장애를 초래하거나 수치심이나 굴욕감을 줄 수 있다. 따라서 피의자에게 범죄 혐의가 있고 그 범죄가 중대한지, 소변성분 분석을 통해서 범

의 주체가 수사기관이 되며, 다만 채혈은 수사기관이 직접 하지 않고 집행방법으로서 '전문의료진'에 의뢰하여 행하면 된다. 그리고 채혈 후 그 감정을 위해 국립과학수사연구원으로 혈액을 보내면 국립과학수사연구원에서 감정 결과를 회보하게 되는데, 이때의 감정은 이미 영장을 받아 압수한 대상물에 대한 감정이므로 별도로 감정처분허가 장을 받을 필요가 없게 될 것이다. 이러한 차이로 실무 현실에서는 먼저, 감정인을 위촉해야 하는 감정절차보다는 압수수색절차가 편리하고 효율적이어서 압수수색영장을 받는 것이 일반적이라고 한다.

죄 혐의를 밝힐 수 있는지, 범죄 증거를 수집하기 위하여 피의자의 신체에서 소변을 확보하는 것이 필요한 것인지, 채뇨가 아닌 다른 수단으로는 증명이 곤란한지 등을 고려하여 **범죄 수사를 위해서 강 제채뇨가 부득이하다고 인정되는 경우에 최후의 수단으로 적법한 절차에 따라 허용된다고 보아야 한다.** 이때 의 사, 간호사, 그 밖의 숙련된 의료인 등으로 하여금 소변 채취에 적합한 의료장비와 시설을 갖춘 곳 에서 피의자의 신체와 건강을 해칠 위험이 적고 피의자의 굴욕감 등을 최소화하는 방법으로 소변 을 채취하여야 한다」고 판시하면서, 「수사기관이 범죄 증거를 수집할 목적으로 피의자의 동의 없 이 피의자의 소변을 채취하는 것은 **법원으로부터 감정허가장을 받아 형사소송법 제221조의4 제1항, 제173 조 제1항에서 정한 '감정에 필요한 처분'으로 할 수 있지만**(피의자를 병원 등에 유치할 필요가 있는 경우에는 형사소송법 제221조의3에 따라 법원으로부터 감정유치장을 받아야 한다), **형사소송법 제219조, 제106조 제 1항, 제109조에 따른 압수·수색의 방법으로도 할 수 있다.** 이러한 압수·수색의 경우에도 수사기관은 원 칙적으로 형사소송법 제215조에 따라 판사로부터 압수·수색영장을 적법하게 발부받아 집행해야 한다. 압수·수색의 방법으로 소변을 채취하는 경우 압수대상물인 피의자의 소변을 확보하기 위한 수사기관의 노력에도 불구하고, 피의자가 인근 병원 응급실 등 소변 채취에 적합한 장소로 이동하 는 것에 동의하지 않거나 저항하는 등 임의동행을 기대할 수 없는 사정이 있는 때에는 수사기관으 로서는 소변 채취에 적합한 장소로 피의자를 데려가기 위해서 필요 최소한의 유형력을 행사하는 것이 허용된다. 이는 형사소송법 제219조, 제120조 제1항에서 정한 '압수·수색영장의 집행에 필요 한 처분'에 해당한다고 보아야 한다. 그렇지 않으면 피의자의 신체와 건강을 해칠 위험이 적고 피 의자의 굴욕감을 최소화하기 위하여 마련된 절차에 따른 강제채뇨가 불가능하여 압수영장의 목적 을 달성할 방법이 없기 때문이다」(^{대판 2018.7.12,}
_{2018도6219})라고 하여 피고인의 소변에 대한 압수영장 집행이 적 법하다고 보았다.

Ⅱ. 수사상 감정유치

1. 의   의

감정이란 법원 또는 수사기관이 재판상 또는 수사상 필요한 전문지식이나 경험 등의 부 족을 보충할 목적으로 그 지시하는 사항에 관하여 제3자로 하여금 조사를 시키고 이를 적 용하여 얻은 구체적 사실판단 등을 보고하게 하는 것으로, 감정 자체는 강제처분이 아니라 임의조사에 속한다. 수사기관은 수사를 위하여 필요한 때에는 감정을 위촉할 수 있는데 (^{제221}
_조), 이 단계에서는 법원이 관여하지 아니한다. 수사기관으로부터 감정의 위탁을 받은 자 를 강학상 **감정수탁자**라고 부르지만, 이는 선서의 의무도 없고 허위감정을 하여도 허위감정 죄(^{형법}
_{제154조})에 해당하지 않으며, 또 그 절차에 있어서 소송관계인에게 참여권이 인정되지 않 는 점 등에서 법원 또는 법관의 명을 받은 '감정인'과는 큰 차이가 있다. 그런데 비록 감정 그 자체는 강제처분이 아니라 하더라도 감정을 함에 있어 강제력의 행사가 필요한 경우가 있다. 이러한 경우에는 법원이 관여하게 되는데, 감정유치와 감정에 필요한 처분이 여기에 해당한다.

2. 수사상 감정유치와 구속

수사상 감정유치란 피의자의 정신 또는 신체에 관한 감정이 필요한 경우에 일정한 기간 동안 병원 기타 적당한 장소에 피의자를 유치하는 강제처분을 말한다($^{제221조}_{의3}$). 여기서 '필요성'은 계속적인 피의자의 유치와 관찰이 필요한 때를 의미하므로 통원만으로 감정이 가능한 경우에는 감정유치가 허용되지 않는다. 이처럼 수사상 감정유치는 **피의자**를 대상으로 하므로, 피의자가 아닌 제3자에 대하여는 감정유치를 청구할 수 없다. 다만 감정유치는 실질적으로 피의자의 신체의 자유를 구속하는 것이므로 피의자의 구속에 관한 규정을 준용하고 있다($^{제221조의3\ 제2항,}_{제172조\ 제7항}$). 따라서 구속의 취소에 관한 규정($^{제93}_{조}$)도 준용되므로 감정유치의 취소를 청구할 수 있고, 감정유치된 피의자도 '신체구속을 당한 피의자'에 해당하므로 접견교통권을 가지며, 감정유치기간은 미결구금일수의 산입에 있어서 구속으로 간주한다($^{제172조}_{제8항}$). 그러나 감정유치는 감정을 목적으로 하는 처분이므로 유치된 피의자에 관해서는 보석에 관한 규정이 준용되지 않는다($^{동조}_{제7항}$).

3. 감정에 필요한 처분

수사기관으로부터 감정의 위촉을 받은 자는 감정에 관하여 필요한 때에는 판사의 허가를 얻어 타인의 주거, 간수자 있는 가옥·건조물·항공기·선차 내에 들어갈 수 있고 신체의 검사, 사체의 해부, 분묘의 발굴, 물건의 파괴 등 필요한 처분을 할 수 있다($^{제221조의4}_{제1항}$). 본조는 수사상 감정의 목적달성을 도모하기 위하여 수사기관으로부터 감정의 위촉을 받은 자에게 법원으로부터 감정의 명을 받은 감정인과 마찬가지로 신체검사 등 일정한 처분권을 인정하는 한편, 그 처분에 대한 사법적 억제라는 견지에서 법관의 허가장에 의할 것을 요구하고 있는 것이다. 이러한 감정처분에 대한 허가는 검사가 청구하여야 하고($^{동조}_{제2항}$), 판사는 청구가 상당하다고 인정한 때에는 허가장을 발부하여야 한다($^{동조}_{제3항}$). 이를 **감정처분허가장**이라고 한다.

사례해설

사안은 사법경찰관이 수사목적으로 혈액을 강제로 채취한 것이 아니라 진료목적으로 간호사가 채취한 피고인의 혈액을 임의제출물의 영치($^{제218}_{조}$)를 근거로 수집하였다는 점에서 엄격한 의미에서 강제채혈의 문제가 아니라 '혈액압수'의 문제이다. 이와 관련하여 형사소송법 제219조에 의하여 준용되는 동법 제112조는 의료인 등(간호사 포함)이 업무상 위탁을 받아 소지 또는 보관하는 물건에 대해 압수를 거부할 수 있다고 규정하고 있을 뿐, 형사소송법이나 기타 법령에서 의료인이 진료목적으로 채혈한 혈액을 수사기관이 수사목적으로 압수하는 절차에 관하여 특별한 절차적 제한을 두고 있지 않다. 따라서 본 사안에서 ㉠ 간호사 丙이 혈액을 채취한 목적은 진료를 위한 것이지 수사를 위한 것은 아니었다는 점에서 간호사 丙의 혈액제출에 어떤 위법이 있는지, ㉡ 사법경찰관 乙이 간호사 丙에게 부탁하여 이미 진료용으로 채취한 혈액의 일부를 수사목적으로 이용한 수사방법이 형사소송법상의 적법절차를 준수하고 있는지, ㉢ 乙의 수사가 위법하다면 이러한 수사에 의해 획득된 또는 파생된 증거인 감정의뢰회보에 대하여 위법수집증거배제법칙 내지 독수독과이론이 적용될 수 있는지, ② 乙의 수사가 적법하다면 감정의뢰회보는 어떤 조건하에서 증거능력이 인정되는지 등이 문제된다고 볼 수 있다.

첫째, 간호사 丙이 사법경찰관 乙에게 甲의 혈액을 넘겨준 행위에 어떤 위법이 인정될 수 있는가는 감정서의 증거능력을 검토하기 위한 선결문제로서, 丙의 혈액제출이 적법행위일 경우 이후의 수사(영치, 감정위촉, 감정서수집)는 아무런 위법도 없게 되므로 이 경우 감정서의 증거능력은 단지 전문법칙의 예외문제에 해당하게 될 뿐이다. 따라서 간호사 丙의 혈액제출의 위법성과 관련하여 민사법적으로는 계약위반이나 사무관리자의 선관주의의무위반 내지 권한남용을 검토할 수 있지만, 여기서는 공법적 측면만을 검토하기로 한다. 즉 간호사 丙의 행위가 형법상 범죄행위(업무상비밀누설죄, 상해죄)에 해당하는지 문제되는데, 丙의 혈액제출은 비밀의 '누설'에 해당한다고 보기 어렵고, 丙의 채혈자체가 진료목적으로 甲의 추정적 승낙하에 이루어진 점을 감안하면 상해행위로 구성하기도 어렵다. 이러한 문제점 때문에 간호사 丙의 행위를 새로운 기본권인 정보지배권 또는 정보적 자기결정권으로 이론구성하는 견해도 있다. 이에 대하여 판례는 의료인이 진료목적으로 채혈한 환자의 혈액을 수사기관에 임의로 제출하였다면 그 혈액의 증거사용에 대하여도 환자의 사생활의 비밀 기타 인격적 법익이 침해되는 등의 특별한 사정이 없는 한 반드시 그 환자의 동의를 받아야 하는 것은 아니라는 점을 들어 이를 부정하고 있다.

둘째, 사법경찰관 乙이 행한 수사의 위법여부와 관련하여, 乙이 丙으로부터 甲의 혈액을 제출받은 것이 강제수사인지 아니면 임의수사인지 여부가 문제되고, 전자로 보는 경우 이를 압수·수색의 일종으로 보아야 할 것인지 아니면 검증으로 보아야 할 것인지 논란이 있다. 그런데 강제수사와 임의수사의 구별기준 중 형식설은 이러한 수사방법을 강제수사로 법정하고 있는 규정이 없으므로 임의수사로 인정하며, 실질설도 乙이 물리적 강제력을 사용하지 않았다거나 甲의 의사에 반한 것이라고 단정할 수 없다거나 간호사가 치료목적으로 피고인의 혈액을 채취하였으므로 이를 정당한 의료행위에 해당한다고 보아 임의수사로 볼 여지가 많다. 적법절차기준설에서도 乙이 丙으로부터 평화롭게 혈액을 교부받은 행위를 두고 '법공동체가 공유하는 최저한도의 기본인권을 침해할 위험성이 있는 경우'라고 보기 어렵다는 점에서 임의수사로 인정할 여지가 많다. 반면에 수사활동이 기본권을 침해할 위험성이 있는가의 여부에 따라 강제수사와 임의수사를 구분하는 기본권기준설을 따르면 乙이 甲의 명시적 동의없이 丙으로부터 甲의 혈액을 넘겨받은 것은 甲의 혈액정보에 대한 지배권이라는 기본권을 침해할 위험성이 있으므로 강제수사에 해당한다고 볼 것이다. 결국 형식설 내지 실질설 그리고 적법절차기준설에 따르면 임의수사로 볼 여지가 많으므로 설문의 경우 丙에게 혈액제출의 임의성이 있었는지, 만약 부정된다면 영장주의의 위반은 아닌지 여부를 검토해 보아야 하지만, 기본권기준설에 따르면 乙의 혈액취득이 영장주의(제215조)에 위반되었는지 여부가 검토되어야 할 것이다.

셋째, 혈액제출의 임의성 및 영장주 준수여부와 관련하여, 乙의 혈액취득은 현행범체포(시한 경과)나 긴급체포(음주운전죄의 법정형은 2년 이하)에 부수된 수사방법으로 볼 수 없고, 따라서 제216조 제1항 제2호의 영장주의의 예외(체포현장에서의 압수·수색·검증)가 적용되지 않는다. 다만, 乙의 혈액취득이 제218조에 근거한 영치에 해당하는지 문제된다. 이와 관련하여 형사소송법은 '의료인의 압수거부권'(제112조)을 인정하고 있는데, 수사기관이 의료인에게 환자의 혈액을 임의제출의 형식으로 압수할 때에 그 의료인에게 압수거부권이 있음을 고지해야 할 의무가 있는지 논란이 있다. 왜냐하면 간호사가 자신에게 압수거부권이 있음을 전혀 모르고 경찰에게 혈액을 건네주었을 때에는 그 임의제출의 '임의성'이 문제될 뿐만 아니라 의료인에게 압수거부권을 보장하고 있는 형사소송법 제112조를 형해화시킬 가능성이 있기 때문이다. 그러나 압수거부권의 고지의무는 진술거부권의 고지의무처럼 명문규정이 없고, 또한 해석상 이를 인정한다고 하더라도 고지의무의 위반은 엄밀히 말하면 丙이 혈액을 乙에게 제출하기로 하는 '의사결정의 자율성'을 탈락시키는 것이 아니라 단지 그런 의사결정의 동기(형성)에 영향을 미칠 뿐이라는 점에서 고지의무를 인정할 수는 없다고 본다. 그러나 본 사안처럼 간호사가 자신에게 압수거부권이 있음을 전혀 인식하지 못한 상황에서 혈액을 건네준 경우가 임의제출에 해당하는지에 대해서는 견해가 대립된다. 이에는 간호사와 같이 압수거부권을 갖고 있는 자에게서 임의제출을 받은 때에는 압수거부권이 있음을 고지할 의무가 있고, 이 의무를 이행하지 않은 경우에는 압수물제출의 임의성을 인정할 수 없다는 혈액제출의 임의성을 부정하는 견해(축소해석설)와 압수물의 소유자, 소지자 또는 보관자가 자율적인 의사결정에 의해 압수물을 수사기관에 제출하면 그 의사결정의 동기가 어떠하든 또는 제출권한의 유무와 관계없이 임의제출을 인정하는 혈액채취의 임의성을 긍정하는 견해(문리해석설)가 대립하고 있다. 판례는「당시 간호사가 위 혈액의 소지자 겸 보관자인 병원 또는 담당의사를 대리하여 혈액을 경찰관에게 임의로 제출할 수 있는 권한이 없었다고 볼 특별한 사정이 없는 이상」(대판 1999.9.3, 98도968.)이라는 표현을 사용하고 있는 것에 비추어 볼 때, 혈액의 "소유자, 소지자, 보관자"를 축소해석하여 의사와 같은 전문가만이 여기에 해당하고 간호사는 제출권한이 없다고 보면서도 간호사는 병원 또는 담당의사의 대리자로서 혈액을 수사기관에 임의로 제출할 수 있는 권한을 지니고 있는 것으로 판단하고 있는 것으로 보인다. 생각건대 자신에게 압수거부권이 보장되어 있음을 모르는 간호사로서는 수사기관의 요구를 무시할 수 없었을 것이므로 간호사가 경찰관에게 혈액을 자발적으로 건네 준 것이 아니라 경찰의 요구에 단순히 순종한 것이므로 '임의성'을 인정하는 것은 무리가 있다고 본다. 또한 병원에서 근무하는 간호사는 의사의 지시나 감독을 받으면서 환자의 간병과 치료를 돕는 자에 불과하므로 의사를 대신하여 의사가 지시한 대로 환자의 혈액을 채취할 수 있지만, 채취한 혈액을 수사목적으로 사용하도록 경찰관에게 제출하는 권한까지 위임받은 것은 아니라는 점에서, 형사소송법 제218조의 '소유자, 소지자 또는 보관자'에 해당한다고 볼 수 없다. 결국 丙의 임의성을 인정할 수 없고, 소유자·소지자 또는 보관자에 해당한다고 볼 수도 없다는 점에서 형사소송법 제218조의 임의제출물에 대한 수사기관의 영치에 해당하지 않는다고 보아야 한다. 따라서 乙이 피고인 甲의 동의나 법관이 발부한 영장없이 혈액을 가져간 것은 영장주의 위반에 해당할 것이다. 반면에 문리해석설에 따르는 한 乙이 丙에게 甲의 혈액 일부를 제출하고 협박 등의 방법으로 그 의사결정에 영향을 끼치지 않았다면 乙의 혈액제출은 제218조의 임의제출에 해당하며, 乙의 혈액취득은 영장주의에 반하지 않는다고 볼 수 있다는 견해도 있다. 다만 이 견해에서도 甲은 자신의 정보(혈액)를 진료목적 외에 사용되는 것에 동의하지 않고 있고, 乙이 영장을 발부받은 것도 아니기 때문에 乙의 혈액압수는 甲의 혈액정보지배권을 침해한 위법을 인정한다.

넷째, 감정의뢰회보의 증거능력 인정여부와 관련하여, 乙의 혈액압수가 영장주의에 반한다고 본다면 (제218조의 적용배제) 감정된 甲의 혈액은 수사기관에 의하여 위법하게 수집된 증거가 되므로 위법수집증거배제법칙(제308조의2)에 의하여 증거능력이 배제된다. 또한 감정의뢰회보는 위법수집된 혈액으로부터 파생된 증거이며, 독수독과이론의 적용에 의하여 증거능력이 배제된다고 본다. 반면에 甲의 혈액압수는 영장주의에 반하지 않지만, 甲의 혈액정보를 그의 동의없이 수집한 점에서 혈액정보지배권을 침해한 위법이 인정된다고 보는 견해에 의한다면 수사상 감정의 일련의 행위(감정의뢰 – 혈액제공 – 감정의뢰회보 수신: 수사상 감정)와 관련하여 甲의 혈액압수만이 아니라 혈액감정 자체도 위법한 수사행위이며, 따라서 감정의뢰회보도 위법한 수사로부터 파생된 증거가 아니라 위법한 수사에 의하여 직접 수집된 증거로 해당한다고 본다. 이에 대하여 판례는 적법절차를 위반한 위법이 없다고 보고 있다. 따라서 감정의뢰회보에 독수독과이론이 적용된다고 본다면, 감정의뢰회보의 증거능력을 인정할 수 없다. 반면에 판례에 따라 감정의뢰회보에 독수독과이론이 적용되지 않는다고 보더라도 감정보고서는 전문증거이므로 전문법칙의 예외조항, 예컨대 피고인이 동의하거나($^{법\ 제318조}_{제1항}$), 감정을 행한 국립과학수사연구원장이 공판정에서 성립의 진정을 인정($^{법\ 제313조}_{제2항}$)하는 경우에 한하여 증거로 사용할 수 있다. 판례는 국립과학수사연구원장 명의의 감정의뢰회보는 "공무원의 직무상 증명할 수 있는 상황에 관하여 작성된 문서"($^{법\ 제315조}_{제1호}$)에 해당한다($^{대판\ 1982.9.14,}_{82도1504}$)는 입장이므로 본 조항에 따라 증거능력이 인정될 것이다.

결국 간호사 丙의 혈액채취는 진료를 위한 것이므로 어떠한 위법이 있다고 할 수 없으나, 丙의 혈액제출에 임의성을 인정할 수 없기 때문에 형사소송법 제218조의 영치에 해당하지 않아 경찰관 乙이 甲의 동의나 법관이 발부한 영장 없이 혈액을 가져간 것은 영장주의 위반에 해당한다. 따라서 위법수집된 혈액으로부터 파생된 증거인 감정의뢰회보는 독수독과이론의 적용에 의하여 증거능력이 배제된다. 반면에 판례에 따르면 형사소송법 제315조 제1항에 따라 증거능력이 인정될 것이다.

제4절 압수·수색·검증에서의 영장주의의 예외

I. 서 설

압수·수색·검증을 하기 위해서는 사전에 영장을 발부받는 것이 원칙이지만($^{제215}_{조}$), 긴급성 등을 고려하여 일정한 경우에 영장주의의 예외를 인정하고 있다. 이러한 영장에 의하지 않는 대물적 강제수사의 대표적인 예는 적법한 체포·구속 및 긴급체포에 수반한 압수·수색과 검증으로, 이는 전통적으로 인정되어오는 영장주의의 예외에 속한다. 형사소송법은 이 이외에도 피고인 구속현장에서의 압수·수색과 범죄현장에서의 압수·수색·검증에 대해서도 영장을 요하지 않는 것으로 규정하고 있다.

II. 체포 또는 구속목적의 피의자수색

1. 의 의

검사 또는 사법경찰관은 체포영장에 의한 체포($^{제200조}_{의2}$), 긴급체포($^{제200조}_{의3}$) 또는 현행범인의 체포($^{제212}_{조}$)에 의하여 체포하거나 구속영장에 의하여 피의자를 구속하는 경우($^{제201}_{조}$)에 필요한 때에는 영장없이 타인의 주거나 타인이 간수하는 가옥·건조물·항공기·선차내에서 피의자를 수색할 수 있다($^{제216조}_{제1항}$).[1]

---

1) 2019. 12. 31.에 공포·시행된 형사소송법 개정에서 '피의자수사'가 '피의자수색'으로 변경되었으나, 개정전에도 '피의자사수사'는 '피의자수색'의 의미로 해석되었다.

2. 제도적 취지

체포 또는 구속하고자 하는 피의자가 타인의 주거·가옥·건조물내에서 잠복하고 있다고 인정되는 경우에 피의자의 소재를 발견하기 위한 수색은 체포·구속을 위한 불가결한 전제이기 때문에 영장없이 할 수 있도록 영장주의의 예외를 인정한 것이다.

3. 수색의 주체

수색은 검사 또는 사법경찰관만이 할 수 있다. 현행범인은 누구나 체포할 수 있으나, 일반인은 현행범인의 체포를 위하여 타인의 주거를 수색할 수 없다(^{제216조 제1항}_{제1호}). 따라서 사인이 현행범인을 체포하기 위하여 주거주의 승낙 없이 타인의 주거에 들어간 경우에는 주거침입죄가 성립한다.

4. 수색의 요건

긴급체포(^{제200조}_{의3}) 또는 현행범인 체포(^{제212}_조)에 의하여 체포하는 경우에는 피의자가 그 장소에 소재할 개연성만 인정되면 수색영장이 없이 수색이 가능하지만, 체포영장에 의한 체포(^{제200조}_{의2})와 구속영장에 의한 구속(^{제201}_조)의 경우에는 미리 수색영장을 발부받기 어려운 긴급한 사정이 있는 때에만 가능하다(^{제216조 제1항}_{제2호}).

긴급체포나 현행범인 체포의 경우에는 그 체포 자체가 이미 긴급성이 인정되는 반면, 영장에 의한 체포나 구속의 경우에는 그 체포나 구속에서 당연히 긴급성이 인정된다고 보기 어렵고, 영장과 함께 사전에 수색영장까지 발부받을 수도 있으므로 수색에 앞서 영장을 발부받기 어려운 긴급한 사정이 인정되지 않는 경우까지 영장없이 피의자수색을 할 수 있도록 허용하는 것은 헌법 제16조 영장주의 예외요건을 벗어나기 때문이다.[1]

5. 적용범위

영장주의의 예외가 되는 피의자수색은 피의자의 발견을 위한 처분이므로 피의자의 추적이 계속되어서 피의자를 따라 주거·건조물 등에 들어가는 경우는 체포 또는 구속 자체이며 여기의 수색에는 해당하지 않는다. 또 피의자의 수색은 피의자를 체포·구속하기 위한 처분이므로 수색은 '체포·구속전'임을 요한다. 따라서 피의자 또는 현행범인을 체포·구속한 후에는 이 규정에 의한 수색은 인정되지 않는다. 물론 수색과 체포·구속이 시간적으로 접속해야 할 필요는 없고, 피의자체포·구속에 성공해야 하는 것도 아니다.

---

[1] 헌법재판소가 형사소송법 제216조 제1항 제1호 중 제200조의2에 관한 부분이 영장주의에 위반된다고 헌법불합치 결정을 함에 따라(헌재 2018.4.26, 2015헌바370, 2016헌가7), 2019. 12. 31. 공포·시행된 개정 형사소송법은 '다만, 제200조의2 또는 제201조에 따라 피의자를 체포 또는 구속하는 경우의 피의자수색은 미리 수색영장을 발부받기 어려운 긴급한 사정이 있는 때에 한정한다'는 단서규정을 신설하였다.

☞ 피의자수색의 범위와 관련하여 통설은 법문상으로는 타인의 주거 등으로 규정되어 있으나, 피의자의 체포를 위하여 피의자의 주거 등을 수색할 수 있는 것은 당연하다는 입장이지만, 명문으로 '타인의 주거나 타인이 간수하는 가옥, 건조물, 항공기, 선차 내'로 규정되어 있을 뿐만 아니라 피의자의 체포를 위한 피의자의 주거 등의 수색은 제216조 제1항 제2호(현장설의 입장)에 따라 인정된다고 보아야 하므로 본 규정은 피의자의 발견을 위하여 **제3자의 주거**에 들어가는 것으로 한정해야 할 것이다.

피고인을 구속하기 위한 수색은 형사소송법 제137조에 의하여 검사, 사법경찰관리 또는 법원사무관 등이 할 수 있는데, 피고인 구속을 위한 이러한 수색은 수사가 아닌 재판의 집행에 해당한다.

III. 체포현장에서의 압수 · 수색 · 검증

사 례

사법경찰관 甲은 절도의 체포영장을 가지고 피의자 乙을 그의 거실에서 체포하려고 하였으나 乙은 그 자리에서 도주하였다. 이렇게 되자 甲은 그의 거실을 수색하여 그 사건의 장물과 그 외 乙이 위조한 것으로 명백하게 보이는 1백만원 금액의 위조수표 10매를 압수하였다. 乙은 그 후 체포되어 절도 및 부정수표단속법위반으로 기소되었다. 법원은 위 장물 및 위조수표를 그들 각 죄를 인정하는 증거로 사용할 수 있는가?

1. 의   의

검사 또는 사법경찰관은 체포영장에 의한 체포($^{제200조}_{의2}$), 긴급체포($^{제200조}_{의3}$), 현행범인의 체포($^{제212}_{조}$) 또는 구속영장($^{제201}_{조}$)에 의하여 피의자를 체포 또는 구속하는 경우에 필요한 때에는 영장 없이 체포현장에서 압수 · 수색 · 검증을 할 수 있다($^{제216조}_{제1항 \, 제2호}$).

2. 제도적 취지

피의자를 체포 또는 구속하는 경우에 체포현장에서 증거수집을 위하여 행하는 압수 · 수색 · 검증에 대하여 영장주의의 예외를 인정한 것이다. 다만 그 근거에 대하여는 ㉠ 체포에 의하여 가장 중요한 기본권인 자유권이 적법하게 침해된 때에는 이에 수반하는 보다 가벼운 비밀이나 소유권의 침해도 영장 없이 할 수 있도록 한 것이라고 해석하는 **부수처분설**(합리성설)과 ㉡ 체포하는 자의 안전을 위하여 무기를 빼앗고 피의자가 증거를 파괴 · 은닉하는 것을 예방하는 긴급행위로서 영장없는 압수 · 수색이 허용된다고 해석하는 **긴급행위설**(다수설)이 대립하고 있는데, 이러한 학설대립의 실익은 부수처분설에 따르면 무기의 존재나 증거인멸의 우려가 없는 경우에도 본조를 적용하여 적법한 체포가 있으면 당연히 수사기관의 대물적 강제수사권이 인정되지만, 긴급행위설에 따르는 한 무기나 증거가 있다는 개연성이 인정될 것을 요한다는 점이다.

☞ 현행법상 압수 및 수색영장이 분리되어 발부되지 않지만, 논리적으로는 영장없이 허용되는 압수와 수색의 취지를 다르게 보는 것이 타당하다고 본다(이분설). 왜냐하면 재산에 대한 지배권을 빼앗는 압수에 있어서는 체포 또는 구속하는 과정에서 피의자로부터 흉기 내지 도주용구 등의 점유를 박탈하여 체포 또는 구속을 원활하게 행하려는 것과 유력한 증거물이나 몰수물이 존재하는 체포 또는 구속현장에서 긴급하게 이것을 수집·보전하는 양면의 필요성이 인정되지만(긴급행위설), 개인의 사생활을 침해하는 수색에 있어서는 체포 또는 구속이라고 하는 강력한 처분이 적법하게 행하여진 이상 현장에서의 수색을 부수하더라도 주거 등의 평온을 침해하는 정도가 적다고 판단되기 때문이다(부수처분설).

3. 체포(구속)와의 시간적 접착성

(1) 문 제 점

체포 또는 구속현장에서의 압수·수색·검증이 체포와의 사이에 시간적 접착을 요한다는 점에 대하여는 이론(異論)이 없다. 그런데 체포현장이란 체포행위가 행해진 장소, 그곳에 있는 물건과 신체를 말한다고 할 수 있다. 여기서 **체포된 피의자를 부근에 있는 경찰서에 연행한 때**를 체포현장이라고 할 수 있는지 문제되는데, 체포행위를 행한 장소와는 달리 연행된 장소에는 증거물의 존재를 인정할 개연성이 없고 체포행위와 시간적·장소적 접착성도 인정되지 않는 경우이므로 체포현장이라고 할 수 없다고 해석할 여지도 있지만, 체포현장에서 압수 또는 수색을 행하는 것이 도로사정이나 피의자의 저항에 의하여 곤란한 사정이 있는 경우에는 경찰서에 연행한 즉시 압수·수색을 행하는 것도 체포현장에서의 압수·수색에 해당한다고 보아야 할 것이다. 이처럼 체포현장에서의 압수·수색·검증이 체포와의 사이에 시간적 접착을 요하지만, 체포현장의 의미와 관련하여 어느 정도의 시간적 접착을 요하는가에 대하여 견해의 대립이 있다.

(2) 학 설

㉠ 압수·수색 등이 체포행위와 시긴직·장소석으로 접착되어 있다면 체포의 전후를 불문하고 허용된다는 **시간적·장소적 접착설**, ㉡ 체포의 전후나 성공여부는 불문하고, 단지 압수·수색시에 피의자가 현장에 있으면 족하다는 (체포)**현장설**, ㉢ 피의자가 압수·수색현장에 있고 신체체포에 현실적으로 착수하여야 영장없는 압수가 허용된다는 **체포착수설**, ㉣ 피의자가 현실적으로 체포되는 경우에 한하여 영장없는 압수가 허용되며, 체포 도중에 피의자가 도주한 경우에는 더 이상 압수·수색을 할 수 없다는 **체포설** 등이 있다.

이러한 견해의 대립은 체포전 압수·수색이 허용되는지 여부 및 체포 도중 피의자가 도주한 경우에도 압수·수색이 허용되는지 여부에 달려 있다고 볼 수 있다. 왜냐하면 피의자가 체포된 이후의 압수·수색은 학설과 관계없이 당연히 허용되기 때문이다. 생각건대 첫째, 체포 도중 피의자가 도주한 경우에는 현장에 있는 증거물 등을 지체없이 압수할 필요가 있고, 둘째, 형사소송법 제216조 제1항 제1호가 타인의 주거 등에서의 피의자수색을 이미 허용하고 있으므로 동 규정을 타인의 주거 등으로 한정하는 해석을 하는 한, 동조 제1항 제2호의 '체포현장에서의 압수·수색'을 체포에 착수하거나 체포된 경우로 제한해석하는 것은 논리적으로 문제가 있다는 점 등을 고려할 때, 본조는 '현장설'에 따라 판단하는 것이 타당하다고 본다.

4. 수색의 범위 및 압수의 대상

(1) 수색의 범위

수색의 범위는 체포현장이 피의자의 관리에 속하는 장소라면 어느 정도 폭넓게 인정해도 좋지만, 피의자 이외의 제3자의 관리에 속하는 경우에는 그 제3자의 이익을 존중해서 엄격하게 판단해야 할 것이다.

☞ 미국의 Chimel판결은 긴급행위설의 입장에서 피체포자의 신체 및 피체포자의 '즉각적 통제범위 내'(within his immediate control)에 있는 공간이 수색의 범위라는 입장을 취한 바 있으나 ($_{395\ U.S.\ 752\ (1969)}^{Chimel\ v.\ California,}$), 부수처분설에 따르는 한 '대소포함명제'에 따라 좀 더 폭넓게 인정될 수 있다고 본다. 미국연방대법원도 Chimel판결 이후에 내려진 피체포자 자신의 수색에 대한 United States v. Robinson판결에서 「적법한 체포에 수반한 피체포자의 수색은 법원이 사후에 특정한 체포상황에 대하여 무기나 증거를 용의자에게서 발견할 수 있는 가능성이 있었는지 여부를 결정하는 것에 의하여 그 권한이 부여되는 것이 아니다. 상당한 이유에 기초한 체포는 연방헌법 수정 제4조의 정당한 침해이고, 그 침해가 적법하다면 체포에 수반한 수색은 더 이상의 정당화를 필요로 하지 않는다」라고 판시한 바 있다($_{414\ U.S.\ 218\ (1973)}^{United\ States\ v.\ Robinson,}$).

그러나 체포가 행해지는 방이 아닌 다른 방에서 행하는 통상적인 수색이나 체포가 행해지는 방이라고 하더라도 그 방의 전체 서랍이나 기타 봉함되거나 은닉된 영역을 모두 수색하는 것은 정당성을 인정할 수 없으므로 특별한 예외상황이 아닌 한, 수색영장에 근거해서만 행해질 수 있다고 보아야 한다.

(2) 압수의 대상

압수의 대상은 체포 또는 구속의 원인이 된 범죄사실과 관련되는 증거물 및 몰수물 이외에 체포자에게 위험을 줄 우려가 있는 흉기 내지 도주의 수단이 되는 용구 등에 한한다. 이처럼 체포현장에서 압수할 수 있는 것은 당해 사건의 증거물에 한하므로, **별건의 증거**를 발견한 때에는 임의제출을 구하거나 별도의 영장에 의하여 압수해야 하고, 영장 없이 압수하려면 별개사건으로 긴급체포를 해야 할 것이다. 그리고 체포현장에서 피의자가 임의로 제출한 물건에 대하여는 본호에 의해서가 아니라 제218조에 의해서 영장없이 압수할 수 있다고 본다. 그러나 ㉠ 甲에 대한 살인사건으로 피의자의 집을 수색하던 중 제3의 피해자에 대한 추가살인 증거물이 발견된 경우, ㉡ 컴퓨터에 대한 수색 도중 다른 범죄사실의 관련 파일이 발견된 경우처럼 영장에 기재된 범죄사실과 다른 증거가 발견된 경우, ㉢ 무면허 운전을 이유로 현행범으로 체포된 자의 자동차에 마약투약 주사기가 발견된 경우 등은 모두 증거인멸이 우려되는 긴급한 상황임에도 영장없이 압수를 할 수가 없다는 점에서 한계가 있다.

☞ 이러한 경우 영미에서는 **단순히 관찰되는 증거물의 압수이론**(plain view doctrine)을 구성하여 해결하고 있는데, plain view doctrine이란 어떠한 물건이 그 자체로 죄를 입증할 수 있는 본성을 가지고 있고, 경찰관이 현장에서 적법하게 그 물건을 단순히 관찰할 수 있었다면 영장 없이 그 물건을 압수할 수 있다는 이론을 말한다. 다만 이러한 단순히 관찰되는 증거물의 압수가 영장주의의 예외로 인정되기 위해서는 첫째, 수사기관은 그것을 명시할 수 있는 장소에 적법하게 도달하고 있어야 하고, 둘째, 수사기관은 그 증거물에 적법하게 물리적으로 접근할 수 있는 권리(사전정당성)를 가져야 하며, 셋째, 그 물건의 본성 자체가 압수되어야 할 것, 예컨대 마약, 범죄의 흔적이 있는 증거와 같이 수사기관이 그 물건을 발견하는 즉시 명백하게 그 물건을 압수할 상당한 이유(명백한 범죄관련성)를 가져야만 하는 것이어야 한다.

생각건대 첫째, 낮은 단계의 혐의만이 요구되는 압수·수색보다 높은 단계의 혐의가 필요한 긴급체포를 요건화하는 것은 대물적 강제처분의 독자성을 제대로 인식하지 못한 것이고, 둘째, 현행 형사소송법은 대인적 강제처분에 대하여 긴급상황에서 영장주의의 예외를 허용하고 있으므로 그보다 개인의 기본권을 덜 침해하는 대물적 강제처분인 긴급압수·수색을 허용하여도 헌법 및 형사소송법적으로 큰 문제는 없을 것으로 보이며, 셋째, 독립적 긴급압수·수색을 인정하지 않으면 증거인멸의 방지를 위하여 부득이 별개사건으로 피의자를 긴급체포해야 하는데, 이는 비례의 원칙에 반하는 결과를 초래할 수도 있다는 점 등을 고려할 때, 체포·구속을 전제로 하지 않는 긴급상황에 대처할 수 있는 독자적 긴급압수·수색 규정을 두는 것이 바람직하다고 본다.

5. 압수 후의 절차

검사 또는 사법경찰관은 압수한 물건을 계속 압수할 필요가 있는 경우에는 지체없이 압수수색영장을 청구하여야 하며, 이 경우 압수수색영장의 청구는 체포한 때부터 48시간 이내에 하여야 한다(제217조 제2항). 이 경우 검사 또는 사법경찰관은 청구한 압수수색영장을 발부받지 못한 때에는 압수한 물건을 즉시 반환하여야 한다(동조 제3항). 따라서 사법경찰리가 피고인의 주거지를 수색하는 과정에서 대마를 발견하자, 피고인을 마약류관리에 관한 법률 위반죄의 현행범으로 체포하면서 대마를 압수하였으나 그 다음날 피고인을 석방하였음에도 사후 압수·수색영장을 발부받지 않았다면, 위 압수물과 압수조서는 형사소송법상 영장주의를 위반하여 수집한 증거로서 증거능력이 부정된다(대판 2009.5.14, 2008도10914).

본 사안은 (1) 甲이 乙의 거실에서 행한 장물의 압수·수색이 영장주의원칙의 예외로서 인정되고 있는 형사소송법 제216조 제1항 제2호의 체포현장에서의 압수·수색에 해당하는지, (2) 위조수표의 압수·수색과 관련하여 당해 피의사실과 관련이 없는 물건도 압수할 수 있는지 여부 및 형사소송법 제216조 제3항의 범죄장소에서의 압수·수색으로 볼 수는 없는지, (3) 만약 위의 압수·수색이 위법한 것이라면 위 압수물을 유죄의 증거로 사용할 수 있는지 등이 문제된다.

첫째, 절도장물압수의 허용여부와 관련하여 현행 헌법은 수사기관의 강제수사권의 남용으로부터 국민의 기본권을 보호하기 위하여 영장주의를 인정하고 있다(헌법, 제12조 제2항, 제16조). 이러한 영장주의는 법관에 의하여 발부된 사전영장을 원칙으로 하고, 영장집행에 있어서는 영장제시를 원칙으로 하고 있다. 본 사례에서는 체포영장만 발부되어 있으므로 절도장물의 압수가 형사소송법 제216조 제1항 제2호가 말하는 체포현장에서의 압수·수색에 해당하는가가 문제된다. 그런데 체포현장의 의미와 관련하여 견해의 대립이 있는데, ㉠ 시간적·장소적 접착설에 의하면 피의자가 체포현장에 있을 것이 반드시 요구되지 아니하므로 피의자가 체포도중에 도망한 경우에도 압수·수색이 인정되고, ㉡ 체포착수설에 따르더라도 피의자가 현장에 있을 때 체포에 착수하기만 하면 피의자의 체포여부에 관계없이 체포현장으로 보므로 피의자가 도망한 경우에도 압수가 인정된다. ㉢ 현장설에 따르더라도 체포착수설과 동일하다. 반면에 ㉣ 체포설에 의하는 경우에는 체포도중에 피의자가 도망하였다면 적법한 압수·수색이 피의자의 도주에 따라 불법한 압수·수색으로 바뀌게 되는데, 체포의 성공여부에 의하여 적법성이 달라진다는 것은 강제수사의 적법성을 우연에 맡기는 결과가 되어 타당하지 않다. 결국 제216조 제1항 제1호의 규정을 타인의 주거 등으로 한정하는 해석을 하는 한, 본조는 현장설에 따라 판단하는 것이 타당하다고 본다. 따라서 사안에서 사법경찰관 甲이 乙을 체포하는 도중에 乙이 도망하였으므로 그 이후 甲이 乙의 거실을 수색하여 절도의 장물을 압수하는 것은 적법하다고 보아야 할 것이다. 다만 사법경찰관 甲은 압수한 물건을 계속 압수할 필요가 있는 경우에는 지체없이 압수수색영장을 청구하여야 하고(제217조 제2항), 이 경우 압수수색영장의 청구는 체포한 때부터 48시간 이내에 하여야 하며, 청구한 압수수색영장을 발부받지 못한 때에는 압수한 물건을 즉시 반환하여야 한다(제217조 제3항). 따라서 사후에 압수수색영장을 청구하지 않은 상태에서 절도장물을 증거로 제출한다면 영장주의에 위반한 위법수집증거에 해당한다.

둘째, 위조수표 압수의 허용여부를 살펴보면, ㉠ 체포현장에서의 압수·수색의 해당여부와 관련하여 체포현장에서의 압수·수색은 체포 또는 구속의 부수적인 처분이라 할 것이므로 영장없이 할 수 있는 압수·수색은 압수·수색의 기초되는 피의사실과 관련성이 있는 범위에 한정된다고 해석해야 한다. 따라서 압수할 수 있는 것은 당해 사건의 증거물이며 별건의 증거를 발견한 때에는 임의제출을 구하거나 영장에 의하여 압수해야 한다. 반면 ㉡ 범죄장소에서의 압수·수색의 해당여부와 관련하여, 본 규정(제216조 제3항)은 현행범의 '범죄의 실행중'에 상응하는 것으로서, 현행범이 체포되지 아니한 상황에서 수사관의 신변보호나 증거물의 신속한 확보를 위한 것이므로, 본 사안에서의 위조수표의 압수는 이 규정에 해당하지 않는다고 볼 것이다. 결국 사안의 경우 위조수표의 압수는 체포의 기초가 없는 피의사실과 관련이 없는 물건에 대한 압수이고 또한 범죄장소에서의 압수에도 해당하지 않으므로 영장없는 압수로서 위법수집증거에 해당한다.

셋째, 위법수집증거의 증거능력을 살펴보면, 통설 및 판례는 수사기관의 압수·수색이 영장주의를 위반한 경우 위법수집증거(제308조의2)에 해당하므로 그 압수물의 증거능력을 부정한다(증거법 부분 참조). 결국 설문에서 사법경찰관 甲이 乙의 거실을 수색하여 압수한 절도의 장물은 체포현장에서의 압수·수색 ($\frac{\text{법 제216조}}{\text{제1항 제2호}}$)에 해당되지만 사후에 압수수색영장을 청구하지 않았다는 점에서 ($\frac{\text{법 제217조}}{\text{제2항}}$), 위조수표의 압수는 체포의 기초가 되는 피의사실과 관련없는 물건을 적법절차에 의하지 않고 압수했다는 점에서 그 증거능력이 부정되어야 할 것이다. 따라서 법원은 위 절도장물 및 위조수표를 유죄의 증거로 사용할 수 없을 것이다.

IV. 피고인 구속현장에서의 압수·수색·검증

검사 또는 사법경찰관이 피고인에 대한 구속영장을 집행하는 경우에 필요한 때에는 그 집행현장에서 영장 없이 압수·수색·검증을 할 수 있다($\frac{\text{제216조}}{\text{제2항}}$). 이는 피고인에 대한 구속영장을 집행하는 검사 또는 사법경찰관은 재판의 집행기관으로서 활동하는 것이지만, 집행현장에서의 압수·수색·검증은 수사기관의 수사에 속하는 처분이므로 적법한 구속에 수반한 영장에 의하지 않는 대물적 강제처분의 대표적인 경우이다. 따라서 그 결과를 법관에게 보고하거나 압수물을 제출할 것을 요하는 것도 아니다. 다만 영장 없이 압수·수색·검증할 수 있는 것은 피고인에 대한 구속영장을 집행하는 경우에 제한된다. 그러므로 증인에 대한 구인장을 집행하는 경우에는 본 항이 적용되지 않는다. 주의할 것은 피고인의 발견을 위한 수색은 수사처분이 아니라 재판의 집행처분이다. 따라서 피고인을 구속하기 위한 수색은 형사소송법 제137조에 의하여 허용되는데, 전항 제1호에 해당하는 제137조를 수소법원의 강제처분에서 규정하면서, 본 항을 수사의 장에서 규정하고 있는 이유가 여기에 있다.

V. 범죄장소에서의 압수·수색·검증

1. 의   의

범행 중 또는 범행 직후의 범죄장소에서 긴급을 요하여 법원판사의 영장을 받을 수 없는 때에는 영장 없이 압수·수색·검증을 할 수 있다. 다만 사후에 지체없이 영장을 받아야 한다($\frac{\text{제216조}}{\text{제3항}}$). 긴급체포나 현행범체포에 있어서 사전영장주의의 예외를 인정한 것과 마찬가지로 압수·수색의 긴급성에 대처하기 위하여 사전영장주의의 예외를 인정하고 있다. 본 조항은 피의자의 체포 또는 구속을 전제로 하지 않는다는 점에서 체포현장에서의 압수·수색과는 다르다. 즉 체포현장에서의 압수·수색($\frac{\text{제216조}}{\text{제1항 제2호}}$)이 피의자의 체포 또는 구속을 전제로 한 현장성을 강조하는 반면, 본 규정은 '현행범 상황 및 준현행범 상황'의 현장성을 강조하면서도 피의자의 체포 또는 구속을 전제로 하지 않는다는 점에 특색이 있다.

2. 제도적 취지

수사기관이 범죄의 신고를 받고 그 현장에 도착하였을 때에는 범인은 이미 도주 후인 경우가 적지 않고, 설사 범행 중인 경우라 할지라도 경미범죄의 경우처럼 체포·구속의 필요성이 없다고 인정되는 경우도 있을 것이다. 그러나 이러한 범죄장소에는 통상적으로 범죄에 관한 증거가 많아 압수·수색의 필요성이 있으며, 한편 증거인멸의 방지를 위한 압수·수색의 긴급성이 요청되는데, 이러한 경우에도 사전영장주의를 고수한다면 증거의 수집·보전이라는 수사의 목적은 달성되기 어려울 것이다. 여기에 사전영장주의의 예외를 인정한 입법취지가 있다.

3. 요   건

(1) 범행 중 또는 범행 직후의 범행장소

범행 중이라 함은 범죄의 실행 중($\frac{제211조}{제1항}$)과 같은 의미이다. 이 경우 범행 중인 범인을 현행범인으로 체포하는 경우에는 본조 제1항 제2호에 의하여 영장없이 압수·수색을 할 수 있으므로 수사기관이 범인으로 체포하지 않은 경우에 한하여 본 항이 적용된다. 범행 직후도 범죄실행의 즉후($\frac{제211조}{제1항}$)와 거의 같은 의미라고 할 것이나, 범죄실행의 즉후보다는 범죄행위와의 시간적·장소적 접착성이 약간 완화되어 준현행범 상황($\frac{제211조}{제2항}$)도 포함된다고 해석해야 할 것이다. 따라서 범행 직후의 범죄장소이면 족하고 범인이 범행장소에 있음을 요하지 아니하며, 범인을 체포하지 아니하더라도 무방하다.

(2) 긴 급 성

긴급을 요하여 판사의 영장을 받을 수 없는 때에 한하여 본 항에 의한 처분이 허용된다.

4. 사후영장의 발부

지체없이 압수·수색의 영장을 받아야 하므로 본 항에 의한 사후영장의 발부기간은 긴급체포 또는 현행범인 체포 후의 사후영장 발부기간보다 단기간이라고 해석해야 할 것이다. 입법론으로는 영장을 받아야 할 기간을 명문으로 규정하는 것이 타당하다고 본다. 이 경우 사후영장을 발부받지 못한 때에는 압수한 물건은 즉시 환부해야 하고, 그 처분시에 작성한 압수·수색조서의 증거능력은 위법수집증거로써 증거능력이 부정된다. 판례도 사후영장을 발부받지 않은 경우의 해당 조서의 증거능력에 대하여 「사법경찰관 작성의 검증조서의 작성이 범죄현장에서 급속을 요한다는 이유로 압수·수색영장없이 행하여졌는데 그 후 법원의 사후영장을 받은 흔적이 없다면 유죄의 증거로 쓸 수 없다」($\frac{대판\ 1990.9.14,}{90도1263}$)고 판시하고 있다. 다만 제217조 제2항과 달리 '압수한 물건을 계속 압수할 필요가 있는 경우'가 규정되어 있지 않으므로 해석상 논란이 있으나, 압수물이 없거나 압수물이 있었으나 압수를 계속할 필요가 없어 환부한 경우에는 사후영장을 청구할 필요가 없다고 보아야 할 것이다.

VI. 영장에 의하지 아니하는 강제처분

사 례

2022. 12. 12. 14:00경 사법경찰관 甲은 절도혐의자 乙를 적법하게 긴급체포하여 경찰서 유치장에 유치시킨 후 장물을 찾기 위하여 다음날 오전에 피의자 乙의 집에 가서 압수·수색영장없이 집안을 수색하여 보석 등 장물을 발견하고 이를 압수하였다. 그 후 2022. 12. 14. 10:00경 압수·수색영장을 청구하여 2022. 12. 14. 17:00경 영장이 발부된 경우 위 압수한 장물은 乙의 절도죄의 공소사실에 대하여 증거능력이 있는가?

1. 의   의

검사 또는 사법경찰관은 긴급체포($\overset{제200조}{의3}$)에 따라 체포된 자가 소유·소지 또는 보관하는 물건에 대하여 긴급히 압수할 필요가 있는 경우에는 체포한 때부터 24시간 이내에 한하여 영장 없이 압수·수색 또는 검증을 할 수 있다($\overset{제217}{조}$).

2. 요   건

(1) 대   상

영장없이 압수·수색 또는 검증할 수 있는 것은 긴급체포된 자가 소유·소지 또는 보관하는 물건에 한한다. 종래 본 조항의 의미와 관련하여 논란이 있었으나, 현행법이 '제200조의3에 따라 체포된 자'로 명문으로 규정하고 있으므로 이제 학설상의 대립은 의미가 없어졌다.

(2) 기   간

긴급을 요하여 영장없이 압수·수색 또는 검증을 할 수 있는 기간은 체포한 때로부터 24시간 이내이다($\overset{제217조}{제1항}$).

3. 압수·수색영장의 청구 및 압수물의 환부

(1) 압수·수색영장의 청구

검사 또는 사법경찰관은 압수한 물건을 '계속 압수할 필요가 있는 경우'에는 지체없이 압수·수색영장을 청구하여야 하며, 이 경우 압수·수색영장의 청구는 체포한 때부터 48시간 이내에 하여야 한다($\overset{제217조}{제2항}$). 이 규정에 따른 압수·수색 또는 검증은 체포현장에서의 압수·수색 또는 검증을 규정하고 있는 형사소송법 제216조 제1항 제2호와 달리, 체포현장이 아닌 장소에서도 긴급체포된 자가 소유·소지 또는 보관하는 물건을 대상으로 할 수 있다($\frac{대결\ 2017.9.12,}{2017도10309}$).

☞ 물론 반대견해(전부 사후영장 필요설)도 있지만, 긴급수색을 하였으나 압수할 물건이 없는 경우는 물론 압수물(흉기로 사람을 찔러 상해한 사건의 도구인 칼이나 절도 현행범 체포시 긴급압수된 장물 등)이 있었으나 압수를 계속할 필요가 없어 환부한 경우, 수색 자체에 의한 법익침해가 종료되었을 뿐만 아니라 법익침해의 계속도 없으므로 사후에 영장을 청구할 필요가 없다고 보아야 할 것이다(침해계속시 사후영장 필요설). 왜냐하면 첫째, 현행 형사소송법은 대물적 강제처분인 압수·수색보다 더 엄격한 요건이 필요한 인신구속에 있어서도 수사기관의 현행범체포와 긴급체포에 대하여 별도의 사후영장을 발부받도록 규정하고 있지 아니한데($\frac{제200조}{의4}$), 이보다 가벼운 대물적 강제처분인 긴급압수수색에 대하여 반드시 별도의 사후영장을 발부받아야 한다고 해석할 이유가 없고, 둘째, 현행 형사소송법 제217조 제2항은 "검사 또는 사법경찰관은 제1항 또는 제216조 제1항 제2호에 따라 압수한 물건을 '계속 압수할 필요가 있는 경우에는' 지체없이 압수수색영장을 청구하여야 한다"고 규정하고 있으므로 긴급압수한 물건을 계속 압수할 필요가 있는 경우에만 압수·수색영장을 청구하고, 계속 압수할 필요가 없는 경우에는 압수·수색영장을 청구하지 않을 수 있다는 것을 전제로 하고 있으며, 셋째, 수사기관은 압수를 계속할 필요가 없다고 인정되는 압수물은 피의사건 종결전이라도 결정으로 이를 환부하여야 하므로($\frac{제219조,}{제133조\ 제1항}$), 긴급압수 직후라도 압수를 계속할 필요가 없다고 인정되는 압수물은 압수·수색영장을 청구함이 없이 이를 바로 환부할 수 있다고 보아야 하기 때문이다.

(2) 압수물의 환부

검사 또는 사법경찰관은 청구한 압수·수색영장을 발부받지 못한 때에는 압수한 물건을 즉시 반환하여야 한다($\frac{제217조}{제3항}$). 따라서 압수·수색영장을 발부받지 아니하고도 즉시 반환하지 아니한 압수물에 대하여는 헌법과 형사소송법이 선언한 영장주의의 중요성에 비추어 볼 때, 피고인이나 변호인이 이를 증거로 함에 동의하였다고 하더라도 증거능력을 인정할 수 없다($\frac{대판\ 2009.12.24,}{2009도11401}$).

사례해설

설문의 압수·수색과 관련하여 첫째, 위의 압수·수색이 형사소송법 제217조 제1항의 압수·수색에 해당하는지 문제된다. 그런데 피의자 乙은 사법경찰관 甲에 의하여 적법하게 긴급체포되었고 압수·수색의 시점이 긴급체포된 때로부터 24시간 이내임이 명백하며(다음날 아침), 체포한 때로부터 48시간 이내에 압수수색영장을 청구하여 발부받았으므로 甲이 乙의 장물을 압수한 것은 제217조의 요건을 모두 충족하여 적법하다. 둘째, 형사소송법 제220조(요급처분)가 제217조에는 적용되지 않는지 문제되는데, 제220조는 제216조에 한하여 참여자가 배제될 수 있음을 규정하고 있으므로 제217조에는 반드시 참여자가 필요하다고 본다. 결국 설문의 경우 참여자없이 압수한 장물은 위법하게 수집된 증거물이므로 피고인 乙의 절도사실에 관하여 증거능력이 부정된다고 보아야 할 것이다(통설·판례).

VII. 유류물 또는 임의제출물의 압수

1. 의 의

검사 또는 사법경찰관은 피의자 기타인의 유류물이나 소유자, 소지자 또는 보관자가 임의로 제출한 물건을 영장없이 압수할 수 있다(제218조). 이를 **영치**(領置)라고도 한다. 여기서 '소지자'는 보통 위탁관계가 없이 자기를 위하여 물건을 점유하는 자이고, '보관자'는 위탁관계를 전제로 타인을 위해 물건을 점유하는 자를 말한다.

2. 압수의 성질

점유취득의 방법이 강제적이 아니므로 임의처분이라는 견해도 있으나, 일단 압수된 후에는 피압수자의 의사와 관계없이 그 점유가 계속되므로 압수의 효과면에서 볼 때 강제처분의 일종으로 보아야 한다(통설). 왜냐하면 영치는 점유취득과정에 강제력이 행사되지 않았다 하더라도 일단 영치된 이상 제출자가 임의로 가져갈 수 없으며, 다만 점유취득이 임의적이라는 점에서 영장없이 압수할 수 있도록 한 것이기 때문이다.

3. 압수의 대상

(1) 제출의 임의성

본조에 의하여 압수할 수 있는 물건은 피의자 등이 유류한 물건 또는 소유자 등이 임의로 제출한 물건이다. 증거물이나 몰수물에 한하지 않으며, 소유자 또는 보관자도 반드시 권한에 기하여 소지 또는 보관한 자일 것을 요하지 않는다. 반드시 피보관자의 승낙을 받아야만 하는 것도 아니다. 그러나 소유자, 소지자 또는 보관자가 아닌 자로부터 제출받은 물건을 영장없이 압수한 경우에 그 압수물과 압수물을 찍은 사진은 피고인이나 변호인이 증거로 함에 동의하더라도 증거능력이 인정될 수 없으며(대판 2010.1.28, 2009도10092), 이와 같이 영장주의의 예외에 위반하여 압수한 물건에 대해서는 임의제출동의서를 받았다고 하더라도 마찬가지로 증거능력이 인정되지 않는다(대판 2010.7.22, 2009도14376).

판례는 ㉠ 교도관이 보관 중인 수용자의 물건(영치물)을 임의로 수사기관에 제출하는 경우, 재소자의 사생활의 비밀 기타 인격적 법익이 침해되는 등의 특별한 사정이 없는 한 반드시 그 재소자의 동의를 받아야 하는 것은 아니므로 그 압수절차가 피고인의 승낙 및 영장 없이 행하여졌다고 하더라도 적법절차를 위반한 위법이 있다고 할 수 없고(대판 2008.5.15, 2008도1097), ㉡ 범행 현장에서 지문채취 대상물에 대한 지문채취가 먼저 이루어진 이상, 수사기관이 그 이후에 지문채취 대상물을 적법한 절차에 의하지 아니한 채 압수하였다고 하더라도, 위와 같이 채취된 지문은 위법하게 압수한 지문채취 대상물로부터 획득한 2차적 증거에 해당하지 아니함이 분명하여, 이를 가리켜 위법수집증거라고 할 수 없으며(대판 2008.10.23, 2008도7471), ㉢ 자동차 사고가 발생한 대전차 방호벽의 안쪽 벽면에 부착된 철제구조물에서 발견된 자동차의 강판조각은 유류물로서 영장 없이 압수할 수 있으며(대판 2011.5.26, 2011도1902), ㉣ 세관공무원이 통관검사를 위하여 직무상 소지 또는 보관하는 우편물을 수사기관에 임의로 제출한 경우에는 비록 소유자의 동의를 받지 않았다 하더라도 수사기관이 강제로 점유를 취득하지 않은 이상 해당 우편물을 압수하였다고 할 수 없으며(대판 2013.9.26, 2013도7718), ㉤ 간호사가 진료 목적으로 이미 채혈되어 있던 피고인의 혈액 중 일부를 주취운전 여부에 대한 감정을 목적으로 임의로 제출한 경우, 간호사는 혈액의 소지자 겸 보관자인 병원 또는 담당의사를 대리하여 혈액을 경찰관에게 임의로 제출할 권한이 있으므로 특별한 사정이 없는 한 적법하다(대판 1999.9.3, 98고968)는 입장이다. 그러나 ㉠ 마약류 불법거래 방지에 관한 특례법 제4조 제1항에 따른 조치의 일환으로 특정한 수출입물품을 개봉하여 검사하고 그 내용물의 점유를 취득한 행위는 위에서 본 수출입물품에 대한 적정한 통관 등을 목적으로 조사를 하는 경우와는 달리, 범죄수사인 압수 또는 수색에 해당하여 사전 또는 사후에 영장을 받아야 한다(대판 2017.7.18, 2014도8719).

체포현장 또는 범죄장소라 할지라도 유류한 물건이나 임의로 제출한 물건은 본조에 의하여 영장 없이 압수할 수 있다. 따라서 범죄현장을 촬영한 CCTV 녹화물 등도 수사기관이 그 촬영자나 관리자에게 요청하여 임의로 제출받는 것이 가능하다. 긴급체포를 당한 자가 임의로 제출한 물건에 대해서도 마찬가지이다.

(2) 정보저장매체에 대한 임의제출물의 압수

① **피의자가 임의제출한 경우와 제3자가 임의제출한 경우:** 형사소송법은 소유자, 소지자, 보관자를 임의제출 가능자(제출자 유형)로 규정하고 있을 뿐, 그 제출자 유형별로 관련성의 범위 등 제출 효과의 차이를 규정하고 있지 않다. 이에 학설은 제3자가 임의제출한 경우를 피의자 스스로 전자정보를 임의제출한 것과 동일하게 볼 수 없을뿐더러 휴대전화에 저장된 전자정보는 특히 사적 프라이버시의 총화로써 본인의 동의없이 이를 탐색하는 것은 사생활의 비밀 기타 인격적 법익의 심각한 침해를 수반하는 특별한 사정이 존재한다고 볼 수 있으므로 제3자 임의제출의 범위는 엄격하게 해석할 필요가 있다는 견해와 피의자의 임의제출과 달리 볼 이유가 없을뿐더러 영장에 의한 압수 시에는 통상의 관련성 법리에 따라 영장이 발부될 것이므로 피의자 임의제출의 경우와 통일적으로 보는 것이 합리적일 뿐만 아니라 탐색과정의 피의자 참여를 통해(참여권의 보장이 필요하다는 전제) 무관정보의 무분별한 탐색으로 인한 기본권 침해를 막을 수 있다는 점 등을 근거로 부정하는 견해가 대립하고 있다.

대법원은 피의자가 임의제출한 경우와 피해자 등 제3자가 임의제출한 경우를 구분하여, 「수사기관이 제출자의 의사를 쉽게 확인할 수 있음에도 이를 확인하지 않은 채 특정 범죄혐의사실과 관련된 전자정보와 그렇지 않은 전자정보가 혼재된 정보저장매체를 임의제출받은 경우, 그 정보저장매체에 저장된 전자정보 전부가 임의제출되어 압수된 것으로 취급할 수는 없다. 전자정보를 압수하고자 하는 수사기관이 정보저장매체와 거기에 저장된 전자정보를 임의제출의 방식으로 압수할 때, 제출자의 구체적인 제출 범위에 관한 의사를 제대로 확인하지 않는 등의 사유로 인해 임의제출자의 의사에 따른 전자정보 압수의 대상과 범위가 명확하지 않거나 이를 알 수 없는 경우에는 임의제출에 따른 압수의 동기가 된 범죄혐의사실과 관련되고 이를 증명할 수 있는 최소한의 가치가 있는

282 제 2 편 수 사

전자정보에 한하여 압수의 대상이 된다. 이때 범죄혐의사실과 관련된 전자정보에는 범죄혐의사실 그 자체 또는 그와 기본적 사실관계가 동일한 범행과 직접 관련되어 있는 것은 물론 범행 동기와 경위, 범행 수단과 방법, 범행 시간과 장소 등을 증명하기 위한 간접증거나 정황증거 등으로 사용될 수 있는 것도 포함될 수 있다. 다만 그 관련성은 임의제출에 따른 압수의 동기가 된 범죄혐의사실의 내용과 수사의 대상, 수사의 경위, 임의제출의 과정 등을 종합하여 구체적·개별적 연관관계가 있는 경우에만 인정되고, 범죄혐의사실과 단순히 동종 또는 유사 범행이라는 사유만으로 관련성이 있다고 할 것은 아니다. 범죄혐의사실과 관련된 전자정보인지를 판단할 때는 범죄혐의사실의 내용과 성격, 임의제출의 과정 등을 토대로 구체적·개별적 연관관계를 살펴볼 필요가 있다. 특히 카메라의 기능과 정보저장매체의 기능을 함께 갖춘 휴대전화인 스마트폰을 이용한 불법촬영 범죄와 같이 범죄의 속성상 해당 범행의 상습성이 의심되거나 성적 기호 내지 경향성의 발현에 따른 일련의 범행의 일환으로 이루어진 것으로 의심되고, 범행의 직접증거가 스마트폰 안에 이미지 파일이나 동영상 파일의 형태로 남아 있을 개연성이 있는 경우에는 그 안에 저장되어 있는 같은 유형의 전자정보에서 그와 관련한 유력한 간접증거나 정황증거가 발견될 가능성이 높다는 점에서 이러한 간접증거나 정황증거는 범죄혐의사실과 구체적·개별적 연관관계를 인정할 수 있다. 이처럼 범죄의 대상이 된 피해자의 인격권을 현저히 침해하는 성격의 전자정보를 담고 있는 불법촬영물은 범죄행위로 인해 생성된 것으로서 몰수의 대상이기도 하므로 임의제출된 휴대전화에서 해당 전자정보를 신속히 압수·수색하여 불법촬영물의 유통 가능성을 적시에 차단함으로써 피해자를 보호할 필요성이 크다. 나아가 이와 같은 경우에는 간접증거나 정황증거이면서 몰수의 대상이자 압수·수색의 대상인 전자정보의 유형이 이미지 파일 내지 동영상 파일 등으로 비교적 명확하게 특정되어 그와 무관한 사적 전자정보 전반의 압수·수색으로 이어질 가능성이 적어 상대적으로 폭넓게 관련성을 인정할 여지가 많다는 점에서도 그러하다」고 본 반면, 「**피의자가 소유·관리하는 정보저장매체를 피의자 아닌 피해자 등 제3자가 임의제출하는 경우**에는, 그 임의제출 및 그에 따른 수사기관의 압수가 적법하더라도 임의제출의 동기가 된 범죄혐의사실과 구체적·개별적 연관관계가 있는 전자정보에 한하여 압수의 대상이 되는 것으로 더욱 제한적으로 해석하여야 한다. 피의자 개인이 소유·관리하는 정보저장매체에는 그의 사생활의 비밀과 자유, 정보에 대한 자기결정권 등 인격적 법익에 관한 모든 것이 저장되어 있어 제한 없이 압수·수색이 허용될 경우 피의자의 인격적 법익이 현저히 침해될 우려가 있기 때문이다」(^{대판(전합) 2021.11.18,}
^{2016도348})라는 점을 근거로 후자의 경우를 더욱 제한적으로 해석해야 한다는 입장이다.

생각건대 임의제출물의 소유자 또는 적법한 점유자가 아니거나 그 물건을 수사기관에 넘겨주는 것으로부터 아무 권리도 제한당하지 않는 사람이 임의로 제출한 경우 강제수사요건의 예외를 형성하는 일련의 법리가 의미를 가질 수 없을 뿐더러, 해당 물건이 증거물이 되어 피의자를 처벌하는 데 도움이 되길 바라는 피해자가 수사기관에 대상물을 임의로 건넨 경우까지 강제수사의 예외법리를 제한없이 적용하는 것은 불합리하다. 따라서 피고인이 소유·관리하는 정보저장매체 등을 피고인 아닌 제3자가 임의제출하. 따라서 임의제출의 동기가 된 당해 범죄사실과 구체적·개별적 연관관계가 있는 전자정보에 한하여 압수의 대상이 된다고 보아야 한다. 왜냐하면 임의제출은 영장주의의 예외로서 '영장' 자체가 없기에 영장에 의한 압수와 달리 피처분자가 영장에 기재된 '범죄사실', '압수할 물건', '압수·수색·검증을 요하는 사유'를 알 수 없을 뿐만 아니라 임의제출은 애초에 '임의성'에 근거하여 영장 없는 압수가 가능한 제도라는 점 등을 고려하면, 전자정보 임의제출 시 '범죄사실', '압수할 물건', '압수·수색·검증을 요하는 사유'등이 기재되어 수사에 대한 예측이 가능한 영장에 의한 전자정보의 압수보다 더 엄격하게 해당 범죄와의 '관련성' 등을 따지지 않는 한 법적 안정성 및 예측가능성이 저해되어 사생활의 침해가 매우 우려되기 때문이다.

다만, 사법적 심사를 거쳐 영장이 발부된 경우와 달리 임의제출에 의한 압수는 그 정당성이 '제출자가 자발적으로 압수물을 제출하겠다는 의사'이므로 그 의사가 우선시되어야 하며, 제출자의 의사가 명시적으로나 묵시적으로 표현되지 않은 이상 제출자에게 가장 유리하게 그 의사를 해석하여 임의제출의 동기가 된 범죄사실에 국한하여 압수범주를 한정하는 것이 일반 사회통념과 경험칙에 부합할 것이다.

② 전자정보와 그렇지 않은 전자정보가 혼재된 경우

대법원은 「압수의 대상이 되는 전자정보와 그렇지 않은 전자정보가 혼재된 정보저장매체나 그 복제본을 임의제출받은 수사기관이 그 정보저장매체 등을 수사기관 사무실 등으로 옮겨 이를 탐색·복제·출력하는 경우, 그와 같은 일련의 과정에서 형사소송법 제219조, 제121조에서 규정하는 피압수·수색 당사자(이하 '피압수자'라 한다)나 그 변호인에게 참여의 기회를 보장하고 압수된 전자정보의 파일 명세가 특정된 압수목록을 작성·교부하여야 하며 범죄혐의사실과 무관한 전자정보의 임의적인 복제 등을 막기 위한 적절한 조치를 취하는 등 영장주의 원칙과 적법절차를 준수하여야 한다. 만약 그러한 조치가 취해지지 않았다면 피압수자 측이 참여하지 아니한다는 의사를 명시적으로 표시하였거나 임의제출의 취지와 경과 또는 그 절차 위반행위가 이루어진 과정의 성질과 내용 등에 비추어 피압수자 측에 절차 참여를 보장한 취지가 실질적으로 침해되었다고 볼 수 없을 정도에 해당한다는 등의 특별한 사정이 없는 이상 압수·수색이 적법하다고 평가할 수 없고, 비록 수사기관이 정보저장매체 또는 복제본에서 범죄혐의사실과 관련된 전자정보만을 복제·출력하였다 하더라도 달리 볼 것은 아니다. 나아가 피해자 등 제3자가 피의자의 소유·관리에 속하는 정보저장매체를 영장에 의하지 않고 임의제출한 경우에는 실질적 피압수자인 피의자가 수사기관으로 하여금 그 전자정보 전부를 무제한 탐색하는 데 동의한 것으로 보기 어려울 뿐만 아니라 **피의자 스스로 임의제출한 경우 피의자의 참여권 등이 보장되어야 하는 것과 견주어 보더라도 특별한 사정이 없는 한 형사소송법 제219조, 제121조, 제129조에 따라 피의자에게 참여권을 보장하고 압수한 전자정보 목록을 교부하는 등 피의자의 절차적 권리를 보장하기 위한 적절한 조치가 이루어져야 한다**」고 판시하면서, 「임의제출된 정보저장매체에서 압수의 대상이 되는 전자정보의 범위를 초과하여 수사기관이 임의로 전자정보를 탐색·복제·출력하는 것은 원칙적으로 위법한 압수·수색에 해당하므로 허용될 수 없다. 만약 전자정보에 대한 압수·수색이 종료되기 전에 범죄혐의사실과 관련된 전자정보를 적법하게 탐색하는 과정에서 별도의 범죄혐의와 관련된 전자정보를 우연히 발견한 경우라면, 수사기관은 더 이상의 추가 탐색을 중단하고 법원으로부터 별도의 범죄혐의에 대한 압수·수색영장을 발부받은 경우에 한하여 그러한 정보에 대하여도 적법하게 압수·수색을 할 수 있다. 따라서 임의제출된 정보저장매체에서 압수의 대상이 되는 전자정보의 범위를 넘어서는 전자정보에 대해 수사기관이 영장 없이 압수·수색하여 취득한 증거는 위법수집증거에 해당하고, 사후에 법원으로부터 영장이 발부되었다거나 피고인이나 변호인이 이를 증거로 함에 동의하였다고 하여 그 위법성이 치유되는 것도 아니다」(대판(전합) 2021.11.18, 2016도348) 라고 보고 있다.

③ **불법촬영 범죄의 경우:** 대법원은 '불법촬영 범죄 등의 경우'에는 그 관련성을 더 확장하고 있는데, 그 근거로 '압수·수색의 대상인 전자정보의 유형이 이미지 파일 내지 동영상 파일 등으로 비교적 명확하게 특정되어 그와 무관한 사적 전자정보 전반의 압수·수색으로 이어질 가능성이 적다'는 점을 들고 있다.

생각건대 범행의 직접증거가 스마트폰 안에 이미지 파일이나 동영상 파일의 형태로 남아 있을 개연성이 있는 경우에는 그 안에 저장되어 있는 같은 유형의 전자정보에서 그와 관련한 유력한 간접증거나 정황증거가 발견될 가능성이 매우 높다는 점에서, 이러한 간접증거나 정황증거는 범죄혐의사실과 구체적·개별적 연관관계를 인정해도 무방하다고 본다.

4. 압수의 절차

영장없이 압수할 수 있음은 물론 압수한 후에도 사후영장을 받을 필요가 없다(대판 2016.2.18, 2015도13726). 다만 수사기관은 압수조서를 작성하고(제49조) 피압수자에게 압수목록을 교부하여야 한다(제219조, 제129조). 생각건대 임의제출물의 경우에 강제적 요소가 개입될 소지가 다분히 있고, 이는 영장주의에 대한 탈법행위가 되므로 임의성 보장을 위한 제도적 장치로서 제출인이 서명·날인한 '임의제출서'를 압수조서에 첨부하도록 하는 것이 바림직하다고 본다. 임의로 제출한 물건을 압수한 후 압수를 계속할 필요가 없다고 인정한 때에는 즉시 환부하여야 한다(제219조, 제133조 제1항). 다만, 수사기관의 우월적 지위에 의하여 임의제출 명목으로 실질적으로 강제적인 압수가 행하여질 수 있으므로, 제출에 임의성이 있다는 점에 관하여는 검사가 합리적 의심을 배제할 수 있을 정도로 증명하여야 하고, 임의로 제출된 것이라고 볼 수 없는 경우에는 증거능력을 인정할 수 없다(대판 2016.3.10, 2013도11233).

한편 제출의 임의성을 인정하기 위하여 수사기관이 임의제출을 거부할 수 있음을 고지하여야 한다는 견해가 있다. 그러나 현행 규정상 진술거부권과 달리 압수거부권의 고지의무가 명문화되어 있지 않고, 피압수자의 인식 여부가 결정적이라고 보기는 어렵기 때문에 이러한 사정을 종합적으로 고려하여 임의성을 판단하면 족하다고 본다.

Ⅷ. 요급처분

영장에 의하지 않는 강제처분(제216조)을 하는 경우에 급속을 요하는 때에는 영장의 집행과 책임자의 참여(제123조 제2항), 야간집행의 제한(제125조)의 규정에 의함을 요하지 아니한다(제220조). 그러나 제217조 및 제218조에 의하는 경우에는 이러한 예외가 허용되지 않는다.

제 5 절 수사상 증거보전

사 례 ────────▶

검사 甲은 피의자 乙의 강간피의사건을 수사중이다. 甲은 범행현장을 목격하였다고 판단되는 乙의 고향후배인 丙이 乙의 보복을 두려워 하여 사실대로의 진술을 주저하고 있어서 조속히 丙의 진술을 확보하려고 한다. 한편 乙은 추정 범행시각에 다른 장소에서 丁과 거래상담을 하고 있었다고 주장하고 있으므로 곧 이민하게 될 丁으로부터 진술을 확보하고자 한다. 검사 甲과 피의자 乙이 각각 자신의 의도를 실현할 수 있는 수단을 논하라.

Ⅰ. 서   설

수사상 증거보전이란 수사절차에서 판사가 증거조사 또는 증인신문을 하여 그 결과를 보전하는 것을 말한다. 일반적으로 증거조사는 공판정에서 수소법원에 의하여 행하여지는 것이 원칙이지만, 공판정에서의 정상적인 증거조사가 있을 때까지 기다려서는 증거방법의 사용이 불가능하거나 곤란한 경우 또는 참고인이 출석이나 진술을 거부하는 경우에는 수사절차에서도 판사의 힘을 빌려 증거조사나 증인신문을 함으로써 증거를 보전할 수 있게 되는데, 전자에 해당하는 것이 증거보전절차($^{제184}_{조}$)이며 후자에 해당하는 것이 증인신문절차($^{제221조}_{의2}$)이다.

양자는 모두 제1회 공판기일전에 한하여 허용되고, 이에 작성된 조서는 절대적 증거능력이 인정된다($^{제311조}_{제2문}$). 또 증거보전 내지 증인신문절차에 관여한 법관(수임판사)은 형사소송법 제17조 제7호의 전심재판의 기초되는 조사, 심리에 관여한 때에 해당되어 제척사유가 된다. 차이점은 다음과 같다.

표 2-12 증거보전절차와 증인신문절차의 차이점

	증거보전절차	증인신문절차
신청권자	검사 · 피고인 · 피의자 · 변호인	검사
요건	증거보전의 필요성	참고인의 출석 또는 진술 거부
내용	압수 · 수색 · 검증, 증인신문, 감정	증인신문
당사자의 열람 · 등사권	인정	불인정
항고	인정	불인정

II. 증거보전절차

1. 의   의

증거보전절차란 공판정에서의 정상적인 증거조사가 있을 때까지 기다려서는 증거방법의 사용이 불가능하거나 현저히 곤란하게 될 염려가 있는 경우에 검사, 피고인, 피의자 또는 변호인의 청구에 의하여 판사가 미리 증거조사를 하여 그 결과를 보전하여 두는 제도를 말한다(제184조제1항). 이러한 증거보전절차는 제1회 공판기일전에 한하여 행하여지며, 수소법원 이외의 판사가 주체가 된다.

2. 제도적 취지

증거보전절차는 제1회 공판기일전에 한하여 인정되는 절차라는 점에서 주로 수사단계에서의 증거를 수집·보전하는 절차라고 할 수 있다. 그런데 수사단계에서는 공소를 제기·유지하기 위하여 증거를 수집·보전하는 여러 가지 강제처분권이 검사에게 부여되어 있다. 이처럼 수사단계에서 검사에게 증거보전 등의 권한이 부여되어 있다면, 당사자주의를 기본으로 하는 형사소송에서 공정한 재판을 보장하기 위해서는 피의자·피고인에게도 이를 방어하기 위한 준비로서 자기에게 유리한 증거를 수집·보전할 수 있는 권리가 부여되어야만 한다. 여기서 증거보전절차는 수사단계에서 독자적인 강제력행사가 가능한 수사기관보다는 피의자·피고인을 위한 제도로서 더 큰 의미가 있다고 볼 수 있다.

3. 증거보전의 요건

(1) 증거보전의 필요성

증거보전을 청구하기 위하여는 검사, 피고인, 피의자 또는 변호인이 미리 증거를 보전하지 아니하면 그 증거를 사용하기 곤란한 사정이 있어야 한다. 여기서 증거를 보전하지 아니하면 그 증거를 사용하기 곤란한 경우란 그 증거에 대한 증거조사가 불가능하게 되거나 곤란하게 되는 경우뿐만 아니라 증거의 실질적 가치에 변화가 일어나 본래의 증명력을 발휘하기 곤란한 경우도 포함한다. 예컨대 증거물의 멸실·훼손·변경의 위험성, 참고인 또는 증인의 질병이나 장기해외체류 등과 같이 공판정에서의 증거조사가 곤란한 경우나 즉시 검증하여 두지 아니하면 현장의 변경이 있는 때 또는 곧 압수하여 두지 않으면 증거가 멸실되어 버리는 경우 등에는 증거보전의 필요성을 인정할 수 있을 것이다.

(2) 제1회 공판기일전

증거보전은 수사단계는 물론 공소제기 이후의 시점에서도 청구할 수 있으나, 제1회 공판기일 이후에는 허용되지 않는다고 보는 것이 통설·판례(대결 1984.3.29. 84모15)이다. 여기서 '제1회 공판기일전'의 의미에 관하여 증거조사가 개시되기 전이라는 견해도 있으나, 현행법은 검사의 모두진술을 필수적인 절차로 규정하고 있으므로 검사의 모두진술(기소요지의 진술)이 종료되는 시점으로 보는 견해가 타당할 것이다. 이처럼 증거보전은 제1회 공판기일전에 한하여 인정되므로 항소심에서는 물론 파기환송후의 절차나 재심청구사건에서는 증거보전을 청구할수 없다.

4. 증거보전의 절차

(1) 증거보전의 청구

① **청구권자:** 증거보전의 청구권자는 검사, 피고인(공소제기후 제1회 공판기일전), 피의자 또는 변호인이고, 사법경찰관이나 수사개시(이른바 형사입건) 이전의 자에게는 청구권이 인정되지 않는다. 「성폭력범죄의 처벌 및 피해자보호 등에 관한 법률」은 성폭력범죄의 피해자나 그 법정대리인에게 검사에 대한 증거보전요청권을 부여하고 있고(동법 제41조 제1항), 「아동·청소년의 성보호에 관한 법률」은 아동·청소년 대상 성범죄의 피해자, 그 법정대리인에게 검사에 대한 증거보전청구권을 인정하고 있다(동법 제27조 제1항).

> 참조판례 「형사소송법 제184조에 의한 증거보전은 피고인 또는 피의자가 형사입건도 되기 전에는 청구할 수 없고, 또 피의자신문에 해당하는 사항을 증거보전의 방법으로 청구할 수 없다」(대판 1979.6.12, 79도792).

② **청구의 방식:** 증거보전의 청구를 함에는 서면으로 그 사유를 소명하여야 한다. 즉 증거보전청구서에는 ㉠ 사건의 개요, ㉡ 증명할 사실, ㉢ 증거 및 보전의 방법, ㉣ 증거보전을 필요로 하는 사유에 대하여 소명하여야 한다(규 제92조 제1항).

③ **청구의 내용:** 증거보전을 청구할 수 있는 것은 압수·수색·검증, 증인신문 또는 감정이다(제184조 제1항). 따라서 증거보전절차에서 피의자 또는 피고인의 신문을 청구할 수는 없다. 다만 공동피고인·공범을 증인으로 신문하는 것은 가능하다. 판례도 「공동피고인과 피고인이 뇌물을 주고받는 사이로 필요적 공범관계에 있다고 하더라도 검사는 수사단계에서 피고인에 대한 증거를 미리 보전하기 위하여 필요한 경우에는 판사에게 공동피고인을 증인으로 신문할 것을 청구할 수 있다」(대판 1988.11.8, 86도1646)고 판시하고 있다. 이러한 공범인 공동피고인에게 증인적격을 인정하지 않는 판례의 입장을 일관하면(논리적으로 볼 때) 공범자에 대한 증거보전처분도 인정하지 않아야 할 것이라는 비판도 있으나, 판례가 공범인 공동피고인에게 증인적격을 부정하는 것은 변론의 분리없이 심문하였을 때 한하는 것이지 변론이 분리된다면 당연히 허용된다고 보므로 타당한 비판이 아니다.

(2) 증거보전의 처분

① **지방법원판사의 결정:** 청구를 받은 판사는 청구가 적법하고 필요성이 있다고 인정할때에는 증거보전을 하여야 한다. 그러나 청구가 부적법하거나 필요없다고 인정할 경우 청구

를 기각하는 결정을 하게 되는데, 종래 이에 대한 불복이 가능한지 문제되었으나, 현행법은 청구를 기각하는 결정에 대하여 3일 이내에 항고할 수 있다는 규정을 두어 입법적으로 해결하였다(제184조
제4항).

② **판사의 권한:** 증거보전의 청구를 받은 판사는 법원 또는 재판장과 동일한 권한이 있다(제184조
제2항). 따라서 판사는 증인신문의 전제가 되는 소환·구인을 할 수 있고, 법원 또는 재판장이 행하는 경우와 같이 압수·수색·검증, 증인신문 및 감정에 관한 규정이 준용된다. 그러므로 증인신문에 있어서는 검사 또는 피고인이나 피의자의 참여권이 보장되어야 한다.

5. 증거보전후의 조치

(1) 증거물 등의 보관

증거보전에 의하여 취득한 증거는 담당법관의 소속법원이 보관한다.

(2) 서류·증거물의 열람·등사권

검사, 피고인·피의자 또는 변호인은 판사의 허가를 얻어 증거보전에 관한 서류와 증거물을 열람 또는 등사할 수 있다(제185
조). 피고인 또는 피의자에게 변호인이 있는 때에도 독립한 열람·등사권이 인정된다는 점에서 공판조서열람의 경우와 다르다.

(3) 증거보전절차에서 작성된 조서의 증거능력

① **절대적 증거능력의 인정:** 증거보전절차에서 작성한 조서는 법원 또는 법관의 조서로서 당연히 증거능력이 인정된다(제311
조).

② **증거보전참여권의 배제와 증거능력 및 증거동의**

가) 증인신문조서의 증거능력: 판례는「형사소송법 제184조에 의한 증거보전절차에서는 그 증인신문시 그 일시와 장소를 피의자 및 변호인에게 미리 통지하지 아니하여 증인신문에 참여할 기회를 주지 아니한 경우에는 증거능력이 없다」(대판 1992.9.22,
92도1751)고 판시하면서「제1회 공판기일전에 형사소송법 제184조에 의한 증거보전절차에서 증인신문을 하면서 위 증인신문의 일시와 장소를 피의자 및 변호인에게 미리 통지하지 아니하여 증인신문에 참여할 수 있는 기회를 주지 아니하였고, 또 변호인이 제1심 공판기일에 위 증인신문조서의 증거조사에 관하여 이의신청을 하였다면 위 증인신문조서는 증거능력이 없다 할 것이고, 그 증인이 후에 법정에서 그 조서의 진정성립을 인정한다하여 다시 그 증거능력을 취득한다고 볼 수도 없다」(대판 1992.2.28,
91도2337)고 보고 있다.

나) 증인신문조서에 대한 증거동의: 판례는「판사가 형사소송법 제184조에 의한 증거보전절차로 증인신문을 하는 경우에는 동법 제221조의2에 의한 증인신문의 경우와는 달리 동법 제163조에 따라 검사, 피의자 또는 변호인에게 증인신문의 시일과 장소를 미리 통지하여 증인신문에 참여할 수 있는 기회를 주어야 하나 참여의 기회를 주지 아니한 경우라도 피고인

과 변호인이 증인신문조서를 증거로 할 수 있음에 동의하여 별다른 이의없이 적법하게 증거조사를 거친 경우에는 위 증인신문조서는 증인신문절차가 위법하였는지의 여부에 관계없이 증거능력이 부여된다」(대판 1988.11.8, 86도1646)고 판시하여 위법하게 수집된 증거라 할지라도 당사자가 그 증거의 사용에 동의하는 경우에는 증거능력이 인정된다는 입장이다.

(4) 증거의 이용

증거보전에 의하여 수집된 증거를 공판사건에서 이용할 것인지 여부는 당사자(청구인 또는 그 상대방)의 임의에 속한다. 이를 이용하고자 할 때에는 수소법원에 그 증거 및 기록의 송부촉탁신청을 하여 기록을 송부받아 공판정에서 증거조사를 하여야 한다(제291조). 이는 공판중심주의 및 직접심리주의의 요청이다.

(5) 제척·기피

판례는「공소제기전에 검사의 증거보전청구에 의하여 증인신문을 한 법관은 형사소송법 제17조 제7호에 이른바 전심재판 또는 기초되는 조사, 심리에 관여한 법관이라고 할 수 없다」(대판 1971.7.6, 71도974)는 입장이지만, 공정한 재판을 위하여 제척사유에 해당한다고 보는 것이 타당할 것이다(법관의 제척 부분 참조).

III. 판사에 의한 증인신문

1. 의   의

판사에 의한 증인신문이란 참고인이 출석 또는 진술을 거부하는 경우에 제1회 공판기일 전까지 검사의 청구에 의하여 판사가 그를 증인으로 신문하는 진술증거의 수집과 보전을 위한 강제처분을 말한다(제221조의2 제1항).

2. 제도적 취지

수사기관의 참고인조사는 임의수사이므로 참고인은 수사기관의 출석요구에 대하여 출석의무가 없으며, 일단 수사기관에 출석한 후에도 진술을 강요당하지 아니한다. 따라서 참고인이 출석 내지 진술을 거부하는 경우에는 실체진실의 발견에 중대한 지장을 초래할 우려가 있으므로 이러한 경우 검사가 이에 대처할 수 있는 제도적 장치가 있어야 한다는 문제가 제기되어 제3차 형사소송법 개정시(1973) 본조가 신설된 것이다. 다만 현행법은 위헌결정(헌재 1996.12.21, 94헌바1)을 반영하여 증거보전기능으로서의 제221조의2 제2항을 삭제하고, 출석 또는 진술을 거부하는 경우에 행해지는 참고인에 대한 증인신문만을 규정하였다.

3. 증인신문의 요건

(1) 출석 또는 진술의 거부

수사에 없어서는 아니 될 사실을 안다고 명백히 인정되는 자가 수사기관의 출석요구에 대하여 출석을 거부하거나 출석하였으나 진술을 거부하는 경우이다($^{제221조의2}_{제1항}$).

① **범죄수사에 없어서는 아니 될 사실을 명백히 아는 자:** 이는 피의자의 소재를 알고 있는 참고인, 범행의 목격자 기타 범죄의 증명에 없어서는 안 될 지식을 가지고 있는 참고인의 소재를 알고 있는 자 등을 말하며 피의자는 포함되지 않는다. 공범자의 1인이 다른 공범자에 관하여 진술한 경우에는 다른 공범자에 대하여는 제3자이므로 참고인이 될 수 있다.

② **출석 및 진술거부:** 범죄수사에 없어서는 아니 될 그 부분의 진술에 대하여 출석 및 진술을 거부한 경우를 말하므로 그 부분에 대하여 진술거부권을 행사한 경우도 포함된다. 그러나 단순히 진술조서의 서명·날인만을 거부한 경우에는 이에 포함되지 않는다. 그 진술만 있으면 범죄수사의 목적을 달성할 수 있기 때문이다.

(2) 제1회 공판청구일전

증거보전의 청구와 동일하다. 따라서 통상적인 증거보전의 경우와 동일하게 검사의 모두진술이 종료되는 시점까지로 새기는 것이 타당할 것이다.

4. 증인신문의 절차

(1) 청구권자

검사만이 청구권을 가지며 사법경찰관은 청구권이 없다.

(2) 청구의 심사

판사는 증인신문의 청구가 적법하고 요건을 구비하였는가를 심사한다. 심사결과 요건을 구비하고 있다고 인정할 때에는 증인신문을 하여야 하며, 청구절차가 부적법하거나 요건이 구비되지 않을 때에는 결정으로 기각하여야 한다. 청구를 기각한 결정에 대하여는 불복할 수 없다.

(3) 증인신문의 방법

① **판사의 권한:** 증인신문의 청구를 받은 판사는 증인신문에 관하여 법원 또는 재판장과 동일한 권한이 있으므로($^{제221조의2}_{제4항}$) 법원 또는 재판장이 하는 증인신문에 관한 규정이 준용된다. 준용되는 규정은 증인신문 자체에 한하지 않고 증인신문과 직접 관련되는 사항, 증인신문의 전제가 되는 소환과 구인 및 이를 보장하기 위한 벌칙에 관한 규정을 포함한다.

② **증인신문기일 등의 통지:** 판사는 제1항의 청구에 따라 증인신문기일을 정한 때에는 피고인·피의자 또는 변호인에게 이를 통지하여 증인신문에 참여할 수 있도록 하여야 한다

(^{제221조의2}_{제5항}). 특히 현행법은 명문으로 피고인 등의 참여권을 인정하고 있으므로 증인신문절차에서 피고인 등에게 참여의 기회를 주지 않는다면 위법하게 수집된 증거로서 증거능력이 부정될 것이다. 다만 통지함으로써 족하며, 통지받은 피의자·피고인 또는 변호인의 출석여부는 증인신문의 요건이 아니다.

5. 증인신문후의 조치

(1) 서류의 송부

증인신문을 한 때에는 판사는 지체없이 이에 관한 서류를 검사에게 송부하여야 하는데, 이 점에서 증거보전절차와 구별된다(^{제221조의2}_{제6항}).

(2) 조서의 증거능력

증인신문절차에서 작성한 조서는 법원 또는 법관의 조서로서 당연히 증거능력이 인정된다(^{제311조}). 그러나 당사자의 열람·등사권을 불허하면서 그 조서에 절대적 증거능력을 인정하는 것은 오류개입의 가능성이 있다는 점에서 문제가 있다고 할 것이다. 증거의 이용 및 제척·기피는 증거보전절차와 동일하다.

사례해설

설문은 수사단계에서 검사 甲과 피의자 乙이 참고인의 진술을 확보할 수 있는 방법을 묻는 문제이다. 이와 관련하여 검사 甲이 참고인 丙의 진술을 확보할 수 있는 일반적인 방법으로 참고인조사에 의하여 丙의 진술을 듣는 방법이 있으나, 참고인조사는 임의수사의 일종으로 참고인의 출석 및 진술의무가 인정되지 않으며, 위의 사안에서 丙이 보복을 두려워하여 사실대로 진술하는 것을 주저하고 있으므로 참고인진술조서의 증거능력의 인정(^{제312조}_{제4항})에 필요한 참고인조사는 별로 효과가 없을 것이다. 따라서 검사는 형사소송법 제221조의2에 의한 증인신문의 청구를 하는 것이 타당하다고 본다. 다만 참고인에게 진술번복의 위험이 있는 경우에 증인신문을 청구할 수 있도록 규정한 종전 형사소송법 제221의2 제2항은 헌재의 위헌결정으로 삭제되었으므로 증인신문의 청구는 참고인이 출석이나 진술을 거부하는 경우(^{법 제221조의2}_{제1항})에 한하여 그 필요성을 인정해야 할 것이다. 그러므로 검사 甲은 丙이 출석·진술거부의 우려가 있는 경우에만 증인신문의 청구가 가능하고 임의진술 후 진술번복의 우려를 이유로 증인신문을 청구할 수는 없다. 또한 사안에서 丙은 乙의 보복을 우려하여 진술을 거부하고 있을 뿐만 아니라 진술을 한다고 하더라도 번복의 가능성이 있으므로 검사 甲은 증거보전(^{제184조})을 청구할 수 있다고 본다. 즉 검사 甲이 증인신문을 청구하였다 하더라도 증인신문의 요건 중 「진술의 번복 우려」조항의 위헌결정으로 인하여 증인신문청구가 받아들여지지 않았을 경우에는 증거보전절차를 통하여 甲은 丙의 진술을 확보하는 것이 가능하다고 본다. 한편 피의자 乙은 자신의 현장부재증명(알리바이)을 위하여 丁의 진술을 확보해야 하므로, 증인 丁의 주거지 또는 현재지를 관할하는 지방법원 판사에게 형사소송법 제184조의 증거보전청구를 해야 할 것이다.

CHAPTER 05 수사의 종결

제1절 서 설

Ⅰ. 사법경찰관의 사건종결

1. 사법경찰관의 송치처분과 불송치처분

(1) 내 용

사법경찰관은 고소·고발 사건을 포함하여 범죄를 수사한 후, ㉠ 범죄의 혐의가 있다고 인정되는 경우에는 지체 없이 검사에게 사건을 송치하고, 관계 서류와 증거물을 검사에게 송부하여야 하며(송치처분), ㉡ 그 밖의 경우(사법경찰관이 고소·고발사건을 포함하여 범죄를 수사한 후 범죄혐의가 있다고 인정되지 않는 경우)에는 그 이유를 명시한 서면과 함께 관계 서류와 증거물을 지체 없이 검사에게 송부하여야 한다(불송치처분).

개정 형사소송법 전에는 사법경찰관이 범죄혐의 인정여부와 관계없이 범죄를 수사한 때에는 검사에게 모든 사건을 송치하여야 했지만, 검경수사권의 조정에 따라 범죄혐의가 인정되지 않는다고 판단되는 사건에 대해서는 검사에게 송치하지 않을 수 있는 **1차 수사종결권**이 인정된 것이다.

(2) 송치처분 및 보완수사 요구

검사는 송치사건의 공소제기 여부 결정 또는 공소의 유지에 필요한 경우에 사법경찰관에게 보완수사를 요구할 수 있고($^{제197조의2}_{제1항 제1호}$), 사법경찰관은 보완수사요구가 있는 때에는 정당한 사유가 없는 한 지체없이 이를 이행하고 그 결과를 검사에게 통보하여야 한다($^{동조}_{제2항}$).

(3) 불송치처분 및 재수사 요청

검사는 불송치이유 서면과 함께 관계서류와 증거물을 송부받은 날로부터 90일 이내에 불송치처분에 대한 위법 또는 부당 여부를 검토한 후 사법경찰관에게 반환하여야 하며($^{제245조의5}_{제2호 단서}$), 사법경찰관의 불송치처분이 위법 또는 부당하다고 판단한 때에는 그 이유를 문서로 명시하여 사법경찰관에게 재수사를 요청할 수 있고($^{제245조의8}_{제1항}$), 사법경찰관은 재수사요청이 있는 때에는 사건을 재수사하여야 한다($^{동조}_{제2항}$).

2. 불송치처분에 따른 고소인 등에 대한 통지 및 이의신청

사법경찰관은 불송치처분을 한 경우 그 이유를 명시한 서면과 함께 관계서류와 증거물을 검사에게 송부한 날로부터 7일 이내에 서면으로 고소인·고발인·피해자 또는 그 법정대리인 (피해자가 사망한 경우에는 그 배우자·직계친족·형제자매를 포함한다)에게 사건을 검사에게 송치하지 아니하는 취지와 그 이유를 통지하여야 한다(^{제245조의}₆). 이러한 통지를 받은 사람(고발인을 제외한다)은 해당 사법경찰관의 소속 관서의 장에게 이의를 신청할 수 있으며, 사법경찰관은 이러한 신청이 있는 때에는 지체 없이 검사에게 사건을 송치하고 관계 서류와 증거물을 송부하여야 하며, 처리결과와 그 이유를 위 신청인에게 통지하여야 한다(^{제245조의}₇). 불송치처분에 대하여 고소인 등의 이의신청이 있는 경우에 한하여 검사에게 사건을 송치하도록 예외를 인정한 것이다.

II. 검사 및 고위공직자범죄수사처의 수사종결

1. 검사의 수사종결

범죄사실이 명백하게 되었거나 또는 수사를 계속할 필요가 없는 경우에는 수사를 종결하게 된다. 그러나 20만 원 이하의 벌금 또는 구류에 처할 범죄사건으로서 즉결심판절차에 의하여 처리될 경미사건인 경우에는 예외적으로 경찰서장이 시·군법원에 즉결심판을 청구함으로써 수사절차를 종결한다(^{즉심법 제3조}_{제1항}).

2. 고위공직자범죄수사처의 수사종결

(1) 기소대상 사건에 대한 수사종결

수사처검사는 고위공직자범죄의 혐의가 있다고 사료하는 때에는 범인, 범죄사실과 증거를 수사해야 하고(^{공수처법}_{제32조}), 대법원장 및 대법관, 검찰총장, 판사 및 검사, 경무관 이상 경찰공무원으로 재직 중에 본인 또는 그 가족의 고위공직자범죄 및 관련범죄에 관해 수사를 종결할 때에는 공수제기 및 공소유지에 필요한 행위를 한다(^{동법 제20조}_{제1항}).

수사처검사가 공소를 제기하는 고위공직자범죄 등 사건의 제1심 재판은 서울중앙지방법원의 관할로 하고, 다만, 범죄지, 증거의 소재지, 피고인의 특별한 사정 등을 고려하여 수사처검사는 형사소송법에 따른 관할법원에 공소를 제기할 수 있다(^{동법}_{제31조}).

수사처검사가 고위공직자범죄에 대해 불기소결정을 하는 때에 수사처장은 해당 범죄의 수사과정에서 알게 된 관련범죄 사건을 대검찰청에 이첩해야 하고(^{동법}_{제27조}), 수사처검사는 고소·고발인에게 통지해야 한다.

고소·고발인은 수사처검사로부터 공소를 제기하지 않는다는 통지를 받은 때에는 서울고등법원에 그 당부에 대해 재정신청을 할 수 있다(^{동법 제29조}_{제1항}). 재정신청을 하려는 사람은 공소를 제기하지 않는다는 통지를 받은 날로부터 30일 이내에 수사처처장에게 재정신청서를 제출해야 하는데(^{동조}_{제2항}), 재정신청서에는 재정신청의 대상이 되는 사건의 범죄사실 및 증거 등 재정신청을 이유있게 하는 사유를 기재해야 한다(^{동조}_{제3항}). 재정신청서를 제출받은 수사처처장은 재정신청서를 제출받은 날로부터 7일 이내에 재정신청서, 의견서, 수사 관계서류 및 증거물을 서울고등법원에 송부해야 하고, 다만, 신청이 이유있는 것으로 인정하는 때에는 즉시 공소제기를 하고 그 취지를 서울고등법원과 재정신청인에게 통지한다(^{동조}_{제4항}). 그 밖의 재정신청에 관한 사항에 관해서는 형사소송법의 규정을 준용한다(^{동조}_{제5항}).

(2) 수사대상 사건의 송부

수사처검사는 대법원장 및 대법관, 검찰총장, 판사 및 검사, 경무관 이상 경찰공무원에 해당하는 고위공직자 등의 사건을 제외한 고위공직자범죄 및 관련범죄에 관한 수사를 한 때에는 관계서류와 증거물을 지체없이 서울중앙지방검찰청 소속 검사에게 송부해야 한다 (^{동법 제26조}_{제1항}). 이와 같이 수사대상 사건에 대해서는 범죄혐의 인정 여부와 관계없이 검사에게 송부해야 하므로 수사종결권이 인정되지 않는다.

관계서류와 증거물을 송부받은 검사는 공소제기나 불기소처분을 하고, 수사처처장에게 해당 사건의 공소제기 여부를 신속하게 통보해야 한다(^{동조}_{제2항}).[1]

III. 검사의 사건처리의 유형

1. 공소의 제기

수사결과 범죄의 객관적 혐의가 충분하고 소송조건을 구비하여 유죄판결을 받을 수 있다고 인정할 때에는 검사는 공소를 제기한다(^{제246}_조). 수사종결의 가장 전형적인 경우인데, 공소의 제기에는 '공판청구(구공판)'와 '약식명령청구(구약식)'의 두 가지 방법이 있다.

2. 불기소처분

(1) 협의의 불기소처분

① **혐의없음**: 범죄가 인정되지 아니하거나 증거가 불충분한 경우에 행하는 검사의 종국처분이다. '범죄인정안됨'은 구성요건해당성이 없거나 피의사실이 인정되지 않는 경우이고, '증거불충분'은 공소의 제기 및 유지에 필요한 증거가 불충분한 경우에 행한다(^{검사규 제69조}_{제3항 제2호}).

---

[1] 2020.7.15. 처음 공수처법 시행 당시에는 수사처처장은 검사로부터 공소를 제기하지 않는다는 통보를 받은 때에는 그 검사 소속의 지방검찰청 소재지를 관할하는 고등법원에 그 당부에 관한 재정신청할 수 있는 규정을 두었으나 (구법 제30조), 2020.12.15.부터 시행된 개정법에서 제30조를 삭제하였다.

② **죄가 안됨:** 범죄의 성립요건 중 구성요건에는 해당하지만 위법성 또는 책임의 요건이 흠결되거나, 범죄성립요건에는 해당하지만 범죄성립을 저지하는 인적처벌조각사유에 해당하는 경우의 종국처분이다. 법률상 범죄의 성립을 조각하는 사유가 있어 범죄를 구성하지 아니하는 경우에 행하는 처분이다($\frac{훈령}{제34조}$).

③ **공소권 없음:** 피의사건에 관하여 소송조건이 결여되었거나 형이 필요적으로 면제되는 경우에 행하는 처분이다($\frac{훈령}{제34조}$). 예컨대 확정판결이 있는 경우, 사면이 있는 경우, 공소시효가 완성된 경우, 범죄후 법령의 개폐로 형이 폐지된 경우, 법률의 규정에 의하여 형이 면제된 경우, 피의자에 대하여 재판권이 없는 경우, 동일사건에 대하여 이미 공소가 제기된 경우, 친고죄에 있어서 고소·고발이 없거나 반의사불벌죄에 있어서 처벌불원의사표시가 있는 경우, 피의자가 생존(또는 존속)하지 아니한 경우, 종합보험 또는 공제조합에 가입한 경우 등이 여기에 해당한다.

(2) 기소유예

피의사건에 관하여 범죄의 혐의가 인정되고 소송조건이 구비되어 공소의 제기가 가능함에도 불구하고 범인의 연령, 성행, 지능과 환경, 범행의 동기·수단과 결과, 범행후의 정황 등을 참작하여 공소를 제기하지 아니하는 종국처분을 말한다($\frac{제247조}{제1항}$). 실무상 경미한 도로법 위반 등이나 피의자의 인적사항이 특정되지 아니하여 범인 발견의 가능성이 희박한 경우에 기소중지의 실효성이 없으므로 기소유예 처분을 하기도 한다.

협의의 불기소처분(혐의없음·죄가안됨·공소권없음)을 받은 피의자에게는 형사보상청구권이 인정되지만, 기소유예처분을 받은 자에게는 형사보상청구권이 인정되지 않는다.

(3) 기소중지

검사가 피의자의 소재불명 또는 참고인중지 사유외의 사유 등으로 수사를 종결할 수 없는 경우에 그 사유가 해소될 때까지 행하는 처분이다($\frac{훈령}{제73조}$). 기소중지의 사유는 비교적 장기간에 걸쳐 수사를 종결할 수 없는 사유에 한정되고 일시적인 사유는 제외된다. 예컨대 범인의 불명, 피의자의 소재불명, 피의자의 해외여행·심신상실·질병 등이 여기에 해당한다. 기소중지처분은 중간처분이므로 그 사유가 해소된 경우에는 반드시 재기하여 종국처분을 하여야 한다. 일시적으로 수사를 종결할 수 없는 경우에는 특정한 사유에 한하여 '시한부 기소중지 결정'을 할 수 있다.

(4) 참고인중지

참고인중지라 함은 검사가 사건 수사 후 참고인(관련 피의자 포함), 고소인, 고발인의 소재불명으로 종국처분을 할 수 없는 경우 그 사유가 해소될 때까지 행하는 중간처분을 말한다. 즉 사건관계인을 조사한 결과 피해자와 피의자의 주장이 상반되고 피해자 또는 피의자가

참고인 또는 관련피의자의 진술을 증거로 내세우는 경우 또는 고소인이 일방적인 주장만
한 뒤 출석하지 않는 경우 등에 있어서 그 참고인이나 관련피의자 또는 고소인을 조사하여
야만 사안의 진상을 파악할 수 있는데, 그 참고인이나 관련피의자 또는 고소인이 도피 등의
사유로 그 행방을 알 수 없는 경우에 참고인중지처분이 행해진다(검사규 제74조).

(5) 각 하

각하는 고소·고발사건에 한해 행하여지는 불기소처분의 일종으로 고소장·고발장의 기
재 및 고소인·고발인의 진술에 의하더라도 수사의 필요성이 더 이상 없다고 인정되는 경우
에 피의자 또는 참고인 등에 대한 조사를 하지 않고 행하는 종국처분을 말한다. 고소인·고
발인의 진술이나 고소장·고발장의 기재에 의하여 혐의없음·죄가안됨·공소권없음 사유에
해당함이 명백한 경우, 동일사건에 관하여 검사의 불기소처분이 있는 경우, 고소권자가 아
닌 자가 고소한 경우, 수사를 개시할 만한 구체적인 사유나 정황이 충분하지 아니한 경우에
행해진다(검사규 제69조 제3항 제5호).

(6) 공소보류

공소보류라 함은 공소제기가 가능함에도 공소제기를 2년간 보류하는 일종의 중간처분이다.
국가보안법위반사건에 대하여만 인정된다(국보법 제20조). 공소보류 처분 후 피의자가 법무부장관이 정
한 감시·보고에 관한 규칙에 위반한 때에는 공소보류 처분을 취소하여 공소를 제기할 수 있다.

3. 타관송치

검사는 사건이 소속검찰청에 대응한 법원의 관할에 속하지 아니할 때에는 사건을 서류와 증
거물과 함께 관할법원에 대응한 검찰청 검사에게 송치하여야 한다(제256조). 검사는 사건이 군사
법원의 재판권에 속하는 때에는 사건을 서류와 증거물과 함께 재판권을 가진 관할군사법원 검
찰부 검찰관에게 송치하여야 한다(제256조의2). 또 검사는 소년에 대한 피의사건을 수사한 결과 벌
금 이하의 형에 해당하는 범죄이거나 보호처분에 해당하는 사유가 있다고 인정한 때에는 사건
을 관할소년부에 송치하여야 한다(소년법 제49조). 검사는 가정폭력사범에 대하여 보호처분에 처함이 상
당하다고 인정할 때(가정폭력범죄의 처벌 등에 관한 특례법 제9조, 제11조 제1항) 및 성매매를 한 자에 대하여 보호처분에 처함이 상
당하다고 인정할 때(성매매알선 등 행위의 처벌에 관한 법률 제12조 제1항)에는 관할 가정법원 또는 지방법원에 송치하여야 한다.

IV. 검사의 처분통지·고지의무

1. 고소인 등에 대한 처분통지

검사는 고소·고발이 있는 사건에 관하여(수리한 날로부터 3월 이내에 수사를 완료하여야 한다)

공소를 제기하거나 제기하지 아니하는 처분, 공소의 취소 또는 타관송치를 한 경우에는 그 처분을 한 날로부터 7일 이내에 서면으로 고소인·고발인에게 그 취지를 통지하여야 한다($^{제258조}_{제1항}$). 이는 고소인 등의 권리를 보장하고, 검사의 부당한 불기소처분을 억제하기 위한 것이다.

2. 피의자에 대한 통지의무

검사는 불기소처분·타관송치의 처분을 한 때에는 피의자에게 즉시 그 취지를 통지하여야 한다($^{제258조}_{제2항}$). 이러한 통지는 고소·고발이 있었던 사건에 한정하고 있지 않으므로 검사가 불기소나 타관송치 처분을 하는 경우에 모든 피의자에게 통지하여야 한다. 다만, 검사가 피의자에 대하여 공소를 제기하는 경우에는 법원에서 공소장의 부본을 송달하게 되므로($^{제266}_{조}$) 검사가 별도로 공소제기 사실을 통지할 필요는 없다.

3. 피해자 등에 대한 통지의무

검사는 범죄로 인한 피해자 또는 그 법정대리인(피해자가 사망한 경우에는 그 배우자·직계친족·형제자매를 포함한다)의 신청이 있는 때에는 당해 사건의 공소제기 여부, 공판의 일시·장소, 재판결과, 피의자·피고인의 구속·석방 등 구금에 관한 사항 등을 신속하게 통지하여야 한다($^{제259조의}_{2}$). 신청에 의해서만 통지하도록 한 것은 피해사실이나 소송 관련사항이 외부에 알려지는 것을 꺼리는 피해자의 사생활을 보호하기 위한 것이다.

4. 불기소이유의 고지의무

검사는 고소·고발이 있는 사건에 관하여 공소를 제기하지 아니하는 처분을 한 경우에 고소인·고발인의 청구가 있는 때에는 7일 이내에 고소인 또는 고발인에게 그 이유를 서면으로 설명하여야 한다($^{제259}_{조}$). 검사의 불기소처분의 경우에 한정된다.

V. 불기소처분에 대한 불복

1. 의   의

검사의 불기소처분에 대한 고소인 또는 고발인의 불복수단으로는 재정신청, 검찰청법에 의한 검찰항고 그리고 헌법소원이 있다. 그런데 검찰청법상의 불기소처분에 대한 검찰항고에 대하여는 검찰 자체의 시정제도라는 점에서 그 실효성에 의문을 표시하는 견해가 있다. 즉 검사동일체의 원칙이 지배하는 검찰사회에서 상급검찰이 하급검찰이 행한 불기소처분을 시정하는 자기모순적인 태도를 보일 것을 기대하는 것 자체가 무리한 기대라는 것이다. 그러나 검찰항고제도는 검사의 부당한 불기소처분에 대한 시정을 목적으로 하는 제도로서 중요한 역할을 담당하고 있다. 다만, 재정신청의 대상이 대폭 확대됨에 따라 평등의 원칙, 재판절차진술권 및 행복추구권을 침해하였다는 이유로 행하여졌던 헌법소원은 더 이상 큰 역할을 담당하기 어렵게 되었다. 이에 검사의 불기소처분에 대한 불복방법으로 일본의 검찰심사회제도, 독일의 기소법정주의, 미국의 기소배심제 등의 도입이 논의되고 있다.

2. 재정신청

고소권자로서 고소를 한 자가 검사로부터 공소를 제기하지 아니한다는 통지를 받은 때에는 그 검사소속의 고등검찰청에 대응한 고등법원에 그 불기소처분의 당부에 관한 재정을 신청할 수 있는 것으로 기소강제절차라고도 한다(후술).

3. 검찰청법에 의한 항고

(1) 의   의

검사의 불기소처분에 불복하는 고소인 또는 고발인은 그 검사가 속한 지방검찰청 또는 지청을 거쳐 서면으로 관할 고등검찰청 검사장에게 항고할 수 있다(검찰 제10조 제1항). 법문에는 '항고'로 되어 있으나, 법원의 재판에 대한 항고와 구별하기 위하여 통상 **검찰항고**라 칭한다.

(2) 주체·대상·절차

① **검찰항고권자:** 검찰항고를 할 수 있는 항고권자는 검사로부터 불기소처분의 통지를 받은 고소인 또는 고발인이며(검찰 제10조 제1항), 진정인에게 인정되는 경우도 있다(검사규 제92조 제4항).

② **대   상:** 검찰항고의 대상은 검사의 불기소처분이다. 협의의 불기소처분뿐만 아니라 기소유예처분에 대하여도 항고가 인정된다. 기소중지 또는 참고인중지 처분에 대한 항고 가능여부에 대하여는 견해의 대립이 있으나, 부당한 처분의 시정을 위하여 인정하는 것이 타당하고, 실무상으로도 항고의 대상이 되고 있다.

③ **기   간:** 항고는 불기소처분의 통지를 받은 날로부터 30일 이내에 하여야 한다. 다만 항고인에게 책임이 없는 사유로 인하여 그 기간내에 항고하지 못한 것을 소명하는 때에는 그 기간은 그 사유가 해소된 때로부터 기산한다(검찰 제10조 제6항). 다만, 새로운 증거가 발견되었다는 것을 고소인 등이 소명하면 항고기간의 도과 이후에도 항고를 제기할 수 있다(동조 제7항).

④ **방   식:** 반드시 서면으로 하여야 하는데(검찰 제10조 제1항), 이를 항고장이라고 한다. 고소를 구술로도 할 수 있는 것과 구별된다. 항고장에는 항고의 취지를 기재하여야 하며, 항고장은 불기소처분을 한 검사가 소속한 지방검찰청 또는 지청을 거쳐 관할 고등검찰청검사장에게 제출하여야 한다.

(3) 검찰항고사건의 처리

지방검찰청 또는 지청의 검사는 항고가 이유 있다고 인정하는 때에는 그 처분을 경정하여야 하고($\frac{검찰 제10조}{제1항}$), 그 결과를 고등검찰청의 장에게 보고하며($\frac{검사규 제90조}{제1항 제1호}$), 항고가 이유 없다고 인정될 때에는 수리한 날로부터 20일 이내에 항고장을 의견서 및 사건기록과 함께 고등검찰청의 장에게 송부한다($\frac{동 규칙}{제2호}$).

항고기록을 송부받은 고등검찰청의 장은 항고가 이유있는 것으로 인정되거나 재수사를 통하여 항고인의 무고혐의에 대한 판단이 다시 필요하다고 인정하는 경우에는 소속검사로 하여금 직접 경정하게 할 것인지의 여부를 결정한다. 직접 경정을 하지 아니하고 재기수사 명령, 공소제기명령 또는 주문변경명령 등의 결정을 한 때에는 불기소처분 항고·재항고 기록반환서에 항고사건결정서의 등본과 사건기록을 첨부하여 지방검찰청 또는 지청의 장에게 송부하여야 한다. 항고가 이유 없으면 결정으로 항고를 기각한다. 항고를 기각할 경우에는 7일 이내에 항고인에게 서면으로 그 결과를 통지한다.

관할 고등검찰청 검사장의 항고기각처분에 불복하는 고발인은 그 검사가 속한 고등검찰청을 거쳐 서면으로 검찰총장에게 재항고할 수 있으며, 검찰총장에 대한 재항고가 있는 경우에 해당 고등검찰청의 검사는 재항고가 이유 있다고 인정하면 그 처분을 경정하여야 한다($\frac{검찰 제10조}{제3항}$). 검찰총장은 고발인의 재항고에 대하여 불복대상 처분을 경정하거나 재항고를 기각하는 처분을 내리게 되는데, 고발사건에 대한 검찰총장의 기각처분은 형사소송법 제260조 이하의 재정신청 대상이 되지 않는다. 이론상으로는 검찰총장의 재항고기각처분에 대하여 헌법소원심판을 청구하는 방법이 남아 있으나, 헌법소원에는 '원처분주의'가 적용되므로 그 검찰항고 또는 재항고결정 자체에 고유한 위법이 없는 한 원래의 불기소결정이 아닌 검찰항고 또는 재항고결정에 대해 고발인은 헌법소원심판을 청구할 수 없다고 본다($\frac{헌재 2009.11.26.}{2009헌마47}$).

제 2 절   공소제기 후의 수사

사 례

2022. 12. 15. 탈세 및 뇌물수수 혐의로 구속·기소된 피고인 甲이 공판정에서 공소사실 일체를 부인하고 검찰자백에 관하여도 그 임의성을 부정하여 적극적으로 다투자, 검사 X는 피고인을 2일간 계속하여 검사실로 출석시켜 집요하게 신문한 끝에 피고인이 공소사실을 자백하는 내용의 신문조서를 작성하여 법원에 증거로 제출하였다. 그런데 검사 X는 제1심 공판도중 甲의 탈세에 대한 결정적인 증거인 이중장부가 甲의 금고에 있다는 정보를 입수하였다. 한편 검사 X는 공판정에서 피고인에게 유리한 증언을 한 증인 乙을 소환하여 증언내용의 진실성을 추궁한 다음 乙에 대한 진술조서를 작성하였다.

1. 甲에 대한 검사작성의 신문조서가 자백의 임의성 및 조서의 진정성립이 인정된다고 가정할 때, 위 신문조서는 유죄의 증거로 사용될 수 있는가?

2. 검사 X는 탈세에 대한 이중장부를 압수할 수 있는가?

3. 乙에 대한 검사작성의 진술조서를 甲에 대한 유죄의 증거로 사용할 수 있는가?

I. 공소제기 후 수사의 필요성

수사는 범인의 발견과 증거의 수집을 그 내용으로 하므로 주로 공소제기 전에 행하여진다. 그러나 공소제기 후에 피고인이 공소사실의 일부를 추가로 범한 것이 밝혀지거나, 피고인이 공판정에서 알리바이를 주장하여 그 진실성을 확인할 필요가 있는 경우 또는 공범자나 진범이 검거된 때에는 공소제기 후에도 수사를 계속할 필요가 있다. 그러므로 수사의 결과 검사가 충분한 혐의를 인정하고 공소를 제기하면 수사는 원칙적으로 종결되나, 공소제기후에도 검사가 공소유지를 위하거나 공소유지여부를 결정하기 위하여 수사를 계속할 수 있다는 점에 대하여는 이론(異論)이 없다. 다만 공소제기 후의 수사를 무제한으로 허용한다면 수소법원의 심판권이 형해화될 우려가 있을 뿐만 아니라 검사와 대등한 위치에서 반대당사자로서 방어권을 행사하는 피고인이 수사의 객체로 전락할 위험도 있으므로 공소제기 후의 수사는 제한된 범위내에서 극히 예외적으로 인정해야만 할 것이다.

II. 공소제기 후의 강제수사

1. 대인적 강제처분(피고인구속)

공소제기 후 피고인구속은 법원의 권한에 속하므로($\frac{제70}{조}$) 허용되지 않는다. 문제는 검사가 피고인을 불구속으로 기소한 후에 수소법원 이외의 법관으로부터 구속영장을 발부받아 그 피고인을 구속할 수 있느냐이다. 생각건대 현행법은 수사기관에 의한 피고인구속을 기소후 허용하는 명문규정이 없으므로 강제처분법정주의에 의하여 허용될 수 없지만, 입법론으로는 제1회 공판기일전에 한하여 허용하는 것이 타당하다고 본다.

2. 대물적 강제처분(압수 · 수색 · 검증)

형사소송법 제215조가 영장청구기간을 명시하고 있지 않다는 점을 근거로 공소제기 후에도 제1회 공판기일전까지는 수사기관에 의한 압수 · 수색 · 검증이 원칙적으로 허용된다는 긍정설도 있으나, ㉠ 공소제기 이후에는 사건이 법원에 계속된다는 점, ㉡ 형사소송법 제215조는 압수 · 수색 · 검증영장을 청구할 수 있는 시기를 제한하고 있지 않지만, 형사소송규칙 제108조는 이를 피의자에 대하여만 인정되는 것으로 규정하고 있다는 점, ㉢ 공소제기 후 제1회 공판기일전에는 증거보전절차($\frac{제184}{조}$)에 의한 증거보전이 가능하다는 점 등을 고려해 볼 때, 공소제기 후에는 수사기관에 의한 대물적 강제처분이 원칙적으로 허용되지 않는다는 **부정설**이 타당하다(통설). 판례도「검사가 공소제기 후 형사소송법 제215조에 의해 수소법원 외 법관으로부터 발부받은 압수 · 수색영장에 의해 수집한 증거에 대하여, 그와 같이 수집된 증거는 기본적 인권보장을 위해 마련된 적법한 절차에 따르지 않은 것으로서 원칙적으로 유죄의 증거로 삼을 수 없다」(대판 2011.4.28, 2009도10412·)는 입장이다. 다만 부정설을 취하는 경우에도 다음과 같은 경우에는 공소제기 후 수사기관에 의한 대물적 강제처분이 예외적으로 허용될 수 있을 것이다.

(1) 피고인에 대한 구속영장집행시의 압수·수색·검증

법관의 영장에 의하여 피고인을 구속하는 경우에 검사나 사법경찰관은 단지 구속영장을 집행하는 집행기관에 불과하지만, 여기에 부수된 대물적 강제처분은 공소제기후의 수사로 보아야 하며, 압수물 등은 법원에 제출하지 않고 수사기관이 이를 보관할 수 있다(제216조 제2항).

(2) 임의제출물에 대한 압수

임의제출물에 대한 압수도 강제수사의 일종이기는 하나, 증거물이나 몰수물의 소지자 등이 법원이 아닌 수사기관에 임의로 이를 제출한 이상 이를 배제할 이유가 없으므로 제1회 공판기일 전후를 불문하고 허용된다고 보아야 한다(통설).

III. 공소제기 후의 임의수사

1. 임의수사의 범위

형사소송법 제199조 제1항은 「수사에 관하여는 그 목적을 달성하기 위하여 필요한 조사를 할 수 있다」고 규정하고 있다. 공소제기 후에도 공소를 유지하거나 그 여부를 결정하기 위한 수사가 가능한 이상 공소제기 후의 임의수사는 원칙적으로 허용된다고 하지 않을 수 없다. 다만 일단 공소가 제기된 이상 임의수사라도 무제한 허용되는 것은 아니다. 왜냐하면 공소제기 후의 공판절차에서는 당사자주의가 전면에 나타나므로 당사자의 지위를 가지고 있는 피고인을 반대당사자인 검사가 수사하는 것은 피고인의 당사자지위와 모순되기 때문이다.

2. 피고인신문

공소제기 후에 수사기관이 당해 공소사실에 관하여 피고인을 신문할 수 있는지 여부가 문제된다. 이는 검사가 피고인을 신문하여 피고인진술조서를 작성한 후 이 조서를 법원에 증거로 제출할 경우에 그 조서의 증거능력을 인정할 수 있는가와 관련하여 논의되는데, 통설은 검사는 이미 공소제기 이전에 임의수사와 강제수사를 통하여 피의자로부터 충분히 그리고 실질적으로 진술을 들을 기회를 가지고 있다는 점 및 제200조가 대상자를 **피의자**로 한정하고 있다는 점 등을 근거로 공소제기 후에는 제1회 공판기일 전후를 불문하고 피고인을 신문할 수 없다는 입장이다. 이에 대하여, 판례는 「검사의 피고인에 대한 당해 피고사건에 대한 진술조서가 기소 후에 작성된 것이라는 이유만으로 곧 그 증거능력이 없는 것이라고 할 수는 없다」(대판 1984.9.26, 84도1646)고 판시하여, 공소제기 후 검사에 의한 피고인신문을 허용하고 있는 것으로 보인다.

다만 부정설에 따르더라도 피고인이 검사와의 면담을 요구한 경우나, 공소제기 후에 공범자 또는 진범인이 발견되어 피고인에 대한 신문이 불가피한 경우에는 피고인신문을 허용할 필요가 있을 것이다.

3. 참고인조사

수사기관의 참고인조사는 제1회 공판기일 전에 한하여 허용된다는 견해도 있으나, 공소제기 후에도 공소의 유지여부를 결정하기 위한 수사가 가능한 이상 제1회 공판기일 전후를 불문하고 허용된다고 할 것이다(다수설). 다만, 공소제기 후에는 원칙적으로 법원에 의하여 증인신문이 행해져야 하므로 예컨대 공소제기 후에 참고인조사가 허용되어도 피고인에게 유리한 증언을 한 증인을 수사기관이 다시 신문하여 공판정에서의 진술을 번복하게 하는 것은 적법절차 및 공판중심주의에 반하므로 위증사건의 수사가 개시된 경우가 아니면 허용되지 않는다고 해야 한다(진술조서 부분 참조).

> **참조판례** 「제1심에서 피고인에 대하여 무죄판결이 선고되어 검사가 항소한 후, 수사기관이 항소심 공판기일에 증인으로 신청하여 신문할 수 있는 사람을 특별한 사정 없이 미리 수사기관에 소환하여 작성한 진술조서는 피고인이 증거로 할 수 있음에 동의하지 않는 한 증거능력이 없다. 검사가 공소를 제기한 후 참고인을 소환하여 피고인에게 불리한 진술을 기재한 진술조서를 작성하여 이를 공판절차에 증거로 제출할 수 있게 한다면, 피고인과 대등한 당사자의 지위에 있는 검사가 수사기관으로서의 권한을 이용하여 일방적으로 법정 밖에서 유리한 증거를 만들 수 있게 하는 것이므로 당사자주의·공판중심주의·직접심리주의에 반하고 피고인의 공정한 재판을 받을 권리를 침해하기 때문이다. 위 참고인이 나중에 법정에 증인으로 출석하여 위 진술조서의 성립의 진정을 인정하고 피고인 측에 반대신문의 기회가 부여된다 하더라도 위 진술조서의 증거능력을 인정할 수 없음은 마찬가지이다」(대판 2019.11.28, 2013도6825).

4. 감정·통역·번역의 위촉, 공무소 등에의 조회

제1회 공판기일 이후에는 수소법원에 의한 감정·통역·번역의 위촉, 공무소 등에의 조회가 가능하므로 제1회 공판기일 전에 한하여 허용하는 것이 타당하다는 견해도 있으나, 제1회 공판기일 전후를 불문하고 공판절차의 소송구조를 파괴하지 않는 한도 내에서 수사기관의 임의수사는 허용된다고 본다.

사안은 첫째, 공소제기 후 피고인신문이 허용되는지, 둘째, 공소제기 후 압수·수색이 허용되는지, 셋째, 공소제기 후 참고인조사가 허용되는지 여부를 묻고 있다.

첫째, 공소제기 후에 수사기관이 당해 공소사실에 관하여 피고인을 신문할 수 있는지 문제되는데, 학설은 대립하고 있으며, 판례는 '검사의 피고인에 대한 당해 피고사건에 대한 진술조서가 기소 후에 작성된 것이라는 이유만으로 곧 그 증거능력이 없는 것이라고 할 수는 없다'(대판 1984.9.26, 84도1646)고 판시하여 공소제기 후 검사에 의한 피고인신문을 허용하고 있다. 생각건대 검사는 이미 공소제기 이전에 임의수사와 강제수사를 통하여 피의자로부터 충분히 그리고 실질적으로 진술을 들을 기회를 가지고 있으므로, 구태여 피고인의 방어권 행사의 준비기간으로서 중요한 의미를 가지는 제1회 공판기일 전의 기간에 검사가 피고인신문을 할 수 있도록 허용하는 것은 타당하다고 할 수 없다. 따라서 수사기관에 의한 피고인신문은 제1회 공판기일 전후를 불문하고 허용되지 않는다고 보아야 한다. 다만 부정하는 견해에 따르더라도 피고인이 검사의 면담을 요구한 경우나 공소제기 후 공범자 또는 진범인이 발견되어 피고인에 대한 신문이 불가피한 경우에는 피고인신문을 부정할 필요는 없을 것이다. 결국 검사 X가 피고인 甲을 2일간 검사실로 출석시켜 집요하게 신문했다는 점에서 자백의 임의성이 문제될 뿐만 아니라 설령 자백의 임의성이 인정된다고 하더라도 그 자백은 공판절차에서의 자백이 아니고 수사절차에서의 자백이며, 검사의 피고인에 대한 조사는 공판개시 후, 즉 제1회 공판기일 이후에 행하여졌으므로 검사가 작성한 피고인에 대한 신문조서는 그 증거능력을 부정해야 한다.

둘째, 공소제기 후 압수·수색의 허용여부와 관련하여 논란이 있으나, ㉠ 공소제기 이후에는 사건이 법원에 계속된다는 점, ㉡ 형사소송법 제215조는 압수·수색·검증영장을 청구할 수 있는 시기를 제한하고 있지 않지만, 형사소송규칙 제107조는 압수·수색·검증영장의 청구서에 피의사실의 요지를 기재하게 하고 있으며, 동규칙 제108조는 이를 피의자에 대하여만 인정되는 것으로 규정하고 있다는 점, ㉢ 공소제기 후 제1회 공판기일전에는 증거보전절차(법 제184조)에 의한 증거보전이 가능하다는 점 등을 고려해 볼 때, 공소제기 후에는 수사기관에 의한 대물적 강제처분이 원칙적으로 허용되지 않는다는 부정설이 타당하다. 판례도 검사가 공소제기 후 형사소송법 제215조에 의해 수소법원 외 법관으로부터 발부받은 압수·수색영장에 의해 수집한 증거에 대하여, 그와 같이 수집된 증거는 기본적 인권보장을 위해 마련된 적법한 절차에 따르지 않은 것으로서 원칙적으로 유죄의 증거로 삼을 수 없다(대판 2011.4.28, 2009도10412)는 입장이다. 다만, 사안의 경우 어느 견해에 따르더라도 제1회 공판기일 이후에는 검사 乙은 탈세에 대한 이중장부를 압수할 수 없으므로 법원에 의한 압수·수색(법 제113조)을 이용할 수밖에 없을 것이다.

셋째, 공판기일에서 이미 증언을 마친 증인을 검사가 소환한 후 다시 신문하여 작성한 진술조서의 증거능력을 인정할 수 있는지 문제된다. 이는 공소제기 후 임의수사의 허용문제인데, 학설은 증인의 재소환이 가능하다는 점과 공판기일에서 선서·반대신문 등을 거쳐 행하여진 증언의 증명력을 비공개적·직권적인 진술조서로 탄핵하는 것은 공판중심주의에 반한다는 이유로 증거능력을 부정하고 있다(통설). 판례도 「공판준비 또는 공판기일에서 이미 증언을 마친 증인을 검사가 소환한 후 피고인에게 유리한 그 증언 내용을 추궁하여 이를 일방적으로 번복시키는 방식으로 작성한 진술조서를 유죄의 증거로 삼는 것은 당사자주의·공판중심주의·직접주의를 지향하는 현행 형사소송법의 소송구조에 어긋나는 것이므로 이러한 진술조서는 피고인이 증거로 할 수 있음에 동의하지 아니하는 한 그 증거능력이 없다고 하여야 할 것이고, 그 후 원진술자인 종전 증인이 다시 법정에 출석하여 증언을 하면서 그 진술조서의 성립의 진정함을 인정하고 피고인측에 반대신문의 기회가 부여되었다고 하더라도 그 증언 자체를 유죄의 증거로 할 수 있음은 별론으로 하고 위와 같은 진술조서의 증거능력이 없다는 결론은 달리할 것이 아니다」(대판(전합) 2000.6.15, 99도1108)라고 판시하여 일단 재판이 시작된 후에는 '검찰조사실'이 아닌 '법정'에서의 증거에만 증거능력이 인정된다고 하여 형사소송법상의 직접주의와 공판중심주의 그리고 당사자주의를 재확인한 바 있다. 생각건대 공소제기 이후에도 증인 아닌 단순한 참고인에 대하여 수사기관이 조사를 할 수 있다고 하더라도, 이미 증인으로 증언한 자를 수사실로 다시 불러 법정증언과 모순되는 진술을 받아내는 것까지 허용된다고 볼 수는 없으며, 따라서 이를 통해 얻은 진술조서는 위법수집증거로서 증거능력이 부정되어야 할 것이다. 다만 새로운 증거의 발견이나 위증수사가 개시되는 등 상황의 변화가 있어서 증인을 다시 신문할 필요가 있을 때에는 검사는 그 증인을 조사할 수 있다고 보아야 하며, 이 경우 그 진술조서의 증거능력은 새로운 사실에 대한 진술조서이므로 진술의 임의성법칙이나 전문법칙의 적용을 받으면 족하다고 본다. 이에 따르면 乙에 대한 검사작성의 진술조서를 甲에 대한 유죄의 증거로 사용할 수 없을 것이다.

제3편
공소제기절차

03

CHAPTER 01

소송절차의 기본이론

Ⅰ. 소송절차의 본질

형사소송은 발생한 범죄사실 및 범인을 발견·확인하고 이에 형법을 적용함으로써 국가형벌권을 실현하여 법적 정의를 확보하는 절차다. 이처럼 국가형벌권 실현은 형사소송 절차에 의하여 구현된다. 절차란 통상 일정한 목적을 향하여 진전되는 행위의 질서 있는 연속을 말하므로, 형사소송절차는 확정판결을 향하여 법원 및 당사자가 전개하는 모든 소송행위의 통합적인 경과(經過)로 볼 수 있다. 이러한 절차로서 소송을 어떻게 통일적으로 파악할 것인가의 법률적 문제가 소송절차 기본이론 내지 소송절차 본질론이다.

Ⅱ. 소송의 실체면과 절차면

현재 통설은 소송절차를 실체면과 절차면으로 구별하는 **이면설**(二面說)이다. 실체면은 실체법이 소송을 통하여 실현되는 과정으로서 부동적(不同的) 성격을 가지는 법률상태다. 절차면은 실체면을 사상(捨象)한 순절차적인 측면으로서 소송행위 연쇄에 의한 고정적인 법률관계다.

종래 학설로는 소가 제기되면 소송주체 사이에 하나의 구체적인 법률관계가 발생하므로 법원에게는 심판할 권리·의무가 있고, 당사자에게는 심판을 구하거나 심판을 받을 권리·의무가 있다는 소송법률관계설과 소송을 법률관계로 보는 대신에 확정판결 기판력을 목적으로 동태적으로 발전해 나가는 당사자 사이 법률상태로 보는 소송법률상태설이 있었다.

1. 소송의 실체면

소송의 실체면이란 구체적 사건에서 유·무죄 법률관계가 형성·확정되는 과정을 말한다. 구체적으로 살펴보면 수사과정에서 수사기관의 주관적 혐의는 증거에 의하여 객관적 혐의로 발전하여 검사가 유죄를 확신하게 되면 공소를 제기한다. 다만 공소제기는 검사의 일방적 주장이므로 법원은 검사와 피고인이 행하는 공격·방어를 통하여 주장의 당부를 밝혀내고 유죄 또는 무죄판결 형태로 형사소송절차를 종결한다. 이처럼 수사단계에서 시작하여 유죄판결 대상이 되는 실체가 형성·발전하는 과정을 형사절차의 실체면이라 한다.

2. 소송의 절차면

소송의 절차면이란 직·간접으로 유·무죄 판단을 목적으로 하는 소송의 절차적 측면을 말하는 것으로 실체면의 내용에 대한 형식의 의미를 가진다. 이러한 절차면은 연속되는 다수 소송행위로 구성되고 소송행위의 효력에 의하여 진전되므로 소송행위 효력은 소송주체에 대하여 일정한 권리·의무관계를 발생시킨다.

3. 양자의 관계

합의부관할인가 단독판사 관할인가에 대한 사물관할의 표준($^{법원조직법 제7조}_{제4항, 제32조 제1항}$), 수사개시 요건으로서 친고죄에 있어서 고소 여부($^{제230}_{조}$) 등은 실체면이 절차면에 영향을 미치는 명백한 경우이다. 반면에 전문증거의 증거능력 제한($^{제310조}_{의2}$), 위법수집증거의 증거능력 부정($^{제308조}_{의2}$) 등은 주로 증거조사라는 엄격한 법적 규제를 과하는 절차면을 통하여 이루어지므로 이 경우 절차면에 대한 위법은 직접 실체면에 영향을 미치게 된다.

그런데 원래 실체면은 동적·발전적인 성격이므로, 상대적으로 정적·고정적인 성격인 절차면에 지나치게 영향을 미치게 되면 당사자를 포함한 소송주체의 권리·의무관계를 불안정하게 하고, 소송경제에도 반하는 결과를 초래할 수 있다. 따라서 일정한 절차가 당시 실체형성에 근거하여 행하여졌을 때에는 비록 나중에 그 실체형성이 변경되었더라도 그 절차를 반복해서는 안 된다. 예컨대 관할위반 경우에도 이미 이루어진 소송행위 효력에는 영향을 미치지 아니할 것($^{제2}_{조}$)이 요구되는데, 이것이 절차면에 적용되는 **절차유지의 원칙**이다.

CHAPTER 02 소송의 주체

제1절 총 설

공소가 제기되면 소송은 법원, 검사, 피고인의 존재를 전제한다. 즉 재판권 주체인 법원과 공소권 주체인 검사 그리고 방어권 주체인 피고인으로 구성되는데, 이들을 **소송의 3주체**라고 한다. 특히 재판을 받는 주체인 검사와 피고인을 당사자주의 소송구조에서는 **당사자**라고 한다.

변호인은 소송 주체가 아니라 대리인과 함께 피고인(피의자)의 보조자이며 검사의 보조자로 사법경찰(관)리가 있다. 이러한 보조자와 소송당사자를 합하여 **소송관계인**이라고 한다. 기타 소송절차에 관여하는 자로서 증인, 감정인, 고소인, 고발인 등이 있는데, 이들은 소송주체도 아니고 또 소송에 대한 적극적인 형성력도 없으므로 소송관계인이 될 수 없으며, 단지 **소송관여자**에 불과하다.

> ☞ 범죄피해자인 고소인도 제1심판결선고전까지 고소를 취소하여 형사절차를 종결시킬 수 있을 뿐만 아니라($\frac{제232조\ 제1항}{제327조\ 제5호}$), 적극적으로 재판절차에서 진술권($\frac{제294조의}{2}$)을 행사할 수 있으므로 양자 구별은 타당하지 않으며, 따라서 소송주체 이외의 자로서 형사절차에 관여하는 자는 모두 소송관계인으로 표현하는 것이 적절하다는 견해도 있다. 소송참여자로 부르자는 견해도 있다.

공소권 주체인 검사에 대해서는 앞에서 설명했으므로 이하에서는 법원과 피고인에 대하여 상술하기로 한다.

제2절 법 원

Ⅰ. 서 설

법원은 사법권을 행사하는 국가기관이다. 여기서 사법권이란 법률상 다툼에 관하여 심리·재판하는 권한과 이에 부수하는 권한을 의미한다. 헌법은 「사법권은 법관으로 구성된 법원에 속한다」($\frac{제101조}{제1항}$)고 규정하고 있다.

1. 국법상 의미의 법원(사법행정상 의미의 법원)

사법행정권 주체인 법원(관서로서의 법원)은 각 법원관서의 장을 정점으로 하여 소속 법관으로 구성된 재판기관(소송법상 의미의 법원)과 기타의 직원으로 조직된다. 대법원장은 사법행정사무를 총괄하며 그 사무에 관하여 관계 공무원을 지휘·감독한다(법원조직법 제9조 제1항). 사법행정사무를 관장하기 위하여 대법원에 법원행정처를 두고(법원조직법 제19조 제1항), 고등법원·특허법원·지방법원·가정법원 및 행정법원과 대법원규칙이 정하는 지원에는 사무국이 설치되며, 대법원규칙이 정하는 고등법원 및 지방법원에는 사무국 이외의 국이 설치된다.

한편 대법원장은 지방법원 또는 그 지원 판사 중에서 그 관할구역 안에 위치한 시·군 법원의 판사를 지명하여 시·군법원의 관할사건을 심판하게 하여야 하는데, 시·군법원은 형사사건에 관하여는 20만원 이하의 벌금 또는 구류나 과료에 처할 범죄사건에 대하여 즉결심판한다(법원조직법 제34조 제3항).

2. 소송법상 의미의 법원(수소법원)

소송법상 의미의 법원이란 재판사무를 처리하기 위하여 1인 또는 수인의 법관으로 구성된 재판기관으로서의 법원을 말한다. 형사소송법에서 **법원**(法院)을 지칭하는 경우 보통 소송법상 의미의 법원을 말한다.

> ☞ 개개 사건에 대한 심리를 하는 소송법상 의미의 법원과 수소법원(受訴法院)은 다른 개념이다. 왜냐하면 수소법원이 아니어도 개개 사건에 대한 심리를 하는 소송법상의 법원이 있을 수 있기 때문이다. 예컨대 구속적부심 청구는 하나의 사건에 해당하므로 이 사건을 심리하는 법원은 소송법상 의미의 법원이지만 수소법원은 아니다.

이러한 재판기관인 법원은 법관만으로 구성되며, 법관 1인만을 두는 시·군법원이나 소년부지원의 경우를 제외하고는 관서로서의 법원(조직법상 의미의 법원)내에 여러 개씩 설치되는 것이 보통이다.

최고법원인 대법원에는 대법관 전원(대법원장 포함)의 3분의 2 이상으로 구성되는 합의체와 대법관 3인 이상으로 구성되는 부가 있다(법원조직법 제7조 제1항). 현재 대법원장과 12인의 대법관으로 구성되어(법원행정처장 제외) 1개의 **전원합의체**와 3개의 부가 설치되어 있다.

> ☞ 대법원 전원합의체와 대법관회의는 구별된다. 대법관회의는 대법관 전원의 3분의 2 이상 출석과 출석의원 과반수의 찬성으로 판사 임명 및 연임에 대한 동의, 대법원규칙 제정과 개정 등 중요한 사법행정사무를 의결한다.

고등법원·특허법원·행정법원의 심판권은 언제나 판사 3인으로 구성된 합의부에서 행사한다(동조 제3항). 지방법원 및 가정법원과 그 지원, 소년부지원 및 시·군법원의 심판권은 단독판사가 행하는 것이 원칙이나(동조 제4항), 합의심판을 요할 경우(법원조직법 제32조)에는 판사 3인으로 구성된 합의부에서 행한다($\substack{\text{법원조직법} \\ \text{제7조 제5항}}$).

II. 법원의 구성

1. 단독제와 합의제

법원의 구성에는 1인의 법관으로 구성되는 **단독제**와 1인 이상의 법관으로 구성되는 **합의제**가 있다. 단독제는 소송절차를 신속하게 진행시키고 법관의 책임감을 강하게 하는 장점이 있으나, 사안의 성질에 따라서는 부담이 가중되어 신중·공정하지 못할 염려가 있다. 이에 반하여 합의제는 심판을 신중히 하여 과오를 줄일 수 있으나, 단독제에 비하여 각 법관의 책임감을 떨어트릴 수 있고 많은 법관을 요하기 때문에 법원 전체로서 고려하면 재판을 지연시킬 우려가 있다.

2. 재판장·수명법관·수탁판사·수임판사

(1) 재판장과 합의부원

법원이 합의체인 경우에는 그 구성원 중 1인이 **재판장**으로 된다. 합의체의 기관으로서 재판장은 예컨대 공판기일지정권($\substack{\text{제267} \\ \text{조}}$), 소송지휘권($\substack{\text{제279} \\ \text{조}}$), 법정질서유지권($\substack{\text{법원조직법} \\ \text{제58조}}$) 등 권한을 가진다. 독립적 권한으로는 예컨대 급속을 요하는 경우에 피고인의 소환·구속 등 처분을 할 수 있는 권한($\substack{\text{제80} \\ \text{조}}$)을 가진다.

합의체에서 재판장 이외 법관은 **합의부원** 또는 **배석판사**라고 한다. 심판에 있어서는 재판장도 다른 법관과 동일한 권한을 가진다.

(2) 수명법관과 수탁판사

합의체의 법관이 그 구성원인 법관에게 특정한 소송행위 예컨대 압수·수색($\substack{\text{제136조} \\ \text{제1항 전단}}$), 결정 또는 명령을 함에 있어 필요한 사실의 조사 등을 행하도록 명하였을 때($\substack{\text{제37조} \\ \text{제4항 전단}}$) 이 명을 받은 법관을 **수명법관**이라고 한다.

어떤 법원이 다른 법원 판사에게 소송행위를 하도록 촉탁한 경우에 그 촉탁을 받은 판사 (당해 합의체 이외의 판사)를 **수탁판사**라고 한다. 예컨대 결정·명령의 재판을 위한 사실조사 ($\substack{\text{제37조} \\ \text{제4항 후단}}$), 피고인의 구속($\substack{\text{제77조} \\ \text{제1항}}$) 또는 압수·수색($\substack{\text{제136조} \\ \text{제1항 후단}}$)을 다른 지방법원판사에게 촉탁하는 경우가 여기에 해당한다. 수탁판사는 소송법적 의미의 법원을 구성하는 법관이 아니라는 점에서 수명법관과 구별된다.

수탁판사는 일정한 경우에는 다른 법원의 판사에게 전촉(轉囑)할 수 있다($\substack{\text{제77조} \\ \text{제2항}}$). 이 경우에 전촉을 받은 판사 또한 수탁판사이다.

(3) 수임판사

수소법원과는 독립하여 소송법상의 권한을 행사할 수 있는 개개의 법관을 **수임판사**라고 한다. 예컨대 수사기관의 청구에 의하여 각종 영장을 발부하는 판사($\frac{제201}{조}$), 제1회 공판기일 전에 증거보전을 행하는 판사($\frac{제184}{조}$) 또는 수사상 증인신문을 행하는 판사($\frac{제221조}{의2}$) 등이 여기에 해당한다.

수임판사가 행한 재판은 수소법원을 구성하는 재판장이나 수명법관으로서의 재판이 아니라 독립한 재판기관으로서의 재판이므로 준항고($\frac{제416}{조}$)의 방법으로는 수소법원에 불복할수 없다($\frac{대결\ 1986.7.12,}{86모25}$).

III. 법원의 관할

1. 서 설

관할이란 재판권을 행사하는 여러 법원 사이에서 어떤 법원이 어떤 사건을 담당하는가의 재판권 분장관계를 말한다. 헌법 제101조 제2항은 「법원은 대법원과 각급법원으로 조직된다」고 규정하고 있으며, 각급 법원 상호간 형사재판권을 어떻게 분배·행사시킬 것인가를 정할 필요 때문에 관할제도를 인정하게 된 것이다.

☞ 형사재판권을 행사하는 각급 법원으로 고등법원 6개(서울, 부산, 대구, 광주, 대전, 수원), 지방법원 14개, 지방법원 지원 41개, 그리고 100개의 시·군 법원이 설치되어 있다.

관할은 **재판권**과 구별되어야 한다. 재판권은 법원으로서 심리·재판할 수 있는 사건인가 아닌가의 일반적·추상적 심판권(사법권)을 의미하는 국법상 개념인 반면, 관할은 재판권의 존재를 전제로 하여 법원 가운데 어느 법원이 심리·재판할 것인가의 소송법상 개념이기 때문이다. 따라서 재판권이 없을 때에는 공소기각 판결($\frac{제327조}{제1호}$)을 해야 하지만, 관할권이 없는 경우에는 관할위반 판결($\frac{제319}{조}$)을 하여야 한다. 또한 관할은 재판권 행사를 위하여 각 법원에 분배된 직무 분담을 의미하므로 법원 내부석인 사무 분배는 관할이라 할 수 없다.

(1) 관할의 결정기준

관할은 법원의 심리편의 및 사건의 능률적 처리라는 기술적·절차적 이유뿐만 아니라 피고인의 방어권행사에 중요한 의미를 가지므로 일반적·추상적 기준에 의하여 자동적으로 결정할 필요가 있다. 그러나 관할 변경을 전혀 허용하지 않는다면 구체적 사건에 있어서 법원 심리에 도움이 되지 않을 뿐만 아니라 피고인 방어권행사에 불리한 경우도 생길 수 있다. 따라서 관할결정에서 어느 정도 탄력성을 인정하여 구체적 타당성을 잃지 않도록 할 필요가 있다. 이에 형사소송법은 관련사건의 병합·분리, 관할의 지정·이전 및 재량에 의한 이송 등을 인정하고 있다.

(2) 관할의 종류

표 3-1 법원의 관할

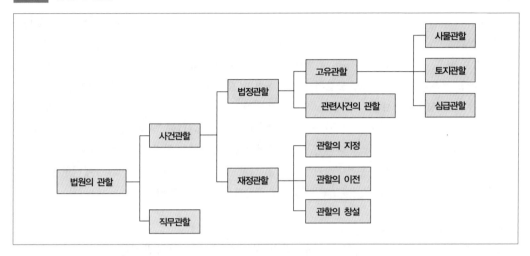

법원의 관할은 피고사건의 심판에 관한 **사건관할**과 특정절차에 관한 **직무관할**로 구별된다. 일반적으로 관할이라고 할 때에는 사건관할을 의미한다. 재심($^{제423}_{조}$), 비상상고($^{제441}_{조}$), 재정신청사건($^{제260}_{조}$)에 대한 관할은 직무관할에 속한다.

사건관할에는 법률에 의하여 직접 정해지는 **법정관할**과 법원의 재판에 의하여 관할이 결정되는 **재정관할**이 있다. 법정관할에는 고유관할과 관련사건의 관할이 있으며, 고유관할은 다시 사물관할·토지관할·심급관할을 포함한다. 재정관할에는 관할의 지정·이전·창설이 있다.

2. 법정관할

(1) 사물관할

사물관할이란 제1심사건을 다루는 지방법원단독판사와 지방법원합의부 사이에서 사건의 경중, 성질에 따라 재판권의 분장관계를 정해 놓은 것을 말한다.

제1심인 지방법원 또는 지원, 시·군법원의 형사사건에 대한 관할은 원칙적으로 단독판사에 속한다($^{법원조직법}_{제7조 제4항}$). 사물관할은 법정형을 기준으로 정하는 것이 원칙이다. 다만, 시·군법원의 사물관할은 선고형을 기준(20만 원 이하의 벌금·구류 또는 과료에 처할 범죄사건)으로 한다. 피고인은 시·군법원의 즉결심판에 대하여 고지를 받은 날로부터 7일 이내에 지방법원 또는 지원에 정식재판을 청구할 수 있다($^{동법}_{제35조}$).

지방법원과 그 지원 합의부의 관할에는 합의부에서 심판할 것으로 합의부가 결정한 사건, 사형·무기 또는 단기 1년 이상의 징역·금고에 해당하는 사건 및 동 사건과 동시에 심판할 공범사건, 지방법원판사에 대한 제척·기피사건, 다른 법률에 따라 지방법원 합의부의 권한에 속하는 사건(^{법원조직법}_{제32조 제1항})이 속한다.

☞ 합의부 관할인 사형, 무기 또는 단기 1년 이상의 징역·금고에 해당하는 사건 중에서도 형법상 특수상해(^{제258조}_{의2}) 특수절도(^{제331}_조), 상습특수절도(^{제332}_조)와 그 각 미수죄, 특수공갈(^{제350}_{조의2})과 그 미수죄, 상습장물죄(^{제363}_조)에 해당하는 사건, 폭력행위처벌법상 존속폭행, 체포, 감금, 존속협박, 강요, 상해, 존속상해, 존속체포, 존속감금, 공갈의 누범가중처벌(^{제2조 제3항}_{제2호·제3호})과 그 각 미수죄, 사법경찰관직무유기(^{제9}_조)에 해당하는 사건, 병역법 위반사건, 특정범죄가중처벌법상 도주차량운전자가중처벌(^{제5조의3}_{제1항}), 상습강도·절도 누범가중처벌(^{제5조의4 제5항}_{제1호·제3호}) 및 제5조의11에 해당하는 사건, 보건범죄단속법, 부정의료업자처벌(^{제5}_조)에 해당하는 사건, 부정수표단속법 수표위변조(^{제5}_조)에 해당하는 사건, 도로교통법상 음주운전, 음주운전측정거부(^{제148조의2 제1항·제2항}_{제2호, 제3항 제1호 및 제2호}), 중대산업재해 및 중대시민재해 사업주와 경영책임자 등의 처벌(^{중대재해법 제6조 제1항,}_{제3항 및 제10조 제1항})에 해당하는 사건은 제외된다.

(2) 토지관할

토지관할이란 소재지를 달리하는 동종 법원 사이에 재판권 분장관계를 정해 놓은 것을 말한다. **재판적**(裁判籍)이라고도 한다. 제1심 형사사건에 관하여, 지방법원 본원과 지방법원 지원도 소송법상 별개 법원이자 각각 일정한 토지관할 구역을 나누어 가지는 대등한 관계에 있으므로, 지방법원 본원과 지방법원 지원 사이의 관할 분배도 소송법상 토지관할의 분배에 해당한다. 이러한 토지관할을 제1심법원의 관할에 제한하는 견해도 있으나, 관련사건의 병합심리와 같이 항소심법원 상호간에도 토지관할의 유무를 결정할 필요가 있으므로(^{규 제4조의2}_{제1항}) 그렇게 제한할 필요는 없다.

> 참조판례 형사소송법 제4조(토지관할)에 의하여 지방법원 본원에 제1심 토지관할이 인정된다고 볼 특별한 사정이 없는 한, 지방법원 지원에 제1심 토지관할이 인정된다는 사정만으로 당연히 지방법원 본원에도 제1심 토지관할이 인정된다고 볼 수는 없다(^{대판 2015.10.15,}_{2015도1803}).

① **토지관할의 표준:** 토지관할은 사건처리 능률성과 피고인 출석 및 방어의 편의를 고려하여 결정해야 한다. 법정 관할구역(^{각급 법원의 설치와}_{관할구역에 관한 법률 제4조})에 따라 토지관할은 '범죄지'와 '피고인의 주소, 거소 또는 현재지'에 의해서 정해진다(^{제4조}_{제1항}). 범죄지를 토지관할의 표준으로 한 이유는 재판 대상인 범죄사실의 지리적 특성에 유래하는 재판의 구성요소 중 물적·객관적 측면을 고려한 것이고, 피고인 주소 또는 현재지를 토지관할의 표준으로 한 이유는 피고인의 지리적 특성에 유래하는 재판의 구성요소 중 인적·주관적 측면을 고려한 것이다.

국외에 있는 대한민국 선박·항공기내에서 발생한 범죄에 관하여는 선박의 선적지 또는 범죄후에 선박이나 항공기가 대한민국에 도착한 장소도 토지관할의 기초가 된다(^{제4조 제2항,}_{제3항}).

가) 범 죄 지: 범죄지란 범죄구성요건에 해당하는 사실의 전부 또는 일부가 발생한 장소

를 말한다. 범죄실행장소와 결과발생장소 및 그 중간지도 포함한다. 그러나 구성요건적 사실 이외의 사실이 발생한 장소는 포함되지 않으므로 예비 또는 음모가 행하여진 장소는 일반적으로 범죄지에 포함되지 않는다. 다만 예비·음모 그 자체가 가벌적인 경우에는 예비·음모지도 범죄지로 된다. 부작위범에 있어서는 부작위지(작위의무 당시 범인이 현재한 장소), 작위의무지(작위를 하여야 할 장소)는 물론 결과발생지도 범죄지이다. 또 공동정범에 있어서는 범죄사실 전체의 일부가 발생한 장소가 모든 공동정범에 대한 범죄지로 되며, 교사범과 방조범에 있어서는 교사와 방조의 장소 및 정범의 실행행위지와 결과발생지도 모두 범죄지로 된다. 간접정범의 경우는 이용행위지뿐만 아니라 피이용자의 실행행위지와 결과발생지도 모두 포함된다(통설).

나) 피고인의 주소·거소: 주소와 거소는 민법상의 개념에 따른다. 즉 주소는 생활의 근거되는 곳을 말하며(민법 제18조), 거소는 사람이 다소 계속적으로 거주하는 곳을 말한다(동법 제19조). 이러한 주소와 거소는 공소제기시에 존재하면 충분하고 후에 변동되더라도 영향을 미치지 않는다.

다) 피고인의 현재지: 현재지란 공소제기당시에 피고인이 실제로 위치하고 있는 장소를 말한다. 현재지는 임의 또는 적법한 강제에 의하여 현재하는 장소를 말하므로 불법연행된 장소는 포함되지 않는다고 보아야 한다(통설). 현재지 여부는 공소제기시를 기준으로 판단하므로, 일단 적법하게 구속된 이상 석방되거나 도망한 경우에도 토지관할에는 영향이 없다.

② 상급법원의 토지관할: 제6조(토지관할의 병합심리)의 토지관할을 결정할 **직근 상급법원**은 어떤 법원인지 명문규정이 없기 때문에 상급법원의 토지관할을 정함에 있어서 「각급법원의 설치와 관할구역에 관한 법률」(법원설치법)상의 관할구역과 토지관할을 다르게 볼 것인지 문제된다(부록 참조).

상급법원의 관할구역과 토지관할은 엄격히 구분되므로, 심급을 기준으로 결정하자는 견해도 있으나, 법원설치법상의 관할구역을 기준으로 판단하는 것이 타당하다. 왜냐하면 첫째, 법원설치법이 법원조직법 제3조 제3항(고등법원·특허법원·지방법원·가정법원·행정법원과 지방법원 및 가정법원의 지원, 가정지원, 시·군법원의 설치·폐지 및 관할구역은 따로 법률로 정한다)에 따라 각급 법원의 설치와 관할구역을 별도로 규정하고 있고, 이에 따라 법원설치법 제4조 제1호 [별표 3]은 지방법원과 그 지원의 관할구역을 대등하게 보고(예컨대 의정부지방법원 및 고양지원 등), 지역에 관계없이(예컨대 서울, 의정부, 인천, 춘천) 그 상급법원을 모두 **고등법원**(예컨대 서울고등법원)으로 규정하고 있으며, 둘째, 심급설에 따르는 경우 단독사건 경우에도 대법원이 직근 상급법원이 되는바, 대법원의 업무부담은 물론 당사자도 지리적으로 불편하기 때문이다.

☞ 대법원은 종래 형사소송법 제6조의 '직근 상급법원'의 판단기준을 심급관할에 따른 상급법원으로 보았다(대결 1991.2.12, 90초). 이후 대법원은 사물관할은 같지만 토지관할을 달리하는 수개의 제1심 법원(지원 포함)에 관련 사건이 계속된 경우에, 동법 제6조에서 말하는 '공통되는 직근 상급법원'은 그

성질상 형사사건의 토지관할 구역을 정해 놓은 법원설치법 제4조 [별표 3]의 관할구역 구분을 기준으로 정하여야 할 것인바, 형사사건의 제1심 법원은 각각 일정한 토지관할 구역을 나누어 가지는 대등한 관계에 있으므로 그 상급법원은 별표3에서 정한 제1심 법원들의 토지관할 구역을 포괄하여 관할하는 고등법원이 된다고 판시하였다. 따라서 토지관할을 달리하는 수개의 제1심 법원들에 관련 사건이 계속된 경우에 그 소속 고등법원이 같은 경우에는 그 고등법원이, 그 소속 고등법원이 다른 경우에는 대법원이 제1심 법원들의 공통되는 직근상급법원으로서 형사소송법 제6조에 의한 토지관할 병합심리 신청사건의 관할법원이 된다.(대결(전합) 2006.12.5, 2006초기335)

(3) 심급관할

심급관할이란 상소제도와의 관계상 하급법원의 재판에 대하여 불복하여 상소가 있는 경우에 이를 심판할 상급법원을 정하는 관할을 말한다. 구체적으로 살펴보면 지방법원 또는 지방법원 지원의 단독판사의 판결에 대한 항소사건은 지방법원 본원 합의부에서 관할하고(법조법 제32조 제2항 제1호), 지방법원 합의부의 제1심판결에 대한 항소사건은 고등법원에서 관할한다(동법 제28조 1호). 제2심판결에 대한 상고사건과 제1심판결에 대한 비약상고사건은 대법원의 관할에 속한다(동법 제14조).

(4) 관련사건의 관할

관련사건의 관할이란 관할이 인정된 하나의 피고사건과 주관적·객관적 관련성이 인정되는 사건을 의미한다. 주관적(人的) 관련이란 1인이 범한 수죄를, 객관적(物的) 관련이란 수인이 공동하여 범한 죄를 의미한다. 고유의 관할사건에 대하여 무죄·면소 또는 공소기각 재판이 선고된 경우라 할지라도 발생된 관련사건 관할에는 영향을 미치지 아니한다.

관련사건의 경우는 법적 안정성 취지에서 인정된 고유 법정관할에 대한 수정을 한 것이다. 주관적 관할 경우에는 불필요한 이중심리를 회피하기 위한 것이다. 객관적 관할 경우에는 모순된 판결을 방지하기 위한 것이다. 다만 관련사건의 관할은 토지 및 사물관할에서만 인정되며, 심급관할에서는 인정되지 않는다.

① 관련사건의 유형

가) 1인이 범한 수죄(제11조 제1호): 실체적 경합범을 의미한다. 여기서 수죄란 소송법적 의미로 이해해야 하므로 소송법상 1죄인 상상적 경합은 제외된다. 연속범·상습범과 같은 포괄적 일죄도 관련사건에 해당하지 않는다.

나) 수인이 공동으로 범한 죄(동조 제2호): 공동으로 범한 죄란 형법총칙상 공범인 공동정범, 교사·방조범뿐만 아니라 필요적 공범과 합동범을 포함한다.

다) 수인이 동시에 동일장소에서 범한 죄(동조 제3호): 동시범을 의미한다. 그 원인된 행위가 판명되었는지 여부는 불문한다.

라) 범인은닉죄 등과 본범의 죄(동조 제4호): 범인은닉·증거인멸·위증·허위감정통역죄 또는 장물에 관한 범죄는 본범과 공통되는 증거가 많다는 점에서 관련사건으로 취급한다.

② 관련사건의 토지관할의 병합

가) 병합관할의 원칙: 토지관할을 달리하는 수개의 사건이 관련사건에 해당하는 때에는 그 중 어느 한 사건에 관하여 관할이 있는 법원이 다른 사건까지 병합하여 관할할 수 있다(^{제5}_조). 따라서 그 여러 사건을 어느 법원에도 한꺼번에 기소할 수 있게 된다.

나) 병합심리결정: 병합관할의 원칙에 의하여 한 법원이 병합할 수 있는 관련사건이 각각 다른 법원에 기소됨으로써 따로따로 계속된 때에는 그 각 법원에 공통되는 직근상급법원이 검사 또는 피고인의 신청에 의하여 결정으로 그중 어느 한 법원으로 하여금 병합심리하게 할 수 있다(^{제6}_조). 병합심리결정은 직권으로 할 수는 없고 신청이 있는 때에만 하게 된다.

그런데 여기서 **각각 다른 법원**이란 사물관할은 같으나 토지관할을 달리하는 동종, 동등의 법원을 말하는 것이다(^{대결 1990.5.23.}_{90초56}). 예컨대 관련사건이 甲지방법원 단독판사와 乙지방법원 합의부에 각각 계속된 경우에는 직근상급법원이 결정으로 어느 한 법원으로 하여금 병합심리를 하게 할 수 없다. 다만 이 경우에는 다음에서 언급할 사물관할의 병합에 따라 乙지방법원 합의부가 결정으로 병합할 수 있을 것이다.

다) 분리이송: 병합관할의 원칙에 따라 병합기소되어 어느 한 법원에 계속된 관련사건 중 병합심리할 필요가 없다고 인정되는 부분은 직권에 의한 결정으로 이를 분리하여 본래의 관할법원에 이송할 수 있다(^{제7}_조).

③ 관련사건의 사물관할의 병합

가) 병합관할의 원칙: 사물관할을 달리하는 수개의 사건이 관련된 때에는 법원합의부가 병합관할한다(^{제9}_조). 예컨대 甲이 범한 살인죄(합의부 심판사건)와 그 甲을 은닉한 乙의 범인은닉죄(단독판사 심판사건)가 있는 때에는 합의부가 그 두 사건을 병합관할하는 것이다. 따라서 검사는 그 두 사건을 병합하여 1건으로 기소함으로써 한꺼번에 합의부가 심판하도록 할 수 있다.

나) 병합심리결정: 병합관할의 원칙에 의하여 합의부가 병합관할할 수 있는 관련사건이 시기를 달리하여 동일 법원 또는 별개의(즉 토지관할을 달리하는) 동급 법원에 따로따로 기소됨으로써 각각 합의부와 단독판사에게 계속된 때에는 합의부가 결정으로 단독판사에 속한 사건을 병합하여 심리할 수 있다(^{제10조, 규}_{제4조 제1항}). 병합심리결정은 합의부의 재량에 의하여 직권으로 하는 것이며, 검사나 피고인의 신청을 기다려서 하는 것이 아니다. 그러므로 병합심리결정 신청이 있다 하더라도 합의부의 직권발동을 촉구하는 의미밖에는 없다. 반면에 단독판사가 자신이 심리중인 사건과 관련된 사건이 합의부에 계속된 사실을 알게 된 때에는 즉시 합의부 재판장에게 그 사실을 통지하여야 한다(^{규 제4조}_{제2항}).

다) 분리이송: 병합관할의 원칙에 의하여 병합기소되거나 추가기소되어 합의부에 계속된 관련사건 중 본래 합의부 관할에 속하지 않는 사건은 합의부가 재량에 따라 직권에 의한 결정으로 관할 단독판사에게 이송할 수 있다(^{제9조}_{단서}). 이 경우 분리되어 이송되는 사건은 단독판

사 관할에 속하는 것에 한정되며 합의부관할사건은 이송 대상이 되지 않는다.

라) 항소사건의 병합심리: 사물관할을 달리하는 수개의 관련 항소사건이 각각 고등법원과 지방법원 본원 합의부에 계속된 때에는 고등법원은 결정으로 지방법원 본원 합의부에 계속된 사건을 병합심리할 수 있다($^{규 \, 제4조의2}_{제1항}$). 지방법원 본원 합의부의 재판장은 그 부에서 심리중인 항소사건과 관련된 사건이 고등법원에 계속된 사실을 알게 된 때에는 즉시 고등법원 재판장에게 그 사실을 통지하여야 한다($^{규 \, 동조}_{제2항}$). 고등법원이 위 병합심리결정을 한 때에는 즉시 그 결정등본을 지방법원 본원 합의부에 송부하여야 하고, 지방법원 본원 합의부는 그 결정등본을 송부받은 날로부터 5일 이내에 소송기록과 증거물을 고등법원에 송부하여야 한다($^{규 \, 동조}_{제3항}$).

3. 재정관할(裁定管轄)

재정관할이란 법원의 재판에 의하여 정하여지는 관할을 말한다. 법정관할이 없는 경우 또는 법정관할은 있으나 구체적 사정에 따라 그 사건에 한하여 이를 창설·변경하는 제도로서, 관할의 지정과 이전이 있다.

(1) 관할의 지정

관할의 지정이란 어느 사건에 대하여 관할법원이 명확하지 아니한 때 또는 관할위반을 선고한 재판이 확정된 사건에 관하여 다른 관할법원이 없어서 관할법원을 정하는 것을 말한다($^{제14}_{조}$). 관할이 명확하지 아니한 때란 행정구역 자체가 불명확한 경우를 말한다(다수설).

관할의 지정은 검사가 관계있는 제1심법원에 공통되는 직근상급법원에 신청하여야 한다($^{제14}_{조}$). 신청은 공소제기 전후를 불문하고, 사유를 기재한 신청서 제출에 의한다($^{제16조}_{제1항}$). 공소제기후에 관할지정을 신청한 때에는 공소를 접수한 법원에 통지해야 한다($^{동조}_{제2항}$). 공소가 제기된 사건에 대하여 관할의 지정이 있는 때에는 당연히 이송 효과가 발생한다.

통지를 받은 직근상급법원은 급속을 요하는 경우가 아닌 한 결정이 있기까지 소송절차를 정지하여야 한다($^{규}_{제7조}$). 이 경우에는 사실상 소송절차를 정지하면 되고 따로 정지결정을 할 필요는 없다. 신청을 받은 법원은 신청이 이유있다고 인정할 때에는 관할법원을 정하는 결정을 하고, 그렇지 않을 때에는 신청기각의 결정을 한다.

(2) 관할의 이전

관할의 이전이란 어느 사건의 관할법원이 법률상 이유 또는 특별한 사정으로 재판권을 행사하지 못하거나, 범죄의 성질, 지방의 민심, 소송의 상황 기타 사정으로 재판의 공정을 유지하기 어려운 염려가 있는 때 그 사건의 관할법원을 다른 법원으로 옮기는 것을 말한다($^{제15}_{조}$). 관할의 이전은 그 성질상 토지관할에 대해서만 인정되며, 제1심은 물론 항소심에서도 가능하다.

관할의 이전은 검사 또는 피고인의 신청에 의한다($^{제15}_{조}$). 검사의 관할이전신청은 의무적이며, 피고인에게는 신청권이 인정된다. 검사의 신청은 공소제기 전후를 불문하지만, 피고인은 공소제기 후에 한하여 신청할 수 있을 뿐이다. 관할의 이전을 신청함에는 그 사유를 기재한 신청서를 직근상급법원에 제출하여야 하며, 공소를 제기한 후에 신청하는 때에는 즉시 공소를 접수한 법원에 통지해야 한다(제16조). 직근상급법원은 신청의 통지를 받으면 급속을 요하는 경우가 아닌 한 결정이 있기까지 소송절차를 정지하여야 한다(규제7조). 신청을 받은 법원은 신청이 이유 있다고 인정할 때에는 관할법원을 이전하는 결정을 하고, 그렇지 않을 때에는 신청기각의 결정을 한다.

4. 관할의 경합

관할의 경합이란 동일사건에 대하여 둘 이상의 법원이 관할권을 가지는 경우다. 이는 관할이 여러 기준에 의하여 결정되고 법원의 관할권에 우열이 없기 때문에 발생하는 문제이다. 관할의 경합은 토지관할의 경우에 주로 발생하지만, 관련사건에 대한 병합관할제도 때문에 사물관할을 달리하는 수개의 법원간에도 생길 수 있다. 그러나 심급관할의 경우에는 1개 법원만이 관할법원이 되므로 관할의 경합은 발생하지 않는다.

관할경합의 경우 검사는 어느 법원에나 공소를 제기할 수 있고, 어느 한 법원에 공소를 제기하였다고 하여 다른 법원의 관할권이 소멸되지도 않는다. 그러나 동일사건에 대하여 서로 다른 법원이 이중심리나 모순된 판결을 내리는 것은 소송경제에 반할 뿐만 아니라 이중심리의 위험 내지 모순된 판결을 내릴 위험이 있다. 그래서 형사소송법은 관할권이 경합하는 경우를 대비하여 다음과 같은 기준을 마련하고 있다.

(1) 관할경합의 해결

① **사물관할의 경합시 합의부 우선 원칙:** 동일사건이 사물관할을 달리하는 수개의 법원에 계속된 때에는 법원 합의부가 심판한다(제12조). 이는 수개의 소송계속이 모두 1심에 있는 경우를 규정한 것이지만, 동일사건이 항소법원과 1심법원에 계속된 경우에도 준용하여 항소법원에서 심판해야 한다고 하는 것이 타당할 것이다(통설). 본 조항에 의한 사물관할의 경합은 양 법원에 토지관할이 있다는 것을 전제로 한다. 따라서 甲법원과 乙법원에 동일한 사건이 계속된 경우에 그 사물관할이 동일하면 이는 제13조의 토지관할의 경합문제가 되고, 사물관할을 달리하면 제12조의 사물관할의 경합문제가 된다.

② **토지관할의 경합시 선착수 원칙:** 동일사건이 사물관할을 같이하는 수개의 법원에 계속된 때에는 먼저 공소를 받은 법원이 심판한다(제13조). 이를 **선착수의 원칙**이라고 한다. 다만 각법원에 공통되는 직근상급법원은 검사 또는 피고인의 신청에 의하여 결정으로 뒤에 공소를 받은 법원으로 하여금 심판하게 할 수 있다(동조). 동일사건이 지방법원 본원과 지원에 각각 소송계속된 경우에도 지방법원의 본원과 지원은 관할구역이 다르므로 여기에 해당한다.

(2) 관할경합의 효과

관할경합이 있는 경우에 심판을 하지 않게 된 다른 법원은 결정으로 공소를 기각해야 한다(제328조 제1항 제3호). 그러나 뒤에 공소가 제기된 사건이 먼저 확정된 때에는 먼저 공소가 제기된 사건에 대하여 면소판결을 해야 한다(제326조 제1호). 이에 반하여 동일사건을 수개의 법원에서 판결하여 모두 확정된 때에는 뒤에 확정된 판결은 당연무효이다(통설).

5. 사건의 이송

사건의 이송이란 소송계속중인 사건을 다른 법원이나 군사법원에서 심판하도록 소송계속을 이전하는 것을 말한다. 사건의 이송이 당해 법원에서는 소송절차가 종결된다는 점에서 종국판결의 일종이라고 할 수 있지만, 법원에 일단 발생한 소송계속을 관할권이 있는 다른 법원으로 이송한다는 점에서 원래 관할권이 없는 다른 법원으로 사건을 이전하는 관할의 이전과 구별된다.

(1) 관할과 관련된 사건이송

① **관할의 병합에 의한 이송**(필요적 이송): 토지관할의 병합심리결정에 의하여 병합심리하게 된 법원 이외의 법원은 그 결정등본을 송부받은 날로부터 7일 이내에 소송기록과 증거물을 병합심리하게 된 법원에 송부하여야 한다(규 제3조 제2항). 합의부가 사물관할의 병합심리 결정을 한 때에는 즉시 그 결정등본을 단독판사에게 송부하여야 하고, 단독판사는 그 결정등본을 송부받은 날로부터 5일 이내에 소송기록과 증거물을 합의부에 송부하여야 한다(규 제4조 제3항).

② **관할의 지정 또는 이전에 의한 이송**(필요적 이송): 공소제기된 사건에 대하여 관할의 지정 또는 이전의 결정이 있는 때에는 사건계속법원은 지체없이 소송기록과 증거물을 그 지정 또는 이전된 법원에 송부하여야 한다. 다만, 사건계속법원이 관할법원으로 지정된 경우에는 그러하지 아니하다(규 제6조 제3항).

③ **현재지 관할에의 이송**(임의적 이송): 피고인이 관할구역내에 현재하지 아니하는 경우에 특별한 사정이 있으면 결정으로 사건을 피고인의 현재지를 관할하는 동급법원에 이송할 수 있다(제8조 제1항). 이러한 사건의 이송은 공판중심주의, 직접심리주의에 입각하여 심리 편의와 피고인 이익을 고려하여 인정된 제도이다. 따라서 피고인에 대하여 관할권이 없는 경우에도 필요적으로 이송하여야 하는 것은 아니다(대판 1978.10.10, 78도2225).

(2) 공소장변경과 사건이송

① **제1심에서 공소장변경으로 합의부 관할사건이 된 경우**: 단독판사의 관할사건이 공소장변경에 의하여 합의부 관할사건으로 변경된 경우에 법원은 결정으로 관할권이 있는 법원에 이송한다(제8조 제2항). 1995년 개정 형사소송법에서 신설된 것으로, 합의부와 단독판사가 동일법원

에 속하는지 여부와는 관계없이 적용된다.

참조판례 「단독판사의 관할사건이 공소장변경에 의하여 합의부 관할사건으로 변경된 경우 합의부로 이송하도록 규정하고 있을 뿐 그 반대의 경우에 관하여는 규정하고 있지 아니하며, 「법관 등의 사무분담 및 사건배당에 관한 예규」에서도 이러한 경우를 재배당사유로 규정하고 있지 아니하므로, 사건을 배당받은 합의부는 공소장변경허가결정을 하였는지에 관계없이 사건의 실체에 들어가 심판하여야 하며, 사건을 단독판사에게 재배당할 수는 없다」(대판 2013.4.25, 2013도1658).

② **항소심에서 공소장변경으로 합의부 관할사건이 된 경우:** 항소심에서 공소장변경에 의하여 단독판사의 관할사건이 합의부의 관할사건으로 된 경우 위의 제8조 제2항이 항소심(본원 합의부와 고등법원)에도 적용되어 이송해야 하는지, 또 이송하려면 관할권 있는 법원은 어디인지 문제된다. 이에 대하여 통설 및 판례(대판 1997.12.12, 97도2463)는 **고등법원 항소심 관할설**(이송설)이다. 즉 형사소송법 제8조 제2항을 유추적용하여 지방법원 항소부는 결정으로 관할권이 있는 법원인 고등법원으로 사건을 이송하여야 한다.

(3) 국민참여재판의 경우

「국민의 형사재판 참여에 관한 법률」에 따른 국민참여재판 대상사건에서 피고인이 국민참여재판을 원하는 의사를 표시한 경우에 지방법원 지원합의부가 동법 제9조 제1항에 따라 배제결정을 하여 직접 심리하기로 하지 아니하는 한, 국민참여재판 회부결정을 하여 대상사건을 지방법원 본원합의부로 이송하여야 한다(동법 제10조 제1항). 이처럼 지방법원 지원합의부가 국민참여재판 회부결정을 한 경우에는 지방법원 본원합의부가 관할권을 가지게 된다(동조 제2항).

(4) 사건의 군사법원이송

법원은 공소가 제기된 사건에 대하여 군사법원이 재판권을 가지게 되었거나 재판권을 가졌음이 판명된 때에는 결정으로 사건을 재판권이 있는 같은 심급의 군사법원으로 이송한다. 이 경우에 이송전에 행한 소송행위는 이송후에도 그 효력에 영향이 없다(제16조의2). 따라서 피고인이 군인이라는 사실이 인정되면 군사법원에 이송해야 하며 공소기각의 판결을 선고해서는 안 된다(대판 1973.7.24, 73도1296).

다만 엄밀히 말하면 군사법원에의 이송은 관할의 문제가 아니라 일반법원과 군사법원간의 재판권분배의 문제로 볼 수 있다.

참조판례 「일반 국민이 범한 수 개의 죄 가운데 특정 군사범죄와 그 밖의 일반 범죄가 형법 제37조 전단의 경합범 관계에 있다고 보아 하나의 사건으로 기소된 경우, 특정 군사범죄에 대하여는 군사법원이 전속적인 재판권을 가지므로 일반 법원은 이에 대하여 재판권을 행사할 수 없다. 반대로 그 밖의 일반 범죄에 대하여 군사법원이 재판권을 행사하는 것도 허용될 수 없다. 이 경우 어느 한 법원에서 기소된 모든 범죄에 대해 재판권을 행사한다면 재판권이 없는 법원이 아무런 법적 근거 없이 임의로 재판권을 창설하여 재판권이 없는 범죄에 대한 재판을 하는 것이 되므로, 결국 기소된 사건 전부에 대하여 재판권을 가지지 아니한 일반 법원이나 군사법원은 사건 전부를 심판할 수 없다」(대결(전합) 2016.6.16, 2016초기318).

(5) 사건의 소년부송치

법원은 소년에 대한 피고사건을 심리한 결과 보호처분에 해당할 사유가 있다고 인정한 때에는 결정으로 사건을 관할 소년부에 송치하여야 한다(소년법 제50조). 소년부도 송치받은 사건을 조사 또는 심리한 결과 사건의 본인이 19세 이상인 것으로 밝혀지면 결정으로써 송치한 법원에 사건을 다시 이송하여야 한다(동법 제51조).

(6) 사건이송의 효과

① **소송계속의 이전:** 사건의 이송은 소송계속이 이전되는 것이므로 이송전의 소송행위는 효력에 영향이 없다. 이 경우 송부한 법원과 송부받은 법원은 각기 대응하는 검찰청 검사에게 이 사실을 통지해야 한다(규 제8조).

② **재이송의 가부:** 이송결정이 확정되면 사건은 이송된 법원에 계속되므로, 다시 그 사건을 이송한 법원으로 역송할 수 없음은 물론이지만 별도의 요건이 갖추어지지 않는 한 다른 법원에의 재이송도 허용되지 않는다.

③ **항고의 가부:** 사건의 이송결정은 법원의 관할에 관한 결정이므로 즉시항고(제403조)는 물론 보통항고(제402조)도 허용되지 아니한다. 다만 형사피고사건에 대한 법원의 소년부송치 결정은 형사소송법 제403조(판결 전의 결정에 대한 항고)가 규정하는 결정에 해당하는 것이 아니므로, 이 결정에 대하여 불복이 있는 때에는 보통항고가 허용된다(대결 1986.7.25, 86모9).

6. 관할권부존재의 효과

(1) 관할위반의 판결

관할은 원칙적으로 처음부터 정해져 있고 소송조건이므로 법원은 직권으로 관할을 조사하여야 하며(제1 조), 관할권이 없는 경우에는 관할위반의 판결을 선고하여야 한다(제319조). 이러한 관할을 위반하여 선고한 판결은 절대적 항소이유(제361조의5 제3호) 내지 상대적 상고이유(제383조 제1호)가 된다. 관할권의 존재를 결정하는 시기는 토지관할에 있어서는 공소제기시를 기준으로 하나 뒤에 관할권이 생기면 하자가 치유된다. 이에 비해 사물관할은 심급의 이익이 있으므로 공소제기시부터 재판종결에 이르기까지 전(全) 심리과정에 존재해야 한다.

(2) 예   외

① **토지관할의 위반:** 법원은 피고인의 신청이 없으면 토지관할에 관하여 관할위반의 선고를 하지 못한다(제320조 제1항). 왜냐하면 토지관할이 다르더라도 동등한 법원에서 심판한다면 실질적으로 사물관할에 영향이 없기 때문이다. 다만 관할위반의 신청은 피고사건에 대한 진술

전에 하여야 한다($\frac{\text{동조}}{\text{제2항}}$). 따라서 피고사건에 대한 진술로써 관할권의 결여는 치유되어 법원은 그 사건에 대한 관할권을 가지게 된다.

② **관할구역외에서의 집무**: 법원은 사실발견을 위하여 필요하거나 긴급을 요하는 때에는 관할구역외에서 직무를 행하거나 사실조사에 필요한 처분을 할 수 있다($\frac{\text{제3항}}{\text{제1항}}$). 이 규정은 수명법관에게 준용한다($\frac{\text{동조}}{\text{제2항}}$).

IV. 법관의 제척·기피·회피제도

1. 서   설

공평한 재판은 재판의 생명이다. 일반적으로 재판의 공정과 위신을 보장하기 위하여 사법권의 독립 및 이를 실질적으로 보장하는 각종 규정이 있으나, 구체적으로도 이를 확보하는 제도가 필요하다. 그러므로 형사소송법상 제척·기피·회피제도는 이러한 취지하에서 법원구성에 있어서 공정성을 확보하고 재판의 객관성에 대한 국민의 신뢰를 높이기 위하여 설정된 것이다.

2. 법관의 제척

법관의 제척이란 법관이 구체적 사건에 대하여 법률에서 정한 특수한 관계가 존재할 경우에 당해 법관이 당연히 그 사건의 심판으로부터 배제되는 제도를 말한다. 이러한 효과는 법률 규정에 의하여 당연히 발생한다는 점에서 당사자 또는 법관 자신의 신청이 있을 경우에 재판으로 직무집행에서 배제되는 기피·회피와 구별된다.

(1) 제척의 원인

형사소송법 제17조상 제척의 원인들은 예시적이 아니라 제한적 열거이다. 따라서 아무리 불공평한 재판의 우려가 현저한 경우라도 이에 해당하지 않을 때에는 제척원인이 되지 않는다.

① **법관이 피해자인 때**($\frac{\text{제17조}}{\text{제1호}}$): 직접피해자에 한하고 간접피해자는 포함되지 않는다. 간접피해자까지 포함시키면 그 범위가 불명확하여 법적 안정성을 해할 우려가 있기 때문이다. 물론 간접피해자는 기피의 대상자로는 될 수 있다.

② **법관이 피고인 또는 피해자와 개인적으로 밀접한 관련이 있는 때**: '개인적으로 밀접한 관계'란 법관이 친족 또는 이러한 관계가 있었거나($\frac{\text{동조}}{\text{제2호}}$), 법정대리인, 후견감독인인 때($\frac{\text{동조}}{\text{제3호}}$), 사건에 관하여 피해자의 대리인($\frac{\text{동조제4호}}{\text{후단}}$) 또는 피고인의 대리인, 변호인, 보조인으로 된 때($\frac{\text{동조}}{\text{제5호}}$)를 말한다. 여기서 친족의 범위는 민법 제777조의 친족의 범위 안에 국한되므로 사실

혼 관계에 있는 사람은 제외된다. 법관이 피해자의 대리인이 된 때의 의미는 법관이 고소대
리인 또는 재정신청의 대리인이 된 경우를 말하며, 사선변호인뿐만 아니라 국선변호인도 포
함된다.

③ **법관이 당해 사건에 관여한 때:** 법관이 사건에 관하여 증인, 감정인으로 된 때($\substack{\text{동조 제4호} \\ \text{전단}}$),
사건에 관하여 검사 또는 사법경찰관의 직무를 행한 때($\substack{\text{동조} \\ \text{제6호}}$)를 말한다. 여기서 '당해 사건'
이란 현재 계속 중인 당해 형사사건을 의미하므로 민사소송 기타 절차에서 증인 또는 감정
인으로 된 때에는 해당하지 않는다. 다만 당해 형사사건인 이상 피고사건뿐만 아니라 피의
사건도 포함하므로 증거보전절차($\substack{\text{제184} \\ \text{조}}$) 또는 증인신문절차($\substack{\text{제221조} \\ \text{의2}}$)에서 증인 또는 감정인이
된 때에도 해당한다.

'증인·감정인이 된 때'란 증인·감정인으로서 증언 또는 감정한 때를 말한다. 따라서 증
인·감정인으로 신청되어 소환된 것만으로는 여기에 해당하지 않으며, 수사기관에서 참고인
으로 조사받거나 감정수탁인으로 관여된 경우도 증인·감정인이 아니므로 포함되지 않는다
(통설). 한편, 법관은 사건에 관하여 검사 또는 사법경찰관의 직무를 동시에 행할 수 없다.
따라서 이 사유는 법관 임관전에 검사 또는 사법경찰관으로 범죄를 수사하거나 공소를 제
기·유지한 경우에 제한된다.

> **참조판례** 선거관리위원장은 형사소송법 제197조나 「사법경찰관리의직무를행할자와그직무범위에
> 관한법률」에 사법경찰관의 직무를 행할 자로 규정되어 있지 아니하고 그 밖에 달리 사법경찰관에
> 해당한다고 볼 근거가 없으므로, 선거관리위원장으로서 「공직선거및선거부정방지법」 위반 혐의사
> 실에 대하여 수사기관에 수사의뢰를 한 법관이 당해 형사피고사건의 재판을 하는 경우 적절하다고
> 는 볼 수 없으나 형사소송법 제17조 제6호의 제척원인인 '법관이 사건에 관하여 사법경찰관의 직
> 무를 행한 때'에 해당한다고 할 수 없다($\substack{\text{대판 1999.8.20,} \\ \text{99도155}}$).

④ **법관이 전심재판 또는 그 기초되는 조사, 심리에 관여한 때**($\substack{\text{동조} \\ \text{제7호}}$)

가) 전심재판에 관여한 때: '전심'(前審)이란 상소에 의하여 불복이 신청된 재판으로 항소심
에 있어서는 제1심, 상고심에 있어서는 제2심과 제1심을 의미한다. 재판이란 종국재판만을
의미하며 판결과 결정을 불문한다.

> ☞ 판례는 파기환송전의 원심재판에 관여한 법관이 환송후의 재판에 관여한 경우($\substack{\text{대판 1979.2.27,} \\ \text{78도3204}}$), 재심
> 청구의 대상인 확정판결에 관여한 경우($\substack{\text{대결 1982.11.15,} \\ \text{82모11}}$), 판결정정신청사건의 상고심($\substack{\text{대결 1967.1.18,} \\ \text{66초67}}$)은 전
> 심재판에 해당하지 않는다고 보고 있다.

'관여한 때'란 판결의 합의나 판결서의 작성 등 재판의 내부적 성립에 실질적으로 관여한
경우를 말한다. 따라서 재판의 외부적 성립, 즉 재판의 선고에만 관여한 경우는 물론, 공판에
관여한 바는 있어도 판결선고전에 경질된 때($\substack{\text{대판 1985.4.23,} \\ \text{85도281}}$), 같은 피고인의 다른 사건($\substack{\text{대판 1964.4.8,} \\ \text{65로2}}$)
이나 분리심리된 다른 공범자에 대한 사건에 관여한 때에는 여기에 해당하지 않는다.

나) 그 기초가 되는 조사·심리에 관여한 때: 재판의 내용형성에 이바지한 조사·심리에 관여

한 경우를 말한다. 즉 전심재판의 내용형성에 사용될 자료 수집·조사에 관여하여 그 결과가 전심재판의 사실인정 자료로 쓰여진 경우를 의미한다. 따라서 당해 법관이 증거조사를 하였더라도 그 결과가 재판에 증거로 채용되지 않은 경우 또는 사실심리나 증거조사를 하지 않고 공판기일을 연기하는 재판에만 관여한 경우(대판 1954.8.12.
4286형상141.) 등은 포함되지 않는다. 다만 전심에서 변론을 지휘하고 증거조사를 하여 그 증거조사 결과가 전심재판의 기초가 되었다면 그 재판의 합의나 재판서 작성에 관여하지 않았더라도 해당된다. 또한 구속영장을 발부한 법관이나 구속적부심사나 보석허가결정에 관여한 법관이 다시 재판에 관여하더라도 제척사유로 되지 않는다(대판 1989.9.12.
89도612.).

☞ 문제는 수사상 증거보전절차 등(제184조,
제221조의2)에 참여한 판사가 제1심 재판에 관여한 경우, 전심재판의 기초되는 조사·심리에 관여한 경우로 볼 수 있는가이다. 증거보전절차 등은 전심재판에는 해당하지 않으나 그 기초되는 조사·심리에 관여한 경우에 해당한다는 적극설이 타당하다(통설). 왜냐하면 증거보전절차에서 작성된 법관 조서에는 절대적 증거능력이 인정되며(제311조), 증거보전 처분을 행하는 법관에게 법원 또는 재판장과 동일한 권한이 인정(제184조
제2항)될 뿐만 아니라 수사상 강제처분 경우에 압수물 등을 판사가 보관한다는 점 등을 고려하면 공정한 재판을 위하여 제척사유에 해당한다고 보는 것이 타당하기 때문이다. 이에 대하여 판례는 소극설을 따른다. 즉 공소제기전에 검사의 증거보전청구에 의하여 증인신문을 한 법관은 형사소송법 제17조 제7호에 이른바 전심재판 또는 기초되는 조사, 심리에 관여한 법관이라고 할 수 없다.(대판 1971.7.6.
71도974.)

다) 약식명령과 정식재판: 약식명령을 한 판사가 정식재판을 담당한 경우에 약식명령은 정식재판과 심급을 같이하는 재판이므로 전심재판이 아님은 명백하며 약식절차에서는 피고인을 신문하거나 증거조사를 하지 아니하고 단지 서면심리에 의하여 재판을 진행하므로 전심재판에 관여했다고 볼 수 없다(통설).

<blockquote>참조판례 「약식절차와 피고인 또는 검사의 정식재판청구에 의하여 개시된 제1심 공판절차는 동일한 심급 내에서 서로 절차를 달리할 뿐이므로, 약식명령이 제1심 공판절차의 전심재판에 해당하는 것은 아니고, 따라서 약식명령을 발부한 법관이 정식재판절차의 제1심판결에 관여하였다고 하여 형사소송법 제17조 제7호에 정한 '법관이 사건에 관하여 전심재판 또는 그 기초되는 조사, 심리에 관여한 때'에 해당하여 제척의 원인이 된다고 볼 수는 없다」(대판 2002.4.12.
2002도944.).</blockquote>

⑤ **법관이 사건에 관하여 피고인의 변호인이거나 피고인·피해자의 대리인인 법무법인 등에서 퇴직한 날로부터 2년이 경과하지 아니하거나**(동조
제8호) **피고인인 법인·기관·단체에서 임원 또는 직원으로 퇴직한 날로부터 2년이 지나지 아니한 때**(동조
제9호)**:** 법조일원화에 따라 로펌 등의 변호사 경력자가 법관으로 임용되면서 법관으로 임용되기 전에 소속되어 있던 로펌·기업과의 관계에서 공정한 재판을 할 수 있는지에 관한 소위 '후관 예우' 논란이 제기되어 규정된 내용이다.[1]

---

1) 부칙에 따라 제17조 제8호 및 제9호의 개정규정은 공포 후 6개월이 경과한 날로부터 시행하며, 이 법 시행 후 최초로 공소장이 제출된 사건부터 적용한다.

(2) 제척의 효과

① **당연배제:** 제척의 효과는 법률에 의하여 당연히 발생한다. 법관이나 당사자가 그 사유를 알 필요도 없다. 배제되는 직무집행 범위는 법관으로서의 모든 소송행위에 미친다. 따라서 제척원인이 있는 법관은 스스로 회피해야 하고(제24조 제1항), 당사자도 기피신청을 할 수 있다(제18조 제1항).

② **상소이유:** 제척원인이 있는 법관이 판결에 관여하는 것은 절대적 항소사유(제361조의5 제7호) 또는 상고이유(제383조 제1호)로 된다. 다만 재심사유(민소법 제451조 제1항 제2호)가 되는 민사소송과는 달리, 형사소송에서는 항소 또는 상고이유에 불과하며, 전심재판에 관여한 법관이 그 직무에 관하여 죄를 범한 것이 확정판결에 의하여 증명된 때에만 재심사유가 된다(제420조 제7호).

☞ 재정신청절차에서 공소제기결정을 한 법관(고등법원판사)이 다시 재정사건의 제1심 법관으로 관여한 경우에 제척사유에 해당하는지 문제되는데, 재정신청절차와 지방법원 제1심은 전심과 상급심 관계가 아니어서 재정신청절차에서 공소제기결정을 한 법관이 다시 공소제기사건의 제1심 법관으로 관여하더라도 '전심재판의 기초가 되는 조사·심리에 관여'한 경우에 해당하지는 않는다고 보아야 할 것이다. 다만 제18조 제2호의 기피사유에 해당할 수는 있으며, 공소제기사건의 항소심법관으로 관여한 경우에는 '제1심 재판의 기초가 되는 조사·심리의 성격'을 가진 것으로 볼 수 있을 것이다.

3. 법관의 기피

법관의 기피란 법관에게 제척사유가 있음에도 불구하고 재판에 관여하거나 기타 불공평한 재판을 할 사정이 있는 경우에 당사자의 신청에 의하여 그 법관을 직무집행으로부터 탈퇴케 하는 제도를 말한다. 따라서 이미 그 사건의 직무집행에서 배제되어 있는 법관에 대한 기피신청은 허용되지 않는다(대결 1986.9.24, 86모48). 다만 제척의 원인이 유형적으로 제한되어 있음에 반하여 기피의 원인은 비유형적·비제한적이며, 제척의 효과는 법률 규정에 의하여 당연히 발생하지만 기피의 효과는 당사자 신청이 있는 경우에 법원의 이유있다는 결정에 의하여 같은 효과를 발생한다는 점에서 차이가 있다. 따라서 기피제도는 제척제도를 보충하여 재판의 공정을 보다 철저히 보장하기 위한 것이다.

(1) 기피의 원인

① **법관이 제척의 원인에 해당하는 때**(제18조 제1항 1호): 당해 법관은 당연히 직무집행으로부터 제외됨에도 불구하고 이를 별도로 기피의 원인으로 한 것은, 당사자 신청이 있는 경우 법원으로 하여금 이를 심리하도록 구속한다는 의미가 있기 때문이다.

② **법관이 불공평한 재판을 할 염려가 있을 때**(동조 제1항 2호): 당사자가 불공평한 재판이 될지도 모른다고 추측할 만한 주관적인 사정이 있는 때를 말하는 것이 아니라, 일반인의 판단에 비추어 법관과 당해 사건과의 관계로 보아 불공평한 재판을 할 것이라는 의혹을 갖는 것이 합

리적이라고 인정할 만한 객관적인 사정이 존재하는 경우를 말한다($^{대판\ 1966.7.28,}_{66도37}$). 예컨대 법관이 심리도중 피고인의 유죄를 예단케 하는 취지의 발언을 한다든가, 피고인에게 진술을 강요하거나 현저하게 위압적인 신문을 한다든가, 법관이 당사자의 증인신청에 대하여 편파적인 결정을 하는 경우 등을 들 수 있다.

☞ 판례는 재판부가 당사자의 증거신청을 채택하지 아니하거나 이미 한 증거결정을 취소하였다 하더라도 그러한 사유만으로는 재판의 공평을 기대하기 어려운 객관적인 사정이 있다고 할 수 없고($^{대결\ 1995.4.3,}_{95모10}$), 피고인에게 공판기일에의 출석을 촉구할 정도($^{대결\ 1969.1.6,}_{68모57}$)로는 여기에 해당하지 않는다는 입장이지만, 증거채택 결정은 기속재량의 성질을 가지므로 당사자의 증거신청권에 대한 자의적인 침해가 인정될 경우에는 기피사유에 해당한다는 견해(기속재량설)도 있다.

(2) 기피신청절차

① **신청권자:** 기피를 신청할 수 있는 자는 검사와 피고인이다($^{제18조}_{제1항}$). 따라서 공소를 제기하기 전인, 예컨대 증거보전절차($^{제184}_{조}$)나 참고인에 대한 증인심판절차($^{제221조}_{의2}$)의 '피의사건'인 경우에는 문리해석상 피의자에게 기피신청권이 인정될 수 없지만, 입법론적으로는 기피신청권을 인정함이 타당할 것이다. 변호인은 피고인의 명시한 의사에 반하지 않는 한 기피신청을 할 수 있다($^{동조}_{제2항}$).

② **신청의 방식:** 기피신청은 서면 또는 공판정에서 구두로 할 수 있다. 합의법원의 법관에 대한 기피는 그 법관의 소속법원에 신청하고, 수명법관·수탁판사 또는 단독판사에 대한 기피는 당해 법관에게 신청하여야 한다($^{제19조}_{제1항}$). 기피신청에 있어서는 기피의 원인이 되는 사실을 구체적으로 명시하여야 하고($^{규\ 제9조}_{제1항}$), 기피사유는 신청한 날로부터 3일 이내에 서면으로 소명하여야 한다($^{제19조}_{제2항}$).

③ **신청의 시기:** 현행 형사소송법은 기피신청의 시기에 관하여 아무런 시간적 제한을 두고 있지 않다. 판결시까지는 언제든지 가능하다는 **판결선고시설**과 일단 변론이 종결되어 판결선고의 단계로 넘어가게 되면 기피신청은 허용되지 않는다는 **변론종결시설**이 대립하고 있다. 생각건대 다른 절차진행과 달리 판결선고의 경우에는 기피신청이 있더라도 소송진행이 정지되지 않는 현행법상 과연 기피신청을 인정할 실익이 있는지 의문이며, 간이기각결정에 대하여 재판의 집행정지 효력을 배제하여 신속한 절차진행을 도모한 제23조(기피신청기각과 즉시항고) 제2항의 취지상 변론종결시설이 타당하다.

판례는 「법관에게 불공평한 재판을 할 염려가 있다고 하여 기피신청이 있는 경우에 형사소송법 제22조에 의하여 정지될 소송진행은 그 피고사건의 실체적 재판에의 도달을 목적으로 하는 본안의 소송절차를 말하고 판결의 선고는 이에 해당되지 않는다」($^{대판\ 2002.11.13,}_{2002도4893}$)고 판시하면서, 「그와 같이 이미 종국판결이 선고되어 버리면 그 담당재판부를 사건심리에서 배제하고자 하는 기피신청은 그 목적의 소멸로 재판을 할 이익이 상실되어 부적법하게 된다」($^{대결\ 1995.1.9,}_{94모77}$)는 입장이다. 이는 변론종결시설을 따른 것으로 보인다.

(3) 기피신청에 대한 재판

① **신청수리법원의 처리:** 기피신청이 법률의 규정에 위배된 때에는 신청을 받은 법원 또는 법관은 결정으로 이를 기각한다(제20조제1항). 기피신청이 법률의 규정에 위배한 경우란 신청권자가 아닌 자가 신청한 경우, 기피의 원인되는 사실을 구체적으로 명시하지 않거나 3일 이내에 기피사유를 서면으로 소명하지 않은 경우, 소송지연만을 목적으로 한 경우를 말한다. 기피당한 법관은 이 경우를 제외하고는 지체없이 기피신청에 대한 의견서를 제출하여야 한다(동조제2항). 이 경우에 기피당한 법관이 기피의 신청이 이유있다고 인정하는 때에는 그 결정이 있는 것으로 간주한다(동조제3항).

② **기피신청사건의 관할:** 기피신청에 대한 재판은 기피당한 법관의 소속법원 합의부에서 결정으로 하여야 한다(제21조제1항). 기피당한 법관은 이 결정에 관여하지 못한다(동조제2항). 기피당한 판사의 소속법관이 합의부를 구성하지 못한 때에는 직근 상급법원이 결정하여야 한다(동조제3항).

③ **기피신청에 대한 재판**

가) 간이기각결정: 기피신청이 소송 지연을 목적으로 함이 명백하거나 제19조(기피신청의 관할) 규정에 위배된 때에는 신청을 받은 법원 또는 법관은 결정으로 이를 기각한다(제20조제1항). 여기서 기피신청이 소송의 지연을 목적으로 함이 명백한 때에 해당하는지 여부는 사안의 성질, 심리의 경과 및 변호인의 소송준비 등 객관적 사정을 종합하여 판단해야 할 것이다. 일반적으로 법원의 심리방법이나 태도에 대한 불복신청을 이유로 하는 기피신청, 시기에 늦은 기피신청, 이유없음이 명백한 기피신청이 여기에 해당한다.

나) 소송진행의 정지: 기피신청이 있는 경우에 그대로 진행하여 종국재판이 선고되면 기피제도 의의가 상실되므로 원칙적으로 소송진행을 정지하여야 한다. 따라서 기피신청을 받은 법관이 제22조(기피신청과 소송의 정지)에 위반하여 본안의 소송절차를 정지하지 않은 채 그대로 소송을 진행하여서 한 소송행위는 효력이 없고, 이는 그 후 그 기피신청에 대한 기각결정이 확정되었다고 하더라도 마찬가지이다(대판 2012.10.11, 2012도8544). 다만 **간이기각결정의 경우**와 멸실될 우려가 있는 증거를 조사해야 하거나 사기(死期)에 임박한 증인의 진술을 청취할 필요가 있는 등 **급속을 요하는 경우**(제22조)에는 예외로 한다.

  ☞ 소송진행의 정지범위와 관련하여, 정지해야 할 소송진행은 실체재판에 도달할 것을 직접목적으로 하는 본안의 소송절차를 말하므로 구속기간의 갱신절차나 판결의 선고는 여기에 해당하지 않는다는 견해(본안소송절차 정지설)와 정지해야 할 소송절차를 본안에 대한 소송진행에 제한하여야 할 이유가 없으므로 급속을 요하는 경우 외에는 모든 소송절차가 정지된다고 보아야 한다는 견해(전소송절차 정지설)가 있다. 판례는 구속기간의 갱신(대결 1987.2.3, 86모57)이나 판결의 선고(대결 1987.5.28, 87모10)는 정지해야 할 소송절차에 해당하지 않는다고 하여 본안소송절차 정지설을 취하고 있다. 기피제도가 본안재판의 공정을 위하여 인정된다고 하더라도 현행 형사소송법상 공판절차가 정지된 기간은 피고인의 구속기간에 산입되지 않는다(제92조제3항)는 점을 고려할 때, 전소송절차 정지설이 타당하다.

다) 기피신청에 대한 재판: 기피신청에 대한 재판은 결정으로 한다. 기피신청이 이유없다고 인정한 때에는 기피신청을 기각한다. 기피신청을 기각한 결정에 대하여는 즉시항고를 할 수 있다. 그러나 간이기각결정에 대한 즉시항고는 통상적인 즉시항고의 경우와 달리 재판의 집행을 정지하는 효력이 없다($\frac{제23}{조}$). 기피신청이 이유있다고 인정한 때에는 이유있다는 결정을 한다. 이 결정에 대하여는 항고하지 못한다($\frac{제403}{조}$).

(4) 기피의 효과

기피신청이 이유있다는 결정이 있을 때에는 그 법관은 당해 사건의 직무집행으로부터 탈퇴한다. 만약 그 법관이 사건의 심판에 관여한 때에는 법률상 그 사건에 관여하지 못할 판사가 그 사건의 판결에 관여한 때에 해당하여 절대적 항소이유가 되며($\frac{제361조의5}{제7호}$), 판결에 영향을 미친 법률위반으로서 상대적 상고이유가 된다($\frac{제383조}{제1호}$). 탈퇴의 효력이 발생하는 시기에 관하여는 제척의 원인을 이유로 하는 때에는 원인이 발생한 때이고 불공평한 재판을 할 염려가 있는 때를 이유로 하는 때에는 결정시에 효력이 발생한다고 보아야 할 것이다(통설).

4. 법관의 회피

회피는 법관이 스스로 기피의 원인이 있다고 판단할 때에 그 신청에 의하여 그 법관을 직무집행으로부터 탈퇴케 하는 제도이다($\frac{제24조}{제1항}$). 즉 법관이 스스로 기피사유가 있다고 판단할 때에는 사건의 재배당, 합의부원의 재구성 등 법원 내부적인 해결에 의하여 그 사건의 직무집행으로부터 탈퇴할 수 있지만, 이러한 내부적 해결이 이루어지지 않을 때에는 소속법원에 회피신청을 하여 법원 결정에 의하여 직무집행으로부터 탈퇴할 수 있도록 한 것이다.

회피의 신청은 소속법원에 서면으로 해야 하며($\frac{동조}{제2항}$), 신청의 시기에는 제한이 없다. 회피신청에 대한 결정에는 기피에 관한 규정이 준용된다($\frac{동조}{제3항}$).

5. 법원사무관 등에 대한 제척·기피·회피

법관의 제척·기피·회피에 관한 규정은 제17조 제7호(법관의 전심재판 등 관여로 인한 제척사유)의 규정을 제외하고는 법원의 서기관·법원사무관·법원주사 또는 법원주사보와 통역인에 준용된다($\frac{제25조}{제1항}$). 법원사무관 등은 직접 사건을 심리·재판하는 자는 아니나 심판에 부수하는 직무, 예컨대 공판조서 작성 등 중요한 행위를 하여 재판에 영향을 주는바 적지 않으므로 본 제도를 인정하고 있는 것이다.

> **참조판례** 「통역인이 사건에 관하여 증인으로 증언한 때에는 직무집행에서 제척된다. 제척사유가 있는 통역인이 통역한 증인의 증인신문조서는 유죄 인정의 증거로 사용할 수 없다」($\frac{대판\ 2011.4.14,}{2010도13583}$).

다만, 전심 등에의 관여로 인한 제척원인이 제외되고 있는 것은 법관과 법원사무관 등의 직무가 다르다는 점을 고려한 것으로 볼 수 있다. 법원의 서기관·법원사무관·법원주사 또는 법원주사보와 통역인에 대한 기피신청은 그 소속법원이 결정으로 하여야 한다. 그러나 제20조 제1항(기피신청기각)의 결정은 기피당한 자의 소속법관이 한다(제2항).

제 3 절 피 고 인

Ⅰ. 의 의

1. 피고인(被告人)

피고인이란 검사에 의하여 공소가 제기된 자 또는 공소가 제기된 자로 취급되어 있는 자를 말한다. 따라서 경찰서장에 의하여 즉결심판이 청구된 자도 피고인에 해당한다(즉심법제3조). 공소가 제기된 자이면 족하므로 진범인가의 여부나 당사자능력과 소송능력의 유무 내지 공소제기가 유효한가는 문제되지 않는다. 이처럼 피고인은 공소가 제기된 자를 의미한다는 점에서 수사기관에 의하여 수사절차에서 범죄의 혐의를 받고 수사대상으로 되어 있는 피의자와 구별되며, 유죄판결이 확정된 수형자와도 구별된다.

☞ 피고인의 특정이 실무에서 문제되는 유형에는 검사가 甲을 대상으로 하여 수사 및 공소제기를 하였는데 甲이 수사당시부터 乙의 성명을 모용하였기 때문에 공소장에는 乙이 피고인으로 표시된 경우(성명모용)와, 검사가 수사 및 공소제기를 하면서 올바르게 피고인을 甲으로 표시하였는데 乙이 甲인 것처럼 행세하면서 공판기일에 출석한 경우(위장출석)가 있다.

2. 공동피고인

동일한 소송절차에서 심판을 받는 수인의 피고인을 공동피고인이라고 총칭한다. 일방의 피고인으로부터 타방의 피고인을 가리킬 때는 **관련피고인**이라 부르기도 한다. 공동피고인은 심리의 병합의 결과로 발생한다. 심리의 병합은 공범자인 경우 또는 관련사건 경우뿐만 아니라 그 이외의 경우에도 심리의 능률을 위하여 필요한 때 법원이 직권 또는 당사자의 신청에 의하여 할 수 있다.

공동피고인에 관한 소송관계는 각각 별도로 존재한다. 그 결과 공동피고인 1인에 발생한 사유는 다른 피고인에게 영향을 미치지 않는 것이 원칙이다. 다만 예외로서 상소심이 피고인의 이익을 위하여 원심판결을 파기하는 경우에는 그 파기사유가 상소를 제기한 공동피고인에게 공통되는 때에는 이들 공동피고인에 대하여도 원심판결을 파기하여야 한다(제364조의2, 제392조). 이는 공평의 원칙에서 인정된 특칙이다.

☞ 검사가 누구를 피고인으로 기소할 의사가 있었는지에 따라 피고인을 결정해야 한다는 의사설,

피고인으로서 실제 행위를 하였거나 또는 법원에 의하여 피고인으로 취급된 자를 기준으로 피고인을 결정해야 한다는 행위설, 공소장의 표시를 기준으로 피고인을 결정해야 한다는 (형식적)표시설 등이 있다. 그러나 의사설에 따르면 위장출석의 경우 형식적 피고인을 피고인으로 볼 수 없으며, 행위설에 따르면 모용자가 피고인으로 행위하기 전까지는 피모용자를 피고인으로 보아야 한다는 불합리가 있으며, 형식적 표시설에 의하면 피모용자를 피고인으로 취급해야 한다는 점에서 문제가 있다. 따라서 피고인을 결정하는 기준으로 공소장의 기재를 기초로 하여 검사의 의사($\frac{제249}{조}$), 피고인으로서의 행동, 절차의 단계·형태·과정 등을 종합적으로 고려하는 표시기준설이 타당하다고 본다 (실질적 표시설).

Ⅱ. 성명모용소송(姓名冒用訴訟)

사 례

1. 피의자 甲이 수사단계에서 乙의 성명, 등록기준지, 생년월일을 사칭함으로써 공소장에 피고인 甲이 乙로 표시되어 공소가 제기되었다.
   (1) 甲이 공판정에 출석하여 심리받는 도중에 성명모용사실이 판명되었다면 검사 또는 법원은 피고인 甲에 대하여 어떤 조치를 취해야 하는가?
   (2) 만약 성명모용사실이 판명되지 아니한 채 유죄판결이 확정되었다면 甲과 乙에 대한 소송법상 효력 및 구제수단은 무엇인가?
2. 검사 X는 甲을 도박혐의로 약식기소하려고 하였으나 甲이 수사단계에서 乙의 인적사항을 모용하였기 때문에 乙을 약식기소하였다. 법원에서는 그대로 乙에게 약식명령을 송달하였으나 이를 받은 乙이 정식재판을 청구하여 정식재판절차에서 성명모용사실이 밝혀지자 검사는 공소장의 인적사항을 乙에서 甲으로 바꾸는 공소장변경을 신청하였다.
   (1) 피고인은 甲인가 아니면 乙인가?
   (2) 검사 X가 공소장을 乙에서 甲으로 바꾸려고 할 때 법원의 허가를 요하는가?
   (3) 법원은 甲과 乙에 대하여 어떠한 조치를 취해야 하는가?

공소장에는 피고인의 성명 기타 피고인을 특정할 수 있는 사항을 기재해야 한다($\frac{제254조}{제3항}$). 따라서 통상의 경우에는 공소장에 기재되어 있는 자가 피고인이 된다. 그런데 甲이 乙의 성명을 모용하여 乙의 이름으로 공소가 제기된 경우에 누가 피고인인지 여부가 문제된다.

생각건대 성명이 모용되었다는 것만으로 피고인이 된다면 타당하다고 할 수 없으므로 甲만 피고인으로 보아야 한다. 판례도 타인의 인적사항을 모용한 경우에는 그것이 공판절차이든($\frac{대판 1985.6.11,}{85도756}$) 약식절차이든($\frac{대판 1981.7.7,}{81도182}$) 관계없이 공소제기의 효력은 모용자에게만 미치며 피모용자에게는 그 효력이 미치지 않는다고 판시하고 있다.

1. 공판심리 중에 판명된 경우

(1) 모용자가 공판정에 출석한 경우(모용자가 출석한 성명모용)

① **모 용 자:** 피고인은 공소장에 특정하여 표시되어야 한다($_{제3항}^{제254조}$). 그런데 성명모용의 경우 모용자가 피고인이 되지만 공소장에는 피모용자로 표시되어 있으므로 이를 바로 잡아야 하는데, 이때 인적사항을 고치기 위하여 공소장변경절차를 거쳐야 하는지 아니면 공소장 정 정절차로 족한지 문제된다.

> **참조판례** 판례는 「피의자가 다른 사람의 성명을 모용한 탓으로 공소장에 피모용자가 피고인으로 표시되었다 하더라도 이는 당사자의 표시상의 착오일 뿐이고 검사는 모용자에 대하여 공소를 제기한 것이므로 모용자가 피고인이 되고 피모용자에게 공소의 효력이 미친다고 할 수 없고, 이와 같은 경우 검사는 공소장의 인적사항의 기재를 정정하여 피고인의 표시를 바로잡아야 하는 것인바, **이는 피고인의 표시상의 착오를 정정하는 것이지 공소장을 변경하는 것이 아니므로 형사소송법 제298조에 따른 공소장 변경의 절차를 밟을 필요가 없고 법원의 허가도 필요로 하지 아니한다**」($_{92도2554}^{대판 1993.1.19,}$)고 판시하여 후자의 입장을 취하고 있다.

공소장의 필요적 기재사항($_{제3항}^{제254조}$)과 공소장변경의 대상($_{제1항}^{제298조}$)을 비교해 볼 때, 인적사항 변경은 공소장변경 대상이 아니므로, 비록 피모용자가 공소장에 피고인으로 기재되어 있더라도 모용자가 피고인이므로 피모용자를 모용자로 변경하였다고 하여 심판 대상이 바뀌는 것은 아니다. 따라서 공판심리중 성명모용사실이 판명된 경우, 검사는 공소장정정절차에 의하여 피모용자의 성명·등록기준지·주거 등을 모용자의 것으로 정정하여야 하고, 이는 단순한 표시정정에 불과하므로 공소장변경과 달라 법원의 허가를 얻을 필요도 없다.

다만, 검사가 피고인 표시를 정정하여 모용관계를 바로 잡지 않은 상태에서 변론이 종결된 경우에는 외형상 피모용자 명의로 공소가 제기된 것으로 되어 있어 공소제기 방식이 제254조(공소제기의 방식과 공소장) 규정에 위반하여 무효라 할 것이므로 법원은 피고인의 불특정을 이유로 피모용자에게 공소기각판결을 해야 한다($_{제2호}^{제327조}$). 이에 따라 반사적으로 모용자에 대한 소송도 함께 종결된다고 보아야 할 것이다.

② **피모용자:** 원칙적으로 피모용자에게는 공소제기의 효력이 미치지 않으므로 판단을 요하지 아니한다. 판례도 동일한 입장이다.

> **참조판례** 「검사가 공소장의 피고인 표시를 정정하여 모용관계를 바로잡지 아니한 경우에는 외형상 피모용자 명의로 공소가 제기된 것으로 되어 있어 공소제기의 방식이 형사소송법 제254조의 규정에 위반하여 무효라 할 것이므로 법원은 공소기각의 판결을 선고하여야 하고, 검사가 피고인표시를 바로잡은 경우에는 처음부터 모용자에 대한 공소의 제기가 있었고 피모용자에 대한 공소의 제기가 있었던 것이 아니므로 법원은 모용자에 대하여 심리하고 재판을 하면 되지 원칙적으로 피모용자에 대하여 심판할 것이 아니다」($_{92도2554}^{대판 1993.1.19,}$).

(2) 피모용자가 공판정에 출석한 경우

성명모용소송은 피모용자에게 약식명령이 송달됨으로써 피모용자가 정식재판을 청구하고 공판기일에 출석하여 피고인으로 행동한 경우에 주로 문제된다.

① **모용자(진정피고인)**: 검사의 피고인 표시정정에 의하여 공소제기의 하자는 치유된다. 이 경우 실질적 피고인인 모용자에 대해서는 이미 공소제기의 효과가 발생하고 있으므로 종전의 소송절차를 진행하면 된다. 다만 피모용자가 약식명령에 대하여 정식재판을 청구한 경우에는 어떤 소송절차를 진행하는가에 대하여 견해가 대립하고 있다.

이에 대하여 피모용자의 정식재판청구로 모용자와 피모용자 모두 정식재판절차로 이행된다는 **정식재판절차설**도 있으나, 피모용자의 정식재판청구로 정식재판에서 성명모용사실이 밝혀져 피고인이 피모용자에서 모용자로 정정되더라도 모용자에게 약식명령의 송달이 없었으므로 법원은 본래의 약식명령정본과 피고인표시경정결정을 모용자에게 다시 송달해야 한다는 **약식절차설**이 타당하다(판례). 왜냐하면 소송경제 측면에서 약식절차설에 의할 경우 모용자가 정식재판을 청구한다면 무용한 절차의 반복이 있다고 하더라도, 모용자가 정식재판을 청구하지 않는다면 절차종결의 시점이 정식재판절차설보다 빠르므로 경제적인 점은 부인할 수 없기 때문이다.

> 참조판례 「피모용자가 정식재판을 청구하였다 하여도 모용자에게는 아직 약식명령의 송달이 없었다 할 것이어서 검사는 공소장에 기재된 피고인 표시를 정정할 수 있으며, 법원은 이에 따라 약식명령의 피고인 표시를 경정할 수 있다. 본래의 약식명령정본과 함께 이 경정결정을 모용자에게 송달하면 이때에 약식명령의 적법한 송달이 있다. 이에 대하여 소정의 기간내에 정식재판의 청구가 없으면 약식명령은 확정된다」(대판 1997.11.28, 97도2215).

② **피모용자(부진정피고인)**: 피모용자가 약식명령에 대하여 정식재판을 청구하여 피모용자를 상대로 하는 공판기일에 출석하여 사실심리를 받았다면 형식상 또는 외관상 피고인의 지위를 갖게 되므로, 법원은 피모용자에게 적법한 공소의 제기가 없었음을 밝혀주는 의미에서 제327조 제2호(공소제기의 절차가 법률의 규정에 위반하여 무효인 때)를 유추적용하여 공소기각판결을 해야 한다(공소기각판결설)(대판 1997.11.28, 97도2215). 다만 이러한 공소기각 판결은 피모용자에 대한 사실상의 소송계속을 종결시킬 뿐이므로, 모용자에 대해서는 아무런 효력을 미치지 아니한다고 보아야 할 것이다.

2. 판결확정 후 모용사실이 판명된 경우

이 경우 피모용자는 피고인이 아니기 때문에 확정판결의 효력은 피모용자에게 미치지 아니하고 모용자에 대해서만 미친다.

☞ 피모용자에 대한 형선고의 판결이 확정되어 수형사실이 수형인명부 및 범죄경력조회서에 기재

된 경우(만일 판결확정 후 10일이 경과되지 않았다면 형사소송법 제400조의 판결정정을 통하여 피모용자의 구제가 가능하지만, 기간 경과후에는 판결정정이 허용되지 않으므로 실무상 문제된다) 어떻게 구제할 것인지에 대하여 문제가 될 수 있다. 이에 대하여 피모용자가 유죄판결(확정판결)을 선고한 법원에 대응하는 검찰청의 검사에게 전과말소신청을 하여 검사의 결정으로 수형인명부와 수형인명표의 전과기재를 말소할 수 있다(통설). 왜냐하면 성명모용으로 재판이 확정된 경우를 법령에 위반한 것으로 보기는 곤란할 뿐만 아니라, 시간과 비용면에서 피모용자에게 훨씬 유리하기 때문이다.

<h2>사례해설</h2>

성명모용소송의 경우 재판관할, 소송계속, 당사자능력, 행위능력, 사건의 동일성, 기판력의 주관적 범위의 문제와 관련되고 실천적으로도 피모용자의 인권침해와 형사사법에 대한 신뢰의 상실을 초래할 우려가 있으므로 중요하다.

1. 본 사안은 모용자가 공판정에 출석한 성명모용소송과 관련된다. 첫째, 피고인의 특정과 관련하여 성명이 모용되었다는 것만으로 피고인이 된다고 하는 것은 타당하다고 할 수 없으므로 실질적 표시설에 따라 甲만 피고인으로 보아야 한다. 둘째, 검사 또는 법원의 조치와 관련하여 모용자에게는 공소장을 정정해야 하나, 피모용자에게는 공소기각판결을 할 필요가 없다. 셋째, 甲과 乙에 대한 소송법상 효력 및 구제수단이 문제되는데, 확정판결의 효력은 모용자인 甲에 대해서만 미친다는 점은 의문의 여지가 없다. 그리고 피모용자인 乙은 피고인이 아니므로 판결의 효력은 乙에게 미치지 않는다. 다만 피모용자에 대한 형선고의 판결이 확정되어 수형사실이 수형인명부에 기재된 경우에 어떻게 구제할 것인지 문제되는데, 논란이 있으나 검사가 乙에 대한 수형인명부와 수형인명표의 전과기재를 말소해야 할 것이다(전과말소설).

2. 본 사안은 피모용자가 공판정에 출석한 성명모용소송과 관련된다. 첫째, 甲과 乙 중 누구를 피고인으로 볼 것인가를 정해야 한다(피고인특정의 문제). 그것에 따라 수소법원이 취할 조치의 내용이 달라지기 때문이다. 먼저 검사의 의사를 기준으로 하는 의사설에 따르면 피고인은 甲이며, 행위설을 기준으로 하면 乙이 피고인이다. 왜냐하면 사안에서 乙이 정식재판을 청구하였을 뿐만 아니라 공판기일에도 출석하였고, 인정신문까지 받았다고 보여지므로 앞의 두 가지는 피고인으로 행동, 마지막 것은 피고인으로 취급된 자로 볼 수 있기 때문이다. 공소장에 표시된 자를 기준으로 하는 형식적 표시설에 따르더라도 피고인은 乙이다. 판례는 서면심리를 원칙으로 하는 약식절차에서도 공판절차에서와 같이 모용자를 피고인으로 보고 있다(대판 1981.7.7, 81도182). 생각건대 통설인 실질적 표시설에 따라 모용자 甲을 피고인으로 보는 것이 타당하다. 따라서 정식재판을 청구한 피모용자 乙에 대하여는 공소제기의 효력이 미치지 아니하므로 이론상 법원의 판단이 필요 없으나 정식재판을 청구하고 재판기일에 출석하는 등 피고인으로서 행위하였다면 형식적인 피고인의 지위에 있으므로 공소기각의 판결을 하여야 할 것이다. 둘째, 검사의 공소장변경신청이 있는데 피고인의 표시정정이 제298조의 적용대상인지 여부가 문제된다. 이에 대하여 통설 및 판례는 공소장에 표시된 피고인을 乙에서 甲으로 고치는 것은 단순한 오기나 착오의 정정에 불과하다는 입장이다. 따라서 법원은 검사의 공소장변경신청에 대해서는 기각결정을 내려야 할 것이다. 셋째, 甲에 대한 조치를 살펴보면 공소장의 표시에도 불구하고 피고인은 甲이므로 검사는 피고인표시를 乙에서 甲으로 정정하여야 한다. 물론 법원은 검사에게 피고인표시정정을 요구할 수도 있는데, 이는 제298조 제2항을 근거로 한 것이 아니라 규칙 제141조의 석명권의 행사이다. 이때 검사가 법원의 요구에 불응하여 피고인표시를 정정하지 않으면 甲에 대한 공소제기는 피고인이 특정되지 않았다는 이유로 무효가 된다(제254조 제3항 위반). 따라서 법원은 제327조 제2항에 따라 공소기각판결을 할 수 있다. 대법원도 같은 견해이다(대판 1985.6.11, 85도756). 이 경우 검사 X가 피고인 표시를 정

정한다면 그의 공소제기의 하자는 치유된다. 즉 검사 X의 공소제기의 하자는 피고인표시의 정정에 의해 추완된다. 다만 법원은 甲에 대해 어떤 소송절차를 진행해야 하는지 여부에 대하여는 정식재판 절차설과 약식절차설의 대립이 있다. 판례는 약식절차설의 입장이다. 넷째, 乙에 대한 조치를 살펴보면 乙은 실질적 피고인은 아니지만 법적으로 불안정한 지위에 놓여 있기 때문에 이러한 상태를 제거해 주기 위하여 乙에게 적법한 공소제기가 없었음을 밝혀 주는 것이 필요하다. 따라서 乙에게 형식적·부진정 피고인의 지위를 인정하고 성명모용사실을 乙에 대한 '공소제기의 절차가 법률의 규정에 위반하여 무효'($\frac{제327조}{제2호}$)가 되도록 하는 원인으로 보아 절차에서 배제시키는 의미에서 제327조 제2호를 유추적용하여 공소기각판결을 해야 할 것이다.

III. 위장출석(僞裝出席)

검사가 甲을 피고인으로 지정하여 공소를 제기하였으나, 乙이 甲인 것처럼 행동하여 법원이 심리를 진행하는 것을 말한다. 이러한 위장출석의 경우에도 甲만이 실질적 피고인(진정피고인)이지만(실질적 표시설), 乙이 공판정에 출석하여 재판을 받는 경우에는 형식적 피고인(부진정피고인)의 지위를 갖게 된다.

1. 위장출석이 밝혀진 乙을 절차에서 배제시키는 방법

(1) 인정신문단계

인정신문의 단계에서 위장출석의 사실이 밝혀진 경우에는 乙을 퇴정시키고 甲을 소환하여 절차를 진행하면 된다. 이 경우 사건에 대한 실질적 심리가 행하여지지 아니하였으므로 乙에 대하여 공소기각판결은 필요없다.

(2) 사실심리단계

乙이 출석하여 사실심리가 개시된 경우에는 乙에게도 형식적 소송계속을 인정하여야 하므로 공소기각의 판결($\frac{제327조}{제2호}$)을 선고하고 甲에 대한 절차를 진행하여야 한다. 이 경우 공소기각판결은 공판절차의 배제효력만이 있을 뿐이므로 진정피고인에게는 효력이 미치지 않아 검사는 진정피고인에 대해 다시 공소를 제기할 필요가 없다.

(3) 판결선고 후 단계

乙에 대한 판결선고 후 확정전까지는 항소 또는 상고이유가 된다.

(4) 판결확정 후 단계

乙이 위장출석하여 유죄판결이 확정된 경우에 판결의 효력이 甲에게 미치지 아니함은 당연하다. 이 경우에 甲을 소환하여 제1심부터 다시 진행하여야 하지만, 乙을 어떻게 구제할 것인지 여부가 문제된다.

이에 대하여 **비상상고설**은 확정된 판결에 대하여 사실관계의 오류를 시정하는 것이 아니라 형식적 소송요건의 흠결을 간과한 위법을 바로 잡는다는 의미인 점, 그리고 유죄판결을 선고받은 자가 공소기각의 판결을 구하는 경우에는 제420조(재심이유) 제5호의 재심사유인 '무죄 또는 면소를 인정할 수 있는 증거가 발견된 때'에 해당하지 아니한다는 점에서 비상상고가 타당하다고 본다.

그러나 비상상고의 요건인 '유죄의 확정판결이 법령에 위반된 경우'(제441조)가 아니라 사실인정의 하자가 있는 경우로서, 형사소송법 제420조 제5호 후단의 증거의 신규성을 법원에 대하여만 존재하는 것으로 해석하는 한 비상상고보다는 재심이 수형자에게 더 유리하다는 점에서 **재심설**이 타당하다(재심 부분 참조).

2. 관련문제 - 위장자수의 문제

(1) 문 제 점

위장출석과 달리 甲이 운전하다가 사고를 내었음에도 불구하고 乙 자신이 처음부터 범인임을 위장해 자수하여(예컨대 교통사고처리특례법 위반) 위장자수로 기소된 자가 있는 경우, 첫째, 진범인 교사자와 위장자수자 중 누가 피고인이 되는가, 둘째, 검사가 범인은닉죄로 기소하기 위해 공소제기후 피고인조사를 할 수 있는가(공소제기후 피고인조사의 적법성의 문제이므로 논외로 한다), 셋째, 공판심리 중 진범인이 아닌 것으로 판명된 경우 및 위장자수한 자에 대한 유죄의 확정판결이 있는 경우에 검사와 법원의 조치는 무엇인지 문제될 것이다.

(2) 피고인이 되는 자

위장자수의 경우는 수사와 공소가 모두 위장자수자에 대하여 이루어졌으므로 당연히 위장자수자(乙)만이 피고인이 될 뿐이다. 즉 이 경우는 성명모용도 아니고 위장출석도 아니므로 피고인특정의 문제는 일어날 여지가 없다.

(3) 검사와 법원의 조치

① 심리 중 진범인이 아닌 것으로 판명된 경우

가) 공소취소와 무죄변론: 검사에게는 객관의무가 인정되므로 乙 자신을 피고인으로 취급한 공소를 취소(제255조)하여 공소기각의 결정(제328조제1항제1호)을 하게 하거나, 진범이 아닌 것으로 판명된 시점에서 범죄인이 아니라는 이유로 무죄논고를 하여 무죄판결을 받아 사건을 조기에 종결시켜야 할 것이다. 왜냐하면 범인은닉죄(형법제151조)로 기소될 경우 동일인이 교통사고처리특례법 위반사건의 피고인이면서 그 사건의 진범을 도피시킨 범인은닉사건의 피고인이 되는 모순이 생기기 때문이다.

나) 공소장의 변경가부: 위장출석의 경우와 달리 처음부터 범인임을 위장하여 진범 대신 자수한 행위가 범인은닉죄를 구성한다(통설·판례). 문제는 교통사고처리특례법 위반의 공소

사실에 대하여 진범 대신 자수한 자가 범인이 아닌 것으로 발각된 경우, 법원이 공소장변경 없이 범인은닉죄를 인정할 수 있는가이다. 생각건대 교통사고처리특례법 위반죄와 범인은 닉죄는 사실기재면뿐만 아니라 법률구성면에서도 차이가 있으므로 어느 견해(기본적 사실동일 설, 죄질동일설, 구성요건공통설, 소인공통설, 범죄행위동일설 등)에 따르더라도 공소사실의 동일성을 인정할 수 없을 것이다(후술). 따라서 이 경우에는 검사가 교통사고처리특례법 위반죄의 공 소를 취소하고 새로이 범인은닉죄의 공소사실로 공소를 제기함으로써 이중처벌을 피하는 것이 바람직할 것이다.

② **위장자수자 및 교사자에 대한 기판력 문제:** 이미 교통사고처리특례법으로 유죄판결이 확정된 사람에게 다시 범인도피죄로 기소하는 것이 기판력에 위배되어 면소판결을 해야 하 는지 문제된다. 쟁점은 공소사실의 동일성이 인정되는 범위내인가라는 기판력의 객관적 범 위다. 양 사실은 죄질·행위·결과 등 모든 점에서 동일성이 인정되지 아니하므로 전소(前 訴)의 교통사고처리특례법의 기판력은 범인도피사건에 미치지 않는다고 보아야 한다. 따라 서 법원은 범인도피사건의 실체를 심리하여 유죄가 인정되면 범인도피죄의 유죄판결을 선 고할 수 있다. 이 경우 검사가 위장자수 교사자를 기소된 위장자수인의 공소사실과 동일한 혐의로 기소하였다면, 확정된 전소(前訴)의 기판력은 전소의 피고인이 아닌 후소(後訴)의 다 른 피고인에게 미치지 아니한다(기판력의 주관적 범위). 그러므로 법원은 실체심리를 진행시켜 위장자수 교사자에게도 유죄판결을 선고해야 할 것이다.

IV. 피고인의 소송법상 지위

1. 피고인 지위의 변화

규문주의 형사절차에서는 피고인이 규문판사의 조사 객체가 되는데 불과하여 소송주체로 서의 기본적인 인격을 부정당한 채 고문의 대상이 되었다. 이에 반하여 탄핵주의 형사절차 에서는 소추기관과 재판기관이 분리되어 법원의 심리와 재판은 검사의 공소제기에 의하여 개시되므로 검사와 피고인이 소송의 주체로 등장하게 되었다.

☞ 피고인에게 당사자의 지위를 인정할 수 있는지와 관련하여, 순수한 당사자주의를 채택하지 않 은 형사소송에서 피고인은 소송주체일 뿐 형사절차에서 피고인을 당사자라고 지칭하는 것은 적절 하지 못하다는 이유로 피고인의 당사자로서의 지위를 부정하고 피고인의 소송법상 지위를 적극적 소송주체로서의 지위와 소극적 소송주체로서의 지위로 파악하는 견해도 있다. 그러나 형사소송법 이 공판절차에 있어서 당사자주의를 대폭 강화한 소송구조를 채택하고 있음에도 불구하고 피고인 의 형사소송법상 지위를 순수한 직권주의 소송구조를 취하고 있는 독일 형사소송법상 피고인의 지 위와 동일하게 보는 것은 문제가 있다. 따라서 현행 형사소송법의 구조를 기본적으로 당사자주의 소송구조로 본다면 이를 긍정하는 것이 타당하다.

2. 소송당사자로서의 지위

(1) 수동적 당사자인 피고인

피고인은 검사에 대립하는 당사자이다. 즉 검사의 공격에 대하여 자기를 방어하는 수동적 당사자이다. 이러한 의미에서 검사를 공소권의 주체라고 한다면, 피고인은 방어권의 주체라고 할 수 있다.

(2) 피고인의 방어권과 참여권

① **방 어 권:** 형사소송법은 검사의 공소권에 대응하는 개념으로서 피고인이 당사자로서 검사와 대등한 지위에서 공격·방어를 할 수 있도록 하기 위하여 피고인에게 방어권을 보장한다. 즉, 공소장의 기재사항을 법정하고($_{\text{조}}^{\text{제254}}$), 공소장변경에 일정한 절차를 요하도록 하여($_{\text{조}}^{\text{제298}}$) 심판대상을 한정한다. 뿐만 아니라, 제1회 공판기일유예기간($_{\text{조}}^{\text{제269}}$)과 피고인에게 공소장부본을 송달받을 권리($_{\text{조}}^{\text{제266}}$), 공소제기 후 검사가 보관하고 있는 서류등의 열람·등사권($_{\text{의3}}^{\text{제266조}}$), 공판기일 변경신청권($_{\text{조}}^{\text{제270}}$), 공판조서열람등사권($_{\text{조}}^{\text{제55}}$)은 물론 진술거부권($_{\text{제1항}}^{\text{제283조의2}}$), 피고인에게 이익되는 사실을 진술할 권리($_{\text{제2항}}^{\text{제286조}}$), 증거신청권($_{\text{조}}^{\text{제294}}$), 의견진술권($_{\text{조}}^{\text{제293}}$), 이의신청권($_{\text{조}}^{\text{제296}}$), 증인신문권($_{\text{의2}}^{\text{제161조}}$), 최후진술권($_{\text{조}}^{\text{제303}}$) 등을 보장함으로써 피고인에 대한 무기평등의 원칙을 실현하고 있다. 아울러 변호인의 선임권과 의뢰권($_{\text{제90조}}^{\text{제30조}}$), 접견교통권($_{\text{제89조}}^{\text{제34조}}$), 국선변호($_{\text{조}}^{\text{제33}}$), 필요적 변호제도($_{\text{제283조}}^{\text{제282조}}$) 등의 권리도 피고인의 방어능력을 보충하여 그 방어권을 보장하여 주기 위함이다.

② **소송절차참여권:** 피고인이 소송의 주체 또는 당사자로서 소송절차를 형성할 권리로서, 피고인의 방어권행사의 전제가 되는 권리이며 소송절차의 공정성을 보장해 준다. 법원구성에 관여하는 권리로는 피고인의 기피신청권($_{\text{조}}^{\text{제18}}$), 관할이전신청권($_{\text{조}}^{\text{제15}}$), 관할위반신청권($_{\text{조}}^{\text{제320}}$), 변론의 분리·병합·재개신청권($_{\text{제305조}}^{\text{제300조}}$) 등이 있다. 공판절차의 진행에 관여할 수 있는 권리로는 공판정출석권($_{\text{조}}^{\text{제276}}$), 재판장의 처분에 대한 이의신청권($_{\text{조}}^{\text{제304}}$), 변론재개신청권($_{\text{조}}^{\text{제305}}$), 공판정지신청권($_{\text{4항}}^{\text{제298조}}$) 등이 있다. 증거조사에 참여할 수 있는 권리로는 공판기일전 증거조사청구 및 증거제출권($_{\text{제274조}}^{\text{제273조}}$), 증거보전청구권($_{\text{조}}^{\text{제184}}$), 공판기일에서의 증거신청권($_{\text{조}}^{\text{제294}}$), 증거조사실시에의 참여권($_{\text{조}}^{\text{제291}}$), 증인신문과 검증·감정 등에의 참여권($_{\text{제176조, 제183조}}^{\text{제145조, 제163조}}$) 등이 있다. 그밖에 압수·수색영장의 집행에 대한 참여권($_{\text{조}}^{\text{제121}}$), 기타 상소의 제기·취하권($_{\text{제349조}}^{\text{제338조}}$) 및 약식명령에 대한 정식재판청구권($_{\text{조}}^{\text{제453}}$)도 피고인에게 보장된 참여권이다.

③ **방어권과 소송절차참여권의 침해에 대한 구제:** 위법수집증거로서 증거능력이 부정되며, 방어권의 침해로 인한 소송절차의 법령위반이 판결에 영향을 미친 때에는 상소이유가 된다($_{\text{제383조 제1호}}^{\text{제361조의5 제1호,}}$). 소송절차참여권이 침해된 경우에는 이의신청도 가능하다.

3. 증거방법으로서의 지위

(1) 내 용

피고인은 소송 주체로서 당사자의 지위를 가지지만 동시에 증거방법으로서의 지위도 가진다. 왜냐하면 피고인의 임의 진술은 피고인에게 이익이 되거나 불이익한 증거로 될 수 있고, 피고인의 신체는 검증 대상이 될 수도 있기 때문이다. 전자를 인적(人的) 증거방법으로서의 지위, 후자를 물적(物的) 증거방법으로서의 지위라고 한다.

(2) 한 계

① **당사자로서의 지위와의 관계:** 피고인에게 증거방법으로서의 지위를 인정한다고 하여 피고인을 조사의 객체로 취급하는 것은 아니다. 증거방법으로서의 지위는 당사자로서의 원칙적 지위에 지장을 주지 않는 범위에서 인정되는 보조적 지위에 불과하므로 피고인의 당사자로서의 지위와 모순되는 것은 아니다.

② **피고인의 증인적격:** 영미 형사증거법에서는 피고인에게 진술을 강제할 수는 없지만 진술거부권을 포기하고 자기 형사사건에 대하여 증인 자격으로 증언할 수는 있다. 그러나 헌법상 진술거부권은 포기 대상이 될 수 없고, 피고인에게 증인의 지위를 부여하여 위증의 벌을 경고한 가운데 진술을 강요한다면 자기에게 불리한 진술을 강요받지 않는다는 헌법 제12조 제2항에 반한다. 또한 현행 형사소송법은 이에 대한 명문규정이 없으며, 형사소송법상의 증인은 소송주체 이외의 제3자라는 점 등에서 피고인의 증인적격은 인정할 수 없다(통설).

4. 절차의 대상으로서의 지위

피고인은 소환·구속, 압수·수색 등의 강제처분의 객체가 된다. 따라서 피고인은 적법한 소환·구속에 응하여야 하며($_{제69조}^{제68조}$), 신체 또는 물건에 대한 압수·수색을 거부할 수 없다. 이와 같이 피고인이 강제처분의 대상이 되는 지위를 절차의 대상으로서의 지위라고 한다.

V. 피고인의 당사자능력과 소송능력

1. 피고인의 당사자능력

당사자능력이란 소송법상 당사자가 될 수 있는 일반적인 능력을 말한다. 당사자에는 검사와 피고인이 있으나 검사는 법정의 임명자격과 절차에 따르므로 당사자능력이 문제될 여지가 없다. 따라서 당사자능력은 주로 피고인이 될 수 있는 능력의 문제로 다룬다.

(1) 구별개념

① **당사자적격과의 구별:** **당사자적격**은 구체적 특정사건에 있어서 소송당사자가 될 수 있는 자격을 말한다. 예컨대 검사가 甲(만 18세)을 절도죄로 기소한 경우, 甲이 피고인이 될 수 있는 능력 여부는 당사자능력의 문제인 반면, 甲을 피고인으로 하는 것이 유효·적절한가의 여부는 당사자적격의 문제이다. 그런데 형사소송에서는 민사소송과 달리 사건 자체의 특수한 성격(환경피해소송에서 주민단체의 당사자적격의 인정여부 등)을 이유로 피고인을 제한하는 규정을 두고 있지 않으므로 형사절차에서 당사자적격의 문제는 특별히 논의할 필요가 없다.

② **소송능력과의 구별:** **소송능력**은 소송행위를 유효하게 할 수 있는 능력이라는 점에서, 일반적·추상적으로 당사자가 될 수 있는 자격인 당사자능력과 구별된다. 그리고 당사자능력을 결여하면 공소기각재판에 의하여 형사절차가 종료되지만, 소송능력이 결여되면 단지 공판절차가 정지되는 것이 원칙이다.

(2) 당사자능력이 있는 자

① **자 연 인:** 자연인은 연령이나 책임능력의 여하를 불문하고 언제나 당사자능력을 가진다. 따라서 형사책임무능력자도 공소가 제기되면 당사자가 된다. 왜냐하면 형사책임무능력자도 특별법(제31조^{담배사업법}(형법의 적용제한))에 의하여 처벌될 가능성이 있기 때문이다. 그러나 태아나 사망자에게는 당사자능력이 없다. 다만 재심절차에서는 피고인의 사망이 영향을 미치지 않는다(제424조 제4항, 제438조 제2항 제1호).

② **법 인:** 법인 기타 단체도 처벌받는 경우가 있으므로 당사자능력을 가진다. 여기서 법인에 대한 처벌규정이 있는 경우에 당사자능력이 인정된다. 또한 당사자능력은 공소장 내용을 검토하기 이전에 공소사실과 관계없이 일반적·추상적으로 판단되어야 할 문제이므로 법인 처벌규정이 없는 경우에도 이를 긍정하는 것이 타당하다(다수설). 이에 따르면 법인에 대하여 공소제기된 경우에는 무죄판결을 선고해야 한다.

③ **법인격 없는 사단과 재단:** 범죄능력이 있는 경우에 한하여 당사자능력을 인정해야 한다는 견해도 있으나, 범죄능력과 당사자능력은 구별된다는 점에서 법인의 경우와 동일하세 일반적으로 당사자능력을 인정해야 할 것이다(통설).

(3) 당사자능력의 소멸

소송계속 중에 당사자능력이 소멸(피고인의 사망 또는 법인의 해산)되었을 때에는 공소기각의 결정을 한다(제328조 제1항 제2호). 다만 통설은 법인이 해산된 경우에 피고사건의 계속과 청산은 관계없는 것이므로 청산의 실질적 종료에 의하여 법인의 당사자능력이 소멸된다고 본다(청산등기종료시설 또는 청산시설).

참조판례 판례는 「법인은 그 청산종료의 등기가 경료되었다면 특단의 사정이 없는 한 법인격이 상실되어 법인의 당사자능력 및 권리능력이 상실되었다고 추정할 것이나 법인세체납 등으로 공소제기되어 그 피고사건의 공판계속중에 그 법인의 청산종료의 등기가 경료되었다고 하더라도 동 사건이 종결되지 아니하는 동안 법인의 청산사무는 종료된 것이라 할 수 없다. 형사소송법상 법인의 당사자능력도 그대로 존속한다」(대판 1986.10.28, 84도693)고 판시하여 피고사건이 소송계속 중에는 청산이 종료되지 않으며, 청산종결등기가 있어도 청산사무가 종료되지 않는 이상 그 한도에서 청산법인은 당사자능력이 있다는 입장이다.

생각건대 법인의 청산과 관련하여 예외적으로 소송이 계속 중이라면 그 한도내에서는 등기여부에 관계없이 청산사무가 완료되지 않았다고 보아야 한다. 왜냐하면 민법상의 청산법인 제도는 사법상 권리·의무관계를 정리하기 위한 장치이므로 국가형벌권의 실현을 위한 형사절차에까지 이를 그대로 인정할 수 없으며, 청산등기를 내세워 국가형벌권의 실현을 인위적으로 저지하는 사태도 배제할 수 없기 때문이다.

(4) 당사자능력 흠결의 효과

① **공소기각의 사유:** 당사자능력은 소송조건이므로 법원은 직권으로 피고인의 당사자능력 유무를 조사하여야 한다. 피고인에게 당사자능력이 없는 때에는 공소기각의 재판을 하여야 하는데, 공소제기 후에 피고인이 당사자능력을 상실한 경우에 공소기각결정을 해야 한다는 점에는 의문이 없다(제328조 제1항 제2호).

☞ 문제는 공소제기 전에 당사자능력을 상실한 경우(사망자에 대한 공소제기)이다. 통설에 따르면 당사자능력이 소멸된 경우에는 공소기각의 결정을 하면서 처음부터 당사자능력이 없는 때에는 공소기각의 판결을 해야 할 이유는 없다고 할 것이므로 제328조 제1항 제2호를 준용하여 공소기각의 결정을 해야 한다(공소기각결정설).

② **재심의 절차상 특칙:** 유죄선고를 받은 자가 사망한 경우에도 그 배우자 등에 의하여 재심청구가 허용된다(제424조 제4호). 피고인이 재심 판결전에 사망한 경우에도 공소기 결정을 할 수 없고 유·무죄의 실체재판을 하여야 한다(제438조 제2항 제2호).

2. 피고인의 소송능력

소송능력이란 피고인으로서 유효하게 소송행위를 할 수 있는 능력, 즉 의사능력을 기초로 한 소송행위능력을 말한다. 이는 피고인이 자기의 소송상 지위 및 이익과 손해를 이해하고 이에 따라 방어행위를 할 수 있는 의사능력을 의미한다. 따라서 피의자에게 의사능력이 있으면 직접 소송행위를 하는 것이 원칙이고, 피의자에게 의사능력이 없는 경우에는 형법 제9조 내지 제11조의 규정의 적용을 받지 아니하는 범죄사건에 한하여 예외적으로 법정대리인이 소송행위를 대리할 수 있다(제26조).

참조판례 「음주운전과 관련한 도로교통법 위반죄의 범죄수사를 위하여 미성년자인 피의자의 혈액채취가 필요한 경우에도 피의자에게 의사능력이 있다면 피의자 본인만이 혈액채취에 관한 유효한 동의를 할 수 있다. 피의자에게 의사능력이 없는 경우에도 명문의 규정이 없는 이상 법정대리인이 피의자를 대리하여 동의할 수는 없다」(대판 2014.11.13, 2013도1228).

(1) 구별개념

소송능력은 의사능력을 실질적인 내용으로 한다는 점에서 형법상의 책임능력과 비슷하다. 책임능력은 사물을 변별하거나 의사를 결정한 후 이에 따라 행위할 능력이므로 실행행위시에 존재해야 하지만, 소송능력은 소송행위가 가지는 이해득실을 판단하여 이에 따라 행동할 능력이므로 소송행위시에 존재하면 족하다는 점에서 차이가 있다.

다만 형사소송에서는 개별적인 행위(예컨대, 고소나 선서 등)를 할 수 있는 소송행위능력의 문제는 별론으로 하고, 민사소송에서의 소송능력과 같이 소송상의 행위를 할 수 있는 일반적 자격은 크게 문제가 되지 않는다. 왜냐하면 형사소송에서는 피고인 또는 피의자가 소송행위의 의미를 이해하고 자신의 권리를 지킬 수 있는 능력만 있으면 연령 등 객관적 기준과는 관계없이 소송을 수행할 수 있기 때문이다.

또한 소송능력은 형사사건에 대하여 사실상 또는 법률상 공격과 방어를 할 수 있는 능력인 변론능력과 구별되는데, 소송능력이 있는 피고인이라 할지라도 상고심에서는 변론능력이 없고 변호인에게만 변론능력이 인정된다(제387 조).

(2) 소송능력 흠결의 효과

① **소송행위의 무효:** 소송능력은 소송행위의 유효요건이므로 소송능력이 없는 자연인이 한 소송행위는 무효가 된다. 다만 소송능력은 당사자능력과 달리 소송조건은 아니므로 소송능력이 없는 자에 대하여 공소가 제기되었다고 하여 공소가 무효가 되는 것은 아니다. 또한 소송능력이 없는 자에 대한 공소장부본의 송달이 있는 경우에 공소장부본의 송달은 피고인에 대하여 공소사실과 적용법조를 통지하는 것에 지나지 않기 때문에 송달 자체가 무효로 되는 것도 아니다(통설).

② **공판절차의 정지:** 피고인이 계속적으로 소송능력이 없는 상태에 있을 때에는 절차를 진행시킬 수 없으므로 공판절차를 정지하여야 한다. 즉 피고인이 사물의 변별 또는 의사의 결정을 할 능력이 없는 상태에 있는 때에는 법원은 검사와 변호인의 의견을 들어서 결정으로 그 상태가 계속하는 기간동안 공판절차를 정지하여야 한다(제306 조). 따라서 제1회 공판기일의 모두(冒頭)에 변호인으로부터 피고인에게 소송능력이 없다는 주장이 있는 때에는 법원은 직권으로 소송능력 유무를 조사하여 소송능력이 없음이 명백한 때에는 즉시 공판절차를 정지하여야 한다.

③ 공판절차정지의 특칙

가) 무죄 등의 재판을 할 경우: 피고사건에 대하여 무죄, 면소, 형의 면제 또는 공소기각의 재판을 할 것이 명백한 때에는 피고인에게 소송능력이 없는 경우에도 피고인 출정 없이 재

판을 할 수 있다($^{제306조}_{제4항}$). 무죄 등의 재판은 피고인에게 유리한 재판이기 때문이다.

  나) 의사무능력자와 소송행위의 대리: 형법 제9조 내지 제11조의 적용을 받지 않는 범죄사건에 관하여 피고인 또는 피의자가 의사능력이 없을 때에는 법정대리인으로 하여금 소송행위를 대리케 하여 절차를 진행시킬 수 있다(^{제26조}). 그 예로서는 조세범처벌법 제14조, 관세법 제194조, 담배사업법 제31조(모두 벌금형에 처할 경우에 한한다) 등을 들 수 있다. 법정대리인이 없는 때에는 법원이 특별대리인을 선임하여야 한다($^{제28}_{조}$). 이는 피고인이 의사능력을 가지고 있지 아니한 경우에도 형사절차를 진행해야 할 상황을 대비한 것이다.

  다) 피고인인 법인의 대표: 피고인 또는 피의자가 법인인 때에는 법인이 소송행위를 할 수는 없으므로 그 기관인 자연인이 법인을 대표하여 소송행위를 할 수밖에 없다. 따라서 법인이 피고인인 때에는 그 대표자가 소송행위를 대표한다($^{제27}_{조}$). 법인에 대표자가 없는 때에는 법원은 직권 또는 검사의 청구에 의하여 특별대리인을 선임하여야 하며, 특별대리인은 대표자가 있을 때까지 그 임무를 수행한다($^{제28}_{조}$).

VI. 무죄추정(無罪推定)의 원칙

  무죄의 추정이란 형사절차에서 합리적인 의심을 품게 하지 않을 정도(beyond reasonable doubt)로 그 죄책이 입증되어 유죄판결이 확정될 때까지는 피의자 또는 피고인을 무죄로 추정한다는 원칙을 말한다. 이는 인권보장의 이념에 결부된 소극적 실체진실주의를 바탕으로 하여 강제처분에 대한 제한원리로 작용한다. 형사피의자는 범죄 혐의를 받고 있는 자에 불과하고, 수사의 결과 공소제기된 피고인도 피의자에 비해서 유죄판결의 개연성이 크지만, 이는 어디까지나 개연성에 불과하고 확실성은 아니다. 따라서 수사절차, 공판절차 등에서 피의자 또는 피고인 인권보장을 위해서는 자유로운 시민으로 대할 필요가 있다.

  ☞ 무죄추정의 원칙은 프랑스혁명 당시의 인권선언 제9조에 처음으로 등장하였고 영미법에도 같은 관념(innocent until proven guilty)이 인정되었으며, 세계인권선언(Universal Declaration of Human Rights) 제11조에도 정립된 법원칙이다. 우리나라에서도 이론적으로 무죄의 추정을 인정하였으나 1980년 제5공화국 헌법 개정시 「형사피고인은 유죄의 판결이 확정될 때까지는 무죄로 추정된다」는 명문규정을 두었으며($^{헌법 제26조}_{제4항}$), 1980년 개정 형사소송법 제275조의2에 동일한 내용의 규정을 두었다.

1. 적용범위

(1) 인적 범위

무죄추정의 원칙은 피고인뿐만 아니라 피의자에게도 적용된다. 현행법은 피고인에 대해서만 무죄의 추정을 규정하고 있으나($^{헌법 제27조, 제4항,}_{법 제275조의2}$), 공소제기된 피고인이 무죄로 추정되는 이상 그 전단계인 범죄 혐의를 받고 있는 피의자에게 무죄를 추정해야 하는 것은 당연하다.

(2) 시간적 범위

제1심이나 제2심에서 유죄판결이 선고되어도 무죄추정은 깨지지 않는다. 여기서 유죄판결이라 함은 형선고의 판결뿐만 아니라 형의 면제 또는 선고유예의 판결을 포함한다. 면소, 공소기각 또는 관할위반 등 형식재판에도 무죄추정이 적용된다. 재심청구사건에 대하여는 논란이 있으나, 형사소송법이 명문으로 '명백한 증거'를 재심사유로 규정하고 이상($^{제420조}_{제5호}$) 재심청구사건에서는 '의심스러울 때에는 피고인의 이익으로'라는 원칙이 적용될 수 없다고 본다(재심 부분 참조).

2. 내   용

(1) 수사에서의 무죄추정

① **구속자체의 제한:** 무죄의 추정은 인신구속 자체에 대한 제한원리가 되므로, 구속은 구속 이외의 다른 방법에 의해서는 목적을 달성할 수 없다고 인정되는 경우에 한하여 최후의 수단으로 사용되어야 한다. 현행법은 불구속재판이 원칙임을 천명하고 있으며($^{제198조}_{제2항}$), 헌법재판소도 동일한 입장이다($^{헌재\ 1992.4.14,}_{90헌마82}$). 다만 무죄추정의 원칙을 피의자에 대한 체포·구속의 입증 수준이 유죄판결을 받을 정도까지 요하는 것으로 해석하거나 체포·구속을 형벌로 취급한 다음 무죄추정의 원칙에 따라 유죄확정판결을 받을 때까지는 무죄인 피의자나 피고인을 체포·구속함으로써 형사처벌을 가하는 것은 부당하다는 의미로 해석하는 것은 타당하다고 볼 수 없다. 왜냐하면 체포·구속을 유죄판결이 확정된 경우에 받는 형벌이라고 본다면, 판결이 확정되지도 않은 상태에서 형벌을 집행할 수는 없기 때문에 어떤 경우에도 피의자·피고인을 체포·구속하는 것은 허용될 수 없기 때문이다. 따라서 체포·구속이 구금을 의미하므로 사실상 구금형을 집행받은 것과 같은 효과를 가지는 것이라고 하더라도 체포·구속을 형벌과 동일하게 볼 수는 없으며, 이는 위험한 개인을 격리하여 사회를 방위하기 위한 그 자체의 역할과 기능 때문에 존재한다고 보아야 할 것이다.

> 참조판례 「대법원이 파기환송 판결에 의하여 사건을 환송받은 법원은 형사소송법 제92조 제1항에 따라 2월의 구속기간이 만료되면 특히 계속할 필요가 있는 경우에는 2차(대법원이 형사소송규칙 제57조 제2항에 의하여 구속기간을 갱신한 경우에는 1차)에 한하여 결정으로 구속기간을 갱신할 수 있는 것이고, 한편 무죄추정을 받는 피고인이라고 하더라도 그에게 구속의 사유가 있어 구속영장이 발부, 집행된 이상 신체의 자유가 제한되는 것은 당연한 것이므로, 이러한 조치가 무죄추정의 원칙에 위배되는 것이라고 할 수는 없다」($^{대판\ 2001.11.30,}_{2001도5225}$).

② **불필요한 고통의 금지:** 엄격한 기준에 따른 체포·구속중에도 가급적이면 인간적으로 대우할 필요가 있다. 따라서 위압적·모욕적 신문은 금지된다. 이와 관련하여 수사기관이

구속피의자나 피고인을 조사할 때, 수갑 또는 포승을 강제할 수 있는지 문제되는데, 판례는 수사기관에서 구속된 피의자의 도주, 항거 등을 억제하는데 필요하다고 인정할 상당한 이유가 있는 경우에는 필요한 한도에서 포승이나 수갑을 사용할 수 있으며, 이러한 조치가 무죄추정의 원칙에 위배되는 것은 아니라는 입장이다(대판 1996.5.14, 96도561).

(2) 공소제기단계에서의 무죄추정

공소장일본주의(규 제118조 제2항)는 수사기관의 심증과 법원의 심증을 차단함으로써 사건에 대하여 법관이 예단을 가지지 않고 양 당사자의 공격과 방어를 통하여 진실을 발견해야 한다는 요청을 절차상으로 반영한 것이다. 따라서 공소장일본주의는 단순히 공소제기의 원칙에 그치는 것이 아니라 소송절차에 있어서 공평한 법원의 이념을 실현하기 위한 전제가 된다.

> **참조판례** 형사사건으로 공소가 제기되었다는 사실만으로 공무원에 대하여 징계처분을 행하는 것은 무죄추정의 원칙에 반하는 것으로 볼 수 없지만(대판 1986.6.10, 85누407), 형사사건으로 기소되면 필요적으로 직위해제처분을 하도록 규정한 국가공무원법규정은 무죄추정의 원칙에 위반된다(헌재 1998.5.28, 96헌가12).

(3) 공판단계에서의 무죄추정

공판정에서 피고인의 진술거부권 보장, 증인에 대한 철저한 반대심문, 불고불리의 원칙, 거증책임, 피고인의 불구속과 필요적 보석제도 등도 공판단계에서 무죄추정을 반영하는 제도로 볼 수 있다. 특히 피고인 신문에서 진술을 강요하거나 답변을 유도하거나 위압적·모욕적 신문을 하여서는 아니된다(규 제140조의2).

‖ **무죄추정의 원칙에 반한다고 본 판례사안** ‖

㉠ 도주 방지 등의 이유로 수사 및 재판단계에서 유죄가 확정되지 아니한 미결수용자에게 재소자용 의류를 입게 하는 행위(헌재 1999.5.27, 97헌마137)

㉡ 지방자치단체의 장이 금고 이상의 형을 선고받고 그 형이 확정되지 아니한 경우 부단체장이 그 권한을 대행하도록 규정한 지방자치법 규정(헌재 2010.5.2, 2010헌마418)

‖ **무죄추정의 원칙에 반하지 않는다고 본 판례사안** ‖

㉠ 상소심의 파기환송 판결에 의하여 사건을 환송받은 법원이 구속기간이 만료되더라도 구속을 계속할 필요가 있는 경우, 법률이 정하는 범위내에서 구속기간을 갱신한 경우(대판 2001.11.30, 2001도5225)

㉡ 교도소에 수용된 때에는 국민건강보험급여를 정지하도록 한 국민건강보험법 규정(헌재 2005.2.24, 2003헌마31)

㉢ 미결수용자에게 시설 안에서 재소자용 의류를 입게 하는 행위(헌재 1999.5.27, 97헌마137)

㉣ 변호사가 공소제기되어 그 재판의 결과 등록취소에 이르게 될 가능성이 매우 크고, 그대로 두면 장차 의뢰인이나 공공의 이익을 해칠 구체적인 위험성이 있는 경우 법무부변호사징계위원회의 결정을 거쳐 법무부장관이 업무정지를 명할 수 있도록 한 변호사법 규정(헌재 2014.4.24, 2012헌바45)

ⓜ 기소된 범죄가 합의부 관할사건인 경우에만 피고인에게 국민참여재판 신청권을 부여한 것 (헌재 2015.7.30, 2014헌바447)

ⓑ 형사재판에 계속 중인 사람에 대하여 출국을 금지할 수 있다고 규정한 출입국관리법 규정 (헌재 2015.9.24, 2012헌바302)

ⓢ 소년보호사건에 있어 제1심 결정에 의한 소년원 수용기간을 항고심 결정에 의한 보호기간에 산입하지 아니하는 소년법 규정(헌재 2015.12.23, 2014헌마768)

제4절 변호인

I. 서 설

변호인이란 피고인 또는 피의자의 방어권을 보충하기 위하여 특별히 선임된 보조자를 말한다. 즉 변호인은 소송의 주체가 아니라 소송주체인 피고인 또는 피의자의 보조자에 지나지 않는다. 형사소송법은 당사자주의에 입각하여 피고인에게 검사의 공격에 대하여 자기를 방어하는 당사자로서 지위를 보장하고 있으며, 피의자에게도 준당사자로서 장차 소송에서 당사자가 될 소송주체로서 방어에 필요한 권리를 보장하고 있다.

그러나 피고인에게 당사자 지위를 인정하였다고 하여도 검사와 피고인 사이에 무기대등의 원칙이 보장되지 않을 때에는 당사자주의에 의한 실체진실 발견의 이념이나 공정한 재판의 이념은 실현될 수 없다. 그런데 기소자인 검사는 법률전문가일 뿐만 아니라 국가기관으로서 권위와 강력한 조직을 가지고 피고인을 상대하는 데 반하여, 피고인 또는 피의자는 법률 및 소송에 관한 지식이 빈약하고 더욱이 범죄 혐의를 받고 있다는 심리적 열등감 또는 신체의 구속 등으로 실제로 극히 열등한 지위에 있게 되어 도저히 검사의 공격에 대하여 자기를 충분히 방어할 능력을 갖지 못한다.

따라서 피고인 또는 피의자와 신뢰관계에 있으면서 검사와 대등한 법률지식을 가지고 있는 법률전문가로 하여금 피고인을 보조하게 하여 공정한 재판을 실현시킬 필요성이 절실하다. 변호인제도의 존재이유도 여기에 있다. 헌법 제12조 제4항도 「누구든지 체포 또는 구속을 당한 때에는 즉시 변호인의 조력을 받을 권리를 가진다」라고 규정하여 체포 또는 구속된 피고인 또는 피의자의 변호인의뢰권을 국민의 기본권으로 보장하고 있다. 이에 따라 형사소송법에서도 피고인 또는 피의자의 변호인선임권(제30 조), 구속된 피고인 또는 피의자의 변호인선임의뢰권(제90조, 제209조) 및 접견교통권(제34 조)을 보장하고 있으며, 일정한 피고인과 구속전 피의자심문을 받게 되는 피의자에게는 국선변호인선정권(제33조, 제201조의2 제8항)까지 인정하고 있다.

☞ 형사소송법에 있어서 **변호** 개념을 가장 넓은 의미로 이해할 때에는 피고인의 이익을 위한 일체의 소송활동을 포함한다. 피고인에 대한 보호적 기능은 피고인의 이익보호를 주된 임무로 하는 변호인에 의하여 행해지는 경우도 있고, 공평한 재판을 하는 법관에 의해서도, 법령의 정당한 적용을 청구하는 검사에 의해서도 행하여질 수 있다. 변호인에 의하여 행하여지는 변호적 기능을 특히 **형식적 변호**라고 하고, 후자와 같이 법관 및 검사에 의하여 행하여지는 변호작용을 **실질적 변호**라고 한다. 그러나 법관은 소송의 지휘·심판 등의 고유한 임무를 갖고 있고 또 검사는 소추자로서 공소를 유지·추행하는 고유한 임무를 갖고 있으므로 피고인의 이익을 위한 충분한 변호를 기대할 수는 없다. 그래서 근대 형사소송법은 오로지 피고인의 정당한 이익을 옹호하는 변호제도를 설정하여 변호인의 변호작용(형식적 변호)을 확장시키고 있다. "형사소송의 역사는 변호권확대의 역사"라는 말은 인권사상 보급과 당사자소송주의 강화에 따라 이런 의미의 변호권이 확대되었다는 사실을 가리킨다.

Ⅱ. 변호인의 선임

1. 사선(私選)변호인

사선변호인이란 국선변호인에 대응하는 개념으로, 광의로는 특별변호인을 포함하지만, 협의로는 선임권자가 선임한 변호사 자격이 있는 변호인을 말한다.

(1) 선임권자

피고인 또는 피의자(제30조 제1항), 법정대리인·배우자·직계친족·형제자매(제30조 제2항)이다. 여기서 배우자란 법률상의 배우자를 의미하므로 내연관계에 있는 자는 포함하지 않는다. 변호인선임의 대리권자는 형사소송법 제30조(변호인선임권자) 제2항에 규정된 자에 한정되며, 피고인이나 피의자로부터 선임권을 위임받은 기타의 자가 피고인이나 피의자를 대리하여 변호인을 선임할 수는 없다(대결 1994.10.28, 94모25).

(2) 피선임자

변호인은 변호사 중에서 선임하여야 한다(제31조 본문). 다만 대법원이 아닌 법원은 특별한 사정이 있으면 변호사 아닌 자를 변호인으로 선임함을 허가할 수 있다(동조 단서). 이를 **특별변호인**이라 한다. 다만 법률심인 상고심에서는 변호사 아닌 자를 변호인으로 선임하지 못한다(제386조).

(3) 선임의 효력

변호인은 선임에 의하여 변호인으로서의 권리와 의무가 발생한다. 따라서 변호인선임계 제출 없이 항소이유서 또는 상고이유서 등을 제출한 경우 아무런 효력이 발생하지 않는다.

참조판례 「변호인선임신고서를 제출하지 아니한 변호인이 변호인 명의로 정식재판청구서만 제출하고, 형사소송법 제453조 제1항이 정하는 정식재판청구기간 경과 후에 비로소 변호인선임신고서를 제출한 경우, 변호인 명의로 제출한 정식재판청구서는 적법·유효한 정식재판청구로서의 효력이 없다. 형사소송법 제32조 제1항은 "변호인의 선임은 심급마다 변호인과 연명날인한 서면으로 제출하여야 한다"고 규정하고 있는바, 위 규정에서 말하는 변호인선임신고서는 특별한 사정이 없는 한 원본을 의미한다고 할 것이고, 사본은 이에 해당하지 않는다」(대결 2005.1.20, 2003모429).

① **객관적 범위:** 형사소송은 하나하나의 사건을 단위로 하여 성립하기 때문에 변호인선임의 효력도 하나의 사건을 단위로 하여 그 전부에 미치고, 그 이외에는 미치지 않는 것이 원칙이다. 따라서 선임행위(선임신고서)에서 특별한 제한(예컨대 구속적부심사청구에 국한)을 가한 때에는 그 제한내에서만 선임 효력이 있게 되지만, 선임행위에서 그 제한이 명시되지 않았다면 설사 사법권의 계약인 선임계약에서 제한을 하였다 하더라도 선임 효력은 소송절차 전부에 미친다(통설). 사건을 동급법원으로 이송하는 경우(제8조, 제9조, 제15조 등)는 물론 공소장변경(제208조)의 경우에도 변호인선임 효력은 추가 또는 변경된 공소사실에 미친다. 또한 하나의 사건에 대한 변호인선임은 동일 법원의 동일 피고인에 대하여 병합된 다른 사건에 관하여도 효력이 미친다. 기소의 순서는 묻지 않는다. 그러나 피고인이나 변호인이 이와 다른 의사표시를 한 때에는 그러하지 아니하다(규 제13조).

② **시간적 범위**

가) 심급대리의 원칙: 변호인선임은 심급마다 이를 하여야 한다(제32조 제1항). 여기서 심급이란 종국판결의 선고시를 의미하는 것이 아니라 상소에 의하여 이심의 효력이 발생할 때까지를 말한다(심급이탈시설). 형사소송법이 원심의 변호인에게 상소권을 인정하고 있을 뿐만 아니라(제341조 제1항), 종국재판의 선고·고지후에도 보석 청구, 서류 및 증거물 열람·등사 등에 관하여 동일한 심급 변호인의 소송행위가 필요하고, 종국판결시부터 이심의 효력이 발생할 때까지 변호인 없는 공백기간이 있어서는 안 되기 때문이다.

☞ 환송에 의하여 원래 심급으로 돌아가는 경우 파기환송 내지 이송전의 원심에서 있었던 변호인선임이 환송 내지 이송후에도 효력을 갖게 되는지 문제되는데, 형사소송규칙이 환송 또는 이송전 원심에서의 변호인선임은 파기환송 또는 파기이송후에도 효력이 있다고 규정하고 있으므로(규 제158조) 항소심에서 제1심으로 파기환송 내지 이송한 경우에는 당연히 선임의 효력이 유지된다고 보아야 한다.

☞ 형사소송규칙 제164조가 동 규칙 제158조(변호인선임의 효력)를 상고심 절차에 준용하고 있지 아니하므로 환송전 항소심에서의 변호인선임이 환송 내지 이송후 항소심에서도 효력을 가지는지 여부의 문제에 대하여 통설은 파기환송 내지 이송판결에 의하여 원심에서는 판결의 선고가 없는 상태로 돌아가므로 선임의 효과가 유지된다고 해석한다(적극설). 그러나 법률심인 상고심절차에서 피고인의 상고이유를 받아들여 파기환송 내지 이송을 하는 경우에는 상고심에서의 변호인이 계속하여 변호활동을 하는 것이 합리적일 뿐더러 제1심과는 달리 항소심의 경우 변호인선임의 효력이 부활된다는 명문규정도 없다는 점을 고려할 때, 상소에 의하여 선임의 효과가 소멸한 이상 파기환송 내지 이송판결에 의하여 그 효과가 부활될 수 없다고 보아야 한다(소극설).

나) 수사단계의 선임인 경우: 공소제기전, 즉 수사단계에서 한 변호인선임은 제1심에서도

효력이 있다($^{제32조}_{제2항}$). 따라서 공소장에는 그 변호인선임신고서 첨부가 요구된다($^{규 \ 제118조}_{제1항}$).

(4) 대표변호인

수인의 변호인이 있는 때에는 재판장은 피고인·피의자 또는 변호인의 신청 또는 직권에 의하여 대표변호인을 지정할 수 있고, 그 지정을 철회 또는 변경할 수 있다($^{32조의2 \ 제1항,}_{제2항}$). 현행 형사소송법이 1인의 피고인이나 피의자에 대하여 변호인 수를 제한하고 있지 아니하므로, 다수의 변호사를 선임함으로써 재판절차 지연 등을 초래할 수 있는 점을 방지하기 위한 것이다. 이 경우에 대표변호인은 3인을 초과할 수 없으며($^{제32조의2}_{제3항}$), 대표변호인 선임은 같은 피고인에 대하여 병합된 다른 사건에 대해서도 효력이 있다($^{규}_{제13조의5}$).

2. 국선변호인

국선변호인이란 법원에 의하여 선정된 변호인을 말한다. 아무리 변호인선임권을 보장하고 있다고 할지라도 경제적 빈곤 등으로 사선변호인을 선임할 수 없는 자에 대하여 국가가 변호인을 선정하여 피고인의 소송활동을 보완하지 않을 때에는 피고인의 변호권이 실질적으로 보장될 수 없다. 따라서 국선변호인제도는 헌법($^{동법 \ 제12조}_{제4항 \ 단서}$)이 보장하는 국선변호인 선임의 뢰권을 구체화한 것이며, 사선변호인제도를 보충하여 피고인의 변호권을 강화하기 위한 제도이다.

> (참조판례) 「헌법상 보장되는 '변호인의 조력을 받을 권리'는 변호인의 '충분한 조력'을 받을 권리를 의미하므로, 일정한 경우 피고인에게 국선변호인의 조력을 받을 권리를 보장하여야 할 **국가의 의무에는 형사소송절차에서 단순히 국선변호인을 선정하여 주는 데 그치지 않고 한 걸음 더 나아가 피고인이 국선변호인의 실질적인 조력을 받을 수 있도록 필요한 업무 감독과 절차적 조치를 취할 책무까지 포함된다**」고 판시하면서, 「피고인을 위하여 선정된 국선변호인이 법정기간 내에 항소이유서를 제출하지 아니하면 피고인을 위하여 요구되는 충분한 조력을 제공하지 아니한 것으로 보아야 한다. 이런 경우에 피고인에게 책임을 돌릴 만한 아무런 사유가 없는데도 항소법원이 형사소송법 제361조의4 제1항 본문에 따라 피고인의 항소를 기각한다면, 피고인에게 국선변호인으로부터 충분한 조력을 받을 권리를 보장하고 이를 위한 국가의 의무를 규정하고 있는 헌법의 취지에 반하는 조치이다. 따라서 피고인과 국선변호인이 모두 법정기간 내에 항소이유서를 제출하지 아니하였더라도, 국선변호인이 항소이유서를 제출하지 아니한 데 대하여 피고인에게 귀책사유가 있음이 특별히 밝혀지지 않는 한, 항소법원은 종전 국선변호인 선정을 취소하고 새로운 국선변호인을 선정하여 다시 소송기록접수통지를 함으로써 새로운 국선변호인으로 하여금 그 통지를 받은 때로부터 형사소송법 제361조의3 제1항의 기간 내에 피고인을 위하여 항소이유서를 제출하도록 하여야 한다」($^{대결(전합) \ 2012.2.16,}_{2009모1044}$).

(1) 피선정자격

국선변호인은 법원의 관할구역내에 사무소를 둔 변호사, 그 관할구역 안에서 근무하는 「공익법무관에관한법률」 제2조 제1항에 의한 공익법무관(법무부와 그 소속기관 및 각급 검찰청에서 근무하는 공익법무관을 제외한다) 또는 그 관할구역안에서 수습중인 사법연수생 중에서 선정하여야 한다($^{규\ 제14조}_{제1항}$). 그러한 변호사나 공익법무관 또는 사법연수생이 없거나 기타 부득이한 때에는 인접한 법원의 관할구역 안에 사무소를 둔 변호사나 그 관할구역안에서 근무하는 공익법무관 또는 그 관할구역 안에서 수습중인 사법연수생 중에서 선정할 수 있다($^{동조}_{제2항}$).

국선변호인은 피고인 또는 피의자마다 1인을 선정함을 원칙으로 하며($^{규\ 제15조}_{제1항}$), 수인의 피고인 또는 피의자 사이에 이해가 상반되지 아니한 때에는 수인의 피고인 또는 피의자를 위하여 동일한 국선변호인을 선정할 수 있다($^{동조}_{제2항}$).

> **참조판례** 「이해가 상반된 피고인들 중 어느 피고인이 법무법인을 변호인으로 선임하고, 법무법인이 담당변호사를 지정하였을 때, 법원이 담당변호사 중 1인 또는 수인을 다른 피고인을 위한 국선변호인으로 선정한다면, 이는 국선변호인의 조력을 받을 피고인의 권리를 침해하는 것이다」 ($^{대판\ 2015.12.23,}_{2015도9951}$).

(2) 선정사유

① 형사소송법상 필요한 경우

가) 피고인의 미약한 방어능력 및 무자력의 보완: 피고인이 구속된 때, 피고인이 미성년자인 때, 피고인이 70세 이상인 때, 피고인이 듣거나 말하는 데 모두 장애가 있는 사람인 때, 피고인이 심신장애가 있는 것으로 의심되는 때, 피고인이 사형, 무기 또는 단기 3년 이상의 징역이나 금고에 해당하는 사건으로 기소된 때에 변호인이 없는 경우에는 직권으로 국선변호인을 선정하여야 한다($^{제33조}_{제1항}$). 유기징역 또는 유기금고의 단기가 3년을 하회하더라도(예컨대 1년 이상) 사형이나 무기징역, 무기금고가 함께 규정되어 있으면 필요적 변호사건이 된다는 점에 주의해야 한다.

> **참조판례** 「형사소송법 제33조 제1항 제1호에서 정한 '피고인이 구속된 때'라고 함은, 피고인이 형사사건에서 구속되어 재판을 받고 있는 경우를 의미하고, 피고인이 별건으로 구속되어 있거나 다른 형사사건에서 유죄로 확정되어 수형 중인 경우는 이에 해당하지 않는다. 이는 특별한 사정이 없는 한 재판을 받고 있는 형사사건과 별건으로 구속된 형사사건을 병합하여 심리하기로 하였다가 위 두 사건에 대한 변론을 분리하기로 한 경우에도 마찬가지이다」 ($^{대판\ 2017.5.17,}_{2017도3780}$).

> **참조판례** 「법원이 국선변호인을 반드시 선정해야 하는 사유로 형사소송법 제33조 제1항 제5호에서 정한 '피고인이 심신장애의 의심이 있는 때'란 진단서나 정신감정 등 객관적인 자료에 의하여 피고인의 심신장애 상태를 확신할 수 있거나 그러한 상태로 추단할 수 있는 근거가 있는 경우는 물론, 범행의 경위, 범행의 내용과 방법, 범행 전후 과정에서 보인 행동 등과 아울러 피고인의 연령·지능·교육 정도 등 소송기록과 소명자료에 드러난 제반 사정에 비추어 피고인의 의식상태나 사물에 대한 변별능력, 행위통제능력이 결여되거나 저하된 상태로 의심되어 피고인이 공판심리단계에서 효과적으로 방어권을 행사하지 못할 우려가 있다고 인정되는 경우를 포함한다」 ($^{대판\ 2019.9.26,}_{2019도8531}$).

한편, 법원은 피고인이 빈곤 그 밖의 사유로 변호인을 선임할 수 없는 경우 피고인이 청구하면 국선변호인을 선정하여야 하고($^{동조}_{제2항}$), 피고인은 국선변호인 선정을 청구하는 경우에 소명자료를 제출하여야 한다($^{규}_{제17조의 2}$). 이러한 국선변호인의 선정청구에 대하여 법원이 아무런 결정을 하지 않는 것은 위법하다($^{대판 1995.2.28,}_{94도2880}$).

또한 법원은 피고인의 나이·지능 및 교육 정도 등을 참작하여 권리보호를 위하여 필요하다고 인정하면 피고인의 명시적 의사에 반하지 아니하는 범위에서 국선변호인을 선정하여야 한다($^{제33조}_{제2항}$).

나) 필요적 변호사건: 형사소송법 제33조 각 호의 어느 하나에 해당하는 사건 및 같은 조 제2항·제3항의 규정에 따라 변호인이 선정된 사건에서 변호인이 출석하지 아니한 때에는 법원은 직권으로 변호인을 선정하여야 한다($^{제283조,}_{제282조}$). 이는 변호인의 출석없이 개정하지 못하는 필요적 변호사건($^{제33조}_{제1항}$)이나 청구국선($^{제33조}_{제2항}$) 내지 재량국선($^{제33조}_{제3항}$)사건에 대하여 변호인 없이 개정하지 못하도록 함으로써, 필요적 변호사건의 범주에 대응하여 국선변호사건의 범주를 사실상 통일시키고 있다.

다) 체포·구속적부심사청구의 경우: 국선변호인은 원칙적으로 피고인에게만 인정되고 피의자에게는 인정되지 않는다. 다만 체포·구속적부심사를 청구한 체포 또는 구속된 피의자가 제33조의 국선변호인 선임사유에 해당하고 변호인이 없는 때에는 국선변호인을 선정하여야 한다($^{제214조의2}_{제10항}$).

라) 구속전 피의자심문: 구속영장을 청구받은 지방법원판사가 피의자를 심문하는 경우 ($^{제201조}_{의2}$)에 심문할 피의자에게 변호인이 없는 때에는 판사는 직권으로 변호인을 선정하여야 한다. 이 경우 변호인의 선정은 피의자에 대한 구속영장 청구가 기각되어 효력이 소멸한 경우를 제외하고는 제1심까지 효력이 있다($^{동조}_{제8항}$).

마) 공판준비절차를 거치는 경우: 공판정에서 집중심리주의가 효율적으로 이루어질 수 있도록 공판준비절차를 정비한 취지에 따라, 법원은 공판준비기일이 지정된 사건에 관하여 변호인이 없는 때에는 직권으로 변호인을 선정하여야 한다($^{제266조의8}_{제4항}$).

바) 재심사건의 심판과 관련이 있는 경우: 재심개시의 결정이 확정된 사건에서 사망자 또는 회복할 수 없는 심신장애자를 위하여 재심의 청구가 있거나, 유죄선고를 받은 자가 재심의 판결전에 사망하거나 회복할 수 없는 심신장애자로 된 때에는 재심청구자가 변호인을 선임하지 아니한 경우에도 국선변호인을 선임하여야 한다($^{제438조}_{제4항}$). 그러나 재심사건의 공판절차가 아닌 재심개시결정을 구하는 재심개시절차에서는 재심청구인이 국선변호인의 선정을 청구할 수 없다($^{대결 1993.12.3,}_{92모49}$).

② 특별법상 필요한 경우

가) 국민참여재판의 경우: 2008년부터 시행된 「국민의형사재판참여에관한법률」은 모든 국민참여재판에 대하여 필요적 국선변호제도를 도입하고 있다. 따라서 국민참여재판에 관하여 변호인이 없는 때에는 법원은 직권으로 변호인을 선정하여야 한다($^{국민참여재}_{판법 제7조}$).

나) 치료감호 청구사건의 경우: 치료감호법 제15조 제2항은 동법 제2조 제1항 제1호에 규정된 치료감호 청구사건에 관하여 형사소송법 제282조 및 제283조를 준용하고 있다. 따라

서 치료감호 청구가 있는 사건에서는 변호인 없이 개정하지 못하며, 변호인이 출석하지 아니한 때에는 직권으로 변호인을 선정하여야 한다.

다) 전자장치 부착명령 청구사건의 경우: 「특정범죄자에 대한 위치추적 전자장치 부착 등에 관한 법률」 제11조는 전자장치 부착명령 청구사건에 대하여 형사소송법 제282조 및 제283조를 준용하고 있다. 따라서 전자장치 부착명령 청구사건에서는 변호인 없이 개정하지 못하며, 변호인이 출석하지 아니한 때에는 직권으로 변호인을 선정하여야 한다.

라) 군사법원법이 적용되는 사건의 경우: 군사법원사건에 관하여 피고인에게 변호인이 없는 때에는 군사법원은 직권으로 변호인을 선정하여야 한다(군사법원법 제62조 제1항). 이 조항은 군사법원사건의 상고심인 대법원에서도 적용되므로 대법원이 고등군사법원 사건에 관한 상고사건을 접수한 때에는 예외 없이 국선변호인을 선정하여야 한다.

③ 피해자를 위한 경우: 「아동·청소년의 성보호에 관한 법률」은 피해아동·청소년에게 변호인이 없는 경우, 검사에게 국선변호인을 지정하여 형사절차에서 피해아동·청소년의 권익을 보호할 수 있도록 규정하고 있다(동법 제30조 제2항; 성폭력범죄 처벌특례법 제27조 제6항). 종래의 국선변호제도가 피의자·피고인의 방어권 보장에 중점을 두고 법원에 의하여 시행되어 온 반면, 2012년부터 새로 도입된 피해자 국선변호제도는 피해자의 보호를 위한 것으로서 검사에 의해서 시행된다는 점에 큰 차이가 있다.

(3) 선정의 법적 성질

법원 또는 재판장이 일정한 자에게 변호인의 자격을 부여하는 공권적 의사표시인 명령이라고 보는 **재판설**이 통설이며 판례의 입장이다.

> **참조판례** 「사선변호인의 선임은 피고인 등 변호인 선임권자(형사소송법 제30조)와 변호인의 사법상 계약으로 이루어지는 반면 국선변호인의 선정은 법원의 재판행위이므로, 양자는 그 성질이 다르다」(대결(전합) 2018.11.22, 2015도10651).

따라서 선정에 변호인 동의를 요하지 않으며, 선정된 변호인은 재판장의 해임명령이 없으면 사임할 수 없게 된다. 다만, 국선변호인선임청구를 기각한 결정은 판결전의 소송절차이므로, 그 결정에 대하여 즉시항고를 할 수 있는 근거가 없는 이상, 그 결정에 대하여 항고는 물론 재항고도 할 수 없다(대결 1993.12.3, 92모49).

(4) 선정취소

① 필요적 취소사유: 법원은 피고인 또는 피해자에게 변호인이 선임된 때, 국선변호인이 자격을 상실한 때, 국선변호인의 사임을 허가한 때에는 국선변호인의 선정을 취소하여야 한다(규 제18조 제1항).

② 임의적 취소사유: 법원은 국선변호인이 그 직무를 성실히 수행하지 않거나 피고인 또

는 피의자의 국선변호인 변경신청이 상당하다고 인정되거나 그 밖에 국선변호인 선정결정을 취소할 상당한 이유가 있는 때(규 제18조 제2항), 선정된 국선변호인이 공판기일이나 심문기일에 출석하지 않거나 퇴정한 경우(규 제19조)에는 국선변호인 선정을 취소할 수 있다.

(5) 사 임

국선변호인은 질병 또는 장기여행으로 인하여 국선변호인의 직무를 수행하기 곤란하거나, 피고인 또는 피의자로부터 폭행, 협박 또는 모욕을 당하여 신뢰관계를 지속할 수 없거나, 피고인 또는 피의자로부터 부정한 행위를 할 것을 종용받았거나, 그 밖에 국선변호인으로서의 직무를 수행하는 것이 어렵다고 인정할 만한 상당한 사유가 있는 경우에는 법원 또는 지방법원판사의 허가를 얻어 사임할 수 있다(규 제20조).

Ⅲ. 변호인의 소송법상 지위

변호인은 피고인 또는 피의자의 방어권행사를 도와주기 위한 보호자로서의 지위와 법원·검사와 함께 형사절차에 있어서 실체적 진실발견의 임무를 수행해야 하는 사법기관으로서의 공익적 지위를 가진다. 따라서 보호자로서 지위에서 보호의무가 발생하고, 공익적 지위에서 진실의무가 발생한다. 변호사법 제2조도 변호사의 지위에 대하여 「변호사는 공공성을 지닌 법률전문직으로서 독립하여 자유롭게 그 직무를 수행한다」고 규정하고 있다.

1. 보호자로서의 지위

(1) 피고인·피의자의 보호자

변호인은 형사절차에서 피고인·피의자의 이익을 보호할 보호자로서의 지위를 가진다. 이것이 변호인의 기본적인 지위이다. 다만 보호하여야 할 이익은 정당한 이익에 한하며, 피고인·피의자의 방어권 남용에 협력하여 변호활동을 하는 것은 변호권의 한계를 넘는 것으로서 허용되지 않는다.

(2) 변호인과 피고인과의 관계

① **독립적 지위**: 변호인은 단순히 피고인·피의자의 이익대변자가 아니라 독립된 보조자로서 법률에 다른 규정이 없는 한 독립하여 소송행위를 할 권한이 있다(제36조). 이 점에서 형사절차에 있어서 변호인은 민사소송의 소송대리인과 구별된다.

② **비밀유지의무**: 피고인과의 신뢰관계를 보호하기 위하여 변호인은 피고인의 유죄를 인식한 경우에도 이를 검사나 법원에 고지할 의무가 없다. 이를 보호의무의 연장으로서 **비밀유지의무**라고 한다.

그런데 사선변호인의 경우에는 신뢰관계가 기초로 되어 있음에 의문이 없지만, 국선변호인의 경우에는 피고인의 보호자라기보다는 재판진행을 위한 법원의 보조자 성격이 있어서 비밀유지의무는 사법기관의 지위(공익적 지위)에서 나오는 것으로 이해하는 견해가 있다. 그러나 국선변호도 사선변호를 보충하여 피고인 등의 이익을 보호하기 위한 것이라는 점 및 신뢰관계의 붕괴를 사임사유($^{규 \ 제20조}_{제2호}$)로 하고 있는 점 등에 비추어 볼 때 국선변호의 경우에도 신뢰관계가 전제되어 있다고 해야 할 것이다. 변호사법 제26조도 변호인 또는 변호사이었던 자는 그 직무상 알게 된 비밀을 누설하여서는 아니된다고 하여 비밀유지의무를 명문으로 규정하고 있다. 따라서 변호인이 업무중에 지득한 타인의 비밀을 누설한 경우에는 변호사법에 의한 징계 대상이 되는 외에 업무상비밀누설죄($^{형법}_{제317조}$)로 형사처벌된다.

2. 공익적 지위

(1) 변호인의 진실의무

변호인은 진실과 정의에 구속되지 않을 수 없고, 피고인의 보호자인 변호인의 지위도 진실발견의무에 의하여 제한되지 않을 수 없다. 이를 변호인의 **공익적 지위**라고 한다. 따라서 변호인은 국가 형벌권이 실체적 진실발견에 입각하여 정당하게 행사되도록 형사절차 진행과정에 협력해야 하기 때문에 그 직무를 행함에 있어서 진실을 은폐하거나 허위의 진술을 하여서는 아니되는 진실의무를 부담한다. 다만 변호인이 적극적으로 진실발견에 협력할 의무, 즉 적극적 의무를 의미하는 것이 아니고 부당한 방법으로 진실발견을 방해하지 아니할 의무, 즉 소극적 의무를 지는데 불과할 뿐이다. 왜냐하면 변호인은 검사처럼 완전한 진실의무(객관의무)를 지고 있는 것이 아니라 피의자 · 피고인의 정당한 이익과 모순되지 않는 한도에서 진실의무를 부담하기 때문이다.

(2) 보호자로서의 지위와의 조화

① **자백과 진실의무:** 변호인이 피고인 등과의 접견을 통하여 유죄임을 안 경우에도 이 사실을 법관이나 검사에게 고지할 의무가 있는 것은 아니다. 변호인에게는 진실의무 외에 비밀유지의무($^{변호사법}_{제26조}$)가 있기 때문이다. 변호인이 이 경우에도 증거불충분 등의 이유로 무죄변론을 하는 것은 변호인의 공익적 지위에 반하는 것이 아니며 오히려 이 경우 유죄변론을 하게 되면 피고인의 보호자라는 기본적 지위에 반하게 된다. 만일 변호인이 피고인의 의사에 반하여 유죄사실을 법원에 제출한다면 업무상 비밀누설죄($^{형법}_{제317조}$)에 해당한다.

그러므로 피고인 · 피의자가 진범임을 알면서도 무죄변론을 하는 것이 양심에 반한다면, 당해 사건에서 사임하는 방법을 택하여야 할 것이다. 물론 피의자 · 피고인의 자백이 진실이 아니라고 판단하거나 피의자 · 피고인의 자백에도 불구하고 자백의 보강증거가 없거나 기타 유죄판결을 받기에 충분한 증거가 존재하지 않은 경우에 무죄변론을 하는 것은 적법한 변호활동에 속한다.

② **법적 조언과 진실의무:** 변호인이 피고인에 대하여 법적 조언을 하는 것은 변호인의 권리이며 의무이다. 그런데 변호인이 적극적으로 진실에 반하는 줄 알면서 정당방위나 금지착오에 관한 법률지식을 조언하여 피고인·피의자로 하여금 이를 무죄의 방편으로 원용하도록 하는 경우에 그 행위가 변호인의 진실의무에 반하는지 여부가 문제된다. 피고인이 법률지식을 악용하더라도 변호인에게 무제한의 법적 조언을 허용해야 한다는 **무제한허용설**도 있으나, 무제한의 법적 조언은 변호인의 공익적 지위에 반하기 때문에 진실의무에 위반하여 허용되지 않는다는 **제한적 허용설**이 타당하다고 본다.

이와 관련하여 변호인이 피의자·피고인에게 진술거부권의 행사를 권고하는 것도 진실의무에 반하는지도 문제된다. 진술거부권은 헌법과 형사소송법상 피고인·피의자에게 부여된 기본적인 권리이므로 그러한 권고가 변호사로서의 진실의무에 위배된다고 할 수는 없다 ($\frac{대결\ 2007.1.31,}{2006모656}$). 다만 변호인이 피고인에 대하여 허위진술을 권하거나 임의의 자백 철회 또는 진실에 반하는 진술을 권하는 것은 진실의무에 반한다. 또한 피고인에게 증거인멸이나 도주 등을 권유하는 것도 변호인의 공익적 지위에 부합할 수 없다.

③ **증거수집 및 기타 활동과 진술의무:** 변호인이 증인에게 위증을 교사하거나 증거인멸을 지시하는 것은 진실의무에 반하지만, 증언거부권($제148 \atop 조$)이 있는 증인에게 그 권리 행사를 권고하는 것은 금지되지 않는다. 또 변호인이 피고인의 진술내용을 다른 공동피고인의 변호인에게 전달하는 것도 진실의무에 반하지 않는다.

④ **변호인의 상소:** 소송기록에 사실과 달리(흠이 있는 것으로) 잘못 기재되어 있는 경우에 변호인이 이를 이유로 상소하는 것은 당연히 허용되며, 이를 진실의무에 반한다고 할 수 없다. 검사도 피고인을 위하여 상소할 수 있기 때문이다.

IV. 변호인의 권한과 의무

1. 변호인의 권한

피고인의 보호자인 변호인의 소송활동을 보장하기 위하여 형사소송법은 변호인에게 여러 가지 권한을 인정하고 있다. 이러한 변호인의 권한에는 변호인이 피고인 또는 피의자의 소송행위를 대리하는 권한(대리권)과 변호인에게 인정되는 고유한 권한(고유권)이 있는데, 사선변호인과 국선변호인, 변호사인 변호인과 특별변호인 간에 차이가 없다.

(1) 대 리 권

① **대리권의 허용범위:** 명문규정은 없으나 변호인제도의 성질에 비추어 변호인은 피고인 또는 피의자가 할 수 있는 소송행위로부터 성질상 대리가 허용될 수 있는 모든 소송행위에

대하여 포괄적 대리권을 가진다. 다만 피의자·피고인이 증거방법으로서 하는 행위에는 대리가 허용되지 않는다.

② **독립대리권:** 변호인의 대리권의 행사가 피고인, 피의자 등 본인의 의사로부터 독립하여 행사할 수 있는 대리권을 말한다(제36조). 이러한 독립대리권에는 구속취소의 청구(제93조), 보석의 청구(제94조), 증거보전의 청구(제184조), 공판기일변경신청(제270조 제1항) 및 증거조사에 대한 이의신청(제296조 제1항)처럼 본인의 명시의 의사에 반하여 행사할 수 있는 대리권과 기피신청(제18조 제2항)이나 상소제기(제341조)처럼 본인의 명시의 의사에는 반할 수 없으나 묵시의 의사에 반하여 행사할 수 있는 대리권이 있다.

> ☞ 제36조(변호인의 독립소송행위권)의 성질과 관련하여 고유권을 규정한 것이라는 견해에 따르면, 만약 독립대리권으로 본다면 피고인이 권리를 상실할 때 원칙적으로 변호인도 그 권한을 상실하는 결과를 가져오게 되어 변호인의 보호자적 지위를 약하게 하므로 형사소송법상 변호인의 법적 권리는 모두 고유권으로 해석해야 한다. 그러나 독립대리권은 본인의 권리가 상실되면 대리인의 권리도 소멸되지만 고유권은 영향을 받지 않으며, 독립대리권의 이념을 인정하는 것이 법률관계를 명확히 하고 절차의 확실성을 유지하는 데 도움이 되고, 변호인이 피고인의 보호자라 하여 대리권을 인정할 수 없는 것은 아니라는 점 등을 고려할 때 독립대리권을 규정한 조문으로 보는 것이 타당하다고 본다.

③ **종속대리권:** 변호인의 대리권의 행사가 피고인·피의자 등 본인의 명시·묵시적 의사에 반하여 행사할 수는 없고 이에 종속되는 대리권을 말한다. 이는 변호인의 전문적 판단보다는 피고인의 의사가 더 중요한 소송행위의 경우에 인정되는데, 심판병합의 청구(제6조), 관할이전의 신청(제15조), 관할위반의 신청(제320조), 증거동의(제318조), 상소취하(제349조) 및 정식재판의 청구(제453조) 등이 여기에 속한다.

(2) 고 유 권

변호인의 권리로 특별히 규정된 것 중에서 성질상 대리권으로 볼 수 없는 것을 말한다. 이러한 고유권에는 공판기일출석권(제275조), 증인신문에의 참여권(제163조), 증인신문권(제161조 의2), 증거보전처분에 관한 서류 및 증거물의 열람등사권(제185조), 압수·수색영장집행에의 참여권(제121조), 검증에의 참여권(제145조 제121조), 최종의견진술권(제303조) 등과 같이 변호인이 피고인 또는 피의자와 중복하여 가지는 권리와 피의자·피고인과의 접견교통권(제34조), 서류 및 증거물의 열람복사권(제35조), 피고인신문권(제287조), 상고심에서의 변론권(제387조) 등과 같이 변호인만이 가지는 권리가 있다. 이 중에서 접견교통권과 기록열람·등사권이 변호인의 고유권 가운데 가장 중요한 의미가 있다.

① **변호인의 접견교통권:** 변호인 또는 변호인이 되려는 자는 신체구속을 당한 피고인 또는 피의자와 접견하고 서류 또는 물건을 수수할 수 있으며 의사로 하여금 진료하게 할 수 있다(제34조). 이를 **변호인의 접견교통권**이라고 한다. 이러한 접견교통권은 구속된 피고인 또는

피의자가 변호인의 조력을 받을 수 있도록 하는 형사절차상 가장 기본적 권리이며, 변호인의 고유권 가운데 가장 중요한 권리다.

참조판례 「변호인의 조력을 받을 권리에는 변호인을 선임하고, 변호인과 접견하며, 변호인의 조언과 상담을 받고, 변호인을 통해 방어권행사에 필요한 사항들을 준비하고 행사하는 것 등이 모두 포함된다」(헌재 2011.5.26, 2009헌마341)고 보면서, 「피의자신문에 참여한 변호인에게 피의자의 후방에 착석할 것을 요구한 행위는 변호인의 변호권을 침해한 것이다」(헌재 2017.11.30, 2016헌마503).

변호인 또는 변호인이 되려는 자의 접견교통권은 신체구속제도 본래의 목적을 침해하지 아니하는 범위 내에서 행사되어야 한다. 변호인 또는 변호인이 되려는 자가 구체적인 시간적·장소적 상황에 비추어 현실적으로 보장할 수 있는 한계를 벗어나 피고인 또는 피의자를 접견하려고 하는 것은 정당한 접견교통권의 행사에 해당하지 아니하여 허용될 수 없다. 다만 접견교통권이 그와 같은 한계를 일탈한 것이어서 허용될 수 없다고 판단함에 있어서는 신체구속을 당한 사람의 헌법상 기본적 권리인 변호인 조력을 받을 권리의 본질적인 내용이 침해되는 일이 없도록 신중을 기하여야 한다(대판 2017.3.9, 2013도16162).

② **변호인의 기록열람·등사권**

가) 수사절차의 경우: 피의자 심문에 참여할 변호인은 지방법원 판사에게 제출된 구속영장청구서 및 그에 첨부된 고소·고발장, 피의자의 진술을 기재한 서류와 피의자가 제출한 서류를 열람할 수 있다(규 제96조의21 제1항). 검사는 증거인멸 또는 피의자나 공범 관계에 있는 자가 도망할 염려가 있는 등 수사에 방해가 될 염려가 있는 때에는 지방법원 판사에게 제1항에 규정된 서류(구속영장청구서는 제외한다)의 열람 제한에 관한 의견을 제출할 수 있고, 지방법원 판사는 검사의 의견이 상당하다고 인정하는 때에는 그 전부 또는 일부의 열람을 제한할 수 있다(규 제96조의21 제2항). 여기서 구속영장청구서를 검사의 열람제한에 관한 의견제시 대상에서 제외한 것은 구속영장이 청구된 피의자의 방어권과 변호인의 변호권을 충실하게 보장하기 위하여 변호인의 구속영장청구서 열람권을 제한 없이 인정하기 위함이다. 이러한 규정은 체포·구속의 적부심사를 청구한 피의자의 변호인에게 준용된다(규 제104조의2).

나) 증거보전절차의 경우: 변호인은 판사의 허가를 얻어 증거보전절차에서 작성·수집된 서류와 증거물을 열람 또는 등사할 수 있다(제185조). 이러한 증거보전절차는 제1회 공판기일 전에 한하여 인정되는 절차라는 점에서 주로 수사단계에서의 증거를 수집·보전하는 절차라고 할 수 있다. 그런데 수사단계에서는 공소를 제기·유지하기 위하여 증거를 수집·보전하는 여러 가지 강제처분권이 검사에게 부여되어 있다. 이처럼 수사단계에서 검사에게 증거보전 등의 권한이 부여되어 있다면, 당사자주의를 기본으로 하는 형사소송에서 공정한 재판을 보장하기 위해서는 피의자·피고인측에게도 이를 방어하기 위한 준비로서 자기에게 유리한 증거를 수집·보전할 수 있는 권리가 부여되어야만 한다. 여기서 증거보전절차는 수사단계에서 독자적인 강제력행사가 가능한 수사기관보다는 피의자·피고인을 위한 제도로서

더 큰 의미가 있다.

다) 공소제기 후 검사가 보관하고 있는 경우: 변호인은 공소제기된 사건에 관한 서류 또는 물건의 목록과 공소사실의 인정 또는 양형에 영향을 미칠 수 있는 서류 등의 열람·등사 또는 서면의 교부를 신청할 수 있다. 다만 피고인에게 변호인이 있는 경우에는 피고인은 열람만을 신청할 수 있다(제266조의3 제1항). 변호인은 단순히 피고인·피의자의 이익대변자가 아니라 독립된 보조자로서 법률에 다른 규정이 없는 한 독립하여 소송행위를 할 권한이 있기 때문이다(제36조). 이 점에서 형사절차에서 변호인은 민사소송의 소송대리인과 구별된다.

라) 공소제기 후 법원이 보관하고 있는 경우: 변호인은 소송계속 중의 관계서류 또는 증거물을 열람하거나 복사할 수 있다(제35조 제1항). 피고인의 법정대리인, 특별대리인, 보조인 또는 피고인의 배우자·직계친족·형제자매로서 피고인의 위임장 및 신분관계를 증명하는 문서를 제출한 자도 같다(제35조 제2항). 이 경우 재판장은 피해자, 증인 등 사건관계인의 생명 또는 신체의 안전을 현저히 해할 우려가 있는 경우에는 열람·복사에 앞서 사건관계인의 성명 등 개인정보가 공개되지 아니하도록 보호조치를 할 수 있다(제35조 제3항).

☞ 현행법상 수사기록에 대한 열람·등사는 공소제기 후의 열람·등사에 비하여 매우 제한되어 있다. 첫째, 불구속피의자의 경우에는 수사기록의 열람·등사가 허용되지 않으며, 둘째, 수사기록에 대하여는 열람만 허용될 뿐 등사는 인정되지 않으며, 셋째, 열람의 대상도 지방법원판사에게 제출된 구속영장청구서, 그에 첨부된 고소·고발장, 피의자의 진술을 기재한 서류 및 피의자가 제출한 서류로 한정되어 있다. 그러나 변호인의 조력을 받을 권리를 충실하게 보장하기 위해서는 먼저 수사기록에 대한 검토가 선행되어야 한다는 점에서 구속·불구속을 불문하고 수사기록의 열람·등사가 허용되어야만 할 것이다.

2. 변호인의 의무

변호인의 소송법상 의무로는 재판장의 소송지휘권 및 법정경찰권에 복종할 의무 및 실체적 진실발견에 협조할 의무가 있다. 한편 형사소송법과는 별도로 변호사법은 직무수행의무, 비밀유지의무, 진실발견의무, 품위유지의무 등을 규정하고 있다.

☞ 변호인에게는 변호인으로서의 소송법상 권리를 인정하는 대신 수사기관의 활동을 부당하게 방해하지 않을 공적 책무가 있으므로 수사권과 변호권의 조정이 문제된다. 특히 수사단계의 체포·구속기간은 연장기간을 포함하여 최대 30일간(일정한 공안사건에 대해서는 50일간)에 불과한 짧은 구금기간 중 수사의 거의 전부를 마쳐야 하는 현행법 체계하에서, 변호인이 의뢰인에게 출석 내지 서명날인거부 등을 종용하거나, 접견교통권을 남용하여 공범자의 변호사가 부인(否認)을 종용하는 서신을 전달하거나 수사의 밀행성을 저해하는 경우 등 변호사가 위법·부당한 변호활동을 한다면 실체적 진실의 규명은 물론 형벌 법령의 적절하고 신속한 적용에 중대한 장애를 초래할 우려가 있다. 따라서 수사절차에서 피의자신문시 변호인참여권을 보장하더라도, 위법·부당한 변호활동을 하는 경우 이에 대한 적절한 대응책을 마련해야 할 것이다.

제 5 절 보조인 및 피해자

Ⅰ. 보 조 인

형사소송법은 피고인 또는 피의자의 방어능력을 보충하는 자로서 변호인 외에 보조인을 인정하고 있다. 즉 피고인 또는 피의자의 법정대리인, 배우자, 직계친족, 형제자매는 보조인으로 될 수 있다(제29조 제1항). 보조인은 일정한 신분관계에 기한 정의(情誼)로서 피고인 또는 피의자의 이익을 보호하는 자의 의미가 있다.

이 점에서 변호인이 원칙적으로 법률전문가로서 주로 법률적인 면에서 피고인 또는 피의자의 이익을 보호하는 것과는 다르다. 따라서 보조인은 변호인과 달리 선임되는 것이 아니라 보조인이 되고자 하는 자와 피고인 또는 피의자와의 신분관계를 소명하는 서면을 첨부하여 심급별로 그 취지를 신고하여야 한다(제29조 제2항, 규 제11조). 또 보조인에게는 변호인과 같은 광범위한 권한을 부여하지 않고 있다. 즉 보조인은 독립하여 피고인 또는 피의자의 명시한 의사에 반하지 아니하는 소송행위를 할 수 있는 데 불과하다(동조 본문 제3항). 그리고 이 권한은 법률에 다른 규정이 있는 때에는 예외로 한다(동항 단서).

Ⅱ. 피 해 자

범죄피해자란 타인의 범죄행위로 피해를 당한 사람과 그 배우자(사실상의 혼인관계를 포함한다), 직계존속 및 형제자매를 말한다(범죄피해자보호 법 제3조). 범죄로 인하여 법익을 침해받거나 침해받을 위험에 처했던 자로서 보호법익의 주체는 물론 공격의 객체를 포함한다.

> **참조판례** 「헌법 제27조 소정의 '형사피해자'의 개념은 반드시 형사실체법상의 보호법익을 기준으로 한 피해자개념에 한정하여 결정할 것이 아니라 형사실체법상으로는 직접적인 보호법익의 향유주체로 해석되지 않는 자라 하더라도 문제된 범죄행위로 말미암아 법률상 불이익을 받게 되는 자의 뜻으로 풀이해야 한다」(헌재 1993.3.11, 92헌마48).

다만, 형사절차에서 피해자는 민사소송과 달리 단순히 수사단계에서의 참고인이나 재판과정에서의 증인으로서 수동적인 지위만이 인정될 뿐이다. 이에 피해자학에서는 소외되고 고통에 시달리는 피해자에게 자신의 이익을 적절히 반영할 기회를 보장해야 한다는 점을 강조한다. 그런 점에서 피해자 권리를 존중하기 위해서는 피해자에 대한 경제적 보상, 피해자의 어려움을 파악할 수 있는 시스템의 강화, 피해자의 사생활 보호, 피고인측의 위협으로부터 보호, 검찰에 협조하는 피해자의 부담 완화, 피해자 진술의 양형단계 반영 등과 같은 제도화가 필요하다.

1. 수사절차상의 지위

(1) 고소권과 고소취소권

고소권은 형사소송법이 범죄피해자에게 인정하고 있는 공법상의 권리로서 피해자가 수사단계에서 범인에 대한 수사와 소추를 요구하는 권리이다(제223조). 현행법은 피해자보호를 위하여 피해자 이외의 일정한 자에게도 고소권을 인정하고 있다(제255조, 제228조). 또한 피해자 등 고소인에게 고소취소권도 인정된다(제232조). 고소취소권은 실제로 범죄피해자가 가해자(피의자나 피고인)로부터 손해배상 등 피해회복을 위한 수단으로서 중요한 기능을 수행하고 있다.

(2) 임의수사 및 강제처분의 대상

피해자는 참고인으로서 임의수사의 대상이 될 수 있으며, 검사·피고인·피의자 또는 변호인은 미리 증거를 보전하지 아니하면 그 증거를 사용하기 곤란한 사정이 있는 때에는 제1회 공판기일전이라도 판사에게 피해자에 대한 증인신문을 청구할 수 있다(제184조).

(3) 구속전 피의자심문에 참여

판사는 구속 여부의 판단을 위하여 필요하다고 인정하는 때에는 심문장소에 출석한 피해자를 심문할 수 있다(규 제96조의16 제5항).

(4) 형사조정

검사는 피의자와 범죄피해자 사이에 형사분쟁을 공정하고 원만하게 해결하여 범죄피해자가 입은 피해를 실질적으로 회복하는 데 필요하다고 인정하면 당사자의 신청 또는 직권으로 수사 중인 형사사건을 형사조정에 회부할 수 있는데(범죄피해자보호법 제41조 제1항), 이를 **형사조정**이라고 한다.

① **대상사건:** 형사조정에 회부할 수 있는 형사사건은 차용금, 공사대금, 투자금 등 개인 간 금전거래로 인하여 발생한 분쟁으로서 사기, 횡령, 배임 등으로 고소된 재산범죄 사건, 개인 간의 명예훼손·모욕, 경계 침범, 지식재산권 침해, 임금체불 등 사적 분쟁에 대한 고소사건이다. 그 외에 형사조정 회부가 분쟁 해결에 적합하다고 판단되는 고소사건, 그리고 이에 준하는 고소사건 외 일반 형사사건(범죄피해자보호법 시행령 제46조)도 형사조정에 회부할 수 있다.

다만, 형사조정 회부대상 형사사건이라 하더라도 피의자가 도주하거나 증거를 인멸할 염려가 있는 경우, 공소시효 완성이 임박한 경우, 불기소처분 사유에 해당함이 명백한 경우(다만, 기소유예처분 사유에 해당하는 경우는 제외)에는 형사조정에 회부하여서는 아니된다(범죄피해자보호법 제41조 제2항).

② **형사조정위원회의 조정:** 형사조정위원회는 형사조정이 회부되면 지체 없이 형사조정 절차를 진행하여야 한다(동법 제43조 제2항). 형사조정위원회는 필요하다고 인정하면 형사조정 결과에 이해관계가 있는 사람의 신청 또는 직권으로 이해관계인을 형사조정에 참여하게 할 수 있다.(동법 제43조 제3항) 한편, 형사조정위원회는 형사사건을 형사조정에 회부한 검사에게 해당 형사사건에

관하여 당사자가 제출한 서류, 수사서류 및 증거물 등 관련 자료의 사본을 보내 줄 것을 요청할 수 있고, 이 요청을 받은 검사는 그 관련 자료가 형사조정에 필요하다고 판단하면 형사조정위원회에 보낼 수 있다. 다만, 당사자 또는 제3자의 사생활의 비밀이나 명예를 침해할 우려가 있거나 수사상 비밀을 유지할 필요가 있다고 인정하는 부분은 제외할 수 있다(동법 제44조 제1항, 제2항).

형사조정위원회는 조정기일마다 형사조정의 과정을 서면으로 작성하고, 형사조정이 성립되면 그 결과를 서면으로 작성하여야 한다(동법 제45조 제1항). 형사조정위원회는 조정 과정에서 증거위조나 거짓 진술 등의 사유로 명백히 혐의가 없는 것으로 인정하는 경우에는 조정을 중단하고 담당 검사에게 회송하여야 하고, 형사조정 절차가 끝나면 그 과정과 결과에 대한 서면을 붙여 해당 형사사건을 형사조정에 회부한 검사에게 보내야 한다(동법 제45조 제2항, 제3항).

③ **성립의 효과:** 검사는 형사사건을 수사하고 처리할 때 형사조정 결과를 고려할 수 있다. 다만, 형사조정이 성립되지 아니하였다는 사정을 피의자에게 불리하게 고려하여서는 아니 된다(동법 제45조 제4항).

(5) 수사종결과 피해자

① **처분통지**(피해자통지제도)**:** 검사는 범죄로 인한 피해자 또는 그 법정대리인(피해자가 사망한 경우에는 그 배우자·직계친족·형제자매 포함)의 신청이 있는 때에는 당해 사건의 공소제기여부, 공판 일시·장소, 재판결과, 피의자·피고인의 구속·석방 등 구금에 관한 사실 등을 신속하게 통지하여야 한다(제259조의2). 신청에 의하여서만 통지하도록 한 것은 피해사실이나 소송 관련 사항이 외부에 알려지는 것을 꺼리는 피해자의 사생활을 보호하기 위한 것이다.

② **불기소처분에 대한 통제권:** 피해자가 고소를 한 경우에는 검사의 불기소처분에 대하여 재정신청(제260조 제1항)을 할 수 있다.

③ **헌법소원청구권:** 공권력의 행사 또는 불행사로 인하여 헌법상 보장된 기본권을 침해받은 자는 법원의 재판을 제외하고는 헌법재판소에 헌법소원심판을 청구할 수 있다(헌재법 제68조 제1항).

> **참조판례** 「범죄피해자는 고소를 제기한 바 없었어도 검사의 불기소처분에 대하여 헌법소원심판을 청구할 자격이 있는 한편, 고소인이 아니므로 불기소처분에 대하여 검찰청법에 정한 항고, 재항고의 제기에 의한 구제를 받을 방법이 없고, "고소권자로서 고소한 자"에 해당하지 않아 형사소송법 제260조 제1항 소정의 재정신청 절차를 취할 수도 없으므로 곧바로 헌법소원심판을 청구할 수 있다」(헌재 2008.11.27, 2008헌마399).

2. 공소제기절차상의 지위

현행 형사소송법은 국가소추주의, 기소독점주의를 채택하고 있으므로 사인(私人)인 피해자는 소추권이 없으며, 검사의 기소여부에 관여하지 못한다. 다만, 친고죄나 반의사불벌죄의 경우에는 피해자의 고소는 소송조건이므로 피해자의 의사가 소추여부를 좌우한다.

3. 공판절차상의 지위

(1) 공판정진술권

헌법 제27조 제5항은 「형사피해자는 법률이 정하는 바에 의하여 당해 사건의 재판절차에서 진술할 수 있다」고 규정하고 있다. 형사소송법 제294의 2조 제1항에 따르면 법원은 범죄로 인한 피해자 또는 그 법정대리인(피해자가 사망한 경우에는 배우자·직계친족·형제자매를 포함)의 신청이 있는 때에는 그 피해자 등을 증인으로 신문하여야 한다. 이 경우 법원은 피해의 정도 및 결과, 피고인의 처벌에 관한 의견, 그 밖에 당해 사건에 관한 의견을 진술할 기회를 주어야 한다(동조). 다만 동일한 범죄사실에서 신청인이 여러 명인 경우에는 진술할 자의 수를 제한할 수 있다(동조).

① **피해자 진술권의 배제사유:** 피해자등이 이미 당해 사건에 관하여 공판절차에서 충분히 진술하여 다시 진술할 필요가 없다고 인정되는 경우, 피해자등의 진술로 인하여 공판절차가 현저하게 지연될 우려가 있는 경우에는 진술권을 인정하지 아니한다(동조제1항).

② **피해자 진술의 비공개:** 법원은 범죄로 인한 피해자를 증인으로 신문하는 경우 당해 피해자·법정대리인 또는 검사의 신청에 따라 피해자의 사생활의 비밀이나 신변보호를 위하여 필요하다고 인정하는 때에는 결정으로 심리를 공개하지 아니할 수 있다(제294조의3제1항). 이러한 비공개 결정은 이유를 붙여 고지한다(동조제2항).

성폭력 범죄, 공갈 범죄 등의 경우 피해자가 사생활의 비밀을 이유로 비공개 증언을 희망하는 경우가 있고, 필요한 경우 심리를 공개하지 아니함으로써 피해자의 진술을 제약하는 요소를 제거하고 이를 통해 헌법이 보장하고 있는 피해자의 법정진술권을 실질적으로 보장할 필요가 있다. 이에 재판공개라는 헌법적 원리에 대립하는 피해자의 이익을 비교·형량하여 예외적으로 비공개재판을 할 수 있도록 하되, 헌법취지가 가급적 훼손되지 않도록 피해자나 검사의 신청에 의해서만 비공개할 수 있도록 하였다.

③ **피해자 등의 공판기록 열람·등사:** 소송계속 중인 사건의 피해자(피해자가 사망하거나 그 심신에 중대한 장애가 있는 경우에는 그 배우자·직계친족 및 형제자매를 포함), 피해자 본인의 법정대리인 또는 이들로부터 위임을 받은 피해자 본인의 배우자·직계친족·형제자매·변호사는 소송기록의 열람 또는 등사를 재판장에게 신청할 수 있다(제294조의4제1항).

이는 형사절차에서의 범죄피해자 보호를 위하여 피해자 법정진술권을 강화한 취지에 부합되도록 피해자 등의 공판기록 열람·등사권을 규정한 것이다. 기소 후 법원에 기록이 있는 경우에는 특별한 제한이 없으며, 신청의 상대방은 재판장이다. 다만 열람·등사가 허용되기 위해서는 손해배상청구권 행사를 위하여 필요가 있는 경우 또는 기타 정당한 이유가 있는 경우와 범죄의 성질, 심리의 상황 기타 사정을 고려하여 상당하다고 인정되는 때 등 두 가지 요건을 충족하여야 한다. 등사를 허가하는 경우에는 등사한 소송기록의 사용목적을 제한하거나 적당하다고 인정하는 조건을 붙일 수 있다($^{동조, 제3항,}_{제4항}$). 열람·등사 허가여부 및 등사한 기록의 사용목적 제한 또는 조건부가 처분에 대하여는 불복이 허용되지 않는다($^{동조}_{제6항}$).

④ **증인신문 외 의견진술:** 법원은 필요하다고 인정하는 경우에는 직권으로 또는 피해자등의 신청에 따라 피해자등을 공판기일에 출석하게 하여 피해의 정도 및 결과, 피고인의 처벌에 관한 의견, 그 밖에 당해 사건에 관한 의견으로서 범죄사실의 인정에 해당하지 않는 사항에 관하여 증인신문에 의하지 아니하고 의견을 진술하게 할 수 있다($^{규 제134조의10}_{제1항}$). 검사·피고인 또는 변호인은 피해자등이 의견을 진술한 후 그 취지를 명확하게 하기 위하여 재판장의 허가를 받아 피해자등에게 질문할 수 있다($^{동조}_{제5항}$). 다만, 재판장은 피해자등이나 피해자 변호사가 이미 해당 사건에 관하여 충분히 진술하여 다시 진술할 필요가 없거나, 의견진술 또는 질문으로 인하여 공판절차가 현저하게 지연될 우려가 있거나, 의견진술과 질문이 해당 사건과 관계없는 사항에 해당된다고 인정되는 경우, 그리고 범죄사실의 인정에 관한 것이거나, 그 밖의 사유로 피해자등의 의견진술로서 상당하지 아니하다고 인정되는 경우에는 피해자등의 의견진술이나 검사, 피고인 또는 변호인의 피해자등에 대한 질문을 제한할 수 있다($^{동조}_{제6항}$).

(2) 비디오중계방식에 의한 증인신문

법원은 일정한 피해자를 증인으로 신문하는 경우 상당하다고 인정하는 때에는 검사와 피고인 또는 변호인의 의견을 들어 비디오 등 중계장치에 의한 중계시설을 통하여 신문하거나 차폐시설 등을 설치하고 신문할 수 있으며($^{제165조}_{의2}$), 이러한 결정은 증인신문 전이나 증인신문 중에도 가능하다. 이러한 비디오 등 중계장치나 차폐시설 등에 의하여 증인을 신문하는 경우 피고인의 증인대면권이 제한되지만, 반대신문권 자체는 보장되므로 피고인의 방어권 보장에는 큰 문제가 없을 것이다.

(3) 신뢰관계자의 동석

형사소송법은 증인신문과정에서 피해자의 심리적 안정을 유지하여 2차피해를 막기 위하여 종래 성폭력 피해자 등에게만 인정되었던 **신뢰관계있는 자의 동석** 제도를 일반 범죄의 경우에까지 확대하였다($^{제163조의2, 제221조}_{3항, 제276조의2}$). 이러한 규정은 일반 범죄의 피해자도 법원의 증인신문이나 수사기관 조사를 받게 되는 경우에 불안감이나 긴장감으로 인해 2차피해를 입을 가능성이 크기 때문에 이를 방지하고자 하는 취지에서 비롯된 것이다.

(4) 피해자의 위해방지

① **필요적 보석의 제외사유, 보석취소사유:** 피고인이 피해자, 당해 사건의 재판에 필요한 사실을 알고 있다고 인정되는 자 또는 그 친족의 생명·신체나 재산에 해를 가하거나 가할 염려가 있다고 믿을 만한 충분한 이유가 있는 경우를 피고인에 대한 필요적 보석의 제외사유($^{제95조}_{6호}$), 피의자에 대한 보석의 제외사유($^{제214조의2}_{제4항 2호}$), 보석 또는 구속집행정지의 취소사유

($\frac{\text{제}102조}{\text{제}1항 4호}$) 등으로 규정하여 피해자에 대한 위해를 방지하고 있다.

② **증인의 신변보호 및 보복범죄의 가중처벌**: 「특정강력범죄의처벌에관한특례법」에 따르면, 검사는 특정강력범죄사건 증인이 피고인 기타의 사람으로부터 생명·신체에 해를 받거나 받을 염려가 있다고 인정되는 때에는 관할 경찰서장에게 증인의 신변안전을 위하여 필요한 조치를 할 것을 요청하여야 한다($\frac{\text{동법}}{\text{제}1항}\frac{\text{제}7조}{}$). 증인은 검사에게 신변보호조치를 취하도록 청구할 수 있고($\frac{\text{동조}}{\text{제}2항}$), 재판장은 검사에게 신변보호조치를 취하도록 요청할 수 있다($\frac{\text{동조}}{\text{제}3항}$). 검사의 요청을 받은 관할경찰서장은 즉시 증인의 신변안전에 필요한 조치를 하여야 한다($\frac{\text{동조}}{\text{제}4항}$). 한편, 「특정범죄가중처벌등에관한법률」은 자기 또는 타인의 형사사건의 수사 또는 재판과 관련하여 진술 또는 증언에 대한 보복의 목적으로 살인죄를 범한 때에는 형을 가중하는 규정을 두고 있다($\frac{\text{동법}}{\text{제}5조의9}$).

(5) 압수물의 환부·가환부청구권

압수한 장물을 피해자에게 환부할 이유가 명백한 때에는 피고사건의 종결전이라도 결정으로 피해자에게 환부할 수 있으며($\frac{\text{제}134}{\text{조}}$), 판결에 의해서도 압수장물을 피해자에게 환부할 수 있다($\frac{\text{제}333}{\text{조}}$). 법원이 압수된 장물을 처분하는 결정을 하는 경우에는 피해자에게도 미리 통지하여야 한다($\frac{\text{제}135}{\text{조}}$).

(6) 소송비용의 부담

고소를 제기한 피해자는 일정한 경우에 법원의 재판에 의해서 소송비용을 부담하는 경우가 있다($\frac{\text{제}188}{\text{조}}$). 고소인에 대한 소송비용부담제도는 피해자의 고소권남용을 억제하는 데 주된 목적이 있는 제도이다. 그러나 고소인에 대한 소송비용부담제도가 피해자의 정당한 고소권 행사를 제약하는 결과를 초래하여서는 안 되므로 현행법은 피고인에 대한 무죄 또는 면소판결의 선고와 고소인의 고의 또는 중대한 과실을 소송비용부담의 요건으로 규정하고 있다.

(7) 재판서등본 등 교부청구권

피해자 또는 고소인은 재판서의 등본 또는 초본의 교부를 청구할 수 있으며($\frac{\text{규} \text{제}26조}{\text{제}2항}$), 소송에 관한 증명서의 교부를 청구할 수 있다($\frac{\text{제}27}{\text{조}}$). 고소인뿐만 아니라 고소를 제기하지 아니한 피해자에게도 그 청구권이 인정된다.

CHAPTER 03 공소권이론

제1절 총 설

공소(公訴)란 사소(私訴)에 대응하는 관념으로 법원에 대하여 특정한 형사사건의 심판을 구하는 검사의 의사표시(법률행위적 소송행위)를 의미한다. 이러한 공소를 제기하고 수행하는 검사의 지위를 권리 또는 권한의 측면에서 파악한 것이 **공소권**이다. 그런데 공소제기여부는 검사의 독자적 판단에 의하여 결정되며(기소독점주의, 기소편의주의) 공소제기가 없으면 법원은 사건을 심판할 수 없다. 이를 **불고불리의 원칙**(不告不理의 原則)이라고 한다.

이처럼 공소권은 검사의 공소제기에 관한 권리를 의미하므로 실체법상의 형벌권과는 차원이 다른 개념이다. 즉 공소권이 없는 경우의 형식재판과 공소권이 있지만 형벌권이 없는 경우의 소극적 실체재판인 무죄판결은 구별되는 개념이다. 물론 형벌권과 공소권이 반드시 무관한 것은 아니다. 공소의 제기는 유죄판결을 전제로 하므로 공소제기시에 적어도 유죄판결을 받을 개연성이 있어야 하고, 이를 결여한 공소제기는 무의미하기 때문이다.

Ⅰ. 공소권이론

공소권이론이란 실체법상의 형벌권과는 다르게 공소권의 본질 및 성격을 어떻게 파악할 것인가, 특히 범죄 혐의를 공소제기의 적법요건으로 볼 수 있는가와 관련하여 논의되는 문제이다.

1. 구체적 공소권설(유죄판결청구권설)

민사소송의 구체적 소권설에 대응하는 이론으로, 공소권이란 검사가 구체적 사건에 관하여 공소를 제기할 수 있는 권능을 의미한다는 견해이다(다수설). 이 설은 공소권을 실체법적 관찰방법으로 규율하고자 하는 것으로 공소권의 본질을 실체법상 형벌권의 일부인 유죄판결청구권으로 본다. 즉 구체적 공소권설은 공소권의 개념을 공소의 적법요건으로서의 형식적 공소권과 그 이유조건으로서의 실체적 공소권으로 분석한 다음, 전자는 면소판결(제326조), 공소기각의 재판(제327조,제328조)에 해당하는 소송조건의 존재를 의미하고, 후자는 공소가 실체적으로 이유있는 것의 개연성을 의미한다고 하여 범죄의 혐의를 공소권의 실체적 요건으로 한 이론이다. 따라서 구체적 공소권설을 **유죄판결청구권설**이라고도 한다. 결국 구체적 공소권이란 전술한 일반적 권능(추상적 공소권)을 전제로 하여 그 위에 다시 필요한 조건(소송조건)의 구비를 기다려 비로소 검사측에 발생한다는 것이다.

그러나 이 견해에 대해서는 ㉠ 범죄의 증명이 없다면 결국 공소권이 없다는 것이 되므로 형식재판을 해야만 함에도 불구하고 무죄라는 실체재판이 행해지는 점을 설명하기 곤란하고, ㉡ 소송법상의 권리인 공소권을 형벌권의 일부로서 범죄의 혐의라는 실체법상의 개념을 그 요건으로 하는 것은 소송법의 분야에 실체법상의 관찰방법을 받아들이는 문제가 있으며, ㉢ 공소권에 형식적 공소권과 실체적 공소권의 두 종류가 있다고는 할 수 없으므로 형식적 공소권과 실체적 공소권을 구별하는 것은 부당하다는 비판이 있다.

2. 실체판결청구권설

민사소송의 본안판결청구권에 대응하는 이론으로, 공소권이란 검사가 구체적 사건에 관하여 법원에 유·무죄의 실체판결을 청구하는 권리라고 보는 견해이다. 이 견해는 공소권이란 순수하게 소송법상의 권리에 불과하므로 범죄의 혐의라는 요건은 필요없다고 본다.

그러나 이 견해에 대해서는 ㉠ 공소권을 단순히 실체판결에만 연결시킴으로써 검사에 의한 공소권남용을 방치하는 결과를 가져오고, ㉡ 구체적 공소권설을 따르더라도 반드시 유죄판결이 확실한 경우에만 공소권의 행사가 인정되는 것이 아니라, 비록 실체적 종국재판에서 무죄로 확정되더라도 유죄판결의 개연성이 있는 경우에는 공소권의 행사가 인정되므로 반드시 무죄판결을 설명하기 어려운 것은 아니라는 비판이 있다.

3. 검 토

확실히 범죄의 혐의를 공소의 요건으로 하는 구체적 공소권설이 검사의 공소제기를 신중하게 하도록 하는 정책적 효과가 있음을 부인할 수 없다. 왜냐하면 구체적 소권설이 민사소송에 있어서 남소를 억제하는 기능을 수행하는 것과 마찬가지로 구체적 공소권설은 형사절차에 있어서 공소권의 남용을 억제하는 기능을 수행하며 이를 통하여 피고인을 형사소추권의 남용으로부터 보호할 수 있기 때문이다.

그러나 공소권이 비록 검사의 주관에 있어서는 피고인의 유죄를 청구하는 것이라 하더라도, 공소는 소송관계의 설정행위이므로 이를 소송법률관계에서 바라보는 한 어디까지나유·무죄의 심판에 대한 청구에 불과하다. 더욱이 범죄혐의의 존재를 공소의 요건으로 한다면 이미 유죄판결이라는 일정한 방향으로 어느 정도 진행되고 있는 상태를 문제해결의 요건으로 하는 것으로서, 이는 논리적 모순을 범하고 있다고 하지 않을 수 없다. 왜냐하면 공소제기 당시의 검사의 주관은 별론으로 하고, 범죄의 존재가 있다거나 아니면 그것이 존재하지 않는다는 것으로 확정되는 것은 실체심리의 산물이지 객관적으로는 아직 판명될 수 없는 일이기 때문이다. 결국 범죄의 혐의를 공소의 요건과 연계시키지 않는 실체판결청구권 설이 타당하다. 다만 이러한 공소권이론과 관련하여 공소권남용이론의 인정여부, 즉 구체적 공소권설에 따르면 공소권남용을 인정할 수 있지만, 실체판결청구권설에 따르면 부정된다 고 보는 논리는 성립할 수 없다고 본다. 왜냐하면 공소권남용은 실체판결청구권설을 따르더 라도 검사가 법의 적정절차에 위반하여 공소권을 남용할 경우, 이에 대한 통제까지 부정하 는 것은 아니기 때문이다.

☞ **공소권이론부인론**이란 공소권이론을 소송조건이론으로 해소시키고 그 독립적인 의미를 부인하려 는 견해로서, 공소권이란 소송조건의 구비를 검사의 입장에서 본 것에 불과하다는 것이다. 즉 소송 조건이 구비된 경우에 법원은 사건의 실체를 심판할 권리를 가지는 반면, 당사자는 실체심판을 받 을 권리가 발생하는 데 불과하므로 이 권리는 소송조건이 결여되면 소멸되는 것으로 굳이 공소권 에 독자적인 의미를 부여할 필요는 없게 된다. 생각건대 공소권이론을 소송조건이론으로 환원하는 이론은 직권주의에 입각하여 법원의 관점만을 중시하는 것이다. 유죄가 되든 무죄가 되든 소송조 건만 갖추면 공소권은 존재하니 공소가 적법·유효하다고 본다면 공소제기가 가지는 소송행위로서 의 중요성을 무시하는 이론이다. 뿐만 아니라 검찰권의 자의적 발동을 법적으로 허용하는 결과를 초래하며, 검사의 공소권을 피고인의 방어권에 대립시켜 양 당사자의 권리로 파악할 때에는 검사 의 공소권행사를 억제하는 기능을 수행할 수 있다는 점에 비추어 볼 때 공소권이론부인론은 타당 하다고 할 수 없다.

II. 공소권남용론

공소권의 남용이란 형식적으로 적법한 공소제기가 이루어졌으나 실질적으로는 그러한 공 소권행사가 재량의 범위를 일탈한 경우를 말한다. 공소권 남용이 인정되는 경우 실체적 재 판에 들어감이 없이 공소기각이나 면소판결과 같은 형식재판으로 소송을 종결시켜야 한다 는 주장을 공소권남용(이)론이라고 한다.

1. 제도적 취지

원래 공소제기의 방식 및 절차가 적법하고 소송조건이 구비되어 있는 경우에는 현행 형 사소송법상 형식재판으로 소송을 종결시킬 수 없고 단지 실체재판에서 유·무죄를 판단할 수 있을 뿐이지만, 검사의 공소권에 대하여 권리남용론을 적용함으로써 피고인을 조기에 형 사절차에서 해방시키고, 검사의 부당한 공소권행사를 통제하기 위하여 형식재판을 통한 소 송의 종결을 인정해야 한다고 주장된 이론이다.

☞ 공소권남용론을 인정할 것인지에 대하여 명문규정이 없다는 이유로 부정하는 견해도 있으나, 검사의 공소권행사에서 나타나는 편파성과 부당기소를 통제하고, 피고인을 조기에 형사절차로부터

해방시킬 수 있다는 점에서 공소권남용론을 부정할 필요는 없을 것이다(통설). 판례도 「검사가 자의적으로 공소권을 행사하여 피고인에게 실질적인 불이익을 줌으로써 소추재량권을 현저히 일탈하였다고 보여지는 경우에는 이를 공소권의 남용으로 보아 공소제기의 효력을 부인할 수 있다」 (대판 2004.4.27, 2004도482.)고 판시하여 긍정적 입장이다.

다만 공소권남용론은 형사절차의 형식적 확실성을 지나치게 훼손하기 때문에 이를 일반적으로 결정할 것이 아니라 구체적 유형에 따라 공소권남용론의 적용여부를 결정하는 것이 타당하다고 본다. 사법절차의 각 단계에서 부딪히게 되는 사실적인 상황의 엄청난 다양성과 추구하고자 하는 목적 간의 복잡한 상호관계 때문에 형사사법절차에서 재량은 필수적일 수밖에 없으므로 중요한 것은 재량 대 비재량(강제)이 아니라 재량권이 어떻게 제한되고 감독되는지 여부를 검토하는 것이 더 타당하기 때문이다.

2. 유 형

(1) 혐의없는 사건의 공소제기

범죄에 대한 객관적 혐의가 없음에도 불구하고 검사가 공소를 제기한 경우에 형식재판에 의하여 소송을 종결시킬 수 있는지 문제된다. 이에 대하여 범죄의 객관적 혐의가 없음에도 불구하고 공소를 제기하는 것은 공소권의 남용에 해당하여 제328조 제1항 제4호(공소장에 기재된 사실이 진실하다 하더라도 범죄가 될 만한 사실이 포함되지 아니하는 때)에 해당한다는 **공소기각결정설** 및 유죄판결을 받을 수 있는 가능성은 공소권행사의 기본적 전제요건을 이루는 것이므로 명백한 무혐의사건에 대한 공소제기는 제327조 제2호(공소제기의 절차가 법률의 규정에 위반하여 무효인 때)에 해당한다는 **공소기각판결설**이 있다.

그러나 형사소송법은 피고사건이 범죄로 되지 아니하거나 범죄사실의 증명이 없는 경우에 무죄판결을 하게 하고 있으며(제325조), 무혐의인 범죄는 공소기각 내지 면소의 어느 경우에 해당하지 않으므로 실체심리를 하여 무죄판결을 선고해야 한다는 **무죄판결설**이 타당하다(다수설). 왜냐하면 범죄혐의의 유무는 본래 실체심판에서 판단될 사항인데 그 전제조건으로 위치시켜서 본안의 심리와는 별도로 모두절차에서 범죄혐의에 관하여 심사한다면 예단배제의 원칙과 공소장일본주의(규 제118조 제2항)에 저촉되기 때문이다. 또한 혐의없는 사건에 대하여 무죄판결을 선고하더라도 일사부재리의 효력이 발생하므로 무죄판결설이 반드시 피고인에게 불이익하다고 볼 수는 없다.

다만 객관적 범죄혐의가 없고 검사 자신도 알고 있었다고 하는 경우, 즉 주관적 혐의도 존재하지 않는 경우에는 별도의 고찰이 필요하다. 즉 이러한 기소는 검사의 부당한 의도에 기한 기소(보복적 기소)에 해당하므로 공소권남용에 해당할 수 있을 것이다. 왜냐하면 범죄의 혐의는 주관적인 것이든 객관적인 것이든 모두 공소의 적법요건으로 되지 않으나, 주관적 혐의까지도 결한 경우에는 동시에 검사의 부당한 의도가 존재하므로 이 의도로 인하여 공소권남용이 되어 공소의 무효를 초래한다고 해석할 수 있기 때문이다.

(2) 소추재량을 일탈한 공소제기

검사가 기소·불기소를 결정하는 과정에서 재량 범위를 일탈하여 극히 부당한 기소를 한 경우 공소권남용으로 볼 수 있는지 문제된다. 이는 형사정책상 기소유예사정이 존재함에도 불구하고 기소가 이루어진 경우이므로, 결국 기소편의주의(제247조)가 자유재량을 의미하는 것인지 아니면 기속재량을 의미하는 것인지와 관련하여 논의되는 문제이다.

① **공소기각판결설과 유죄판결설:** 검사의 소추재량은 기속재량이므로 소추재량을 남용한 공소제기는 공소제기의 절차가 법률의 규정에 위반하여 무효인 때(제327조제2호)에 해당하여 공소기각의 판결로 절차를 종결해야 한다는 공소기각판결설과 기소유예 여부는 검사의 재량에 속하며 소추재량의 남용은 공소기각이나 면소판결사유에 해당하지 않을 뿐만 아니라, 기소유예의 정상은 사건의 실체에 관한 문제이므로 유죄판결로 절차를 종결해야 한다는 유죄판결설(다수설)이 대립하고 있다. 이에 판례는 기소유예 처분(외국환거래법위반)을 받았다가 4년이나 지난 후에 다른 범죄(위계공무집행방해죄)와 함께 공소가 제기된 사건에서 기소유예를 번복할 만한 의미있는 사정변경이 없는데도 그 사이에 피고인이 별도의 간첩사건에서 무죄를 선고받자 기소된 것이어서 소추재량권을 일탈한 경우에 해당하여 이 부분 기소(외국환거래법위반)는 공소제기절차가 법률의 규정을 위반하여 무효라고 판시하여(대판 2021.10.14, 2016도14772), 공소기각판결설의 입장을 취한 바 있다.

> 참조판례 「검사가 자의적으로 공소권을 행사하여 피고인에게 실질적인 불이익을 줌으로써 소추재량권을 현저히 일탈하였다고 보여지는 경우에 이를 공소권의 남용으로 보아 공소제기의 효력을 부인할 수 있는 것이고, 여기서 자의적인 공소권의 행사라 함은 단순히 직무상의 과실에 의한 것만으로는 부족하고 적어도 미필적이나마 어떤 의도가 있어야 한다」(대판 2001.9.7, 2001도3026).

② **검 토:** 기소유예의 정상이 사건의 실체에 관한 것임에도 불구하고 이를 소송조건으로 다루는 것은 부당할 뿐만 아니라 기소·불기소의 결정은 검사동일체원칙에 의거하여 일정한 통일적 기준을 가지고 이루어지고 있음에도 불구하고 법관이 막연한 기준을 근거로 기소의 당부를 판단하는 것은 상당한 폐해를 수반할 것이라는 점에서 유죄판결설이 타당하다고 본다.

(3) 차별적 공소제기(불평등기소, 선별기소)

서로 관련된 사정이 있는 자 사이에서 일부만을 선별하여 기소하고 다른 사람들은 기소하지 않는 불평등한 기소 또는 선별적 기소가 공소권남용에 해당하는지 문제된다.

① **학 설:** 검사의 차별적 기소는 헌법상의 평등권을 침해한 공소권의 행사로서 제327조 제2호의 공소제기의 절차가 법률의 규정에 위반하여 무효인 때에 해당하므로 공소기각의 판결을 선고해야 한다는 **공소기각판결설**과 검사의 차별적 기소가 명백히 불합리한 경우에도 기소편의주의와의 관계상 유죄 또는 무죄의 실체판결을 해야 한다는 **실체판결설**(다수설)이 대립하고 있다.

② **판   례:** 대법원은 피고인들과 동일한 내용의 국가보안법위반의 공소사실에 해당하는 행위자에 대하여 공소제기가 없었다고 하여 피고인들에 대한 공소제기가 평등권침해로서 공소권남용이 되는지 여부에 대하여 「똑같은 범죄구성요건에 해당하는 행위라고 하더라도 그 행위자 또는 그 행위당시의 상황에 따라서 위법성이 조각되거나 책임이 조각되는 경우도 있을 수 있는 것이므로, 자신의 행위가 범죄구성요건에 해당한다는 이유로 공소가 제기된 사람은 단순히 자신과 동일한 범죄구성요건에 해당하는 행위를 하였음에도 불구하고 불기소된 사람이 있다는 사유만으로는 … 평등권을 침해하였다고 볼 수는 없으므로 검사가 공소권을 남용하여 공소를 제기한 것은 아니다」(대판 1990.6.8. 90도646)라고 판시하여 차별적 기소의 공소권 남용을 부인하는 입장이다.

③ **검   토:** 형사소송법이 검사에게 공소제기에 관하여 재량을 인정하는 기소편의주의를 인정하고 있다고 하더라도, 차별적 기소는 헌법상 평등의 원칙(제11조)이 직접 적용되는 영역으로 헌법위반의 처분이므로 당해 소송내에서 규제해야 할 요청의 성격이 강하다. 또한 형사정책적 기소유예 사정의 존재와 같은 소추재량일탈의 경우와 비교해 볼 때, 헌법 제11조에 의거한 구체적인 심사 판단기준이 있으며 양자의 비교형량이라는 상대적·한정적 판단으로도 충분하므로 법원의 사법심사가 가능할 뿐만 아니라 그 폐해가 비교적 적다. 따라서 첫째, 당해 처분이 차별의 대상으로 언급되는 대상에 불균형적으로 시행되었다거나 유사한 상황에서 다른 범법자들은 기소되지 않았다거나 하는 차별적 효과가 있고, 둘째 차별적 기소를 한 것이 고의적이거나 의도적이라는 차별의 고의가 있으며, 셋째 그러한 선택은 자의적인 분류에 따른 것이 밝혀진다면 공소권남용을 인정하여 공소기각의 판결을 하는 것이 타당하다고 본다.

(4) 수사과정에 중대한 위법이 있는 기소의 경우

수사절차에 중대한 위법이 있는 경우에 그 위법한 수사절차에도 불구하고 검사가 공소를 제기하는 것이 공소권남용에 해당하는지, 즉 검사가 위법한 수사절차가 있었음에도 불구하고 기소유예처분을 하지 않고 기소를 했다는 사실에 대하여 검사의 의무위반을 인정하여 공소를 무효로 해야 하는지 문제된다.

이에 대하여 중대한 위법수사 후의 공소제기는 공소권남용보다는 위법수집증거배제법칙을 매개로 하여 해결하자는 견해와 수사의 위법이 공소제기를 무효로 한다면 그것은 공소권남용에 해당하는 것이고, 위법수집증거배제법칙과 공소제기의 효력은 구별되므로 타당하지 않다는 견해가 대립하고 있다. 판례는 종래 부정적인 입장이었으나(대판 1990.9.25. 90도1586), 함정수사에 기한 공소제기는 형사소송법 제327조 제2호의 법률의 규정(공소제기의 절차가 법률의 규정에 위반하여 무효인 때)에 위반하여 무효인 때에 해당하므로 공소기각의 판결을 해야 한다는 입장을 취한 바 있다(함정수사 부분 참조).

생각건대 수사와 공소가 각각 독립된 절차이므로 어느 정도의 자족성(自足性)을 인정하여야 할 것이나, 이들은 모두 일련의 국가형사사법절차의 일환으로 수사의 결과에 의하여 기소·불기소를 결정하는 것이 엄연한 현실이기 때문에 수사와 공소의 관계가 단지 사실상의 것일 뿐만 아니라 법률적으로도 밀접한 관계가 있다는 점을 부정할 수 없다. 더욱이 공소의 효력에 관하여 수사절차의 위법을 심사하는 일이야말로 법원의 적정절차 보장기능을 최대한 실현할 경우이므로, 수사절차의 위법문제는 공소권남용이론의 핵심이다.

다만 어떠한 수사절차의 위법이 공소의 효력에 영향을 미치는가의 문제는 수사절차 위법성의 강약문제에 모두 관련되어 있다고 볼 수 있다. 결국 사안에 따라 구체적 사정을 종합적으로 검토하여 판단하여야 할 것이고, 그 위법성이 피의자의 기본적 인권(특히 생명, 신체에 대한 자유)을 직접 침해하는 것인가의 여부를 하나의 추상적 기준으로 들 수 있는데, 판례가 함정수사에 따른 공소제기에 대하여 공소기각판결을 내린 것도 동일한 맥락에서 파악할 수 있을 것이다.

(5) 동일피고인에 대한 관련사건이 지연된 공소제기의 경우

공소권남용과 관련하여 관련사건의 사실심리가 종료되는 시점, 즉 항소심의 판결이 선고된 이후에 누락된 사건을 검사가 공소제기하는 것이 허용되는가라는 문제가 있었다. 이는 검사가 관련사건을 동시에 기소하였다면 실체적 경합사건이 되어 형법 제38조의 범위내에서 처벌될 뿐만 아니라 집행유예의 선고도 가능하지만, 검사가 관련사건을 항소심판결 선고 후에 기소한다면 법원은 앞의 사건과 뒤의 사건에 대하여 별개의 형을 선고하지 않을 수 없을 뿐만 아니라 앞의 판결에서 집행유예가 선고되었을 경우에 뒤의 판결이 확정되면 앞의 집행유예는 취소될 수 있는 위험이 있기 때문이다. 다만 이러한 누락추가기소가 공소권남용 문제로 논의되기 위해서는 수개의 사건에 대하여 동시기소가 가능하여야 한다. 따라서 후행 기소사건의 존재조차 모르는 경우와 증거가 부족하여 증거확보를 위하여 수사와 기소가 늦어지는 경우처럼 후행기소사건을 알았더라도 기소가 늦어진 데 대한 정당한 이유(^{대판 1996.9.24,}_{96도1730})가 있는 경우에는 공소권남용이 될 수 없다.

그러나 2005년 형법 개정으로 '집행유예의 선고를 받은 자가 유예기간 중 고의로 범한 죄로 금고 이상의 실형을 선고받아 그 판결이 확정된 때'에 비로소 집행유예가 실효되게 되고(^{형법}_{제63조}), '경합범 중 판결을 받지 아니한 죄가 있는 때에는 그 죄와 판결이 확정된 죄를 동시에 판결할 경우와 형평을 고려하여 그 죄에 대하여 형을 감경 또는 면제'(^{동법 제39조}_{제1항})할 수 있게 됨에 따라, 누락사건의 추가기소의 경우 따로 형을 선고해야 하는 문제때문에 발생하는 현실적인 불합리성은 어느 정도 해결되었다고 할 것이다.

제 2 절 공소제기의 기본원칙

Ⅰ. 국가소추주의 · 기소독점주의

1. 국가소추주의

공소제기 권한을 국가기관 특히 검사에게 전담하도록 하는 것을 **국가소추주의**라고 하고, 사인의 공소제기를 인정하는 것을 **사인소추주의**라고 한다. 현행 형사소송법은 국가소추주의를 채택하고 있지만, 독일은 국가소추주의를 원칙으로 하면서도 주거침입죄, 모욕죄, 상해죄와 협박죄 등 경미한 범죄에 대한 사인소추를 예외적으로 인정하고 있고($^{StPO}_{제374조}$), 프랑스에서도 사인소추가 인정되고 있다($^{CPP\ 제1조}_{제2항}$). 다만 독일의 사인소추는 기소독점주의의 예외로서 경미한 범죄에 대하여만 인정되지만, 프랑스의 사소제도는 검사가 불기소처분을 한 사건에 대하여 피해자가 사소를 제기하여 공소를 제기할 수 있다는 점에서 사소는 기소편의주의에 대한 규제기능을 갖는다고 할 수 있다.

2. 기소독점주의(기소일원주의)

기소독점주의(기소일원주의)란 국가기관으로서 검사만이 공소를 제기하고 수행할 권한을 갖는 방식을 말한다. 형사소송법 제246조는 「공소는 검사가 제기하여 수행한다」고 규정하여 국가소추주의 · 기소독점주의를 채택하고 있고, 검찰청법 제4조도 공소의 제기와 그 유지가 검사의 직무임을 규정하고 있다. 국가소추주의를 취한다고 하더라도 반드시 검사가 공소를 제기해야 할 필연성을 가지는 것은 아니지만, 역사적으로는 탄핵주의가 검찰제도 성립과 함께 등장한 것이라는 점에서 국가소추주의와 기소독점주의는 표리일체 관계를 이루고 있다.

☞ 공소제기의 권한이 검사에게 귀속되어 있을 뿐 다원화된 기관이 공소권을 행사하는 것이 아니라는 의미에서 **기소일원주의**라고 부르는 것이 타당하다. 다만 기소편의주의(기소합리주의)와 결합하여 기소독점주의(기소일원주의)가 심화되면 검사의 자의와 독선에 의한 공소권행사로 인하여 비민주적인 결과를 초래할 위험성이 있고, 무엇보다 정치권력에 의하여 검사의 공소권행사가 영향을 받게 될 경우 매우 위험한 제도로 전락할 가능성이 있다.

(1) 기소독점주의에 대한 규제

고소 또는 고발사건에 대한 불기소처분에 대하여 불복이 있는 고소인 또는 고발인이 상급검찰청 검사장에게 항고하여 검사 자체에 의하여 부당한 불기소처분을 시정할 수 있는 불기소처분에 대한 항고제도($^{검찰청법}_{제10조}$), 고소 · 고발사건에 대한 불기소처분의 취지와 이유통지제도($^{제258조}_{제258조의2}$), 재정신청제도($^{제260}_{조}$) 등이 있다. 검사의 불기소처분이 적절하게 행사되지 못하거나 자의적으로 행사된 경우 형사피해자는 예외적으로 (불기소처분이 재정신청의 대상이 되지 아니하는 등 적절한 권리구제 수단이 없는 경우) 헌법소원심판도 청구할 수 있다.

(2) 기소독점주의의 예외

검사의 기소독점주의의 예외로는 경찰서장의 즉결심판청구($^{즉심법}_{제3조}$)가 인정된다. 뿐만 아니라 2021년부터 검찰청이 아닌 공수처 소속 검사에 의한 공소제기라는 새로운 예외가 제도화된다. 즉 공수처 검사는 고위공직자로 재직 중에 본인 또는 본인의 가족이 범한 고위공직자범죄 및 관련범죄의 공소제기와 그 유지 직무를 독립적으로 수행한다($^{공수처법\ 제3조}_{제1항\ 제2호}$).

> ☞ 법정경찰권에 의한 감치나 과태료의 부과($^{법조법\ 제61조}_{제1항}$)도 검사의 소추없이 법원의 직권으로 이루어지지만, 이는 질서벌의 성질을 가지고 있으므로 형벌을 전제로 하는 기소독점주의에 대한 예외에 해당하지 않는다. 그리고 현행법은 범죄의 피해자에게 일정한 경우에 형사절차에서 배상명령신청권을 인정하고 있으나, 이는 형사소추권이 아니므로 배상명령의 신청은 기소독점주의에 대한 예외가 아니다.

Ⅱ. 기소편의주의(기소합리주의)

기소편의주의(기소합리주의)란 수사결과 공소를 제기함에 충분한 혐의가 인정되고 소송조건을 갖춘 경우에도 재량에 의한 불기소처분을 인정하는 원칙을 말하고, 반드시 공소를 제기해야 한다는 원칙을 **기소법정주의**라고 한다. 형사소송법 제247조는 「검사는 형법 제51조(양형의 조건)의 사항을 참작하여 공소를 제기하지 아니할 수 있다」고 규정하여 기소편의주의를 채택하고 있다.

1. 기소편의주의와 기소법정주의

(1) 장·단점

기소법정주의는 검사의 공소제기에 대한 자의를 배제함으로써 공소제기에 있어서 정의와 법앞에서의 평등을 실현할 수 있다. 동시에 기소법정주의에 의하여 검사의 지휘·감독관계가 한계지워질 수 있으며 법무부장관의 수사지휘권 행사가 검사에 미치게 될 정치적 영향력도 방지될 수도 있다. 반면 기소법정주의를 엄격히 적용할 경우에는 형사법운용의 경직을 초래하여 구체적 타당성을 잃게 되고, 법원과 피고인에게 불필요한 시간과 비용의 부담을 주어 소송경제에 반하는 단점이 있다.

이에 비해 기소편의주의는 형사사법의 탄력있는 운용을 통하여 구체적 정의를 실현하고, 공소제기에 대한 형사정책적 고려에 의하여 범죄인에게 조기개선의 기회를 제공함과 동시에 일반예방의 목적을 달성하고 불필요한 공소를 억제함으로써 소송경제상으로도 도움이 될 수 있다. 그러나 공소제기에 대한 정치적 영향과 검사의 자의를 배제할 수 없게 되어 법적 안정성을 유지할 수 없다는 단점이 있다.

(2) 기소편의주의의 평가

합리성과 합목적성을 이념으로 하는 기소편의주의가 기소법정주의보다 합리적인 제도다 (다수설). 생각건대 기소법정주의의 장점은 기소편의주의의 단점이 되고, 기소법정주의의 단점이 기소편의주의의 장점이 된다는 점에 비추어 어느 제도가 우월하다고 판단하기 곤란하다. 어느 제도를 채택하건 그 제도의 결점을 보완하는 충분한 법적 장치를 마련하는 것이 더욱 중요하다.

2. 기소편의주의의 내용

(1) 기소유예제도의 채택

기소유예란 공소제기에 충분한 범죄혐의가 있고 소송조건이 구비되어 있음에도 불구하고 형법 제51조(양형의 조건)의 사항을 참작하여 공소를 제기하지 않는 검사의 처분이다($\frac{제247조}{제1항}$). 기소편의주의는 기소유예에 그 근거를 두고 있다. 다만 검사의 소추재량권은 그 운용에 있어 자의가 허용되는 무제한의 자유재량이 아니라 내재적인 한계를 가지는 합목적적 자유재량으로 보아야 한다. 형법 제51조에 규정된 사항들이나 이러한 사항들과 동등하게 평가될 만한 사항 이외의 사항에 기한 검사의 기소유예처분은 소추재량권의 내재적 한계를 넘는 자의적 처분으로서 정의와 형평에 반하고 헌법상 평등의 원칙에도 반한다.

검사의 기소유예결정에 의하여 수사가 종결되면 피의자의 지위도 소멸한다. 그러나 기소유예처분에는 법원의 확정판결과 달리 기판력이 인정되지 아니하므로 검사가 같은 사건에 재기 후 다시 공소를 제기하였다고 하더라도 기소의 효력에는 영향이 없고, 법원이 이에 대하여 유죄판결을 선고하였다고 하여 일사부재리의 원칙에 반한다고 할 수 없다($\frac{대판\ 1987.11.10,}{87도2020}$).

(2) 조건부 기소유예의 문제

조건부 기소유예($\frac{소년법}{제49조의3}$)란 소년범에 대한 선도조건부 기소유예($\frac{검사규\ 제71조}{제3항}$)와 같이 검사가 피의자에게 일정한 조건(예컨대 상담, 직업훈련 또는 적절한 치료 등)을 부과하고 그 준수를 조건으로 기소유예처분을 하는 제도를 말한다.

그런데 조건부 기소유예가 성인범죄에도 허용될 수 있는지 여부에 관하여, 권력분립원칙에 따를 때 기소유예의 권한 자체가 근본적으로는 검사가 아닌 법관에게 속하는 것이지만 굳이 기소유예권한을 검사에게 인정하는 한 조건부 기소유예가 허용된다는 **긍정설**과 상대방의 의사에 반하여 강제적인 의무사항을 부과하는 것은 적법절차의 요청에 비추어 법관이 담당해야 할 사무이므로 법률의 규정이 없는 한 의무이행을 조건으로 하는 조건부 기소유예를 인정할 수 없다는 **부정설**(다수설)이 대립하고 있다.

생각건대 공소제기($\frac{제246}{조}$) 및 기소유예($\frac{제247}{조}$) 여부를 검사의 권한으로 보는 한, 검사가 일정한 조건을 부과하면서 기소유예처분을 함으로써 피의자에 대한 사회복귀를 용이하게 할 수 있으므로 조건부 기소유예제도를 부정할 필요는 없고, 새로운 증거를 발견하는 등 사정 변경이 있을 경우 다시 공소를 제기하는 것도 가능하다고 보아야 할 것이다.

(3) 일부기소유예 및 일부(부분)기소의 문제

일부기소유예란 피의자에 대한 범죄혐의가 인정되고 소송조건이 구비된 수 개의 범죄사실 중 일부사실에만 기소유예하는 것을 말한다. 이러한 일부기소유예를 인정할 수 있는지 여부에 대하여, 일부기소유예도 검사의 소추재량권의 행사로 기소편의주의의 연장선에 있기 때문에 허용된다는 **긍정설**과 이를 인정하면 공소권의 자의적인 행사의 위험성이 더욱 커질 뿐만 아니라 공소불가분의 원칙상 부정해야 한다는 **부정설**이 대립하고 있다. 생각건대 검사에게 소추재량권이 인정되고 있으므로 이론상 일부기소유예가 허용된다고 보아야 하지만, 실무상 일부기소유예 처분은 하지 않는다.

(4) 기소변경주의

일단 공소제기 후 공소의 취소를 인정하는 제도를 **기소변경주의**라고 한다. 현행법 제255조 제1항은 「공소는 제1심 판결의 선고전까지 취소할 수 있다」고 규정하여 기소변경주의를 채택하고 있고, 일단 공소를 제기한 후에 공소의 취소를 인정하는 기소변경주의는 기소편의주의의 논리적 귀결이라고 해석하는 것이 타당하다(다수설).

3. 기소편의주의에 대한 규제

(1) 불기소에 대한 규제

현재 실정법상 기소편의주의를 보완하고 있는 주요한 제도적 장치로는 재정신청제도, 검찰청법상의 불기소처분에 대한 항고제도, 헌법재판소에 대한 헌법소원 등이 있다.

(2) 공소제기에 대한 규제

형사소송법에 규정이 없으므로 원칙적으로 법원의 실체판결에 의하여 유죄·무죄여부를 가리게 된다. 다만 부당한 기소를 시정하는 제도로서 공소권남용이론 및 공소취소가 활용될 수도 있다.

(3) 소추재량의 내재적 한계

검사의 소추재량은 공익의 대표자인 검사로 하여금 객관적 입장에서 공소의 제기 및 유지 활동을 하게 하는 것이 형사소추의 적정성 및 합리성을 기할 수 있다고 보기 때문이므로 내재적인 한계가 있다. 따라서 검사가 자의적으로 공소권을 행사하여 피고인에게 실질적인 불이익을 가함으로써 소추재량을 현저히 일탈하였다고 판단되는 경우에는 이를 공소권의 남용으로 보아 공소제기의 효력을 부인할 수 있다(대판 2017.8.23, 2016도5423).

III. 공소의 취소

공소의 취소란 검사가 공소제기를 철회하는 법률행위적 소송행위를 말한다. 공소의 취소는 공소사실의 동일성이 인정되지 않는 수개의 공소사실의 전부 또는 일부를 철회하는 것으로 공소취소 사유에는 법률상 제한이 없다. 다만 검사가 공소를 취소한다는 것은 공소의 제기가 위법·부당하다는 사실(예컨대 공소장일본주의의 위반처럼 공소제기의 방식에 중대한 하자가 있거나 공소제기후에 진범인이 검거되거나 피고인의 알리바이가 입증된 경우)을 검사가 스스로 인정하는 것을 의미하는데, 통상 이러한 경우에는 법원이 피고사건에 대하여 공소기각·면소·무죄판결을 할 수 있으므로 실제 형사소송에서는 법령에 대한 헌법재판소의 위헌 결정 이외에는 검사가 공소를 취소하는 일이 많지 않다.

1. 공소취소와 공소사실의 철회

양자 모두 검사의 법원에 대한 소송행위이며, 검사의 의사표시에 상응하는 소송법적 효과가 발생하는 법률행위적 소송행위라는 점에서 동일하다.

(1) 절차상의 차이점

공소의 취소는 서면 또는 구술에 의하나, 공소사실의 철회는 공소장의 변경으로 서면에 의하며($^{규\ 제142조}_{제1항}$), 법원은 피고인이 재정하는 공판정에서는 피고인에게 이익이 되거나 피고인이 동의하는 경우 구술에 의한 공소장변경을 허가할 수 있다($^{규\ 제142조}_{제5항}$).

공소의 취소는 제1심 판결선고전까지 가능하지만($^{제255조}_{제1항}$), 공소사실의 철회의 경우에는 명문규정이 없다. 따라서 항소심에서의 공소장변경의 허용여부에 관하여 견해가 대립되고 있다. 또한 공소의 취소는 공소사실의 전부 또는 일부에 가능하지만, 공소사실의 철회는 공소사실의 동일성이 인정되는 범위내에서 허용된다.

(2) 효과상의 차이점

공소의 취소의 경우에는 공소기각의 결정($^{제328조}_{제1항}$)을 해야 하지만, 공소사실의 철회의 경우에는 이에 대한 판단 없이 나머지 공소사실에 대하여 재판하면 된다. 재기소도 공소의 취소의 경우에는 제한되지만, 공소사실의 철회의 경우에는 제한이 없다. 다만 기판력에 의하여 이중기소가 금지될 뿐이다.

표 3-2 공소의 취소와 공소사실의 철회의 구별

	공소의 취소	공소사실의 철회(공소장변경)
개념	동일성이 없는 수개의 공소사실의 전부 또는 일부의 철회	동일성이 인정되는 공소사실의 일부에 대한 철회
성질	검사의 법원에 대한 소송행위 (법률행위적 소송행위)	검사의 법원에 대한 소송행위 (법률행위적 소송행위)
방식	서면 또는 구술(공판정)	원칙은 서면 예외로 구술(피고인 재정/동의 또는 이익)
시기	제1심판결 선고 전	명문규정 X (통설·판례: 항소심에서도 가능)
법원의 허가	불요	필요
법원의 조치	공소기각의 결정	나머지 공소사실 심판
재기소의 제한	다른 중요한 증거 발견	제한 X

2. 공소취소의 절차

공소의 취소는 검사만이 할 수 있다. 다만, 검사가 공소를 취소하고자 할 때에는 미리 소속검찰청장의 승인을 얻어야 한다(검사규 제58조 제2호). 공소의 취소는 제1심 판결선고전까지 이유를 기재한 서면으로 하여야 하나 공판정에서는 구술로써 할 수 있다(제255조 제2항). 재정신청에 대한 고등법원의 공소제기결정에 따라 공소를 제기한 경우에는 공소를 취소할 수 없다(법 제264조의2).

공소의 취소는 제1심 판결의 선고전까지 허용된다(제255조 제1항). 따라서 제1심판결에 대하여 상소심의 파기환송이나 이송판결은 물론 제1심판결에 대한 재심소송절차(대판 1976.12.28, 76도3203)에서도 허용되지 않는다. 약식명령도 법원의 종국판단이므로 약식명령이 고지된 후에는 공소취소가 허용되지 않는다. 다만 제1심판결에 대해서는 실체판결인가 형식판결인가를 묻지 않으므로 유·무죄 및 면소판결 이외에 공소기각, 관할위반의 판결도 포함된다(통설).

공소의 취소의 사유에는 법률상 제한이 없다. 공소제기 후 사정변화로 처벌가치가 감소한 경우, 공소제기 자체의 위법, 공소제기 후 소송조건의 결여, 관할의 경합, 증거 불충분 등이 이에 해당한다.

3. 공소취소의 효과

(1) 공소기각의 결정

공소가 취소되었을 때에는 결정으로 공소를 기각하여야 한다(제328조 제1항 제1호). 공소가 취소된 경우에 유·무죄의 제1심판결이 선고되면 피고인 또는 검사는 즉시항고를 할 수 있고, 이 경우에 항소법원은 결정으로 공소를 기각하여야 한다(제363조 제1항).

> 참조판례 「실체적 경합관계에 있는 수개의 공소사실 중 어느 한 공소사실을 전부 철회하거나 그 공소사실의 소추대상에서 피고인을 완전히 제외하는 검사의 공소장변경신청이 있는 경우 그 부분의 소송을 취소하는 취지가 명백하다면 공소취소신청이라는 형식을 갖추지 아니하였더라도 이를 공소취소로 보아 공소기각을 하여야 한다」(대판 1988.3.22, 88도67).

(2) 재기소의 제한

공소취소에 의한 공소기각의 결정이 확정된 때에는 공소취소후 그 범죄사실에 대한 다른 중요한 증거를 발견한 경우에 한하여 다시 공소를 제기할 수 있다(제329조, 제327조 4호). 여기서 '다른 중요한 증거를 발견한 경우'란 공소취소전에 가지고 있던 증거 이외의 증거로서 공소취소전의 증거만으로서는 증거 불충분으로 무죄가 선고될 가능성이 있으나 새로 발견된 증거를 추가하면 충분히 유죄의 확신을 가지게 될 정도의 증거가 있는 경우를 말한다(대판 1977.12.27, 77도1308). 다른 중요한 증거가 발견되지 아니하였음에도 불구하고 동일한 범죄사실로 다시 공소가 제기된 경우에는 공소기각판결을 하여야 한다(제327조 제4항).

> 참조판례 「형사소송법 제329조는 공소취소에 의한 공소기각의 결정이 확정된 때에는 공소취소 후 그 범죄사실에 대한 다른 중요한 증거를 발견한 경우에 한하여 다시 공소를 제기할 수 있다고 규정하고 있는바, 이는 단순일죄인 범죄사실에 대하여 공소가 제기되었다가 공소취소에 의한 공소기각결정이 확정된 후 다시 종전 범죄사실 그대로 재기소하는 경우뿐만 아니라 범죄의 태양, 수단, 피해의 정도, 범죄로 얻은 이익 등 범죄사실의 내용을 추가 변경하여 재기소하는 경우에도 마찬가지로 적용된다. 따라서 단순일죄인 범죄사실에 대하여 공소취소로 인한 공소기각결정이 확정된 후에 종전의 범죄사실을 변경하여 재기소하기 위하여는 변경된 범죄사실에 대한 다른 중요한 증거가 발견되어야 한다」(대판 2009.8.20, 2008도9634).

(3) 고소·고발인에 대한 통지

고소 또는 고발있는 사건에 관하여 공소취소를 한 때에는 검사는 그 처분을 한 날로부터 7일 이내에 그 취지를 통지하여야 한다(제258조 제1항). 이는 고소·고발사건에서 고소·고발인을 보호하기 위한 것으로, 기소독점주의에 대한 규제로서 의미가 있다.

(4) 검찰항고·재정신청의 인정여부

공소취소는 불기소처분이 아니므로 공소취소에 대해서 검찰항고나 재정신청이 허용되지 않는다.

☞ 공소취소제도는 실무상 별로 활용되지 않고 있는데, 검사가 공소를 취소한다는 것은 수사미진이나 공소권의 적정행사가 아니라는 점을 자인하는 것이기 때문이다. 공소취소를 인정하는 경우 피고인의 입장에서는 무죄판결을 받을 기회를 상실하게 되고, 재기소의 위험을 부담하게 된다. 따라서 입법론상으로는 증거불충분으로 공소를 취소하는 경우에는 재기소를 허용하지 않거나, 공소취소를 하기 위하여는 피고인의 동의를 얻도록 하는 것이 바람직할 것이다.

Ⅳ. 재정신청제도(裁定申請制度)

사 례

경찰관 甲은 농성을 주도한 모 할인점 임시직원인 피의자 乙(女)을 조사하면서 가혹행위(형법 제125조)와 강제추행(형법 제298조)을 하였다는 혐의로 乙로부터 고소를 당하였으며, 乙의 아버지인 丙으로부터도 동일한 혐의로 고발을 당하였다. 하지만 검사 X는 甲에 대해 수사한 후, 가혹행위 부분에 대하여는 기소유예처분을 내리고 강제추행 부분에 대하여는 무혐의처분을 내렸다. 이에 乙과 丙은 검사 X의 불기소처분에 불복하여 검찰에 항고를 제기하였으나 다시 항고기각의 결정을 받았다.
1. 乙이 고등법원에 재정신청을 한 경우, 가혹행위에 대한 기소유예처분과 강제추행에 대한 무혐의처분은 모두 재정신청의 대상이 되는가?
2. 乙의 아버지 丙은 어떠한 불복방법을 강구할 수 있는가?
3. 재정신청의 절차가 진행되면서 부심판결정이 내려질 가능성을 검사 X가 알게 되었다면 재정결정 선고 전에 해당 사건을 기소할 수 있는가?
4. 고등법원이 검사 X의 불기소처분에 대하여 재정결정을 내린 경우 검사 X는 불복할 수 있는가?

재정신청제도란 검사의 불기소처분에 불복하는 고소인 또는 고발인(형법 제123조 내지 제126조의 죄에 대하여 고발한 자)의 재정신청에 대하여 법원이 공소제기결정을 한 경우에 검사에게 공소제기를 강제하는 제도를 의미한다(제260조). 재정신청에 대한 법원의 결정에 의하여 공소제기가 의제되는 것이 아니라 검사에게 공소제기를 강제하는 제도라는 점에서 이를 **기소강제절차**라고도 한다. 형사소송법은 공소제기의 기본원칙으로 기소독점(일원)주의와 기소편의(합리)주의를 취하고 있으므로 검사의 공소권행사에 대한 독선 내지 자의나 정치적 영향을 배제할 수 없게 될 위험이 있기 때문에 기소편의주의를 규제하기 위한 법적 장치를 마련할 필요가 있다. 여기에 재정신청제도의 존재의의가 있다.

1. 재정신청제도의 특색

현행법은 재정법원의 역할을 검사의 불기소처분의 당부심사에만 한정하게 하고 이후 절차에 관여하는 것을 배제하여 소추와 재판의 분리원칙을 관철하고, 국가소추주의 원칙을 유지(공소유지변호사제도의 폐지)하는 한편, 검사의 객관의무 및 공익적 지위를 강조하여 피고소인의 권리와 이익도 보호해야 할 책무를 부과한 점에 그 특색이 있다.

☞ 재정신청의 법적 구조를 어떻게 파악할 것인가에 대해서는 준기소절차를 수사절차가 아닌 형사소송(형사항고)에 유사한 재판절차로 파악하여야 한다는 견해가 통설이다. 형사소송법 제262조 제2항은 재정신청사건을 '항고의 절차에 준'하는 것으로 하여 수사절차로 구성하고 있지 않고 있기 때문이다. 다만 공소제기전의 절차이므로 재정신청인이나 피의자에게 대립당사자의 지위를 인정할 수 없다는 점에서 독자적인 증거신청권, 증거서류의 열람·등사권, 증인신문참여권 및 증인신문권 등을 인정할 수는 없다.

2. 심판에 부하는 절차

(1) 재정신청

① **재정신청권자:** 검사로부터 불기소처분의 통지를 받은 고소인, 고발인(형법 제123조 내지 제126조의 죄에 대하여 고발한 자), 대리인이다. 따라서 피의자, 제3자, 고소·고발을 취소한 자는 재정신청을 할 수 없다.

② **재정신청의 대상**

가) 고소 내지 고발된 사건: 현행법상 고소된 모든 범죄에 대하여 재정신청이 허용되지만, 고발 범죄에 대하여는 공무원의 직권남용죄(형법 제123조 내지 제125조) 및 피의사실공표죄(형법 제126조)에 인정된다. 다만 피의사실공표죄의 경우 피공표자의 명시한 의사에 반하여 재정을 신청할 수 없도록 규정하였다.

☞ 공직선거법, 헌정질서파괴범죄의 공소시효 등에 관한 특례법, 5·18 민주화운동 등에 관한 특례법, 의문사진상규정에 관한 특례법, 부패방지 및 국민권익위원회의 설치와 운영에 관한 법률 등 각종 특별법에 의하여 재정신청이 허용된 자도 재정신청권자에 포함된다.

따라서 그 밖의 고발사건에 대한 불기소처분에 대하여는 현재와 같은 절차, 즉 항고 및 재항고로 불복할 수밖에 없을 것이다(검찰청법 제10조 제3항).

참조판례 「진정사건에 대한 검사의 내사종결처리는 재정신청의 대상이 되지 않고(대결 2005.2.1, 2004모542), 재정신청 제기기간이 경과된 후에 재정신청보충서를 제출하면서 원래의 재정신청에 재정신청 대상으로 포함되어 있지 않은 고발사실을 재정신청의 대상으로 추가한 경우, 그 재정신청보충서에서 추가한 부분에 관한 재정신청은 법률상 방식에 어긋난 것으로서 부적법하다」(대결 1997.4.22, 97모30).

나) 검사의 불기소처분: 재정신청이 기소편의주의를 규제하기 위한 제도라는 점에서 당연히 기소유예도 그 대상이 된다. 그 밖에 무혐의, 범죄불성립, 공소권없음을 이유로 하는 협의의 불기소처분도 재정신청 대상에 포함된다. 이러한 의미에서 재정신청은 기소유예를 포함한 검사의 불기소처분 일반에 대한 제재제도라고 할 수 있다.

그러나 재정신청 대상이 되는 불기소처분은 종국적인 처분임을 요하므로 수사중지처분에 불과한 기소중지는 포함되지 않는다. 다만, 피의자의 소재불명 기타 사유로 사건의 진상을 파악할 수 없어 사건을 종결할 수 없을 때에 기소중지처분을 하게 되어 있는바, 피의자의 소재가 분명함에도 불구하고 기소중지처분을 하는 경우에는 재정신청 대상이 된다.

③ **검찰항고의 경유**(항고전치주의): 재정신청을 하려는 자는 검찰청법 제10조에 따른 항고를 거쳐야 한다(제260조 제2항). 이러한 항고는 형사소송법 제258조 제1항 규정에 의한 통지를 받은 날로부터 30일 내에 하여야 한다(검찰청법 제10조 제4항). 다만 항고인에게 책임이 없는 사유로 인하여 그 기간내에 항고하지 못한 것을 소명하는 때에는 그 기간은 그 사유가 해소된 때로부터 기산한다(동조 제6항). 따라서 항고 이후 재정신청을 할 수 있는 신청권자는 별도로 재항고를 할 수 없다(동조 제3항).

다만, 항고 이후 재기수사가 이루어진 다음에 다시 공소를 제기하지 아니한다는 통지를 받은 경우, 항고 신청 후 항고에 대한 처분이 행하여지지 아니하고 3개월이 경과한 경우, 검사가 공소시효 만료일 30일 전까지 공소를 제기하지 아니하는 경우의 어느 하나에 해당하는 때에는 예외적으로 항고를 거치지 않고 바로 재정신청을 할 수 있다(제260조 제2항 단서). 그러나 고발사건에 대해서는 고등검찰청에 대한 검찰항고에 이어 검찰총장에 대한 재항고의 불복 절차를 거치게 될 뿐(검찰청법 제10조 제3항), 고등법원에의 재정신청은 허용되지 않는다.

④ **재정신청의 방식**: 재정신청은 항고기각결정을 통지받은 날 또는 제260조 제2항 각 호의 사유가 발생한 날부터 10일 이내에 지방검찰청 검사장 또는 지청장에게 재정신청서를 제출하여야 한다. 재정신청서에 대하여는 형사소송법에 제344조(재소자에 대한 특칙) 제1항과 같은 특례규정이 없으므로 구금된 경우에도 동일하다(대결 1998.12.14, 98모127).

다만 항고전치주의의 예외에 해당하여 항고절차를 거칠 필요가 없는 경우에는 항고 이후 재기수사가 이루어진 다음에 다시 공소를 제기하지 아니한다는 통지를 받은 경우 또는 항고 신청 후 항고에 대한 처분에 행하여지지 아니하고 3개월이 경과한 경우에는 그 사유가 발생한 날로부터 10일 이내에, 검사가 공소시효 만료일 30일 전까지 공소를 제기하지 아니하는 경우에는 공소시효 만료일 전날까지 재정신청서를 제출하여야 한다(제260조 제3항). 판례는 이러한 신청기간은 불변기간이므로 연장이 허용되지 아니한다는 입장이다(대결 1998.12.14, 98모127).

⑤ **재정신청의 효력**: 재정신청이 있을 때에는 재정결정이 확정될 때까지 공소시효 진행이 정지되고(제262조의4 제1항), 공소제기 결정이 있는 때에는 공소시효에 관하여 그 결정이 있는 날에 공소가 제기된 것으로 본다(동조 제2항). 이러한 공소제기결정에 따라 검사가 공소를 제기한 때에는 이를 취소할 수 없다(제264조의2). 고소인 또는 고발인이 수인인 경우에 공동신청권자 중 1인의 신청은 그 전원을 위하여 효력을 발생한다(제264조 제1항).

⑥ **재정신청의 취소**: 재정신청은 고등법원의 재정결정이 있을 때까지 취소할 수 있고 재정신청을 취소한 자는 다시 재정신청을 할 수 없다(제264조 제2항). 재정신청 취소는 관할 고등법원에 서면으로 하여야 한다. 다만 기록이 관할 고등법원에 송부되기 전에는 그 기록이 있는 검찰청 검사장 또는 지청장에게 하여야 한다. 취소서를 받은 고등법원의 사무관은 즉시 고등검찰청 검사장 및 피의자에게 그 사유를 통지하여야 한다(규 제121조). 재정신청의 취소는 다른 공동신청권자에게 효력을 미치지 아니한다(제264조 제3항).

(2) 지방검찰청검사장 등의 처리

재정신청서를 제출받은 지방검찰청검사장 또는 지청장은 재정신청서를 제출받은 날부터 7일 이내에 재정신청서 · 의견서 · 수사관계서류 및 증거물을 관할 고등검찰청을 경유하여 관할 고등법원에 송부하여야 한다. 다만 제260조 제2항 각 호의 사유에 해당하는 경우, 지방검찰청 검사장 또는 지청장은 신청이 이유있는 것으로 인정하는 때에는 즉시 공소를 제기하고 그 취지를 관할 고등법원과 재정신청인에게 통지하고, 신청이 이유없는 것으로 인정하는 때에는 30일 이내에 관할 고등법원에 송부한다($^{제261}_{조}$).

표 3-3 재정신청절차의 흐름도

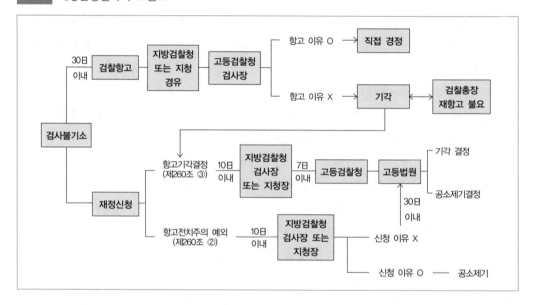

(3) 고등법원의 재정결정

① **재정신청사건의 관할:** 재정신청 사건은 고등법원이 관할한다($^{제260조}_{제1항}$). 현행법상 심급구조는 지방법원에 지방검찰청이 대응하고, 고등법원에 고등검찰청이 대응하는 체계로 구성되어 있는데, 항고전치주의를 취하여 고등검찰청의 항고기각결정을 거쳐 재정신청을 하고 있으므로 이에 대한 불복으로서의 재정신청은 고등검찰청에 대응하는 고등법원에 하는 것이 타당하다는 고려를 한 것으로 보인다.

② **재정신청사건의 심리:** 법원은 재정신청서를 송부받은 때에는 송부받은 날부터 10일 이내에 피의자에게 그 사실을 통지하여야 하고($^{제262조}_{제1항}$), 10일 이내에 피의자 이외에 재정신청인에게도 그 사유를 통지하여야 한다($_{제120조}^{규}$). 재정결정도 재판의 일종이므로 공정성 확보 측면에서 재정신청 청구된 피의자에게도 기피신청권을 긍정하는 것이 타당하다(통설). 고등법원은 필요한 때에는 증거를 조사할 수 있다($^{제262조 제2항 제2문,}_{제37조 제3항}$). 따라서 피의자신문이나 증인신문,

검증 등을 행할 수 있다.

　☞ 고등법원이 피의자에게 구인이나 구속, 압수·수색·검증과 같은 강제처분을 행할 수 있는지에 대하여 강제처분불허설에 따르면 기소강제절차는 형사소송에 유사한 재판절차이므로 필요한 경우에는 사실을 조사할 수 있음(제37조 제3항)에도 불구하고 별도로 제262조 제2항 후문의 특칙(법원은 재정신청 결정에 필요한 때에는 증거를 조사할 수 있다)을 두어 필요한 경우에만 증거조사를 하도록 규정하고 있으며, 강제처분법정주의 원칙상 명문규정없이 강제처분권을 허용할 수는 없다. 반면 강제처분허용설은 기소강제절차에서 관할 고등법원의 강제처분을 허용할 수 있다고 본다. 형사소송법 제262조 제2항에서 재정신청사건의 심리를 '항고의 절차에 준하여' 진행하도록 규정하고 있고, 항고절차는 공판절차를 전제로 하여 그에 부수하여 발생하는 문제를 해결하기 위한 심급절차이므로 심급구도의 관점에서 절차를 진행할 필요가 있으며, '필요한 경우에 사실과 증거를 조사할 수 있다'는 것은 수소법원의 증거조사권(제37조)과 강제처분권(제70조, 제106조, 제109조)에 준하여 고등법원에도 동일한 권한을 인정하는 것으로 보아야 하기 때문이다.

　생각건대 재정신청사건 심리법원의 강제처분은 본질적으로 공소제기 전의 수사의 성격을 갖는 처분이며, 헌법상 수사상의 강제처분은 검사의 청구로 법관이 발부한 영장에 의하여 하도록 되어 있고 법원이 스스로 영장을 발부하여 강제처분을 하는 경우는 없으므로 수사절차에서 검사의 영장청구없이 판사가 발부한 영장에 의하여 강제처분을 할 수 있다고 본다면 헌법 제12조 제3항에 위배될 소지가 있다. 강제처분허용설은 직권주의적 소송구조를 취하고 있는 독일식 이론으로서, 당사자주의적 요소가 대폭 강화된 것에 대응하여 '법원의 수사'를 허용하지 않으려는 현행 소송구조에 대한 입법적 결단을 무시한 해석이다. 따라서 재정법원의 권한을 임의수사에 한정하는 강제처분불허설이 타당하다고 본다. 그리고 만약 구속 등이 필요한 경우라면 신속히 공소제기결정을 한 후 수소법원이 피고인의 신병 여부에 관한 결정을 하면 되므로 현실적으로 재정법원에 강제처분권을 부여할 필요성도 크지 않을 것이다.

　③ 재정결정의 심판범위: 　재정신청절차는 항고절차에 준하므로(제262조 제2항 제1문), 고등법원은 재정신청의 이유유무를 재정결정시를 기준으로 판단하여야 하며, 따라서 불기소처분 이후 새로이 발견된 증거나 발생한 사실(피해자와의 합의 등)도 판단자료로 할 수 있다.

　④ 재정결정

　가) 기각결정: 　재정신청서를 송부받은 고등법원은 3개월 이내에 재정신청이 법률상의 방식에 위배하거나 이유 없는 때에는 재정신청을 기각한다(제262조 제2항 제1호). 재정신청이 법률상의 방식에 위배한 경우란 재정신청권자 아닌 자의 재정신청, 신청기간 도과후의 재정신청 등이다. 재정신청이 이유 없는 때라 함은 원칙적으로 검사의 불기소처분이 적법하고 타당한 경우를 말한다.

　<u>참조판례</u>　「검사의 공소를 제기하지 아니하는 처분의 당부에 관한 재정신청에 대하여 법원은 검사의 무혐의 불기소처분이 위법하다 하더라도 기록에 나타난 모든 사정을 고려하여 기소유예의 불기소처분을 할 만한 사건이라고 인정되는 경우에는 재정신청을 기각할 수 있다」(대결 1996.3.11, 96모1).

　기각결정이 확정된 사건에 대하여는 다른 중요한 증거를 발견한 경우를 제외하고는 소추할 수 없다(제262조 제4항 후문). 이는 법원 판단에 의하여 재정신청 기각결정이 확정되었음에도 불구하

고 검사의 공소제기를 제한 없이 허용할 경우 피의자를 지나치게 장기간 불안정한 상태에 두게 되고 유죄판결이 선고될 가능성이 낮은 사건에 사법인력과 예산을 낭비하게 되는 결과로 이어질 수 있음을 고려한 것이다. 재정신청 기각결정이 확정된 사건에 대한 검사의 공소제기를 제한하면서, 다른 한편으로 재정신청사건에 대한 법원의 결정에는 일사부재리의 효력이 인정되지 않는 만큼 피의사실을 유죄로 인정할 명백한 증거가 발견된 경우에도 재정신청 기각결정이 확정되었다는 이유만으로 검사의 공소제기를 전적으로 금지하는 것은 사법정의에 반하는 결과가 된다.

따라서 형사소송법 제262조 제2항, 제4항과 제262조 제4항 후문의 입법취지 등에 비추어 볼 때, 제262조 제4항 후문에서 말하는 '제2항 제1호의 결정이 확정된 사건'은 재정신청사건을 담당하는 법원에서 공소제기의 가능성과 필요성 등에 관한 심리와 판단이 현실적으로 이루어져 재정신청 기각결정의 대상이 된 사건만을 의미한다고 보아야 한다($^{대판\ 2015.9.10,}_{2012도14755}$).

나) 공소제기결정: 재정신청서를 송부받은 고등법원은 3개월 이내에 재정신청이 이유있는 때에는 사건에 대한 공소제기를 결정한다($^{제262조}_{제2항\ 제2호}$). 공소제기를 결정하는 때에는 죄명과 공소사실이 특정될 수 있도록 이유를 명시하여야 한다($^{규칙}_{제122조}$). 여기서 '재정신청이 이유있는 때'란 공소를 제기하는 것이 상당함에도 소추재량의 한계를 넘어서 불기소처분한 위법이 인정되는 경우를 말한다($^{대결\ 1988.1.29,}_{86모58}$).

> **참조판례** 「법원이 재정신청 대상 사건이 아님에도 이를 간과한 채 형사소송법 제262조 제2항 제2호에 따라 공소제기결정을 하였더라도, 그에 따른 공소가 제기되어 본안사건의 절차가 개시된 후에는 다른 특별한 사정이 없는 한 본안사건에서 위와 같은 잘못을 다툴 수 없다」($^{대판\ 2017.11.14,}_{2017도13465}$).

⑤ 재정결정서의 송부: 고등법원이 신청기각 내지 공소제기결정을 한 때에는 즉시 그 정본을 재정신청인·피의자와 관할 지방검찰청 검사장 또는 지청장에게 송부하여야 한다. 이 경우 공소제기결정을 한 때에는 관할 지방검찰청 검사장 또는 지청장에게 사건기록을 함께 송부하여야 하며($^{제262조}_{제5항}$), 공소제기결정에 따른 재정결정서를 송부받은 지방검찰청 검사장 또는 지청장은 지체없이 담당검사를 지정하고 지정받은 검사는 공소를 제기하여야 한다($^{동조}_{제6항}$).

⑥ 재정신청사건 기록의 열람·등사 제한: 재정신청사건의 심리 중에는 관련 서류 및 증거물을 열람 또는 등사할 수 없다($^{제262조의2}_{본문}$). 재정법원의 심리는 기소여부를 결정하기 위하여 행하는 수사에 준하는 절차일 뿐더러 민사소송 제출용 증거서류를 확보하기 위한 목적으로 재정신청이 남용되는 것을 방지할 필요가 있어 관련 서류나 증거물의 열람·등사를 금지한 것이다. 이를 통하여 무죄추정을 받는 관련자의 사생활 침해도 방지될 수 있을 것이다. 다만 동조 단서는 직권으로 증거조사과정에서 작성된 서류의 전부 또는 일부의 열람 또는 등사를 허가할 수 있도록 규정하고 있는데, 이는 검사나 재정신청인 등 이해관계 있는 자의 이익을 고려한 것으로 볼 수 있다.

⑦ 비용부담: 재정신청제도의 전면 확대에 따라 제도 남용을 방지하기 위한 대책이 필요

하게 되었다. 따라서 고등법원은 재정신청의 기각결정이나 재정신청의 취소가 있는 경우에는 결정으로 재정신청인에게 신청절차에 의하여 생긴 비용의 전부 또는 일부를 부담하게 할 수 있으며($\frac{제262조의3}{제1항}$), 직권 또는 피의자의 신청에 따라 재정신청인에게 피의자가 재정신청 절차에서 부담하였거나 부담할 변호인선임료 등 비용의 전부 또는 일부의 지급을 명할 수 있다($\frac{동조}{제2항}$). 이러한 결정에 대하여는 즉시항고가 허용된다($\frac{동조}{제3항}$).

⑧ **재정결정에 대한 불복:** 재정신청의 기각결정($\frac{제262조}{제2항 제1호}$)에 대하여는 제415조에 따른 즉시항고를 할 수 있는 반면, 공소제기결정($\frac{제262조}{제2항 제2호}$)에 대하여는 불복할 수 없다. 다만 재정신청의 기각결정이 확정된 사건에 대하여는 다른 중요한 증거를 발견한 경우를 제외하고는 소추할 수 없다($\frac{제262조}{제4항}$).

참조판례 「재정신청 기각결정에 대하여 형사소송법 제415조의 재항고를 금지하는 것은 대법원에 명령·규칙 또는 처분의 위헌·위법 심사권한을 부여하여 법령해석의 통일성을 기하고자 하는 헌법 제107조 제2항의 취지에 반할 뿐 아니라, 헌법재판소법에 의하여 법원의 재판이 헌법소원의 대상에서 제외되어 있는 상황에서 재정신청인의 재판청구권을 지나치게 제약하는 것이 된다. 따라서 **법 제262조 제4항의 "불복할 수 없다"는 부분은, 재정신청 기각결정에 대한 '불복'에 법 제415조의 '재항고'가 포함되는 것으로 해석하는 한, 재정신청인인 청구인들의 재판청구권을 침해하고, 또 법 제415조의 재항고가 허용되는 고등법원의 여타 결정을 받은 사람에 비하여 합리적 이유 없이 재정신청인을 차별취급함으로써 청구인들의 평등권을 침해한다」($\frac{헌재 2011.11.24.}{2008헌마578}$).** 이에 따라 2016년 1월 제262조 제4항은 재정신청 기각결정에 대하여 즉시항고를 할 수 있도록 개정되었다.

⑨ **공소시효의 정지:** 재정신청이 있으면 법원의 재정결정이 확정될 때까지 공소시효의 진행이 정지되고($\frac{제262조의4}{제1항}$), 재정법원이 공소제기 결정을 한 경우에는 공소시효에 관하여 그 결정이 있는 날에 공소가 제기된 것으로 본다($\frac{동조}{제2항}$). 따라서 재정법원이 공소제기 결정을 한 경우에는 그에 따른 검사의 공소제기가 언제 이루어지든지 관계없이 공소시효에 관하여는 법원의 공소제기 결정이 있는 날에 공소가 제기된 것으로 보게 될 것이다.

⑩ **공소취소의 제한:** 검사는 재정법원의 공소제기 결정에 따라 공소를 제기한 때에는 이를 취소할 수 없다($\frac{제264조}{의2}$). 재정심리 법원의 공소제기 결정에 따라 검사가 공소를 제기한 경우, 검사가 임의로 공소를 취소하지 못하도록 하여 법원 결정의 취지가 몰각되지 않도록 한 것이다.

⑪ **공소장의 변경:** 재정법원의 공소제기 결정에 따라 검사가 공소를 제기하면, 통상의 소송절차와 마찬가지로 검사는 공소사실의 동일성이 인정되는 범위내에서 공소장 변경($\frac{제298조}{제1항}$)을 할 수 있다.

참조판례 「형사소송법 제263조에 의하면 같은 법 제262조 제1항 제2호의 심판에 부하는 결정이 있는 때에는 그 사건에 대하여 공소의 제기가 있는 것으로 간주되므로 그 후에는 통상의 소송절차에서와 마찬가지로 기본적인 사실관계가 동일한 한 공소사실 및 적용법조의 변경이 가능하다 할 것이다」($\frac{대판 1989.3.14.}{88도2428}$).

(4) 재소자특칙의 준용여부

참조판례 판례는 재소자특칙의 준용여부와 관련하여, 「형사소송법이 법정기간의 준수에 대하여 도달주의 원칙을 정하고 그에 대한 예외로서 재소자 피고인 특칙을 제한적으로 인정하는 취지는 소송절차의 명확성, 안정성과 신속성을 도모하기 위한 것이며, 재정신청절차에 대하여 재소자 피고인 특칙의 준용 규정을 두지 아니한 것도 마찬가지이다. 그리고 재정신청절차는 고소·고발인이 검찰의 불기소처분에 불복하여 법원에 그 당부에 관한 판단을 구하는 절차로서 검사가 공소를 제기하여 공판절차가 진행되는 형사재판절차와는 다르며, 또한 고소·고발인인 재정신청인은 검사에 의하여 공소가 제기되어 형사재판을 받는 피고인과는 지위가 본질적으로 다르다... 위와 같이 법정기간 준수에 대하여 도달주의 원칙을 정하고 재소자 피고인 특칙의 예외를 개별적으로 인정한 형사소송법의 규정 내용과 입법 취지, 재정신청절차가 형사재판절차와 구별되는 특수성, 법정기간 내의 도달주의를 보완할 수 있는 여러 형사소송법상 제도 및 신속한 특급우편제도의 이용 가능성 등을 종합하여 보면, **재정신청 기각결정에 대한 재항고나 그 재항고 기각결정에 대한 즉시항고로서의 재항고에 대한 법정기간의 준수여부는 도달주의 원칙에 따라 재항고장이나 즉시항고장이 법원에 도달한 시점을 기준으로 판단하여야 하고, 거기에 재소자 피고인 특칙은 준용되지 아니한다」**(대결(전합) 2015.7.16, 2013모2347)는 입장이다.

사례해설

사안은 검사의 기소권 남용 내지 부당한 불기소처분에 대한 통제장치와 관련하여, (1)은 재정신청의 대상과 관련된 문제이고, (2)는 고발인의 불복방법을 묻는 문제이며, (3)은 재정결정이 내리기 전에 검사가 공소를 제기할 수 있는지, (4)는 재정결정에 대하여 검사의 불복이 허용되는지 여부를 묻고 있다. 첫째, 현행 형사소송법은 모든 고소 범죄에 대해 재정신청을 허용하고 있으므로 가혹행위는 물론 강제추행에 대한 무혐의처분도 재정신청의 대상이 될 것이다.

둘째, 사안에서 丙은 고소인이 아닌 고발인이지만, 형법 제123조 내지 제126조의 범죄에 대하여는 고발인에게도 재정신청을 허용하고 있으므로, 가혹행위 부분에 대하여 丙은 재정신청을 할 수 있다. 반면에 丙은 고소인이 아닌 고발인이며, 대상범죄는 강제추행죄이므로 재정신청의 대상범죄가 아니다. 따라서 丙은 강제추행부분에 대하여 재정신청을 할 수 없다. 결국 丙은 검찰청법 제10조 제3항에 따라 항고기각결정에 대하여 불기소처분을 한 검사가 속한 고등검찰청을 거쳐 서면으로 검찰총장에게 재항고를 할 수 있을 뿐이다. 물론 이 경우 당해 고등검찰청의 검사는 재항고가 이유있다고 인정하는 때에는 그 처분을 경정하여야 한다. 결국 고발인 丙은 가혹행위에 대하여는 재정신청을, 강제추행에 대하여는 검찰청법상의 재항고를 할 수 있다.

셋째, 고등법원이 재정결정을 선고하기 전에 검사가 기소하더라도 법적으로는 아무런 문제가 없다. 왜냐하면 검사의 불기소처분에는 확정적 효력이 없을 뿐만 아니라 검사는 언제든지 공소를 제기할 수 있기 때문이다.

넷째, 고등법원의 결정에 대한 불복방법과 관련하여, 종래 판례는 재정신청에 대한 재정결정 중 신청기각결정에 대해서는 형사소송법 제415조에 의해서 대법원에 재항고가 허용되지만, 부심판결정에 대해서는 대법원에 재항고가 허용되지 않는다는 입장이었다(절충설의 입장). 그런데 현행법 제262조 제4항이 '항고할 수 없다'가 아닌 '불복할 수 없다'로 변경되었음에도 불구하고 여전히 현행법의 해석과 관련하여, 학설은 공소제기결정이건, 재정신청기각결정이건 재정결정 자체에 대한 일체의 불복이 허용되지 않는다는 부정설과 종전처럼 재정법원의 공소제기 결정에 대하여는 제264조 제4항 전단이 적용되어 불복신청이 허용되지 않지만, 재정신청을 기각하는 결정에 대하여는 재항고를 통해 불복이 가능하다는 제한적 긍정설(절충설)이 대립하고 있다. 이에 대하여 판례는「법원이 재정신청서에 재정신청을 이유 있게 하는 사유가 기재되어 있지 않음에도 이를 간과한 채 형사소송법 제262조 제2항 제2호 소정의 공소제기결정을 한 관계로 그에 따른 공소가 제기되어 본안사건의 절차가 개시된 후에는, 다른 특별한 사정이 없는 한 이제 그 본안사건에서 위와 같은 잘못을 다툴 수 없다. 그렇지 아니하고 위와 같은 잘못을 본안사건에서 다툴 수 있다고 한다면 이는 재정신청에 대한 결정에 대하여 그것이 기각결정이든 인용결정이든 불복할 수 없도록 한 같은 법 제262조 제4항의 규정취지에 위배하여 형사소송절차의 안정성을 해칠 우려가 있기 때문이다」라고 판시하여(대판 2010.11.11, 2009도224), 부정적인 입장이다. 다만 재정신청이 법률상의 방식을 준수하였음에도 법원이 방식위배의 신청이라고 잘못보아 그 신청이유에 대한 실체판단없이 형식적인 사유로 재정신청을 기각한 경우에는 적용되지 않는다(대결 2011.2.10, 2009모407)고 한다. 생각건대 현행법의 해석상 공소제기결정이건, 재정신청기각결정이건 재정결정 자체에 대한 일체의 불복이 허용되지 않는다고 보아야 한다(부정설). 왜냐하면 ㉠ 현행법 제262조 제4항이 재정법원의 결정에 대하여 '항고할 수 없다'고 하지 않고 '불복할 수 없다'고 규정하고 있다는 점, ㉡ 2007년 형사소송법 개정과정에서 정부제출안 중 '즉시항고 허용규정'을 삭제했을 뿐만 아니라 재정심리를 단심화하여 피고소인의 지위불안을 방지하고 있다는 점, ㉢ 재정신청사건의 경우 지방검찰청의 자체심사·고등검찰청의 항고심사·고등법원의 재정심리의 세 단계를 거친다는 점에서 사실상의 3심제도가 구비되어 있다는 점, ㉣ 검사의 모든 불기소사건에 대하여 재정신청이 허용되므로 사건에 대한 한정된 사법자원의 효율적인 배분이 필요하다는 점 등을 고려해 볼 때, 불복을 불허하는 것이 타당하기 때문이다. 이에 따르면 고등법원이 검사 X의 불기소처분에 대하여 재정결정을 내린 경우 검사 X는 불복할 수 없을 것이다. 제한적 긍정설에 따르더라도 고등법원이 재정결정을 내린 경우라면 동일한 결론에 이를 것이다.

제 3 절 공소제기의 방식

I. 공소장의 제출

1. 서면주의

공소를 제기함에는 공소장을 관할법원에 제출하여야 한다(제254조 제1항). 한편, 형사소송법 제57조 제1항은「공무원이 작성하는 서류에는 법률에 다른 규정이 없는 때에는 작성 연월일과 소속공무소를 기재하고 기명날인 또는 서명하여야 한다」라고 규정하고 있고, 검사가 작성하는 공소장은 '공무원이 작성하는 서류'에 속하므로 공소장에는 검사의 기명날인 또는 서명이 있어야 한다.

> 참조판례 「공소를 제기하려면 공소장을 관할법원에 제출하여야 한다(형사소송법 제254조 제1항). 공무원이 작성하는 서류에는 법률에 다른 규정이 없는 때에는 작성 연월일과 소속공무소를 기재하고 기명날인 또는 는 서명하여야 한다(형사소송법 제57조 제1항). 여기서 '공무원이 작성하는 서류'에는 검사가 작성하는 공소장이

포함되므로, 검사가 기명날인 또는 서명이 없는 상태로 공소장을 관할법원에 제출하는 것은 형사소송법 제57조 제1항에 위반된다. 이와 같이 법률이 정한 형식을 갖추지 못한 채 공소장을 제출한 경우에는 특별한 사정이 없는 한 공소제기의 절차가 법률의 규정을 위반하여 무효인 때(형사소송법 제327조 제2호)에 해당한다. 다만 이 경우 공소를 제기한 검사가 공소장에 기명날인 또는 서명을 추후 보완하는 등의 방법으로 공소제기가 유효하게 될 수 있다(대판 2021.12.16, 2019도17150).

이처럼 형사소송법이 공소제기에 관하여 **서면주의**와 엄격한 요식행위를 채용한 것은 앞으로 진행될 심판의 대상을 서면에 명확하게 기재하여 둠으로써 법원의 심판대상을 명백하게 하고 피고인의 방어권을 충분히 보장하기 위한 것이므로, 서면인 공소장 제출은 공소제기라는 소송행위가 성립하기 위한 본질적 요소다.

☞ 문제는 검사가 종이문서로 출력할 경우 그 분량이 방대한 관계로 컴퓨터 프로그램을 통하여 열어보거나 출력할 수 있는 전자적 형태의 문서로 작성한 후, 종이문서로 출력하여 제출하지 아니하고 전자적 형태의 문서가 저장된 저장매체 자체(CD)를 서면인 공소장에 첨부하여 제출할 수 있는가이다. 판례는 이러한 경우 서면인 공소장에 기재된 부분에 한하여 공소가 제기된 것으로 볼 수 있을 뿐이고, 저장매체에 저장된 전자적 형태의 문서 부분까지 공소가 제기된 것이라고 할 수는 없다고 본다. 이러한 형태의 공소제기를 허용하는 별도의 규정이 없을 뿐만 아니라, 저장매체나 전자적 형태의 문서를 공소장의 일부로서의 '서면'으로 볼 수도 없기 때문이다. 전자적 형태의 문서의 양이 방대하여 그와 같은 방식의 공소제기를 허용해야 할 현실적인 필요가 있다거나 피고인과 변호인이 이의를 제기하지 않고 변론에 응하였다고 하여 달리 볼 것도 아니다. 따라서 검사가 이 같은 방식으로 공소를 제기하거나 공소장변경허가신청서를 제출한 경우, 법원은 저장매체에 저장된 전자적 형태의 문서 부분을 고려함이 없이 서면인 공소장이나 공소장변경신청서에 기재된 부분만을 가지고 공소사실 특정 여부를 판단하여야 한다. 만일 공소사실이 특정되지 아니한 부분이 있다면, 검사에게 석명을 구하여 특정을 요구하여야 하고, 그럼에도 검사가 이를 특정하지 않는다면 그 부분에 대해서는 공소를 기각할 수밖에 없다(대판 2016.12.15, 2015도3682).

2. 첨부서류

피고인의 방어준비를 용이하게 하기 위하여 공소장에는 피고인 수에 상응한 부본(副本)을 첨부하여야 하며(동조 제2항), 법원은 공소제기가 있는 때에는 제1회 공판기일전 5일까지 이를 피고인 또는 변호인에게 송달하여야 한다(제266조). 아울러 공소제기 전에 변호인이 선임되거나 보조인의 신고가 있는 경우에는 그 변호인선임서 또는 보조인신고서를, 공소제기당시 피고인이 구속되어 있거나, 체포 또는 구속된 후 석방된 경우 체포영장, 긴급체포서, 구속영장 기타 구속에 관한 서류를 공소장에 첨부하여야 한다(규 제118조 제1항).

Ⅱ. 공소장의 기재사항

1. 공소장의 기재

공소장에는 피고인·죄명·공소사실 및 적용법조를 기재하여야 한다(제254조 제3항, 규 제117조 제1항). 이를 **필요적 기재사항**이라고 하고, 공소장에 제254조 제3항의 기재사항 이외의 사항을 기재하는 것을 **여사기재**라고 한다.

☞ 실무상으로는 이외에도 공소장에 공소장이라는 표제, 검사의 서명·날인과 소속검찰청의 표시 및 관할법원을 기재하고 있다. 다만 공소장에는 법령이 요구하는 사항만 기재할 것이고 공소사실의 첫머리에 공소사실과 관계없이 법원의 예단만 생기게 할 사유를 불필요하게 나열하는 것은 옳다고 할 수 없다. 공소사실과 관련이 있는 것이라 하더라도 원칙적으로 범죄의 구성요건에 적어야 할 것이고, 이를 첫머리 사실로서 불필요하게 길고 장황하게 나열하는 것은 적절하다고 할 수 없다(대판 1999.7.23, 99도1860).

참조판례 「공소를 제기하려면 공소장을 관할법원에 제출하여야 한다(형사소송법 제254조 제1항). 공무원이 작성하는 서류에는 간인하거나 이에 준하는 조치를 하여야 한다(형사소송법 제57조 제2항). 여기서 '공무원이 작성하는 서류'에는 검사가 작성하는 공소장이 포함된다. '간인'은 서류작성자의 간인으로서 1개의 서류가 여러 장으로 되어 있는 경우 그 서류의 각 장 사이에 겹쳐서 날인하는 것이다. 이는 서류 작성 후 그 서류의 일부가 누락되거나 교체되지 않았다는 사실을 담보하기 위한 것이다. 따라서 공소장에 검사의 간인이 없더라도 그 공소장의 형식과 내용이 연속된 것으로 일체성이 인정되고 동일한 검사가 작성하였다고 인정되는 한 그 공소장을 형사소송법 제57조 제2항에 위반되어 효력이 없는 서류라고 할 수 없다. 이러한 공소장 제출에 의한 공소제기는 그 절차가 법률의 규정에 위반하여 무효인 때(형사소송법 제327조 제2호)에 해당한다고 할 수 없다」(대판 2021.12.30, 2019도16259).

2. 필요적 기재사항

(1) 피고인의 성명 기타 피고인을 특정할 수 있는 사항

공소장에는 피고인을 특정해야 한다. 피고인을 특정할 수 있는 사항으로는 피고인의 주민등록번호 등·직업·주거 및 등록기준지를 기재하여야 하며, 피고인이 법인인 때에는 사무소 및 대표자의 성명과 주소를 기재해야 한다(규 제117조 제1항 제1호). 다만 이러한 사항이 명백하지 아니한 때에는 그 취지를 기재하고(동조 제2항), 구속된 피고인에 대하여는 유치번호를 기재해도 된다. 특정의 정도는 타인과 구별할 수 있는 정도면 족하다. 다만, 피고인을 특정하지 않은 공소제기는 현저한 방식 위반이 있는 경우에 해당하여 피고인과 변호인이 이의를 제기하지 아니하고 변론에 응하였다고 하더라도 공소제기의 절차가 법률의 규정에 위반하여 무효인 경우에 해당하므로 공소기각판결을 선고해야 한다(대판 2009.2.26, 2008도11813).

참조판례 「공소장에 누범이나 상습범을 구성하지 아니하는 전과사실을 기재하는 것도 피고인을 특정할 수 있는 사항에 속한다」(대판 1966.7.19, 66도793).

(2) 죄   명

공소장에는 죄명을 기재하여야 한다. 죄명은 범죄의 유형적 성질을 가리키는 명칭으로 적용법조 기재와 함께 공소제기 범위를 정하는 데 보조적 기능을 한다. 죄명기재 오류가 있는 경우에 공소제기는 유효하지만, 죄명변경으로 인하여 피고인의 방어준비에 차질을 초래한 경우에는 공판절차를 정지할 수 있다($\frac{제298조}{제4항}$). 형법범의 죄명은 대검찰청에서 예규로 정한 형법죄명표에 의하여 표시하고, 특별법범의 죄명은 그 특별법 다음에 위반이라는 문자를 더하여 표시한다. 미수범·교사범·방조범은 형법범에 한하여 죄명 다음에 미수·교사·방조를 붙여서 표시한다.

(3) 공소사실

공소사실이란 법원에 심판을 청구할 범죄사실, 즉 범죄의 특별구성요건을 충족하는 구체적 사실을 의미한다. 따라서 구성요건에 해당하는 것으로 법률적·사실적으로 특정된 사실을 말하며, 검사가 공소장에 기재하여 공소를 제기한 범죄사실이고 법원의 심판대상이 되는 사실이다.

① 구별개념

가) 범죄사실: 검사가 법원에 심판을 구하여 공소를 제기한 전체 범죄사실을 말한다. 이러한 범죄사실은 지나간 일정 시점에서 일어났던 삶의 한 부분현상으로 발생하였던 사실이라는 의미에서 역사적·사회적 사실이라고도 한다. 범죄사실의 개념은 수사상 구속영장의 효력범위($\frac{제208}{조}$), 공소불가분의 원칙($\frac{제247조}{제2항}$), 공소장의 예비적·택일적 기재($\frac{제254조}{제5항}$), 유죄판결($\frac{제323}{조}$), 무죄판결($\frac{제325}{조}$) 등의 규정에서 볼 수 있다.

서 울 중 앙 지 방 검 찰 청

2022. 11. 16.

사건번호   2022년 형제○○○호
수 신 자   서울중앙지방법원
제   목   **공소장**

검사 명석한은 아래와 같이 공소를 제기합니다.

Ⅰ. 피고인 관련사항

피 고 인   김절도 (******-*******), 50세
            직업 무직, **-****-****
            주거 부정
            등록기준지 (생략)

죄   명   특정범죄가중처벌등에관한법률위반(절도)

적용법조   특정범죄가중처벌등에관한법률 제5조의4 제1항
            형법 제330조, 제35조

구속여부   2022. 11. 4. 구속 (2022. 11. 2. 체포)

변 호 인   변호사 김 무 명

Ⅱ. 공 소 사 실

　피고인은 2017. 8. 13. 서울남부지방법원에서 절도죄로 징역 1년을, 2018. 4. 9. 서울중앙지방법원에서 야간주거침입절도죄로 징역 2년을 각 선고받아 2019. 6. 25. 여주교도소에서 그 형의 집행을 종료한 사람이다.

　피고인은 2022. 1. 27. 01:00경 서울 종로구 인왕동 123에 있는 피해자 이을동의 집에 이르러 그 담을 넘어 안방에 침입한 후 그곳 화장대 서랍속에 들어있는 피해자 소유의 롤렉스 손목시계 1개 등 귀금속류 10점 합계 3,000,000원 상당을 가지고 나온 것을 비롯하여 그 무렵부터 2022. 2. 20.경까지 별지 범죄일람표 기재와 같이 총 5회에 걸쳐 합계 6,950,000원 상당의 재물을 가지고 나왔다.

　이로써 피고인은 상습으로 타인의 재물을 절취하였다.

Ⅲ. 첨 부 서 류

1. 긴급체포서 1통(생략)
2. 구속영장(체포된 피의자용) 1통(생략)
3. 변호인선임신고서 1통(생략)
4. 피의자수용증명 1통(생략)

나) 공소사실(광의의 공소사실): 검사가 공소를 제기한 범죄사실을 말한다. 이러한 의미의 공소사실은 앞의 범죄사실과 사실상 동일한 의미다. 통상 공소제기 대상이 된 범죄사실을

가리켜 (광의의) 공소사실이라는 용어로 표현한다. 공소장변경절차를 규정한 형사소송법 제 298조 제1항의 '공소사실의 동일성'이라는 개념도 동일한 의미로 볼 수 있다.

다) 공소장에 기재된 공소사실(협의의 공소사실): 검사가 공소사실이라는 표제하에 공소장에 기재하여 법원에 심판을 구한 특정의 범죄사실을 말한다. 통상 공소사실이라는 표현은 이것을 의미한다. 공소제기 방식을 규정한 형사소송법 제254조 제3항과 제4항 및 공소장변 경절차와 관련하여 '공소장에 기재한 공소사실'이라는 표현을 사용하고 있는 형사소송법 제 298조 제1항이 여기에 해당한다. 그런데 실무상 검사가 공소장에 기재한 공소사실($^{제298조}_{제1항}$)은 지나간 일정 시점에 발생하였던 구체적 범죄사실과 이를 법률적으로 재구성한 부분으로 구 성되는데, 이러한 법률적 재구성 부분을 포함하지 않는다는 점에서 소인과 구별된다.

라) 소 인(訴因): 범죄의 법적 구성요건을 대입하여 법률적으로 재구성된 사실로서, 검사 가 심판을 구하는 청구원인사실을 말한다. 즉 소인이란 이미 발생한 역사적·사회적 사실로 서의 범죄사실을 의미하는 것이 아니라 검사가 공소장에 기재하여 심판을 구하는 구체적 범죄사실이다. 소인의 요소로는 범죄주체로서의 피고인 이외에 범죄일시, 범죄장소, 범죄방 법으로서의 행위의 태양, 피해법익의 내용, 그 주체로서의 피해자, 공범관계 등이 고려된다. 이처럼 소인개념은 구성요건에의 대입을 통하여 법률적으로 재구성된 범죄사실이라는 점에 서 법률적으로 구성되지 아니한, 즉 순수한 사실로서의 범죄사실을 의미하는 범죄사실 내지 공소사실 등의 개념과 구별된다.

> 예컨대 위의 공소장 기재례에서 볼 때, 피고인이 공소장에 기재된 일시와 장소에서 피해자의 소유 물인 '손목시계 1개 등 귀금속류 10점을 들고 나왔다'는 부분은 소인에 의해서 표시되기 이전의 구 체적 범죄사실, 즉 공소장에 기재한 공소사실(협의의 공소사실)에 해당하는 반면, 공소장에 기재된 일정한 시간과 장소에서 피고인이 피해자의 소유물인 '손목시계 1개 등 귀금속류 10점을 '절취'했 다는 부분은 이러한 범죄사실을 법률적으로 재구성한 소인에 해당한다. 결국 소인의 관점에서 보 면 전법률적 범죄사실 그 자체뿐만 아니라 법률적으로 재구성된 소인(절취)도 심판의 대상으로 중 시된다는 점을 알 수 있다.

② 공소사실의 특정

사 례

검사 甲은 메스암페타민이 검출된 피고인 乙을 마약류관리법 위반죄로 기소하면서 공소장에 ① 투약 의 시기는 '2022. 8. 10.부터 2022. 8. 19.까지 사이'로, ② 투약의 장소는 "서울 또는 부산 이하 불상" 으로, ③ 투약의 방법은 "증류수에 희석하여 주사하는 방법으로 투약한 것"으로 기재하였다. 검사 X 가 공소장에 기재한 공소사실이 특정되었다고 볼 수 있는가?

가) 기재사항: 공소사실의 기재는 범죄 일시·장소와 방법을 명시하여 사실을 특정할 수 있도록 하여야 한다($^{제254조}_{제4항}$). 이처럼 공소사실의 특정을 규정한 취지는 심판대상을 한정함으 로써 심판의 능률과 신속을 꾀함과 동시에 방어의 범위를 특정하여 피고인의 방어권 행사

를 쉽게 해주기 위함이다. 그러므로 검사는 범죄 일시, 장소, 방법 요소들을 종합하여 다른 사실과의 식별이 가능하도록 범죄 구성요건에 해당하는 구체적 사실을 기재하여야 할 것이다. 적어도 범죄의 '**일시**'는 벌칙규정이 개정된 경우 법령의 적용, 행위자의 책임능력의 유무, 공소시효의 기산일을 결정할 수 있을 정도의 기재를 요하고, 범죄의 '**장소**'는 토지관할을 갈음할 수 있을 정도를 요한다. 범죄의 '**방법**'은 범죄구성요건을 밝히는 정도로 특정해야 할 것이다. 그리고 위 3가지 특정요소 중에서 일부가 불명확하더라도 개별적으로 판단할 것이 아니라 종합하여 다른 사실과 구별할 수 있을 정도라면 공소사실의 특정이 인정될 수 있을 것이다(대판 2013.7.25, 2013도1444).

이와 관련하여 판례는 다른 사실 기재에 의하여 '당해 구성요건 해당사실이 다른 사실과 식별할 수 있는 정도'로 기재되어 있으며 또한 그러한 기재가 '피고인의 방어권행사에 지장이 없는 경우'(대판 1993.6.22, 91도3346)이거나 '마약범죄'와 같은 공소범죄의 성격에 비추어 그 '**개괄적 표시**'가 부득이하며 또한 그에 대한 '피고인의 방어권행사에 지장이 없다'고 보여지는 경우(대판 1991.10.25, 91도2085)에는 공소장에 범죄의 일시·장소·방법 등이 구체적으로 적시되지 않았다 하더라도 공소사실이 불특정되었다고 볼 수는 없다는 입장을 취하고 있다.

‖ **공소사실이 특정되지 않았다고 본 판례사안** ‖

㉠ '2009년 3월 말경부터 같은 해 6월 말경까지 진주시 이하 장소를 알 수 없는 곳에서, 메스암페타민(일명 필로폰) 불상 양을 불상의 방법으로 1회 투약하였다'는 공소사실의 경우, 투약시기에 관한 위와 같은 기재만으로는 공소사실이 특정되었다고 볼 수 없다(대판 2010.4.29, 2010도2857).

㉡ "마약류 취급자가 아님에도, 2008년 1월경부터 같은 해 2월 일자불상 15:00경까지 사이에 메스암페타민 약 0.7g을 매수한 외에, 그때부터 2009년 2월 내지 3월 일자불상 07:00경까지 총 21회에 걸쳐 매수·투약하였다."는 공소사실의 경우, 메스암페타민의 매수 및 투약시기에 관한 위와 같은 개괄적인 기재만으로는 공소사실이 특정되었다고 볼 수 없다(대판 2010.10.14, 2010도9835).

㉢ 피고인이 필로폰을 투약하였다고 하여 마약류 관리에 관한 법률 위반(향정)으로 기소되었는데, 공소장에 범행일시를 모발감정 결과에 기초하여 투약가능기간을 역으로 추정한 '2010. 11.경'으로, 투약장소를 '부산 사하구 이하 불상지'로 기재한 경우 마약류 투약범죄의 특성 등에 비추어 공소사실이 특정되었다고 볼 수 없다(대판 2012.4.26, 2011도11817).

‖ **공소사실이 특정되었다고 본 판례사안** ‖

㉠ 메스암페타민의 양성반응이 나온 소변감정결과에 의하여 그 투약일시를 '2009. 8. 10.부터 2009. 8. 19.까지 사이'로, 투약장소를 '서울 또는 부산 이하 불상'으로 공소장에 기재한 경우 공소사실이 향정신성의약품투약 범죄의 특성을 고려하여 합리적인 정도로 특정된 것으로 볼 수 있다(대판 2010.8.26, 2010도4671).

㉡ 유가증권변조의 공소사실이 범행일자를 "2005. 1. 말경에서 같은 해 2. 4. 사이"로, 범행장소를 "서울 불상지"로, 범행방법을 "불상의 방법으로 수취인의 기재를 삭제"한 것으로 된 경우, 변조된

유가증권이 압수되어 현존하고 있는 이상 위 공소사실이 특정되었다고 볼 수 있다(대판 2008.03.27, 2007도11000).

나) 특정의 정도: 공소사실을 다른 사실과 구별할 수 있을 정도, 즉 공소사실의 동일성을 인식할 수 있는 정도로 특정되면 족하다. 따라서 경합범의 공소사실은 각 범죄사실이 모두 특정되도록 개별적으로 기재하여야 하고(대판 1996.2.13, 95도2121), 교사범이나 방조범의 경우에는 교사행위·방조행위뿐만 아니라 그 전제가 되는 정범의 범죄구성요건사실을 기재하여야 한다(대판 1981.11.24, 81도2422). 공모공동정범의 경우는 공모가 범죄사실의 주요 부분에 해당하므로 실행행위에 직접 관여하지 않은 공모자도 범죄에 공동가공하여 범죄를 실현하려는 의사결합이 있었다는 것을 밝혀서 공동정범으로서의 책임을 지울 수 있을 정도로 특정되어야 할 것이다(대판 2016.4.2, 2016도2696).

반면에 **포괄일죄**의 경우 포괄일죄를 구성하는 개개의 범죄행위가 특정되지 않으면 피고인의 방어권 행사가 곤란할 수도 있지만, 포괄일죄에서는 범행 내용이 복잡하고 시간·장소의 특정이 어려운 경우가 많으므로 일죄의 일부를 구성하는 개개의 행위에 대하여 구체적으로 특정되지 아니하더라도 그 전체범행의 시기와 종기·범행 방법·범행 횟수 또는 피해액의 합계 및 피해자와 상대방을 기재하면 족하다(대판 1983.1.18, 82도2572).

③ 공소사실의 불특정의 효과: 공소사실이 특정되지 아니한 공소제기는 무효이므로 공소기각의 판결을 하여야 한다(제327조 제2호). 다만 공소사실이 특정되지 아니한 경우에 그 하자를 추완(追完)할 수 있는지 여부가 문제된다. 공소사실이 전혀 특정되지 아니한 때에는 공소제기의 하자가 치유될 수 없다고 할 것이나, 공소사실로서 구체적 범죄구성요건사실이 표시되어 있는 때에는 피고인 보호와 소송경제의 요청상 검사 스스로 또는 법원의 석명(규 제141조 제1항)에 의하여 불명확한 점을 사후적으로 보정할 수 있다고 해야 한다.

[참조판례] 「공소사실의 취지가 명료하면 법원은 이에 대하여 석명권을 행사할 필요는 없으나, 공소사실의 기재가 오해를 불러 일으키거나 명료하지 못한 경우에는 형사소송규칙 제141조에 의하여 검사에 대하여 석명권을 행사하여 그 취지를 명확하게 해야 한다」(대판 2021.5.7, 2020도17853).

(4) 적용법조

적용법조란 공소사실에 적용된 법적 평가를 의미한다. 죄명과 함께 공소의 범위를 확정하는 데 보조적 기능을 한다. 그 취지는 공소사실에 대한 법률적 평가를 명확히 하여 피고인의 방어권을 보장하려는 것이다.

따라서 적용법조의 기재는 형법각칙 본조뿐만 아니라 총칙상 중지미수 또는 불능미수·교사·방조·죄수에 관한 기재도 요한다. 그러나 적용법조의 기재는 공소 범위를 확정하는 데 보조기능을 하는데 불과하므로 적용법조의 기재에 오기가 있거나 누락된 경우라 할지라도 이로 인하여 피고인의 방어에 실질적 불이익이 없는 한 공소제기의 효력에는 영향이 없다(대판 2001.2.23, 2000도6113). 다만 적용법조 전체가 누락되거나 핵심부분이 기재되지 않아서 피고인의 방어전략 수립에 지장을 준 경우에는 공소기각 판결을 선고해야 할 것이다.

(5) 피고인의 구속여부

공소장에는 피고인이 구속되어 있는지 여부를 기재하여야 한다(규 제117조 제1항).

사례해설

본 사안은 공소장에 어느 정도 기재되었을 때에 공소사실이 특정되었다고 볼 수 있는지 여부를 묻고 있다. 특히 마약투약범죄에 관한 공소사실의 특정과 관련해서는 '범죄의 특수성에 따른 공소사실 특정정도의 완화'의 요청과 '피고인의 방어권 보장'의 요청이 서로 충돌하는 영역이므로 양자 간의 조화로운 운용이 필요하다. 그런데 실무상 마약투약범죄에서는 공소사실의 특정 특히 그중 사실상 가장 결정적인 부분이라 해도 과언이 아닌 **투약일시의 특정**은 마약성분의 체내흡수 후 신진대사작용을 통해 모발에 축적되거나 또는 소변을 통해 배출된다는 점에 착안한 감정결과에 기초하여 왔다. 즉 그 감정결과에 기초하여 추정되는 투약가능기간을 시료채취일로부터 역으로 추산한 기간을 투약일시로 특정하였다. 이와 관련하여, 판례의 흐름은 대법원 2007. 1. 11, 2005도7422("피고인은 마약류 취급자가 아님에도 2004. 9.경에서 10.경 사이 대구 달성군 등지에서, 메스암페타민 약 0.03g을 1회용 주사기에 넣고 물과 희석한 다음 피고인의 팔에 주사하는 방법으로 이를 투약하였다"는 것인바, 메스암페타민 투약시기에 관한 위와 같은 기재만으로는 피고인의 방어권 행사에 지장을 초래할 위험성이 크고, 단기간 내에 반복되는 공소범죄사실의 특성에 비추어 볼 때 위 투약시기로 기재된 위 기간 내에 복수의 투약 가능성이 농후하여 심판대상이 한정되었다고 보기도 어렵다) 판결 이후부터 모발감정결과에 기초한 경우에는 대체로 그 특정성을 부정하는 경향을 보인 반면, 소변감정결과에 기초한 경우에는 그 특정성을 긍정하는 경향이 두드러지게 나타나고 있다. 이는 소변감정결과에 기초한 경우가 모발감정결과에 기초한 경우에 비하여 정확성이 높고, 추정투약기간이 짧으며, 체내흡수가 아닌 단순외부오염의 위험 내지 가능성을 배제할 수 있는 등의 차이에 기인한 것으로 보인다. 즉 단순외부오염의 위험 내지 가능성 측면에서 전자는 마약성분의 체내흡수가 아닌 모발자체에 대한 외부오염으로부터 발생할 가능성도 배제하기가 힘든 반면, 후자는 체내흡수가 아니고서는 검출이 되지 않아 그 가능성이 배제될 수 있다는 점 등이다. 따라서 본 사안에서 메스암페타민이 검출된 방법이 **모발감정결과에 기초한 것**인지 아니면 **소변감정결과에 기초한 것**인지 여부에 따라 특정성이 판단 될 것이다. 본 사안(투약시기만 변경함)에서 판례는 「메스암페타민의 양성반응이 나온 소변감정결과에 의하여 그 투약일시를 2009. 8. 10.부터 2009. 8. 19.까지 사이로, 투약장소를 서울 또는 부산 이하 불상으로 공소장에 기재한 사안에서, 공소사실이 향정신성의약품투약 범죄의 특성을 고려하여 합리적인 정도로 특정된 것으로 볼 수 있음에도, 이와 달리 본 원심판단에 법리오해의 위법이 있다」(대판 2010.8.26, 2010도4671)고 판시한 바 있다.

결국 검사 X가 공소장에 기재한 공소사실은 특정되었다고 보아야 할 것이다.

III. 범죄사실과 적용법조의 예비적·택일적 기재

사 례 _____

검사는 피의자 甲을 수사한 결과 피의자 甲이 乙과 공모하여 A를 살해한 것으로 일단 판단이 되었으나(乙은 A를 살해한 죄로 기소되어 이미 유죄판결이 확정되었음) 피의자 甲이 자기는 乙과 공모하여 A를 살해한 사실이 없고 A를 살해한 乙과 친구 사이라 乙을 도피시켜준 사실밖에 없다고 부인하고 있어, 甲을 기소함에 있어서 살인의 점을 본위적(주위적) 공소사실로, 범인도피의 점을 예비적 공소사실로 기재하여 공소를 제기하였다. 이러한 공소사실간에도 예비적 기재가 허용되는가? 또 위와 같은 공소가 제기된 경우 법원은 어떻게 처리해야 하는지 허용여부에 관한 견해에 따라 그 처리방법을 논하라.

공소장에는 수개의 범죄사실과 적용법조를 예비적 또는 택일적으로 기재할 수 있다(제254조제5항). **예비적 기재**라 함은 수개의 범죄사실 또는 적용법조에 대하여 심판의 순위를 붙여 선순위 범죄사실이나 적용법조의 존재가 인용될 것을 해제조건으로 하여 후순위 범죄사실 또는 적용법조에 대하여 심판을 구하는 취지로 기재하는 것을 말한다. 이 경우 선순위 공소사실을 **본위적**(주위적) **공소사실**, 후순위 공소사실을 **예비적 공소사실**이라고 한다. 이에 대하여 **택일적 기재**라 함은 수개의 범죄사실 또는 적용법조에 대하여 심판의 순서를 정하지 않고 어느 것을 심판해도 좋다는 취지의 기재를 말한다.

1. 인정의 필요성

범죄사실의 예비적·택일적 기재를 인정하는 것은 검사의 유죄확신과 법관의 유죄확신 사이에 차이가 있는 경우, 무죄판결을 방지하려는 데에 주된 이유가 있다. 즉 검사가 공소제기시에 공소사실의 구성에 관하여 심증형성이 불충분하거나 법률적 구성을 확정할 수 없는 경우에도 공소장의 기재방법에 융통성을 갖게 하여 공소제기를 용이하게 하고자 하는 것이다.

2. 시   기

공소제기시뿐만 아니라 공소장변경의 경우에도 허용된다. 다만 전자의 경우에는 후술하는 것처럼 허용범위에 관하여 논란이 있으나, 후자의 경우에는 공소장변경의 절차에 따라 공소사실의 동일성이 인정되는 범위내에서 공소사실을 예비적·택일적으로 추가 또는 변경을 할 수 있을 뿐이다.

3. 허용범위

(1) 공소사실의 동일성

① **학   설:** 공소제기시의 예비적·택일적 기재는 범죄사실의 동일성이 인정되는 범위에

서만 인정되므로 실체적 경합관계에 있는 수개의 범죄사실에 대해서는 예비적·택일적 기재가 허용되지 않는다는 **소극설**과 공소제기시의 예비적·택일적 기재는 동일성을 요건으로 하지 않으므로 범죄사실의 동일성이 인정되는 범위내에서 예비적·택일적 기재가 허용될 뿐만 아니라 실체적 경합관계에 있는 다수의 범죄사실들 사이에서도 예비적·택일적 기재가 허용된다는 **적극설**이 대립하고 있다.

전자는 ㉠ 제254조 제5항의 '수개의 범죄사실'은 입법의 착오이고, ㉡ 공소사실의 동일성이 인정되지 않는 수개의 공소사실에 대하여 예비적·택일적 기재를 허용하는 것은 조건부공소제기를 허용하는 결과가 되며, ㉢ 공소제기시와 공소제기후를 구별하여 공소제기후에는 불가능한 일이 공소제기시에는 가능하다고 해석하는 것은 법체계의 통일성에 반하여 모순이고, ㉣ 적극설에 의할 경우에는 경합범의 관계에 있는 수죄의 범죄사실 중 일부의 범죄사실에 대하여 심리·판단하지 않아도 되므로 형법상의 경합범규정을 무의미하게 한다는 점을 들고 있다. 반면에 후자는 ㉠ 이 제도의 존재이유가 공소장변경에 의하여 치유할 수 없는 불합리를 제거하려는 데에 있고, ㉡ 공소장변경을 규정한 제298조 제1항 후단과는 달리 제254조 제5항은 공소사실의 동일성을 요구하는 규정을 두고 있지 않으며, ㉢ 수개의 범죄사실에 대하여 검사에게 일일이 독립적으로 범죄사실을 기재토록 하거나 추가기소를 요구하는 것은 무용한 절차의 반복만을 초래한다는 점을 들고 있다.

② 판   례

대법원은 공소제기시와 공소제기후를 구별하여, 전자의 경우에는「형사소송법 제254조 제5항은 검사가 공소를 제기함에 있어 수개의 범죄사실과 적용법조를 예비적 또는 택일적으로 기재하여 그 중 어느 하나의 범죄사실만의 처벌을 구할 수 있다는 것이며 그들 수개의 범죄사실간에 범죄사실의 동일성이 인정되는 범위내에서 예비적 또는 택일적으로 기재할 수 있음은 물론이나 그들 범죄사실 상호간에 범죄의 일시·장소·수단 및 객체 등이 달라서 **수개의 범죄사실로 인정되는 경우에도 이들 수개의 범죄사실을 예비적 또는 택일적으로 기재할 수 있다고** 해석할 것이며 이렇게 본다 하여도 공소장에 수개의 범죄사실을 특정하여 기재하고 있느니만큼 피고인의 방어권 행사에 경합범으로 기소된 경우에 비하여 그 지장이나 불이익을 준다고 볼 수 없을 뿐만 아니라 위와 같은 택일적 또는 예비적 기소는 검사의 기소편의주의의 입장에서도 법률상 용인될 것임이 명백하다」($\binom{\text{대판(전합)}}{1966.3.24,\ 65도114}$)고 하여 수개의 범죄사실에 동일성이 인정될 것을 요구하지 않는다고 판시한 반면(적극설의 입장), 후자의 경우에는「피고인이 공소외인으로부터 피해자를 위한 합의금을 교부받아 보관 중 이를 횡령하였다는 원래의 공소사실과 피고인이 피해자를 기망하여 위임장 사본을 편취하였다는 예비적으로 추가한 공소사실 사이에 범행의 일시 및 장소가 서로 다르고, 그 수단, 방법, 범행의 목적물 등 범죄사실의 내용이나 행위도 별개이며, 행위의 태양이나 피해법익도 다를 뿐만 아니라 죄질에도 큰 차이가 있어, **원래의 횡령의 공소사실과 예비적으로 추가한 사기의 공소사실 사이에 그 동일성이 있다고 보기 어렵다**」고 판시하면서(소극설의 입장), 공소사실($\binom{\text{대판 2001.3.27,}}{2001도116}$)의 동일성이 인정되지 않는 등의 사유로 공소장변경허가결정에 위법사유가 있는 경우에는 공소장변경허가를 한 법원이 스스로 이를 취소해야 한다는 입장을 취하고 있다.

③ 검   토: 적극설에 따르면 항소심법원이 원심판결을 파기하면서 원심법원이 판단하지 아니하였던 예비적 범죄사실에 대하여 유죄판결을 하거나 또는 택일적 범죄사실 가운데 다른 범죄사실을 유죄로 인정할 수 있다고 보고 있는데, 이는 심급의 이익을 박탈할 우려가

있다는 점에서 문제가 있다. 소극설이 타당하다고 본다.

(2) 동일성을 벗어난 경우의 법원의 조치(소극설을 따르는 경우)

법원이 공소사실의 동일성이 없는 예비적·택일적 기재에 대하여 취할 수 있는 조치에 대하여 공소사실의 기재를 그대로 둔 채 양자를 경합범에 대한 기소로 보아 유·무죄의 실체판결을 할 수 있다는 견해가 있다. 하지만 이는 형사소송의 형식적 확실성을 해치고, 공소기각설은 불필요한 절차를 반복하게 하여 소송경제를 해친다는 점에서 부당하다. 형사소송의 형식적 확실성과 소송경제라는 관점에 비추어 볼 때, 재판장이 석명권(제141조)에 의하여 검사로 하여금 공소사실의 예비적·택일적 기재를 경합범 형식으로 보정하는 절차를 취하게 해야 한다고 본다.

4. 소송관계

(1) 공소제기의 효력

예비적·택일적 기재의 공소사실의 전부에 대해서 공소제기의 효력이 미친다.

(2) 심판의 대상

예비적 기재의 경우에는 본위적 공소사실뿐만 아니라 예비적 공소사실도 심판의 현실적 대상이 된다. 따라서 제1심에서 본위적 공소사실을 유죄로 인정하는 경우 항소심은 제1심 판결을 파기하고 공소장변경 없이 예비적 공소사실을 유죄로 인정할 수 있다. 반면에 택일적 기재의 경우는 택일적으로 기재된 공소사실 전부가 현실적 심판의 대상이 된다.

(3) 심판의 순서

예비적 기재의 경우에는 본위적 공소사실에 대하여 먼저 심리·판단하여야 하고, 본위적 공소사실이 유죄로 인정되지 아니하는 경우에 예비적 공소사실을 심리·판단하여야 한다. 반면에 택일적 기재의 경우에는 법원의 심판 순서에 아무런 제한이 없으므로 어느 사실을 먼저 심리하여도 적법하다.

(4) 판단의 순서

① **예비적 기재의 경우:** 본위적 공소사실을 유죄로 인정하는 경우에는 예비적 공소사실에 대한 판단을 할 필요가 없다. 본위적 공소사실을 배척하고 예비적 공소사실을 유죄로 인정하는 경우에는 유죄의 취지만을 판결의 주문에 표시하면 되고, 본위적 공소사실에 대한 무죄의 취지를 표시하여서는 안 된다. 이 경우 본위적 공소사실을 배척하는 이유를 판결 이유에서 명시해야 한다(다수설).

② **택일적 기재의 경우:** 택일적으로 기재된 공소사실 중에서 어느 하나를 유죄로 인정하는 경우에는 다른 공소사실에 대한 판단은 요하지 않는다. 이 경우 유죄로 인정되지 아니한

이유를 판결 이유에 명시할 필요가 없다.

③ **모든 공소사실에 대하여 무죄선고를 하는 경우:** 예비적·택일적으로 기재된 모든 공소사실에 관하여 무죄를 선고하는 경우에는 모든 범죄사실에 대한 판단을 요한다.

(5) 검사의 상소

예비적 기재·택일적 기재를 불문하고 검사의 상소가 허용되지 않는다는 소극설, 예비적 기재·택일적 기재를 불문하고 검사의 상소가 허용된다는 적극설이 있다. 본위적 공소사실을 배척하고 예비적 공소사실을 유죄로 인정하는 경우에는 검사의 상소가 허용되나 본위적 공소사실을 유죄로 인정하는 경우와 택일적 공소사실의 경우에는 인정되지 않는다는 절충설이 타당하다고 본다. 판례도 동일한 입장이다.

> 참조판례 「특정 증여대상물에 대하여 택일적으로 기재된 증여자 중 어느 쪽도 증여자로 인정되지 않는다는 이유로 무죄로 판단한 부분에 관하여는 택일적으로 기재된 증여자 중 적어도 어느 한 쪽은 증여자에 해당한다는 취지로 불복할 수 있다」(대판 2006.12.22. 2004도7232).

(6) 기판력

공소사실이 예비적·택일적으로 기재된 경우에 확정판결의 기판력은 공소사실의 전부에 미친다. 따라서 예비적 공소사실에 대한 유죄판결이 확정된 후에 본위적 공소사실이 다시 공소제기된 경우에는 법원은 형사소송법 제326조 제1호에 의하여 면소판결을 선고하여야 한다.

사례해설

본 사안은 검사가 피의자 甲에 대하여 본위적 공소사실로서 살인, 예비적 공소사실로서 범인도피로 공소제기를 한 것이다. 그런데 우리 형사소송법은 제254조 제5항에서 '수개의 범죄사실과 적용법조를 예비적·택일적으로 기재할 수 있다'고 규정하여 공소장에 범죄사실과 적용법조의 예비적·택일적 기재를 허용하고 있다. 그런데 이와 같은 예비적 기재가 각 공소사실간에 동일성이 인정되는 경우에만 허용되는가에 관하여 견해가 대립하고 있으며, 또한 동일성을 요한다고 보는 경우, 사안에서와 같은 살인의 범죄사실과 범인은닉의 범죄사실간에 동일성이 인정되는가 하는 문제도 제기된다. 그리고 이와 같은 범죄사실간에 공소가 제기된 경우 법원은 어떠한 조치를 취해야 하는지도 문제되는바, 이는 사안과 같은 공소사실의 예비적 기재를 적법한 공소제기로 볼 수 있는가에 따라 달라질 것이다.

첫째, 공소사실의 예비적 기재의 허용여부와 관련하여 공소사실의 동일성을 요하는지에 대하여 학설은 공소사실의 동일성 요구설과 공소사실의 동일성 불요설로 대립하고 있으며, 판례는 후자의 입장을 따르고 있다. 생각건대 적극설에 따르면 항소심법원이 원심판결을 파기하면서 원심법원이 판단하지 아니하였던 예비적 범죄사실에 대하여 유죄판결을 하거나 또는 택일적 범죄사실 가운데 다른 범죄사실을 유죄로 인정할 수 있다고 보고 있는데, 이는 심급의 이익을 박탈할 우려가 있다는 점에서 문제가 있다. 따라서 소극설이 타당하다. 이처럼 동일성을 요한다고 볼 때 그 동일성의 인정기준과 관련하여 학설은 기본적 사실동일설, 죄질동일설, 구성요건공통설, 소인공통설 등이 있으며, 판례는 공소사실의 동일성은 그 사실의 기초가 되는 사회적 사실관계가 기본적인 점에서 동일한 것인가에 따라 판단하여야 한다고 하여 기본적 사실동일설을 따르고 있다. 다만 최근의 판례는 기본적 사실동일설에 따르면서도 그 동일성여부를 판단함에 있어서 법률적인 관점도 고려해야 한다는 입장이다. 생각건대 공소사실은 사실의 주장이고 법적 평가가 아니므로 그 동일성의 판단 역시 그 기초적인 사실관계에 의하여야 한다고 본다. 따라서 기본적 사실관계에 따라 양 공소사실의 구체적·역사적 사실관계가 동일하면 공소사실의 동일성을 인정해야 할 것이다. 이에 따라서 사안을 살펴보면, 살인과 범인은닉은 그 기본적인 사실관계가 전혀 다르다고 할 것이므로 공소사실의 동일성을 인정할 수 없다. 따라서 사안의 경우 예비적으로 공소가 제기된 살인과 범인도피는 동일성이 인정되지 않으므로 이러한 공소사실간의 예비적 기재는 허용되지 않는다고 할 것이다.

둘째, 법원의 처리방법과 관련하여, 공소사실간에 동일성을 요하지 않는다고 보는 적극설에 의하면 사안의 공소제기는 적법한 것이 된다. 따라서 법원은 검사가 공소를 제기한 순서대로 먼저 본위적 공소사실인 살인의 범죄사실에 관하여 판단하고 그 범죄사실이 인정되면 범인도피에 대하여 판단할 필요없이 유죄의 판단을 하면 된다. 그리고 살인의 범죄사실이 인정되지 않는 경우에 한하여 예비적 공소사실인 범인도피의 점에 관하여 판단하고 그 사실이 인정될 경우에는 유죄의 판단을, 인정되지 않을 경우에는 무죄의 판단을 하면 된다. 이때 본위적 공소사실에 대하여 별도의 주문을 낼 필요는 없다. 반면에 공소사실간에 동일성을 요한다고 보는 소극설에 의하면 사안의 공소제기는 위법한 공소제기가 된다. 그러나 그 구체적인 처리방법에 대해서는 공소기각설, 경합범심판설, 경합범보정설 등이 있다. 생각건대 형사소송의 형식적 확실성과 소송경제라는 이념에 비추어 경합범보정설이 타당하다고 본다. 이에 의하면 검사가 공소사실의 기재를 경합범의 관계로 보정하면 법원은 경합범의 관계에 있는 공소사실의 전부에 대하여 실체재판을 하여야 할 것이다.

결국 사안의 경우 공소사실의 예비적 기재를 함에 있어서는 각 공소사실에 동일성이 인정되어야 하므로 사안의 살인과 범인도피에 대한 예비적 기재는 동일성이 인정되지 않는 공소사실간의 예비적 기재로서 위법한 것이고 법원은 검사로 하여금 공소장을 경합범으로 보정하게 해야 할 것이다. 그러나 동일성을 요하지 않다고 보는 판례에 따르면 법원은 살인과 범인도피의 점에 관하여 그 순서에 따라 판단하면 된다.

IV. 공소장일본주의(公訴狀一本主義)

공소장일본주의란 공소제기시에 공소장의 기재사항과 관련하여 공소장에는 사건에 관하여 법원의 예단이 생기게 할 수 있는 서류 기타 물건을 첨부하거나 그 내용을 인용하여서는 아니된다는 원칙을 말한다(규 제118조 제2항). 이러한 공소장일본주의는 공판중심주의 내지 변론주의와 직접심리주의에 기초하여 수사절차와 공판절차를 엄격하게 분리함으로써 법원이 사건에 대하여 미리 예단을 가지지 않고 당사자의 소송활동을 통하여 실체적 진실을 발견하여야 한다는 요청을 절차상 반영한 것이다. 따라서 공소장일본주의는 단순히 공소제기 방식에 관한 기본원칙에 그치는 것이 아니라, 법관으로 하여금 백지상태에서 제1회 공판기일에 임하게 하려는 형사소송구조상의 제도로 보아야 할 것이다.

1. 내 용

(1) 첨부의 금지

공소장에 첨부가 금지되는 것은 사건에 관하여 법원에 예단이 생기게 할 수 있는 서류 기타 물건이다(규 제118조 2항). 여기서 법관에 예단을 줄 수 있는 서류 또는 물건이란 사건의 실체심리 이전에 법관의 심증형성에 영향을 줄 수 있는 자료로서 증거물이 보통이나 반드시 여기에 제한되는 것은 아니다. 따라서 공소제기시에 당해 사건에 관한 기록을 공소장과 함께 모두 법원에 제출하는 것은 물론이고, 공소사실을 증명하는 소송서류 기타 증거물 일부를 제출하는 것도 허용되지 아니한다. 그러나 법원에 예단을 줄 염려가 없는 서류 기타 물건을 첨부하는 것은 공소장일본주의에 반하지 않는다. 이와 관련하여 형사소송규칙은 공소장에 변호인선임서 또는 보조인신고서, 특별대리인선임결정등본, 체포영장·긴급체포서·구속영장 기타 구속에 관한 서류 등은 첨부하여야 한다고 규정하고 있다(규 제118조 제1항). 공소사실의 내용을 이루는 사실을 별지로 작성하여 공소장에 첨부하는 것은 허용된다. 별지는 공소장 자체이기 때문이다.

(2) 인용의 금지

형사소송규칙은 첨부뿐만 아니라 인용의 금지를 명문으로 인정하고 있다. 그러나 증거물의 인용이 금지되는 경우에도 문서의 기재내용 그 자체가 범죄구성요건에 해당하는 중요한 요소인 경우에는(예컨대 명예훼손, 문서위조, 공갈 등) 공소사실을 특정하기 위하여 문서의 전부 또는 일부를 인용하는 것은 적법하다.

(3) 여사기재의 금지

공소장에 제254조 제3항에 규정된 이외의 사항을 기재하는 경우를 여사기재라고 하는데, 이에는 법관에게 사건에 대하여 예단을 줄 수 있는 여사기재와 그런 염려가 없는 단순한 여사기재가 있다. 후자의 경우는 공소장일본주의의 위반이라고 할 수 없으므로 기재사항을 삭제하면 족하지만, 전자의 경우에는 허용되지 않는다(통설).

① **피고인의 전과:** 피고인의 전과가 예단을 생기게 할 수 있는 사항인 점에는 의문이 없다. 따라서 전과를 수단으로 하는 공갈처럼 전과가 공소범죄사실의 내용으로 되는 경우이거나 전과의 존재가 상습범에 있어서 상습성인정의 자료로 되는 경우 이외에는 공소장에 전과를 기재하는 것이 허용되지 않는다.

이와 관련하여 이종전과(異種前科)는 단순한 여사기재에 불과하여 삭제를 명하면 족하므로 공소장일본주의에 반하지 않으나 동종전과(同種前科)의 기재는 허용되지 않는다는 견해도 있으나, 전과의 기재로 예단을 주는 이상 공소사실과 동종전과, 이종전과를 불문하고 공소장일본주의에 반한다는 견해가 타당하다. 판례는 전과의 기재가 피고인을 특정할 수 있는 사항으로 허용된다(대판 1966.7.19, 66도793)고 보면서도, 공소장의 모두 사실에 ['○○역전식구' 세력화 이전 ○○지역 폭력배의 이합집산], ['○○역전식구'의 세력화 배경], [운영자금 조달], [조직적 지휘, 통솔체계 확립 시도], [조직의 단합과 결속 도모] 등을 장황하게 기재하는 것은 폭력행위 등 처벌에 관한 법률상의 단체 등의 구성·활동죄, 단체 등의 업무방해죄, 단체 등의 집단·흉기 등 협박죄 및 단체 등의 공동협박죄를 염두에 둔 것으로서, 그 범죄들이 피고인에게 기소된 폭력행위처벌법상 집단·흉기 등 협박죄, 공동협박죄 및 업무방해죄보다 법정형이 훨씬 무겁거나 가중처벌되는 사정에 비추어, 피고인이 충분히 그 기소된 범죄들을 저지를 수 있는 자라는 강한 유죄의 심증을 불러일으키게 한다는 점에서 공소장일본주의에 위배되었다(대판 2015.1.29, 2012도2957)고 판단한 바 있다. 물론 상습범가중 또는 누범가중의 경우에는 전과사실이 범죄사실에 준하여 취급되므로 그 기재가 허용된다고 볼 것이다(다수설).

　② **피고인의 악성격·경력:** 전과사실 이외에 피고인의 악성격이나 경력을 기재하는 것은 원칙적으로 금지된다. 그러나 상습범처럼 구성요건에 해당하거나, 전과를 이용하여 공갈한 경우처럼 범죄사실을 이루는 경우에는 허용된다.

　③ **범죄동기의 기재:** 범죄의 동기는 범죄사실이 아니므로 원칙적으로 공소장에 기재하는 것이 금지되지만, 그 동기가 공소사실과 밀접불가분하거나 공소사실을 명확하게 하기 위하여 필요한 경우에는 이를 기재하는 것이 허용된다. 따라서 영아살해죄(형법 제251조), 영아유기죄 (형법 제272조)와 같이 범죄의 동기·원인이 구성요건요소로 되어 있는 경우에는 동기를 기재하여야 한다. 또한 살인이나 방화 등 동기범죄의 경우에는 일반적으로 범죄사실과 밀접불가분의 관계에 있으므로 예외적으로 그 기재가 허용될 것이다(대판 2007.5.11, 2007도748). 다만 동기를 기재함에 있어서도 당연히 공소사실에 대한 명시의 요구(제254조 제3항)와 공소장일본주의와의 조화를 고려하지 않으면 안 되므로, 이러한 동기기재의 정도를 넘어서 그것이 범죄혐의 존재에 관하여 예단을 품게 할 정도에 이르면 공소장일본주의에 반하게 된다고 보아야 한다.

　④ **여죄의 기재:** 여죄의 기재는 무죄추정의 원칙과 예단배제의 원칙에 반하므로 공소기각의 결정을 해야 한다는 견해도 있으나, 구체적 범죄사실의 적시가 없는 단순한 여죄기재는 공소제기의 효력에 영향을 미치지 아니하므로 법원이 검사에게 삭제를 명하면 족하다. 판례도 「형사소송법 제254조 제3항은 공소장에 동항 소정의 사항들을 필요적으로 기재하도록 한 규정에 불과하고 그 이외의 사항의 기재를 금지하고 있는 규정이 아니므로 공소시효가 완성된 범죄사실을 공소범죄 사실 이외의 사실로 기재한 공소장이 위 형사소송법 제254조 제3항의 규정에 위배된다고 볼 수 없다」(대판 1983.11.8, 83도1979)고 판시하여 여죄의 기재가 위법이 아니라는 입장을 취하고 있다.

2. 적용범위 및 예외

(1) 적용범위

공소장일본주의는 공소제기에 대하여 적용되는 것이므로 공판절차갱신후의 절차, 파기환
송 또는 이송후의 절차에는 공소장일본주의가 적용되지 않으며, 상소심절차의 경우에도 그
성질상 적용되지 않는다.

(2) 예　　외

약식절차는 약식명령의 성질상 약식명령의 청구와 동시에 관계서류 및 증거물을 제출하
여야 하므로(규칙 제170조) 공소장일본주의의 예외를 인정한 것으로 보아야 한다. 판례도「검사가
약식명령을 청구하는 때에는 약식명령의 청구와 동시에 약식명령을 하는 데 필요한 증거서
류 및 증거물을 법원에 제출하여야 하는바(규칙 제170조), 이는 약식절차가 서면심리에 의한 재판이
어서 공소장일본주의의 예외를 인정한 것이므로 약식명령의 청구와 동시에 증거서류 및 증
거물이 법원에 제출되었다 하여 공소장일본주의를 위반하였다 할 수 없고, 그 후 약식명령
에 대한 정식재판청구가 제기되었음에도 법원이 증거서류 및 증거물을 검사에게 반환하지
않고 보관하고 있다고 하여 그 이전에 이미 적법하게 제기된 공소제기의 절차가 위법하게
된다고 할 수도 없다」(대판 2007.7.26, 2007도3906)는 입장이다.

즉결심판의 경우도 정식재판의 청구가 있는 경우에는 사건기록과 증거물을 지체없이 관
할법원에 송부하여야 하므로(즉결 제14조 제3항) 공소장일본주의의 예외에 해당한다.

> **참조판례**「피고인이 택시 요금을 지불하지 않아 경범죄처벌법 위반으로 즉결심판에 회부되었다가
> 정식재판을 청구한 사안에서, 위 정식재판청구로 제1회 공판기일 전에 사건기록 및 증거물이 경찰
> 서장, 관할 지방검찰청 또는 지청의 장을 거쳐 관할 법원에 송부된다고 하여 그 이전에 이미 적법
> 하게 제기된 경찰서장의 즉결심판청구의 절차가 위법하게 된다고 볼 수 없고, 그 과정에서 정식재
> 판이 청구된 이후에 작성된 피해자에 대한 진술조서 등이 사건기록에 편철되어 송부되었더라도 달
> 리 볼 것은 아니다」(대판 2011.1.27, 2008도7375).

3. 위반의 효과

(1) 공소기각의 판결

공소장일본주의 위반은 공소제기 방식에 관한 중요한 위반이므로 공소제기는 무효이며
따라서 법원은 판결로 공소기각을 선고하여야 한다(제327조 제2호). 다만 판례는「공소장일본주의에
위배된 공소제기라고 인정되는 때에는 그 절차가 법률의 규정을 위반하여 무효인 때에 해
당하는 것으로 보아 공소기각의 판결을 선고하는 것이 원칙」이라고 보면서도,「공소장 기
재의 방식에 관하여 피고인측으로부터 아무런 이의가 제기되지 아니하였고 법원 역시 범죄
사실의 실체를 파악하는 데 지장이 없다고 판단하여 그대로 공판절차를 진행한 결과 증거

조사절차가 마무리되어 법관의 심증형성이 이루어진 단계에서는 소송절차의 동적 안정성 및 소송경제의 이념 등에 비추어 볼 때 이제는 더 이상 공소장일본주의 위배를 주장하여 이미 진행된 소송절차의 효력을 다툴 수는 없다고 보아야 한다」^{(대판(전합) 2009.10.22, 2009도7436)}는 입장이다.

(2) 공소사실의 추완(하자의 치유)

예단배제의 염려가 없는 사실의 기재는 처음부터 공소장일본주의의 적용대상이 아니므로 법원의 공소장보정명령의 대상이 되지만, 예단을 생기게 할 염려가 있어서 공소장일본주의에 위반하는 경우에는 일단 법원의 심증형성에 영향을 미쳤으므로 그 하자는 치유될 수 없다고 보아야 할 것이다. 다만, 판례는 증거조사절차가 마무리되어 법관의 심증형성이 이루어진 후에는 소송절차의 동적 안정성 및 소송경제의 이념 등에 고려할 때, 공소장일본주의 위배를 주장하여 이미 진행된 소송절차의 효력을 다툴 수는 없다는 입장이다.

> [참조판례] 「공소장일본주의에 위배된 공소제기라고 인정되는 때에는 그 절차가 법률의 규정을 위반하여 무효인 때에 해당하는 것으로 보아 공소기각의 판결을 선고하는 것이 원칙이다. 그러나 공소장 기재의 방식에 관하여 피고인측으로부터 아무런 이의가 제기되지 아니하였고 법원 역시 범죄사실의 실체를 파악하는 데 지장이 없다고 판단하여 그대로 공판절차를 진행한 결과 증거조사절차가 마무리되어 법관의 심증형성이 이루어진 단계에서는 소송절차의 동적 안정성 및 소송경제의 이념 등에 비추어 볼 때 이제는 더 이상 공소장일본주의 위배를 주장하여 이미 진행된 소송절차의 효력을 다툴 수는 없다고 보아야 한다」^{(대판(전합) 2009.10.22, 2009도7436)}.

4. 관련문제

(1) 공판기일전의 증거제출

현행 형사소송법은 공판기일전 증거조사(^{제273조})와 공판기일전 증거제출(^{제274조})을 인정하고 있으므로 검사·피고인·변호인 등이 공판기일전에 증거조사를 하는 것이 공소장일본주의에 반하는지 논란이 있다. 이와 관련하여 명문의 금지규정이 없을 뿐만 아니라 형사소송규칙(^{제118조 제2항})이 상위법인 형사소송법에 우선할 수 없다는 점을 근거로 공판기일전의 증거조사는 제1회 공판기일 전후를 불문하고 허용된다는 견해가 있다. 그러나 공판기일전 증거조사 및 제출 규정은 복잡한 사건에 있어서 공판심리의 집중 내지 정리를 위하여 공판기일전에 증거조사준비를 할 수 있다는 규정일 뿐이고 그로써 공소장일본주의가 지향하는 예단배제라는 형사소송법의 기본원칙을 완화할 수 있는 것은 아니다. 따라서 제1회 공판기일전의 증거조사와 증거제출은 증거보전절차(^{제184조})와의 관계상 제1회 공판기일 이후의 공판기일전을 의미한다고 보는 견해가 타당하다(다수설).

(2) 보석의 경우

제1회 공판기일전에 보석을 청구하는 경우 보석허가여부를 결정하는 재판부와 심리를 담당하는 재판부가 분리되어 있지 않으므로 제1회 공판기일전에 재판부는 이미 수사기록을 접하게 되는데(제97조 제1항, 규 제54조), 이는 공소장일본주의의 취지에 반한다. 이처럼 보석청구에 대하여 수소법원이 심사하는 것은 공소장일본주의의 취지에 반하므로 수소법원과 보석청구의 심사 법원을 분리하는 것이 타당하다.

제 4 절 공소제기의 효과

검사의 공소제기로 법원의 공판절차가 개시되고 법원의 심판범위도 공소장에 기재된 공소사실에 한정되며, 공소시효의 진행도 정지된다. 따라서 공소제기의 소송법적 효과로는 소송계속과 심판범위의 확정 및 공소시효의 정지를 들 수 있다.

I. 소송계속

소송계속이란 사건이 특정한 법원의 심판대상으로 되어 있는 상태를 의미한다. 공소제기에 의하여 소송계속이 발생하면 피의자는 피고인으로 그 법적 지위가 변화하게 된다. 수소법원은 기소된 피고사건에 대하여 검사의 의견에 구속되지 않고 독자적인 판단에 의하여 심리와 재판을 진행하게 된다.

1. 종   류

공소제기가 적법·유효한 경우의 소송계속을 **실체적 소송계속**이라고 하며, 공소제기가 부적법·무효인 경우의 소송계속을 **형식적 소송계속**이라고 한다. 실체적 소송계속의 경우에는 법원은 공소사실의 존부에 관하여 유·무죄의 실체재판을 선고하여야 하나, 형식적 소송계속의 경우에는 면소, 공소기각, 관할위반과 같은 형식재판을 할 권리·의무가 있을 뿐이다.

2. 효   과

(1) 소송계속의 적극적 효과

공소제기에 의하여 법원은 당해 사건을 심리·재판할 권리와 의무를 가지고 검사와 피고인은 당사자로서 당해 사건의 심리에 관여하고 법원의 심판을 받아야 할 권리와 의무를 갖게 되는 법률관계가 발생하는데, 이를 **소송계속의 적극적 효과**라고 한다.

(2) 소송계속의 소극적 효과

공소제기가 있는 때에는 동일사건에 대하여 다시 공소를 제기할 수 없는 것을 **소송계속의 소**

극적 효과라고 한다. 따라서 동일사건이 동일법원에 이중으로 기소되었을 때에는 후소에 대하여 공소기각의 판결을 해야 하며(제327조 제3호), 여러 개의 법원에 이중기소되었을 때에는 관할경합의 문제로서 이에 따라 심판할 법원이 정해지면 나머지 법원은 결정으로 공소를 기각한다(제328조 제3호).

II. 심판범위의 확정

공소제기의 효과는 공소장에 기재된 피고인과 공소사실의 단일성 및 동일성이 인정되는 사실에 미친다. 이를 **공소불가분의 원칙**이라고 한다.

1. 공소효력의 인적 범위(주관적 범위)

공소제기의 효력은 공소장에 피고인으로 지정된 자에 대해서만 미치며, 그 이외 다른 사람에게는 미치지 아니한다(제248조 제1항). 공범 중 1인에 대한 공소제기가 있어도 다른 공범자에 대하여는 그 효력이 미치지 않는다. 다만 공소제기로 인한 공소시효정지의 효력은 다른 공범자에게도 미친다(제253조 제2항). 성명모용의 경우 공소제기 효력은 모용자에게만 미치고 피모용자에게는 미치지 않으며, 위장출석의 경우에도 공소제기 효력은 공소장에 기재된 실질적 피고인에게만 미친다.

2. 공소효력의 물적 범위(객관적 범위)

(1) 의 의

범죄사실의 일부에 대한 공소는 그 전부에 대하여 효력이 미친다(제248조 제2항). 즉 공소제기의 효력은 단일사건의 전부에 미치고 동일성이 인정되는 한 그 효력이 유지된다. 이러한 사건의 단일성·동일성의 개념은 탄핵주의 소송구조(불고불리의 원칙)를 지향하고 있는 현대 형사사법절차에서 형사절차의 전 범위에 걸쳐 국가형벌권의 행사 및 그 한계를 결정하는 기능적·기술적 개념이다. 이러한 사건의 단일성·동일성은 공소제기 효력이 미치는 범위를 한정함으로써 심판범위 결정 및 공소장변경의 허용한계와 기판력 범위를 결정하는 기준이 된다. 특히 사건의 동일성은 일사부재리의 효력과 관계에서 중요한 의미를 지닌다.

형사사건은 공소제기의 전·후를 기준으로 형사피의사건과 형사피고사건으로 구분되는데, 전자는 부동적·비한정적임에 대하여 후자는 어느 정도 고정적·한정적이다. 따라서 사건의 단일성·동일성은 주로 형사피고사건에 대해서 논의된다.

(2) 사건의 단일성

사건의 단일성이란 소송절차 진행의 특정시점에 있어서 소송법상 1개의 사건으로 불가분적으로 취급되는 것을 말한다. 이는 소송의 발전을 떠나 횡단적·정적인 평가로서 실체법상

죄수론적 성격이 소송법에 투영된 것이다. 사건의 단일성은 법원의 관할사건 심판, 기판력 범위 등에 관계된다.

사건이 단일하면, 분할하여 기소할 수 없고 또 단일사건의 일부에 대한 공소제기의 효력은 그 사건 전부에 대하여 효력을 미친다(제248조 제2항). 또 사건의 단일성이 인정되는 한도내에서는 그 전부가 심판대상으로 되고, 사건 일부에 대하여 판결이 있었던 경우에도 그 판결의 기판력(일사부재리의 효력)은 사건 전부에 대하여 미친다. 그러나 과형상 일죄 또는 포괄적 일죄의 경우에 공소장에 공소사실로서 적시되지 아니한 사실은 잠재적 심판의 대상이 되어 공소장변경절차를 거쳐야 비로소 현실적 심판의 대상이 된다.

(3) 사건의 동일성

사건의 동일성이란 사건이 소송절차의 전후관계에 있어서 동일사건으로 취급되는 것을 말한다. 이는 소송의 발전에 착안해 종단적·동적으로 관찰하여 사건이 공소범죄사실과 공소제기 이후의 절차과정 중의 어느 시점에서 문제된 사실과 동일함을 의미한다. 이러한 사건의 동일성은 단일성을 전제로 하는 개념이다. 사건이 수개인 경우에는 개개의 사건에 관하여 동일성 여부를 판단하여야 한다.

사건이 동일하면 공소제기의 효력은 그 전부에 대해서 미친다. 또 공소사실의 동일성이 인정되는 범위내에서는 설사 공소장에 기재된 공소사실이 아니어도 잠재적 심판의 대상이 되고, 실체판결의 기판력(일사부재리의 효력)은 사건의 동일성이 인정되는 한 그 전부에 대해서 미친다.

(4) 일죄의 일부에 대한 공소제기

사 례

2022. 12. 15. 검사는 관내 시청의 건설과장 甲이 시청 공원의 보수공사와 관련하여 건설회사 사장인 乙로부터 3,200만 원을 받았다는 사실을 乙의 운전기사인 A로부터 제보받았다. 검사의 조사에 응한 乙은 甲에 대한 뇌물공여 사실을 부인하면서 甲에게 뇌물을 공여하려고 한 것은 사실이지만 제공하려 한 회사 돈 3,200만 원을 운전기사 A가 보관하던 중 분실하여 전달하지 못하였다고 변명하고 있다. 검사는 甲이 3,200만 원을 수수한 사실은 인정하면서도 甲이 뉘우치고 있는 정상을 참작하여 300만 원을 제외하고 2,900만 원 수수 부분만으로 甲을 형법상 단순 뇌물수수죄(형법 제129조 제1항)로 공소제기하였다. 제1심 법원은 3,200만 원 전부에 대하여 유죄의 증거가 충분하다고 인정하면서 직권으로 특정범죄 가중처벌 등에 관한 법률 제2조 제1항 제3호 위반죄로 유죄판결을 선고하였다. 검사의 공소제기와 법원의 판단이 각각 적법한지에 대하여 설명하시오.

① **문 제 점:** 일죄의 일부에 대한 공소제기란 소송법상 일죄로 취급되는 단순일죄 또는 과형상 일죄(상상적 경합의 경우)의 전부에 대해 범죄혐의가 인정되고, 소송조건이 구비되었음에도 불구하고 검사가 일죄의 일부에 대해서만 공소를 제기하는 것을 말한다. 예컨대 강도상해죄를 강도죄로 공소를 제기하는 경우를 들 수 있다. 따라서 일죄의 일부에 대해서만 범

죄의 혐의가 있거나 소송조건이 구비된 경우에는 그 일죄의 일부에 대한 공소제기는 당연히 허용된다. 그런데 이러한 일죄의 일부에 대한 공소제기의 경우 공소제기의 적법성, 공소제기의 효력범위와 법원의 심판대상, 기판력(일사부재리)의 효력범위 등이 문제된다.

② **공소제기의 적법성(허용성):** 소극설은 제248조(공소효력의 범위) 제2항의 공소불가분의 원칙에 반할 뿐만 아니라 입법정책적으로 검사의 일부기소를 허용하게 되면 실체적 진실규명의 이념에 반할 뿐만 아니라 검사의 자의적인 공소권행사가 우려된다는 점을 근거로 검사의 일부기소는 인정되지 않는다고 본다. 적극설(다수설)은 기소독점주의와 기소편의주의를 규정하고 있는 형사소송법상 소송물의 처분권은 검사에게 있다는 점을 근거로 검사의 일부기소가 허용된다고 본다. 절충설에 따르면, 공소불가분의 원칙은 원칙적으로 일부기소를 불허하고 있으나, 제254조(공소제기의 방식과 공소장) 제5항에서 범죄사실에 대한 예비적·택일적 기재를 인정하고 있으므로 이 한도에서 일부기소가 인정된다는 점을 근거로 검사의 일부기소는 원칙적으로 허용되지 않으나, 검사가 범죄사실의 일부를 예비적·택일적으로 기재한 경우에는 예외적으로 일부기소가 허용된다. 학설의 차이는 소극설과 절충설에 따르면 일죄의 일부만을 기소할 수 없지만, 일부만을 기소한 경우 그 공소제기의 효력은 사건의 전체에 미친다고 보는 반면, 적극설은 일부기소 자체는 부당하지만 적법하므로 공소장에 명시적으로 기재된 범죄사실을 넘어서 일죄 전체에 대해 심판하려면 공소장변경이라는 별도의 절차를 거쳐 일죄 전체를 새로이 공소사실로 추가해야 한다는 입장이다.

> 대법원은 과형상 일죄의 일부를 제외하고 기소한 사건에서 「하나의 행위가 부작위범인 직무유기죄와 작위범인 범인도피죄의 구성요건을 동시에 충족하는 경우 공소제기권자는 재량에 의하여 작위범인 범인도피죄로 공소를 제기하지 않고 부작위범인 직무유기죄로만 공소를 제기할 수도 있다」(대판 1999.11.26, 99도1904)라고 판시하여 일죄의 일부에 대한 공소제기를 인정하는 태도를 취하고 있다. 중한 구성요건사실(상습사기에 대한 가중처벌 규정인 특경법 제3조 제1항)을 그에 포함되는 가벼운 공소사실(단순사기에 대한 특경법 제3조 제1항)로 기소한 사건에서도 「검사가 단순사기의 공소사실에 특정경제범죄가중처벌등에관한법률 제3조 제1항 제2호, 형법 제347조 제1항을 적용하여 기소한 경우에는 비록 상습성이 인정된다고 하더라도 공소장 변경이 없는 한 법원이 상습사기의 같은 특별법 위반으로 인정하여 처벌할 수는 없다」(대판 1989.6.13, 89도582)고 판시하고 있다. 공소장의 변경을 요구한다는 점에서 동일한 입장을 취하고 있는 것으로 보인다.

생각건대 기소독점주의와 기소편의주의를 채택하고 있는 형사소송법에서 공소의 제기는 검사의 재량에 속한다고 보아야 하고, 형사소송법 제248조 제2항은 일죄의 일부에 대한 공소제기를 허용한다는 전제에서 규정된 것이라 할 것이므로 적극설이 타당하다.

③ **공소제기의 효력:** 일죄의 일부만을 기소한 경우에도 일죄의 전부에 대해서 공소제기의 효력이 미친다(제248조 제2항). 따라서 공소제기하지 않은 나머지 부분에 대해서 다시 공소를 제기할 수 없고, 만일 공소를 제기하게 되면 이중기소에 해당하므로 법원은 판결로써 공소를 기각하여야 한다(제327조 제3호).

④ **심판의 대상:** 검사가 일죄의 일부에 대해서만 공소를 제기한 경우에도 일죄의 전부에

대해서 공소제기의 효력이 미치고 일죄의 전부가 잠재적 심판의 대상이 되므로 검사는 일죄의 전부로 공소장을 변경할 수 있으며(제298조 제1항), 법원도 검사에게 일죄의 전부로 공소장을 변경할 것을 요구할 수 있다(제298조 제2항).

⑤ **기판력(일사부재리)의 효력범위:** 검사가 일죄의 일부만을 공소제기하고 이에 따라 법원이 일죄의 일부에 대해서만 유죄의 실체판결을 한 경우에도 그 판결의 기판력은 일죄의 전부에 미친다(통설·판례). 따라서 기판력도 일죄의 전부에 미치므로 일죄의 일부에 해당하는 공소사실에 대하여 판결이 확정되면 공소를 제기하지 않은 나머지 일부에 대하여 다시 공소를 제기할 수 없고 공소를 제기한 경우에는 면소판결을 해야 한다(제326조).

사례해설

일죄의 전부에 대하여 범죄의 혐의가 인정됨에도 불구하고 그 일부에 대하여만 검사의 공소제기가 적법한지 문제되고, 이러한 공소제기의 효력 및 심판의 대상, 검사의 공소제기를 넘어서 법원이 판단할 수 있는지 여부 및 범위가 문제된다.

첫째, 일죄의 전부에 대하여 범죄혐의가 인정되고 소송조건이 구비된 경우에 검사가 일부만의 공소제기를 하는 것이 허용되는가에 대하여, 학설은 소극설, 적극설, 예비적·택일적 기재시에만 허용된다는 절충설이 있으며, 판례는 하나의 행위가 부작위범인 직무유기죄와 작위범인 범인도피죄의 구성요건을 동시에 충족하는 경우 공소제기권자는 재량에 의하여 부작위범인 직무유기죄로만 공소를 제기할 수도 있다고 하여 적극설의 입장을 취하고 있다. 따라서 적극설에 따라 사안을 살펴보면, 3,200만원의 수수사실이 인정됨에도 불구하고 그중 일부인 2,800만원의 부분에 대하여만 한 검사의 공소제기는 적법하다.

둘째, 법원판단의 적법성과 관련하여, 학설은 기본적 사실동일설, 죄질동일설, 구성요건동일설, 소인공통설 등이 주장되고 있으나, 판례는 기본적 사실동일설의 입장이다. 이에 따르는 경우 공소사실의 동일성이 인정된다.

셋째, 공소장변경요부와 관련하여, 통설과 판례는 사실기재설의 입장에서 법원이 공소장의 변경 없이 직권으로 공소장에 기재된 공소사실과 다른 범죄사실을 인정하기 위해서는 공소사실의 동일성이 인정되는 범위 내이어야 할 뿐만 아니라 피고인의 방어권 행사에 실질적으로 불이익을 초래할 염려가 없어야 한다(대판 2003.7.25, 2003도2252). 따라서 사안의 경우 피고인에게 실질적인 불이익을 초래하는 경우에는 공소장변경이 필요하다.

넷째, 공소장변경요구와 관련하여, 학설은 의무설, 재량설, 예외적 의무설 등이 있으나, 판례는 재량설을 따르고 있다. 그런데 사안의 경우 검사가 공소제기한 형법상 단순뇌물죄(5년이하 징역)보다 법원이 직권으로 인정한 특가법상의 위반죄(5년이상 징역)가 형량이 높아서 피고인의 방어권에 실질적인 불이익을 초래하기 때문에 법원은 검사에게 공소장변경을 요구하여 공소장을 변경해야 할 것이다.

결국 검사의 2,800만원 부분에 대한 공소제기는 적법하고, 공소제기의 효력은 3,200만원 전체에 미치지만 원칙적으로 법원은 검사가 공소장에 기재한 부분에 대해서만 심리할 수 있다. 다만 소송경제상 법원은 공소장에 기재되지 않은 사실에 대하여 심리할 수 있으나, 사안에서 법원이 공소장변경절차를 거치지 않고 甲에 대하여 특가법 위반죄로 판단한 것은 甲의 방어권을 실질적으로 침해한 것이므로 위법하다.

제5절 공소시효(公訴時效)

I. 서 설

공소시효란 범죄행위 종료 후 공소제기 없이 일정한 시간이 경과한 경우 그 범죄행위에 대한 국가의 소추권을 소멸시켜 형사소추를 할 수 없게 하는 제도를 말한다. 이처럼 공소시효는 국가의 공소권을 소멸시킨다는 점에서 확정된 형벌권을 소멸시키는 형의 시효(형법 제77조 내지 제80조)와 다르다.

1. 존재이유

공소시효제도의 존재이유는 시일 경과에 의한 사실상의 상태를 존중할 때 실질적인 처벌이유가 감소하였기 때문이다. 즉, 범죄에 대한 사회적 감정, 피해의 치유, 피해자의 감정의 냉각, 오랜 기간의 경과로 인한 증거의 산일(散逸) 등으로 형벌이 기대하는 범인에 대한 교정효과를 기대하기는 어려울 것이라는 점을 고려한 것으로 볼 수 있다. 아울러 오랫동안 형사상 소추권이 행사되지 않았다는 것은 결국 국가가 소추권 행사를 게을리한 것인데도 불구하고 그 불이익을 오로지 범인에게만 돌리는 것은 부당하다는 복합적 요소도 함께 고려된 것으로 보아야 할 것이다.

2. 공소시효의 본질

원래 공소시효의 본질론은 공소시효 규정을 실체법인 형법에서 규정하고 있는 독일에서 공소시효 기간을 연장하는 법률개정이 소급효를 가질 수 있는지 여부와 관련하여 논해진 문제이다. 즉 공소시효를 실체법상 제도로 파악하게 되면 죄형법정주의 원칙에서 요구되는 소급효금지 효력이 발생함에 반하여, 이를 소송법적 제도로 파악하게 되면 소급효금지를 부인하게 된다는 것이다. 그런데 우리나라의 경우에는 공소시효제도가 형사소송법에 규정되어 있으므로 죄형법정주의와 관련된 소급효 논란 여지는 처음부터 문제가 되지 않는다.

(1) 학 설

① **실체법설:** 공소시효란 시간 경과에 따라 사회의 응보감정 또는 범인의 악성이 소멸되기 때문에 국가형벌권을 소멸시키는 제도로서, 미확정의 형벌권의 소멸이라는 실체법상의 사유가 소송법에 반영되어 실체재판을 저지시키는 소송법적 효과를 가진다는 견해다. 이처럼 일정한 기간 경과로 국가가 형벌권을 포기함으로써 형사피의자의 법적 안정성을 보장하기 위한 제도이므로, 실체법적 형벌권의 소멸은 형사절차의 실체면과 관련되기 때문에 공소시효는 실체적 소송조건이 되어 실체판결을 저지하는 효력을 가진다고 본다. 따라서 실체설에 따르면 공소시효제도는 형의 시효와 마찬가지로 실체법적 성격을 갖고 있는 것이어서,

법률상 인정된 사유가 아닌 헌법 제84조(대통령은 내란 또는 외환의 죄를 범한 경우를 제외하고는 재직중 형사상의 소추를 받지 아니한다)와 같은 사실상의 소추장애사유에 의한 공소시효정지를 불허하고, 공소시효완성의 효력범위를 실체법상의 죄수를 단위로 결정하게 된다.

그러나 실체법설은 형벌권이 소멸하면 무죄판결을 해야 하는데도 불구하고 면소판결을 하도록 한 이유를 설명하지 못할 뿐만 아니라 아무리 시간이 경과하였더라도 일단 실체법적으로 발생한 국가형벌권을 소멸시키는 것은 죄를 지은 자는 반드시 처벌되어야 한다는 형사사법적 정의의 요청에 비추어 볼 때 바람직하지 못하다.

② **소송법설:** 공소시효란 형벌권을 소멸시키는 것이 아니라 시간 경과에 따라 증거가 없어지게 된다는 점을 고려하여 국가 소추권만을 상실시키는 소송조건으로 보는 견해다. 따라서 소송법설에 따르면 법률상의 사유는 물론 국가기관이 형사소추권을 행사할 수 없었던 사실상의 장애사유가 존재하더라도 공소시효정지를 인정하고, 공소시효의 완성을 소송조건의 일종으로 파악하므로 공소시효의 효력범위는 과형상 일죄를 기준으로 결정하게 된다. 소송법설에 대하여는 시효기간이 법정형에 따라 달리 규정된 이유를 설명할 수 없을 뿐만 아니라 공소시효의 완성이 다른 소송조건 결여의 경우(제327조 제328조)와는 달리 일사부재리라는 면소판결(제326조 제3호)의 효력을 발생시키는 점을 간과하고 있다.

③ **병 합 설:** 공소시효를 가벌성을 감소시키는 실체법적 성격과 증거멸실로 인한 소추권의 소멸을 가져오는 소송법적 성격을 함께 가지고 있다고 보는 견해다. 공소시효제도가 기본적으로는 죄를 범한 자는 반드시 처벌되어야 한다는 범인필벌(犯人必罰)의 요청과 비록 죄를 범한 자라고 하더라도 언제까지나 소추에 관하여 불안정한 상태에 두어서는 안 된다는 법적 안정성의 요청을 정책적으로 조화시킨 제도라고 보는 입장으로 보인다. 따라서 병합설의 입장에서는 공소시효의 양면성을 고려하여 공소시효완성 범위는 실체법상 죄수를 기준으로 결정하여야 하지만, 공소시효는 소송조건의 하나이므로 공소시효를 연장하는 법률개정은 실체형법과 달리 소급효금지가 적용되지 않는다고 본다. 병합설은 실체법설의 난점이 그대로 유지된다는 점에서 타당하지 않다.

(2) 판   례

헌법재판소는「공소시효제도의 실질은 국가형벌권의 소멸이라는 점에서 형의 시효와 마찬가지로 실체법적 성격을 갖고 있는 것」(헌재 1995.1.20, 94헌마246)이라고 하여 실체법설을 따르는 것도 있고,「형벌불소급 원칙은 '행위의 가벌성', 즉 형사소추가 '언제부터 어떠한 조건하에서' 가능한가에 관한 문제이고, '얼마동안' 가능한가의 문제에 관한 것은 아니므로, 과거에 이미 행한 범죄에 대하여 공소시효를 정지시키는 법률이라 하더라도 그 사유만으로 헌법 제12조 제1항 및 제13조 제1항에 규정한 죄형법정주의 파생원칙인 형벌불소급 원칙에 언제나 위배되는 것으로 단정할 수는 없다」고 판시하여 소송법설을 따르는 경우도 있다(헌재 1996.2.16, 96헌가2).

(3) 검 토

공소시효의 본질을 소추권의 소멸로 파악하더라도 법정형(예컨대 살인죄와 절도죄)의 경중에 따라 시효기간의 차이가 있는 것을 충분히 설명할 수 있으므로 소송법설이 타당하다고 본다. 왜냐하면 공소시효의 존재이유가 시간 경과로 인한 증거의 산일 및 형벌의 교정효과 등을 고려한 것이라면 이는 범죄의 경중에 따른 소추의 가능성과 필요성을 동시에 고려하여 입법한 것으로 볼 수 있기 때문이다. 따라서 공소시효는 소송조건의 하나이므로 공소시효를 연장하는 법률개정은 실체형법의 경우와는 달리 소급효금지가 적용되지 않는다고 볼 것이다. 다만 공소시효를 불이익하게 변경하는 법률이 제정, 변경되기 전에 이미 구법에 의하여 공소시효가 완성되었다면(진정소급효) 형사피의자의 법적 안정성을 위하여 죄형법정주의에서 파생되는 소급효금지 원칙을 적용해야 할 것이다.

Ⅱ. 공소시효기간의 기준

1. 공소시효의 완성기간

(1) 공소시효기간

① **원 칙:** 공소시효의 기간은 법정형의 경중에 따라 차이가 있다. 즉 사형에 해당하는 범죄는 25년, 무기징역 또는 무기금고에 해당하는 범죄는 15년, 장기 10년 이상의 징역 또는 금고에 해당하는 범죄는 10년, 장기 10년 미만의 징역 또는 금고에 해당하는 범죄는 7년, 장기 5년 미만의 징역 또는 금고, 장기 10년 이상의 자격정지, 벌금에 해당하는 범죄는 5년, 장기 5년 이상의 자격정지에 해당하는 범죄는 3년, 장기 5년 미만의 자격정지, 구류, 과료 또는 몰수에 해당하는 범죄는 1년이다(제249조제1항 1호 내지 7호). 다만 사람을 살해한 범죄(종범은 제외)로 사형에 해당하는 범죄에 대하여는 제249조부터 제253조까지에 규정된 공소시효를 적용하지 아니하므로(제253조 의2), 기간 경과와 관계없이 공소시효가 완성되지 않게 된다.

② **특별법상 공소시효기간:** 「공직선거법」이 규정한 선거범죄의 공소시효는 원칙적으로 당해 선거일 후('선거일 당일'이 아니라 '선거일 다음 날'을 의미) 6월을 경과함으로써 완성되고(동법 제268조), 조세범처벌법에 규정된 범칙행위의 공소시효는 7년 또는 10년이 지나면 완성된다(동법 제22조).

③ **성폭력범죄의 공소시효 연장 특칙:** 「성폭력범죄의 처벌 등에 관한 특례법」상 제2조 제3호(「형법」 제2편제32장 강간과 추행의 죄 중 제297조(강간), 제297조의2(유사강간), 제298조(강제추행), 제299조(준강간, 준강제추행), 제300조(미수범), 제301조(강간등 상해·치상), 제301조의2(강간등 살인·치사), 제302조(미성년자등에 대한 간음), 제303조(업무상위력등에 의한 간음) 및 제305조(미성년자에 대한 간음, 추행)의 죄) 및 제4호(「형법」 제339조(강도강간)의 죄 및 제342조(강도강간 미수)의 죄)의 죄와 제3조부터 제9조까지의 죄(제3조 특수강도강간 등, 제4조 특수강간 등, 제5조 친족관계에 의한 강간 등, 제

6조 장애인에 대한 강간·강제추행 등, 제7조 13세 미만의 미성년자에 대한 강간, 강제추행 등, 제8조 강간 등 상해·치상, 제9조 강간 등 살인·치사)의 죄는 디엔에이(DNA)증거 등 그 죄를 증명할 수 있는 과학적인 증거가 있는 때에는 공소시효가 10년 연장된다(동법 제21조 제2항). 「아동·청소년의 성보호에 관한 법률」도 아동·청소년대상 성범죄에 대해 동일한 내용의 공소시효 연장규정을 두고 있다(동법 제20조 제2항).

④ **특별법상 공소시효의 배제:** 「성폭력범죄의 처벌 등에 관한 특례법」은 13세 미만의 사람 및 신체적인 또는 정신적인 장애가 있는 피해자에 대하여 강간(형법 제297조), 강제추행(형법 제298조), 준강간·준강제추행(형법 제299조), 강간등 상해·치상(형법 제301조) 또는 강간등 살인·치사(형법 제301조의2)의 죄, 미성년자 간음추행죄(형법 제305조), 동법상 장애인 유사강간·강제추행(성폭력처벌법 제6조제2항), 13세미만 유사강간·강제추행 및 위계·위력 간음·추행(성폭력처벌법 제7조제2항, 제5항), 강간등 상해·치상(성폭력처벌 법제8조), 강간등 살인·치사(성폭력처벌 법제9조), 「아동·청소년의 성보호에 관한 법률」상 강간등 상해·치상(아청법 제8조), 강간등 살인·치사(아청법 제9조)의 죄를 범한 경우에 공소시효의 적용을 배제한다(성폭력처벌법 제21조 제3항). 또한 모든 피해자에 대하여 강간등 살인(형법 제301조의2), 강간 등 살인(성폭력처벌법 제9조 제1항), 강간등 살인(아청법 제9조 제1항), 강간 등 살인(군형법 제92조의8)의 죄에 대해서는 공소시효의 적용을 배제한다(성폭력범죄처벌법 제21조 제4항). 「아동·청소년의 성보호에 관한 법률」도 대상 아동·청소년대상 성범죄에 대하여 동일 내용의 공소시효 배제규정을 두고 있다(동법 제20조 제3항, 제4항).

또 「헌정질서파괴범죄의 공소시효 등에 관한 특례법」은 형법상의 내란죄·외환죄와 군형법상의 반란죄·이적죄 등 헌정질서 파괴범죄, 형법상 살인죄로서 「집단살해죄의 방지와 처벌에 관한 협약」에 규정된 집단살해에 해당하는 범죄에 대하여 공소시효 적용을 배제하고 있고(동법 제3조,), 「국제형사재판소 관할 범죄의 처벌 등에 관한 법률」도 집단살해죄 등에 대하여 공소시효 적용을 배제하고 있다(동법 제6조).

(2) 의제공소시효

공소제기 후 판결확정 없이 25년을 경과하면 공소시효가 완성된 것으로 간주한다(제249조 제2항). 이를 재판시효라고도 한다. 피고인의 소재불명으로 인한 영구미제사건을 종결처리하기 위한 규정이며, 이 경우 법원은 면소판결을 선고한다(대판 1986.11.25, 86도2106).

2. 공소시효기간의 결정기준

사 례

A는 2017년 8월 24일에 절도혐의로 기소되었는데, 공소사실은 A가 2015년 1월 17일에 타인의 재물을 절취하였다는 내용이었다. 1심에서 절도죄로 유죄판결이 선고되어 A는 무죄를 주장하여 항소하였다. 그런데, 항소심 심리중인 2020년 5월 24일에 A의 행위가 절도가 아니라 점유이탈물횡령으로 판명되었다. 이 경우 항소심법원은 검사의 공소장변경신청을 허가하여 유죄판결을 선고할 수 있는가? 만약 2020년 1월 16일 이후에 절도혐의로 기소되었다면 어떻게 되는가?

(1) 기간결정의 기준이 되는 형

① **법정형 기준:** 공소시효기간의 기준이 되는 형은 처단형이 아니라 법정형이다. 2개 이상의 형을 병과하거나 2개 이상의 형에서 1개를 과할 범죄에는 중한 형이 기준이 된다 (제250조). 형법에 의하여 형을 가중 또는 감경할 경우에는 가중 또는 감경하지 아니한 형이 시효기간의 기준이 된다(제251조). 범죄후 법률의 개정에 의하여 법정형이 가벼워진 경우에는 형법 제1조에 의하여 당해 범죄사실에 적용될 가벼운 법정형(신법의 법정형)이 공소시효기간의 기준으로 된다.

> 다만 판례는 「형사소송법 제251조는 '형법에 의하여 형을 가중·감경할 때'에 관한 규정이므로 그 규정이 형법 이외의 형사법에서 형을 가중하는 경우를 규율한다고 볼 수 없다」(대판 1979.6.12, 78도694.)고 판시하고 있다. 이에 따르면 특별법에 의하여 형이 가중 또는 감경된 경우에는 그 법에 정한 법정형을 기준으로 시효기간을 결정해야 할 것이다.

② **공　범:** 교사범 또는 종범의 경우에는 정범의 형을 기준으로 해야 한다. 다만 필요적 공범에 있어서는 개별적으로 판단하지 않을 수 없다.

③ **양벌규정:** 처벌의 일관성을 유지하기 위해서는 행위자 본인(종업원)에 대한 법정형을 기준으로 하는 것이 타당하다는 견해도 있으나, 법인 또는 사업주의 시효기간은 사업주에 대한 법정형을 기준으로 해야 한다는 견해가 타당하다. 양벌규정의 처벌대상은 법인 또는 사업주이므로, 개별형사책임의 원칙 또는 죄형법정주의 원칙에 따라 사업주에 대한 벌금형을 기준으로 판단함이 타당하다.

(2) 법정형 판단의 기초인 범죄사실

① **공소사실의 예비적·택일적 기재:** 소장에 공소사실이 예비적·택일적으로 기재된 경우 가장 중한 죄의 형이 시효기간의 기준이 된다는 견해가 있으나, 각 범죄사실을 기준으로 개별적으로 공소시효를 판단해야 할 것이다(통설).

② **과형상의 일죄:** 과형상의 일죄인 상상적 경합은 실질적으로 수죄이므로 각 죄에 대하여 개별적으로 검토하는 것이 타당하다(통설). 판례도 동일한 입장이다(대판 2006.12.8, 2006도6356.).

③ **공소장변경의 경우**

가) 원　칙: 공소제기에 의한 공소시효정지의 효력은 공소사실의 동일성이 인정되는 전부에 미친다는 점에서 **공소제기시**를 기준으로 하여 변경된 공소사실의 공소시효완성여부를 판단하는 것이 타당하다(통설). 판례도 동일한 입장이다(대판 2002.1.22, 2001도4014.). 다만 공소장변경에 의하여 법정형에 차이가 있는 경우, 변경후의 공소사실에 대한 공소시효가 변경전의 공소사실에 대한 기소시에 그 진행이 정지되므로 공소시효완성여부를 판단할 때 기소된 공소사실을 대상으로 범죄행위 종료시부터 기소시까지의 기간을 계산하면 족하다는 것인지 더 나아가 변경후의 공소사실을 대상으로 삼을 때 범죄행위 종료시부터 최초의 기소시점까지 이미 공소

시효가 만료된 상태이어도 상관없다는 의미인지 논란이 있다.

　　나) 처음에 공소제기된 공소사실의 법정형을 기준으로 하면 공소시효가 완성되지 않으나, 변경된 공소사실의 법정형을 기준으로 하면 공소시효가 완성된 경우: 공소장변경절차에 의하여 법정형에 차이가 있는 경우에는 변경된 공소사실에 대한 법정형이 공소시효기간의 기준이 된다. 그러므로 공소시효의 완성을 이유로 면소판결을 하여야 할 것이다.

> [참조판례] 「공소장변경이 있는 경우에 공소시효의 완성여부는 당초 공소제기가 있었던 시점을 기준으로 판단할 것이고 공소장변경시를 기준으로 삼을 것은 아니다. 하지만 공소장 변경절차에 의하여 공소사실이 변경됨에 따라 그 법정형에 차이가 있는 경우에는 변경된 공소사실에 대한 법정형이 공소시효기간의 기준이 된다고 보아야 한다. 그러므로 공소제기당시의 공소사실에 대한 법정형을 기준으로 하면 공소제기당시 아직 공소시효가 완성되지 않았으나 변경된 공소사실에 대한 법정형을 기준으로 하면 공소제기당시 이미 공소시효가 완성된 경우에는 공소시효의 완성을 이유로 면소판결을 선고하여야 한다」($\binom{대판\ 2001.8.24,}{2001도2902}$)

　　다) 공소제기된 공소사실의 법정형을 기준으로 하면 공소시효가 완성되었으나, 변경된 공소사실의 법정형을 기준으로 하면 아직 공소시효가 완성되지 아니한 경우: 이 경우에 공소장 변경을 허용하지 아니하면 실체적 진실발견이 저해될 뿐 아니라, 공소시효완성을 이유로 면소판결이 확정되면 공소사실의 동일성이 인정되는 범위내에서 기판력이 발생한다. 이를 고려할 때 공소장변경 허용이 타당할 것이다.

(3) 법률의 개정

　　법률의 개정에 의하여 법정형이 변경된 경우에 공소시효기간을 결정하는 기준으로, 형의 경중을 불문하고 신법의 법정형을 기준으로 하여야 한다는 견해와 형법 제1조에 따라 당해 범죄사실에 적용될 가벼운 법정형을 기준으로 하여야 한다는 견해가 대립하고 있다.

　　판례는 「범죄 후 법률의 개정에 의하여 법정형이 가벼워진 경우에는 형법 제1조 제2항에 의하여 당해 범죄사실에 적용될 가벼운 법정형(신법의 법정형)이 공소시효기간의 기준이 된다」($\binom{대판\ 2008.12.11,}{2008도4376}$) 고 판시하여 후자의 입장을 취한 바 있다.

　　생각건대 공소시효의 본질에 대하여 소송법설을 따르는 한, 전자의 견해가 타당하다고 본다. 따라서 법정형의 변경에 의하여 공소시효기간이 연장되더라도 소급효금지 원칙은 적용되지 않는다. 다만, 구법에 의하여 이미 공소시효가 완성되었다면 피고인의 이익보호 및 법적 안정성을 위하여 신법의 소급효를 금지해야 할 것이다.

3. 공소시효의 기산점

(1) 범죄행위종료시

　　시효는 범죄행위를 종료한 때로부터 진행한다($\binom{제252조}{제1항}$). 범죄행위의 종료시란 결과발생시가 기준이 되어야 한다는 점에 견해가 일치하고 있다. 따라서 결과발생을 요건으로 하는 결과

범의 경우에는 구체적인 결과발생의 시점을, 법익침해의 계속을 내용으로 하는 계속범의 경우에는 법익침해의 종료시점(대판 2004.2.12,\ 2003도6215,)을, 포괄일죄의 경우에는 최종 범행행위의 종료시점(대판 1996.10.25,\ 96도1088,)을 각각 공소시효의 기산점으로 삼아야 할 것이다. 다만, 미수범의 범죄행위는 행위를 종료하지 못하였거나 결과가 발생하지 아니하여 더 이상 범죄가 진행될 수 없는 때에 종료하고, 그때부터 공소시효가 진행한다(대판 2017.6.29,\ 2016도18194,).

(2) 공범에 관한 특칙

공범은 최종행위가 종료한 때로부터 모든 공범에 대한 시효기간을 기산한다(제252조\ 제2항). 공범을 일률적으로 처벌하여 처벌의 공평을 기하기 위한 것이다. 여기의 공범에는 공동정범·교사범·종범 등 임의적 공범뿐만 아니라 필요적 공범도 포함된다.

(3) 미성년자에 대한 성폭력범죄의 특칙

「성폭력범죄의 처벌 등에 관한 특례법」은 미성년자에 대한 성폭력범죄의 공소시효를 형사소송법 제252조(시효의 기산점) 제1항에도 불구하고 해당 성폭력범죄로 피해를 당한 미성년자가 성년에 달한 날로부터 진행하도록 규정하고 있다(동법 제21조\ 제1항). 「아동·청소년의 성보호에 관한 법률」도 동일한 내용의 규정을 두고 있다(동법 제20조\ 제1항).

4. 공소시효의 계산방법

공소시효를 계산할 때에는 기간계산의 일반원칙(제66조\ 제1항 본문)과 달리 공소시효의 초일(初日)은 시간을 계산함이 없이 1일로 산정한다(제66조\ 제1항 단서). 또한, 공소시효기간의 말일(末日)이 공휴일 또는 토요일에 해당하는 날이라도 기간에 산입한다(동조 제3항\ 단서).

사례해설

본 사안은 먼저 항소심에서의 공소장변경이 가능한가의 문제와 이의 전제로서 항소심의 구조에 관한 논의를 검토하여야 할 것이다. 둘째, 검사의 공소장변경신청이 공소사실의 동일성범위내에 해당하는지 여부 및 공소시효완성여부에 대하여 검토해야 할 것이다.

첫째, 항소심에서의 공소장변경의 가능성을 살펴보면, ① 항소심의 구조와 관련하여 항소심에서의 공소장변경은 항소심의 구조를 어떻게 파악하느냐에 따라 결정되는 바, 현행 항소심의 구조에 대해서는 사후심으로 파악하거나 사후심을 원칙으로 한다고 해석하는 사후심설과 현행 항소심의 구조를 속심으로 파악하는 속심설이 대립하고 있다(항소심 부분 참조). 이에 판례는 항소심은 원칙적으로 속심이고 사후심적 요소를 가진 조문들은 남상소의 폐해를 억제하고 소송경제상의 필요에서 항소심의 속심적 성격에 제한을 가한 것에 불과하다고 판시하여 항소심은 속심이라는 입장을 명백히 하고 있다. 생각건대 항소심이 최후의 사실심으로서 진실을 밝혀 피고인을 구제하는 역할을 담당해야 한다는 항소심의 기능상 속심으로 파악하는 견해가 타당하다고 본다. ② 항소심에서의 공소장변경과 관련하여 항소심은 사후심이므로 공소장변경이 허용되지 않는다는 견해, 항소심에서 원심판결을 파기하는 때에만 공소장변경이 허용된다는 견해, 항소심에서 사실조사가 행하여질 때에는 속심이 되므로 공소장변경이 허용된다는 견해, 항소심에서도 공소장변경이 허용된다는 견해가 있다. 이에 대하여 판례는 항소심의 구조를 속심으로 파악하여 항소심에서의 공소장변경을 인정한다. 생각건대 항소심에서는 특별한 규정이 없는 한 제1심 공판절차에 관한 규정이 형사소송법 제370조에 의하여 준용되고 있다는 점 및 항소심의 구조를 속심으로 보는 이상 항소심에서 공소장변경이 허용된다고 봄이 타당할 것이다.

둘째, 공소사실의 동일성의 인정여부를 살펴보면, 공소사실의 동일성이란 공소사실의 단일성과 협의의 동일성을 포함하는 개념이다. 협의의 동일성은 소송의 발전에 따른 시간적 전후동일성을 말한다. 그러나 어느 정도 동일하면 이를 인정할 수 있는가에 관하여 견해의 대립이 있지만 기본적 사실동일성이 타당하며, 그 구체적 기준은 공소장에 기재된 공소사실이 변경된 공소사실과 시간적·장소적으로 밀접한 관계가 있거나(밀접관계), 그것이 양립할 수 없는 관계에 있는 때에는(택일관계) 기본적 사실이 동일하다고 할 수 있을 것이다. 그런데 사안의 경우 절도죄의 공소사실과 점유이탈물횡령죄의 공소사실은 시간적·장소적으로 밀접한 관계에 있고, 하나의 공소사실에 대하여 양립할 수 없는 관계에 있는 택일관계에 있으므로 기본적 사실이 동일하다고 볼 수 있다.

셋째, 공소장변경과 공소시효를 살펴보면, 공소제기후 공소장변경이 행하여진 경우에 변경된 공소사실에 대한 공소시효의 완성여부를 어떤 기준에 의해 판단할 것인지가 문제되는데, 공소제기의 효력은 공소장에 기재된 공소사실과 동일성이 인정되는 사실에 대하여도 미치므로 공소제기시를 기준으로 판단해야 한다. 판례도 '공소가 제기된 범죄사실에 대하여 공소장변경이 된 경우에는 공소장 기재의 공소사실의 동일성에 관하여 아무런 소장이 없으므로 변경된 범죄사실에 대한 공소시효의 완성여부는 공소를 제기한 때를 기준으로 판단할 것이고, 공소장을 변경한 때를 기준으로 삼을 수 없다'고 하여 공소제기시를 기준으로 한다. 따라서 사안의 경우 절도죄는 공소시효가 7년이고, 점유이탈물횡령죄는 공소시효가 5년이다(형소법제249조). 그런데 최초의 기소가 2017년 8월 24일에 있었으므로 이를 기준으로 하면 점유이탈물횡령죄의 공소시효는 아직 완성되지 않았으므로 법원은 유죄판결을 할 수 있다. 그러나 공소장변경시(2020년 5월 24일)를 기준으로 하면 공소시효가 완성되었으므로 항소심법원은 면소판결을 해야 할 것이다.

결국 사례의 경우 항소심을 속심으로 봄이 타당하고 속심으로 보는 이상 절도죄를 점유이탈물횡령죄로 공소장을 변경하는 것이 허용되며, 절도죄의 공소사실과 점유이탈물횡령죄의 공소사실은 시간적·장소적으로 밀접한 관계에 있고, 하나의 공소사실에 대하여 양립할 수 없는 관계에 있는 택일관계에 있으므로 기본적 사실이 동일하다고 보여진다. 따라서 검사는 절도가 아닌 점유이탈물횡령죄를 인정하여 공소장변경을 요구할 수 있고, 법원은 이를 허가한 후 점유이탈물횡령죄에 대하여 유죄판결을 선고해야 할 것이다. 그러나 만약 2020년 1월 16일 이후에 공소가 제기되어 점유이탈물횡령죄로 공소장이 변경된 경우에는 공소시효의 완성여부는 공소제기시를 기준으로 하되 변경된 공소사실인 점유이탈물횡령죄의 공소시효기간인 5년이 경과되었는지 여부에 달려있다. 그런데 공소시효의 초일은 산입하므로(제66조제1항 단서) 범죄행위가 종료한(법제252조) 2015년 1월 1일부터 5년이 경과한 2020년 1월 16일 이후에 제기된 공소는 이미 공소시효가 완성된 범죄에 대한 것이다. 따라서 항소심법원은 피고인 A에게 형사소송법 제326조 제3호에 의하여 면소판결을 선고해야 할 것이다.

III. 공소시효의 정지

사 례

甲은 乙의 촉탁을 받고 살해할 의사로써 2022. 12. 20. 목을 조른 후, 그가 죽었다고 생각하고 도주하였다. 마침 지나가던 행인에게 발견된 乙은 부상을 입었을 뿐이어서 인근의 대학병원으로 옮겨졌는데 그 후 상태가 악화되어 의사들이 수술한 뒤인 같은 달 22일에 사망하고 말았다. 조사결과 乙의 사망에 대하여 의료과오는 없었던 것으로 밝혀졌다.

(1) 甲의 촉탁살인행위의 공소시효의 기산점은 언제이며, 공소시효의 완성일은 언제인가?
(2) 만약 乙이 사망하지 않고 부상에 그친 경우에도 동일한 결과로 되는가?
(3) 甲이 형사처분을 면하기 위하여 1년 동안 해외에 도피한 경우에는 어떻게 되는가?
(4) 재판과정에서 범인이 甲이 아니라 丙으로 밝혀진 경우, 丙에 대한 공소시효는 어떻게 되는가?

공소시효의 정지란 일정한 사유가 존재하는 동안 공소시효가 진행하지 않지만 그 정지사유가 소멸한 때로부터 나머지 시효기간이 진행되는 제도를 말한다. 중단사유가 소멸하면 새로 시효가 진행되는 중단과 구별된다. 현행 형사소송법은 공소시효에 관하여 시효의 정지만을 인정하고 시효의 중단제도는 인정하고 있지 않다.

1. 공소시효의 정지사유

(1) 공소의 제기

공소시효는 공소의 제기로 진행이 정지되고 공소기각 또는 관할위반의 재판이 확정된 때로부터 다시 진행한다(제253조제1항). 이때 공소제기는 반드시 적법·유효함을 요하지 않는다.

(2) 재정신청

재정신청이 있을 때에는 고등법원의 재정결정이 확정될 때까지 공소시효 진행이 정지된다(제262조의4제1항). 검사의 부당한 불기소처분으로 인한 공소시효 완성을 방지하기 위한 것이다. 재정결정의 내용이 공소제기결정인 경우에는 공소시효에 관하여 그 결정이 있는 날에 공소가 제기된 것으로 보게 되므로(동조제2항) 공소시효는 계속하여 정지되고, 기각결정인 경우에는 공소시효가 다시 진행된다. 다만 기각결정에 대하여 재판에 영향을 미친 헌법·법률·명령 또는 규칙의 위반이 있음을 이유로 하는 때에는 대법원에 재항고를 할 수 있으므로(제415조) 그 한도 내에서 재정결정의 확정시까지 공소시효의 진행이 정지된다고 보아야 한다(대결 2002.4.10, 2001모193).

(3) 소년보호사건의 심리개시결정

소년보호사건에 대하여 소년부판사가 심리개시 결정을 한 때에는 그 사건에 대한 보호처분의 결정이 확정될 때까지 공소시효 진행이 정지된다(소년법제54조).

(4) 가정보호사건의 법원송치

「가정폭력범죄의처벌등에관한특례법」이 규정한 가정폭력범죄에 대한 공소시효는 당해 가정보호사건이 법원에 송치된 때로부터 시효진행이 정지되고, 관할법원의 불처분결정이 확정되거나 검사 또는 관할법원에 사건이 송치된 때로부터 다시 진행된다(동법 제17조 제1항). 이러한 가정폭력범죄에 대한 공소시효 규정은 「성매매알선 등 행위의 처벌에 관한 법률」이 규정한 보호사건에도 준용된다(동법 제17조).

(5) 범인의 국외도피

범인이 형사처분을 면할 목적으로 국외에 있는 경우 그 기간동안 공소시효는 정지된다(제253조 제3항). 처벌을 모면하기 위하여 국외로 도피한 범인을 처벌하여 형벌권을 적정하게 실현하기 위한 규정이다.

범인이 국내에서 범죄를 저지르고 형사처분을 면할 목적으로 국외로 도피한 경우에 한정되지 아니하고, 범인이 국외에서 범죄를 저지르고 형사처분을 면할 목적으로 국외에서 체류를 계속하는 경우도 포함된다(대판 2015.6.24, 2015도5916.) 오로지 형사처분을 면할 목적만으로 국외체류하는 것에 한정되는 것은 아니고 범인의 여러 국외체류 목적 중 형사처분을 면할 목적이 포함되어 있으면 족하다(대판 2003.1.24, 2002도4994).

'범인이 형사처분을 면할 목적으로 국외에 있는 경우'의 의미에 대하여 그 판단기준과 증명책임의 소재가 문제되는데, 판례는 「당해 범죄의 공소시효기간, 범인이 귀국할 수 없는 사정이 초래된 경위, 그러한 사정이 존속한 기간이 당해 범죄의 공소시효기간과 비교하여 도피 의사가 인정되지 않는다고 보기에 충분할 만큼 연속적인 장기인지, 귀국 의사가 수사기관이나 영사관에 통보되었는지, 피고인의 생활근거지가 어느 곳인지 등의 제반 사정을 참작하여 판단해야 하며, '형사처분을 면할 목적'이 유지되지 않았다고 볼 사정이 있는 경우 그럼에도 그러한 목적이 유지되고 있었다는 점은 검사가 증명하여야 한다」(대판 2012.7.26, 2011도8462)는 입장이다.

한편 공소제기 후 피고인이 처벌을 면할 목적으로 국외에 있는 경우 그 기간 동안 형사소송법 제249조 제2항에서 정한 공소시효기간의 진행이 정지되는지의 여부에 대하여, 판례는 「동법 제253조 제3항에서 정지의 대상으로 규정한 '공소시효'는 범죄행위가 종료한 때로부터 진행하고 공소의 제기로 정지되는 동법 제249조 제1항의 시효를 뜻하고, 그 시효와 별개로 공소를 제기한 때로부터 일정 기간이 경과하면 공소시효가 완성된 것으로 간주된다고 규정한 동법 제249조 제2항에서 말하는 '공소시효'는 여기에 포함되지 않는다고 봄이 타당하다. 따라서 공소제기 후 피고인이 처벌을 면할 목적으로 국외에 있는 경우에도, 그 기간 동안에는 동법 제249조 제2항에서 정한 기간의 진행이 정지되지는 않는다」(대판 2022.9.29, 2020도13547)는 입장이다.

(6) 대통령 재직 중 내란·외환죄 이외의 범죄

헌법 제84조는「대통령은 내란 또는 외환의 죄를 범한 경우를 제외하고는 재직 중 형사상 소추를 받지 아니한다」고 규정하고 있는바, 그 의미와 관련하여 대통령 재직 중 소추가 불가능하였더라도 퇴직후 소추하는 경우에 대통령의 재직기간 동안 공소시효 진행이 정지되었다고 볼 수 있는지 문제된다.

이에 대하여 헌법재판소는「대통령의 불소추특권에 관한 헌법 제48조 규정이 대통령이라는 특수한 신분에 따라 일반 국민과는 달리 대통령 개인에게 특권을 부여한 것으로 볼 것이 아니다. 단지 국가원수로서 외국에 대하여 국가를 대표하는 지위에 있는 대통령이라는 특수한 직책의 원활한 수행을 보장하고, 그 권위를 확보하여 국가의 체면과 권위를 유지하여야 할 실제상의 필요 때문에 대통령으로 재직 중인 동안만 형사상 특권을 부여하고 있음에 지나지 않는 것으로 보아야 할 것이다. 비록 헌법 제84조에는 "대통령은 내란 또는 외환의 죄를 범한 경우를 제외하고는 재직 중 형사상의 소추를 받지 아니한다"고만 규정되어 있을 뿐 헌법이나 형사소송법 등의 법률에 대통령의 재직 중 공소시효의 진행이 정지된다고 명백히 규정되어 있지는 않다고 하더라도, 위 헌법규정은 바로 공소시효 진행의 소극적 사유가 되는 국가의 소추권행사의 법률상 장애사유에 해당한다. 그러므로 대통령의 재직 중에는 공소시효의 진행이 당연히 정지되는 것으로 보아야 한다」(^{헌재 1995.1.20,} _{94헌마246})고 판시하였다.

☞ 5.18민주화운동등에관한특별법은 1979년 12월 12일과 1980년 5월 18일을 전후하여 발생한 헌정질서파괴범죄행위(^{헌정질서파괴범죄의공소}_{시효등에관한특례법 제2조})에 대하여 국가의 소추권행사에 장애사유가 존재하는 기간 — 그 범행행위의 종료일부터 1993년 2월 24일까지의 기간 — 은 공소시효 진행이 정지된 것으로 본다는 내용을 규정하고 있다.

2. 공소시효의 정지효력이 미치는 범위

(1) 주관적 범위

공소시효정지의 효력은 공소제기된 피고인, 재정신청 대상인 피의사건의 피의자, 보호처분사건의 소년범, 국외로 도피한 범인에 대하여만 미친다. 따라서 진범이 아닌 자에 대한 공소제기는 진범에 대한 공소시효의 진행을 정지하지 않는다. 그러나 공범의 1인에 대한 공소시효 정지는 다른 공범자에 대하여도 효력이 미치고, 당해 사건의 재판이 확정된 때로부터 진행한다(^{제253조}_{제2항}). 이처럼 형사소송법 제253조 제2항은 공범 중 1인에 대한 공소의 제기로 다른 공범자에 대한 공소시효까지 정지한다고 규정하면서도 다시 공소시효가 진행하는 시점에 관해서는 제253조 제1항과 달리 공소가 제기된 당해 사건의 재판이 확정된 때라고만 하고 있을 뿐 그 판결이 공소기각 또는 관할위반의 재판인 경우로 한정하고 있지 않다. 이에 '당해 사건의 재판이 확정된 때'의 의미에 대하여, 판례는「공범 중 1인에 대한 공소의 제기로 다른 공범자에 대한 공소시효의 진행이 정지되더라도 공소가 제기된 공범 중 1인에 대한 재판이 확정되면, 그 재판의 결과가 형사소송법 제253조 제1항이 규정한 공소기각 또는 관할위반인 경우뿐 아니라 유죄, 무죄, 면소인 경우에도 그 재판이 확정된 때로부터 다시 공소시효가 진행된다고 볼 것이고, 이는 약식명령이 확정된 때에도 마찬가지라고 할 것이다」(대판 2012.3.29, 2011도15137)고 판시하여, 동조 제1항과 달리 해석하고 있다.

참조판례 「공범 중 1인에 대해 약식명령이 확정되고 그 후 정식재판청구권이 회복되었다고 하는 것만으로는, 그 사이에 검사가 다른 공범자에 대한 공소를 제기하지 못할 법률상 장애사유가 있다고 볼 수 없을 뿐만 아니라, 그 기간 동안 다른 공범자에 대한 공소시효가 정지된다고 볼 아무런 근거도 찾을 수 없다. 더욱이 정식재판청구권이 회복되었다는 사정이 약식명령의 확정으로 인해 다시 진행된 공소시효기간을 소급하여 무효로 만드는 사유가 된다고 볼 수도 없다. 또한 형사소송법이 공범 중 1인에 대한 공소의 제기로 다른 공범자에 대하여도 공소시효가 정지되도록 한 것은 공소제기 효력의 인적 범위를 확장하는 예외를 마련하여 놓은 것이므로, 이는 엄격하게 해석하여야 하고 피고인에게 불리한 방향으로 확장하거나 축소하여 해석해서는 아니 된다. 그렇다면 공범 중 1인에 대해 약식명령이 확정된 후 그에 대한 정식재판청구권회복결정이 있었다고 하더라도 그 사이의 기간 동안에는, 특별한 사정이 없는 한, 다른 공범자에 대한 공소시효는 정지함이 없이 계속 진행한다고 보아야 할 것이다」(대판 2012.3.29, 2011도15137).

다만 판례는 제253조 제2항에서 말하는 공범에는 뇌물공여죄와 뇌물수수죄 사이와 같은 대향범 관계에 있는 자는 포함되지 아니하고(대판 2015.2.12, 2012도4842), 범죄의 증명이 없다는 이유로 공범 중 1인이 무죄의 확정판결을 선고받은 경우에는 공범이라고 할 수 없으므로 그에 대하여 제기된 공소로써는 진범에 대한 공소시효정지의 효력이 없다(대판 1999.3.9, 98도4621)고 본다.

(2) 객관적 범위

공소시효정지의 효력은 객관적으로 공소장에 기재된 공소사실과 동일성이 인정되는 범위 내의 사실 전부에 미친다. 따라서 과형상의 일죄의 일부에 대하여만 공소가 제기된 때에 다른 부분에 대해서도 공소시효가 정지된다.

3. 정지된 공소시효의 재진행

공소제기에 의해서 그 진행이 정지된 공소시효는 공소기각 또는 관할위반의 재판이 확정된 때로부터 다시 진행한다(제253조 제1항 후단). 공소기각 또는 관할위반의 재판이 확정된 후 상소권회복결정(제347조)이 있는 때에는 그 때부터 재차 공소시효의 진행이 정지된다. 이 경우에 재판의 확정시부터 상소권회복의 결정시까지는 공소시효가 진행한다.

사례해설

먼저 공소시효의 기산점에 대해서는 결과발생시가 기준이 되어야 한다는 것이 통설이다. 이에 따르면 설문과 같은 甲의 촉탁살인행위도 살해행위시인 20일이 아닌, 사망의 결과발생시인 22일로부터 시효기간이 계산된다.

첫째, 촉탁살인죄의 법정형은 「1년 이상 10년 이하의 징역」으로 되어 있는데 형사소송법 제249조 제1항 제3호는 장기 10년 이상의 징역에 해당하는 범죄는 10년이 경과하여야 공소시효가 완성하는 것으로 되어 있다(제253조의2 공소시효의 적용 배제 미적용). 따라서 설문의 甲의 촉탁살인죄는 2022. 12. 22.로부터 10년이 경과한 2032. 12. 21.에 공소시효가 완성하게 된다.

둘째, 甲이 촉탁살해의 의사로써 목을 졸랐으나 乙이 사망하지 않았다면 촉탁살인미수죄가 되는데 이와 같은 미수범에서도 기수범도 동일하게 공소시효기간의 기산점을 생각할 수 있는지 문제된다. 이에 대해서 학설은 거동범과 미수범에 있어서는 행위시부터 시효가 진행된다고 보고 있다. 따라서 설문에서 미수의 경우에는 2022. 12. 20.이 시효의 기산점이 되고, 2032. 12. 19.이 그 완성일이 된다.

셋째, 범인이 형사처분을 면할 목적으로 국외에 있는 경우 그 기간동안 공소시효는 정지된다(제253조
제3항). 따라서 설문의 甲의 촉탁살인죄는 2022. 12. 22.로부터 11년(해외도피기간의 제외)이 경과한 2033. 12. 21.에 공소시효가 완성하게 된다.

넷째, 공소시효정지의 효력은 공소제기된 피고인에 대하여만 미치므로, 진범이 아닌 자에 대한 공소제기는 진범에 대한 공소시효의 진행을 정지하지 않는다. 따라서 설문의 丙의 촉탁살인죄는 2022. 12. 22.로부터 10년이 경과한 2032. 12. 21.에 공소시효가 완성하게 된다.

Ⅳ. 공소시효완성의 효과

공소의 제기없이 공소시효기간이 경과하거나 공소가 제기되었으나 판결이 확정되지 않고 25년을 경과한 때에는 공소시효가 완성된다(제249
조). 공소시효의 완성은 실체적 소송조건에 해당하므로 공소가 제기되지 않은 때에는 검사는 공소권 없음의 불기소처분을 하여야 한다. 공소가 제기된 후 공소시효가 완성된 것이 판명된 때에는 법원은 면소의 판결을 해야 한다(제326조
제3호). 면소의 판결을 하지 않고 유죄 또는 무죄의 실체재판을 한 경우에는 항소 또는 상고이유가 된다.

제4편
공판절차

04

제 1 절 공판절차의 기본원칙

I. 서 설

1. 광의·협의의 공판절차

광의의 공판 또는 공판절차란 공소가 제기되어 사건이 공판법원에 계속된 이후부터 소송절차가 종료될 때까지의 모든 절차, 즉 법원이 피고사건에 관하여 심리·재판하고 당사자가 변론을 행하는 절차단계를 말한다. 다만 이러한 공판절차 가운데 특히 공판기일의 공판절차를 **협의의 공판절차**라고 한다.

2. 공판중심주의의 채택

공판중심주의란 법원이 피고사건의 실체에 대한 유·무죄의 심증형성을 공판심리, 즉 '공개된 법정'에서의 심리에 의해야 한다는 원칙을 말한다.

이러한 공판중심주의는 공개재판주의·직접주의·구술주의 등과 같은 형사소송법상 기본원칙을 내포한다. 그 실현을 통해 형사절차에 국민의 감시와 통제를 가능하게 하고, 공정한 절차가 확보되도록 함으로써 국민의 인권을 보장한다. 또한 객관적인 진실에 효과적으로 접근할 수 있도록 하여 적정한 재판이 되도록 하는 기능을 수행한다. 다만 공판중심주의를 실현하는 방법에서 대륙법계에서는 **직접주의**와 **구두주의적 접근방식**을 취하지만, 영미법계에서는 **전문법칙**과 **구두주의적 접근방식**을 취하고 있다는 점에서 차이가 있다.

II. 공판절차의 기본원칙

1. 공개주의

(1) 의 의

공개주의란 일반 국민에게 심리의 방청을 허용하는 원리다. 국민에게 재판을 감시시켜 그 공정성을 담보하고 사법에 대한 국민의 신뢰를 유지하기 위함이다. 따라서 공개주의는 일체의 방청을 허용하지 않고 비밀로 심판하는 '밀행주의'나 당사자나 이해관계를 소명한 소송관계인에 한하여 참여를 허용하는 '당사자공개주의'에 대립되는 개념이다. 헌법은 공개재판을 받을 권리를 국민의 기본적 인권으로 보장하고 있을 뿐만 아니라(제27조) 법원에 관하여 재판공개의 원칙을 선언하고 있다(제109조). 이에 따라 법원조직법 제57조도 「재판의 심리와 판결은 공개한다」고 하여 공개주의를 규정하고 있다.

(2) 공개주의의 내용

공개주의는 누구나 방청인으로서 공판절차에 참여할 수 있다는 추상적 가능성 보장을 내용으로 한다. 이러한 의미에서 공개주의는 일반공개주의를 의미한다. 그러나 오늘날에 와서는 공개주의가 단순히 희망하는 사람들에게 재판을 방청시킨다는 의미에 그치는 것이 아니라, 적극적으로 국민에게 그 상황을 알려서 **국민의 알 권리**를 충족시키기 위하여 법정도 일반인과 언론에게 개방해야 한다는 방향으로 나가고 있다. 다만 재판의 무한정한 공개는 피고인 및 피해자 등의 프라이버시 권리를 침해하고, 나아가서 피고인의 사회화에 지장을 초래할 뿐만 아니라, 증인·소송당사자·법원에 과도한 부담을 안기며 심지어 재판의 구성에도 부정적 영향을 미치게 될 수도 있다. 공개원칙에 대한 한계가 논의되는 이유다.

(3) 공개주의의 한계

① **방청권의 배부 등 법정의 질서유지를 위한 제한:** 법정 크기에 따라 미리 방청권을 배부하여 방청인 수를 제한하거나, 법정의 질서유지를 위하여 특정한 사람의 방청을 허용하지 않은 것은 공개주의에 위반되지 않는다. 「법정방청및촬영등에관한규칙」에서 방청권배부 등에 관하여 규정하고 있다(동 규칙 제2조 제1호).

② **특정사건 등 비공개:** 재판의 심리가 국가의 안전보장 또는 안녕질서를 방해하거나 선량한 풍속을 해할 염려가 있을 때에는 법원의 결정으로 공개하지 아니할 수 있다(헌법 제109조). 그러나 판결선고는 절대적으로 공개되어야 한다. 이와 관련하여 「성폭력범죄의 처벌 등에 관한 특례법」은 피해자의 사생활을 보호하기 위하여 성폭력범죄사건에 대한 심리를 결정으로 공개하지 아니할 수 있도록 규정하고 있고(동법 제31조 제1항), 증인으로 소환받은 성폭력범죄의 피해자와 그 가족도 사생활보호 등의 사유로 증인신문의 비공개를 신청할 수 있다(동조 제2항).

③ **녹화 등의 금지:** 공개주의라고 하여 법정에서의 녹음, 녹화나 중계방송 등을 통한 재판의 간접공개까지 허용하는 것은 아니다. 이러한 간접공개는 자칫 여론재판을 초래하여 공정한 재판에 심각한 영향을 미칠 뿐만 아니라 피고인의 인격권을 침해할 위험성이 높기 때문이다. 따라서 누구든지 법정 안에서는 재판장의 허가 없이 녹화, 촬영, 중계방송 등의 행위를 하지 못하며(법원조직법 제59조), 재판장은 피고인의 동의가 있는 때에 한하여 촬영 등의 신청에 대한 허가를 할 수 있고, 촬영 등 행위를 허가함이 공공의 이익을 위하여 상당하다고 인정

되는 경우에는 피고인의 동의 여부에 불구하고 허가할 수 있다($\frac{\text{법정방청및촬영등에관한규칙}}{\text{제4조 제2항}}$).

(4) 공개주의 위반의 효과

법령위반으로 절대적 상소이유가 된다($\frac{\text{제361조의5 제9호,}}{\text{제383조 제1호}}$). 그러나 법원의 비공개결정도 법원의 재판이므로 이에 대하여 헌법소원을 제기할 수는 없다($\frac{\text{헌재법 제68조}}{\text{제1항}}$).

2. 구두변론주의

(1) 의　　의

구두변론주의란 법원이 당사자의 구두에 의한 공격·방어를 기초로 하여 심리와 재판을 행하는 원리를 말한다. 현행법도 「공판정에서의 변론은 구두로 하여야 한다」고 명시적으로 이를 규정하고 있다($\frac{\text{제275조}}{\text{의3}}$). 따라서 공판기일에서의 절차는 구두로 행하여지고 특히 판결은 법률에 다른 규정이 없으면 구두변론에 의하여야 한다($\frac{\text{제37조}}{\text{제1항}}$).

(2) 구두주의

구두주의란 서면주의에 대응한 개념으로, 구술로 제공된 소송자료에 기하여 재판을 행하는 원리를 말한다. 구두주의는 진술로부터 받는 선명한 인상과 즉각적인 반대신문권을 통하여 진상파악 및 모순을 발견하기 쉽고, 의문 나는 점에 관하여 석명을 통하여 쉽게 해명할 수 있어 쟁점파악이 용이하다. 방청인에게 변론의 내용을 알릴 수 있다는 점도 장점이다. 그러나 구두주의로 일관할 때에는 시일의 경과에 따라 그 청취결과를 망각하기 쉽고, 복잡한 사실관계일 경우에 이해가 곤란하며 청취결과 정리가 어렵다는 단점도 가지고 있다. 따라서 구두주의 원칙은 **실체형성행위**에 대하여 행하여지는 것이고, 절차의 형식적 확실성이 요청되는 **절차형성행위**(예컨대 공소의 제기)에 대하여는 서면방식을 요구하지 않을 수 없다.

(3) 변론주의

변론주의란 당사자 상호간 공격·방어로서의 주장 및 증거 수집·제출 책임을 당사자에게 맡기고, 이것만을 재판의 기초로 삼아야 한다는 원리를 말한다. 통상 변론주의라고 할 때에는 당사자 주장과 입증에 의해서만 재판을 행하고 당사자가 주장한 범위내에서 심판하는 당사자처분권주의를 포함하지만, 고유한 의미에서는 소송자료(사실자료)의 수집에 한하는 문제이다. 그러나 국가형벌권 실현을 목적으로 하는 형사소송의 본질상 소송자료 수집을 당사자에게만 맡겨둘 수 없고, 당사자가 주장하지 않은 사실도 직권으로 수집하여 판결의 기초로 삼아야 한다. 형사소송법도 청구의 인락(認諾)에 해당하는 기소사실인부절차의 불채택, 직권에 의한 증거조사($\frac{\text{제295}}{\text{조}}$), 법관에 의한 증인신문($\frac{\text{제161조}}{\text{의2}}$), 법원의 공소장변경요구권($\frac{\text{제298조}}{\text{제2항}}$)을 인정하고 있다는 점에서 철저한 변론주의를 채택하고 있는 것은 아니다. 다만 당사자주의 강화는 필연적으로 변론주의 강화를 요구한다. 형사소송법도 변론주의 표현이라고 볼 수 있는 당사자의 공판정출석권($^{제275조 \ 제2항,}_{제276조}$), 검사의 모두진술($^{제285}_{조}$), 당사자의 증거신청권($^{제294}_{조}$), 증거조사에 대한 이의신청권($^{제296}_{조}$), 증인신문에서의 상호신문제도($^{제161조}_{의2}$), 공소장의 변경($^{제298}_{조}$), 사실과 법률적용에 대한 의견진술권($^{제302조,}_{제303조}$), 심신상실상태 경우의 공판절차정지($^{제306}_{조}$)에 관한 규정을 두고 있다.

3. 직접주의

(1) 의 의

직접주의란 공판정에서 직접 조사한 증거만을 재판의 기초로 삼을 수 있다는 원리를 말한다. 직접주의는 법관의 정확한 심증형성을 돕고, 피고인에게 증거에 관하여 직접 변명 기회를 주는 기능을 한다. 직접주의 내용으로는 첫째, 직접조사 원칙, 둘째, 원진술자 신문 원칙, 셋째, 공판정 이외에서의 소송자료 수집금지 원칙 등을 들 수 있다.

(2) 법적 근거

형사소송법은 명문규정을 두고 있지 않으나, 공판개정 후에 판사의 경질이 있으면 공판절차를 갱신하도록 한 것($^{제301}_{조}$)이나 전문증거배제법칙을 인정한 것($^{제310조의}_{2}$)은 직접주의와 표리일체의 관계에 있다고 볼 수 있다. 다만 원관찰자를 공판정에 출석시켜 그 진술을 듣는다는 점에서는 전문법칙과 유사하지만, 직접주의는 법원과 증거와의 관계에서 법관에게 올바른 심증을 형성하도록 한다는 직권주의적 요청을 반영한 것이므로 당사자에게 반대신문권을 보장한다는 당사자주의의 요청을 표현한 전문법칙과는 성격상의 차이가 있다.

4. 집중심리주의

(1) 의 의

집중심리주의란 하나의 사건만을 놓고 가능한 한, 중단없이 한꺼번에 계속하여 심리해야 한다는 원리를 말한다. 한 사건의 심리를 모두 마친 다음에 비로소 다른 사건의 심리에 들어가게 되는 심리방식이라는 점에서 **계속심리주의**라고도 한다. 이러한 집중심리주의는 법관이 신선하고 확실한 심증에 의하여 재판을 할 수 있을 뿐만 아니라 소송 촉진과 신속한 재판을 실현하는데 그 취지가 있다. 집중심리주의는 당사자주의 소송구조와 직권주의 소송구조의 구분 없이 요청되는 것이지만 당사자주의 소송구조에서 더 강하게 요청되고, 특히 국민참여재판에서는 배심원들의 정확한 심증형성을 위하여 반드시 필요하다.

(2) 현행법의 태도

① **심리의 집중**: 공판기일의 심리는 집중되어야 하며, 심리에 2일 이상이 필요한 경우에는 부득이한 사정이 없는 한 매일 계속 개정하여야 한다. 재판장은 여러 공판기일을 일괄하여 지정할 수 있다. 재판장은 부득이한 사정으로 매일 계속 개정하지 못하는 경우에도 특별

한 사정이 없는 한 전회의 공판기일부터 14일 이내로 다음 공판기일을 지정하여야 한다. 소송관계인은 기일을 준수하고 심리에 지장을 초래하지 아니하도록 하여야 하며, 재판장은 이에 필요한 조치를 할 수 있다($\frac{제276}{조의2}$).

② **판결의 즉일선고:** 판결의 선고는 변론을 종결한 기일에 하여야 한다. 다만, 특별한 사정이 있는 때에는 따로 선고기일을 지정할 수 있지만, 변론종결 후 14일 이내로 지정되어야 한다. 변론을 종결한 기일에 판결을 선고하는 경우에는 판결의 선고 후에 판결서를 작성할 수 있다($\frac{제318}{조의4}$).

변론종결 기일에 판결이 선고된 경우에는 공판정에서의 생생한 인상을 유지한 채 판결을 선고할 수 있으므로 법원은 공판 진행에 더욱 집중하게 되어 공판중심주의 취지가 실현된다. 뿐만 아니라 합의부 재판의 경우 합의부원간 실질적 합의를 유도하게 되는 효과 등을 고려하여 판결의 즉일선고를 규정한 것이다.

제 2 절 소송행위론

Ⅰ. 서 설

1. 소송행위의 의의

소송행위란 소송절차를 형성하는 개개의 행위로서 일정한 소송법적 효과가 인정되는 것을 말한다. 이처럼 소송행위는 소송절차를 형성하는 행위로서 그 효과가 소송법에 의하여 규율되는 행위이므로 소송에 관계되는 행위이더라도 법관의 임면 등 소송절차 그 자체를 형성하지 않는 사법행정상의 행위, 또는 법정경위가 법정을 정리하거나 개정을 준비하는 행위 등 아무런 소송법적 효과가 인정되지 않는 행위는 소송행위가 아니다. 그러나 소송법상 효과($\frac{제240}{조}$)가 인정되는 이상 동시에 실체법상 효과($\frac{형법 제52조}{제1항}$)가 인정되더라도(예컨대 자수 등) 소송행위라 할 수 있다.

2. 소송행위의 종류

(1) 주체에 의한 분류

① **법원의 소송행위:** 법원이 하는 소송행위로서 그 주된 것은 피고사건에 대한 심리와 재판이다. 심리의 중심을 이루는 것은 각종 증거조사이고, 재판의 중심을 이루는 것은 판결이다. 그 이외에 각종 강제처분처럼 심리 목적을 위하여 행하여지는 행위도 포함된다. 재판장·수명법관·수탁판사의 소송행위도 법원의 소송행위에 준한다.

② **당사자의 소송행위:** 검사와 피고인의 소송행위를 말하지만, 변호인·보조인의 행위도

피고인에게 속하는 소송행위를 대리하고 있는 한 당사자의 소송행위에 준한다. 당사자의 소송행위에는 신청·입증 및 진술이 있다.

가) 신청(청구): 법원에 대하여 일정한 재판을 구하는 소송행위를 말한다. 예컨대 보석신청(제94조), 증거조사의 신청(제294조), 기피의 신청(제18조), 관할이전의 신청(제15조) 등이 여기에 해당한다. 형사소송법이 명문으로 신청을 당사자 기타의 소송관계인의 권리로 인정하고 있는 경우에는 법원은 반드시 유·무효 내지 이유의 유무에 관하여 판단을 내려야 한다.

나) 입증: 증명과 관련된 소송행위를 말한다. 예컨대 증거제출(제294조), 증거조사(제290조, 제291조, 제292조), 증인신문(제161조의2) 등이 여기에 속한다.

다) 진술: 법원에 대하여 사실상 또는 법률상의 의견을 말하는 것으로 변론이라고도 한다. 검사의 논고·구형, 변호인의 변론처럼 사실상 또는 법률상의 의견을 법원에 제시하는 주장과 피고인 진술처럼 법원의 심증형성에 영향을 미치는 협의의 진술이 포함된다.

③ 제3자의 소송행위: 법원 또는 당사자가 아닌 제3자가 행하는 소송행위를 말한다. 예컨대 고소와 그 취소(제223조, 제232조), 고발(제234조), 참고인의 진술(제245조), 증인의 증인(제146조이하), 감정인의 감정(제169조이하) 등이 여기에 해당한다.

(2) 성질에 의한 분류

① 법률행위적 소송행위: 일정한 법률적 효과에 향하여진 의사표시를 요소로 하는 행위를 말한다. 그러나 이는 민법에서의 법률행위와는 달리 의사표시에 대하여 그와 같은 효과가 주어지는 것이 아니고 소송법이 정한 일정한 효과가 발생하는 것에 불과하다. 따라서 사법상의 법률행위에서 인정되는 착오, 사기, 대리, 조건 등의 이론들이 그대로 적용될 수 없고 소송법적 관점에서 독자적인 해결기준이 마련되어야 할 것이다. 법률행위적 소송행위로서는 고소(제223조), 공소 제기(제246조), 재판 선고(제37조), 상소 제기(제338조) 등이 있다.

② 사실행위적 소송행위: 행위자 의사와는 관계없이 일정한 사실행위에 소송법상의 효과가 주어지는 행위를 말한다. 이에는 표시행위와 순수한 사실행위의 두 가지가 있다. 전자는 논고, 구형, 증언, 감정 등과 같이 의사를 내용으로 하는 소송행위이지만 그에 상응하는 소송법적 효과가 인정되지 않는 행위를 말하고, 후자는 체포·구속, 압수·수색 등 각종의 영장을 집행하는 행위를 말한다.

(3) 목적에 의한 분류

① 실체형성행위: 실체면의 형성에 직접적인 역할을 담당하는 소송행위, 즉 법관의 심증형성을 위한 행위를 말한다. 예컨대 증거조사, 당사자의 변론, 증인의 증언, 검사의 논고, 변호인의 변론과 피고인의 최후진술 등이 해당한다. 재판은 실체에 대한 법원의 판단이며 실체형성행위 자체는 아니다. 형사절차의 실체면은 항상 부동적으로 변화, 발전하기 때문에 새로운 실체면이 밝혀진다면 종래의 소송행위를 취소하거나 또는 미비한 부분에 대한 보완

을 인정하는 것이 가능하다.

② **절차형성행위:** 절차의 형식적 발전과 그 발전을 추구하는 절차면의 형성에 역할을 담당하는 행위를 말한다. 예컨대 공소의 제기, 공판기일의 지정, 소송관계인의 소환, 증거조사의 신청, 상소의 제기 등이 여기에 해당한다. 절차형성행위는 절차유지의 원칙이 적용되므로 원칙적으로 취소가 인정되지 않는다. 왜냐하면 절차형성행위 경우에는 그 소송행위를 전제로 하여 다른 소송행위가 서로 연관하면서 소송절차를 형성하여 나아가는 것이므로 절차의 안정과 명확성을 기하기 위해서는 취소를 허용할 수 없기 때문이다.

(4) 기능에 의한 분류

① **효과요구적 소송행위(취효적 소송행위):** 그 자체로는 법률관계나 법률상태를 형성하지 않고 법원의 행위(재판)가 개입할 때 비로소 소송법적 효과가 발생하는 소송행위를 말한다. 예컨대 기피신청($\frac{제18}{조}$), 증거조사 신청($\frac{제294}{조}$), 변론의 분리·병합신청($\frac{제300}{조}$) 등이 여기에 해당한다. 일정한 법률효과가 직접적으로 발생하는 것이 아니라 법원의 소송행위를 통하여 법적 효과의 발생을 취득한다는 점에서 **취효적 소송행위**라고도 한다. 이러한 효과요구적 소송행위는 법원에 의하여 먼저 적법여부, 다음으로 이유 유무의 두 단계 평가를 받게 되며, 어느 것이든 법원이 응답하게 된다. 즉 법원은 형식적 요건이 불비되었을 때에는 '부적법 각하한다'는 판단을 내리며, 형식적 요건은 갖추었으나 실질적 요건을 갖추지 못한 경우에는 '이유없으므로 기각한다'는 판단을 내리게 된다.

② **효과부여적 소송행위(여효적 소송행위):** 재판의 개입 없이 그 자체가 직접적으로 소송법적 효과가 발생하는 소송행위를 말한다. 예컨대 고소취소($\frac{제232}{조}$), 상소포기 및 상소취하($\frac{제349}{조}$), 약식명령에 대한 정식재판청구의 취하($\frac{제454}{조}$) 등이 여기에 해당한다. 이에 대해서도 유·무효의 평가를 받지만, 특히 이미 발생한 법률효과를 상대방이 무시하고 다투게 될 때에 비로소 법원이 관여하여 유·무효의 판단을 하게 된다.

Ⅱ. 소송행위의 일반적 요소

1. 소송행위의 주체

(1) 소송행위적격

형사소송에 있어서 행위 주체가 그의 이름으로 소송행위를 할 수 있는 자격을 행위적격이라고 하는데, 이는 누가 소송행위를 할 수 있는가의 문제라고 할 수 있다. 소송행위적격은 일반적 행위적격과 특별행위적격으로 나눌 수 있다.

① **일반적 행위적격:** 소송행위의 주체가 될 수 있는 자격으로서 소송행위 일반에 대하여

요구되는 것을 말한다. 소송행위 주체가 되기 위해서는 소송행위 의미를 이해할 수 있는 소송능력뿐만 아니라 소송상 자신의 권익을 방어할 수 있는 사실상·법률상 소송행위능력도 가지고 있어야 한다. 또한 소송행위를 대리할 경우에는 대리권이 있어야 한다.

② **특별행위적격:** 개개의 소송행위에 관한 행위적격을 의미하는데 다음의 두 가지 종류가 있다. 첫째, 행위적격이 소송행위의 개념요소로 되어 있는 때에는 행위적격 없는 자의 소송행위는 소송행위로서 성립하지 않는다. 예컨대 법관 아닌 자가 한 재판이나 검사 아닌 자의 공소제기가 여기에 해당한다. 둘째, 소송행위를 일정한 자의 권한으로 규정한 경우에는 권한 없는 자가 한 소송행위는 무효에 지나지 않는다. 고소권자 아닌 자의 고소, 상소권자 아닌 자의 상소가 여기에 해당한다. 따라서 양자의 구별실익은 전자에 위반하였을 때에는 불성립으로서 그 행위를 방치하여도 무방하나, 후자에 위반하였을 때에는 원칙적으로 공소기각 등 이에 대한 판단을 하여야 한다는 점에 있다.

(2) 소송행위의 대리

① **의   의:** 본인 이외의 제3자가 본인을 대리하여 소송행위를 하고 그 효과가 본인에게 직접 미치도록 하는 것을 말한다. 따라서 소송행위의 대리문제는 본래 소송행위적격을 갖고 있지 않는 자가 대리에 의하여 그 행위적격을 취득할 수 있는가의 문제이므로 원칙적으로 의사표시를 본질로 하는 **법률행위적 소송행위**에 한하여 허용된다. 다만 소송행위의 대리는 피고인(피의자) 또는 고소인 등 제3자의 소송행위만이 문제되고, 법원(법관) 또는 검사의 소송행위는 문제되지 않는다. 왜냐하면 검사의 경우에는 검사동일체 원칙상 자유로운 검사의 교체가 인정되고 또 법관의 교체는 공판절차갱신에 의하여 해결되기 때문이다.

② **특   색:** 소송행위의 대리는 사적 자치를 기반으로 하며, 그 확장·보충을 의미하는 사법상의 대리제도와는 근본적으로 성질이나 목적이 다르다. 따라서 형사소송의 대리는 사법상 무권대리행위의 구제나 현명주의(顯名主義)의 완화와 같은 방향은 원칙적으로 인정되지 않는다. 또 대리행위는 원칙적으로 본인 의사에 종속하는 것으로 본인 의사에 반하는 행위도 무효이다. 다만 독립대리권이 인정되는 경우, 무효의 치유가 인정되는 경우($^{제29조, 제36조,}_{제341조}$) 등은 예외이다.

③ **종   류:** 소송행위의 대리에는 대리권의 발생에 있어서 법령 규정에 의해 대리권이 발생하는 법정대리와 본인의 수권행위에 의해 대리권이 생기는 임의대리가 있다. 또 대리권 행사에 관하여 본인 의사에 종속하는지 여부를 기준으로 종속대리와 독립대리로 구분된다. 대리권의 범위를 기준으로 포괄적 대리와 개별적 대리로 분류할 수도 있다.

④ **대리의 허용범위:** 사법상 법률행위의 대리는 무능력자의 보호와 사적 자치의 확장을 위하여 원칙적으로 허용되는 반면, 소송행위는 연속적으로 발전하는 형사절차의 부분적 구성행위로서 다수자의 이해가 관련되므로 쉽게 대리를 허용할 수 없다. 따라서 소송행위주체

의 이익보호와 다른 소송관계인의 이해관계를 조화시키기 위하여 소송행위에 대한 대리의 허용범위를 검토할 필요가 생기게 된다.

가) 명문의 규정이 있는 경우: **포괄적 대리가 허용되는 경우로** 의사무능력자의 대리($^{제26}_{조}$), 법인인 피고인의 대표자의 대리($^{제27조,}_{제276조}$), 소송행위의 특별대리인($^{제28}_{조}$), 보조인($^{제29}_{조}$), 경미사건 등과 피고인의 불출석($^{제277}_{조}$) 등을 들 수 있다. 이처럼 피의자·피고인의 변호인은 독립하여 소송행위를 할 수 있는 포괄적 대리권을 가지고 있으나($^{제36}_{조}$), 피고인의 공판출석($^{제276}_{조}$), 공판기일에서 피고인의 진술($^{제286조, 제287조,}_{제303조}$) 등은 소송행위의 성질상 대리가 허용되지 않는다. 다만, 변호인의 대리는 피의자·피고인의 소송행위 전체에 미치지 않는다는 점에서 의사무능력자나 법인 등의 경우에 인정되는 포괄적 대리와 구별된다. 반면에 **개별적 대리가 허용되는 경우**로는 고소 또는 취소의 대리($^{제236}_{조}$), 구속적부심사청구($^{제214조}_{의2}$), 재정신청의 대리($^{제264}_{조}$), 변호인선임의 대리($^{제30}_{조}$), 상소의 대리($^{제341}_{조}$) 등을 들 수 있다.

나) 명문의 규정이 없는 경우: **대리불허설**은 이해관계인의 지위를 불확실하게 할 위험성이 있고, 실체진실발견을 추구하는 형사절차라는 점에서 소송행위는 대리에 친하지 않은 일신전속적 성질을 가지고 있으므로 명문의 규정이 없는 한 대리가 허용되지 않는다고 본다. 이에 대해 **대리허용설**은 대리인의 권한이 확실하면 절차의 명확성을 해치지 않으며, 대리를 허용하면 실체진실발견에 지장을 초래한다는 것도 절차형성행위에 대해서는 적용될 수 없으므로 개별소송행위의 의미와 내용에 따라 결정해야 한다고 본다.

판례는 「본법상 특별한 규정이 있는 경우에 한하여 대리인에 의하여 소송행위를 할 수 있고 결정에 대한 재항고는 대리인에 의하여 할 수 있는 소송행위가 아니다」($^{대결 1953.6.9.}_{4286형항3}$)라고 판시하여 대리불허설을 따르고 있다. 대리를 인정하는 폐단은 대리권한의 불명확으로 절차의 혼란을 가져오거나 피의자·피고인의 이익에 중대한 영향을 미치기 때문인데, 이러한 폐해가 없는 절차형성행위(상소의 제기, 약식명령에 대한 정식재판의 청구 등)에 관하여는 오히려 일반적으로 대리를 인정하는 것이 타당하다.

⑤ **대리권없는 자의 소송행위:** 대리권없는 자의 대리소송행위는 무효이다. 다만 형사소송에서도 표현대리는 인정할 수 없으나, 본인에게 유리한 무권소송행위를 본인에게 귀속시키기 위하여 무권대리의 추인은 인정할 수 있을 것이다.

⑥ **법인과 소송행위의 대표:** 피고인 또는 피의자가 법인인 때에는 그 대표자가 소송행위를 대표하며($^{제27조}_{제1항}$), 수인이 공동으로 법인을 대표하는 경우에는 그 소송행위에 관하여는 각자가 대표한다($^{동조}_{제2항}$).

⑦ **소송행위의 특별대리인:** 피고인을 대리 또는 대표할 자가 없는 때에는 법원은 직권 또는 검사의 청구에 의하여 특별대리인을 선임하여야 하며, 피의자를 대리 또는 대표할 자가 없는 때에는 법원은 검사 또는 이해관계인의 청구에 의하여 특별대리인을 선임하여야 한다($^{제28조}_{제1항}$). 특별대리인은 피고인 또는 피의자를 대리 또는 대표하여 소송행위를 할 자가 있을

때까지 그 임무를 행한다(동조 제2항).

2. 소송행위의 내용

(1) 소송행위의 형식적 확실성

소송행위는 동적·발전적인 형사절차를 형성하므로 그 내용은 원칙적으로 당해 행위 자체에서 명확하게 할 필요가 있다. 특히 표시를 요소로 하는 소송행위에 있어서 소송절차의 형식적 확실성은 더욱 요구된다고 볼 수 있다. 이와 관련하여 소송행위에 조건·기한 등 부관을 붙이는 것이 허용되는지 문제된다.

(2) 부관(附款)의 허용여부

제한적 긍정설은 소송행위는 형식적 확실성 및 신속성이 요구되고, 특히 재판에 있어서는 법적 안정성이 중요시되므로 원칙적으로 소송행위에 조건이나 기한을 붙이는 것은 허용되지 아니하지만, 조건부 또는 택일적 증거의 신청처럼 형식적 확실성을 해할 염려가 없고 또 행위자의 이익에 중대한 영향을 미치지 않는 범위에서 조건부 소송행위는 허용될 수 있다고 본다. 이에 대해 **부정설**은 소송행위에 대하여 법령에서 예외적으로 조건이나 기한의 설정을 허용하고 있는 경우(예컨대 제254조 제5항의 공소제기시 공소사실 및 적용법조의 예비적·택일적 기재)를 제외하고는 소송행위에 조건이나 기한을 붙이는 것은 형사절차의 명확성·안정성 그리고 소송관계인의 이익보호를 위해 허용되지 않는다고 본다.

생각건대 행위자가 소송행위의 발생·소멸의 시기를 정할 수 있게 되면 절차의 진행이 무질서하게 될 뿐더러 소송자료가 불안정해지므로 기한은 어느 경우에도 허용될 수 없다. 그러나 조건의 경우에는 소송외적 조건과 소송내적 조건으로 나누어서, 소송외의 장래 발생할 불확실한 사정에 따라 소송행위의 효력을 좌우시키는 전자의 경우에는 다른 당사자나 법원의 지위 및 절차의 진행 자체를 불안정하게 만들기 때문에 허용될 수 없지만(예컨대 공소의 제기, 상소의 제기나 그 취하에 소송외적 조건을 붙이는 것), 소송진행 중에 판명될 사실을 조건으로 하는 후자의 경우에는 절차의 안정을 해칠 염려가 없는 한 허용된다고 보아야 할 것이다(예컨대 예비적·택일적 증거의 신청).

☞ 영장에 조건을 붙이는 경우(예컨대 유족의 의사에 따라 부검장소 및 참관인원을 정하도록 하는 등 유족의 의사가 충분히 반영되는 경우에 한하여 부검이 가능하다는 부검영장을 발부하는 경우 등)에 첫째, 이러한 부관이 허용되는지, 둘째, 부관이 무효인 경우 부관이 없는 영장이 되는 것인지 아니면 영장 자체가 무효가 되는 것인지 논란이 있다. 첫째 문제와 관련하여, 제한적 긍정설에 따르더라도 형식적 확실성을 해치는 조건(예컨대 유족의 의사 등 소송외의 장래 발생할 불확실한 사정에 따라 소송행위의 효력을 좌우시키는 조건 등)은 허용될 수 없다고 본다. 둘째 문제와 관련하여, 소송행위의 개념 자체가 소송법적 일정한 효과를 인정하는 것이므로 부관 자체가 무효라면 소송행위의 내용이 인정될 수 없다고 보아야 하며, 따라서 영장 자체를 무효로 보는 것이 타당할 것이다.

3. 소송행위의 방식

소송행위의 방식은 소송의 법적 안정성 및 형식적 확실성의 요청에 따라 엄격히 규정하는 것을 원칙으로 한다. 따라서 이러한 방식을 갖추지 못할 때에는 소송법상의 효과가 발생하지 아니하며, 원칙적으로 무효이다. 통상 소송행위의 방식은 개별적으로 명문에 의하여 규정되는 것이 보통인데, 그 표현형식으로서 구두주의와 서면주의가 있다.

(1) 구두주의(구술주의)

구두주의는 소송행위 내용을 신속·선명하게 하고 그 표시자가 누구인가를 직접 인식케 한다는 데에 그 장점이 있다. 원래 구두주의는 실체형성에 있어서 법관에게 선명한 인상을 주고 사건의 진상을 파악케 하는 것을 주목적으로 한다. 따라서 형사소송법도 '공판정에서의 변론은 구두로 하여야 한다'고 하여($^{제275조}_{의3}$) 공판정에서의 소송행위, 특히 실체형성행위에 대해서는 원칙적인 방식으로 규정하고 있다. 예컨대 검사의 모두진술($^{제285}_조$), 피고인의 모두진술($^{제286}_조$), 증인신문($^{제161조}_{의2}$), 피고인신문($^{제296조}_{의2}$), 검사의 의견진술($^{제302}_조$), 변호인의 최종변론과 피고인의 최후진술($^{제303}_조$) 등과 실체형성행위 등에 대하여 구두주의를 채택하고 있다.

(2) 서면주의

서면주의는 소송행위의 내용의 보존은 물론 절차를 명백히 한다는 장점이 있을 뿐만 아니라, 그 양식을 일정하게 함으로써 절차적 획일성을 담보할 수 있다. 따라서 형식적 확실성을 요하는 절차형성행위는 원칙적으로 서면주의에 의한다. 예컨대 관할지정 및 관할이전의 신청($^{제16}_조$), 변호인선임신고($^{제32조}_{제1항}$), 공소제기($^{제254}_조$), 재정신청($^{제260}_조$), 상소제기($^{제343조}_{제1항}$), 비상상고($^{제442}_조$), 각종 영장의 청구와 발부($^{제75조,}_{제114조 등}$), 증거보전청구($^규_{제92조}$), 공소장변경허가신청($^{규 제142조}_{제1항}$) 등과 같이 새로운 절차진행의 기초가 되거나 절차의 명확성이 요구되는 소송행위에는 서면의 방식을 채택하고 있다.

(3) 서면 또는 구두주의

소송행위 중에는 서면 또는 구두 어느 방식에 의하여도 가능한 경우가 있다. 예컨대 기피신청($^{제18}_조$), 고소·고발 및 그 취소($^{제237}_조$), 공소취소($^{제255}_조$), 상소의 포기 또는 취하($^{제352}_조$), 정식재판청구의 포기 또는 취하($^{제458}_조$), 변론의 분리 및 병합신청($^{제300}_조$), 증거조사신청($^{제294}_조$), 증거조사 및 재판장 처분에 대한 이의신청($^{제296조,}_{제304조}$) 등이 여기에 해당한다.

4. 소송행위의 일시

특정한 소송행위가 유효하게 성립되기 위하여는 원칙적으로 일정한 기일 또는 일정한 기간내에 하여야 한다.

(1) 기　일

기일이란 법관, 당사자 기타의 소송관계인이 모여서 소송행위를 하기 위해 정해진 시간을 말한다. 예컨대 공판기일(제267조), 공판준비기일(제266조의7), 증인신문기일, 판결선고기일(제318조의4) 등이 여기에 해당한다. 기일은 소송지휘에 관한 것이므로 직권으로 일(日)과 시(時)로써 지정되고 지정된 시각에 개시되는 것이 원칙이지만, 종기를 미리 정할 수는 없기 때문에 제한을 두지 않는다.

(2) 기　간

기간이란 시기와 종기에 의하여 구획된 시간의 길이를 말한다.

① **행위기간과 불행위기간:** **행위기간**이란 고소기간(제230조)이나 상소기간(제358조, 제374조)과 같이 일정한 기간내에만 적법하게 소송행위를 할 수 있는 기간을 말한다. 이에 반하여 제1회 공판기일의 유예기간(제269조)처럼 당사자 기타 소송관계인의 이익을 보호할 목적으로 일정한 기간 내에는 소송행위를 할 수 없도록 유예기간을 두는 것을 **불행위기간**이라고 한다.

② **법정기간과 재정기간:** 법률에 의하여 정해진 기간을 **법정기간**이라고 하고, 재판기관이 각 경우에 적절하게 재판으로 정한 기간을 **재정기간**이라고 한다. 구속기간(제92조)·상소제기기간(제358조, 제374조) 등은 전자의 예이고, 구속기간의 연장(제205조)등은 후자의 예에 속한다.

③ **불변기간과 훈시기간:** 기간이 경과한 후에 행한 소송행위가 무효가 되는 경우로서 원칙적으로 연장이 허용되지 않는 것을 **불변기간**(효력기간)이라고 하며, 기간이 경과한 후에 행한 소송행위도 그 효력에 영향이 없는 기간을 **훈시기간**이라고 한다. 친고죄의 고소기간(제230조), 재정신청기간(제260조제3항), 항소제기기간(제358조)과 항소이유서 제출기간(제361조의3제1항), 상고제기기간(제374조)과 상고이유서 제출기간(제379조제1항) 등이 전자의 예이고, 고소·고발사건의 처리기간(제257조), 재정결정기간(제262조), 판결선고기간(제318조의4제1항, 제3항), 항소사건 및 상고사건에 있어서 소송기록과 증거물의 송부기간(제361조제377조), 사형집행명령의 시기(제465조), 보석 등의 결정기간(규제55조) 등은 후자의 예에 속한다.

④ **기간의 계산:** 기간의 계산에 관하여 시(時)로써 계산하는 것은 즉시부터 기산하고, 일·월(日·月) 또는 년(年)으로써 계산하는 것은 초일(初日)을 산입하지 아니한다(제66조제1항 본문). 이를 **초일불산입의 원칙**이라고 한다. 이에 따라 상고제기기간(제358조, 제374조)의 기산일은 재판을 선고 또는 고지한 다음날이다. 다만 시효와 구속기간의 초일은 시간을 계산함이 없이 1일로 산정한다(통설). 예컨대 2023. 1. 1. 22:00경 피의자가 강도혐의로 긴급체포되었다고 하더라도 체포한 날로부터 구속기간에 산입되므로(제203조의2), 구속기간의 기산일은 2023. 1. 1.이 되는 것이다. 연 또는 월로써 정한 기간은 역서(曆書)에 따라 계산한다. 기간의 말일이 공휴일 또는 토요일에 해당하는 날은 기간에 산입하지 아니한다. 다만 시효와 구속의 기간에 관하여서는 예외로 한다(동조제3항).

⑤ **불변기간의 연장:** 불변기간을 경과한 소송행위는 원칙적으로 무효가 됨에 따라 소송관계인의 지위에 중대한 영향을 미치므로 이를 합리적으로 조정하여 소송관계인을 보호할 필요가 있다. 이에 따라 형사소송법에서는 불변기간인 '법정기간은 소송행위를 할 자의 주거 또는 사무소의 소재지와 법원 또는 검찰청 소재지와의 거리 및 교통통신의 불편정도에 따라 대법원규칙으로 이를 연장할 수 있다'(제67조)고 규정하고, 형사소송규칙은 소송행위를 할 자가 국내에 있는 경우와 외국에 있는 경우로 나누어 법정기간을 연장하고 있다(규제44조). 이는 행위기간에 대하여만 적용된다.

☞ 판례는 즉시항고의 제출기간(대결 1983.1.22, 82모52), 상고기간(대결 1979.9.27, 76모56), 항소이유서(대결 1985.11.27, 85모47) 또는 상고이유서 제출기간(대결 1964.5.21, 64모87)에 대하여 법정기간의 연장을 인정하고 있다.

5. 소송행위의 장소

공판기일에 있어서의 소송행위는 원칙적으로 법원 또는 지원의 건조물내의 공판정에서 행한다(제275조 제1항, 법조법 제56조 제1항). 그러나 예외로서 지원장은 필요에 의하여 법원 외의 장소에서 개정하게 할 수 있다(법조법 제56조 제2항).

6. 서류와 송달

(1) 서　　류

① **의　　의:** 소송서류란 특정한 소송에 관하여 작성된 일체의 서류로서, 법원에서 작성된 서류뿐만 아니라 소송관계인이 작성하여 법원에 제출한 서류도 포함한다. 그러나 소송서류는 특정한 소송에서 작성되거나 제출된 서류이어야 하므로 압수된 서류는 증거물이지 소송서류가 아니다. 실무상 소송절차의 진행에 따라 편철된 서면의 총체를 소송기록이라고 하는데, 소송기록에는 소송서류 외에 진단서 등과 같이 증거로 제출된 것도 포함된다.

소송에 관한 서류는 공판의 개정전에는 공익상 필요 기타 상당한 이유가 없으면 공개하지 못한다(제47조). 여기서 공판의 개정전이란 제1회 공판기일전에 한하지 않으므로 제2회 공판기일의 공판개정전에도 전(前)공판기일에 공개하지 않았던 서류 또는 그 후에 작성된 서류는 공개하지 못한다.

그러나 재판이 확정된 사건의 소송기록은 보관하고 있는 검찰청에 열람 또는 등사를 신청할 수 있고(제59조의2), 판결이 확정된 사건의 판결서와 증거목록 등은 보관하고 있는 법원에서 열람 및 복사를 할 수 있다(제59조의3). 본 조항의 의미에 대하여, 판례는 '공공기관의 정보공개에 관한 법률'의 특칙에 해당하므로 형사재판확정기록의 공개에 대해서는 위 법률보다 우선적으로 적용된다는 입장이다.

참조판례 「[1] 2007. 6. 1. 신설되어 2008. 1. 1.부터 시행된 형사소송법 제59조의2의 내용과 취지 등을 고려하면, 형사소송법 제59조의2는 재판이 확정된 사건의 소송기록, 즉 형사재판확정기록의 공개 여부나 공개 범위, 불복절차 등에 관하여 공공기관의 정보공개에 관한 법률(이하 '정보공개법'이라 한다)과 달리 규정하고 있는 것으로 정보공개법 제4조 제1항에서 정한 '정보의 공개에 관하여 다른 법률에 특별한 규정이 있는 경우'에 해당한다. 따라서 형사재판확정기록의 공개에 관하여는 정보공개법에 의한 공개청구가 허용되지 않는다. 따라서 형사재판확정기록에 관해서는 형사소송법 제59조의2에 따른 열람·등사신청이 허용되고 그 거부나 제한 등에 대한 불복은 준항고에 의하며, 형사재판확정기록이 아닌 불기소처분으로 종결된 기록에 관해서는 정보공개법에 따른 정보공개청구가 허용되고 그 거부나 제한 등에 대한 불복은 항고소송절차에 의한다.

[2] 형사소송법 제59조의2의 '재판이 확정된 사건의 소송기록'이란 특정 형사사건에 관하여 법원이 작성하거나 검사, 피고인 등 소송관계인이 작성하여 법원에 제출한 서류들로서 재판확정 후 담당 기관이 소정의 방식에 따라 보관하고 있는 서면의 총체라 할 수 있고, 위와 같은 방식과 절차에 따라 보관되고 있는 이상 해당 형사사건에서 증거로 채택되지 아니하였거나 그 범죄사실과 직접 관련되지 아니한 서류라고 하여 재판확정기록에 포함되지 않는다고 볼 것은 아니다」(대결 2022.2.11, 2021모3175).

② 소송서류의 분류

가) 법원작성의 소송서류와 법원에 제출된 서류: 이와 같이 분류를 하는 이유는 양자의 증거법상의 증거능력에 차이가 있기 때문이다. 예컨대 법원 또는 법관의 조서는 당연히 증거능력이 인정됨에 반하여(제311조), 법원에 제출된 서류 중에는 그 성립의 진정 내지 내용의 진정 등이 인정되어야만 증거능력이 부여되는 것이 있다(제312조, 제313조).

나) 공무원의 서류와 비공무원의 서류: 서류의 작성방식에 의한 분류이다. 공무원이 작성하는 서류에는 법률에 다른 규정이 없는 때에는 작성연월일과 소속공무원을 기재하고 기명날인 또는 서명하여야 한다(제57조). 비공무원이 작성하는 서류는 연월일을 기재하고 기명날인해야 한다. 인장이 없으면 지장으로 한다(제59조). 다만 이러한 방식에 위반하더라도 기명날인이 없는 등 서류로서의 본질적 사항에서 벗어나지 않는 한 반드시 그 서류가 무효라고 할 수는 없을 것이다.

다) 의사표시적 문서와 보고적 문서: 공소장이나 재판서와 같은 의사표시를 내용으로 하는 문서를 **의사표시적 문서**라고 하고, 공판조서나 검증조서와 같이 일정한 사항을 기재하여 보고하는 문서를 **보고적 문서**라고 한다. 양자를 구별하는 이유는 당해 사건에 관한 의사표시적 문서는 그 성질상 증거능력이 없다는 점에 있다.

라) 증거서류와 증거물인 서류(후술)

③ 조   서: 보고적 문서 중 일정한 절차 또는 사실을 인정하기 위하여 작성된 공권적 문서를 **조서**라고 한다. 조서에는 공판기일에서의 절차의 경과와 진술을 기록한 공판조서와 공판기일외에 있어서의 피고인 기타의 자의 진술을 기재한 진술조서, 압수·수색·검증의 결과를 기재한 조서 등이 있고, 또한 수사절차에서도 검사와 사법경찰관에 의하여 각종의 조서가 작성되고 있다. 조서의 기재요건은 법 제50조에 규정되어 있다.

법원은 검사·피고인 또는 변호인의 신청이 있는 때에는 특별한 사정이 없는 한 공판정에서의 심리의 전부 또는 일부를 속기사로 하여금 속기하게 하거나 녹음장치 또는 영상녹화 장치를 사용하여 녹음 또는 영상녹화(녹음이 포함된 것을 말한다)하여야 하며, 필요하다고 인정 하는 때에는 직권으로 이를 명할 수 있다(제56조의2). 이 경우 법원은 속기물·녹음물 또는 영상 녹화물을 공판조서와 별도로 보관하여야 하며(동조), 검사·피고인 또는 변호인은 비용을 부 담하고 속기물·녹음물 또는 영상녹화물의 사본을 청구할 수 있다(동조).

「국민의 형사재판 참여에 관한 법률」에 의해 실시되는 국민참여재판의 경우에는 검사 등 의 신청이 없는 경우에도 법원은 특별한 사정이 없는 한 공판정에서의 심리를 속기나 녹음 또는 영상녹화해야 한다(동법 제40조).

(2) 소송서류의 송달

① 의   의: **송달**이란 법률이 정한 방식에 따라 당사자 기타 소송관계인에 대하여 소송 서류 내용을 알리는 명령적·공증적 행위로서 일정한 소송법적 효과가 부여되는 것을 말한 다. 송달은 이처럼 법률이 정한 방식에 의하지 않으면 안 된다는 점에서 무방식의 통지와 구별되고, 특정인을 상대로 하는 점에서 불특정다수인을 대상으로 하는 공시 또는 공고와 구별된다.

② **송달의 방법:** 서류의 송달에 관하여 법률에 다른 규정이 없는 때에는 민사소송법이 준 용된다(제65조). 따라서 소송서류의 송달은 서류를 받을 자 본인에게 하는 것(교부송달)이 원칙 이지만, 피고인의 주거·사무소와 현재지를 알 수 없는 때에는 보충송달, 유치송달을 하며, 일정한 경우에는 우편송달, 공시송달도 가능하다.

가) 송달영수인: 피고인·대리인·대표자·변호인 또는 보조인이 법원소재지에 서류의 송 달을 받을 수 있는 주거 또는 사무소를 두지 아니한 때에는 법원소재지에 주거 또는 사무소 가 있는 자를 송달영수인으로 선임하여 연명한 서면으로 신고하여야 한다(제60조). 이러한 송 달영수인은 송달에 관하여 본인으로 간주된다(동조). 다만 이 규정은 신체구속을 당한 자에 게는 적용되지 아니한다(동조). 여기서 신체구속을 당한 자라 함은 그 사건에서 신체를 구속 당한 자를 말하며, 다른 사건으로 신체구속을 당한 자는 포함하지 않는다(대결 1976.11.10,).

나) 우편송달: 주거·사무소 또는 송달영수인의 선임을 신고하여야 할 자가 그 신고를 하 지 아니하는 때에는 법원사무관 등은 서류를 우체(郵遞)에 부치거나 기타 적당한 방법에 의 하여 송달할 수 있다. 서류를 우체에 부친 경우에는 도달된 때에 송달된 것으로 간주한다 (제61조). 검사에 대한 송달은 서류를 소속검찰청에 송부하여야 한다(제62조). 교도소·구치소 또 는 경찰관서의 유치장에 체포·구속 또는 유치된 사람에 대한 송달은 교도소·구치소 또는 국가경찰관서의 장에게 하여야 한다(민송법 제182조). 판례는 재감자에 대한 송달을 교도소 등의 장에 게 하지 않았다면, 수감사실을 몰라서 종전의 주소나 거소에 송달하였더라도 그 송달은 부 적법하여 무효이고, 재감자가 다른 방법으로 알았더라도 송달의 효력은 발생하지 않는다는

입장이다(대결 2009.8.20, 2008모630.).

> 참조판례 「교도소 또는 구치소에 구속된 자에 대한 송달은 그 소장에게 송달하면 구속된 자에게
> 전달된 여부에 관계없이 효력이 생기므로 재판서 등본을 모사전송의 방법으로 구치소장에게 송부
> 한 경우에도 그 재판이 고지된 것이다」(대결 2004.8.12, 2004모208).

다) 공시송달: 피고인의 주거·사무소와 현재지를 알 수 없는 때에는 공시송달을 할 수 있
다(제63조 제1항). 따라서 기록상 피고인의 주거가 나타나 있는 경우에는 공시송달을 할 수 없다. 피
고인이 재판권이 미치지 아니하는 장소에 있는 경우에 다른 방법으로 송달할 수 없는 경우
에도 같다(동조 제2항).

> 참조판례 「제1심의 법원사무관 등이 이미 송달불능된 피고인과 전화통화하면서 송달장소를 확인
> 하는 등의 시도를 하지 아니한 채 단순히 제1회 공판기일에 출석할 것을 통지하는 데 그친 경우,
> 그 후 소재탐지촉탁, 구속영장 발부, 지명수배 의뢰 등의 절차를 거쳤다고 하더라도 공시송달의 방
> 법으로 공소장 부본 등을 송달한 제1심의 조치는 위법하다」(대판 2011.5.13, 2011도1094).

공시송달은 대법원규칙이 정하는 바에 의하여 법원이 명한 때에 한하여 할 수 있다. 이와
관련하여, 대법원은 「형사피고사건으로 법원에 재판이 계속되어 있는 사람은 공소제기 당
시의 주소지나 그 후 신고한 주소지를 옮길 때에는 자기의 새로운 주소지를 법원에 신고하
거나 기타 소송진행 상태를 알 수 있는 방법을 강구하여야 하고, 만일 이러한 조치를 취하
지 않아서 송달불능이 된 경우에는 공시송달의 방법으로 송달할 수 있다」(대결 2008.3.10, 2007모795)고 보면
서도, 「다만, 피고인이 새로운 주소지로 옮긴 후 신주소지를 법원에 제출하지 않았다고 하
더라도 법원 역시 피고인에게 소송서류 등이 송달될 수 있도록 소재탐지 촉탁 등으로 조치
를 취해야 한다」는 입장이다.

> 참조판례 「소송촉진 등에 관한 특례법 제23조와 같은 법 시행규칙 제19조 제1항에 의하면, 피고인
> 의 소재를 확인하기 위하여 필요한 조치를 취하였음에도 불구하고 피고인에 대한 송달불능보고서
> 가 접수된 때로부터 6월이 경과하도록 피고인의 소재가 확인되지 아니한 때에 비로소 공시송달의
> 방법에 의하도록 하고 있는데, 피고인 주소지에 피고인이 거주하지 아니한다는 이유로 구속영장이
> 여러 차례에 걸쳐 집행불능되어 반환된 바 있었다고 하더라도 이를 소송촉진 등에 관한 특례법이
> 정한 '송달불능보고서의 접수'로 볼 수는 없다. 반면에 소재탐지불능보고서의 경우는 경찰관이 직
> 접 송달 주소를 방문하여 거주자나 인근 주민 등에 대한 탐문 등의 방법으로 피고인의 소재 여부를
> 확인하므로 송달불능보고서보다 더 정확하게 피고인의 소재 여부를 확인할 수 있기 때문에 송달불
> 능보고서와 동일한 기능을 한다고 볼 수 있으므로 소재탐지불능보고서의 접수는 소송촉진 등에 관
> 한 특례법이 정한 '송달불능보고서의 접수'로 볼 수 있다」(대판 2014.10.16, 2014모1557).

공시송달은 법원사무관등이 송달할 서류를 보관하고 그 사유를 법원게시장에 공시하여야
하며, 법원은 그 사유를 관보나 신문지상에 공고할 것을 명할 수 있다. 최초의 공시송달은
공시한 날로부터 2주일을 경과하면 그 효력이 생긴다. 다만 제2회 이후의 공시송달은 5일을

경과하면 그 효력이 생긴다($\substack{제64 \\ 조}$).

Ⅲ. 소송행위에 대한 가치판단

1. 소송행위의 해석과 가치판단

소송행위의 해석이란 소송행위의 의미와 내용을 합리적으로 판단하여 그 객관적 의의를 명백히 하는 것을 말한다. 소송행위의 해석에서는 소송행위의 표시내용을 문리적·형식적으로 판단하는 것에 그치지 않고 행위자의 주관적 의도, 전후 사정을 고려하여 합리적·규범적 의미를 탐구해야만 한다. 왜냐하면 소송행위의 형식적 확실성을 지나치게 강조하면 피고인에게 지나친 불이익을 초래할 수도 있기 때문이다. 이처럼 소송행위가 해석에 의하여 그 내용이 분명하게 된 때에는 그에 대한 가치판단이 결정되고, 이에 따라 소송법적 효과가 확정된다. 소송행위의 가치판단에는 ㉠ 성립·불성립, ㉡ 유효·무효, ㉢ 적법·부적법, ㉣ 이유의 유무의 네 가지가 있다.

2. 소송행위의 성립·불성립

소송행위의 성립·불성립은 소송행위가 소송행위로서의 외관을 구비하고 있는가 여부에 대한 가치판단이다. 즉 소송행위가 법이 규정하는 소송행위의 정형적 요소를 구비하고 있으면 성립으로 되고, 이를 구비하지 않을 때에는 불성립으로 된다. 따라서 검찰청서기가 공소를 제기하더라도 공소는 성립하지 않고, 또 법원서기관이 판결을 선고하더라도 판결은 성립하지 아니한다.

소송행위의 성립과 불성립을 논하는 실익은 ㉠ 소송행위가 성립하지 않는 한 이를 무시하고 방치할 수 있으나 소송행위가 일단 성립한 때에는 설령 무효라도 방치할 수 없고 절차형성행위 특히 신청(청구)에 대하여는 어떤 판단을 내리는 것이 필요하고, ㉡ 소송행위 무효의 치유는 성립을 전제로 하므로 불성립일 때에는 무효의 치유가 문제되지 않으며, ㉢ 소송행위의 성립이 있는 한 그것이 무효이더라도 일정한 법률효과가 발생한다는 점에 있다. 따라서 소송행위의 유효·무효 판단은 그 성립을 전제로 하므로, 소송행위의 효력 문제는 소송행위가 성립한 경우에 비로소 생긴다.

3. 소송행위의 유효·무효

(1) 의 의

소송행위의 유효·무효는 소송행위의 성립을 전제로 그 본래적 효력을 인정할 것인가에 대한 가치판단을 말한다. 다만 소송행위가 무효라는 것은 소송행위의 본래적 효력이 발생하지 아니한다는 의미이지 소송법상 어떠한 효력도 발생하지 아니한다는 의미는 아니다. 예컨대 공소제기가 무효인 경우에도 형식적 소송계속, 공소시효의 정지라는 소송법적 효과가 발생한다($제253조$). 이러한 소송행위의 무효에는 그 정도에 따라 전혀 무효선언을 요하지 않는 당연무효인 경우(예컨대 기재사항을 전혀 기재하지 않은 공소제기, 동일사건에 대한 이중판결, 상소취하후의 상소심판결 등)와 무효선언을 필요로 하는 경우(예컨대 무효의 공소제기에 대한 공소기각, 면소의 재판 등)도 포함된다.

(2) 무효의 원인

① 행위주체에 관한 무효원인

가) 소송행위적격 또는 소송행위능력의 흠결: 행위주체가 소송행위적격이 없으면(예컨대 상소권자 이외의 자의 상소 등) 무효원인이 되는 것은 당연하나, 소송행위능력이 없는 경우 의사능력이 결여된 자의 소송행위에 효력을 인정하는 것은 소송행위주체인 본인의 이익보호를 위하여 불합리할 뿐만 아니라 실체적 진실발견에도 도움이 되지 아니하므로 실체형성행위와 절차형성행위를 가리지 않고 모두 무효로 보아야 한다는 견해가 있다. 그러나 절차형성행위의 경우에는 무효원인이 되지만 직접 사실인정에 향하여진 행위(예컨대 피고인 또는 증인의 진술)인 실체형성행위의 경우에는 원칙적으로 무효로 되지 않는다고 보아야 한다. 따라서 선서의 취지를 이해할 수 없는 자가 선서하면 그 선서 자체는 무효이지만, 증언 자체의 실체면에는 효력을 인정해야 할 것이다.

나) 의사표시의 하자: 사기·강박 또는 착오에 의한 소송행위가 무효원인이 되는가와 관련하여 실체형성행위는 의사에 합치하는가가 아니라 실체에 합치하느냐를 문제 삼는 것이므로 착오 등이 무효원인으로 될 수 없다. 다만, 절차형성행위에 대해서는 견해가 대립한다. **적정절차설**은 형식적 확실성을 요구하는 소송행위에 관하여 사법상 의사의 하자에 관한 규정이 적용될 수는 없다 할 것이므로 적정절차의 원칙에 반하여 이루어진 경우를 제외하고는 무효원인이 될 수 없다고 해석함이 타당하며, 따라서 법원 또는 검사의 사기·강박에 의한 경우 이외에는 무효원인이 될 수 없다고 본다. 그러나 소송의 형식적 확실성을 지나치게 강조하여 피고인의 이익 및 정의를 희생시키는 것은 문제가 있으므로 착오가 본인의 귀책사유에 기인하지 아니하고 그 행위를 유효로 하는 것이 현저히 정의에 반하는 경우에는 무효로 보아야 할 것이다(**무효긍정설**). 판례도 동일한 입장을 취하고 있다.

> [참조판례] 「착오에 의한 소송행위가 무효로 되기 위해서는 첫째, 통상인의 판단을 기준으로 하여 만일 착오가 없었다면 그러한 소송행위를 하지 않았으리라고 인정되는 중요한 점(동기를 포함하여)에 관하여 착오가 있고 둘째, 착오가 행위자 또는 대리인이 책임질 수 없는 사유로 인하여 발생하였으며 셋째, 그 행위를 유효로 하는 것이 현저히 정의에 반한다고 인정될 것의 요건을 필요로 한다」($대결 1992.3.13, 92모1$)고 본다. 재항고인이 당시 안경을 쓰지 않아 글을 알아보기가 불가능한 상황이었고 교도관이 항소장 대신에 상소권포기서 용지를 잘못 내어 주었다고 주장하면서 즉시항고한 사안에

서 「항소포기와 같은 절차형성적 소송행위가 착오로 인하여 행하여진 경우 그 행위가 무효로 되기 위하여는 그 착오가 행위자 또는 대리인이 책임질 수 없는 사유로 발생하였을 것이 요구된다. 재항고인이 교도관이 내어 주는 상소권포기서를 항소장으로 잘못 믿은 나머지 확인하여 보지도 않고 서명무인하였다면 재항고인에게 과실이 없다고 보기 어렵고, 따라서 재항고인의 항소포기는 유효하다」(대결 1995.8.17, 95모49).

② **형식·절차에 관한 무효원인:** 소송행위 자체가 효력규정이 요구하는 방식(예컨대 구두에 의한 공소제기, 상소제기 등)이나 사전절차를 결여한 경우(예컨대 증인선서를 결한 증인신문 등)에는 무효로 된다. 소송행위 자체가 절차적 효력규정에 위반한 경우(예컨대 필요적 변호사건을 변호인 없이 심리하거나 국민참여재판 대상사건에서 피고인이 국민참여재판을 신청하였음에도 법원이 이에 대한 배제결정도 하지 않은 상태에서 통상의 공판절차로 재판을 진행한 경우 등)에도 동일하다.

③ **내용상 무효원인:** 소송행위의 내용이 사실상 또는 법률상 실현불능이거나 불특정·불명확한 경우에는 그 소송행위는 원칙적으로 무효이다. 예컨대 법정형 이상의 형을 선고한 유죄판결, 허무인에 대한 공소제기 또는 존재하지 않는 재판에 대한 상소가 여기에 해당한다. 이중기소와 같이 이익이 없는 소송행위 또는 내용이 불분명한 소송행위도 무효다.

(3) 무효인 소송행위에 대한 조치

① **조치의 필요성:** 당연무효의 소송행위에 대해서는 아무런 조치를 취하지 않고 방치하여도 무방하다. 무효인 소송행위가 소송계속이나 공소시효의 정지 등과 같은 일정한 소송법적 효과를 발생시킨 경우에는 소송절차의 형식적 확실성을 도모하기 위해서 무효선언의 성질을 갖는 일정한 조치를 취할 필요가 있다.

② **절차형성행위가 무효인 경우:** 원칙적으로 일정한 조치를 취하여야 한다. 예컨대 공소제기가 무효인 경우에는 판결 또는 결정으로 공소를 기각하여야 하며 기피신청, 재정신청, 상소제기가 무효인 경우에는 결정으로 그 소송행위를 기각하여야 한다.

③ **실체형성행위가 무효인 경우:** 실체형성행위가 무효인 경우에는 법원은 그 소송행위에 대하여 특별한 조치를 취할 필요가 없다. 예컨대 증인의 증언 또는 법원의 검증이 무효인 경우에는 그 절차(소송행위)에 의하여 수집된 증거의 증거능력이 배제될 뿐이다. 의사능력이 없는 피고인이 자백한 경우에도 마찬가지이다. 다만 증거능력이 없는 증거에 대하여 증거조사를 한 경우에는 증거배제결정을 하여야 한다.

(4) 무효인 소송행위의 치유

① **의　　의:** 소송행위 당시에는 무효인 소송행위가 그 후의 사정변경에 의하여 유효로 되더라도 형사소송절차는 형식적 확실성이 요청되므로 원칙적으로 허용되지 않는다. 다만 형사소송의 동적·발전적 성격과 이로 인한 절차유지의 원칙에 의해서 예외적으로 허용되는 경우가 있는데, **무효인 소송행위의 치유**란 무효인 소송행위가 사정변경에 의하여 유효하게

될 수 있는가의 문제를 말한다.

② 무효의 치유가 허용되는 경우

가) 소송행위의 추완에 의한 치유: 상소권의 회복(제345조)이나 정식재판청구권의 회복(제458조) 등 추완(追完)되는 소송행위 자체가 유효한가의 단순추완과 고소의 추완이나 변호인선임의 추완 등 무효의 원인이 제거 내지 보정됨으로써 무효인 소송행위가 유효로 되는 보정적 추완이 있다(후술).

나) 소송의 발전에 의한 치유: 절차상의 하자가 있더라도 당사자의 이의없이 소송절차가 일정한 단계로 진행되면 소송행위의 하자가 치유되는 경우가 있다. 예컨대 유예기간을 두지 아니한 공판기일지정의 하자 또는 토지관할의 위반은 피고인이 그 하자에 대한 이의 없이 피고사건에 관하여 진술하면 그 하자가 치유된다(제269조, 제320조).

다) 이의신청권의 포기에 의한 치유: 당사자가 이의신청권을 포기하는 경우에 그 소송행위의 하자가 치유되는 경우가 있다. 예컨대 당사자에게 참여의 기회를 주지 않고 행한 증인신문은 참여권의 침해로서 무효이나, 피고인이 그 증인신문조서에 대하여 증거동의(제318조)를 하면 그 하자는 치유된다. 판례도 동일한 입장이다(대판 1988.11.8, 86도1646).

(5) 소송행위의 취소와 철회

① 소송행위의 취소: 소송행위의 취소란 소송행위의 하자를 이유로 소송행위의 효력을 소급적으로 소멸시키는 것을 말한다. 이러한 소송행위의 취소가 허용될 수 있는지 논란이 있으나, 형사소송법에서는 절차유지의 원칙상 민법에서의 취소와 같이 소송행위의 하자를 이유로 소급적으로 효력을 소멸시키는 취소는 허용될 수 없다고 본다. 즉, 소송행위는 어디까지나 유효인가 무효인가의 문제이고, 다만 무효 중에는 여러 가지 태양이 있을 따름이다.

이에 대하여 판례는 「형사소송법 제318조에 규정된 증거동의의 의사표시는 증거조사가 완료되기 전까지 취소 또는 철회할 수 있으나, 일단 증거조사가 완료된 뒤에는 취소 또는 철회가 인정되지 아니하므로 제1심에서 한 증거동의를 제2심에서 취소할 수 없고, 일단 증거조사가 종료된 후에 증거동의의 의사표시를 취소 또는 철회하더라도 취소 또는 철회 이전에 이미 취득한 증거능력이 상실되지 않는다」(대판 2005.4.28, 2004도4428)라고 판시하여 소송행위의 취소를 허용하고 있는 것으로 보인다.

② 소송행위의 철회: 소송행위의 철회란 소송행위의 효력을 장래에 향하여 상실시키는 것을 말한다. 형사소송법에서는 고소의 취소(제232조), 공소의 취소(제255조), 재정신청의 취소(제264조), 상소의 취소(제349조), 재심청구의 취하(제429조), 정식재판청구의 취하(제454조), 재판의 집행에 관한 불복신청의 취하(제490조) 등을 명문으로 인정하고 있는데, 취소라는 용어를 사용하고 있으나 모두 철회에 해당한다.

소송행위의 철회는 명문의 규정이 없다고 하더라도 소급효가 인정되지 않으므로 취소와 달리 소송의 동적 · 발전적 성격에 반하지 않는다. 따라서 실체형성행위에 대하여는 철회가 허용될 수 없지만, 절차형성행위에 대하여는 법이 특히 명문으로 인정하는 이외에 절차의 안정을 해하지 않는 한 철회를 허용하여도 무방하다고 본다. 예컨대 기피신청($^{제18}_{조}$), 체포 · 구속적부심사청구($^{제214조}_{의2}$), 보석청구($^{제94}_{조}$), 증거보전신청($^{제184}_{조}$), 증거신청($^{제294}_{조}$), 변론의 분리 · 병합신청($^{제300}_{조}$), 변론재개신청($^{제305}_{조}$) 등에 있어서 그 신청이나 청구에 대한 재판이 있을 때까지 철회가 가능하며, 증거동의($^{제318}_{조}$)도 증거조사가 완료되기 전까지는 철회할 수가 있다.

4. 소송행위의 적법 · 부적법

소송행위의 적법 · 부적법이란 소송행위를 함에 있어서 법률규정에 합치하고 있는가 여부에 대한 가치판단을 말한다. 소송행위가 법률이 규정하는 모든 조건에 합치되어 있는 경우가 적법이고, 그렇지 아니한 경우가 부적법이다. 소송행위의 적법 · 부적법은 소송행위 성립을 전제로 하는 점에서 소송행위의 유효 · 무효와 공통된다. 따라서 소송행위 성립이 없으면 유효 · 무효와 같이 적법 · 부적법을 논할 여지도 없다. 그러나 적법 · 부적법은 효력규정에 대한 위반 유무뿐만 아니라, 훈시규정에 대한 위반 유무까지도 문제로 하는 점에서 유효 · 무효의 판단과는 다르다.

5. 소송행위의 이유의 유무

소송행위의 이유의 유무란 법률행위적 소송행위에 관하여 그 의사표시적 내용이 사실적 · 법률적 및 논리적 관점에서 정당한가 여부에 대한 가치판단을 말한다. 전술한 적법 · 부적법이 소송행위의 절차면에 관한 것인 반면, 이유의 유무는 실체면에 관한 것이다. 따라서 이유의 유무는 소송행위의 적법을 전제로 하는 판단이다. 예컨대 공소의 이유의 유무는 그것이 적법한 때, 즉 소송조건이 구비된 경우에 비로소 심리된다.

IV. 소송행위의 추완

소송행위의 추완(追完)이란 법정기간이 경과한 후에 이루어진 소송행위에 대하여 그 기간 내에 행한 소송행위와 같은 효력을 인정할 수 있는가의 문제를 말한다. 소송행위의 추완에 관하여는 피보정소송행위의 유무에 따라 추완되는 소송행위 자체의 효력에 관한 **단순추완**의 문제와 소송행위의 추완에 의하여 다른 소송행위의 효력이 보정될 수 있는가에 관한 **보정적 추완**의 두 가지 문제가 제기된다.

1. 단순추완

(1) 의   의

소송행위에 관하여 일정한 시기에 행하여야 한다는 취지(행위기간 또는 불변기간)의 규정이 있는 경우가 있다. 이러한 규정에 위반하는 소송행위는 원칙적으로 무효이지만 상소권회복의 청구($^{제345}_{조}$), 약식명령에 대한 정식재판청구권의 회복($^{제458}_{조}$) 등 특별한 규정이 있는 경우에는 예외적으로 유효하다. 그런데 단순추완에 관한 명문 규정이 없는 경우에도 소송행위를 그 행위기간 안에 할 수 없었다는 것이 행위자의 귀책사유에 속하지 않을 때에는 소송절차의 진행상 현저한 방해가 되지 않는 한도내에서 원상회복정도는 인정하여도 무방한 것은 아닌지 문제된다.

(2) 명문규정이 없는 경우

소송절차의 형식적 확실성과 법적 안정성을 침해하지 않는 한 허용된다는 견해와 형사절차의 동적·발전적 성격, 그리고 다른 소송관계인의 이익보호를 고려하여 부정해야 한다는 견해가 있다. 생각건대 이는 법정기간을 인정함으로써 얻는 법적 안정성을 구체적 관점에서 어느 정도 완화시킬 수 있느냐의 문제로서, 기간을 지키지 못한 것이 행위자의 책임 있는 사유에 의한 것이 아니고 소송절차의 진행에도 현저히 방해가 되지 않는다면 원상회복이 가능하다는 의미에서 긍정설이 타당하다고 본다. 따라서 소송비용집행면제의 신청의 경우($^{제487}_{조}$)에 상소권회복에 관한 규정을 준용할 수 있을 것이다.

2. 보정적 추완

(1) 의   의

소송의 동적·발전적 성격과 소송경제를 고려하여 소송행위의 보정적 추완을 인정해야 한다는 점에 관해서는 견해가 일치하지만, 어느 범위까지 이를 인정할 수 있는지 문제된다.

(2) 고소의 추완

① 의   의: **고소의 추완**이란 고소가 소송조건이 되는 친고죄에서 고소가 없음에도 불구하고 공소가 제기된 후 비로소 고소가 있는 경우에 무효인 공소제기가 고소의 추완에 의하여 적법하게 될 수 있는가의 문제를 말한다. 주로 ㉠ 친고죄로 기소한 경우, ㉡ 심리중 비로소 친고죄로 판명된 경우, ㉢ 과형상 일죄의 일부인 친고죄가 추가된 경우 등에서 문제된다.

② 학   설: ㉠ 형사절차의 발전적 성격에 비추어 피고사건이 친고죄인가의 여부는 처음부터 분명한 것이 아니라 심리의 진행과정에서 비로소 판명되는 경우가 있는데, 이 경우 공소기각의 판결을 하고 다시 공소제기를 기다려 심리를 새로 진행하는 것은 소송경제와 절차유지의 원칙에 반한다는 점을 근거로 고소의 추완을 인정해야 한다는 **적극설**, ㉡ 유효

한 고소의 존재는 공소제기의 적법·유효요건이고, 공소제기는 절차의 형식적 확실성이 강하게 요구되는 소송행위이므로 고소가 결여되면 소송조건의 흠결로 인하여 형사절차가 종결된다는 점을 근거로 고소의 추완을 부정해야 한다는 **소극설**, ㉢ 공소제기시에 공소사실이 친고죄임에도 불구하고 고소가 없는 경우에는 고소의 추완을 인정할 수 없으나, 비친고죄로 공소제기된 사실이 심리결과 친고죄로 판명되거나 친고죄가 추가된 때에는 고소의 추완을 인정해야 한다는 **절충설** 등이 대립하고 있다.

③ **판　례**: 대법원은 세무공무원의 고발없이 조세범칙사건의 공소가 제기된 이후에 세무공무원이 고발한 경우에는 공소제기의 흠결이 보정될 수 없다(대판 1970.7.28, 70도942)고 판시하여 소극설의 입장이다.

④ **검　토**: 소송조건은 실체재판의 적법요건 이전에 공소제기의 유효요건이므로 공소제기가 유효요건을 구비하지 못한 경우에는 피고인을 당해 소송절차에서 해방시키는 것이 소송경제보다 중요한 문제이므로 소송조건이 이러한 기능을 다하기 위하여는 소극설이 타당하다.

(3) 변호인선임의 추완

변호인선임계 제출전에 변호인의 이름으로 한 소송행위가 변호인선임계 제출에 의하여 유효하게 되는가의 문제를 말한다. 이에 대한 학설에는 ㉠ 피고인의 이익을 보호하기 위하여 변호인선임신고서의 제출기간의 전후를 불문하고 하자의 치유를 인정하는 **긍정설**(다수설), ㉡ 소송법적 중요성 및 절차의 동적·발전적 성격을 고려하여 하자의 치유를 부정하는 **부정설** 및 ㉢ 상소이유서의 제출기간내(제361조의3, 제379조)에 변호인선임신고서가 제출된 때에 한하여 하자의 치유를 인정하는 **절충설**이 있다. 판례는「상소이유서 제출기간후에 변호인선임계가 제출된 때에는 그 기간전에 상소이유서를 제출하였다고 하더라도 변호인의 상소이유서로서의 효력이 없다」(대판 1961.6.7, 4293형상923)고 판시하여 부정적인 입장이다(절충설의 입장에서는 판례를 절충설로 해석한다). 생각건대 소송경제와 피고인의 이익을 고려할 때 긍정설이 타당하다.

(4) 공소장변경에 의한 추완

① **특정되지 않은 공소사실의 추완**: 공소장에 기재된 공소사실은 법원의 현실적 심판 대상을 결정하는 것이므로 이를 특정하여야 하고, 특정하여 기재하지 아니한 공소제기는 무효가 된다(제327조 제2호). 이 경우 공소장변경에 의하여 공소사실을 특정한 경우에 무효였던 공소제기가 유효하게 되는지 문제된다.

㉠ 공소사실이 특정되지 아니한 경우 그 공소제기는 무효이지만, 소송경제 및 절차유지의 원칙상 공소장변경에 의해서 공소사실이 특정되면 무효가 치유된다는 **긍정설**, ㉡ 공소제기에 요구되는 형식성이 사실상 무시될 위험이 있으므로 공소장변경절차로 하자가 치유될 수는 없다는 **부정설**이 있다. ㉢ 공소사실을 전혀 기재하지 않는 공소제기는 공소장변경에 의하여도 보정될 수 없지만, 어느 정도 공소사실이 특정되어 있고 피고인의 방어권 보장에

특별한 영향이 없는 경우에는 공소장변경에 의하여 공소사실을 추완할 수 있다고 보는 **제한적 긍정설**이 타당하다(다수설).

> **참조판례** 「[1] 형사소송법이 공소의 제기에 관하여 서면주의와 엄격한 요식행위를 채용한 것은 공소의 제기에 의해서 법원의 심판이 개시되므로 심판을 구하는 대상을 명확하게 하고 피고인의 방어권을 보장하기 위한 것이다. 따라서 위와 같은 엄격한 형식과 절차에 따른 공소장의 제출은 공소제기라는 소송행위가 성립하기 위한 본질적 요소라고 할 것이므로, 공소의 제기에 현저한 방식 위반이 있는 경우에는 공소제기의 절차가 법률의 규정에 위반하여 무효인 경우에 해당하고, 위와 같은 절차위배의 공소제기에 대하여 피고인과 변호인이 이의를 제기하지 아니하고 변론에 응하였다고 하여 그 하자가 치유되지는 않는다.
> [2] 검사가 공판기일에서 피고인 등이 특정되어 있지 않은 공소장변경허가신청서를 공소장에 갈음하는 것으로 구두진술하고 피고인과 변호인이 이의를 제기하지 않았더라도 이를 적법한 공소제기로 볼 수 없다」(대판 2009.2.26, 2008도11813).

② **공소장변경에 의한 공소제기시 하자의 치유:** 판례는 「기소당시에 이중기소된 위법이 있었다 하더라도 그 후 공소사실 및 적용법조가 적법하게 변경되어 새로운 사실의 소송계속 상태가 있게 된 때까지 그 이중기소된 위법상태가 계속 존재한다고 볼 것은 아니다」(대판 1989.2.14, 85도1435)라고 판시하여 공소장변경전의 이중기소라는 위법상태가 공소장변경에 의하여 하자가 치유된다고 판시한 바 있다. 또한 검사가 고소취소된 사건을 협박죄로 기소하였다가 공갈미수로 공소장변경을 신청하여 허가한 경우, 공소제기의 하자가 치유되는지 여부와 관련하여 「공갈죄의 수단으로 한 협박은 공갈죄에 흡수될 뿐 별도로 협박죄를 구성하지 않으므로, 그 범죄사실에 대한 피해자의 고소는 결국 공갈죄에 대한 것이라 할 것이어서 그 후 고소가 취소되었다 하여 공갈죄로 처벌하는 데에 아무런 장애가 되지 아니하여, 검사가 공소를 제기할 당시에는 그 범죄사실을 협박죄로 구성하여 기소하였다 하더라도, 그 후 공판 중에 기본적 사실관계가 동일하여 공소사실을 공갈미수로 공소장변경이 허용된 이상 그 공소제기의 하자는 치유된다」(대판 1996.9.24, 96도2151)고 보고 있다. 이러한 판례의 태도는 공소장변경에 의한 공소제기시 하자의 치유를 긍정하는 것으로 볼 수 있다.

공소장에 검사의 기명날인·서명의 추완과 관련하여, 판례는 「검사의 기명날인 또는 서명이 없는 상태로 관할법원에 제출된 공소장은 형사소송법 제57조 제1항에 위반된 서류라 할 것이다. 그리고 이와 같이 법률이 정한 형식을 갖추지 못한 공소장 제출에 의한 공소의 제기는 특별한 사정이 없는 한 그 절차가 법률의 규정에 위반하여 무효인 때에 해당한다. 다만 이 경우 공소를 제기한 검사가 공소장에 기명날인 또는 서명을 추완하는 등의 방법에 의하여 공소의 제기가 유효하게 될 수 있다」(대판 2012.9.27, 2010도17052)는 입장이다.

제 3 절　소송조건론

사 례

1. 서울중앙지방법원은 피고인 甲에 대한 모욕죄를 심리한 결과 공소시효가 완성된 사실이 판명되었으며, 그 후 고소인이 적법하게 고소를 취소하였다. 이 경우 법원은 어떠한 재판을 하여야 하는가?
2. 수원지방법원은 피고인 乙에 대한 모욕죄를 심리한 결과 무죄의 심증을 형성하고 변론을 종결하였는데, 변론종결 후 판결선고 전에 고소인이 고소취소서를 제출하였다. 이 경우 법원은 어떠한 재판을 하여야 하는가?

Ⅰ. 서　　설

1. 의　　의

소송조건이란 법원이 피고사건에 대하여 실체적 심판을 하기 위한 조건, 즉 형벌권의 존부를 심판하는 데 구비되어야 할 전체로서의 소송에 공통된 조건을 말한다. 이처럼 소송조건은 실체적 심판의 전제조건이므로 피고사건의 실체에 대한 심리시 및 재판시에 존재해야 할 뿐만 아니라 공소제기시에도 존재해야 한다. 따라서 소송조건은 공소제기의 적법·유효요건(소송개시의 조건)이고, 실체적 심리의 조건(소송존속의 조건)인 동시에 소송의 목표인 실체적 재판의 조건이다. 소송조건은 제1심 공판절차뿐만 아니라 상소심의 소송절차에서도 필요하다.

2. 구별개념

(1) 실체법상의 처벌조건

처벌조건은 범죄에 대하여 형벌권을 발생시키기 위한 실체법상의 조건으로 부존재시는 무죄 또는 형면제의 실체적 재판이 선고되어야 한다. 이에 반하여 소송조건이 흠결된 때는 형식적 재판을 선고하여 소송을 종결시킨다. 예컨대 객관적 처벌조건이 갖추어지지 않거나 인적 처벌조각사유가 존재하는 경우에는 형면제($\substack{제322 \\ 조}$)라는 실체판결을 하는 반면, 상대적 친고죄인 친족상도례($\substack{형법 제328조 \\ 제2항}$)에서 고소가 없거나 고소가 취소되는 경우에는 공소기각의 판결($\substack{제327 \\ 조}$)로 형사절차를 종결해야 한다.

(2) 개개의 소송행위의 유효조건

소송조건은 전체로서의 소송에 관한 조건이라는 점에서 검사의 공소제기처럼 개개의 소송행위가 특정한 소송법적 효과를 발생시키기 위하여 갖추어야 할 요건인 소송행위의 유효조건과 다르다.

(3) 공판절차의 정지조건

소송조건은 소송의 존속 자체에 영향을 미쳐 절차가 종료된다는 점에서 단순히 공판절차를 일시정지 시키는 효력밖에 없는 공판절차의 정지조건(공소장변경시에 필요한 공판절차의 정지나 피고인의 심신상실로 인한 공판절차의 정지 등)과 구별된다.

3. 종   류

(1) 일반적 소송조건과 특별소송조건

일반사건에 공통으로 필요로 하는 소송조건을 **일반적 소송조건**이라고 하고, 특수한 사건에 대하여만 필요한 소송조건을 **특별소송조건**이라고 한다. 법원의 재판권($^{제327조}_{제1항}$), 관할권($^{제319}_{조}$)은 전자에 속하고 친고죄에 있어서 고소($^{제327조}_{제5호}$), 반의사불벌죄에서의 처벌불원의사표시의 부존재($^{제327조}_{제6호}$)는 후자에 속한다.

(2) 절대적 소송조건과 상대적 소송조건

법원이 공익을 위하여 특히 필요하다고 인정하여 직권으로 조사하여야 하는 소송조건을 **절대적 소송조건**이라고 하며, 당사자의 이익을 위하여 정해진 조건이기 때문에 당사자의 신청을 기다려 법원이 조사하는 소송조건을 **상대적 소송조건**이라고 한다. 소송조건은 절대적 소송조건임을 원칙으로 하나 토지관할은 상대적 소송조건에 해당한다($^{제320}_{조}$).

(3) 적극적 소송조건과 소극적 소송조건

일정한 사실의 존재가 소송조건이 되는 것을 **적극적 소송조건**이라고 하며, 일정한 사실의 부존재가 소송조건이 되는 것을 **소극적 소송조건**이라고 한다. 관할권·재판권의 존재가 전자에 해당하며 동일사건에 관하여 확정판결이 없을 것($^{제326조}_{제1호}$), 동일법원에 이중의 공소제기가 없을 것($^{제327조}_{제3호}$)이 후자에 속한다.

(4) 형식적 소송조건과 실체적 소송조건

형식적 소송조건이란 절차면에 관한 사유를 소송조건으로 하는 것이며, 실체면에 관한 사유를 소송조건으로 하는 것을 **실체적 소송조건**이라고 한다. 형식적 소송조건은 공소기각($^{제327조,}_{제328조}$) 또는 관할위반($^{제319}_{조}$)의 재판을 하는 경우의 소송조건을 말하며, 실체적 소송조건은 면소판결($^{제326}_{조}$)을 해야 할 것으로 규정된 소송조건을 말한다.

II. 소송조건의 조사, 증명, 판단

1. 직권조사의 원칙

절대적 소송조건은 법원의 직권조사사항에 속하고, 상대적 소송조건은 당사자의 신청이 있는 경우에 비로소 조사가 개시된다($^{제320}_{조}$). 소송조건은 제1심뿐만 아니라 항소심과 상고심에서도 존재해야 하지만, 토지관할은 예외적으로 제소시에만 존재하면 족하다. 따라서 토지관할위반의 신청도 피고사건에 대한 진술 전에 하여야 하므로($^{제320조}_{제2항}$) 법원도 피고사건에 대한 피고인의 진술 후에는 토지관할의 존부를 조사·판단할 수 없게 된다.

> 참조판례 「이른바 반의사불벌죄에 있어서 처벌불원의 의사표시의 부존재는 소극적 소송조건으로서 직권조사사항이라 할 것이므로 당사자가 항소이유로 주장하지 아니하였다고 하더라도 원심은 이를 직권으로 조사·판단하여야 한다」($^{대판\ 2002.3.15,}_{2002도158}$).

2. 소송조건의 증명

소송조건의 존부는 소송법적 사실이므로 자유로운 증명으로 충분하다. 따라서 소송조건의 존부를 인정함에 있어서 법원이 정식의 엄격한 증거조사를 거치지 아니하여도 위법이 아니다.

3. 소송조건의 판단

소송조건의 존부는 기본적으로 공소장에 기재된 공소사실을 기준으로 판단하여야 하지만, 소송조건은 공소제기의 시점뿐만 아니라 심리시 및 재판시에도 그 구비가 요구되는 것이므로 각 심사시점에서 밝혀진 피고사건을 기준으로 소송조건의 존부를 판단해야 할 것이다. 공소장이 변경된 경우($^{제298}_{조}$)에는 변경된 공소사실이 소송조건의 존부를 판단하는 기준으로 된다.

III. 소송조건의 흠결

1. 의   의

소송조건의 흠결이란 소송계속 중인 사건에 관하여 소송조건이 부존재한 경우를 말한다. 형식적 소송조건의 부존재와 실체적 소송조건의 부존재를 포함한다.

2. 소송조건의 흠결을 발견한 경우

(1) 형식재판

소송조건이 흠결된 경우에는 각 해당사유에 따라 소송을 종결하게 된다. 즉 형식적 소송조건이 흠결되면 관할위반 또는 공소기각의 재판이 선고되고 실체적 소송조건이 흠결되면 면소판결이 선고된다.

(2) 소송조건흠결의 경합

수개의 소송조건의 결여가 경합되어 있는 경우에 어떠한 소송조건의 결여를 이유로 소송을 종결시켜야 하는지 문제된다. 이에 관하여는 이론상의 순서와 판단의 난이도에 의하여 결정할 수밖에 없다(통설).

따라서 ㉠ 실체적 소송조건의 흠결(예컨대 공소시효가 완성된 경우)과 형식적 소송조건의 흠결(예컨대 친고죄에 있어서 고소가 취소된 경우)이 경합한 경우에는 이론상 순서를 이유로 소송을 종결하여야 할 것이다. 왜냐하면 형식적 소송조건은 실체적 소송조건의 전제로 되는 것이기 때문이다. 이에 비하여 형식적 소송조건의 흠결이 경합한 경우에는 그 하자의 정도가 중대한 것을 이유로 소송을 종결해야 한다. 따라서 ㉡ 공소기각의 사유와 관할위반의 사유가 경합되는 경우일 때에는 공소기각의 재판을 선고하여야 하고, ㉢ 공소기각의 판결사유($\frac{제327}{조}$)와 공소기각의 결정사유($\frac{제328}{조}$)가 경합될 때에는 결정으로써 공소를 기각하여야 한다. 다만 같은 종류에 속하는 소송조건의 결여가 경합하는 경우에는 이론적인 전후관계는 존재하지 아니한다고 본다.

표 4-1 소송조건의 흠결 경합시 판단순위

(3) 소송조건의 흠결과 무죄판결

피고사건에 관하여 소송조건이 결여된 경우에 피고인이 상소하여 무죄를 주장할 수 있는지 문제되는데, 이에 대하여 판례는 **공소기각의 판결**이 있으면 피고인은 공소제기가 없었던 상태로 복귀되어 유죄판결의 위험으로부터 벗어나므로 상소의 이익이 없다($\frac{대판\ 1988.11.8,}{85도1675}$)는 이유로 부정하는 반면, **면소판결**에 대하여는 피고인에게 실체판결청구권이 없다($\frac{대판\ 1986.12.9,}{86도1976}$)는 이유로 상소가 허용되지 않는다고 판시하고 있다(형식재판 부분 참조).

3. 소송조건의 흠결을 간과한 경우

소송조건이 결여되었음에도 불구하고 실체판결을 한 경우에는 소송절차의 법률위반에 의해 상소이유(제361조의5 제1호, 제3호) 또는 비상상고의 대상이 된다.

사례해설

1. 사안은 공소제기된 피고사건에 대하여 형식적 소송조건(공소기각의 사유)과 실체적 소송조건(면소의 사유)의 결여가 경합된 경우에 어떠한 재판으로 소송을 종결하여야 하느냐의 문제이다. 이에 대하여 통설은 형식적 소송조건을 결여한 경우가 실체적 소송조건을 결여한 경우보다 절차상의 하자가 중대하고 명백하므로 형식적 소송조건의 흠결을 이유로 소송을 종결하여야 한다고 본다. 따라서 법원은 면소의 사유인 공소시효의 완성(제326조 제3호)과 공소기각판결의 사유인 친고죄에 있어서 고소취소(제327조 제5호)가 경합되었으므로 후자의 사유를 이유로 공소기각의 판결을 하여야 할 것이다.

2. 사안은 피고사건에 대하여 소송조건(형식적 소송조건)이 흠결된 경우에도 법원은 실체판결인 무죄판결을 선고할 수 있느냐의 문제이다. 통설은 소송조건을 실체적 심판의 조건으로 보므로 피고사건에 대하여 소송조건이 결여된 경우에는 실체판결인 무죄판결을 할 수 없다고 한다. 판례도 공소시효가 완성된 사건에 대하여 면소판결을 하지 아니하고 실체판결인 무죄판결을 선고한 것은 위법이라는 이유로 원판결(무죄판결)을 파기하였다(대판 1966.7.26, 99도634). 따라서 사안의 경우 친고죄인 모욕죄에 관하여 고소취소서가 제출되었으므로 수소법원은 일단 종결한 변론을 재개한 후, 판결로써 피고인 乙에 대한 공소를 기각해야 할 것이다(제327조 제5호).

CHAPTER 02

공판심리의 범위

제 1 절 심판의 대상

Ⅰ. 서 설

1. 형사소송의 소송물이론

형사소송법의 소송물, 즉 심판의 대상은 원고인 검사의 피고인에 대한 일정한 청구이다. 그런데 그 청구 내용은 형사소송에서는 당연히 일정한 양의 형벌이지만, 형벌이 과하여지기 위해서는 그 원인으로서 범죄사실 존재가 주장될 수밖에 없으므로 형벌의 청구는 당연히 범죄사실의 주장을 포함하게 된다.

이와 관련하여 형사소송법은 「검사가 공소를 제기함에는 법원에 공소장을 제출하여야 하고, 공소장에 기재된 공소사실은 범죄의 일시·장소와 방법을 명시하여 사실을 특정하여야 한다($\frac{제254조}{제1항, 제4항}$)」라고 규정하여 심판의 대상은 검사가 공소를 제기한 피고사건(피고인 공소사실)에 제한되어야 한다는 **불고불리의 원칙**을 천명하면서도, 범죄사실의 일부에 대한 공소는 그 효력이 전부에 미친다($\frac{제248조}{제2항}$)」고 규정하고 있다. 따라서 판결의 기판력도 동일성이 인정되는 범죄사실의 전부에 미치므로 확정판결이 있는 때에는 비록 경범죄처벌법위반으로 즉결심판이 확정된 때에도 이와 동일성이 인정되는 강간사건에 대하여까지 면소판결을 하지 않을 수 없다($\frac{제326조}{제1항}$). 물론 이러한 불합리한 결과를 피하기 위하여 형사소송법은 공소장에 수개의 범죄사실과 적용법조를 예비적·택일적으로 기재할 수 있도록 하고 있으나($\frac{제254조}{제5항}$), 공소사실은 공판절차 진행과정에서 그 실체형성이 변화하는 경우가 있으므로 심판의 대상을 공소장에 기재된 공소사실에 한정할 것이 아니라 공소사실과 동일성이 인정되는 범위 내의 전부를 심판 대상으로 인정할 필요가 있다.

이처럼 형사절차의 소송물이론은 공소제기의 효력범위, 수소법원의 심판범위, 공소장변경의 허용한계, 확정판결의 효력범위 등과 관련하여 중요한 의미를 가지게 된다. 피고인의 방어권보장과 실체적 진실발견이라는 상충되는 요청을 어떻게 하면 최선의 상태로 조화시킬 수 있는지 여부와 관련되기 때문이다.

2. 입 법 례

(1) 대륙의 직권주의 형사소송

대륙법계 형사소송법은 법원의 심판범위를 공소사실과 동일성이 인정되는 사실로 확대하여 법원은 공소장에 기재된 공소사실과 관계없이 그 동일성이 인정되는 다른 사실도 심판할 수 있도록 규정하고 있다. 즉 검사에 의한 공소제기의 효력은 공소장에 기재된 사실에 관하여서 뿐만 아니라 공소사실의 동일성이 있는 모든 사실에 미치고, 검사는 그 동일성의 범위 안에 있는 사실을 별개로 기소할 수 없다. 반면, 법원은 공소장에 기재되지 아니한 사실이라 하더라도 공소사실의 동일성의 범위 안에 있는 한 모든 사실에 관하여 심리·판결하는 권한을 취득한다. 따라서 일단 어떤 사실에 관하여 판결이 확정되면 그것과 동일한 공소사실에 속하는 모든 사실에 관하여 기판력이 미치므로, 검사는 현실적으로 심판 대상이 되지 않았던 사실에 관하여 다시 기소·심판할 수 없다.

(2) 영미의 당사자주의 형사소송

영미법계 형사소송법은 범죄와 형벌내용의 기초를 이루는 모든 사실은 원고인 검사에 의해서 주장되고 법원은 이에 대한 이유의 존부 판단만을 하게 된다. 이는 원고가 제기한 사실에 관하여서만 법원의 심판활동이 전개된다고 하는 판단행위에 대한 **사물적 구속성**까지도 포함하는 의미다. 법원은 원고가 제기한 사물의 범위를 넘어서 심리·재판할 수 없다. 따라서 영미법계 형사소송법에서는 공소사실이란 개념이 없고 **소인**(count)으로서 표시된 사실에만 한정되며 그 이외의 사실에는 재판의 **효력**이 미치지 아니한다.

☞ 영미법계 민사소송에서 소인(complaint)은 각 청구원인 및 사실을 가리키며, 형사소송에서 소인(count)은 각 범죄 기소사실을 말한다.

(3) 현행 형사소송법의 구조

현행 형사소송법은 소인제도를 채택하지는 않았지만 피고인의 방어권을 실질적으로 보장하기 위하여 대폭적으로 당사자주의를 도입하였다. 더욱이 대륙의 직권주의 형사소송과는 달리 공소사실의 동일성이 인정되는 사실이라 할지라도 공소사실과 다른 사실을 인정하기 위해서는 공소장변경절차를 거쳐야 한다는 공소장변경제도를 채택하고 있다. 여기서 형사소송법의 해석에서 심판의 대상, 즉 소송물이 무엇인지 문제된다.

II. 학 설

1. 범죄사실대상설(犯罪事實對象說)

공소장에 기재된 공소사실과 단일성 및 동일성이 인정되는 사실이 심판의 대상이 된다는 견해이다. 따라서 공판심리의 인적 범위는 불고불리의 원칙에 의하여 한정되고, 물적 범위는 공소불가분의 원칙에 의하여 규율된다는 것이다. 그 근거로 ㉠ 공소불가분의 원칙(제248조2항)을 규정하고 있는 현행법의 해석상 설사 검사가 공소장에 기재한 공소사실을 범죄사실의 일부분에 국한하거나 또는 일정한 법적 평가를 예정하고 있다고 하더라도 수소법원은 이에 구애받지 않고 전체 범죄사실에 대하여 심판할 수 있고, ㉡ 직권주의적 소송구조를 취하는 입장에서는 공소장변경절차가 피고인의 방어권보장을 위한 절차적 담보에 불과할 뿐 형사절차의 소송물 자체에는 영향을 미치지 않는 제도라는 점 등을 들고 있다.

이에 대해서는 ㉠ 직권주의에 의한 진실해명을 근거로 범죄사실의 범위내에 있다면 검사의 주장이 없는 사실에 대해서도 법관은 심판할 권리와 의무가 있기 때문에 범죄사실에 대하여 예단을 가지고 직권적으로 탐구하므로 공정한 재판의 실현이 불가능하고, ㉡ 심판의 범위를 공소사실과 동일성이 인정되는 모든 범죄사실에 확대하는 결과 피고인의 방어권에 중대한 위험을 초래할 뿐만 아니라 형사소송법이 인정하고 있는 공소장변경절차를 무의미하게 하며, ㉢ 공소불가분의 원칙(제248조 제2항)에 치중한 나머지 동법 제254조와 제298조를 완전히 무시한 이론이라는 비판이 있다.

2. 소인대상설(訴因對象說)

소인제도를 전제로 하여 심판의 대상은 공소사실이 아니라 소인이라고 해석하는 견해이다. 이에 의하면 심판의 대상은 범죄가 되는 사실, 즉 검사가 공소제기의 대상으로 한 구체적 범죄사실의 주장을 의미하는 소인이며, 공소사실은 실체개념이 아니라 소인변경을 한계지우는 기능개념에 불과하다는 것이다. 그 근거로 ㉠ 형사소송법이 당사자주의를 기본구조로 하는 이상 소인제도를 인정해야 하고, ㉡ 제298조 제1항이 '공소장에 기재한 공소사실'과 '공소장변경의 허용한계가 되는 공소사실'을 구별하고 있으므로 제254조 제4항과 전자의 공소사실은 소인을 의미하고 후자의 공소사실은 공소사실의 한계개념인 공소사실을 말한다고 해석할 때 동조의 의미가 명백해 진다는 점 등을 들고 있다.

이에 대해서는 ㉠ 현행 형사소송법은 일본 형사소송법과 달리 소인을 특정하여 기재할 것을 요구하고 있지 않고, ㉡ 일본 형사소송법과 달리 공소불가분의 원칙을 명시적으로 인정하고 있으며, ㉢ 소인개념을 통하여 검사가 사실관계 및 법률관계 모두에 대하여 법원을 구속하고 공소장변경을 통하여 소송물 자체를 변경하도록 하는 이론구성은 지나치게 검사의 지위를 강화하여 검찰사법화할 우려가 있다는 비판이 있다.
소인이 현실적 심판의 대상이고 공소사실은 잠재적 심판의 대상이 된다고 해석하는 **절충설**도 있다. 즉 소인변경에 의하여 현실적 심판의 대상이 잠재적 심판의 대상의 범위 안에서 확장·이동하는 것이며 법원은 현실적 심판의 대상에 제약되어 소인 이외의 사실을 심리할 수 없고 판결에서도 소인 이외 사실을 인정할 수 없다고 한다. 그 근거는 소인대상설과 동일하다. 다만 공소장변경제도 때문에 잠재적 심판대상이 현실적 심판의 대상으로 등장할 가능성이 있으므로 소인을 중심으로 심리하되 판단된 법원의 확정판결은 잠재적 심판의 대상에 대해서까지 미친다는 것이다. 이에 대해서는 소인개념을 취하고 있으므로 소인대상설에 대한 비판이 그대로 적용된다.

3. 이원설(二元說)

공소장에 기재된 공소사실이 현실적 심판의 대상이며 공소사실과 동일성이 인정되는 사실이 잠재적 심판의 대상이라고 하는 견해이다(통설). 그 근거로 ㉠ 공소장변경제도는 잠재적 심판 대상을 현실적 심판 대상으로 전환시키는 점에서 소송물의 처분이라는 측면이 있고 동시에 피고인의 방어권을 보장하는 기능을 담당하고, ㉡ 공소불가분 원칙과 일사부재리 원칙을 명쾌하게 설명할 수 있다는 점 등을 들고 있다.

이에 대해서는 ㉠ 공소불가분 원칙은 법원·검사·피고인 등 형사절차의 3주체를 직접적으로 구속하는 의미를 가지므로 법원은 공소불가분의 원칙이 적용되는 범죄사실 전체에 대하여 직접적·현실적으로 심판할 권한과 의무가 있는데, 이와 같은 법원의 본래적 의무가 왜 잠재적 심판의 대상이 되는가에 대하여 논거를 제시하고 있지 않고, ㉡ 잠재적 심판의 대상은 언제나 현실적 심판의 대상이 될 수 있는 가능성 있는 범위라면 이것은 법원의 권한내에 있는 것이므로 법원의 공소사실의 변경요구에 형성적 효과를 인정하여야 할 것인데도 이를 부인하는 것은 논리의 일관성이 없다는 비판이 있다.

4. 검   토

공소불가분의 원칙(^{제248조}_{제2항}), 공소장변경(^{제298}_조), 일사부재리의 효력을 인정하는 한, 어떤 학설에 따르더라도 법관재판의 소송법적 효과에는 실제적인 차이가 없다. 왜냐하면 '공소장에 기재된 범죄사실'을 A라고 하고, 'A와 동일성이 인정되는 범죄사실'을 B라고 정의할 때, 용어상의 차이가 드러날 뿐 실제적으로 공소제기의 효력범위, 수소법원의 심판범위, 공소장변경의 허용한계, 확정판결의 효력범위 등에서 차이가 드러나지 않기 때문이다. 그러나 국민참여재판의 경우에는 심판의 대상·기판력·일사부재리의 효력 등과 관련하여 범죄사실대상설을 취하는 한, 해결할 수 없는 많은 문제점이 드러난다. 결국 국민참여재판법이 공소장변경제도를 인정하고 있는 점(^{법 제6조}_{제1항}) 등을 고려해 볼 때, 이론구성의 체계상 이원설로 파악하는 것이 가장 무난하다.

표 4-2 심판의 대상

	A	B
범죄사실대상설	범죄사실 = 심판대상	범죄사실 = 심판대상
소인대상설	소 인 = 심판대상	공소사실 = 소인변경의 한계
절충설	소 인 = 현실적 심판대상	공소사실 = 잠재적 심판대상
이원설	공소사실 = 현실적 심판대상	공소사실의 동일성 = 잠재적 심판대상

제 2 절   공소장의 변경

사 례

검사 丙은 X주식회사에 다니는 甲이 2020. 4. 15. 국회의원선거와 관련하여 동료와 논쟁 끝에 직장동료 乙의 가슴을 세게 밀어 폭행하였을 뿐만 아니라 벽에 부딪히게 하여 乙의 머리에 전치 2주의 부상을 입혔다는 이유로 甲을 폭행치상의 공소사실로 기소하였다.

1. 수소법원이 사건을 심리한 결과, 피고인 甲이 피해자 乙의 가슴을 세게 밀은 적은 있지만 머리에 전치 2주의 부상을 입힌 증거는 없다고 판단하였다. 이러한 상황에서 검사가 공소장을 폭행죄로 변경하지 않고 있다면 법원은 甲을 폭행죄로 심판할 수 있는가? 만약 법원이 폭행치상죄에 대하여 무죄판결을 하였다면 이러한 판결은 위법한가?

2. 만약 항소심에서 검사 丙이 폭행죄로 공소장변경을 신청하자 피해자 乙은 자기가 좋아하는 후보가 당선되었다는 이유로 甲의 처벌을 원하지 않는다는 의사표시를 하였다면 법원은 어떠한 판결을 하여야 하는가?

Ⅰ. 서   설

공소장의 변경이란 검사가 공소장에 기재된 공소사실 또는 적용법조를 추가·철회·변경하는 것을 말한다(제298조). 공소장의 변경은 공소사실의 동일성이 인정되어야 허용된다는 점에서 이를 요하지 않는 추가기소와 구별되고, 법원의 심판대상에 변경을 가져온다는 점에서 공소장에 기재된 일시나 피고인의 성명 등에 명백한 오기가 있는 경우에 이를 고치는 공소장 정정과도 구별된다. 검사가 공소장에 기재한 구체적 범죄사실이 법원의 현실적 심판 대상이 된다고 하더라도 공소제기의 효력범위와 기판력은 사건의 동일성이 인정되는 한 공소사실 전부에 미치게 된다. 그러므로 피고인이 예상하지 못한 범죄사실로 법적 공격을 받는 일이 없도록 함으로써 피고인의 방어권 행사를 실질적으로 보장해주는 데 그 존재이유가 있다.

Ⅱ. 공소장변경의 주체와 내용

1. 주   체

공소장변경의 주체는 검사이다.

2. 내   용

공소장변경의 내용은 공소사실 또는 적용법조의 추가·철회·변경이다(제298조 제1항). **공소사실의**

추가란 종전의 공소사실을 그대로 두고 공소사실을 추가하는 것으로, 본래는 과형상의 일죄(상상적 경합범의 경우)에 관한 것이다. 예비적·택일적 기재의 경우에도 그들 범죄 상호간에 공소사실의 동일성을 요한다고 본다면 공소사실의 추가에 포함된다고 볼 것이다. 그러나 전혀 별개의 범죄사실을 새로 부가하는 것은 공소사실의 추가가 아니라 새로운 기소이므로 판결주문에 이에 대한 판단이 필요하다.

　공소사실의 철회는 공소사실의 일부를 철회하는 것으로, 일반적으로 과형상의 일죄 또는 포괄일죄의 일부를 철회하는 것이나 예비적·택일적으로 기재된 공소사실의 일부를 철회하는 것도 해당된다. 공소사실의 동일성이 인정되는 범위내에서만 허용되므로 수개의 범죄사실의 일부를 철회하는 것은 공소사실의 철회가 아니라 공소의 취소이다. 따라서 법원은 공소사실이 철회된 경우에는 판단할 필요가 없으나, 공소가 취소된 경우에는 반드시 결정으로 공소를 기각하지 않으면 아니된다(제328조 제1항 제1호).

　공소사실의 변경이란 공소사실의 내용을 변경하는 것으로, 예컨대 살인의 공소사실을 상해치사의 공소사실로 변경하는 것을 말한다. 수개의 행위가 집합범으로 기소되어 있는 포괄일죄(상습범, 영업범)의 경우에 그 행위의 개수를 증가시키거나 결합범이나 결과적 가중범에 있어서 기소되지 아니한 다른 사실을 추가하는 것도 공소사실의 변경이다. 예컨대 강도의 공소사실을 강도강간의 공소사실로 변경하는 것은 공소사실의 추가가 아니라 공소사실의 변경이다.

　통상 공소사실이 추가·철회·변경되면 이에 따라 적용법조도 추가·철회·변경되는 것이 보통이나 공소사실만이 추가·철회되는 경우도 있다. 예컨대 포괄일죄의 일부를 추가 또는 철회하는 경우에는 적용법조의 추가 또는 철회는 행하여지지 않는다. 반면에 공소사실에 대한 법률적 평가가 달라지거나 공소사실과 적용법조가 일치하지 않은 경우에는 적용법조만을 변경하는 경우도 있다. 따라서 적용법조를 철회한 경우에는 공소사실도 철회한 것으로 보아야 할 것이다.

III. 공소장변경의 한계

　공소장의 변경은 공소사실의 동일성을 해하지 않는 범위 안에서 허용된다(제298조 제1항). 이러한 의미에서 공소사실의 동일성은 공소제기의 효력과 기판력이 미치는 범위를 결정할 뿐만 아니라 공소장변경의 한계를 결정하는 기능을 가진다.

1. 공소사실의 동일성의 의의

공소사실의 동일성이란 공소사실의 단일성과 협의의 동일성을 포함하는 개념이다(다수설).

여기서 공소사실의 동일성은 사건의 **시간적 자기동일성**을 의미하는 반면, 공소사실의 단일성은 일정한 시점에서 소송법상 범죄사실이 1개라는 사건의 **객관적 자기동일성**을 뜻한다. 기판력의 범위가 문제되는 경우는 특정 시점을 기준으로 객관적 자기동일성 여부(단일성)를 판단하는 경우가 많은 반면, 공판진행에 따라 공소장 변경 여부가 문제되는 경우는 시간적 자기동일성 여부(협의의 동일성)를 판단하는 경우가 대부분이다.

2. 공소사실의 동일성(협의)의 기준

(1) 학   설

공소사실을 그 기초가 되는 사회적 사실로 환원하여 판단할 때, 공소사실과 기초적인 사회적 사실 사이에 지엽적인 점에서는 다소의 차이가 있더라도 기본적인 점에서 공통되면 동일성을 인정하는 **기본적 사실동일설**이 통설이다.

(2) 판   례

종래 판례는 공소장변경은 기본적 사실동일설에 따라(아래 공소사실의 동일성을 인정한 판례사안 참조), 기판력 범위는 실체법상 죄수론에 따라 판단해 왔다(기판력 부분 참조). 최근에는 「공소사실의 동일성은 그 사실의 기초가 되는 사회적 사실관계가 기본적인 점에서 동일하면 그대로 유지되는 것이나, 이러한 기본적 사실관계의 동일성을 판단함에 있어서는 그 사실의 동일성이 갖는 기능을 염두에 두고 피고인의 행위와 그 사회적인 사실관계를 기본으로 하되 **규범적 요소도** 아울러 고려하여야 한다」고 판시하여 기본적 사실동일설을 따르면서도 규범적 요소도 함께 고려해야 한다는 입장을 취하고 있다(대판(전합) 1994.3.22, 93도2080; 대판 2005.2.18, 2004도7413).

‖ 공소사실의 동일성을 인정한 판례사안 ‖

㉠ 재물을 취득한 사실이 있는 이상 장물죄를 절도죄로 변경하는 경우(대판 1964.12.29, 64도664)

㉡ 금원을 수령한 이상 횡령죄를 사기죄로 변경하는 경우(대판 1983.11.8, 83도2500)

㉢ 목을 조르고 폭행한 사실이 있는 이상 살인미수죄를 강간치상죄로 변경하는 경우(대판 1984.6.26, 84도666)

㉣ 흉기를 휴대한 사실이 있는 이상 강도예비를 폭력행위등처벌에관한법률 제7조 위반죄로 변경하는 경우(대판 1987.1.20, 86도2396)

㉤ 협박한 사실이 있는 이상 협박죄를 범인도피죄로 변경하는 경우(대판 1987.2.10, 85도897)

‖ 공소사실의 동일성을 부정한 판례사안 ‖

㉠ 특정범죄가중처벌등에관한법률위반(조세포탈)죄에 대하여 예비적으로 업무상 횡령죄를 추가한 경우(대판 2002.1.22, 2001도5820)

㉡ 장물취득죄로 유죄가 확정된 후 강도상해죄로 다시 공소를 제기한 경우(대판(전합) 1994.3.22, 98도2080)

ⓒ 권리행사방해죄를 절도죄로 변경하는 경우(대판 1983.4.12, 83도292)

ⓔ 상해의 공소사실에 폭력행위 등 처벌에 관한 법률 위반(집단·흉기 등 협박) 등의 공소사실을 추가하여 공소장변경을 신청한 경우(대판 2008.12.11, 2008도3656)

ⓜ 토지거래허가구역 내 토지에 대한 미등기 전매 후 근저당권설정행위를 배임죄로 기소하였다가 매매대금 편취에 대한 사기죄를 예비적으로 추가한 경우(대판 2012.4.13, 2011도3469)

(3) 검   토

공소사실은 법적 평가가 아니라 사실이라는 점에서 공소사실의 동일성에 관한 판단은 순수하게 자연적·전법률적인 관점에서 사회일반인의 생활경험을 기준으로 판단하는 기본적 사실동일설이 타당하다. 기본적 사실동일설에 규범적 요소를 도입해야만 피고인의 보호에 충실해진다는 판례의 입장도 타당성이 있으나, 공소사실의 동일성요건을 통한 공소장변경의 한계는 확정판결에 부여되는 기판력의 범위와 표리관계에 있으므로 공소장변경의 범위가 제한(확대)됨으로써 피고인이 받은 이익(불이익)은 기판력의 축소라는 불이익(이익)에 의하여 상쇄된다는 점을 고려하면 큰 의미는 없을 것이다.

Ⅳ. 공소장변경의 필요성

1. 공소장변경의 요부

공소장에 기재된 공소사실과 동일성이 인정되는 사실이 공소장의 변경에 의하여 비로소 법원의 현실적 심판대상이 된다고 하더라도 공소사실과 적용법조에 조금이라도 변경이 생겼다 하여 언제나 공소장을 변경해야만 하는 것은 아니다. 여기서 법원이 어떤 범위에서 공소장의 변경 없이 공소장에 기재된 공소사실과 다른 사실을 인정할 수 있는지 문제되는데, 이것이 공소장변경의 필요성 또는 요부의 문제이다.

2. 판단기준

공소사실의 사실적 측면을 강조하여 공소장에 기재되어 있는 사실과 실질적으로 다른 사실을 인정할 때에는 공소장변경이 필요하다는 **사실기재설**이 통설이다. 이 경우 실질적 차이가 있느냐의 여부는 결국 심판의 대상으로서의 기본적 형식, 즉 형식적으로는 사실의 변화가 사회적·법률적으로 의미를 달리하고 실질적으로는 피고인의 방어권행사에 불이익을 초래하느냐를 기준으로 판단해야 한다고 본다.

☞ 판례도 일관하여 피고인의 방어권 행사에 실질적 불이익이 없다고 인정되는 경우에는 공소장변경없이 공소장에 기재된 공소사실과 다른 범죄사실을 인정할 수 있다는 입장을 취하고 있으며

(대판 2003.7.25, 2003도2252), 피고인의 방어권 행사에 있어서 실질적인 불이익을 초래할 염려가 존재하는지 여부는 공소사실의 기본적 동일성이라는 요소 이외에도 법정형의 경중 및 그러한 경중의 차이에 따라 피고인이 자신의 방어에 들일 노력·시간·비용에 관한 판단을 달리할 가능성이 뚜렷한지 여부 등의 여러 요소를 종합하여 판단해야 한다(대판 2019.6.13, 2019도4608)는 입장이다. 다만 공소장변경절차 없이도 법원이 심리·판단할 수 있는 죄가 한 개가 아니라 여러 개인 경우에는 법원으로서는 그 중 어느 하나를 임의로 선택할 수 있는 것이 아니라 검사에게 공소사실 및 적용법조에 관한 석명을 구하여 공소장을 보완하게 한 다음 이에 따라 심리·판단하여야 할 것이라고 한다(대판 2005.7.8, 2005도279). 한편 공소장변경절차를 거쳐야 하는 경우임에도 이를 거치지 않은 채 직권으로 당초 공소사실과 다른 공소사실에 대하여 유죄를 인정하는 것은 피고인의 방어권을 침해하거나 불고불리 원칙에 위반되어 허용될 수 없지만, 공소장변경절차를 거치지 않고서도 직권으로 당초 공소사실과 다른 공소사실에 대하여 유죄를 인정할 수 있는 예외적인 경우임에도 공소장변경절차를 거친 다음 변경된 공소사실을 유죄로 인정하는 것은 심판대상을 명확히 특정함으로써 피고인의 방어권 보장을 강화하는 것이므로 특별한 사정이 없는 한 위법하다고 볼 수 없다(대판 2022.12.15, 2022도10564).

3. 검   토

사실기재설을 따르더라도 어떤 경우를 방어상의 불이익으로 볼 수 있는지의 문제는 남는다. 이에 대하여 **구체적 방어설**은 피고인의 방어활동 등 구체적인 심리의 경과상황에 비추어 개개의 사건을 개별적으로 판단하여 그것이 현실적으로 피고인에게 불이익으로 되는가를 기준으로 판단하자는 주장한다. 그러나 개별 사건별 판단방식을 취하는 구체적 방어설은 법원의 판단에 대한 예측가능성을 떨어뜨릴 뿐만 아니라 현실적으로도 기준이 매우 애매하다. 공소사실이 갖는 피고인의 방어를 위한 고지기능을 중시하여 현실의 불이익의 유무보다는 공소사실과 인정사실을 비교해서 일반적·유형적으로 피고인의 불이익을 판단하는 **추상적 방어설**이 타당하다고 본다.

4. 유형적 고찰

(1) 동일한 구성요건에서의 사실변경

① **범죄의 일시·장소:** 범죄의 일시·장소가 범죄 성부에 중요한 의미가 있는 경우(예컨대 알리바이를 주장하거나 형의 폐지가 있는 경우)에는 피고인의 방어에 중대한 불이익을 주므로 공소장의 변경을 요한다. 다만 범죄 일시의 기재가 명백한 오기인 때에는 공소장변경을 요하지 않는다.

② **범죄의 객체, 피해물, 피해자의 변경:** 피해자를 달리 인정하는 경우(대판 2002.8.23, 2001도6876), 피해품의 종류나 피해액수를 변경하여 인정하는 경우, 상해죄에서 치료기간의 차이(대판 1984.10.23, 84도1803) 등과 같이 범죄사실의 내용이 약간 다르게 인정되는 경우에는 공소장변경이 필요없다. 그러나 피해액수의 현저한 증가가 있거나 범행 객체가 변경된 경우에는 공소장변경이 필요하다. 판례도 횡령죄에 대하여 법원이 공소장변경절차를 거치지 않고 횡령목적물의 소유자(위탁자), 보관자의 지위, 영득행위의 불법성을 공소사실과는 다르게 각각 인정한 것은 공소사실에 대

하여 한정된 심판범위를 넘어 피고인의 방어권을 침해하는 것으로서 위법하다($\frac{대판 1991.9.24,}{91도1605}$)고 판시한 바 있다.

③ **범죄의 수단, 방법의 변경:** 범죄의 수단·방법은 대체로 동일성이 인정되면 공소장변경을 요하지 않지만($\frac{대판 1984.9.25,}{84도312}$), 범죄행위의 내용에 현저한 차이가 있거나 중요부분에 해당하는 경우에는 공소장변경을 요한다. 판례도 사기죄에 있어서 기망의 방법이 다르거나 ($\frac{대판 1998.4.14,}{98도231}$), '금품을 수수'하였다는 알선수재죄의 공소사실을 '금융상의 편의제공을 받아 이익을 수수'한 것으로 인정하는 것($\frac{대판 1999.4.9,}{98도667}$)은 그 범죄행위의 내용 내지 태양이 서로 달라 공소장변경을 요한다고 판시하고 있다.

④ **전과사실:** 누범가중사유인 전과사실은 범죄사실이 아니라 양형사유에 불과하므로 공소장에 기재되어 있지 않은 전과사실을 인정하여도 위법이 아니다. 다만 피고인의 전과가 범죄사실의 명시를 위하여 필요불가결한 경우, 예컨대 상습범이거나 치료감호요건사실이 되는 경우에는 공소장변경절차를 필요로 한다.

⑤ **공범관계:** 단독범으로 기소된 것을 법원이 다른 사람과 공모하여 동일한 내용의 범행을 한 것으로 인정하는 경우에 피고인의 방어권 행사에 실질적인 불이익을 줄 우려가 있다면 반드시 공소장변경을 요하지만($\frac{대판 1997.5.23,}{96도1185}$), 이러한 실질적인 불이익을 줄 우려가 없는 경우에는 반드시 공소장변경을 할 필요가 없다($\frac{대판 2018.7.12,}{2018도5909}$). 물론 그 심리의 경과 등에 비추어 볼 때 피고인의 방어에 실질적인 불이익을 주는 것이 아니라면 공동정범으로 기소된 범죄사실을 방조사실로 인정할 수도 있다($\frac{대판 2004.6.24,}{2002도995}$).

⑥ **예비·음모로 변경하는 경우:** 예비·음모는 구성요건의 수정형식이 아니라 독립된 별개의 구성요건을 갖춘 범죄로 보아야 할 것이다. 따라서 살인미수를 살인예비·음모로, 반국가단체구성죄를 동 음모죄로, 특정범죄가중처벌등에관한법률상의 관세포탈미수를 동법상의 관세포탈예비($\frac{대판 1971.6.8,}{71도837}$)로 인정하는 경우에는 공소장변경을 요한다.

(2) 구성요건을 달리하는 경우

① **원　칙:** 공소사실과 법원이 인정할 범죄사실 사이에 구성요건을 달리하는 때에는 피고인의 방어권에 영향을 미친다고 할 것이므로 원칙적으로 공소장변경이 필요하다.

② **예　외**

가) 축소사실의 인정: 법원이 인정하고자 하는 구성요건을 달리하는 사실이 **공소장에 기재된 공소사실**에 완전히 포함되는 경우에는 이미 피고인이 큰 공소사실에 대하여 방어하고 있기 때문에 작은 공소사실을 인정하더라도 일반적으로 방어권 행사에 실질적인 불이익을 초래하지 않으므로 **大는 小를 포함한다는 이론**에 의하여 공소장의 변경없이 축소사실을 인정할 수 있다. 따라서 검사의 공소장변경이 없더라도 법원은 직권으로 축소사실에 해당하는 범죄사실에 대하여 유죄판결이 가능하다. 다만 이러한 축소사실에 대한 유죄판결을 하는 것이

법원의 의무인가에 대한 문제가 제기된다.

a. 학   설: 기소독점주의 하에서 법관의 심판권이 검사의 기소권에 의해 좌우되는 불고불리의 원칙을 법관이 사실상 완화시키는 **판결편의주의**의 한 방편으로서 무죄판결도 가능하다는 견해(재량설)와 실체진실의 발견이 형사소송법의 이념인 이상 이미 법원의 심판대상이 된 사실을 법원이 심판하지 않고 무죄를 선고하는 것은 타당하지 않다는 견해(의무설)가 대립하고 있다.

b. 판   례: 대법원은 종래 재량설의 입장에서 「피고인의 방어권행사에 실질적인 불이익을 초래할 염려가 없는 경우에는 공소사실과 기본적 사실이 동일한 범위내에서 법원이 공소장변경절차를 거치지 아니하고 다르게 인정하였다 하더라도 불고불리의 원칙에 위배되지 않는다」(^{대판 1990.6.18,} _{89도1417})라고 판시하였다.

다만 공소장 변경 없이 직권으로 기소내용보다 가벼운 죄를 인정할 수 있음에도 불구하고 무죄를 선고할 수 있는가와 관련하여 「법원은 공소사실의 동일성이 인정되는 범위내에서 공소가 제기된 범죄사실에 포함된 보다 가벼운 범죄사실이 인정되는 경우에 심리의 경과에 비추어 **피고인의 방어권행사에 실질적인 불이익을 초래할 염려가 없다고 인정되는 때에는 공소장이 변경되지 않았더라도 직권으로 공소장에 기재된 공소사실과 다른 범죄사실을 인정할 수 있지만,** 이와 같은 경우라고 하더라도 공소가 제기된 범죄사실과 대비하여 볼 때 실제로 인정되는 범죄사실의 사안이 중대하여 공소장이 변경되지 않았다는 이유로 이를 처벌하지 않는다면 **적정절차에 의한 신속한 실체적 진실의 발견이라는 형사소송의 목적에 비추어 현저히 정의와 형평에 반하는 것으로 인정되는 경우가 아닌 한** 법원이 직권으로 그 범죄사실을 인정하지 아니하였다고 하여 위법한 것이라고까지는 볼 수 없다」(^{대판 1991.5.28,} _{91도676})는 입장이다.

c. 검   토: 판례는 ㉠ 축소사실이 중대하지 않아야 하며, ㉡ 축소사실을 처벌하지 않는 것이 실체적 진실 발견이라는 형사소송의 목적에 비추어 현저히 정의와 형평에 반하지 않는 한 유죄판결을 하지 않아도 위법이 아니라는 입장인 것으로 보인다. 생각건대 법원이 축소사실에 대하여 유죄판결의 의무가 있는가의 문제는 공소장변경의 필요성이 있는 것을 전제로 하여 법원이 공소장변경을 요구하는 것이 법원의 의무인가에 관한 이론과는 차원이 다른 문제다. 하지만, **공소사실의 축소사실**이라 할지라도 법원이 함부로 판명된 축소사실을 인정하여 유죄판결을 하는 것은 불고불리의 원칙에 위반하거나 피고인의 방어권침해가 될 수 있을 뿐만 아니라 현행 형사소송법의 기본구조를 당사자주의 소송구조로 파악하는 종래 판례(^{대판 1984.6.12,} _{84도796})의 입장과도 모순된다. 따라서 축소사실에 대하여 검사가 적극적으로 공소장변경을 신청하면 법원이 이를 허가해야 하는 것처럼(^{제298}_조), 동일선상에서 원칙적으로 법원의 심판의무를 부정하고, 예외적으로 **현저히 정의와 형평에 반하여** 유죄판결을 해야 할 경우에는 석명권을 발동하여 검사에게 공소장변경을 요구하는 것이 타당하다고 본다.

‖ 공소장변경 없이 인정한 판례사안 ‖

㉠ 특수절도를 절도죄로(대판 1973.7.24, 73도1256), ㉡ 강도상해죄를 특수강도죄로(대판 1963.9.12, 63도215), ㉢ 강간치상죄를 강간죄로(대판 1988.3.8, 87도2673), ㉣ 중실화를 실화로(대판 1980.10.14, 79도305), ㉤ 강도살인죄를 특수절도죄와 살인죄의 경합범으로(대판 1961.8.30, 4294형상250), ㉥ 강도상해죄를 야간주거침입절도죄와 상해죄로(대판 1965.10.26, 65도599), ㉦ 수뢰후부정처사죄를 뇌물수수죄로(대판 1999.11.9, 99도2530), ㉧ 강도상해죄로 기소된 공소사실을 주거침입죄와 상해죄로(대판 1996.5.10, 96도755), ㉨ 허위사실적시 출판물에 의한 명예훼손죄를 사실적시 출판물에 의한 명예훼손죄 또는 단순명예훼손죄로(대판 1997.2.14, 96도2234), ㉩ 횡령죄를 배임죄로(대판 2015.10.29, 2013도9481) 공소장변경없이 인정할 수 있다.

‖ 공소장변경 없이 인정할 수 없다고 본 판례사안 ‖

㉠ 특수강도죄를 특수공갈죄로(대판 1968.9.19, 68도995), ㉡ 특수절도죄를 장물운반죄로(대판 1965.1.26, 64도681), ㉢ 살인죄를 폭행치사죄로(대판 2001.6.29, 2001도1091), ㉣ 강간치상죄를 강제추행치상죄로(대판 1968.9.24, 68도776), ㉤ 명예훼손죄를 모욕죄로(대판 1972.5.31, 70도1859), ㉥ 강제집행면탈죄를 권리행사방해죄로(대판 1972.5.31, 72도1090), ㉦ 강도상해교사를 공갈교사(대판 1993.4.27, 92도3156)로, ㉧ 뇌물수수죄를 정치자금법 위반죄(대판 2010.1.14, 2009도11601)로 공소장변경없이 인정하는 것은 허용되지 않는다.

나) 법률적 구성만을 달리하는 경우

a. 법적 평가의 변경: 장물취득죄를 장물보관죄로 변경하는 경우처럼 공소사실을 그대로 두고 법률적 구성이나 평가만을 달리하는 경우에는 원칙적으로 공소장변경을 요하지 않는다. 마찬가지로 특별법범의 공소사실에는 일반법범의 공소사실이 포함되어 있다고 볼 수 있으므로 피고인의 방어에 실질적 불이익을 초래할 염려가 없어서 원칙적으로 공소장변경을 요하지 않는다. 따라서 「특정범죄가중처벌등에 관한 법률」위반의 공소사실에 대하여 수뢰죄(대판 1994.11.4, 94도129) · 관세법위반(대판 1980.3.11, 80도217) · 준강도죄(대판 1982.9.14, 82도1716) 또는 절도죄(대판 1984.2.28, 84도34)를 적용할 때에는 반드시 공소장변경이 있어야 하는 것은 아니다. 반면에 일반법과 특별법의 동일한 구성요건에 모두 해당하는 범죄사실에 대하여 검사가 형이 가벼운 일반법을 적용하여 기소한 경우, 법원이 공소장변경 없이 특별법을 적용할 수는 없다(대판 2007.12.27, 2007도4749).

b. 죄수에 대한 평가: 죄수에 대한 법적 평가만을 달리하는 경우에는 공소장변경을 요하지 않는다. 따라서 공소장 변경없이 경합범으로 공소제기된 것을 포괄일죄(대판 1987.7.21, 87도546)나 상상적 경합(대판 1980.12.9, 80도2236)으로 인정할 수 있다. 다만 판례는 포괄일죄의 공소사실을 실체적 경합범으로 인정하는 경우에도 공소장변경을 요하지 않는다(대판 1987.5.26, 87도527)는 입장이지만, 피고인의 방어에 실질적인 불이익을 줄 수 있으므로 공소장변경을 요한다고 본다.

5. 관련문제

(1) 약식명령에 대하여 피고인만이 정식재판을 청구한 사건에서 법정형에 유기징역형만

있는 범죄로 공소장변경이 가능한지 여부

판례는 당초 공소제기된 사문서위조 및 위조사문서행사(_{형법}_{제231조})의 공소사실(5년 이하의 징역 또는 1천만원 이하의 벌금)에 대하여, 「사서명위조와 위조사서명행사의 범죄사실이 인정되는 경우에는 비록 사서명위조죄와 위조사서명행사죄(_{형법}_{제239조})의 법정형에 유기징역형(3년 이하의 징역)만 있다 하더라도 형사소송법 제457조의2에서 규정한 불이익변경금지 원칙이 적용되어 벌금형을 선고할 수 있는 것이므로, 위와 같은 불이익변경금지 원칙 등을 이유로 이 사건 공소장변경을 불허할 것은 아니다」(_{대판 2013.2.28,}_{2011도14986})라는 입장이다.

(2) 항소심에서의 고소취소의 효력

형사소송법 제232조 제1항에서 '고소는 제1심 판결선고전까지 취소할 수 있다'고 규정하고 있는데, 비친고죄의 공소사실에 대하여 항소심 법원이 친고죄의 유죄를 인정하는 경우에 항소심에서 이루어진 고소취소가 유효한지 문제된다.

① **학   설:** ㉠ 고소취소의 시기를 규정하고 있는 제232조 제1항이 획일적으로 제1심 판결선고전까지로 한정하고 있으므로 항소심에서는 친고죄에 대하여 고소의 취소가 있더라도 효력이 없다는 **부정설**, ㉡ 비친고죄로 공소제기되어 제1심에서 비친고죄의 유죄판결을 선고받은 경우 제1심에서 친고죄의 범죄사실은 현실적 심판대상이 되지 않았으므로 항소심을 '사실상의 제1심'으로 취급하여 고소의 취소를 인정하자는 **긍정설**, ㉢ 항소심에서는 친고죄(또는 반의사불벌죄)가 아닌 공소사실에 대하여 친고죄(또는 반의사불벌죄)에 해당하는 축소사실을 공소장변경에 의하더라도 인정할 수 없도록 하자는 **제한설**(고소취소 및 공소장변경 불허설)이 대립하고 있다.

☞ 대법원 다수의견은 「항소심에서 공소장 변경에 의하여 또는 공소장변경절차를 거치지 아니하고 법원 직권에 의하여 친고죄가 아닌 범죄를 친고죄로 인정하였더라도 항소심을 제1심이라 할 수는 없는 것이므로, 항소심에 이르러 비로소 고소인이 고소를 취소하였다면 이는 친고죄에 대한 고소취소로서의 효력은 없다」고 보면서 부정적인 입장을 취한 반면, 소수의견은 「친고죄가 아닌 죄로 공소가 제기되어 제1심에서 친고죄가 아닌 죄의 유죄판결을 선고받은 경우, 제1심에서 친고죄의 범죄사실은 현실적 심판대상이 되지 아니하였으므로 그 판결을 친고죄에 대한 제1심판결로 볼 수는 없고, 따라서 친고죄에 대한 제1심판결은 없었다고 할 것이므로 그 사건의 항소심에서도 고소를 취소할 수 있는 것으로 보아야 한다」라고 보면서 긍정적인 입장을 취하고 있다(_{대판 1999.4.15,}_{96도1922}).

② **검   토:** 부정설은 검사의 부주의한 공소제기로 인하여 피고인에게 불이익이 돌아간다는 점에서 문제가 있으며, 제한설은 항소심을 속심으로 파악하는 한 공소장변경을 허용하는 것이 논리적이며, 법원은 공소사실의 동일성이 인정되는 범위에서는 검사의 공소장변경 신청을 허가해야 할 의무가 있다는 점에 비추어 문제가 있다. 생각건대 친고죄가 아닌 죄로 공소가 제기되어 제1심에서 친고죄가 아닌 죄의 유죄판결을 선고받았는데, 항소심에서 친고죄가 아닌 죄의 사실을 인정할 증거가 없어 비로소 친고죄로 인정되는 경우에는 고소인

의 고소취소여부와 관계없이 제1심판결은 어차피 유지될 수 없을 것이므로 긍정설이 타당하다.

6. 상소이유

공소장의 변경이 필요한 경우임에도 불구하고 공소장변경절차를 거치지 아니하고 공소장에 기재된 사실과 다른 사실을 인정하여 유죄선고를 한 경우에는 불고불리의 원칙에 대한 위배이므로 항소이유(제361조의5 제1호) 또는 상고이유(제383조 제1호)에 해당한다.

V. 공소장변경의 절차

1. 검사의 신청에 의한 경우

(1) 검사의 신청

검사가 공소장을 변경하고자 할 때에는 공소장변경신청서를 법원에 제출하여야 하고(규 제142조 제1항), 이 경우에는 피고인 수에 상응한 부본을 첨부하여야 한다. 검사는 공소사실 등을 예비적·택일적으로 변경할 수 있다. 법원은 피고인의 방어권준비를 위하여 즉시 이 부본을 피고인 또는 변호인에게 송달하여야 한다(동조 제2항·제3항). 판례는 검사가 공소장변경허가신청서를 제출한 경우, 법원은 저장매체에 저장된 전자적 형태의 문서 부분을 고려함이 없이 서면인 공소장변경신청서에 기재된 부분만을 가지고 공소사실 특정 여부를 판단하여야 한다(대판 2016.12.15, 2015도3682)는 입장이다.

(2) 법원의 허가

검사의 공소장변경신청이 공소사실의 동일성을 해하지 않는 때에는 법원은 이를 허가하여야 한다. 이 경우 법원의 허가는 의무적이며 결정의 형식으로 하기 때문에 이 재판에 대해서는 항고할 수 없다(제403조). 다만 법원은 공소장변경으로 인해 피고인의 방어에 불이익을 증가할 염려가 있다고 인정한 때에는 결정으로 필요한 기간 공판절차를 정지할 수 있다(제298조 제4항).

2. 법원의 공소장변경의 요구

(1) 의   의

공소장변경의 요구란 수소법원이 검사에게 공소장에 기재된 공소사실과 적용법조를 추가 또는 변경할 것을 요구하는 것을 말한다. 즉 법원은 심리에 비추어 상당하다고 인정할 때에는 공소사실 또는 적용법조의 추가 또는 변경을 요구하여야 한다(제298조 제2항). 검사가 공소장을 변경하지 않기 때문에 명백히 죄를 범한 자를 무죄로 하는 일이 없도록 함으로써 적정한 형사사법 및 실체적 진실발견을 실현하기 위한 제도이다. 공소장변경요구의 내용에서 철회가 제외된 것도 이러한 취지로서 법원은 철회하지 아니한 공소사실에 대하여 판결의 주문에서 별도로 무죄 취지의 판결 등을 할 수 있다. 다만 이러한 법원의 공소장변경요구가 의무인지 아니면 재량에 불과한 것인지의 문제가 있다.

(2) 성 질

형사소송법 제298조 제2항의 문리해석상 공소장변경요구는 법원의 의무라는 **의무설**, 공소사실의 변경은 검사의 권한에 속하는 것이므로 법원은 검사가 제기한 공소사실의 범위 안에서 판결하면 족하고 적극적으로 공소장변경을 요구할 의무는 없다는 **재량설**이 있다. 현행 형사소송의 기본구조를 당사자주의를 원칙으로 하고 직권주의는 보충적인 성격을 가진다고 보는 한, 공소장변경요구는 원칙적으로 법원의 재량에 속하는 것이나 공소장변경요구를 하지 아니하고 무죄판결을 하는 것이 현저히 정의에 반하는 경우에 한하여 예외적으로 법원의 의무가 된다는 **예외적 의무설**이 타당하다. 판례도 원칙적으로 재량설을 따르면서도 축소된 범죄사실을 심리하는 경우에는 예외적으로 의무가 된다는 입장을 취하고 있다.

의무설은 검사가 태만히 한 공소유지활동을 법원이 의무적으로 보완하게 함으로써 탄핵주의를 파괴하고 소추자와 심판자의 구분을 흐리게 할 위험이 있으며, 재량설은 형사소송법 제298조 제2항의 법문을 무시할 뿐만 아니라 공소사실의 동일성이 인정되는 범죄사실은 법원의 심판대상으로서 진실발견의무가 있다는 점을 간과하고 있다는 점에서 문제가 있다.

(3) 시 기

제1심뿐만 아니라 항소심에서도 공소장변경요구는 허용되며, 변론을 종결한 후일지라도 이를 재개하여 요구할 수 있다. 다만, 공소장변경요구는 심리 경과에 비추어 상당하다고 인정할 때에 하는 것이므로 제1회 공판기일 이전에 법원이 공소장변경요구를 하는 경우는 거의 없다. 그러나 제1회 공판기일 이전이라도 공판준비절차 등을 거치면서 상당하다고 인정하는 경우에는 법원이 공소장변경 요구를 할 수 있을 것이다(제266조의9 제1항 제1호, 제2호).

(4) 구 속 력

법원의 공소장변경요구에도 불구하고 검사가 이 요구대로 공소장변경신청을 하지 않은 경우, 법원의 공소장변경요구에 어떠한 효력을 인정할 것인지 논란이 있다. 먼저 공소사실에 대해서는 검사가 공소장변경요구에 불응하더라도 아무런 영향이 없다고 보아야 한다(통설). 왜냐하면 ㉠ 공소사실의 설정과 변경은 검사의 권한에 속하고, ㉡ 공소장변경요구의 경우에 공소장변경의 효과를 의제하는 규정이 없으며, ㉢ 검사의 공소장변경 신청권한(제298조 제1항)을 무의미하게 만들 우려가 있기 때문이다. 반면에 **검사**에 대해서는 공소장변경요구는 법원의 소송지휘권에 기한 결정이므로 법원의 공소장변경요구에 대하여 검사는 복종할 의무가 있다는 견해(**명령적 효력설**)가 통설이다. 따라서 법원의 요구에 복종하지 않을 경우 검사는 무죄판결의 불이익을 부담하게 될 것이다.

3. 공소장변경 후의 절차

(1) 공소장변경의 고지

공소장의 변경이 있는 때에는 법원은 그 사유를 신속히 피고인 또는 변호인에게 고지하여야 한다(제298조 제3항). 검사는 공소장 변경이 허가된 때에는 공판기일에 공소장변경허가신청서에 의하여 변경된 공소사실·죄명 및 적용법조를 낭독하여야 한다. 다만 재판장은 필요하다고 인정하는 때에는 공소장변경 요지를 진술하게 할 수 있다(규 제142조 제4항). 이처럼 현행 형사소송규칙은 변경된 공소장 낭독을 필요적 절차로 전환하였는데, 이는 공판절차에 있어서 변경된 공격·방어의 초점을 재확인함으로써 피고인의 방어권행사를 용이하게 하여 구두변론주의(제275조의3)의 실현에 기여한다. 뿐만 아니라 공판기일에 소송관계인이나 방청인 등에게 심리의 경과를 관찰하고 감시할 수 있도록 함으로써 공개재판의 원칙을 담보하는 기능도 담당하게 한 것이다.

(2) 공판절차의 정지

공소장 변경으로 인해 피고인의 방어에 불이익을 증가할 염려가 있다고 인정한 때에는 법원은 결정으로 피고인의 방어준비에 필요한 기간 동안 공판절차를 정지할 수 있다(제298조 제4항). 이는 피고인으로 하여금 방어준비를 하도록 하려는 데 그 취지가 있다.

4. 포괄일죄에서 추가기소와 공소장변경

(1) 의   의

포괄일죄는 수개의 행위가 포괄하여 일죄를 구성하는 경우로서 상습범, 집합범, 연속범 등이 여기에 해당한다. 통설 및 판례는 포괄일죄를 수죄가 아니라 일죄로 보고 있다. 이러한 포괄일죄의 일부에 대한 공소제기가 있는 때에는 공소불가분의 원칙상(제247조 제2항) 포괄일죄의 모든 사실에 그 효력이 미칠 뿐만 아니라 법원의 잠재적 심판범위가 된다. 그러므로 원칙적으로 포괄일죄의 잔여부분에 대한 추가기소는 이중기소금지 원칙에 해당되어 허용되지 않는다. 포괄일죄의 일부를 공소사실로 추가하기 위해서는 제298조 제1항에 의한 공소장변경절차를 거쳐야 한다.

문제는 검사가 공소장변경을 신청하지 않고 포괄일죄의 잔여부분을 추가기소한 경우, 검사의 공소제기가 부적법하더라도 법원이 검사의 추가기소를 공소장변경으로 취급하여 추가기소사실을 포함한 포괄일죄의 전체범죄사실에 대하여 유죄판결을 선고할 수 있는지의 여부다. 물론 포괄일죄의 일부에 대한 판결이 이미 확정된 경우에는 위 확정판결은 추가로 공소제기된 범죄사실에 대하여도 기판력이 미치므로 면소의 판결을 해야 한다(대판(전합) 1978.2.14, 77도3564).

(2) 학 설

㉠ 공소장변경과 추가기소는 구별해야 한다는 점을 근거로 포괄일죄의 경우에도 이중기소금지의 원칙을 그대로 적용하여 제327조 제3호에 따라 공소기각의 판결을 해야 한다는 **공소기각판결설**, ㉡ 포괄일죄의 일부에 대한 추가기소는 공소장변경에 의한 공소사실의 추가와 절차상 차이일 뿐 실질적으로 동일하다는 점을 근거로 추가기소된 공소사실에 대하여 유·무죄의 실체재판을 해야 한다는 **공소장변경의제설**(실체판단설) 등이 있다. ㉢ 법정에서 검사의 석명이 있는 때에는 공소장변경으로 인정하는 것이 가능하다는 **석명후판단설**이 타당하다. 왜냐하면 동종의 범죄사실에 대하여 포괄일죄인지 경합범인지 판단하는 것이 용이하지 않은 경우 검사가 경합범으로 판단하여 추가기소를 하였으나 법원이 양 기소사실을 포괄일죄로 판단하여 전기소사실(前起訴事實)만을 유죄로 인정하고 후기소사실(後起訴事實)에 대하여는 이중기소라는 이유로 공소기각을 선고한다면 법원과 검찰의 견해 차이 때문에 피고인에 대하여 후기소사실을 처벌할 수 없게 되기 때문이다. 따라서 추가기소된 이후에 포괄일죄임이 밝혀진 경우에는 추가기소에 대하여 공소취소를 한 후 공소장변경을 하는 번거로움을 생략하고 공소장변경으로 의제하는 것이 타당하며, 다만 이 경우 추가기소를 공소장변경으로 보기 위하여는 재판장이 공판절차를 통하여 석명권행사를 적절히 행사함이 바람직하다고 본다.

판례는 종래「포괄적 일죄를 구성하는 행위의 일부에 관하여 추가기소된 경우에는 일죄를 구성하는 행위 중 누락된 부분을 보충하는 취지라고 볼 것이지 이중기소의 위법이 있다고 할 수 없다」(대판 1993.10.22, 93도2178)고 하여 공소장변경의제설을 따랐으나, 그 후「검사의 추가기소에 의하여 전후에 기소된 각 범죄사실 전부를 포괄일죄로 처벌할 것을 신청하는 취지가 포함되었다고 볼 수 있어, 공소사실을 추가하는 등의 공소장변경과는 절차상 차이가 있을 뿐 그 실질에 있어서 별 차이가 없으므로, 그 경우에 **검사의 석명에 의하여 추가기소의 공소장 제출은 포괄일죄를 구성하는 행위로서 먼저 기소된 공소장에 누락된 것을 추가·보충하고 죄명과 적용법조를 포괄일죄의 죄명과 적용법조로 변경하는 취지의 것으로서 1개의 죄에 대하여 중복하여 공소를 제기한 것이 아님이 분명하여진 경우에는, 그 추가기소에 의하여 공소장변경이 이루어진 것으로 보아 전후에 기소된 범죄사실 전부에 대하여 실체판단을 하여야 하고 추가기소에 대하여 공소기각판결을 할 필요는 없다」(대판 1999.12.26, 99도3929)라고 판시하여 석명후판단설을 따르고 있는 것으로 보인다.

VI. 공소장변경의 효력

1. 심판대상의 변경

공소장변경에 의하여 심판의 현실적 대상이 변경된다. 즉 공소사실의 추가·철회·변경에 의해서 심판의 현실적 대상이 확대·축소·변경된다.

2. 공소제기 무효의 치유

공소장에 기재된 공소사실이 특정되지 아니한 경우에는 그 공소제기는 무효이며 공소기각판결의 사유(제327조 제2호)에 해당한다. 그러나 공소장변경에 의하여 공소사실이 특정된 경우에는 공소제기의 무효가 치유된다고 본다.

3. 사건의 이송

단독판사의 관할사건이 공소장변경에 의하여 합의부 관할사건으로 변경된 경우에는 법원은 결정으로 관할권이 있는 법원에 이송한다(제8조 제2항).

4. 공소시효와의 관계

공소장이 변경된 경우에 변경후의 공소사실에 대한 공소시효의 완성여부는 공소제기시를 기준으로 한다(공소시효 부분 참조).

Ⅶ. 동일성 없는 공소장변경허가의 효력

1. 무효가 원칙

공소장변경에서 공소사실의 동일성을 요구하는 이유가 **절차의 운영을 불안정하게 하지 않기 위한 절대적 요건**이라고 볼 때, 공소사실의 동일성을 벗어난 공소장변경에 대한 법원의 허가가 있더라도 그와 같은 공소장변경은 무효임이 원칙이다. 판례도 일관하여 공소사실 사이에 동일성이 없는 한 법원으로부터 공소장변경허가결정이 있더라도 그러한 공소장변경허가는 무효라는 전제 아래 그 사후조치에 관하여만 언급하여 왔다(대판 1986.9.23, 86도1487; 대판 1989.1.24, 87도1978).

2. 동일성을 벗어난 공소장변경에 대한 사후조치

변경전의 공소사실과 변경후의 공소사실 사이에 동일성이 없는 것으로 드러난 경우, 법원이나 검찰에서는 어떠한 사후조치를 취해야 할 것인지 문제된다. 이에 대하여 판례는「공소사실의 동일성이 인정되지 않는 등의 사유로 공소장변경허가결정에 위법사유가 있는 경우에는 공소장변경허가를 한 법원이 스스로 이를 취소할 수 있다」(대판 2001.3.27, 2001도116)고 판시하여 공소장변경허가결정의 취소설을 따르고 있다. 생각건대 판례의 태도는 공소장변경이 심판대상의 설정행위이고 이에 대한 법원의 개입은 당사자주의와의 모순을 낳기 때문에 법규의 명문규정없이 이를 행하는 것은 의문이지만, 법원 스스로 하자를 치유할 수 있다는 점에서 불가피하다고 본다.

사례해설

사안은 축소사실에 대한 공소장변경 요부와 항소심에서의 반의사불벌죄에 대한 처벌불원의 의사표시의 효력에 관한 문제이다. 먼저 설문 (1)은 폭행치상으로 기소된 사건에서 그 일부인 폭행죄로 심판하려면 불고불리의 원칙과 관련하여 공소장변경이 필요한지 여부 및 공소장변경없이 바로 폭행죄로 심판할 수 있다고 할 경우에 수소법원은 반드시 폭행죄의 유죄판결을 선고할 의무가 있다고 볼 수 있는지 문제되며, 설문 (2)는 항소심에서 처벌불원의 의사표시를 한 경우에 그 효력을 인정할 수 있는지와 관련하여 문제된다.

첫째, 설문 (1)에 대하여 살펴보면, ① 甲에 대한 폭행죄 심판가능성과 관련하여 불고불리의 원칙과 피고인의 방어권 보장의 측면에서 법원이 공소장에 기재된 사실과 다른 범죄사실을 인정하기 위해서는 원칙적으로 공소장변경절차를 거쳐야 한다. 그러나 공소사실이나 적용법조에 조금이라도 변경이 생기면 언제나 공소장변경을 해야 하는 것은 아니며, 여기서 검사의 공소장변경이 없이도 법원이 심판할 수 있는 범위가 어디까지인가 혹은 법원이 공소장기재사실과 다른 기재사실을 인정하는 경우 공소장변경을 요하는지 여부가 '공소장변경의 요부'로서 문제된다. ⅰ) 공소장변경의 요부와 관련하여 학설에는 동일벌조설, 법률구성설, 사실기재설 등이 대립하고 있으며, 판례는「피고인의 방어권에 실질적인 불이익을 초래할 염려가 없는 경우에는 공소사실과 기본적 사실이 동일한 범위내에서 법원이 공소장변경절차를 거치지 아니하고 다르게 인정하였다 할지라도 불고불리의 원칙에 위반되지 않는다」(^{대판 1994.12.9,}_{94도1888})고 하여 사실기재설 내지 실질적 불이익설의 입장을 취하고 있다. ⅱ) 甲에게 심판대상의 변경을 지적해 줄 수소법원의 의무(지적의무)가 있는지 문제되는데, 甲을 폭행치상죄에서 폭행죄로 심판할 경우에 비록 공소장변경은 필요하지 않지만, 수소법원에 대해 甲에게 그러한 사실과 적용법조의 변경이 있음을 공판정에서 구두로 알려주어야 할 지적의무를 인정하는 견해도 있다. 이 견해는 그 의무를 형사소송규칙 제141조에서 도출하고 있다. 생각건대 사안의 경우 사실기재설에 따르면 사안에서 甲을 폭행치상죄에서 폭행죄로 심판할 경우에 甲에게 방어권행사에 불이익을 초래하는지 여부에 따라 공소장변경을 요하는지 여부가 결정되는데, 판례는 반대의 입장이지만(^{대판 1971.1.12,}_{70도2216}) 폭행은 공소사실인 폭행치상에 포함된 축소사실이고, 폭행치상에 대한 방어활동은 폭행죄에 대한 방어활동을 모두 포괄할 수 있다고 볼 수 있으므로 방어권행사에 불이익을 초래하지 않는다고 할 것이다 결국 일반적인 축소사실의 경우에 통설·판례는 '대는 소를 포함한다'는 명제에 따라 공소장변경없이 심판할 수 있다고 보고 있으므로 사안에서 수소법원은 공소장의 변경이 없이도 甲을 폭행죄로 심판할 수 있다고 본다. ② 축소사실에 대한 법원의 심판의무 인정여부와 관련하여 논란이 있으나, 판례는 ⅰ) 축소사실이 중대하지 않아야 하며, ⅱ) 축소사실을 처벌하지 않는 것이 실체적 진실의 발견이라는 형사소송의 목적에 비추어 현저히 정의와 형평에 반하지 않는 한 유죄판결을 하지 않아도 위법이 아니라는 입장인 것 같다.

둘째, 설문 (2)에 대하여 살펴보면, 항소심에서 반의사불벌죄인 폭행죄로 공소장이 변경되고 피해자 乙이 甲의 처벌을 원하지 않는다는 의사표시를 하였는바, 먼저 항소심에서 공소장변경이 허용되는지 여부가 문제되고, 다음으로 형사소송법 제232조 제1항, 제3항과 관련하여 처벌불원의 의사표시가 효력이 있느냐가 문제된다. 이에 따라 법원이 폭행죄의 유죄판결을 할 것인가 아니면 공소기각의 판결을 할 것인가가 결정된다. 따라서 ① 항소심에서의 공소장변경 허용여부와 관련하여 항소심에서 공소장변경이 허용되느냐는 항소심의 구조를 어떻게 파악할 것인가와 직접 관련되는 문제이다. 이에 대하여 학설은 전면적 부정설, 제한적 허용설, 전면적 허용설 등이 대립하고 있으며, 판례는 원칙적으로 속심설의 입장에서 공소장변경이 허용된다는 입장을 취하고 있다. ② 처벌불원의 의사표시의 효력과 관련하여 학설에는 고소의 취소와 반의사불벌죄의 처벌희망의 의사표시의 철회시기를 제1심 판결선고전까지로 제한한 형사소송법 제232조 제1항과 제3항을 근거로 항소심에서의 처벌불원의 의사표시는 효력이 없다는 효력부정설과 항소심에서 공소장의 변경이 있는 경우에는 항소심이 사실상 제1심이 되므로 항소심에서 반의사불벌죄로 공소장이 변경된 경우 그 처벌을 희망하는 의사표시의 철회는 공소장변경이 있는 항소심 판결선고전까지는 유효하게 할 수 있다는 효력긍정설이 대립하고 있다. 이에 대하여 판례는 비록 항소심에 이르러 비로소 반의사불벌죄가 아닌 죄에서 반의사불벌죄로 공소장변경이 있었다 하여 항소심인 제2심을 제1심으로 볼 수는 없다고 하여 반의사불벌죄에 있어서 처벌을 희망하지 아니하는 의사의 표시는 제1심 판결선고전까지 할 수 있다(대판 1988.3.8, 85도2518)는 입장이다. ③ 축소사실의 인정여부와 관련하여 비반의사불벌죄인 폭행치상의 공소사실이 반의사불벌죄인 폭행죄의 공소사실로 판명된 경우에도 비친고죄의 공소사실이 친고죄의 공소사실로 판명된 경우와 동일한 논의가 가능한지 문제되는데, 항소심에서 반의사불벌죄로 공소장이 변경된 경우 그 처벌을 희망하는 의사표시를 철회할 수 있는지에 관한 위의 판례의 입장을 고려한다면 동일한 논의가 가능하다고 본다. 즉 개정형법에서 강간죄가 비친고죄로 변경되기 전의 종래 판례는 강간치사를 강간미수로(대판 1969.2.18, 68도106), 강간치상을 강간죄로(대판 1988.3.8, 87도2673), 강도강간죄를 강간죄(대판 1987.5.12, 87도792)로 인정한 바 있으며, 그 후에도 강제추행치상을 강제추행으로 인정할 수 있다는 입장인데, 그 근거에 대하여 ㉠ 강제추행치상의 공소사실 중에는 강제추행의 공소사실도 포함되어 있다고 볼 것이므로 강제추행치상의 공소사실에 대한 피고인의 방어행위는 동시에 강제추행의 공소사실에 대한 방어행위를 겸하고 있으며, ㉡ 고소와 그의 취소는 고소의 대상이 된 범죄사실과 동일성이 인정되는 범위내의 공소사실 전부에 대하여 그의 효력이 미치는 것이어서, 피고인으로서는 그 방어행위의 일환으로 자신의 행위로 인하여 피해자에게 강제추행치상죄에서의 상해를 입힌 사실이 없다는 주장을 하고 법원이 그와 같은 주장을 받아들여 피고인의 행위가 강제추행죄로 처벌하는 경우까지도 대비하여 강제추행죄에 관한 고소인의 고소취소의 원용 등 일체의 방어행위를 할 수 있으므로, 법원이 공소장변경절차를 거치지 아니하고 강제추행치상죄의 공소사실에 대하여 강제추행죄를 인정·처벌하였다고 하더라도, 그로 인하여 피고인에게 미처 예기하지 못한 불의의 타격을 가하여 강제추행죄에 관한 방어권 행사에 어떠한 불이익을 주었다고는 할 수 없다(대판(전합) 1999.4.15, 96도1922)는 점을 들고 있다.

결국 사안의 경우 항소심에서 공소장변경이 허용되므로 폭행죄로의 공소장변경은 인정되지만, 乙의 처벌을 원치 않는다는 의사표시는 제1심 판결선고전까지 할 수 있으므로(판례) 항소심에서의 처벌불원의 의사표시는 효력이 없다고 할 것이다. 따라서 법원은 甲에게 폭행죄에 대하여 유죄를 선고해야 할 것이다.

공판절차의 진행

제 1 절 공판준비절차

Ⅰ. 서   설

1. 의   의

공판준비절차란 공판기일에서의 심리를 준비하기 위하여 수소법원에 의하여 행해지는 절차를 말한다. 공판기일의 심리를 준비하기 위한 것인 한, 제1회 공판기일전은 물론 제1회 공판기일 후에도 행할 수 있다. 다만 수소법원에 의하여 행해지는 절차임을 요하므로 수소법원과 관계없이 행해지는 증거보전이나 각종 영장의 발부는 공판준비에 포함되지 않는다. 이러한 공판준비절차는 공소장부본의 송달($\frac{제266}{조}$), 피고인의 의견서제출($\frac{제266조}{의2}$), 공판기일의 지정($\frac{제267}{조}$) 및 변경($\frac{제270}{조}$), 증거개시절차($\frac{제266조}{의3}$) 등 공판기일전의 절차와 공판기일의 집중심리를 위하여 재판장이 특별히 시행하는 (좁은 의미의) 공판준비절차($\frac{제266조의5}{내지 15}$)로 나눌 수 있는데, 후자는 다시 제1회 공판기일을 열기 전에 행하는 기일전 공판준비절차와 공판기일이 열린 후 쟁점 및 증거의 정리를 위하여 공판기일과 공판기일 사이에 행하는 기일간 공판준비절차의 두 가지 유형으로 구분할 수 있으며, 현행법은 기일간 공판준비절차에 대하여 기일전 공판준비절차에 관한 규정을 준용하도록 규정하고 있다. 다만 국민참여재판에서는 배심원이 재판에 참여하는 특성상 좁은 의미의 공판준비절차가 필수적인 절차로 규정되어 있다 ($\frac{국민의형사재판참여에}{관한법률 제36조}$).

2. 개정배경

2007년 개정전 형사소송법 제273조는 공판기일전의 증거조사, 제274조는 당사자의 공판기일전의 증거제출에 관해 각각 규정하고 있었으나, 공소장일본주의의 정신에 비추어 위 각 조문의 '공판기일전'을 '제1회 공판기일 이후의 공판기일 전'을 의미한다고 해석해 왔다. 따라서 신속한 재판진행과 집중심리를 위하여 제1회 공판기일 전에 사건의 쟁점을 정리하고 입증계획을 수립한다는 의미에서의 공판준비절차 제도는 운영되지 않았으므로 종래의 재판실무는 피고인이 자백하는 사건이든 다투는 사건이든, 간단한 사건이든 복잡한 사건이든 가리지 않고 일률적으로 접수되는 순서대로 순차적으로 공판기일을 지정하여 똑같은 방식으로 진행하는 것이므로 사건의 쟁점을 조기에 파악할 수 없었고, 공판기일이 공전되거나 부실하게 진행되는 경우가 없지 않았다. 이러한 문제점을 개선하기 위해 공판준비절차를 도입하여 범행을 자백하는 사건의 경우는 신속하게 절차를 진행하는 한편, 증거관계가 복잡하거나 다툼이 있는 사건의 경우는 별도의 기일을 마련하여 쟁점을 정리한 후, 공판기일을 진행함으로써 재판의 신속·충실화를 통해 한정된 사법자원의 효율적인 운용을 기할 필요성이 제기되어 공판준비절차가 도입되었다.

3. 증거개시와 공판준비절차와의 관계

검사가 보관중인 서류 등에 대한 증거개시는 공판준비절차 회부절차에 관계없이 독립적으로 진행될 수 있고, 재판장이 사건을 공판준비절차에 회부한 경우에는 그 절차 내에서 진행될 수도 있다.

Ⅱ. 공판기일전의 절차

1. 공소장부본의 송달

법원은 공소의 제기가 있는 때에는 지체없이 공소장의 부본을 피고인 또는 변호인에게 송달하여야 한다. 단 제1회 공판기일전 5일까지 송달하여야 한다(제266조). 이에 위반한 경우에는 피고인은 공판기일의 모두진술단계에서 이의신청을 할 수 있다. 다만 피고인이 이의하지 않고 사건의 실체에 대하여 진술한 때에는 토지관할위반신청(제320조 제2항)의 경우와 동일하게 이의신청권이 소멸한다고 보아야 한다.

> 참조판례 「형사소송법 제266조는 "법원은 공소의 제기가 있는 때에는 지체없이 공소장의 부본을 피고인 또는 변호인에게 송달하여야 한다. 단, 제1회 공판기일 전 5일까지 송달하여야 한다."고 규정하고 있으므로, 제1심이 공소장 부본을 피고인 또는 변호인에게 송달하지 아니한 채 공판절차를 진행하였다면 이는 소송절차에 관한 법령을 위반한 경우에 해당한다. 이러한 경우에도 피고인이 제1심 법정에서 이의함이 없이 공소사실에 관하여 충분히 진술할 기회를 부여받았다면 판결에 영향을 미친 위법이 있다고 할 수 없으나, 제1심이 공시송달의 방법으로 피고인을 소환하여 피고인이 공판기일에 출석하지 아니한 가운데 제1심의 절차가 진행되었다면 그와 같은 위법한 공판절차에서 이루어진 소송행위는 효력이 없으므로, 이러한 경우 항소심은 피고인 또는 변호인에게 공소장 부본을 송달하고 적법한 절차에 의하여 소송행위를 새로이 한 후 항소심에서의 진술과 증거조사 등 심리결과에 기초하여 다시 판결하여야 한다」(대판 2014.4.24, 2013도9498).

2. 의견서의 제출

피고인 또는 변호인은 공소장 부본을 송달받은 날부터 7일 이내에 공소사실에 대한 인정 여부, 공판준비절차에 관한 의견 등을 기재한 의견서를 법원에 제출하여야 한다. 다만 피고인이 진술을 거부하는 경우에는 그 취지를 기재한 의견서를 제출할 수 있다(제266조의2 제1항). 법원은 이러한 의견서가 제출된 경우 이를 검사에게 송부하여야 한다(동조 제2항). 이 경우 재판장은 효율적이고 집중적인 심리를 위하여 사건을 공판준비절차에 부칠 수 있는데(^{제266조의5}_{제1항}), 공판준비절차는 주장 및 입증계획 등을 서면으로 준비하게 하거나 공판준비기일을 열어 진행하며(^{동조}_{제2항}), 검사·피고인 또는 변호인은 증거를 미리 수집·정리하는 등 공판준비절차가 원활하게 진행될 수 있도록 협력하여야 한다(^{동조}_{제3항}).

3. 국선변호인의 선정에 관한 고지

국선변호인이 필요한 사건에서 피고인에게 변호인이 없는 경우 재판장은 ① 제33조 제1호 내지 제4호 및 제282조에 해당하는 때에는 피고인에게 변호인없이 개정할 수 없는 취지와 피고인 스스로 변호인을 선임하지 아니할 경우에는 법원이 국선변호인을 선정하게 된다는 취지, ② 제33조 제5호에 해당하는 때에는 법원에 대하여 국선변호인의 선정을 청구할 수 있다는 취지를 서면으로 고지하여야 한다(^{규 제17조}_{제1항, 제2항}).

4. 공판기일의 지정·변경 및 통지와 소환

(1) 공판기일의 지정

재판장은 공판기일을 정하여야 하며(^{제267조}_{제1항}), 가능한 한 각 사건에 대한 개정시간을 구분하여 지정하여야 한다(^규_{제124조}). 소년형사사건에 대하여 공소제기가 있는 때에는 재판장은 지체없이 다른 사건에 우선하여 제1회 공판기일을 지정하여야 한다(^규_{제179조}).

(2) 공판기일의 변경

재판장은 직권 또는 검사, 피고인이나 변호인의 신청에 의하여 공판기일을 변경할 수 있다(^{제270조}_{제1항}). 공판기일변경신청에는 공판기일의 변경을 필요로 하는 사유와 그 사유가 계속되리라고 예상되는 기간을 명시하여야 하며, 진단서 기타의 자료로써 이를 소명하여야 한다(^규_{제125조}).

(3) 공판기일의 통지와 소환

공판기일은 검사·변호인과 보조인에게 통지하여야 하며(^{제267조}_{제3항}), 공판기일에는 피고인, 대표자 또는 대리인을 소환하여야 한다(^{동조}_{제2항}). 제1회 공판기일은 소환장의 송달 후 5일 이상의 유예기간을 두어야 한다. 그러나 피고인이 이의없는 때에는 유예기간을 두지 아니할 수 있다(^{제269}_조). 다만 피고인이 기일에 출석한다는 서면을 제출하거나 출석한 피고인에 대하여 차회기일을 정하여 출석을 명한 때에는 소환장의 송달과 동일한 효력이 있다(^{제76조}_{제2항}). 법원의 구내에 있는 피고인에 대하여 공판기일을 통지한 때에도 소환장 송달의 효력이 있다(^{제268}_조).

참조판례 「[1] 형사소송법은 피고인을 소환함에 있어서는 법률이 정한 방식에 따라 작성된 소환장을 송달하여야 한다고 정하면서(제73조, 제74조, 제76조 제1항), 다만 피고인이 기일에 출석한다는 서면을 제출하거나 출석한 피고인에 대하여 차회기일을 정하여 출석을 명한 때, 구금된 피고인에 대하여 교도관을 통하여 소환통지를 한 때, 법원의 구내에 있는 피고인에 대하여 공판기일을 통지한 때 등에는 소환장의 송달과 동일한 효력을 인정하고 있다(제76조 제2항 내지 제5항, 제268조). 위와 같은 관련 규정의 문언과 취지, 그리고 피고인과 달리 공판기일 출석의무가 없는 검사·변호인 등의 소송관계인에 대해서는 소환을 하는 대신 공판기일을 통지하도록 하고 있는 점(형사소송법 제267조 제3항) 등을 종합하면, 피고인에 대한 공판기일 소환은 형사소송법이 정한 소환장의 송달 또는 이와 동일한 효력이 있는 방법에 의하여야 하고, 그 밖의 방법에 의한 사실상의 기일의 고지 또는 통지 등은 적법한 피고인 소환이라고 할 수 없다.

[2] 피고인이 원심 공판기일에 불출석하자, 검사가 피고인과 통화하여 피고인이 변호인으로 선임한 갑 변호사의 사무소로 송달을 원하고 있음을 확인하고 피고인의 주소를 갑 변호사 사무소로 기재한 주소보정서를 원심에 제출하였는데, 그 후 갑 변호사가 사임하고 새로이 을 변호사가 변호인으로 선임된 사안에서, 검사가 피고인의 주소로서 보정한 갑 변호사 사무소는 피고인의 주소, 거소, 영업소 또는 사무소 등의 송달장소가 아니고, 피고인이 형사소송법 제60조에 따라 송달영수인과 연명하여 서면으로 신고한 송달영수인의 주소에도 해당하지 아니하며, 달리 그곳이 피고인에 대한 적법한 송달장소에 해당한다고 볼 자료가 없으므로, 원심이 피고인에 대한 공판기일소환장 등을 갑 변호사 사무소로 발송하여 그 사무소 직원이 수령하였더라도 형사소송법이 정한 적법한 방법으로 피고인의 소환이 이루어졌다고 볼 수 없으므로, 이와 달리 본 원심의 조치에 소송절차에 관한 법령을 위반한 잘못이 있다」(대판 2018.11.29, 2018도13377).

III. 증거개시절차

1. 입법취지

현행법은 증거개시제도(Discovery)를 도입하였는데, 이는 피고인을 위한 변호준비의 불가결한 전제가 되고, 공판절차의 신속한 진행을 위하여 도움이 되며, 검사의 기습적 공격을 방지하여 공정한 재판의 진행을 가능하게 한다. 왜냐하면 변호인의 조력을 받을 권리는 변호인과의 자유로운 접견교통권에 그치지 아니하고 더 나아가 변호인을 통하여 수사서류를 포함한 소송관계서류를 열람·등사하고 이에 대한 검토결과를 토대로 공격과 방어의 준비를 할 수 있는 권리도 포함된다고 보아야 하기 때문이다.

2. 열람·등사의 대상

(1) 피고인측의 서류 등의 열람·등사

① 공소제기 후 검사가 보관하는 서류 등의 열람·등사: 피고인 또는 변호인은 공소제기된 사건에 관한 서류 또는 물건의 목록과 공소사실의 인정 또는 양형에 영향을 미칠 수 있는 ㉠ 검사가 증거로 신청할 서류 등(제1호), ㉡ 검사가 증인으로 신청할 사람의 성명·사건과

의 관계 등을 기재한 서면 또는 그 사람이 공판기일 전에 행한 진술을 기재한 서류 등(제2호), ⓒ 제1호 또는 제2호의 서류 등의 증명력에 관련된 서류 등(제3호), ㉣ 피고인 또는 변호인이 행한 법률상·사실상 주장과 관련된 서류 등(관련 형사재판확정기록, 불기소처분기록 등을 포함한다)(제4호)의 열람·등사 또는 서면의 교부를 신청할 수 있다. 다만 피고인에게 변호인이 있는 경우에는 피고인은 열람만을 신청할 수 있고 등사나 서면의 교부는 변호인만이 신청할 수 있다(제266조의3 제1항).

> **참조판례** 「검찰청이 보관하고 있는 불기소처분기록에 포함된 불기소결정서는 형사피의자에 대한 수사의 종결을 위한 검사의 처분 결과와 이유를 기재한 서류로서 그 작성목적이나 성격 등에 비추어 이는 수사기관 내부의 의사결정과정 또는 검토과정에 있는 사항에 관한 문서도 아니고 그 공개로써 수사에 관한 직무의 수행을 현저하게 곤란하게 하는 것도 아니라 할 것이므로, 달리 특별한 사정이 없는 한 변호인의 열람·지정에 의한 공개의 대상이 된다」(대판 2012.5.24, 2012도1284).

열람·등사를 신청할 수 있는 서류 등에는 도면·사진·녹음테이프·비디오테이프·컴퓨터용 디스크 그 밖에 정보를 담기 위하여 만들어진 물건으로서 문서가 아닌 특수매체가 포함된다. 이러한 특수매체는 사생활 침해 및 전파 가능성이 매우 높은 특성을 가지고 있으므로, 등사를 신청하는 경우에는 필요한 최소한의 범위에 한하여 허용되며(규 제123조의3), 참고인조사나 피고인신문에 따라 작성된 영상녹화물에 대한 열람·등사는 원본과 함께 작성된 부본에 의하여 이를 행할 수 있다(규 제123조의3).

결국 이에 따르면 수사기록 중 증거로서 중요한 의미를 가지고 있고 증거가치의 변화 내지 증거인멸 등의 위험이 적은 유형적인 증거들, 즉 압수조서·증거물·실황조사서·감정서·피의자신문조서·피의자진술서 등이 여기에 포함될 것이다. 이와 관련하여 법문에는 증인리스트 및 참고인진술조서 등을 포함하고 있으나, 법정외 증언을 원칙적으로 사용할 수 없는 참고인의 경우에 무제한적인 증거개시를 인정한다면 증인에 대한 피고인측의 위증 내지 협박으로 인하여 법정진술이 번복될 가능성이 상존하므로 매우 신중을 기해야 할 것이다.[1]

또한 수사기관 내부의 의견서, 보고문서, 메모, 법률검토, 내사자료 등 피고인의 범죄사실 입증과 관련된 증거가 아닌 자료는 원칙적으로 피고인의 방어활동과 직접 관계가 없으므로 열람·등사의 대상이 되지 않는다고 보아야 한다.

② **공판준비기일 또는 공판기일에서의 열람·등사:** 피고인 또는 변호인은 공판준비 또는 공판기일에서 법원의 허가를 얻어 구두로 검사에게 위의 서류등의 열람 또는 등사를 신청할 수 있다(규 제123조의5 제1항).

---

1) 미국에서는 검사가 증거를 개시할 경우에도 피고인의 진술에 대한 것뿐이지, 검사가 증인으로 신청한 참고인의 진술에 대한 내용이나 증인 리스트는 증거개시의 대상이 되지 않는다. 다만 참고인의 진술의 경우, Jencks Act(18 U.S.C. § 3500)에 의하여 해당 참고인이 증인으로 법정에서 진술한 이후에만 탄핵의 목적으로 사용하기 위하여 피고인측이 증인의 수사단계의 진술내용을 볼 수 있다.

(2) 검사의 서류등의 열람·등사

검사는 피고인 또는 변호인이 공판기일 또는 공판준비절차에서 현장부재·심신상실 또는 심신미약 등 법률상·사실상의 주장을 한 때에는 피고인 또는 변호인에게 ㉠ 피고인 또는 변호인이 증거로 신청할 서류 등(째), ㉡ 피고인 또는 변호인이 증인으로 신청할 사람의 성명·사건과의 관계 등을 기재한 서면(째), ㉢ 제1호의 서류 등 또는 제2호의 서면의 증명력과 관련된 서류 등, ㉣ 피고인 또는 변호인이 행한 법률상·사실상의 주장과 관련된 서류 등의 열람·등사 또는 서면의 교부를 요구할 수 있으며(제266조의11), 동 서류에 관하여는 제266조의3 제6항을 준용한다(동조제5항).

피고인 또는 변호인은 공소제기 후 검사가 보관하고 있는 서류 등(제266조의3제1항)의 열람·등사 또는 서면의 교부를 거부한 때에는 자신이 보관하고 있는 서류 등의 열람·등사 또는 서면의 교부를 거부할 수 있다. 다만 법원이 피고인 또는 변호인의 신청을 기각하는 결정을 한 때에는 그러하지 아니하다(제266조의11제2항). 검사는 피고인 또는 변호인이 제1항에 따른 요구를 거부한 때에는 법원에 그 서류 등의 열람·등사 또는 서면의 교부를 허용할 것을 신청할 수 있으며(동조제3항), 이 경우 제266조의4 제2항부터 제5항까지의 규정이 준용된다(동조제4항).

증거개시제도의 도입에 따라 검사는 공소사실의 입증에 필요한 증거는 물론 피고인에게 유리한 자료까지 개시할 의무를 지므로, 피고인도 방어권행사와 관련된 법률상·사실상의 주장을 한 때에는 그와 관련된 서류 등과 증인의 인적 사항 등은 공개하는 것이 합리적이다. 따라서 검사의 증거개시의무에 대응하여 피고인 측에도 증거개시의무를 부과함으로써 공판절차에서 신속하고 집중적인 심리가 가능하도록 하였다. 특히 피고인측이 개시하여야 할 서류 등에는 제266조의3 제6항 소정의 특수매체가 포함되며, 특수매체에 대한 등사는 최소한의 범위에 한한다.

3. 열람·등사권의 제한

수사기록에 대한 열람·등사권이 헌법상 피고인에게 보장된 신속하고 공정한 재판을 받을 권리와 변호인의 조력을 받을 권리에 의하여 보호되는 권리라 하더라도 무제한적인 것은 아니며, 또한 헌법상 보장된 다른 기본권과의 사이에 조화를 이루어야 한다. 국가안보, 증인보호의 필요성, 증거인멸의 염려, 관련 사건의 수사에 장애를 가져올 것으로 예상되는 구체적인 사유 등 열람·등사 또는 서면의 교부를 허용하지 아니할 상당한 이유가 있다고 인정하는 때에는 검사는 열람·등사권의 거부 또는 그 범위를 제한할 수 있다(제266조의3 제2항). 다만, 검사는 서류등의 목록에 대하여는 열람·등사를 거부할 수 없다(동조제5항).

피고인 또는 변호인은 검사가 보관하고 있는 서류 등의 열람·등사 신청을 한 때부터 48시간 이내에 검사가 열람·등사 또는 서면의 교부를 거부하거나 그 범위를 제한하는 이유를 서면으로 통지하지 아니하는 때에는 법원에 그 서류등의 열람·등사 또는 서면의 교부를 허용하도록 할 것을 신청할 수 있다(동조 제3, 제4항).

4. 법원의 열람·등사에 관한 결정

피고인 또는 변호인은 검사가 서류등의 열람·등사 또는 서면의 교부를 거부하거나 그 범위를 제한한 때에는 법원에 그 서류등의 열람·등사 또는 서면의 교부를 허용하도록 할 것을 신청할 수 있다. 법원은 이러한 신청이 있는 때에는 열람·등사 또는 서면의 교부를 허용하는 경우에 생길 폐해의 유형·정도, 피고인의 방어 또는 재판의 신속한 진행을 위한 필요성 및 해당 서류등의 중요성 등을 고려하여 검사에게 열람·등사 또는 서면의 교부를 허용할 것을 명할 수 있다. 이 경우 열람 또는 등사의 시기·방법을 지정하거나 조건·의무를 부과할 수 있다(제266조 의4 제1, 2항). 검사는 이러한 열람·등사 또는 서면의 교부에 관한 법원의 결정을 지체없이 이행하지 아니하는 때에는 해당 증인 및 서류등에 대한 증거신청을 할 수 없다(동조 제5항).

참조판례 「형사소송법 제266조의4 제5항은 검사가 수사서류의 열람·등사에 관한 법원의 허용 결정을 지체 없이 이행하지 아니하는 때에는 해당 증인 및 서류 등에 대한 증거신청을 할 수 없도록 규정하고 있다. 그런데 이는 검사가 그와 같은 불이익을 감수하기만 하면 법원의 열람·등사 결정을 따르지 않을 수도 있다는 의미가 아니라, 피고인의 열람·등사권을 보장하기 위하여 검사로 하여금 법원의 열람·등사에 관한 결정을 신속히 이행하도록 강제하는 한편, 이를 이행하지 아니하는 경우에는 증거신청상의 불이익도 감수하여야 한다는 의미로 해석하여야 할 것이므로, 법원이 검사의 열람·등사 거부처분에 정당한 사유가 없다고 판단하고 그러한 거부처분이 피고인의 헌법상 기본권을 침해한다는 취지에서 수사서류의 열람·등사를 허용하도록 명한 이상, 법치국가와 권력분립의 원칙상 검사로서는 당연히 법원의 그러한 결정에 지체 없이 따라야 할 것이다. 그러므로 법원의 열람·등사 허용 결정에도 불구하고 검사가 이를 신속하게 이행하지 아니하는 경우에는 해당 증인 및 서류 등을 증거로 신청할 수 없는 불이익을 받는 것에 그치는 것이 아니라, 그러한 검사의 거부행위는 피고인의 열람·등사권을 침해하고, 나아가 피고인의 신속·공정한 재판을 받을 권리 및 변호인의 조력을 받을 권리까지 침해하게 되는 것이다(헌재 2010.6.24. 2009헌마257.)」.

이러한 결정은 공판준비기일 또는 공판기일에서 법원의 허가를 얻어 구두로 상대방에게 서류 등의 열람·등사를 신청한 경우에도 동일하게 적용된다(규 제123조 의5 제2항).

Ⅳ. 기일전 공판준비절차

1. 의 의

현행법은 공판기일의 효율적이고 집중적인 심리를 준비하기 위하여 **기일전 공판준비절차**를 도입하였다(제266조 의5). 원래 기일전 공판준비절차는 증거개시제도와 함께 국민참여재판이 도입됨에 따라 배심원이 재판에 참여하는 경우에 공판심리를 신속하게 진행하여 배심원이 장기간에 걸쳐 재판에 관여하는 것을 막기 위하여 창안된 제도였으나, 현행법이 이를 일반 공판절차에 확대·적용한 것이다.

2. 공판준비절차의 대상

기일전 공판준비절차의 대상은 효율적이고 집중적인 심리가 필요한 사건으로서(제266조의5 제1항), 통상 ㉠ 사안이 복잡하고 쟁점이 많은 사건, ㉡ 증거관계가 많거나 복잡한 사건, ㉢ 증거개시가 문제된 사건 등이 여기에 해당할 것이다. 이를 판단하기 위하여 현행법은 피고인 또는 변호인에게 공소장부본을 송달받은 날부터 7일 이내에 공소사실에 대한 인정여부, 공판준비절차에 관한 의견 등을 기재한 의견서를 법원에 제출하여야 할 의무를 부과하고, 법원은 의견서가 제출된 경우에 이를 검사에게 송부하게 하고 있다(제266조의2). 다만 이러한 공판준비절차는 국민참여재판에 있어서는 필수적이지만(국민참여법 제36조 제1항), 배심원이 참여하지 않는 일반사건에 있어서는 재판장이 재량으로 결정하는 임의절차에 불과하다.

3. 공판준비절차의 진행방식

(1) 서면제출에 의한 방식

검사·피고인 또는 변호인은 법률상·사실상 주장의 요지 및 입증취지 등이 기재된 서면을 법원에 제출할 수 있으며(제266조의6 제1항), 재판장은 검사·피고인 또는 변호인에 대하여 제1항에 따른 서면의 제출을 명할 수 있다(제2항). 법원은 이러한 서면이 제출된 때에는 그 부본을 상대방에게 송달하여야 하며(제3항), 재판장은 검사·피고인 또는 변호인에게 공소장 등 법원에 제출된 서면에 대한 설명을 요구하거나 그 밖에 공판준비에 필요한 명령을 할 수 있다(제4항).

(2) 공판준비기일 지정에 의한 방식

① **지정 및 신청:** 법원은 검사·피고인 또는 변호인의 의견을 들어 공판준비기일을 지정할 수 있으며(제266조의7 제1항), 검사·피고인 또는 변호인은 법원에 대하여 공판준비기일의 지정을 신청할 수 있다. 이 경우 당해 신청에 관한 법원의 결정에 대하여는 불복할 수 없다(제2항). 법원은 합의부원으로 하여금 공판준비기일을 진행하게 할 수 있으며, 이 경우 수명법관은 공판준비기일에 관하여 법원 또는 재판장과 동일한 권한이 있다(제3항).

합의사건이 공판준비절차에 회부된 경우, 사안에 따라서는 합의부의 구성원 전원이 공판준비기일에 참석할 필요가 없고 합의부원으로 하여금 진행하게 하는 것이 효율적인 운용방법이 될 수 있기 때문이다. 이에 따라 법원이 수명법관으로 하여금 공판준비기일을 진행할 수 있도록 규정한 것이다.

② **검사 및 변호인 등의 출석:** 공판준비기일에는 검사 및 변호인이 출석하여야 하며(제266조의8 제1항), 공판준비기일에는 법원사무관등이 참여한다(제2항). 법원은 검사·피고인 및 변호인에게 공판준비

기일을 통지하여야 하며($^{제3항}_{동조}$), 공판준비기일이 지정된 사건에 관하여 변호인이 없는 때에는 직권으로 변호인을 선정하여야 한다($^{제4항}_{동조}$). 법원은 필요하다고 인정하는 때에는 피고인을 소환할 수 있으며, 피고인은 법원의 소환이 없는 때에도 공판준비기일에 출석할 수 있다($^{제5항}_{동조}$). 이 경우 재판장은 출석한 피고인에게 진술을 거부할 수 있음을 알려주어야 한다($^{제6항}_{동조}$). 공판준비절차의 도입에 따라 공판준비기일에 출석할 대상의 범위를 정해둘 필요성 때문에 규정한 것이다.

4. 공판준비절차의 내용

법원은 기일전 공판준비절차에서는 다음의 행위를 할 수 있다($^{제266조의9}_{제1항}$). 이 경우 증거조사에 대한 이의신청($^{제296}_{조}$) 및 재판장의 처분에 대한 이의($^{제304}_{조}$)가 인정된다($^{동조}_{제2항}$).

(1) 쟁점정리

쟁점정리에 관한 사항에는 ㉠ 공소사실 또는 적용법조를 명확하게 하는 행위($^{제266조의9}_{제1항 제1호}$), ㉡ 공소사실 또는 적용법조의 추가·철회 또는 변경을 허가하는 행위($^{제2}_{호}$), ㉢ 공소사실과 관련하여 주장할 내용을 명확히 하여 사건의 쟁점을 정리하는 행위($^{제3}_{호}$), ㉣ 계산이 어렵거나 그 밖에 복잡한 내용에 관하여 설명하도록 하는 행위($^{제4}_{호}$)가 있는데, 검사는 증명하려는 사실을 밝히고 이를 증명하는데 사용할 증거를 신청하여야 하며($^{규 제123조}_{의7 제1항}$), 피고인 또는 변호인은 검사의 증명사실과 증거신청에 대한 의견을 밝히고, 공소사실에 관한 사실상·법률상 주장과 그에 대한 증거를 신청하여야 한다($^{동조}_{제2항}$). 검사·피고인 또는 변호인은 필요한 경우 상대방의 주장 및 증거신청에 대하여 필요한 의견을 밝히고, 그에 관한 증거를 신청할 수 있다($^{동조}_{제3항}$).

이러한 쟁점정리에 관한 사항에 대하여 검사는 증명하려는 사실을 밝히고 이를 증명하는데 사용할 증거를 신청하여야 하며($^{규 제123조}_{의7 제1항}$), 피고인 또는 변호인은 검사의 증명사실과 증거신청에 대한 의견을 밝히고, 공소사실에 관한 사실상·법률상 주장과 그에 대한 증거를 신청하여야 한다($^{동조}_{제2항}$). 검사·피고인 또는 변호인은 필요한 경우 상대방의 주장 및 증거신청에 대하여 필요한 의견을 밝히고, 그에 관한 증거를 신청할 수 있다($^{동조}_{제3항}$).

(2) 증거정리 및 증거개시

증거정리에 관한 사항에는 ㉠ 증거신청을 하도록 하는 행위($^{제266조의9}_{제1항 제5호}$), ㉡ 신청된 증거와 관련하여 입증취지 및 내용 등을 명확하게 하는 행위($^{제6}_{호}$), ㉢ 증거신청에 관한 의견을 확인하는 행위($^{제7}_{호}$), ㉣ 증거 채부(採否)의 결정을 하는 행위($^{제8}_{호}$), ㉤ 증거조사의 순서 및 방법을 정하는 행위($^{제9}_{호}$)가 있으며, 증거개시에 관한 사항에는 서류 등의 열람 또는 등사와 관련된 신청의 당부를 결정하는 행위($^{제266조의9}_{제1항 제10호}$)가 있다. 제5호부터 제9호까지의 행위가 증거정리에 관한 사항에 해당하며, 제10호의 행위가 증거개시에 관한 사항이다.

(3) 심리계획의 수립

심리계획에 관한 사항에는 ㉠ 공판기일을 지정 또는 변경하는 행위($_{제1항 제11호}^{제266조의9}$), ㉡ 그 밖에 공판절차의 진행에 필요한 사항을 정하는 행위($_{호}^{제12}$)가 있는데, 법원은 사건을 공판준비절차에 부친 때에는 집중심리를 하는데 필요한 심리계획을 수립하여야 하며($_{의8 제1항}^{규 제123조}$), 검사·피고인 또는 변호인은 특별한 사정이 없는 한 필요한 증거를 공판준비절차에서 일괄하여 신청하여야 한다($_{제2항}^{동조}$).

5. 공판준비절차 결과의 확인

법원은 공판준비기일을 종료하는 때에는 검사·피고인 또는 변호인에게 쟁점 및 증거에 관한 정리결과를 고지하고($_{제1항}^{제266조의10}$), 이에 대한 이의의 유무를 확인하여야 하며, 쟁점 및 증거에 관한 정리결과를 공판준비기일조서에 기재하여야 한다($_{제2항}^{동조}$). 공판준비기일에도 조서를 작성하지만, 공판준비기일조서가 공판조서와 같이 자세히 작성되면 공판준비기일이 본안재판처럼 될 염려가 있으므로 공판조서와는 달리 공판준비기일에서 확인된 쟁점 및 증거의 정리 결과만을 기재하도록 한 것이다.

6. 공판준비절차의 종결

(1) 종결사유

법원은 ㉠ 쟁점 및 증거의 정리가 완료된 때, ㉡ 사건을 공판준비절차에 부친 뒤 3개월이 지난 때, ㉢ 검사·변호인 또는 소환받은 피고인이 출석하지 아니한 때의 어느 하나에 해당하는 사유가 있는 때에는 공판준비절차를 종결하여야 한다. 다만, 사건을 공판준비절차에 부친 뒤 3개월이 지나거나, 검사·변호인 또는 소환받은 피고인이 출석하지 아니하더라도 공판준비절차를 계속하여야 할 상당한 이유가 있는 때에는 예외로 한다($_{12}^{제266조의}$).

(2) 종결의 효과

공판준비기일에서 신청하지 못한 증거가 ㉠ 그 신청으로 인하여 소송을 현저히 지연시키지 아니하는 때($_{호}^{제1}$), ㉡ 중대한 과실없이 공판준비기일에 제출하지 못하는 등 부득이한 사유를 소명한 때($_{호}^{제2}$) 등의 어느 하나에 해당하는 경우에는 공판기일에 신청할 수 있으며($_{13 제1항}^{제266조의}$), 이러한 사유에도 불구하고 법원은 직권으로 증거를 조사할 수 있다($_{제2항}^{동조}$). 공판준비절차의 실효성을 담보하기 위하여 공판준비기일에서 신청하지 못한 증거는 공판기일에 증거신청을 할 수 없으나(실권효), 예외적으로 위에서 언급한 사유가 있는 경우에 한하여 공판기일에 증거를 신청할 수 있도록 한 것이다.

이는 공판준비절차에서 쟁점이 정리되고, 신청할 증거까지 모두 확인하여 입증계획을 세운 뒤에 특별한 사정이 없는데도 위 과정을 무위로 돌릴 수 있다면 공판준비절차가 형식적으로 진행될 여지가 많으므로, 공판준비절차의 실효성을 확보하기 위하여 일정한 범위에서 실권효를 인정하면서도, 그 신청으로 인하여 소송이 현저히 지연되지 않는다는 점을 소명하거나, 중대한 과실 없이 공판준비기일에 제출하지 못한 점 등 부득이한 사유를 소명한 경우에는 공판기일에서의 증거신청을 허용하고 있는 것이다.

7. 공판준비기일의 재개

공판기일의 변론재개에 관한 규정($^{제305}_{조}$)은 공판준비기일의 재개에 관하여 준용한다($^{제266}_{조의14}$). 따라서 법원은 필요하다고 인정한 때에는 직권 또는 검사, 피고인이나 변호인의 신청에 의하여 결정으로 종결한 공판준비기일을 재개할 수 있다.

V. 기일간 공판준비절차

법원은 쟁점 및 증거의 정리를 위하여 필요한 경우에는 제1회 공판기일 후에도 사건을 공판준비절차에 부칠 수 있는데, 이를 **기일간 공판준비절차**라고 한다. 이 경우 기일전 공판준비절차에 관한 규정을 준용한다($^{제266조}_{의15}$).

제 2 절 공판정의 구성

> **사 례**
>
> 1. 서울지방법원은 시위도중 현주건조물 방화혐의로 기소된 대학생 甲에 대한 제1심 공판절차에서 출석한 피고인이 재판을 거부하면서 퇴정하고 변호인마저 이에 동조하여 퇴정하자, 재판장은 피고인 및 변호인없이 재판하겠다고 고지하면서 검사가 제출한 서증에 대한 증거조사를 실시하였다. 그리고 이를 모두 증거로 채택하여 변론을 종결한 후, 다음 공판기일에 유죄를 선고하였다. 서울지방법원의 공판심리절차는 적법한가?
> 2. 서울지방법원은 북한에 잠입하여 북한을 찬양고무하였다는 국가보안법 위반의 공소사실로 乙에 대한 심리를 진행하던 중, 乙의 변호인들이 재판장의 재판진행에 불만을 품고 재판장의 허가없이 모두 퇴정하였음에도 불구하고 증거조사를 한 후, 변론을 종결하고 다음 공판기일에 유죄를 선고하였다. 서울지방법원의 공판심리절차는 적법한가?

I. 서   설

공판기일에는 공판정에서 심리한다($^{제275조}_{제1항}$). **공판정**이란 공판을 행하는 법정을 말하고, 이 법정은 원칙적으로 법원에서 개정한다($^{법조법}_{제56조}$). 공판정은 판사와 검사, 법원사무관 등이 출석하여 개정하는데($^{제275조}_{제2항}$), 검사의 좌석과 피고인 및 변호인의 좌석은 대등하며, 법대의 좌우측에 마주 보고 위치하고, 증인의 좌석은 법대의 정면에 위치한다. 다만 피고인의 신문을 하는 때에는 피고인은 증인석에 좌석한다($^{동조}_{제3항}$).

II. 소송관계인의 출석

1. 검사의 출석

공판정은 검사가 출석하여 개정하는데($^{제275}_{조}$), 검사의 출석은 공판개정의 요건이다. 검사동일체의 원칙상 검사라면 누가 출석하여도 무방하지만, 검사직무대리($^{검찰, 제32조}_{제1항, 제2항}$)는 합의부 심판사건의 공판정에 출석하여 관여할 수 없다($^{동조}_{제3항}$). 다만 검사가 공판기일의 통지를 2회 이상 받고도 출석하지 아니하는 때에는 검사의 출석없이 개정할 수 있다($^{제278}_{조}$). 여기서 2회 이상이란 검사가 2회에 걸쳐 출석하지 아니한 때에는 그 기일에 바로 개정할 수 있다는 뜻이고, 반드시 계속하여 2회 이상 불출석할 것을 요하는 것은 아니다($^{대판 1966.11.29,}_{66도1415}$).

2. 피고인의 출석

(1) 원 칙

피고인의 출석은 피고인의 권리이자 의무이며, 공판개정의 요건이다($^{제276}_{조}$). 따라서 법정(法定)의 예외사유가 없음에도 불구하고 피고인의 출석없이 공판심리를 행한 경우에는 항소이유($^{제361조의}_{5 제1호}$) 또는 상고이유($^{제383조}_{제1호}$)에 해당한다.

(2) 예 외

① 소송무능력자의 소송행위의 대리와 대표

가) 피고인이 법인인 경우: 피고인이 법인인 경우에는 법인이 소송행위를 할 수 없으므로 그 대표자가 소송행위에 관하여 법인을 대표하는 것이나($^{제27조}_{제1항}$), 대표자가 스스로 출석할 필요는 없고 대리인을 출석하게 할 수 있다($^{제276조}_{단서}$). 이 경우에는 그 대리인에게 대리권을 수여한 사실을 증명하는 서면을 법원에 제출하여야 한다($^{규}_{제126조}$).

나) 피고인이 의사무능력자인 경우: 형법 제9조 내지 제11조의 규정의 적용을 받지 아니하는 범죄사건에 관하여 피고인이 의사무능력자인 때에는 피고인 본인이 출석할 필요는 없고 그 소송행위를 대리하는 법정대리인 또는 특별대리인이 출석하면 된다($^{제26조}_{제28조}$). 따라서 이들 법정대리인 또는 특별대리인의 출석은 공판개정의 요건이 된다. 다만 위의 특례에 해당하는 사건이 아래의 경미사건에 해당한다면 법정대리인 등의 출석없이도 개정할 수 있다. 통상의

사건에서 피고인에게 의사능력이 없다면 공판절차의 정지사유($^{제306}_{조}$)가 된다.

② **경미사건:** 다액 500만원 이하의 벌금 또는 과료에 해당한 사건에 관하여는 피고인의 출석을 요하지 아니한다($^{제277조}_{제1호}$). 따라서 피고인은 출석의무가 없으며, 대리인을 선임하여 대신 출석시킬 권리가 인정된다. 즉결심판에 의하여 피고인에게 벌금 또는 과료를 선고하는 경우에도 피고인의 출석을 요하지 않는다($^{즉심법}_{제8조의2}$).

③ **법원으로부터 불출석에 대한 허가를 받은 사건:** 장기 3년 이하의 징역 또는 금고, 다액 500만원을 초과하는 벌금 또는 구류에 해당하는 사건에서 피고인의 불출석허가신청이 있고 법원이 피고인의 불출석이 그의 권리를 보호함에 지장이 없다고 인정하여 이를 허가한 사건인 경우에는 피고인의 출석을 요하지 아니한다. 다만 인정신문($^{제284}_{조}$)에 따른 절차를 진행하거나 판결을 선고하는 공판기일에는 출석하여야 한다($^{제277조}_{제3호}$).

④ **피고인에게 유리한 재판을 하는 경우**

가) 공소기각 또는 면소판결을 할 경우: 공소기각 또는 면소의 재판을 할 것이 명백한 사건에 관하여는 피고인의 출석을 요하지 않는다($^{제277조}_{제2호}$). 대리인을 출석시킬 권리는 위와 동일하다.

나) 의사무능력자인 피고인에 대하여 무죄 등을 선고할 경우: 피고인에게 사물의 변별능력 또는 의사결정능력이 없거나, 피고인이 질병으로 출정할 수 없는 때에는 공판절차를 정지하여야 한다($^{제306조}_{제1항, 제2항}$). 그러나 피고사건에 대하여 무죄·면소·형의 면제 또는 공소기각의 재판을 할 것이 명백한 때에는 피고인의 출정없이 재판할 수 있다($^{동조}_{제4항}$). 피고인에게 유리한 재판을 할 경우이기 때문이다. 다만 공소기각과 면소사유는 위의 ①에 의하여 어차피 불출석 개정할 수 있으므로 주로 무죄와 형의 면제의 재판을 하는 경우가 여기의 특유한 불출석 개정사유가 될 것이다.

다) 약식명령에 대하여 정식재판을 청구한 사건: 약식재판의 고지를 받은 피고인이 정식재판을 청구하여 판결을 선고하는 사건에 대하여는 출석을 요하지 않는다($^{제277조}_{제4호}$). 대리인을 출석시킬 권리는 위와 동일하다.

⑤ **무단퇴정(임의퇴정)·퇴정명령의 경우:** 피고인이 재판장의 허가없이 퇴정하거나 재판장의 질서유지를 위한 퇴정명령을 받은 때에는 그 공판기일에 한하여 피고인의 진술없이 판결할 수 있다($^{제330}_{조}$). 다만 여기서 어디까지 재판이 가능한지에 대해서는 견해가 대립하고 있다. 이에 대하여 피고인이 재판장의 허가없이 퇴정하거나 재판장의 적법한 퇴정명령에 의하여 퇴정당한 경우는 피고인측이 방어권을 남용한 상황이므로 법원은 제330조를 적용하여 판결뿐만 아니라 심리(증거조사와 최종변론)도 가능하며, 제318조 제2항의 증거동의도 의제된다는 **방어권 남용설**, 피고인이 재판장의 허가없이 퇴정하거나 재판장의 적법한 퇴정명령에 의하여 퇴정당한 경우에 제330조를 적용하여 판결·증거조사 그리고 최종변론 등은 피고인의 출석없이 할 수 있으나, 제318조 제2항의 증거동의의 의제는 소송진행의 편의를 위한 것이지 불출석 자체에 대한 제재가 아니므로 이를 인정할 수 없다는 **공정성설**, 제330조가 공판절차나

증거편(제1절과 제2절)에 규정되어 있지 않고 재판편(제3절)에 규정되어 있음을 고려할 때, 심리가 사실상 끝나고 판결선고만 남은 경우에 제330조를 적용해야 할 뿐만 아니라 공정성설처럼 제318조 제2항에 의한 증거동의를 의제해서는 안 된다는 **적법절차설** 등이 대립하고 있다.

> 판례는 「필요적 변호사건이라 하여도 피고인이 재판거부의 의사를 표시하고 재판장의 허가없이 퇴정하고 변호인마저 이에 동조하여 퇴정해 버린 것은 모두 피고인측의 방어권의 남용 내지 변호권의 포기로 볼 수밖에 없는 것이므로 수소법원으로서는 형사소송법 제330조에 의하여 피고인이나 변호인의 재정없이도 심리판결할 수 있고, 피고인과 변호인들이 출석하지 않은 상태에서 증거조사를 할 수밖에 없는 경우에는 **형사소송법 제318조 제2항의 규정상 피고인의 진의와는 관계없이 형사소송법 제318조 제1항의 동의가 있는 것으로 간주하게 되어 있다**」(대판 1991.6.28, 91도865)고 판시하여 방어권남용설을 취하고 있다.

생각건대 피고인의 무단퇴정이나 퇴정명령이 내려지는 상황은 피고인이 재판의 공정성에 심각한 회의를 품는 경우가 대부분인데, 이러한 상황을 두고 방어권남용으로 보는 것은 문제가 있다. 따라서 공정성설이 타당하다고 본다.

⑥ **일시퇴정의 경우:** 재판장은 증인 또는 감정인이 피고인 면전에서 충분한 진술을 할 수 없다고 인정한 때에는 피고인을 퇴정하게 하고 진술하게 할 수 있다. 피고인이 다른 피고인의 면전에서 충분한 진술을 할 수 없다고 인정한 때에도 같다(제297조 제1항). 이 경우 증인, 감정인 또는 공동피고인의 진술이 종료한 때에는 퇴정한 피고인을 입정하게 한 후 서기로 하여금 진술의 요지를 고지하게 하여야 한다(동조 제2항).

⑦ **피고인이 불출석한 경우**

가) 구속피고인의 출석거부: 피고인이 출석하지 아니하면 개정하지 못하는 경우에 구속된 피고인이 정당한 사유없이 출석을 거부하고, 교도관에 의한 인치가 불가능하거나 현저히 곤란하다고 인정되는 때에는 출석한 검사 및 변호인의 의견을 들어 피고인의 출석없이 공판절차를 진행할 수 있다(제277조의2, 규 제126조의3).

나) 피고인의 소재불명: 제1심 공판절차에서 피고인에 대한 송달불능보고서가 접수된 때로부터 6월이 경과하도록 피고인의 소재를 확인할 수 없는 때에는 피고인의 진술없이 재판할 수 있다. 다만 사형·무기 또는 장기 10년이 넘는 징역이나 금고에 해당하는 사건의 경우에는 그러하지 아니하다(소촉법 제23조).

다) 항소심에서의 특칙: 항소심에서는 피고인이 공판기일에 출정하지 아니한 때에는 다시 기일을 정하여야 하며, 피고인이 다시 정한 기일에 출석하지 아니한 때에는 피고인의 진술없이 판결할 수 있다(제365조). 이 경우에는 판결뿐만 아니라 심리도 가능하며, 증거동의의 의제도 인정할 수 있을 것이다. 그러나 코로나-19 감염 우려를 의심하면서 공판기일에 불출석한 것은 선고를 늦추기 위한 구실에 불과한 것으로 '정당한 사유'에 해당하지 아니한다(대판 2020.10.29, 2020도9475).

라) 정식재판청구에 의한 공판절차의 특칙: 약식명령에 대하여 정식재판을 청구한 피고인이 정식재판절차의 공판기일에 출석하지 아니한 때에는 다시 기일을 정하여야 하고, 피고인이 정당한 사유 없이 다시 정한 기일에 출석하지 아니한 때에는 피고인의 진술없이 판결할 수 있다(제458조 제2항).

⑧ **피고인의 출석이 부적당한 경우**

가) 상고심 공판기일: 상고심의 공판기일에는 피고인의 소환을 요하지 아니한다(제389조의2, 규 제161조 제1항). 다만 피고인에게 공판기일통지서는 송달하여야 하며, 상고심에서 공판기일을 지정하는 경우에도 피고인의 이감을 요하지 않지만 이감이 있는 경우에는 검사는 지체없이 이를 대법원에 통지하여야 한다(규161조). 그 논거에 대하여 상고심은 사후심으로서 서면심리원칙이 지배하므로 피고인의 변론이 불필요하기 때문이라고 보는 견해도 있으나, 상고심은 법률심이고 변호사인 변호인만이 변론할 수 있기 때문이라고 보아야 할 것이다.

나) 치료감호청구의 경우: 법원은 치료감호법에 의한 피치료감호청구인이 형법 제10조 제1항의 규정에 의한 심신장애로 공판기일에의 출석이 불가능한 경우에는 피치료감호청구인의 출석없이 개정할 수 있다(통법 제9조).

3. 변호인의 출석

(1) 원 칙

변호인은 소송당사자가 아니라 보조자에 불과하므로 공판개정의 요건이 아니다. 다만 제33조 제1항 각 호의 어느 하나에 해당하는 사건 및 같은 조 제2항·제3항의 규정에 따라 변호인이 선정된 사건(이를 필요적 변호사건이라고 한다)에 관하여는 변호인없이 개정하지 못한다. 단 판결만을 선고할 경우에는 예외로 한다(제282조). 문제는 변호인이 재판장의 허가없이 퇴정하거나 재판장의 퇴정명령을 받은 경우에 제330조 및 제318조 제2항을 유추적용할 수 있는가이다.

(2) 변호인의 임의퇴정·퇴정명령의 경우

① **학 설:** 변호인이 재판장의 허가없이 임의로 퇴정한 것은 방어권남용 내지 변호권의 포기이므로 피고인에 대한 규정인 제330조를 유추적용하여 변호인이 재정하지 않아도 심리가 가능하고, 증거동의의 의제도 인정된다는 **적극설**(변호권포기설)과 형사소송법 제282조의 명문규정에 반할 뿐만 아니라, 피고인에게 불이익한 유추적용은 금지되며, 임의퇴정이나 재판장의 퇴정명령에 의하여 퇴정한 경우에는 국선변호인을 직권으로 선정할 수 있고(제283조), 또한 필요적 변호사건을 변호인없이 심리하는 것은 적정절차의 법리에 반한다는 점 등을 고려할 때 변호인이 재정하지 않는 심리는 위법하다는 **소극설**이 대립하고 있다.

② **판 례:** 대법원은「이른바 필요적 변호사건에 있어서 변호인이 피고인의 명시적 또는 묵시적인 동의 아래 그 방어권행사의 한 방법으로, 재판장의 허가없이 임의로 퇴정하여

버리거나 피고인과 합세하여 법정의 질서를 문란케 하여 재판의 진행을 방해하는 등의 행위를 하여 재판장으로부터 질서유지를 위한 퇴정명령을 받는 경우와 같이 변호인의 재정의 무위반이 피고인 자신의 귀책사유에 기인할 뿐만 아니라 피고인측의 방어권의 남용 내지 변호권의 포기로 보여지는 경우에는, **신속한 재판 및 사법권의 옹호라는 측면을 중시하여 형사소송법 제330조의 규정을 유추적용하여 예외적으로 변호인없이 개정, 심리할 수 있다**」(대판 1990.6.8, 90도646)고 판시하여 적극설을 따르고 있다.

③ **검 토:** 헌법상 변호인의 조력을 받을 권리(동법 제12조 제4항)는 필요적 변호사건에서 피고인의 의사와 관계없이 인정된다는 점 및 변호인의 재정없이 절차를 진행하면 공정한 재판이 어렵게 되어 사법에 대한 국민의 신뢰가 상실된다는 점 등을 고려할 때 법원은 필요적 변호사건에서 변호인없이 공판심리를 진행하여서는 안 되고 반드시 국선변호인을 선정하여 그 변호인을 재정시키고 공판심리를 진행해야 할 것이다. 형사소송규칙도 필요적 변호사건의 경우, 선임된 변호인이 퇴정한 경우에 국선변호인을 선정할 수 있도록 규정하고 있다(제19조 제1항). 다만 필요적 변호가 있어야 할 사건이라도 하급심에서 공소사실 중 일부만이 유죄로 인정되고 유죄부분만이 상소되어 그 범죄사실이 변호인 없이 개정할 수 있는 사건에 해당하게 된 경우라면 필요적 변호사건으로 취급되지 않는다는 것이 판례의 입장이다(대판 2003.3.25, 2002도5748).

사례해설

1. 설문은 현주건조물방화죄(형법 제164조 제1항)에 해당하므로 필요적 변호사건으로서 변호인의 재정(在廷)이 공판심리에 필수적이다. 그런데 방어권남용설에 따르면 제330조와 제318조 제2항이 적용되므로 법원은 유죄를 인정할 수 있다. 공정성설에 따르더라도 법원은 피고인의 출석없이 증거조사 및 판결을 할 수 있으므로 방어권남용설과 동일한 결론에 이르지만, 甲의 퇴정이 곧 반대신문권의 포기를 의미하는 것은 아니므로 증거동의가 의제되는 것은 아니라고 본다. 그럼에도 불구하고 수소법원이 증거동의를 의제하여 유죄를 인정했다면 이는 증거능력이 없는 증거에 의하여 유죄를 인정하였기 때문에 증거재판주의(제307조)를 위반한 위법이 인정될 것이다. 반면에 적법절차설에 따르면 심리가 사실상 끝나고 판결선고만 남은 경우에 해당하지 않으므로 위의 증거조사는 제276조를 위반한 위법이 있다. 판례는 방어권남용설에 따라 甲에 대하여 유죄를 선고하였다. 다만 필요적 변호사건에서 제1심의 공판절차가 변호인없이 이루어진 경우, 항소심이 취해야 할 조치에 관하여 「형사소송법 제282조에 규정된 필요적 변호사건에 해당하는 사건에서 제1심의 공판절차가 변호인없이 이루어진 경우, 그와 같은 위법한 공판절차에서 이루어진 소송행위는 무효이므로, 이러한 경우에는 항소심으로서는 변호인이 있는 상태에서 소송행위를 새로이 한 후 위법한 제1심판결을 파기하고, 항소심에서의 진술 및 증거조사 등 심리결과에 기하여 다시 판결하여야 한다」(대판 1995.4.25, 94도2347)고 판시하고 있다.

2. 설문은 필요적 변호사건에서 일정한 경우에 변호인의 출석없이 재판할 수 있는가와 관련된 문제이다. 따라서 형사소송법 제330조와 제318조 제2항의 유추적용을 인정하는 적극설에 따르면 수소법원의 공판심리는 적법하다. 반면에 소극설에 따르면 설문의 경우 동법 제282조와 제283조의 위법이 인정된다. 제한적 적극설에 따르더라도 변호인이 퇴정할 때 증거조사를 충분히 마친 상태로 볼 수 없으므로 소극설과 동일한 결론에 이를 것이다.

III. 소송지휘권

1. 의   의

소송지휘권이란 소송절차를 신속·적정하게 하고 심리를 원활하게 진행하기 위하여 법원에 인정된 소송의 주재권능을 말한다. 형사소송법은 「공판기일의 소송지휘는 재판장이 한다」($\text{제}^{279}_{\text{조}}$)고 하여 재판장의 소송지휘권을 규정하고 있다. 이러한 소송지휘권은 법률에 의하여 재판장에게 부여된 권한이 아니라 사법권에 내재하는 본질적 권한이며, 법원의 고유한 권한 내지 사법권의 보편적인 권한이라고 할 수 있다.

2. 법정경찰권과의 관계

법정경찰권도 광의의 소송지휘권에 포함시킬 수 있지만 법정경찰권은 사법권에 부수하는 사법행정권의 작용으로서 사건의 내용과 직접 관계가 없다는 점에서, 소송의 심리에 실질적인 관련 있는 협의의 소송지휘권과 구별된다.

3. 소송지휘권의 내용

(1) 재판장의 소송지휘권

형사소송법은 신속하고 적정한 소송지휘를 위하여 법원의 소송지휘권을 포괄적으로 재판장에게 맡기고 있다. 공판기일의 지정과 변경($^{\text{제267조},}_{\text{제270조}}$), 인정신문($\text{제}^{284}_{\text{조}}$), 증인신문순서의 변경($^{\text{제161조의}}_{\text{2 제3항}}$), 불필요한 변론의 제한($\text{제}^{299}_{\text{조}}$), 석명권($^{\text{규 제141조}}_{\text{제1항}}$) 등이 대표적인 예에 속한다.

(2) 법원의 소송지휘권

공판기일에서의 소송지휘라 할지라도 중요한 사항은 법률에 의하여 법원에 유보되어 있다. 예컨대 국선변호인의 선임($\text{제}^{283}_{\text{조}}$), 특별대리인의 선임($\text{제}^{28}_{\text{조}}$), 증거조사에 대한 이의신청의 결정($\text{제}^{296}_{\text{조}}$), 재판장의 처분에 대한 이의신청의 결정($\text{제}^{304}_{\text{조}}$), 공소장변경의 허가 및 공소장변경의 요구($\text{제}^{298}_{\text{조}}$), 공판절차의 정지($\text{제}^{306}_{\text{조}}$), 변론의 분리·병합·재개($^{\text{제300조},}_{\text{제305조}}$)가 여기에 해당한다.

4. 소송지휘권의 행사

(1) 소송지휘권의 행사방법

재판장의 소송지휘권의 행사는 법률의 규정이 있는 때에는 이에 따라 행사하여야 하며, 이에 반한 소송지휘는 허용되지 않는다. 이러한 소송지휘권의 행사는 법원(합의부)의 의사에 반하지 않는 범위내에서 행사할 것을 요한다. 통상적으로 법원의 소송지휘권은 **결정**의 형식을 취하며, 재판장의 소송지휘권은 **명령**의 형식에 의한다.

(2) 소송지휘권에 대한 불복

당사자 등 소송관계인은 재판장 또는 법원의 소송지휘권에 대하여 복종할 의무가 있다. 재판장의 소송지휘권에 대하여는 **이의신청**을 할 수 있다($\frac{제304}{조}$). 다만 이의신청은 법령 위반이 있는 경우에만 허용되는데($\frac{규}{제136조}$), 개개의 행위, 처분 또는 결정시마다 그 이유를 간결하게 명시하여 즉시 이를 하여야 한다($\frac{규}{제137조}$). 이에 반하여 법원의 소송지휘권의 행사는 판결전 소송절차에 관한 결정이므로 항고로 불복할 수 없다($\frac{제403}{조}$).

IV. 법정경찰권

법정경찰권이란 법정의 질서를 유지하고 심판의 방해를 제지하거나 배제하기 위한 법원의 권력작용으로서 사건의 실체와는 무관하다는 점에서 소송지휘권과 구별된다. 법정경찰권도 원래 법원의 권한에 속하는 것이지만 질서유지의 신속성과 기동성을 고려하여 재판장의 권한으로 하고 있다($\frac{법조법}{제58조\ 제1항}$). 이러한 법정경찰권의 내용으로는 예방작용, 방해배제작용, 제재작용이 인정된다. 법정의 존엄과 질서를 해할 우려가 있는 자의 입정의 금지 또는 퇴정이나 방청권발행과 소지품검사($\frac{법정\ 방청\ 및\ 촬영}{등에\ 관한\ 규칙\ 제2조}$), 피고인에 대한 간수명령($\frac{제280}{조}$) 등은 예방작용에 해당된다. 피고인의 퇴정을 제지하거나 법정의 질서를 유지하기 위하여 필요한 처분($\frac{제281조}{제2항}$)이나 피고인($\frac{제297}{조}$) 및 방청인($\frac{법조법}{제58조\ 제2항}$)에 대한 퇴정명령은 방해배제작용에 해당된다. 또한 법정 내외에서 법정의 질서를 유지하기 위하여 법원이 발한 명령에 위배되는 행위를 하거나 또는 폭언·소란 등의 행위로 법원의 심리를 방해하거나 재판의 위신을 현저히 훼손한 자에 대하여 20일 이내의 감치 또는 100만 원 이하의 과태료에 처하거나 이를 병과할 수 있는($\frac{법조법}{제61조\ 제1항}$) 제재작용이 인정된다. 이에 대해서는 항고 또는 특별항고를 할 수 있다($\frac{동조}{제5항}$).

제 3 절 공판기일의 절차

I. 모두절차(冒頭節次)

1. 진술거부권 등의 고지

재판장은 피고인에게 진술하지 아니하거나 개개의 질문에 대하여 진술을 거부할 수 있음을 고지하여야 한다($\frac{제283조의2}{제2항}$). 이와 함께 이익이 되는 사실을 진술할 수 있음도 알려주어야 한다($\frac{규}{제127조}$).

2. 인정신문의 실시

인정신문이란 실체에 대한 심리에 들어가기 전에 출석한 피고인이 공소장에 기재된 피고인과 동일인인가의 여부를 확인하는 절차를 말한다. 따라서 재판장은 피고인의 성명·연령·등록기준지·주거와 직업을 물어서 피고인임에 틀림없음을 확인하여야 한다(제284조). 피고인은 인정신문에 대하여 진술거부권을 행사할 수 있다.

표 4-3 공판절차의 흐름도

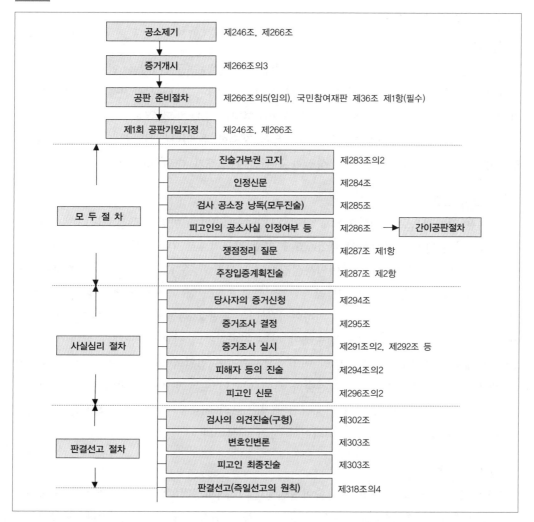

3. 검사의 모두진술

검사의 모두진술이란 인정신문 후 사실심리에 앞서 검사가 사건개요 및 입증방침을 밝히는 절차를 말한다. 2007년 개정전 형사소송법은 검사의 모두진술을 임의사항으로 규정하고 있었으나, 현행법은「검사는 공소장에 의하여 공소사실·죄명 및 적용법조를 낭독하여야 한다」(제285조본문)고 함으로써, 검사의 공소장 낭독을 필수적인 절차로 규정하여, 본격적인 심리에 들어가기에 앞서 검사가 공소장에 의하여 공소사실·죄명 및 적용법조를 낭독하도록 하여 심리의 대상을 명확히 하도록 하였다. 다만 재판장은 공소장 전체를 낭독하는 것이 오히려 사건을 파악하는데 도움이 되지 아니하는 등 필요한 경우, 검사에게 공소장 낭독 대신에 공소의 요지만을 진술하도록 할 수 있다(동조단서).

4. 피고인의 모두진술

(1) 의 의

재판장은 검사의 모두진술절차를 마친 뒤에 피고인에게 공소사실을 인정하는지 여부에 관하여 물어야 하며(규 제127조의2 제1항), 피고인은 검사의 모두진술이 끝난 뒤에 진술거부권을 행사하지 않는 한, 공소사실의 인정여부를 진술하여야 한다(제286조제1항). 이 경우 피고인 및 변호인은 공소에 관한 의견 그 밖에 이익이 되는 사실 등을 진술할 수 있다(규 제286조 제1항, 제127조의2 제2항). 이를 **피고인의 모두진술**이라고 하는데, 본 조항의 성질과 관련하여 견해가 대립하고 있다.

(2) 법적 성질

결합설은 일차적으로는 피고인에게 이익사실진술의 절차를 마련해 주는 것이지만, 피고인은 공판절차의 단계를 불문하고 제286조에 의해 적극적으로 자신에게 이익되는 사실을 진술할 수 있으므로 부차적으로는 이익사실진술권을 보장해 준다고 본다. 그러나 현행법하에서 피고인의 모두진술은 독자적인 공판절차이므로 피고인이 이러한 기회를 현실적으로 가져야 하고, 또 법원은 그 기회를 부여하여야 한다는 **독립절차규정설**이 타당하다고 본다. 왜냐하면 ㉠ 공소사실의 인정여부를 진술해야 하는 공판절차의 필요적 기재사항이며(제51조제2항), ㉡ 2007년 개정전 형사소송법과는 달리 이익사실진술권이 법원의 의무규정으로 되어 있는 것이 아니라 공소사실의 인정여부를 진술한 후에 피고인 또는 변호인은 이익이 되는 사실 등을 진술할 수 있을 뿐이며, ㉢ 간이공판절차(제286조의2)로의 이행을 결정하기 위해서는 공소사실에 관한 피고인의 자백진술이 선행되어야 하기 때문이다.

(3) 내 용

피고인은 모두진술을 통하여 관할이전신청(제15), 기피신청(제18조), 국선변호인의 선정청구(제33조제5호), 공판기일변경신청(제270조), 이익되는 사실 등의 진술(제286조제2항)을 할 수 있다. 관할위반의 신청(제320조), 공소장부본송달에 대한 이의신청(제266조단서), 제1회 공판기일의 유예기간에 대한 이의신청(제269조)은 늦어도 이 단계까지는 하여야 한다. 또 공소에 관한 의견진술시에 자백이 있으면 간이공판절차로 이행할 수 있다. 여기서 **이익이 되는 사실**이란 알리바이의 주장, 범행동기, 정상관계 등 피고인에게 유리한 모든 사정을 들 수 있다.

5. 재판장의 쟁점정리 및 검사·변호인의 증거관계 등에 대한 진술

재판장은 피고인의 모두진술이 끝난 다음에 피고인 또는 변호인에게 쟁점의 정리를 위하여 필요한 질문을 할 수 있다. 그리고 증거조사를 하기에 앞서 검사 및 변호인으로 하여금 공소사실 등의 증명과 관련된 주장 및 입증계획 등을 진술하게 할 수 있다. 다만, 증거로 할 수 없거나 증거로 신청할 의사가 없는 자료에 기초하여 법원에 사건에 대한 예단 또는 편견을 발생하게 할 염려가 있는 사항은 진술할 수 없다($^{제287}_조$).

이는 재판의 모두절차에서 쟁점을 정리하고, 향후 진행될 증거조사의 범위를 명확히 하기 위해서는 검사나 변호인으로 하여금 범죄의 증명에 필요한 사실상·법률상 주장 및 입증계획 등 증거관계를 진술하게 할 필요성 때문에 인정된 것이다.

Ⅱ. 사실심리절차

표 4-4 증거조사 절차

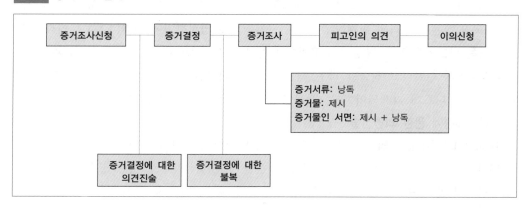

1. 증거조사

증거조사란 법원이 피고인의 범죄사실, 양형에 관한 심증을 얻기 위하여 각종 증거방법(인증, 서증, 물증)을 조사하여 증거자료를 획득하는 소송행위를 말한다. 광의로는 증거신청, 증거결정, 이의신청도 포함된다. 비록 검사, 피고인이 증인신문을 하는 경우에도 증거조사의 주체는 법원이다. 증거조사는 재판장의 쟁점정리 및 검사·변호인의 증거관계 등에 대한 진술절차가 끝난 후에 실시한다($^{제290}_조$). 이러한 증거조사는 엄격한 증명의 자료로 되는 증거뿐만 아니라, 자유로운 증명의 자료가 되는 증거에 대해서도 행하여진다.

(1) 당사자의 신청에 의한 증거조사

① 증거조사의 신청

가) 신청권자: 검사·피고인 또는 변호인은 서류나 물건을 증거로 제출할 수 있고, 증인·감정인·통역인 또는 번역인의 신문을 신청할 수 있다(제294조제1항). 법정대리인은 피고인을 위하여 증거신청을 할 수 있고, 보조인도 피고인의 의사에 반하지 않는 한 독립하여 증거신청을 할 수 있다. 법원은 검사·피고인 또는 변호인이 고의로 증거를 뒤늦게 신청함으로써 공판의 완결을 지연하는 것으로 인정할 때에는 직권 또는 상대방의 신청에 따라 결정으로 이를 각하할 수 있다(동조제2항). 검사·피고인 또는 변호인은 특별한 사정이 없는 한 필요한 증거를 일괄하여 신청하여야 한다(규제132조).

나) 신청의 시기: 재판장의 쟁점정리 및 검사·변호인의 증거관계 등에 대한 진술이 끝난 후에 신청하는 것이 원칙이지만(제290조), 공판기일전의 증거신청도 허용된다(제273조).

다) 신청의 순서: 법원은 검사가 신청한 증거를 조사한 후 피고인 또는 변호인이 신청한 증거를 조사한다(제290조의2 제1항). 다만 법원은 직권 또는 검사·피고인·변호인의 신청에 따라 순서를 변경할 수 있다(동조제3항).

라) 신청의 방식: 증거신청은 요식행위가 아니므로 원칙적으로 서면 또는 구두에 의하여 할 수 있다(규제176조제1항). 다만 어느 경우든 신청하고자 하는 증거를 특정함과 동시에 그 증거가 증명하고자 하는 사실과의 관계(입증취지)를 구체적으로 명시하여야 한다(규제132조의2 제1항). 따라서 피고인 또는 변호인은 검사 작성의 피고인에 대한 피의자신문조서에 기재된 내용이 피고인이 진술한 내용과 다르다고 진술할 경우, 당해 조서 중 피고인이 진술한 부분과 같게 기재되어 있는 부분과 다르게 기재되어 있는 부분을 구체적으로 특정하여야 한다(규제134조제3항).

② 증거결정에 관한 의견진술

가) 임의적 의견진술: 법원은 증거결정을 함에 있어서 필요하다고 인정할 때에는 그 증거에 대한 검사, 피고인 또는 변호인의 의견을 들을 수 있다(규제134조제1항). 이는 필수적인 것이 아니고 법원이 필요하다고 인정할 때, 즉 신청된 증거 또는 직권으로 조사하고자 하는 증거의 결정을 함에 있어서 상대방 또는 당사자 쌍방이나 일방의 의견을 들어 볼 필요가 있다고 인정한 때에만 행하면 된다. 예컨대 증인이 요증사실을 알고 있는 지위에 있는지 여부나 소환가능여부, 증거와 피고사건과의 관련성 등에 관한 의견진술이 이에 해당한다.

나) 필요적 의견진술: 법원은 서류 또는 물건이 증거로 제출된 경우에 이에 관한 증거결정을 할 경우 제출자로 하여금 그 서류 또는 물건을 상대방에게 제시하게 하여 상대방이 그 서류 또는 물건의 증거능력유무에 관한 의견을 진술하게 하여야 한다(규제134조제2항 본문). 이는 증거능력이 없는 증거의 증거결정을 방지하기 위한 규정이므로 증거동의가 있는 것으로 간주되는 간이공판절차에서는 이 절차가 필요없게 된다(동규서).

피고인이 된 피의자의 진술을 영상녹화한 사건에서 피고인이 그 조서에 기재된 내용이 피고인이 진술한 내용과 동일하게 기재되어 있음을 인정하지 아니한 때에는 검사는 그 부분의 성립의 진정을 증명하기 위하여 영상녹화물의 조사를 신청할 수 있다($^{규 제134조의2}_{제1항}$). 이 경우 검사는 영상녹화를 시작하고 마친 시각과 조사 장소 및 피고인 또는 변호인이 진술과 조서 기재내용의 동일성을 다투는 부분의 영상을 구체적으로 특정할 수 있는 시각을 기재한 서면을 제출하여야 한다($^{동조}_{제2항}$).

③ **증거결정:** 법원은 증거신청에 대하여 증거조사신청의 인용 및 기각여부에 관계없이 의무적으로 증거결정을 하여야 한다($^{제295}_{조}$). 다만 이는 재판부가 증거능력이 있는 증거들 중에서 요증사실과 관계가 있는 것만을 증거로 채택한다는 것이지 이를 믿는다는 의미는 아니다. 따라서 증거신청이 법령에 위반한 경우, 신청된 증거가 증거능력이 없거나 관련성이 없는 경우, 증거조사가 법률상 또는 사실상 불가능한 경우에 증거신청을 기각할 수 있다.

☞ 증거결정의 법적 성질에 대하여, 학설은 법원의 증거결정은 법원의 소송지휘권에 근거하는 것이고 증거결정의 기준에 관한 명문규정이 없다는 점에서 증거조사의 필요성과 그 범위는 실체판단의 심증을 형성하는 사실심 법원의 자유재량으로 보는 **자유재량설**과 법원의 증거결정에 대한 재량도 제한없이 허용되는 것은 아니며, 증거평가에 대한 법관의 자유심증과 같이 일정한 한계가 인정될 뿐만 아니라 현행법이 피해자의 진술신청이 있는 경우에 법원에게 증거조사를 할 의무를 인정하면서 예외에 해당하는 경우를 법률로 정하고 있는 전제($^{제294조의2}_{제1항}$)에 비추어 기속재량으로 보는 **기속재량설**이 대립하고 있다. 판례는「법원은 피고인이 신청한 증거에 대하여 불필요하다고 인정한 때에는 조사하지 않을 수 있는 것이므로, 원심이 피고인이 신청한 증인들에 관하여 증거조사를 한 바 없다 하여 위법하다 할 수 없다」($^{대판 1995.6.13,}_{95도826}$)고 판시하여 자유재량설의 입장을 취하고 있다.

가) 증거조사신청의 방식이 부적법한 경우: 당사자가 제출한 증거라도 그 신청이 절차에 대한 요건을 충족하지 못한 경우에는 이를 기각할 수 있다. 예컨대 피고인의 보조인이 피고인의 명시적 의사에 반해서 증거신청을 한 경우, 증거가 특정되지 아니한 경우, 입증취지를 명시하지 않은 경우, 입증취지를 기재한 서면의 제출명령에 불응한 경우($^{규}_{제132조}$), 수사기록의 일부인 서류나 물건을 특정하여 개별적으로 제출하지 않은 경우($^{규 제312조}_{의2 제1항}$) 등이 여기에 해당한다.

나) 사건과의 관련성: 사건과의 관련성이 인정되지 않는 증거의 조사는 사건의 진상파악에 무의미할 뿐더러 부당하게 소송을 지연시키게 되므로 그 신청을 기각하여야 한다. 형사소송법도 재판장은 소송관계인의 진술 또는 신문이 그 소송에 관계없는 사항인 때에는 이를 제한할 수 있다($^{제299}_{조}$)고 함으로써 관련성이 없는 증거의 불허용성을 간접적으로 규정하고 있다. 형사소송규칙도 당사자나 변호인이 증거를 신청할 때에 그 증거와 요증사실의 관계를 구체적으로 명시하도록 하고 있다($^{규 제132조}_{제1항}$).

다) 증거조사의 필요성: 증거결정을 함에 있어서 예외적으로 당해 증거가 요증사실을 증명하기 위해 필요한 것이 아니라면 이를 채택하지 않을 수 있다. 예컨대 동일한 증거방법을 중복하여 신청하거나 법원이 증거조사에 의하여 요증사실의 존부에 관하여 이미 충분한 심증을 형성한 경우에는 증거조사의 필요성이 없으므로 이를 기각하여야 한다. 형사소송법이 피해자

등 자신에 대한 증인신문을 신청한 경우에 법원이 증거결정을 하지 않아도 되는 경우로서 ⑦ 피해자등이 이미 당해 사건에 관하여 공판절차 또는 수사절차에서 충분히 진술하여 다시 진술할 필요가 없다고 인정되는 경우와 ⓛ 피해자등의 진술로 인하여 공판절차가 현저히 지연될 우려가 있는 경우($^{제294조의2\ 제1항}_{제2호,\ 제3호}$)를 규정하고 있는 것도 동일한 취지로 이해할 수 있다.

④ **증거결정의 취소:** 증거조사를 종료하지 않은 상태에서 일정한 사유가 있는 경우에는 이미 내려진 증거결정을 취소할 수 있다. 즉 법원은 증거결정을 한 후 증거조사의 필요가 없거나 증거결정이 위법·부당하다고 인정되는 경우에는 그 결정을 취소하여야 한다. 이에 대해 법률에 일반적인 명문규정은 없으나, 형사소송규칙은 증인신문에 대해서 「법원은 제66조(증인신문을 위한 서면제출명령)의 규정에 의한 명을 받은 자가 신속히 그 서면을 제출하지 아니한 경우에는 증거결정을 취소할 수 있다」고 규정함으로써 취소제도를 인정하고 있다($^{규}_{제67조}$). 이는 증거조사를 마친 증거에 대해 증거능력이 없음을 이유로 증거의 일부나 전부를 배제하는 결정인 증거배제 결정($^{규\ 제139조}_{제4항}$)과는 구별된다. 그러나 다른 증거나 증인의 진술에 비추어 굳이 추가 증거조사를 할 필요가 없다는 등 특별한 사정이 없고, 소재탐지나 구인장 발부가 불가능한 것이 아님에도 불구하고, 불출석한 핵심 증인에 대하여 소재탐지나 구인장 발부 없이 증인채택 결정을 취소하는 것은 법원의 재량을 벗어나는 것으로서 위법하다($^{대판\ 2020.12.10,}_{2020도2623}$).

⑤ **증거결정에 대한 불복:** 법원의 증거결정은 판결전 소송절차에 관한 결정이므로 항고가 허용되지 아니하고($^{제403}_{조}$), 재판장 또는 수명법관의 재판이 아니므로 준항고의 대상으로도 되지 아니한다($^{제416}_{조}$). 따라서 현행법상 증거결정에 대한 유일한 불복방법은 이의신청이다($^{제296}_{조}$). 그런데 증거결정은 법원의 재판이므로 증거결정에 대한 이의신청은 그 증거결정이 법령 위반이 있음을 이유로 하여서만 할 수 있다($^{규\ 제135조}_{단서}$).

(2) 직권에 의한 증거조사

① **의 의:** 형사소송법 제294조(당사자의 증거신청)는 사실인정을 위한 증거의 제출을 제1차적으로 당사자의 임무로 한다는 입장을 명백히 하는 한편, 동법 제295조(증거신청에 대한 결정)는 「증거신청에 대하여 결정을 하여야 하며 직권으로 증거조사를 할 수 있다」고 규정하여 법원의 직권에 의한 증거조사를 제2차적·보충적인 것으로 인정하고 있다. 이를 인정하는 취지는 피고인의 입증활동이 충분하지 못한 경우에 법원이 석명권의 적절한 행사를 통하여 입증을 촉구하고, 그것으로도 부족한 경우에 법원의 후견적 임무에 비추어 직권에 의한 증거조사를 인정하는 것이다.

② **법적 성질:** 법원의 직권증거조사가 법원의 권한에 불과한 것인지 아니면 법원의 권한인 동시에 의무에 해당하는지 문제된다. 열악한 지위에 있는 피고인에 대한 법원의 후견적 기능에 비추어 볼 때, 적어도 피고인을 위한 직권에 의한 증거조사를 법원의 권한과 의무로 보는 **권한**

및 **의무설**이 타당하다(통설). 따라서 법원이 직권에 의한 증거조사를 다하지 않을 때에는 심리미진의 위법이 있어 상대적 항소이유($^{제361조의5}_{제1호}$) 또는 상고이유($^{제383조}_{제1호}$)가 된다고 해야 할 것이다.

☞ 판례는 기본적으로 「형사소송법 제295조에 의하면 법원은 직권으로 증거조사를 할 수 있다고 규정되어 있는 바, 법원이 검사·피고인 또는 변호인 등이 증거로 제출한 서류나 물건을 조사하고도 심증을 얻지 못하면 보충적·후견적으로 직권에 의하여 증거조사를 할 수 있다는 것이지 의무적으로 증거조사를 하여야 한다는 규정이라고 볼 수 없다」라고 판시하면서도 「원심이 범죄사실을 유죄로 인정하는 자료로 한 증거들로서는 범죄사실을 인정하기에 의문되는 여러 가지 사정이 있음에도 그러한 점에 대한 증거조사와 심리를 더 하지 아니하고 심리를 종결하여 피고인을 유죄로 단정한 것은 채증법칙위반, 사실오인, 심리미진 등의 위법이 있다」($^{대판\ 1977.4.26,\ 77도535;\ 대판\ 1977.5.24,}_{77도734;\ 대판\ 1977.12.13,\ 77도2808}$)고 판시하여 피고인을 위한 직권증거조사를 대체로 포괄적이고 광범위하게 인정하고 있는 것으로 보인다.

③ **석명권과의 관계:** **석명권**이란 소송관계를 명료하게 하기 위하여 당사자에게 질문하고 또는 입증을 촉구하여 의견진술의 기회를 주는 법원의 권능을 말한다($^{규\ 제141조}_{제1항}$). 이는 사실상과 법률상 사항에 관한 소송당사자의 진술이 불명료·불완전·모순 등이 있는 경우에 이를 지적하여 정정·보충할 기회를 제공하고, 다시 쟁점사실에 대하여 충분한 증명이 되지 않는 경우에는 이를 증명함에 적당하다고 생각되는 측의 당사자에 대하여 증거조사 청구를 촉구하는 것을 내용으로 한다. 판례도 「공소제기의 취지가 명료할 경우 법원이 이에 대하여 석명권을 행사할 필요는 없으나, 공소제기의 취지가 오해를 불러일으키거나 명료하지 못한 경우라면 법원은 형사소송규칙 제141조에 의하여 검사에 대하여 석명권을 행사하여 그 취지를 명확하게 하여야 한다」($^{대판\ 2017.6.15,}_{2017도3448}$)는 입장이다. 생각건대 당사자주의 소송구조를 기본으로 하는 형사소송에서 열악한 지위에 있는 피고인의 이익을 위한 석명권의 행사는 충분히 활용되어야 하지만, 검사에 대한 석명권의 행사는 당사자의 실질적 평등의 보장 및 무죄추정의 원칙상 신중하게 행사되어야 할 것이다.

(3) 증거조사의 실시

① **서류와 물건:** 소송관계인이 제출한 서류 또는 물건, 공무소 등에의 조회나 공판기일전 증거조사에 의하여 작성 또는 송부된 서류를 말한다. 예컨대 소송관계인이 증거로 제출한 서류나 물건 또는 공무소 등에 대한 조회나 서류송부촉탁의 요구에 의하여 송부되어 온 회보문서나 송부문서, 공판기일전의 증인신문·검증·감정·번역 등 절차에 의하여 법원이 작성한 신문조서, 검증조서, 감정인 등이 제출한 감정서, 번역서 등이 여기에 해당한다. 이에 대한 증거조사방법은 제출자가 공판정에서 개별적으로 지시설명(증명대상의 특정)하여야 하며, 재판장이 직권으로 공판정에서 조사할 수도 있다($^{제291}_{조}$). 지시설명은 '이것은 사법경찰리 작성의 피해자에 대한 진술조서이고, 이것은 피고인이 범행에 사용한 흉기이다'라는 식으로 개별적·구체적으로 행하여야 하고, 예컨대 검사가 수사기록에 대한 지시설명을 하면서 수사기록 전부라는 식으로 일괄적·추상적으로 행하여서는 아니된다.

가) 증거서류: **증거서류**란 공판절차에서 작성하는 조서(공판조서) 또는 검증절차에서 작성하는 조서(검증조서)처럼 서류 자체의 존재나 형상이 증거자료로써 의미를 갖는 것이 아니라, 서류에 기재된 내용이 증거자료로 사용되는 것을 말하며, 이에 대한 증거조사방법은 신청인에 의한 **낭독**이다($^{제292조}_{제1항}$). 법원이 직권으로 증거서류를 조사하는 때에는 소지인 또는 재판장이 이를 낭독하여야 한다($^{동조}_{제2항}$). 다만 재판장이 필요하다고 인정하는 때에는 내용을 고지하는 방법으로 조사할 수 있으며($^{동조}_{제3항}$), 열람이 다른 방법보다 적절하다고 인정하는 때에는 증거서류를 제시하여 열람하게 하는 방법으로 조사할 수 있다($^{동조}_{제5항}$).

나) 증거물: **증거물**이란 살인에 사용된 흉기, 강취된 재물, 소지한 마약 등 어떤 물건의 존재 및 상태가 증거자료가 되는 것을 말하며, 이에 대한 증거조사방법은 신청인의 **제시**이다($^{제292조의2}_{제1항}$). 이러한 제시제도는 당사자가 증거의 증명력을 다툴 권리를 절차적으로 보장하기 위한 당사자주의적 제도이다. 그러므로, 당사자가 증거조사신청을 하여 법원에 증거를 제출하고 상대방 당사자의 의견을 들어 증거채택결정이 되면 재판장은 그 증거를 상대방 당사자에게 제시하고, 그 조사를 신청한 당사자로 하여금 개별적으로 지시·설명하게 하여야 한다. 법원이 직권으로 증거물을 조사하는 경우에는 소지인 또는 재판장이 이를 제시하여야 한다($^{동조}_{제2항}$).

다) 그 밖의 증거(정보저장물): 도면·사진·녹음테이프·비디오테이프·컴퓨터용디스크 그 밖의 정보를 담기 위하여 만들어진 물건으로서 문서가 아닌 증거 조사에 관하여 필요한 사항은 대법원규칙으로 정한다($^{제292조}_{의3}$). 이에 따라 형사소송규칙은 수사기관이 작성한 영상녹화물에 대한 조사방식과 그 밖의 특수기록매체에 대한 조사방식을 규정하고 있다($^{규 \ 제134조의4}_{이하 \ 참조}$).

② 증거서류와 증거물인 서면의 구별: 현행법은 종래의 증거물이 서류인 때에는 그 요지를 고지하여야 한다는 규정을 삭제하고 모든 증거서류의 조사방법으로 낭독과 고지를 규정하는 반면($^{제292}_{조}$), 증거물 조사는 제시하는 방법에 의하도록 하고 있다. 따라서 증거조사단계의 선행단계인 증거결정절차에서 이미 소송관계인에게 증거능력의 유무에 관한 판단을 위하여 그 서류 또는 물건의 제시와 상대방의 의견진술을 구하도록 요구하고 있는 점($^{규 \ 제134조}_{제2항}$)에 비추어 볼 때, 증거물의 증거조사에 있어서 **제시**를 요하는 것은 성립의 진정을 확인하기 위한 것이 아니라, 그 기재내용이 증거로 될 뿐만 아니라 그 존재 자체와 필체(筆體), 필력(筆力), 필기구(筆記具), 지질(紙質), 지형(紙形) 등 그 물리적 상태까지도 증거로 되기 때문에 오관(五觀)의 작용에 의하여 확인하기 위한 것이다(내용기준설, 통설). 따라서 그 문서의 존재 자체나 물리적인 성상(性狀)이 요증사실인 경우에는 증거물인 서면이고, 그 기재내용만이 요증사실인 경우에는 증거서류인 것으로, 통상 법원의 공판조서·검증조서뿐만 아니라 수사기관이 작성한 조서와 의사의 진단서는 증거서류에 해당하지만, 위조죄의 위조문서, 무고죄의 허위고소장, 명예훼손죄에 있어서 명예훼손의 수단인 신문지나 인쇄물 등은 증거물인 서면에 해당할 것이다.

제3 장 공판절차의 진행 **503**

③ 증인신문, 감정, 검증(후술)

(4) 증거조사결과와 피고인의 의견

재판장은 피고인에게 증거조사결과에 대한 의견을 묻고 권리보호에 필요한 증거조사신청을 할 수 있음을 고지하여야 한다($^{제293}_{조}$). 재판장이 이 고지의무를 해태한 것은 소송절차의 법률위반으로서, 판결에 영향을 미친 때에는 항소이유가 된다고 할 것이다. 그러나 간이공판절차에서는 이 규정이 적용되지 않는다.

(5) 증거조사에 대한 이의신청

① 의   의: 검사, 피고인 또는 변호인은 증거조사에 관하여 이의신청을 할 수 있다($^{제296조}_{제1항}$). 이러한 이의신청은 증거조사절차상의 하자(위법·부당)를 당사자로 하여금 지체 없이 지적하게 하여 그 하자를 신속하게 보정함으로써 증거조사의 적정을 도모하려는 데 그 취지가 있다.

② **이의신청의 대상:** 형사소송법 제296조 제1항에서 증거조사에 관하여 이의신청을 할 수 있다고 함은 증거조사단계에서의 모든 절차 및 처분에 대하여 이의신청을 할 수 있다는 의미로 해석된다. 따라서 증거신청, 증거결정, 증거조사의 방식에 대해서는 물론이고 증거조사 진행중(예컨대 증인신문중)의 재판장에 의한 신문제한이나 진술제한조치에 대해서도 이의신청을 할 수 있을 것이다.

③ **이의신청의 사유:** 이의신청은 법령 위반이 있거나 상당하지 아니함을 이유로 신청할 수 있으나($^{규 제135조}_{}$), 증거결정에 대한 이의신청은 법령 위반을 이유로 하여서만 할 수 있으며($^{동조}_{}$), 재판장의 처분에 대한 이의신청도 법령 위반에 한정된다($^{제136}_{조}$). 이의신청을 이처럼 제한하고 있는 이유는 증거결정도 일종의 재판이고 이에 대한 이의신청도 재판에 대한 불복이라 할 수 있는데, 이의사유를 너무 확대하면 절차의 안정을 해하고 소송의 지연과 번잡을 초래할 우려가 있기 때문이다.

④ **이의신청의 시기 및 방법:** 이의신청은 각각의 행위, 처분, 결정시마다 즉시하여야 한다($^{규}_{제137조}$). 이의신청은 절차상의 하자를 즉석에서 시정하여 절차를 공정하고 신속하게 진행시키기 위하여 소송관계인에게 부여된 권리이므로 즉석에서 행사하지 않으면 실효가 없게 되거나 절차상의 혼란이 초래될 수 있기 때문이다. 이러한 이의신청은 서면이나 구술로 할 수 있으며, 그 이유를 간결하게 명시하여야 한다. 예컨대 "유도신문이므로 이의를 신청합니다"라거나 "증인의 증언은 전문사항이므로 이의를 신청합니다" 등의 방식으로 행하여진다.

⑤ **이의신청에 대한 결정:** 이의신청에 대하여 법원은 즉시 결정하여야 한다($^{규}_{제138조}$). 시기에 늦은 이의신청, 소송지연만을 목적으로 하는 것임이 명백한 이의신청 및 이의신청이 이유 없다고 인정되는 때에는 이를 결정으로 기각하여야 한다. 이의신청이 이유 있다고 인정되는 경우에는 결정으로 이의신청의 대상이 된 행위·처분 또는 결정을 중지·취소·철회·변경

하는 등 그 이의신청에 상응하는 조치를 취하여야 한다(제139조).

⑥ **이의신청에 대한 불복:** 이의신청에 대한 결정에 의하여 판단이 된 사항에 대하여는 다시 이의신청을 할 수 없다(제140조). 이의신청에 대한 법원의 결정은 판결전의 소송절차에 관한 결정이고, 즉시항고를 허용하는 명문 규정이 없으므로 이의신청에 대한 결정에 대하여는 다시 이의신청을 하거나 항고로써 불복할 수 없다(제403조 제1항).

2. 피고인신문

(1) 의   의

피고인신문이란 피고인에게 공소사실과 양형에 필요한 사항을 신문하는 절차이다. 피고인신문은 원칙적으로 직권주의적 요소이지만 이로 인하여 피고인의 당사자적 지위가 부정되거나 침해되어서는 안 되므로 현행법은 피고인에게 각개의 신문에 대한 진술거부권을 인정하고 있다(제283조의2). 또한 피고인이 공판정에서 공소사실에 대하여 자백한 때에는 법원은 간이공판절차에 의하여 심판할 것을 결정할 수 있다(제286조의2).

재판장 또는 법관은 피고인을 신문하는 경우 ㉠ 피고인이 신체적 또는 정신적 장애로 사물을 변별하거나 의사를 결정·전달할 능력이 미약한 경우, ㉡ 피고인의 연령·성별·국적 등의 사정을 고려하여 그 심리적 안정의 도모와 원활한 의사소통을 위하여 필요한 경우의 어느 하나에 해당하는 때에는 직권 또는 피고인·법정대리인·검사의 신청에 의하여 피고인과 신뢰관계에 있는 자를 동석하게 할 수 있다(제276조의2 제1항).

(2) 신문순서

검사 또는 변호인은 증거조사 종료 후에 순차로 피고인에게 공소사실 및 정상에 관하여 필요한 사항을 신문할 수 있다. 다만, 재판장은 필요하다고 인정하는 때에는 증거조사가 완료되기 전이라도 이를 허가할 수 있다(제296조의2 제1항). 재판장은 필요하다고 인정하는 때에는 피고인을 신문할 수 있다(동조 제2항). 따라서 당사자가 피고인을 신문하지 않는 경우에도 법원은 독자적으로 신문할 수 있다. 피고인 신문의 방식은 증인신문의 방식을 준용한다(동조 제3항).

(3) 신문방법

피고인을 신문함에 있어서 그 진술을 강요하거나 답변을 유도하거나 그 밖에 위압적, 모욕적 신문을 하여서는 아니된다(제140조의2). 형사상 자기에게 불리한 진술을 강요하는 것도 금지된다(헌법 제12조 제2항 후문). 피고인이 어느 재정인의 면전에서 충분히 진술할 수 없는 경우에는 퇴정후 진술하게 할 수 있다(제140조의3).

Ⅲ. 판결선고절차

1. 검사의 의견진술

검사는 사실과 법률적용에 관하여 의견을 진술하여야 한다($제302조$). 재판장은 필요하다고 인정하는 경우에는 검사의 본질적 권리를 침해하지 않는 한도에서 검사의 의견진술 시간을 제한할 수 있다. 특히 양형에 관한 검사의 의견을 구형(求刑)이라고 하지만, 법원이 이에 구속되는 것은 아니다.

2. 피고인과 변호인의 의견진술

재판장은 검사의 의견을 들은 후 피고인과 변호인에게 최종의 의견을 진술할 기회를 주어야 한다($제303조$). 따라서 피고인과 변호인에게 최종의견진술의 기회를 주지 않은 채 판결을 선고하는 것은 소송절차의 법령위반에 해당한다. 그러나 변호인이 공판기일통지서를 받고도 공판기일에 출석하지 아니하여 변호인없이 변론을 종결한 경우에는 변호인에게 변론의 기회를 부여한 것으로 보는 것이 판례의 입장이다(대판 1977.7.26, 77도835). 통상 실무에서는 변호인의 의견진술을 **변론요지서**로 대체하는 경향이 있다.

> **참조판례** 「형사소송법 제303조는 "재판장은 검사의 의견을 들은 후 피고인과 변호인에게 최종의 의견을 진술할 기회를 주어야 한다."라고 정하고 있으므로, 최종의견 진술의 기회는 피고인과 변호인 모두에게 주어져야 한다. 이러한 최종의견 진술의 기회는 피고인과 변호인의 소송법상 권리로서 피고인과 변호인이 사실관계의 다툼이나 유리한 양형사유를 주장할 수 있는 마지막 기회이므로, 피고인이나 변호인에게 최종의견 진술의 기회를 주지 아니한 채 변론을 종결하고 판결을 선고하는 것은 소송절차의 법령위반에 해당한다」(대판 2018.3.29, 2018도327).

3. 판결의 선고

(1) 즉일선고의 원칙

판결의 선고는 변론을 종결한 기일에 하여야 하며, 다만 특별한 사정이 있는 때에는 따로 선고기일을 지정할 수 있으나($제318조의4$), 변론종결 후 14일 이내로 지정되어야 한다($동조 제3항$). 변론을 종결한 기일에 판결을 선고하는 경우에는 판결의 선고 후 5일 이내에 판결서를 작성하여야 한다($규 제146조$).

(2) 판결선고의 방식

판결의 선고는 법관이 작성한 재판서에 의하여 공판정에서 하여야 한다($제38조 본문, 제42조 전단$). 이 경우 재판장은 판결을 선고함에 있어서 피고인에게 적절한 훈계를 할 수 있다($규 제147조$). 형을 선고하는 경우에는 재판장은 피고인에게 상소할 기간과 상소할 법원을 고지하여야 한다($제324조$).

(3) 판결선고 후의 조치

법원은 피고인에 대하여 판결을 선고한 때에는 선고일로부터 14일 이내에 피고인에게 그 판결서 등본을 송달하여야 한다. 피고인이 동의하는 경우에는 그 판결서 초본을 송달할 수 있다(규 제148조 제1항). 다만 불구속 피고인과 무죄, 면소, 형의 면제, 형의 선고유예, 형의 집행유예, 공소기각 또는 벌금이나 과료를 과하는 판결이 선고되어 구속영장의 효력이 상실된 구속 피고인에 대하여는 피고인이 송달을 신청하는 경우에 한하여 판결서 등본 또는 초본을 송달한다(규 동조 제2항). 그리고 판결선고 후 소송기록이 상소법원에 도달하기 전까지는 상소기간 중 또는 상소 중의 사건에 관하여 피고인의 구속, 구속기간의 갱신, 구속의 취소, 보석, 보석의 취소, 구속의 집행정지와 그 정지의 취소에 대한 결정 등을 원심법원이 하여야 한다(규 제105조, 제57조).

Ⅳ. 증인신문

> **사 례**
>
> 검사 X는 甲이 2022년 3일 1일 살의(殺意)를 품고 乙로부터 구입한 권총으로 A를 살해하였다는 범죄사실로 甲을 살인죄로 기소하였으며, 권총을 甲에게 매도한 乙에 대해서는 甲의 범죄사실을 알고 있었음에도 불구하고 권총을 팔았다는 이유로 살인죄의 방조범으로 기소하였다. 乙이 甲의 사건에 대한 공동피고인으로 되어 있다고 가정할 때 甲의 공소사실을 증명하기 위하여 乙의 진술을 증거로 할 수 있는 경우를 설명하라.

1. 의   의

증인이란 법원 또는 법관에 대하여 자기가 과거에 경험한 사실을 진술하는 제3자를 말한다. 법원 또는 법관에 대하여 진술하는 자임을 요하므로 수사기관에 대하여 진술하는 참고인은 증인이 아니다. 따라서 **증인신문**이란 이러한 증인이 경험한 사실을 내용으로 하는 진술을 얻는 증거조사, 즉 증인에 대한 증거조사를 말한다. 형사소송법이 전문법칙을 채택함에 따라 사실을 직접 경험한 증인에 대한 증인신문이 증거조사의 중심이 되지 않을 수 없다. 증인신문에 있어서는 증언과 함께 증인의 표정과 진술태도까지 법관의 면전에 현출되어 심증형성에 중대한 영향을 미치므로 증거방법으로써 가장 중요한 의미가 있기 때문이다.

이러한 증인신문은 공판기일에 공판정에서 수소법원에 의하여 이루어지는 것이 원칙이나, 예외적으로 공판기일외에(제273조), 법정외에서(제165조), 수명법관이나 수탁판사(제167조) 또는 판사(제184조)에 의하여 이루어지는 경우도 있다.

2. 증인과 감정인의 구별

증인과 감정인은 모두 진술의 형식으로 증거조사를 하게 된다는 점에서 그 구별이 문제된다. 증인은 자기가 과거에 직접 그 사건에 관하여 경험한 바를 진술하는 자로서 비대체적인 데 반하여, 감정인은 자신의 전문적 학식·경험을 바탕으로 법칙 또는 이에 의거한 구체적 사실의 판단을 보고하는 자이므로 대체성이 있다. 또한 증인에 대하여는 구인이 인정되나 감정인은 그렇지 않다.

또 과거에 지득한 사실은 설령 그것이 자신의 특별한 학식·경험에 의하여 지득한 경우라도 그 사실에 관한 신문은 증인신문이므로 감정증인($^{제179}_{조}$)도 증인에 속한다. 또 감정인으로서 일단 일정한 사실을 실험한 자는 그 실험에 관한 한 비대체성을 가지므로 그 실험에 대하여 진술을 필요로 할 때에는 증인신문의 절차에 의하여야 한다.

표 4-5 증인과 감정인의 구별

구 분	증 인	감 정 인
선서의무	O(예외적으로 불요)	O
대체성	X(구인 가능)	O(구인 불가능)
기피제도	X	X
당사자참여권	O	O
증언거부권	O	O
보 수	X	O
일당·여비	O	O

3. 증인적격과 증언능력

(1) 증인적격

① **의   의**: **증인적격**이란 누가 증인이 될 자격이 있는가, 즉 법원이 누구를 증인으로 신문할 수 있는가의 문제를 말한다. 형사소송법 제146조는 「법원은 법률에 다른 규정이 없으면 누구든지 증인으로 신문할 수 있다」고 규정하고 있으므로 원칙적으로 누구든지 증인적격이 있다.

② **피고인의 증인적격**

가) 피 고 인: 묵비권은 포기할 수 있으므로 피고인도 증인이 될 수 있다는 긍정설도 있으나, 피고인은 당사자로서의 지위를 가지고 있으므로 제3자임을 요하는 증인이 될 수 없으며, 피고인을 증인으로 하여 증언의무를 과하는 것은 피고인에게 보장된 진술거부권을 무의

미하게 한다는 점에서 부정설이 타당하다(통설). 헌법재판소도 동일한 입장이다(^{헌재 2001.11.29.,}_{2001헌바41}).

나) 피고인의 대리인, 대표자의 증인적격: 피고인의 법정대리인(^{제26}_조)·특별대리인(^{제28}_조)·임 의대리인(^{제27}_조), 피고인인 법인의 대표자(^{제27}_조)는 그 지위에 있는 한 증인적격이 없다.

다) 공동피고인의 증인적격: 공동피고인의 증인적격은 공동피고인의 상태에서 변론을 분리 하지 아니한 채, 다른 공동피고인에 대한 증인으로 신문할 수 있는가의 문제다. **긍정설**은 공 동피고인은 다른 피고인에 대한 관계에서 제3자이지 피고인이 아니며, 당해 소송절차에서 증인신문을 하는 경우에도 공동피고인은 증언거부권(^{제148}_조)에 의해서 자기부죄적 진술을 거 부할 수 있으므로 병합심리 중에 있는 공동피고인이라도 변론을 분리하지 않고 증인으로 신문할 수 있다고 본다. 반면 **부정설**은 사건이 병합심리되고 있는 한 공동피고인이라도 피고 인으로서 진술거부권을 가지므로 공동피고인이 공범관계에 있느냐의 여부를 불문하고 변론 을 분리하지 않는 한 증인적격이 없으므로 증인으로 신문할 수 없다고 본다.

그러나 공범자인 공동피고인은 증인적격이 없지만 자기의 피고사건과 실질적인 관련성이 없 는 사건에 대하여는 공동피고인이라도 증인으로 신문할 수 있다고 하는 **절충설**이 타당하다(통설).

부정설처럼 변론분리여부에 따라 공동피고인의 증인적격여부가 좌우된다고 보는 것은 지나치게 기 술적이고 작위적이며, 긍정설은 공동피고인의 지위와 증인지위(진실의무)의 모순관계를 경시하는 문제점이 있다. 따라서 자기의 피고사건과 실질적인 관련성이 있는 경우(^{제11조의}_{관련사건})에는 변론을 분리 하지 않더라도 증거능력이 인정되므로 증인으로 신문할 필요가 없으나(변론을 분리하면 당연히 증인 적격 인정됨), 사건의 관련성이 없는 경우에는 증인신문절차에 따라 공동피고인의 진술을 들어야 하며 이 경우에 공동피고인에 대한 증인신문을 위하여 변론을 분리할 필요는 없다고 본다.

대법원은 「공범인 공동피고인은 당해 소송절차에서는 피고인의 지위에 있으므로 다른 공동피고인 에 대한 공소사실에 관하여 증인이 될 수 없으나, 소송절차가 분리되어 피고인의 지위에서 벗어나 게 되면 다른 공동피고인에 대한 공소사실에 관하여 증인이 될 수 있다」(^{대판 2008.6.26.,}_{2008도3300})거나 「피고인의 지위에 있는 공동피고인은 다른 공동피고인에 대한 공소사실에 관하여 증인이 될 수 없으나, 소송 절차가 분리되어 피고인의 지위에서 벗어나게 되면 다른 공동피고인에 대한 공소사실에 관하여 증 인이 될 수 있고 이는 대향범인 공동피고인의 경우(뇌물증·수뢰사건으로 공소제기된 공동피고)에도 다르지 않다」(^{대판 2012.3.29.,}_{2009도11249})라고 판시하였다. 공범인 공동피고인의 경우는 변론을 분리해야 다른 공동 피고인에 대한 증인으로 신문할 수 있지만, 공범이 아닌 공동피고인의 경우는 불분명하여 변론을 분리하지 아니하고도 증인으로 신문할 수 있다는 것인지 명백하지 않다.

③ 변호인의 증인적격: 변호인에게 증인적격이 인정되는가에 관하여, 변호인의 증인적격 을 부정하는 명문의 규정이 없고, 실체적 진실발견 또는 피고인의 이익보호에 도움이 된다 는 이유로 변호인은 증인이 되기 위하여 사임할 필요가 없다는 **긍정설**도 있으나, 변호인은 피고인의 보호자이므로 당해 소송에서 제3자가 아니고, 동일한 소송에서 같은 사람이 변호 인과 증인을 겸하는 것은 역할의 혼동이므로 증인적격을 부정해야 한다는 **부정설**이 타당하 다고 본다.

④ **검사의 증인적격:** ㉠ 검사의 증인적격을 부정하는 명문규정이 없고, 검사가 증언한 후에도 공소유지의 직무수행에 지장을 주지 않는다는 점에서 검사의 증인적격을 인정해야 한다는 **긍정설**, ㉡ 당해 사건의 공판에 관여하고 있는 검사는 그 소송에서 제3자가 될 수 없으며, 검사를 당해 사건의 공판담당검사의 지위에서 물러나게 할 강제방법이 없고, 소송주체의 지위와 증인의 지위는 서로 모순된다는 점에서 증인이 될 수 없다는 **부정설**, ㉢ 원칙적으로 부정하나 예외적으로 실체진실의 발견을 위해 증인신문의 필요성이 있는 경우에는 증인적격이 인정된다는 **제한적 긍정설** 등이 있다. 생각건대 당사자인 검사는 당해 소송의 제3자가 아니므로 증인이 될 수 없다고 보는 부정설이 타당하다. 다만 부정설을 취하더라도 형사소송법이 2007년 **조사자증언제도**($^{제316조}_{제1항}$)를 도입하고 있으므로 공판관여검사가 아닌 수사검사나 기소검사 등은 당연히 증인적격이 인정될 것이다.

⑤ **검찰서기관·사법경찰관의 증인적격:** 검찰서기관이나 사법경찰관은 소송당사자가 아니므로 증인적격이 인정된다. 판례도 「현행범을 체포한 경찰관의 진술이라 하더라도 범행을 목격한 부분에 관하여는 여느 목격자의 진술과 다름없이 증거능력이 있다」($^{대판 1995.5.9.}_{95도535}$)고 판시하고 있다. 실무에서도 자백의 임의성이나 검사작성조서의 증거능력을 증명하기 위하여 검찰주사 또는 사법경찰관을 증인으로 신문하고 있다.

⑥ **법관 또는 법원사무관의 증인적격:** 당해 사건을 심판하거나 그 공판절차에 관여하는 법관 또는 법원사무관 등은 그 사건에 관하여 증인적격이 없으며, 증인이 된 때에는 제척사유가 된다($^{제17조 제4호,}_{제25조 제1항}$).

(2) 증언능력

증인의 **증언능력**이란 증인 자신이 과거에 경험한 사실을 기억에 따라 진술할 수 있는 정신적인 능력을 말한다. 증언능력은 사법상의 행위능력이나 형법상의 형사책임능력과는 물론 소송능력이나 선서능력과도 다르고, 형사미성년자라고 하여 반드시 증언능력이 없는 것은 아니다. 증인적격이 있는 자라도 증언능력이 없으면 그 증언을 증거로 할 수 없다. 이와 관련하여 형사소송법은 증언능력에 관하여 아무런 규정도 두고 있지 않으므로 결국 개개의 경우에 법원이 구체적 판단에 의할 수밖에 없을 것이다. 다만 증언능력의 유무는 증인의 연령, 지적 수준, 증언의 태도 및 내용, 경험한 과거의 사실이 증인의 이해력·판단력 등에 의하여 변식될 수 있는 범위내에 속하는지 여부를 고려하여 개별적·구체적으로 판단해야 할 것이다. 특히 유아의 증언능력 유무는 단지 공술자의 연령만에 의할 것이 아니라, 그의 지적 수준에 따라 개별적이고 구체적으로 결정되어야 함은 물론, 공술의 태도 및 내용 등을 구체적으로 검토하여 판단해야 할 것이다.

참조판례 구체적으로 판례에 나타난 사례를 살펴보면 ㉠ 사고 당시 10세 남짓한 초등학교 5학년생으로서 비록 선서무능력자라고 하여도 그 증언 내지 진술의 전후사정으로 보아 의사판단능력이 있다고 인정된다면 증언능력이 있으며($^{대판\ 1984.9.25,}_{84도619}$), ⓛ 사고 당시는 만 3년 3월 남짓, 증언 당시는 만 3년 6월 남짓된 강간치상죄의 피해자인 여아가 피해상황에 관하여 비록 구체적이지는 못하지만 개괄적으로 물어 본 검사의 질문에 이를 이해하고 고개를 끄덕이는 형식으로 답변함에 대하여 증언능력이 있고($^{대판\ 1991.5.10,}_{91도579}$), ⓒ 사건 당시 만 4세 6개월, 제1심 증언당시 만 6세 11개월된 피해자 유아의 증언능력을 인정한 경우($^{대판\ 1999.11.}_{26,\ 99도3776}$) 등이 있다.

4. 증인의 의무와 권리

(1) 증인의 소송법상 의무

① **출석의 의무:** 증인의 출석은 소환의 방법에 의하므로 소환은 출석의무의 전제이다. 증인의 법정 출석을 강제할 수 있는 권한을 법원에 부여한 취지는, 다른 증거나 증인의 진술에 비추어 굳이 추가 증인신문을 할 필요가 없다는 등 특별한 사정이 없는 한 사건의 실체를 규명하는 데 가장 직접적이고 핵심적인 증인으로 하여금 공개된 법정에 출석하여 선서 후 증언하도록 하고, 법원은 출석한 증인의 진술을 토대로 형성된 유죄·무죄의 심증에 따라 사건의 실체를 규명하도록 하기 위함이다($^{대판\ 2020.12.10,}_{2020도2623}$). 법원은 소환장의 송달, 전화, 전자우편 그 밖의 상당한 방법으로 증인을 소환하며($^{제150조의2}_{제1항}$), 증인을 신청한 자는 증인이 출석하도록 합리적인 노력을 할 의무가 있다($^{동조}_{제2항}$). 증인이 출석요구를 받고 기일에 출석할 수 없을 경우에는 법원에 바로 그 사유를 밝혀 신고하여야 한다($^{규}_{제68조의2}$). 증인의 소환에 관하여는 피고인의 소환에 관한 규정이 준용된다($^{제153조,\ 제73조,}_{제74조,\ 제76조}$). 이러한 증인의 출석의무는 소환이 적법한 경우에 한하여 인정되므로 소환의 방법이 위법하거나 무효인 때에는 증인에게 출석의무가 없다. 다만 재정증인은 소환하지 않고 신문할 수 있고($^{제154}_{조}$), 증인거부권자($^{제147}_{조}$)에게는 출석의 의무가 없다.

법원은 소환장을 송달받은 증인이 정당한 사유없이 출석하지 아니한 때에는 결정으로 당해 불출석으로 인한 소송비용 및 500만 원 이하의 과태료를 부과할 수 있다($^{제151조}_{제1항}$). 과태료의 재판을 받고도 정당한 사유없이 다시 출석하지 아니한 때에는 결정으로 증인을 7일 이내의 감치에 처하며($^{동조}_{제2항}$), 이 경우 법원은 감치재판기일에 증인을 소환하여 불출석에 따른 정당한 사유가 있는지의 여부를 심리하여야 한다($^{동조}_{제3항}$). 이러한 결정에 대하여 증인은 즉시항고를 할 수 있지만, 집행정지의 효력은 인정되지 않는다($^{동조}_{제8항}$).

② **선서의 의무:** 선서란 증인 또는 감정인이 법원에 대하여 진실을 말할 것을 서약하는 것을 말한다. 선서한 후에 거짓말을 하면 위증죄로 처벌받게 된다. 따라서 선서능력 있는 증인이 선서 없이 증언한 때에는 그 증언은 증거능력이 없다($^{대판\ 1979.3.27,}_{78도1031}$). 선서서에는 "양심에 따라 숨김과 보탬이 없이 사실 그대로 말하고 만일 거짓이 있다면 위증의 벌을 받기로 맹서합니다"라고 기재해야 한다($^{제157}_{조}$).

모든 증인에게는 원칙적으로 신문전에 반드시 선서를 하게 하여야 하나, 선서무능력자,

즉 16세 미만의 자와 선서의 취지를 이해하지 못하는 자에 대하여는 선서하게 하지 아니하고 신문하여야 한다($^{제156조, 단서,}_{제159조}$). 다만 선서무능력자에게 선서를 시키고 신문한 경우라 할지라도 그 선서만이 무효로 되고 그 증언의 효력에는 영향이 없다($^{대판 1957.3.8,}_{4290형상23}$). 형사소송에서는 민사소송의 경우와 달리 선서거부권에 관한 명문 규정이 없으므로 증언거부권이 있더라도 선서거부권은 인정되지 않는다. 따라서 증인이 정당한 이유없이 선서를 거부한 때에는 결정으로 50만 원 이하의 과태료에 처할 수 있고, 이에 대하여 즉시항고를 할 수 있다($^{제161}_{조}$).

③ **증언의 의무:** 증인은 법원 또는 법관의 신문뿐만 아니라 검사와 변호인·피고인의 신문에 대하여도 증언하여야 하고, 주신문뿐만 아니라 반대신문에 대하여도 증언하여야 한다. 따라서 증인이 주신문에 대하여 일단 증언을 한 후에는 동일한 사항에 관한 반대신문에 대하여 증언을 거부하는 것은 공평의 원리에 반할 뿐만 아니라 반대신문권을 무의미하게 하므로 증거능력이 없다고 보아야 한다(통설). 증인이 정당한 이유없이 증언을 거부한 경우에는 50만 원 이하의 과태료를 처할 수 있고, 이에 대하여 즉시항고가 가능하다($^{제161}_{조}$).

(2) 증인의 소송법상 권리

① 증언거부권

가) 의   의: 증언거부권이란 증언의무의 존재를 전제로 하여 증언의무의 이행을 거절할 수 있는 권리를 말한다. 따라서 증언거부권은 증인거부권($^{제147}_{조}$)과 구별해야 한다. 증인거부권이 인정되는 때에는 증언신문 자체를 거부할 수 있으나, 증언거부권에 의하여 증인이 출석을 거부할 수는 없다.

나) 증언거부권의 내용

a. 자기 또는 근친자의 형사책임과 증언거부권: 누구든지 자기나 근친자가 형사소추 또는 공소제기를 당하거나 유죄판결을 받을 사실이 발로될 염려 있는 증언을 거부할 수 있다($^{제148}_{조}$). 즉 증인은 자기뿐만 아니라 자기와 친족 또는 친족관계가 있었던 자, 법정대리인·후견감독인의 관계가 있는 자가 형사소추 등을 당할 염려가 있는 경우에는 증언을 거부할 수 있다.

이러한 증언거부권을 인정하는 취지는 헌법상의 진술거부권($^{헌 제12조,}_{제2항}$)과 신분관계에 기한 친족간의 정의(情宜)를 고려하여 진실한 증언을 기대할 수 없다는 고려에 기인한 것이다. 여기에서 **형사소추나 공소제기를 당할 염려가 있는 경우**라 함은 공소제기전 타인의 사건에 있어서 증인신문시에 증언을 함으로써 자기 또는 근친자의 형사소추 또는 공소제기의 자료를 제공하게 되는 경우를 말한다. 또 **유죄판결을 받을 사실이 발로될 염려가 있는 경우**라 함은 자기가 기소되었지만 아직 판결의 선고가 없거나 확정되지 않은 경우를 말한다. 따라서 자신에 대한 유죄판결이 확정된 증인이 공범에 대한 피고사건에서 증언할 당시 앞으로 재심을 청구할 예정이라고 하여도, 형사소송법상 피고인의 불이익을 위한 재심청구는 허용되지 아니할 뿐만 아니라($^{제420}_{조}$) 재심사건에는 불이익변경금지원칙이 적용되어 원판결의 형보다 중한 형을 선고

하지 못하므로($^{제439}_{조}$), 이를 이유로 증인에게 형사소송법 제148조에 의한 증언거부권이 인정되지는 않는다($^{대판\ 2011.11.24,}_{2011도11994}$).

> **참조판례** 「자신에 대한 유죄판결이 확정된 증인이 재심을 청구한다 하더라도, 이미 유죄의 확정판결이 있는 사실에 대해서는 일사부재리의 원칙에 의하여 거듭 처벌받지 않는다는 점에 변함이 없고, 형사소송법상 피고인의 불이익을 위한 재심청구는 허용되지 아니하며($^{형사소송법}_{제420조}$), 재심사건에는 불이익변경 금지 원칙이 적용되어 원판결의 형보다 중한 형을 선고하지 못하므로($^{형사소송법}_{제439조}$), 자신의 유죄 확정판결에 대하여 재심을 청구한 증인에게 증언의무를 부과하는 것이 형사소추 또는 공소제기를 당하거나 유죄판결을 받을 사실이 발로될 염려 있는 증언을 강제하는 것이라고 볼 수는 없다. 따라서 자신에 대한 유죄판결이 확정된 증인이 공범에 대한 피고사건에서 증언할 당시 앞으로 재심을 청구할 예정이라고 하여도, 이를 이유로 증인에게 형사소송법 제148조에 의한 증언거부권이 인정되지는 않는다」($^{대판\ 2011.11.24,}_{2011도11994}$).

거부할 수 있는 증언의 내용에는 형사책임의 존부와 양형에 불이익을 미칠 수 있는 모든 사실을 말한다. 반드시 형사소추나 유죄판결의 가능성을 발생시킬 것을 요하는 것이 아니라 그 가능성을 높이는 경우이면 족하다. 다만 이러한 가능성에는 합리성과 객관성이 인정되어야 하며, 단순히 위증죄로 소추될 위험성이 있다는 염려만으로는 증언을 거부할 수 없다.

b. 업무상 비밀과 증언거부권: 변호사·변리사·공증인·공인회계사·세무사·대서업자·의사·한의사·치과의사·약사·약종상·조산사·간호사·종교의 직에 있는 자 또는 이러한 직에 있던 자가 그 업무상 위탁을 받은 관계로 알게 된 사실로서 타인의 비밀에 관한 것은 증언을 거부할 수 있다. 단, 본인의 승낙이 있거나 중대한 공익상 필요있는 때에는 예외로 한다($^{제149}_{조}$).

이 규정은 일정한 업무에 종사하는 자의 비밀을 보호함에 의하여 업무뿐만 아니라 상대방인 위탁자를 보호하는 데 그 취지가 있다. 본 규정의 범위와 관련하여 제한적 열거로 보는 견해(제한적 열거설)가 통설이다.

다) 증언거부권의 고지: 증인이 증언거부권자($^{제148조,}_{제149조}$)에 해당하는 경우에는 재판장은 신문하기 전에 증언을 거부할 수 있음을 고지하여야 한다($^{제160}_{조}$). 증언거부권자에게 증언거부권을 고지하지 않고 신문한 경우 증언의 증거능력에 관하여, 판례는 증언의 효력에 영향이 없다($^{대판\ 1957.3.8,}_{4290형상23}$)고 보면서도, 「헌법 제12조 제2항에 정한 불이익진술의 강요금지 원칙을 구체화한 자기부죄거부특권에 관한 것이거나 기타 증언거부사유가 있음에도 증인이 증언거부권을 고지받지 못함으로 인하여 그 증언거부권을 행사하는 데 사실상 장애가 초래되었다고 볼 수 있는 경우에는 위증죄의 성립을 부정하여야 한다」($^{대판\ 2012.3.29,}_{2009도11249}$)는 태도를 취하고 있다. 생각건대 증언거부권의 고지는 증언거부권에 대한 절차적 보장을 의미하므로 적정절차의 원리에 비추어 증거능력을 부정하는 것이 타당하다고 본다(통설).

라) 증언거부권의 포기: 증언거부권은 증인의 권리이지 의무가 아니므로 증언거부권을 포기하고 증언을 할 수 있다. 증언을 거부하는 자는 거부사유를 소명하여야 한다($^{제150}_{조}$). 증언

거부권 없는 증인이 부당하게 증언을 거부하는 것을 방지하기 위한 것이다.

② **동석권**: 법원은 범죄로 인한 피해자를 증인으로 신문하는 경우 증인의 연령, 심신의 상태, 그 밖의 사정을 고려하여 증인이 현저하게 불안 또는 긴장을 느낄 우려가 있다고 인정하는 때에는 직권 또는 피해자·법정대리인·검사의 신청에 따라 피해자와 신뢰관계에 있는 자를 동석하게 할 수 있다(제163조의2 제1항). 법원은 범죄피해자가 13세 미만이거나 신체적 또는 정신적 장애로 사물을 변별하거나 의사를 결정할 능력이 미약한 경우에 재판에 지장을 초래할 우려가 있는 등 부득이한 경우가 아닌 한 피해자와 신뢰관계에 있는 자를 동석하게 하여야 한다(동조 제2항). 이에 따라 동석한 자는 법원·소송관계인의 신문 또는 증인의 진술을 방해하거나 그 진술의 내용에 부당한 영향을 미칠 수 있는 행위를 하여서는 아니된다(동조 제3항). 동석할 수 있는 신뢰관계에 있는 자의 범위, 동석의 절차 및 방법 등에 관하여 필요한 사항은 대법원규칙으로 정한다(동조 제4항).

일반 범죄의 피해자도 법원의 증인신문을 받게 될 경우 불안감이나 긴장을 느껴 2차 피해가 확산될 수 있으므로 신뢰관계자의 동석을 허용하고 있으며(임의적 동석), 특히 범죄로 인한 피해자가 13세 미만이거나 신체적 또는 정신적 장애로 사물을 변별하거나 의사를 결정할 능력이 미약한 경우에는 부득이한 경우가 아닌 한 신뢰관계자를 반드시 동석하도록 하였다(필요적 동석).

③ **비용청구권**: 소환받은 증인은 법률의 규정한 바에 의하여 여비·일당과 숙박료를 청구할 수 있다(제168조 본문). 소환받은 증인에게만 비용청구권이 인정되므로 재정증인에게는 비용청구권이 없다. 다만 정당한 사유 없이 선서 또는 증언을 거부한 자는 예외로 한다(제168조 단서).

5. 증인신문의 방법

(1) 당사자의 참여권

검사·피고인 또는 변호인은 증인신문에 참여할 권리를 가진다(제163조 제1항). 따라서 증인신문의 일시와 장소를 미리 검사·피고인 또는 변호인에게 통지하여야 한다. 다만 당사자가 참여하지 않는다는 의사를 명시한 때에는 예외로 한다(동조 제2항). 따라서 증인신문의 일시와 장소를 당사자에게 통지하지 아니한 때에는 증인신문이 위법하므로 그 증언은 증거능력이 없다. 판례도 「변호인이 참여하여 반대신문의 기회를 가졌다면 굳이 피고인 본인의 참여가 없었다 하더라도 위법이라고 할 수 없으나, 피고인 본인이 미리 참여케 해 달라고 신청한 경우에는 변호인이 참여하였다 하더라도 피고인의 참여 없이 실시한 증인신문은 위법하다(대판 1969.7.25, 68도1481)」는 입장이다. 다만 피고인에게 증인신문기일을 통지하지 않고 법정외 증인신문을 한 경우에 차회(次回) 공판기일에 공판정에서 그 증인신문조서에 대한 증거조사를 하면서 그 증인신문결과를 고지하였던바 피고인이나 변호인이 이의가 없다고 진술한 경우에는 책문권의 포기로서 하자가 치유된다(대판 2010.1.14, 2009도9344).

(2) 신문사항 등

재판장은 증인의 인적 사항의 공개 또는 누설을 방지하거나 그 밖에 증인의 안전을 위하여 필요하다고 인정할 때에는 증인의 신문을 청구한 자에 대하여 사전에 신문사항을 기재한 서면의 제출을 명할 수 있다(규제66조).

(3) 증인에 대한 신문방법

① **개별신문의 원칙**: 증인신문은 각 증인에 대하여 신문하여야 하며, 신문하지 아니한 증인이 재정한 때에는 퇴정을 명하여야 한다(제162조 제1항, 제2항). 그러나 증언이나 피고인의 진술의 모순을 발견하고 진술태도에 의하여 진술의 신빙성에 관한 심증을 얻기 위하여 필요한 때에는 증인과 다른 증인, 증인과 피고인을 대질하게 할 수 있다(동조제3항). 판례는 「개별신문과 대질 중 어느 방법을 택하느냐는 사실심의 자유재량으로서, 다른 증인의 면전에서 증인을 신문하였다 하여 위법이라 할 수 없다」(대판 1961.3.15, 4292형상725,)고 판시한다.

② **증인의 신문방법**

가) 구두신문: 증인에 대한 신문은 원칙적으로 구두로 해야 한다. 증인에 대한 반대신문을 가능하게 하기 위해서이다. 그러나 증인이 들을 수 없는 때에는 서면으로 묻고, 말할 수 없는 때에는 서면으로 답하게 할 수 있다(규제73조).

나) 포괄신문의 금지: 증인을 신문함에 있어서는 가능한 한 개별적이고 구체적인 신문에 의하여야 하고(규제74조제1항), 2개 이상의 사항을 하나의 질문으로 묻는 복합질문이나 포괄적이고 막연한 질문은 허용되지 않는다. 즉 증인신문은 일문일답식이어야 한다.

다) 부당한 신문의 금지: 증인에 대한 ㉠ 위협적이고 모욕적인 신문, ㉡ 전의 신문과 중복되는 신문, ㉢ 의견을 묻거나 의논에 해당하는 신문, ㉣ 증인이 직접 경험하지 아니한 사항에 해당하는 신문은 원칙적으로 금지된다(규제74조제2항).

③ **기억의 환기가 필요한 경우**: 증인의 기억이 명백하지 아니한 사항에 관하여 기억을 환기시켜야 할 필요가 있는 때에는 영상녹화물을 재생하여 시청하게 하거나(제318조의2제2항), 재판장의 허가를 얻어 서류 또는 물건을 제시하면서 신문할 수 있다(규제83조제1항). 이 경우에는 제시하는 서류의 내용이 증인의 진술에 부당한 영향을 미치지 아니하도록 하여야 한다(동조제2항). 위의 서류 또는 물건을 제시할 때 증거조사를 마치지 아니한 것일 때에는 미리 상대방에게 열람의 기회를 주어야 한다(동조제3항). 유도신문에 의해서도 증인의 기억을 환기시키기 곤란한 경우에 서류 또는 물건을 제시하여 유도신문하는 것을 허용한 것이다.

④ **증언을 명확히 할 필요가 있는 경우**: 증인의 진술을 명확히 할 필요가 있을 때에는 도면, 사진, 모형, 장치 등을 이용하여 신문할 수 있다(규제84조제1항). 이때에는 제시하는 위 물건들의 내용이 증인의 진술에 부당한 영향을 미치지 아니하도록 하여야 한다(동조제2항).

(4) 상호신문제도(相互訊問制度)

① **의   의**: **상호신문제도**란 증인을 신청한 당사자가 먼저 신문하고(주신문), 그 다음에 반대편당사자가 신문하며(반대신문) 법원은 당사자의 신문이 끝난 뒤에 신문하는 방식을 말한다. 이러한 상호신문제도는 당사자에게 주도권을 인정하는 영미법계 당사자주의적 증인신문방식으로서, 당사자 쌍방의 적극적인 상호신문과정을 통하여 증언의 진실성·신빙성 여부를 규명하려는 데 존재이유가 있다. 특히 반대당사자의 반대신문권을 보장한다는 점에 소송법적 의의가 있다. 다만 현행법은 법원이 직권으로 증인을 신문하는 것을 허용할 뿐만 아니라 당사자가 신청한 증인을 상호신문하는 경우에도 재판장의 개입권을 허용하고 있다는 점에서 어느 정도 직권주의적 요소를 가미하고 있다고 볼 수 있다. 간이공판절차에서는 법원이 상당하다고 인정하는 방법으로 증인신문을 할 수 있다.

② **상호신문의 방식**

가) 주신문(직접신문): **주신문**이란 증인을 신청한 당사자가 하는 신문을 말한다. 주신문의 목적은 증인신문을 신청한 당사자가 유리한 증언을 얻으려는 데 있다. 이러한 주신문은 증명할 사항과 이와 관련된 사항에 관하여 한다(ᵈ규ᵈ제75조ᵈ제1항). **증명할 사항**이란 증인신문을 신청한 입증취지를 의미하며, 이와 관련된 사항은 증언의 증명력을 보강하거나 다투기 위한 사항을 말한다.

원칙적으로 주신문에서는 유도신문이 금지된다. 주신문에서는 신문자와 증인 사이에 우호관계가 있는 것이 보통이므로 증인이 신문자의 암시에 영합하는 진술을 할 위험이 있고, 또 영합하는 진술을 하였는가의 판단이 곤란하기 때문이다. 다만 예외적으로 ㉠ 준비사항에 대한 신문, ㉡ 다툼 없는 명백한 사항에 대한 신문, ㉢ 증인이 신문자에게 적의 또는 반감을 보일 경우, ㉣ 증인이 종전진술과 상반되는 진술을 하는 경우, ㉤ 기타 증인이 기억하고 있는 것을 적절히 표현하지 못하는 경우와 같이 유도신문을 필요로 하는 특별한 사유가 있는 경우에는 주신문에 있어서도 유도신문이 허용된다(ᵈ동조ᵈ제2항).

나) 반대신문: **반대신문**이란 주신문후에 반대당사자가 하는 신문을 말한다. 반대신문의 목적은 주신문의 모순된 점을 지적하고 반대당사자에게 유리한 누락된 사항을 이끌어낼 뿐만 아니라, 증인의 신용성을 탄핵하여 증언의 증명력을 감쇄하려는 데 있다. 예컨대 검찰측 증인이 자동차운전을 하던 중에 살인사건을 목격하였다고 증언한 경우, 반대신문에서 야간인데다 그 장소가 조명이 어두웠다는 진술을 받아내거나 혹은 증인이 종일 운전을 하고 있었기 때문에 시력이 떨어졌다는 등 그 진술의 근거와 증인의 지각능력에 대하여 상세하게 따짐으로써 증언의 신빙성을 저하시키는 것이다.

헌법재판소는 영상물에 수록된 '19세 미만 성폭력범죄 피해자'('미성년 피해자')의 진술에 관하여 조사 과정에 동석하였던 신뢰관계인 내지 진술조력인의 법정진술에 의하여 그 성립의 진정함이 인정된 경우에도 증거능력을 인정할 수 있도록 정한 '성폭력범죄의 처벌 등에 관한 특례법' 제30조 제6항 중 '제1항에 따라 촬영한 영상물에 수록된 피해자의 진술은 공판준비기일 또는 공판기일에 조사 과정에 동석하였던 신뢰관계에 있는 사람 또는 진술조력인의 진술에 의하여 그 성립의 진정함이 인정된 경우에 증거로 할 수 있다' 부분 가운데 19세 미만 성폭력범죄 피해자에 관한 부분('심판대상조항')이 과잉금지원칙을 위반하여 공정한 재판을 받을 권리를 침해하는지 여부에 대하여, 「성폭력범죄의 특성상 영상물에 수록된 미성년 피해자 진술이 사건의 핵심 증거인 경우가 적지 않음에도 심판대상조항은 진술증거의 오류를 탄핵할 수 있는 효과적인 방법인 피고인의 반대신문권을 보장하지 않고 있다. 심판대상조항은 영상물로 그 증거방법을 한정하고 신뢰관계인 등에 대한 신문 기회를 보장하고 있기는 하나 위 증거의 특성 및 형성과정을 고려할 때 이로써 원진술자에 대한 반대신문의 기능을 대체하기는 어렵다. 그 결과 피고인은 사건의 핵심 진술증거에 관하여 충분히 탄핵할 기회를 갖지 못한 채 유죄 판결을 받을 수 있는바, 그로 인한 방어권 제한의 정도는 매우 중대하다. 반면 **피고인의 반대신문권을 일률적으로 제한하지 않더라도, 성폭력범죄 사건 수사의 초기단계에서부터 증거보전절차를 적극적으로 실시하거나, 비디오 등 중계장치에 의한 증인신문 등 미성년 피해자가 증언과정에서 받을 수 있는 2차 피해를 방지할 수 있는 여러 조화적인 제도를 적극 활용함으로써 위 조항의 목적을 달성할 수 있다.** 피고인 측이 정당한 방어권의 범위를 넘어 피해자를 위협하고 괴롭히는 등의 반대신문은 금지되며, 재판장은 구체적 신문 과정에서 증인을 보호하기 위해 소송지휘권을 행사할 수 있다. 우리 사회에서 미성년 피해자의 2차 피해를 방지하는 것이 중요한 공익에 해당함에는 의문의 여지가 없다. 그러나 심판대상조항으로 인한 피고인의 방어권 제한의 중대성과 미성년 피해자의 2차 피해를 방지할 수 있는 여러 조화적인 대안들이 존재함을 고려할 때, 심판대상조항이 달성하려는 공익이 제한되는 피고인의 사익보다 우월하다고 쉽게 단정하기는 어렵다. 따라서 **심판대상조항은 과잉금지원칙을 위반하여 공정한 재판을 받을 권리를 침해한다**」(^{헌재 2021.12.23.}_{2018헌바524})고 판시한 바 있다.

이러한 반대신문은 주신문에서 나타난 사항과 이와 관련된 사항 및 증언의 증명력을 다투기 위한 사항에 대하여 할 수 있다(^{규.제76조}_{제1항, 제77조}). 따라서 반대신문에 의하여 새로운 사항을 신문하는 것은 재판장의 허가가 있는 경우가 아니면 허용되지 않는다(^{동조}_{제4항}). 재판장 허가가 있는 때에는 주신문이 된다(^{동조}_{제5항}).

반대신문에서는 원칙적으로 유도신문이 허용된다(^{동조}_{제2항}). 반대신문에서는 증인과 신문자 사이에 우호관계가 있다고 보기 어렵고, 주신문에서의 왜곡된 증언을 바로잡고 부분적 · 편면적인 것을 보충하여 전체적인 진상을 밝히는 역할을 하는 것이 반대신문이기 때문이다. 이러한 유도신문의 대표적인 것으로 "그는 그것을 하지 않았지요?"라고 묻는 질문과 "예" 혹은 "아니요"라고만 대답하라고 요구하는 신문 등을 들 수 있다.

다) 재주신문 · 재반대신문: 반대신문후에 반대신문에서 나타난 사항과 그와 관련된 사항에 관하여 재신문할 수 있고, 주신문에서 빠뜨린 사항에 대한 신문은 재판장의 허가가 있으면 가능하다. 이를 **재주신문**이라고 한다. 재주신문후에 반대당사자는 재반대신문을 할 수 있다. 다만 이 경우에는 재판장의 허가가 있어야 한다(^규_{제79조}).

라) 반대신문의 배제여부: 판례는 「형사소송법 제297조(피고인등의 퇴정)의 규정에 따라 재판장은 증인이 피고인의 면전에서 충분한 진술을 할 수 없다고 인정한 때에는 피고인을 퇴정하게 하고 증인신문을 진행함으로써 피고인의 직접적인 증인 대면을 제한할 수 있지만, 이러한 경우에도 피고인의 반대신문권을 배제하는 것은 허용될 수 없다」(^{대판 2012.2.23.}_{2011도15608})는 입장이다.

③ **상호신문제도의 수정:** 재판장은 필요하다고 인정하면 어느 때나 증인을 신문할 수 있고 신문의 순서를 변경할 수 있다(제161조의2 제3항). 법원이 직권으로 신문할 증인이나 범죄로 인한 피해자의 신청에 의하여 신문할 증인의 신문방식은 재판장이 정하는 바에 의한다(규제48조). 따라서 직권에 의하여 증인을 신문할 때에는 당사자의 신문을 반대신문의 예에 의하도록 하고 있다(규제81조).

(5) 공판정외의 증인신문

법원은 증인의 연령·직업·건강상태 기타의 사정을 고려하여 부득이한 경우에 검사·피고인 또는 변호인의 의견을 묻고 증인을 법정 외에 소환하거나 현재지에서 신문할 수 있다(제165조). 법원은 필요한 때에는 결정으로 지정한 장소에서 증인의 동행을 명할 수 있으며, 증인이 정당한 사유 없이 동행을 거부하는 때에는 구인할 수 있다(제166조). 공판기일 외에서 증인신문이 행하여지는 경우에는 증인신문조서가 작성되며, 이 조서에 대해 공판기일에 낭독(요지의 고지)의 방식으로 다시 증거조사가 행하여진다. 따라서 소송관계인의 참여 없이 법정 외에서 시행한 증인신문조서에 대하여 공판기일에서 증거조사 자체를 시행하지 아니하였다면 그 증인신문조서는 증거능력이 인정되지 않는다(대판 1967.7.4, 67도613).

(6) 비디오 등 중계장치 등에 의한 증인신문

① **특정범죄신고자등보호법상의 영상증언제도:** 형사절차에서 국민들이 안심하고 자발적으로 협조를 할 수 있도록 범죄신고자를 실질적으로 보호하고자 1999년 8월 31일 법률 제5997호로 「특정범죄신고자등보호법」이 제정되었는데, 동법 제10조는 범죄신고자등에 대하여 형사소송법 제184조 소정의 증거보전청구를 하거나 법정에서 증인신문을 하는 경우 판사가 증언과정을 영상물로 촬영할 것을 명할 수 있도록 규정함으로써 영상증언제도를 최초로 명문으로 규정하였다.[1]

② **성폭력범죄의 처벌 등에 관한 특례법:** 성폭력범죄의 처벌 및 그 절차에 관한 특례를 규정함으로써 성폭력범죄 피해자의 생명과 신체의 안전을 보장하고 건강한 사회질서의 확립에 이바지함을 목적으로 2010년 4월 15일 법률 제10258호로 제정된 동법은 비디오 등 중계장치에 의한 증인신문제도를 도입하였다. 즉 동법 제40조 제1항은 "법원은 제2조 제1항 제3호부터 제5호까지의 범죄의 피해자를 증인으로 신문하는 경우 검사와 피고인 또는 변호인의 의견을 들어 비디오 등 중계장치에 의한 중계를 통하여 신문할 수 있다"고 규정하면서, 동조 제2항은 증인신문의 절차·방법 등에 관하여 필요한 사항은 대법원 규칙으로 정하도

---

[1] 특정범죄신고자등보호법 제10조(영상물촬영) ① 범죄신고자 등에 대하여 형사소송법 제184조(증거보전의 청구와 그 절차) 또는 제221조의2(증인신문의 청구)에 의한 증인신문을 하는 경우 판사는 직권 또는 검사의 신청에 의하여 그 과정을 비디오테이프 등 영상물로 촬영할 것을 명할 수 있다.
　② 형사소송법 제56조의2(공판정에서의 속기·녹취) 제2항 및 제3항의 규정은 제1항의 규정에 의한 영상물의 촬영 비용 및 복사에 관하여 이를 준용한다.
　③ 제1항의 규정에 의하여 촬영한 영상물에 수록된 범죄신고자등의 진술은 이를 증거로 할 수 있다.

록 하였다.

③ **형사소송법 규정:** 법원은 「아동복지법」 제71조 제1항 제1호부터 제3호까지에 해당하는
죄(아동을 매매하는 행위, 아동에게 음란한 행위를 시키거나 이를 매개하는 행위 또는 아동에게 성적 수치
심을 주는 성희롱 등의 성적 학대행위, 아동의 신체에 손상을 주거나 신체의 건강 및 발달을 해치는 신체적
학대행위, 아동의 정신건강 및 발달에 해를 끼치는 정서적 학대행위, 자신의 보호·감독을 받는 아동을 유기
하거나 의식주를 포함한 기본적 보호·양육·치료 및 교육을 소홀히 하는 방임행위, 장애를 가진 아동을 공
중에 관람시키는 행위, 아동에게 구걸을 시키거나 아동을 이용하여 구걸하는 행위, 정당한 권한을 가진 알
선기관 외의 자가 아동의 양육을 알선하고 금품을 취득하거나 금품을 요구 또는 약속하는 행위, 아동을 위
하여 증여 또는 급여된 금품을 그 목적 외의 용도로 사용하는 행위)의 피해자, 「아동·청소년의 성보
호에 관한 법률」 제7조(아동·청소년에 대한 강간·강제추행 등), 제8조(장애인인 아동·청소년에 대한
간음 등), 제11조부터 제15조(아동·청소년성착취물의 제작·배포 등, 아동·청소년 매매행위, 아동·청
소년의 성을 사는 행위 등, 아동·청소년에 대한 강요행위 등, 알선영업행위 등)까지 및 제17조(온라인서
비스제공자의 의무) 제1항의 규정에 해당하는 죄의 대상이 되는 아동·청소년 또는 피해자, 범
죄의 성질, 증인의 연령, 심신의 상태, 피고인과의 관계, 그 밖의 사정으로 인하여 피고인 등
과 대면하여 진술하는 경우 심리적인 부담으로 정신의 평온을 현저하게 잃을 우려가 있다고
인정되는 자를 증인으로 신문하는 경우 상당하다고 인정하는 때에는 검사와 피고인 또는 변
호인의 의견을 들어 비디오 등 중계장치에 의한 중계시설을 통하여 신문하거나 차폐시설 등
을 설치하고 신문할 수 있다(제165조의2).

☞ 미국 연방형사소송규칙 제26조(증언)는 "모든 재판에서 증언은 공개된 법정에서 이루어져야 한
다. 다만 연방법(Title 28)하의 법률에 의하여 다른 규정이 있을 때에는 그러하지 아니한다"고 규정
하고 있으며, 미국 연방법 제3509조는 아동피해자와 아동증인을 위한 영상증언제도를 규정하고 있
다. 즉, 동법 제3509조는 18세 미만의 아동이 신체학대·성적(性的) 학대 및 착취의 피해자이거나
제3자에 대한 범죄의 목격자인 경우, 법원이 (a) 아동이 두려움으로 인하여 증언할 수 없을 때, (b)
전문가의 증언에 의하여 아동이 증언으로 인하여 정신적 충격을 받을 것이 충분히 예상되는 경우,
(c) 아동이 심신미약 또는 이에 준하는 상태에 있을 때, (d) 피고인 또는 변호인의 행동으로 인하여
아동이 더 이상 증언하기 어렵게 된 경우와 같은 사유로 아동증인이 공개법정에서 피고인을 대면
한 상태에서 증언하기가 어렵다고 인정할 때에는 아동증인이 법정 외에서 폐쇄회로 텔레비전을 통
하여 증언할 것을 명할 수 있도록 규정하고 있다.[1]

이는 아동 등 일정한 범위의 피해자가 소송관계인 및 방청인이 있는 법정에서 증언할 경
우, 정신적 압박이라는 2차적 피해를 받을 수 있으므로 비디오 등 중계장치에 의한 중계시
설을 통하여 신문하거나 차폐시설 등을 설치하고 신문하도록 규정한 것이다. 다만, 제165조
의2 제3호의 요건(범죄의 성질, 증인의 연령, 심신의 상태, 피고인과의 관계, 그 밖의 사정으로 인하여
피고인 등과 대면하여 진술하는 경우 심리적인 부담으로 정신의 평온을 현저하게 잃을 우려가 있다고 인정
되는 자)이 충족될 경우, 피고인 외에 검사, 변호인, 방청인 등에 대하여도 차폐시설 등을 설

---

1) 18 U.S.C.A. § 3509. Child victims' and child witnesses' rights.

치하는 방식으로 증인신문을 할 수 있는지 논란이 있다.

> 참조판례 판례는 「증인이 대면하여 진술함에 있어 심리적인 부담으로 정신의 평온을 현저하게 잃을 우려가 있는 상대방은 피고인인 경우가 대부분일 것이지만, 증인이나 피고인과의 관계에 따라서는 방청인 등 다른 사람도 상대방이 될 수 있다. 이에 따라 형사소송법 제165조의2 제3호도 대상을 '피고인 등'이라고 규정하고 있으므로, 법원은 형사소송법 제165조의2 제3호의 요건이 충족될 경우 피고인뿐만 아니라 검사·변호인·방청인 등에 대하여도 차폐시설 등을 설치하는 방식으로 증인신문을 할 수 있으며, 이는 형사소송규칙 제84조의9에서 피고인과 증인 사이의 차폐시설 설치만을 규정하고 있다고 하여 달리 볼 것이 아니다. 다만 증인이 변호인을 대면하여 진술함에 있어 심리적인 부담으로 정신의 평온을 현저하게 잃을 우려가 있다고 인정되는 경우는 일반적으로 쉽게 상정할 수 없고, 피고인뿐만 아니라 변호인에 대해서까지 차폐시설을 설치하는 방식으로 증인신문이 이루어지는 경우 피고인과 변호인 모두 증인이 증언하는 모습이나 태도 등을 관찰할 수 없게 되어 그 한도에서 반대신문권이 제한될 수 있으므로, 변호인에 대한 차폐시설의 설치는, 특정범죄신고자 등 보호법 제7조에 따라 범죄신고자 등이나 친족 등이 보복을 당할 우려가 있다고 인정되어 조서 등에 인적사항을 기재하지 아니한 범죄신고자 등을 증인으로 신문하는 경우와 같이, 이미 인적사항에 관하여 비밀조치가 취해진 증인이 변호인을 대면하여 진술함으로써 자신의 신분이 노출되는 것에 대하여 심한 심리적인 부담을 느끼는 등의 특별한 사정이 있는 경우에 예외적으로 허용될 수 있을 뿐이다」(대판 2015.5.28. 2014도18006)라고 판시하여 예외적으로 허용된다는 입장을 취하고 있다.

사례해설

사안은 공동피고인의 진술의 증거적 이용과 관련된 문제로서, ⅰ) 공동피고인의 증인적격, ⅱ) 공판정에서의 진술의 경우, ⅲ) 공판정외에서의 진술의 경우로 나누어 볼 수 있다.

첫째, 공동피고인의 증인적격을 살펴보면, 학설은 대립하고 있으나, 판례는 공범자인 공동피고인의 경우는 변론을 분리해야 다른 공동피고인에 대한 증인으로 신문할 수 있다는 입장이다. 따라서 사안에서 乙의 진술로 甲의 공소사실을 증명하기 위해서는 변론을 분리해야 증인적격을 인정할 수 있을 것이다.

둘째, 공판정에서의 진술에 대하여는 다른 피고인에게는 반대신문권의 기회가 보장되어 있으므로 乙의 진술에 증거능력을 인정하여도 좋다는 무조건설, 피고인으로서의 乙에 대해서는 다른 피고인의 반대신문은 충분하지 못하므로 절차를 분리하여 증인으로서 신문하지 않는 한 증거를 채용할 수 없다는 분리설, 다른 피고인의 반대신문에 대하여 乙이 묵비권을 행사하지 않고 대답한 경우처럼 사실상 반대신문의 효과가 충분히 얻어진 경우에만 증거로 할 수 있다는 반대신문유효설 등이 있다. 생각건대 피고인의 입장으로서도 충분히 반대신문에 응하는 경우에는 절차를 분리하여 증인으로 심문한 경우와 별 차이가 없으므로 반대신문유효설이 타당하다.

셋째, 공판정 외에서의 진술의 경우를 살펴보면 증거능력의 인정요건과 관련하여 공판정외에서의 공동피고인 乙의 진술은 이것이 누구의 면전에서 조서화된 것이냐에 따라서 제311조 내지 제312조의 적용을 받는다. 먼저 공동피고인 乙의 진술이 법원 또는 법관의 조서로 된 경우에는 제311조에 의하여 무조건 증거능력이 인정된다(제311조). 반면에 검사작성의 공동피의자 乙에 대한 피의자신문조서의 경우는 후술하는 것처럼 논란이 있으나(증거 부분 참조), 개정법에 따라 乙에 대한 피의자신문조서는 甲이 성립의 진정 및 내용을 인정한 경우에 한하여 甲의 공소사실에 증거능력이 인정된다는 판례에 따른다면, 甲이 공소사실을 부인하는 경우에는 증거능력이 인정될 수 없을 것이다.

V. 감정과 검증

1. 감정·통역·번역

(1) 감정·감정인

① **의   의:** 법원 또는 법관으로부터 감정의 명을 받은 자를 **감정인**이라고 하는데, 수사기관으로부터 감정의 위탁을 받은 감정수탁자와 구별된다(수사상의 감정 부분 참조). 감정인과 증인은 대체성이 있는지 여부의 점을 제외하고는 같은 인적 증거방법으로서 비슷한 성질을 가지므로, 구인에 관한 규정을 제외하고는 증인신문에 관한 규정이 감정에 준용된다($^{제177조,}_{규 제90조}$).

법원은 학식·경험있는 자에게 감정을 명할 수 있다($^{제169}_{조}$). 감정인은 반드시 선서하여야 한다. 감정인에 대하여는 증인신문의 경우와 같은 예외가 인정되지 않는다. 선서하지 않고 한 감정은 증거능력이 없다.

표 4-6 감정인과 감정수탁자의 구별

구 분	감 정 인	감정수탁자
명령자, 위탁자	법원, 법관	수사기관
선서의무	O	X
허위감정죄	O	X
소송관계인 참여권	O	X

② **감정유치:** 피고인의 정신 또는 신체에 관한 감정이 필요한 때에는 법원은 기간을 정하여 병원 기타 적당한 장소에 피고인을 유치하게 할 수 있다($^{제172조}_{제3항 전단}$). 이를 법원의 **감정유치**라고 하는데, 피고인을 일정기간 계속적으로 병원 등에 수용하여 관찰할 필요가 있는 경우에 행하게 된다. 반면에 피의자에 대한 감정유치에 있어서는 검사의 청구에 의하여 판사가 유치처분(감정유치장의 발부)을 하는 것 이외에는 피고인에 대한 감정유치에 관한 규정이 원칙적으로 준용된다($^{제221조}_{의3}$).

피고인을 감정유치함에는 수소법원이 감정유치장을 발부하여야 한다($^{제172조}_{제4항}$). 이러한 법원의 피고인에 대한 감정유치처분에 대하여는 항고할 수 있고($^{제403조}_{제2항}$), 재판장·수명법관의 피고인에 대한 감정유치처분에 대하여는 준항고를 할 수 있다($^{제416조}_{제1항 제3호}$).

③ **감정촉탁:** 법원은 필요하다고 인정하는 때에는 공무소·학교·병원 기타 상당한 설비가 있는 단체 또는 기관에 대하여 감정을 촉탁할 수 있다. 이를 **감정촉탁제도**라고 한다. 이 경우에는 자연인이 아니어서 선서에 관한 규정이 적용하지 아니하므로($^{제179조의2}_{제1항}$), 감정을 받은 단체 또는 기관은 허위감정에 따른 처벌을 받지 않는다.

④ **감정에 필요한 처분:** 감정인은 감정에 관하여 필요한 때에는 법원의 허가를 얻어 타인의 주거·간수자 있는 가옥·건조물·항공기·선차내에 들어갈 수 있고, 신체의 검사·사체

의 해부·분묘의 발굴·물건의 파괴를 할 수 있다. 이러한 처분의 허가에는 허가장을 발부하여야 하며, 감정인은 이러한 처분을 받는 자에게 허가장을 제시하여야 한다(제173조 제1항 내지 제3항).

⑤ **감정인의 참여권 및 신문권과 당사자의 참여권:** 감정인은 감정에 관하여 필요한 경우에는 재판장의 허가를 얻어 서류와 증거물을 열람 또는 등사하고 피고인 또는 증인의 신문에 참여할 수 있으며, 피고인 또는 증인의 신문을 구하거나 재판장의 허가를 얻어 직접 발문할 수 있다(제174조).

감정인의 처분권에 기한 감정처분에 대하여 검사, 피고인 또는 변호인은 참여할 권리가 있으며, 미리 참여하지 않겠다는 의사를 명시한 경우 또는 급속을 요하는 경우가 아닌 한 미리 그 일시와 장소를 통지하여야 한다(제176조·제122조).

⑥ **감정서의 제출과 감정인신문:** 감정인은 감정의 경과와 결과를 서면으로 법원에 제출하여야 한다(제171조 제1항). 감정의 결과에는 그 판단의 이유를 명시하여야 하며(제171조 제3항), 감정서의 제출이 있는 경우 법원은 필요한 때에는 감정인으로 하여금 감정의 경과와 결과를 설명하게 할 수 있다(제171조 제4항).

(2) 통역과 번역

법정에서는 국어를 사용해야 하므로 소송관계인이 국어로 소통하지 못하는 경우에는 통역에 의하며(법조법 제62조), 국어 아닌 문자 또는 부호는 번역하게 하여야 한다(제182조). 그러나 이는 외국어에 의한 진술이나 서류가 법정에 제출되는 것을 금지하는 의미가 아니다. 여기에 통역과 번역이 필요하며, 법원으로부터 통역과 번역의 명을 받은 자를 **통역인** 또는 **번역인**이라고 한다. 통역과 번역은 특별한 언어지식에 의하여 법원을 보조하는 점에서 감정과 유사한 성질을 가지므로 감정에 관한 규정은 통역과 번역에 준용된다(제183조).

(3) 전문심리위원제도

법원은 소송관계를 분명하게 하거나 소송절차를 원활하게 진행하기 위하여 필요한 경우에 직권으로 또는 검사, 피고인 또는 변호인의 신청에 의해 결정으로 전문심리위원을 지정하여 공판준비 및 공판기일 등 소송절차에 참여하게 할 수 있다(제279조의2 제1항). 전문심리위원을 소송절차에 참여시키는 경우 법원은 검사, 피고인 또는 변호인의 의견을 들어 각 사건마다 1인 이상의 전문심리위원을 지정하여야 하며(제279조의4 제1항), 전문심리위원과 관련된 절차 진행 등에 관한 사항을 당사자에게 적절한 방법으로 적시에 통지하여 당사자의 참여 기회가 실질적으로 보장될 수 있도록 세심한 배려를 하여야 한다(대판 2019.5.20, 2018도19051). 이러한 전문심리위원은 전문적인 지식에 의한 설명 또는 의견을 기재한 서면을 제출하거나 기일에서 전문적인 지식에 의하여 설명이나 의견을 진술할 수 있으나, 재판의 합의에는 참여할 수 없다(제279조의2 제2항).

2. 검　　증

(1) 의　　의

검증이란 법원이 오관의 작용에 의하여 물건, 인체, 장소의 존재, 형태, 성상 등을 실험, 관찰하여 인식하는 증거조사방법을 말한다. 특히 범죄현장 또는 법원 이외의 일정한 장소에서 행하는 검증을 **임검**(臨檢) 또는 **현장검증**(現場檢證)이라고 한다. 이러한 검증의 목적물에는 아무런 제한이 없고, 물건의 존재, 형태, 성상이 증거자료로 되는 경우라면 모두 검증의 객체가 된다. 동산이건 부동산이건, 생물이건 무생물이건 불문하며, 인체나 사체도 대상이 되고 범죄현장 등 일정한 장소도 대상이 될 수 있다. 문서에 있어서 그 기재내용을 확인하는 것은 법원의 판단작용에 의하므로 서증의 조사에 해당하지만, 어떤 필기도구에 의하여 또는 어떤 활자에 의하여 기재되었는가, 지질(紙質), 인쇄상태 등은 어떤가를 확인하는 것은 오관의 작용에 의하여 인식하는 것이므로 검증에 해당한다.

(2) 검증의 절차

① **검증의 방법:** 법원은 사실을 발견함에 필요한 때에는 검증을 할 수 있다(제139조). 수사기관의 강제처분과 달리 법원의 검증에는 영장을 요하지 않으며, 법원은 검증을 수명법관에게 명하거나 수탁판사에게 촉탁할 수 있고(제145조, 제136조), 필요한 때에는 사법경찰관리에게 검증의 보조를 명할 수 있다(제144조). 군사상 비밀을 요하는 장소는 책임자의 승낙을 요하고(제145조, 제110조), 검사·피고인·변호인의 참여권(제145조, 제121조, 제122조)과 책임자의 참여권(제145조, 제123조)이 인정되는 것은 압수·수색의 경우와 같다.

② **검증과 필요한 처분:** 검증을 함에는 신체의 검사, 사체의 해부, 분묘의 발굴, 물건의 파괴 기타 필요한 처분을 할 수 있다(제140조). 검증 중에는 그 장소에 출입을 금하고(제145조, 제119조), 검증을 중지한 때에는 그 장소를 폐쇄하거나 간수자를 둘 수 있다(제145조, 제127조). 특히 사람의 신체가 검증의 대상이 되는 신체검사와 관련하여 형사소송법은 피검사자의 인권을 고려하여 몇 가지 특례규정을 두고 있다. 즉 신체검사에 있어서는 검사를 당하는 자의 성별, 연령, 건강상태 기타 사정을 고려하여 건강과 명예를 해하지 아니하도록 주의하여야 하고(제141조 제1항), 여자의 신체를 검사하는 경우에는 의사나 성년의 여자를 참여하게 하여야 한다(제141조 제3항).

신체검사를 피검사자가 거부하는 경우 신체검사를 위한 직접강제(실력행사)가 허용되는지 여부에 대하여 강제처분이므로 허용된다는 견해도 있으나, 법에 아무런 규정이 없는 이상 직접강제든 간접강제든 인정하기는 곤란할 것이다.

③ **검증시각의 제한:** 검증에는 시각의 제한이 있다. 즉 일출 전, 일몰 후에는 가주(家主)·간수자 또는 이에 준하는 자의 승낙이 없으면 검증을 하기 위하여 타인의 주거, 간수자 있는 가옥·건조물·항공기·선차내에 들어가지 못한다. 단 일출 후에는 검증의 목적을 달성할 수 없을

염려가 있는 경우에는 예외로 한다. 일몰 전에 검증에 착수한 때에는 일몰 후라도 검증을 계속할 수 있다($\text{제1항, 제2항}^{\text{제143조}}$). 그러나 야간의 압수·수색이 허용되는 장소에 관하여는 그러하지 않는다($\text{제3항}^{\text{동조}}$).

(3) 검증조서

검증에 관하여는 검증조서를 작성하여야 한다($\text{제1항}^{\text{제49조}}$). 다만 공판정에서 행한 검증에 관하여는 독립한 검증조서를 작성하지 않고 공판조서에 이를 기재한다($\text{제10호}^{\text{제51조 제2항}}$). 수소법원이 공판기일에 검증을 행한 때에는 검증결과, 즉 법원이 오관의 작용에 의하여 감득한 결과가 바로 증거로 되며 검증조서의 증거조사문제는 생기지 않는다($\text{2009도8949}^{\text{대판 2009.11.12.}}$). 그러나 공판기일 외에서 검증을 행한 때에는 수소법원이 한 것이든 수명법관·수탁판사가 한 것이든 가리지 않고 검증결과가 바로 증거가 되는 것이 아니라 검증조서에 대한 증거조사가 필요하며, 이 경우 검증조서는 아무런 제한없이 증거능력이 인정된다($\text{조}^{\text{제311}}$).

제 4 절   구속된 피고인을 보호하기 위한 제도

I. 서   설

구속된 피고인을 보호하기 위한 제도는 구속 중 인권보장제도와 석방제도로 구분할 수 있다. 구속의 통지, 공소사실의 요지와 변호인선임권의 고지, 접견교통권의 보장, 구속기간의 제한 등은 전자에 해당하고, 구속의 취소, 구속의 집행정지, 보석 등은 후자에 해당한다. 이러한 구속된 피고인을 보호하기 위한 제도는 수사절차에서 언급한 구속된 피의자를 보호하기 위한 제도와 많은 부분이 중복되므로(구속일수의 본형통산, 형사보상제도, 증거능력의 배제 등) 이하에서는 피고인에게만 인정되는 보석제도를 중심으로 고찰하도록 한다.

II. 구속 중 인권보장제도

1. 구속의 통지

피고인을 구속한 때에는 법원은 지체없이 서면으로 변호인이 있는 경우에는 변호인에게, 변호인이 없는 경우에는 법정대리인 등 가족($\text{제2항}^{\text{제30조}}$) 중에서 피고인이 지정한 자에게 피고사건명, 구속일시·장소, 범죄사실의 요지, 구속의 이유와 변호인을 선임할 수 있는 취지를 알려야 한다($\text{조}^{\text{제87}}$). 특히 형사소송규칙은 구속통지의 상대방의 범위를 확대하고 있다($\text{제51조}^{\text{규}}$).

2. 공소사실 등의 고지

피고인을 구속한 때에는 즉시 공소사실의 요지와 변호인을 선임할 수 있음을 알려야 한다($^{제88}_{조}$). 이는 피고인의 방어준비를 용이하게 함과 동시에 피고인의 변호인선임권을 실질적으로 보장하려는 데 그 목적이 있다. 이에 따라 구속된 피고인은 법원·교도소장·구치소장 또는 그 대리인에게 변호사를 지정하여 변호인의 선임을 의뢰할 수 있으며, 이의 의뢰를 받은 자는 급속히 피고인이 지명한 변호인에게 그 취지를 통지하여야 한다($^{제90}_{조}$).

3. 구속기간의 제한

(1) 원   칙

피고인에 대한 구속기간은 2개월이나, 구속을 계속할 필요가 있는 경우에는 심급마다 2개월 단위로 2차에 한하여 결정으로 갱신할 수 있다. 다만, 상소심은 피고인 또는 변호인이 신청한 증거의 조사, 상소이유를 보충하는 서면의 제출 등으로 추가 심리가 필요한 부득이한 경우에는 3차에 한하여 갱신할 수 있다. 이에 따라 피고인의 구속기간은 제1심에서 최장 6개월이며, 제2심과 제3심은 원칙적으로 원심의 잔여 구속기간을 제외한 4개월로 제한되지만 예외적으로 상소심에서 추가심리가 필요한 부득이한 경우에 한하여 각각 2개월까지 더 연장될 수 있는 것이다.

(2) 제외기간

구속피고인에 대한 감정유치기간($^{제172}_{조}$)과 기피신청($^{제22}_{조}$)·공소장의 변경($^{제298조}_{제4항}$)·피고인의 심신상실과 질병($^{제306조}_{제1항, 제2항}$) 등으로 공판절차가 정지된 기간 및 공소제기전의 체포·구인·구금기간은 구속기간에 산입하지 아니한다($^{제172조의2 \, 제1항,}_{제92조 \, 제3항}$). 이처럼 현행법은 공소제기전의 체포·구속기간을 법원의 구속기간에 산입하지 아니하고 공소제기일을 기준으로 제1심 구속기간을 계산하게 하므로 제1심 구속기간이 그만큼 늘어나게 되었다. 그러나 법원이 법률의 위헌여부 심판을 헌법재판소에 제청한 때에는 당해 피고사건의 재판은 헌법재판소의 위헌여부의 결정이 있을 때까지 원칙적으로 정지되며, 그 정지기간은 구속기간과 갱신기간에 산입되지 않는다($^{헌재법}_{제42조}$).

III. 구속된 피고인의 석방을 위한 제도

1. 구속의 취소

구속된 피고인에 대하여 처음부터 구속의 사유가 없거나 사후에 소멸된 때에는 법원은 직권 또는 당사자 등의 청구에 의하여 결정으로 구속을 취소하여야 한다($^{제93}_{조}$). 피고인에 대한 구속취소 결정을 함에도 검사의 청구에 의하거나 급속을 요하는 경우 이외에는 검사의 의견을 물어야 한다. 검사 의견을 들을 필요가 없고, 묻기만 하면 되는 것으로 규정되어 있다. 이 경우 검사는 지체없이 의견을 표명하여야 한다($^{제97조}_{제3항}$). 구속취소 청구를 기각하는 결정에 대해서는 보통항고가 허용되고($^{제403조}_{2항}$), 구속취소 결정에 대해서는 검사의 즉시항고가 허용된다($^{제97조}_{4항}$). 즉시항고에는 집행정지의 효력이 있다($^{제410}_{조}$). 법원의 구속취소결정이 확정된 때에는 검사는 피고인 석방을 지휘하여야 한다($^{제460조}_{제1항}$). 구속취소에 의해서 구속영장의 효력은 상실되며, 이 점에서 구속취소는 보석 또는 구속의 집행정지와 다르다. 다만 이러한 구속취소는 구속영장의 효력이 존속하고 있음을 전제로 하는 것이고, 구금형 판결이 확정된 경우처럼 다른 사유로 이미 구속영장이 실효된 경우에는 피고인이 계속 구금되어 있더라도 구속의 취소결정을 할 수 없다($^{대결 1999.9.7,}_{99초355}$).

2. 보　　석

(1) 의　　의

보석이란 보증금의 납부 등을 조건으로 하여 구속의 집행을 정지함으로써 구속된 피고인을 석방하는 제도를 말한다. 보석은 구속의 집행만을 정지하는 제도라는 점에서 광의의 구속집행정지($^{제101}_{조}$)에 속하지만, 종래 보석은 보증금의 납부를 조건으로 하고 구속피고인에게 보석신청권이 인정되어 있다는 점에서 구속의 집행정지와 구별되었다. 그러나 현행법하에서는 보석조건의 다양화로 인하여 보증금이 없는 보석도 가능하게 되었으므로($^{제98}_{조}$) 이 점에서는 구속의 집행정지와 큰 차이가 없게 되었다.

표 4-7 구속 집행정지와의 구별

구 분	피고인보석	구속의 집행정지
구속영장의 효력	유 지	유 지
취소사유	동 일	동 일
재판형식	결정(검사의견 청취)	결정(검사의견 청취)
석방시 주거제한	O	O
청구권	O	X(직권)
보증금	O	X
피의자에게 허용	X	O

(2) 제도적 취지

보석을 인정하는 이유는 신체를 구속하지 않으면서도 구속과 동일한 효과를 얻을 수 있게 함으로써 불필요한 구속을 억제하고 이로 인한 폐해를 방지하려는 데 의미가 있다. 즉 보증금 납부 등을 조건으로 피고인을 석방하면서도 피고인의 출석을 확보하여 구속의 효과를 달성하는 동시에 피고인에게 자유를 부여하여 방어 준비를 다할 수 있게 하려는 것이다.

(3) 보석의 종류

보석은 보석결정에 대한 법원의 재량유무에 따라 필요적 보석과 임의적 보석으로 나눌 수 있다. 필요적 보석은 보석청구가 있으면 법원이 반드시 보석허가를 해야 함에 반하여, 임의적 보석은 그 허가 여부가 법원의 재량에 속하는 경우이다. 형사소송법은 필요적 보석을 원칙으로 하고, 임의적 보석을 보충적으로 인정하고 있다.

① 필요적 보석

가) 원   칙: 보석의 청구가 있을 때에는 다음과 같은 제외사유가 없는 한 보석을 허가하여야 한다(제95). 형사소송법이 필요적 보석을 원칙으로 하고 있음을 명백히 한 것이다. 다만 형사소송법은 필요적 보석을 원칙으로 하면서도 이에 대한 광범위한 제외사유를 인정하여 오히려 필요적 보석을 예외로 만들었다는 비판을 받고 있다.

a. 피고인이 사형·무기 또는 장기 10년이 넘는 징역이나 금고에 해당하는 죄를 범한 때: 중대한 죄를 범한 경우에는 그만큼 실형을 받을 개연성이 크므로 보증금만 가지고 피고인의 출석을 확보하기 어렵다는 점에서 배제사유로 인정한 것이다. 형의 경중은 법정형을 기준으로 판단하고, 공소장변경이 있는 경우에는 변경된 공소사실을 기준으로 한다. 또 공소사실과 죄명이 예비적·택일적으로 기재된 경우에는 그중 일죄가 여기에 해당하면 된다.

b. 피고인이 누범에 해당하거나 상습범인 죄를 범한 때: 이 기준도 실형선고의 높은 개연성으로 도망의 우려가 현저하기 때문에 인정되는 것이다(다수설). 이에 대하여 이렇게 새기면 누범이나 상습범의 사유를 위에서 본 중형선고의 개연성을 이유로 하는 경우와 구별하여 별도로 규정할 실익이 없다는 점에서 재범의 위험성으로부터 사회를 보호하기 위한 취지로 보는 견해도 있으나, 재범의 위험성은 현행법상 구속사유가 아니므로 타당하지 않다고 본다.

c. 피고인이 죄증을 인멸하거나 인멸할 염려가 있다고 믿을 만한 충분한 이유가 있는 때: 죄증을 인멸할 염려란 구속사유의 하나인 제70조 제1항 제2호의 증거인멸의 염려와 같은 의미이다. 이러한 증거인멸의 염려는 당해 범죄의 객관적 사정, 공판진행과정, 피고인의 지위와 활동 등을 고려하여 구체적으로 결정해야 할 것이다. 증거인멸의 우려가 구속사유이고, 그러한 염려가 충분한 사람을 석방한다는 것은 적절하지 않으므로 제외사유로 규정한 것은 타당하다고 본다.

d. 피고인이 도망하거나 도망할 염려가 있다고 믿을 만한 충분한 이유가 있는 때: 보증금에 의

하여도 피고인의 출석을 확보할 수 없는 경우를 말한다. 도망의 염려가 충분하여 보석의 조건으로 출석을 담보할 수 없는 경우에는 당연히 보석이 허가되어서는 안 될 것이다.

대부분의 형사피의자들이 도망 또는 증거인멸의 염려가 있다는 이유로 구속되는데 이러한 사유가 필요적 보석의 제외사유가 된다면, 구속된 피고인은 보석이 허가될 수 없다는 논리적 모순이 발생하며, 이는 보석제도를 부정하는 결과가 된다는 견해가 있다. 특히 도망할 염려가 있을 때를 보석 제외사유로 하는 것은 법원에서 보석을 허가할 때 피고인의 주거를 제한하고 재판기일에 출정할 것을 담보하기 위하여 보석보증금을 납부토록 하고, 만일 보석된 피고인이 도망하였을 경우에는 보석취소 내지 보증금몰수 등의 제재를 가하여 도망을 방지하기 위한 보석제도와 본질적으로 상치되는 규정이라는 것이다.

e. 피고인의 주거가 분명하지 아니한 때: 법원이 피고인의 주거를 알 수 없는 경우를 말한다. 피고인이 주거를 묵비하고 있더라도 법원이 주거를 알고 있다면 제외사유에 해당하지 않는다. 도주의 염려가 있는 전형적인 경우가 주거가 없는 경우라 할 것이고, 보석조건으로 출석을 담보할 수 없다면 보석제외사유로 규정한 것은 타당하다.

f. 피고인이 피해자, 당해 사건의 재판에 필요한 사실을 알고 있다고 인정되는 자 또는 그 친족의 생명·신체나 재산에 해를 가하거나 가할 염려가 있다고 믿을 만한 충분한 이유가 있는 때: 피해자와 증인보호라는 형사정책적 목적을 실현하기 위하여 1995년 형사소송법 개정시에 필요적 보석사유로 추가되었다. 조직범죄, 특히 폭력범죄의 피고인이 보석으로 석방되어 피해자나 증인에게 보복을 가하거나 증인을 위해하여 증언할 수 없게 하는 것을 방지하기 위한 것이다.

나) 제외사유의 판단과 여죄: 필요적 보석의 제외사유를 판단함에 있어서 구속영장에 기재된 범죄사실만을 기준으로 할 것인가 또는 여죄를 고려할 수 있는지 여부가 문제된다. 이에 대하여 구속영장의 효력은 구속영장에 기재된 범죄사실에 대해서만 미친다는 사건단위설의 입장에서 보석은 구속영장의 집행을 정지하는 것이므로 여죄를 고려할 수 없다는 견해도 있으나, 사건단위설의 입장에서 구속영장에 기재되지 않는 여죄사실은 보석의 제외사유판단의 기준이 될 수 없다고 보되, 여죄사실에 대하여 중복구속을 하지 않는 실무관행과 피고인의 방어권보장을 고려한다면 병합심리되고 있는 경우에 한하여 여죄를 고려할 수 있다고 보아야 할 것이다.

② **임의적 보석:** 필요적 보석의 제외사유에 해당하는 때에도 법원은 상당한 이유가 있는 때에는 직권 또는 보석청구권자의 청구에 의하여 결정으로 보석을 허가할 수 있다($\frac{제96}{조}$). 소위 피고인의 건강을 이유로 보석(병보석)을 허가하는 경우가 여기에 해당한다. 임의적 보석을 결정함에 있어서는 범죄사실의 내용이나 성질, 피고인의 경력·태도·성격 등을 고려해야 한다.

(4) 보석의 절차

① **보석의 청구:** 보석의 청구권자는 피고인·피고인의 변호인·법정대리인·배우자·직계친족·형제자매·가족·동거인 또는 고용주이다($\frac{제94}{조}$). 이러한 보석의 청구는 서면에 의하여

야 한다($^{규\ 제53조}_{제1항}$). 보석청구는 공소제기후 재판의 확정전까지는 심급을 불문하고 할 수 있으므로 상소기간중에도 가능하다($^{제105}_{조}$). 보석청구는 보석허가결정이 있기 전까지 철회할 수 있다. 보석의 청구인은 적합한 보석조건에 관한 의견을 밝히고 이에 관한 소명자료를 낼 수 있으며, 보석조건을 결정함에 있어서 이행가능한 조건인지 여부를 판단하기 위하여 필요한 범위 내에서 피고인(피고인이 미성년자인 경우에는 그 법정대리인 등)의 자력 또는 자산 정도에 관한 서면을 제출하여야 한다($^{규}_{제53조의2}$).

② **보석과 검사의 의견:** 재판장은 보석에 관한 결정을 하기 전에 검사의 의견을 물어야 하며($^{제97조}_{제1항}$), 검사의 의견을 들어야 하는 것이 아니라 묻기만 하면 되는 것으로 규정되어 있다. 검사는 이러한 의견요청에 대하여 지체없이 의견을 표명하여야 한다($^{동조}_{제3항}$). 이 경우 특별한 사정이 없는 한 의견요청을 받은 날의 다음날까지 제출하여야 한다($^{규\ 제54조}_{제1항\ 단서}$). 검사의 의견은 법원에 대하여 구속력이 없다.

> **참조판례** 「검사의 의견청취의 절차는 보석에 관한 결정의 본질적 부분이 되는 것은 아니므로, 설사 법원이 검사의 의견을 듣지 아니한 채 보석에 관한 결정을 하였다고 하더라도 그 결정이 적절한 이상, 절차상의 하자만을 들어 그 결정을 취소할 수는 없다」($^{대판\ 1997.11.27,}_{97모88}$).

③ **보석청구에 대한 법원의 결정**

가) 보석의 심리: 보석의 청구를 받은 법원은 지체없이 심문기일을 정하여 구속된 피고인을 심문하여야 한다. 다만 ㉠ 형사소송법 제94조(보석의 청구)에 규정된 청구권자 이외의 사람이 보석을 청구하였거나 중복 또는 재청구한 때, ㉡ 공판기일에 피고인에게 그 이익되는 사실을 진술할 기회를 준 때, ㉢ 이미 제출한 자료만으로 보석을 허가하거나 불허가할 것이 명백한 때에는 피고인을 심문하지 아니하고 보석의 허가를 결정할 수 있다($^{규\ 제54조}_{의2\ 제1항}$). 심문기일을 정한 법원은 즉시 검사, 변호인, 보석청구인 및 피고인을 구금하고 있는 관서의 장에게 심문기일과 장소를 통지하여야 하고, 피고인을 구금하고 있는 관서장은 심문기일에 피고인을 출석시켜야 하며($^{동조}_{제3항}$), 이 경우 피고인·변호인·보석청구인은 피고인에게 유리한 자료를 낼 수 있다($^{동조}_{제4항}$).

나) 보석의 결정: 법원은 특별한 사정이 없는 한 보석의 청구를 받은 날로부터 7일 이내에 보석의 허부에 관한 결정을 하여야 한다($^{규}_{제55조}$). 필요적 보석의 경우에는 제외사유가 없는 이상 보석청구에 대하여 반드시 허가하여야 하나, 임의적 보석의 경우에는 보석청구에 대한 허가여부는 법원의 재량에 속한다. 보석을 허가하지 아니하는 결정을 하는 때에는 결정이유에 제외사유를 명시하여야 한다($^{규}_{제55조의2}$).

다) 보석의 조건: 법원은 보석을 허가하는 경우에는 필요하고 상당한 범위 안에서 법정된 하나 이상의 조건을 정하여야 한다($^{제98}_{조}$). 이러한 조건은 보석의 임의적 조건이므로 법원은 직권 또는 제94조에 규정된 자의 신청에 따라 결정으로 피고인의 보석조건을 변경하거나

일정기간 동안 당해 조건의 이행을 유예할 수 있다(제102조제1항). 다만 이 경우에는 그 취지를 검사에게 지체없이 통지하여야 한다(규제55조의4).

a. **법원이 지정하는 일시·장소에 출석하고 증거를 인멸하지 아니하겠다는 서약서를 제출하거나(제1호) 법원이 정하는 보증금 상당의 금액을 납입할 것을 약속하는 약정서를 제출할 것(제2호):** 이는 보석조건의 다양화를 추구하는 입법과정에서 피고인이 손쉽게 이행할 수 있는 본인서약서나 보증금납입서약서를 제출하도록 함으로써 보증금 조건에 따른 빈부격차로 인한 불평등을 해소하기 위하여 이러한 조건을 규정한 것으로 보인다.

b. **법원이 지정하는 장소로 주거를 제한하고 이를 변경할 필요가 있는 경우에는 법원의 허가를 받는 등 도주를 방지하기 위하여 행하는 조치를 수인할 것(제3호):** 이는 종래의 주거제한이라는 단순한 조건에 그치지 않고 치료목적으로 병원에 입원하는 경우는 물론 기타 도주를 방지하기 위한 조치들을 가능하도록 규정한 점에 의의가 있다.

c. **피해자, 당해 사건의 재판에 필요한 사실을 알고 있다고 인정되는 자 또는 그 친족의 생명·신체·재산에 해를 가하는 행위를 하지 아니하고 주거·직장 등 그 주변에 접근하지 아니할 것(제4호):** 피해자, 당해 사건의 재판에 필요한 사실을 알고 있다고 인정되는 자 또는 그 친족의 생명·신체·재산에 해를 가하는 행위를 하지 아니하고 주거·직장 등 그 주변에 접근하지 아니할 법원이 지정하는 장소로 범죄피해자 등과의 접촉금지에 관한 규정으로 피해자에 대한 협박이나 공범과의 증거인멸 시도 등을 제한하기 위한 것이다.

d. **피고인 외의 자가 작성한 출석보증서를 제출할 것(제5호):** 출석보증인에 관한 규정으로, 현재 수사기관이 체포된 피의자를 석방하면서 신원보증인을 세우는 실무를 제도화한 것으로 보인다. 다만 단순한 출석보증으로는 출석담보의 효과가 없을 것으로 판단되어, 현행법은 불출석시 과태료에 처하는 규정(제100조의2)을 두어 강제력을 담보하고 있다.

e. **법원의 허가없이 외국으로 출국하지 아니할 것을 서약할 것(제6호):** 여행제한을 규정하고 있는 규정이지만, 운용하는 과정에서 여행의 장소와 목적 등을 참조하여 탄력적으로 정할 수 있을 것이다.

f. **법원이 지정하는 방법으로 피해자의 권리회복에 필요한 금원을 공탁하거나 그에 상당한 담보를 제공할 것(제7호):** 피해자의 권리회복을 위한 조치를 명하는 규정으로서, 직접적인 배상을 명하는 것이 효과적이지만 배상액 산정에 다툼이 있을 수 있고, 민사재판에 관련된 부분도 있으므로 직접적 배상을 명하는 대신 담보조치 등을 명하도록 한 것으로 볼 수 있다. 이에 대하여, 무죄추정의 원칙에 반하고, 형사의 민사화를 의미하게 된다는 등의 사유로 부적절하다고 비판받을 수도 있다.

g. **피고인 또는 법원이 지정하는 자가 보증금을 납입하거나 담보를 제공할 것(제8호):** 개정전 보석조건은 보증금에 한정되고 유가증권이나 제3자의 보증서 등으로 갈음할 수 있도록 규정하고 있었지만, 적극적으로 활용되지 않고 있었으므로 현행법은 담보제공이라는 폭넓은 석방조건을

규정하여 인적 담보뿐만 아니라 저당권, 질권 등 다양한 담보제공을 가능하도록 한 것이다.

h. 그 밖에 법원이 정하는 적당한 조건을 이행할 것($^{제9}_{조}$): 위에서 언급한 조건 이외에 법원이 적당하다고 판단하는 보석조건을 부과할 수 있게 하는 보충적인 규정으로서 향후 실무 운영과정에서 출석담보 기능을 유지하면서도 피고인에게 가장 적합한 보석조건이 개발될 것을 보이지만, 선행보증이나 재범금지의 조건 등은 그 내용이 명확하지 아니할 뿐만 아니라, 보석은 피고인의 출석을 확보하기 위한 것이지 재범방지를 위한 것은 아니라는 점에서 보석조건으로는 부적당하다고 보아야 할 것이다(통설).

라) 보석조건의 판단기준: 보석의 조건은 범죄의 성질 및 죄상, 증거의 증명력, 피고인의 전과·성격·환경 및 자산, 피해자에 대한 배상 등 범행후의 정황에 관련된 사항 등을 고려하여 정해야 한다($^{제99조}_{제1항}$). 다만 과다한 보석보증금은 실질적으로 보석제도를 무의미하게 할 우려가 있으므로 형사소송법은 피고인의 자력 또는 자산 정도로는 이행할 수 없는 조건을 정할 수 없다($^{동조}_{제2항}$)고 규정하고 있다. 이와 관련하여 종래 보석허가결정을 한 이후에 사정변경을 이유로 보증금액을 변경할 수 있는가에 대하여 논란이 있었으나, 현행법은 명문으로 "법원은 직권 또는 제94조에 열거된 자의 신청에 따라 피고인의 보석조건을 변경하거나 일정 기간동안 당해 조건의 이행을 유예할 수 있다"($^{제102조}_{제1항}$)고 규정하여 보증금을 포함한 모든 조건의 변경이 가능하도록 입법적으로 해결하였다.

④ 보석허가결정에 대한 항고: 검사는 보석을 허가하는 결정에 대하여 즉시항고를 할 수 없으나($^{제97조\ 제4항의}_{반대해석}$), 판결전 소송절차에 대한 결정이더라도 보석에 대하여는 항고를 허용하고 있으므로($^{제403조}_{제2항}$) 보석청구에 대한 기각결정이든 허가결정이든 보통항고가 허용된다고 볼 것이다. 판례도 동일한 입장이다($^{대결\ 1997.4.28,}_{97모26}$).

⑤ 보석집행의 절차: 현행법은 제98조 제1호(본인 서약서)·제2호(본인 보증금 약정서)·제5호(제3자의 출석보증서)·제7호(피해액 공탁조건) 및 제8호(보증금 또는 담보의 제공)는 선이행·후석방 조건으로 규정하고, 나머지는 선석방·후이행 조건으로 구별하여 규정하고 있다($^{제100조}_{제1항}$). 이는 피고인에게 어떤 특정한 작위의무를 부과하는 조건(전자의 경우)과 부작위 의무를 부과하는 조건(후자의 경우)이 다르다는 점을 고려한 것으로 보인다. 다만 향후에는 법원이 지정하는 다양한 보석조건이 부과될 수 있으므로, 조건부 석방시 선이행이 필요하다고 판단하면 개별적인 조건의 선이행 여부를 법원이 정할 수 있도록 하고 있다.

법원은 보석청구자 이외의 자에게 보증금의 납입을 허가할 수 있으며($^{동조}_{제2항}$), 유가증권 또는 피고인 외의 자가 제출한 보증서로써 보증금에 갈음함을 허가할 수 있다($^{동조}_{제3항}$). 법원은 보석허가결정에 따라 석방된 피고인이 보석조건을 준수하는데 필요한 범위 안에서 관공서나 그 밖의 공사단체에 대하여 적절한 조치를 취할 것을 요구할 수 있다($^{동조}_{제5항}$).

(5) 보석의 취소·실효

① **보석의 취소:** 법원은 피고인이 도망한 때, 도망하거나 죄증을 인멸할 염려가 있다고 믿을 만한 충분한 이유가 있는 때, 소환을 받고 정당한 사유 없이 출석하지 아니한 때, 피해자, 당해 사건의 재판에 필요한 사실을 알고 있다고 인정되는 자 또는 그 친족의 생명·신체·재산에 해를 가하거나 가할 염려가 있다고 믿을 만한 충분한 이유가 있는 때, 법원이 정한 조건을 위반한 때에 해당하는 경우에는 직권 또는 검사의 청구에 따라 결정으로 보석 또는 구속의 집행정지를 취소할 수 있다. 다만, 국회의원의 불체포특권(헌제44조)에 의하여 구속영장의 집행이 정지된 경우 그 집행정지는 그 회기 중 취소하지 못한다(제102조제2항). 법원은 피고인이 정당한 사유 없이 보석조건을 위반한 경우에는 결정으로 피고인에 대하여 1천만원 이하의 과태료를 부과하거나 20일 이내의 감치에 처할 수 있다(동조제3항). 이 결정에 대하여는 즉시항고를 할 수 있다(제동조제3항).

② **보석의 실효:** 보석은 제98조 제8호(피고인 또는 법원이 지정하는 자가 보증금을 납입하거나 담보를 제공할 것)의 조건을 제외한 보석의 취소와 구속영장의 실효에 의하여 그 효력을 상실한다(제104조의2). 따라서 무죄, 면소, 형의 선고유예와 집행유예, 벌금 또는 과료의 재판이 선고된 때에는 물론 자유형이나 사형이 확정된 경우에도 구속영장이 실효되므로 보석도 효력을 잃는다.

(6) 보증금 등의 몰취·환부 및 보석조건의 효력상실 등

① **보증금 등의 몰취**

가) 임의적 몰취: 법원은 보석을 취소하는 때에는 직권 또는 검사의 청구에 따라 결정으로 보증금 또는 담보의 전부 또는 일부를 몰취할 수 있다(제103조제1항). 보석취소를 원인으로 한 임의적 보증금 몰수를 인정한 것이다.

한편 보석취소결정과 동시에 보석금의 몰취결정을 하여야 하는가에 대하여 취소결정과 동시에 하여야 한다는 견해와 취소결정 후에도 몰취결정을 할 수 있다는 견해의 대립이 있다. 이에 대하여 판례는 ㉠ 문언상 보석보증금의 몰취는 반드시 보석취소와 동시에 결정하여야 한다는 취지라고 단정하기 어려운 점, ㉡ 보석보증금은 형벌의 집행단계에서의 신체의 확보까지 담보하고 있으므로 보석보증금의 기능은 유죄의 판결이 확정될 때까지의 신체의 확보도 담보하는 취지로 봄이 상당한 점, ㉢ 보석취소결정은 그 성질상 신속을 요하는 경우가 대부분임에 반하여, 보증금몰취결정에 있어서는 그 몰취의 요부(보석조건위반 등 귀책사유의 유무) 및 몰취 금액의 범위 등에 관하여 신중히 검토하여야 할 필요성이 있는 점 등을 근거로 후자의 입장을 따르고 있다(대결(전합) 2001.5.29, 2000모22). 생각건대 보석취소 후에 보증금을 몰취할 수 있다는 규정이 없을 뿐만 아니라 보증금몰취라는 불이익을 부과할 경우에는 엄격하게 해석해야 한다는 점에서 전자의 견해가 타당하다고 본다.

나) 필요적 몰취: 보증금의 납입 또는 담보제공을 조건으로 석방된 피고인이 동일한 범죄

사실에 관하여 형의 선고를 받고 그 판결이 확정된 후 집행하기 위한 소환을 받고 정당한 이유 없이 출석하지 아니하거나 도망한 때에는 직권 또는 검사의 청구에 따라 결정으로 보증금 또는 담보의 전부 또는 일부를 몰취하여야 한다(제103조
제2항). 형집행을 위한 불출석을 이유로 한 필요적 보증금 몰취를 인정한 것이다.

다) 관할법원: 임의적 몰취사건은 수소법원의 관할에 속한다. 그러나 필요적 몰취사건에 대하여, 판례는 「그 성질상 당해 형사본안 사건의 기록이 존재하는 법원 또는 그 기록을 보관하는 검찰청에 대응하는 법원의 토지관할에 속하고, 그 법원이 지방법원인 경우에 있어서 사물관할은 법원조직법 제7조 제4항의 규정에 따라 지방법원 단독판사에게 속하는 것이지 소송절차 계속중에 보석허가결정 또는 그 취소결정 등을 본안 관할법원인 제1심 합의부 또는 항소심인 합의부에서 한 바 있었다고 하여 그러한 법원이 사물관할을 갖게 되는 것은 아니다」(대결 2002.5.17.
2001모53,)라고 판시한 바 있다.

② 보증금의 환부: 구속 또는 보석을 취소하거나 구속영장의 효력이 소멸된 때에는 몰취하지 아니한 보증금을 청구한 날로부터 7일 이내에 환부하여야 한다(제104조).

③ 보석조건의 효력상실 등: 구속영장의 효력이 소멸한 때에는 보석조건은 즉시 그 효력을 상실하며, 보석이 취소된 경우에도 동일하다. 다만 보증금 또는 담보제공의 조건은 예외로 한다(제104조
의2). 집행유예 석방 등으로 구속영장의 효력이 소멸된 경우에 피고인이 더 이상 보석조건을 준수할 필요성이 없고, 보석이 취소되어 구속영장이 집행되는 경우에도 보석조건은 더 이상 필요하지 아니하다. 따라서 자동적으로 보석조건의 효력이 상실되도록 하되, 보석을 취소할 경우 법원이 보증금을 몰취할 수 있으므로 보증금에 관한 보석조건은 자동실효대상에서 제외한 것이다.

(7) 보석제도의 개선

① 필요적 보석의 제외사유 축소: 형사소송법 제95조는 보석의 청구가 있는 때에는 일정한 제외사유가 없는 한 원칙적으로 보석을 허가하도록 규정하고 있다. 그러나 그 제외사유에 모순이 있고 지나치게 광범위할 뿐 아니라 애매하여 피고인이 보석을 받을 권리가 있다는 원칙이 유명무실하게 되는 결과가 발생하고 있다. 특히 필요적 보석의 제외사유인 형사소송법 제95조 제3호 내지 제5호는 구속요건인 동법 제70조 제1항과 그 내용이 동일하여 보석제도의 본래의 취지와 어긋난다고 할 것이다.

② 보석절차의 개선: 현행 형사소송법은 피고인 구속시 공소사실의 요지와 변호인선임권을 고지하도록 의무화하고 있으나(제88조) 보석권의 고지를 의무화하는 규정은 없고, 다만 보석을 허가하지 아니하는 결정을 하는 때에는 법원은 결정이유에 필요적 보석의 불허사유 중 어느 사유에 해당하는지를 명시하여야 한다고 규정하고 있다(규칙
제55조의2). 그러나 권리보석을 인정하는 이상 피고인에게 보석권을 고지하는 것이 바람직할 것이다.

3. 구속의 집행정지

법원은 상당한 이유가 있는 때에는 결정으로 구속된 피고인을 친족 등에게 위탁하거나 피고인의 주거를 제한하여 구속의 집행을 정지할 수 있다($제101조$). 구속의 집행정지는 구속영장의 효력을 지속시키면서 피고인을 석방하는 제도라는 점에서 보석과 같으나 법원의 직권에 의하여 행하여지고, 보증금의 납입을 조건으로 하지 않는다는 점에서 보석과 다르다. 실무상으로는 통상 관혼상제, 대학입시, 수술, 출산 등 특별한 사정이 있는 경우에 한하여 운영되어 왔다. 현행법 하에서는 보석 조건의 다양화로 인하여 구속집행정지제도는 보석제도와 중첩된다.

구속집행정지의 사유에는 제한이 없다. 법원이 구속집행정지 결정을 할 때에는 검사의 의견을 물어야 한다($동조 제2항$). 구속의 집행정지는 법원의 결정으로 한다($동조 제1항$). 구속집행정지 결정은 검사가 집행을 지휘한다($제460조 항$). 구속된 국회의원에 대하여 국회의 석방요구($헌법 제44항$)가 있으면 구속영장의 집행이 당연히 정지된다($제101조 제4항$).

제 5 절 공판심리의 특칙

Ⅰ. 변론의 분리·병합·재개

1. 서   설

법원은 필요하다고 인정한 때에는 직권 또는 검사, 피고인이나 변호인의 신청에 의하여 결정으로 변론을 분리하거나 병합할 수 있다($제300조$). 또 법원은 필요하다고 인정할 때에는 직권 또는 검사, 피고인이나 변호인의 신청에 의하여 결정으로 종결한 변론을 재개할 수 있다($제305조$). 변론의 분리, 병합 또는 재개는 법원이 필요하다고 인정한 때에 할 수 있다. 이 필요성 여부는 법원의 재량판단에 의할 것이나, 이 판단은 실체적 진실의 발견, 타당한 형의 양정, 심리의 원활한 진행, 피고인의 권리보호 등을 고려하여 합리적으로 행하여야 한다.

2. 내   용

(1) 변론의 분리

변론의 분리는 병합된 수개의 관련사건($제11조$)을 분리하여 각각 별도의 공판절차에서 심리하는 것을 말한다. 주로 한 피고인에게 제출된 증거가 공동 피고인의 유죄증거가 될 때(예컨대 공범의 증언이 공동 피고인을 유죄로 하는 증거일 때), 한 피고인에게 제출된 증거가 너무 강력하여 공동 피고인에게까지 유죄심증을 불러일으킬 때, 피고인들 사이에 증거 분량의 차이가 너무 클 때,

한 피고인이 수사기관에 대하여 너무 적대적인 증거를 사용할 때 분리재판을 인정한다.

(2) 변론의 병합

변론의 병합이란 수개의 관련사건($\frac{제}{조}^{11}$)이 사물관할을 같이 하는 동일한 법원에 계속되어 있는 경우에 이들 사건을 하나의 공판절차로 병합하여 동시에 심리하는 것을 말한다. 수개의 관련사건이 여러 법원에 계속되어 있거나 사물관할을 달리하여 합의부와 단독판사에게 각각 계속되어 있는 때에는 관할의 병합심리(관할의 수정)의 문제가 될 뿐이다.

(3) 변론의 재개

변론의 재개란 일단 종결한 변론을 다시 여는 것으로, 법원은 필요하다고 인정한 때에는 결정으로 종결한 변론을 재개할 수 있다($\frac{제305}{조}$). 여기서 필요하다고 인정되는 경우에 변론을 반드시 재개해야 하는지 아니면 법원이 재량으로 재개여부를 결정할 수 있는지 문제된다. 실무는 변론재개여부는 법원의 재량에 속한다고 보고 있으며, 판례는 변론재개신청에 대한 허부결정도 불필요하다($^{대판\ 1966.12.20.}_{66도1394}$)는 입장이다. 그러나 **필요성**을 요건으로 규정하고 있는 법 규정을 고려할 때 기속재량으로 보는 것이 타당하다고 본다.

변론이 재개되면 변론은 종결전 상태로 돌아가는 것을 원칙으로 하나, 재개후 증인신문 등의 증거조사가 행하여졌을 때에는 그 이후의 절차가 행하여져야 한다. 따라서 소송관계인에 대하여는 형사소송법 제302조(증거조사 후의 검사의 의견진술), 제303조(피고인의 최후진술)에 의한 의견진술 기회를 주어야 한다. 이러한 변론의 재개는 판결 선고가 완료된 이후에는 하지 못한다. 왜냐하면 판결 선고가 일단 완료되면 법원도 자신의 판결에 기속이 되며, 경정이 허용되는 경우 이외에는 상소의 방법으로만 변경이 가능하기 때문이다.

II. 공판절차의 정지·갱신

1. 공판절차의 정지

(1) 의   의

공판절차의 정지란 심리의 진행을 방해할 중대한 사유가 발생한 경우에 그 사유가 없어질 때까지 공판절차를 법률상 진행할 수 없도록 하는 것을 말한다. 이러한 공판절차의 정지는 주로 피고인의 방어권을 보호하기 위한 제도이다. 예컨대 피고인이 심신상실이나 질병으로 출석할 수 없는 경우 또는 공소장변경이 있는 경우에 법원이 소송절차를 그대로 진행시키면 피고인의 방어권이 침해되거나 현저하게 위태롭게 되므로 공판절차의 진행을 일시 정지시켜 피고인의 방어권을 보호하고자 하는 것이 공판절차의 정지이다.

(2) 공판절차정지의 사유

① **피고인의 심신상실과 질병:** 피고인이 사물변별 또는 의사결정을 할 능력이 없는 상태에 있는 때에는 법원은 검사와 변호인 의견을 들어 결정으로 그 상태가 계속되는 기간 공판절차를 정지하여야 한다(제306조 제1항). 피고인이 질병으로 인하여 출정할 수 없는 때에도 동일하다 (동조 제2항). 다만 경미사건(제277 조)에 대하여 대리인이 출정할 수 있는 경우에는 공판절차를 정지하지 아니한다(제306조 제5항).

이와 같이 피고인이 심신상실의 상태에 있거나 질병 중에 있는 때에 공판절차를 정지하는 것은 피고인의 방어권을 고려한 결과이므로 피고인에게 유리한 재판을 할 것이 명백한 경우에는 정지할 필요가 없다. 따라서 피고사건에 대하여 무죄, 면소, 형의 면제 또는 공소기각의 재판을 할 것이 명백한 때에는 피고인의 출정 없이 재판할 수 있다(제306조 제4항).

② **공소장의 변경:** 법원은 검사의 공소장변경에 의한 공소사실 또는 적용법조의 추가·철회 또는 변경이 피고인의 불이익을 증가시킬 염려가 있다고 인정한 때에는 직권 또는 피고인이나 변호인의 청구에 의하여 피고인으로 하여금 필요한 방어의 준비를 하게 하기 위하여 결정으로 필요한 기간 공판절차를 정지할 수 있다(제298조 제4항).

③ **소송절차의 정지:** 소송절차가 정지되면 공판절차가 진행되지 않으므로 공판절차를 정지하지 않을 수 없다.

가) 기피신청: 기피신청이 있는 때에는 기피신청이 부적법하여 기각하는 경우 이외에는 소송진행을 정지하여야 한다. 단 급속을 요하는 경우에는 예외로 한다(제22 조).

나) 병합심리신청 등이 있는 경우: 법원은 계속중인 사건에 관하여 토지관할의 병합심리신청, 관할지정신청 또는 관할이전신청이 제기된 경우에는 그 신청에 대한 결정이 있기까지 소송절차를 정지하여야 한다. 다만 급속을 요하는 경우에는 그러하지 아니한다(규제7조).

다) 재심청구의 경합: 재심청구가 경합된 경우에 항소법원 또는 상고법원은 하급법원의 소송절차가 종료할 때까지 소송절차를 정지하여야 한다(규제169조).

라) 위헌법률심판제청이 있는 경우: 법원이 법률의 위헌여부 심판을 헌법재판소에 제청한 때에는 당해 소송사건의 재판은 헌법재판소의 위헌여부 결정이 있을 때까지 정지된다(헌법재판소법 제42조 제1항). 이 경우 재판정지기간은 구속기간에 산입되지 않는다(동조 제2항).

(3) 공판절차정지의 절차

공판절차의 정지는 법원의 결정으로 한다. 공소장변경의 경우에는 법원의 직권 또는 피고인이나 변호인의 청구에 의하여 공판절차를 정지할 수 있으나, 그 이외의 경우에는 법원의 직권에 의하여 정지한다. 피고인의 질병을 이유로 공판절차를 정지함에는 의사의 의견을 들어야 한다(제306조 제3항).

(4) 공판절차정지의 효과

공판절차의 정지결정이 있으면 취소될 때까지 공판절차를 진행할 수 없다. 다만 정지기간이 정하여진 때에는 기간의 경과로 인하여 공판절차의 정지는 당연히 효력을 잃는다. 정지 효과는 협의의 공판절차, 즉 공판기일의 절차에 한한다. 따라서 구속 또는 보석에 관한 재판이나 공판준비는 정지기간동안에도 할 수 있다(통설). 공판절차정지 결정을 취소하거나 정지기간이 경과된 경우에는 법원은 공판절차를 다시 진행해야 한다. 이 경우에 공판절차 갱신을 요하는 것은 아니다. 다만 피고인의 심신상실을 이유로 공판절차가 정지된 경우에는 그 정지사유가 소멸된 후의 공판기일에 공판절차를 갱신하여야 한다(규^{제143조}).

2. 공판절차의 갱신

(1) 의   의

공판절차의 갱신이란 공판절차를 진행한 법원이 판결선고 이전에 이미 진행된 공판절차를 일단 무시하고 다시 그 절차를 진행하는 것을 말한다. 이러한 공판절차의 갱신은 원래 구두주의와 직접주의 원칙으로부터 요청되므로 절차형성행위(예컨대 당사자의 신청 내지 청구, 증거결정·공개정지의 결정 등 법원의 각종의 결정)는 갱신에 의하여 영향을 받지 않으나, 실체형성행위(예컨대 증인의 증언이나 피고인의 진술)는 구두주의, 직접주의에 반하는 한도에서 효력을 잃는다. 다만 실체형성행위를 기재한 공판조서는 공판기일에서의 진술을 수록한 서면으로서 증거능력을 갖는 것이므로(제311조), 갱신에 즈음한 공판기일에 증거서류로서 증거조사(제291조,제292조)를 한 뒤에 이를 증거로 할 수 있다. 따라서 실체형성행위와 관련하여, 이미 행해진 인증이나 서증 등에 대한 증거조사를 공판의 갱신절차로서 어느 범위 내에서 직접주의 내지 구두주의에 반한다 하여 다시 고쳐 할 것인지 여부가 중요한 문제로 제기된다.

(2) 공판절차갱신의 사유

① **판사의 경질:** 공판개정후 판사의 경질이 있는 때에는 공판절차를 갱신하여야 한다(제301조). 공판절차의 갱신에 관한 기본적 규정으로, 공판심리에 있어서 구두주의 및 직접주의의 요청에 기한 것이다. 판사가 바뀐 이유가 무엇인가는 불문하므로 사건의 이송(제8조, 제367조, 제394조)에 따라 전혀 별개의 법원이 심리하게 되는 경우는 물론, 합의부에서 판사 1인 또는 수인이 바뀐 경우 및 단독판사로부터 합의부로 이송된 경우에도 판사가 바뀐 경우에 해당한다. 그러나 합의부로부터 단독판사에게로 이송된 경우 예컨대 합의부에서 심리를 개시하였으나 공소장변경에 의하여 단독사건으로 된 경우에는 이전 합의부의 판사가 잔류하는 한 판사가 바뀐 경우에 해당하지 않는다. 판사의 경질이 있었음에도 불구하고 공판절차를 갱신하지 아니한 채 판결을 선고한 경우는 사건의 심리에 관여하지 아니한 판사가 그 사건의 판결에 관여한 경우로서 절대적 항소이유(제361조의5제8호) 및 상고이유(제383조제1호)로 된다.

② **간이공판절차의 취소:** 공판절차의 갱신은 간이공판절차라고 하는 형태로 증거조사가 간략하게 되고, 전문증거도 증거로 사용한다든가 하는 것 등이 간이공판절차가 취소됨에 따라 후발적으로 부적법 또는 불상당하게 됨에 따라 이를 고쳐 통상의 절차에 따라 다시 적법한 절차로 엄격한 증명에 따라 사실인정을 행하는 것을 의미한다. 그러나 검사, 피고인 또는 변호인의 이의가 없는 때에는 갱신을 필요로 하지 않는다($^{제301조의2}_{단서}$). 이 경우 공판절차를 갱신하지 아니하고 판결을 선고하면 소송절차의 법령위반으로서 상대적 항소이유($^{제361조의5}_{제1호}$) 및 상고이유($^{제383조}_{제1호}$)로 된다.

③ **심신상실로 인한 공판절차의 정지:** 피고인이 심신상실 상태에 있는 때에 공판절차를 정지하였다가($^{제306조}_{제1항}$) 다시 개정하여 심리를 진행하는 경우를 말한다($^{규}_{제143조}$). 이 경우의 공판절차의 갱신은 피고인이 정지 전의 절차에 관하여 충분한 기억을 갖고 있지 못할 우려가 있어 그대로 공판절차를 진행시키는 것은 공정성을 잃는다는 취지에 따른 것이다. 이 경우 공판절차를 갱신하지 아니하고 판결을 선고하면 소송절차의 법령위반으로서 상대적 항소이유($^{제361조의5}_{제1호}$) 및 상고이유($^{제383조}_{제1호}$)로 된다.

④ **배심원 변경:** 공판절차가 개시된 후 새로 재판에 참여하는 배심원 또는 예비배심원이 있는 때에는 공판절차를 갱신하여야 한다($^{국민재판참여법}_{제45조}$).

(3) 공판절차갱신의 절차 및 효과

공판절차의 갱신은 공판절차를 다시 시작하는 것이므로 종래의 절차를 무효로 하고 처음부터 절차를 다시 시작하는 것이 논리적이다. 그러나 어떤 소송행위를 다시 할 것인가는 형식적·기계적으로 판단할 것이 아니라 갱신의 이유를 고려하여 목적론적으로 결정할 필요가 있다. 왜냐하면 위의 각 사유로 공판절차를 갱신하는 경우 그 갱신절차에 관하여는 형사소송규칙 제144조가 상세하게 규정하고 있으나, 이는 판사의 경질을 그 사유로 하는 경우에 한하여 타당할 뿐 나머지 사유들에 대해서는 문제가 있기 때문이다.

① **판사의 경질로 인한 갱신의 경우:** 구두주의·직접주의 취지에 어긋나는 한도내에서 그 효력이 없다고 본다. 따라서 법관의 심증형성에 직접 영향을 미치는 소송행위, 즉 실체형성행위, 예컨대 피고인의 진술, 증인의 증언은 그 효력을 상실하나 절차형성행위는 그 효력을 상실하지 않는다. 따라서 갱신전의 공판기일에서의 피고인이나 피고인 아닌 자의 진술($^{규 제144조}_{제1항 제4호}$) 및 갱신전의 공판기일에서 증거조사된 서류 또는 물건에 관하여는 직권으로 다시 증거조사를 하여야 한다($^{동조 동항}_{제5호}$). 다만 후자의 경우에는 모든 증거에 대하여 다시 증거조사를 하여야 하는 것은 아니고, 그 서류 또는 물건 중 증거능력이 없다고 인정되는 것과 증거로 함이 상당하지 아니하다고 인정되고 검사, 피고인 및 변호인이 이의를 하지 아니하는 것에 대하여는 새로운 증거조사를 하지 아니한다($^{규 제144조 제1항}_{제5호 단서}$). 이는 증거능력이 없는 서류 또는 물건은 오히려 조사를 해서는 안 되고, 불필요하거나 사건과 관계없는 등 상당하지 않은

증거는 당사자가 특히 반대하지 않는 한 조사할 필요가 없다는 점을 고려한 것이다.

② **간이공판절차의 취소로 인한 갱신의 경우:** 이 경우에 공판절차를 갱신하는 것은 구두주의·직접주의와 직접 관계가 없으며 간이공판절차에 의한 심리 특히 증거조사가 부적법 또는 상당하지 않다고 인정되는 경우이므로 실체형성행위뿐만 아니라 절차형성행위도 그 효력을 잃는다. 따라서 갱신전의 공판기일에서 조사되어 증거능력이 있는 것으로 처리되었을 서류 또는 물건에 대하여는 다시 증거조사를 하고, 그 밖의 서류 또는 물건에 대하여는 갱신절차로서의 증거조사에서 제외된다. 다만 간이공판절차가 취소된 경우 형사소송규칙 제144조 제1항 제4호(재판장은 갱신전의 공판기일에서의 피고인이나 피고인이 아닌 자의 진술 또는 법원의 검증결과를 기재한 조서에 관하여 증거조사를 하여야 한다)는 적용되지 않는다고 보아야 하므로, 종전의 피고인 진술은 그 자체로서 증거로 삼을 수 있을 것이다. 왜냐하면 피고인이 제1심 법원에서 공소사실을 자백하여 간이공판절차에서 심리된 이상, 특히 자백의 신빙성에 의심이 있다고 인정되지 않는 한 그대로 증거능력을 유지시키는 것이 타당하기 때문이다. 판례도 동일한 입장이다(^{대판 1995.11.10,} _{95도1859}).

③ **심신상실로 인한 공판절차의 정지에 의하여 갱신한 경우:** 피고인이 소송능력이 없는 경우이므로 갱신전의 소송행위는 원칙적으로 무효로 된다. 이는 구두주의·직접주의와 직접 관계가 없다는 점에서는 판사경질에 의한 갱신과 성질을 달리 하나, 피고인의 기억·재현에 갱신의 목적이 있는 이상 판사경질의 경우와 주체만 다를 뿐 그 내용은 유사한 점이 있으므로 판사경질의 경우에서 설명한 바와 대체로 유사하다.

III. 간이공판절차

1. 의   의

간이공판절차란 피고인이 공판정에서 공소사실에 대하여 자백하는 때에 형사소송법이 규정하는 증거조사절차를 간이화하고 증거능력의 제한을 완화하여 심리를 신속하게 하기 위하여 마련된 공판절차를 말한다(^{제286조}_{의2}).

2. 제도적 취지

현행 형사소송법은 기본적 인권보장의 견지에서 영미법계 소송절차적 요소를 대폭 도입하였다. 그런데 개정전에 비하여 절차나 증거조사방법이 복잡화되고 그 결과 심리를 장기간 요하는 경향도 있는데, 실제 제1심 공판에서 심리되는 사건의 대부분은 범죄사실에 대하여 다툼이 없는 이른바 자백사건인 실정인데, 이러한 자백사건까지도 부인사건과 같은 정도로 신중한 사실심리를 하는 것은 불필요할 뿐만 아니라 신속한 재판이라는 형사소송의 이념에도 반하는 결과가 된다. 간이공판절차는 이러한 점에 착안한 제도로서 자백사건에 대해서는 비교적 간단한 절차로서 신속하게 처리하고, 그 대신 부인사건에 대해서는 충분한 심리를 거치게 함으로써 사건의 중점적 처리를 도모하고자 한 것이다.

3. 간이공판절차의 요건

(1) 제1심 관할사건

간이공판절차는 지방법원 또는 지방법원지원의 제1심 관할사건(단독판사의 관할사건은 물론 합의부 관할사건 포함)에 대하여만 인정된다. 따라서 상고심의 공판절차에서는 물론 항소심의 공판절차에서도 간이공판절차는 인정될 여지가 없다.

(2) 피고인의 공판정에서의 자백

① **자백의 주체:** 자백은 피고인이 하여야 한다. 이와 관련하여 검사의 신문에는 공소사실을 자백하다가 변호인의 반대신문시 부인한 경우 간이공판절차에 의하여 심판할 수 있는지 문제되는데, 판례는 부정적인 입장이다(대판 1998.2.27, 97도3421).

피고인이 법인인 경우에 그를 대표하여 소송행위를 행하는 대표자(제27조)는 자백의 주체가 될 수 있으나, 법정대리인이나 특별대리인(제28조)은 물론 변호인, 보조인, 공동피고인 등은 자백의 주체가 될 수 없다(통설).

② **공소사실에 대한 자백**

가) 현실적 심판대상으로서의 공소사실: 자백은 공소장에 기재된 현실적 심판의 대상으로서의 공소사실에 대하여 하여야 하며 일개의 공소사실의 일부만을 인정하는 경우는 자백이라 할 수 없다. 예컨대 절도품의 수량을 다툰다든가 범죄의 일시, 장소 등을 다투고 단독범을 공범이라고 하는 경우 등은 모두 자백이라고 할 수 없다. 다만 수개의 공소사실 중의 일부에 대한 자백은 인정된다. 예컨대 경합범의 관계에 있는 수개의 공소사실 중 그 일부를 자백한 경우이다.

나) 상상적 경합 또는 예비적·택일적 기재의 경우: 상상적 경합관계에 있거나 예비적·택일적 관계에 있는 수개의 공소사실중 그 일부를 자백한 경우에는 간이공판절차에서 말하는 자백에 해당한다는 견해도 있으나, 이로 인하여 절차가 복잡하게 되어 간이공판절차를 인정하는 취지에 반하게 된다는 점에 비추어 간이공판절차를 개시할 수 없다는 견해가 타당하다(통설).

다) 위법성조각사유나 책임조각사유를 주장하는 경우: 공소사실에 대하여는 자백하지만 위법성이나 책임성을 조각하는 사실의 존재를 주장하는 경우에는 여기의 자백에 포함되지 아니한다(대판 1987.8.18, 87도1269). 이 점이 단순한 자백과 다른 중요한 점이다. 따라서 정당방위, 긴급피난, 자구행위, 강요된 행위, 기대가능성 등의 진술이 있거나 그러한 사유를 주장하는 경우는 자백이 있다고 볼 수 없다. 판례도 피고인이 법정에서 "공소사실은 모두 사실과 다름없다"고

하면서 술에 만취되어 기억이 없다는 취지로 진술한 경우, 형사소송법 제323조 제2항에 정하여진 법률상 범죄의 성립을 조각하거나 형의 감면의 이유가 되는 사실의 진술에 해당하므로 간이공판절차로 심판할 대상이 아니라고 보고 있다(대판 2004.7.9, 2004도2116).

라) 죄명이나 적용법조 내지 정상사유만을 다투는 경우: 자백이라고 볼 수 없다는 견해도 있으나 공소사실 자체를 인정한다면 자백으로 보아야 할 것이다.

(3) 자백의 시기

자백은 공판정, 즉 공판절차에서 할 것을 요한다. 따라서 수사절차나 증거보전절차에서 한 자백은 여기의 자백으로 인정되지 아니한다.

☞ 자백시기와 관련하여 종래 피고인이 모두절차에서 자백할 것을 요건으로 하고 있는 일본 형사소송법과는 달리 이러한 제한이 없는 우리 형사소송법의 해석으로서는 자백이 공판절차가 개시된 때로부터 변론종결시까지 가능하다는 견해(변론종결시설)와 간이공판절차가 제도의 효과를 보려면 피고인의 자백여부를 피고사건에 대한 실체심리 이전에 고려해야 하므로 피고인의 이익사실 진술 절차까지라는 견해(피고인의 이익사실진술시설), 피고인신문절차에서 간이공판절차의 개시요건인 자백의 신빙성이 검토될 수 있으므로 피고인신문의 종결시점이 기준이 되어야 한다는 견해(피고인신문종결시설) 등이 대립하고 있었다. 현행법이 피고인신문절차를 증거조사절차 이후로 위치시키고 있으므로 증거조사전에 자백이 이루어져야 한다는 점에서 피고인의 이익사실진술시설이 타당하다고 본다.

(4) 자백의 진실성

자백은 진실에 합치하는 것이 이상적이지만 간이공판절차의 개시요건으로서의 자백은 반드시 진실과 일치함을 요하지 아니한다. 다만 진실과 일치하지 아니하는 경우에는 간이공판절차로 심리함이 현저하게 부당하다고 인정되는 경우에 해당되어 간이공판절차에 부하는 결정의 취소사유로 규정하고 있다(제286조의3).

4. 간이공판절차의 개시결정

(1) 결정의 성질

간이공판절차개시의 요건이 구비된 때에는 법원은 간이공판절차에 의하여 심판할 것을 결정할 수 있다(제286조의2). 이처럼 간이공판절차의 개시여부는 법원의 재량사항이므로 피고인이 자백한 경우에도 법원은 간이공판절차에 의하여 심판하지 않을 수 있다.

(2) 결정의 방법

법원이 간이공판절차의 결정을 하고자 할 때에는 재판장은 미리 피고인에게 간이공판절차의 취지를 설명해야 한다(규제131조). 간이공판절차 개시결정은 공판정에서 구술로 고지하면 족하다.

(3) 결정의 효력

간이공판절차 개시결정의 효력은 자백을 한 피고인에게만 미친다. 따라서 자백을 한 피고인과 공범관계에 있는 공동피고인에 대하여는 통상의 공판절차에 의하여 심리하여야 하며 이 경우에도 반드시 변론을 분리할 필요는 없다. 다만 그러한 경우에 심리의 순서는 간이공판절차에 있어서는 증거능력의 제한이 완화되기 때문에 통상의 공판절차에 의한 심리를 먼저 하고 그 후에 간이공판절차에 의한 심리를 하는 것이 타당할 것이다.

(4) 결정에 대한 불복방법

간이공판절차의 개시결정은 판결전 소송절차에 대한 결정이므로 항고할 수 없다($\frac{제403조}{제1항}$). 따라서 당사자로서는 그 위법 또는 부당을 주장하여 간이공판절차취소의 직권발동을 촉구하든가 간이공판절차에 기하여 이루어진 판결에 대하여 소송절차의 법령위반을 이유로 하여 항소로서 다툴 수는 있을 것이다($\frac{제361조의5}{제1호}$).

5. 간이공판절차의 내용

(1) 증거능력의 완화

간이공판절차의 증거에 관하여는 전문증거에 대하여 당사자 동의가 있는 것으로 간주되므로 전문법칙에 의한 증거능력의 제한이 완화된다. 다만 검사·피고인 또는 변호인의 이의가 있는 때에는 그러하지 아니하다($\frac{제318조}{의3}$). 이는 자백이 당해 공소사실에 대한 죄책의 승인인 이상 공소사실을 증명하는 개개의 증거에 관하여도 다툼이 없는 의사가 추측되므로 이 추측을 깰 만한 의사표시가 없는 한 전문증거를 배제할 필요가 없다는 이유에 기인한다. 이에 반하여 전문법칙 이외의 사유에 기한 증거능력의 제한은 간이공판절차에서도 해제되지 아니한다. 예컨대 임의성없는 자백($\frac{제309}{조}$)이나 위법수집증거($\frac{제308조}{의2}$)는 말할 것도 없고 당해 사건에 관한 의사표시적 문서(예컨대 고소장, 공소장 등), 부적법한 것으로서 무효로 된 진술서 등도 역시 증거로 할 수 없다.

(2) 증거조사에 관한 특칙

① **적용이 배제되는 증거조사방법**: 간이공판절차의 증거조사에 관하여 적용이 제외되는 것은 아래의 규정에 한하므로, 예컨대 증인신문의 경우 증인의 선서($\frac{제156}{조}$), 당사자의 증거신청권($\frac{제294}{조}$) 및 증거조사참여권($\frac{제163}{조}$), 증거조사에 관한 이의신청($\frac{제296}{조}$) 등은 간이공판절차에서도 적용된다.

② **상당한 방법**: 간이공판절차에 의하여 심판할 취지의 결정($\frac{제286조}{의2}$)이 있는 사건에 대하여는 제161조의22(증인신문방식), 제290조 내지 제293조(증거조사의 시기, 당사자의 증거개시설명, 증거조사의 방식, 증거조사결과와 피고인의 의견) 및 제297조(피고인 등의 퇴정)의 규정을 적용하지 아

니하며 법원이 상당하다고 인정하는 방법으로 증거조사를 할 수 있다(제297조). 상당하다고 인정하는 방법에 대하여, 판례는 공판조서의 일부인 증거목록에 증거방법을 표시하고 증거조사내용을 '증거조사함'이라고 표시한 경우에도 상당한 증거조사방법이라고 보고 있다(대판 1980.4.22, 80도333).

(3) 공판절차에서 특칙

현행 형사소송법은 간이공판절차에 대하여 증거능력과 증거조사에 대한 특칙만을 규정하고 있기 때문에 그 밖의 공판절차에 대한 일반규정은 그대로 적용된다. 따라서 간이공판절차에서도 공소장변경이 가능하며, 재판서의 간이작성도 인정되지 않는다. 또 간이공판절차에 의하여 유죄판결 이외에 공소기각이나 관할위반의 재판은 물론 무죄판결도 선고할 수 있다.

(4) 항소심에서의 효력

피고인이 공소사실을 자백하여 제1심 법원에서 간이공판절차에 따라 심판된 이상, 항소심에 이르러 범행을 부인한다고 하더라도 제1심 법원에서 증거로 할 수 있었던 증거는 항소법원에서도 증거로 할 수 있다. 그러므로, 제1심 법원에서 이미 증거능력이 있었던 증거는 항소심에서도 증거능력이 그대로 유지되어 심판의 기초가 될 수 있고 다시 증거조사를 할 필요가 없다(대판 1998.2.27, 97도3421).

6. 간이공판절차의 취소

(1) 취소의 사유

① **피고인의 자백이 신빙할 수 없다고 인정될 때:** 피고인의 자백이 진의에 의한 것이 아니라고 의심하게 되는 경우를 말한다. 자백에 보강증거가 없는 경우도 간이공판절차 개시결정의 취소사유가 된다는 견해도 있으나, 간이공판절차에 의하더라도 무죄판결이 가능하기 때문에 취소사유에 해당하는 것으로 볼 필요가 없을 것이다(통설).

② **간이공판절차로 심판하는 것이 현저히 부당하다고 인정할 때:** 자백이 없는 공소사실에 대하여 잘못하여 간이공판절차에 의하여 심판할 것을 결정한 경우 또는 간이공판절차에 의한 심리 과정에서 공소장변경후 변경된 사실에 대하여 피고인이 부인하거나 자백을 철회한 때에 해당하는 사건임이 판명된 경우도 포함한다. 또 피고인이 사실을 다투어 무죄를 주장하는 경우도 이에 해당한다. 뿐만 아니라 공범 중 일부가 자백한 경우나 과형상 일죄에 대하여 일부만 자백한 경우로서 병합심리를 요하는 경우에도 제도 취지에 비추어 볼 때 간이공판절차에 의하는 것이 부당하므로 취소할 수 있다.

(2) 취소의 절차

간이공판절차의 취소는 법원의 직권에 의하나, 취소하기 전에 검사의 의견을 들어야 한다($^{제286조}_{의3}$). 검사의 의견을 들으면 족하며 여기에 구속되는 것은 아니다. 취소사유가 있을 때에는 법원은 반드시 간이공판절차 결정을 취소하여야 한다.

(3) 취소의 효과

간이공판절차의 결정이 취소된 때에는 공판절차를 갱신하여야 한다($^{제301조}_{의2 \ 본문}$). 갱신후에는 통상의 절차에 의하여 심리하게 된다. 다만 검사·피고인 또는 변호인이 이의가 없는 때에는 갱신을 필요로 하지 아니한다($^{동조}_{단서}$). 이와 같이 갱신을 필요로 하지 않는 때에는 이미 간이공판절차에 의하여 행한 증거조사는 그대로 효력을 유지하고, 또 이미 조사된 전문증거도 증거능력이 인정된다.

CHAPTER 04 국민참여재판

제 1 절 국민참여재판의 기초이론

Ⅰ. 서   설

2007년 형사소송법 개정에 발맞추어 사법의 민주적 정당성을 강화하고 투명성을 제고함으로써 국민으로부터 신뢰받는 사법제도의 확립을 위하여 국민이 형사재판에 참여하는 「국민의 형사재판 참여에 관한 법률」(이하 국민참여재판법이라고 약칭함)이 제정되었다(법률 제8495호, 2007. 6. 1., 제정). 동 법률은 국민사법참여제도가 적용되는 사건의 범위, 참여하는 배심원의 자격 및 선정절차, 평의·평결 및 선고와 배심원보호 등에 관한 사항을 규정하기 위한 것이다. 즉 종래 재판업무는 민주적 통제가 없는 직업법관이 전담하였으나 사법에도 민주적 정당성과 투명성을 강화하고, 국민으로부터 신뢰를 받는 사법제도의 확립이 필요하다는 인식하에 일반국민도 일정한 요건을 갖추어 재판절차에 참여하도록 할 필요성이 제기되어 일반국민이 형사재판에 참여하는 절차를 정한 기본법으로 국민참여재판법이 제정된 것이다. 이러한 사법참여의 유형으로는 크게 두 가지로 나눌 수 있는데, 전문가가 재판에 참여하는 참심제(參審制)와 일반국민이 재판에 참여하는 배심제(陪審制)가 그것이다. 참심제는 독일뿐만 아니라 프랑스·이탈리아·오스트리아 등에서 채택하고 있고, 미국·영국 등에서는 배심제를 채택하고 있다.

Ⅱ. 국민참여재판의 유형에 따른 장·단점

1. 배 심 제

배심제는 국민이 직접 사법에 참여한다는 점에서 민주주의 원리에 부합하고, 국민에 대한 법률교육효과를 기대할 수 있다. 또한 법관은 전문직업인인 반면, 배심원들은 비전문가로 구성되어 있다는 점에서 재판을 받는 사람의 불만을 분산시키고 평결의 수용을 증진시킨다. 더욱이 배심원들은 한 사건만을 심리하고 해산하지만, 판사들은 배심원들이 없는 상태에서 계속되는 일련의 사건들을 심리한다. 따라서 판사가 한 사건에서 일방에 치우쳐 있다면 그러한 태도는 계속되는 다른 일련의 사건들에게도 부당한 영향을 미치는 반면, 배심원들이 한 사건에서 너무 강하게 치우쳐 있어서 결정이 왜곡되었다고 하였더라도 단지 그 한 사건에만 영향을 미친다는 점이 다르다.

반면에 배심원단을 유지하고 관리하는데 상당한 시간과 비용의 투입이 불가피하므로 직업법관에 의한 재판과 비교할 때 효율성 측면에서 취약하다. 또한 법률전문가가 아닌 배심원들은 언론이나 여론 또는 자신의 입장·혈연·학연·지연·편견 그 밖에 개인적인 감정에 따른 선입관 등의 영향으로 사실인정을 그르칠 염려가 있다.

2. 참 심 제

참심제의 장점은 대체로 배심제의 장점과 유사하나, 배심제에 비하여 비용이 적게 들게 된다는 점에서 효율적이고, 전문지식이 필요한 소송에서 전문가를 활용할 수도 있다.

반면에 평의와 평결에 있어 직업법관이 함께 참여하므로 사실상 법관이 사실판단 및 법적용을 주도하게 되어 참심원이 일종의 들러리 역할에 머물 수가 있다. 왜냐하면 직업법관과 일반시민인 참심법관이 대등한 위치에서 합의한다는 것은 사실상 기대하기 곤란하고, 참심법관이 직업법관의 영향을 받을 수밖에 없으므로 형식적인 역할에 그칠 가능성이 크기 때문이다.

제2절 국민참여재판의 대상사건

> **사 례**
>
> 2022. 2. 5. 甲은 A의 원룸에 침입하여 A를 강간하고 2주의 상해를 가한 혐의로 구속·기소되었다. 그런데 甲은 강간사실은 인정하면서도 'A가 상해를 입지는 않았다'고 주장하며 국민참여재판을 신청하였다. A는 '甲의 강간으로 인해 손목에 약간의 상처가 난 것은 사실이나 치료를 받은 적이 없고 곧 나았다'고 법정증언하였다. 이에 배심원은 강간상해에 대해 무죄평결하였다. 하지만 담당재판부는 공소장변경절차없이 '甲의 강간혐의가 유죄로 인정된다'며 징역형의 실형을 선고하였다. 甲에 대한 유죄선고는 적법한가?

Ⅰ. 사물관할

1. 대상사건

2012년 개정 국민참여재판법은 법원조직법 제32조 제1항(제2호 및 제5호는 제외한다)에 따른 **합의부 관할사건** 및 이에 해당하는 사건의 미수죄·교사죄·방조죄·예비죄·음모죄에 해당하는 사건과 형사소송법 제11조에 따른 관련사건으로서 병합하여 심리하는 사건을 대상사건으로 규정(^{동법 제5조}_{제1항})하고 있다.

2. 참여심급

미국의 경우 배심원은 제1심 절차에만 참여하는데 반하여, 독일의 경우 참심원은 지방법원의 항소심 절차에도 참여한다. 이에 대하여 국민참여재판법은 제1심 절차(지방법원 지원 합의부 및 지방법원 본원 합의부사건)에 한하여 국민참여재판을 인정하고 있다. 따라서 상소심사건은 국민참여재판이 인정되지 않는다.

3. 공소사실의 변경 등

공소사실의 일부 철회 또는 변경으로 인하여 대상사건에 해당하지 아니하게 된 경우에도 국민참여재판법에 따라 재판을 계속 진행한다. 다만 법원은 심리의 상황이나 그 밖의 사정을 고려하여 국민참여재판으로 진행하는 것이 적당하지 아니하다고 인정하는 때에는 결정으로 당해 사건을 지방법원 본원 합의부가 국민참여재판에 의하지 아니하고 심판하게 할 수 있다(^{국민참여재판법}_{제6조 제1항}).

☞ 동일한 피고인에 대하여 여러 사건이 병합(예컨대 강도죄와 살인죄의 경우)되어 각각의 사건에 대하여 일반재판(법관재판)과 배심재판이 이루어지는 경우, 양형문제를 어떻게 해결할 것인지 문제된다. 왜냐하면 미국의 경우에는 소인(count)제도를 채택하고 있을 뿐만 아니라 병과주의를 취하고 있으므로 별다른 문제가 발생하지 않으나, 현행법은 흡수주의·가중주의·병과주의를 모두 취하고 있기 때문에(^{형법 제38조}_{제1항}), 배심재판에서 사형이나 무기형 등이 선고된 경우(살인죄의 경우)에 일반재판에서 선고되었거나 확정된 다른 범죄(강도죄의 경우)에 대한 양형의 효력 및 국민참여재판법상의 대상사건과 형사소송법 제11조에 따른 관련사건으로 병합하여 심리하는 사건의 경우(^{국민참여재판법}_{제5조 제1항 제5호})에도 경합범에 대한 양형문제가 제기될 수밖에 없기 때문이다. 더욱이 이 문제는 형사소송법상 공소불가분의 원칙·심판의 대상·기판력·일사부재리의 효력 등과도 연관된 문제로서, 배심재판은 본질적으로 피고인별로 한 건당 이루어진다는 점에서 병과주의로의 전환 등 양형체계에 대한 전반적인 검토가 있어야 할 것으로 보인다.

II. 피고인의 선택권

1. 피고인의 의사존중

국민참여재판법은 피고인이 국민참여재판을 원하지 아니하거나 제9조 제1항에 의한 배제결정이 있는 경우는 국민참여재판을 하지 아니한다(^{법 제5조}_{제2항})고 규정하여 대상사건에 해당하는 경우에도 피고인의 의사를 존중하여 피고인에게 선택권을 부여하고 있다.

☞ 미국과 영국은 배심재판을 받을 것인가에 대하여 피고인에게 선택권을 인정하고 있는 반면, 참심제도를 취하고 있는 독일과 프랑스의 경우에는 참심제 이용에 대한 선택권을 부여하고 있지 않으며, 참심제도와 배심제도를 혼용하고 있는 일본의 경우에도 피고인에 의한 선택권을 부정하고 있다.

따라서 법원은 대상사건의 피고인에 대하여 국민참여재판을 원하는지 여부에 관한 의사를 서면 등의 방법으로 반드시 확인하여야 한다. 이 경우 피고인 의사의 구체적인 확인방법은 대법원규칙으로 정하되, 피고인의 국민참여재판을 받을 권리가 최대한 보장되도록 하여야 하고(동법 제8조 제1항), 피고인은 공소장 부본을 송달받은 날부터 7일 이내에 국민참여재판을 원하는지 여부에 관한 의사가 기재된 서면을 제출하여야 한다. 이 경우 피고인이 서면을 우편으로 발송하거나, 교도소 또는 구치소에 있는 피고인이 서면을 교도소장·구치소장 또는 그 직무를 대리하는 자에게 제출한 때에 법원에 제출한 것으로 본다(동조 제2항). 피고인이 제2항의 서면을 제출하지 아니한 때에는 국민참여재판을 원하지 아니하는 것으로 본다(동조 제3항).

대법원은 국민참여재판 대상사건의 피고인이 국민참여재판을 원하는지에 관한 의사 확인절차를 거치지 아니한 채 통상의 공판절차로 재판을 진행한 경우 그 절차의 위법 여부 및 위 공판절차에서 이루어진 소송행위의 효력에 대하여, 「**법원에서 피고인이 국민참여재판을 원하는지에 관한 의사 확인절차를 거치지 아니한 채 통상의 공판절차로 재판을 진행하였다면, 이는 피고인의 국민참여재판을 받을 권리에 대한 중대한 침해로서 그 절차는 위법하고 이러한 위법한 공판절차에서 이루어진 소송행위도 무효라고 보아야 한다**」고 보면서도, '제1심법원이 국민참여재판 대상사건임을 간과하여 이에 관한 피고인의 의사를 확인하지 아니한 채 통상의 공판절차로 재판을 진행한 경우, 항소심에서 절차상 하자가 치유되기 위한 요건'으로, 「피고인이 항소심에서 국민참여재판을 원하지 아니한다고 하면서 제1심의 절차적 위법을 문제삼지 아니할 의사를 명백히 표시하는 경우에는 하자가 치유되어 제1심 공판절차는 전체로서 적법하게 된다고 보아야 하고, 다만 국민참여재판제도의 취지와 피고인의 국민참여재판을 받을 권리를 실질적으로 보장하고자 하는 관련 규정의 내용에 비추어 권리를 침해한 제1심 공판절차의 하자가 치유된다고 보기 위해서는 동법 제8조 제1항, 국민의 형사재판 참여에 관한 규칙 제3조 제1항에 준하여 피고인에게 국민참여재판절차 등에 관한 충분한 안내와 그 희망여부에 관하여 숙고할 수 있는 상당한 시간이 사전에 부여되어야 한다」는 입장이다. 따라서 「피고인에게 사전에 국민참여재판절차 등에 관한 충분한 안내와 그 희망 여부에 관하여 숙고할 수 있는 상당한 시간을 부여함이 없이 단지 피고인과 변호인이 제1심에서 통상의 공판절차에 따라 재판을 받은 것에 대하여 이의가 없다고 진술한 사실만으로 제1심의 공판절차상 하자가 모두 치유되어 그에 따른 판결이 적법하게 된다고 볼 수 없다」고 판시한 바 있다(대판 2012.4.26, 2012도1225).

(참조판례) 「국민참여재판을 시행하는 이유나 '국민의 형사재판 참여에 관한 법률'의 여러 규정에 비추어 볼 때, 위 법에서 정하는 대상 사건에 해당하는 한 피고인은 원칙적으로 국민참여재판으로 재판을 받을 권리를 가지는 것이므로, 피고인이 법원에 국민참여재판을 신청하였는데도 법원이 이에 대한 배제결정도 하지 않은 채 통상의 공판절차로 재판을 진행하는 것은 피고인의 국민참여재판을 받을 권리 및 법원의 배제결정에 대한 항고권 등 중대한 절차적 권리를 침해한 것으로서 위법하고, 국민참여재판제도의 도입 취지나 위 법에서 배제결정에 대한 즉시항고권을 보장한 취지 등에 비추어 이와 같이 위법한 공판절차에서 이루어진 소송행위는 무효라고 보아야 한다」(대판 2011.9.8, 2011도7106).

2. 피고인의 번의 인정

피고인은 제9조 제1항의 배제결정 또는 제10조 제1항의 회부결정이 있거나 공판준비기일이 종결되거나 제1회 공판기일이 열린 이후에는 종전의 의사를 바꿀 수 없다(국민참여재판법 제8조 제4항). 따라서 피고인은 공판준비기일 종료시까지 또는 제1회 공판기일 전까지 국민참여재판에 대한 종전의사를 번복할 수 있다.

참조판례 「공소장 부본을 송달받은 날부터 7일 이내에 의사확인서를 제출하지 아니한 피고인도 제1회 공판기일이 열리기 전까지는 국민참여재판 신청을 할 수 있고, 법원은 그 의사를 확인하여 국민참여재판으로 진행할 수 있다」(대결 2009.10.23, 2009모1032).

3. 필요적 국선변호

국민참여재판에 관하여 변호인이 없는 때에는 법원은 직권으로 변호인을 선정하여야 한다(국민참여재판법 제7조).

4. 지방법원 지원 관할사건의 특례

피고인이 국민참여재판을 원하는 의사를 표시한 경우 지방법원 지원 합의부가 제9조 제1항의 배제결정을 하지 아니하는 경우에는 국민참여재판절차 회부결정을 하여 사건을 지방법원 본원 합의부로 이송하여야 한다. 이 경우 지방법원지원 합의부가 심판권을 가지는 사건 중 지방법원 지원 합의부가 회부결정을 한 사건에 대하여는 지방법원 본원 합의부가 관할권을 가진다(국민참여재판법 제10조).

참조판례 「국민참여재판법에 의하면 제1심 법원이 국민참여재판 대상사건을 피고인 의사에 따라 국민참여재판으로 진행함에 있어 별도의 국민참여재판 개시결정을 할 필요는 없다. 그에 관한 이의가 있어 제1심 법원이 국민참여재판으로 진행하기로 하는 결정에 이른 경우 이는 판결 전의 소송절차에 관한 결정에 해당한다. 그에 대하여 특별히 즉시항고를 허용하는 규정이 없으므로 위 결정에 대하여는 항고할 수 없다. 따라서 국민참여재판으로 진행하기로 하는 제1심 법원의 결정에 대한 항고는 항고의 제기가 법률상의 방식을 위반한 때에 해당하여 결정을 한 법원이 항고를 기각하여야 하고, 결정을 한 법원이 항고기각의 결정을 하지 아니한 때에는 항고법원은 결정으로 항고를 기각하여야 한다」(대결 2009.10.23, 2009모1032).

III. 배제결정 및 통상절차 회부

1. 배제결정

법원은 공소제기 후부터 공판준비기일이 종결된 다음날까지 검사 · 피고인 또는 변호인의 의견을 들어 ㉠ 배심원·예비배심원·배심원후보자 또는 그 친족의 생명·신체·재산에 대한 침해 또는 침해의 우려가 있어서 출석의 어려움이 있거나 국민참여재판법에 따른 직무를 공정하게 수행하지 못할 염려가 있다고 인정되는 경우, ㉡ 공범 관계에 있는 피고인들 중 일부가 국민참여재판을 원하지 아니하여 국민참여재판의 진행에 어려움이 있다고 인정되는 경우, ㉢「성폭력범죄의 처벌 등에 관한 특례법」제2조의 범죄로 인한 피해자 또는 법정대리인이 국민참여재판을 원하지 아니하는 경우, ㉣ 그 밖에 국민참여재판으로 진행하는 것이 적절하지 아니하다고 인정되는 경우에는 국민참여재판을 하지 아니하기로 하는 결정을 할 수 있고, 이 결정에 대해서는 즉시항고를 할 수 있다(국민참여재판법 제9조).

2. 통상절차 회부

법원은 피고인의 질병 등으로 공판절차가 장기간 정지되거나 피고인에 대한 구속기간의 만료 그 밖에 심리의 제반 상황에 비추어 국민참여재판을 계속 진행하는 것이 부적절하다고 인정되는 경우에는 직권 또는 검사·피고인 또는 변호인의 신청에 따라 결정으로 사건을 지방법원 본원 합의부가 국민참여재판에 의하지 아니하고 심판하게 할 수 있다. 법원은 이러한 결정을 하기 전에 검사·피고인 또는 변호인의 의견을 들어야 한다. 그러나 통상회부 결정에 대하여는 불복할 수 없으며, 이러한 결정이 있는 경우에는 당해 재판에 참여한 배심원과 예비배심원은 해임된 것으로 본다. 그러나 이러한 결정 전에 행한 소송행위는 그 결정 이후에도 그 효력에 영향이 없다(국민참여재판법 제11조).

제 3 절 배심원의 권한과 의무, 수, 자격 및 선정 등

Ⅰ. 배심원의 권한과 의무

배심원은 국민참여재판을 하는 사건에 관하여 사실의 인정, 법령의 적용 및 형의 양정에 관한 의견을 제시할 권한이 있다. 따라서 배심원은 법령을 준수하고 독립하여 성실히 직무를 수행하여야 하며, 배심원은 직무상 알게 된 비밀을 누설하거나 재판의 공정을 해하는 행위를 하여서는 아니 된다(국민참여재판법 제12조). 국민참여재판법은 벌칙을 두어 배심원, 예비배심원, 과거에 그 직무를 수행한 자가 직무상 취득한 비밀을 누설한 경우에는 처벌하고 있다(동법 제58조).

Ⅱ. 배심원의 수

1. 국민참여재판법의 입법태도

국민참여재판법에 따르면 법정형이 사형·무기징역 또는 무기금고에 해당하는 대상사건에 대한 국민참여재판에는 9인의 배심원이 참여하고, 그 외의 대상사건에 대한 국민참여재판에는 7인의 배심원이 참여한다. 다만, 법원은 피고인 또는 변호인이 공판준비절차에서 공소사실의 주요내용을 인정한 때에는 5인의 배심원을 참여하게 할 수 있다(동법 제13조 제1항). 또한 사건의 내용에 비추어 특별한 사정이 있다고 인정되고, 검사·피고인 또는 변호인 동의가 있는 경우 7인을 9인으로, 9인을 7인으로 변경 가능하도록 하고, 배심원의 결원 등에 대비하여 5인 이내의 예비배심원을 두도록 규정하고 있다(동법 제14조 제1항).

2. 소환하는 배심원후보자의 수 문제

국민참여재판법은 소환하는 배심원후보자의 수에 대하여는 아무런 규정이 없다. 따라서 어느 정도의 배심원후보자를 소환해야 하는지 문제되는데, 9명의 배심원을 선정하는데 숫자에 제한이 없는 이유부기피를 인정할 뿐만 아니라 검사와 변호인에게 각자 5명까지 무이유부기피를 인정하고 있다는 점을 고려해 볼 때, 적어도 3 내지 5배수의 배심원후보자를 소환하는 것이 타당하다.

Ⅲ. 배심원의 자격

1. 의   의

국민참여재판법은 대한민국 국적을 가진 만 20세 이상을 자격요건(동법 제16조)으로 하고 있는 이외에, 배심원의 자격요건에 대하여는 별다른 제한없이 넓게 인정하고 있으며, 다만 배심원의 업무 수행의 난이도 및 공공성을 고려하고 공정한 재판을 담보할 수 있도록 하기 위하여 일정한 요건이 구비되면 당연히 배심원으로 선정될 수 없도록 하는 사유를 ㉠ 결격사유 ㉡ 직업에 의한 제외사유 ㉢ 제척사유 ㉣ 면제사유 등으로 구분하여 규정하고 있다.

2. 배심원의 불선정사유

(1) 일반적 전제조건

배심원은 만 20세 이상의 대한민국 국민 중에서 국민참여재판법이 정하는 바에 따라 선정한다(법 제16조). 지방법원장 또는 재판장은 국가, 지방자치단체, 공공단체 그 밖의 법인·단체에 배심원후보자 · 배심원 · 예비배심원의 선정 또는 해임에 관한 판단을 위하여 필요한 사항의 보고 또는 그 보관서류의 송부를 요구할 수 있다(법 제21조).

(2) 결격사유

부적절한 사람들이 배심원에 선정되면, 배심재판의 정당성에 의문이 제기되므로 이를 방지하기 위하여 결격사유를 규정할 필요가 있다. 따라서 이러한 결격사유를 위반한 경우에는 부적법하게 구성된 법원이 되고, 그 사람이 판결에 관여한 경우에는 상소이유가 된다. 국민참여재판법도 ㉠ 피성년 후견인 또는 피한정후견인, ㉡ 파산선고를 받고 복권되지 아니한 사람, ㉢ 금고 이상의 실형을 선고받고 그 집행이 종료(종료된 것으로 보는 경우를 포함한다)되거나 집행이 면제된 후 5년을 경과하지 아니한 사람, ㉣ 금고 이상의 형의 집행유예를 선고받고 그 기간이 완료된 날부터 2년을 경과하지 아니한 사람, ㉤ 금고 이상의 형의 선고유예를 받고 그 선고유예기간 중에 있는 사람, ㉥ 법원의 판결에 의하여 자격이 상실 또는 정지된 사람의 어느 하나에 해당하는 경우에는 배심원으로 선정될 수 없다(동법 제17조)고 규정하고 있다. 따라서 이러한 결격사유를 위반한 경우에는 부적법하게 구성된 법원이 되고, 그 사람이 판결에 관여한 경우에는 상소이유가 된다.

(3) 직업 등에 의한 제외사유

배심원의 직업 등에 의한 제외사유란 절대적으로 배심원이 될 수 없는 사유가 아니라 배심원으로 임명되기에 부적당한 사유를 말한다. ㉠ 대통령, ㉡ 국회의원 · 지방자치단체의 장 및 지방의회의원, ㉢ 입법부 · 사법부 · 행정부 · 헌법재판소 · 중앙선거관리위원회 · 감사원의 정무직 공무원, ㉣ 법관 · 검사, ㉤ 변호사 · 법무사, ㉥ 법원 · 검찰 공무원, ㉦ 경찰 · 교정 · 보호관찰 공무원, ㉧ 군인 · 군무원 · 소방공무원 또는 「향토예비군설치법」에 의하여 동원되거나 교육훈련의무를 이행 중인 향토예비군의 어느 하나에 해당하는 사람은 배심원으로 선정되어서는 아니된다(국민참여재판법 제18조). 다만 결격사유와는 달리 부적당한 배심원에 의해서 판결을 받는 것이 피고인에게 수인할 수 없을 정도로 중요한 것은 아니므로 이의 위반만으로는 상소이유가 되지 않는다고 보아야 한다.

(4) 제척사유

배심원구성에 있어서의 공정성을 확보하고 재판의 객관성에 대한 국민의 신뢰고양을 위하여 ㉠ 피해자, ㉡ 피고인 또는 피해자의 친족 또는 이러한 관계에 있었던 사람, ㉢ 피고인 또는 피해자의 법정대리인, ㉣ 사건에 관한 증인 · 감정인 · 피해자의 대리인, ㉤ 사건에 관한 피고인의 대리인 · 변호인 · 보조인, ㉥ 사건에 관한 검사 또는 사법경찰관의 직무를 행한 사람, ㉦ 사건에 관하여 전심 재판 또는 그 기초가 되는 조사 · 심리에 관여한 사람의 어느 하나에 해당하는 사람을 배심원으로 선정하여서는 아니된다(국민참여재판법 제19조). 그 의미는 법관에 대한 제척사유와 동일하다고 볼 것이다(법관의 제척사유 참조).

(5) 면제사유

대한민국 모든 국민은 결격사유나 직업 등에 의한 제외사유가 없는 한, 원칙적으로 배심원직을 수행할 의무가 있지만, 배심원직의 수행이 당사자에게 가혹한 결과를 초래하는 경우 등 일정한 예외사유가 있는 경우에는 수행의무를 면제해 줄 필요가 있다. 따라서 ㉠ 만 70세 이상인 사람, ㉡ 과거 5년 이내에 배심원후보자로서 선정기일에 출석한 사람, ㉢ 금고 이상의 형에 해당하는 죄로 기소되어 사건이 종결되지 아니한 사람, ㉣ 법령에 의하여 체포 또는 구금되어 있는 사람, ㉤ 배심원 직무의 수행이 자신이나 제3자에게 위해를 초래하거나 직업상 회복할 수 없는 손해를 입게 될 우려가 있는 사람, ㉥ 중병·상해 또는 장애로 인하여 법원에 출석하기 곤란한 사람, ㉦ 그 밖에 부득이한 사유로 배심원 직무를 수행하기 어려운 사람의 어느 하나에 해당하는 사람에 대하여는 배심원 직무의 수행을 면제할 수 있다(국민참여재판법제20조).

Ⅳ. 배심원의 선정

1. 배심원선정절차

(1) 배심원후보예정자명부의 작성

지방법원장은 배심원후보예정자명부를 작성하기 위하여 행정안전부장관에게 매년 그 관할구역 내에 거주하는 만 20세 이상 국민의 주민등록 정보에서 일정한 수의 배심원후보예정자의 성명·생년월일·주소 및 성별에 관한 주민등록정보를 추출하여 전자파일의 형태로 송부하여 줄 것을 요청할 수 있으며, 이러한 요청을 받은 행정안전부 장관은 30일 이내에 주민등록자료를 지방법원장에게 송부하여야 하고, 지방법원장은 매년 주민등록자료를 활용하여 배심원후보예정자명부를 작성하여야 한다(국민참여재판법제22조). 이처럼 배심원후보예정자명부 작성을 전국을 통합하여 작성하지 아니하고 지방법원별로 작성하는 방식을 채택한 것은 전국을 통합하여 작성하는 방식의 경우보다 배심원후보예정자에 대한 신상 정보보호를 꾀하려는 것으로 보인다.

(2) 배심원후보자의 결정 및 출석통지

법원은 배심원후보예정자명부 중에서 필요한 수의 배심원후보자를 무작위 추출방식으로 정하여 배심원과 예비배심원의 선정기일을 통지하여야 하며, 이러한 통지를 받은 배심원후보자는 선정기일에 출석하여야 하고, 법원은 통지 이후 배심원의 직무 종사 예정기간을 마칠 때까지 결격사유 내지 면제사유(법 제17조 내지 제20조에 해당하는 사유)가 있다고 인정되는 배심원후보자에 대하여는 즉시 그 출석통지를 취소하고 신속하게 당해 배심원후보자에게 그 내용을 통지하여야 한다($^{국민참여재판법}_{제23조}$).

(3) 선정기일의 진행

법원은 합의부원으로 하여금 선정기일의 절차를 진행하게 할 수 있으며, 이 경우 수명법
관은 선정기일에 관하여 법원 또는 재판장과 동일한 권한이 있다($^{국민참여재판법}_{제24조 제1항}$). 이 경우 선정기
일은 공개하지 아니하며($^{동조}_{제2항}$), 선정기일에서는 배심원후보자의 명예가 손상되지 아니하고
사생활이 침해되지 아니하도록 배려하여야 한다($^{동조}_{제3항}$). 한편 법원은 선정기일의 속행을 위하
여 새로운 기일을 정할 수 있는데, 이 경우 선정기일에 출석한 배심원후보자에 대하여 새로
운 기일을 통지한 때에는 출석통지서의 송달이 있었던 경우와 동일한 효력이 있다($^{동조}_{제4항}$).

(4) 질문표의 사용

법원은 배심원후보자가 결격사유 내지 면제사유($^{법 제17조 내지}_{제20조의 사유}$) 또는 불공평한 판단을 할 우려가
있는지 여부를 판단하기 위하여 질문표를 사용할 수 있다($^{국민참여재판법}_{제28조 제1항}$). 이 경우 배심원후보자는
정당한 이유가 없는 한 질문표에 기재된 질문에 답하여 이를 법원에 제출하여야 한다($^{동조}_{제2항}$).

질문표는 법원에 배심원후보자의 배심원 적격에 대한 정보를 제공하고, 선정기일에서 행
하여질 질문에 대한 기본 정보를 제공하기 위하여 사용된다. 질문표에는 배우자, 고용 관
계, 가족 중에 법률관련 직업 종사자가 있는지 여부, 이전의 소송경험, 배심원 결격 사유 등
에 관한 질문이 기재되는데, 선정기일에서는 질문표에 기재된 질문과 동일한 질문을 할 필
요가 없으므로 질문표 사용은 선정기일의 신속한 진행에 도움이 될 것이다.[1]

(5) 후보자명부 송부 등

법원은 선정기일의 2일 전까지 검사와 변호인에게 배심원후보자의 성명·성별·출생연도가
기재된 명부를 송부하여야 하며, 선정절차에 질문표를 사용하는 때에는 선정기일을 진행하기
전에 배심원후보자가 제출한 질문표 사본을 검사와 변호인에게 교부하여야 한다($^{국민참여재판법}_{제26조}$).
검사와 변호인이 배심원 선정기일에서 불공평한 판단을 할 우려가 있는 배심원후보자를 효
과적으로 기피하기 위해서는 배심원후보자의 정보가 검사나 변호인에게 제공될 필요성이 있
기 때문이다. 반면에 검사나 변호인에게 배심원 후보자의 사생활 및 개인 정보가 필요 이상
으로 알려질 때에는 배심원후보자에 대한 협박이나 매수 시도의 부작용이 따를 수도 있고,
배심원후보자의 사생활이 침해될 수도 있으므로 적절한 제한이 필요할 것이다.[2]

(6) 선정기일의 참여자

법원은 검사, 피고인 또는 변호인에게 선정기일을 통지하여야 한다($^{국민참여재판법}_{제27조 제1항}$). 이 경우
검사와 변호인은 선정기일에 출석하여야 하며, 피고인은 법원의 허가를 얻어 출석할 수 있

---

[1] 법원행정처, 국민의 형사재판 참여에 관한 법률 해설, 2007, 44면.
[2] 법원행정처, 국민의 형사재판 참여에 관한 법률 해설, 2007, 45면.

다($^{동조}_{제2항}$). 또한 법원은 변호인이 선정기일에 출석하지 아니한 경우 국선변호인을 선정하여야 한다($^{동조}_{제3항}$). 피고인이 법원의 허가를 받아야만 선정기일에 출석할 수 있도록 한 것은 피고인이 선정기일에 출석하여 배심원후보자를 대면하는 경우에 배심원후보자가 느낄 수 있는 심리적 부담을 최소화하고, 배심원후보자의 개인정보나 사생활이 피고인에게 노출되는 경우에 위협, 매수, 보복 등의 위험을 예방하기 위한 것이다.

(7) 배심원후보자에 대한 질문과 기피신청

① **배심원후보자에 대한 질문:** 법원은 배심원후보자가 결격사유 내지 면제사유($^{국민참여재판법, 제17조}_{내지 제20조의 사유}$)에 해당하는지 여부 또는 불공평한 판단을 할 우려가 있는지 여부 등을 판단하기 위하여 배심원후보자에게 질문을 할 수 있으며, 검사·피고인 또는 변호인도 법원으로 하여금 필요한 질문을 하도록 요청할 수 있고, 법원은 검사 또는 변호인으로 하여금 직접 질문하게 할 수 있다($^{동법, 제28조}_{제1항}$). 이 경우 배심원후보자는 정당한 이유없이 진술을 거부하거나 또는 허위진술을 하여서는 아니된다($^{동조}_{제2항}$).

☞ 현재와 같은 배심원 후보자를 순차적으로 배제하는 방식(순차기피방식: Jury Box system)이 아니라 모든 배심원후보자에 대하여 일괄적인 질문 후에 한꺼번에 기피권을 행사하여 배심원단을 구성하는 일괄기피방식(Struck Jury system)이 바람직하다는 견해[1]가 있다. 즉 먼저 재판장이 일괄적으로 질문을 하고 검사와 변호사가 각 후보자가 제출한 질문표에 대한 응답과 재판장의 질문에 대한 응답을 참조하여 배심원 후보자에 대한 전체적·개별적 질문을 하고 그 후 재판장 앞에 모여 전체 배심원 후보자를 상대로 먼저 이유부기피권을 행사한 후 이어서 검사와 변호사가 무이유부기피권을 순차로 행사하여 한 명씩 배심원후보자를 배제하여 나가는 방식으로 배심원단을 구성하자는 것이다. 그러나 국민참여법에 따르면 미국과 달리 대상사건이 한정되어 있으며, 배심원 수도 최대 9명에 불과하다는 점, 그리고 무이유부기피제도를 인정한다는 점 등을 고려해 볼 때, 예비배심원 전체가 질문을 받는 것보다 개개인별로 질문을 받는 경우에 편견이 더 잘 드러난다는 점에서 일괄기피방식보다는 개별기피방식을 따르는 것이 타당하다고 본다.

② **이유부 기피신청:** 이유부기피(challenge for cause)란 배심원후보자가 결격사유($^{국민참여재}_{판법,제17조}$), 직업 등에 따른 제외사유($^{동조}_{제18항}$), 제척사유($^{동조}_{제19항}$), 면제사유($^{동조}_{제20항}$)에 해당하거나 불공평한 재판을 할 우려가 있다고 인정되는 경우에 직권 또는 검사·피고인·변호인의 기피신청에 따라 법원이 당해 배심원후보자에 대하여 불선정결정을 하는 것을 말한다($^{동법,제28조}_{제3항}$). 이러한 이유부기피신청의 회수에는 아무런 제한이 없다. 그런데 법률상 규정되어 있는 이유부기피 사유 중 결격·제외·제척·면제사유는 비교적 객관적인 사유들이므로 별다른 문제가 없으나, '불공평한 판단을 할 우려'는 그 구체적 기준을 정하는데 어려움이 제기된다. 검사·피고인 또는 변호인은 이러한 기피신청을 기각하는 결정에 대하여 즉시 이의신청을 할 수 있고, 이 결정은 기피신청 기각결정을 한 법원이 한다. 이의신청에 대한 결정에 대하여는 불복할 수

---

1) 정진경, 「국민의 형사재판 참여에 관한 법률」에 따른 배심원재판의 유의점, 저스티스 통권 제100호(2007.10), 103면.

없다($^{동조}_{제29항}$).

③ **무이유부기피신청**: 검사와 변호인은 각자 ㉠ 배심원이 9인인 경우는 5인, ㉡ 배심원이 7인인 경우는 4인, ㉢ 배심원이 5인인 경우는 3인의 범위내에서 배심원후보자에 대하여 이유를 제시하지 아니하는 기피신청(무이유부기피신청)을 할 수 있다($^{동법 제30조}_{제1항}$). 무이유부기피신청이 있는 때에는 법원은 당해 배심원후보자를 배심원으로 선정할 수 없다($^{동조}_{제2항}$). 법원은 검사·피고인 또는 변호인에게 순서를 바꿔가며 무이유부기피신청을 할 수 있는 기회를 주어야 한다($^{동조}_{제3항}$).

☞ 미국의 경우 무이유부기피에 대하여 당사자에게 유리한 편견을 가진 사람을 선정하는 절차로 변질되었고, 법관·검사뿐만 아니라 시민에게도 과도한 비용을 부담시키며, 그럼에도 결과는 공정한 재판부 구성이라는 취지에 오히려 역행하고 있다는 비판이 제기되고 있다. 그러나 인종문제에서 자유로운 우리나라의 경우에 무이유부기피권은 매우 유익한 역할을 할 것으로 보인다.

④ **피고인이 2인 이상인 경우**: 국민참여재판법 제9조 제1항 제2호는 '공범관계에 있는 피고인들 중 일부가 국민참여재판을 원하지 아니하여 국민참여재판의 진행에 어려움이 있다고 인정되는 경우에는 국민참여재판을 하지 아니하기로 하는 결정을 할 수 있다'고 규정하여, 피고인이 2인 이상인 사건의 경우도 그 대상사건에서 제외하고 있지 않다. 법원은 피고인이 2인 이상인 때에는 피고인별로 법 제30조 제1항 각 호의 범위 내에서 무이유부기피신청을 할 수 있는 인원을 정할 수 있다. 다만 이때에 피고인별로 무이유부기피신청을 할 수 있는 인원은 같아야 한다($^{국민참여재판규칙}_{제21조 제2항}$). 검사는 제2항의 경우에 법원이 정한 피고인별 무이유부기피신청 인원을 합한 총수의 범위 내에서 무이유부기피신청을 할 수 있다($^{동조}_{제3항}$).

☞ 미국의 경우도 피고인별 배심재판이 원칙이지만, 피고인이 2인 이상의 경우에는 '법원은 다수의 피고인에게 추가된 무이유부기피권의 행사를 허용하고, 다수의 피고인들이 이를 각각 또는 공동으로 행사하는 것을 허가할 수 있다'(미국연방 형사소송규칙 § 24(b).)고 하여 동일한 입장을 취하고 있다.

(8) 선정결정 및 불선정결정

법원은 출석한 배심원후보자 중에서 당해 재판에서 필요한 배심원과 예비배심원의 수에 해당하는 배심원후보자를 무작위로 뽑고 이들을 대상으로 직권·기피신청 또는 무이유부기피신청에 의한 불선정결정을 하며, 이러한 불선정결정이 있는 경우에는 그 수만큼 다시 절차를 반복한다. 따라서 이러한 절차를 거쳐 필요한 수의 배심원과 예비배심원 후보자가 확정되면 법원은 무작위의 방법으로 배심원과 예비배심원을 선정하며, 예비배심원이 2인 이상인 경우에는 그 순번을 정하여야 한다. 그러나 법원은 배심원과 예비배심원에게 누가 배심원으로 선정되었는지 여부를 알리지 아니할 수 있다($^{국민참여재판법}_{제31조}$). 이와 관련하여 국민참여재판법은 예비배심원 선정고지금지의 시기에 대하여 규정하고 있지 않으나, 해당 예비배심원의 소속감이 상대적으로 떨어져 심리집중에 미흡할 수 있고 금지사항 등의 위반도 나타날 수 있으므로 평의에 들어가기 전까지 고지하지 않도록 하는 것이 타당하다고 본다.

2. 배심원의 해임 등

(1) 배심원의 해임

법원은 ㉠ 배심원 또는 예비배심원이 국민참여재판법 제42조 제1항의 선서를 하지 아니한 때, ㉡ 배심원 또는 예비배심원이 동법 제41조 제2항 각 호의 의무를 위반하여 그 직무를 담당하게 하는 것이 적당하지 아니하다고 인정되는 때, ㉢ 배심원 또는 예비배심원이 출석의무에 위반하고 계속하여 그 직무를 행하는 것이 적당하지 아니한 때, ㉣ 배심원 또는 예비배심원에게 동법 제17조 내지 제20조의 사유에 해당하는 사실이 있거나 불공평한 판단을 할 우려가 있는 때, ㉤ 배심원 또는 예비배심원이 질문표에 허위기재를 하거나 또는 선정절차에서의 질문에 대하여 정당한 이유없이 진술을 거부하거나 허위의 진술을 한 것이 밝혀지고 계속하여 그 직무를 행하는 것이 적당하지 아니한 때, ㉥ 배심원 또는 예비배심원이 법정에서 재판장이 명한 사항을 따르지 아니하거나 폭언 그 밖의 부당한 언행을 하는 등 공판절차의 진행을 방해한 때의 어느 하나에 해당하는 때에는 직권 또는 검사 · 피고인 또는 변호인의 신청에 의하여 배심원 또는 예비배심원을 해임하는 결정을 할 수 있으며, 이러한 결정을 함에 있어서는 검사 · 피고인 또는 변호인의 의견을 묻고 출석한 당해 배심원 또는 예비배심원에게 진술기회를 부여하여야 한다. 이 결정에 대하여는 불복할 수 없다(국민참여재판법 제32조). 배심원이나 예비배심원이 계속 직무를 수행하는 것이 부적절한 사유가 발생했는데도 계속 재판에 참여하도록 허용하게 되면 국민참여재판의 공정성을 확보할 수 없고 국민참여재판에 대한 신뢰성도 유지될 수 없게 된다는 점을 고려한 것이다.

(2) 배심원의 사임

배심원과 예비배심원은 직무를 계속 수행하기 어려운 사정이 있는 때에는 법원에 사임을 신청할 수 있고, 법원은 이러한 신청에 이유가 있다고 인정하는 때에는 당해 배심원 또는 예비배심원을 해임하는 결정을 할 수 있으며, 이러한 결정을 함에 있어서는 검사 · 피고인 또는 변호인의 의견을 들어야 한다. 이러한 해임결정에 대하여는 불복할 수 없다(국민참여재판법 제33조).

(3) 배심원의 추가선정 등

배심원의 해임이나 사임에 의하여 배심원이 부족하게 된 경우 예비배심원은 미리 정한 순서에 따라 배심원이 되는데, 이때 배심원이 될 예비배심원이 없는 경우 배심원을 추가로 선정한다. 그러나 국민참여재판 도중 심리의 진행 정도에 비추어 배심원을 추가 선정하여 재판에 관여하게 하는 것이 부적절하다고 판단되는 경우 법원은 ㉠ 1인의 배심원이 부족한 때에는 검사 · 피고인 또는 변호인의 의견을 들어야 하며, ㉡ 2인 이상의 배심원이 부족한 때에는 검사·피고인 또는 변호인의 동의를 얻어야 하는 구분에 따라 남은 배심원만으로 계속하여 국민참여재판을 진행하는 결정을 할 수 있다. 다만, 배심원이 5인 미만이 되는 경우에는 그러하지 아니하다(^{국민참여재판법}_{제34조}). 배심원의 추가선정이 부적절하다고 판단되지 않는 한, 배심원이 해임되거나 사임을 신청하여 해임결정이 내려지는 경우에 예비배심원이 배심원이 되도록 하되, 예비배심원을 두지 않았거나 배심원이 될 예비배심원이 남아 있지 않은 경우에는 배심원을 추가로 선정하도록 규정한 것이다.

(4) 배심원 등의 임무의 종료

배심원과 예비배심원의 임무는 종국재판을 고지하거나, 공소사실 등의 변경으로 국민참여재판으로 진행하는 것이 적당하지 아니하다고 인정되는 때 또는 질병 등으로 국민참여재판을 계속 진행하는 것이 부적절하다고 인정되어 통상절차 회부결정을 고지한 때의 어느 하나에 해당하면 종료한다(^{국민참여재판법}_{제35조}). 대상사건의 제1심이 종료한 때, 공소사실의 일부가 철회되거나 변경되어 대상사건에 해당하지 않게 되었는데 법원이 통상절차에 의하여 재판을 진행하기로 결정한 때 또는 국민참여재판을 계속 진행하는 것이 부적절하다고 인정되어 통상절차에 회부되는 때에는 배심원과 예비배심원의 임무가 종료되도록 규정한 것이다.

V. 국민참여재판의 절차

1. 공판준비절차

(1) 필요적 공판준비절차

재판장은 피고인이 국민참여재판을 원하는 의사를 표시한 경우에는 사건을 공판준비절차에 부쳐야 한다. 다만, 공판준비절차에 부치기 전에 국민참여재판법 제9조 제1항의 배제결정이 있는 때에는 그러하지 아니하다(^{동법 제36조}_{제1항}). 일반적인 형사사건의 경우에는 재판장의 판단에 따라 필요하다고 인정될 경우에만 공판준비절차에 부칠 수 있도록 되어 있으나(^{형사소송법}_{제266조의5}), 배심재판의 경우에는 필요적으로 부치도록 규정한 것이다. 그러나 공판준비절차에 부친 이후 피고인이 국민참여재판을 원하지 아니하는 의사를 표시하거나 제9조 제1항의 배제결정이 있는 때에는 공판준비절차를 종결할 수 있다(^{동조}_{제2항}).

(2) 사건의 이송과 공판준비절차

지방법원 본원 합의부는 지방법원 지원 합의부가 국민참여재판절차 회부결정(^{국민참여재판법}_{제10조 제1항})을 하여 이송받은 사건에 대하여는 이미 공판준비절차를 거친 경우에도 필요한 때에는 공판준비절차에 부칠 수 있다(^{동법 제36조}_{제3항}).

(3) 소송관계인의 협력의무

검사·피고인 또는 변호인은 증거를 미리 수집·정리하는 등 공판준비절차가 원활하게 진행되도록 협력하여야 한다(^{동법 제36조}^{제4항}).

(4) 공판준비기일

법원은 주장과 증거를 정리하고 심리계획을 수립하기 위하여 공판준비기일을 지정하여야 하며(^{국민참여재판법}^{제37조 제1항}), 법원은 합의부원으로 하여금 공판준비기일을 진행하게 할 수 있고, 이 경우 수명법관은 공판준비기일에 관하여 법원 또는 재판장과 동일한 권한이 있다(^{동조}^{제2항}). 공판준비기일은 공개한다. 다만, 법원은 공개함으로써 절차의 진행이 방해될 우려가 있는 때에는 공판준비기일을 공개하지 아니할 수 있다(^{동조}^{제3항}). 공판준비기일에는 배심원이 참여하지 아니한다(^{동조}^{제4항}). 일반 형사재판의 경우 법원이 검사·피고인 또는 변호인의 의견을 듣거나 검사·피고인 또는 변호인의 신청에 의하여 공판준비기일을 지정할 수 있도록 규정(^{형사소송법}^{제266조의7})한 것과 달리, 국민참여재판에서는 필수적인 절차로 규정하였다. 그 이유는 사건의 정리를 통한 배심원과 예비배심원의 출석 부담의 경감 및 법률전문가가 아닌 배심원과 예비배심원이 증거능력이 없는 증거에 노출되는 것 자체를 막아야 하기 때문이다.

2. 공판절차

(1) 공판기일의 통지

공판기일은 배심원과 예비배심원에게 통지하여야 한다(^{국민참여재}^{판법 제38조}).

(2) 공판정의 구성

공판정은 판사·배심원·예비배심원·검사·변호인이 출석하여 개정한다. 검사와 피고인 및 변호인은 대등하게 마주보고 위치하고, 배심원과 예비배심원은 재판장과 검사·피고인 및 변호인의 사이 왼쪽에 위치하며, 증인석은 재판장과 검사·피고인 및 변호인의 사이 오른쪽에 배심원과 예비배심원을 마주보고 위치한다. 피고인신문을 하는 때에는 피고인은 증인석에 위치한다(^{동법}^{제39조}).

표 4-8 국민참여재판 좌석배치도

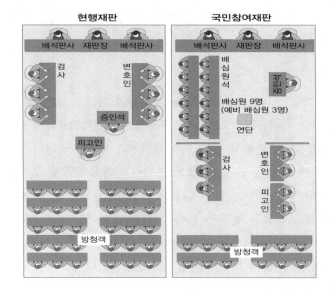

(3) 공판정에서의 속기·녹취

법원은 특별한 사정이 없는 한 공판정에서의 심리를 속기사로 하여금 속기하게 하거나 녹음장치 또는 영상녹화장치를 사용하여 녹음 또는 영상녹화하여야 하고, 이러한 속기록·녹음테이프 또는 비디오테이프는 공판조서와는 별도로 보관되어야 하며, 검사·피고인 또는 변호인은 비용을 부담하고 속기록·녹음테이프 또는 비디오테이프의 사본을 청구할 수 있다(국민참여재판법 제40조).

형사소송법은 검사나 피고인 또는 변호인의 신청이 있은 때에는 특별한 사정이 없는 한 속기하게 하거나 녹음장치 또는 영상녹화장치를 사용하여 녹음 또는 영상녹화하도록 규정(동법 제56조의2 제1항)하고 있으나, 국민참여재판의 경우 법원은 검사나 피고인 또는 변호인의 신청여부와 관계없이 특별한 사정이 없는 한 속기, 녹음, 또는 영상녹화를 하도록 규정하였다.

(4) 배심원의 절차상 권리와 의무 등

배심원은 국민참여재판 사건에 관하여 사실의 인정, 법령의 적용 및 형의 양정에 관한 의견을 제시할 권한이 있다. 따라서 배심원은 법령을 준수하고 독립하여 성실히 직무를 수행하여야 하며, 직무상 알게 된 비밀을 누설하거나 재판의 공정을 해하는 행위를 하여서는 아니된다(국민참여재판법 제12조).

① **배심원의 절차상 권리:** 배심원과 예비배심원은 ㉠ 피고인·증인에 대하여 필요한 사항을 신문하여 줄 것을 재판장에게 요청하는 행위, ㉡ 필요하다고 인정되는 경우 재판장의 허가를 얻어 각자 필기를 하여 이를 평의에 사용하는 행위 등을 할 수 있다(동법 제41항 제1항). 필기의 경우 평의단계에서 필기를 한 배심원의 주장이 필기를 하지 않은 배심원의 주장보다 더 설

득력이 있을 수 있는데, 만약 그 필기가 부정확하거나 또는 증거능력이 없는 부분에 관한 것이라면 평의를 잘못된 방향으로 이끌 수도 있다는 점 등을 고려하여, 임의로 필기를 할 수는 없고, 반드시 재판장의 허가를 얻도록 하였다.

② **배심원의 절차상 의무:** 배심원과 예비배심원은 ⊙ 심리 도중에 법정을 떠나거나 평의·평결 또는 토의가 완결되기 전에 재판장의 허락 없이 평의·평결 또는 토의 장소를 떠나는 행위, ⓒ 평의가 시작되기 전에 당해 사건에 관한 자신의 견해를 밝히거나 의논하는 행위, ⓒ 재판절차 외에서 당해 사건에 관한 정보를 수집하거나 조사하는 행위, ⓔ 이 법에서 정한 평의·평결 또는 토의에 관한 비밀을 누설하는 행위 등을 하여서는 아니된다(^{동법 제41조}_{제2항}). 이와 관련하여 국민참여법은 벌칙을 두어 배심원, 예비배심원, 과거에 그 직무를 수행한 자가 직무상 취득한 비밀을 누설한 경우에는 처벌하고 있다(^{동법}_{제58조}).

③ **선서 등:** 배심원과 예비배심원은 법률에 따라 공정하게 그 직무를 수행할 것을 다짐하는 취지의 선서를 하여야 하며, 재판장은 배심원과 예비배심원에 대하여 배심원과 예비배심원의 권한·의무·재판절차 그 밖에 직무수행을 원활히 하는 데 필요한 사항을 설명하여야 한다(^{동법}_{제42조}).

④ **간이공판절차 규정의 배제:** 국민참여재판에는 형사소송법상 간이공판절차 규정(^법_{제286조의2})을 적용하지 아니한다(^{국민참여재}_{판법 제43조}). 국민참여재판을 간이공판절차로 진행하는 경우 배심원과 예비배심원이 증거를 제대로 파악하기 어렵게 되므로 피고인의 자백에도 불구하고 간이공판절차에 의한 심판을 할 수 없도록 규정한 것이다. 특히 이 조항은 피고인이 여러 개의 공소사실 중 일부는 자백하면서도 나머지는 부인하는 경우에 그 의미가 크다고 할 것이다.

(5) 배심원의 증거능력 판단 배제

법률전문가인 법관과는 달리 일반인인 배심원과 예비배심원의 경우 증거능력에 관한 심리에 관여하는 경우 증거능력이 인정되지 않은 증거의 영향을 완전하게 배제할 수 없게 된다. 이에 국민참여재판에서는 배심원 또는 예비배심원은 법원의 증거능력에 관한 심리에 관여할 수 없다(^{국민참여재}_{판법 제44조})고 규정하여, 배심원과 예비배심원은 법원의 증거능력에 관한 심리에 관여할 수 없도록 하였다.

(6) 공판절차의 갱신

공판절차가 개시된 후 새로 재판에 참여하는 배심원 또는 예비배심원이 있는 때에는 공판절차를 갱신하여야 하며, 이러한 갱신절차는 새로 참여한 배심원 또는 예비배심원이 쟁점 및 조사한 증거를 이해할 수 있도록 하되 그 부담이 과중하지 않도록 하여야 한다(^{국민참여재}_{판법 제45조}). 일반 형사재판에서 공판 개정 후 판사의 경질이 있는 때에는 공판절차를 갱신하게 되는 점(^{형사소송법}_{제301조})을 고려하여 국민참여재판도 동일하게 규정한 것이다.

표 4-9 국민참여재판의 공판절차 진행 개요

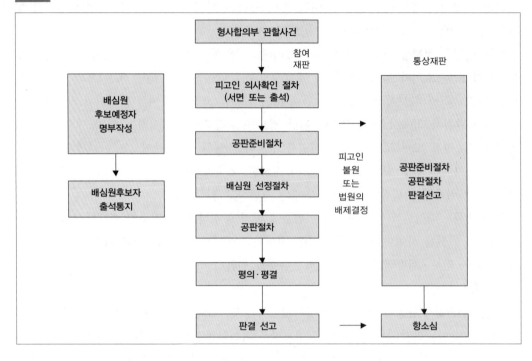

VI. 평의·평결·토의 및 판결 선고

1. 재판장의 설명·평의·평결·토의 등

(1) 재판장의 설명

재판장은 변론이 종결된 후 법정에서 배심원에게 공소사실의 요지와 적용법조, 피고인과 변호인 주장의 요지, 증거능력 그 밖에 유의할 사항에 관하여 설명하여야 하며, 필요한 경우에는 증거의 요지에 관하여 설명할 수 있다(법 제46조 제1항).

☞ 영미법계 소송구조에서 배심원설시(Jury instruction)는 대부분 검사 또는 변호인측에서 법관에 제출하는데, 검사 또는 변호인은 각 당사자측에 유리한 법적 관점이나 증거에 대한 내용을 정리하여 설시서면을 작성한다. 이를 수수한 법관은 양 당사자측에서 제출된 설시서면을 검토하고 법정에서 초안된 설시내용 내지 설시유형목록집(pattern books of instructions)을 참고하여 설시내용을 추가한다. 이러한 절차를 거쳐 배심원에게 제시되는 설시내용에는 배심원이 고려할 사항 전반과 평결에 이르기 위해 필요한 특정논점(special questions)이 포함된다. 일반적 배심설시(general instructions)는 평결상의 의무와 형식에 관한 것이다. 법률논점에 대한 배심설시는 법리적 논점의 요소들을 구체적으로 적시하는데, 대체로 원고측 내지 피고측의 특정 주장과 반론을 이해하는 데 필요한 용어를 정의하는 내용이다. 특정사실에 대한 배심설시는 주장사실이 원고측 내지 피고측의

주장과 반론을 근거지우는 데 충분할만큼 입증되었는지에 대해 결정하기 위한 내용이다.

다만, 재판장의 설명범위는 재판과 관련하여 법률적 지식이 없는 배심원들이 알고 있어야 할 사항으로서 재판장의 의견이 어떤 것인지에 대하여 추측할 수 없는 사항으로 제한하여야 할 것으로 보인다. 왜냐하면 평의에 직업법관의 의견이 반영된다면 평결내용에 심대한 영향을 미칠 것이 자명하고, 직업법관의 전문적 법지식과 법논리로 인하여 배심원이 객관적이고 독립적인 논의와 판단을 하는데 상당한 장애를 초래한다면, 국민참여재판제도는 비용만 들 뿐 형식적인 절차에 그치게 될 것이기 때문이다. 또한 '그 밖에 유의할 사항'도 재판장이 설명할 수 있는데, 그 밖에 유의할 사항의 범위가 불분명하여 재판장의 의견이 개입될 여지가 있을 수 있으므로, 재판장이 설명할 수 있는 범위를 미국처럼 '정형화된 배심설시사유'로 구체화시킬 필요가 있을 것이다.

(2) 평의 및 평결

① **피고인이 1인인 경우:** 심리에 관여한 배심원은 재판장의 설명을 들은 후 유무죄에 관하여 평의하고, 전원의 의견이 일치하면 그에 따라 평결한다. 다만, 배심원 과반수의 요청이 있으면 심리에 관여한 판사의 의견을 들을 수 있다(국민참여재판법 제46조 제2항). 배심원은 유무죄에 관하여 전원의 의견이 일치하지 아니하는 때에는 평결을 하기 전에 심리에 관여한 판사의 의견을 들어야 하며, 이 경우에 유무죄의 평결은 다수결의 방법으로 한다. 심리에 관여한 판사는 평의에 참석하여 의견을 진술한 경우에도 평결에는 참여할 수 없다(동조 제3항). 위의 평결이 유죄인 경우 배심원은 심리에 관여한 판사와 함께 양형에 관하여 토의하고 그에 관한 의견을 개진하며, 재판장은 양형에 관한 토의 전에 처벌의 범위와 양형의 조건 등을 설명하여야 한다(동조 제4항). 판사의 의견 및 배심원의 평결결과와 의견을 집계한 서면은 소송기록에 편철한다(동조 제6항).

그러나 이에 따르면 ㉠ 평결은 만장일치를 원칙으로 하고(제1차 평결) 전원의 의견이 일치하지 아니하는 경우에는 다시 다수결의 방식으로 이루어지게 되는데(제2차 평결), 이 경우 법정형이 사형·무기징역 또는 무기금고 이상이더라도 5명의 배심원만으로도 평결이 이루어질 수 있어 배심원들의 중지를 모으고자 하는 제도의 취지가 퇴색될 수 있다. ㉡ 배심원의 과반수의 요청이 있으면 심리에 관여한 판사의 의견을 들을 수 있도록 한 것은 판사의 의견이 단순히 설시(設示)의 수준을 가리키는지, 아니면 판사 자신의 의견까지 포함된 판단적 수준의 설명인지 불분명하지만, 만일 후자의 경우이거나 또는 그에 가깝다면 이는 배심제도의 기본취지와 부합된다고 볼 수 없다. ㉢ 배심원의 추가선정없이 재판이 진행되어 배심원의 수가 짝수가 되어 다수결에 의한 결정을 하지 못하는 경우에 어떻게 할 것인지 아무런 규정이 없는 등 상당한 보완이 필요하다고 본다. 생각건대 9명의 배심원을 예정하고 있는 사건에서 평결이 전원일치에 이르지 못한 경우에는 대상사건의 중대성을 감안하여 7명 이상의 다수결로 평결하는 방안이 타당하며, 심리에 관여한 판사의 의견개진은 자신의 유무죄 판단이 아닌 공판정에서 나온 증거 등의 분석 내지 평가정도에 그쳐야 할 것이다.

② **피고인이 다수인 경우:** 국민참여재판법은 피고인이 다수인 경우의 평결에 대하여 아무

런 규정을 두고 있지 않다. 미국의 경우 평결은 만장일치로 하지만, 피고인이 2인 이상인 경우에 배심원은 그 평의 중 언제든지 의견이 일치한 1인 또는 수인의 피고인에 대하여 평결을 할 수 있으며, 배심원이 피고인 전원에 대하여 의견이 일치하지 않은 때에는 의견이 일치하지 아니한 1인 또는 수인의 피고인은 다시 심리를 받을 수 있도록 규정하고 있다(연방형사소송규칙 § 31(a)). 따라서 우리나라의 경우도 의견이 일치한 피고인에 한하여 평결을 내릴 수 있으며, 의견이 일치하지 아니한 피고인에 대하여는 다시 다수결의 방법으로 평결을 해야만 할 것이다(국민참여재판법 제46조 제3항).

(3) 평의 및 평결의 법원 불기속

배심원의 평결과 의견은 법원을 기속하지 아니한다(국민참여재판법 제46조 제5항). 이처럼 국민참여재판법은 "배심원은 국민참여재판을 하는 사건에 관하여 사실의 인정, 법령의 적용 및 형의 양정에 관한 의견을 제시"할 권한을 인정하면서도(동법 제12조 제1항) 평결의 효력으로서 법원을 기속할 수 없는 권고적 효력만을 인정하고 있다.

☞ 국민참여재판제도의 도입 당시 현실적 여건을 감안하여 기속적 효력이 아닌 권고적 효력만을 인정한 것으로 볼 수 있다. 그러나 평결에 권고적 효력만을 인정하고 양형에 관하여 법관과 토의를 한 후 배심원들이 개별적 의견만을 개진하는 경우 배심재판은 아무런 의미가 없는 것으로 단순히 국민에 의한 재판 모니터링과 다를 바 없고, 배심원이 재판에 참여하여 자신의 의견을 표시하여도 그 의사에 상관없이 직업법관이 결정권을 갖게 된다면, 배심원에게 반드시 출석할 의무를 부과하는 이유도 어디에 있는지 의문이 든다. 무엇보다도 재판부가 배심원 전원이 무죄로 평결하였는데도 불구하고 유죄로 판단하거나 그 반대로 배심원 전원이 유죄로 평결하였는데도 무죄를 선고하는 경우, 기속력의 인정여부를 떠나서 재판의 당사자는 물론 국민들에게 사법불신을 조장하는 등 현실적인 문제점이 발생할 것이다.

생각건대 형사재판에 대한 일반 국민의 법 감정을 반영하고 민주적 정당성을 부여하기 위해서는 적어도 배심원의 유·무죄 평결에 기속적 효력을 인정하는 것이 타당하며, 다만 양형에 대한 의견개진은 양형기준에 따라 객관적이고 통일적인 양형인자를 고려할 필요가 있으므로 권고적 효력만을 인정해도 무방하다고 본다.

(4) 평의 등의 비밀

배심원은 평의·평결 및 토의 과정에서 알게 된 판사 및 배심원 각자의 의견과 그 분포 등을 누설하여서는 아니된다(국민참여재판법 제47조). 이러한 의무를 부과하는 이유는 재판의 공정성과 신뢰를 확보함과 동시에 평의에 있어서의 자유로운 의견표명을 보장하기 위한 것이다.

2. 판결의 선고

(1) 평결낭독·판결선고기일

① **평결낭독**: 평결에 권고적 효력만이 있으나 직업법관들이 그 평결결과를 참고할 수 있

도록 할 필요는 있다. 따라서 직업법관들은 배심원단의 평결이 이루어지기 전에는 평의를 하여서도 안 되고 평결결과를 전달받은 후에 직업법관의 평의가 시작되도록 평결결과의 전달시기를 명확히 규정할 필요가 있다. 그러나 국민참여재판법 제46조 제6항에서는 평결결과를 소송기록에 편철한다고만 하고 있고 평결 결과의 낭독에 관한 규정이 없다. 재판에 대한 투명성을 높이고 국민의 알 권리를 신장시키며, 국민참여재판에 의미를 살리기 위해서는 권고적 효력이라는 한계 내에서라도 원칙적으로 평결 결과를 법정에서 낭독하여 공개하는 것이 바람직할 것이다.

② **판결선고기일:** 판결의 선고는 변론을 종결한 기일에 하여야 한다(^{국민참여재판법}_{제48조 제1항}). 다만 특별한 사정이 있는 때에는 따로 선고기일을 지정할 수 있으나, 그 선고기일은 변론종결 후 14일 이내로 정하여야 한다(^{동조}_{제3항}). 변론을 종결한 기일에 판결을 선고하는 경우에는 판결서를 선고 후에 작성할 수 있다(^{동조}_{제2항}). 그러나 국민참여재판의 취지를 살리기 위해서는 최소한 유·무죄에 관한 선고는 예외없이 변론을 종결한 당일에 선고하도록 규정하는 것이 타당하다고 본다. 재판장은 판결 선고시 피고인에게 배심원의 평결결과를 고지하여야 하며, 배심원의 평결결과와 다른 판결을 선고하는 때에는 피고인에게 그 이유를 설명하여야 한다(^{동조}_{제4항}).

(2) 판결서의 기재사항

판결서에는 배심원이 재판에 참여하였다는 취지와 배심원의 의견을 기재할 수 있고, 배심원의 평결결과와 다른 판결을 선고하는 때에는 판결서에 그 이유를 기재하여야 한다(^{국민참여재판법}_{제49조}). 판결서에 배심원의 의견 기재를 임의적 사항으로 규정하였으나, 배심원과 직업법관의 평결이 다를 경우 배심원의 의견을 존중하자는 것이 제도 취지인 점을 감안한다면, 양자의 의견이 다른 경우에는 판결이유에서 설명하도록 하는 것이 타당하다고 본다.

Ⅶ. 상소의 인정여부

국민참여재판법에는 상소에 관한 특칙이 없다. 따라서 피고인 및 검사의 항소를 모두 인정해야 하고, 항소심은 현행대로 법관만으로 재판하는데, 제1심의 사실판단은 물론 법률판단에 대하여도 심사할 수 있고, 제1심 재판에 하자가 있는 경우에는 원칙적으로 파기자판을 해야 할 것이다.

그러나 만일 항소심이 제1판결의 사실인정 또는 양형의 부당함을 이유로 파기하고 이를 자판할 경우에는 재판의 정당성 문제가 생기며, 설사 환송한다고 하더라도 제1심법원은 다시 배심원을 참가시켜 동일절차를 반복할 수밖에 없는데, 이는 많은 시간과 비용을 투입해 시행하는 배심재판의 실효성에 대한 비난에 직면할 것이다.

따라서 이를 해결하기 위해서는 미국의 배심제처럼 항소를 제한하거나 프랑스처럼 항소심에도 국민이 참여하는 제도를 도입하는 방안을 검토할 수 있는데, 기피권 행사를 통하여 재판구성원의 전원을 오로지 양 당사자가 선정하는 미국의 배심제는 배심평결에 대한 재판부의 무조건적인 승인이 전제되어 있는 것이지만, 국민참여재판의 경우에는 유·무죄의 평결을 다수결의 방법으로 할 뿐만 아니라 양형에 대하여는 심리에 관여한 판사와 함께 토의하며, 이러한 평결과 의견은 법원을 기속하지 못하므로(^{국민참여재판법} ^{제46조}) 무조건적으로 승인을 요구할 수 없는 이론적 난점이 있다.

☞ 미국의 경우 배심원이 인정한 사실문제에 대해서는 상소하여 다툴 수 없으므로 법률문제를 이유로 하는 경우에만 상소가 허용되는데, 검찰측의 상소는 전혀 인정되지 않거나 극히 예외적으로만 인정되는 반면, 피고인은 상소할 수 있는 권리를 가지고 있다. 영국의 경우 피고인은 법률위반이나 절차문제를 이유로 항소할 수 있을 뿐만 아니라 사실오인 또는 양형부당을 이유로 항소를 제기할 수 있는 반면, 검사는 무죄평결에 대하여 법률위반이나 절차문제로만 항소를 제기할 수 있고, 사실오인이나 양형부당을 이유로 항소를 제기할 수 없다. 프랑스의 경우도 참심재판부의 판결에 대하여 피고인만이 항소할 수 있고, 검찰은 무죄판결에 대하여 항소할 수 없다. 반면에 독일은 유·무죄를 불문하고 상소가 허용된다. 이처럼 유죄의 경우에는 대부분의 국가에서 피고인에게 상소를 인정하고 있는 반면, 무죄의 경우에 상소를 인정할 것인가는 피고인의 이익을 우선할 것인가 아니면 실체적 진실의 발견을 우선할 것인가의 선택의 문제로 보인다.

항소심에 배심제도를 도입하는 문제도 자원 낭비일 뿐만 아니라 제1심과 항소심의 배심원 사이에 등급을 인정할 아무런 근거 없이 항소심의 배심원에게 제1심의 배심원을 재심사하는 권한을 주는 것이 되므로 논리적으로 부당한 문제가 발생한다. 결국 이는 배심제와 참심제를 절충한 형태 때문에 발생하는 문제이므로, 향후에는 보다 순수한 배심제로의 전환이 필요하다고 본다.

☞ 다만 국민참여재판으로 진행된 제1심에서 배심원이 만장일치로 한 평결 결과를 받아들여 강도상해의 공소사실을 무죄로 판단하였으나, 항소심에서는 피해자에 대하여만 증인신문을 추가로 실시한 다음 제1심의 판단을 뒤집어 이를 유죄로 인정한 사안에서, 대법원은 「배심원이 증인신문 등 사실심리의 전 과정에 함께 참여한 후 증인이 한 진술의 신빙성 등 증거의 취사와 사실의 인정에 관하여 만장일치의 의견으로 내린 무죄의 평결이 재판부의 심증에 부합하여 그대로 채택된 경우라면, 이러한 절차를 거쳐 이루어진 증거의 취사 및 사실의 인정에 관한 제1심의 판단은 실질적 직접심리주의 및 공판중심주의의 취지와 정신에 비추어 항소심에서의 새로운 증거조사를 통해 그에 명백히 반대되는 충분하고도 납득할 만한 현저한 사정이 나타나지 않는 한 한층 더 존중될 필요가 있다」고 보면서, 「항소심 판단에 공판중심주의와 실질적 직접심리주의 원칙의 위반 및 증거재판주의에 관한 법리오해의 위법이 있다」(^{대판 2010.3.25.} _{2009도14065})고 판시한 바 있다.

사례해설

첫째, 국민참여재판에서의 축소사실의 인정과 공소장변경의 요부가 문제되는데, 학설은 동일벌조설, 법률구성설 등이 있으나, 공소사실의 사실적 측면을 강조하여 공소장에 기재되어 있는 사실과 실질적으로 다른 사실을 인정할 때에는 공소장변경이 필요하다는 **사실기재설**이 통설이다. 이 경우 실질적 차이가 있느냐의 여부는 결국 심판의 대상으로서의 기본적 형식 즉 형식적으로는 사실의 변화가 사회적·법률적으로 의미를 달리하고 실질적으로는 피고인의 방어권행사에 불이익을 초래하느냐를 기준으로 판단해야 한다고 본다. 판례도 일관하여 피고인의 방어권 행사에 실질적 불이익이 없다고 인정되는 경우에는 공소장변경없이 공소장에 기재된 공소사실과 다른 범죄사실을 인정할 수 있다는 입장을 취하고 있으며(대판 1994.12.9, 94도1888), 피고인의 방어권 행사에 있어서 실질적인 불이익을 초래할 염려가 존재하는지 여부는 공소사실의 기본적 동일성이라는 요소 이외에도 법정형의 경중 및 그러한 경중의 차이에 따라 피고인이 자신의 방어에 들일 노력·시간·비용에 관한 판단을 달리할 가능성이 뚜렷한지 여부 등의 여러 요소를 종합하여 판단해야 한다(대판 2011.2.10, 2010도14391)는 입장이다. 따라서 사안에서 甲의 강간혐의에 대한 유죄선고는 적법하다고 본다.

둘째, 배심원의 무죄평결과 축소사실의 인정 가능여부가 문제되는데, 무죄평결의 효력은 법원을 기속하지 아니하므로(국민의형사재판참여에관한법률 제46조 제5항), 담당재판부는 강간죄의 선고가 가능할 것이다. 그러나, 배심원의 평결과 다른 결정을 하는 경우, 배심원의 평결을 존중하면서도 형사사법 구현의 조화를 추구하기 위하여 담당재판부는 '재판장은 변론이 종결된 후 법정에서 배심원에게 공소사실의 요지와 적용법조, 피고인과 변호인 주장의 요지, 증거능력, 그 밖에 유의할 사항에 관하여 설명하여야 한다. 이 경우 필요한 때에는 증거의 요지에 관하여 설명할 수 있다'(동법 제46조 제1항)는 규정에 따라 배심원에게 설명한 후, 공소장변경을 요청하는 것이 타당할 것이다.

제5편
증거

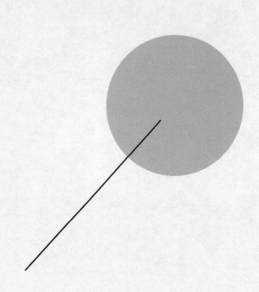

05

CHAPTER 01

증거법의 기본원칙

제1절 증거의 의의 및 종류

Ⅰ. 서 설

1. 의 의

형사소송은 구체적 범죄사실에 형법을 적용하여 유·무죄의 존부를 판단하는 것이므로 법규의 해석과 더불어 **사실관계의 확정**이 필요하다. 사실관계에 대하여 당사자 간에 다툼이 없는 경우에는 그대로 유·무죄판단의 기초로 할 수 있다. 다툼이 있는 경우에는 법원이 사실관계를 확정해야 한다. 그런데 당해 법원의 사실인정이 자의적(恣意的)인 확신이 아니라 객관적·합리적인 판단이어야 형사소송의 신뢰성이 유지될 수 있다. 따라서 범죄사실의 인정자료에 대한 객관적 합리성을 보장하기 위하여 증거가 요구되며 또한 그 조사절차가 문제된다. 이처럼 과거의 사실인 범죄사실을 추인하기 위한 근거가 되는 자료를 **증거**(證據)라고 하며, 증거에 의하여 사실관계가 확인되는 과정을 **증명**(證明)이라고 한다. 그리고 이러한 증명의 대상이 되는 사실을 **요증사실**(要證事實)이라고 하며, 증거와 증명하고자 하는 사실과의 관계를 **입증취지**라고 한다.

2. 유 형

(1) 증거방법

증거방법이란 증인, 감정인, 증거서류 또는 증거물 등 사실인정의 자료가 되는 사람 또는 물건을 말한다. 현행법상 피고인은 소송주체로서 당사자의 지위에 있으므로 통상의 증거방법과 다른 지위를 가지지만, 제한된 범위에서 증거방법이 된다.

(2) 증거자료

증거자료란 증거방법을 조사하여 얻은 내용 그 자체를 말한다. 예컨대 증인의 증언, 감정인의 감정결과, 피고인의 진술, 서류의 의미·내용, 증거물의 성질·상태 등을 말한다. 증거방법으로부터 증거자료를 얻는 절차를 **증거조사**라고 한다.

(3) 증거원인

증거원인이란 증거자료가 사실인정에 미치는 가치, 즉 증거가치를 말한다. 따라서 신빙성 없는 증인의 증언은 증거자료이기는 하나 증거원인이 되지 못한다.

3. 증명과 소명의 구별

넓은 의미의 증명은 법률상 요구되는 법관의 심증정도(증명도)를 기준으로 하여 협의의 증명(證明)과 소명(疏明)으로 구별되는데, 전자는 다시 엄격한 증명과 자유로운 증명으로 나눌 수 있다.

(1) 증　　명

증명이란 법관이 요증사실의 존재에 대하여 확신을 얻은 상태 또는 법관이 확신을 가질 수 있도록 증거를 제출하는 당사자의 노력을 말한다. 다만 재판상의 증명은 논리적으로 반대사실의 존재가 있을 수 없고 실험결과에 의하여 확인될 수 있는 정도의 과학적 증명을 말하는 것이 아니라, 진실에 대한 고도의 개연성으로 만족하는 이른바 **역사적 증명**을 뜻한다.

(2) 소　　명

소명이란 증명에 비하여 저도(低度)의 개연성, 즉 법관이 일응 확실할 것이라는 추측을 얻은 상태 또는 그와 같은 상태에 이르도록 증거를 제출하는 당사자의 노력을 말한다. 예컨대 기피사유($_{제2항}^{제19조}$), 증언거부의 사유($_{조}^{제150}$), 증거보전의 청구사유($_{제3항}^{제184조}$), 공판기일전 증인신문의 청구사유($_{2 제3항}^{제221조의}$), 상소권회복의 청구원인사유($_{제2항}^{제346조}$), 정식재판청구권의 회복사유($_{조}^{제458}$) 등 소송절차상의 파생적 사항이나 신속한 처리를 요하는 사항이 여기에 해당한다.

(3) 양자의 관계

증명은 소송법에 특별한 명시적·묵시적 규정이 없는 한 소송법상·실체법상의 모든 사실에 대하여 필요하지만, 소명은 언제나 소송법상의 사실 중 법률에 특별히 규정되어 있는 것에 한하여 허용된다. 또 증명은 법원이 직권으로 행하기도 하나, 소명은 항상 특정한 청구를 한 당사자가 지며, 그 방법에도 특별한 제한이 없다는 점에서 양자는 구별된다.

II. 증거의 종류

1. 직접증거와 간접증거

(1) 의　　의

증거자료와 요증사실과의 관계에 따른 분류로서, 요증사실(범죄사실)의 존부를 직접 증명하는 증거를 직접증거라고 하고, 요증사실의 존부를 간접적으로 증명할 수 있는 사실, 즉 간접사실을 증명함으로써 요증사실의 증명에 이용되는 증거를 간접증거라고 한다. 간접증거는 범죄사실 이외의 일정한 사실을 증명하고 이를 통해서 범죄사실을 증명하는, 즉 범죄정황에 관한 사실을 증명하는 자료라는 의미에서 **정황증거** 또는 **징빙**(徵憑)이라고도 한다. 예컨대 범죄현장을 직접 목격한 증인의 증언, 피고인이나 공범자의 자백은 직접증거다. 범행현장에 남아 있는 지문이나 살인사건이 발생한 전후에 현장부근에서 범인을 보았다는 목격자의 진술, 상해사건의 피해자진단서는 간접증거다.

특히 간접증거는 ㉠ 직접증거가 전혀 없어 간접증거만으로 요증사실을 인정하는 경우, ㉡ 법정에 나온 증인 중 일방은 요증사실에 대하여 적극적인 증언을 하고 타방은 이와 반대되는 증언을 하는 경우처럼 직접증거가 있어도 신용하기 어렵거나 서로 모순되어 간접증거에 의하여 직접증거가 배척되는 경우, ㉢ 자백의 보강증거로써 간접증거가 사용되는 경우처럼 직접증거는 있으나 증명력이 약하여 간접증거에 의하여 보강되는 경우에 중요한 역할을 하게 된다.

(2) 양자의 관계

직접증거와 간접증거에 있어서 증명력 자체에는 우열이 없다. 동일한 증거라도 요증사실에 따라 직접증거가 되기도 하고, 간접증거가 되기도 한다. 예컨대 피고인이 권총을 소지하고 있는 것을 보았다는 증인의 증언은 무기불법소지가 요증사실인 경우에는 직접증거가 되지만, 피고인이 그 총기로 사람을 살해했다는 사실이 요증사실인 경우에는 간접증거로 된다.

형사재판의 경우 범죄사실을 직접 지각할 수 있는 자는 범인 자신, 피해자 또는 목격증인 등으로서 직접증거는 주로 이들의 진술증거의 형태로 나타난다. 그런데 직접증거에 중점을 두게 되면 결국 피고인의 자백에 의존하게 된다. 이는 자백의 증거능력과 증명력을 제한하고 피고인 또는 피의자의 묵비권을 인정하고 있는 현행법의 태도와 모순된다. 따라서 간접증거에 의해서만 범죄사실의 입증을 해야 할 경우가 많아지고 있으며, 특히 과학적 채증방법의 기술발달과 함께 간접증거의 중요성이 커지고 있다.

이와 관련하여 간접증거만으로 유죄를 인정하거나, 직접증거를 배제하고 간접증거를 유죄의 증거로 채택한 경우 자유심증주의에 반하는지 문제되는데, 판례는 「형사재판에 있어서의 범죄사실의 증명은 반드시 직접증거만으로 이루어져야 하는 것은 아니고 논리와 경험칙에 합치되는 한 간접증거로도 할 수 있으며, 그 간접증거가 개별적으로는 범죄사실에 대한 완전한 증명력을 가지지 못하더라도 전체 증거를 상호 관련하에 종합적으로 고찰할 경우 그 단독으로는 가지지 못하는 종합적 증명력이 있는 것으로 판단되면 그에 의하여도 범죄사실을 인정할 수 있다」(대판 1998.11.13, 96도1783)고 판시하고 있다.

(3) 간접사실에 의한 주요사실의 추인

간접사실에 의한 주요사실의 추인(追認)은 경험칙을 대전제로 하여 삼단논법에 의한 연역 추리를 하는 것이다. 예컨대 형사소송에서 「피고인 甲의 지문과 족적이 범행현장에서 발견되었다」는 사실에서 「甲이 재물을 절취하였다」는 사실을 추리한다면 단순히 A사실의 존재로부터 B사실의 존재를 추리하는 것이 아니라, 「절도 범행현장에 온 사람이 아무도 없는데, 甲이 현장에 왔다면 甲이 절취하였을 것이다」는 경험칙을 대전제로 추리하는 것이다. 단지 경험적 전제가 의식의 배후에 가려져 있을 뿐이다.

따라서 간접증거에 의하여 요증사실을 인정하는 경우에는 특히 그 추론과정이 논리칙과 경험칙에 부합하여야 할 것이다. 왜냐하면 간접증거에 의하여 간접사실을 인정하고 그 간접사실로부터 주요사실을 인정하는 추리과정의 특성상 간접증거의 **관련성**(Relevance)과 **허용성**(Admissibility)의 문제가 발생하기 때문이다. 바로 여기에 직접증거와 간접증거를 구별하는 실익이 있다. 그러므로 정황증거를 토대로 유죄에 대하여 확신할 수 없을 때에는 피고인에게 유죄판결을 내려서는 안 되며, 이를 위반할 경우에는 자유심증주의의 내재적 한계($\frac{제308}{조}$)를 어긴 위법이 인정된다.

소위 '산낙지 살인사건'에서 '주요사실'과 '간접사실'($\frac{대판\ 2013.9.12,}{2013도4381}$)

【공소사실】 피고인은 2010. 4. 18. 04:00경부터 04:20경까지 사이에 피해자가 만취하여 저항을 할 수 없는 상태가 되자 **불상의 방법으로 피해자의 코와 입을 막아** 피해자로 하여금 숨을 쉬지 못하게 하여 질식케 하여 뇌상상태에 빠뜨리고, 그로 인하여 2010. 5. 5. 21:00경 인천 OOO에 있는 OO병원 중환자실에서 피해자로 하여금 무산소성뇌병증 및 심인성쇼크로 사망케 한 사안으로, 피고인이 피해자를 살해하였다는 부분에 관한 목격자나 물적 증거 등 직접증거는 없고, 피해자의 시체는 수사기관의 수사 착수 이전에 이미 화장되었으며, 이와 관련된 여러 종류의 간접증거만 존재하였다(제1심과 항소심 모두 피해자의 사망원인을 질식으로 보았는데(질식사의 종류에는 ① 입막음(비구폐색), ② 경부압박, ③ 기도폐색 등이 있음), 이 사건에서 공소사실의 질식 원인으로 검사는 ① 입막음(비구폐색)을 주장한 반면, 피고인은 ③ 기도폐색(낙지로 인한 질식)을 질식 원인으로 주장하였다).

【주요사실(입증대상)】
주요사실(입증대상)은 피고인이 피해자를 ① 비구폐색으로 질식케 하였다는 사실이므로 검사가 ① 비구폐색으로 인한 질식을 입증해야 하고, 피고인이 ③ 기도폐색에 의한 질식을 입증할 필요는 없다. 이 경우 피해자가 비구폐색으로 질식하였다고(주요사실) 추론케 하는 간접사실은 합리적인 의심의 여지가 없는 증명을 요한다.

【간접사실(비구폐색 질식에 의한 살인의 전제)】
① 피해자의 구강 안쪽 점막이나 입술 또는 코 등을 비롯한 얼굴 등에 상처 등의 흔적이 있을 것.
– 법의학자 A: 약 3,200여건 정도의 부검을 시행하였는데, 피해자의 몸에 아무런 상처가 없음에도 비구폐색으로 사망한 사건은 경험하지 못했음
– 법의학자 B: 약 1,000건의 부검·검안을 담당하였는데, 그중 비구폐색이 사망원인이었던 사건은 2건이었고 입술 주위에 그 흔적이 없었으며, 입 주위에 상처가 없었음에도 비구폐색에 의한

타살이라고 결론을 낸 사건은 없었음
- 법의학자 C: 정상적인 어른이라면 아무리 술에 취해 있다 하더라도 사람은 본능적으로 살고자 하는 욕구가 있기 때문에 강력하게 반항을 하게 되므로, 아기나 도저히 꼼짝할 수 없는 노인 등 극히 예외적인 경우가 아닌 한 입주위에 상처를 남기지 않고 비구폐색의 방법으로 살해하는 것은 거의 불가능함, 약 1만 건의 검안을 담당하였는데, 그중 타살에 의한 비구폐색 질식사는 3건이었고, 상처 등 흔적이 없는 사건은 단 1건에 불과하였음
② 그러한 흔적이 없다면 → 피해자가 본능적인 생존의지조차 발현될 수 없어 저항이 불가능할 정도로 의식을 잃어 저항하지 않았기 때문에 피고인이 피해자의 얼굴 등에 그러한 흔적이 남게 하지 않고도 피해자의 코와 입을 막아 피해자가 질식하게 할 수 있을 것.

【결 론】

① 제1심이 인정한 질식 원인: 비구폐색 → 유죄
- 피해자가 평온한 표정으로 하늘을 향해 반듯하게 누워 있었고 술자리가 흐트러지지 않았던 점, 피고인이 낙지를 빼낸 것을 본 사람이 없고 병원 의료진에서도 낙지를 빼낸 것은 없으며, 법의학자들은 음식물의 연하작용 때문에 낙지로 인한 질식의 경우 이를 손으로 빼내는 것은 매우 어렵다고 하고 있는 점, 피해자가 먹은 것이 통낙지인지 낙지다리인지에 관하여 피고인의 진술이 번복된 점, 피해자는 치아우식증으로 인하여 저작기능이 저하되어 있었음에도 산낙지를 먹었다는 것이 이해하기 어려운 점 등을 근거로 들고 있음.
② 항소심 및 대법원이 인정한 질식 원인: 기도폐색 → 무죄
- 피해자의 얼굴 등에 상처 등의 흔적이 있었음을 인정할 아무런 증거가 없으며, 피해자가 이 사건 사고 당시 술에 취하여 본능적인 생존의지조차 발현될 수 없어 저항이 불가능할 정도로 의식을 잃은 상태에 있었다고는 볼 수 없음.

(4) 수개의 간접사실에 의한 추인

실제 소송에서는 1개의 주요사실을 인정하기 위하여 수개의 간접사실 또는 증거를 이용하는 경우가 많다. 즉 개개의 간접사실만으로는 주요사실을 인정할 수 없으나 수개의 간접사실을 종합·추리함으로써 주요사실을 인정할 수 있는 경우가 여기에 해당한다.

☞ 예컨대 모 지역에서 살인사건이 발생한 직후 甲이 그 지역에서 갑자기 사라졌다는 사실만으로는 甲이 범인이라는 사실을 추리하는 것은 거의 불가능하다. 그러나 甲 자신이 혐의를 받고 있었다는 것을 알고 있었다는 사실이 증명되고 또 甲이 종전에 피해자와 싸운 사실이 증명되면 요증사실이 진실일 가능성이 좀 더 증가한다. 그렇다고 할지라도 甲이 범인이라는 추인 이외의 추리도 같은 정도로 가능할 것이다. 만약 이 경우 범죄현장에 있던 혈흔이 묻은 칼이 甲의 소유물로 증명되면, 그 개연성은 더욱 증가될 것이다. 즉 각 간접사실의 증명력은 미약하지만 동일방향의 간접사실(보강간접사실)이 수개 존재할 때는 그 전체 증명력은 강화된다. 이에 반하여 타 지역에 살고 있던 甲의 부모 중 환자가 있어서 와 달라는 연락을 받았던 사실, 그 칼을 며칠 전 도난당한 사실 등이 증명된 경우처럼 증명력이 반대방향의 간접사실(반대간접사실)과 합해지면 요증사실이 진실하다는 개연성은 감소된다.

하나의 간접사실에 다른 간접사실이 첨가되어 요증사실에 대한 증명력이 증감하는 경우는 두 가지로 구분할 수 있다. 하나는 새로운 간접사실이 기본되는 간접사실에 부수되는 경

우(부수적 간접사실)이고, 또 하나는 이와 독립된 경우(독립적 간접사실)를 들 수 있다.

☞ 위의 예에서 甲이 자기가 혐의를 받고 있다는 것을 알고 있었다는 사실은 그 자체로 독립하여 甲이 범인이라는 사실을 추리케 하는 사실이 아니다. 이 간접사실은 사건발생 이후 甲이 그 지역에서 사라졌다는 간접사실에 부수하였을 때 비로소 요증사실에 대한 추리에 있어서 의미가 있다. 범죄시점 이후 사라졌다는 간접사실에 의거한 추리에 의하여 요증사실의 개연성이 증가된다(부수적 보강간접사실). 그리고 甲의 부모 중 환자가 있어서 와 달라는 연락을 받았다는 사실도 사건발생 이후 甲이 출타하였다는 간접사실에 부수한 간접사실로서 이는 사건발생 이후 사라졌다는 간접사실에 의거한 추리에 있어서 요증사실의 개연성을 감소시키는 것이다(부수적 반대간접사실). 이에 반하여 甲이 피해자와 큰 싸움을 한 일이 있다는 사실 및 범죄현장에 있던 혈흔이 묻은 칼이 甲의 소유물인 사실 등은 사건발생 이후 甲이 지역에서 사라진 사실과는 독립하여 그 자체만으로 甲이 범인이라는 요증사실을 추리할 수 있는 힘을 가지고 있는 것이다(독립적 보강간접사실). 따라서 자백과 보강법칙에서 자백을 보강하는 증거로 자백과는 독립된 증거여야 한다는 의미는 독립적 보강간접사실의 경우를 말한다(자백과 보강법칙 참조).

2. 인적 증거·물적 증거·증거서류

증거방법의 물리적 성질에 의한 분류로서, 실무상 증거조사의 방법에 따라 인적 증거, 물적 증거, 증거서류의 세 가지로 분류하기도 하나, 이 중에서 물적 증거를 다시 통상의 증거물과 증거물인 서면으로 나누어 전체를 인적 증거, 증거물, 증거물인 서면, 증거서류의 네 가지로 분류하는 것이 보통이다.

(1) 인적 증거

인적 증거란 증인의 증언, 감정인의 감정처럼 사람이 법원 또는 법관의 면전에서 행한 진술내용이 증거자료로 되는 경우를 말하며, **인증**(人證)이라고도 한다. 피고인은 본래의 증거방법은 아니나, 그 임의의 진술은 증거가 되므로 이런 의미에서 피고인의 진술도 일종의 인적 증거가 되고, 신체가 검증의 대상인 경우에는 물적 증거가 된다.

(2) 물적 증거

물적 증거란 모발, 지문, 족적, 필적, 독물 기타의 약품, 범행에 사용한 흉기 또는 절도의 장물처럼 물건의 존재 또는 상태가 증거로 되는 것을 말하며, **물증**(物證) 또는 **증거물**(證據物)이라고도 한다. 이러한 물적 증거를 조사하는 것이 **검증**(檢證)이다. 특히 증거물 중에서 특수한 지위를 차지하는 현장사진이나 범인의 사진(강도 현장을 직접 목격한 참고인이 수사기관에서 제시한 여러 사진들 속에서 피고인을 특정하는 소위 '라인업(line-up)' 등), 몽타주 혹은 사고장소의 약도나 도면 등은 직접증거는 아니지만 요증사실에 따라 독립적인 간접증거가 될 수 있으므로 서증조사가 아니라 '검증'에 의하여 증거조사를 하는 것이 원칙이다.

형사소송에서는 위 물적 증거와 소송 계속 중인 사건과의 관련성이 진정성(authentication) 입증의 핵심으로, 그 관련성은 요증사실과의 관계 속에서 파악하여야 한다. 즉, 물적 증거의 진정성 입증은 전형적으로 그 증거가 재판 계속 중인 사건과 어떠한 연관성이 있는가를 확인하는 것이다. 예컨대 검사는 증거를 제출하면서 단순히 칼을 제시하는 것이 아니라, 지금 제시하는 칼이 "피고인이 범행 시에 사용했던 칼"과 동일하다는 점을 입증해야 한다.

(3) 증거서류

서류는 그 서류의 존재 자체나 물리적인 상태가 증거로 되는 **증거물인 서면**(예컨대 위조죄의 위조문서, 무고죄의 허위고소장, 협박죄나 공갈죄의 협박문서, 음란문서반포죄의 음란문서 등)과 서류에 기재된 내용만이 증거로 되는 **증거서류**(법원의 공판조서, 수사기관 작성의 피의자신문조서, 진술조서, 의사의 진단서 등)로 나눌 수 있다. 증거물인 서면과 증거서류를 합하여 **서증**(書證)이라고 한다. 따라서 서류에 기재된 내용을 입증할 목적으로 제출되는 경우, 그 내용의 정확성과 공정성이 문제되며, 이 경우 그 서면증거는 전문증거가 되므로 그 증거는 전문증거와 관련된 규정 및 그 예외규정에 따라 증거능력을 판단하게 된다.

전술(前述)한 것처럼, 증거조사에 있어서 서류는 원칙적으로 신청인이 **낭독**하여야 하며 재판장이 필요하다거나 적절하다고 인정하는 때에는 내용의 고지나 제시하여 열람하게 하는 방법으로 조사할 수 있는 반면($_{조}^{제292}$), 증거물인 서면은 **낭독** 이외에 기본적으로 증거물로서의 성질도 가지고 있으므로 **제시**까지 요한다($_{의2}^{제292조}$).

> 참조판례 「피고인이 수표를 발행하였으나 예금부족 또는 거래정지처분으로 지급되지 아니하게 하였다는 부정수표단속법위반의 공소사실을 증명하기 위하여 제출되는 수표는 그 서류의 존재 또는 상태 자체가 증거가 되는 것이어서 증거물인 서면에 해당하고 어떠한 사실을 직접 경험한 사람의 진술에 갈음하는 대체물이 아니므로, 증거능력은 증거물의 예에 의하여 판단하여야 하고, 이에 대하여는 형사소송 법 제310조의2에서 정한 전문법칙이 적용될 여지가 없다」($_{2015도2275}^{대판\ 2015.4.23,}$).

3. 본증과 반증

(1) 본 증

본증이란 증명을 요하는 사실의 존부에 관하여 증명이 불충분한 경우에 불이익을 받는 당사자가 제출하는 증거를 말한다. 그런데 형사소송법상 거증책임은 원칙적으로 검사에게 있으므로 통상 검사가 제출하는 증거를 본증이라고 한다. 다만 예외적으로 피고인에게 거증책임이 있는 경우에는 피고인이 제출하는 증거(상해죄의 동시범의 특례처럼 거증책임이 전환된 경우)도 본증이 된다.

(2) 반 증

반증이란 본증에 의하여 증명하려고 하는 사실의 존재를 부인하기 위하여 반대당사자(통상 피고인)가 제출하는 증거를 말한다. 반증으로 증명하는 간접사실을 반대간접사실(예컨대 현장부재사실)이라고도 한다. 반증은 증명력을 다투기 위한 증거, 즉 탄핵증거와는 다르다. 탄핵증거는 단지 본증 또는 반증으로 제출된 증거 자체의 증명력을 다투기 위하여 제출되는 증거로서, 요증사실의 존부를 직접 또는 간접으로 증명하기 위하여 사용되는 본래의 증거는 아니다.

(3) 양자의 관계

본증의 경우에는 법관이 요증사실의 존재가 확실하다고 확신을 갖게 되지 않으면 그 목적을 달성할 수 없고, 입증책임의 효과로서 불이익을 받게 된다. 그러나 반증의 경우에는 요증사실의 존재가 확실하지 않다는 심증을 형성시키면 된다. 예컨대 수뢰죄에 있어서 공무원이 뇌물을 받았는지 여부가 문제된 사안에서 본증을 세우는 검사로서는 그 사실의 존재를 완벽하게 입증하여야 하지만, 반증을 드는 피고인으로서는 뇌물이 아니라는 사실을 완벽하게 입증할 필요는 없고, 법관이 뇌물의 존재에 대해 의문을 품게 하면 된다.

4. 진술증거와 비진술증거

(1) 진술증거

진술증거란 사람의 진술이 증거로 되는 것으로 구두에 의한 진술증거와 서면에 의한 진술증거가 있다. 예컨대 피고인의 진술·증인의 증언은 전자에 해당하고, 피의자신문조서·피의자진술서·참고인진술조서·참고인진술서 등은 후자에 해당한다. 이러한 진술증거는 범죄사실에 관한 사실을 경험한 사람이 중간의 매개체를 거치지 않고 직접 법원에 진술하는 원본증거와 경험자의 진술이 서면이나 타인의 진술이라는 형식으로 간접적으로 법원에 전달되는 전문증거로 나누어진다.

(2) 비진술증거

비진술증거란 단순한 증거물이나 사람의 신체·상태 등이 증거로 되는 것을 말한다. 진술증거와 비진술증거를 구별하는 이유는 전문법칙, 자백의 임의성법칙 및 자백의 보강법칙이 진술증거에 대하여만 적용된다는 점에 의미가 있다.

5. 실질증거와 보조증거

(1) 실질증거

실질증거란 요증사실(범죄사실)의 존부를 직접 또는 간접으로 증명하기 위하여 사용되는 증거를 말하고, 진술증거·비진술증거, 본증·반증을 불문한다.

(2) 보조증거

보조증거란 실질증거의 증거능력이나 증명력에 영향을 미치는 사실(보조사실)을 증명하기 위하여 사용되는 증거를 말한다. 보조증거는 다시 실질증거의 증거능력을 뒷받침하고 증명력을 증강시키는 증강증거와 이를 감소·멸실시키는 탄핵증거로 나누어진다. 보조증거는 그 자체만으로 주요사실을 증명할 수 없다는 점에서 실질증거와 구별된다.

Ⅲ. 증거능력과 증명력

1. 증거능력

증거능력이란 증거가 엄격한 증명의 자료로 사용될 수 있는 법률상의 자격, 즉 범죄사실 인정의 자료로 사용되기 위하여 공판정에서의 조사가 허용되기 위한 요건을 말한다. 다만 이러한 증거능력은 자유심증주의 원칙하에서 요증사실과의 관련성이 인정되고, 법률상 제한이 없는 한, 원칙적으로 인정된다.[1] 즉 법률에 특별히 증거능력을 배제하는 규정이 없는 한 모든 증거는 증거능력이 인정되는 것을 전제로,[2] 법관의 자유로운 심증에 따라 증명력을 판단하게 하는 것이 자유심증주의인 것이다. 현행법상 증거능력에 대하여 제한을 하고 있는 경우는 위법수집증거배제법칙(제308조의2)과 자백의 임의성법칙(제309조) 그리고 전문법칙(제310조의2 내지 제316조) 등이 있다. 특히 배심재판을 전제로 하는 영미법계에서는 사실 판단자(배심원)와 증거능력 판단자(법관)가 다르므로 증거능력의 판단에 있어서 판사가 사실판단에 대한 배심원들의 결정권한을 먼저 검토하여 배심원들의 사실인정에 관한 기능을 위축시키는 것이 허용되지 않는다. 따라서 판사의 기능은 배심원들이 보기에 불필요하거나 오염된 정보를 차단하는데 그쳐야 하는 것이며, 제출된 증거들을 종합적으로 고려하여 사실상의 추론을 통해 결론에 도달하는 것은 배심원들의 역할이다.

2. 증 명 력

증명력이란 증거에 증거능력이 있음을 전제로 하여, 그 증거가 요증사실의 인정에 기여하는 정도를 말한다. 증명력은 그 증거가 요증사실의 존부를 어느 정도로 추인하는가, 즉 그 증거와 요증사실간의 논리적 관련성의 문제(이것을 협의의 증명력이라고도 한다)와 개개의 증거를 어느 정도 신용할 수 있는가의 신용성(신빙성)의 문제로 나눌 수 있는데, 어느 것이나 법관의 주관적 판단의 대상이다. 이러한 증명력에는 자유심증주의(제308조)의 원칙상 증거를 제출한 자나 증거조사를 신청한 자의 입증취지에 법관이 구속되지 않을 뿐만 아니라 그에게

---

[1] 증거능력은 미리 법률에 의하여 형식적으로 결정되어 있다는 제한적(소극적) 의미로 사용하는 견해도 있으나, 영미법상 증거의 허용성(admissibility)은 법률상 특별한 제한이 없는 한 배심원들 앞에 그 증거를 제출하게 하는 개념이다.

[2] 양 설의 차이점은 법률에 명문규정이 없는 영상녹화물의 증거능력의 인정여부에서 명확하게 드러난다. "전문법칙의 예외조항을 놓고 볼 때 서면 형태의 각종 조서에는 증거능력 인정을 위한 근거규정이 마련되어 있지만 조서를 대체하는 영상녹화물에 대해서는 명문의 허용근거가 없다"는 견해(신동운, 신형사소송법(제5판), 1154면)가 이를 대변하고 있다.

불리하게 작용할 수 있는 '증거공통의 원칙'이 적용된다. 다만 증명력에 대한 예외규정으로, 자백의 보강법칙($^{제310}_{조}$)과 공판조서의 절대적 증명력($^{제56}_{조}$)이 인정되고 있다.

제 2 절 증거법의 기본원칙

Ⅰ. 증거재판주의(證據裁判主義)

> **사 례** _____
>
> 검사 X는 어릴 때부터 편집성정신병을 갖고 있는 甲이 피해망상에 사로잡혀 친구 乙을 살해했다는 혐의로 공소를 제기하였다. 한편 甲은 경찰과 검사앞에서 모든 사실을 자백하였으나 공판정에서는 이를 부인하면서 수사기관에서의 자백은 경찰에서 고문을 받았기 때문이라고 주장하고 있다.
> 1. 甲이 심신상실상태에 있지 않다는 사실은 엄격한 증명을 요하는가? 만약 수소법원이 이에 대하여 의심을 하고 있다면 유죄판결을 내릴 수 있는가?
> 2. 검사 X는 甲에게 고문을 한 사실이 없다는 것을 증명하기 위하여 수사경찰관 丙이 작성한 '甲을 때린 사실이 없다'는 내용의 진술서를 법정에 제출하였다면 법원은 이를 증거로 할 수 있는가?

1. 의   의

증거재판주의란 범죄사실의 인정은 증거에 의하지 아니하면 안 된다는 주의($^{제307조}_{제1항}$)로서 특히 공소범죄사실 등 주요사실을 인정함에는 증거능력이 있고 적법한 증거조사를 거친 증거에 의하여 증명해야 한다는 주의를 말한다. 따라서 본 규정은 연혁적으로 무리한 자백의 도출을 유도하는 법제와의 결별을 선언하는 소극적·역사적 원칙을 선언한 추상적 원리인 동시에 적극적·실정법적 의미(공소범죄사실 등 주요사실에 대하여는 엄격한 증명을 요한다는 법리를 명시한 특수한 의미)를 지니고 있다고 볼 수 있다(통설).

이처럼 증거재판주의는 형사소송의 증거능력에 관한 기본원칙으로 헌법상의 기본적 인권보장($^{헌법,제10조}_{후문}$)과 적법절차조항($^{동법,제12조}_{제1항 후문}$)을 증거법상으로 가시화한 것으로, 위 규정은 한편으로 공소범죄사실과 같은 중요한 사항에 관하여 법관의 무분별한 심증형성의 가능성을 방지함으로써 피고인의 인권을 보호함과 아울러 실체적 진실발견에 기여하고, 다른 한편으로는 정상관계사실과 같은 경미한 사항에 관하여 법관을 엄격한 증명방법의 제약으로부터 해방시킨 규정이라고 할 것이다.

2. 엄격한 증명과 자유로운 증명

엄격한 증명이란 법률상 증거능력이 있고 적법한 증거조사를 거친 증거에 의한 증명을 말하고, 자유로운 증명이란 증거능력이나 적법한 증거조사를 거치지 아니한 증거에 의한 증명을 말한다. 양자는 **증거능력**과 **증거조사의 방법**에 차이가 있다. 즉 자유로운 증명의 경우에는 법정에서 이에 대한 증거조사 자체는 필요하지만, 구체적으로는 법원이 재량에 의하여 증거조사를 할 수 있으므로 법률에 규정된 증거조사절차에 따를 필요가 없다. 따라서 법원은 변론종결후에 접수된 서류나 전화에 의하여 확인된 증거에 의하여도 사실을 인정할 수 있다. 다만 그 심증의 정도에는 차이가 있는 것은 아니고, 어느 것이나 모두 합리적 의심이 없는 증명 또는 확신을 요한다.

3. 증거재판주의의 내용

(1) 문 제 점

형사소송법 제307조 제1항의 「사실의 인정은 증거에 의하여야 한다」를 '엄격한 증명의 법리'를 규정한 것으로 새기면, 먼저 엄격한 증명을 요하는 사실의 범위를 규명하여야 한다. 이는 피고인의 보호와 소송경제의 요청을 조화하기 위하여 엄격한 증명이 어느 범위까지 요구되는가의 문제이다. 그 다음에 엄격한 증명에 사용되는 증거의 의미를 밝혀야 한다.

> 참조판례 「구체적으로 어떠한 사항이 엄격한 증명을 요하는 사항이고, 어떠한 사항이 자유로운 증명을 요하는 사항인지는, 형사소송법 제323조 제1항(범죄될 사실)의 범위와 판결문상 기재를 요하는 '증거의 요지'의 범위나 같은 법 제310조(자백보강법칙의 적용여부)의 해석에 따라 당연히 결정되는 것이 아니라, 증명의 대상이 되는 사항의 성격을 헌법이 규정하는 적정절차의 원리나 공판중심주의, 직접주의, 구두변론주의와 당사자주의 등 형사소송법의 원칙들에 비추어 보아 구체적·개별적으로 판단하여야 할 것이나, **원칙으로 범죄사실의 존부와 형벌권의 양적 범위를 결정하는 데 필요한 사실의 존부 및 내용에 관하여는 모두 엄격한 증명을 요하며**, 단지 양형의 자료가 되는 데 불과한 정상사실에 관하여는 자유로운 증명으로 족하다고 할 것이다」(대판 2000.9.22, 2000노337).

(2) 사실(증명의 대상)

① 엄격한 증명의 대상

가) 공소범죄사실: 공소범죄사실이란 위법성과 책임을 구비한 특정한 구성요건에 해당하는 구체적 사실로서 형벌권의 기초가 되는 주요사실 또는 직접사실을 말한다.

a. 구성요건해당사실: 객관적 구성요건, 주관적 구성요건 모두 엄격한 증명의 대상이 된다. 따라서 행위의 주체·객체·결과발생·인과관계 등의 객관적 구성요건에 해당하는 사실뿐만 아니라, 고의·과실·목적·공모공동정범의 공모 등과 같은 주관적 사실도 엄격한 증명방식으로 그 유무를 판단해야 한다.

☞ 다만 판례는 **범의(犯意)의 존재는 자백만으로 인정할 수 있다**(대판 1961.8.16, 4294형상171)고 하면서, 주관적 요소로 되는 사실을 피고인이 부인하는 경우에는 사물의 성질상 고의 등과 상당한 관련성이 있는 간접사실을 증명하는 방법에 의하여 입증할 수밖에 없다(대판 2002.3.12, 2001도2064)거나, 금융실명거래및비밀보장에관한긴

급재정경제명령 소정의 금융거래에 해당한다는 것을 피고인이 인식하고 있었는지와 같은 주관적인 요건은 피고인이 부인하는 한 이를 인정할 만한 증거가 있을 수 없으므로 경험법칙과 논리법칙에 위반하지 아니하는 한 법관의 자유판단에 따라 간접증거만에 의하여 이를 인정하더라도 무방하다 (대판 1995.11.14, 95도1729)고 판시하고 있다.

이러한 판례의 태도는 범의 등 주관적 요소로 되는 사실이 엄격한 증명의 대상이 아니라는 의미가 아니라, 범의와 같은 주관적 요소는 엄격한 증명에 의하여 인정된 간접사실로부터 폭넓게 추인될 수 있다는 것으로, 이러한 방법에 의한 사실인정 역시 엄격한 증명의 한 형태라는 취지로 이해하는 것이 타당할 것이다.

b. 위법성과 책임에 관한 사실: 구성요건해당성이 인정되면 위법성, 책임이 사실상 추정된다. 그러나 사실상 추정은 피고인으로부터 다툼이 있을 때에 깨어지므로, 이 경우에는 위법성조각사유와 책임조각사유의 부존재가 엄격한 증명의 방식으로 입증되어야 한다(통설). 왜냐하면 검사가 엄격한 증명에 의하여 구성요건해당사실의 존재를 입증한 경우 범죄성립조각사유의 부존재는 사실상 추정되어 그대로 두면 피고인으로서는 유죄판결을 받을 가능성이 많게 되므로, 피고인은 범죄성립조각사유가 존재한다는 입증의 부담을 지게 되는데, 이러한 경우 입증의 정도는 법관으로 하여금 그러한 사유가 있지 않은가의 합리적 의심을 갖게 만들면 족하므로, 피고인측의 입증활동에 의하여 법관이 범죄성립조각사유에 관하여 합리적 의심을 갖게 된 경우에 검사는 그러한 사유의 부존재에 대하여 증명을 하여야 하고, 이 경우 그 방법에 있어서는 엄격한 증명을 요한다고 보아야 하기 때문이다. 따라서 정당방위, 긴급피난, 자구행위의 요건이 되는 사실의 부존재는 엄격한 증명의 대상이 된다. 한편 명예훼손에 있어서의 이른바 사실증명에 대하여는 엄격한 증명의 대상으로 보는 견해가 있으나, 판례는 자유로운 증명의 대상으로 보고 있다(거증책임 부분 참조).

나) 처벌조건인 사실: 사전수뢰죄에 있어서 행위자가 공무원 또는 중재인이 된 사실(형법 제129조 제2항), 친족상도례에 있어서 일정한 친족관계의 존재에 관한 사실 등과 같은 처벌조건은 공소범죄사실 자체는 아니지만, 실체법상 범죄성립요소를 이루면서 형벌권의 발생에 직접 관련되는 사실이므로 엄격한 증명을 요한다고 본다.

다) 양형에 관한 사실

a. 법률상 형의 가중·감면의 이유되는 사실: 법률상 형의 가중의 이유되는 누범전과, 형의 감면의 이유되는 심신미약 또는 중지미수, 형의 면제의 이유되는 자수·자복의 사실은 범죄될 사실 그 자체는 아니지만 범죄사실에 준하여 엄격한 증명의 대상이 된다(통설). 이에 대하여 판례는 「피고인의 범행당시의 정신상태가 심신상실이냐 또는 심신미약이었느냐의 문제는 법률적 판단이지 형사소송법 제323조 제1항에서 말하는 범죄될 사실은 아니기 때문에 증거에 의한 엄격한 증명이 필요없다」(대판 1961.10.26, 4294형상590)고 판시하여 엄격한 증명이 필요없다는 입장이다.

b. 몰수 및 추징에 관한 사실: 통설은 몰수 및 추징의 사유는 공소범죄사실이 아니지만 몰

수 및 추징은 부가형적 성격이 있는 형의 일종이고 실제로 피고인에게 재산권의 침해가 따른다는 이유로 엄격한 증명을 요한다는 입장이다. 그러나 형법 제41조가 몰수를 재산형으로 규정하고 있으므로 형식적으로는 형벌의 일종에 해당한다고 보더라도 몰수의 본질은 범죄반복의 위험을 예방하고 범인이 범죄로부터 부당한 이득을 취하지 못하도록 하는 대물적 보안처분에 해당하기 때문에 몰수 및 추징의 전제가 되는 범죄사실에 엄격한 증명을 요하는 이상, 이에 관련한 몰수 및 추징에는 별도로 엄격한 증명이 필요없다고 보아야 할 것이다.

> (참조판례) 「몰수나 추징의 대상이 되는가 여부는 범죄구성사실에 관한 것이 아니므로 엄격한 증명이 필요없고 일응 인정될 수 있는 증명이 있으면 충분하다」(대판 1993.6.22, 91도3346; 대판 1987.4.14, 87도399; 대판 1982.2.9, 81도3040).

라) 간접사실: 간접사실이란 공소범죄사실 등 주요사실의 존부를 간접적으로 추단하게 하는 사실, 즉 주요사실의 존부를 경험칙상 추인케 하는 사실을 말한다. 따라서 주요사실이 엄격한 증명을 필요로 하는 경우에는 간접사실도 또한 엄격한 증명을 필요로 한다고 보아야 할 것이다. 그런데 위에서 본 것처럼 주요사실의 존재를 입증하기 위해서는 엄격한 증명을 요하지만, 위와 같은 사실의 부존재 특히 범죄가 발생한 일시·장소에 피고인이 현장 이외의 장소에 있었다는 사실을 주장하고, 자기의 무죄를 입증하는 방법인 소위 **현장부재증명**(알리바이)에 엄격한 증명이 필요한지 논란이 있다.

이에는 알리바이(범행현장 부재사실) 증명은 주요사실에 대한 간접적 반대증거가 될 수 있는 간접사실로서, 증명을 요하는 사실이 주요사실인 때에는 범죄사실의 존재와 부존재의 증명에 차이가 없으므로 피고인이 제출하는 증거(반증)도 엄격한 증명의 대상이 된다는 **필요설**도 있으나, 피고인의 알리바이의 주장은 구성요건해당사실의 존재에 대한 다툼이므로 검사가 구성요건해당사실 자체를 엄격한 증명의 방법으로 입증해야 한다는 **불요설**이 타당하다. 왜냐하면 형사재판에 있어서 검사에게 공소범죄사실 등 주요사실에 대한 입증책임이 있으므로 검사가 법관에게 합리적 의심이 없을 정도로 주요사실의 존재를 입증해야 하며, 피고인은 범죄사실의 부존재를 입증할 필요는 없고, 검사제출 증거의 증명력을 감쇄(減殺)하고 (탄핵증거로 제출), 법관의 심증에 동요를 일으키면 족하기 때문이다. 따라서 피고인이 알리바이를 주장하였으나 그 입증을 충분히 하지 못하였다고 하더라도 범죄사실의 존재에 대하여 합리적 의심이 생기도록 한 이상, 알리바이는 공소사실의 **적극적 부인**에 불과하고 항변이 아니므로 검사가 알리바이의 불성립에 대하여 엄격한 증명으로 입증해야 할 것이다.

마) 경험법칙: 경험법칙이란 인간의 경험에서 귀납적으로 얻어진 사물의 성상과 인과관계 등에 관한 지식이나 법칙을 말한다. 이에는 '모든 인간은 죽는다'와 같은 일반상식인 '일반적 경험법칙'과 전문적·학리적 지식에 속하는 '전문적 경험법칙'이 있는데, 이러한 경험법칙은 증명과정에 사용되는 준칙이므로 원래 증명의 대상이 되는 것은 아니지만, 후자의 경우처럼 특수한 전문적 지식·경험에 속하는 것에 대해서는 일반 법관이 이를 안다는 것을

기대할 수 없으므로 증명이 필요하다고 본다.

바) 법　규: 법규의 존재와 내용은 법원의 직권조사사항으로 엄격한 증명의 대상이 아니다. 그러나 외국법규나 관습법과 같이 그 법규의 존재 및 내용이 일반적으로 명백하지 않을 때에는 증명이 필요하다. 다만 죄형법정주의에 비추어 볼 때 외국법규나 관습법 그 자체가 처벌법규의 근거규범이 될 수는 없고, 외국법규나 관습법이 엄격한 증명을 요하는 사실판단의 전제가 되는 사실(예컨대 친족상도례)과 밀접불가분의 관계를 이루게 될 때에만 엄격한 증명의 대상이 된다고 보아야 한다(통설).

> 판례도「형법 제6조 본문에 의하여 외국인이 대한민국 영역 외에서 대한민국 국민에 대하여 범죄를 저지른 경우 우리 형법이 적용되지만, 같은 조 단서에 의하여 행위지 법률에 의하여 범죄를 구성하지 아니하거나 소추 또는 형의 집행을 면제할 경우에는 우리 형법을 적용하여 처벌할 수 없고, 이 경우 행위지 법률에 의하여 범죄를 구성하는지는 엄격한 증명에 의하여 검사가 이를 증명하여야 한다」(대판 2011.8.25, 2011도6507)고 판시하여 검사에 의한 엄격한 증명이 필요하다는 입장이다.

② 자유로운 증명의 대상

가) 정상관계사실: 피고인에게 유리한 것은 자유로운 증명, 불리한 것은 엄격한 증명을 요한다는 견해, 정상관계사실이라 할지라도 범죄의 수단·방법·피해정도와 같이 그것이 동시에 범죄사실의 내용을 이루는 경우에는 엄격한 증명의 대상이 된다는 견해 등이 있다. 그러나 양형의 기초가 되는 정상관계사실은 복잡하고 비유형적이므로 엄격한 증명의 대상으로 하기에 적합하지 않고, 양형은 성질상 법원의 재량에 속하는 사항이므로 **자유로운 증명**으로 족하다고 본다(다수설). 왜냐하면 증명의 대상을 피고인의 유·불리에 따라 판단하는 것은 기준이 불명확하다는 점에서 부당하고, 정상관계사실이 범죄사실의 내용을 이루는 경우에는 이미 공소범죄사실에서 그 판단이 이루어지기 때문이다. 따라서 피고인의 경력·성격·환경·범죄후의 정황 등 형의 선고유예·집행유예 또는 작량감경 및 양형의 조건이 되는 정상관계사실은 자유로운 증명으로 족하다고 할 것이다.

나) 소송법적 사실: 소송법적 사실이란 범죄사실이나 양형사실 이외에 소송법규의 적용요건에 해당하는 사실을 말한다. 소송법적 사실 중 소송조건의 존부 및 형사절차진행의 적법성에 관한 순수한 소송법적 사실, 예컨대 친고죄에 있어서의 고소의 유무, 피고인의 구속기간, 공소개시 및 적법한 피고인신문이 행하여졌느냐 등은 피고인 보호와 직접적인 관련이 없으므로 자유로운 증명으로 족하다는 데에 이설(異說)이 없다. 그러나 소송법적 사실 중 고문에 의하여 자백하였다는 자백의 임의성에 관한 사실처럼 증거의 증거능력을 인정하기 위한 기초사실에 대하여는 피고인보호를 위하여 엄격한 증명을 요한다는 견해와 증거의 증거능력을 위한 기초사실도 소송법적 사실에 포함되므로 자유로운 증명으로 족하다는 견해가 대립하고 있다(자백의 임의성 부분 참조).

다) 보조사실: 보조사실이란 증거의 증거능력이나 증명력에 영향을 미치는 사실을 말하는

데, 보조사실이 보강하는 증거의 입증취지가 엄격한 증명의 대상이 되는 사실이라면 보조사실도 엄격한 증명의 대상이 되고, 자유로운 증명의 대상이 되는 사실이라면 보조사실도 자유로운 증명의 대상이 된다. 따라서 증거의 증명력을 탄핵하는 사실은 자유로운 증명으로 족하고, 주요사실을 인정하는 증거의 증명력을 보강하는 자료가 되는 사실은 엄격한 증명을 요한다고 볼 것이다.

(3) 사실의 인정(증명)

'사실을 인정한다'라 함은 법관이 사실의 존부에 대하여 심증을 형성하는 것을 말하고, 법관이 사실을 인정하는 경우에 그 사실은 소송법상 증명되었다고 한다. 특히 형사소송법은 범죄사실을 인정하는 경우 '합리적인 의심이 없는 정도의 증명'에 이르러야 한다($\substack{제307조\\제2항}$)는 점을 강조하고 있다. 특히 간접증거에 의하여 범죄사실을 인정함에 있어서는 앞에서 언급한 것처럼 그 추론과정이 논리와 경험법칙에 부합해야 할 것이다.

(4) 증　거

제307조의 증거는 증거능력이 있고 적법한 증거조사를 거친 증거를 의미하는 것으로 직접증거·간접증거, 인적증거·물적증거, 원시증거·전문증거를 불문한다.

4. 증명을 요하지 않는 사실(불요증사실)

불요증사실이란 재판의 기초되는 사실 중에서 증명이 필요없는 사실을 말한다. 여기에는 공지의 사실과 추정된 사실 그리고 거증금지사실이 있다.

(1) 공지의 사실

① **의　의**: 공지의 사실이란 통상의 지식과 경험을 가진 일반인이 믿어 의심하지 않을 정도로 일반적으로 알려진 사실을 말한다. 역사적으로 유명한 사건, 천재지변, 전쟁 등이 이에 해당한다. 이러한 공지의 사실이 불요증사실이 되는 것은 불특정·다수인이 진실이라고 믿고 있으므로, 어느 때나 그 진부(眞否)를 조사할 수 있는 보장이 있다는 점에 근거한다.

② **법원에 현저한 사실(법원공지사실)**: 법원에 현저한 사실이란 법원이 그 직무상 경험으로 명백히 알고 있는 사실을 말한다. 민사소송과 달리 법원에 현저한 사실을 불요증사실로 볼 수 있는 명확한 법적근거가 없으므로, 일반인에게 공지의 사실이 아닌 한 국민의 신뢰를 확보하고 공정한 재판의 담보를 위하여 증명이 필요하다고 본다. 법관이 개인적으로 알고 있는 사실도 당연히 증명이 필요하다.

③ **소송법적 효과**: 공지사실은 증거를 통하지 않더라도 사실인정에 지장이 없으므로 증명을 요하지 않는다. 그러나 반증이 금지되는 것은 아니다. 또한 공지사실은 증명의 대상이 되지 않을 뿐이고, 구두변론의 대상에서 제외되는 것은 아니다($\substack{제37조\\제1항}$). 따라서 법원은 공지

사실의 경우에도 피고인에게 그에 대한 의견진술의 기회를 주어야 한다.

(2) 추정된 사실

추정이란 일반적으로 어느 사실에서 다른 사실을 추인하는 것을 말한다. 이에는 사실상 추정과 법률상 추정이 있는데, 전자는 경험칙을 적용하여 행하는 추정을 말하고, 후자는 이미 법규화된 경험칙, 즉 추정규정을 적용하여 행하는 추정을 말한다.

① **법률상 추정**: 법률상 추정이란 예컨대 甲사실의 존재가 증명되면 적극적으로 반대사실의 증명이 없는 한 乙사실이 증명된 것으로 취급하도록 법률상 규정되어 있는 것으로서, 이 경우 乙사실을 '법률상 추정된 사실'이라고 한다. 법률상 추정이 되어 있는 때에는 법원은 전제사실(甲사실)의 증명이 있으면 추정사실(乙사실)의 존재를 인정하지 않으면 안 되고, 그 부존재의 증명이 없는 한 추정사실의 존부에 관하여 전혀 심리할 여지가 없는 사태를 발생시킨다.

이와 같이 법률상 추정된 사실은 법관에게 추정사실의 존부의 인정을 강제하므로 실체진실주의 및 자유심증주의에 반할 뿐만 아니라 무죄추정의 법리에도 어긋난다. 따라서 특수한 입법목적을 달성하기 위하여 특별법에서 예외적으로 허용하는 경우(환경범죄의 단속에 관한 특별조치법 제11조의 인과관계의 추정, 마약류 불법거래 방지에 관한 특례법 제17조의 불법수익의 추정, 공무원범죄에 관한 몰수특례법 제7조의 불법재산의 추정, 불법정치자금 등의 몰수에 관한 특례법 제7조의 불법재산추정 등)를 제외하고는, 형사소송법에서 이를 인정하는 것이 곤란할 것이다. 현행 형사소송법에도 법률상 추정을 허용하는 법률규정이 없다.

② **사실상 추정**: 일반적으로 사실상 추정이란 어떤 전제사실로부터 다른 사실을 추정하는 것이 논리적으로 합리적인 사실, 즉 증명된 간접증거(정황증거)에서 개연적인 경험법칙이나 합리법칙에 의거하여 요증사실을 추단하는 것을 말한다. 그러나 사실상 추정을 '개연적인 경험칙에 준거하여 증명된 간접사실을 기초로 하여 요증사실을 추리하여 인정하는 것'이라고 한다면, 간접증거에 의하여 요증사실을 추리하는 모든 경우가 다 사실상 추정이 되어버릴 것이다. 따라서 사실상 추정은 경험칙에 준거하여 간접사실로부터 요증사실을 추리하는 경우 중 준거가 된 경험칙의 개연성이 특히 높고 그러한 강도의 추정이 과거의 무수한 재판경험에 의하여 유형적으로 감득되는 경우만을 사실상 추정으로 보아야 할 것이다. 예컨대 ㉠ 도품소지에 의한 절도의 추정(대판 1960.5.18, 4293형상106), ㉡ 장물매수시의 일정한 정황으로부터의 장물성 인식(지정)의 추정(대판 1960.4.6, 4292형상642), ㉢ 치명적 흉기를 사용한 치명적 살상행위의 경우 살의의 추정(대판 1981.2.24, 81도73), ㉣ 구성요건해당사실이 존재한 경우 위법성조각사유 및 책임조각사유가 부존재한다는 추정 등을 들 수 있다.

이러한 사실상 추정된 사실은 증명을 요하지 않는다. 그러나 사실상 추정된 사실에 대하여 의심이 있으면 당연히 증명을 필요로 하는데(반증의 허용), 사실상 추정이 법률상 추정과 구별되는 것은 사실상 추정된 사실의 존부를 소송관계인이 다투기만 하면 그 추정은 즉시

깨진다는 점에 있다. 따라서 사실상 추정된 사실이 불요증사실에 속한다는 이론은 특별한 내용이 아니다. 왜냐하면 당사자가 다투면 증명해야 하고 그렇지 않으면 그대로 둔다는 것은 너무나 당연하기 때문이다.

(3) 거증금지사실

거증금지사실이란 증명으로 인하여 얻은 소송법적 이익보다 큰 초소송법적 이익 때문에 증명이 금지된 사실을 말한다. 가령 공무원 또는 공무원이었던 자의 직무상의 비밀에 속하는 사실($^{제147}_{조}$)이 여기에 해당되는데, 거증금지사실도 증명을 요하지 않는다.

5. 증거재판주의의 위반효과

증거재판주의에 위반한 경우는 판결의 법률위반으로서 판결에 영향을 미친 경우이므로 항소이유($^{제361조의}_{5 \ 제1호}$) 또는 상고이유($^{제383조}_{제1호}$)가 된다. 다만 상호 모순되는 증거를 취하여 재판한 경우에는 이유불비의 항소이유($^{제361조의5}_{제1호}$) 내지 상고이유($^{제383조}_{제1호}$)가 되지만, 공소범죄사실을 인정할 충분한 증거가 있음에도 불구하고 이러한 증거의 증명력을 배척하고 무죄를 선고한 경우에는 증거재판주의를 위반한 경우가 아니라 사실오인 내지 심리미진($^{제361조의}_{5 \ 제14호}$)에 해당한다.

> **사례해설**
>
> 설문 (1)은 심신상실의 요건사실이 엄격한 증명의 대상인가 및 심신상실의 성립여부에 대해 법원이 의심을 가지는 경우 누구에게 거증책임이 인정되는가의 문제이며, 설문 (2)는 자백의 임의성의 기초되는 사실이 엄격한 증명의 대상이 되는가의 문제이다.
>
> 첫째, 심신상실상태에 대한 증명을 살펴보면, ① 증명의 정도와 관련하여 증거재판주의를 규정한 제307조의 규범적 의미와 형사소송법의 기본이념에 비추어 볼 때 형벌권의 존부와 범위에 관한 사실은 엄격한 증명의 대상이 된다. 따라서 책임조각사유의 부존재도 형벌권의 존부에 대한 중요한 사실이므로 책임조각사유인 심신상실상태의 부존재도 엄격한 증명의 대상이 된다고 볼 것이다. 이에 대하여 판례는 「형법 제10조 제1항 및 제2항 소정의 심신장애의 유무 및 정도의 판단은 법률적 판단으로서 반드시 전문감정인의 의견에 기속되어야 하는 것은 아니고, 정신분열병의 종류 및 정도, 범행의 동기 및 원인, 범행의 경위 및 수단과 태양, 범행 전후의 피고인의 행동, 증거인멸 공작의 유무, 범행 및 그 전후의 상황에 관한 기억의 유무 및 정도, 반성의 정도 및 유무, 수사 및 공판정에서의 방어 및 변소의 방법과 태도, 정신병 발병전의 피고인의 성격과 그 범죄와의 관련성 유무 및 정도 등을 종합하여 법원이 독자적으로 판단할 수 있다」($^{대판 \ 1998.3.13,}_{98도159}$)고 판시한 바 있다. 이는 심신장애의 유무 및 정도의 판단은 법률적 판단이므로 자유로운 증명으로 족하다는 입장으로 보인다. ② 심신상실상태의 존부에 대한 거증책임과 관련하여, 형사소송법에는 '의심스러운 때에는 피고인의 이익으로'의 원리 내지 무죄추정의 원칙이 적용되므로 형벌권의 발생에 영향을 미치는 모든 사실은 검사에게 거증책임이 있다고 하지 않을 수 없다. 결국 사안의 경우 책임조각사유의 부존재에 관하여는 검사가 거증책임을 지게 되므로 법관이 심신상실상태에 관하여 의심을 가지고 있다면, 법원은 피고인에 대하여 유죄판결을 할 수 없다.
>
> 둘째, 자백의 임의성의 기초되는 사실을 살펴보면, 자백의 임의성의 기초되는 사실이 엄격한 증명의

대상이 되는지 문제된다. 왜냐하면 검사 X가 제출한 수사경찰관 丙이 작성한 진술서는 피고인이 증거로 함에 동의하지 않는 이상 형사소송법 제312조 제5항에 따라 작성자의 진술에 의하여 내용의 진정(제312조제3항)이 인정되어야만 증거능력을 가지는데, 사안에서는 이러한 절차없이 법원에 제출되었기 때문이다. 이에 대하여 자백의 임의성의 기초되는 사실은 그것이 피고인에게 중대한 불이익을 초래할 뿐만 아니라 당사자에게 반대신문의 기회를 주어야 한다는 이유로 엄격한 증명을 요한다고 해석하는 견해와 자백의 임의성에 관한 사실도 소송법적 사실에 불과하며, 그것이 형벌권의 존부나 범위를 결정하는 사실이 아닌 한 자유로운 증명으로 족하다고 해석하는 견해가 있다. 이에 대하여 판례는 「자백에 임의성이 있는가의 여부는 자백의 증거능력에 관한 문제이므로 그 기초로 되는 사실은 역시 소송법적 사실에 해당하며 이는 자유로운 증명으로 충분하다」(대판 1994.11.4, 94도129)는 입장이다. 따라서 사안의 경우 판례에 따르면 검사 X가 제출한 진술서는 피고인의 자백의 임의성을 판단하기 위한 자료로 사용할 수 있을 것이나, 검사가 엄격한 증명으로 입증해야 한다는 견해에 따르면 임의성을 판단하기 위한 자료로 사용될 수 없을 것이다.

Ⅱ. 거증책임(擧證責任)

> **사 례**
>
> 甲은 乙에 대한 살인죄로 기소되었다. 이에 수소법원은 공소사실에 대하여 정당방위의 의심을 가졌지만 피고인 甲은 이 점에 대하여 아무런 주장도 하지 않았다.
> 1. 법원은 피고인 甲에 대하여 유죄를 선고할 수 있는가?
> 2. 만약 피고인 甲이 살인시각에 자기는 丙과 함께 있었다는 적극적인 증거를 제출할 때는 어떻게 되는가?

1. 의   의

거증책임이란 법원의 심리와 증거조사를 거친 후 종국적으로 사실의 진위가 불명한 경우에 불이익한 판단을 받게 되는 일방당사자의 법적 지위 또는 그 위험부담을 말한다. 법원은 소송에서 주장된 사실의 존부를 확인하기 위하여 당사자가 제출한 증거와 직권으로 조사한 증거에 의하여 재판에 필요한 심증을 형성한다. 그러나 이러한 증거에 의하여도 법원이 확신을 갖지 못할 때에 법원은 재판을 거부할 수 없고, 존부 어느 쪽으로든 판단을 하여야 하며, 따라서 일방의 당사자에게 불이익을 받을 위험부담을 주지 않을 수 없다. 이러한 위험부담을 거증책임이라고 하며, 어느 당사자에게 이러한 위험을 부담시킬 것인가가 거증책임 규정이다.

2. 거증책임의 종류

(1) 실질적 거증책임

위에서 언급한 바와 같이 어떤 사실에 대하여 법관의 확신을 얻을 만큼의 증명이 없는 경우에 일방의 당사자가 최종적으로 받아야 할 불이익의 부담을 실질적 거증책임 또는 객관적 거증책임이라고 한다. 실질적 거증책임은 소송의 종결시에 존재하는 위험부담을 말하므로 소송의 개시부터 종결시까지 고정되어 있으며, 소송의 진행에 따라 일방에서 타방으로 이전되는 것은 아니다.

(2) 형식적 거증책임

소송의 전개과정에 따라 어느 사실이 증명되지 아니하면 자기에게 불이익한 판단을 받을 가능성이 있는 당사자가 그 불이익을 면하기 위하여 당해 사실을 증명하기 위한 증거를 제출할 부담을 형식적 거증책임 또는 입증의 부담이라고 한다. 이러한 입증의 부담은 소송의 발전과정에 따라 수시로 바뀌는 점에서 실질적 거증책임과 구별된다.

(3) 양자의 관계

거증책임의 분배, 즉 누가 거증책임을 부담하는가라는 문제는 먼저 실질적 · 객관적 거증책임에 관해서 정해지고 그 다음의 반영으로써 형식적 · 주관적 거증책임이 고려되므로 실제로는 전자가 중시된다. 따라서 단순히 거증책임이라고만 부를 때에는 실질적 · 객관적 거증책임의 의미로 쓰이는 경우가 대부분이다.

3. 소송구조와 거증책임

소송구조론에 따라 검사와 피고인이 대립 당사자의 지위에 있고, 법원은 제3자로서 당사자가 제출한 증거를 바탕으로 사건을 심판한다고 보는 당사자주의 소송구조에서는 거증책임이 당연히 인정되지만, 실체진실의 발견이 법원의 의무인 직권주의 소송구조하에서는 검사나 피고인이 증명해야 하는 것은 아니므로 거증책임의 개념을 인정할 수 없다는 견해가 있다. 그러나 통설은 현행법상의 소송구조와 무관하게 거증책임의 개념을 인정하고 있다. 그 근거로 법원의 직권심리의무($\frac{제295}{조}$)는 재판진행중에 법원이 부담하는 증거조사의무이고, 거증책임은 종국판결시에 작용하는 위험부담을 의미하므로 그 적용단계가 다르기 때문에 당사자주의 소송구조는 물론 직권주의 소송구조에서도 필요한 개념이라는 것이다.

4. 거증책임분배의 원칙

현행법은 거증책임의 소재에 관하여 명문의 규정을 두고 있지는 않으나, 헌법 제27조 제4항이 「형사피고인은 유죄의 판결이 확정될 때까지는 무죄로 추정된다」고 규정하여 '무죄추정의 원칙'을 선언하고, 형사소송법에도 같은 취지의 규정을 두고 있으며(제275조의2), 「범죄사실의 증명이 없는 때에는 판결로써 무죄를 선언하여야 한다」(제325조)는 규정을 고려해 볼 때, 형사소송의 대원칙인 '의심스러운 때에는 피고인의 이익으로'(in dubio pro reo)의 원칙에 따라 거증책임을 정해야 할 것이다. 따라서 거증책임의 개념을 긍정하는 한, 형사소송에 있어서의 거증책임은 검사에게 분배되는 것이 대원칙이며, 진위불명의 경우에 피고인에게 거증책임을 부담시켜 재판하는 것은 법률에 명문의 규정이 없는 한 허용될 수 없다.

(1) 공소범죄사실

공소범죄사실에 대한 거증책임은 검사에게 있으므로 검사는 구성요건해당성뿐만 아니라 위법성과 책임의 존재 및 그 부존재(위법성조각사유, 책임조각사유 등)에 대해서도 거증책임이 있다. 다만 알리바이에 대한 거증책임에 대해서는 증명되지 않은 알리바이로 판사에게 무죄를 강요할 수 없으므로 피고인에게 거증책임이 있다고 보는 견해도 있으나, 알리바이의 증명은 단순히 소극적 사실의 증명에 그치는 것이 아니라 행위자가 행위시에 그 장소에 있었음을 증명하는 것이므로 검사에게 거증책임이 있다는 견해가 타당하다(증거재판주의 부분 참조).

(2) 처벌조건인 사실

처벌조건인 사실은 그것이 인적 처벌조각사유인가(예컨대 친족상도례에 있어서 친족관계) 객관적 처벌조건(파산죄에 있어서 파산선고)인가를 불문하고 형벌권 발생의 요건이 되므로 검사에게 거증책임이 있다.

(3) 형의 가중·감면의 사유가 되는 사실

형의 가중사유가 되는 사실(누범전과사실 등)에 대한 거증책임은 의심스러울 때에는 피고인의 이익으로(in dubio pro reo)의 원칙이 당연히 적용되고, 형의 감면사유가 되는 사실(심신미약, 농아자 등)에 대한 거증책임도 형벌권의 범위에 영향을 미치는 사유이므로 그 부존재에 대하여 검사에게 거증책임이 있다고 보아야 한다. 왜냐하면 현행법은 피고인측이 심신상실이나 심신미약 등 법률상·사실상의 주장을 하는 경우에 검사는 증거개시를 요구할 수 있으므로(제266조의11 제1항), 피고인측의 주장은 후술하는 입증의 부담에 불과하고, 그 부존재에 대하여는 법률전문가인 검사에게 입증책임을 부담시키는 것이 입법의 취지에 부합하기 때문이다.

(4) 소송법적 사실

① **소송조건에 관한 사실:** 소송법적 사실은 자유로운 증명으로 족하므로 실체법적 사실처럼 거증책임의 분배를 논하는 실익은 크지 않으나, 공소제기의 적법·유효요건인 소송조건의 존부가 불명확한 경우에 이론상 또는 실무상 거증책임의 문제가 제기된다는 점을 부정할 수는 없다. 따라서 친고죄에 있어서의 고소·고발과 같은 소송수행을 위한 적극적 요건은 물론 공소시효의 완성·사면 또는 공소의 적법 등의 소송조건에 대한 거증책임도 검사에

게 있다고 보아야 할 것이다(통설).

② **증거능력의 전제되는 사실**: 피고인의 자백이 증거능력을 가지기 위하여 요구되는 진술의 임의성이나 피의자신문조서의 특신상태 등 증거능력의 전제되는 사실이 고문 기타 가혹행위 등에 의하여 침해되었다고 피고인이 다투는 경우 이에 대한 거증책임을 누가 질 것인지 논란이 있다.

가) 학   설: 증거능력의 전제되는 사실에 대한 거증책임은 그 증거를 제출하는 **당사자**에게 있다고 보는 견해와 피고인이 증거능력의 전제되는 사실을 다투는 경우 이에 대한 거증책임은 임의성이 있다는 사실의 증거를 제출하는 당사자, 즉 **검사**에게 있다고 보는 견해가 대립되고 있다. 전자의 견해는 그 근거로 증거를 자기의 이익으로 이용하려는 당사자가 이에 대한 거증책임을 부담하는 것이 공평의 이념에 합치하기 때문이라고 한다. 따라서 의사의 진단서(대판 1969.3.31.) 또는 서증(대판 1970.11.24.)을 피고인이 증거로 제출하는 경우에는 피고인이 이에 대한 거증책임을 진다고 본다. 반면에 후자의 견해는 그 근거로 피고인에게 거증책임을 부담시키는 것은 피고인의 증거수집능력에 비추어 가혹하다는 점을 들고 있다.

나) 판   례: 자백의 임의성을 부인하게 되는 위법사유는 헌법이나 형사소송법의 규정에 비추어 볼 때 이례적(異例的)인 것이므로 자백의 임의성이 추정된다고 보면서, 다만, 「임의성 없는 진술의 증거능력을 부정하는 취지는, 허위진술을 유발 또는 강요할 위험성이 있는 상태 하에서 행하여진 진술은 그 자체가 실체적 진실에 부합하지 아니하여 오판을 일으킬 소지가 있을 뿐만 아니라 그 진위 여부를 떠나서 진술자의 기본적 인권을 침해하는 위법 부당한 압박이 가하여지는 것을 사전에 막기 위한 것이므로, 그 임의성에 다툼이 있을 때에는 그 임의성을 의심할 만한 합리적이고 구체적인 사실을 피고인이 입증할 것이 아니고 검사가 그 임의성의 의문점을 해소하는 입증을 하여야 한다」(대판 2002.10.8, 2001도3931; 대판 2000.1.21, 99도4940; 대판 1998.4.10, 97도3234)는 입장이다.

> **참조판례** 「진술의 임의성이라는 것은 고문, 폭행, 협박, 신체구속의 부당한 장기화 또는 기망 기타 진술의 임의성을 잃게 하는 사정이 있다는 것, 즉 증거의 수집과정에 위법성이 없다는 것인데 진술의 임의성을 잃게 하는 그와 같은 사정은 헌법이나 형사소송법의 규정에 비추어 볼 때 이례에 속한다고 할 것이므로 진술의 임의성은 추정된다고 볼 것이다. 진술의 임의성에 관하여는 당해 조서의 형식, 내용(진술거부권을 고지하고 진술을 녹취하고 작성 완료 후 그 내용을 읽어 주어 진술자가 오기나 증감·변경할 것이 없다는 확인을 한 다음 서명날인하는 등), 진술자의 신분, 사회적 지위, 학력, 지능 정도, 진술자가 피고인이 아닌 경우에는 그 관계 기타 여러 가지 사정을 참작하여 법원이 자유롭게 판정하면 되고 피고인 또는 검사에게 진술의 임의성에 관한 주장·입증책임이 분배되는 것은 아니라고 할 것이다」(대판 1983.3.8, 82도3248).

다) 검   토: 자백의 임의성은 자백을 유죄인정의 자료로 사용하기 위한 전제사실인데, 이러한 전제사실에 대하여 피고인측의 주장이 있는 경우 고문방지 등 입법정책상 그 부존재에 대하여 검사에게 엄격한 증명에 따른 거증책임을 지우는 것이 타당하다고 본다. 이에

따르면 검사는 통상 피의자신문을 담당했던 사법경찰관이나 진단서를 제출한 의사 등을 법정에 불러 증인으로 선서하게 한 후, 위법수사의 유무를 입증해야만 할 것이다.

5. 거증책임의 전환

(1) 의   의

거증책임의 전환이란 거증책임의 일반원칙에 대하여 특별한 경우에 명문의 규정으로 그 예외를 인정하는 것을 말한다. 실체법적 사실에 대해서는 검사가 거증책임을 지므로 통상 피고인이 거증책임을 지는 경우를 거증책임의 전환이라고 한다. 이에 대하여 거증책임을 부인하는 입장에서는 무죄추정의 원리에서 유래하는 '의심스러울 때에는 피고인의 이익으로'(in dubio pro reo)의 판단법칙이 여러 가지 정책적 이유로 법률에 의하여 '의심스러울 때에는 피고인에게 불리하게'라는 판단법칙으로 수정·반전되는 것을 거증책임의 전환으로 이해하고 있다.

(2) 법률상 추정과의 차이점

양자 모두 법률에 명문의 근거가 있어야 하는 것이지만, 법률상 추정은 개별적 사실을 대상으로 하는 것임에 대하여, 거증책임의 전환은 법원이 증명활동의 노력을 다하였으나 소송상 요증사실의 존부가 확정되지 않을 때에 그 불이익을 피고인에게 부담시키는 소송법상의 판단법칙으로서 증명활동이 끝난 후에 고려되는 한계적 개념이라는 점에서 차이가 있다. 따라서 거증책임의 전환이라고 하기 위해서는 거증책임을 상대방에게 전환하기 위한 명문의 규정이 있어야 하며, 거증책임의 예외를 뒷받침할 만한 합리적인 근거가 있어야 한다.

(3) 문제되는 경우

① **상해죄의 동시범 특례:** 형법 제263조는 「독립행위가 경합하여 상해의 결과를 발생하게 한 경우에 있어서 원인된 행위가 판명되지 아니한 때에는 공동정범의 예에 의한다」고 하여 상해죄에 대하여 동시범의 특례를 규정하고 있다(형법 제263조). 본 조문의 법적 성질에 대하여 논란이 있으나, 통설은 피고인에게 자기의 행위로 인하여 상해의 결과가 발생하지 않았음을 증명할 거증책임을 지운 정책적 예외규정으로 보고 있다(거증책임전환설).

② **명예훼손죄에 있어서 사실의 증명:** 형법 제310조는 「형법 제307조 제1항의 행위가 진실한 사실로서 오로지 공공의 이익에 관한 때에는 처벌하지 않는다」라고 하여 명예훼손죄에 대한 위법성조각사유를 규정하고 있는데, 이 경우 누가 진실성과 공익성을 증명해야 하는지 문제된다.

가) 학   설: 명예훼손죄는 피해자의 명예보호를 위하여 진실한 사실이 적시된 경우에도 성립하며, 공연히 사실을 적시하여 사람의 명예를 훼손한 자에게 입증상 무거운 부담을 부과함으로써 함부로 사람의 명예가 손상되지 않도록 하려는 입법자의 정책적 배려가 놓여

있다는 점을 근거로 적시한 사실의 진실성과 공익성에 대해 피고인에게 거증책임이 전환된다고 보는 **거증책임전환설**(피고인부담설)과 형법 제310조는 언론의 자유(헌법 제21조 제1항)를 보장할 목적에서 규정된 특수한 위법성조각사유로서 거증책임전환과는 상관없는 규정으로 보는 **위법성조각사유설**(검사부담설)(다수설)이 대립하고 있다.

나) 판   례: 대법원은 「공연히 사실을 적시하여 사람의 명예를 훼손한 행위가 형법 제310조의 규정에 따라서 위법성이 조각되어 처벌대상이 되지 않기 위하여는 **그것이 진실한 사실로서 오로지 공공의 이익에 관한 때에 해당한다는 점을 행위자가 증명하여야 하는 것이나**, 그 증명은 유죄의 인정에 있어 요구되는 것과 같이 법관으로 하여금 의심할 여지가 없을 정도의 확신을 가지게 하는 증명력을 가진 엄격한 증거에 의하여야 하는 것은 아니므로, 이때에는 **전문증거에 대한 증거능력의 제한을 규정한 형사소송법 제310조의2는 적용될 여지가 없다**」(대판 1996.10.25, 95도1473)고 판시하여 거증책임은 피고인이 지지만 자유로운 증명으로 족하므로 전문증거라고 하여도 입증자료가 될 수 있다는 입장이다.

다) 검   토: 형법 제310조는 요건이 입증되었을 때 위법성이 조각된다는 실체법상의 효과를 가질 뿐, 상해죄의 동시범의 특례규정(형법 제263조)처럼 그 요건이 거증책임의 전환이라는 절차법적 특별효과를 부여하는 규정으로 볼 수 없다. 왜냐하면 우리 형법에서는 일본이나 독일 형법과 달리 '증명'에 관하여 아무런 규정도 두고 있지 않으므로 형사소송의 '의심스러울 때에는 피고인의 이익으로'의 원칙에 따라 적시사실의 진실성과 공익성의 부존재에 관하여 검사가 거증책임을 진다고 보아야 하기 때문이다. 따라서 피고인이 제310조의 위법성조각사유를 주장하면, 검사가 적시사실의 비진실성과 비공익성에 관한 입증을 해야 할 것이다.

③ 양벌규정에서의 사업주의 무과실책임규정: 근로기준법 제116조 단서, 선원법 제148조 제1항 단서, 전당포영업법 제36조 단서 등 법률에서 양벌규정을 두고 있는 경우, 자신(사업주)의 무과실에 대한 거증책임을 피고인이 부담한다는 견해와 검사가 사업주의 과실을 입증하여야 한다는 견해가 대립되고 있다. 그러나 형사특별법의 양벌규정에 대하여 일률적으로 그 거증책임을 정할 것이 아니라 법문의 형식이 전당포영업법처럼 '상당한 주의를 태만히 하지 않았다는 것이 증명된 경우'에 벌하지 아니한다는 것과 근로기준법이나 선원법처럼 '…필요한 조치를 한 경우는 벌하지 아니한다'라는 것을 구별하여 전자의 경우에는 명문으로 증명에 관하여 규정한 것이므로 거증책임의 전환으로 인정하여 피고인에게 거증책임을 부담시킬 것이나, 후자의 경우에는 명문으로 전환시키는 규정이 아니므로 위의 명예훼손죄에 있어서의 면책규정의 거증책임과 같은 원리로 일반의 형벌조각사유와 동일하게 취급하는 것이 타당하다고 본다. 따라서 검사가 그 필요한 조치를 하지 않았음에 대하여 거증책임을 부담해야 할 것이다.

6. 입증의 부담과 증거제출책임

(1) 입증의 부담

① **의 의**: 입증의 부담이란 소송의 전개과정에 따라 어느 사실이 증명되지 아니하면 자기에게 불이익한 판단을 받을 가능성이 있는 당사자가 그 불이익을 면하기 위하여 당해 사실을 증명할 증거를 제출할 부담을 의미하는데, 이 부담 또는 책임을 **주관적 거증책임** 또는 **형식적 거증책임**이라고도 한다.

대륙법계의 직권주의 소송제도하에서는 증거조사의 과정에 있어서 법원이 적극적으로 증거수집활동을 하였기 때문에 입증의 부담문제는 이론적으로나 실제상으로나 별다른 의의가 없었다. 그러나 당사자주의가 강화된 현행 형사소송법에 있어서는 법원의 직권증거조사($\frac{제295}{조}$)라든가 입증을 촉구하는 석명권($\frac{규}{제141조}$)이 있다고 하더라도 증거조사는 원칙적으로 당사자의 청구·제출에 의존하게 되므로 소송의 구체적 상황에 따라서 일방당사자가 일응 유력한 증거를 제출할 경우, 다른 당사자가 자기에게 유리한 증거를 법원에 제출하지 아니하면 불이익을 받을 가능성이 많아지기 때문에 당사자의 입증의 부담문제는 이론적으로 의의를 갖게 된다.

② **거증책임과의 관계**: 거증책임이 사안의 성질에 따라 고정되어 있음에 반하여 입증의 부담은 소송의 진행에 따라 반전한다. 예컨대 검사가 구성요건해당성을 증명하면 위법성과 책임은 사실상 추정되므로 위법성조각사유나 책임조각사유의 존재에 대하여 피고인이 입증의 부담을 지고, 다시 검사가 그 부존재에 대하여 확신할 수 있을 정도로 입증하여야 하며, 피고인이 구성요건해당사실의 부존재를 의심케 할 정도의 알리바이를 입증하면 검사가 알리바이의 부존재를 확신할 수 있을 정도로 입증하여야 한다. 이처럼 입증의 부담은 특히 사실상 추정의 경우에 법관의 심증형성을 깨뜨리기 위하여 중요한 의미를 갖는데, 다만 피고인의 경우에는 입증의 정도가 법관에게 확신을 갖게 할 것을 요하지 않고 **그러한 사유가 있지 않은가**라는 의심을 갖게 할 정도, 즉 법관의 심증을 방해할 정도면 족하다는 점에서 법관에게 유죄확신을 갖게 할 정도로 거증책임을 지는 검사의 경우와 차이가 있다.

③ **증명의 정도**: 입증부담의 전제사실이 엄격한 증명의 대상이면, 그 부존재에 대한 입증의 부담도 엄격한 증명의 대상이 되며, 입증부담의 전제사실이 자유로운 증명의 대상이면, 그 부존재에 대한 입증의 부담도 자유로운 증명의 대상이 된다.

(2) 영미법상의 증거제출책임(burden of producing evidence)

증거제출책임은 영미 증거법상 개념으로서, 사실의 인정은 배심의 기능에 속하지만 법관이 배심의 판단에 부의할 만한 증거가 없다고 인정할 경우에는 그 쟁점은 배심의 판단을 받지 아니하므로 이에 따라 불이익을 받는 당사자가 먼저 심신상실이나 함정수사의 항변, 위법수집증거의 배제신청 등 '일응의 증거'를 제출하여 법관의 납득을 받을 필요가 있는데, 이를 증거제출책임이라고 한다.

☞ 종래 거증책임과 입증의 부담에 관한 논의는 독일법 이론에서 비롯된 것이나, 영미법 이론수용의 시도도 있다. 즉 우리 형사소송법에도 증명정도에 차등을 두어 거증책임의 전환에 미치지 않는 증거제출책임을 인정할 필요가 있다는 주장이다. 이에 대해 통설은 현행 형사소송법상 증거제출책임의 개념을 특별히 인정할 필요가 없으며, 이는 형식적 거증책임 내지 입증의 부담의 개념에 의하여 해결하면 족하다고 본다. 왜냐하면 증거제출책임의 관념을 도입하여 증명의 정도에 차등을 두려는 시도는 소추 단계에서 죄를 범하였다고 믿을 만한 '상당한 이유'(probable cause)가 있으면 우선 재판을 열어 양 당사자가 법정에서 서로 증거를 제출함으로써 비로소 실체적 진실을 밝힌다고 하는 영미식의 배심재판 및 당사자주의를 전제로 할 때에만 의미가 있을 뿐이기 때문이다. 현행 소송구조하에서는 검사의 공소제기시 유죄판결에 요구되는 '합리적인 의심을 배제할 수 있을 정도의 입증'을 요구하고, 이에 대응하여 피고인도 증거의 제출 및 입증활동까지 부담해야 하기 때문에 형식적 거증책임 내지 입증의 부담문제로 해결할 수밖에 없다.

사례해설

1. 검사가 부담할 거증책임의 범위는 단순히 범죄사실에 그치지 않고 범죄의 성립을 방해하는 위법성조각사유 내지 책임조각사유 및 법률상 형의 감면의 이유로 되는 사실에까지 미치게 된다. 따라서 법원은 정당방위의 의심을 갖는 이상 석명권을 행사하여 검사에게 정당방위의 부존재에 대한 거증책임을 과해야 하며 그대로 유죄를 선고할 수는 없다.
2. 피고인 甲으로부터 알리바이에 대한 일응의 증거가 제출되어 있으므로 법원은 검사에게 거증책임을 전환하여 알리바이의 부존재가 합리적인 의심을 넘어 증명되지 않는 한 무죄를 선고해야 할 것이다.

CHAPTER 02 　증거능력인정의 전제조건

제1절　자백(自白)의 임의성

I. 서　설

1. 자백의 의의

자백(confession)이란 피의자 또는 피고인이 범죄사실의 전부 또는 일부를 인정하는 진술을 말한다. 진술을 하는 자의 법률상 지위는 문제되지 않으며, 진술의 형식이나 상대방도 묻지 않는다. 따라서 피의자·피고인의 지위에서 행한 것뿐만 아니라 증인이나 참고인의 지위에서 행한 것도 모두 자백에 해당하며, 범행 혐의를 받기 전에 행한 것이든 범행 발각 후에 행한 것이든 모두 이에 해당한다. 또 법원·법관이나 수사기관에 대하여 진술한 경우뿐만 아니라 사인에 대하여 진술한 경우도 포함되며, 일기 등에 기재하는 경우처럼 상대방없이 행하여진 경우도 마찬가지이다.

이러한 자백에는 재판상 자백과 재판외 자백의 두 가지 종류가 있는데, 전자는 법원에 대하여 한 자백을 말하고, 후자는 법정 외에서 법관 이외의 자에 대하여 한 자백을 말한다. 다만 현행 형사소송법은 간이공판절차의 개시요건으로 공판정에서의 자백을 규정한 것 외에는(제286조의2) 재판상 자백과 그 밖의 자백을 분리하여 취급하지 않으므로, 형사소송법 제309조의 자백은 재판상 자백과 그 밖의 자백을 모두 포함하는 개념으로 보아야 할 것이다.

2. 자인과의 구별

증거법상 자백법칙이 발달한 영미법에 있어서는 범죄성립에 필요한 전범위의 사실을 인정하는 자백(confession)과 범죄사실의 증명에 필요한 사실의 일부분이나 또는 자신에게 불리한 부분사실을 긍정하는 자인(admission)을 구별한다. 예컨대 살인사건에서 피고인이 사람을 살해했다고 진술하는 것은 자백이지만, 살해한 것은 사실이나 정당방위라고 진술하는 것은 자인에 해당한다.

그러나 현행 형사소송법은 자백과 자인을 구별하지 않으므로 범죄사실의 전부에 대한 긍정뿐만 아니라 범죄사실의 일부에 대한 긍정도 모두 포함하는 개념이다. 따라서 구성요건에 해당하는 사실을 긍정하면서 위법성조각사유나 책임조각사유의 존재를 주장하는 경우도 자백에 해당한다. 대법원도 「전과(前科)에 관한 사실은 엄격한 의미에서의 범죄사실과 구별되는 것으로서 피고인의 자백만으로서도 이를 인정할 수 있다」(대판 1979.8.21, 79도1528)고 판시하여 범죄사실 자체에 대한 진술이 아니라 하여도 자기에게 불리한 진술은 자백의 개념에 포함시키고 있다.

Ⅱ. 이론적 근거

1. 학 설

(1) 허위배제설

이 설은 영미 보통법상의 전통적 근거로서 임의로 한 자백이 아니면 허위가 개재할 위험성이 많으므로 그 자체에 있어 증명력이 빈곤하여 실체적 진실에 유해하기 때문에 임의성없는 자백의 증거능력을 박탈해야 한다는 견해이다. 이에 의하면 '임의'는 주관적·객관적 사정을 막론하고 허위의 진술을 할 위험성이 없음을 의미한다. 이에 대하여 ㉠ 자백의 임의성을 진실성과 동일시하므로 증거능력과 증명력의 혼란을 초래하고 있고, ㉡ 임의성없는 자백은 허위의 유무를 불문하고 증거능력이 부정되는 점을 설명하기 곤란하다는 비판이 있다.

(2) 인권옹호설

이 설은 고문 등 강제에 의한 임의성없는 자백에 증거능력을 인정한다면 고문 등의 폐단을 조장하고 불이익한 진술을 강요당할 위험성이 많으므로 자백의 임의성법칙을 헌법상 보장된 진술거부권(묵비권)의 담보장치로 마련된 증거법상 법리로 보는 견해이다. 이에 따르면 '임의'는 범죄사실의 인부에 대한 의사결정의 자유, 즉 진술의 자유를 침해하는 위법·부당한 압박이 없다는 것을 의미한다. 이에 대하여 묵비권은 증거법상 특권이기 때문에 이를 침해하고 얻어진 증거는 묵비권침해 그 자체를 이유로 하여 배제되므로 굳이 자백법칙을 인용할 필요가 없다는 점에서 묵비권의 보장과 자백의 임의성법칙을 동일하게 취급하는 것은 부당하다는 비판이 있다.

(3) 절 충 설

허위배제설과 인권옹호설이 모두 자백의 증거능력을 제한하는 근거로 타당하다는 견해이다. 즉 제309조 전단의 고문, 폭행, 협박, 신체구속의 부당한 장기화에 의한 자백은 인권침해에 의한 자백이고, 기망 기타 방법에 의한 자백은 허위배제설에 입각한 것이라고 보고 있다. 이에 따르면 임의성의 유무는 절차의 전체상황을 고려하여 자백자의 주관을 기준으로 판단하게 된다. 이에 대하여 허위배제설과 인권옹호설의 결합을 전단과 후단에 따라 분리하여 적용하는 것은 허위배제설과 인권옹호설의 결함만을 결합하는 결과를 가져오게 된다는 비판이 있다.

(4) 위법배제설

이 견해는 형사소송법 제309조를 형사소추기관의 위법수사를 억제하기 위한 정책적 배려에서 나온 장치로 이해하여, 자백획득의 수단이 법의 적정절차에 위반하여 위법하기 때문에 증거능력이 부정된다는 견해이다(다수설). 이 설에서는 헌법이나 형사소송법이 규정한 예시적 현상은 위법활동의 형식적 유형을 예시한 것으로 보고 "기타 임의로 진술한 것이 아니라고 의심할 만한 이유"는 독립적으로 열거된 유형과 같은 정도의 위법수단에 의하여 취득된 자백을 배제한다는 의미로 해석한다. 따라서 이 설에 따르면 자백의 임의성에 영향을 미칠 사유가 확인되면 곧바로 자백의 증거능력을 부인하고 그 사유와 임의성 사이에 별도로 인과관계를 묻지 아니한다. 이에 대하여 ㉠ 제309조의 범위에 위법한 절차에 의하여 획득한 자백까지 포함된다고 보아 임의성을 도외시하는 것은 임의성을 증거능력의 요건으로 하고 있는 제309조의 해석상 곤란하며, ㉡ 자백의 임의성이 없는 경우와 자백의 임의성은 인정되나 단지 그 획득절차가 위법인 경우의 질적 차이를 무시하고 있다는 비판이 있다.

(5) 종 합 설

이 설은 자백의 증거능력을 배제하는 근거를 허위배제설, 인권옹호설 또는 위법배제설의 어느 한 입장에서 파악하지 않고 이들 모두가 종합적으로 자백배제법칙의 근거가 된다고 하는 견해이다. 이 견해는 임의성이 의심되어 자백이 증거능력을 상실하게 되는 상황은 자백에 허위가 개입할 정형적 위험성이 인정되는 경우뿐만 아니라 수사기관이 위법수사로 자백을 획득한 경우와 피고인의 의사결정권이 침해된 상태에서 자백이 행해진 경우를 모두 포괄하는 것으로 보고, 또한 허위배제설, 위법배제설 그리고 인권옹호설은 서로 배척·상충하는 이론이 아니라 보완관계에 서서 자백배제법칙의 적용범위를 확장하는데 기여하는 이론이라고 한다. 이에 대하여 형사소송법 제309조에 의하여 배제되는 근거로 수개의 기준을 사용하여 설명하는 점에서 이론적인 약점이 있고, 자칫하면 이들 여러 학설의 결함만을 결합할 위험이 있다는 비판이 있다.

2. 판 례

대법원은 「임의성없는 자백의 증거능력을 부정하는 취지가 **허위진술을 유발 또는 강요할 위험성이 있는 상태하에서 행하여진 자백은 그 자체로 실체적 진실에 부합하지 아니하여 오판의 소지가 있을 뿐만 아니라 그 진위여부를 떠나서 자백을 얻기 위하여 피의자의 기본적 인권을 침해하는 위법부당한 압박이 가하여지는 것을 사전에 막기 위한 것이다**」(대판 1998.4.10, 97도3234; 대판 2006.11.23, 2004도7900)라고 판시하여 절충설적 입장을 따르고 있다.

3. 검 토

자백취득과정에서의 조사방법의 위법성유무는 제308조의2에서 별도의 검토가 이루어지므로(위법배제설), 제309조의 독자적인 의미는 자백의 **임의성**과 관련된다고 보아야 한다. 왜냐하면 자백배제법칙의 근거를 위법배제에서 찾는 견해에 따르면, 자백배제에 관한 제309조는 위법배제법칙의 한 부분에 불과하므로 위법배제법칙을 신설하면서, 별도로 자백배제규정을 존치할 이유가 없었을 것이기 때문이다. 따라서 허위배제설과 인권옹호설을 모두 고려하는 절충설에 찬동하며, 이 경우 제309조 전단의 근거와 후단의 근거를 굳이 나누어서 파악할 필요는 없을 것이다.

Ⅲ. 위법수집증거배제법칙과의 관계

1. 학 설

통설은 자백배제법칙의 근거를 위법배제설로 이해하면서 임의성여부를 불문하고 수집의 절차나 수단이 위법한 모든 위법한 자백이 동조에 의해 증거능력이 배제되는 것으로 본다. 즉, 자백배제법칙을 위법수집증거배제법칙의 특칙으로 보면서, 위법수집증거배제법칙을 자백에 대해 적용한 것이 자백배제법칙이라고 한다. 자백배제법칙의 근거가 허위배제에서 위법배제로 옮겨 오고 있는 이상 양 법칙은 모두 동일선상의 시각에서 수사과정상의 적정절차의 보장과 위법억제에 초점이 맞추어진 것이고, 다만 위법수사의 산물이 자백인 경우에는 연혁적으로 더욱 강하게 비난받을 역사성 때문에 특별규정을 둔 것에 불과하다는 것이다. 따라서 진술거부권을 고지하지 않은 자백, 접견교통권을 침해한 자백, 불법구속에 의한 자백 기타 그 수집절차가 위법한 자백은 모두 제309조에 의하여 증거능력이 배제된다고 본다.

2. 판 례

종래 대법원은 「피의자의 진술거부권은 헌법이 보장하는 형사상 자기에 불리한 진술을 강요당하지 않는 자기부죄거부의 권리에 터잡은 것이므로 **수사기관이 피의자를 신문함에 있어서 피의자에게 미리 진술거부권을 고지하지 않은 때에는 그 피의자의 진술은 위법하게 수집된 증거로서 진술의 임의성이 인정되는 경우라도 증거능력이 부인되어야 한다**」($\frac{대판\ 1992.6.26,}{92도682}$)고 판시하여 그 근거를 (구)형사소송법 제200조 제2항($\frac{개정법}{제244조의3}$)에 두면서, 위법수집증거배제법칙을 적용하고 있었다.

3. 검 토

헌법 제12조 제7항 및 형사소송법 제309조는 자백의 '임의성'에 초점이 맞추어져 있는 반면, 현행법 제308조의2는 「적법한 절차에 따르지 아니하고 수집한 증거는 증거로 할 수 없다」라고 규정하여 위법한 '절차'에 초점을 맞추고 있으므로 동조의 적용을 받는 것은 임의성이 없거나 의심되는 자백(이른바 자백의 임의성법칙)에 한하고, 임의성이 인정되나 그 수집절차가 위법한 자백(이른바 자백의 위법배제법칙)은 위법수집증거배제법칙이 적용된다고 보아야 한다(자백배제법칙을 2원적으로 보는 견해). 즉 제309조의 자백의 임의성법칙은 임의성이 없거나 의심되는 자백의 증거능력에 관해서만 적용되는 것이므로 이 규정을 임의성은 있으나 위법 하게 수집된 자백에까지 확대하는 것은 동조의 취지에 어긋난다. 따라서 진술거부권을 고지 하지 않고 피의자신문을 행하여 얻은 자백, 변호인의 접견교통권을 침해한 채 피의자신문을 하여 얻은 자백, 영장주의에 위반한 불법구속 중에 행한 자백, 별건구속 중의 자백 등과 같 이 임의성은 인정되나 그 수집절차가 위법한 자백은 각각 제200조 제2항, 제34조 또는 구속 에 관한 형사소송법의 규정에 위반하였음을 근거로 제308조의2에 의하여 증거능력이 부정 된다고 보아야 한다.

결국 현행법의 태도는 종래 수사기관이 피의자의 자백을 얻는데 편중하여 가혹행위를 행 하는 등 인권유린의 위험성이 많았기 때문에 이를 방지하려는 입법정책적 고려에서 이중의 장치를 한 것으로 보아야 할 것이다.

☞ 전문법칙과 위법수집증거배제법칙의 관문을 모두 통과한 다음에 자백 자체를 중심으로 자백배 제법칙이 적용된다는 견해도 있다. 그러나 ㉠ 자백의 임의성법칙이 위법수집증거배제법칙의 특칙 이라는 점, ㉡ 수사절차상의 위법 때문에 피의자의 주관적 사정, 즉 임의로 진술하는 것인지를 묻 지 않고 증거능력을 배제한다면 이는 위법수집증거배제법칙을 적용한 결과이지 임의성배제법칙을 적용한 결과가 아니라는 점, ㉢ 위법수집증거배제법칙을 통과한 자백의 경우 임의성을 검토할 실 익이 없다는 점 등을 고려해 볼 때, 자백의 임의성법칙을 우선적으로 검토하는 것이 타당하다.

IV. 적용범위

1. 고문·폭행·협박·신체구속의 부당한 장기화로 인한 자백

(1) 고문·폭행·협박에 의한 자백

고문이란 사람의 정신 또는 신체에 대하여 비인도적·비정상적인 위해를 가하는 것을 말 하고, 폭행이란 신체에 대한 유형력의 행사를 말하며, 협박이란 해악을 고지하여 공포심을 일으키는 것을 말한다. 이러한 고문·폭행·협박의 형태에는 제한이 없다. 때리거나 차는 경 우는 물론 반드시 피고인이 직접 고문·폭행 등을 당하지 않았다 하더라도 다른 피고인이 고문당하는 것을 보고 자백한 경우(대판 1978.1.31, 77도463)도 여기에 해당한다. 문제는 피의자가 경찰에 서 고문에 의하여 자백을 한 후 검사에게 동일한 자백을 한 경우에 검사 앞에서 한 자백의 증거능력을 인정할 수 있는가이다. 이에 대하여 대법원은 처음에 검사에 대한 자백의 임의 성을 인정하였으나(대판 1972.8.22, 72도1469), 그 후「수사기관에서 고문 등으로 임의성없는 진술을 하고 그 후 검사의 조사단계에서도 임의성없는 심리상태가 계속되어 동일한 내용의 진술을 하였다면 비록 자백을 강요당한 바 없다 하여도 그 자백은 임의성없는 진술이 된다」(대판 2011.10.27, 2009도1603)고 판시하고 있다.

(2) 신체구속의 부당한 장기화로 인한 자백

이는 부당하게 장기간에 걸친 구속후의 자백을 의미한다. 어느 정도 부당한 구금이 자백의 증거능력을 부인하는 사유로 되는가 하는 점은 사건의 경중, 심판의 난이, 도망·증거인멸의 위험 정도, 피고인의 심신상태 등 주관적·객관적인 구체적 사정을 종합적으로 참작하여 구속의 필요성과 비례성을 기준으로 판단할 것이다(통설). 판례도 경찰에서 약 15일간의 위법한 장기구금상태하의 자백의 임의성을 부인하면서, 이에 뒤이은 검찰의 조사단계의 자백도 부당한 장기구금으로부터 오는 임의성없는 상태가 계속된 상황에서 된 것이라고 의심할 이유가 있다(대판 1982.5.25, 82도716)고 판시한 바 있다.

2. 기망 기타 방법에 의한 임의성에 의심있는 자백

(1) 기망과 약속에 의한 자백

① **기망에 의한 자백**: 기망에 의한 자백이란 위계를 사용하여 상대방을 착오에 빠지게 한 결과 획득한 자백으로서, **위계에 의한 자백**이라고도 한다. 이러한 자백획득에 관계되는 위계의 태양은 다양하지만 실제 자주 문제되는 것은 진실에 반해서 '공범자는 이미 자백하였다'거나 '공범자가 체포되었기 때문에 부인해 보았자 소용없다'거나 '사건현장에 남겨진 지문이 너의 것과 동일하다'라는 등 거짓말을 하면서 신문하는 경우이다.

생각건대 위계에 의한 자백이라 하여 일률적으로 그 임의성이 없다고는 할 수 없고, 그 위계의 구체적 내용(위법성), 진술자의 연령·지능, 진술 당시의 진술자의 정신상태 등 제반 사정을 참작하여 그 위계가 허위의 자백을 유발할 정도의 적극적인 사정이 있는지, 또 상대방이 그 위계에 의하여 허위의 자백을 했다고 의심할 만한 정도의 정당하지 않은 신문방법인가에 의하여 결정해야 할 것이다. 따라서 단순한 착오나 논리모순을 이용하는 것은 통상의 신문방식으로 허용된다고 할 것이고(통설), 사실이나 증거상황에 대한 단순한 침묵은 그것이 간계(奸計)한 것일지라도 기망에 해당하지 않는다고 보아야 한다. 그러나 약속을 지키지 않을 것이면서도 자백의 대가로 이익을 제공하겠다고 약속하면서 자백을 획득하는 경우는 여기에 해당한다고 보아야 할 것이다. 판례도 피고인의 신문에 참여한 검찰주사가 피의사실을 자백하면 피의사실 부분을 가볍게 처리하고 보호감호청구를 하지 않겠다는 각서를 작성해주면서 자백을 유도하거나(대판 1985.12.10, 85도2182), 특정범죄가중처벌등에관한법률을 적용하지 않고 가벼운 수뢰죄로 처벌받게 해주겠다고 약속하고 자백을 유도한 경우(대판 1984.5.9, 83도2782)에 대하여 기망에 의한 자백으로 보고 있다.

② **약속에 의한 자백**: 약속에 의한 자백이란 국가기관이 자백의 대가로 법률상 허용되지

않는 이익을 제공하겠다는 약속을 하고 피의자 등이 그 약속에 기하여 자백하는 경우를 말한다. 통상 이에는 기소유예, 조기석방, 형의 감경 또는 면제, 사면 등과 같이 형사책임에 관계있는 이익에 그치지 않고 필로폰중독자 등에 대하여 필로폰공급 등을 약속하거나 금전적인 보수의 제공을 약속하는 것처럼 형사책임과 관계없는 개인적 또는 세속적 이익도 거론된다. 판례도 「일정한 증거가 발견되면 피의자가 자백하겠다고 한 약속이 검사의 강요나 위계에 의하여 이루어졌다던가 또는 **불기소나 경한 죄의 소추 등 이익과 교환조건으로 된 것으로 인정되지 않는다면** 위와 같은 자백이 약속하에 된 자백이라 하여 곧 임의성없는 자백이라고 단정할 수 없다」(대판 1983.9.13, 83도712.)는 입장이다. 생각건대 우리나라의 경우 영미의 답변협상(Plea Bargaining)을 인정하고 있지는 않지만, 검사는 "범행후의 정황"(형법 제51조) 등을 고려하여 공소를 제기하지 않을 수 있고(제247조), 구(求)형량에 대한 재량권도 가지고 있다는 점에서 피의자의 답변이 임의적이고 자발적인 경우에 합법적인 약속제공을 통한 자백획득의 시도를 일률적으로 불법으로 볼 필요는 없으며, 전통적인 임의성의 판단기준인 **상황의 총체성** 기준에 따라 자백배제 여부를 판단하는 것이 타당하다고 본다.

(2) 기타 임의성에 의심있는 자백

① **의   의**: 자백배제법칙을 이원적으로 이해하는 견해는 임의로 진술한 것이 아니라고 의심할 만한 이유가 있는 때란 임의성없다는 것을 입증하는 것이 곤란하다는 점을 고려하여 임의성에 의심이 있는 자백은 증거로 할 수 없다는 취지이다. 따라서 이는 고문·폭행·협박·신체구속의 부당한 장기화에 의한 자백과 기망 기타의 방법에 의한 자백에 대하여 모두 적용되는 것으로 해석하고 있다.

② **철야 또는 야간의 계속된 신문에 의한 자백**: 일반적으로 자백의 임의성은 위법배제의 견지에서 구체적 상황에 비추어 판단해야 할 가치적인 개념이므로 철야 또는 야간조사가 강제수사가 아닌 이상 그 자체만으로 불법이라고 할 수는 없을 것이다. 다만 철야 또는 야간에 계속된 신문은 피조사자의 심신에 고통과 피로감을 줄 가능성이 크므로 피조사자의 인권침해 및 진술의 임의성을 기준으로 엄격한 요건하에서만 증거능력을 인정해야 할 것이다. 이와 관련하여 판례는 「피고인의 검찰에서의 자백은 피고인이 검찰에 연행된 때로부터 약 30시간동안 잠을 재우지 아니한 채 검사 2명이 교대로 신문을 하면서 회유한 끝에 받아낸 것으로 임의로 진술한 것이 아니라고 의심할 만한 이유가 있는 때에 해당한다고 보아, 형사소송법 제309조의 규정에 의하여 그 피의자신문조서는 증거능력이 없다」(대판 1997.6.27, 95도1964.)고 판시한 바 있다.

③ **유도신문**(leading question)**에 의한 자백**: 일반적으로 유도신문(誘導訊問)이란 신문자가 의욕하는 진술을 명시 내지 암시하는 것과 같은 신문을 말한다. 이러한 유도신문이 타당하지 않는 이유는 피신문자가 명시 내지 묵시에 영합하기 쉽고 유도된 허위의 진술 등, 한편에

치우친 진술이 될 위험성이 크기 때문이다. 따라서 허용되지 않은 유도신문이 행하여진 경우, 그것이 위법한 것이지만 그것에 의한 진술의 증거능력이 문제된다. 생각건대 이러한 유도신문에 의한 피고인의 진술이라 할지라도 항상 임의성이 없다고는 할 수 없고 임의성을 결하였는지 여부는 역시 그 진술이 있을 당시의 상황으로부터 구체적으로 판단해야 할 것인바, 일반적으로 피고인의 의사를 압박하는 것과 같은 수단·방법을 취하였다고 하는 의심할 만한 자료가 없는 한 임의성이 없다고 보기는 어렵다.

④ **마취분석에 의한 자백:** 인간의 의사지배능력을 배제하고 인간의 가치를 부정하는 위법한 수사방법이므로 피분석자의 동의여부를 불문하고 증거능력을 부정해야 한다(통설).

⑤ **진술거부권의 불고지 및 변호인의 조력을 받을 권리의 침해에 의한 자백:** 진술거부권 및 변호인의 조력을 받을 권리(변호인선임권 내지 접견교통권)는 헌법상의 권리(헌 제12조 제2항, 제12조 제4항,)이므로 이러한 고지를 행하지 않고 자백을 획득하는 것은 자백배제법칙에 의하여 증거능력이 부인되어야 한다는 견해가 통설이다. 그러나 위법수집증거배제법칙과의 관계에 있어서 임의성이 의심되면 자백배제법칙(제309조)의 문제로 보아야 하지만, 단순히 불고지한 것만으로는 자백배제법칙의 문제가 아니라 위법수집증거배제법칙(제308조의2)의 문제에 해당한다고 보아야 한다.

☞ 비교법적으로 볼 때, 미국의 미란다(Miranda)고지 원칙은 피의자가 체포된 경우에 그리고 수사기관이 피의자를 신문하는 경우에만 적용된다. 이 경우에도 경찰이나 공중의 안전보호가 우려되는 경우에는 이른바 '공공의 안전이론'(Public safety)에 따라 미란다원칙이 배제되며, 독수의 과실이론(후술)도 적용되지 않으므로 진술거부권 등을 불고지하였다는 사실만으로 증거능력을 당연 배제시키는 것은 너무 형식논리에 치우친 결론이다.

V. 입증의 문제

자백의 임의성법칙을 적용하여 자백의 증거능력을 부인하기 위해서는 고문, 폭행 등 자백의 임의성을 의심케 할 만한 사유와 자백 사이에 인과관계가 인정되어야 하는지 문제된다.

1. 인과관계의 요부

(1) 학　　설

증거능력이 부정되는 임의성없는 자백은 고문·폭행에 의한 것이므로 양자 사이에 당연히 인과관계가 필요하고, 다만 신체구속의 부당한 장기화와 임의성없는 자백 사이의 인과관계는 추정된다는 견해(인과관계요구설)와 위법배제설의 입장에서 고문 등의 위법사유와 자백사이의 인과관계는 필요하나 위법사유와 임의성 부존재의 인과관계는 불필요하다는 견해 및 위법행위와 자백사이에 조건관계만 있으면 되고 자백의 불임의성(不任意性)과의 인과관계는 필요없다는 견해(인과관계불요설)(다수설)가 대립하고 있다.

(2) 판   례

2007년 위법수집증거배제법칙($^{제308조}_{의2}$)이 도입되기 전의 구(舊)국가보안법 위반사건(소위 '송씨일가 간첩사건')에서, 대법원은 「피고인의 자백이 임의성이 없다고 의심할 만한 사유가 있는 때에 해당한다 할지라도 그 임의성이 없다고 의심하게 된 사유들과 피고인의 자백과의 사이에 인과관계가 존재하지 않은 것이 명백한 때에는 그 자백은 임의성이 있는 것으로 인정된다」고 판시하면서도(인과관계요구설), 「이와 같이 임의성이 없다고 의심할 만한 이유가 있는 자백은 그 인과관계의 존재가 추정되는 것이므로 이를 유죄의 증거로 하려면 적극적으로 그 인과관계가 존재하지 아니하는 것이 인정되어야 한다」($^{대판\ 1984.4.27.}_{84도2252}$)는 입장이다.

(3) 검   토

인권보장과 실체적 진실발견의 양자를 고려할 때, 자백을 유도한 제사정을 종합적으로 판단하여 인과관계의 존부를 판단해야 하지만, 위법수집증거배제법칙이 도입된 현행법하에서 인과관계의 요부는 큰 의미가 없다고 본다. 왜냐하면 고문 등의 위법사유와 자백 사이에 인과관계가 부존재한다고 하더라도 이러한 위법은 제308조의2에 의하여 어차피 증거능력이 부정될 것이기 때문이다. 결국 인과관계의 요부를 검토할 필요없이 '임의성' 및 '중대한 위법'의 유무를 순서대로 검토하는 것이 의미가 있을 것이다.

2. 임의성의 입증

(1) 임의성의 거증책임

형사소송에 있어서 거증책임은 원칙적으로 원고측인 검사에게 있고, 실제에 있어서 자백을 증거로 주장하는 측은 검사이므로 그 증거능력, 즉 임의성에 대한 거증책임은 검사에게 있다(거증책임 부분 참조).

(2) 증명방법

① **학   설:** 임의성이 없는 자백은 그대로 피고인에 대하여 중대한 불이익한 증거가 되므로 임의성을 좌우하는 증거조사에 있어서도 당사자에게 반대신문의 기회를 주어야 한다는 점을 이유로 엄격한 증명을 요한다고 보는 견해, 자백의 임의성은 소송법적 사실이므로 그 증명은 자유로운 증명으로 충분하다는 견해, 위법사유정도에 따라 임의성을 해치는 사유가 고문, 폭행 등 중대한 위법이 주장되는 경우에는 엄격한 증명이 요구되지만, 기망 기타의 사유에 대해서는 자유로운 증명이 요구된다는 견해 등이 있다.

② **판   례:** 대법원은 「피고인이 피의자신문조서에 기재된 피고인 진술의 임의성을 다투면서 그것이 허위 자백이라고 주장하는 경우, 법원은 구체적인 사건에 따라 피고인의 학력, 경력, 직업, 사회적 지위, 지능 정도, 진술 내용, 피의자신문조서의 경우 조서 형식 등

제반 사정을 참작하여 **자유로운 심증으로 진술이 임의로 된 것인지를 판단하되**, 자백의 진술 내용 자체가 객관적인 합리성을 띠고 있는가, 자백의 동기나 이유 및 자백에 이르게 된 경위는 어떠한가, 자백 외 정황증거 중 자백과 저촉되거나 모순되는 것이 없는가 하는 점 등을 고려하여 신빙성 유무를 판단하여야 한다」(대판 2011.10.27, 2009도1603)고 하여 자유로운 증명으로 족하다는 입장이다.

③ **검　토:** 증거능력의 인정을 위한 기초사실에 대하여 피고인측이 다투는 경우에 검사에게 엄격한 거증책임을 지우는 것이 피고인에게 유리하다는 점에서, 피고인이 '임의로 진술한 것이 아니라고 의심할 만한 이유'를 입증하는 경우 검사가 엄격한 증명에 따른 거증책임을 진다고 보는 것이 타당할 것이다.

Ⅵ. 효　　과

1. 증거능력의 절대적 배제

임의성없는 자백은 유죄의 증거로 하지 못한다(헌법 제12조 제7항, 법 제309조). 즉 증거능력이 부정되며, 나아가 임의성없는 자백은 반증·보강증거·탄핵증거로도 사용할 수 없다. 만약 이에 의하여 공소범죄사실을 유죄로 인정하면 증거재판주의(제307조)에 위반하여 항소이유가 된다(제361조의5 제1호). 임의성없는 자백의 증거능력 박탈은 절대적이므로 당사자의 동의에 의하여도 증거능력을 취득할 수 없다.

2. 임의성없는 자백에 의하여 수집된 증거의 증거능력

임의성없는 자백에 의하여 수집된 증거의 증거능력의 인정여부는 후술하는 소위 독수독과이론을 인정할 것인가에 관한 문제이지만, 임의성이 없거나 의심스러운 자백을 증거법에서 추방하려는 제309조의 취지를 고려해 볼 때, 이를 부정하는 것이 타당하다고 본다(통설).

제 2 절　위법수집증거배제법칙

Ⅰ. 서　　설

1. 의　　의

위법수집증거배제법칙이란 위법한 절차에 의하여 수집된 증거의 증거능력을 부정하는 법칙을 말하는데, 현행법은 명문으로 규정하고 있다(제308조의2).

2. 문 제 점

종래 판례는 진술증거에 대해서는 진술거부권의 불고지, 변호인접견교통권의 침해 등의 상황에서
이루어진 자백에 관하여 임의성 여부를 묻지 아니하고 증거능력을 배제함으로써 위법수집증거배제
법칙을 인정한 바 있으나, 비진술증거에 대해서는 위법수집증거배제법칙을 적용하지 아니하였다.
그런데 현행법이 명문으로 위법수집증거배제법칙을 인정하고 있으므로, 이제는 위법한 압수·수색
에 의해 수집된 비진술증거(증거물)와 독수독과이론을 어떠한 기준을 가지고 해결해야 할 것인지
여부 등이 문제된다.

Ⅱ. 연혁 및 이론적 근거

1. 연   혁

위법수집증거배제법칙은 미국 연방대법원의 판례에 의하여 형성된 미국의 고유한 증거법
칙이다. 다만, 헌법상의 기본권에서 도출되는 헌법적 권리에 의한 법칙이라기보다는 수사기
관의 위법한 수사에 의한 기본권 침해를 억제하기 위하여 연방대법원의 정책적 판단에 따
라 고안된 보장수단으로 이해할 수 있다.

☞ 미국 연방대법원은 압수·수색과 관련된 미국 수정헌법 제4조를 근거로 1914년 Weeks사건
($\frac{\text{Weeks v. United States,}}{232\ \text{U.S. }383(1914)}$)에서 위법한 압수·수색에 의한 압수물의 증거능력을 연방사건에서 배제하였고,
1961년 Mapp사건($\frac{\text{Mapp v. Ohio, }367\ \text{U.S.}}{643(1961)}$)에서 주차원의 사건에도 이 원칙이 적용된다고 판시함으로써 비
진술증거에 있어 증거배제법칙을 확립하였다. 한편 원래 보통법의 법칙에 따르면 자백의 증거능력
에는 제한이 없었으므로 고문에 의해 얻어진 것이더라도 허용되었고 신빙성만이 문제가 되었다.
그러다가 1897년 Bram사건($\frac{\text{Bram. v. U.S., }168\ \text{U.S.}}{532(1897)}$)에서 임의성없는 자백은 수정헌법 제5조의 자기부죄금
지특권에 근거하여 그 신빙성여부를 불문하고 허용될 수 없다는 취지의 판결이 처음으로 나왔으나
이는 연방법원에 대한 것이었고, 연방과 주의 구분이 뚜렷한 미국에서 연방대법원이 주법원의 자
백에 관한 판결에 관여하고 나선 최초의 판결은 1936년 Brown사건($\frac{\text{Brown v. Miss., }297}{\text{U.S. }278(1936)}$)이다. 그 후
1943년 McNabb사건($\frac{\text{McNabb v. U.S., }318}{\text{U.S. }332(1943)}$) 및 1957년 Mallory사건($\frac{\text{Mallory v. U.S., }354}{\text{U.S. }449(1957)}$)이 나와 미국에서는
「McNabb─Mallory」법칙이 형성되었는데, 이에 따르면 자백의 임의성이 없으면 그 증거능력이 배
척되는 것은 물론이고, 그 밖에도 피의자를 체포 즉시 치안판사 앞에 세우지 않고 이를 지체한 과
정에서 얻어진 자백도 허용되지 않는다. 더 나아가 1966년 Miranda사건($\frac{\text{Miranda v. Arizona,}}{384,\ \text{U.S. }436(1966)}$)에서 연방대
법원은 「수사관이 억류상태에 있는 피의자를 신문할 때에는 ㉠ 묵비권이 있다는 사실, ㉡ 그의 진
술이 재판에서 그에게 불리하게 사용될 수 있고 사용될 것이라는 사실, ㉢ 변호인의 조력을 받을
권리와 신문중에 변호인을 입회시킬 권리를 가진다는 사실, ㉣ 만일 무자력일 경우에는 국선변호
인이 선임될 것이라는 사실을 알려주어야 하며, 이에 어긋난 상태에서 얻어진 자백은 유죄의 증거
로 쓰일 수 없다. 만약 피의자의 진술이 변호인의 입회없이 이루어진 것이라면, 피의자의 자기부죄
금지의 특권과 변호인의 조력을 받을 권리의 포기가 인식있고 지각있는 것이었다는 사실을 검찰측

이 입증하여야 한다」고 판시함으로써 미란다고지를 하지 않았다면, 임의성과 상관없이 자동적·의무적으로 증거사용을 배제하는 이론으로까지 발전하게 되었다.

그러나 1960대 진보적인 Warren 대법원장 시기에 판례법으로 형성된 위법수집증거배제법칙은 그 후 그 이론적 근거와 사법적 효과에 대하여 많은 비판을 받게 되었는데, 특히 주요한 근거인 위법수사의 억제효과와 관련된 실증적 입증이 되지 않았다는 것과 증가하는 범죄에 대한 대책으로 적절하지 않다는 비판이 고조되었다. 이에 따라 1970년대 이후 Burger 대법원장과 Rehnquist 대법원장 시기에는 증거배제의 완화 내지 수정론이 강세를 보여 Leon사건, Sheppard사건 등을 통해 위법의 정도가 특히 현저하고 수사기관의 악의적인 위법이 있는 경우로 증거배제를 제한하고자 하는 경향을 보이게 되었으며, 이러한 선의의 예외이론과 함께 위법수집증거로부터의 파생증거의 증거능력을 배제하는 독수독과이론의 완화를 위한 위법희석이론, 독립된 정보원이론, 불가피한 발견이론 등도 주장되었다. 즉 1960년대 Warren 대법원장이 이끌던 미국 연방대법원은 인권침해방지를 위한 예방적 기능을 명분으로 내세워 미란다 판결을 위시한 중요한 인권보호 판결을 해왔지만, 그 이후 미국 연방대법원은 실체적 진실발견을 위한 각종 예외를 연방대법원 스스로 만들어냄으로써 실무상 구체적 타당성을 갖는 형사사법체계를 유지해 온 것이다.

2. 이론적 근거

통설은 위법하게 수집된 증거가 배제되는 근거로 일반적으로 **적정절차의 보장**과 **위법수사의 억제**를 들고 있다. 즉, 실체진실의 발견은 적정절차의 원칙하에 행해질 것을 요하므로 헌법상 허용될 수 없는 절차에 의하여 수집된 증거에 대해서는 진실발견을 위한 자격을 박탈하는 것이 당연할 뿐만 아니라 위법한 절차에 의하여 취득된 증거를 법원이 증거로 허용한다면 법원 스스로 위법행위에 가담하는 결과가 되어 사법의 염결성을 해하는 것이 된다는 점과 위법수사를 방지·억제하기 위한 가장 강력하고 유효한 방법이 된다는 점에 있다는 것이다.

생각건대 적정절차의 보장 및 위법수사의 억제를 통하여 피의자·피고인의 인권을 보장하려는 통설의 입장은 타당하지만, 수사기관의 불법적인 행태를 감시하기 위하여 많은 제도적 장치(예컨대 변호인의 참여권, 수사기록제도, 영상녹화 등)를 두고 있는 현행법하에서 위법수집증거에 대한 자동적이고 의무적인 배제를 지나치게 강조하는 것은 실체진실의 발견 및 피해자의 권리구제를 도외시하는 문제가 발생되므로 어느 정도 비교형량이 필요하다고 본다. 왜냐하면 두 개의 근본적인 사회적 이익, 즉 즉각적이고 효율적인 법률집행의 이익과 사회 개별 구성원의 권리가 위법한 법률집행으로 침해되지 않도록 방지할 이익은 모든 사건에서 항상 충돌할 수밖에 없는데, 위법한 행위는 이미 오래전에 발생하였고, 따라서 부수적으로 수사기관을 처벌한다고 하더라도 불법적 압수·수색에 대한 방지적 기능의 효과는 나타나지 않는 반면, 범죄자의 방면으로 인해 사회가 막대한 비용을 지불해야 하기 때문이다.

3. 판   례

대법원은 증거물에 대하여 종래 압수절차에 위법이 있는 경우라 하더라도 그 증거가치에는 변함이 없는 것이므로 증거능력이 인정된다($^{대판\ 1987.6.23,}_{87도705}$)는 입장을 취하고 있었으나, 최근 「헌법과 형사소송법이 정한 절차에 따르지 아니하고 수집된 증거는 기본적 인권 보장을 위해 마련된 적법한 절차에 따르지 않은 것으로서 원칙적으로 유죄 인정의 증거로 삼을 수 없다 할 것이다. 무릇 수사기관의 강제처분인 압수수색은 그 과정에서 관련자들의 권리나 법익을 침해할 가능성이 적지 않으므로 엄격히 헌법과 형사소송법이 정한 절차를 준수하여 이루어져야 한다. 절차조항에 따르지 않는 수사기관의 압수수색을 억제하고 재발을 방지하는 가장 효과적이고 확실한 대응책은 이를 통하여 수집한 증거는 물론 이를 기초로 하여 획득한 2차적 증거를 유죄 인정의 증거로 삼을 수 없도록 하는 것이다」($^{대판(전합)\ 2007.11.15,}_{2007도3061}$)라고 판시하여 입장을 변경하였다.

III. 위법수집증거의 판단기준

1. 위법수집증거 배제시 고려사항

(1) 적정절차와 실체적 진실발견의 조화

형사소송법상 절차적 정의를 해하는 위법을 행하면서까지 수집한 증거를 재판에 사용함으로써 초래되는 사법적 정의의 왜곡을 피하고 국가권력에 대한 신뢰를 유지하기 위해서는 위법수집증거의 증거능력을 배제하는 것이 타당하다. 그러나 절차적 정의를 희생하면서까지 실체적 진실을 강조할 수 없는 것처럼, 절차적 정의를 너무 세세하고 엄격히 강조하면서 실체적 진실을 포기하는 것 또한 국가나 사회의 유지를 위하여 있을 수 없는 것이다. 더욱이 국가권력으로부터 국민의 안전을 보호할 필요성(국가로부터의 자유)보다는 국가가 범죄로부터 국민을 보호하는 것(국가에서의 자유)이 더 중요한 가치를 가지는 현대에 있어서 증거의 배제가 가져오는 실체적 정의의 희생에 눈을 감는 것은 현실을 무시한 것으로 적절하지 않다.

☞ 미국 연방대법원도 수정헌법 제4조의 맥락상 위법수집증거배제법칙은 개인의 헌법적 권리가 아니라 법적으로 보장된 권리를 보호하기 위하여 사법적으로 고안된 구제책이므로, '위법수집증거배제법칙을 확장시킴으로써 얻는 추가적 이익들'과 '범죄피의자들을 기소하고 진실을 밝히는 공공의 이익' 사이의 균형(비례)을 고려해야 하며, 따라서 불법적으로 획득된 증거가 모든 상황에서의 사실인정절차로부터 자동적으로 배제되는 것은 아니라는 입장을 취하고 있다. 「압수된 유형적 증거의 고유한 신뢰도와 증거배제로 인한 결과적인 사회적 손실비용 때문에 증거배제법칙의 적용은 조심스럽게 그 구제목적이 효과적으로 추구될 수 있는 영역에 국한되어야 한다」($^{U.S\ v.\ Calandra,\ 414\ U.S.\ 338,\ 347-348,\ 94}_{S.Ct.\ 613,\ 619-620,\ 38\ L.Ed.2d\ 561(1974)}$).

(2) 진술증거와 비진술증거의 차이

① **증거의 실질적 가치상의 차이:** 진술증거에서는 증거수집절차의 위법이 증거의 실질적

가치에 영향을 미칠 수 있는 반면, 비진술증거는 증거수집절차의 위법이 적어도 증거의 성질·형상 등에 변경을 가져오지 않으므로 증거의 실질적 가치에 영향이 없다. 왜냐하면 전자에 있어서 증거수집절차의 위법은 진술의 '임의성'에 영향을 미치고 나아가 이는 '허위'의 진술을 할 가능성을 의미하는 것이지만, 후자에 있어서 비진술증거의 증거배제는 전적으로 적정절차의 보장이라는 목적을 위하여 실체적 진실규명이라는 목적을 희생하는 것이기 때문이다. 따라서 범죄가 중대하다든가 하여 실체적 진실규명의 무게가 커지는 경우에는 비진술증거의 증거능력을 배제하는 것이 쉽게 이를 받아들여지기 어려운 면이 있다.

② **위법으로 인하여 침해되는 법익의 차이:** 진술증거의 증거수집절차에 있어 고문·폭행·협박·부당한 신체구금 등은 인격권 자체에 대한 침해로서 어떠한 법익 형량도 허용하지 않는 경우로 볼 수 있지만, 비진술증거의 증거수집절차에 있어서의 위법은 주거의 평화나 Privacy에 대한 침해가 대부분일 것으로 그 법영역에 대한 침해가 어떠한 법익형량도 허용하지 않는 절대적으로 보호되어야 할 경우도 있지만, 대부분 형량이 허용되는 영역이므로 이러한 차이도 고려되어야 할 것이다.

(3) 범죄피해자의 보호문제

위법수집증거배제법칙의 주된 논거가 위법수사의 장래적 억제라는 정책적 이유에 있다고 보더라도, 이러한 정책적 이유를 그 사건 피해자가 어떻게 받아들일 수 있는가의 문제가 있다. 즉 피해자가 있는 범죄인 경우 수사기관의 잘못에 의하여 범죄인은 보호되어 무죄 석방되는 반면, 그 범죄로 인한 피해자는 보호받지 못하는 결과가 될 수 있는데, 이런 희생을 피해자에게 요구할 수 있는 근거는 무엇인지 문제된다. 무엇보다도, 범죄피해자로서는 장래적인 국가적 정책이 문제가 아니라 자신에게 일회적으로 발생한 당해 사건이 중요한 것이므로 장래의 위법수사 억지라는 국가적 정책에 의해 왜 그가 희생당하여야 하는지 납득하기 어려울 것이다. 결국 위법수집증거배제법칙의 적용영역을 정함에 있어서 국가적 법익이나 사회적 법익을 보호법익으로 하는 범죄의 경우와 개인적 법익을 보호법익으로 하는 범죄의 경우를 다른 관점에서 고려해야 할 필요가 있으므로, 위법수집증거배제법칙이라 하여 어떤 절차의 위법이라도 있으면 증거로 배제된다고 볼 수는 없다.

(4) 위법수집증거배제법칙을 주장할 당사자적격의 문제

수사기관이 '피고인 아닌 자'를 상대로 위법하게 수집한 증거를 권리를 침해당한 그 사람에 대하여만 증거로 사용할 수 없는 것인지(주장적격 제한설), 아니면 피고인을 포함한 모든 사람에 대하여 증거로 사용할 수 없다는 것인지(주장적격 비제한설) 여부가 당사자적격(Standing)의 문제이다. 이에 대하여 우리나라 판례는 「형사소송법 제308조의2는 "적법한 절차에 따르지 아니하고 수집한 증거는 증거로 할 수 없다."고 규정하고 있는데, **수사기관이 헌법과 형사소송법이 정한 절차에 따르지 아니하고 수집한 증거는 유죄 인정의 증거로 삼을 수 없는 것이 원칙이므로, 수사기관이 피고인 아닌 자를 상대로 적법한 절차에 따르지 아니하고 수집한 증거는 원칙적으로 피고인에 대한 유죄 인정의 증거로 삼을 수 없다**」(대판 2011.6.30, 2009도6717)

고 판시하여 부정적인 입장이다(주장적격 비제한설).

☞ 미국 연방대법원은 1978년 이전에는 피고인이 위법수집증거의 증거능력 배제를 주장할 당사자 적격이 있고, 또한 피고인이 프라이버시보호를 합리적으로 기대(프라이버시－기대접근이론; ex－pectation of privacy approach)하고 있어야 증거능력의 배제를 주장할 수 있다」($^{Katz\ v.\ United\ States,}_{389\ U.S.\ 347(1967)}$)고 보았으나, 1978년 이후에는 피고인이 문제삼는 행위가 프라이버시에 대한 그의 합리적인 기대를 침해하였는지의 관련성문제로 파악하고 있다」($^{Smith\ v.\ Maryland,}_{442\ U.S.\ 735(1979)}$). 예컨대 마약을 여자친구에게 맡겨 두었는데 경찰이 그 여자친구의 지갑을 불법수색하여 증거물을 확보한 경우, 피고인이 운전한 것이 아니라 단순 승객으로 자동차를 타고 갔는데 그 자동차의 트렁크를 경찰관이 수색하여 증거물을 확보한 경우 등에는 지갑이나 자동차 트렁크에 대한 사생활보호의 기대는 여자친구나 운전자에게 있는 것이고, 피고인에게 있는 것이 아니므로 피고인은 위법수사를 주장할 당사자적격이 없다(주장적격 제한설)는 것이다. 따라서 우리나라의 경우 위법수집증거배제법칙을 채택하고 있다고 하더라도 무조건 증거사용을 배제할 것이 아니라 당사자적격 내지 프라이버시－기대접근이론에 기한 신중한 판단이 필요하다.

2. 현행법의 문제점 및 배제기준

(1) 현행법의 문제점

현행법 제308조의2에서 규정하고 있는 '적법한 절차'가 무엇을 의미하는지 문제된다. 먼저 '적법'이라는 용어를 형식적으로 문리 해석하여 '법률의 규정에 합치하는 것'을 의미하는 것으로 보면 위법수집증거로 배제되는 범위는 한없이 넓어질 수 있다. 이러한 의미의 '부적법'이라는 것은 효력규정에 위반한 경우뿐만 아니라 훈시규정에 위반한 경우도 포함하므로 사소한 법규정에 위반한 경우까지 이 범위에 들어올 수 있기 때문이다. 반면에 '적법한 절차'를 헌법상의 적정절차의 이념으로 격상시켜 해석하는 경우에는 증거능력을 규정하는 요건이 너무 광범위해진다. 왜냐하면 적정절차란 형사사법의 영역에서는 헌법정신을 구현한 공정한 법정절차에 의하여 형벌권이 실현되어야 한다는 원리로 볼 수 있고, 그 내용으로는 ㉠ 수사상 비례성의 원칙, ㉡ 공정한 재판의 원칙 ㉢ 법원의 후견의무(피고인보호의 원칙) 등이 논의되는데, 이들 규정들이 어떻게 증거능력의 인정요건으로 연결될지 모호하기 때문이다.

(2) 배제기준

위법수집증거배제법칙이 적용되는 범위는 법의 적정절차 및 인권옹호의 관점에서 침해된 이익과 위법의 정도를 고려하여 구체적·개별적으로 판단해야 하지만, 통상 단순한 훈시규정의 위반만으로는 족하지 않고 본질적 증거절차의 규정을 위반한 때, 즉 **증거수집절차에 중대한 위법이 있는 때**에 한하여 자동적으로 증거능력이 배제된다고 보아야 한다. 왜냐하면 모든 위법수집증거물을 자동적·의무적으로 증거에서 배제할 경우 수사기관의 경미한 위법행위로 범죄인이 누리는 혜택이 너무 커지는 경우가 생길 수 있어 형사정의와 형사사법체계에 대한 불신이 조장되기 때문이다. 이러한 의미에서 수사기관의 증거수집활동에 명확한 기준(brightline)을 제시할 수 있는 헌법이 보장하는 권리의 침해 및 형사법규정의 위반이 실질적으로 헌법상 권리의 침해를 가져오거나 형사소송법상의 효력규정에 위반하는 절차법위반이 있는 경우에만 중대한 위법에 해당한다고 보고, 이에 의하여 수집된 증거의 증거능력을 배제하는 것이 타당하다고 본다.

Ⅳ. 위법수집증거의 적용범위

1. 헌법정신에 반하여 수집한 증거

헌법 제12조 제3항은 적법한 절차에 따라 법관이 발부한 영장에 의하지 아니하고는 압수 또는 수색을 하지 못한다고 규정하고 있다. 이에 따라 수사기관의 압수·수색·검증이 영장주의에 위반되거나, 적법절차에 위반된 경우(예컨대 야간압수·수색금지규정에 위반한 압수·수색, 당사자의 참여권을 보장하지 않은 압수·수색·검증, 의사나 성년의 여자를 참여시키지 않은 여자의 신체검사의 결과 등)에는 중대한 위법에 해당되므로 그 압수물 또는 검증조서의 증거능력을 부정해야 할 것이다.

2. 형사소송법의 효력규정에 위반하여 수집한 증거

증거조사절차가 위법하여 무효인 경우에도 이로 인하여 수집한 증거는 증거능력이 없다. 따라서 거절권($^{제110조 \ 내지}_{제112조, \ 제219조}$)을 침해한 압수·수색, 검사가 '공소제기 후' 형사소송법 제215조에 따라 수소법원 이외의 지방법원 판사로부터 발부받은 압수·수색 영장에 의해 수집한 증거($^{대판 \ 2011.4.28.}_{2009도19412}$), 선서없는 증인신문($^{제156}_{조}$) 내지 감정·통역·번역($^{제170조,}_{제183조}$)의 결과 등은 증거로 할 수 없다. 이에 반하여 증인의 소환절차에 잘못이 있거나 위증의 벌을 경고하지 않고 선서한 증인의 증언은 증거능력에 영향이 없다고 보아야 할 것이다.

3. 헌법상 보장된 권리를 침해한 피의자신문의 위법

(1) 진술거부권을 고지하지 않은 자백

형사소송법 제244조의3은 검사 또는 사법경찰관이 피의자를 신문하기 전에 '일체의 진술을 하지 아니하거나 개개의 질문에 대하여 진술을 하지 아니할 수 있다는 사실' 및 '진술을 하지 아니하더라도 불이익을 받지 아니한다는 사실'을 알려주어야 한다고 규정하고 있다. 이러한 피의자의 진술거부권은 헌법이 보장하는 형사상 자기에 불리한 진술을 강요당하지 않는 자기부죄거부의 권리에 터잡은 것이므로 수사기관이 피의자를 신문함에 있어서 피의자에게 미리 진술거부권을 고지하지 않은 때에는 그 피의자의 진술은 위법하게 수집된 증거로서 진술의 임의성이 인정되는 경우라도 증거능력이 부인되어야 할 것이다(진술거부권 부분 참조).

(2) 변호인선임권, 접견교통권의 침해에 의한 자백

헌법상 보장된 변호인과의 접견교통권이 위법하게 제한된 상태에서 얻어진 피의자의 자백은 그 증거능력을 부인하여 유죄의 증거에서 실질적이고 완전하게 배제해야 하므로, 변호인의 접견교통권을 금지한 위법상태가 계속된 상황에서 작성된 피의자신문조서는 증거능력이 없다고 보아야 할 것이다(접견교통권 부분 참조).

4. 문제되는 경우

(1) 수갑을 채운 상태하에서의 자백

공판정에서는 피고인의 신체를 구속하지 못한다는 명문의 규정이 있지만($\frac{제280}{조}$), 구속중인 피의자에 대하여는 이러한 명문의 규정이 없으므로 수갑을 채운 채 신문하는 것이 법률상 허용되는지 문제된다. 생각건대 단지 구속중의 피의자에게 수갑을 채운 상태에서 조사한 것만으로는 그것이 위법·부당한가 아니면 적법·타당한가를 결론지을 수 없으며, 그 위법성의 유무는 피의자의 범죄사실의 성격, 범행에 있어서의 역할·지위나 피의자의 연령·경력·성격 및 신문당시의 구체적 사정에 따라 도망 또는 폭력을 쓰거나 자살·자상의 염려 유무 등을 종합적으로 고찰하여 수갑사용의 필요성을 결정해야 할 것이다.

(2) 거짓말탐지기에 의한 자백

거짓말탐지기 검사결과 취득한 자백의 증거능력에 대하여, 거짓말탐지기에 의하여 인간의 내면세계를 검증하는 것은 인간의 존엄과 가치에 반할 뿐만 아니라 아직 거짓말탐지기의 성능과 조사과정의 정확성을 담보할 수 없다는 점 등을 이유로 그 증거능력을 부정해야 한다는 부정설도 있으나, 피검사자의 동의가 있고 검사결과가 적정한 경우에는 그 증거능력을 인정하는 제한적 긍정설이 타당하다고 본다(전문법칙 부분 참조).

(3) 수사기관의 비밀사진촬영

피촬영자의 의사에 반한 수사기관의 사진촬영이 허용되느냐의 문제로서 주로 범죄현장에 있는 범인의 사진촬영 특히 데모참가자에 대한 사진촬영이 적법한가의 문제로 논의된다. 생각건대 사진촬영은 피촬영자의 초상권을 침해하는 강제처분이므로 원칙적으로 영장주의가 적용된다고 보아야 한다. 따라서 국가기관이 법령의 근거없이 행하는 비밀촬영은 헌법상 보장된 사생활비밀권($\frac{헌}{제17조}$)을 침해하는 중대한 위법이므로 원칙적으로 위법수집증거배제의 관점에서 증거능력을 부정해야 할 것이다. 다만 데모현장에서의 사진촬영을 영장없이 할 수 있느냐가 문제되나, 그 성질상 영장을 발부받을 수 있는 시간적 여유가 없는 긴급사태에서는 긴급압수·수색의 요건하에 영장주의의 예외를 인정하면 족하다고 본다.

참조판례 「누구든지 자기의 얼굴 기타 모습을 함부로 촬영당하지 않을 자유를 가지나 이러한 자유도 국가권력의 행사로부터 무제한으로 보호되는 것은 아니고 국가의 안전보장·질서유지·공공복리를 위하여 필요한 경우에는 상당한 제한이 따르는 것이고, 수사기관이 범죄를 수사함에 있어 현재 범행이 행하여지고 있거나 행하여진 직후이고, 증거보전의 필요성 및 긴급성이 있으며, 일반적으로 허용되는 상당한 방법에 의하여 촬영을 한 경우라면 위 촬영이 영장없이 이루어졌다 하여 이를 위법하다고 단정할 수 없다」(대판 1999.9.3, 99도2317).

(4) 무인카메라에 의한 촬영

무인장비에 의한 제한속도 위반차량의 단속과 관련하여 판례는 「무인장비에 의한 제한속도 위반차량 단속은 이러한 수사활동의 일환으로서 도로에서의 위험을 방지하고 교통의 안전과 원활한 소통을 확보하기 위하여 도로교통법령에 따라 정해진 제한속도를 위반하여 차량을 주행하는 범죄가 현재 행하여지고 있고, 그 범죄의 성질·태양으로 보아 **긴급하게 증거보전을 할 필요가 있는 상태에서 일반적으로 허용되는 한도를 넘지 않는 상당한 방법에 의한 것이라고 판단되므로, 이를 통하여 운전차량의 차량번호 등을 촬영한 사진을 두고 위법하게 수집된 증거로서 증거능력이 없다고 말할 수 없다**」(대판 1999.12.7, 98도3329)고 판시하고 있다.

V. 관련문제

1. 독수독과이론(毒樹毒果理論)

(1) 의   의

독수독과이론 내지 독수의 과실이론이란 위법하게 수집한 제1차 증거(독수)에 의하여 발견·획득된 제2차 증거(과실)의 증거능력을 배제하는 것으로 미국의 판례에 의하여 발전된 이론이다.

☞ 독수의 과실이론은 1929년 Silverthorne사건(피고인의 책과 서류를 불법하게 압수하여 사진을 촬영한 후 법원의 명령에 의하여 그 물건을 반환하였는데, 그 후 그 책 등의 원본을 제출하라는 법원의 영장을 받기 위하여 그 사진을 적용한 사안임)(Silverthorne Lumber Co. v. U.S., 251 U.S. 385 (1929))에서 처음으로 인정되기 시작하여 1939년 연방통신법 제605조를 위반한 불법도청에서 얻은 정보의 사용여부가 문제된 Nardone사건(Nardone v. U.S., 308 U.S. 338 (1939))에서 'Fruit of the Poisonous Tree'라는 용어가 사용되었고, 1963년 Wong Sun사건에서 위법한 압수·수색뿐만 아니라 위법한 체포의 과실로 얻은 증거인 자백과 증거물의 증거능력을 제한하였다. 그러나 이후의 사례에서는 '경찰의 불법적인 행동이 없었더라면 발견될 수 없었다는 이유만으로 모든 증거가 독수의 과실이 되는 것'을 거부("But for" Rejected)하였으며, 그 이유로 '위법수집증거배제법칙의 엄격한 고수는 그 위법증거를 배제하는 이익에 의하여 정당화되는 것보다 합법적인 법집행의 요구에 훨씬 많은 비용을 부과한다'는 점을 들고 있다.

(2) 독수독과이론의 제한

독수독과이론은 실천적으로는 형사정책적 역기능이 있고 이론적으로는 검사의 객관의무와 모순관계에 있으므로 어느 정도의 제한이 필요하다. 왜냐하면 국가형벌권의 무력화를 초래하고 형사사법기관에 대한 국민의 신뢰가 실추될 우려가 있기 때문이다.

종래 판례도 임의성없는 자백에 기하여 수집한 2차적 증거의 증거능력을 부정한 외에, 기본적으로 독수의 과실이론을 받아들이고 있지 않았다. 「…압수된 망치, 국방색 작업복과 야전잠바 등은 피고인의 증거능력없는 자백에 의하여 획득한 것이므로 따라서 증거능력이 없다 할 것이다」 (대판 1977.4.26, 77도210). 최근에 「**수사기관의 절차 위반행위가 적법절차의 실질적인 내용을 침해하는 경우에 해당하지 아니하고, 오히려 그 증거의 증거능력을 배제하는 것이 헌법과 형사소송법이 형사소송에 관한 절차조항을 마련하여 적법절차의 원칙과 실체적 진실 규명의 조화를 도모하고 이를 통하여 형사사법 정의를 실현하려 한 취지에 반하는 결과를 초래하는 것으로 평가되는 예외적인 경우라면, 법원은 그 증거를 유죄인정의 증거로 사용할 수 있다고 보아야 한다. 이는 적법한 절차에 따르지 아니하고 수집한 증거를 기초로 하여 획득한 2차적 증거의 경우에도 마찬가지여서, 절차에 따르지 아니한 증거수집과 2차적 증거수집 사이 인과관계의 희석 또는 단절여부를 중심으로 2차적 증거수집과 관련된 모든 사정을 전체적·종합적으로 고려하여 예외적인 경우에는 유죄 인정의 증거로 사용할 수 있다**」(대판(전합) 2007.11.15, 2007도3061; 대판 2009.5.14, 2008도10914)라고 판시하여 인과관계의 희석 내지 단절여부에 따라 제2차적 증거의 증거능력이 인정된다고 한다. 따라서 진술거부권을 고지하지 않은 것이 단지 수사기관의 실수일 뿐 피의자의 자백을 이끌어내기 위한 의도적이고 기술적인 증거확보의 방법으로 이용되지 않았고, 그 이후 이루어진 신문에서는 진술거부권을 고지하여 잘못이 시정되는 등 수사 절차가 적법하게 진행되었다는 사정, 최초 자백 이후 구금되었던 피고인이 석방되었다거나 변호인으로부터 충분한 조력을 받은 가운데 상당한 시간이 경과하였음에도 다시 자발적으로 계속하여 동일한 내용의 자백을 하였다는 사정, 최초 자백 외에도 다른 독립된 제3자의 행위나 자료 등도 물적 증거나 증인의 증언 등 2차적 증거 수집의 기초가 되었다는 사정, 증인이 그의 독립적인 판단에 의해 형사소송법이 정한 절차에 따라 소환을 받고 임의로 출석하여 증언하였다는 사정 등은 통상 2차적 증거의 증거능력을 인정할만한 정황에 속한다(대판 2009.3.12, 2008도11437)고 할 것이다.

독수독과이론의 제한에 관하여 미국에서 발전한 이론들은 다음과 같다.

① **순화된 오염의 예외원칙(purged taint exception):**   피의자의 자발적인 행위는 위법성의 오염을 희석한다는 것을 말한다. 피고인의 자유의사에 의한 행위에 의하여 위법한 경찰행위와 오염된 증거 사이에 인과관계가 단절된다는 것을 그 이유로 한다. 즉, 원래의 불법성과 증거의 최후발견 사이에 충분한 추가적인 요소가 개입되었다면, 위법수집증거배제법칙의 근거인 '수사기관의 불법행위 억지' 또는 '사법적 정의'가 적용되지 않는다는 것이다 (Utah v. Strieff, 579 U.S. 232, 136 S. Ct. 2056(2016)).

② **독립된 정보원의 예외이론(independent source exception):**   어떤 사실이나 물건의 존재가 위법한 수사와 관계없이 독립된 근원에 의하여 획득한 증거라고 하는 것을 수사기관이 증명할 수 있을 때에는 증거로 허용된다는 이론이다. 즉 위법수사가 있었다고 하더라도 그것이 파생된 증거의 발전을 위한 특별한 계기나 촉진제가 되지 않았다면, 그 후의 수사에 의하여 발견된 파생증거는 독립된 증거원에 의하여 수집된 증거로서 증거능력이 인정된다는 것이다. 예컨대 불법적으로 용의자를 체포한 후 촬영한 사진을 피해자에게 보여주어

범인이라는 진술을 확보한 뒤에 피의자를 기소한 경우, 위 사진 자체는 증거로 할 수 없지만, 법정에서의 피고인의 얼굴을 범인이라고 진술한 피해자의 증언은 독립된 정보원의 예외에 해당하여 증거로 할 수 있다(Murray v. United States 487 U.S. 533(1988)).

③ **불가피한 발견의 예외이론(inevitable discovery exception):** 위법한 행위와 관계없이 합법적인 수단에 의할지라도 증거를 불가피하게 발견하였을 것임을 수사기관이 증명할 수 있을 때에는 증거로 허용될 수 있다는 이론을 말한다. '독립된 정보원이론'의 변형된 이론으로 볼 수도 있으나, 수사기관이 사실상 어떤 증거를 오염되지 않는 정보원에 의존하여 얻어냈는지의 여부가 아니라 사전에 법을 위반하여 발견한 증거이지만 그러한 사실이 없었더라도 합법적으로 발견되어졌을 것인가의 문제라는 점에서 차이가 있다(Nix v. Williams 467 U.S. 431(1984)).

2. 선의의 예외이론

선의의 예외(Good Faith exception)이론이란 위법하게 수집된 증거물이라고 하더라도 그 위법이 수사기관에 의하여 범해지지 않았거나 수사기관에 의하여 범해진 경우에도 수사관이 정직하고 합리적인 신뢰에 따라 위법이 아니라고 믿고 수집한 경우에는 증거로 허용된다는 원칙을 말한다. 즉 후일 흠결이 있다고 판단된 영장이라 하더라도 수사기관이 선의로 유효하다고 신뢰하여 수색에 의하여 획득한 증거라면 증거로 허용될 수 있다는 것이다(U.S. v. Leon, 468 U.S. 897(1984); Massachusette v. Sheppard, 468 U.S. 981 (1984)). 이는 독수독과이론과는 다른 차원에서 미국판례가 인정한 것으로, 예컨대 경찰이 아닌 판사나 치안판사 또는 법원직원에 의하여 과오가 범해진 경우, 영장발부에 필요한 소명자료가 정확하다고 수사관이 믿은 것에 과오는 있었지만 합리적이고 선의인 경우, 주거에 들어가는데 동의한 사람에게 동의할 수 있는 권한이 있다고 수사관이 믿은 것에 합리성이 있는 경우, 수사관이 행위를 하면서 기초로 했던 법률이 나중에 헌법위반으로 무효가 된 경우 등에도 수집된 증거물에 대하여 증거능력이 인정된다고 본다.

3. 위법수집증거와 증거동의

(1) 학 설

㉠ 위법하게 수집된 증거도 동의에 의하여 증거능력이 인정될 수 있다는 긍정설, ㉡ 당사자의 동의에 의하여 증거능력을 인정하는 또 다른 예외를 만든다면 위법수집증거배제법칙의 실효성을 위태롭게 할 염려가 있다거나, 증거동의의 본질을 반대신문권의 포기로 인정하여 반대신문권과 관계없는 위법수집증거는 애당초 증거동의의 객체가 될 수 없다는 이유로 증거동의의 대상이 될 수 없다는 부정설(다수설), ㉢ 영장주의와 같이 절차의 위법이 본질적 위법에 해당하는 경우에는 동의에 의하여 증거능력이 인정될 수 없지만, 증언거부권의 불고지·증인신문참여권의 침해와 같이 본질적 위법에 해당하지 않는 경우에는 동의에 의하여 증거능력을 인정해야 한다는 절충설 등이 대립하고 있다.

(2) 판 례

대법원은 「판사가 법 제184조의 증거보전절차로 증인신문을 하는 경우에는 법 제221조의2에 의한 증인신문의 경우와는 달리 법 제163조에 따라 검사, 피의자 또는 변호인에게 증인신문의 일시와 장소를 미리 통지하여 증인신문에 참여할 수 있는 기회를 주어야 하나, 참여의 기회를 주지 아니한 경우에도 **피고인과 변호인이 증인신문조서를 증거로 할 수 있음에 동의하여 별다른 이의없이 적법하게 증거조사를 거친 경우에는 위 증인신문조서는 증인신문절차가 위법하였는지의 여부와 관계없이 증거능력이 부여된다**」(대판 1988.11.8, 86도1646)고 판시하여 증거동의를 긍정한 반면, 헌법상 보장된 인격권이나 초상권 등의 기본권을 중대하게 침해한 사진촬영과 관련하여 「형사소송법상 증거동의는 소송경제와 신속한 재판의 관점에서 인정되는 것이지 소송관계인에게 증거에 대한 처분권을 부여하는 것은 아니고, **위법수집증거는 처음부터 증거동의의 대상에서 배제되는 것이므로, 증거동의의 대상이 될 수도 없다**」(대판 1997.9.30, 97도1230)거나, 「사생활 및 통신의 불가침을 국민의 기본권의 하나로 선언하고 있는 헌법규정과 통신비밀의 보호와 통신의 자유 신장을 목적으로 제정된 통신비밀보호법의 취지에 비추어 볼 때 통신비밀보호법 제3조 제1항에 위반한 불법감청에 의하여 녹음된 전화통화의 내용은 피고인이나 변호인이 이를 증거로 함에 동의하였다고 하더라도 증거능력이 없으며」(대판 2010.10.14, 2010도9016), 「형사소송법 제217조 제2항, 제3항에 위반하여 압수수색영장을 청구하여 이를 발부받지 아니하고도 즉시 반환하지 아니한 압수물은 이를 유죄 인정의 증거로 사용할 수 없는 것이고, 헌법과 형사소송법이 선언한 영장주의의 중요성에 비추어 볼 때 피고인이나 변호인이 이를 증거로 함에 동의하였다고 하더라도 달리 볼 것은 아니다」(대판 2009.12.24, 2009도11401)라고 판시하고 있다.

(3) 검 토

앞에서 언급한 것처럼 헌법정신에 반하여 수집한 증거와 같은 중대한 위법이 있는 경우에는 당사자의 동의에 의해서도 증거능력을 인정할 수 없지만, 기타의 경우는 당사자가 증거로 동의한 이상 증거능력이 인정된다고 보아야 하므로 절충설이 타당하다.

4. 위법수집증거와 탄핵증거

통설은 위법수집증거에 대하여 탄핵증거로 사용하는 것을 허용하는 경우, 사실상 증거배제의 효과가 회피되는 결과를 야기한다고 보아 부정적인 입장이다.

☞ 반면에 미국 연방대법원은 검사가 공소사실을 입증하기 위한 경우가 아니면 위법하게 수집한 증거라도 탄핵증거로 사용할 수 있다고 보고 있다. 예컨대 피고인이 주심문과 반대심문에서 그는 전혀 마약(narcotics)을 구매하거나 팔거나 또는 소지한 적이 없다고 증언하자, 검사가 2년 전 그의 집에서 불법적으로 압류된 헤로인(heroin)에 대하여 심문함으로써 그의 증언을 탄핵하거나(Walder v. U.S. 347 U.S. 62, 74 S.Ct. 354, 98 L.Ed. 503 (1954)) 미란다고지를 위반하여 증거로 사용할 수 없는 경찰에게 한 진술로 그의 진실성을 탄핵하는 것은 허용된다(Harris v. New York, 401 U.S. 222, 91 S.Ct. 643, 28 L.Ed.2d. 1 (1971))는 것이다. 그러나 미국의 경우와 달리 형사소송법 제318조의2가 탄핵증거의 범위에 대하여 '제312조부터 제316조까지의 규정에 따라 증거로 할 수 없는 서류나 진술'로 한정하고 있으므로 문리해석상 위법한 증거물(비진술증거)을 탄핵증거로 사용할 수는 없으며, 서류나 진술(진술증거)에 한하여 피고인에게 탄핵증거로 사용하는 것은 허용된다고 보아야 할 것이다.

5. 위법수집증거에 대한 이의신청

당사자는 형사소송법 제296조 제1항에 의한 이의신청의 방법에 의하여 위법수집증거에 대하여 증거배제를 신청할 수 있다.

표 5-1 증거동의 및 탄핵증거의 대상

자백의 임의성법칙 (자백의 임의성 X)	위법수집증거배제법칙 (임의성 O, 수집절차 위법인 위법자백배제법칙 + 진술증거)	
증거동의 X 탄핵증거 X	헌법정신에 반하여 수집한 증거	형사소송법의 효력규정에 위반하여 수집한 증거
	증거동의 X	증거동의 O(통설 X)
	탄핵증거 X	진술증거는 탄핵증거 O(통설 X)

VI. 사인(私人)에 의한 위법한 증거수집

1. 문 제 점

미국에서 위법수집증거배제법칙은 헌법에 직접 규정되어 있는 것이 아니라 수정헌법 제4 조를 근거로 미국 연방대법원이 인정한 이론이다. 따라서 사인에 의한 위법한 증거수집에 대해서는 적용되지 않는다. 즉 미국 연방대법원은 Burdeau v. McDowell사건($^{Burdeau\ v.\ McDowell,}_{256\ U.S.\ 465(1921)}$) 에서 불합리한 압수·수색을 금지하는 미국 수정헌법 제4조는 국가기관의 행위를 제한하기 위하여 만들어진 것이고, 개인의 행위를 제한하기 위하여 만들어진 것이 아니므로 개인의 위법행위에는 적용되지 않는다고 하면서, 개인이 불법취득한 증거물을 검찰이 받아 이를 증 거로 제출한 경우 증거능력을 인정하고 있으며, 다만 수사기관의 원조·가담 또는 지시에 의하여 증거가 수집된 경우에는 수사기관의 위법한 증거수집과 동일하게 적용하고 있다. 이 에 대하여 우리나라에서는 '적법한 절차'에 따르지 아니하고 수집한 증거의 증거능력을 배 제하고 있는 현행법($^{제308조}_{의2}$)의 태도를 고려해 볼 때, 사인의 경우에도 수사기관과 동일한 기 준이 적용되는지 아니면 별도의 기준을 적용해야 하는지 문제된다.

2. 학   설

통설은 실체적 진실이라는 공익과 개인의 사생활의 보호이익을 비교형량하여 위법수집증 거의 증거능력 인정여부를 결정해야 한다고 본다(이익형량설). 통설과 마찬가지로 권리범위 설(삼단계론)은 증거수집방법의 실체법적 위법성과 소송법상 증거능력의 문제는 엄격히 구분 된다는 관점에서 ㉠ 증거수집방법이 인간의 존엄성과 같은 기본권의 핵심영역을 침해하는 경우에는 증거능력이 부정되지만, ⓛ 일반적인 인격권의 영역에서는 구체적인 사례에서 사정을 고려하여 증거능력을 인정함으로써 얻게 될 이익과 침해될 이익 사이의 비교교량을 통해서 증거능력을 인정하고, ⓒ 인격권 또는 그 보호영역을 침해하는 경우가 아닌 사회생활영역(거래영역)을 침해하는 경우에는 원칙적으로 증거능력을 인정하며, 피해자가 동의한 경우나 증거사용이 피고인에게 유리한 경우에도 증거능력을 인정할 수 있다고 본다.

반면 인간의 존엄성에 대한 국가의 의무는 사인에 의한 침해의 경우에도 그대로 타당하므로 사인에 의해 위법하게 수집된 증거의 증거능력 여부도 국가기관에 위법하게 수집된 증거에 대한 평가와 동일하게 판단해야 한다고 보는 견해(부정설)도 있다.

3. 판   례

판례는 사인의 위법수집증거에 대해서는 위법수집증거배제법리 대신 이익형량설을 취하고 있다. 즉,「국민의 인간으로서의 존엄과 가치를 보장하는 것은 국가기관의 기본적인 의무에 속하는 것이고 이는 형사절차에서도 당연히 구현되어야 하는 것이지만, 국민의 사생활 영역에 관계된 모든 증거의 제출이 곧바로 금지되는 것으로 볼 수는 없으므로 **법원으로서는 효과적인 형사소추 및 형사소송에서의 진실발견이라는 공익과 개인의 인격적 이익 등의 보호이익을 비교형량하여 그 허용 여부를 결정하여야 한다.** 이때 법원이 그 비교형량을 함에 있어서는 증거수집 절차와 관련된 모든 사정, 즉 사생활 내지 인격적 이익을 보호하여야 할 필요성 여부 및 그 정도, 증거수집 과정에서 사생활 기타 인격적 이익을 침해하게 된 경위와 그 침해의 내용 및 정도, 형사소추의 대상이 되는 범죄의 경중 및 성격, 피고인의 증거동의 여부 등을 전체적·종합적으로 고려하여야 하고, **단지 형사소추에 필요한 증거라는 사정만을 들어 곧바로 형사소송에서의 진실발견이라는 공익이 개인의 인격적 이익 등의 보호이익보다 우월한 것으로 섣불리 단정하여서는 아니된다**」(대판 2013.9.9, 2010도12244)고 판시하고 있다.

(참조판례) 피고인 갑, 을의 간통 범행을 고소한 갑의 남편 병이 갑의 주거에 침입하여 수집한 후 수사기관에 제출한 혈흔이 묻은 휴지들 및 침대시트를 목적물로 하여 이루어진 감정의뢰회보에 대하여,「병이 갑의 주거에 침입한 시점은 갑이 그 주거에서의 실제상 거주를 종료한 이후이고, 위 회보는 피고인들에 대한 형사소추를 위하여 반드시 필요한 증거이므로 공익의 실현을 위해서 증거로 제출하는 것이 허용되어야 하고, 이로 말미암아 갑의 주거의 자유나 사생활의 비밀이 일정 정도 침해되는 결과를 초래하더라도 이는 갑이 수인하여야 할 기본권의 제한에 해당된다는 이유로, 위 회보의 증거능력을 인정한 원심판단을 수긍한다」(대판 2010.9.9, 2008도3990).

4. 사인이 행한 비밀녹음

(1) 문 제 점

통신비밀보호법은 통상적으로 '감청'으로 불리는 통신제한조치(제5조 내지 제12조)와 통신내역 등을 제공받는 등 수사실무에서 널리 활용되는 통신사실 확인(제13조 내지 제13조의5)의 법적 요건 및 절차에 대하여 규율하고 있다. 따라서 전화 또는 대화의 일방당사자가 상대방과의 전화통화내용 또는 대화내용을 비밀리에 녹음하거나 제3자가 대화 또는 전화통화의 일방당사자의 동의를 얻어 대화 또는 전화통화내용을 비밀리에 녹음하는 행위는 통신비밀보호법의 규제대상이 아니므로 이것이 허용되는지의 여부가 문제된다.

참조판례 「통신비밀보호법 제1조, 제3조 제1항 본문, 제4조, 제14조 제1항, 제2항의 문언, 내용, 체계와 입법 취지 등에 비추어 보면, 통신비밀보호법에서 보호하는 타인 간의 '대화'는 원칙적으로 현장에 있는 당사자들이 육성으로 말을 주고받는 의사소통행위를 가리킨다. 따라서 **사람의 육성이 아닌 사물에서 발생하는 음향은 타인간의 '대화'에 해당하지 않는다.** 또한 사람의 목소리라고 하더라도 상대방에게 의사를 전달하는 말이 아닌 단순한 비명소리나 탄식 등은 타인과 의사소통을 하기 위한 것이 아니라면 특별한 사정이 없는 한 타인 간의 '대화'에 해당한다고 볼 수 없다」(대판 2017.3.15, 2016도19843').

(2) 전화 또는 대화의 일방당사자가 상대방 몰래 녹음하는 경우

① **학   설:** 불법감청된 전기통신내용의 증거사용을 금지하고 있는 통신비밀보호법 제4조를 근거로 하거나, 사인의 비밀녹음을 국가기관이 증거로 사용하는 것은 상대방의 기본권에 대한 새로운 침해를 의미한다는 점을 근거로 증거능력을 부정하는 부정설과 당사자녹음은 프라이버시 보호의 필요성이 없거나 약화되고 통신비밀보호법이 타인간의 대화비밀만을 보호하고 있다는 점에 비추어 볼 때 증거능력이 인정된다는 긍정설 및 위에서 언급한 **권리범위설** 및 **이익형량설**이 대립하고 있다.

② **판   례**

대법원은 종래 당사자녹음에 관하여 「피고인이 범행후 피해자에게 전화를 걸자 피해자가 증거를 수집하기 위하여 그 전화내용을 녹음한 경우, 그 녹음테이프가 피고인 모르게 녹음된 것이라 하여 이를 위법하게 수집한 증거라고 할 수는 없다」(대판 1997.3.28, 97도240)거나, 「3인간의 대화에 있어서 그 중 한 사람이 그 대화를 녹음하는 경우에도 다른 두 사람의 발언은 그 녹음자에 대한 관계에서 '타인 간의 대화'라고 할 수 없으므로, 이와 같은 녹음행위가 통신비밀보호법 제3조 제1항에 위배된다고 볼 수는 없다」(대판 2006.10.12, 2006도4981)는 입장이었으나, 최근 「통신비밀보호법 제3조 제1항이 공개되지 않은 타인 간의 대화를 녹음 또는 청취하지 못하도록 한 것은, 대화에 원래부터 참여하지 않는 제3자가 대화를 하는 타인 간의 발언을 녹음하거나 청취해서는 안 된다는 취지이다. 따라서 대화에 원래부터 참여하지 않는 제3자가 일반 공중이 알 수 있도록 공개되지 않은 타인 간의 발언을 녹음하거나 전자장치 또는 기계적 수단을 이용하여 청취하는 것은 특별한 사정이 없는 한 제3조 제1항에 위반된다. '공개되지 않았다'는 것은 반드시 비밀과 동일한 의미는 아니고, 구체적으로 공개된 것인지는 발언자의 의사와 기대, 대화의 내용과 목적, 상대방의 수, 장소의 성격과 규모, 출입의 통제 정도, 청중의 자격 제한 등 객관적인 상황을 종합적으로 고려하여 판단해야 한다」(대판 2022.8.31, 2020도2007')고 판시하여, 입장을 변경하였다.

(3) 전화 또는 대화의 일방당사자의 동의를 얻고 제3자가 몰래 녹음하는 경우

① **학   설:** 일방당사자의 동의로 대화의 비밀성이 인정되지 않으므로 법원의 허가없이도 도청이 허용된다는 **긍정설**과 법원의 허가없이 일방당사자로부터 도청의 동의만을 얻어 도청하는 것은 불법감청(통신법 제4조)에 해당한다거나 일방당사자의 동의를 구실로 영장주의를 잠

탈하는 것은 용납될 수 없다는 점에서 증거능력을 부정하는 **부정설**이 대립하고 있다.

② 판 례

참조판례 제3자가 전화통화자 중 일방만의 동의를 얻어 통화내용을 녹음한 제3자 녹음과 관련하여, 대법원은 「**전기통신에 해당하는 전화통화 당사자의 일방이 상대방 모르게 통화내용을 녹음**(위 법에는 '채록'이라고 규정한다)**하는 것은 여기의 감청에 해당하지 아니하지만**(따라서 전화통화 당사자의 일방이 상대방 몰래 통화내용을 녹음하더라도, 대화 당사자 일방이 상대방 모르게 그 대화내용을 녹음한 경우와 마찬가지로 동법 제3조 제1항 위반이 되지 아니한다), **제3자의 경우는 설령 전화통화 당사자 일방의 동의를 받고 그 통화내용을 녹음하였다 하더라도 그 상대방의 동의가 없었던 이상**, 사생활 및 통신의 불가침을 국민의 기본권의 하나로 선언하고 있는 헌법규정과 통신비밀의 보호와 통신의 자유신장을 목적으로 제정된 통신비밀보호법의 취지에 비추어 이는 동법 제3조 제1항 위반이 된다고 해석하여야 할 것이다(이 점은 제3자가 공개되지 아니한 타인간의 대화를 녹음한 경우에도 마찬가지이다)」($^{대판\ 2002.10.8,}_{2002도123}$)라고 판시하여 제3자 녹음은 일방의 동의를 받았다고 하더라도 그 증거능력을 부정하고 있다.

(4) 검 토

사인이 행한 비밀녹음의 증거능력을 인정할 것인가는 일률적으로 판단할 것이 아니라 녹음자와 녹음내용의 관련성에 따라 살펴보아야 할 것이다. 따라서 대화자 모두의 동의가 없는 한(쌍방동의설) 비밀녹음은 그것이 당사자녹음이든 당사자 일방의 동의를 얻은 제3자 녹음이든 자기정보결정권과 사생활비밀권에 대한 침해로서 증거능력을 부정하여야 한다. 다만 예외적으로 녹음의 목적 및 수단의 상대성 그리고 녹음에 의하여 지켜져야 할 이익과 침해되는 이익과의 비교형량 등을 고려해 볼 때, Privacy를 기대할 수 없는 상황에서 행한 대화의 비밀녹음에 대해서만 증거능력을 인정하는 것이 타당하다(이익형량설). 물론 이 경우 일방당사자가 국가기관의 구성원(수사관)이거나 그를 사실상 보조하는 일반인이라면 그가 행한 동의는 의미가 없을 것이다.

비교판례 대법원은 「'대화의 녹음·청취'에 관하여 통신비밀보호법 제14조 제2항은 통신비밀보호법 제9조 제1항 전문을 적용하여 집행주체가 집행한다고 규정하면서도, 통신기관 등에 대한 집행위탁이나 협조요청에 관한 같은 법 제9조 제1항 후문을 적용하지 않고 있으나, 이는 '대화의 녹음·청취'의 경우 통신제한조치와 달리 통신기관의 업무와 관련이 적다는 점을 고려한 것일 뿐이므로, 반드시 집행주체가 '대화의 녹음·청취'를 직접 수행하여야 하는 것은 아니다. 따라서 **집행주체가 제3자의 도움을 받지 않고서는 '대화의 녹음·청취'가 사실상 불가능하거나 곤란한 사정이 있는 경우에는 비례의 원칙에 위배되지 않는 한 제3자에게 집행을 위탁하거나 그로부터 협조를 받아 '대화의 녹음·청취'를 할 수 있다고 봄이 타당하고, 그 경우 통신기관 등이 아닌 일반 사인에게 대장을 작성하여 비치할 의무가 있다고 볼 것은 아니다**」($^{대판(전합)\ 2015.1.22,}_{2014도10978}$).

5. 인터넷 패킷감청

인터넷 패킷감청이란 인터넷 통신망을 흐르는 전기신호 형태의 패킷(packet)을 중간에 확보하여 그 내용을 지득하는 수사방법을 말한다. 패킷이란 네트워크를 통해 전송하기 쉽도록 자른 데이터의 전송단위로서, 소화물을 뜻하는 패키지(package)와 덩어리를 뜻하는 버킷(bucket)의 합성어이다.

그런데 인터넷 패킷감청의 경우 그 대상자가 사용하는 인터넷회선을 선별하여 감청하므로 그 특성상 수사목적과 관계없는 통신내용이나 제3자의 통신내용까지 감청될 우려가 있다.

인터넷패킷감청의 경우 감청대상자를 특정할 수 없을 뿐만 아니라 감청의 범위를 특정할 수 없다는 특수성을 근거로 패킷감청이 헌법상 보장되는 사생활의 자유와 비밀, 통신의 비밀, 영장주의(포괄영장의 금지), 적법절차의 원칙 및 과잉금지의 원칙 등에 반하여 위헌이라는 주장도 있다. 그러나 인터넷 패킷감청도 인터넷 회선을 통하여 전송되는 특정 패킷들을 탐색하고, 탐색 결과 선별된 패킷을 복사하여 저장하는 시스템을 통하여 이루어진다는 점을 고려할 때, 형사소송법상의 압수·수색과 동일한 성격을 가진다고 보아야 한다.

> **참조판례** 「인터넷 통신망을 통한 송·수신은 통신비밀보호법 제2조 제3호에서 정한 '전기통신'에 해당하므로 인터넷 통신망을 통하여 흐르는 전기신호 형태의 패킷(packet)을 중간에 확보하여 그 내용을 지득하는 이른바 '패킷감청'도 같은 법 제5조 제1항에서 정한 요건을 갖추는 경우 다른 특별한 사정이 없는 한 허용된다고 할 것이고, 이는 패킷감청의 특성상 수사목적과 무관한 통신내용이나 제3자의 통신내용도 감청될 우려가 있다는 것만으로 달리 볼 것이 아니다」(대판 2012.10.11, 2012도7455).

제 3 절 전문법칙(傳聞法則)

Ⅰ. 서 설

1. 전문증거의 의의

영미법상 전문증거(hearsay)란 그 요증사실의 진실성을 입증하기 위하여 제출된 진술로서, 그의 가치가 법정외 진술자의 신빙성에 의존하는 법정외에서 만들어진 진술의 법정증언 또는 서증을 말한다. 이는 첫째 어떤 법정외에서의 진술이 있을 것, 둘째 그 진술이 진실을 입증하기 위하여 제시되었을 것의 두 가지로 요약할 수 있다. 첫 번째 요건을 전문증거가 존재하는 형식에 관한 요건이라고 한다면, 두 번째 요건은 요증사실과 관련된 요건이다. 따라서 전문증거란 사람의 경험적 사실에 관한 법정외 진술(out-of court statement)에 관한 증거로 그 진술내용이 진실임을 입증하기 위해 제출되는 것으로, 여기서 경험적 사실에 관한 법정외 진술을 전문진술(hearsay statement)이라고 하고, 그 진술을 한 사람을 원진술자(declarant)라고 한다. 따라서 피고인이 법정외에서 조사경찰관에게 자신이 사람을 죽였다고 말한 경우, 이때 피고인이 자신이 사람을 죽였다고 한 말이 전문진술이다.

이에 대하여 우리나라 판례 및 통설은 "사실인정의 기초가 되는 경험적 사실을 경험자 자신이 직접 법원에 대하여 진술하지 않고 다른 형태로 간접적으로 법원에 보고하는 경우"로 정의하고 있다. 따라서 양 견해의 차이점은 전자의 경우 요증사실에 비추어 본래증거로 인정되면 이것이 '간접적 방법'으로 법정에 전달되더라도 전문증거가 아닌 본래증거로 보는 반면, 후자는 원진술이 요증사실과의 관계에서 본래증거로 인정되더라도 '간접적 방법'에 의해 법정에 전달된다면 전문증거로 볼 수 있다는 것이다.

2. 전문증거의 종류

(1) 제3자의 증언(전문증언)

전문진술을 들은 제3자가 공판정에 나와 자신이 들은 전문진술의 내용에 대해 증언하는 것이다. 예컨대 조사경찰관이 법정에서 피고인이 사람을 죽였다고 말한 일이 있다고 증언하는 것이다. 이 경우 조사경찰관의 증언이라는 수단을 통해서 피고인이 사람을 죽였다는 법정외에서 행한 진술을 법원이 간접적으로 인식하게 되는데, 이를 "전문증언"이라고 한다.

(2) 진술기록물

법정외 진술을 기록한 기록물이다. 진술기록물에는 서면기록물, 녹음테이프, 영상녹화물 등 다양하다. 서면기록물과 같이 문자로 기록되는 경우 원진술자가 기록하면 이는 원진술자의 법정외 서면진술로서 1차적 전문증거가 된다. 그런데 타인이 원진술자의 진술을 듣고 이를 다시 서면에 기록하면 재전문증거가 된다. 왜냐하면 원진술자의 법정외 진술이 이미 전문증거인데, 그 법정외 진술을 경험한 제3자가 다시 법정외에서 이를 기록함으로써 법정외 기록 서면기록을 한 것이 되기 때문이다. 만약 타인이 원진술자의 진술을 듣고 기록하였으나 기록 후 법정외에서 원진술자가 그 기록내용을 보고 그 진술내용을 자신의 진술로 인정하면 이는 그 인정으로 인하여 원진술자의 서면진술과 마찬가지로 1차적 전문증거가 된다. 여기서 원진술자가 타인이 기록한 것을 자신의 진술로 인정하는 대표적인 예가 서명·날인을 하는 것이다. 그렇기 때문에 수사기관이 피의자나 참고인의 진술을 적고 그 기재내용을 피의자나 참고인이 열람한 후에 자신의 진술로 이를 인정하고 서명날인을 한 조서는 1차적 전문증거가 되는 것이다.

(3) 자기인정진술

공판정 외에서 자기가 한 진술을 법정에서 인정하는 취지의 진술이다. 이 경우 동 진술은 증거능력이 인정되고 증명력의 문제만 남는다.

3. 전문법칙의 의의

전문법칙이란 전문증거는 증거가 아니며(hearsay is no evidence), 따라서 증거능력이 인정될 수 없다는 원칙을 말한다. 가령 甲이 乙을 폭행했다는 사실을 입증하기 위해서 증인이 "丙이 그러는데 '甲이 乙을 때리는 것을 보았다'고 한다"라고 증언하면 이 증언은 전문법칙에 어긋나므로 이러한 내용의 증언이 나올 듯 하면 이를 제지하여야 하고, 증언하였더라도 이를 고려해서는 안 된다는 것이 전문법칙이다. 피고인이든 증인이든 **공판정 외에서의 진술**에 대한 증거제한의 법리로서 전문법칙은 배심제도와 함께 영미법의 특징적인 제도다. 영미법 계에서는 일반시민인 배심원(Jury)에게 혼돈을 일으키지 않고 실체적 진실을 밝히는 수단으로 고안된 것이다. 하지만 전문법칙의 실질적 목적은 전문증거로서 법정에 제출되기 어려운 증거를 전문법칙의 예외 내지 비전문증거라는 형식으로 광범위하게 법정제출을 허용하는데 있다.

☞ 문제는 그동안 우리나라에서는 인권보호를 이유로 전문법칙의 원칙규정을 사문화시키는 방향 (예컨대 조사자의 증언 등)으로 논의가 진행되었다는 점이다. 더욱이 종래 검사작성의 피의자신문조 서에 대한 가중요건설을 취한 판례($\frac{대판(전합)\ 2004.12.16,}{2002도537}$)를 계기로, 앞에서 언급한 것처럼 자백배제법칙은 물론 위법수집증거배제법칙도 무용지물로 만들어 버리는 **인권옹호의 첨병**으로까지 등장하게 되었다. 왜냐하면 경찰작성 피의자신문조서에 대해서는 피의자가 법정에서 내용을 부인하는 방법으로, 검 찰작성 피의자신문조서에 대해서는 실질적 진정성립을 부인하는 방법으로 다투게 되면 검찰로서는 피의자의 진술 이외에 조서의 진정성립을 증명할 방법이 없었으며, 결국 자신의 의사에 따라 자백 을 법정에 현출시키지 못하게 할 수 있는 **증거능력판단의 주도권**을 가진 피의자의 입장에서는 자백배 제법칙 내지 위법수집증거배제법칙 이전에 실질적 진정성립을 부인할 것이기 때문이다. 물론 현행 법은 ㉠ 전문법칙의 예외규정이 서면을 대상으로 하는 것과 전문진술을 대상으로 하는 것으로 나 누어지고, 전자의 비중이 크다는 점, ㉡ 법관면전조서, 수사기관작성의 피의자신문조서 등 일부의 서면에 관하여 특이한 취급을 하고 있다는 점, ㉢ 미국법에서 전문법칙의 예외에 해당하는 경우(예 컨대 흥분할 때에 나오는 말, 사기(死期)가 임박한 경우의 진술 등)를 고려하고 있지 않다는 점, ㉣ 전문법칙이 형사절차에만 채용되어 있다는 점 등에서 미국법과는 현저하게 차이가 있다.

그러나 인권을 보호하고 진술의 임의성을 확보하기 위한 규정은 전문법칙규정이 아니라 자백의 임의성법칙($\frac{제309}{조}$), 위법수집증거배제법칙($\frac{제308조}{의2}$), 진술의 임의성($\frac{제317}{조}$)으로 해결하면 족 하고, 전문법칙은 오로지 **진술의 신빙성여부**만을 따지는 것이 영미식 전문법칙규정의 올바른 해석이다. 미국에서 전문법칙과는 별도로 **임의성에 의한 증거배제법칙**이 중요한 문제로 논의되 는 이유도 여기에 있다.

4. 전문법칙의 존재이유 및 이론적 근거

(1) 전문법칙의 존재이유

증인이란 법원 또는 법관에 대하여 자기가 과거에 경험한 사실을 진술하는 제3자를 말한다. 그런데 증인이 자기가 과거에 경험한 사실을 법정에서 진술할 때에는 첫째, 인식을 통한 관찰력과 관찰능 력에서의 지각력, 둘째, 기록과 기억력, 셋째, 법정에서 이야기하는 전달력, 넷째, 정직성과 관련한 위험이 있을 수 있다. 왜냐하면 증인이 어떤 사건에 대하여 증언하는 과정을 보면, 먼저 특정한 사 건을 목격한 다음, 증언하는 순간까지 그것을 기억하였다가, 법정에서 그의 기억을 말로 표현하기 때문이다. 따라서 고의적이든 무의식적이든, 최초의 인식과 구두진술 사이의 어딘가에서 오류가 일 어날 수 있다. 가령 증인이 전혀 그 사건을 파악하지 못했거나, 또는 이해하지 못한 채 보았거나, 또는 증인의 인상이 그 순간에 감정적 혹은 지적 상황에 의하여 영향을 받았거나, 또는 너무 빠르 게 보아 어떤 정확한 인상도 남아있지 않을 수도 있다. 또는 증인이 발생한 사건을 정확하게 인식

했다 하더라도 시간이 지나감에 따라 기억력이 둔해지거나, 기억된 사실이 다른 사실로 대체될 가능성도 있다. 그리고 증인의 법정증언의 정확성을 평가하는 것과 관련된 위험성은 법정외 진술이 그 요증사실의 진실성을 입증하기 위하여 서면으로 제출될 때에도 마찬가지로 존재한다.

문제는 증인이 고의로 법정에서 거짓말을 하건, 또는 실수로 했건, 또는 그의 기억을 언어로 전달할 능력이 부족하건 간에 법관(배심원)에게는 똑같은 의미로 받아들여진다는 점이다. 따라서 이러한 위험성에 대하여 증인이 최상의 능력으로 증언하는 것을 촉진하기 위하여, 그리고 증인의 증언에 있어서 부정확성을 노출시키기 위하여 ㉠ **선서** 하에서, ㉡ 법관이 그 증인의 태도를 관찰할 수 있도록 **출석**하여, ㉢ 법정에서 **반대심문**을 받으면서 그의 직접적인 경험을 증언하도록 요구하는 것이다. 그런데 이러한 요증사실의 진실을 위하여 제출된 진술이 법정외에서 만들어졌다면, 법관은 원진술자를 그 앞에 세워 그 진술의 부정확성을 확인할 기회가 없다. 결국 신빙성을 확인하기 위한 절차가 없기 때문에 법정외 진술 내지 서면인 전문증거가 배척된다고 볼 수 있다. 즉 원진술자가 증인이고 진술의 전달자(傳聞證人)는 원진술자의 증언을 법관에게 전달하는 수단에 불과하므로, 원진술자가 출석하여 선서 및 반대심문을 받지 않는 한, 그 진술은 증거로서 허용될 수 없는 것이다.

(2) (현행법상)전문법칙의 이론적 근거

㉠ 전문증거의 증거능력이 배제되는 이유는 원진술의 진실성을 당사자의 반대신문으로 음미할 수 있는 기회가 주어지지 않는 데 있다고 보는 **반대신문결여설**, ㉡ 직접주의를 전문법칙의 근거로 들고자 하는 견해는 전문법칙의 근거를 반대신문권의 보장으로 한정한 데서 오는 난점을 회피하기 위한 이론에 불과하므로 전문법칙의 근거를 신용성의 결여에 있다고 보는 **신용성결여설** 등이 있으나 ㉢ 형사소송법이 당사자주의와 직권주의를 절충한 소송구조를 취하고 있으므로 전문법칙은 반대신문권의 보장과 태도증거에 의한 정확한 심증형성이라는 의미에서 직접주의에 그 근거를 두고 있다는 **반대신문권의 결여 및 직접심리주의의 양자고려설**이 타당하다고 본다.

헌법재판소도 「형사소송법은 '공판중심주의에 의한 직접주의'와 '반대신문의 기회가 부여되지 않은 전문증거에 대한 증거능력을 부인하는 전문법칙'을 채택하고 있다」고 하면서 「직접주의와 전문법칙에 대한 원칙적 예외규정으로 제314조라는 법률조문을 신설하였는바...」(헌재 1994.4.28, 93헌바26)라고 판시하여 현행 형사소송법 전반에 걸쳐서 직접주의와 전문법칙이 공정한 재판을 달성하는 기능을 하고 있다고 보고 있다.

5. 전문법칙의 적용범위

(1) 전문법칙의 적용요건

① **진술증거:** 전문증거는 요증사실을 직접 지각한 자의 진술을 내용으로 하는 진술증거를 의미하므로 전문법칙은 진술증거에 대하여만 적용된다. 왜냐하면 진술에 대하여만 당사자의 반대신문권이 가능하기 때문이다. 따라서 컴퓨터의 운영기록(log), GPS 추적기록과 같은 기계적 기록물은 **증거물인 서류**일 뿐 진술증거가 아니므로 전문법칙의 적용이 없고, 단지 **요증사실과의 관련성**(Relevancy) 및 **진정성**(Authentication)만이 문제된다. 그러나 실체증거로서

사진·녹음테이프 등 과학적 기재에 의한 기록에 대하여 전문법칙 적용여부에 관한 논의가 있는데, 진술증거인지 비진술증거인지의 여부는 증거의 객관적 성질에 따라 결정된다.

② **요증사실과의 관계:** 전문법칙이 적용되는 진술증거는 원진술내용에 의하여 요증사실을 증명하는 경우, 즉 타인의 진술 또는 서류에 포함된 원진술자의 진술내용의 진실성이 요증사실로 되는 경우에 제한된다. 예컨대 甲이 乙을 "도둑놈"이라고 말했다는 법정외 진술(예컨대 丙의 진술)은 乙이 절도죄를 범했다는 것을 입증하기 위하여 제시되었을 때에는 전문증거임에 틀림없지만, 甲의 乙에 대한 명예훼손사실을 입증하기 위하여 제시되었을 때는 전문증거가 아니다. 전문증거의 증거능력이 배제되는 이유는 위에서 언급한 선서와 반대신문에 의하여 그 법정외 진술의 진실성이 음미되지 않았기 때문인데, 이때에는 甲이 말한 내용(도둑놈이다)의 진실성이 문제되는 것이 아니라(乙은 오히려 그가 도둑놈이 아니라는 것을 입증하려 할 것이다) 그러한 법정외 진술이 정말 있었느냐 하는 것만이 문제가 되는 것이므로 전문증거가 아닌 것이다.

(2) 전문증거의 범위

현행 형사소송법은 전문법칙의 정의($^{제310조}_{의2}$)에 대하여 규정하고 있을 뿐, 전문증거의 범위에 대해서는 침묵하고 있다. 따라서 어떤 사실을 직접 체험한 자가 스스로 자신의 체험을 서면에 기재하여 제출하거나(진술서 또는 자술서) 직접 체험한 자로부터 그것을 전해들은 타인이 그 내용을 서면에 기재하여 제출한 경우(진술기재서류)인 전문서류와 요증사실의 체험자로부터 그 체험내용을 전해 들은 타인이 공판기일에서 그 전해 들은 내용을 진술하는 전문진술이 포함되는 것은 당연하지만, 그 구체적인 내용은 학설에 맡겨져 있다고 볼 수 있다.

① **비언어적 행동이지만 진술로 평가되는 경우:** 현행 형사소송법 제310조의2는 미국 연방증거법과 달리 전문증거를 진술(Statement)로 한정하여 규정하고 있다. 그러나 언어를 대신하여 사용한 의식적인 행동(예컨대 증인 X가 증언대에서 A가 B에게 "C의 눈이 야구공에 맞는 것을 보았느냐"라고 물었을 때 B가 "예"라고 말하는 대신에 고개를 끄덕이는 경우)의 경우는 진술과 동일하게 취급해야 할 것이다. 영미에서는 이를 **주장적 행동**이라고 한다.

② **주장된 사실의 진실을 입증하기 위하여 제출된 것이 아닌 진술:** 전문증거가 모든 법정외 진술을 포함하는 것이 아니라, 요증사실의 진실을 입증할 목적으로 제출될 때에만 이에 해당한다. 그러므로 단지 그러한 사실이 있었다는 것을 입증할 목적으로 제출되는 경우에는 이에 해당하지 않는다. 즉 그러한 진술들은 그 속에 내포되어 있는 내용의 진실을 위한 것이 아니라, 오로지 그러한 진술이 있었다는 사실 등을 입증하기 위하여 제출되는 것으로 일컬어진다. 전문증거에 해당하지 않는 법정외 진술로는 다음과 같은 것들이 있다.

가) 진술의 존재 자체가 쟁점인 경우: 명예훼손의 발언, 계약의 취소나 추인 등의 경우와 같이 진술 그 자체가 쟁점인 경우에는 전문증거가 아니다. 왜냐하면 이러한 진술은 어떤 내용

을 주장하는 말이 아니라 법이 일정한 효과를 부여하는 하나의 사실이고, 그 내용의 진실함을 입증하기 위하여 증거로 제출된 것이 아니라 그 말 자체가 법적 중요성을 가지고 있기 때문이다. 예컨대 교부자가 "이것은 선물이다"라고 말하면서 누군가에게 돈을 쥐어주었다면, 그 진술은 단지 그 말이 행해졌다는 점만을 보여주기 위해 사용되는 것이므로 전문증거가 아닌 것이며, 돈의 소유권에 대한 귀속여부는 실체법규의 몫이다.

나) 듣는 사람에게 끼친 효과를 입증하기 위하여 제출된 경우: 다른 사람에게 알려지게 된 어떤 사람의 진술이 그의 행동과 관련된 정황으로 제출된다면 전문증거가 아니다. 즉 요증사실이 사실임을 입증하기 위하여 제출되는 것이 아니라 단지 그 말을 들은 자가 그 고지를 접했다는 것, 혹은 그에 대하여 알고 있었다는 것을 보여줄 목적으로 제출된다면 전문증거가 아니다. 따라서 甲에게 또는 그의 면전에서 한 발언에 관한 증거는 甲의 있음직한 마음의 상태(the probable state of mind)나 그의 이후의 행동과 관계있는 어떤 정보를 취득했었음을 입증하기 위하여 증거로 제출하는 것이 허용된다. 왜냐하면 그 증언은 요증사실이 진실임을 입증하기 위하여 제출된 것이 아니고, 단지 그 말의 효과를 입증하기 위하여 제출된 것이므로 전문증거가 아니기 때문이다. 예컨대 甲이 결함있는 타이어를 부착한 자동차를 운전하여 교통사고가 발생한 손해배상청구소송에서 그가 부주의했는가의 문제에 대하여, 정비소직원인 乙이 甲에게 "이 타이어의 상태가 좋지 않다"고 말했다는 증거는 甲이 위험하다는 경고를 받았다는 그의 생각이나 지식을 보여주기 위하여 제공되었다면 전문증거가 아니다. 물론 그 진술이 그 타이어의 상태가 좋지 않다는 증거로 제공되었다면 전문증거에 해당할 것이다.

다) 확인의 목적으로 제출된 경우: 법정외의 진술이나 행동이 오로지 시간, 장소, 위치 등을 확인하기 위하여 제출된 경우에는 전문증거가 아니다. 예컨대 어떤 사람이 특정한 시간에 살아 있었는가 하는 것이 문제된 사안에서, 그녀가 그 시각에 어떤 말을 했다는 증거는 그녀가 살아 있었다는 증거에 해당한다. 즉 그녀가 "나는 살아 있다"고 말했건 혹은 "안녕, 존"이라고 말했건 간에 이는 부차적인 문제에 불과하다. 왜냐하면 살아있었다는 추론은 그녀가 말한 내용이 아니라 그녀가 말했다는 사실로부터 도출되는 것이므로 진실성의 문제가 개입되지 않기 때문이다.

③ 원진술자의 마음의 상태를 보이기 위한 정황증거로 제출된 진술: 인간의 심리적 혹은 감정적인 상태의 존재를 암시적·간접적 혹은 추리적으로 표시하는 경우처럼, 정황증거로 제출된 암시적·간접적 주장들이 전문증거인지의 여부가 문제되는데, 영미의 일반적인 견해는 전문증거에 해당하지 않는다고 보고 있다. 예컨대 甲의 정신상태가 건전한가의 여부가 문제되었을 경우, 甲이 법정외에서 "나는 나폴레옹이다"라고 말했다는 증거가 제출되었다면 그 말은 그의 정신상태를 간접적으로 나타내고 있는 것이며, 또한 자동차사고사건에 있어서 원진술자가 차를 운전하기 전에 "나는 브레이크의 결함을 알고 있다"라고 말한 사실이 있다는

증거가 있다면, 이러한 증거는 그 원진술자가 사고당시 브레이크의 상태가 나쁘다는 것에 대하여 알고 있었음(즉, 그의 마음의 상태)을 간접적으로 입증하기 때문이다.

④ **원진술이 간접사실에 대한 정황증거의 진술로 이용되는 경우:** 원진술이 직접증거로 사용될 때에는 전문증거가 되는 증거라도 그 진술의 진실성과 관계없는 간접사실에 대한 정황증거로 사용되는 경우에는 전문증거가 아니다. 예컨대 아래 판례에서 보는 것처럼, 파일의 문건 내용이 그 일시경 실제로 회합하였음을 증명하려는 것이 아니라 피고인의 컴퓨터에 저장되어 있다는 사실 자체가 회합의 고의를 추론시켜 주는 '간접사실에 대한 정황증거'로 사용되고 있으므로 전문법칙이 적용되지 않는다는 것이다.

판례도 소위 '왕재산사건'에서 「피고인의 특수잠입·탈출, 회합의 점에 관하여, '공소외 9 선생앞: 2011년 면담은 1월 30일－2월 1일까지 공소외 9과 ▽▽선생과 함께 북경에서 하였으면 하는 의견입니다'라는 등의 내용이 담겨져 있는 파일들이 피고인의 컴퓨터에 '저장'되어 있었던 사실을 유죄 인정의 근거가 되는 간접사실 중 하나로 들고 있음을 알 수 있는데, 그 내용과 같이 **피고인이 북한 공작원들과 그 일시경 실제로 회합하였음을 증명하려고 하는 경우에는 문건 내용이 진실한지가 문제되므로 전문법칙이 적용된다고 할 것이지만, 그와 같은 내용이 담긴 파일이 피고인의 컴퓨터에 저장되어 있다는 사실 자체는 그 기재 내용의 진실성과 관계없는 것으로서 이 부분 공소사실을 입증하기 위한 간접사실에 해당한다고 할 것이므로, 이러한 경우까지 전문법칙이 적용된다고 할 수 없다**」(대판 2013.7.26, 2013도2511)고 판시한 바 있다.

II. 전문법칙의 예외이론

현행 형사소송법은 영미법의 영향으로 제310조의2에서 전문법칙을 명문으로 규정하고 있고, 동법 제311조 내지 제316조에서는 이에 대한 예외를 인정하고 있다. 나아가 제318조에서는 당사자의 동의에 의한 전문법칙의 적용배제를, 그리고 제318조의3에서는 간이공판절차에서의 특례를 규정하고 있다.

1. 법 규정

형사소송법은 전문서류에 대해서는 제314조에서, 전문진술에 대해서는 제316조에서 특신상태를 요구하고 있으며, 제315조에서는 특신상태와 필요성을 이유로 당연히 증거능력이 인정되는 서류에 대하여 규정하고 있다. 그리고 제312조 제4항에서는 참고인진술조서에 대하여 진정성립의 인정 내지 증명과 특신상태를 요구하고 있다. 그리고 제314조에서는 제312조 내지 제313조의 전문서류에 대한 필요성의 요건을, 제316조 제2항에서는 전문진술에 대한 필요성의 요건을 구체적으로 규정하고 있다.

2. 신용성의 정황적 보장(특신상태)

신용성의 정황적 보장, 즉 '특히 신빙할 수 있는 상태'란 증명력을 의미하는 신용성을 정황적으로 보장할 수 있는 상태를 말한다. 즉 특신상태(신용성의 정황적 보장)는 '진술이 이루어진 상황이 신빙할 만하다'는 것이지 진술 자체의 신빙성을 의미하는 것이 아니다. 그러므로 특신상태의 개념은 배심재판을 전제로 하여 전문법칙을 발전시킨 영미법계의 증거법상 개념이며, 직업법관 위주의 독일법에서는 증거능력과 관련하여 이런 개념을 사용하지 않는다.

참조판례 제314조 및 제316조 제2항의 '신용성의 정황적 보장'의 의미에 대하여, 판례는 「그 진술 내용이나 조서 또는 서류의 작성에 허위개입의 여지가 거의 없고, **그 진술내용의 신용성이나 임의성을 담보할 구체적이고 외부적인 정황이 있는 경우를 가리킨다**」(대판 2006.5.25, 2004도3619)고 판시하여 일응의 기준으로 진술내용의 신빙성을 담보할 구체적이고 외부적인 정황이 있어야 하고, 그 담보의 정도가 허위개입의 여지가 거의 없을 정도이어야 한다는 두 가지를 제시하면서, 「이른바 신용성의 보장이란 자기에게 불이익한 사실의 승인이나 자백은 재현을 기대하기 어렵고 진실성이 강하다는 데 근거를 둔 것으로서, 반드시 그 같은 진술이 공소제기후 법관의 면전에서 행하여졌을 때에는 가장 믿을 수 있고 수사기관에서의 진술은 상대적으로 신빙성, 진실성이 약한 것으로 일률적으로 단정할 수 없을 뿐만 아니라 범행 후 시간의 경과에 따라 외부와의 접촉 및 장래에 대한 걱정 등이 늘어감에 따라 그 진술이 진실로부터 멀어져가는 사례가 흔히 있는 것이므로, **이른바 신용성의 정황적 보장의 존재 및 강약에 관하여서는 구체적 사안에 따라 이를 가릴 수밖에 없는 것이다**」(대판 1983.3.8, 82도3248)라고 판시하고 있다. 그리고 「이때 요구되는 증명의 정도는 그 진술이 이루어진 구체적인 경위와 상황에 비추어 보아 **단순히 적법하고 진술의 임의성이 담보되는 정도를 넘어 '법정에서의 반대신문 등을 통한 검증을 굳이 거치지 않더라도'** 진술의 신빙성을 충분히 담보할 수 있는 실질적 직접심리주의와 전문법칙에 대한 예외로 평가할 수 있는 정도에 이르러야 할 것이다」(대판 2011.11.10, 2010도12)라는 입장이다.

생각건대 형사소송법의 해석상 원진술자가 사망, 질병, 외국거주, 소재불명, 그 밖에 그에 준하는 사유로 공판에서 직접 진술할 수 없어 제314조나 제316조 제2항에 따라 '특신상태의 존재'만으로 전문증거에 곧바로 증거능력을 부여하는 경우와 그렇지 않고 원진술자가 공판에 출석하여 진술하는 경우는 각각 달리 볼 필요가 있다. 왜냐하면 법관이나 배심원이 공판에 출석한 원진술자를 상대로 반대신문 등을 통하여 원진술의 신빙성 여부를 직접 따져볼 수 있는 기회가 있는 경우에는, 원진술자의 얼굴 한번 보지 못하고 특신상태만으로 증거능력이 인정될 수 있는 경우에 비하여 특신상태라는 요건의 중요성이 상대적으로 떨어진다고 보아야 할 것이기 때문이다. 즉 공판정에서 원진술자의 진술을 들어볼 기회도 없는 경우에는 전문증거의 신중한 취급을 위하여 엄격한 기준 하에 증거능력의 인정여부를 판단할 실익이 있겠으나, 그와 반대로 원진술자가 공판에서 진술하는 경우에는 바로 그 자리에서 원진술의 신빙성 여부에 대해서까지 어느 정도 가늠이 가능할 것이므로, 굳이 그 원진술이 행해질 때의 상황이 어떠했는지 여부를 엄격한 기준으로 판단할 만한 실익이나 필요성이 크다고 볼 수 없다.

☞ 실무상, 특신상태의 존부가 문제되는 것은 주로 원진술자가 수사과정에서는 공소사실에 부합하는 취지의 진술을 하였다가 공판과정에서 이를 번복하는 경우일 텐데, 이러한 경우 상반되는 두 진술 중 공판과정에서의 진술에 의해서만 사실관계를 판단하여야 한다고 법이 특별히 규정하고 있지 않는 한, 그 두 진술의 내용을 상호 비교하여 과연 어느 진술이 경험칙에 부합하는지를 따져보는

것이 실체진실의 발견을 위해 타당한 방법일 것이다. 따라서 원진술자가 공판에 출석하여 수사과정에서의 원진술을 번복하는 내용의 진술을 한 경우, 그 수사과정에서의 원진술에 대해 특신상태의 판단기준을 엄격하게 설정하여 그 증거능력을 쉽게 배척해 버린다면 공판과정에서의 진술내용과 수사과정에서의 원진술 내용을 비교하는 작업 자체가 불가능해지고, 공판과정에서의 진술만을 갖고 그 진술의 신빙성 여부를 판단해야 하는 궁색한 상황이 생길 수밖에 없다. 따라서 '특신상태'가 있으면 '반대신문을 갈음할 만한 외부적 정황'이 있는 것으로 간주하므로, 반대신문을 거치는 한 특신상태(신용성의 정황적 보장)도 **추정**된다고 보는 것이 타당할 것이다.

3. 필 요 성

필요성이란 원진술자의 사망·질병·외국거주·행방불명 그 밖에 이에 준하는 특수사정으로 인하여 같은 가치의 증거를 얻는 것이 불가능하기 때문에 전문증거라도 사용할 필요가 있는 것을 말한다.

4. 양자의 관계

전문법칙의 예외가 되기 위해서는 이상의 두 요건을 구비하여야 한다. 그러나 이 두 개의 요건이 평등하게 적용되는 것은 아니며, 오히려 상호 반비례가 되어 하나가 주가 되면 다른 요건의 충족은 약하게 된다. 다만 필요성의 요건만으로는 예외가 되지 않는다고 보아야 할 것이다. 왜냐하면 전문증거배척의 이유가 상대방에게 반대신문의 기회를 부여하지 않았다는 점이 본질적이며 법관의 면전에서 한 것이 아니라는 점은 2차적인 것이므로, 필요성의 요건이 아무리 충족된다 하더라도 반대신문에 대신할 만한 정황적 보장이 결여되면 전문법칙의 예외를 인정할 수 없기 때문이다.

표 5-2 전문증거의 체계

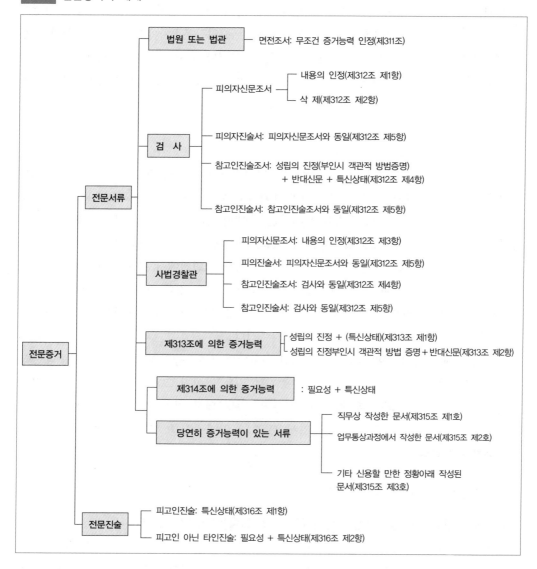

Ⅲ. 법원 또는 법관의 면전조서

1. 현행법의 태도

공판준비 또는 공판기일에 피고인이나 피고인 아닌 자의 진술을 기재한 조서와 법원 또는 법관의 검증의 결과를 기재한 조서는 증거로 할 수 있다. 제184조(증거보전절차) 및 제221조의2(증인신문의 청구)의 규정에 의하여 작성한 조서도 또한 같다(제311조).

632   제5편 증 거

이러한 조서들은 법관이 작성한다는 점에서 그 성립이 진정하고 신용성의 정황적 보장이 높기 때문에 다른 절차를 취할 필요 없이 무조건 증거능력이 인정된다는 취지이다. 그런데 본조 후단에 규정된 증거보전절차와 참고인에 대한 증인신문절차에서 작성된 조서가 전문법칙의 예외에 속한다는 점에는 견해가 일치한다. 그러나 동조 전단의 공판준비 또는 공판기일에서의 피고인이나 피고인 아닌 자의 진술을 기재한 조서가 전문법칙의 예외에 해당하는지 여부에 대해서는 견해가 대립되고 있다.

2. 전문법칙의 예외여부

인적·물적 독립이 헌법적으로 보장된 법관면전의 조서는 특별한 지위를 갖는다는 점에서 전문법칙의 예외라기보다는 직접주의의 예외라고 해야 한다는 견해도 있으나, 본조는 공판준비 또는 공판기일에서의 진술을 문제삼는 것이 아니라 그 진술을 기재한 조서의 증거능력을 신용성의 정황적 보장(법관 또는 법원에 의하여 작성된 조서)과 필요성을 이유로 인정하고 있는 것이며, 이러한 조서는 사실인정을 하는 법관의 면전에서 반대신문이 행하여진 것도 아니라는 점에서 전문법칙의 예외를 규정한 것으로 보는 것이 타당하다고 본다. 물론 어느 학설이나 무조건적으로 증거능력을 인정하고 있고, 또 어느 설을 취하느냐에 따라 결과에 있어 크게 다르지 않으므로 논의의 실익은 적다.

반면에 당해 심급의 공판절차에서 행해진 피고인의 진술, 증인의 증언 또는 검증의 결과는 그 진술 또는 검증의 결과 그 자체가 증거로 되는 것이지 그 조서가 증거로 되는 것이 아닐 뿐더러, 증인신문의 경우에는 반대신문권이 보장되어 있기 때문에 공판심리절차에서 작성된 공판조서, 증인신문조서, 검증조서 등은 그 공판절차를 행한 수소법원에 대해서는 전문증거가 아니다.

3. 피고인의 진술을 기재한 조서

(1) 공판준비 또는 공판기일에서의 피고인의 진술을 기재한 조서

공판준비에서의 피고인의 진술을 기재한 조서란 공판준비절차에서 공판기일전에 피고인을 신문한 조서(제273조), 공판기일전의 법원의 검증조서 중 피고인의 진술을 기재한 부분을 말한다. 반면에 공판기일에서의 피고인의 진술은 위에서 언급한 것처럼 진술 그 자체가 증거로 되므로 여기서 피고인의 진술을 기재한 조서란 공판절차갱신전의 공판조서나 파기환송·파기이송전의 공판조서 등을 의미한다고 보아야 한다.

(2) 다른 사건의 공판준비조서와 공판조서

통설·판례는 다른 피고사건의 공판조서는 형사소송법 제315조 제3항이 규정하는 '기타 특히 신용할 만한 정황에 의하여 작성된 문서'로서 당연히 증거능력이 인정되므로 당해 피고사건에 대한 조서를 의미한다고 보지만, 피고인의 진술을 기재한 공판조서에 **다른 사건의 조서**도 포함된다고 본다. 왜냐하면 이들 서류도 성질상 신용성의 정황적 보장이 있을 뿐만 아니라 피고인이 자기에 대해서 반대신문을 행사한다는 것은 있을 수 없으며, 조서를 작성한 법관을 소환한다는 절차상의 부적당함을 고려한 데서 오는 '편의적인 필요성'은 당해 피고사건의 공판조서이건 다른 사건의 공판조서이건 차이가 없기 때문이다.

4. 피고인 아닌 자의 진술을 기재한 조서

(1) 공판준비 또는 공판기일에서의 피고인 아닌 자의 진술기재조서

피고인 아닌 자의 진술이란 통상의 증인(피해자, 목격자, 피고인의 친족, 친구 등) 외에 공범자, 수사기관, 감정인, 통역인, 번역인 등을 말한다. 여기서 공판준비에서의 진술을 기재한 조서란 당해 사건의 공판준비절차에서 증인 등을 신문한 조서를 말하며, 공판기일에서의 진술을 기재한 조서란 공판조서를 의미한다. 다만 공판기일에서의 증인의 증언은 인증(人證)이므로 본조에 해당할 여지가 없다. 따라서 공판기일에서의 피고인 아닌 자의 진술을 기재한 조서란 공판절차갱신전의 공판조서, 상소심에 의한 파기환송전의 공판조서, 이송된 사건의 이송전의 공판조서, 관할위반의 재판이 확정된 후에 재기소된 경우의 공판조서 등을 말한다.

(2) 다른 사건의 공판준비조서와 공판조서

여기의 공판준비 또는 공판조서가 당해 사건의 조서에 한정되는지 문제되는데, 통설은 본조의 예외를 인정한 취지에 비추어 당해 사건의 조서에 제한되어야 한다고 본다. 따라서 이러한 경우에 다른 사건의 공판조서를 어떻게 처리할 것인가와 관련하여, 예컨대 甲이 乙과 공동으로 강도를 하였다는 이유로 혼자 체포되어 재판을 받으면서 공판정에서 乙과의 공동범행사실을 자백하여 유죄판결이 확정된 후, 乙이 체포되어 재판을 받게 되었는데 乙이 범행을 부인한 경우에 甲의 자백진술이 기재된 공판조서를 乙에 대한 유죄의 증거로 사용될 수 있는지 문제된다. 이에 대하여 통설은 공판조서의 진정성립에 의문의 여지가 없고, 또 법관의 면전에서 법원에 의한 태도증거의 형성기회가 주어졌던 것이며(직접주의), 그 신용성의 정황적 보장도 인정된다는 점에서 제315조 제3호의 문서로서 증거능력이 인정된다는 입장이다. 판례도 동일한 입장이다.

> **참조판례** 「다른 피고인에 대한 형사사건의 공판조서는 형사소송법 제315조 제3호에 정한 서류로서 당연히 증거능력이 있는바, 공판조서 중 일부인 증인신문조서 역시 형사소송법 제315조 제3호에 정한 서류로서 당연히 증거능력이 있다고 보아야 할 것이다」(대판 2005.4.28, 2004도4428).

그러나 이에 따르면 乙은 반대신문을 통하여 甲의 진술의 신빙성을 탄핵할 수 없는 불이익을 받을 수 있는데, 이는 피고인의 증인에 대한 반대신문권(제161조의2)을 위협하는 문제점이 있다. 따라서 명문의 규정이 없지만, 공범자의 법정진술에 대하여 반대신문권이 보장된다는 점을 근거로 증거능력이 인정되는 것처럼($\frac{대판\ 1992.7.28,}{92도917}$) '피고인 아닌 자의 진술을 기재한 공판조서'에 대해서도 반대신문권의 보장을 요건으로 하여 제311조에 따라 증거능력을 인정하는 것이 타당하다고 본다.

5. 증거보전절차·증인신문청구절차에서 작성한 조서

증거보전절차($제184조$) 및 검사의 참고인에 대한 증인신문청구($\frac{제221조}{의2}$)에 의하여 작성된 증인신문조서는 당사자의 참여기회가 부여된 것이지만 수소법원의 면전에서 반대신문이 행하여진 것이 아니므로 성질상 전문증거이다. 그러나 이들은 법원 또는 법관의 면전에서의 진술을 기재한 조서일 뿐만 아니라 반대신문이 행하여졌다는 점에서 신용성의 정황적 보장이 있을 뿐만 아니라, 그 이전의 증인들을 재소환한다거나 또는 법관을 소환(검증에서는 법원이 바로 체험자)한다는 절차상의 부적당함을 고려한 데서 오는 '편의적인 필요성'을 인정할 수 있기 때문에 전문법칙의 예외로서 증거능력을 부여하고 있는 것이다. 따라서 공동피고인이 증거보전절차에서 증언한 증인신문조서에도 당연히 증거능력이 인정된다($\frac{대판\ 1966.5.17,}{66도276}$)고 보아야 할 것이다. 다만 증인신문조서가 증거보전절차에서 피고인이 증인으로서 증언한 내용을 기재한 것이 아니라 증인(甲)의 증언내용을 기재한 것이고 다만 피의자였던 피고인이 당사자로 참여하여 자신의 범행사실을 시인하는 전제하에 위 증인에게 반대신문한 내용이 기재되어 있을 뿐이라면, 위 조서는 공판준비 또는 공판기일에 피고인 등의 진술을 기재한 조서도 아니고, 반대신문과정에서 피의자가 한 진술에 관한 한 형사소송법 제184조에 의한 증인신문조서도 아니므로 위 조서중 피의자의 진술기재부분에 대하여는 동법에 의한 증거능력을 인정할 수 없다($\frac{대판\ 1984.5.15,}{84도508}$).

Ⅳ. 피의자신문조서(被疑者訊問調書)

사 례

사법경찰관 A는 2022년 6월 21일 17시경에 구청건축과 직원 甲男을 수뢰혐의로 긴급체포하면서 압수수색영장없이 甲男이 소지하고 있던 수첩(관련업자들의 이름이 적힘)을 압수하였다. 2022년 6월 22일 12시경(체포후 19시간 경과) A는 검사를 통하여 甲男에 대한 구속영장을 청구하였으나 증거미진으로 기각, 수첩을 환부하지 않고 계속 보관하던 중 甲과 내연관계에 있는 丙女로부터 丙女가 비밀리에 녹음한 녹음테이프를 취득하게 되었고, 위 녹음테이프에는 甲이 자신의 범죄사실을 시인한 내용의 진술이 녹음되었다. 이에 甲은 2022년 6월 26일 17시부터 甲을 소환하여 위 녹음테이프를 근거로 계속 甲을 추궁하였고 甲은 이에 계속 부인하다가 다음날 오전 12시까지(총 19시간) 추궁하자 甲은 자신의 범죄사실을 시인하였고 이에 기초하여 사법경찰관 A는 피의자신문조서를 작성하였다.
1. 압수한 수첩

2. 丙女가 제출한 녹음테이프
3. A가 작성한 피의자 신문조서의 증거능력은 인정되는가?

1. 의   의

피의자신문조서란 수사기관, 즉 검사 또는 사법경찰관이 피의자를 신문하여 그 진술을 기재한 조서를 말한다(제244조제1항). 이러한 피의자신문조서(엄밀히 말하면 조서에 기재된 진술)를 피고인의 공판정에서의 진술과 별도로 사용할 필요는 주로 피고인이 수사기관 앞에서는 범죄사실을 자백하였다가 공판정에서 이를 부인하는 경우이거나 또는 정상관계사실, 예컨대 범행의 동기나 결과의 인정을 위하여 공판정에서 진술되지 아니한 사항을 참작하려고 하는 경우에 주로 문제된다.

그런데 검사와 사법경찰관은 법관처럼 공평한 제3자의 지위에 있는 것이 아니어서, 비록 검사에게 객관의무가 인정된다고 하더라도 피의자신문조서는 소송의 일방당사자에 의하여 작성된 것이므로 그 작성의 진정 또는 녹취의 정확성이 문제될 수 있고, 검사에게 피의자의 이익을 충분히 보장할 것을 기대하는 것도 무리이다. 반면 피의자신문조서는 범행시간에 근접한 시점에서 작성되었고, 또 공판정에서 묵비권 및 변호권이 보다 철저히 보장된 상황하에서 수사기관에서의 진술을 그대로 재현할 수도 없으므로 신문당시의 조서를 사용할 필요성도 존재한다.

한편, 종래 형사소송법 제312조 제1항 및 제2항의 해석과 관련하여, ① 구두변론주의·직접심리주의에 배치되고 서면심리주의의 길을 열어 놓고 있는 제312조를 폐지하자는 견해, ② 검사작성의 피의자신문조서의 증거능력을 사법경찰관작성의 그것과 마찬가지로 끌어내려 법정에서 피고인이 그 내용을 인정하는 경우에만 증거능력을 인정하자는 견해, ③ 경찰실무가를 중심으로 사법경찰관작성의 피의자신문조서의 증거능력을 검사작성의 그것과 동일하게 개정하자는 주장, 그리고 ④ 제312조 제1항 단서의 '특신상태'에 대하여 법원이 증거능력의 주도권을 갖고 증거능력을 인정하면 족하다는 견해 등이 제시되어 왔다.

이에 개정 형사소송법은 수사기관별 증거능력요건의 차등을 없애고 작성주체가 검사이든 사법경찰관이든 피의자신문조서는 적법한 절차와 방식에 따라 작성된 것으로서 공판준비 또는 공판기일에 그 피의자였던 피고인 또는 변호인이 그 내용을 인정할 때에 한하여 증거로 할 수 있도록 증거능력 인정의 요건을 엄격히 하였다. 그 이유로 개정전 형사소송법하에서는 검사작성의 피의자신문조서의 증거능력은 사법경찰관 작성의 피의자신문조서보다 완화되어 있고, 피고인이 성립의 진정을 부인하는 경우에도 영상녹화물이나 그 밖의 객관적인 방법에 의하여 조서에 기재된 진술이 피고인이 진술한 내용과 동일하게 기재되어 있음이 증명되면 증거능력이 인정되는 등 특별하게 취급되고 있는 상황에서 조서중심의 재판으로 공판중심주의가 형해화되고 공소유지를 위하여 검찰수사 단계에서 피의자신문조서를 다시

작성하게 되는 문제가 발생한다는 것이다.[1]

표 5-3 피고인의 수사단계 진술의 현출에 관한 입법례[2]

	전문법칙 유무	수사기관 진술 증거능력		수사기관 진술 수집방법	수사기관 진술 현출방법
		인정 여부	인정요건		
영국	○	○	자백은 전문법칙 예외	원칙: 녹음, 녹화 예외: 조서	녹음, 녹화 재생 녹취서 제출
미국	○	○	공판정 외 피의자의 불이익한 진술은 전문증거 아님	보고서·메모 영상녹화 진술서 등	조사자증언 등
독일	X	○	직접주의를 통해서 증거인정	조서 (일부 영상녹화)	피고인신문 과정에서 제시 조사자증언
프랑스	X	○	곧바로 증거사용 (증거자유의 원칙)	조서 (일부 영상녹화)	범죄종류별 차등(중/경/위경죄)
일본	○	○	본인에게 불리하거나 특신상태에서 진술은 형식적 진정성립으로 증거능력 부여	조서	조서의 낭독 또는 요지 고지
한국 개정 전 경찰	○	○	조서: 내용 인정 조사자증언: 특신상태	조서	조서: 내용인정시 조사자증언: 내용 부인시
검사			조서: 진정성립 등 조사자증언: 특신상태		조서: 성립진정 증명시 조사자증언: 조서 증거능력 인정곤란시
개정	○	○	내용 인정		조서: 내용인정시 조사자증언: 내용 부인시

2. 증거능력과 전문법칙

피의자신문조서의 증거능력을 규정한 제312조가 전문법칙의 예외에 해당하는가에 대하여,

---

1) 사법개혁특별위원회(2018. 7. 13.), 활동결과보고서, 45–46면.
2) 이상훈, "개정 형사소송법 제312조 제1항 시행에 따른 피의자신문조서 증거사용 변화", 「피의자신문조서 증거능력 제한과 형사재판」, 사법정책연구원/한국형사법학회/대한변호사협회/대법원 형사법연구회 공동학술대회 발표자료집(2021. 10. 29.), 11–12면.

피의자신문조서의 경우에 원진술자는 피고인 자신이므로 피고인의 반대신문권을 보장하는 것은 의미가 없고, 따라서 직접주의 내지 직접심리주의와 피의자의 인권보장의 요청에 의하여 증거능력을 제한한 것이라고 보는 견해도 있으나, 전문법칙의 예외에 관한 다른 규정과 동일하게, 신용성의 정황적 보장과 필요성을 조건으로 증거능력을 인정하는 **전문법칙의 예외에 관한 규정**으로 보는 것이 타당하다고 본다. 왜냐하면 피고인이 공판정에 출석하고 있다는 점에서 직접주의 내지 직접심리주의의 예외로 보는 것은 문제가 있고, 피의자의 인권보장의 요청을 근거로 드는 것도 원진술 당시의 신용성의 정황적 보장을 이유로 증거능력을 인정하고 있다는 점에서 타당하다고 볼 수 없으며, 이는 진술의 임의성으로 해결하면 족하기 때문이다. 다만 검사와 피고인이 공판정에 출석하고 있으므로 필요성의 요건은 의미가 없을 뿐이다.

3. 검사작성의 피고인이 된 피의자신문조서

(1) 의 의

개정 형사소송법(법률 제16924호, 2020.2.4., 일부개정)은 수사기관별 증거능력요건의 차등을 없애고 작성주체가 검사이든 사법경찰관이든 피의자신문조서는 적법한 절차와 방식에 따라 작성된 것으로서 공판준비 또는 공판기일에 그 피의자였던 피고인 또는 변호인이 그 내용을 인정할 때에 한하여 증거로 할 수 있도록 증거능력 인정의 요건을 엄격히 하였다. 그 이유로 개정전 현행 형사소송법하에서는 검사작성의 피의자신문조서의 증거능력은 사법경찰관 작성의 피의자신문조서보다 완화되어 있고, 피고인이 성립의 진정을 부인하는 경우에도 영상녹화물이나 그 밖의 객관적인 방법에 의하여 조서에 기재된 진술이 피고인이 진술한 내용과 동일하게 기재되어 있음이 증명되면 증거능력이 인정되는 등 특별하게 취급되고 있는 상황에서 조서중심의 재판으로 공판중심주의가 형해화되고 공소유지를 위하여 검찰수사 단계에서 피의자신문조서를 다시 작성하게 되는 문제가 발생한다는 것이다.[1]

그러나 종래 사법경찰관 작성의 피의자신문조서의 증거능력이 엄격한 이유는 경찰의 수사권남용으로부터 인권보호차원에서 정해진 것이고, 외국의 경우 신문조서가 아닌 영상녹화물이나 조사자의 증언제도 등 다른 대안들이 있는 반면, 우리나라는 그렇지 않고 오히려 피고인의 내용부인만으로 증거능력이 부정된다면 수사상 조사가 무의미해진다는 점(피의자신문조서의 증거가치의 부정)에서 피의자신문조서의 증거능력 일원화로 인한 수사상 혼선은 불가피할 것으로 보인다.

(2) 제312조 제1항에 따른 증거능력의 인정요건

① **적법한 절차와 방식에 따라 작성된 것일 것:** 여기서 '적법한 절차와 방식의 작성'이란 일차적으로는 형식적 진정성립(서명·날인의 진정성)을 의미하며, 나아가 피의자신문과 참여자

[1] 사법개혁특별위원회(2018. 7. 13.), 활동결과보고서, 45-46면.

(^{제243}_조), 피의자신문조서의 작성(^{제244}_조), 변호인의 참여(^{제243조}_{의2}), 수사과정의 기록(^{제244조}_{의4}) 등 '조서작성의 절차와 방식'에 따라 작성된 것을 의미한다고 볼 수 있다.

☞ 구체적으로 판례를 살펴보면, ㉠ 서명날인은 공무원이 작성하는 서류에 관하여 그 기재 내용의 정확성과 완전성을 담보하는 것이므로 검사 작성의 피의자신문조서에 작성자인 검사의 서명날인이 되어 있지 아니한 경우 그 피의자신문조서는 공무원이 작성하는 서류로서의 요건을 갖추지 못한 것으로서 위 법규정에 위반되어 무효이고 따라서 이에 대하여 증거능력을 인정할 수 없다고 보아야 할 것이며, 그 피의자신문조서에 진술자인 피고인의 서명날인이 되어 있다거나, 피고인이 법정에서 그 피의자신문조서에 대하여 진정성립과 임의성을 인정하였다고 하여 달리 볼 것은 아니고 (^{대판 2001.9.28,}_{2001도4091}), ㉡ 조서말미에 피고인의 서명만이 있고, 그 날인(무인 포함)이나 간인이 없는 검사 작성의 피고인에 대한 피의자신문조서는 증거능력이 없다고 할 것이고, 그 날인이나 간인이 없는 것이 피고인이 그 날인이나 간인을 거부하였기 때문이어서 그러한 취지가 조서말미에 기재되었다거나, 피고인이 법정에서 그 피의자신문조서의 임의성을 인정하였다고 하여 달리 볼 것은 아니다 (^{대판 1999.4.13,}_{99도237})라고 판시한 바 있다.

이와 관련하여 판례는 사법연수생인 검사직무대리가 검찰총장으로부터 명(命) 받은 범위 내에서 법원조직법에 의한 합의부의 심판사건에 해당하지 아니하는 사건에 관하여 검사의 직무를 대리하여 피의자신문조서를 작성한 경우, 검사작성의 피의자신문조서와 동일한 요건하에 그 증거능력을 인정하고 있으며(^{대판 2010.4.15,}_{2010도1107}), 여기서 검찰청법 제32조 제3항에 의하여 검사직무대리가 처리하지 못하는 '법원조직법에 따른 합의부의 심판사건'은 검사직무대리가 처리할 당시 법원조직법 등 법률 자체로 합의부의 심판사건에 해당하는 사건을 의미하고, 검사직무대리가 처리할 당시에는 법원조직법에 의하더라도 단독판사에게 심판권이 있는 사건인데도 공소가 제기된 후에 합의부의 결정에 따라 비로소 합의부 심판사건으로 되는 재정합의사건과 같은 사건은 특별한 사정이 없는 한 제외된다(^{대판 2012.6.28,}_{2012도3927})는 입장이다.

② **그 피의자였던 피고인 또는 변호인이 그 내용을 인정할 것**: 이는 피의자였던 피고인 또는 변호인의 진술에 의하여 그 내용이 인정되었다는 것을 의미하는 것으로, 내용의 인정이란 조서의 진정성립(실질적 진정성립)뿐만 아니라 조서의 기재내용이 객관적 진실에 부합한다는 조서내용의 진실성을 의미한다.

> **참조판례** 「형사소송법 제312조 제3항(개정전 형사소송법 제312조 제2항)에서 '그 내용을 인정한 때'라 함은 검사 이외의 수사기관 작성의 피의자신문조서의 기재내용이 진술내용대로 기재되어 있다는 의미가 아니라 그와 같이 진술한 내용이 실제 사실과 부합한다는 것을 의미한다」(^{대판 2001.9.28,}_{2001도397;} ^{대판 2010.6.24,}_{2010도5040}).

따라서 피고인이 공판정에서의 피고인의 진술내용과 배치되는 기재부분을 부인한다고 진술할 때에는 내용을 인정한 경우라고 볼 수 없다.

(3) 제312조 제2항에 따른 증거능력의 인정요건(삭제)

(구)형사소송법 제312조 제2항[1]은 종래의 완화요건설에 따라, 실질적 진정성립 및 특신상태를 증명하면 피고인이 된 피의자신문조서의 증거능력을 인정하는 규정이었다. 즉, 피고인이 수사상 진술을 부인하는 경우, 제312조 제1항의 실질적 진정성립의 증명방법으로 영상녹화물 기타 객관적인 방법을 통하여 조서의 증거능력을 부여받기 위한 것이다. 이는 원진술자가 조서의 진정성립을 인정하는지 여부에 따라 증거능력을 부여하던 2007년 개정전 형사소송법 체제를 변경하여 조서의 진정성립을 '증명'하는 체제로 전환한 것이었지만, 2020년 개정법에서 동 규정이 삭제되었다.

4. 사법경찰관작성의 피의자신문조서

(1) 대　　상

사법경찰관 작성의 피의자신문조서는 물론 사법경찰리가 작성한 피의자신문조서도 여기에 해당한다. 판례는 검사가 임석하지 않은 상태에서 검찰주사작성의 피의자신문조서에 대해서도 피고인이 그 내용을 부인하는 이상 유죄의 증거로 삼을 수 없다(대판 2003.10.9, 2002도4372)는 입장이다.

(2) 제도적 취지

증거능력에 있어서 검사 이외의 사법경찰관작성의 피의자신문조서에 '내용의 인정'이라는 엄격한 요건을 규정한 취지는 종래 사법경찰관이 피의자의 자백을 얻는 데 편중하여 가혹행위를 행하는 등 인권유린의 위험성이 많았기 때문에 이를 방지하려는 입법정책적 고려에서 나온 것으로서 증거의 전문성과는 직접 관련이 없다. 즉 사법경찰관의 강요에 의한 자백은 임의성없는 자백이므로 형사소송법 제309조에 의해서 증거능력이 부인되지만, 사법경찰관리로부터 자백을 강요받았다는 사실(예컨대 고문을 당했다는 사실)을 피고인이 공판기일에 입증한다는 것은 거의 불가능하므로 피의자신문과정에서 사법경찰관리의 자백강요를 위한 위법행위(예컨대 고문, 협박, 기망)를 억제하기 위해서는 사법경찰관리가 작성한 피의자신문조서에 기재된 자백의 증거능력을 부정함으로써 인권을 보장하는데, 본조 제3항의 입법이유가 있다. 판례도 동일한 입장이다(대판 1982.9.14, 82도1479).

(3) 적법한 절차와 방식에 따라 작성된 것일 것

'적법한 절차와 방식에 따라 작성된 것'의 의미는 검사작성의 피의자신문조서와 동일하다고 할 것이다.

참조판례 「[1] 헌법 제12조 제2항, 형사소송법 제244조의3 제1항, 제2항, 제312조 제3항에 비추어 보면, 비록 사법경찰관이 피의자에게 진술거부권을 행사할 수 있음을 알려 주고 그 행사 여부를 질문하였다 하더라도, 형사소송법 제244조의3 제2항에 규정한 방식에 위반하여 진술거부권 행사여부

---

1) 제312조 ② 제1항에도 불구하고 피고인이 그 조서의 성립의 진정을 부인하는 경우에는 그 조서에 기재된 진술이 피고인이 진술한 내용과 동일하게 기재되어 있음이 영상녹화물 기타 객관적인 방법에 의하여 증명되고, 그 조서에 기재된 진술이 특히 신빙할 수 있는 상태 하에서 행하여졌음이 증명된 때에 한하여 증거로 할 수 있다.

에 대한 피의자의 답변이 자필로 기재되어 있지 아니하거나 그 답변 부분에 피의자의 기명날인 또는 서명이 되어 있지 아니한 사법경찰관 작성의 피의자신문조서는 특별한 사정이 없는 한 형사소송법 제312조 제3항에서 정한 '적법한 절차와 방식'에 따라 작성된 조서라 할 수 없으므로 그 증거능력을 인정할 수 없다. [2] 헌법 제12조 제1항, 제4항 본문, 형사소송법 제243조의2 제1항 및 그 입법 목적 등에 비추어 보면, 피의자가 변호인의 참여를 원한다는 의사를 명백하게 표시하였음에도 수사기관이 정당한 사유 없이 변호인을 참여하게 하지 아니한 채 피의자를 신문하여 작성한 피의자신문조서는 형사소송법 제312조에 정한 '적법한 절차와 방식'에 위반된 증거일 뿐만 아니라, 형사소송법 제308조의2에서 정한 '적법한 절차에 따르지 아니하고 수집한 증거'에 해당하므로 이를 증거로 할 수 없다」(대판 2013.3.28, 2010도3359).

(4) 내용의 인정

검사작성 피의자신문조서의 증거능력과 동일하다. 내용인정의 방법은 피의자였던 피고인이나 변호인의 진술에 의하여야 한다. 따라서 사법경찰관이 작성한 피의자신문조서는 피고인이 내용을 부인하면 증거로 할 수 없으며, 조서의 기재내용을 들었다는 다른 증인의 증언에 의하여도 증거능력을 인정할 수 없다(대판 1975.5.27, 75도1089). 피고인의 변호인도 피고인의 의사에 반하여 피의자신문조서의 내용을 인정한다는 의사표시를 할 수 없다고 해석하여야 한다. 변호인이 피의자의 자백이 기재된 피의자신문조서의 내용을 인정하면 그 피의자신문조서의 증거능력이 인정되기 때문이다. 따라서 변호인이 피고인의 의사에 반하여 경찰작성 피의자신문조서의 내용을 인정한다는 의사표시를 한 경우에 피고인은 변호인의 의사표시를 취소할 수 있다고 보아야 할 것이다.

사례해설

본 사안의 경우 (1) 수첩과 관련해서는 영장주의의 요건을 갖추고 있는지가 문제된다. 이는 영장주의 원칙의 예외로서 법적 근거가 있는지 문제되는데, 이 경우 수첩이 증거로서 의미를 가지는 것은 수첩에 甲이 기재한 수뢰내용에 관한 메모내용이고 수첩의 물적 상태 그 자체는 증거방법으로서 의미가 없다. 즉 수첩메모내용은 증거서류이지 증거물인 서면이 아니므로 수첩에 대해서는 증거물로서의 증거능력을 별도로 검토할 필요가 없을 것이다. (2) 녹음테이프와 관련해서는 국가기관의 비밀녹음은 통신비밀보호법상의 요건을 갖추지 않는 한 증거능력이 부정되는 것이 원칙이지만, 사인이 비밀녹음한 경우 통신비밀보호법이 적용되지 않으므로 사인이 비밀녹음한 녹음테이프의 증거능력 인정여부 및 증거능력이 인정된다면 전문법칙의 예외로서 근거 법조문이 무엇인지 문제될 것이다. (3) 피의자신문조서와 관련해서는 甲은 19시간의 철야신문에 의하여 자백을 하였는 바 철야신문의 위법성을 인정할 수 있는지, 위법한 수사라면 이에 의하여 작성된 피의자신문조서의 증거능력을 배제하는 법리는 무엇이며, 아울러 사안에서는 불명확하지만 피의자신문을 할 당시 참여자가 있었는지, 또한 진술거부권을 고지한 사실이 있는지 등도 검토를 요한다.

첫째, 수첩의 증거능력을 살펴보면, 영장에 의하지 않는 압수·수색의 예외로 체포현장에서의 압수·수색(제216조 제1항 제2호)의 요건을 갖추고 있는지, 구속영장을 발부받지 못한 경우 수사기관이 계속 압수할 필요가 있다면 수사기관이 취해야 할 조치는 무엇인지 그리고 이를 위배하여 위법한 경우 증거능력을 인정할 수 있는지 등이 문제된다. (1) 긴급체포의 적법성과 관련하여 사형·무기 또는 장기 3년 이상의 징역이나 금고에 해당하는 죄를 범하였다고 의심할 만한 상당한 이유가 있고, 제70조 제1항 제2호 및 제3호에 해당하는 사유가 있는 경우에 긴급을 요하여 지방법원판사의 체포영장을 받을 수 없는 경우(제200조의3 제1항)에는 긴급체포를 할 수 있다. 그런데 사안에서 수뢰죄는 장기 3년 이상의 요건을 충족하며, 다른 요건도 갖춘 것으로 판단되므로 A의 긴급체포는 적법하다고 볼 수 있다. (2) 체포현장에서의 압수·수색과 관련하여 피의자를 구속 또는 체포하는 경우 필요한 때에는 영장없이 체포현장에서 압수·수색을 할 수 있다(제216조 제1항 제2호). 여기서 체포현장의 의미와 관련하여 체포현장에서의 압수·수색이 체포와 시간적 접착을 요한다는 점에는 이론이 없으나, 어느 정도의 시간적 접착을 요하는가에 대하여 피의자가 현실적으로 체포되었음을 요한다는 체포설, 피의자가 수색장소에 현재하고 체포의 착수를 요건으로 한다는 체포착수설, 압수·수색의 당시에 피의자가 현장에 있음을 요한다는 현장설, 체포행위에 시간적·장소적으로 접착되어 있으면 족하며 체포의 전후를 불문한다는 시간적·장소적 접착설 등이 대립되고 있다. 그러나 사례의 경우 사법경찰관 A는 甲을 긴급체포하면서 수첩을 압수하였는 바 체포현장의 의미에 관한 어느 학설에 의하더라도 체포현장에서의 압수·수색에 해당된다고 볼 수 있다. (3) 압수·수색 계속의 적법성과 관련하여 체포현장에서의 압수물은 계속 압수할 필요가 있는 경우에 압수수색영장을 청구하여야 하며, 압수수색영장을 발부받지 못한 때에는 즉시 반환하여야 한다(제217조 제2항). 사례의 경우 A는 별도의 압수·수색영장도 발부받지 않은 채 수첩을 계속하여 보관하였으므로 수뢰피의사실에 대하여 위법하게 수집한 증거가 된다. 이러한 위법하게 수집한 수첩의 증거능력을 인정할 수 있는지 문제되나, 통설·판례는 증거능력을 부정하는 데 견해를 같이하므로 수첩의 증거능력을 인정할 수 없다. 결국 사안의 경우 수첩은 체포현장에서의 압수·수색으로서 제216조 제1항 제2호의 요건은 갖추었으나, 수첩압수계속의 요건으로서 별도의 압수·수색영장을 발부받지 아니하였으므로 위법하게 압수한 증거가 된다(제217조 제2항 위반). 다만 본 사안에서는 수첩이 증거물로 사용된 것이 아니라 수첩에 적힌 진술이 문제되므로, 수첩에 대한 전문서류(자술서)로서의 증거능력 인정요건(제313조 제1항, 제315조 제2항 내지 제3항)을 별도로 검토해야 할 것이다. 둘째, 녹음테이프의 증거능력을 살펴보면, 사안은 현장녹음이 아니라 진술녹음에 해당하는데, 국가기관에 의한 비밀녹음은 통신비밀보호법상의 요건(통법 제4조)을 갖추지 못하는 경우 위법수집증거배제법칙이 적용되어 증거능력이 부정된다고 봄에 이론(異論)이 없으나, 사인의 비밀녹음은 통신비밀보호법이 적용되지 않으므로 그 증거능력의 인정여부가 문제된다. 또한 적법한 증거로서 증거능력이 인정되는 경우 전문법칙의 예외로서 진술녹음의 증거능력의 문제와 서명날인의 요부가 문제된다. (1) 사인의 비밀녹음의 증거능력과 관련하여 논란이 있으나(녹음테이프부분 참조), 판례는 당사자녹음은 허용되지만, 제3자녹음은 일방의 동의를 받았다고 하더라도 그 증거능력을 부정하고 있다. 따라서 사안의 경우 대화자 일방에 의한 녹음은 甲의 프라이버시를 침해한다고 볼 수 있으나, 녹음테이프가 대화당사자간에 이루어졌다는 점과 녹음의 동기가 사례에 분명하게 나타나 있지 않지만 범죄목적을 위해 녹음된 것은 아니라는 점, 그리고 甲의 수뢰사실을 인정하는 데 긴요한 증거로서 실체진실의 발견에 없어서는 아니되는 진술증거라는 점에 비추어 볼 때 위법한 증거로 볼 필요는 없다고 본다. (2) 진술녹음의 증거능력과 관련하여 논란이 있으나, 녹음테이프는 진술녹음으로서 녹음의 주체는 사인이고 진술자는 피의자진술인 바 제313조 제1항에 의하여 원진술자인 甲이 성립의 진정을 인정하면 증거능력이 인정될 수 있다고 본다. 반면에 판례는 사인이 피고인과의 대화내용을 녹음한 경우와 피고인 아닌 자와의 대화내용을 녹음한 경우를 구분하여, 전자의 경우 '작성자'(녹음자 丙)에 의한 성립의 진정이 인정되면 족하다는 입장이다. 서명·날인의 요부도 문제되는데 필요설도 있으나, 녹음테이프는 원래 서명·날인이 적합하지 않은 증거방법이므로 서명·날인은 불요하다고 본다. 판례도 서명·날인이 불요하다는 입장이다. 또한 사안에서는 분명하지 않지만 원진술자가 공판기일에 출석하여 진술할 수 없는 사유가 있는 경우에는 제314조에 의하여 증거능력이 인정될 수도 있을 것이다.

셋째, 피의자신문조서의 증거능력을 살펴보면, 甲은 19시간동안 철야신문에 의하여 자백을 하였으므로 철야신문에 의한 피의자신문조서의 증거능력의 인정여부가 문제되고, 위법한 철야신문 등에 의하여 작성되었다고 볼 때, 피의자신문조서의 증거능력을 배제하는 근거가 무엇인지도 검토를 요한다. (1) 철야신문 등의 위법성과 관련하여 철야신문 그 자체가 위법한 것은 아니지만, 잠을 재우지 않는 정도의 신문이 허용될 수 있는가에 있다. 그런데 사안의 경우 잠을 재우지 않고 19시간동안의 신문을 행하였는데, 이는 정상적인 사람에게 피로로 인하여 정상적인 판단능력을 잃을 정도에 이르게 하였다고 봄이 타당하므로 철야신문은 위법한 신문임을 면하지 못할 것이다. 이와 관련하여 판례는 피고인이 검찰에 연행된 때로부터 약 30시간동안 잠을 자지 않은 채 피의자신문을 받은 경우 그 자백은 임의로 진술한 것이 아니라고 의심할 만한 이유가 있다고 보아 제309조의 규정에 의하여 그 피의자신문조서의 증거능력을 부정한 바 있다. 아울러 사안에서는 명백하지 않으나 피의자신문시 참여자가 없었다면 제244조를 위반한 위법이 있으며, 진술거부권을 고지하지 않은 경우에도 판례는 위법수집증거로서 증거능력이 부정된다고 보고 있다. (2) 위법수집증거의 증거능력과 피의자신문조서에 대하여 학설은 위법수집증거의 증거능력을 부정하는 점에 견해가 일치하고 있다. 다만 자백배제법칙과의 관계와 관련하여 위법수집증거배제법칙을 자백배제법칙과는 독립된 원리로 파악하여 임의성이 있더라도 위법한 절차에 의하여 수집된 증거는 증거능력이 부정된다고 보는 구별설과 자백배제법칙의 이론적 근거를 위법배제에 있다고 보아 위법수집증거배제법칙의 근거를 형사소송법 제309조로 보는 비구별설이 있다. 이에 대하여 판례는 진술거부권을 고지하지 않은 피의자신문조서에 관하여 피의자신문조서가 임의성이 있더라도 위법한 신문방법에 의하여 작성된 조서인 한 증거능력이 부정된다고 보아 구별설의 입장을 취하고 있다. 그러나 어느 견해에 따르더라도 甲의 진술은 임의성에 의심이 있는 경우에 해당하므로 제309조에 의하여 증거능력이 부정될 것이다.

V. 공동피고인(共同被告人) 진술의 증거능력

1. 의   의

공동피고인이란 동일소송절차에서 공동으로 심판받는 수인의 피고인을 말한다. 공동피고인은 반드시 공범자임을 요하지 않으며, 수개의 사건이 동일법원에 계속되어 있는 경우에 불과하다. 그러나 공동피고인의 진술에 대한 증거법적 평가는 공동피고인 사이에 공범관계가 존재하는가에 따라 구별하지 않으면 안 된다. 공동피고인 甲과 乙 사이에 공범관계가 있는 경우에는 乙의 자기의 범죄사실에 대한 진술은 동시에 甲의 범죄사실에 대한 진술이 되지만, 공범관계가 없는 경우에는 이러한 특수관계가 없기 때문이다.

2. 문 제 점

공동피고인의 진술과 관련하여 ㉠ 공범이 공동피고인으로서 공판정에서 한 진술을 다른 공동피고인에 대한 유죄의 증거로 사용할 수 있는가, ⓛ 공범이 수사절차에서 한 진술을 다른 공범에 대한 유죄의 증거로 사용하려면 어떠한 요건이 구비되어야 하는가, ⓒ 다른 증거가 없는 경우에 공범의 자백만으로 피고인을 유죄로 인정할 수 있으며 공범의 자백을 피고인의 자백에 대한 보강증거로 사용할 수 있는가 등이 문제된다. 가령 乙로부터 뇌물을 수수하였다는 범죄사실로 기소된 甲에 대한 유죄의 증거로 乙의 법정진술 혹은 수사기관에서의 진술이 유일한 증거인 경우 乙의 위 진술만으로 일관하여 자신의 혐의를 부인하고 있는 甲을 유죄로 인정할 수 있는지 여부와 관련하여 논의되며, 이는 공동피고인의 증인적격을 인정할 것인가와 직접 관련되는 문제이기도 하다.

3. 법정진술의 증거능력

피고인 甲, 乙이 공동피고인인 경우 공동피고인 乙의 진술, 특히 공범자인 乙의 자백을 다른 공동피고인 甲의 공소사실에 대한 증거로 사용할 수 있는지 문제된다. 이는 甲과 乙이 공범으로 함께 기소된 경우 乙의 공동범행의 자백은 동시에 甲의 범죄사실에 대한 고백이기도 한데, 이 경우 甲의 입장에서 볼 때 乙은 순전히 제3자와 다를 바 없기 때문에 선서의 제재나 반대신문을 거치지 아니한 乙의 진술을 그대로 甲의 범죄사실에 대한 유죄의 증거로 사용하는 것이 부당하지 않은가 하는 점이다. 그러나 한편 乙은 여전히 피고인으로서 진술하는 것이지 증인으로 진술하는 것이 아니기 때문에 선서의 제재하에 진실을 말할 의무가 있는 것이 아니며, 또 甲이 乙에 대해 반대신문을 한다 하더라도 乙이 피고인으로서의 전면적인 진술거부권을 행사하게 되면 甲의 반대신문권은 무용지물이 되는 결과가 나타난다. 여기에서 **반대신문권과 진술거부권**의 충돌이라는 문제가 발생한다.

(1) 공범자인 공동피고인의 진술의 증거능력

① **학 설:** ㉠ 피고인신문절차에서 공동피고인은 진술거부권을 가지고 있을 뿐만 아니라 자백의 진실성이 선서에 의하여 담보되어 있지도 않다는 점을 근거로 공판절차를 분리하여 乙을 증인신문절차에 의하여 신문할 때에만 증거능력이 있다고 하는 **소극설**, ㉡ 공동피고인의 진술은 법관 앞에서 행하여진 임의의 진술이며, 전문증거가 아닌 피고인의 진술에 대하여 반대신문권의 보장을 엄격히 요구할 이유가 없다는 점을 근거로 공동피고인의 공판정에서의 진술을 다른 피고인에 대한 유죄의 증거로 사용할 수 있다는 **적극설**, ㉢ 공동피고인 乙의 진술이 자신의 범죄사실과는 전혀 무관하고 다른 피고인 甲의 공소사실에만 관계되는 경우(공범자 아닌 공동피고인)에는 절차를 분리하여 乙을 甲의 공소사실에 대한 증인으로서 신문하는 것이 타당하지만, 공동피고인 乙의 진술이 자신의 공소사실에 관한 것임과 동시에 甲의 공소사실에도 관계되는 경우(공범자인 공동피고인)에는 공동피고인 乙의 공판정에서의 진술에 대하여 다른 공동피고인 甲의 반대신문이 충분히 행해지거나 그 행사가 보장된 경우면 족하다는 **절충설**이 대립하고 있다.

② 판 례

판례는 종래 공범자인지를 불문하고 공동피고인의 법정자백에 증거능력을 인정할 수 있다 (대판 1981.2.10, 80도2722,)고 판시한 바 있으나, 그 후 공범자가 아닌 공동피고인의 법정자백에 관하여 「**피고인과 별개의 범죄사실로 기소되어 병합심리중인 공동피고인은 피고인의 범죄사실에 관하여는 증인의 지위에 있다 할 것이므로 선서없이 한 공동피고인의 법정진술이나 피고인이 증거로 동의한 바 없는 공동피고인에 대한 피의자신문조서는 피고인의 공소범죄사실을 인정하는 증거로 할 수 없다**」(대판 1979.3.27, 78도1031; 대판 1982.9.14, 82도1000)는 요지의 판시를 거듭한 반면, 공범자인 공동피고인이 법정에서 공동범죄사실을 자백한 사안에서는 「공동피고인의 진술에 대하여는 피고인의 반대신문권이 보장되어 있어 독립한 증거능력이 있다」(대판 1992.7.28, 92도917,)거나, 「형사소송법 제310조 소정의 자백에는 공범인 공동피고인의 진술은 포함되지 아니하므로 공범인 공동피고인의 진술은 다른 공동피고인에 대한 범죄사실을 인정하는 증거로 할 수 있다」(대판 1986.10.28, 86도1773)고 하는 등 공범자인 공동피고인의 법정진술에 대하여는 반대신문이 실제로 충분히 행하여졌는지의 여부를 따지지 아니하고 다른 공동피고인에 의한 반대신문권이 보장되어 있음을 이유로 그대로 증거능력을 인정하고, 공범자 아닌 공동피고인의 법정진술에 대하여는 증거능력을 부정하는 입장이다.

③ 검 토:
공범자인 공동피고인인 경우 변론의 분리없이 피고인으로 신문할 때, 乙의 진술거부권과 甲의 반대신문권 중 어느 것을 우선하여야 할 것인가 하는 문제에 귀착되는 것으로 볼 수 있다. 그러나 ㉠ 반대신문권은 증거법적인 분야에서 요청되는 권리임에 반하여 진술거부권은 피고인의 지위를 보장하는 헌법적인 기본권으로 어떤 이유에서든 간과될 수 없다는 점, ㉡ 공범자인 甲과 乙이 각각 공동피고인으로서 공동으로 심리를 받고 있는 경우라면, 절차를 분리하여 乙을 甲에 대한 증인으로 신문하더라도 공범자인 것은 변함이 없으므로 재판장의 절차분리선언 하나로 乙의 진술의 증거능력이 좌우되는 것은 매우 기교적이라는 점, ㉢ 전문법칙의 인정이 법관의 면전 이외의 장소에서 행한 진술은 직접주의의 원칙에 반하여 허용될 수 없다는 데 근거하기도 하는 것이므로 법관의 면전에서 공동피고인 乙의 진술에 대하여 甲이 사실상 충분히 반대신문을 한 경우라면 반드시 절차를 분리하여 乙을 증인으로 신문하지 않더라도 그 증거능력을 인정하는 것이 보다 간명한 점 등을 고려하면 이론상 절충설이 타당하다고 생각한다.

(2) 공범자 아닌 공동피고인의 진술의 증거능력

앞에서 언급한 것처럼 피고인과 별개의 범죄사실로 기소되어 병합심리 중인 공동피고인은 피고인에 대한 관계에서는 증인에 불과하므로 증인으로 선서한 후에 증언해야 할 것이다. 따라서 공범자 아닌 공동피고인의 법정진술에 대하여는 증인으로 신문하지 아니한 경우 다른 공동피고인에 대한 관계에서 그 증거능력을 인정할 수 없다(통설).

4. 법정외 진술의 증거능력

(1) 공범자가 공동피고인이 된 경우

① **문 제 점:** 수사기관 작성의 공범에 대한 피의자신문조서가 다른 공범에 대하여 어떠

한 요건하에 증거능력이 인정되는지 문제된다. 종래 공범자인 공동피고인의 법정진술에 대하여는 대법원판례에 의하여 그대로 증거능력이 인정되어 왔으나, 공범자인 공동피고인에 대한 수사기관(검사) 작성의 피의자신문조서의 증거능력의 인정요건에 관하여는 이를 명시한 대법원판례가 없었고, 현행법 하에서도 수사기관(검사) 작성의 공범인 공동피고인에 대한 피의자신문조서나 진술서 내지 자술서 등의 수사서류를 다른 공동피고인에 대한 증거로 사용할 경우 형사소송법 제312조의 규정에 따라 증거능력의 인정여부를 결정할 수밖에 없으므로 해석상 많은 문제점이 야기되고 있다. 즉 공동피고인의 진술을 제312조 제4항의 '피고인이 아닌 자의 진술'에 해당한다고 보아야 하는지 아니면 제312조 제1항의 '피고인이 된 피의자의 진술'의 개념속에 공동피고인도 포함시켜 해석해야 되는지 문제된다.

② 검사작성의 공범자에 대한 피의자신문조서의 증거능력

가) 학   설: 개정전 형사소송법하에서 동법 제1항의 '피고인이 된 피의자'는 '기소된 피의자', 즉 '피의자로 수사받았으나 결국 기소되지 아니한 공동피의자는 제외한다'는 의미일 뿐이므로 '공동피고인이 된 피의자'도 포함된다는 해석이 가능하다는 점에서, 피고인신문절차에서 공범자에 대한 다른 피고인의 반대신문권이 당연히 보장된 전제하에 검사작성의 공동피고인에 대한 피의자신문조서의 경우 제312조 제1항에 따라 증거능력을 인정해야 한다는 견해 (제312조 제1항설)[1]와 제312조 제1항은 검사작성의 피의자신문조서의 증거능력을 규정한 것이 아니라, 피고인이 된 피의자의 진술이 기재된 조서의 증거능력을 규정하고 있으므로, 공범자나 공동피고인에 대한 피의자신문조서에 대하여는 제312조 제1항이 적용될 여지가 없으며, 따라서 제312조 제4항에 따라 증거능력을 인정해야 한다는 견해(제312조 제4항설)(통설)가 대립하고 있었다.

나) 판   례

초기 대법원판례는 「원진술자인 피고인이 그 조서에 간인과 서명, 무인한 사실이 있음을 인정하는 검사작성의 피의자신문조서는 그 간인과 서명, 무인이 형사소송법 제244조 제2항, 제3항 소정의 절차를 거친 바 없이 된 것이라고 볼 사정이 없는 한 원진술자의 진술내용대로 기재된 것이라고 추정된다 할 것이고, 따라서 원진술자인 피고인이 공판정에서 검사작성의 피의자신문조서에 기재된 진술내용이 자기의 진술내용과 다르게 기재되었다고 다투더라도 그 조서의 간인, 서명, 무인한 사실이 있음을 시인하여 조서의 형식적인 진정성립을 인정하고, 한편 그 **간인과 서명, 무인이 위 형사소송법 절차를 거친 바 없이 이루어진 것이라고 볼만한 사정이 발견되지 않는 경우라면 그 피의자신문조서는 원진술자의 공판기일에서의 진술에 의하여 성립의 진정함이 인정된 것으로 볼 수 있다 할 것이다」**
(대판 1984.6.26, 84도748; 대판 1986.3.25, 86도218; 대판 1992.6.23, 92도769; 대판 1994.1.25, 93도1747; 대판 1995.5.12, 95도484; 대판 2000.7.28, 2000도2617.)라고 하여 조서의 형식적 진정성립이 인정되면 실질적 진정성립이 추정된다는 입장을 취하고 있었으나, 공동피고인의 법정외 진술에 대하여는 「검사작성의 공동피고인(乙)에 대한 피의자신문조서는 **그 공동피고인(乙)이 법정에서 성립 및 임의성을 인정한 경우에는 공동피고인(甲)이 증거로 함에 부동의하더라도 피고인 甲에 대한 유죄의 증거로 사용할 수 있다」**
(대판 1990.12.26, 90도2362; 대판 1991.4.23, 91도314; 대판 1992.4.14, 92도442)고 판시하여 실질적 진정성립을 요건으로 관련피고인에 대하여 증거능력을 인정하고 있었으며, 다만 특신상황을 요건으로 하지 않는 위 판시취지를 미루어 볼 때, 판례

---

1) 정웅석, 「공범에 대한 조사자증언의 허용여부 및 공범조서와의 관계」, 저스티스 통권 제143호, 26면.

는 공범인 공동피고인은 제312조 제1항 단서의 '피고인'에는 해당하지 않는 것으로 해석되었다. 그런데 그 후「검사가 피의자나 피의자 아닌 자의 진술을 기재한 조서는 공판준비 또는 공판기일에서 **원진술자의 진술에 의해 형식적 진정성립뿐만 아니라 실질적 진정성립까지 인정된 때에 한해 비로소 그 성립의 진정함이 인정되어 증거로 사용할 수 있다고 봐야 한다.** 이같이 해석하는 것이 우리 형사소송법이 취하고 있는 직접심리주의 및 구두변론주의를 내용으로 하는 공판중심주의의 이념에 부합하는 것이다. 이와 달리 원진술자인 피고인이 공판장에서 간인과 서명, 무인한 사실을 인정해 형식적 진정성립이 인정되면 거기에 기재된 내용이 자기의 진술내용과 다르게 기재되었다고 하여 그 실질적 진정성립을 다투더라도 그 간인과 서명, 무인이 형사소송법 제244조 2항과 3항의 절차를 거치지 않고 된 것이라고 볼 사정이 발견되지 않는 한 그 실질적 진정성립이 추정되는 것으로 본 84도748판결 등 종전 대법원견해는 변경한다」(대판(전합) 2004.12.16,
2002도537)라고 판시하여 이러한 구별이 의미가 없게 되었다. 결국 이러한 판례의 입장을 검토해 볼 때, 乙이 성립의 진정을 인정(제312조
제1항)한 경우에만 甲에 대한 증거로 사용할 수 있다고 보아야 하며, 성립의 진정을 부정(제312조
제2항)하는 경우까지 확대하여 甲에 대한 증거로 사용할 수는 없다고 보아야 할 것이다.[1]

다) 검 토: 공동피고인이 진정성립을 인정하는 경우에는 조문의 위치만 다를 뿐 실질적으로 큰 차이가 없다고 하더라도 공동피고인이 진정성립을 부인하는 경우에는 큰 차이가 난다. 왜냐하면 공동피고인(乙)이 진정성립을 부인하는 경우에도 현행 형사소송법 제312조 제4항에 따라 피고인(甲)에게도 증거능력이 인정된다고 본다면, 피고인의 자백에 공범자의 자백이 포함되지 않는다는 보강증거불요설(다수설)에 따라 공범자(乙)의 자백만으로 피고인(甲)에게 유죄판결이 가능해지기 때문이다. 더욱이 제312조 제4항설에 따르면 피고인을 증인으로 채택하여 증언을 하게 한 후, 다시 변론을 병합하여 증인의 지위에서 공동피고인의 지위로 전환하여 재판을 진행해야만 하는데, 전술(前述)한 것처럼 공범인 공동피고인의 증인적격을 부정하면서 어떻게 '피고인이 아닌 자의 진술(참고인진술)'로 공판정에 나올 수 있는지 의문일 뿐더러, 공범 乙에게 위증죄가 성립할 수도 있다(진술거부권의 불인정)는 점에서 불합리하다. 다만, 이제는 사법경찰관작성의 공범자에 대한 피의자신문조서의 증거능력에 대한 논의로 통일될 것이다.

③ 사법경찰관작성의 공범자에 대한 피의자신문조서의 증거능력: 경찰작성의 공동피의자에 대한 피의자신문조서, 특히 공범자인 공동피의자에 대한 그 신문조서가 다른 공동피고인에 대한 증거로 사용될 경우 그것이 제312조 제3항에 해당하느냐, 아니면 제312조 제4항의 '피고인이 아닌 자의 진술을 기재한 조서'로 보아 원진술자인 공범자가 공판정에서 조서의 성립의 진정만 인정하면 피고인에 대한 범죄사실의 증거로 할 수 있느냐가 문제된다. 전자에 해당하면 내용인정이 더 필요하기 때문이다.

가) 학 설: 현행법의 해석상 형사소송법 제312조 제4항의 '피고인 아닌 자의 진술을 기재한 서류'에 해당한다고 보는 견해와 구법과 동일하게 제312조 제3항설이 대립하고 있으며, 다만 제312조 제3항이 적용된다고 볼 경우 그 내용인정을 누가 해야 하는지 여부와

---

1) 일부 견해는 대판 2014.8.26, 2011도6035를 들면서, 판례가 제312조 제4항 적용설을 따른 것으로 보고 있으나, 본 판결은 **피고인과 공동피고인이 아닌 공범에 대한 검사 작성의 피의자신문조서**에 대한 것이므로 차원이 다른 것이다.

관련하여, (반대신문권이 보장된다는 전제하에서)공동피의자였던 공동피고인이 공판정에서 그 피의자신문조서의 내용을 인정하면 증거능력이 인정된다는 견해와 상피고인이 그 내용을 인정한 경우에 한하여 증거능력이 있다는 견해(다수설)가 대립하고 있다.

나) 판 례

종래 대법원은 「형사소송법 제312조 제2항(개정별)은 당해 피고인에 대한 검사 이외의 수사기관이 작성한 피의자신문조서를 유죄의 증거로 하는 경우뿐만 아니라 당해 피고인과 공범관계에 있는 다른 피고인에 대한 검사 이외의 수사기관이 작성한 피의자신문조서를 피고인에 대한 유죄의 증거로 채택할 경우에 있어서도 다같이 적용된다고 보아야 할 것이다. 따라서 **사법경찰관작성의 공동피고인 (乙)에 대한 피의자신문조서를 그 공동피고인이 법정에서 진정성립 및 내용을 인정했더라도 공동피고인(甲)이 그 피의자신문조서의 진정성립 및 내용을 인정하지 아니하는 한 피고인 甲에 대한 증거능력이 없다**」라고 판시하면서, 만약 이와 같이 보지 아니하고 원진술자인 피의자가 피고인에 대한 형사피고사건의 법정에 나와 그 내용을 인정하게 되면 증거능력이 부여된다고 보게 되면, ㉠ 형사재판이 각각 별도로 이루어진 경우 자기의 형사 피고사건에서는 법정에서 그 내용을 부인하여 유죄의 증거로 되지 아니한 피의자신문조서도 공범관계에 있는 다른 피고인에 대한 관계에 있어서는 유죄의 증거가 될 수 있는 불합리하고 불공평한 결과가 생길 수 있고, ㉡ 공범관계에 있는 그 피의자에 대한 형사 피고사건에서 피고인이 되었던 그 피의자 또는 변호인이 내용을 인정한 바 있다 하여 이를 다른 피고인에 대한 형사 피고사건의 증거로 할 수 있다고 본다면 당해 피고인의 반대신문의 기회도 없었던 진술만으로 증거능력을 인정하는 것이 될 뿐만 아니라, ㉢ 만일 그 피의자에 대한 형사사건에서 유죄의 증거로 되었던 이유가 그의 변호인이 피의자신문조서의 내용을 인정하였기 때문인 경우라면 당해 피고인으로서는 자기의 변호인도 아닌 사람의 소송행위로 불이익을 받는 결과가 되어 부당하기 때문이라는 일관된 입장을 취하고 있다(대판 2010.1.28, 2009도10139; 대판 2009.10.15, 2009도1889).

다) 검 토:
제312조 제4항설은 공동피고인이 성립의 진정을 부정함에도 불구하고 객관적인 방법으로 증명되면 증거능력을 인정하고, 반대신문권의 인정을 전제로 이를 다시 상피고인에게 증거로 사용할 수 있다고 보는 것은 증거능력의 지나친 확대로 보일 뿐만 아니라, 자기 사건에서는 유죄의 증거로 될 수 없는데 다른 공범자의 사건에서는 유죄의 증거가 될 수 있는 불공평한 결과가 발생할 가능성도 배제할 수 없다. 더욱이 공동피고인이 아닌 공범자의 진술을 '타인의 진술'로 보는 경우(증인의 지위에 해당하므로) 조사자 증언방식의 증거사용이 불가능한 반면(제316조 제2항), 공동피고인이 된 공범자의 경우는 조사자 증언방식의 증거사용이 가능하게 되는데(제316조 제1항), 공동피고인으로 함께 재판받는지 아니면 별개로 재판을 받는가라는 외부적 상황에 따라 동일한 진술의 증거능력에 차별을 두는 것은 문제가 있다.

결국 현행법의 해석상 공범자에 대한 피의자신문조서도 제312조 제3항의 '검사 이외의 수사기관이 작성한 피의자신문조서'의 개념에 포함된다고 보고, 공동피의자였던 공동피고인이 공판정에서 그 피의자신문조서의 내용을 인정하면 (관련피고인의 반대신문권을 보장하는 전제하에서) 관련피고인에게도 증거능력이 인정된다고 보아야 할 것이다.

648 제5편 증 거

(2) 공범자가 공동피고인이 되지 않은 경우

수사기관(검사 또는 사법경찰관)작성의 공동피고인이 아닌 공범자에 대한 피의자신문조서는 원진술자인 공범자가 자신의 공판기일에 출석하여 내용의 진정을 인정하면 자신에 대하여 증거능력이 부여된다는 점은 이론(異論)이 없다. 다만 공범자의 피의자신문조서가 다른 공범자에 대하여 증거로 사용하기 위하여 원진술자인 공범이 피고인에 대한 현재의 공판절차에 증인으로 출석하여 진술해야 하는지 논란이 있으나, 당연히 현재의 피고인, 즉 수사서류에 의하여 사실인정을 당하는 **피고인에 대한 공판기일**을 의미한다고 보아야 할 것이다. 판례도 「원진술자인 공범이나 제3자가 각기 자신에 대한 공판절차나 다른 공범에 대한 형사공판의 증인신문절차에서 위 수사서류의 진정성립을 인정해 놓은 것만으로는 증거능력을 부여할 수 없고, 반드시 공범이나 제3자가 현재의 사건에 증인으로 출석하여 그 서류의 성립의 진정을 인정하여야 증거능력이 인정된다」(대판 1999.10.8, 99도3063)고 판시하고 있다.

결국 원진술자가 출석하여 내용의 진정을 인정하면 다른 공범자에 대하여 증거능력이 인정되는 것이며, 원진술자가 출석할 수 없으면 원진술자가 자신에 대한 공판절차에서 내용의 진정을 인정해 놓은 것을 근거로 증거능력이 인정되는 것이 아니라, 제314조를 적용하여 그 요건하에서만 증거능력을 얻을 수 있는 것이다.

표 5-4 공동피고인 乙진술의 甲에 대한 증거능력 인정요건(판례)

비 교	법정진술(공동피고인)		법정 외 진술(공범자인 경우)			
피고인 乙을 기준	공범자 인 경우	공범자 아닌 경우	공동피고인 된 경우		공동피고인 아닌 경우	
			검사[1]	사경	검사	사경
甲	부인		부인		부인	
乙	자백		자백		자백	
甲에 대한 증거능력	甲에게 인정	乙이 증인으로 증언해야 甲에게 인정	甲이 乙의 자백조서 내용인정시 인정		乙이 甲사건의 증인으로 증언해야 甲에게 인정	
제314조 적용여부	X	X	X	X	X	X

VI. 진술조서(陳述調書)

1. 의 의

진술조서란 검사 또는 사법경찰관이 피의자 아닌 자(참고인)의 진술을 기재한 조서를 말한다. 예컨대 사인의 도난신고서, 수사기관이 작성한 참고인진술조서 및 피해진술서 등이 여

---

1) 개정법에 따라 검사의 경우는 사경에 준하여 판단하였다.

기에 해당한다. 수사기관이 피고인의 진술을 기재한 조서도 진술조서에 해당한다. 피고인은 피의자가 아니기 때문이다.

2. 수사기관 작성 진술조서의 증거능력

(1) 법 규정

검사 또는 사법경찰관이 피고인이 아닌 자의 진술을 기재한 조서는 적법한 절차와 방식에 따라 작성된 것으로서 그 조서가 검사 또는 사법경찰관 앞에서 진술한 내용과 동일하게 기재되어 있음이 원진술자의 공판준비 또는 공판기일에서의 진술이나 영상녹화물 기타 객관적인 방법에 의하여 증명되고, 피고인 또는 변호인이 공판준비 또는 공판기일에 그 기재 내용에 관하여 원진술자를 신문할 수 있었던 때에는 증거로 할 수 있다. 다만, 그 진술이 특히 신빙할 수 있는 상태 하에서 행하여졌음이 증명된 때에 한한다($\substack{\text{제312조}\\\text{제4항}}$).

이에 따르면 수사기관 작성의 참고인진술조서의 증거능력이 인정되기 위해서는 첫째, 참고인진술조서가 적법한 절차와 방식에 따라 작성된 것일 것, 둘째, 참고인진술조서가 검사 또는 사법경찰관 앞에서 진술한 내용과 동일하게 기재되어 있음이 원진술자의 진술이나 영상녹화물 기타 객관적인 방법에 의하여 증명될 것, 셋째, 피고인 또는 변호인이 그 기재내용에 관하여 원진술자를 신문할 수 있었을 것, 넷째, 그 진술이 특히 신빙할 수 있는 상태하에서 행하여졌음이 증명될 것 등이 요구된다. 이 경우 참고인진술조서와 공판정에서의 증언 중 어느 것을 증거로 채택할 것이냐의 여부는 증명력의 문제로서 법관의 자유판단사항이다($\substack{\text{제308}\\\text{조}}$). 피고인이 증거로 함에 동의할 것도 요하지 않는다.

(2) 증거능력의 인정요건

① **적법한 절차와 방식에 따라 작성된 것일 것**: '적법한 절차와 방식'이 무엇을 의미하는지 애매하지만, 피의자신문조서의 증거능력에서 언급한 것처럼 조서의 작성절차와 방식이라면 일차적으로는 형식적 진정성립(서명·날인의 진정성)을 의미하며, 나아가 조서의 작성방법($\substack{\text{제48}\\\text{조}}$) 및 제3자의 출석요구에 관한 규정($\substack{\text{제221}\\\text{조}}$)에 따라 작성된 것을 의미한다고 볼 수 있다. 다만 형사소송법은 조서에 진술자의 실명 등 인적 사항을 확인하여 이를 그대로 밝혀 기재할 것을 요구하는 규정을 따로 두고 있지 않으므로, 진술자와 피고인의 관계, 범죄의 종류, 진술자 보호의 필요성 등 여러 사정으로 볼 때 상당한 이유가 있는 경우에는 수사기관이 진술자의 성명을 가명으로 기재하여 조서를 작성하였다고 해서 그 이유만으로 그 조서가 '적법한 절차와 방식'에 따라 작성되지 않았다고 볼 수는 없다. 판례도 동일한 입장이다($\substack{\text{대판 2012.5.24.}\\\text{2011도7757}}$). 그러나 사법경찰리 작성의 피해자에 대한 진술조서가 피해자의 화상으로 인한 서명불능을 이유로 입회하고 있던 피해자의 동생에게 대신 읽어 주고 그 동생으로 하여금 서명날인하게 하는 방법으로 작성된 경우에는 형식적 요건을 결여한 서류로서 증거로 사용할 수 없다

(대판 1997.4.11,)고 보아야 할 것이다.
96도2865

② **검사 또는 사법경찰관 앞에서 진술한 내용과 동일하게 기재되어 있음이 원진술자의 진술이나 영상녹화물 기타 객관적인 방법에 의하여 증명될 것:** 이는 원진술자가 법정 진술로 진정성립을 인정하는 경우에 한하여 증거능력을 부여하던 2007년 개정전 형사소송법을 보완하여, 원진술자의 진술 외에도 영상녹화물 기타 객관적인 방법으로 진정성립(실질적 진정성립)이 '증명'되면 증거로 사용할 수 있도록 합리적으로 개정한 것이다. 따라서 조서의 진정성립에 대한 증명방법은 원칙적으로 제한이 없다고 볼 수 있으므로 **기타 객관적인 방법**에 녹음, 무인 또는 필적의 감정결과처럼 반드시 과학적 · 기계적인 방법에 한할 필요는 없으며, 신문에 참여한 변호인의 증언 내지 신뢰관계자의 증언 또는 속기사의 증언과 같은 인적 방법도 포함된다고 새길 수 있을 것이다.

참조판례 「성폭력범죄의 처벌 및 피해자보호 등에 관한 법률 제21조의3에 따라 촬영한 영상물에 수록된 성폭력 범죄 피해자의 진술은 조사 과정에 동석하였던 신뢰관계 있는 자의 진술에 의하여 성립의 진정함이 인정된 때에는 증거로 할 수 있다. 그리고 위와 같이 촬영한 영상에 피해자가 피해상황을 진술하면서 보충적으로 작성한 메모도 함께 촬영되어 있는 경우, 이는 영상물에 수록된 피해자 진술의 일부와 다름없으므로, 위 법률에 따라 조사과정에 동석하였던 신뢰관계 있는 자의 진술에 의하여 성립의 진정함이 인정된 때에는 증거로 할 수 있다」(대판 2009.12.24,).
2009도11575

왜냐하면 ㉠ 조서작성에 관여한 당사자 중의 일방인 원진술자가 일방적으로 진정성립을 부인하는 경우에 그 상대방인 조사자 내지 조사참여자의 증언을 통해 진정성립 여부를 확인하는 것이 가장 직접적이고 일차적인 증명방법이며, ㉡ 실질적 진정성립이란 조서에 기재된 대로의 진술을 하였던 사실이 있는가라는 '사실적' 문제인데 조사자 증언에 의해서는 왜 그 사실의 증명을 제한해야 하는지 합리적인 근거가 없기 때문이다.

이에 대하여 통설은 조사자 내지 조사참여자의 증언처럼 피의자와 신뢰관계가 없는 사람의 증언을 허용할 경우 조서를 불인정하면서 진정성립을 부인하는 원진술자의 진술에도 불구하고 조서의 증거능력을 사실상 제한 없이 인정하는 결과를 초래할 것이고, 조사자 등 증언시에는 조서 대신 그 증언 자체를 증거로 사용하면 될 것인데 다시 조서를 사용하는 것은 공판중심주의에 위반된다는 입장이다. 판례도 동일한 입장이다.

참조판례 「검사 작성의 피의자신문조서에 대한 실질적 진정성립을 증명할 수 있는 수단으로서 형사소송법 제312조 제2항에 규정된 '영상녹화물이나 그 밖의 객관적인 방법'이란 형사소송법 및 형사소송규칙에 규정된 방식과 절차에 따라 제작된 영상녹화물 또는 그러한 영상녹화물에 준할 정도로 피고인의 진술을 과학적 · 기계적 · 객관적으로 재현해 낼 수 있는 방법만을 의미하고, 그 외에 조사관 또는 조사 과정에 참여한 통역인 등의 증언은 이에 해당한다고 볼 수 없다」(대판 2016.2.18,).
2015도16586

③ **조서에 기재된 진술이 특히 신빙할 수 있는 상태하에서 행하여졌음이 증명될 것:** 학설은 검사의 피의자신문이 법관 면전에서의 피고인신문에 준할 정도로 객관성과 적법성을 갖춘

상황으로 보는 **적법절차설**과 형사소송법 제312조의 적용을 제한하는 해석이 법정책적으로 요구된다는 이유로 신용성의 정황적 보장이 없는 경우 또는 피의자신문이 적법절차를 위반한 경우에 모두 특신상태가 없다는 보는 **결합설** 등이 주장되고 있으나, 전문법칙의 예외기준인 신용성의 정황적 보장과 같은 의미로 보는 것이 타당하다고 본다(신용성의 정황적 보장설). 다만 특신상태의 판단자료와 관련하여 진술당시의 외부적·부수적 사정만으로 제한해야 한다는 견해도 있으나, 현실적으로 외부적·부수적 사정의 입증이 용이하지 않을 뿐만 아니라 증거능력유무의 심사를 위하여 문제된 증거의 현출이 필요하다는 점 등을 고려할 때, 원칙적으로 진술내용은 판단자료가 되지 아니하지만, 외부적·부수적 사정을 추리케 하는 범위 내에서는 진술내용도 보충적인 판단자료가 된다고 보아야 할 것이다.

④ **피고인 또는 변호인이 그 기재내용에 관하여 원진술자를 신문할 수 있었을 것:** 위에서 언급한 진정성립이 증명되더라도 피고인 측에서 참고인의 진술내용에 대하여 다툴 수 있는 대면권(對面權)을 부여하는 것이 타당하므로 반대신문의 기회부여를 별도요건으로 규정한 것이다. 이러한 피고인의 반대신문권은 증인진술의 허위와 부정확성을 탄핵하는 유일한 수단이므로, 피고인의 가장 중요한 권리에 속한다. 다만 반드시 반대신문이 실제로 이루어져야 하는 것은 아니다.

⑤ **그 진술이 특히 신빙할 수 있는 상태하에서 행하여졌음이 증명될 것:** 종전의 특신상태에 대한 요건과 동일하다고 볼 수 있다. 다만 피의자신문조서의 경우와 마찬가지로 진정성립이 증명되면 특별한 사정이 없는 한, 특신상태는 추정된다고 볼 수 있을 것이다.

3. 검사 작성의 증인이나 피고인에 대한 진술조서

(1) 검사 작성의 피고인에 대한 진술조서

공소제기 후에 검사가 수사기관으로 피고인을 신문하여 작성한 피고인조서에 대하여는 증거능력을 부정하는 견해가 다수설이다(공소제기후의 수사 부분 참조). 이와 관련하여 종래 공소제기 후 피고인신문이 허용되는 예외적인 경우에 검사가 작성한 조서를 피의자신문조서로 볼 것인지 아니면 진술조서로 볼 것인지 논란이 있었으나, 피고인에 대한 예외적인 공소제기후의 조사는 피의자로서의 신문이 아니므로 제312조 제4항의 '피고인이 아닌 자의 진술을 기재한 조서', 즉 진술조서로 보아야 할 것이다. 판례도 동일한 입장이다.

> 참조판례 「제1심 공판정에서 검사의 피의자신문조서 또는 진술조서를 제시하고 내용을 고지하자 피고인들이 그 성립과 임의성을 인정하고 있는 위 각 조서가 임의성이 없는 진술로서 그 내용이 신빙할 수 없는 것이라고 의심할만한 자료를 발견할 수 없고, 검사의 **피고인에 대한 진술조서**가 기소 후에 작성된 것이라는 이유만으로 곧 그 증거능력이 없는 것이라고도 할 수 없다」(대판 1982.6.8, 82도754; 대판 1984.9.26, 84도1646).

(2) 검사 작성의 증인에 대한 진술조서

공판기일에 이미 증언을 마친 증인을 검사가 소환한 후 다시 신문하여 작성한 진술조서의 증거능력을 인정할 수 있는지 문제된다. 이는 공소제기 후 임의수사의 허용문제이기도 하다.

① **학 설:** 증인의 재소환이 가능하다는 점과 공판기일에서 선서·반대신문 등을 거쳐 행하여진 증언의 증명력을 비공개적·직권적인 진술조서로 탄핵한다는 것은 공판중심주의의 취지에 어긋난다거나 성립의 진정만으로 신용성이 인정되는 것으로 규정하고 있는 형사소송법의 해석상 이러한 진술조서는 공판중심주의에 반한다는 이유로 증거능력을 부정하는 견해가 통설이다.

② **판 례**

종래 공소사실에 배치되는 법정증언을 번복하는 내용의 검사작성의 참고인진술조서의 증거능력(대판 1992.8.18, 92도1555)과 증명력(대판 1993.4.27, 92도2171)에 관하여 다소 불분명하고 엇갈린 판결에 대하여 대법원은 이를 증거능력의 문제로 통일시키면서, 「공판준비 또는 공판기일에서 이미 증언을 마친 증인을 검사가 소환한 후 피고인에게 유리한 그 증언 내용을 추궁하여 이를 일방적으로 번복시키는 방식으로 작성한 진술조서를 유죄의 증거로 삼는 것은 당사자주의·공판중심주의·직접주의를 지향하는 현행 형사소송법의 소송구조에 어긋나는 것일 뿐만 아니라, 헌법 제27조가 보장하는 기본권, 즉 법관의 면전에서 모든 증거자료가 조사·진술되고 이에 대하여 피고인이 공격·방어할 수 있는 기회가 실질적으로 부여되는 재판을 받을 권리를 침해하는 것이므로, **이러한 진술조서는 피고인이 증거로 할 수 있음에 동의하지 아니하는 한 그 증거능력이 없다고 하여야 할 것이고, 그 후 원진술자인 종전 증인이 다시 법정에 출석하여 증언을 하면서 그 진술조서의 성립의 진정함을 인정하고 피고인측에 반대신문의 기회가 부여되었다고 하더라도 그 증언 자체를 유죄의 증거로 할 수 있음은 별론으로 하고 위와 같은 진술조서의 증거능력이 없다는 결론은 달리할 것이 아니다」**(대판(전합) 2000.6.15, 99도1108)라고 판시하여 일단 재판이 시작된 후에는 '검찰조사실'이 아닌 '법정'에서의 증거에만 증거능력이 인정된다고 하여 형사소송법상의 직접주의와 공판중심주의 그리고 당사자주의를 재확인한 바 있다. 그리고 이러한 법리는 검사가 공판준비기일 또는 공판기일에서 이미 증언을 마친 증인을 소환하여 피고인에게 유리한 증언내용을 추궁한 다음 진술조서를 작성하는 대신, 그로 하여금 본인의 증언내용을 번복하는 내용의 진술서를 작성하도록 하여 법원에 제출한 경우에도 마찬가지로 적용된다(대판 2012.6.14, 2012도534).

③ **검 토:** 공소제기 이후에도 증인이 아닌 단순한 참고인에 대하여 수사기관이 조사를 할 수 있다고 하더라도, 이미 증인으로 증언한 자를 수사실로 다시 불러 법정증언과 모순되는 진술을 받아내는 것까지 허용된다고 볼 수는 없으며, 따라서 이를 통해 얻은 진술조서는 위법수집증거로서 증거능력이 부정되어야 할 것이다. 다만 새로운 증거의 발견이나 위증수사가 개시되는 등 상황의 변화가 있어서 증인을 다시 신문할 필요가 있을 때에는 검사는 그 증인을 조사할 수 있다고 보아야 하며, 이 경우 그 진술조서의 증거능력은 새로운 사실에 대한 진술조서이므로 진술의 임의성법칙이나 전문법칙의 적용을 받으면 족하다고 본다.

Ⅶ. 진술서(陳述書) 및 진술기재서(陳述記載書)

1. 의 의

진술서란 자기의 의사·사상·관념 및 사실관계를 기재한 서면으로서, 자술서·시말서 등 명칭의 여하를 불문하며, 작성의 장소도 묻지 않는다. 이러한 진술서는 작성의 주체에 따라 피고인의 진술서, 피의자의 진술서 및 참고인(피해자, 목격자, 피고인의 친족 등)의 진술서로 나눌 수 있으며, 진술서가 작성되는 과정에 따라 공판심리중에 작성된 진술서, 검사의 수사단계에서 작성된 진술서 및 사법경찰관의 수사단계에서 작성된 진술서로 구분할 수 있다. 현행법도 수사과정에서 작성한 진술서(제312조 제5항)와 수사과정 이외에서 작성한 진술서(제313조 제1항)로 나누어 규정하고 있다. 양자의 구별실익은 수사과정에서 작성된 진술서가 수사과정 이외에서 작성된 진술서보다 일반적으로 증거능력의 인정요건이 엄격하다는 점이다. 이는 수사과정에서 작성된 진술서는 수사기관의 부당한 영향력 행사의 가능성으로 인해 신용성의 정황적 보장이 미약한 반면, 수사과정 이외에서 작성한 진술서는 진술자 스스로 작성한 것으로서 신용성이 높고 피고인의 자백이나 불이익한 사실의 승인 등은 재현가능성이 낮아서 증거로 할 필요성이 크다는 점이 고려된 것으로 볼 것이다.

반면에 **진술기재서**란 법원 및 수사기관이 아닌 자, 즉 변호인이나 제3자가 피고인 또는 피고인 아닌 자의 진술을 기재한 서류를 말한다. 따라서 변호인 또는 피의자가 제3자의 진술을 기재한 서면도 여기에 포함된다.

2. 수사과정에서 작성한 피의자진술서

피의자신문조서의 증거능력의 인정요건과 동일하다(제312조 제5항). 다만 진술서의 성격상 실질적 진정성립은 큰 의미를 가질 수 없고, '적법한 절차와 방식에 따라 작성'되었는지 여부가 증거능력의 판단에 중요한 의미를 가질 것이다. 따라서 피고인이 아닌 자가 수사과정에서 진술서를 작성하였지만 수사기관이 그에 대한 조사과정을 기록하지 아니하여 형사소송법 제244조의4 제1항, 제3항에서 정한 절차를 위반한 경우에는, 특별한 사정이 없는 한 '적법한 절차와 방식'에 따라 수사과정에서 진술서가 작성되었다 할 수 없으므로 증거능력을 인정할 수 없다(대판 2015.4.23., 2013도3790).

3. 수사과정에서 작성한 공동 피의자진술서의 증거능력

종래 검사작성의 피의자신문조서라고 할지라도 당해 '피의자'가 '피고인'이 아닌 한 제312조 제1항이 적용되는 것이 아니라, 동조 제4항이 적용된다고 보는 것이 현행법의 취지이므로 검사 앞에서 작성한 공동피의자 甲의 진술서는 공범여부를 불문하고 '피고인이 아닌 자가 작성한 진술서'로 보는 것이 통설이었다. 이에 따르면 현행법 제312조 제4항에 따라 원진술자인 甲이 그 진정성립(실질적 진정성립)을 인정하면 乙에게도 증거로 인정될 수 있을 것이지만, 진정성립은 의미가 없으므로 현행법 제312조 제4항이 규정하고 있는 것처럼 공동피의자였던 甲을 증인으로 세운 후 증인 甲에 대하여 피고인 乙이 반대신문을 행하면 증거능력이 부여된다고 보았다.

그러나 '피고인이 된 피의자의 진술을 기재한 조서'라는 표현 대신 개정법은 **검사가 작성한 피의자신문조서**로 규정하고 있으므로 수사과정에서 작성한 공동피의자의 진술서도 공동피고인이 되었는가를 불문하고 제312조 제5항의 '피고인'이 수사과정에서 작성한 진술서에 포함된다고 보고, 피의자신문조서와 동일하게 공동피고인(甲)이 스스로 작성한 진술서의 '진정성립 및 내용을 인정'하는 경우에 한하여 (상피고인 乙의 반대신문을 전제로) 乙에 대한 증거능력을 인정하는 것이 타당할 것이다. 개정법의 취지상 사법경찰관 앞에서 작성한 '공동피의자의 진술서'도 동일하게 보아야 할 것이다.

4. 수사과정 이외에서 작성한 진술서 및 진술기재서

(1) 제313조 제1항에 따른 증거능력의 인정요건

법원 또는 수사기관 이외에서 피고인 또는 피고인이 아닌 자가 작성한 진술서나 그 진술을 기재한 서류로 그 작성자 또는 진술자의 자필이거나 그 서명 또는 날인이 있는 것(피고인 또는 피고인 아닌 자가 작성하였거나 진술한 내용이 포함된 문자·사진·영상 등의 정보로서 컴퓨터용디스크, 그 밖에 이와 비슷한 정보저장매체에 저장된 것을 포함한다. 이하 이 조에서 같다)은 공판준비나 공판기일에서의 그 작성자 또는 진술자의 진술에 의하여 그 성립의 진정함이 증명된 때에는 증거로 할 수 있다. 단, 피고인의 진술을 기재한 서류는 공판준비 또는 공판기일에서의 그 작성자의 진술에 의하여 그 성립의 진정함이 증명되고 그 진술이 특히 신빙할 수 있는 상태하에서 행하여 진 때에 한하여 피고인의 공판준비 또는 공판기일에서의 진술에 불구하고 증거로 할 수 있다(제313조 제1항).

① **본문의 작성자 또는 진술자의 의미:** 본문에서 진술서나 진술기재서(예컨대 변호인이 피고인을 면접해서 그의 답변을 기재한 서면 등)의 자필, 서명 또는 날인의 주체 및 진정성립의 진술주체로 명시되어 있는 **작성자 또는 진술자**의 의미에 대해서는 논란이 있다. 이에는, ㉠ 진술서의 경우에는 작성자(진술자와 동일)의 진술에 의하여 성립의 진정함이 증명되면 증거능력이 인정되지만, 진술기재서는 원진술자뿐만 아니라 작성자의 진술에 의하여도 성립의 진정이 증명되면 증거능력이 인정된다는 견해도 있으나, ㉡ 조문 해석상 작성자는 **진술서**에, 진술자는 **진술기재서**에 각각 대응하는 것으로, 여기서 진술서는 작성자가 동시에 진술자이므로 진술서이든, 제3자가 작성한 진술기재서이든 언제나 '원진술자'가 진정성립의 주체가 된다고 보아야 할 것이다.

② **자필이거나 서명 또는 날인이 있을 것:** 피고인 또는 피고인 아닌 자가 작성한 진술서나

진술기재서는 그 작성자 또는 진술자의 자필이거나 그 서명 또는 날인이 있어야 한다. 자필을 요하는 것은 진술서에 한하므로 서명 또는 날인을 요하는 것은 그들의 진술을 기재한 서면이라는 견해도 있으나, 진술서는 반드시 자필일 것을 요하지 않으며 타이프 기타 부동문자에 의한 진술서도 여기에 포함된다고 보아야 한다. 따라서 진술서가 그 작성자의 자필인 경우에는 그 작성자의 서명·날인이 없어도 증거능력이 인정되는 경우가 있을 수 있으며(예컨대 일기장), 자필이 아니라 하더라도 서명 또는 날인이 있으면 증거능력이 인정되는 경우가 있을 수 있다. 그러나 진술을 받은 자 또는 진술녹취자의 서명 또는 날인은 본조에서 의미하는 서명·날인에 포함되지 않는다.

☞ 법 제313조 제1항에 '피고인 또는 피고인 아닌 자가 작성하였거나 진술한 내용이 포함된 문자·사진·영상 등의 정보로서 컴퓨터용디스크, 그 밖에 이와 비슷한 정보저장매체에 저장된 것을 포함한다'(이하 '정보저장매체에 저장된 것 등'이라고 함)는 의미는 이러한 정보저장매체에 문자·사진·영상 등의 정보로 기억되어 있는 경우에는 서명 또는 날인은 불요하다고 보아야 할 것이다. 왜냐하면 사인이 디지털로 작성한 서류는 그 작성자 또는 진술자가 누구인지 명기되어 있지 않은 경우가 보통이고, 자필이나 그 서명, 날인이 처음부터 있을 수 없기 때문이다. 따라서 정보저장매체의 '작성자'(디지털 증거의 작성자)는 전자서명, 아이디와 패스워드의 소유자 및 IP 주소 조사를 통하거나, PC의 각종 보안기록이나 메타데이터를 검증하여 작성자를 특정할 수 있다고 보아야 할 것이다. 메타데이터는 파일 이름, 파일 위치(예컨대 디렉토리의 구조나 경로 이름 등), 파일 포맷, 파일 종류, 파일 크기, 파일 날짜(예컨대 작성날짜나 마지막 수정날짜, 최종 접속일자, 메타데이터 수정 일시 등), 파일 허가(비밀번호설정 등을 통해 누가 그 데이터를 읽고 쓸 수 있는지, 운영 주체는 누구인지 등), 파일 송수신과 같이 디지털 기록의 작성자를 알려줄 수 있는 정보를 의미한다.

③ **성립의 진정:** 전술한 것처럼, '성립의 진정'은 진술서 및 진술기재서의 기재내용이 진술자가 진술한 내용과 일치한다는 원진술자의 확인진술(실질적 진정성립)을 말한다.

④ **구체적 고찰**

가) 피고인이 작성한 진술서: 피고인(甲)이 작성한 진술서는 그 작성자(甲)의 자필이거나 그 서명 또는 날인이 있는 것(피고인이 작성한 내용이 포함된 문자·사진·영상 등의 정보로서 컴퓨터용디스크, 그 밖에 이와 비슷한 정보저장매체에 저장된 것을 포함한다)은 공판준비나 공판기일에서의 그 작성자(甲)의 진술에 의하여 그 성립의 진정함이 증명된 때에는 증거로 할 수 있다.

나) 피고인 아닌 자가 작성한 진술서: 피고인 아닌 자(乙)가 작성한 진술기재서는 그 작성자(乙)의 자필이거나 그 서명 또는 날인이 있는 것(피고인 아닌 자가 작성한 내용이 포함된 문자·사진·영상 등의 정보로서 컴퓨터용디스크, 그 밖에 이와 비슷한 정보저장매체에 저장된 것을 포함한다)은 공판준비나 공판기일에서의 그 진술자(乙)의 진술에 의하여 그 성립의 진정함이 증명된 때에는 증거로 할 수 있다.

다) 피고인의 진술을 타인이 작성한 진술기재서: 피고인(甲)의 진술을 타인(A)이 기재한 서류로서 그 진술자인 피고인(甲)의 서명 또는 날인이 있는 것(피고인이 진술한 내용이 포함된 문자·사진·영상 등의 정보로서 컴퓨터용디스크, 그 밖에 이와 비슷한 정보저장매체에 저장된 것을 포함한다)은

공판준비나 공판기일에서의 그 진술자(甲)의 진술에 의하여 그 성립의 진정함이 증명된 때에는 증거로 할 수 있다.

라) 피고인 아닌 자의 진술을 타인이 작성한 진술기재서: 피고인이 아닌 자(乙)의 진술을 또 다른 제3자(B)가 기재한 서류로서 그 진술자(乙)의 서명 또는 날인이 있는 것(피고인 아닌 자가 진술한 내용이 포함된 문자·사진·영상 등의 정보로서 컴퓨터용디스크, 그 밖에 이와 비슷한 정보저장매체에 저장된 것을 포함한다)은 공판준비나 공판기일에서의 그 진술자(乙)의 진술에 의하여 그 성립의 진정함이 증명된 때에는 증거로 할 수 있다.

(2) 제313조 제1항 본문과 단서와의 관계

① **문제점:** 동조 제1항 본문의 '작성자'는 '진술서'에, '진술자'는 '진술을 기재한 서면'에 각각 해당한다고 볼 수 있다. 그런데 동조 제1항 단서의 「피고인의 진술을 기재한 서류는 공판준비 또는 공판기일에서의 그 작성자의 진술에 의하여 성립의 진정함이 증명되고 그 진술이 특히 신빙할 수 있는 상태하에서 행하여진 때에 한하여 피고인의 공판준비 또는 공판기일에서의 진술에 불구하고 증거능력이 있다」는 규정과 관련해서는 이것이 진술서를 의미하는 것인지 아니면 진술기재서를 의미하는 것인지에 논란이 있다. 즉 **피고인의 진술을 기재한 서류**에 대하여 공판기일에 **진술자**가 아닌 **작성자**의 진술에 의하여 진정성립이 증명되고 특신상태가 있는 경우에 증거능력을 인정하고 있으므로 이것을 어떻게 해석해야 하는지 여부가 문제된다.

② **학　설:** ㉠ '피고인의 진술을 기재한 서류'를 **진술서**로 보고 그 작성자인 피고인이 공판절차에서 그 진술서의 내용을 부인하는 경우에도 진술의 '**특신상태**'가 증명되면 증거능력이 인정된다고 보는 견해(가중요건설), ㉡ '피고인의 진술이 기재된 서류'를 피고인에 대한 **진술기재서**로 보면서, 그 원진술자인 '피고인의 진술'에 의한 성립의 진정 이외에 서류작성자인 '타인의 진술'에 의해 서류작성과 관련하여 재차 그 성립의 진정이 증명되어야 증거능력이 인정된다는 견해(가중요건설), ㉢ **진술기재서**로 보면서도, 원진술자의 진술에 의해서만 성립의 진정이 증명된다고 한다면 그 증명은 사실상 불가능하게 될 것이므로 피고인이 공판기일에서 내용을 부인하는 경우 제3자인 작성자의 진술에 의한 성립의 진정과 특신상태가 증명되면 증거능력이 인정된다는 견해(완화요건설), ㉣ **진술서는 물론 진술기재서**가 포함된다고 보면서, 다만 원진술자인 피고인은 이미 본문에 의하여 원진술의 성립의 진정을 인정하고 있으므로 여기에 추가하여 서류의 작성자인 타인의 진술에 의하여 성립의 진정이 증명되어야 증거능력이 인정된다는 견해(가중요건설)가 대립하고 있다.

③ **판　례:** ㉠ 피고인이 직접 작성한 진술서는 제313조 제1항 단서에 따라 '특신상태'가 증명되면 증거능력을 인정하고 있으며, ㉡ 피고인 아닌 자가 직접 작성한 진술서에 대해서는 제313조 제1항에 따라 원진술자와 작성자가 진정성립을 인정하면 증거로 인정하고 있는 반면(특신상태를 요건으로 언급하고 있지 않으므로 제313조 제1항의 의미는 본문을 지칭하는 것으로

보인다), ㉢ 피고인의 진술을 타인이 기재(녹음)한 진술기재서(녹취서)는 형사소송법 제313조 제1항 단서에 따라 그 작성자인 '상대방'의 진술에 의한 진정성립 및 특신상태의 인정을 요건으로 증거능력을 인정하며, ㉣ 피고인 아닌 자의 진술을 타인이 기재(녹음)한 진술기재서(녹취서)는 제313조 제1항 본문에 따라 '원진술자'의 진술에 의하여 성립의 진정이 증명되면 증거능력을 인정한다고 볼 수 있다. 따라서 ㉠ 피고인이 직접 작성한 진술서와 ㉢ 피고인의 진술을 타인이 기재(녹음)한 진술기재서(녹취서)의 경우에 제313조 제1항 단서가 적용된다(진술서 및 진술기재서로 보는 견해)고 정리할 수 있을 것이다. 다만 이에 따르면, ㉠ 피고인이 직접 작성한 진술서의 경우에는 단서가 본문에 대한 가중요건이 되는 반면, ㉢ 피고인의 진술을 타인이 기재(녹음)한 진술기재서(녹취서)의 경우에는 작성자인 "상대방"의 진술에 의한 진정성립 및 특신상태의 인정을 요건으로 하므로 단서가 본문에 대한 완화요건으로 작용하는데, 이는 단서를 본문에 대한 특별요건으로 보고 있는 것 같다.

구체적으로 판례를 살펴보면, 진술서와 관련하여, ㉠「피고인의 자필로 작성된 진술서의 경우에는 '서류의 작성자'가 동시에 '진술자'이므로 진정하게 성립된 것으로 인정되어 **형사소송법 제313조 단서에 의하여** 그 진술이 특히 신빙할 수 있는 상태하에서 행하여진 때에는 증거능력이 있고, 이러한 특신상태는 증거능력의 요건에 해당하므로 검사가 그 존재에 대하여 구체적으로 주장·입증하여야 하는 것이지만, 이는 소송상의 사실에 관한 것이므로, 엄격한 증명을 요하지 아니하고 자유로운 증명으로 족하다」($^{대판\ 2001.9.4,}_{2000도1743}$)고 판시한 반면, ㉡「이 사건 문자메시지는 피해자가 피고인으로부터 풀려난 당일에 남동생에게 도움을 요청하면서 피고인이 협박한 말을 포함하여 공갈 등 피고인으로부터 피해를 입은 내용을 문자메시지로 보낸 것이므로, 이 사건 **문자메시지의 내용을 촬영한 사진은 증거서류 중 피해자의 진술서에 준하는 것으로 취급함이 상당할 것인바**, 진술서에 관한 형사소송법 제313조에 따라 이 사건 문자메시지의 작성자인 피해자 공소외 1이 제1심 법정에 출석하여 자신이 이 사건 문자메시지를 작성하여 동생에게 보낸 것과 같음을 확인하고, 동생인 공소외 3도 제1심 법정에 출석하여 피해자 공소외 1이 보낸 이 사건 문자메시지를 촬영한 사진이 맞다고 확인한 이상, 이 사건 문자메시지를 촬영한 사진은 그 성립의 진정함이 증명되었다고 볼 수 있으므로 이를 증거로 할 수 있다」($^{대판\ 2010.11.25,}_{2010도8735}$)고 판시한 바 있다.

또한 판례는 '녹음테이프'와 관련하여, 사인이 ㉠ 피고인과의 대화내용을 녹음한 경우와 ㉡ 피고인이 아닌 자와의 대화내용을 녹음한 경우를 구분하여, 전자의 경우는 「피고인과 상대방 사이의 대화내용에 관한 녹취서가 공소사실의 증거로 제출되어 그 녹취서의 기재내용과 녹음테이프의 녹음내용이 동일한지 여부에 대하여 법원이 검증을 실시한 경우에, 증거자료가 되는 것은 녹음테이프에 녹음된 대화내용 그 자체이고, 그 중 피고인의 진술내용은 실질적으로 형사소송법 제311조, 제312조의 규정 이외에 피고인의 진술을 기재한 서류와 다름없어, 피고인이 그 녹음테이프를 증거로 할 수 있음에 동의하지 않은 이상 그 녹음테이프 검증조서의 기재 중 피고인의 진술내용을 증거로 사용하기 위해서는 **형사소송법 제313조 제1항 단서에 따라 공판준비 또는 공판기일에서 그 작성자인 "상대방"의 진술에 의하여** 녹음테이프에 녹음된 피고인의 진술내용이 피고인이 진술한 대로 녹음된 것임이 증명되고 나아가 그 진술이 특히, 신빙할 수 있는 상태하에서 행하여진 것임이 인정되어야 한다」($^{대판\ 2012.9.13,\ 2012도7461;\ 대판\ 2004.5.27,}_{2004도1449;\ 대판\ 2001.10.9,\ 2001도3106}$)고 판시하여 '작성자'(상대방)에 의한 진정성립을 긍정한 반면, 후자의 경우에는 「수사기관이 아닌 사인이 피고인 아닌 자와의 전화대화를 녹음한 녹음테이프에 대하여 법원이 실시한 검증의 내용이 녹음테이프에 녹음된 전화대화의 내용이 검증조서에 첨부된 녹취서에 기재된 내용과 같다는 것에 불과한 경우에는 증거자료가 되는 것은 여전히 녹음테이프에 녹음된 대화 내용이므로, 그 중 **피고인 아닌 자와의 대화의 내용은 실질적으로 형사소송법 제311조, 제312조 규정 이외의 피고인 아닌 자의 진술을 기재한 서류와 다를 바 없어서,** 피고인이 그 녹음테이프를 증거로 할 수 있음에 동의하지 않은 이상 그 녹음테이프 검증조서의 기재 중 피고인 아닌 자의 진술내용을 증거로 사용하기 위해서는 **형사소송법 제313조 제1항에 따라 공판준비나 공판기일에서 "원진술자"의 진술에 의하여** 그 녹음테이프에 녹음된 진술내용이 자신이 진술한 대로 녹음된 것이라는 점이 인정되어야 한다」(대판 2005.2.18, 2004도6323; 대판 1997.3.28, 96도2417; 대판 1996.10.15, 96도1669)고 판시하여 '원진술자'에 의한 진정성립을 인정하고 있다.

표 5-5 종래 판례상 진술서 및 진술기재서의 증거능력 인정요건

㉠ 피고인이 직접 작성한 진술서	성립의 진정(원진술자 = 작성자) + 특신상태 (제313조 제1항 단서)
㉡ 피고인 아닌 자가 직접 작성한 진술서	원진술자의 성립의 진정(제313조 제1항 본문)
㉢ 피고인의 진술을 타인이 기재(녹음)한 진술기재서(녹취서)	작성자의 성립의 진정 + 특신상태(제313조 제1항 단서)
㉣ 피고인 아닌 자의 진술을 타인이 기재(녹음)한 진술기재서(녹취서)	원진술자의 성립의 진정(제313조 제1항 본문)

④ 검 토

첫째, 완화요건설에 대해서는 원진술자가 아닌 작성자의 진술에 의하여 그 성립의 진정이 증명된다고 하더라도 작성자의 진술은 그 내용인 원진술에 관한 한 전문진술에 불과하므로 전문법칙의 예외를 인정해야 할 아무런 근거가 없다는 이론적 난점에 부딪힐 뿐만 아니라 수사기관 작성의 참고인진술조서에 대하여는 원진술자에 의한 진정성립을 요구하면서, 사인(私人) 작성의 진술기재서에 한하여 작성자에 의한 진정성립을 인정하는 것은 논리모순이고, 둘째, 가중요건설에 대해서는 작성자의 진술에 의하여 진정성립을 요구할 경우, 작성자가 공판정에 출석할 수밖에 없는데, 만약 작성자의 공판정출석이 이루어진다면 제316조 제1항에 의하여 '특신상태'를 요건으로 증거능력이 인정되므로 별도로 작성자의 진술에 의한 진술기재서의 진정성립을 인정할 실익이 없을 뿐더러, 구두주의 원칙상 제316조 제1항이 제313조 제1항에 우선한다고 보아야 하므로 이는 제316조 제1항과의 관련성을 도외시한 견해이다. 왜냐하면 진술기재서와 동일한 말을 한다면 기재서에 기재된 내용은 불필요하기 때문이다(진술기재서 대신 진술증언의 우선성). 따라서 종래 제313조 제1항 단서의 의미는 목적론적으로 보아 진술에 대한 신빙상태의 요건을 추가하여 '진술서'의 증거능력을 인정하고 있다고 보는 것이 타당하였다. 왜냐하면 판례처럼, 진술서와 진술기재서의 요건을 달리 볼 경우, 진술서에 비하여 신용성이 낮은 진술기재서의 증거능력 인정요건이 더 완화되어 불합리하기 때문이다.

그러나 법 제313조 제1항이 '피고인 또는 피고인 아닌 자가 작성하였거나 진술한 내용이 포함된 문자·사진·영상 등의 정보로서 컴퓨터용디스크, 그 밖에 이와 비슷한 정보저장매체에 저장된 것을 포함한다'고 규정하고 있으므로 이제는 달리 해석할 필요가 있다. 왜냐하

면 진술서의 경우에는 제313조 제2항의 완화된 요건에 따라 해결이 가능하지만, 제313조 제2항이 적용되지 않는 진술기재서의 경우, 즉 피고인이 진술한 내용이 포함되어 있는 문자 등 정보저장매체에도 똑같이 '원진술자의 진정성립 + 작성자의 진정성립 + 특신상태'라 는 엄격한 요건을 요구한다면 진술서의 증거능력과 비교해 볼 때, 체계적합성에 맞지 않기 때문이다. 따라서 이제는 제313조 제1항 단서의 '피고인의 진술을 기재한 서류'의 의미를 '진술기재서'로 해석하고, 그 증거능력도 판례처럼 '작성자의 진정성립 + 특신상태'로 보아 야 할 것이다. 더욱이 피고인의 진술서나 피고인이 진술을 기재한 서류 모두 제316조 제1항 에 따라 전문진술자가 공판정에 나와서 증언하면 '특신상태'를 전제로 증거능력이 인정된다 는 점을 고려해 볼 때, 원진술자의 진정성립은 증거능력의 요건으로 이미 의미가 없어졌다 고 보는 것이 타당하다. 그리고 제313조 제2항이 진술서에 한정하여 개정하였으므로 입법 론적으로는 몰라도 해석상 진술기재서의 증거능력은 제313조 제2항의 '과학적 분석결과에 기초한 디지털 포렌식 자료, 감정 등 객관적 방법으로 성립의 진정이 증명되는 때'에 해당 하지 않는다고 보아야 한다.

결국 제313조 제1항 단서는 '진술기재서'에 한정하여 적용하는 것이 타당하다고 본다. 이 에 따르면 피고인의 진술서는 제313조 제1항 본문 및 제2항으로, 피고인의 진술기재서는 **조 서에 대한 구두진술의 증거판단 우선성**에 따라 제316조 제1항을 먼저 적용한 후, 제313조 제1항 본문 및 단서로 해결하는 것이 타당하며, 피고인 아닌 자에 대한 진술서는 제313조 제1항 본문 및 제2항(특히 반대신문 기회 보장)으로, 피고인 아닌 자에 대한 진술기재서는 제316조 제 2항이 원진술자가 공판정에 출석하는 한 증거로 삼을 수 없도록 하는 맥락과 동일하게 제 313조 제1항 본문에 따라 '원진술자의 진술'만으로 증거판단이 되어야 할 것이다.

(3) 제313조 제2항에 따른 진술서의 증거능력의 인정요건

형사소송법 제313조 제1항 본문에도 불구하고 진술서의 작성자가 공판준비나 공판기일에 서 그 성립의 진정을 부인하는 경우에는 과학적 분석결과에 기초한 디지털 포렌식 자료, 감 정 등 객관적 방법으로 성립의 진정함이 증명되는 때에는 증거로 할 수 있다. 다만, 피고인 아닌 자가 작성한 진술서는 피고인 또는 변호인이 공판준비 또는 공판기일에 그 기재 내용 에 관하여 작성자를 신문할 수 있었을 것을 요한다(제313조 제2항).

위에서 언급한 것처럼, 제313조 제1항은 피고인 또는 피고인이 아닌 자가 작성한 진술서 나 진술을 기재한 서류로서 자필이거나 서명 또는 날인이 있는 것은 작성자 또는 진술자의 진술에 의하여 성립의 진정이 증명되어야 증거로 할 수 있는데, 종래 판례는 '작성자의 진 술에 의한 성립의 진정함을 증명'에 대하여 '작성자의 성립의 진정을 인정하는 진술'에 의 해서만 증명이 가능한 것으로 해석하였다(대판(전합) 2015.7.16, 2015도2625). 따라서 판례에 따르면 압수·수색 영장 등을 통하여 적법한 절차에 따라 압수한 증거도 피고인의 자필이 아닌 이상 피고인이나 작성자가 성립의 진정을 부인하기만 하면 증거로 할 수 없는 문제점이 지적되어 입법이 추진되었다. 더욱이 피고인 아닌 자가 작성한 진술서에 대하여는 피고인 또는 변호인이 그 기재내용에 관하여 원진술자를 반대신문할 수 있는 규정이 신설되었으므로 피고인의 방어권보장에 문제가 없을 것이다.

① **제1항의 본문에도 불구하고:** '제1항의 본문에도 불구하고'란 그 대상에 진술서 및 진술기재서(㉠ 피고인이 직접 작성한 진술서, ㉡ 피고인 아닌 자가 직접 작성한 진술서, ㉢ 피고인의 진술을 타인이 기재한 진술기재서, ㉣ 피고인 아닌 자의 진술을 타인이 기재한 진술기재서)가 모두 포함된다고 볼 것이며, 자필이거나 그 서명 또는 날인이 있는 것 이외에 '피고인 또는 피고인 아닌 자가 작성하였거나 진술한 내용이 포함된 문자·사진·영상 등의 정보로서 컴퓨터용디스크, 그 밖에 이와 비슷한 정보저장매체에 저장된 것'은 서명 또는 날인이 필요없다고 볼 것이다.

② **진술서의 작성자:** 개정된 형사소송법 제313조 제2항은 '진술서(피고인 또는 피고인 아닌 자가 작성하였거나 진술한 내용이 포함된 문자·사진·영상 등의 정보로서 컴퓨터용디스크, 그 밖에 이와 비슷한 정보저장매체에 저장된 것을 포함한다)의 작성자가 공판준비나 공판기일에서 그 성립의 진정을 부인하는 경우'로 한정하고 있으므로 앞에서 언급한 '피고인의 진술서 및 피고인 아닌 자가 작성한 진술서'의 경우만을 규정하고 있다고 보아야 할 것이다.

③ **성립의 진정을 부인할 것:** 피고인(甲) 또는 피고인 아닌 자(乙)가 작성한 진술서에 대하여 그 진술서의 작성자(甲, 乙)가 '성립의 진정(실질적 진정성립)'을 부인하는 경우를 말한다.

④ **디지털 포렌식 자료:** '포렌식'은 '법 문제에 대한 과학의 적용'으로서, 증거를 수집, 보전, 처리하는 과정에서 법정에서 증거로 사용하기 위해 과학적, 기술적 기법을 사용하여 증거가치가 상실되지 않도록 하는 일련의 절차 내지 과정을 가리킨다. 디지털 포렌식은 법정 제출용 디지털 증거를 수집하여 분석하는 기술을 말하는데, 디지털 증거 수집 및 분석 과정은 기술적으로 복잡하고 난해하여 분석가의 전문성에 의해 무결성과 신뢰성이 요구된다. 따라서 진술서의 작성자가 그 성립의 진정을 부인하는 경우, 과학적 분석결과에 기초한 디지털 포렌식 자료를 제출할 수 있다는 의미로 해석해야 할 것이다.

⑤ **감정 등:** 감정이라 함은 특별한 지식과 경험을 가지고 있는 자로부터 사실의 법칙 또는 그 법칙을 구체적 사실에 적용하여 얻은 판단을 보고하도록 하는 것이다. 따라서 전자적 증거를 수집하거나 분석함에 있어서는 다양한 하드웨어 및 소프트웨어에 대한 지식과 특수한 방법이나 기술이 요구되기 때문에 디지털 포렌식을 수행하는 감정인은 전문가의 자격이 요구되어진다. 통상, 해당 파일이 편집되었는지 또는 수집 당시의 해쉬(Hash) 값[1]과 현재의 해쉬 값이 일치하는지에 관하여 감정하는 방법이 여기에 해당한다.

---

[1] 해쉬값이란 파일의 데이터를 해시 함수(Hash Funtion) 또는 해시 알고리즘(Hash Algorithm)을 통해 계산하여 산출된 값으로 해당 파일의 고유한 값이 된다. 따라서 서로 다른 두 파일의 해시값이 같다는 것은 두 파일이 완벽하게 일치하는 동일한 파일임을 의미하므로, 파일의 무결성(혹은 변조) 검사를 위해서는 해쉬값을 비교하면 된다.

판례도 「대화내용을 녹음한 파일 등의 전자매체는 성질상 작성자나 진술자의 서명 혹은 날인이 없을 뿐만 아니라, 녹음자의 의도나 특정한 기술에 의하여 내용이 편집·조작될 위험성이 있음을 고려하여 대화 내용을 녹음한 원본이거나 혹은 원본으로부터 복사한 사본일 경우에는 복사 과정에서 편집되는 등 인위적 개작 없이 원본의 내용 그대로 복사된 사본임이 입증되어야만 하고, 그러한 입증이 없는 경우에는 쉽게 그 증거능력을 인정할 수 없다. 그리고 증거로 제출된 녹음파일이 대화내용을 녹음한 원본이거나 혹은 복사 과정에서 편집되는 등 인위적 개작 없이 원본 내용을 그대로 복사한 사본이라는 점은 녹음파일의 생성과 전달 및 보관 등의 절차에 관여한 사람의 증언이나 진술, 원본이나 사본 파일 생성 직후의 해쉬(Hash)값과의 비교, 녹음파일에 대한 검증·감정 결과 등 제반 사정을 종합하여 판단할 수 있다」(대판 2015.1.22, 2014도10978,)라고 하여 증거능력 요건의 증명방법이 다양할 수 있음을 판시한 바 있다.

⑥ **객관적 방법의 의미:** 객관적 방법에는 대법원 판결에 열거된 '저장매체의 사용자 및 소유자, 로그기록 등 저장매체에 남은 흔적, 초안 문서의 존재, 작성자만의 암호 사용 여부, 전자서명의 유무' 등의 사정들을 과학적 분석결과에 의해 밝힌 디지털 포렌식 자료 등이 해당될 것이다(대판(전합) 2015.7.16, 2015도2625).

⑦ **성립의 진정함이 증명될 것:** 피고인(甲) 또는 피고인 아닌 자(乙)가 작성한 진술서에 대하여, 성립의 진정을 부인하는 경우, 제313조 제1항의 실질적 진정성립의 증명방법으로 과학적 분석결과에 기초한 디지털 포렌식 자료, 감정 등 객관적 방법을 통하여 진술서의 증거능력을 부여받기 위한 것이다. 이는 원진술자가 진술서의 진정성립을 인정하는지 여부에 따라 증거능력을 부여하던 종전의 체제를 변경하여 진술서의 진정성립을 증명하는 체제로 전환한 것이며, 이때의 증명은 자유로운 증명으로 족하다고 할 것이다.

⑧ **피고인 아닌 자가 작성한 진술서의 경우 작성자에 대한 신문:** 피고인 아닌 자(乙)가 작성한 진술서는 피고인(甲) 또는 변호인이 공판준비 또는 공판기일에 그 기재 내용에 관하여 작성자(乙)를 신문할 수 있었을 것을 요한다. 이는 진정성립이 증명되더라도 피고인(甲) 측에서 피고인 아닌 자(乙)의 진술내용에 대하여 다툴 수 있는 대면권(對面權)을 부여하는 것이 타당하므로 반대신문의 기회부여를 별도요건으로 규정한 것이다. 이러한 피고인의 반대신문권은 증인진술의 허위와 부정확성을 탄핵하는 유일한 수단이므로, 피고인의 가장 중요한 권리에 속한다. 다만 반드시 반대신문이 실제로 이루어져야 하는 것은 아니다.

표 5-6 개정법상 진술서 및 진술기재서의 증거능력 인정요건

작성 형태	증거능력 요건
피고인이 검사 앞에서 작성한 진술서	내용 인정(제312조 제1항)
피고인이 사경 앞에서 작성한 진술서	내용 인정(제312조 제3항)
피고인 아닌 자(참고인)가 검사 및 사경 앞에서 작성한 진술서	성립의 진정 또는 객관적인 방법 증명 +

	원진술자에 대한 반대신문 + 특신상태($\frac{제312조}{제4항}$)
피고인이 스스로 작성한 진술서 및 정보저장매체에 저장되어 있는 경우	작성자의 성립의 진정($\frac{제313조}{제1항 본문}$)/ 부인시 객관적 방법[1] 증명($\frac{제313조}{제2항 신설}$)
피고인 아닌 자가 스스로 작성한 진술서 및 정보저장매체에 저장되어 있는 경우	작성자의 성립의 진정($\frac{제313조}{제1항 본문}$)/ 부인시 객관적 방법 증명 + 작성자에 대한 반대신문($\frac{제313조}{제2항 신설}$)
피고인의 진술을 타인이 작성한 진술기재서 및 정보저장매체에 저장되어 있는 경우	작성자의 성립의 진정 + 특신상태($\frac{제313조}{제1항 단서}$)
피고인 아닌 자의 진술을 타인이 작성한 진술기재서 및 정보저장매체에 저장되어 있는 경우	원진술자의 성립의 진정($\frac{제313조}{제1항 본문}$)

(4) 제313조 제2항에 따른 정보저장매체 기록(출력문서)의 증거능력

컴퓨터시대가 도래하면서 고도로 복잡한 기술적 지식을 사용하는 경우가 많아 범행이 발각되는 경우가 드물 뿐더러 종래의 장부 기재방식이 불가시적(不可視的)인 컴퓨터데이터로 대체됨에 따라 증거법분야에서도 새로운 문제가 발생하고 있다. 즉 컴퓨터에 내장되어 있는 불가시적인 데이터를 가시적인 데이터로 출력한 경우, 출력물의 증거능력을 인정하기 위한 요건에 대한 검토가 소송법상 중요한 의미를 갖게 된 것이다.

① 전자증거와 전문법칙의 적용여부

판례는 소위 '영남위원회사건'에서 「컴퓨터 디스켓에 들어 있는 문건이 증거로 사용되는 경우 위 컴퓨터 디스켓은 그 기재의 매체가 다를 뿐 실질에 있어서는 피고인 또는 피고인 아닌 자의 진술을 기재한 서류와 크게 다를 바 없고, 압수 후의 보관 및 출력과정에 조작의 가능성이 있으며, 기본적으로 반대신문의 기회가 보장되지 않는 점 등에 비추어 그 기재내용의 진실성에 관하여는 전문법칙이 적용된다고 할 것이고, 따라서 **형사소송법 제313조 제1항에 의하여 그 작성자 또는 진술자의 진술에 의하여 그 성립의 진정함이 증명된 때에 한하여 이를 증거로 사용할 수 있지만,** 이적표현물을 컴퓨터 디스켓에 저장, 보관하는 방법으로 이적표현물을 소지하는 경우에는 컴퓨터 디스켓에 담긴 문건의 내용의 진실성이 아닌 그러한 내용의 문건의 존재 그 자체가 직접 증거로 되는 경우이므로 적법한 검증절차를 거친 이상 이적표현물 소지의 점에 관하여는 컴퓨터 디스켓의 증거능력이 인정된다」($\frac{대판\ 1999.9.3.,}{99도2317}$)거나, 소위 '왕재산사건'에서도 「정보저장매체에 기억된 문자정보의 내용의 진실성이 아닌 그와 같은 내용의 문자정보가 존재하는 것 자체가 증거로 되는 경우에는 전문법칙이 적용되지 아니한다」($\frac{대판\ 2013.7.26.,}{2013도2511}$)고 판시한 바 있다.

② 디지털 증거의 특성과 관련된 요건: 판례에 따르면, 전자적 기록의 내용이 범죄사실을 입증하는 증거로 사용된 경우에 이를 출력한 문서는 ㉠ 사람의 의사나 관념을 전자적 수단

---

1) 앞에서 언급한 것처럼 디지털 증거의 경우, 과학적 분석결과에 기초한 디지털 포렌식 자료, 감정 등 객관적 방법 속에 이미 특신상태가 포함되어 있다.

을 사용하여 작출한 것으로서 그 기재의 매체가 다를 뿐 실질에 있어서는 피고인 또는 피고인 아닌 자의 진술을 기재한 서류와 다를 바 없고, ㉡ 보관 및 출력과정에 조작의 가능성이 있으며, ㉢ 전자기록과 동일성이 인정된다고 하더라도 그 작성자나 진술자의 반대신문을 거치지 않은 것이므로 전문증거에 해당한다(^{대판 2004.9.13,}_{2004도3161})는 입장이다. 특히 디지털 증거는 조작·훼손의 용이성 때문에 동일성, 무결성, 진정성, 보관의 연속성이 문제될 것이다. 따라서 출력문서가 증거능력을 갖기 위해서는 원본과 출력문건 사이에 '동일성(identity)' 내지 '무결성(integrity)' + '진정성(Authentication)' + '신뢰성(reliability)' + '원본성(best evidence)'이 인정되어야 하며, 전문법칙의 예외를 규정한 형사소송법 제313조 이하의 요건을 갖추어야만 할 것이다.

> 판례도 소위 **왕재산사건**에서 「압수물인 컴퓨터용 디스크 그 밖에 이와 비슷한 정보저장매체('정보저장매체')에 입력하여 기억된 문자정보 또는 그 출력물(이하 '출력 문건'이라 한다)을 증거로 사용하기 위해서는 정보저장매체 원본에 저장된 내용과 출력 문건의 동일성이 인정되어야 하고, 이를 위해서는 정보저장매체 원본이 압수시부터 문건 출력시까지 변경되지 않았다는 사정, 즉 무결성이 담보되어야 한다. 특히 정보저장매체 원본을 대신하여 저장매체에 저장된 자료를 '하드카피' 또는 '이미징'한 매체로부터 출력한 문건의 경우에는 정보저장매체 원본과 '하드카피' 또는 '이미징'한 매체 사이에 자료의 동일성도 인정되어야 할 뿐만 아니라, 이를 확인하는 과정에서 이용한 컴퓨터의 기계적 정확성, 프로그램의 신뢰성, 입력·처리·출력의 각 단계에서 조작자의 전문적인 기술능력과 정확성이 담보되어야 한다. 이 경우 출력 문건과 정보저장매체에 저장된 자료가 동일하고 정보저장매체 원본이 문건 출력 시까지 변경되지 않았다는 점은, 피압수·수색 당사자가 정보저장매체 원본과 '하드카피' 또는 '이미징'한 매체의 해쉬(Hash) 값이 동일하다는 취지로 서명한 확인서면을 교부받아 법원에 제출하는 방법에 의하여 증명하는 것이 원칙이나, 그와 같은 방법에 의한 증명이 불가능하거나 현저히 곤란한 경우에는, 정보저장매체 원본에 대한 압수, 봉인, 봉인해제, '하드카피' 또는 '이미징' 등 일련의 절차에 참여한 수사관이나 전문가 등의 증언에 의해 정보저장매체 원본과 '하드카피' 또는 '이미징'한 매체 사이의 해쉬 값이 동일하다거나 정보저장매체 원본이 최초 압수 시부터 밀봉되어 증거 제출 시까지 전혀 변경되지 않았다는 등의 사정을 증명하는 방법 또는 법원이 그 원본에 저장된 자료와 증거로 제출된 출력 문건을 대조하는 방법 등으로도 그와 같은 무결성·동일성을 인정할 수 있으며, 반드시 압수·수색 과정을 촬영한 영상녹화물 재생 등의 방법으로만 증명하여야 한다고 볼 것은 아니다」(^{대판 2013.7.26,}_{2013도2511})라고 판시하였다.

③ 성립의 진정 인정여부: 한국 형사소송법의 특이한 입법으로 위에서 언급한 동일성, 무결성, 신뢰성 등의 요건이 구비되더라도 당사자의 성립의 진정이 인정되어야 하는지 문제되었는데, 개정법에 따르면 진술서의 작성자가 공판준비 또는 공판기일에서 그 성립의 진정을 부인하는 경우에 과학적 분석결과에 기초한 디지털 포렌식 자료, 감정 등 객관적 방법으로 성립의 진정함을 증명하면 증거능력이 인정된다. 여기서 진정성립을 위한 객관적 방법은 '압수 시점 이후 원본과의 동일성, 무결성'이 아니라 그 진술서가 '어떤 특정인이 작성한 대로 기재되어 있음'을 증명하는 것이므로 이 조항 도입의 계기가 된 것으로 보이는 대법원 판결(^{대판 2015.7.16,}_{2015도2625})에 열거된 '저장매체의 사용자 및 소유자, 로그기록 등 저장매체에 남은 흔적, 초안 문서의 존재, 작성자만의 암호 사용여부, 전자서명의 유무' 등의 사정들은 과학적

분석결과에 의해 밝힌 디지털 포렌식 자료, 감정 등이 해당될 것이다.

한편, '객관적 방법'에 의해 진정성립이 인정되더라도 작성자가 피고인이 아닌 제3자인 경우에는 피고인 또는 변호인이 공판준비 또는 공판기일에 그 기재 내용에 관하여 작성자를 신문할 수 있었을 것을 요하는데, 이는 객관적 방법에 의해 진정성립이 인정되는 경우에는 작성자의 법정출석이 담보되지 않을 수 있음을 고려하여 마련된 규정으로 볼 수 있다. 따라서 적어도 작성자가 법정에 출석하여 피고인 측에 반대신문의 기회가 현실적으로 부여되었을 것이 요구된다고 할 것이다. 그러나 제313조의 대상이 수사기관의 수사와는 무관하게 작성되는 문서라는 점과 실무상 실체진실의 발견을 저해할 어려움이 많은 반면(대판(전합) 2015.7.16, 2015도2625
 (이른바 '국정원 댓글사건')), 문서작성과정과 수사 및 공판과정에서 인권침해의 여지는 비교적 적다는 점 등을 고려할 때, 소추를 예상하지 않고 작성된 '비증언적 진술'의 경우에 위와 같은 방법으로 성립의 진정함이 증명되어 신용성의 정황적 보장이 있는 경우에는 반대신문권이 보장되지 않더라도 반대신문권을 갈음할 만한 '신용성의 정황적 보장'(특신상태)이 있는 것으로 보아 전문법칙의 예외를 인정하는 것이 타당할 것이다.

(5) 제314조의 적용여부

제314조는「피고인 또는 피고인 아닌 자가 작성하였거나 진술한 내용이 포함된 문자·사진·영상 등의 정보로서 컴퓨터용디스크, 그 밖에 이와 비슷한 정보저장매체에 저장된 것을 포함한다」고 규정하고 있다. 따라서 제313조 제1항 단서에서의 작성자를 '피고인의 진술을 녹취한 사람'으로 해석하는 경우, 그러한 진술녹취자가 사망 등의 사유로 공판준비 또는 공판기일에 진정성립에 관하여 진술을 할 수 없는 경우에도 제314조를 적용하여 피고인의 진술녹취서에 대하여 증거능력을 인정할 수 있는지 문제된다.

그러나 제313조 제1항 단서의 입법취지가 진술녹취서상의 피고인과 작성자의 서명날인 등의 존재와 작성자의 공판정에서의 성립의 진정을 인정하는 진술에 의하여 그러한 진술이 작성자 면전에서 이루어졌음이 객관적으로 입증되고 특신상태가 인정되는 경우에 한하여 실체적 진실발견을 위하여 원진술자의 진술에 불구하고 증거능력을 인정한다는 데에 있다고 본다면, 진술녹취서 작성자의 법정에서의 진술 없이 진술녹취서의 서명날인만으로는 그러한 진술이 작성자 면전에서 이루어졌음이 객관적으로 입증되었다고 보기 어려울 것이다. 따라서 제313조 제1항 단서의 적용대상인 피고인의 진술녹취서는 제314조의 적용대상이 될수 없다고 보아야 할 것이다. 결국 제314조의 적용대상으로 **피고인 아닌 자의 진술서** 및 **피고인 아닌 자에 대한 진술기재(녹취)서**만이 여기에 해당한다고 보아야 할 것이다.

이에 대하여 대법원은 진술서는 물론 진술기재서가 여기에 해당한다고 보면서도, 제314조에 의해 증거로 사용할 수 있으려면 진술 또는 작성이 특히 신빙할 수 있는 상태 하에서 행하여진 때라는 요건이 필요한데 이 진술서 내지 진술기재서는 이 요건을 갖추지 못하였

제2장 증거능력인정의 전제조건 **665**
제2장 증거능력인정의 전제조건 **665**
제2장 증거능력인정의 전제조건 **665**

다는 이유로 증거능력을 부정한 바 있다.

대법원은 「외국에 거주하면서 증인 출석을 거부하는 A로부터 공소사실에 부합하는 진술을 청취한 후 이를 진술서면으로 작성한 해외 주재 영사 작성의 진술녹취서의 증거능력에 대하여 제313조 제1항의 피고인 아닌 자의 진술기재서면으로 보고, 진정 성립에 대하여 진술할 A가 공판정에 출석하여 진술할 수 없는 사유를 인정하고 제314조를 적용하면서도 위 진술녹취서의 진술내용에 대하여 위 법문의 요건인 '특신상태'를 인정할 수 없다」고 판시하면서, 「A로부터 A의 변호사가 공소사실에 부합하는 진술을 청취한 후 노트북을 이용하여 A의 진술서를 작성하였고, A는 그 기재내용을 확인한 후 서명무인을 하였고 이 진술서의 진술내용이 변호인을 만나 자의에 의하여 자유로운 분위기에서 기억을 되살려 작성한 것이라는 내용의 자필진술서까지 작성하여 서명무인하였는데, 진정 성립에 대하여 진술할 A가 공판정에 출석하여 진술할 수 없는 사유를 인정하고 제314조를 적용하면서도 위 진술녹취서의 진술내용에 대하여 위 법문의 요건인 '특신상태'를 인정할 수 없다」(대판 2006.9.28, 2006도3922)는 이유로 증거능력을 부정하였다.

5. 참고인 진술청취 수사보고서의 증거능력

(1) 의 의

수사보고서란 명칭 그대로 수사 담당자가 수사의 단서나 그 입수상황, 수사의 경위나 결과 등 수사에 관계되는 사항을 기록하여 상급자에게 보고하기 위하여 내부적으로 작성된 서류를 말한다. 판례 역시 "수사의 경위 및 결과를 내부적으로 보고하기 위하여 작성된 서류"라고 판시한 바 있다(대판 2001.5.29, 2000도2933). 작성의 근거규정과 관련하여, 형사소송법에는 규정이 없지만 대통령령인 '검사와사법경찰관의상호협력과일반적수사준칙에관한규정' 제19조 제3항은 '사법경찰관이 출석요구서 이외의 방법으로 출석을 요구하였을 때', 제22조 제2항은 '피의자신문시 신뢰관계 있는 자의 동석신청서를 작성할 시간적 여유가 없을 때', 제32조 제1항은 '피의자를 체포·구속하였다는 통지서를 받을 자가 없어 그 통지를 하지 못할 때', 제105조는 '사건이 전자약식절차에 따르는 것이 적절하지 않다고 판단할 때'에 각각 그 취지를 수사보고로 작성하여 수사기록에 편철하도록 규정하고 있다. 그 밖에 법무부령인 '검사사건사무규칙' 제36조 등에서도 수사보고서 작성과 관련된 규정이 존재한다.

(2) 필요성

검사가 기소하면서 증거로 제출하는 증거서류에 참고인 진술청취 수사보고서가 포함되는 경우가 적지 않다. 수사기관의 수사과정에서 참고인이 생업 등 기타 여러 가지 사유로 경찰서나 검찰청에 출석하여 조사받기를 거절하는 경우가 적지 않고, 따라서 수사담당자가 당사자에게 전화를 걸어 진술을 청취한 후 수사보고서를 작성하는 방법에 의해서라도 범죄사실 유무를 판단하는데 중요한 참고인의 진술을 서면화하여 증거로 확보하고자 하기 때문이다. 예컨대 수사기관은 출석을 거부하는 중요참고인의 진술을 확보하기 위하여 유선으로 그 진술을 청취하고 수사보고서의 형식으로 이를 서면화한다. 또한 고소인 또는 피의자가 자료를 제출하는 경우 그 자료만을 수사기록에 첨부하였을 때 과연 이 자료가 누가 어떠한 이유로 제출한 것인지 및 혐의사실과 어떤 관련이 있는지 여부를 파악하기 어렵기 때문에 수사보고서에 자료를 제출받은 경위, 자료 요지 등을 작성한 후 자료를 첨부한다.

(3) 학설 및 판례

기존 학설 및 판례는 검사가 참고인인 피해자와의 전화통화 내용을 기재한 수사보고서는 형사소송법 제313조 제1항 본문에 정한 '피고인 아닌 자의 진술을 기재한 서류'인 전문증거에 해당하나, 그 진술자의 서명 또는 날인이 없을 뿐만 아니라 공판준비기일 또는 공판기일에서 진술자의 진술에 의해 성립의 진정함이 증명되지도 않았으므로 증거능력이 없다(^{대판 2010.10.14,} ^{2010도5610})는 입장이다.

> **참조판례** 「외국에 거주하는 참고인과의 전화 대화내용을 문답형식으로 기재한 검찰주사보 작성의 수사보고서는 전문증거로서 형사소송법 제310조의2에 의하여 제311조 내지 제316조에 규정된 것 이외에는 이를 증거로 삼을 수 없는 것인데, 위 수사보고서는 제311조, 제312조, 제315조, 제316조의 적용대상이 되지 아니함이 분명하므로, 결국 제313조의 진술을 기재한 서류에 해당하여야만 제314조의 적용 여부가 문제될 것인바, 제313조가 적용되기 위하여는 그 진술을 기재한 서류에 그 진술자의 서명 또는 날인이 있어야 한다」(^{대판 1999.2.26,} ^{98도2742}).

그러나 참고인 진술청취 수사보고서는 수사기관이 출석하지 못하는 참고인을 전화로 조사한 후 그 질문과 답변 내용을 수사보고서에 기재한 것이므로 수사기관의 조사과정에서 작성한 서류이지 사적 상황에서 작성된 서류가 아니다. 즉, '수사보고서'라는 형식을 갖추었지만, 참고인진술조서의 변형된 수사서류라고 할 수 있다. 따라서 형사소송법 제313조 제1항이 아니라 제312조 제4항에 따라 증거능력을 판단하는 것이 타당하다고 본다. 이에 따르면 참고인 진술청취 수사보고서는 '조서' 형식으로 작성되지 않았고, 원진술자인 참고인의 서명 또는 날인도 존재하지 않으므로 형사소송법 제312조 제4항에 의한 증거능력의 인정요건을 충족하지 못하여 증거능력이 부정될 것이다.

VIII. 검증조서(檢證調書)와 감정서(鑑定書)

1. 검증조서

사 례

甲은 2020. 1. 10. 20:00시경 乙과 격론을 벌이던 끝에 乙을 살해하였다. 甲을 체포한 사법경찰관 丙은 2020. 1. 15. 20:00시경 경찰서에서 甲에게 고문을 가하여 자백을 얻어냈다. 또한 丙은 다음 날 아침 10:00시경 甲을 영장없이 살해현장으로 끌고 가서 현장검증을 하고 검증조서를 작성하였다. 이 검증조서에는 甲이 현장에서 행한 자백진술이 함께 기재되어 있고 범행재연사진도 첨부되어 있다. 甲

은 공판기일에 그 현장자백진술과 같은 내용을 진술한 바 있으나 그 내용은 거짓이라고 말하였다. 이 검증조서 및 범행재연사진은 증거능력이 있는가?

(1) 의　　의

검증조서란 법원 또는 수사기관이 검증의 결과를 기재한 서면, 즉 검증을 한 자가 사람의 신체나 장소의 존재·상태를 오관(五官)의 작용에 의하여 인식한 것을 기재한 서면을 말한다. 검증의 대상은 시간의 경과와 더불어 변하기 쉬우므로 그 결과를 빨리 서면화할 필요가 있고 원칙적으로 공판기일외의 공판정 밖에서 행하여지므로 검증은 진술서(조서)의 형태를 취할 수밖에 없다.

그러나 검증조서는 검증당시에 인식한 바를 직접 기재한 서면이므로 진술에 의하는 경우보다 정확성을 기할 수 있을 뿐만 아니라, 검증 그 자체가 가치판단을 포함하지 않는 기술적인 성격을 가지기 때문에 허위가 개입될 여지가 없으며, 당사자의 참여권이 보장되어 있어서 반대신문에 상응한 방어의 기회가 이미 주어진다는 점에서 형사소송법은 전문법칙에 대한 예외를 인정하고 있다.

(2) 검증조서에 참여인의 진술기재부분이 있는 경우

검증조서에는 검증의 결과 이외에 참여인의 진술을 기재하는 경우가 있다. 참여인의 진술에 기하여 검증이 효과적으로 행하여질 수 있기 때문이다. 이 경우에 참여인의 진술은 어디까지나 참여인의 진술일 뿐이고, 검증자가 이것에 기한 오관의 작용에 의하여 목적물의 존재 및 상태를 인식할 수는 있어도 참여인의 진술내용 그 자체를 실험·인식할 수는 없다는 점에서 검증의 결과와 구별된다.

그런데 이러한 검증조서에 기재된 참여인의 진술에는 검증의 대상을 지시하는 **현장지시**와 검증현장을 이용하여 행하여진 현장지시 이외의 **현장진술**의 두 종류가 있다. 전자는 검증할 지점 또는 물(物)(사람의 신체나 장소 포함) 자체(自體)를 확정할 필요 때문에 행하여지는 설명으로서 오로지 검증목적의 대상을 지시하는 것만을 내용으로 하는 것이고, 후자는 현장의 상황을 보면서 또는 그것을 지시하도록 하면서 사건당시의 상황을 진술시키면 진술이 보다 정확하고 검증자도 정확히 이해할 수가 있다는 이유로 행해지는 설명, 즉 현장을 이용한 과거사실의 진술이다. 따라서 지시설명의 정도를 초과한 현장진술은 검증현장에서 행해지는 것이 편리하고 효과적이라는 것뿐이지 본질적으로 검증과는 관계없는 것이다. 문제는 현장지시와 현장진술의 구별 및 그 증거능력의 유무를 어떻게 판단할 것인가이다.

(3) 법원 또는 법관의 검증조서

① **검증조서의 증거능력:** 공판준비 또는 공판기일에서 법원 또는 법관의 검증의 결과를 기재한 조서는 증거능력이 인정된다(제311조). 증거보전절차에서의 검증의 결과를 기재한 조서

도 같다. 공판법원의 검증인 경우에는 법원이 직접경험자이므로 전문증거의 형식을 취하고 있지만 실질적으로는 전문이 아니다. 이처럼 법원 또는 법관의 검증조서에 무조건 증거능력을 인정하는 이유는 ㉠ 검증이 장소나 물건의 상태에 대한 객관적인 인식을 뜻하는 작업이고(채증활동의 성질), ㉡ 검증결과의 기재는 업무로서의 정확성을 갖고 이루어지며(조서작성의 성질), ㉢ 법관이 검증의 결과를 증인적 지위에서 보고하는 것은 적당하지 않고(검증주체의 성질), ㉣ 당사자의 참여가 어느 정도 보장되어 있으며(제145조,제121조), ㉤ 검증이란 검증대상물의 성질이나 상태를 법관이 오관에 의하여 인식하는 것이므로 소송관계인의 반대신문권을 생각할 수 없다는 점 등에 기초를 두고 있다고 볼 수 있다.

이와 관련하여 법원 또는 법관의 검증조서가 당해 조서에 한하는지 아니면 타사건의 검증조서도 포함되는지 논란이 있으나, 법원 또는 법관의 검증조서에 무조건 증거능력을 인정하는 가장 중요한 이유가 당사자에게 참여권이 보장되어 있다는 점을 고려할 때, 이러한 요건이 충족되지 않는 타사건의 검증조서는 여기에 포함되지 않으며, 이러한 타사건에 대한 검증조서는 제315조 제3호에 포함시켜 그 증거능력을 인정하면 족하다고 본다(통설).

② **참여인의 진술기재부분의 증거능력**: 현장지시와 현장진술을 구분하지 아니하고 법원 또는 법관의 검증조서와 일체를 이루고 있으므로 제311조 제1문 후단에 의하여 검증조서에 준하여 증거능력을 인정하는 **비구별설**(검증조서간주설), 현장지시와 현장진술을 나누어 현장지시는 검증의 정확성을 보조하는 것으로서 검증조서와 일체를 이루기 때문에 검증조서로서 증거능력을 인정하지만, 현장진술은 진술조서로 취급해야 한다는 **구별설** 등이 있으나, 현장지시와 현장진술을 나누면서 그 가운데 현장지시를 더욱 세분하여, 현장지시가 법원의 검증활동의 동기를 설명하는 비진술증거로 이용될 때에는 검증조서와 일체를 이루지만, 현장지시 자체가 범죄사실을 인정하기 위한 진술증거로 이용될 때에는 현장진술과 동일하게 취급해야 한다는 **수정구별설**이 타당하다고 본다.

☞ 수정구별설이 현장지시와 현장진술의 명확한 구별기준을 제시하지 못한다는 난점은 있으나, 검증조서 중 참여인의 지시설명을 기재한 부분(현장지시)은 법원의 검증활동의 동기를 설명하는 비진술증거로서 이용되는 한 검증조서와 일체를 이루는 것이므로 진술자가 누구인가에 관계없이 증거능력을 인정하는 것이 타당하며, 반면 지시설명의 기재부분이 범죄사실을 인정하기 위한 진술증거(예컨대 자동차교통사고사건에서 사고장소가 횡단보도상이냐 아니냐 여부는 극히 중요한 사실이다)로 이용되는 때에는 그 진술기재부분은 진술증거이므로 전문법칙이 적용된다고 보아 제311조 제1문 전단에 의하여 증거능력을 인정해야 할 것이다. 왜냐하면 공판준비 또는 공판기일에서의 현장검증에서 피고인 아닌 제3자의 현장진술의 경우에 신용성보장의 중요한 전제인 선서가 없다는 점에서 문제는 있으나, 검증에는 검사·피고인 및 변호인 등의 참여권이 사실상 인정되므로(제145조, 제121조, 제122조), 이러한 사람들이 검증에 참여하여 사실을 적시하고 설명함으로써 법원 또는 법관의 관찰을 정확히 할 수가 있으므로 이 경우의 참여는 실질적으로 반대신문권과 동일한 가치를 갖고 있기 때문이다.

(4) 검사 또는 사법경찰관의 검증조서

① **검증조서의 증거능력:** 검사 또는 사법경찰관이 작성한 검증조서란 수사기관이 영장에 의하거나($^{제215}_{조}$) 영장에 의하지 아니한 강제처분($^{제216}_{조}$) 또는 피검자의 승낙에 의하여 검증한 결과를 기재한 조서를 말한다($^{제312조}_{제6항}$). 본조의 적용을 받는 검증조서는 당해 사건에 관하여 작성된 것임을 요하지 않고, 타 사건에 관한 것도 본조에 의하여 증거능력이 인정된다.

가) 증거능력 인정의 요건

a. **적법한 절차와 방식에 따라 작성된 것일 것:** 피의자신문조서의 경우와 동일한 내용으로 볼 수 있다. 따라서 사전 또는 사후에 검증영장이 청구되지 않은 영장주의에 위반한 검증조서는 설사 공판정에서 검증주체에 의하여 조서성립의 진정이 입증되었다 하더라도 유죄의 증거로 사용할 수 없다. 판례도「사법경찰관 작성의 검증조서의 작성이 범죄현장에서 급속을 요한다는 이유로 압수수색영장없이 행하여졌는데 그 후 법원의 사후영장을 받은 흔적이 없다면 유죄의 증거로 쓸 수 없다」($^{대판 1989.3.14, 88도1399;}_{대판 1990.9.14, 90도1263}$)고 판시하고 있다.

b. **작성자의 진술에 따라 성립의 진정함이 증명된 것일 것:** 성립의 진정(실질적 진정성립)이란 검증이 수사기관의 인식작용이라는 점을 고려한다면 객관적 상황과 기재내용의 일치를 말하는 것이 아니라 검증을 통해 인식한 결과와 기재내용이 일치하면 족하다고 본다. 여기서 작성자라 함은 검증조서의 작성자를 의미하므로 단지 검증에 참여한 것에 불과한 자는 포함되지 않는다. 즉 검사가 작성한 검증조서에서는 검증을 행한 자인 검사를 의미하며($^{대판 1981.4.13,}_{81도343}$), 사법경찰관이 작성한 검증조서에서는 검증의 주체인 사법경찰관을 의미하므로 단순히 검증에 참여한 사법경찰관리의 증언에 의하여서는 검증조서의 증거능력이 인정되지 않는다. 이처럼 법원 또는 법관의 검증조서가 당연히 증거능력이 인정되는 것에 비하여 수사기관이 작성한 검증조서에 작성자의 진술에 의하여 성립의 진정이 인정될 것을 요구하고 있는 것은 직접심리주의에 대한 예외라고 보는 견해도 있으나, 검증조서로서의 성질에는 법원의 검증조서와 차이가 없으나 당사자의 참여권이 인정되지 않는 점을 고려한 것으로 보아야 한다($^{제219조, 제140조,}_{제141조}$).

나) **참여인의 진술기재부분의 증거능력:** 수사기관작성의 검증조서에 검증참여자의 진술이 기재된 경우 그 진술의 증거능력에 관하여 법관의 검증조서에 기재된 진술과는 달리 엄격하게 제한해야 한다는 데 견해가 일치하나, 다만 그 제한방법에 대하여는 견해의 대립이 있다.

☞ 앞에서 살펴본 것처럼, 현장지시와 현장진술을 구분하지 아니하고 피의자인 경우에는 제312조 제1항(검사의 경우) 및 제312조 제3항(사법경찰관의 경우)에 의하여, 진술비자가 참고인인 경우에는 제312조 제4항에 의하여 증거능력을 판단해야 한다는 **구별설**, 현장지시와 현장진술을 나누어 현장지시는 검증조서와 일체를 이루므로 제312조 제6항에 따라 증거능력을 판단하고, 현장진술은 진술증거로서 실질적으로는 피의자신문조서 내지 참고인진술조서이므로 검증조서의 작성주체와 진술자에 따라 제312조 제1항 내지 제312조 제4항을 적용하여 증거능력을 판단하는 **구별설** 등이 있으

나, 현장지시를 더욱 세분하여, 현장지시가 검증활동의 동기를 설명하는 비진술증거로 이용될 때에는 검증조서와 일체를 이루므로 제312조 제6항을 적용하지만, 현장지시가 범죄사실을 인정하기 위한 진술증거로 이용될 때에는 현장진술과 동일하게 취급하여 검증주체와 진술자에 따라 제312조 제1항 내지 제4항이 적용된다고 보는 **수정구별설**이 타당하다고 본다. 왜냐하면 검증조서에 기재된 참여인의 현장지시는 단순히 검증조사를 해야 할 지점이나 물건을 확정하기 위하여 이를 지적하는 것이 아니라, 현장을 이용하여 과거의 사실을 진술하는 현장진술에 해당하므로 진술을 기재한 조서에 관한 일반원칙에 따라 증거능력을 판단하는 것이 타당하기 때문이다. 예컨대 교통사고 목격자가 "피의자가 운전하던 차량이 A지점에서 B지점으로 횡단하였다"고 진술한 것이 검증조서에 기재된 경우, 그 진술이 검증시에 A지점 및 B지점 또는 양 지점의 거리 및 장소적 관계 등을 검증대상으로 삼도록 동기나 단서를 제공했다는 점에서는 검증조서와 일체를 이룬다고 할 수 있으나, 피의자의 차량이 그 지점간을 횡단하였다는 과거사실에 대한 입증자료로 사용된다면 그것은 현장진술과 같이 취급되어야 하기 때문이다.

다) 변호인 등에의 통지: 검증에 관한 제121조를 제219조가 준용하므로 피고인 또는 변호인은 참여권이 있으며($^{제219조,}_{제121조}$), 미리 이들에게 일시·장소를 통지해야 한다($^{제122}_{조}$). 따라서 통지 없이 실시한 검증의 결과를 기재한 검증조서의 증거능력에 관하여는 법원의 검증조서와 동일하게 증거능력을 부인해야 할 것이다.

② 검증조서에 첨부된 사진·도화의 증거능력: 검증조서에는 검증목적물의 현상을 명확하게 하기 위하여 사진이나 도화를 첨부할 수 있다($^{제49조}_{제2항}$). 이 경우의 사진이나 도화는 검증결과의 이해를 쉽게 하기 위한 표시방법에 불과하다고 할 것이므로 검증조서와 일체를 이룬다고 해야 한다.

(5) 제314조의 적용

검증조서의 작성자가 사망·질병 기타의 사유로 진술할 수 없게 된 때에는 그 작성이 특히 신빙할 수 있는 상태하에서 행하여진 때에 한하여 증거로 할 수 있다($^{제314}_{조}$).

사례해설

검증조서와 관련하여 ⅰ) 검증조서에 대하여는 검증 자체의 적법성 및 검증조서의 전문법칙예외에 해당하는지 여부, ⅱ) 현장자백진술이 검증조서인가 또 어떠한 전문법칙의 예외에 해당하는가의 여부, ⅲ) 현장재연사진의 경우 증거능력인정여부 등이 문제된다. 다만 사진은 검증조서와 현장자백진술 중 자백과 일체가 되어 있다고 보여지므로 둘째의 요건과 함께 증거능력을 검토하기로 한다.

첫째, 丙작성의 검증조서의 증거능력과 관련하여 (1) 검증의 적법성과 위법수집증거배제법칙의 적용여부를 살펴보면, 검증은 강제수사의 일종이므로 제215조의 영장주의가 적용되어야 한다. 다만 사안이 영장주의의 예외인 체포현장 또는 긴급체포된 자에 대한 것인지, 범행중 또는 범행직후의 범죄장소에서 이루어진 것인지, 승낙에 의한 검증인지 등 영장이 불요한 경우에 해당되는지 검토해 보아야 한다. 이와 관련하여 ① 영장주의위반의 존부가 문제되는데, ⅰ) 체포현장($^{제216조}_{제1항 2호}$)의 검증여부를 보면 사안에서 체포후 만 1일 경과후이므로 체포현장에 해당하지 않는다. ⅱ) 긴급체포된 자($^{제217조}_{제1항}$)의 검증여부를 보면 사안에서 丙은 甲을 긴급체포한 것으로 보이나 범죄현장이 甲이 소유·소지·보관하는 물건에 해당하지는 않은 것으로 보인다. iii) 범행중 범행직후의 범죄장소($^{제216조}_{제1항 3호}$)에서의 검증여부를 보면 이는 사후영장을 전제로 한 것으로 사안은 범행일시와 검증일시의 차이로 보아 적용되지 않는다. iv) 승낙검증에의 해당여부를 보면 승낙검증은 임의수사에 해당한다. 그러나 현장검증에서 승낙의 주체가 누구인가, 즉 검증에 의해 기본권이 침해되는 자가 누구인가와 관련하여 현장이 甲의 집이면 甲이고, 타인의 집이면 소유자일 것이다. 사안에서는 불명하지만 甲의 집이라면 甲의 유효한 승낙의 의사표시가 있었다고 보기 어려울 것이다. 결국 사안은 영장주의 위반에 해당되어 위법수집증거배제법칙이 적용된다고 볼 것이다. ② 영장주의외에 적법절차준수여부($^{제219조, 제121조,}_{제122조, 제123조}$)가 문제되는데, 사안에서는 적법절차준수에 관한 상황이 없으므로 논외로 한다. ③ 검증조서에 대한 독수의 과실이론 적용여부가 문제되는데, 검증이 적법하다면 검증의 계기(고문에 의한 자백)가 위법한 점에서 검증조서, 범죄현장의 발견(정황증거)은 독수의 과실에 해당한다. 그러나 후자인 범죄현장의 발견은 사안에서 명백하지 않으나 만약 현장발견이 丙 스스로 발견한 것이라면 독수의 과실이론은 적용되지 않을 것이다. (2) 검증조서에 대한 전문법칙의 예외여부를 살펴보면 제312조 제6항, 제314조, 제318조가 문제되나 제314조와 제318조는 문제가 되지 않으므로 제312조 제6항의 문제이다. 이 경우 성립의 진정을 인정할 원진술자는 검증조서 작성자인 丙이다.

둘째, 현장자백진술과 사진의 증거능력과 관련하여 (1) 현장자백진술의 증거능력을 살펴보면, ① 법적 성격에 대하여 검증조서설, 구분설(현장지시와 현장진술 구분설), 수정구분설 등이 대립하고 있다. ② 제309조의 적용여부를 보면 임의성없는 심리상태의 지속, 즉 고문효과가 현장자백까지 유지되는가의 문제이다. 생각건대 위법배제설에 의할 경우에는 현장검증시에 위법수사가 없다면 이러한 경우에는 설명이 곤란할 것이지만, 위법수사의 효과를 이용하는 수사도 이 역시 위법수사로 본다면 설명이 가능하다. ③ 진술거부권의 불고지에 의한 증거능력 배제도 문제되는데, 사안의 경우 불명하므로 이는 논외로 한다. (2) 범행재연사진의 증거능력을 살펴보면, 검증과 자백진술 중 현장자백진술의 영상적 표현으로 볼 수 있으므로 현장자백진술과 일체로 보아 증거능력을 판단해야 할 것이다. 판례도 같은 견해이다.

2. 실황조사서(實況調査書)의 증거능력

사 례

교통사고가 발생했다는 보고를 받은 경찰관 X는 즉시 사고현장으로 달려가서 실황조사서를 작성하였으며, 사고현장에 관한 사진을 찍어 이를 실황조사서에 첨부하였다. 경찰관 X는 사전은 물론 사후에도 법원의 검증영장을 받지 않았다. 그런데 그 실황조사서에는 "과속으로 달리다가 중앙선을 침범하여 사고를 냈다"는 甲의 진술과 목격자 乙도 동일한 주장을 하고 있다는 진술이 기재되어 있다. 그 후 검사는 甲을 교통사고처리특례법위반으로 기소하면서 실황조사서와 첨부사진을 법원에 증거로 제출하였다. 이 경우 실황조사서와 그 진술내용 및 첨부사진은 甲의 범죄사실에 대하여 증거능력이 있는가?

(1) 의   의

실황조사서란 수사기관이 수사상 필요에 의하여 범죄현장 기타 장소에 임하여 실황을 조사하고 그 실황조사의 경위와 결과를 기재한 조서를 말한다($^{수사준칙}_{제43조}$). 이러한 실황조사서는 교통사고, 화재사고, 공사사고의 현장과 같은 사고현장에 대하여 작성하는 것이 수사실무상 통례이다. 특히 실황조사서는 검증조서와의 구별이 문제되는데, 형사소송법은 검증조서에 대하여 검증당시에 인식한 바를 직접 기재한 서면이므로 진술에 의하는 경우보다 정확성을 기할 수 있고, 검증 그 자체가 가치판단을 포함하지 않는 기술적인 성격을 가진 것이어서 허위가 개입될 여지가 없다는 점 등을 고려하여 전문법칙의 예외를 인정하고 있다(제312조). 여기서 수사기관이 임의수사로서 행하는 실황조사의 결과를 기재한 서면도 동일한 조건하에서 증거능력을 가질 것인지 여부가 문제된다.

(2) 사법경찰관사무취급작성의 실황조사서의 증거능력

'조서'는 법령의 근거에 의하여 일정한 방식을 갖추어 작성되는 것이지만, 실황조사서는 법관의 영장에 의한 검증이 아니라 임의수사의 일종으로 행하여진 실황조사의 결과를 기재한 것이어서 검증조서가 아니므로 제312조 제6항에 의하더라도 증거능력이 인정되지 않는다는 견해도 있으나, 수사기관이 행하는 강제처분인 검증의 결과를 기재한 서면과 임의처분인 실황조사의 결과를 기재한 서면 사이에 그 실질에 있어서 증거법상 본질적인 차이를 인정할 수 없으므로 수사기관이 작성한 실황조사서도 제312조 제6항의 검증에 포함된다고 해석하는 것이 타당하다(통설). 왜냐하면 형사소송법이 검증에 대하여 원칙적으로 영장을 필요로 하고 이에 대한 엄격한 조건과 방식을 규정하고 있는 것은 검증을 받는 자의 권리를 보호하기 위한 규정이지, 검증의 내용과 방법에 대한 규정이라고 볼 수 없기 때문이다.

다만 판례는 「사법경찰관사무취급이 작성한 실황조사서가 사고발생 직후 사고장소에서 긴급을 요하여 판사의 영장없이 시행된 것으로서 형사소송법 제216조 제3항에 의한 검증에 따라 작성된 것이라면 사후영장을 받지 않는 한 유죄의 증거로 삼을 수 없다」(대판 1989.3.14, 88도1399)고 판시하여, 실황조사서가 검증의 형태를 취한 경우에는 사후영장을 받아야 한다는 입장이다.

(3) 실황조사서에 기재된 피의자의 진술과 증거능력

실황조사서에 기재된 피의자 또는 피의자 아닌 자의 진술부분은 조사자가 조사대상을 오관의 작용에 의하여 직접 인지한 내용이 아니다. 즉 참여인의 진술내용은 진술자가 인지한 내용일 수는 있어도, 그것이 조사자가 '물(物)의 존재와 상태'를 직접 실험·인지한 내용은 아니므로, 실황조사서와는 별개로 그 증거능력을 검토해야 한다. 그런데 앞에서 언급한 것처럼 증거방법으로서 실황조사서가 검증조서와 동질적인 것이라면, 실황조사서에 기재된 참여인진술의 증거능력도 검증조서에 기재된 참여인진술의 증거능력에 준하여 동일한 이론이 적용될 것이다(검증조서 부분 참조).

판례도 「사법경찰관이 작성한 실황조사서에 피의자이던 피고인이 사법경찰관의 면전에서 자백한 범행내용을 현장에 따라 진술·재연하고 사법경찰관이 그 진술·재연의 상황을 기재하거나 이를 사진으로 촬영한 것 외에 별다른 기재가 없는 경우에 있어서 피고인이 공판정에서 실황조사서에 기재된 진술내용 및 범행재연의 상황을 모두 부인하고 있다면 그 실황조사서는 증거능력이 없다」(대판 1984.5.29, 84도378)고 판시하여 제312조 제3항이 적용된다는 입장을 취하고 있다. 또한 실황조사서의 기재가 검사나 사법경찰관의 의견을 기재한 것에 불과하다면 그 실황조사서는 증거능력이 없다 (대판 1983.6.28, 83도948)고 한다.

(4) 실황조사서에 첨부된 사진의 증거능력

실황조사서에 첨부된 사진은 실황조사서와 일체를 이루고 있으므로 실황조사서 자체의 증거능력에 관한 문제와 동일하게 취급하여 원칙적으로 형사소송법 제312조 제6항에 의하여 증거능력을 판단하면 된다. 따라서 작성자인 사진촬영자의 진술에 의하여 성립의 진정이 인정되면 증거능력을 가질 수 있다. 그러나 실황조사서에 첨부된 사진이 피고인이 자백한 범행내용을 현장에서 재연하고 이를 사진으로 촬영하여 첨부한 것에 불과한 때에는 사진이 그 실질에 있어서는 피고인의 현장진술과 같다고 하지 않을 수 없으므로 피고인의 현장진술과 일체로서 증거능력을 판단해야 할 것이다. 따라서 검사작성의 경우에는 제312조 제1항 및 제2항에 의하여, 사법경찰관작성의 경우에는 제312조 제3항이 적용될 것이다. 판례도 같은 태도를 취하고 있다(대판 1984.5.29, 84도378).

3. 감정서 등의 증거능력

(1) 의   의

감정은 법원의 명령에 의한 경우(제169조)와 수사기관의 위탁에 의한 경우(제221조)가 있고, 법원의 명령을 받은 감정인은 감정의 경과와 결과를 서면으로 제출하여야 하며(제171조), 수사기관의 위촉을 받은 감정수탁자도 통상 서면으로 그 감정의 결과를 보고한다. 이와 같이 감정의 경과와 결과를 기재한 서류를 감정서라고 한다. 이러한 감정내용은 복잡하고 전문지식을 요하는 사항이므로 서면에 의하여 보고하는 것이 정확할 뿐만 아니라 특히 법원 또는 법관의 감정명령에 의하는 경우에는 선서(제170조)와 형법상의 제재에 의하여 공정성이 담보된다는 점에 비추어 감정서는 진술서에 준하여 증거능력이 인정된다(제313조 제2항). 따라서 ㉠ 감정인의 자필이거나 서명 또는 날인이 있어야 하며, ㉡ 공판준비 또는 공판기일에서 감정인의 진술에 의하여 그 성립의 진정함이 증명되어야 증거능력이 인정된다. 다만 감정의 경과와 결과를 기재한 서류를 진술서에 준하여 보더라도 피고인 이외의 자가 작성한 것이므로 제313조 제1항 단서가 적용될 여지는 없다.

(2) 적용범위

법원의 명령에 의한 감정보고서(제171조)가 여기에 해당함에는 의문이 없다. 그러나 감정수탁자, 즉 수사기관에 의하여 감정을 촉탁받은 자가 작성한 감정서(제221조)도 여기에 포함되는지와 그 외에 변호사 등의 촉탁에 의한 감정, 의사에 의한 진단서 등도 포함되는지 문제된다.

이에 의사가 작성한 진단서 등도 실질적으로는 감정서와 그 내용을 같이 하므로 여기에 포함시키는 견해도 있으나, 통설은 수사기관으로부터 위촉된 감정인의 감정서는 포함하지만, 의사의 진단서 등은 여기에 포함되지 않는다는 입장이다. 생각건대 형사소송법이 수사기관의 촉탁에 의한 감정도 법원의 명에 의한 감정에 준하는 것으로 취급하고 있다는 점(제221조의3, 제221조의4)에서, 수사기관에 의하여 감정을 촉탁받은 자가 작성한 감정서는 제313조 제2항에 따라 증거능력을 인정하는 것이 타당하지만, 사인인 의사가 작성한 진단서를 감정서라고 할수는 없으므로 의사의 진단서 등은 제313조 제1항에 따라 판단하는 것이 타당하다고 본다.

> 판례는「사인인 의사가 작성한 진단서는 업무상 필요에 의하여 순서적, 계속적으로 작성되는 것이 아니고 개별적으로 그때그때 작성되는 것이고 또 그 작성이 특히 신빙할 만한 정황에 의하여 작성된 문서라고도 볼 수 없으므로 당연히 증거능력이 있는 서류라고 할 수 없고 그것을 증거로 채택하려면 형사소송법 제313조에 의하여 공판준비 또는 공판기일에 피고인 또는 피고인 아닌 자의 진술에 의하여 그 성립의 진정함이 증명된 때에 한하는 것이다」(대판 1969.3.31, 69도179)라고 하여 제313조 제1항이 적용된다고 본 반면, 공무원인 군의관 작성의 진단서(대판 1972.6.13, 72도922)나 국립과학연구소장 작성의 감정의뢰회보서(대판 1982.9.14, 82도1504)에 대해서는 제315조 제1항의 직무상 작성된 문서로서 당연히 증거능력이 인정된다는 입장을 취하고 있다.

(3) 감정인신문조서

서면보고로 불충분하거나 기타 이유가 있는 때에는 당사자의 신청(제294조) 또는 직권(제295조)에 의하여 감정인신문을 한다(제171조 제4항). 이러한 감정인신문조서의 증거능력은 제311조 내지 제313조에 의하여 판단해야 하므로 법원 또는 법관의 면전에서 감정인에 대한 신문의 결과를 기재한 조서는 제311조에 의하여 당연히 증거능력이 인정된다.

(4) 제314조의 적용

감정인이 사망·질병 기타의 사유로 진술할 수 없을 때에 감정서는 그 작성이 특히 신빙할 수 있는 상태하에서 행하여진 때에 한하여 증거능력이 인정된다(제314조).

사례해설

설문은 ⅰ) 경찰관이 임의수사로서 행하는 실황조사의 결과를 기재한 서면을 검증조서와 동일한 조건에서 증거능력을 인정할 수 있는 것인지, ⅱ) 실황조사서에 기재된 피의자 및 목격자의 진술의 증거능력은 어떤 조건하에서 증거능력을 인정할 수 있는가, ⅲ) 실황조사서에 첨부된 사진의 증거능력을 인정할 수 있는지 여부 등이 문제된다.

첫째, 실황조사서의 증거능력을 살펴보면 견해의 대립이 있으나, 형사소송법이 검증에 대하여 원칙적으로 영장을 필요로 하고 이에 대한 엄격한 조건과 방식을 규정하고 있는 것은 검증을 받는 자의 권리를 보호하기 위한 규정이지 검증의 내용과 방법에 대한 규정이라고 볼 수 없으며, 검증조서와 실황조사서가 강제처분인가 또는 임의처분인가의 차이가 있을 뿐이고 검증으로서의 성질에 차이가 있는 것은 아닌 이상 실황조사서의 증거능력도 검증조서와 같이 제312조 제1항에 의하여 판단하는 것이 타당하다고 본다. 따라서 사안의 경우 실황조사서의 작성자인 X가 공판기일에서 성립의 진정을 인정한다면 증거능력이 인정된다.

문제는 경찰관 X가 작성한 실황조사서가 검증에 관하여 영장주의를 규정한 형사소송법의 규정을 위반한 이유로 위법수집증거배제법칙에 따라 증거능력을 부정하는 것이 타당한 것은 아닌지 논란된다. 이에 대하여 사고 직후의 공도상에서 행한 실황조사는 누구의 법익도 침해한 것이 아니므로 임의수사이지 강제수사가 아니므로 임의수사에 대하여는 사전영장은 물론 사후영장도 필요로 하지 않다는 점에서 영장주의의 위반이 있어도 실황조사서의 증거능력에 영향이 없다는 견해와 영장주의는 위법 절차에 의해 수집된 증거의 증거능력을 배제함으로써 기본권침해를 방지하려는 데 목적이 있으므로 실황조사도 기본권침해의 가능성이 있는 한 영장주의의 적용을 받아야 한다는 견해가 대립하고 있으 며, 판례는 '사법경찰관사무취급이 작성한 실황조사서가 사고발생 직후 사고현장에서 긴급을 요하여 판사의 영장없이 시행된 것으로서 형사소송법 제216조 제3항에 의한 검증에 따라 작성된 것이라면 사후영장을 받지 않는 한 유죄의 증거로 삼을 수 없다'($\frac{대판 1984.3.14,}{83도3006}$)고 판시하여, 실황조사서가 검증의 형태를 취한 경우에는 사후영장을 받아야 한다는 입장이다. 생각건대 사고 직후에 긴급을 요하는 공 도상에서 행한 실황조사를 강제수사로 보는 것은 현실에 맞지 않을 뿐더러 누구의 법익도 침해한 것 이 아니므로 강제처분으로 보는 것은 무리가 있다. 따라서 이 사건 실황조사서는 영장주의에 위반하 였다는 이유로 위법수집증거배제법칙에 의하여 증거능력을 부인할 수는 없다고 본다. 그리고 기타의 적법절차의 위배여부와 관련하여 검증에 관한 적법절차규정($\frac{제219조, 제121조,}{제122조 등}$)을 실황조사에도 적용할 것 인지 여부가 문제되는데, 이는 기본적으로 실황조사의 성격을 강제수사(검증)로 보는 입장으로서 임 의수사로 본다면 문제가 되지 않는다. 그리고 설령 강제수사로 보아 변호인에게 통지가 필요하다고 보더라도 사안은 형사소송법 제122조 단서의 '급속을 요하는 경우'에 해당한다고 볼 수 있으므로 이 에 관한 위법이 없다고 보여진다.

둘째, 실황조사에의 참여인의 진술과 관련하여, 먼저 甲의 진술기재부분의 증거능력을 살펴보면, 甲 의 진술기재부분이 현장지시에 해당하는지 아니면 현장진술에 해당하는지 문제되지만, 사안을 볼 때, 현장진술에 해당한다고 보여진다. 따라서 甲의 진술기재부분은 사법경찰관이 작성한 피의자신문조서 와 동일하게 형사소송법 제312조 제3항에 의하여 원진술자인 甲에 의하여 공판준비 또는 공판기일에 서 내용의 진정이 인정되면 증거능력을 가진다. 한편 乙의 진술기재부분도 현장지시에 해당하는지 아 니면 현장진술에 해당하는지 문제되지만, 역시 현장진술에 해당한다고 볼 수 있으므로 참고인진술조 서와 동일하게 형사소송법 제312조 제4항에 의하여 원진술자인 乙의 진술에 의하여 성립의 진정이 인정되면 증거능력을 가진다.

셋째, 실황조사서에 첨부된 사진의 증거능력을 살펴보면, 실황조사서에 첨부된 사진은 실황조사서와 일체를 이루고 있으므로 실황조사서 자체의 증거능력에 관한 문제와 동일하게 취급하여 형사소송법 제312조 제6항에 의하여 증거능력이 인정된다고 본다. 따라서 사진촬영자인 X의 진술에 의하여 성립 의 진정이 인정되면 증거능력을 가질 수 있다.

IX. 제314조에 의한 증거능력의 인정

1. 의   의

형사소송법 제314조는 「제312조 또는 제313조의 경우에 공판준비 또는 공판기일에 진술 을 요하는 자가 사망·질병·외국거주·소재불명 그 밖에 이에 준하는 사유로 인하여 진술 할 수 없는 때에는 그 조서 및 그 밖의 서류(피고인 또는 피고인 아닌 자가 작성하였거나 진술한 내용이 포함된 문자·사진·영상 등의 정보로서 컴퓨터용디스크, 그 밖에 이와 비슷한 정보저장매체에 저장된 것을 포함한다)를 증거로 할 수 있다. 다만, 그 진술 또는 작성이 특히 신빙할 수 있는 상태하에서 행하여졌음이 증명된 때에 한한다」고 판시하여, 필요성과 신용성의 정황적 보장(특신상태)을 요건으로 서류의 증거능력을 예외적으로 인정하고 있다. 따라서 외국의 권한있는 수사기관이 작성한 조서나 서류 등도 제312조와 제313조 소정의 조서나 서류가 된다고 보아야 할 것이므로, 제314조 소정의 요건을 갖춘 것이라면 증거능력이 인정된다(대판 1997.7.25, 97도1381)고 본다. 다만 이처럼 포괄적인 규정을 두고 있더라도 그 범위를 부당하게 확대할 수는 없다. 왜냐하면 본 조항은 제312조 내지 제313조의 전문법칙의 예외에 관한 요건이므로 엄격하게 해석할 필요가 있기 때문이다. 따라서 진술해야 할 자를 소환할 수 없거나 진술의 재현이 불가능 또는 곤란한 경우로서 사망의 경우는 문제가 없지만, 기타의 경우에는 사건의 경중 및 진술의 중요도와 반대신문의 보장 및 재판의 신속성의 보장이란 면을 고려하여 기능적으로 해석해야 할 것이다.

2. 필 요 성

형사소송법 제314조에 의한 필요성의 요건은 피의자(주로 공동피고인)인 경우에도 문제되지만, 주로 증인인 경우에 의미가 있다고 볼 수 있다. 왜냐하면 피고인의 출석은 공판개정의 요건이고(제276조), 피고인이 사망한 경우에는 공소기각의 결정으로 절차를 종결하며(제328조 제1항 제2호), 질병으로 인하여 출정할 수 없는 때에는 공판절차를 정지할 뿐만 아니라(제306조), 피고인의 출석 없이 재판할 수 있는 경우에는 증거동의가 의제되므로(제318조) 전문법칙이 적용될 여지가 없기 때문이다. 따라서 이하에서는 증인이 법정에 출두할 수 없을 때의 증인의 종전진술의 증거능력을 중심으로 고찰하기로 한다.

(1) 사망·질병

사망의 경우에는 필요성이 당연히 인정되고, 질병의 경우에는 정신적·신체적 고장으로 임상신문 또는 출장신문 등도 불가능한 경우를 가리킨다. 질병이 계속적이어야 하는가 아니면 일시적으로도 족한가는 회복의 전망을 고려하여, 증언의 중요성과 재판의 신속성 보장이라는 면을 고려하여 기능적으로 판단해야 할 것이다.

(2) 외국거주

외국거주는 영구적임을 요하지 않고 일시적인 경우를 포함한다. 예컨대 해외유학, 해외근무를 위하여 외국에 일시 거주하는 경우도 본조의 외국거주에 해당한다. 다만 외국에 여행중인 자, 출장중인 자는 본조의 외국거주자에 해당하지 아니한다.

판례는 「'외국거주'라고 함은 진술을 요할 자가 외국에 있다는 것만으로는 부족하고, 가능하고 상당한 수단을 다하더라도 그 진술을 요할 자를 법정에 출석하게 할 수 없는 사정이 있어야 예외적으로 그 적용이 있다고 할 것인데, 통상적으로 그 요건의 충족여부는 소재의 확인, 소환장의 발송과 같은 절차를 거쳐 확정되는 것이기는 하지만 항상 그와 같은 절차를 거쳐야만 위 요건이 충족될 수 있는 것은 아니고, 경우에 따라서는 비록 그와 같은 절차를 거치지 않더라도 법원이 그 진술을 요할 자를 법정에서 신문할 것을 기대하기 어려운 사정이 있다고 인정할 수 있다면, 이로써 그 요건은 충족된다고 보아야 한다」(대판 2002.3.26, 2001도5666)고 판시하고 있다. 나아가 진술을 요하는 자가 외국에 거주하고 있어 공판정 출석을 거부하면서 공판정에 출석할 수 없는 사정을 밝히고 있더라도 증언 자체를 거부하는 의사가 분명한 경우가 아닌 한 거주하는 외국의 주소나 연락처 등이 파악되고, 해당 국가와 대한민국 간에 국제형사사법공조조약이 체결된 상태라면 우선 사법공조의 절차에 의하여 증인을 소환할 수 있는지를 검토해 보아야 하고, 소환을 할 수 없는 경우라도 외국의 법원에 사법공조로 증인신문을 실시하도록 요청하는 등의 절차를 거쳐야 하고, 이러한 절차를 전혀 시도해 보지도 아니한 것은 가능하고 상당한 수단을 다하더라도 진술을 요하는 자를 법정에 출석하게 할 수 없는 사정이 있는 때에 해당한다고 보기는 어려울 것이다(대판 2016.2.18, 2015도17115).

(3) 소재불명

증인으로 채택된 자에 대하여 그의 수사기관의 진술조서나 주민등록지 등으로 소환을 하였음에도 송달불능이 되고 달리 그의 소재를 알 길이 없을 때에 그의 수사기관에서의 원진술에 증거능력을 부여해야 하는지 문제된다. 특히 증인의 소재를 알 수 없는 경우(소재불명)와 달리 법원이 증인을 소환하였으나 증인이 이에 응하지 않아 구인장을 발부하였는데, 경찰이 이를 집행할 수 없는 경우(구인장 집행불능)에 어떻게 처리할 것인지는 매우 어려운 문제이다. 왜냐하면 소재불명은 증인에게 소환장조차 송달할 수 없는 경우인 반면, 구인장 집행불능은 증인에게 소환장은 송달할 수 있는데 구인장의 강제력으로도 법정 출석을 강제할 수 없는 경우이기 때문이다.

‖ 기타 사유에 해당한다고 본 판례사안 ‖

㉠ 증인소환장이 주소불명으로 송달불능되고 소재탐지촉탁에도 불구하고 그 소재를 확인할 수 없어 법원이 증인신문을 하지 못한 경우(대판 1997.7.11, 97도1097)

㉡ 소재탐지의뢰를 하였으나 소재탐지불능의 회보가 온 경우(대판 1989.2.28, 88도2405)

㉢ 피해자(사건 당시 4년 6개월, 증언 당시 6세 11개월)가 공판정에서 진술을 한 경우라도 증인신문 당시 일정한 사항에 관하여 기억이 나지 않는다는 취지로 진술하여 그 진술의 일부가 재현 불가능하게 된 경우(대판 1999.11.26, 99도3786)

㉣ 소환장이 주소불명으로 송달불능이 되어 소재탐지촉탁까지 하여 소재수사를 하였어도 그 소재를 확인할 수 없는 경우(대판 2004.3.11, 2003도171)

‖ 기타 사유에 해당하지 않는다고 본 판례사안 ‖

㉠ 소환장이 송달불능된 자에 대하여 소재탐지도 하지 아니하거나 소환을 받고도 2회나 출석하지 아니한 자에 대하여 구인신청도 하지 아니한 채 검사가 그 증인소환신청을 철회하여 공판정에

서의 심문을 할 수 없게 된 경우(대판 1996.5.14, 96도575)

ⓛ 증인으로 소환받고 출산을 앞두고 있다는 이유로 출석하지 아니한 경우(대판 1999.4.23, 99모915)

ⓒ 원진술자가 적법한 소환을 받고도 출석하지 아니한 경우(대판 1972.6.27, 72도969)

이러한 판례의 태도는 공소유지 책임이 있는 검찰 쪽에서 원진술자를 법정에 출석시키기 위하여 가능하고도 충분한 노력을 다하였음이 인정될 때에만 예외적으로 본 규정의 적용을 긍정하는 것으로 보인다.

(4) 그 밖에 이에 준하는 사유

제314조는 필요성이 있는 경우로 사망·질병·외국거주·소재불명을 예시하고 '그 밖에 이에 준하는 사유로 인하여 진술할 수 없는 때'라는 포괄적 규정을 두고 있다.

① **기억상실 등의 사유:** 판례는 「...증인으로 소환당할 당시부터 노인성 치매로 인한 기억력 장애, 분별력 상실 등으로 인하여 진술할 수 없는 상태하에 있었고...」(대판 1992.3.13, 91도2281)라고 하여 노인성치매로 인한 기억력상실을 본조의 '기타 사유'에 해당한다고 본 적이 있으나, 기억상실은 증명이 곤란하고 작위가 개입될 여지가 크다는 점에서 일률적으로 인정하는 것은 곤란할 것이다.

② **증언거부:** 증인이 법정에 출석하여 증언을 거부한 경우도 기타 사유로 진술할 수 없는 때에 해당하여 필요성의 요건이 충족되는 것으로 볼 것인가의 문제가 있다. 증언거부는 권리로서 하는 경우도 있고(제148조), 사실상 증언을 거부하는 경우도 있으나 양자 모두 피고인의 반대신문권의 보장이 완전하지 않다는 점에서는 실질적인 차이가 없다.

이에 학설은 사실상 증언거부에 대해서는 별도로 제재규정(제161조)이 마련되어 있을 뿐만 아니라, 전문법칙의 예외규정은 가능한 한 제한적으로 해석되어야 한다는 점을 논거로 하여 이를 부정하는 **소극설**과 제314조는 서증의 증거능력을 지나치게 제한하여 사실인정의 자료로 사용하지 못하게 되면 확실한 범죄인을 처벌하지 못할 우려가 있다는 점을 고려한 규정이므로 여기에 해당한다는 **적극설**이 대립하고 있다.

판례는 「현행 형사소송법 제314조의 문언과 개정취지, 증언거부권 관련규정의 내용 등에 비추어 보면, 법정에 출석한 증인이 형사소송법 제148조, 제149조 등에서 정한 바에 따라 정당하게 증언거부권을 행사하여 증언을 거부한 경우는 형사소송법 제314조의 '그 밖에 이에 준하는 사유로 인하여 진술할 수 없는 때'에 해당하지 아니한다」(대판(전합) 2012.5.17, 2009도6788)고 판시하여, 법률상 정당한 사유가 있는 한 형사소송법 제314조가 적용되지 않는다는 입장이다.

제314조는 제312조 내지 제313조에 의한 증거능력의 인정이 정상적인 방법으로 불가능한 경우, 즉 원진술자가 공판정에 출석하여 정상적으로 진정성립을 인정할 수 없는 사유가 있는 경우에 적용되는 규정이다. 그런데 원진술자가 법정에 출석하여 정상적으로 진정성립

을 부정함으로써 제312조와 제313조에 의한 증거능력이 부정되는 경우에 우회적으로 제314조를 적용하여 증거능력을 회복시키기 위한 편법으로 이용된다면, 피고인의 반대신문권이 부당하게 제한되고 피고인의 지위를 위태롭게 할 우려가 있다. 그러므로 증인이 출석하여 정상적으로 진정성립을 부정함으로써 제312조 내지 제313조에 의한 증거능력이 부정된 상태에서 증언거부를 한 경우에는 그 증언거부에 대하여 제314조의 필요성을 부정하는 것이 타당할 것이다.

문제는 수사기관에서 진술한 참고인이 법정에서 증언을 거부하여 피고인이 반대신문을 하지 못하였으나 정당하게 증언거부권을 행사한 것이 아닌 경우에도 동일하게 볼 수 있는가이다.

참조판례 「수사기관에서 진술한 참고인이 법정에서 증언을 거부하여 피고인이 반대신문을 하지 못한 경우에는 정당하게 증언거부권을 행사한 것이 아니라도, **피고인이 증인의 증언거부 상황을 초래하였다는 등의 특별한 사정이 없는 한 형사소송법 제314조의 '그 밖에 이에 준하는 사유로 인하여 진술할 수 없는 때'**에 해당하지 않는다고 보아야 한다. 따라서 **증인이 정당하게 증언거부권을 행사하여 증언을 거부한 경우와 마찬가지로 수사기관에서 그 증인의 진술을 기재한 서류는 증거능력이 없다.** 다만 피고인이 증인의 증언거부 상황을 초래하였다는 등의 특별한 사정이 있는 경우에는 형사소송법 제314조의 적용을 배제할 이유가 없다. 이러한 경우까지 형사소송법 제314조의 '그 밖에 이에 준하는 사유로 인하여 진술할 수 없는 때'에 해당하지 않는다고 보면 사건의 실체에 대한 심증 형성은 법관의 면전에서 본래증거에 대한 반대신문이 보장된 증거조사를 통하여 이루어져야 한다는 실질적 직접심리주의와 전문법칙에 대하여 예외를 정한 형사소송법 제314조의 취지에 반하고 정의의 관념에도 맞지 않기 때문이다」(대판(전합) 2019.11.21,. 2018도13945).

그러나 정상적으로 증언할 수 없는 어린 나이의 증인에 대해서는 필요성을 인정할 수 있을 것이다.

판례도 미성년자의제강제추행사건에서 「甲은 원심법정에 증인으로 출석하여 이름과 나이 등을 묻는 재판장의 질문에만 대답하였을 뿐, 피고인이나 피고인의 가족을 알고 있느냐는 질문에 대하여는 모른다고 하거나 대답하기 싫다고 하였음을 알 수 있다. 이와 같은 경우 원진술자인 甲은 원심법정에서의 진술당시 자신이 과거에 경험한 사실을 그 기억에 따라 진술할 수 있는 증언능력을 결여하였다고 볼 수 있거나 **적어도 원진술자가 요증사실에 관하여 실질적으로 증언을 거부한 것과 마찬가지로 볼 수 있으므로**, 원진술자가 진술할 수 없는 사유가 있는 경우에 해당한다고 볼 수 있다」고 판시하고 있다. 다만 제314조의 필요성을 긍정하더라도 증언능력이 결여된 나이 어린 자가 과거 수사절차에서 한 진술에 대해서 특별한 경우를 제외하고는 그 진술의 신용성의 정황적 보장을 인정할 여지는 상당히 적을 것이므로(즉 필요성은 인정되더라도 또 다른 요건인 신용성의 정황적 보장이 부정될 가능성이 크므로) 제314조에 의한 증거능력의 인정은 제한적일 것이다.

③ **진술거부:** 판례는 「현행 형사소송법 제314조의 문언과 개정 취지, 진술거부권 관련 규정의 내용 등에 비추어 보면, 피고인이 증거서류의 진정성립을 묻는 검사의 질문에 대하여 진술거부권을 행사하여 진술을 거부한 경우는 형사소송법 제314조의 '그 밖에 이에 준하

는 사유로 인하여 진술할 수 없는 때'에 해당하지 아니한다」($^{대판\ 2013.6.13,}_{2012도16001}$)는 입장이다.

3. 특신상태

판례가 제시하는 특신상태에 대한 일응의 기준은 ㉠ '진술내용의 신빙성을 담보할 구체적이고 외부적인 정황이 있어야 하고, ㉡ 그 담보의 정도가 허위개입의 여지가 거의 없을 정도이어야 한다'는 것이다. 특히 헌법재판소는 전문법칙의 예외를 규정한 제314조의 위헌여부와 관련된 '신용성의 정황적 보장'이라는 제약조건의 정당성여부에 대하여, 「'특히 신빙할 수 있는 상태하'라 함은 진술내용이나 조서의 작성에 있어서 허위개입의 여지가 없고 진술내용의 신용성이나 임의성을 담보할 구체적이고 외부적인 정황이라고 법원의 판례가 오랜 세월을 통하여 개념짓고 있으며, 이는 진실성이나 신용성에 있어 반대신문을 갈음할 만한 외부적 정황이라고 할 것으로, 부득이한 사유로 법관의 면전에서 진술되지 아니하고 피고인의 반대신문의 기회가 부여되지 않은 진술인 증거를 요증사실의 인정자료로 삼을 수 있는 제약조건으로서는 합리성이 있는 조건이라고 할 것이다」($^{헌재\ 1994.4.28,}_{93헌바26}$) 라고 판시한 바 있다.

4. 공범자에 대한 제314조의 적용여부

형사소송법 제314조는 서증의 증거능력을 지나치게 제한하여 사실인정의 자료로 사용할 수 없도록 한다면 확실한 범죄인을 처벌하지 못할 우려가 있다는 점을 고려하여 전문법칙의 예외의 전형적인 경우를 규정한 것이다. 그런데 검사 또는 사법경찰관이 작성한 공범자(공동피의자)에 대한 피의자신문조서도 제314조의 서류에 해당하는지 논란이 있다.

생각건대 개정법에 따르면, 수사기관작성의 피의자신문조서는 피고인 또는 변호인이 내용을 인정한 때에만 증거로 할 수 있으므로 진술불능의 근거로 인정된 '사망·질병 기타 사유' 가운데 피고인의 사망이란 생각할 수 없고, 또 질병 기타 사유 때문에 피고인의 공판정 출석이 불가능하거나 곤란한 경우에는 공판절차를 정지하여야 하기 때문에($^{제306}_{조}$) 피고인의 질병이나 기타 사유를 들어 증거능력을 부여하려는 시도는 개정 형사소송법의 입법취지를 무시하는 것이므로 공동피의자에 대한 수사기관작성의 피의자신문조서에 대한 증거능력을 부정해야 할 것이다.

참조판례 「형사소송법 제312조 제3항은 검사 이외의 수사기관이 작성한 해당 피고인에 대한 피의자신문조서를 유죄의 증거로 하는 경우뿐만 아니라 검사 이외의 수사기관이 작성한 해당 피고인과 공범관계에 있는 다른 피고인이나 피의자에 대한 피의자신문조서를 해당 피고인에 대한 유죄의 증거로 채택할 경우에도 적용된다. 따라서 **해당 피고인과 공범관계가 있는 다른 피의자에 대하여 검사 이외의 수사기관이 작성한 피의자신문조서는 그 피의자의 법정진술에 의하여 성립의 진정이 인정되는 등 형사소송법 제312조 제4항의 요건을 갖춘 경우라도 해당 피고인이 공판기일에서 그 조서의 내용을 부인한 이상 이를 유죄 인정의 증거로 사용할 수 없고, 그 당연한 결과로 위 피의자신문조서에 대하여는 사망 등 사유로 인하여 법정에서 진술할 수 없는 때에 예외적으로 증거능력을 인정하는 규정인 형사소송법 제314조가 적용되지 아니한다** 그리고 이러한 법리는 공동정범이나 교사범, 방조범 등 공범관계에 있는 자들 사이에서뿐만 아니라, 법인의 대표자나 법인 또는 개인의 대리인, 사용인, 그 밖의 종업원 등 행위자의 위반행위에 대하여 행위자가 아닌 법인 또는 개인이 양벌규정에 따라 기소된 경우, 이러한 법인 또는 개인과 행위자 사이의 관계에서도 마찬가지로 적용된다고 보아야 한다」(대판(전합) 2020.6.11, 2016도9367).

X. 당연히 증거능력이 있는 서류

1. 의   의

형사소송법 제315조는 당연히 증거능력이 있는 서류로「1. 가족관계기록사항에 관한 증명서, 공정증서등본 기타 공무원 또는 외국공무원의 직무상 증명할 수 있는 사항에 관하여 작성한 문서, 2. 상업장부, 항해일지 기타 업무상 필요로 작성한 통상문서, 3. 기타 특히 신용할 만한 정황에 의하여 작성된 문서」를 규정하고 있다.

여기에 규정된 서류는 원래 진술서에 해당한다. 그러나 진술서라 할지라도 특히 신용성이 높고 그 작성자를 증인으로 신문하는 것이 부적당하거나 실익이 없는, 즉 필요성이 인정되므로 증거능력을 인정한 것이다. 진술서의 증거능력이 성립의 진정을 요건으로 한다는 점에서 볼 때에는 제313조와의 관계상 성립의 진정이 추정되는 경우라고도 할 수 있다. 그러므로 양자의 구별은 문서의 객관적 성격상 유형적으로 신용성의 정황적 보장 및 필요성이 높은 것이냐 그렇지 못하느냐에 따라서 본조의 서류인가 제313조의 서류인가로 구별해야 할 것이다.

그런데 본조의 서류 중에 피고인이 작성한 경우도 포함된다고 볼 수 있는지 문제되는데, 만약 피고인이 작성한 서류가 포함되지 않는다고 본다면 피고인이 작성한 상업장부·항해일지 등은 형사소송법 제313조 등에 의하여 증거능력이 인정된다고 보아야 하기 때문이다. 그러나 본조가 소송을 의식하지 아니하고 작성한 서류들을 대상으로 하고 있다는 점에 비추어 볼 때, 피고인이 작성한 것이냐 아니냐를 묻지 않는다고 해석해야 할 것이다.

2. 직무상 작성한 문서

가족관계기록사항에 관한 증명서, 공정증서등본 기타 공무원 또는 외국공무원의 직무상 증명할 수 있는 사항에 관하여 작성한 문서는 당연히 증거능력이 있다(제315조 제1호). 이는 공권적 증명문서의 증거능력을 인정한 것이다.

일반적으로 이러한 문서는 그 작성자인 공무원에게 법령을 준수하며 성실히 직무를 수행할 의무를 부과하고 있으므로(국가공무원법 제56조) 신용성의 정황적 보장이 높으며, 원본의 제출에 법률상의 제한을 받을 뿐만 아니라 당해 공무원을 증인으로 공판기일에 출석시켜 신문한다면 공무수행에 지장을 초래할 수 있기 때문이다. 따라서 등기부 등·초본, 주민등록 등·초본, 인감증명서, 전과조회회보, 신원증명서 등은 당연히 증거능력이 인정될 것이다.

공권적 증명문서가 전문법칙의 예외로서 증거능력이 인정되기 위해서는 첫째, 그 문서가 공무원의 직무범위 내에서 작성된 문서임을 요한다. 즉, 문제가 된 사실을 기록하여야 할 의무가 그 공무원에게 주어져 있어야만 하는 것이다. 둘째, 그 문서가 공무원의 직접지식에 근거하여 작성되어야만 한다. 따라서 단순한 의견이나 판단 기타 다른 사람이 자기에게 보고한 것을 기재한 것은 전문법칙의 예외로 인정되지 않는다. 예컨대 사법경찰관 작성의 수사보고서나 현행범체포보고서 등이 이에 해당된다. 이 점이 업무상 작성된 문서와 다른 점이다.

‖ 직무상 작성한 문서에 해당한다고 본 판례사안 ‖

㉠ 보건사회부장관의 시가보고서($\frac{대판\ 1967.6.31,}{67도544}$), ㉡ 관세공무원의 시가감정서($\frac{대판\ 1985.4.9,}{85도225}$), ㉢ 외국공무원이 직무상 작성한 문서($\frac{대판\ 1984.2.28,}{83도3145}$), ㉣ 군의관 작성의 진단서($\frac{대판\ 1972.6.13,}{72도922}$), ㉤ 국립과학연구소장 작성의 감정의뢰회보서($\frac{대판\ 1982.9.14,}{82도1504}$)

‖ 직무상 작성한 문서에 해당하지 않는다고 본 판례사안 ‖

㉠ 육군과학수사연구소 실험분석관이 작성한 감정서($\frac{대판\ 1976.10.26,}{76도2960}$), ㉡ 검사의 공소장($\frac{대판\ 1978.5.23,}{78도575}$), ㉢ 외국수사기관의 수사결과($\frac{대판\ 1979.9.25,}{79도1852}$)

---

3. 업무통상과정에서 작성한 문서

상업장부·항해일지 기타 업무상 필요로 작성한 통상문서를 말한다($\frac{동조}{제2호}$). 일상업무의 과정에서 작성되는 문서는 업무상의 신용 때문에 정확한 기재를 기대할 수 있고 기계적·반복적 기재로 인하여 허위기재의 우려가 없을 뿐만 아니라, 작성자를 일일이 소환하는 것이 부적당하다는 점에 그 근거가 있으므로 금전출납부, 전표, 통계표 등이 여기에 해당할 것이다. 다만, 비밀장부는 거래의 진실한 상황을 기재한 것이고 업무의 통상과정에서 작성된 것이므로 상업장부에 해당한다고 볼 수 있지만, 탈세 등의 목적에서 의식적으로 조작한 허위장부는 영업의 기초로 삼으려고 작성한 것이 아니므로 상업장부에 포함될 수 없을 것이다.

업무통상과정에서 작성된 문서로 인정되기 위해서는 ㉠ 기록이 업무의 통상적인 과정에서 작성된 것이어야 하고, ㉡ 그러한 기록을 작성하는 것이 업무의 통상적인 과정이어야 한다는 점이다. 즉, 그러한 기재는 그 조직체의 주된 활동의 통상적인 과정에서 이루어진 것이라야 한다. 따라서 지하철직원이 작성한 사고보고서(accident reports)는 비록 그것이 정부의 규칙상 요구되는 것이라 하더라도, 증거능력이 인정되지 않는다. 왜냐하면 그와 같은 보고서는 단순히 앞으로 있을 소송에 대비하여 준비해둔 것이며, 지하철의 주된 업무는 지하철운행이지 소송이 아니기 때문이다. 의학적인 진단이나 환자의 치료와는 관계가 없는 병원기록상의 기재(예컨대 누가 상해를 입힌 사람인가에 관한 진술)도 그 주된 업무의 통상적인 과정에서 이루어진 것이라고 볼 수 없으므로 증거로 허용될 수 없다.

판례도「어떠한 문서가 형사소송법 제315조 제2호가 정하는 업무상 통상문서에 해당하는지를 구체적으로 판단함에 있어서는, 형사소송법 제315조 제2호 및 제3호의 입법 취지를 참작하여 당해 문서가 정규적·규칙적으로 이루어지는 업무활동으로부터 나온 것인지 여부, 당해 문서를 작성하는 것이 일상적인 업무 관행 또는 직무상 강제되는 것인지 여부, 당해 문서에 기재된 정보가 취득된 즉시 또는 그 직후에 이루어져 정확성이 보장될 수 있는 것인지 여부, 당해 문서의 기록이 비교적 기계적으로 행하여지는 것이어서 기록 과정에 기록자의 주관적 개입의 여지가 거의 없다고 볼 수 있는지 여부, 당해 문서가 공시성이 있는 등으로 사후적으로 내용의 정확성을 확인·검증할 기회가 있어 신용성이 담보되어 있는지 여부 등을 종합적으로 고려하여야 한다」(대판(전합) 2015.7.16, 2015도2625)는 입장이다.

구체적으로 판례를 살펴보면, ㉠ 성매매 업소에서 성매매 상대방의 아이디와 전화번호 및 성매매 방법 등을 입력하여 작성한 **메모리카드**(대판 2007.7.26, 2007도3219)는 여기에 해당하지만, ㉡ 2012. 4. 25.부터 2012. 12. 5.까지 트위터를 통한 심리전 활동을 전개하기 위하여 매일 시달된 이슈와 논지와 함께 그 활동에 필요한 각종 자료들을 계속 추가·보충한 **425지논 파일 및 시큐리티 파일**은 그 작성자의 업무수행 과정에서 작성된 문서라고 하더라도, 위 두 파일에 포함되어 있는 업무관련 내용이 실제로 업무수행 과정에서 어떻게 활용된 것인지를 알기도 어려울 뿐만 아니라 다른 심리전단 직원들의 이메일 계정에서는 위 두 파일과 같은 형태의 문서가 발견되지 않으므로 위 두 파일을 심리전단의 업무활동을 위한 관행적 또는 통상적으로 작성되는 문서로 볼 수 없다(대판(전합) 2015.7.16, 2015도2625)고 판시한 바 있다.

4. 기타 특히 신용할 만한 정황 아래 작성된 문서

앞서 살펴본 문서들에 준할 정도의 고도의 신용성이 문서 자체에 의하여 보장되는 서면을 말한다(동조 3호). 이는 매우 탄력성을 지닌 규정이므로 그 적용에서 여러 가지 사정을 고려하고, 특히 동조 제1호, 제2호 및 제312조와 제313조의 규정과의 균형을 생각하여 신중하게 결정해야 할 것이지만, 통상 공공기록, 보고서, 역서(曆書), 정기간행물의 시장가격표, 스포츠기록, 컴퓨터에 의하여 작성된 서류, 공무소작성의 각종 통계와 연감 등이 여기에 속할 것이다.

‖ 제315조 제3호에 해당한다고 본 판례사안 ‖

㉠ 다른 피고사건 공판조서(대판 1966.7.12, 66도617), ㉡ 사법경찰관 작성의 국가보안법상의 이적표현물에 대한 수사보고서(대판 1992.8.14, 92도1211), ㉢ 외국경찰의 피의자신문조서의 복사본(대판 1985.5.15, 84도321), ㉣ 구속적부심문조서(대판 2004.1.16, 2003도5693)

∥ 제315조 제3호에 해당하지 않는다고 본 판례사안 ∥

㉠ 주민들의 진정서사본(대판 1983.12.13, 83도2613), ㉡ 대한민국 주중국 대사관 영사가 작성한 사실확인서 중 공인 부분을 제외한 나머지 부분(대판 2007.12.13, 2007도7257), ㉢ 체포·구속인접견부(대판 2012.10.25, 2011도5459), ㉣ 국가정보원 심리전단 직원의 이메일 계정에서 압수한 '425지논 파일 및 시큐리티 파일' 등 전자문서(대판 2015.7.16, 2015도2625), ㉤ 이른바 보험사기 사건에서 건강보험심사평가원이 수사기관의 의뢰에 따라 그 보내온 자료를 토대로 입원진료의 적정성에 대한 의견을 제시하는 내용의 '건강보험심사평가원의 입원진료 적정성 여부 등 검토의뢰에 대한 회신'(대판 2017.12.5, 2017도12671)

XI. 전문진술(傳聞陳述)

사 례

살인피고사건에 관하여 증인 X가 공판정에서 甲이 乙을 향하여 권총을 쏘았다는 것을 보았다고 증언하였으나, 그 사건직후에 총소리를 듣고 달려가보니 乙이 쓰러져 있었으며 범인은 보지 못하였다는 말을 자기 친구 Y에게 한 사실이 밝혀졌다.
1. Y의 진술이 요증사실에 관하여 증거능력을 갖기 위한 요건은 무엇인가?
2. Y의 진술을 사법경찰관이 참고인진술조서로 작성하여 법원에 제출하였다면 어떻게 되는가?

1. 의   의

형사소송법 제311조 내지 제315조는 진술을 기재한 서면의 증거능력에 관한 것인 데 반하여, 제316조는 공판정에서의 진술 그 자체가 전문을 내용으로 하고 있는 경우에 그에 대한 증거능력을 규정하고 있다. 특히 동조 제1항에서는 '신용성의 정황적 보장'이란 요건이 구비된 때에만 그 증거능력을 인정하고 있으며, 제2항에서는 전문법칙의 예외를 인정하는 일반법리인 '필요성'과 '신용성의 정황적 보장'이란 두 개의 요건을 갖추었을 때에 그 증거능력을 인정하고 있다.

(1) 피고인의 인정진술과 전문서류의 관계

1961년 형사소송법은 전문증거의 개념을 도입하면서, 동법 제310조의2에서 전문증거를 정의하기를 「제311조 내지 제316조에 규정한 것 이외에는 공판준비 또는 공판기일에서의 진술에 대신하여 "진술"을 기재한 서류나 공판준비 또는 공판기일 외에서의 "타인의 진술"을 내용으로 하는 진술은 이를 증거로 할 수 없다」고 규정하였는데, 이에 따르면 진술을 기재한 서류는 자신의 진술이든 타인의 진술이든 묻지 않고 전문증거이지만 공판정에서의 전문진술은 **타인의 진술**을 내용으로 하는 진술에 제한된다. 즉 형사소송법 제310조의2에 의하면 피고인이든 증인이든 공판정에서 진술하는 한 자신이 한 공판정외에서의 진술을 내용으로 하는 진술(인정진술)은 전문증거가 아니며, 따라서 당연히 증거가 되는 것이다. 그리고 이러한 인정진술은 진술자 본인이 스스로 그 진술을 한 사실을 인정하는 것이므로 왜곡전달의 위험도 없다는 점에서, 검사 앞에서 한 진술이건 사법경찰관 앞에서 한 진술이건 증거능력의 판단기준에 차이를 둘 필요도 없다.

미국에서는 피의자가 자백을 하면 바로 유죄협상(Plea Bargaining)이 시작되고(죄명 및 형량까지 협상하여 정함), 그 후 기소사실인부절차(Arraignment)에서 임의성여부만을 확인할 뿐 공판이 열리지 않으므로 우리나라와 같은 피의자신문조서의 증거능력 등을 논할 실익이 없다. 따라서 경찰관이 법정에서 증언하는 대부분의 경우, 우리나라와 같은 피의자신문조서의 진정성립을 확인하기 위한 것이 아니라, 피고인이 부인하는 사건에서 당시 사건내용 자체를 묘사하거나 주로 증인(참고인)으로부터 들은 것을 진술하기 위하여(대면권이 필요한 이유임) 법정에 서는 것이다. 그리고 이러한 수사상 자백이 영상녹화 내지 진술서에 기재될 때도 있고, 매우 드물지만 조서를 작성하는 경우도 있으나, 대부분 피의자의 자백과 동시에 변호인(국선변호인 포함)과 검사가 바로 유죄협상을 시작하므로 큰 의미를 가지지 않는다. 반면에 우리나라의 증거법체계는 피의자의 자백이 기재된 조서를 중심으로 전문법칙이 구성되어 있다는 점에서 영미식과 큰 차이를 보이고 있다.

(2) 전문서류와 전문진술의 관계

피고인이 수사상 진술의 성립의 진정을 인정하는 한, 조사자의 증언은 의미가 없을 것이다. 그런데 피고인신문의 순서 및 피고인신문을 임의규정으로 한 상황(피고인신문을 행할지 불완전한 상황)에서 피고인의 인정진술이 어려운 현행 형사소송법상 조사자의 증언을 통해서 수사상 진술이 현출될 수밖에 없으므로 이 경우 형사소송법 제316조 제1항의 전문진술(조사자증언 포함)과 제312조 내지 제313조의 전문서류와의 관계를 어떻게 해석할 것인지 문제된다. 왜냐하면 원래 형사소송법 제312조 내지 제313조는 조서를 법정에서 증거로 사용하기 위하여 직접주의의 예외를 인정하는 조문이었으나, 영미법상의 전문법칙규정이 도입되면서 오히려 직접주의의 예외를 인정하려던 원래의 취지는 상실되고, 난데없이 피고인의 수사단계 진술을 통제하는 규정으로 변신을 하면서, 구조적인 혼란이 일어나게 된 것이기 때문이다. 즉 제정형사소송법과 달리 **제3자의 증언**을 통하여 피고인의 자백을 법정에 제출하게 하는 원칙을 천명한 제316조 제1항이 신설(1961년 형사소송법)되었으므로 제312조와 제313조는 이제 그 원칙에 추가하여 피고인 및 증인의 수사단계 진술이 기재된 조서를 법정에 제출하기 위한 예외조항으로 보아야 함에도 오히려 거꾸로 피고인 및 증인의 수사단계의 진술은 조서의 형태로만 법정에 제출될 수 있다는 식으로 해석함으로써 제312조 및 제313조가 제316조 제1항을 통제하고 더 나아가 제316조 제1항 소정의 구두주의 원칙이 몰각되어버린 혼란이 발생한 것이다. 그런데 사법경찰관 앞에서의 피의자의 진술이 동법 제312조 제3항에 의해 내용을 인정하지 않는 한 조서로는 증거로 현출될 수 없다고 하더라도, 동법 제316조 제1항의 조사자 증언의 형태로는 증거로 현출되어 사용될 수 있도록 법조문이 구성되어 있음에도 불구하고 이를 인정하지 않은 결정적인 이유는 아마도 종래 사법경찰관 작성의 피의자신문조서 규정과 관련된 조사자의 증언에 관한 판례이론에 기인한 것으로 보인다. 왜냐하면 종래 판례가 처음에는 조사자 증언의 증거능력을 인정하여 동법 제316조 제1항에 따라 피고인의 진술이 신빙할 수 있는 상태하에서 행하여졌는지를 기준으로 판단하는 태도를 취하여 그 증언을 증거로 사용할 수 있다고 판시하다가(대판 1968.11.19, 68도1368), 그 후 동법 제316조 제1항에 의하여 판단은 하되 특신상태를 제한적으로 인정하여 증거능력을 부인하는 태도를 취한 다음, 이러한 특신상태를 기준으로 하던 태도까지 변경하여 동법 제312조 제3항에 따라 신빙할 수 있는 상태여부를 묻지 않고 피고인이 내용을 부인하면 증거로 할 수 없다는 이론전개를 함으로써 사법경찰관 앞에서 이루어진 피고인의 진술에 대하여는 피고인의 부인만으로 증거로 사용할 수 있는 길을 완전히 차단하였기 때문이다.

물론 이러한 판례이론의 변경은 사법경찰관의 수사단계에서의 고문 등 불법수사를 억제할 목적으로 증거능력을 제한하고자 하였던 제정 형사소송법상의 입법취지와 우리나라 1970년대의 정치상황 및 인권상황, 그리고 경찰수사의 실태 등을 감안한 목적론적 해석으로 보이지만, 이러한 해석으로 인하여 영미식 제도(조사자의 증언)를 도입하고자 한(1961년 개정 형사소송법) 입법자의 의도는 망각된 채 조서와 진술을 함께 판단하는 체제로 들어서게 된 것이다. 그러나 피의자에 대한 인권보장은 조서의 증거능력 인정요건을 엄격하게 함으로써 달성되는 것이 아니라, 오히려 조사자를 증언대에 세움으로써 달성되는 것이며, 그 증거능력을 부정하는 방법도 조서의 진정성립 이전에 자백의 임의성(법제309조)이나 위법수집증거배제법칙(2007년 이전에는 학설로 인정; 이후 법 제308조의2)으로 해결하는 것이 정도(正道)였을 것이다.

2. 제316조 제1항의 예외

(1) 법 규정

피고인 아닌 자(공소제기 전에 피고인을 피의자로 조사하였거나 그 조사에 참여하였던 자를 포함한다)의 공판준비 또는 공판기일에서의 진술이 피고인의 진술을 그 내용으로 하는 것인 때에는 그 진술이 특히 신빙할 수 있는 상태하에서 행하여졌음이 증명된 때에 한하여 이를 증거로 할 수 있다(제316조제1항).

이는 원진술자가 피고인 자신이므로 '원진술자가 사망·질병 기타 사유로 인하여 진술할 수 없는 때'를 증거능력의 요건으로 규정하지 않은 것이다. 즉 살인사건에 있어 피고인의 친구가 법정에 나와서 '살인사건이 있던 날 저녁에 피고인이 나를 찾아와서 오늘 내가 사람을 죽였다'고 진술을 한 경우 그 증인의 증언내용은 피고인의 진술내용을 그대로 옮겼기 때문에 전문진술이지만, 원진술자인 피고인이 출석하여 진술할 수 있으므로 신용성의 보장을 조건으로 증거능력을 인정한 것이다. 특히 현행법이 조사자(사법경찰관) 증언의 증거능력을 인정함으로써, 향후 경찰송치사건에서 구공판시에도 검사는 필요한 신문만을 하면 되고, 필요시 외에는 조서를 다시 작성할 필요가 없게 되어 중복조사로 인한 국민의 불편은 많이 해소될 것으로 보인다.

한편, 원진술자가 피고인이므로 당사자의 반대신문권은 무의미하다는 이유로 이는 전문법칙의 예외가 아니라 직접심리주의의 예외라고 설명하는 견해도 있으나, 전문법칙의 예외에 해당한다고 보는 것이 통설이다. 다만 그 이유에 관하여는 검사 내지 증인의 피고인에 대한 반대신문권을 보장하기 위한 것이라는 견해가 있으나, 진술거부권을 가진 피고인에 대한 검사의 반대신문권은 무의미할 뿐더러 피고인 자신의 진술에 대하여 증인에게 반대신문을 한다는 것도 타당하지 않다. 생각건대 이는 반대신문에 대신하는 소위 신용성의 정황적 보장을 요건으로 전문법칙의 예외를 규정한 것이라고 보아야 할 것이다.

(2) 요 건(특신상태)

전문진술의 특신상태는 진술이 행하여질 당시의 구체적 상황, 진술의 방법과 내용 등을 종합적으로 고려하여 판단해야 할 것이다. 다만, 조사자가 수사과정에서 청취한 피의자의 자백을 증언한 사안에서, 판례는 부정적인 입장이다.

대법원은 「원심은, 피고인을 조사하였던 경찰관 甲의 원심 법정진술은 '피고인이 이 사건 공소사실 기재와 같은 범행을 저질렀다'는 피고인의 진술을 그 내용으로 하고 있는바, 이를 증거로 사용할 수 있기 위해서는 피고인의 위와 같은 진술이 특히 신빙할 수 있는 상태 하에서 행하여졌음이 증명되어야 하는데, 피고인이 그 진술 경위나 과정에 관하여 치열하게 다투고 있는 점, 위와 같은 진술이 체포된 상태에서 변호인의 동석 없이 이루어진 점 등을 고려해 보면, 피고인의 위와 같은 진술이 특히 신빙할 수 있는 상태하에서 행하여졌다는 점이 증명되었다고 보기 어려우므로, 피고인의 위와 같은 진술을 내용으로 한 甲의 당심 법정에서의 진술은 증거능력이 없다고 판단하였다. 원심판결 이유를 기록에 비추어 살펴보면, 원심의 이러한 판단은 정당한 것으로 수긍이 가고, 거기에 상고이유에서 주장하는 바와 같은 조사자 증언에 대한 법리오해, 채증법칙 위반 등의 잘못이 없다」(대판 2012.10.25, 2011도5459)고 판단한 바 있으며, 또한 「조사자 증언의 증거능력이 인정되기 위해서는 조사 당시 진술자의 진술이 '법관의 면전에서 진술이 이루어진 것과 동일시할 수 있는 정도로 객관성과 공정성을 담보할 수 있는 구체적인 외부적인 상황' 아래에서 이루어졌음이 증명되어야 하고, 그 특신상태에 대하여는 검사가 입증하여야 한다. 특히 형사소송법 제312조 제3항은 검사 이외의 수사기관인 사법경찰관이 작성한 피의자신문조서는 그 실질적·형식적 진정성립 여부를 고려하지 아니한 채 피고인이 그 내용을 인정하는 경우에만 증거로 할 수 있다고 규정하고 있으므로, 그 조사자가 사법경찰관인 경우에는 조사자 증언을 통해 위 규정의 적용을 회피하는 것을 막기 위해 그 특신상태를 더 엄격하게 판단할 필요가 있다는 항소심 판결이 정당하다」(대판 2020.12.24, 2016도3752)고 판시한 바 있다.

판례에 따라 법 제312조 제2항의 '객관적 방법'에 조사자증언이 포함되지 않는다는 입장을 고수한다면(대판 2016.2.18, 2015도16586), 제316조 제1항의 '특신상태'의 판단기준으로 조사자증언을 인정하는 것은 매우 제한적일 것이다. 개정 형사소송법 제312조 제1항의 시행으로 검사작성 피의자신문조서 역시 피고인의 내용 부인만으로 증거능력이 부정된다고 하여, 판례가 기존의 입장을 전향적으로 변경할 가능성 역시 희박하게 보인다. 오히려 입법자가 검사작성 피의자신문조서까지 피고인의 내용부인으로 증거능력이 부정되도록 한 취지를 고려하여, 기존보다 증거능력 및 증명력의 인정기준을 더 엄격하게 할 가능성도 없지 않다.

(3) 적용범위

① **피고인 아닌 자:** 피고인 아닌 자에는 그 피고사건의 제3자는 물론 공동피고인이 포함되며, 이 경우 공동피고인은 피고인의 공범자여부를 불문한다. 예컨대 피고인의 공판정외에서의 진술을 내용으로 하는 공동피고인의 법정진술도 피고인의 진술이 특히 신빙할 수 있는 상태하에서 행하여진 때에는 피고인의 공소범죄사실을 유죄로 인정하는 증거로 사용될 수 있다.

② **피고인의 진술:** 피고인의 진술이란 피고인의 지위에서 행하여진 것임을 요하지 않는다. 따라서 사건직후 피고인의 자백을 청취한 자가 그 내용을 증언하거나 수사기관 작성의 참고인진술조서, 피고인 아닌 자의 진술서 또는 진술기재서의 내용 중 피고인의 진술내용이

포함되어 있는 경우가 이에 해당한다(후술).

③ 사법경찰관의 증언

2007년 개정전 형사소송법하에서는 제312조 제2항(개정법,제312조 / 제3항 이하 동일함)과의 관계에 비추어 피고인이 그 내용을 부인하는 경우에는 증거로 할 수 없다는 제312조 제2항설(통설·판례)과 제312조 제2항의 조서의 내용을 부인하는 경우란 수사경찰관이 작성한 피의자신문조서의 증거능력을 부인하는 것이지 그것을 청취한 경찰관의 전문증언 또는 정황진술을 부인한 것은 아니고, 따라서 제316조 제1항의 요건아래에서 증거능력이 인정된다는 제316조 제1항설의 대립이 있었다. 전자는 그 근거로 제312조 제2항이 단순히 전문법칙의 예외라는 측면을 넘어서서 위법수사의 방지장치라는 의미를 가진다는 점에서 피고인을 신문한 사법경찰관이 그 진술내용을 법정에서 진술하는 것은 제312조 제2항의 입법취지상 허용될 수 없다는 것이다(통설). 생각건대 현행법은 해석상 논란되었던 문제를 입법론적으로 해결하였다는 점에서 의미가 있으며, 이러한 입법태도는 다음과 같은 이론적 근거 때문에 타당하다고 생각된다.

가) 조서와 진술을 일체화시켜 판단하는 해석상 오류: 형사소송법 제311조 내지 제315조는 진술을 기재한 서면의 증거능력에 관한 것인 데 반하여, 제316조는 공판정에서의 진술 자체가 전문(傳聞)을 내용으로 하는 경우에 그에 대한 증거능력을 규정한 것으로, 영미법계 체제에서는 피의자의 진술을 전문증거의 배제영역으로 보고, 조사자의 증언을 통해 증거로 할 수 있는 것이 당연히 전제되어 있다. 특히 판례는 뒤에서 보는 것처럼 재전문진술이나 재전문진술을 기재한 조서에 대해서는 제310조의2에 따라 증거능력을 부정하면서, 전문진술을 기재한 조서(재전문서류)에 대하여는 제312조 내지 제314조 및 제316조의 규정에 따른 조건을 갖춘 경우에는 증거능력을 인정하는데, 이는 '조서'(제312조 / 제3항)와 '진술'(제316조 / 제1항)을 동일한 증거가치로 파악하는 종전의 판례의 입장과도 상치될 뿐만 아니라 전자(재전문진술과 재전문서류)의 경우에는 법조문을 형식논리적으로 해석하면서 후자(전문진술과 전문서류)의 경우에는 입법정책까지 고려하는 것은(오히려 조서에 더 증거능력을 부여하는 등 논리적 타당성은 별론으로 하고), 이것 자체가 이미 '조서'와 '진술'의 차이를 인정하고 있는 것으로 볼 수 있다.

나) 제312조 제3항(傳聞調書)과 제316조 제1항(傳聞陳述)의 해석상 오류: 형사소송법 제310조의2는 전문법칙에 대한 일반조항으로서 전문증거의 증거능력을 부정하고 있지만, 제311조부터 제316조까지는 전문법칙의 예외로서 적극적으로 '증거로 할 수 있다'고 규정되어 있으며, 특히 제312조 제3항이 '피의자였던 피고인이나 변호인'으로 규정되어 있어서 '조서'에 대한 증거능력판단의 주도권을 피고인측에게 주고 있는 반면, 제316조 제1항은 '그 진술이 특히 신빙할 수 있는 상태하에서 행하여진 때에 한하여 이를 증거로 할 수 있다'고 하여 법원에 적극적으로 '진술'에 대한 증거능력판단의 주도권을 부여하고 있는데, 이는 법관이 전혀 관여하지 않는 조서와 달리 법정에 현출되는 진술을 들어보고 특신상태를 판단하라는 입법자의 결단으로서 구두주의(口頭主義)의 실현인 것이다. 그런데 피고인이 조서의 '내용의 진정'을 부정한다고 해서 수사경찰관의 법정진술의 증거능력을 무조건 인정하지 않는다면

제316조 제1항의 규정에 반하여 사실상 증거능력판단의 권한이 법관으로부터 피고인에게 전이되는 결과를 초래할 뿐만 아니라 구두변론주의($^{제275조}_{의3}$)의 의미도 사라지게 될 것이다.

　　다) 고문 등 인권침해에 대한 방지와의 관계: 인권옹호적인 관점에서만 본다면 수사를 한 경찰관이 언제든지 법정에 나가 증언할 가능성을 열어두는 것이 조서의 증거능력을 무조건 부정하는 것보다 오히려 피의자신문 과정에서 진술강요와 같은 피의자의 인권침해적 행위에 대한 적절한 통제장치로 작용할 수 있다. 왜냐하면 종래 고문 등을 당한 피해자들의 증언을 들어보면, 누가 실제로 고문을 했는지 알 수 없다는 점을 가장 큰 문제점으로 지적하고 있으므로, 조서만을 작성한 담당자이건 실제로 수사를 담당했던 담당자이건 이들을 법정에 불러내어 익명성을 없애는 것만이 오히려 고문 등 인권침해적 행위를 방지하는 첩경이 될 것이기 때문이다. 더욱이 조사자가 과거에 강압수사를 한 전력이 밝혀진다면, 그 조사자 증언의 신빙성은 결정적으로 타격을 입게 되므로, 조사자의 입장에서도 이전보다 피의자신문시 적법절차를 더 준수하게 될 것이다.

　　④ 검찰수사관(주사) 및 조사참여자의 증언: 종전 판례는 사법경찰관의 경우와 동일하게 「검사가 작성한 것으로 되어 있는 피고인에 대한 피의자신문조서의 작성시 관여한 검찰주사의 법정에서 증언내용이 자신이 피고인을 신문하면서 위 조서를 작성할 때 피고인이 공소사실을 자백하였다는 것이라면 위 피의자신문조서의 증거능력이 인정되지 않는 이상 증거능력이 없다」($^{대판\ 1984.2.28,\ 83도3232,\ 83감도538;}_{대판\ 1990.9.26,\ 90도1483}$)고 판시하였으나, 현행법은 검찰수사관 및 조사참여자의 증언에 대하여도 입법적으로 해결하였다.

　　⑤ 피고인의 진술을 들은 조사자증언의 공범에 대한 증거능력

　　가) 문 제 점: 위에서 언급한 것처럼 2007년 형사소송법 제316조 제1항이 개정되어 피고인이 아닌 자의 개념속에 명문으로 '공소제기 전에 피고인을 피의자로 조사하였거나 그 조사에 참여하였던 자를 포함한다'라는 문구가 들어간 후부터 판례가 조사자의 증언을 허용하고 있는데, 이러한 조사자(丙)의 증언이 공범(甲)에 대하여도 증거능력이 인정되는 것인지 문제된다.

　　☞ 이는 '**피고인 아닌 타인**'에 공동피고인이 포함되는지 여부와 관련되는 것으로, 형사소송법 제316조 제1항과 제2항을 어떻게 해석할 것인지에 달려있다. 왜냐하면 제316조 제2항이 적용된다면 조사자(丙)의 증언은 원진술자인 공범(乙)이 사망·질병 기타 사유로 인하여 진술할 수 없고, 공범(乙)의 조사자에 대한 진술이 특히 신빙할 수 있는 상태하에서 행하여진 때에 한하여 피고인(甲)의 공소사실을 유죄로 인정하는 증거로 사용할 수 있는 반면, 제316조 제1항이 적용된다면 이러한 필요성의 요건없이 공범(乙)의 조사자에 대한 진술이 특히 신빙할 수 있는 상태하에서 행하여지면 피고인(甲)의 공소사실을 유죄로 인정하는 증거로 사용할 수 있기 때문이다.

　　다만 이러한 문제는 공범이 공동피고인이 아닌 경우(처음부터 분리기소되었거나 병합기소되었다고 하더라도 변론이 분리된 경우)나 공동피고인이 공범자가 아닌 경우에는 제316조 제2항이 적용된다는 점에 대해서는 이견(異見)이 없으므로 공범자인 공동피고인에 한정하여 논의되는 문제이다.

나) 학   설: 조사자 丙의 진술은 乙뿐만 아니라 甲의 공소사실과 자연적 관련성이 있기 때문에 제316조 제1항이 적용되어야 한다는 **제316조 제1항 적용설**과 형사상 불이익한 진술 (특히 자백)을 단순히 원진술자인 공동피고인 乙의 유·무죄를 인정하는 범위를 넘어서서 다른 피고인인 甲의 유·무죄를 판정하는 공소범죄사실에 사용하려는 경우에는 그 다른 공범의 대질권이나 반대신문권을 침해하게 된다는 점을 근거로 원문에 충실하게 제316조 제2항이 적용되어야 한다는 **제316조 제2항 적용설**(통설)이 대립하고 있다.

다) 판   례

대법원은 「(제316조 제2항)에서 말하는 "피고인 아닌 타인"이라 함은 제3자는 말할 것도 없고 공동피고인이나 공범자를 모두 포함한다고 해석하여야 한다」(대판 2000.12.27, 99도5679)라고 판시하면서, 「형사소송법 제316조 제2항은 "피고인 아닌 자의 공판준비 또는 공판기일에서의 진술이 피고인 아닌 타인의 진술을 그 내용으로 하는 것인 때에는 원진술자가 사망, 질병, 외국거주, 소재불명, 그 밖에 이에 준하는 사유로 인하여 진술할 수 없고, 그 진술이 특히 신빙할 수 있는 상태하에서 행하여졌음이 증명된 때에 한하여 이를 증거로 할 수 있다"고 규정하고 있고, 같은 조 제1항에 따르면 위 '피고인 아닌 자'에는 공소제기 전에 피고인 아닌 타인을 조사하였거나 그 조사에 참여하였던 자(이하 '조사자'라고 한다)도 포함된다. 따라서 조사자의 증언에 증거능력이 인정되기 위해서는 원진술자가 사망, 질병, 외국거주, 소재불명, 그 밖에 이에 준하는 사유로 인하여 진술할 수 없어야 하는 것이라서, 원진술자가 법정에 출석하여 수사기관에서 한 진술을 부인하는 취지로 증언한 이상 원진술자의 진술을 내용으로 하는 조사자의 증언은 증거능력이 없다」(대판 2008.9.25, 2008도6985)고 하여 제316조 제2항이 적용된다는 입장을 취하고 있다.

라) 검   토: 전술한 것처럼 판례가 공동피고인(乙)에 대한 사법경찰관 작성의 피의자신문조서(전문조서)에 대하여 형사소송법 제314조의 적용을 부인하면서, 상피고인(甲)이 내용을 인정할 때에만 상피고인(甲)에게 피의자신문조서의 증거능력을 인정하는 반면, 위의 판례가 전문진술에 대해서는 공동피고인(乙)의 불출석(필요성)을 요건으로 신용성의 정황적 보장만으로도 상피고인(甲)에게 증거능력을 인정했다는 점에서, 전문조서의 증거능력에 비하여 전문진술의 증거능력을 완화하고 있는 점은 고무적이다.

그러나 ㉠ 조사자의 증언을 명문으로 규정하고 있지 않았던 구(舊)형사소송법에 대한 판례해석으로는 타당성이 있을지 모르지만, 조사자의 증언을 명문으로 인정하고 있는 현행 형사소송법의 해석으로는 무리한 해석이며, ㉡ 종래 공동피고인(乙)이 법정에서 성립의 진정을 부인하거나 증거조사 후에 피고인신문이 행해지는 현행 형사소송법의 절차상 조사자가 법정에 나올 수밖에 없는 상황인데도 불구하고 공동피고인(乙)의 불출석을 요건으로 한다는 자체가 논리모순이며, ㉢ 피고인과 조사자과의 관계에서 당해 피고인만을 의미할 때에는 '그' 피의자였던 피고인(제312조 제3항)이라는 표현을 쓴다는 점에서 법 제316조 제1항의 '피고인을 피의자로 조사하였거나 그 조사에 참여하였던 자'의 표현과는 차이가 있으며, ㉣ 甲이 공판정에 출석하는 한 조사자 丙에게 반대신문을 할 수 있으므로 '그 다른 공범의 대질권이나 반대신문권을 침해하는 상황'은 일어날 수 없으며, ㉤ 판례에 따르면 공동피고인의 공판정외에서의 자백을 내용으로 하는 증인(조사자) 丙의 진술이 공동피고인(乙)의 범죄사실에 대해서는 증거능력이 있으나, 필요적 공범관계에 있는 다른 피고인(甲)의 범죄사실에 대해서는 증거능력이 없다는 부당한 결론에 도달한다. 이는 공동피고인(乙)이 공판정외에서 다른 피고인(甲)과의 범죄사실을 자백한 경우에 그 자백을 자신의 공소범죄사실을 인정하는 증거로는 사용할 수 있으나, 다른 공동피고인(甲)의 범죄사실을 인정하는 증거로 사용할 수 없다는 것으로 형사사법의 구체적 정의에 반한다.

결국 원진술자인 乙이 공판정에서의 진술이나 출석이 불가능한 경우는 별론으로 하고(곧바로 제314조를 적용할 것이 아니라 오히려 제316조 제2항의 적용을 우선적으로 검토하는 것이 타당할 것이다), 자연적 관련성이 있는 필요적 공범의 경우에 공동피고인인 乙의 조사자(丙)에 대한 반대신문을 통해서 다른 피고인 甲과의 관계가 충분히 밝혀질 것이고 이 경우 피고인 甲은 전문증인 丙에 대한 반대신문은 물론 원진술자인 공동피고인 乙에게도 (사실상의) 반대신문권을 행사할 수 있다는 점에서, 제314조의 적용여부를 검토하기 이전에 제316조 제1항을 적용하는 것이 타당하다. 그리고 이에 따르는 경우 특신상태의 문제는 반대신문권의 보장에 의하여 사실상 추정된다고 보아야 할 것이다. 다만 이 견해를 따르더라도 원진술자(乙)가 사망·질병 기타 사유로 인하여 공판정에서의 출석이나 진술이 불가능한 경우에는 乙은 (공동)피고인의 입장에서 반대신문을 한 적이 없으므로 甲에게 제316조 제2항이 적용되어야 할 것이다.

3. 제316조 제2항의 예외

(1) 법 규정

피고인 아닌 자의 공판준비 또는 공판기일에서의 진술이 피고인 아닌 타인의 진술을 그 내용으로 하는 것인 때에는 원진술자가 사망, 질병, 외국거주, 행방불명 그 밖에 이에 준하는 사유로 인하여 진술할 수 없고 그 진술이 특히 신빙할 수 있는 상태하에서 행하여진 때에 한하여 이를 증거로 할 수 있다(제316조 제2항).

이는 전문법칙의 예외에 대한 전형적인 경우를 규정한 것으로 '피고인 아닌 타인'의 진술을 내용으로 하는 경우에는 원진술에 대한 신용성의 정황적 보장 이외에 원진술자의 공판정 출석불능 내지 진술불능을 증거능력의 요건으로 요구하고 있다. 따라서 원진술자가 공판정에 출석하여 진술이 가능한 때에는 원진술자를 증인으로 소환하여 신문하여야 하므로 이 경우에는 원진술자의 진술을 내용으로 하는 전문진술을 유죄 또는 무죄의 증거로 사용하여서는 안 된다. 이 경우 원진술자의 진술은 본래증거이므로 사실인정의 합리성을 도모하기 위해서는 원진술자의 진술이 증거로서 요청되기 때문이다.

(2) 요 건

① **전문진술의 특신상태:** 전문진술의 특신상태는 진술이 행하여질 당시의 구체적 상황, 진술의 방법과 내용 등을 종합적으로 고려하여 판단해야 할 것이다.

② **전문진술의 필요성:** 타인의 진술을 그 내용으로 한다는 점을 제외하고는 전문서류에 대한 요건이 그대로 타당하다. 다만 현행법은 '행방불명 그 밖에 이에 준하는 사유'로 한정하여 필요성의 요건을 보다 엄격히 하였다.

(3) 적용범위

① **피고인 아닌 자:** 피고인 아닌 자에는 당해 피고사건의 제3자뿐만 아니라 공동피고인이나 공범자가 모두 포함된다. 예컨대 피고인의 공범자가 공판정에서 당해 피고사건의 제3자(예컨대 현장목격자)의 진술을 내용으로 하는 진술을 하는 경우에는 그 전문진술의 증거능력에 관해서는 제316조 제2항이 적용된다. 이 경우 전문진술자인 공범자가 공동피고인으로서 진술을 하였느냐, 증인으로서 증언을 하였느냐를 불문한다. 또 원진술자가 외국인이어도 상관없다. 판례도 귀국한 미국인의 진술을 전문한 증언에 관하여 미국인의 진술이 그의 근무일지 사본의 기재에 비추어 특히 신빙할 수 있으면 증거능력이 있다(대판 1976.10.12, 76도2781)고 판시한 바 있다.

한편, 앞에서 언급한 것처럼 판례는 공소제기 전에 피고인 아닌 타인(공동피고인)을 조사하였거나 그 조사에 참여하였던 자도 '피고인 아닌 자'에 포함된다는 입장이지만, 조사자와 제3자는 그 권한 등에서 구별되므로 후자에 한정하여 본 조항이 적용된다고 보아야 할 것이다.

② **피고인 아닌 타인:** 피고인 아닌 타인에 당해 피고사건의 제3자가 포함되는 것은 당연하다. 다만 공동피고인이 포함되는지 문제되는데, 앞에서 언급한 것처럼 판례는 「... (제316조 제2항)에서 말하는 "피고인 아닌 타인"이라 함은 제3자는 말할 것도 없고 공동피고인이나 공범자를 모두 포함한다고 해석하여야 한다」(대판 2000.12.27, 99도5679)는 입장이다.

사례해설

설문 (1)을 살펴보면, 증인 Y의 진술이 요증사실에 관하여 증거능력을 갖기 위한 요건으로 형사소송법 제316조 제2항은 원진술에 대한 신용성의 정황적 보장외에 원진술자의 공판정 출석불능 내지 진술불능을 증거능력의 요건으로 요구하고 있다. 따라서 원진술자인 X가 공판정에 출석할 수 없고, 원진술자인 X가 Y에 대하여 진술을 한 상황이 특신상태에 있다고 판단되면 Y의 진술은 요증사실에 대하여 증거능력이 있다.

설문 (2)와 관련하여 제313조의 서면에 대한 적용여부를 살펴보면, 논란이 있으나 판례는 '피해자'의 진술을 들은 것을 다시 진술한 참고인 진술조서의 증거능력에 대하여 「전문진술이 기재된 조서는 형사소송법 제312조 또는 제314조의 규정에 의하여 각 그 증거능력이 인정될 수 있는 경우에 해당하여야 함은 물론 나아가 형사소송법 제316조 제2항의 규정에 따른 위와 같은 요건을 갖추어야 예외적으로 증거능력이 있다」(대판 2000.3.10, 2000도159)고 판시하고 있다. 생각건대 조서에 의한 증거는 그것이 서면을 매개로 하여 법정에 간접적으로 현출되었다는 의미에서 전문증거이고 그 서면의 내용이 다시 타인의 진술일 때는 그것은 결국 이중의 전문증거인 것이다. 따라서 판례의 입장처럼 형사소송법 제312조 제4항의 규정에 의하여 그 증거능력이 인정될 수 있을 뿐만 아니라 나아가 제316조 제2항의 규정에 따른 요건을 갖추어야 예외적으로 증거능력이 있다고 본다.

4. 관련문제

사 례

甲이 乙과 공모하여 슈퍼마켓에서 현금을 강취하였다는 甲에 대한 강도피고사건의 공판에서 다음의 것을 증거로 할 수 있는가?
1. 점원 丙의 공판정에서의 진술 중 밑줄 친 ①②의 부분
(검사)「피고인과 乙 두 사람이 가게에 들어와 어떻게 하였습니까?」
(병)「피고인이 갑자기 ① "떠들면 죽인다"고 하면서 계산대에 있던 저에게 흉기를 들이댔습다」.
(검사)「그래서 돈을 빼앗겼군요」.
(병)「예, 乙이 금전등록기안에 있던 현금을 움켜쥐고 달아났습니다」.
(검사)「얼마를 빼앗아 갔습니까?」
(병)「나중에 경찰관으로부터 ② "피고인은 100만원정도 빼앗았다고 말하고 있다"고 하는 것을 들었습니다」.
2. 범행에 앞서 甲·乙 양인이 결의한 범행계획을 써 넣은 메모

(1) 피고인의 전문진술

피고인의 공판준비 또는 공판기일에서의 진술이 피고인 아닌 자의 진술을 내용으로 하는 경우에 관하여는 명문의 규정이 없다. 가령 피고인 甲이 공판정에서 공소사실을 극구부인하면서 "이 사건이 발생한 수일 후 乙이 자기에게 이 사건의 진범인은 丁이 틀림없다는 말을 하였다"는 취지의 진술을 한 경우가 여기에 해당한다.

그런데 통상적으로 피고인이 자기에게 불리한 진술을 하여 자백하는 이유는 각양각색일 것이다. 예컨대 윤리적 반성(악행에 대한 후회, 피해자에 대한 사과 등)에 기초를 두거나, 감정적 흥분(불안감, 불면 등)으로부터 벗어나서 평안을 구하려고 하거나, 다른 이기적 계산(가볍게 처벌되는 것에 대한 기대, 중대한 범죄의 은닉 등)을 동기로 하는 경우 등이 여기에 해당한다. 반면에 피고인이 다른 사람을 진범인으로 지적하거나 자기의 알리바이를 나타내는 등 자기에게 유리한 내용이 있을 때에는 '특별히 신용할 만한 정황'하에서만 이것을 증거로 하는 것이 가능할 것이다. 왜냐하면 검사가 이 진술에 대해서 법정에서 피고인에게 신문을 하여도 효과는 빈약할 것이므로, 반대신문에 대신하는 것으로서의 신용성의 정황적 보장이 요구되기 때문이다. 따라서 피고인에게 이익인가 아닌가를 구별할 이유가 없다는 점에서, 제316조 제2항을 유추적용하여 해결하는 것이 타당하다고 본다(통설).

(2) 재전문진술

전문진술의 내용 자체가 전문인 재전문진술도 있을 수 있다. 예컨대 甲이란 사람이 어떤 내용의 진술을 하고 이를 들은 乙이 자신이 들은 내용을 丙에게 말하고 결국 丙이 공판정에서 그가 들은 바를 진술하는 경우가 재전문인 것이다. 물론 재재전문도 있을 수 있다. 이러

한 재전문에 대하여 증거능력을 부여할 것인지 여부에 대하여 직접적인 규정이 없다.

① **학　설:** ㉠ 甲이란 사람이 진술을 하였을 때 특히 신빙할 수 있는 상태하에 있었고 甲이 공판정에서 진술할 수 없다면 乙의 전문진술에 대하여 증거능력을 부여할 수 있는 것이고 마찬가지로 乙이 진술을 하였을 때 특히 신빙할 수 있는 상태하에 있었고 乙이 공판정에서 진술할 수 없다면 제316조에 의하여 丙의 전문진술에 대하여도 증거능력을 부여할 수 있다는 **긍정설**(다수설)과 ㉡ 재전문은 단순한 전문증거에 비하여 관련성과 증명력이 불충분할 뿐만 아니라 이중의 예외에 해당하는데 그 증거능력을 인정하는 명문의 규정이 없으므로 증거로 할 수 없다는 **부정설**이 대립하고 있다.

② **판　례:** 판례는 재전문진술 또는 재전문진술을 기재한 조서의 증거능력과 관련하여 「형사소송법은 전문진술에 대하여 제316조에서 실질상 단순한 전문의 형태를 취하는 경우에 한하여 예외적으로 그 증거능력을 인정하는 규정을 두고 있을 뿐, 재전문진술이나 재전문진술을 기재한 조서에 대하여는 달리 그 증거능력을 인정하는 규정을 두고 있지 아니하고 있으므로, 피고인이 증거로 하는 데 동의하지 아니하는 한 형사소송법 제310조의2의 규정에 의하여 이를 증거로 할 수 없다」(대판 2004.3.11,
2003도171)고 판시하여 부정설을 따르고 있다.

③ **검　토:** 우리나라는 직업법관이 사실인정을 하고 있고, 당사자주의뿐만 아니라 직권주의를 가미하여 실체적 진실발견을 이상으로 삼고 있어 가급적 많은 증거를 토대로 심증을 형성하여야 하므로 재전문진술도 전문법칙의 요건을 1회도 아니고 2회씩이나 충족한다면 증거능력을 인정하는 것이 타당하다.

(3) 재전문서류에 대한 적용여부

형사소송법 제316조 제2항이 규정하고 있는 것은 전문진술이 공판준비 또는 공판기일에서 이루어진 경우를 취급한 것이지만, 이러한 전문진술이 서류에 기재된 경우에는 어떻게 되는가의 문제가 있다. 예컨대 강제추행 피해자 甲으로부터 피해상황에 대해서 이야기를 들은 母 乙이 참고인으로서 수사기관의 조사를 받고 甲으로부터 들은 내용을 진술하고 그 진술녹취서(참고인진술조서)가 작성된 경우에 이러한 문제를 발생시킨다.

① **피고인의 진술을 들은 경우(제316조 제1항이 적용되는 경우)**

판례는 「전문진술이나 전문진술을 기재한 조서는 형사소송법 제310조의2의 규정에 의하여 원칙적으로 증거능력이 없으나, 다만 피고인 아닌 자의 공판준비 또는 공판기일에서의 진술이 피고인의 진술을 그 내용으로 하는 것인 때에는 형사소송법 제316조 제1항의 규정에 따라 그 진술이 특히 신빙할 수 있는 상태하에서 행하여진 때에 한하여 이를 증거로 할 수 있고, 그 전문진술이 기재된 조서는 형사소송법 제312조 내지 314조의 규정에 의하여 그 증거능력이 인정될 수 있는 경우에 해당하여야 함은 물론 나아가 형사소송법 제316조 제1항의 규정에 따른 위와 같은 조건을 갖춘 때에 예외적으로 증거능력을 인정하여야 할 것이다」(대판 2001.10.9,
2001도3106)라고 판시하여 (피고인이 공판정에 출석하고 있더라도) 특신상태가 인정되는 한 증거능력이 있다는 입장이다.

② 피고인 아닌 타인의 진술을 들은 경우(제316조 제2항이 적용되는 경우)

판례는 「피고인이 경찰에서 조사받는 도중에 범행을 인정하였고 피해자측에게도 용서를 구하는 것을 직접 보고 들었다는 취지의 증인들의 증언 및 그들에 대한 사법경찰리, 검사작성의 각 진술조서 기재는 모두 피고인이 경찰에서 위와 같은 진술내용을 부인하고 있는 이상, 위 증거들은 증거능력이 없다」(대판 1994.9.27, 94도1905)거나 「검찰관작성의 공소외(甲)에 대한 진술조서의 기재내용과 동인의 제1심 공판정에서의 진술내용이 피고인의 검찰수사시의 진술을 그 내용으로 하고 있는 것인데 피고인이 공판정에서 검찰에서의 진술내용을 부인하고 있다면 증거능력이 없다」(대판 1984.1.24, 83도2799)고 판시하여 제316조 제2항의 취지상 피고인이 공판정에 출석하여 진술내용을 부인하고 있다면 그 진술의 증거능력을 인정할 수 없다는 입장이다. 다만 「전문진술은 형사소송법 제316조 제2항의 규정에 따라 원진술자가 사망, 질병, 외국거주 기타 사유로 인하여 진술할 수 없고 그 진술이 특히 신빙할 수 있는 상태하에서 행하여진 때에 한하여 예외적으로 증거능력이 있다고 할 것이므로, 전문진술이 기재된 조서는 형사소송법 제312조 또는 제314조의 규정에 의하여 각 그 증거능력이 인정될 수 있는 경우에 해당하여야 함은 물론 나아가 형사소송법 제316조 제2항의 규정에 따른 위와 같은 요건을 갖추어야 예외적으로 증거능력이 있다」(대판 2000.3.10, 2000도159)고 판시하고 있다.

생각건대 재전문진술이나 재전문진술을 기재한 조서에 대해서는 증거능력을 부정하면서, 전문진술을 기재한 조서(재전문서류)에 대하여 증거능력을 인정하는 판례의 태도는 '조서'와 '진술'을 동일한 증거가치로 파악하는 종전의 판례의 입장과도 상치될 뿐만 아니라 조서보다는 진술이 공판중심주의에 더 적합한 증거라는 점에서도 타당하지 않다. 따라서 재전문서류의 증거능력을 인정한다면, 전술한 것처럼 재전문진술의 경우에도 동일하게 증거능력을 인정하는 것이 타당할 것이다.

사례해설

첫째, 설문 (1)과 관련하여 밑줄 친 ①부분은 언어적 증거이지만 전문증거는 아니므로 전문법칙의 적용은 받지 않는다고 볼 수 있다. 왜냐하면 이 경우의 요증사실은 피고인이 丙에 대하여 "떠들면 죽인다"고 말한 그 언동 자체이지 그 내용의 진실성이 문제로 된 것은 아니므로 전문법칙을 적용하여 진실성을 담보하려는 전제가 흠결되어 있기 때문이다. 또 병의 진술 중 밑줄 친 ②부분은 경찰관으로부터 들었다는 취지의 증언이기 때문에 전문진술이고 다시 그 진술 중 피고인으로부터의 전문부분을 포함하고 있다. 이와 같은 재전문에 관하여 형사소송법상 명문규정이 없어 논란이 있으나, 재전문을 2개의 전문법칙의 복합으로 보아 각각의 요건을 충족하면 증거능력을 긍정하는 것이 타당하다고 본다. 반면에 판례는 부정적인 입장이다.

둘째, 설문 (2)와 관련하여 범행계획을 적어둔 乙의 메모를 증거로 할 수 있는지 여부는 요증사실과의 관련에서 당해 메모가 전문증거에 해당하는지와 관련되어 논의된다. 그런데 전문증거인가의 여부는 요증사실과의 관계에서 상대적으로 결정하여야 하므로 본건 메모에 전문법칙의 적용이 있는가를 고찰할 경우에도 요증사실과의 관계에서 논해져야 한다. 따라서 요증사실과 범행계획 메모의 전문성을 살펴보면, 이 메모의 요증사실은 甲·乙간의 사전공모의 존재라고 보여지는데, 사전공모의 존재를 입증하기 위하여 증거로 청구한 경우, 이 메모에 전문법칙의 적용이 있는지 문제된다. ① 마음의 상태에 관한 진술을 기재한 서면으로 보는 경우에는 본건 메모는 우선 공모가담자의 의도·계획이라는 마음의 상태에 관한 진술을 기재한 서면으로 볼 수 있으므로 전문증거에 해당할 것이다. 반면에 ②

공모의 내용 그 자체를 기재한 서면으로 보는 경우에는 본건 메모는 그 존재 및 기재 자체가 요증사실로 되기 때문에 서술한 전문증거의 의의에 비추어 비전문(非傳聞)으로 된다고 보아야 할 것이다.

XII. 전문성이 문제되는 증거

1. 의   의

전문법칙은 진술증거에 한하여 적용되는 것이므로 전문·비전문을 구분하려면 먼저 **요증사실**이 무엇인지 확정할 필요가 있다. 이와 관련하여 특히 사진·녹음테이프·비디오테이프(V.C.R.)·컴퓨터의 자기디스크나 디스켓 등이 문제되는데, ㉠ 이들의 작성과정 그 자체가 진술과정인가 아닌가, ㉡ 작성된 사진·녹음테이프·비디오테이프·자기디스크나 디스켓 등의 증거능력을 인정하기 위한 요건은 무엇인가 등이 논란된다. 이것들이 문서적 형태로 표명된 경우, 즉 그 수록된 자료가 출력되어 서면화된 경우에는 '서증'이 됨은 물론이다.

2. 사진의 경우

사진은 과거에 발생한 역사적 사실을 렌즈에 비친 대로 필름 또는 인화지에 기계적으로 재생시킨 증거방법이므로 그 과정에 허위가 개입될 여지가 없다는 점에서 매우 믿을 만하다. 그러나 사진에 있어서도 피사체의 선정이나 촬영조건은 물론 현상과 인화과정에 인위적인 조작의 가능성이 있으므로 사진을 비진술증거로 취급할 것인가 아니면 진술증거로서 전문법칙이 적용될 것인가의 문제가 제기된다. 이는 결국 사진의 증거가치를 최대한으로 발휘하도록 함과 동시에 오류의 위험성을 최소화하는 관점에서 해결해야 할 것이다.

먼저 사진의 증거능력을 고려할 때, 전문증거의 경우처럼 입증대상과의 관련성, 필요성, 신용성의 정황적 보장의 요건 등을 검토할 필요가 있다. 이와 관련하여 일반적으로 다음의 세 가지 경우로 구분되어 설명되는데, ㉠ 검증조서·실황조사서 등 진술증거의 일부로써 이용되는 경우(설명증거), ㉡ 협박장·흉기 등의 사진의 경우처럼 서면이나 증거물의 사본(寫本)으로서 이용되는 경우(서면촬영), ㉢ 범행현장 등을 촬영한 사진처럼 사진 자체가 독립한 증거로서 쓰이는 경우(독립증거)가 여기에 해당한다. 다만 사진이 증인의 기억력을 되살리기 위하여 제출된 경우에는 요증사실로 이용되는 것이 아니므로 증거능력의 유무를 따질 필요가 없으며, 또 사진이 단순한 도해증거(圖解證據)로써 제출되는 경우에도 증언의 일부로서 증언에 흡수된다고 보아야 한다.

(1) 진술의 일부인 사진

진술증거의 일부로서 사진이 사용되는 경우에는 진술의 보조수단으로서 당해 진술과 일

체를 이루는 성질을 상실하지 아니하는 한, 사진의 이용가능성은 당해 진술의 증거능력의
여하에 의존한다고 볼 수 있다. 예컨대 검증조서·감정조서의 일부로서 사진이 첨부된 경우
에는 당사자의 동의(제318조)가 없는 한, 그 증거능력은 검증조서·감정조서와 일체로 판단되
므로 증거능력의 허용조건도 동일하게 보아야 할 것이다(통설). 따라서 필요성의 요건으로
사진에 의하지 않고는 사실재현이 불가능한 점이 확인되어야 하며, 신용성의 정황적 보장의
요건으로 촬영자를 법정으로 소환하여 증언을 하게 하고 작성과정이 공정하게 되었는가를
확인해야만 할 것이다(대판 1988.3.8, 87도2692).

(2) 사본으로서의 사진

① **학　　설:** 최량증거의 법칙(best evidence rule)에 의하여 대용물 내지 사본으로서의 성
격상 원본자료를 공판정에 제출할 수 없음이 인정되고 사진에 사건과의 관련성이 증명된
때에 한하여 증거능력을 인정해야 한다는 견해와 원본의 존재 및 진정성립을 인정할 자료
가 구비되고 특히 신용할 만한 정황에 의하여 작성되었다고 인정될 때에 제315조 제3호에
의하여 증거능력을 인정해야 한다는 견해가 있다. 사진에 관한 이러한 견해는 사진 이외에
전사본(轉寫本), 복제필름 등에도 그대로 적용될 것이다.

② **판　　례**

종래 대법원은 「문서의 사진에 관하여 원본증거의 제출이 불가능하거나 현저히 곤란한 경우에 있
어서 그 원본의 존재, 원본과 사진의 동일성 등이 확인되면 그 사진을 존재와 의의 내용이 증거로
되는 증거물로서 조사를 하고 이를 증거로 할 수 있다」(대판 1961.3.31, 4293형상440)고 판시한 바 있으며, 그 후 「군
법회의판결사본(교도소장이 교도소에 보관중인 판결등본을 사본한 것)은 특히 신용할 만한 정황에 의
하여 작성된 문서라고 볼 여지가 있으므로 피고인이 증거로 함에 부동의하거나 그 진정성립의 증
명이 없다는 이유로 그 증거능력을 부인할 수 없다」(대판 1981.11.24, 81도2591)거나, 「피고인이 증거로 동의한 경
우에는 비록 그것이 서류의 사본이라 할지라도 진정한 것으로 인정된 때에는 증거로 할 수 있다」
(대판 1986.5.27, 86도593)고 판시하고 있는데, 이러한 판례의 태도는 제315조 제3호에 의하여 증거능력을 인정하
고, 다만 증거조사방법만 증거물에 준한다는 입장으로 이해해야 할 것이다.

③ **검　　토:** 원래 증거물의 사본으로 이용가능한 조건은 ㉠ 원본이 존재하고(또는 존재한
것), ㉡ 원본제출이 불능 또는 곤란하거나, ㉢ 원본의 정확한 복사일 것 등의 세 가지 점에
있다고 볼 수 있다. 따라서 사본을 청구한 사람은 원본의 증거능력의 요건외에 이 세 가지
점을 입증할 필요가 있다. 단, 상대편이 사본을 증거로 하는 것 자체에 명시적으로 이의를
제기하지 않으면 이 입증은 필요없다고 생각된다. 그러므로 컴퓨터에 의한 사진합성기술이
고도로 발달한 오늘날의 상황을 고려해 볼 때 신용할 만한 정황에 의하여 작성되었다고 인
정될 때에 한하여 제315조 제3호에 따라 그 증거능력을 인정하는 것이 타당하다고 본다.

(3) 독립증거로서의 사진(현장사진)

현장사진이란 범인의 행동에 중점을 두어 범행상황과 그 전후 상황을 촬영한 사진으로서

그 범행을 증명하기 위하여 독립된 증거로 제출된 것을 말한다. 그런데 사진은 시간적으로 연속되는 행동중의 일순간을 포착하여 영상화한 것인 점에서 사람이 목격한 경우와 다르고 연속적으로 포착하여 영상화한 영화필름과도 다르다. 따라서 이러한 현장사진이 독립된 증거능력을 부여받기 위해서는 먼저 필요성의 요건으로서 원자료를 이용할 수 없는 이유를 검토해야 하며, 또한 신용성의 정황적 보장의 요건으로서 사진촬영당시의 정황이 충분히 신용할 수 있는가 하는 점이 확인되어야 할 것이다.

① 현장사진의 증거능력

가) 학   설: 사진의 과학적 특성에 중점을 두어 사진은 렌즈의 체험에 의하여 필름이나 인화지에 남아 있는 과거의 역사적 사실에 대한 흔적이지 사람의 지각에 기한 진술이 아니므로 현장사진은 독립된 비진술증거라고 해석하는 **비진술증거설**, 진술증거가 사람의 관찰·기억·표현을 통하여 사실을 보고하는 것이라면 사진은 기계의 힘에 의하여 사실을 재현하는 것이라는 점에서 양자는 사실의 보고라는 증거의 기능이 동일하므로 사진은 기록된 전문(recorded hearsay)으로 작성과정에 인위적인 수정의 위험이 있으므로 진술증거로서 전문법칙이 적용된다고 해석하는 **진술증거설**, 현장사진의 비진술성을 인정하면서도 그 작성과정에 오류가 개입될 위험이 있으므로 '검증의 결과를 기재한 조서'에 준하여 제한적으로 증거능력을 인정하자는 **검증조서유사(추)설**이 대립하고 있다. 검증조서유사(추)설의 경우, 진술증거설과 그 결론에 있어서는 유사하지만 현장사진을 진술증거로 보지 않는 점에서 차이가 난다. 즉 현장사진을 진술증거로 보지 않고 검증의 일종으로 보기 때문에 성립의 진정과 관련하여 원진술자가 아닌 **촬영자**가 성립의 진정을 인정해야 한다는 점에서 진술증거설과 다르다.

나) 판   례

대법원은「검사가 위 죄에 대한 유죄의 증거로 문자정보가 저장되어 있는 휴대전화기를 법정에 제출하는 경우, 휴대전화기에 저장된 문자정보 그 자체가 범행의 직접적인 수단으로서 증거로 사용될 수 있다. 또한, 검사는 휴대전화기 이용자가 그 문자정보를 읽을 수 있도록 한 휴대전화기의 화면을 촬영한 사진을 증거로 제출할 수도 있는데, 이를 증거로 사용하려면 문자정보가 저장된 휴대전화기를 법정에 제출할 수 없거나 그 제출이 곤란한 사정이 있고, 그 사진의 영상이 휴대전화기의 화면에 표시된 문자정보와 정확하게 같다는 사실이 증명되어야 한다」고 판시하면서,「형사소송법 제310조의2는 사실을 직접 경험한 사람의 진술이 법정에 직접 제출되어야 하고 이에 갈음하는 대체물인 진술 또는 서류가 제출되어서는 안 된다는 이른바 전문법칙을 선언한 것이다. 그런데 정보통신망을 통하여 공포심이나 불안감을 유발하는 글을 반복적으로 상대방에게 도달하게 하는 행위를 하였다는 공소사실에 대하여 휴대전화기에 저장된 문자정보가 그 증거가 되는 경우, 그 **문자정보는 범행의 직접적인 수단이고 경험자의 진술에 갈음하는 대체물에 해당하지 않으므로, 형사소송법 제310조의2에서 정한 전문법칙이 적용되지 않는다**」라고 판시하여 비진술증거설을 취하고 있다(대판 2008.11.13, 2006도2556).

다) 검   토: 현장사진은 실체인 현장을 촬영한 기록물이므로 전문법칙이 적용되는 법정 외에서의 진술이라는 것이 존재하지 않을 뿐만 아니라 사진작성과정에 인위적인 가공이 있다면 그러한 허위성은 오히려 과학적인 감정과 같은 방법으로 **진정성**을 입증할 필요가 있다

는 점 등을 고려해 볼 때, 비진술증거설이 타당하다고 본다.

② **초상권의 침해여부:** 상대방의 명시한 의사에 반하여 사진촬영(비디오촬영)을 하거나, 상대방이 범죄행위에 사용된다는 사실을 모르는 상태에서 촬영된 경우에 헌법상 보장된 인격권이나 초상권 등의 기본권을 침해하므로 그 증거능력을 인정할 수 있는지 문제된다.

대법원은 제3자(상간자)가 간통현장에서 공갈목적으로 피고인의 나체사진을 촬영한 것이 압수되어 증거로 제출된 사안에서 「모든 국민의 인간으로서의 존엄과 가치를 보장하는 것은 국가기관의 기본적인 의무에 속하는 것이고, 이는 형사절차에서도 당연히 구현되어야 하는 것이기는 하나 그렇다고 하여 국민의 사생활 영역에 관계된 모든 증거의 제출이 곧바로 금지되는 것으로 볼 수는 없고, 법원으로서는 **효과적인 형사소추 및 형사소송에서의 진실발견이라는 공익과 개인의 사생활의 보호이익을 비교형량하여 그 허용여부를 결정하고,** 적절한 증거조사의 방법을 선택함으로써 국민의 인간으로서의 존엄성에 대한 침해를 피할 수 있다고 보아야 할 것이므로, **피고인의 동의하에 촬영된 나체사진의 존재만으로 피고인의 인격권과 초상권을 침해하는 것으로 볼 수 없고,** 가사 사진을 촬영한 제3자가 그 사진을 이용하여 피고인을 공갈할 의도였다고 하더라도 사진의 촬영이 임의성이 배제된 상태에서 이루어진 것이라고 할 수는 없다」(대판 1997.9.30,
97도1230)라고 판시하면서, 증거능력을 인정하였다.

이는 판례가 언급한 것처럼 효과적인 형사소추 및 형사소송에서의 진실발견이라는 공익과 개인의 사생활의 보호이익을 비교형량하여 그 허용여부를 결정하여야 할 것이다. 따라서 공개적인 시위현장을 촬영하여 화염병투척자를 채증하는 등 공개적 영역에 대한 촬영은 물론, 카메라 기자가 교통경찰이 단속현장에서 뇌물을 받는 모습을 촬영하는 것도 공익이 훨씬 큰 경우이므로 헌법상 보장된 인격권이나 초상권 등의 기본권을 침해한다고 보기는 어려울 것이다.

3. 녹음테이프의 경우

사 례

경찰관 甲은 영화배우 乙이 집에서 동료들과 대마초를 흡입한다는 정보를 입수하고 비밀리에 乙의 전화기에 도청장치를 설치하여 도청한 결과 乙이 대마를 흡입한다는 증거를 확보하였다. 한편 영화배우 乙에게 시기를 느끼던 동료배우인 丙은 乙과 전화통화를 하면서 乙이 자기에게 같이 대마초를 피우자고 한 말을 녹음하였다.
1. 경찰관 甲이 녹음한 녹음테이프는 증거능력이 있는가?
2. 丙이 녹음하여 제출한 녹음테이프는 증거능력이 있는가? 만약 乙과 丙의 대화를 제3자인 丁이 비밀녹음했다면 그 녹음테이프는 어떤가?

(1) 의 의

녹음테이프는 기록과 재생능력의 기계적·과학적 정확성이 인간의 지각과 기억능력을 초월할 뿐만 아니라 수록된 음성은 살아 있는 음성으로서 법정에 제공된다는 점에서 높은 증거가치를 지닌 과학적 증거방법이다. 그러나 녹음테이프도 녹음자와 편집자의 주관적 의도에 의하여 녹음과 편집이 조작될 위험성이 있으므로 녹음테이프의 증거능력이 형사증거법에서 새로운 문제로 다루어지고 있다. 이는 녹음테이프 등에 의한 녹음재생의 과정을 인간의 지각, 기억, 표현, 서술과 같은 진술과정과 동일시할 것인가 아니면 단순히 기계적인 비진술과정으로 볼 것인가에 달려 있다고 볼 수 있다.

흔히 녹음테이프는 피의자나 참고인의 진술을 녹음한 '진술녹음'과 현장에서 당사자의 발언, 소음 등을 녹음한 '현장녹음'으로 구별된다. 예컨대 피고인 甲의 자백내용이 진실하다는 입증에 사용되는 경우가 전자에 해당되고, 녹음의 내용이 특정한 일시에 있어서 현장의 소음·음향·사람들 사이의 회화 등의 상황을 가지고 현장에 있어서의 객관적 정황을 입증하려고 사용되는 경우가 후자에 해당한다.

(2) 진술녹음의 증거능력

① **전문법칙의 적용**: 녹음테이프에 사람의 진술이 녹음되어 있고 그 진술내용의 진실성이 증명의 대상이 된 때에는 녹음테이프가 진술증거로 사용되지만, 그 녹음테이프의 재생을 통하여 나타난 사람의 진술내용에 대하여 반대신문이 보장되어 있지 않으므로 전문법칙이 적용된다는 것은 당연하다. 왜냐하면 진술기재서가 인간의 지각 – 음성 – 문자 기타의 기호 – 법원에 제출이란 점에서, 진술증거로서 이용되는 진술녹음도 인간의 지각 – 음성 – 녹음(이것이 다르다) – 법원에의 제출이라는 과정을 겪기 때문에 진술기재서와 흡사하기 때문이다. 문제는 진술증거에 해당하지만 전문법칙의 예외로서 증거능력이 인정된다고 볼 때, 제311조 이하의 규정 가운데 어느 것을 근거로 삼을 것인지 논란이 있다.

이에 대하여 진술녹음이 진술증거인 이상 진술녹음의 주체와 원진술의 성격에 따라 제311조 내지 제313조를 준용해야 한다는 견해(제311조 내지
제313조 적용설)가 통설이다. 그 근거로 진술녹음은 진술서면의 경우와 동일하게 작성주체 및 작성과정이 구분될 수 있는데, ㉠ 사법경찰관 면전에서 작성되는 진술녹음에 대해서는 제312조 제3항의 입법취지가 관철되도록 특별한 제한을 가해야 할 필요가 있고, ㉡ 요증사실의 체험내용을 법원에 간접적으로 보고한다는 점에서 기술적 조작을 통한 왜곡전달의 가능성이 있다는 점을 들고 있다. 판례도 동일한 입장이다(대판 2004.5.27,
2004도1449).

② **진정성립의 인정주체**: 학설은 사인이 피고인과의 대화내용을 녹음한 경우이건 피고인 아닌 자와의 대화내용을 녹음한 경우이건 모두 원진술자가 진정성립을 인정해야 한다는 **원진술자설**과 증거능력 인정의 요건을 완화하여 제3자인 작성자가 진정성립을 인정하면 족하다는 **작성자설**이 대립하고 있다. 이에 대하여 판례는 앞에서 언급한 것처럼, ㉠ 사인이 피고인과의 대화내용을 녹음한 경우와 ㉡ 피고인 아닌 자와의 대화내용을 녹음한 경우를 구분하여, 전자의 경우는 '작성자'(상대방)에 의한 진정성립을 긍정한 반면, 후자의 경우에는 '원진술자'에 의한 진정성립을 인정하고 있다(진술서 부분 참조).

생각건대 진술녹음과 전문서류는 기록매체와 방법만이 다를 뿐, 기록주체나 기록상황의 구조는 동일하므로 전문서류의 작성주체와 작성과정에 따라 증거능력의 요건에 차이를 두고 있는 형사소송법의 취지상 진술녹음에 대하여도 제311조 내지 제313조를 그대로 적용하는 것이 타당하다고 본다. 따라서 진술녹음의 경우 작성자가 아닌 **원진술자**의 진술에 의하여 성립의 진정이 인정되어야 할 것이다.

③ **서명·날인의 요부:** 진술서 내지 진술기재서의 증거능력을 인정하기 위해서는 진술자 또는 작성자의 서명 또는 날인이 있을 것을 요하며($^{제313조}_{제1항}$), 피의자신문조서의 진정성립을 인정함에 있어서도 진술자의 서명·날인을 전제($^{제312}_{조}$)로 하므로 녹음테이프를 증거로 하기 위해서도 이러한 서명·날인을 요하는지 논란이 있다. 이에 대하여 제313조가 진술기재서류에 서명·날인을 요구하고 있을 뿐만 아니라 녹음테이프는 진술기재서류보다 더 조작의 위험이 높기 때문에 서명·날인이 필요하다는 필요설도 있으나, 녹음테이프는 원래 서명·날인이 적합하지 않은 증거방법이므로 서명·날인을 요하지 않는다는 '불요설'이 통설이다. 이에 따르면 서명·날인을 대신하는 방법으로 녹음테이프에 수록된 음성 자체를 검토하거나 진술자 또는 녹음자의 진술에 의하여 진술자의 음성임이 인정되고 녹음의 정확성이 증명되면 족할 것이다. 판례도 동일한 입장으로 보인다.

> 참조판례 「**녹음테이프는 그 성질상 작성자나 진술자의 서명 혹은 날인이 없을 뿐만 아니라,** 녹음자의 의도나 특정한 기술에 의하여 그 내용이 편집, 조작될 위험성이 있음을 고려하여, 그 대화내용을 녹음한 원본이거나 혹은 원본으로부터 복사한 사본일 경우에는 복사과정에서 편집되는 등의 인위적 개작 없이 원본의 내용 그대로 복사된 사본임이 입증되어야만 하고, 그러한 입증이 없는 경우에는 쉽게 그 증거능력을 인정할 수 없다」($^{대판\ 2005.12.23.,}_{2005도2945}$).

(3) 현장녹음의 증거능력

녹음테이프는 물질의 물리적 내지 화학적 작용을 이용하여 기계적 방법에 의해 일정한 사상(事象)의 흔적을 일정한 물체(자기테이프)에 남긴 것이어서 비진술증거에 해당하므로 전문법칙이 적용되지 않으며, 따라서 관련성만 증명되면 증거능력이 인정된다는 **비진술증거설**, 녹음테이프도 일정한 목적 아래 인위적으로 작성되어진 '사상(事象)의 기록'이라는 점에서 단순한 증거물이 아닌 진술증거에 해당하므로 전문법칙이 적용되며, 따라서 제312조 제6항의 검증조서에 준하여 증거능력이 인정될 수 있다는 **진술증거설**, 녹음테이프는 비진술증거이지만 그 작성과정에 오류나 조작이 가해질 가능성이 있으므로 아무런 제한없이 증거능력을 인정할 수는 없고 검증조서에 준하여 제311조 내지 제313조에 따라 증거능력을 인정해야 한다는 **검증조서유사설** 등이 대립하고 있다.

생각건대 이 문제는 녹음테이프에 의한 전달과정이 과학적·기계적 측면과 인위적 측면의 이중성을 가지고 있다는 점에서 유래하는데, 현장녹음의 경우 진술을 녹화한 것이 아니고 일정한 장면을 그대로 녹화한 기록물이므로 전문법칙이 적용되는 법정 외에서의 진술이라는 것이 존재하지 않을 뿐만 아니라 녹음과정에 인위적인 가공이 있다면 그러한 허위성은 오히려 과학적인 감정과 같은 방법으로 진정성을 입증할 필요가 있다는 점 등을 고려해 볼 때, 비진술증거설이 타당하다고 본다.

사례해설

첫째, 녹음테이프가 전문증거에 해당하는지 문제되는데, 녹음테이프는 전문서류와 마찬가지로 원진술자의 경험을 법원에 간접적으로 제출하는 매체인 점에서 재생·편집 등을 통하여 전달과정상 내용을 왜곡할 우려가 있으므로 전문서류와 동일하게 제310조의2가 적용된다고 보아야 한다.

둘째, 경찰관 甲이 乙의 대마흡연과정을 도청하여 녹취한 녹음테이프의 증거능력은 도청 내지 감청의 법적 성질과 관련된 문제이지만, 통신비밀보호법은 수사기관이 법령의 통신제한조치허가서를 발부받지 아니하고 불법감청에 의하여 얻은 내용을 증거로 사용할 수 없도록 규정하고 있다(제5조). 따라서 경찰관 甲이 녹음한 녹음테이프는 위법하게 수집된 증거로서 증거능력이 인정되지 않는다.

셋째, 사인에 의한 비밀녹음의 증거능력과 관련하여 대화의 일방당사자에 의한 녹음과 사인에 의한 비밀녹음이 문제된다. 그런데 전자와 관련하여 논란이 있으나, 대화자 모두의 동의가 없는 한(쌍방동의설) 비밀녹음은 그것이 당사자녹음이든 당사자 일방의 동의를 얻은 제3자 녹음이든 인격권과 사생활비밀권에 대한 침해로서 증거능력을 부정해야 한다. 다만 예외적으로 녹음의 목적 및 수단의 상대성 및 녹음에 의하여 지켜져야 할 이익과 침해되는 이익과의 비교형량 등을 고려하여 Privacy를 기대할 수 없는 상황에서 행한 대화의 비밀녹음에 대해서만 증거능력을 인정하는 것이 타당하다고 볼 때, 본 사안은 丙에게 이러한 사유를 발견할 수가 없다. 따라서 丙이 녹음한 녹음테이프의 증거능력을 인정할 수 없다고 본다. 후자의 경우에는 통신비밀보호법 제3조가 금지하고 있으므로 허용되지 않는다.

4. 비디오테이프나 필름 등 특수한 증거 등의 경우

비디오테이프는 사진과 녹음테이프의 복합된 성질을 가지고 있으므로 증거능력은 원칙적으로 위의 증거능력 등의 문제와 동일하게 해결하면 된다. 즉 비디오테이프에 수록된 일부 화면을 정지화면으로 사진화한 것이나 필름을 사진으로 현상한 녹화부분에 대하여는 위 사진에 관하여 설명한 것이 그대로 타당하다. 따라서 원진술의 성격에 따라 전문법칙이 적용되어야 한다는 다수설과 판례에 의하면 수사과정에서 피고인에 대한 신문과정을 채록한 비디오테이프는 피의자의 진술을 기재한 피의자신문조서와 실질적으로 같다고 볼 것이므로, 피의자신문조서에 준하여 증거능력을 가려야 할 것이다(대판 1992.6.23, 92도682).

그 밖에 일반 사인이 피고인이나 피고인 아닌 자의 진술이나 대화과정을 촬영한 경우에도 일반적인 전문진술이나 진술서인 경우에 준하여 전문법칙이 적용되므로 형사소송법 제313조, 제314조 및 제316조에 의하여 증거능력이 인정될 수 있다. 따라서 피고인이 그 진술내용을 증거로 함에 부동의하고 그 진정성립을 부인하는 경우에는 그 화면에 등장한 자가 원진술자로서 공판기일에 비디오테이프나 필름이 정확하게 촬영되어 대화나 진술부분도 그

대로 녹화되었음을 진술함으로써 그 성립의 진정함이 인정될 수 있을 것이다.

> 참조판례 「수사기관이 아닌 사인(私人)이 피고인 아닌 사람과의 대화 내용을 촬영한 비디오테이프는 형사소송법 제311조, 제312조의 규정 이외에 피고인 아닌 자의 진술을 기재한 서류와 다를 바 없으므로, 피고인이 그 비디오테이프를 증거로 함에 동의하지 아니하는 이상 그 진술 부분에 대하여 증거능력을 부여하기 위하여는, **첫째 비디오테이프가 원본이거나 원본으로부터 복사한 사본일 경우에는 복사과정에서 편집되는 등 인위적 개작 없이 원본의 내용 그대로 복사된 사본일 것, 둘째 형사소송법 제313조 제1항에 따라 공판준비나 공판기일에서 원진술자의 진술에 의하여 그 비디오테이프에 녹음된 각자의 진술내용이 자신이 진술한 대로 녹음된 것이라는 점이 인정되어야 할 것인바,** 비디오테이프는 촬영대상의 상황과 피촬영자의 동태 및 대화가 녹화된 것으로서, 녹음테이프와는 달리 피촬영자의 동태를 그대로 재현할 수 있기 때문에 비디오테이프의 내용에 인위적인 조작이 가해지지 않은 것이 전제된다면, 비디오테이프에 촬영, 녹음된 내용을 재생기에 의해 시청을 마친 원진술자가 비디오테이프의 피촬영자의 모습과 음성을 확인하고 자신과 동일인이라고 진술한 것은 비디오테이프에 녹음된 진술내용이 자신이 진술한 대로 녹음된 것이라는 취지의 진술을 한 것으로 보아야 한다」(대판 2004.9.13. 2004도3161).

5. 거짓말탐지기의 경우

(1) 거짓말탐지기의 의의

거짓말탐지기란 피검사자의 신체에 호흡운동기록기, 혈압·맥박기록기 및 피부전기반사기록기 등을 부착하여 피검사자가 일정한 질문에 답변할 때에 호흡, 혈압·맥박, 피부의 전기반응 및 긴장도 등을 다각적으로 측정하고 그 측정내용에 의하여 그 답변의 진실여부를 판가름하는 검사방법을 말한다.

(2) 거짓말탐지기에 의한 검사의 특성

거짓말탐지기는 과학수사기술의 발달에 따라 현재 우리나라에서도 본격적으로 활용되고 있는 수사방법이라고 할 수 있다. 다만 과학적 수사방법은 자백의 강요라는 전통적인 인권침해의 위험을 제거하는 데 공헌하였으나, 이로 인하여 인간의 존엄과 인격권을 침해할 수 있다는 새로운 논란의 길을 열었으며, 거짓말탐지기의 검사는 바로 과학수사와 인권이 충돌하는 대표적인 경우라고 할 수 있다.

(3) 거짓말탐지기의 검사결과의 증거능력

거짓말탐지기에 의한 검사결과가 증거능력을 가질 수 있는가에 관해서는 다음과 같은 견해가 있다.

① **학   설:** 거짓말탐지기에 의한 검사는 인격권에 대한 중대한 침해라거나 법적 관련성의 결여(Legal Relevancy) 내지 다른 전형적인 법의학적 감정결과와는 달리 최량의 조건하에서도 증거로서 허용될 수 있는 신빙성(reliability) 내지 자연적 관련성(Logical Relevance)이 결여되어 있다는 점 등을 근거로 피검사자의 동의가 있을지라도 증거능력을 인정할 수 없다

는 **부정설**과 피검자의 동의가 있는 때에는 인격의 침해라고 볼 수 없을 뿐만 아니라 검사결과 피의자의 진술이 진실이라고 인정될 때에는 수사가 신속히 종결되고 피검사자는 피의자의 신분에서 벗어날 수 있다는 점 등을 근거로 피검사자의 명시적 동의 또는 적극적인 요구가 있는 경우에 한하여 증거능력을 인정하는 **제한적 긍정설**이 있다.

② **판 례**

대법원은 거짓말탐지기 검사결과에 대하여 형사소송법상 증거능력을 부여하려면 우선 그 검사결과가 사실적 관련성, 즉 요증사실에 대하여 필요한 최소한도의 증명력을 가지고 있음을 요한다고 보면서, 이와 같은 검사결과에 대하여 사실적 관련성을 가진 증거로서 증거능력을 인정할 수 있으려면 「첫째 거짓말을 하면 반드시 일정한 심리상태의 변동이 일어나고, 둘째 그 심리상태의 변동은 반드시 일정한 생리적 반응을 일으키며, 셋째 그 생리적 반응에 의하여 피검사자의 말이 거짓인지 아닌지가 정확히 판정될 수 있다는 세 가지 전제요건이 충족되어야 할 것이다. 특히 마지막의 생리적 반응에 대한 거짓여부 판정은 거짓말탐지기가 검사에 동의한 피검사자의 생리적 반응을 정확히 측정할 수 있는 장치이어야 하고 질문조항의 작성과 검사의 기술 및 방법이 합리적이어야 하며 검사자가 탐지기의 측정내용을 객관성 있고 정확하게 판독할 능력을 갖춘 경우라야만 그 정확성을 확보할 수 있는 것이다」(대판 1987.7.21, 87도968; 대판 2005.5.26, 2005도130)라고 판시하여, 이러한 조건이 갖추어진 상태에서 검사가 시행되었다고 볼 자료가 없는 검사결과의 증거능력은 부정되어야 한다는 일관된 입장을 취하고 있다. 더욱이 대법원은 「**위와 같은 조건이 모두 충족되어 증거능력이 있는 경우에도 그 검사결과는 검사를 받는 사람의 진술의 신빙성을 가늠하는 정황증거로서의 기능을 하는 데 그치는 것이다**」(대판 1984.2.14, 83도3146; 대판 2003.10.10, 2003도3463)라고 판시하고 있다.

③ **검 토**: 거짓말탐지기검사가 피검사자의 심리상태에 따라 전혀 상이한 결과가 나올 수 있고, 피검사자의 동의의 임의성 판단이 곤란하며, 기계에 의하여 인간심리를 검사하는 것은 인격에 대한 침해이자 인간가치의 부정으로 보일 수 있으나, 인간이 인간을 판단해야만 하는 형사재판의 현실적 상황속에서 거짓말탐지기의 검사결과의 정확성을 긍정할 수 있다면, 제한적으로나마 법관이나 검사가 이용할 수 있는 보조적 수단 내지 도구성을 부정할 필요는 없다고 본다. 왜냐하면 거짓말탐지기의 증거능력을 인정한다고 해서, 바로 유죄판단의 대상이 되는 것도 아닐 뿐더러(증거능력의 인정과 유·무죄 판단에 관한 증명력은 다른 차원이다) 기계에 의하여 인간의 심리를 검사하는 것이 인격에 대한 침해라고 한다면, 극단적으로 기계를 이용한 모든 유전자(DNA)감식은 전부 허용될 수 없다고 보아야 하기 때문이다. 따라서 수사단계에서 피의자가 범죄혐의를 벗고자 하는 목적으로 거짓말탐지기의 검사를 적극적으로 요구한 경우 또는 수사기관이 피검사자의 진술의 진위여부를 파악하기 위하여 피검사자의 동의를 받은 경우에는 거짓말탐지기에 의한 검사를 부정할 필요는 없다고 본다.

(4) 관련문제

① **전문법칙과의 관계**: 거짓말탐지기의 검사결과가 전문증거에 해당하는가의 문제는 이를 진술증거에 해당한다고 볼 것인가와 깊은 관계를 가진다. 생각건대 검사보고서는 전문지식을 가진 검사요원이 검사기록을 분석한 보고서이므로 실질적으로는 감정서로서의 성질을

가진다. 따라서 증거능력긍정설 또는 증거능력부정설을 따르더라도 예외적으로 검사결과를 인정할 수 있는 상황하에서는 형사소송법 제313조 제2항에 따라 증거능력의 유무를 판단해야 할 것이다.

② **거짓말탐지기의 검사와 진술거부권:** 거짓말탐지기의 검사에 있어서 피검사자는 반드시 답변을 할 필요도 없고 답변한 경우에도 이를 진술증거로 사용하는 것이 아니라 그때의 생리적 변화를 증거로 하기 위한 비진술증거이므로 진술거부권의 침해가 문제되지 않는다는 **적용부정설**과 생리적 변화가 독립하여 증거로 되는 것이 아니라 질문과의 대응관계에서 비로소 의미를 가지는 진술증거이며 협의의 진술뿐만 아니라 일체의 의사전달작용이 진술거부권의 보호를 받아야 한다는 이유로 진술거부권이 미친다고 해석하는 **적용긍정설**이 있으나, 거짓말탐지기 검사는 피검사자의 동의나 협조가 없이는 불가능하므로 진술거부권의 적용유무를 논하는 것은 실익이 없다고 본다. 다만 진술거부권의 고지라는 측면에서 볼 때, 검사자의 질문과 피검사자의 답변이 불가분의 관계를 이루면서 신체상황의 변화가 측정된다는 점에서 넓은 의미의 진술에 속한다고 볼 수 있으므로 거부권의 고지를 인정하는 것이 타당하다고 본다.

③ **거짓말탐지기의 검사결과와 탄핵증거:** 거짓말탐지기의 검사결과에 대하여 예외적으로 증거능력이 인정되는 경우는 별론으로 하고, 거짓말탐지기의 검사결과의 증거능력을 부정하더라도 검사결과의 관련성과 신뢰성이 인정되는 한 피진술자의 신빙성을 판단하는 탄핵증거로 사용하는 것은 가능하다고 본다(다수설).

④ **거짓말탐지기의 검사결과를 토대로 얻은 자백의 증거능력:** 범행을 부인하는 피의자에 대하여 거짓말탐지기로 검사를 한 결과 피의자의 진술이 허위라고 나왔을 경우 이를 그 피의자에게 고지하고 사실대로 말하라고 추궁하자, 피의자가 범행사실을 자백한 경우 그 자백의 증거능력을 인정할 것인지 문제된다. 이에 대하여 거짓말탐지기의 검사결과에 자연적 관련성조차 의심되고 있는 상황에서는 거짓말탐지기를 사용한 결과 얻어진 자백에 대해서도 증거능력을 부정하는 것이 타당하다거나, 검사와 피의자 사이에는 명시적이든 묵시적이든 자백약속과 이익(기대)의 교환이 있는 셈이고 이러한 교환에 의한 자백수집은 제309조의 '기타 방법'에 해당하는 것이므로 자백의 증거능력을 부정하는 것이 타당하다는 **부정설**이 있다. 그러나 거짓말탐지기의 검사가 예외적으로 허용되는 상황하에서 실시된 경우에 자백을 강제하는 등의 사정이 다른 없는 한, 검사결과에 따라 피의자에게 자백을 촉구하여 얻은 경우까지 그 자백의 증거능력을 부정할 수는 없다고 본다. 판례도 「거짓말탐지기의 검사가 사실이라면 자백하겠다는 약속하에 이루어진 자백을 임의성없는 자백이라고 단정할 수 없다」(^{대판 1983.9.13,} _{83도712})고 판시하여 긍정하는 입장에 서 있다.

제 4 절 진술(陳述)의 임의성

Ⅰ. 서 설

1. 법 규정

진술의 임의성이라 함은 일반적으로 진술이 자유스럽고 합리적인 의사결정을 제약하는 사정이 없는 것을 의미한다. 그런데 진술의 임의성과 관련하여 헌법 제12조 제7항과 형사소송법 제309조는 피고인의 자백진술에 관하여 임의성이 없는 경우 이를 증거로 할 수 없도록 규정하고 있는 반면, 제317조는 「피고인 또는 피고인 아닌 자의 진술이 임의로 된 것이 아닌 것은 증거로 할 수 없으며, 서류 또한 그 작성 또는 내용인 진술이 임의로 되었다는 것이 증명된 것이 아니면 증거로 할 수 없다. 검증조서의 일부가 피고인 또는 피고인 아닌 자의 진술을 기재한 것인 때에는 그 부분에 한하여 위의 예에 의한다」고 규정하여 진술증거 일반에 그 임의성을 요구하고 있다.

2. 제도적 취지

진술의 임의성에 대한 법원의 조사의무를 규정한 것이라는 법원의 조사의무설, 진술의 임의성이 인정되지 않으면 증거능력이 없다는 내용을 규정한 것이라는 증거능력규정설 등이 있으나, 진술의 임의성을 증거능력의 요건으로 볼 때에는 당연히 이는 증거능력의 요건과 임의성에 대한 법원의 조사의무를 함께 규정하고 있다고 보아야 할 것이다(통설).

Ⅱ. 진술의 임의성과 증거능력

1. 진술의 임의성

여기서 말하는 진술의 임의성이 자백의 임의성과 성질을 달리하는 것인가에 대하여 견해가 대립되고 있다. 즉 ㉠ 제309조와 제317조 두 규정의 임의성에는 차이가 없다는 점을 근거로 모두 위법배제를 의미한다는 견해, ㉡ 자백의 경우에는 임의성이 없는 경우 이외에 임의성이 의심스러운 경우도 증거능력이 배제되지만, 자백 이외의 전문증거의 경우에는 임의성이 없는 경우에만 증거능력이 배제된다는, 즉 제309조는 모든 위법수사를 배제하고 제317조는 중대한 위법수사만을 배제한다는 견해 등이 있다. 그러나 절차적 위법여부는 모두 제308조의2에 따라 해결된다는 점에서 제309조와 본조는 진술내용이 자백인가 아닌가에 따라 구별될 뿐이며, 임의성의 내용에는 차이가 없다고 보아야 한다.

진술의 범위와 관련하여, 제310조의2 내지 제316조가 규정하고 있는 진술에 제한된다고 해석하는 협의설도 있으나, 본조가 진술의 범위를 제한하지 않는 이상 제309조를 본조의 특별규정으로 보아 자백 이외의 일체의 진술증거가 여기의 진술에 포함된다고 해석하는 **광의설**이 타당하다고 본다(통설). 결국 자백의 임의성이 인정되지 않으면 제309조에 의하여, 자백 이외의 진술의 임의성이 인정되지 않으면 본조에 의하여 증거능력이 부정된다고 해야 한다.

2. 서류작성의 임의성

진술을 기재한 서류에 관하여는 진술의 임의성뿐만 아니라 서류작성의 임의성도 인정되어야 한다. 그러므로 서류작성의 임의성이 인정되지 않으면 진술의 임의성도 부정된다. 그러나 법원 또는 수사기관이 작성한 조서에 관하여는 서류작성의 임의성이 문제될 여지가 없으므로 작성의 임의성이 요구되는 것은 피의자 또는 참고인이 작성하는 **진술서**에 제한될 것이다.

3. 임의성없는 진술의 효과

진술이 임의로 된 것이 아닌 것은 증거로 할 수 없는데, 이는 증거능력을 부정한다는 의미로 보아야 한다(통설).

Ⅲ. 진술의 임의성에 대한 조사와 증명

1. 임의성의 조사

(1) 직권증거조사

진술의 임의성은 증거능력의 요건이므로 법원이 직권으로 이를 조사하여야 한다. 다만 당사자가 증거로 함에 동의한 경우에는 조서의 작성상황을 고려하여 상당하다고 인정되면 임의성을 조사할 필요가 없다고 본다(불필요설).

(2) 조사시기

진술의 임의성은 증거능력의 요건이므로 이론상으로는 증거조사전에 행하여야 한다. 다만 진술증거의 내용도 판단의 자료가 되므로 증거조사를 실시한 후에 그 임의성 유무가 판단되는 경우가 많을 것이며, 이러한 경우에는 다시 임의성을 조사할 수밖에 없으므로 반드시 증거조사 실시 전에 임의성을 조사해야 할 필요는 없다고 본다.

(3) 조사방법

법원이 적당하다고 인정하는 방법으로 조사할 수 있으며, 자유로운 증명으로 족하다. 임의성의 조사는 중요한 소송행위이므로 반드시 공판조서에 기재해야 한다는 견해도 있으나, 임의성의 조사방법에 제한이 없는 이상 이를 반드시 공판조서에 기재할 필요는 없다고 본다(통설).

2. 임의성에 대한 거증책임

거증책임분배의 관점에서 임의성 없음을 다투는 쪽에서 주장사실에 대한 거증책임을 진다고 볼 수도 있으나, 자백의 경우와 동일하게 검사가 제출한 증거에 대하여 피고인이 임의성을 다툴 경우에는 검사가 거증책임을 부담한다고 보아야 할 것이다(통설).

제5절 당사자의 동의와 증거능력

사 례

사법경찰관 X는 참고인으로 소환된 甲의 친구 乙이 진술을 거부하였음에도 불구하고 이를 위조하여 참고인진술조서를 작성한 후, 이를 유일한 자료로 삼아 甲에 대한 압수·수색영장을 발부받고 甲의 집을 수색하여 불세출의 영웅 등 불온서적을 압수하였다. 그리고 위 불온서적을 자료로 한 '甲은 자기집에 불온서적을 소지하고 있었다'는 피의사실에 근거하여 甲에 대한 구속영장을 발부받아 甲을 구속했다. 甲은 구속중에 위 사실에 관하여 자백하였으며, 이에 대하여 피의자신문조서가 작성되었다(진술의 임의성은 인정됨). 공판정에서도 甲은 위 불온서적을 증거로 사용하는 데 이의가 없음을 진술하였으며, 피의자신문조서를 증거로 사용하는 데 동의하였다. 수소법원은 甲에 대하여 유죄판결을 선고할 수 있는가?

Ⅰ. 서 설

1. 법 규정

검사와 피고인이 증거로 할 수 있음을 동의한 서류 또는 물건은 진정한 것으로 인정한 때에는 증거로 할 수 있다(제318조제1항). 피고인의 출정없이 증거조사를 할 수 있는 경우에 피고인이 출정하지 아니한 때에는 전항의 동의가 있는 것으로 간주한다. 단, 대리권 또는 변호인이 출정한 때에는 예외로 한다(동조제2항).

이는 전문법칙에 의하여 증거능력이 없는 증거라 할지라도 당사자가 증거로 하는 데 동의한 경우에는 원진술자나 작성자를 소환하여 신문하지 않고도 증거능력을 인정할 수 있도록 함으로써 신속한 재판진행과 소송경제를 도모할 수 있게 하는 것이다. 그러나 당사자의 동의가 있다고 하여 바로 증거능력이 인정되는 것이 아니라 법원이 진정한 것으로 인정한 때에 한하여 비로소 증거능력이 인정되므로 증거로 함에 대한 당사자의 동의에 있어서도 당사자주의와 직권주의가 조화를 이루고 있다고 볼 수 있다.

2. 증거동의의 본질

증거로 함에 대한 당사자의 동의는 형식적으로는 증거능력이 없는 증거에 대하여 증거능력을 부여하기 위한 당사자의 소송행위라고 할 수 있으나, 그 본질이 무엇인지에 관해서는 견해가 대립하고 있다.

이에 대하여 동의의 대상을 서류 또는 물건이라고 규정하고 있는 점으로 보아 동의는 반대신문권의 포기에 그치는 것이 아니라 모든 증거능력에 대한 당사자의 처분권을 인정한 것이라는 **처분권설**, 형사소송법 제310조의2를 전문법칙뿐만 아니라 직접심리주의에 대한 근거규정으로 보는 전제하에, 법원이 직접 심리를 행하지 않더라도 실체적 진실발견에 지장을 초래하지 않는 증거에 대하여 소송경제와 신속한 재판의 관점에서 소송관계인에게 증거동의권을 준 것이므로 한편으로는 반대신문권의 포기를, 다른 한편으로는 직접심리주의의 예외를 의미하는 것으로 보는 **병합설** 등이 주장되고 있으나, 통설은 동의가 실질적으로 반대신문권의 포기를 의미한다고 해석한다(반대신문권포기설). 따라서 동의에 의하여 증거능력이 인정되는 것은 반대신문권의 보장과 관련된 전문의 증거에 한정되며, 임의성없는 자백은 물론 위법하게 수집된 증거는 동의의 대상이 될 수 없다고 본다.

생각건대 증거로 함에 대한 당사자의 동의는 ㉠ 본래 증거능력이 없는 전문증거에 대하여 증거능력을 부여하는 소송행위를 의미하고, ㉡ 전문법칙의 주된 이유가 반대신문권의 보장에 있지만 반대신문권도 포기할 수 없는 권리는 아니며, ㉢ 모든 증거물이 동의의 대상이 된다고 하는 것은 증거에 대한 당사자처분권주의를 인정하는 결과가 된다는 점에서 볼 때, 원칙적으로 동의의 본질이 반대신문권의 포기에 있다고 하는 것은 타당하다. 판례도「형사소송법 제318조 제1항은 전문증거금지의 원칙에 대한 예외로서 반대신문권을 포기하겠다는 피고인의 의사표시에 의하여 증거능력을 부여하려는 규정이다」(대판 1983.3.8, 82도2873)라고 판시하여 같은 입장을 취하고 있다. 그러나 현행법은 영미법과 달리 피고인의 진술을 원진술로 하는 전문증거는 물론 물건에 대해서도 증거동의의 대상으로 규정하고 있다는 점에서, 전문법칙(제310조의2)과 동일하게 직접심리주의에도 그 근거가 있다고 볼 수밖에 없을 것이다. 따라서 반대신문권의 포기 및 직접심리주의의 예외로 보는 병합설에 찬동한다.

3. 증거동의와 전문법칙과의 관계

전문법칙의 예외라 함은 전문증거가 증거능력이 인정되는 것을 의미하며, 전문증거의 수사서류가 공판절차에서 성립의 진정이 인정되면 증거능력이 인정되는 경우(제312조, 제313조)가 전문법칙의 예외인 경우인 것과 마찬가지로 증거능력이 없는 전문증거가 당사자의 증거동의에 의하여 증거능력이 인정되는 경우도 전문법칙의 예외에 해당한다는 점을 근거로 제318조가 전문법칙의 예외를 규정한 것이라고 해석하는 **전문법칙예외설**도 있다. 그러나 제318조는 전문법칙에 의하여 증거능력이 배제되고 제311조 내지 제316조에도 해당하지 않기 때문에 증거능력없는 증거가 증거능력을 부여받는 경우이며, 전문법칙의 예외이론인 신용성을 이유로 증거능력이 인정되는 것이 아니라 입증절차에 당사자주의의 이념이 구현된 것에 지나지 않으므로 전문법칙의 적용이 배제되는 경우를 규정한 것으로 해석하는 **전문법칙배제설**이 타당하다(다수설). 이에 대하여, 판례는 전자의 입장을 따르고 있다.

> 참조판례 「형사소송법 제318조 제1항은 전문증거금지의 원칙에 대한 예외로서 반대신문권을 포기하겠다는 피고인의 의사표시에 의하여 서류 또는 물건의 증거능력을 부여하려는 규정이므로 피고인의 의사표시가 위와 같은 내용을 적극적으로 표시하는 것이라고 인정되면 증거동의로서의 효력이 있다」(대판 1983.3.8, 82도2873).

Ⅱ. 증거동의의 방법

1. 증거동의의 주체

(1) 검사와 피고인

증거로 함에 동의할 수 있는 자는 검사와 피고인이다. 따라서 검사가 신청한 증거에 대해서는 피고인이, 피고인이 신청한 증거에 대해서는 검사가, 그리고 법원이 직권으로 채택하는 증거에 대해서는 검사와 피고인이 동의의 주체가 된다.

(2) 변호인의 동의

형사소송법 제318조에 증거동의의 주체로 변호인을 명시하고 있지 않으나, 변호인에게는 포괄적 대리권이 인정되므로 피고인이 명시의 의사에 반하지 않는 한 피고인을 대리하여 동의할 수 있다는 **독립대리권설**도 있으나, 피고인의 동의가 있는 경우에는 별도로 변호인의 동의를 요하지 않는다고 하더라도 변호인의 동의권은 종속대리권이므로 적어도 피고인의 묵시의 동의 또는 추인을 요한다는 **종속대리권설**이 타당하다고 본다. 왜냐하면 형사소송법이 동의권자로 피고인 및 검사로 규정하고 있으며, 변호인이 증거로 함에 동의하면 피고인은 유죄판결을 받기 때문이다. 판례도 후자의 입장으로 보인다.

판례는 「변호인은 피고인의 명시한 의사에 반하지 아니하는 한 피고인을 대리하여 증거로 함에 동의할 수 있으므로 피고인이 증거로 함에 동의하지 아니한다고 명시적인 의사표시를 한 경우 이외에는 변호인은 서류나 물건에 대하여 증거로 함에 동의할 수 있고 이 경우 변호인의 동의에 대하여 피고인이 즉시 이의하지 아니하는 경우에는 변호인의 동의로 증거능력이 인정된다」(대판 1988.11.8, 88도1628)고 판시하고 있는데, 이를 독립대리권설을 따른 것으로 보는 견해도 있으나 피고인이 즉시 이의하지 아니한 경우에는 피고인의 묵시적 동의가 있는 것으로 보는 것이 상당할 것이므로 종속대리권설을 따른 것으로 보아야 할 것이다.

(3) 피고인의 동의와 변호인의 취소

피고인의 보호 측면에서 피고인의 중대한 착오에 의하여 불이익한 동의를 한 경우에는 변호인이 취소할 수 있다는 긍정설도 있으나, 피고인을 대리하여 증거동의는 할 수 있지만 피고인의 동의를 취소할 수 없다는 부정설이 타당하다고 본다.

2. 증거동의의 상대방

동의는 소송행위이므로 동의의 의사표시는 법원에 대하여 행하여야 한다. 검사에 대한 동의는 동의로서의 효력이 없다.

III. 증거동의의 대상

1. 서　　류

(1) 서류의 원진술자가 피고인이 아닌 경우

당사자의 동의가 반대신문권의 포기를 의미하므로 전문서류가 증거동의의 대상이 되는 것은 당연하다. 따라서 공동피고인 또는 상피의자에 대한 피의자신문조서(대판 1982.9.14, 82도1000)뿐만 아니라, 진술조서(대판 1990.6.26, 90도827)는 물론 서류의 사본(대판 1996.1.26, 95도2526), 사진(대판 1969.8.19, 69도938), 작성연월일 등이 누락된 것(대판 1982.3.9, 82도63, 82감도15)도 동의의 대상이 된다.

(2) 서류의 원진술자가 피고인인 경우

통상의 경우 당해 피고인에 대한 피의자신문조서 내지 진술서 등은 반대신문과 관계가 없을 뿐만 아니라 성립의 진정 또는 내용의 인정여부에 관한 피고인 자신의 의견진술에 의하여 그 증거능력의 유무가 결정되므로 동의여부가 문제되지 아니하지만, 동의의 간주에 의하여 증거능력이 인정되게 되므로, 적어도 이 범위에 있어서는 동의의 대상이 된다고 볼 수밖에 없을 것이다. 다만 이는 전문법칙을 계수하면서 피고인의 진술을 전문증거로 보지 않는 영미법과 달리 전문증거로 규정한 입법태도에 기인한 것이다.

2. 물　　건(증거물)

(1) 학　　설

㉠ 공판정의 심리에 현출되는 과정에서 오류개입의 위험성이 높은 물건은 직접주의의 관점에서 증거능력이 배제되어야 하지만, 예외적으로 그 진정성을 인정하는 경우에는 소송경제의 측면에서 증거동의의 형식으로 증거능력을 부여할 수 있다는 **긍정설**과 ㉡ 증거물은 반

대신문과 관계없는 증거이고 물적 증거의 증거능력에는 전문법칙의 제한이 없으므로 동의의 대상이 되지 않는다고 해석하는 **부정설**이 대립하고 있다. 부정설 중에는 본조가 물건을 증거동의의 대상으로 규정하고 있는 것은 입법의 과오라고 설명하는 견해도 있다.

(2) 판 례

대법원은 「형사소송법 제318조 제1항에 의하여 피고인이 증거로 할 수 있음을 동의한 서류 또는 물건은 진정한 것으로 인정한 때에는 증거로 할 수 있는 것이고, 여기에서 말하는 동의의 대상이 될 서류는 원본에 한하는 것이 아니라 그 사본도 포함된다」($^{대판\ 1986.7.8,}_{86도893}$)고 하면서, 압수물에 대한 증거동의를 인정하거나($^{대결\ 1996.5.14,}_{96초88}$), 피해자의 상해부위를 촬영한 사진은 비진술증거이어서 전문법칙이 적용되지 않지만 피고인의 증거동의에 따라 증거능력을 인정하고 있는 것($^{대판\ 2007.7.26,}_{2007도3906}$)을 볼 때, 긍정설의 입장을 취하고 있다고 볼 수 있다.

(3) 검 토

부정설은 물건이 반대신문과 관계없는 증거일 뿐만 아니라 현행법은 물적 증거의 증거능력을 제한하고 있지 않다는 점을 들고 있으나, ㉠ 피의자신문조서 · 피의자진술서는 반대신문과 관계없는 증거에 해당하지만 직접심리주의의 예외로서 증거동의의 대상이 된다는 점, ㉡ 위법수집증거에 대하여 증거동의를 부정하는 다수설에 따를 경우 증거물을 제외한다면 증거동의의 대상이 거의 없다는 점, ㉢ 영미에서는 자백의 임의성법칙에 위배되지 않으면 당사자가 적시에 이의를 제기하지 않는 한 전문증거라도 실질적인 증거로 간주된다는 점, ㉣ 형사소송법 제318조 제1항은 물건(압수물)에 대하여 당사자의 증거동의가 있다고 하더라도 법원이 진정한 것으로 인정한 때에 한하여 증거능력을 부여하고 있다는 점 등을 고려해볼 때, 긍정설이 타당하다고 본다.

3. 반대증거서류(반증)의 경우

피고인이 무죄입증의 자료로 제출한 반대증거는 성립의 진정이 증명되지 않더라도 증거판단의 자료로 삼을 수 있으므로 증거동의의 대상이 아니지만, 검사가 행하는 반증은 증거능력이 있는 증거에 의하므로 증거동의의 대상이라는 견해도 있으나, 이는 증거재판주의 및 당사자주의 소송구조에 반할 뿐만 아니라, 국민참여재판에서 증거능력이 없는 증거로 반증을 허용하는 것은 배심원을 호도할 가능성마저 있다. 따라서 엄격한 증명의 대상이 되는 공소범죄사실 등 주요 사실에 대한 반증의 경우, 증거능력 있는 증거에 의할 것이 필요하므로 반대증거서류도 증거동의의 대상이 된다고 보는 것이 타당할 것이다.

이에 대하여 판례는 「유죄의 자료가 되는 것으로 제출된 증거의 반대증거서류에 대하여는 그것이 유죄사실을 인정하는 증거가 되는 것이 아닌 이상 반드시 그 진정성립이 증명되지 아니하거나 이를 증거로 함에 있어서의 상대방의 동의가 없다고 하더라도 증거판단의 자료로 할 수 있다」

(대판 1981.12.22,
80도1547)고 하거나,「검사가 유죄의 자료로 제출한 증거들이 그 진정성립이 인정되지 아니하고 이를 증거로 함에 상대방의 동의가 없더라도, 이는 유죄사실을 인정하는 증거로 사용하는 것이 아닌 이상 공소사실과 양립할 수 없는 사실을 인정하는 자료로 쓸 수 있다고 보아야 한다」(대판 1994.11.11,
94도1159)고 판시한 반면,「원칙으로 범죄사실의 존부와 형벌권의 양적 범위를 결정하는데 필요한 사실의 존부 및 내용에 관하여는 모두 엄격한 증명을 요하며, 단지 양형의 자료가 되는 데 불과한 정상사실에 관하여는 자유로운 증명으로 족하다고 할 것이다」(대판 2000.9.22,
2000노337)라고 판시하고 있는데, 이는 판례가 탄핵의 용도로 사용되는 증거와 엄격한 증명의 용도(반증 포함)로 사용되는 증거를 준별하여 전자의 경우에는 증거능력을 요하지 않지만, 후자의 경우에는 증거능력을 요한다는 입장으로 보아야 할 것이다.

4. 증거능력이 없는 전문증거

동의의 대상이 되는 것은 증거능력의 요건이 구비되지 않았거나 그 존부가 판명되지 않은 증거에 한한다. 이미 증거능력이 인정된 증거, 예컨대 피고인이 성립의 진정을 인정한 검사작성의 피의자신문조서는 동의 여부에 불구하고 증거로 삼을 수 있으므로 동의의 대상이 되지 않는다.

참조판례 「형사소송법은 전문진술에 대하여 제316조에서 실질상 단순한 전문의 형태를 취하는 경우에 한하여 예외적으로 그 증거능력을 인정하는 규정을 두고 있을 뿐, 재전문진술이나 재전문진술을 기재한 조서에 대하여는 달리 그 증거능력을 인정하는 규정을 두고 있지 아니하고 있으므로, **피고인이 증거로 하는 데 동의하지 아니하는 한** 형사소송법 제310조의2의 규정에 의하여 이를 증거로 할 수 없다」(대판 2012.5.24,
2010도5948).

위법수집증거에 관해서는 논란이 있으나(위법수집증거부분 참조), 판례는 「임의성이 인정되지 아니하여 증거능력이 없는 진술증거는 피고인이 증거로 함에 동의하더라도 증거로 삼을 수 없다」(대판 2006.11.23,
2004도7900)고 하여 임의성이 없는 증거에 대해서는 부정적인 입장을 취하고 있다.

IV. 증거동의의 시기와 방식

1. 증거동의의 시기

증거능력이 없는 증거에 대한 증거조사는 허용되지 아니하므로(규 제134조
제1항) 동의는 원칙적으로 증거조사전에 하여야 한다. 증인의 진술이 전문진술인 경우와 같이 증거조사 후에 비로소 전문증거임이 밝혀지는 경우에는 전문진술의 내용을 미리 아는 것이 사실상 불가능하므로 사후동의도 가능하고, 그 동의의 효과도 소급적으로 인정된다고 보아야 할 것이다. 이 경우 사후동의는 사실심의 변론종결시까지 가능하다고 본다(통설).

2. 증거동의의 방식

(1) 명시적 동의의 요부

'이견(異見)이 없다'는 소극적인 의사표시 또는 발언태도에 비추어 반대신문권의 포기가 있다고 보이면 증거동의로 볼 수 있으므로 묵시의 동의로도 가능하다는 견해도 있으나, 반드시 '동의한다'는 용어 사용에 구애될 필요는 없다고 하더라도 묵시의 동의로도 가능하다면 '동의할 수 있는 권한'을 '반박해야 할 의무'로 변질시키기 때문에 명시의 동의가 필요하다고 보아야 할 것이다. 이에 대하여 판례는 묵시의 동의로도 가능하다는 입장이다.

> 참조판례 「증거로 함에 대한 동의의 주체는 소송주체인 당사자라 할 것이지만 변호인은 피고인의 명시한 의사에 반하지 아니하는 한 피고인을 대리하여 이를 할 수 있음은 물론이므로 **피고인이 증거로 함에 동의하지 아니한다고 명시적인 의사표시를 한 경우 이외에는 변호인은 서류나 물건에 대하여 증거로 함에 동의할 수 있고** 이 경우 변호인의 동의에 대하여 피고인이 즉시 이의하지 아니하는 경우에는 변호인의 동의로 증거능력이 인정되고 증거조사 완료전까지 앞서의 동의가 취소 또는 철회하지 아니한 이상 일단 부여된 증거능력은 그대로 존속한다」(대판 1999.8.20, 99도2029).

(2) 포괄적 증거동의의 문제

동의의 의사표시는 개개의 증거에 대하여 하여야 하므로 포괄적 증거동의는 허용되지 않는다는 부정설도 있으나, 유죄협상 및 기소사실인부절차를 부정하고 간이공판절차를 인정하고 있는 현행법상 소송의 신속을 위하여 포괄적 증거동의가 가능하다고 보아야 할 것이다.

판례도 「개개의 동의에 대하여 개별적 증거조사의 방식을 거치지 아니하고 검사가 제시한 모든 증거에 대하여 피고인이 증거로 함에 동의한다는 방식으로 이루어진 것이라 하여 증거동의로서의 효력을 부정할 이유가 되지 못한다」(대판 1983.3.8, 82도2873)고 하여 긍정설을 따르고 있다.

V. 증거동의의 의제

1. 피고인의 불출석

(1) 경미사건의 경우

피고인의 출정없이 증거조사를 할 수 있는 경우에 피고인이 출정하지 아니할 때에는 피고인의 대리인 또는 변호인이 출정한 때를 제외하고 피고인이 증거로 함에 동의한 것으로 간주한다(제318조 제2항). 예컨대 피고인이 법인인 경우에 대리인이 출석하지 아니한 때(제27조, 제276조)와 ㉠ 다액 500만원 이하의 벌금 또는 과료에 해당하는 사건, ㉡ 공소기각 또는 면소재판을 할 것이 명백한 사건, ㉢ 장기 3년 이하의 징역 또는 금고, 다액 500만원에 해당하는 사건에서 피고인의 불출석허가신청이 있고 법원이 피고인의 불출석이 그의 권리를 보호함에 지장이 없다고 인정하여 이를 허가한 사건($\frac{제277}{조}$) 등이 여기에 해당된다.

> **참조판례** 「형사소송법 제458조 제2항, 제365조는 피고인이 출정을 하지 않음으로써 본안에 대한 변론권을 포기한 것으로 보는 일종의 제재적 규정으로, 이와 같은 경우 피고인의 출정 없이도 심리, 판결할 수 있고 공판심리의 일환으로 증거조사가 행해지게 마련이어서 피고인이 출석하지 아니한 상태에서 증거조사를 할 수밖에 없는 경우에는 위 법 제318조 제2항의 규정상 피고인의 진의와는 관계없이 같은 조 제1항의 동의가 있는 것으로 간주하게 되어 있는 점, 위 법 제318조 제2항의 입법 취지가 재판의 필요성 및 신속성, 즉 피고인의 불출정으로 인한 소송행위의 지연 방지 내지 피고인 불출정의 경우 전문증거의 증거능력을 결정하지 못함에 따른 소송지연 방지에 있는 점 등에 비추어, 약식명령에 불복하여 정식재판을 청구한 피고인이 정식재판절차에서 2회 불출정하여 법원이 피고인의 출정 없이 증거조사를 하는 경우에 위 법 제318조 제2항에 따른 피고인의 증거동의가 간주된다」($\frac{대판\ 2010.7.15,}{2007도5776}$).

(2) 구속된 피고인의 출석거부

피고인이 출석하지 아니하면 개정하지 못하는 경우에 구속된 피고인이 정당한 사유없이 출석을 거부하고, 교도관에 의한 인치가 불가능하거나 현저히 곤란하다고 인정되는 때에는 피고인의 출석없이 공판절차를 진행할 수 있으므로($\frac{제277조의2}{제1항}$), 구속피고인이 출석을 거부하면 피고인의 증거동의가 있는 것으로 간주한다.

(3) 피고인의 소재불명

소송촉진 등에 관한 특례법 제23조는 중대범죄(사형, 무기 또는 장기 10년이 넘는 징역이나 금고)를 제외하고는 피고인에 대한 송달불능보고서가 접수된 때로부터 6월이 경과하도록 피고인의 소재를 확인할 수 없는 때에는 대법원규칙이 정하는 바에 따라 피고인의 진술없이 재판할 수 있도록 규정하고 있으므로, 이 경우에도 증거동의가 있는 것으로 간주될 것이다.

> **참조판례** 「소촉법 제23조의 경우 피고인의 출정 없이도 심리·판결할 수 있고 공판심리의 일환으로 증거조사가 행해지게 마련이어서 피고인이 출석하지 아니한 상태에서 증거조사를 할 수밖에 없는 경우에는 형사소송법 제318조 제2항의 규정상 피고인의 진의와는 관계없이 형사소송법 제318조 제1항의 동의가 있는 것으로 간주하게 되어 있는 점, 형사소송법 제318조 제2항의 입법 취지가 재판의 필요성 및 신속성, 즉 피고인의 불출정으로 인한 소송행위의 지연 방지 내지 피고인 불출정의 경우 전문증거의 증거능력을 결정하지 못함에 따른 소송지연 방지에 있는 점 등에 비추어, 피고인이 공시송달의 방법에 의한 공판기일의 소환을 2회 이상 받고도 출석하지 아니하여 법원이 피고인의 출정 없이 증거조사를 하는 경우에는 형사소송법 제318조 제2항에 따른 피고인의 증거동의가 있는 것으로 간주된다」($\frac{대법원\ 2011.3.10,}{2010도15977}$).

(4) 퇴정과 동의의 의제

피고인이 재판장의 허가없이 퇴정하거나 재판장의 질서유지를 위한 퇴정명령을 받은 경우(제281조,)에 증거동의를 의제할 수 있는지 문제된다.
제330조

☞ 판례는「필요적 변론사건이라 하여도 피고인이 재판거부의 의사를 표시하고 재판장의 허가없이 퇴정하고 변론인마저 이에 동조하여 퇴정해 버린 것은 모두 피고인측의 방어권의 남용 내지 변호권의 포기로 볼 수밖에 없는 것이므로 수소법원으로서는 형사소송법 제330조에 의하여 피고인이나 변호인의 재정없이도 심리판결할 수 있고, 이와 같이 피고인과 변호인들이 출석하지 않은 상태에서 증거조사를 할 수밖에 없는 경우에는 형사소송법 제318조 제2항의 규정상 피고인의 진의와는 관계없이 형사소송법 제318조 제1항의 동의가 있는 것으로 간주하게 되어 있다」(대판 1991.6.28,)고 판시하여 피고인이 허가없이 퇴정한 경우에도 동의를 의제할 수 있다는 입장이다(피고인의 출석 부분 참조). 91도865

2. 간이공판절차에서의 특칙

간이공판절차의 결정이 있는 사건의 증거에 관하여는 전문증거에 대하여도 동의가 있는 것으로 간주한다. 다만 검사·피고인 또는 변호인이 증거로 함에 이의가 있는 때에는 그러하지 아니한다(제318조). 이는 간이공판절차에 있어서 피고인이 공소사실에 대하여 자백한 이상 전문증거에 대한 반대심문권을 포기하거나 직접심리주의에 의한 심리도 포기한 것으로 보아야 한다는 취지에서 인정된 특례로 볼 수 있다.

VI. 증거동의의 효과

1. 증거능력의 인정

(1) 진정성과 증거능력

당사자가 동의한 서류 또는 물건은 제311조 내지 제316조의 요건을 갖추지 않은 때에도 진정성이 인정되면 증거능력이 부여된다. 즉 당사자가 증거로 함에 동의한 경우에도 법원이 진정한 것으로 인정한 때에 한하여 증거능력이 인정되는 것이다. 이처럼 진정성은 증거능력의 요건이므로 증거의 실질적 가치인 증명력과는 구별되어야 한다. 따라서 여기의 진정성은 진술서에 서명·날인이 없거나 진술서의 기재내용이 진술과 상이한 경우와 같이 신용성을 의심스럽게 하는 유형적 상황을 의미한다고 보아야 할 것이다(통설).

(2) 증명력과의 관계

동의를 한 당사자가 동의한 증거의 증명력을 다툴 수 있는가에 대하여 동의한 후에 증명력을 따지는 것을 허용하는 것은 불필요한 절차의 지연을 초래한다는 이유로 부정하는 견해도 있으나, 증거능력과 증명력은 구별되는 것이므로 반대신문 이외의 방법으로 증명력을 다투는 것은 허용된다고 할 것이다(통설). 다만 동의의 본질은 반대신문권의 포기이므로 당사자가 포기하고 법원이 진정한 것으로 인정함으로써 증거능력이 부여된 서류 등에 대하여 반대신문의 방법에 의하여 그 증명력을 다투기 위하여 원진술자를 증인으로 신청하는 것은 허용되지 않으며, 법원이 진정성을 조사하기 위하여 원진술자를 신문하는 경우에도 동의를 한 당사자는 반대신문을 할 수 없다고 본다.

2. 증거동의의 효력이 미치는 범위

(1) 물적 범위

동의의 효력은 원칙적으로 동의의 대상으로 특정된 서류 또는 물건의 전체에 미친다. 서류의 기재내용이 가분적인 경우에는 서류의 일부에 대한 증거동의도 허용되며, 이 경우에는 동의한 부분에 대해서만 동의의 효력이 발생한다. 그러나 일체를 이루는 진술을 기재한 서면의 일부 또는 일체를 이루는 진술의 일부에 대한 동의는 허용되지 않는다.

판례는 「피고인들이 제1심 법정에서 경찰의 검증조서 가운데 범행부분(현장진술)만 부동의하고 현장상황 부분에 대해서는 모두 증거로 함에 동의하였다면, 위 검증조서 중 범행상황 부분만을 증거로 채용한 제1심판결에 잘못이 없다」(대판 1990.7.24, 90도1303,)고 판시한 반면, 「검사작성의 피고인 아닌 자에 대한 진술조서에 관하여 피고인이 공판정 진술과 배치되는 부분은 부동의한다고 진술한 것은 조사내용의 특정부분에 대하여 증거로 함에 동의한다는 특별한 사정이 있는 때와는 달리 그 조서를 증거로 함에 동의하지 아니한다는 취지로 해석하여야 한다」(대판 1984.10.10, 84도1552,)고 판시하고 있는데, 이는 기본적으로 일부동의를 긍정하는 입장으로 보인다.

(2) 인적 범위

피고인이 수인인 경우에 피고인은 각자가 독립하여 반대심문권을 가지므로 동의의 효력은 동의한 피고인에게만 미치고 다른 피고인에게는 미치지 않는다.

(3) 시간적 범위

동의의 효력은 공판절차의 갱신이 있거나 심급을 달리한다고 하여 소멸되지 않는다.

VII. 증거동의의 철회·취소

1. 증거동의의 철회

(1) 증거동의의 소송행위적 성격

증거동의의 철회가 허용된다는 점에 대하여는 이론(異論)이 없다. 다만 그 근거에 대하여, 증거신청 및 철회와 마찬가지로 동의는 실체형성행위이므로 원칙적으로 철회가 허용된다는 견해도 있으나, 당사자가 동의하면 증거능력이 인정되어 유죄판결이 가능하므로 증거동의

자체가 실체형성행위와 어느 정도 연관성을 가지고 있다는 점을 부정할 수는 없지만, 증거 동의 자체는 절차형성행위이므로 절차의 안정성을 해하지 않는 범위에서 원칙적으로 철회 가 허용된다는 견해가 타당하다고 본다(통설).

(2) 철회허용시기의 제한

① **학 설:** ㉠ 절차의 확정성과 소송경제를 고려하여 증거조사가 완료되기 전까지는 절차의 안정성을 해치지 아니하는 범위내에서 증거동의의 철회가 허용된다는 **증거조사완료전 설**(다수설)과 ㉡ 증거동의제도는 형사소송을 민사소송화하는 변론주의의 성격을 지니고 있으 므로 축소운영하는 것이 바람직하며, 실체면에서의 변동상황을 최대한 반영해야 한다는 **구 두변론종결시설**이 대립하고 있다.

② **판 례:** 대법원은 「형사소송법 제318조에 규정된 증거동의의 의사표시는 증거조사 가 완료되기 전까지 취소 또는 철회할 수 있으나 일단 증거조사가 완료된 뒤에는 취소 또 는 철회가 인정되지 아니하므로 취소 또는 철회 이전에 이미 취득한 증거능력은 상실되지 않는다」(대판 2004.6.25, 2004도2611; 대판 1991.1.11, 90도2525)고 판시하여 증거조사완료시설을 따르고 있다. 따라서 제1심에서 한 증거동의를 제2심에서 취소할 수 없고, 일단 증거조사가 종료된 후에 증거동의의 의사표 시를 취소 또는 철회하더라도 취소 또는 철회 이전에 이미 취득한 증거능력이 상실되지 않 는다는 입장이다.

③ **검 토:** 일반적으로 검사가 제출한 서류 또는 물건에 대하여 피고인(및 변호인)이 증 거로 함에 대한 동의여부를 진술하면 법원은 피고인(및 변호인)이 증거로 함에 동의한 서류 나 물건에 대하여 증거조사를 실시하고 증거조사결과에 대한 의견을 묻게 되는데, 그에 대 한 피고인(및 변호인)이 의견을 진술하게 되면 그 의견진술을 마친 때가 시적 한계가 될 것이 므로 증거조사가 완료되기까지로 보는 것이 타당할 것이다.

2. 증거동의의 취소

착오, 강박 등을 이유로 동의를 취소할 수 있는지 여부가 문제된다. 이에 대하여 절차의 형식적 확실성에 비추어 허용될 수 없다는 견해도 있으나, 동의의 취소는 원칙적으로 허용 되지 아니하나 중대한 착오 또는 수사기관의 강박에 의한 경우와 같이 특별한 사유가 있는 때에는 동의를 취소할 수 있다고 보아야 할 것이다.

> **사례해설**
>
> 사안의 경우 수소법원이 甲에게 유죄판결을 선고하기 위해서는 증거능력과 증명력이 있어야 한다. 따 라서 먼저 증거능력을 살펴보면, 첫째, 압수된 불온서적의 증거능력과 관련하여 위조된 참고인진술조 서를 자료로 받은 영장에 의한 압수·수색이므로 그 압수·수색이 영장주의 위반으로 위법한지 여 부가 문제되고, 만약 영장주의 위반이라면 위법수집증거배제법칙의 적용여부가 문제되는데, 특히 불

온서적이 압수물이므로 비진술증거에도 위법수집증거배제법칙이 적용되는지 문제되며, 적용된다고 볼 경우 증거동의가 위법수집증거에 미치는 영향을 검토해야 한다. 둘째, 피의자신문조서와 관련하여 위법한 증거에 의한 피의사실을 근거로 한 구속과 그에 의한 자백이므로 독수의 과실이론의 적용여부 및 독수의 과실이론의 예외, 특히 오염순화에 의한 예외의 적용여부 및 증거동의의 문제가 검토되어야 할 것이다. 다만 乙에 대한 참고인진술조서는 위조되었다는 점에서 별도로 증거능력의 존부를 검토할 필요는 없을 것이다. 증명력과 관련해서는 피고인의 자백이 피고인에게 불리한 유일의 증거인 때에는 이를 유죄의 증거로 하지 못하므로 수소법원이 甲에게 유죄를 선고하기 위해서는 압수된 불온서적의 증거능력의 인정여부와 관련되는데, 이는 자백과 보강법칙의 문제이다.

첫째, 불온서적의 증거능력을 살펴보면, (1) 압수·수색의 적법성여부와 관련하여 압수·수색은 대물적 강제처분이므로 그 요건을 충족해야 적법하다고 할 수 있다. 그런데 사안의 경우 명확하지는 않지만 필요성과 범죄의 혐의에 관한 요건은 문제되지 않으나 위조된 참고인진술조서에 근거하여 영장을 받은 것이 영장주의와 관련하여 문제된다고 할 수 있다. 그런데 형사소송규칙 제108조 제1항은 「검사가 영장을 청구할 때에는 피의자에게 범죄혐의가 있다고 인정되는 자료와 압수의 필요를 인정할 수 있는 자료를 제출해야 한다」고 규정하고 있는데 영장주의의 의미가 법관의 판단에 의한 강제처분의 제한과 구체적 판단에 의한 강제처분의 억제형식이고 강제처분권한의 남용을 억제하고 시민의 자유와 재산의 보장을 실현하기 위한 원칙이라는 점에서 허위의 자료에 의한 영장발부는 영장주의의 취지를 잠탈할 우려가 있는 영장주의의 위반이라고 할 수 있다. (2) 위법수집증거배제법칙의 적용여부와 관련하여 위법수집증거배제법칙이란 위법한 절차에 의하여 수집된 증거의 증거능력을 부정하는 법칙을 말하는데, 그 배제법칙이 적용되는 범위는 침해된 이익과 위법의 정도를 고려하여 구체적, 개별적으로 판단해야 한다. 사안의 경우 영장주의를 침해한 위법이 있으므로 중대한 위법이 있다고 할 수 있다. 따라서 통설·판례에 따라 위법수집증거배제법칙이 적용된다고 해야 한다. (3) 위법수집증거에 대한 증거동의와 관련하여 사안의 경우 불온서적을 증거로 사용함에 있어 甲이 공판정에서 이의제기를 하지 않았으므로 증거동의가 위법수집증거의 증거능력에 미치는 영향에 대해 검토해 보아야 한다. 그런데 증거동의의 본질에 관하여 논란이 있으나 통설은 동의가 실질적으로 반대신문권의 포기를 의미하는 것이라고 해석한다. 따라서 이에 의할 경우 동의에 의한 증거능력이 인정되는 것은 반대신문권의 보장과 관련되어야 하며, 임의성없는 자백은 물론 위법하게 수집된 증거는 동의의 대상이 될 수 없다. 그러므로 사안의 경우 불온서적은 위법하게 수집된 증거이고, 반대신문권과 관련된 증거가 아니므로 증거동의의 대상이 될 수 없다. 그러므로 불온서적은 증거능력이 부정된다.

둘째, 피의자신문조서의 증거능력을 살펴보면, 사안의 피의자신문조서에는 甲이 피의사실에 관하여 자백한 것이 기재되어 있는 바 형사소송법 제309조의 자백배제법칙의 적용을 고려해 볼 수 있다. 그러나 설문상 명확하지는 않으나 자백취득과정에 고문·폭행·협박·기망 등 특별히 위법한 사유가 있는 것으로는 보이지 않으므로 자백배제법칙은 문제되지 않는다고 본다. 다만 위법하게 수집된 불온서적에 근거하여 甲을 구속하였고 그 사실에 관하여 자백하였으므로 독수의 과실이론과 그 예외이론이 적용되는지 문제된다. 그리고 만약 독수의 과실이론에 의하여 증거능력이 부정된다고 하면 甲이 공판에서 피의자신문조서의 증거사용에 동의하였는 바 증거동의에 의해 피의자신문조서에 다시 증거능력을 인정할 수 있는지가 문제된다. (1) 독수의 과실이론의 적용여부와 관련하여 독수의 과실이론이란 위법하게 수집된 증거에 의하여 발견된 제2차 증거의 증거능력을 배제하는 이론을 말한다. 사안의 경우 자백에 대해서는 문제되지 않으나 위법한 압수물인 불온서적을 자료로 하여 구속당하고 자백을 하였으므로 독수의 과실이론이 적용된다고 할 수 있다. (2) 독수의 과실이론의 예외이론의 적용여부와 관련하여 위법하게 수집된 증거에 의하여 수집된 증거라고 할지라도 수사기관이 독립된 자료에 의하여 과실의 존재를 파악하고 있었거나, 위법수집증거와 과실사이에 인과관계가 인정되지 않을 때에는 이 원칙이 적용되지 않는다. 그런데 사안의 피의자신문조서에 의한 자백은 위법하게 수집된 증거인 불온서적에 근거하였지만 甲의 자백은 설문상 자유의사에 의하였다고 할 수 있고, 甲은 공판에서 증거로 동의하였다는 것으로 보아 피의자신문조서는 오염순화에 의한 예외이론에 의해 순화되고 다른 사유는 문제되지 않으므로 증거능력이 인정된다고 볼 수 있다. 이와 관련하여 판례는 「설사 경찰에서 부당한 신체구속을 당하였다 하더라도 검사 앞에서의 피고인의 진술에 임의성이 인정된다면 그와 같은 부당한 신체구속이 있었다는 사유만으로 검사가 작성한 피의자신문조서의 증거능력이 상실된다고 할 수 없다」(대판 1986.11.25, 83도1718)는 입장을 취하고 있다.

셋째, 자백과 보강법칙을 살펴보면, 피고인이 임의로 한 증거능력과 신용성이 있는 자백에 의하여 법관이 유죄의 심증을 얻었다 할지라도 보강증거가 없으면 유죄로 인정할 수 없다는 원칙을 말한다. 그런데 사안에서 판례에 따르면 불온서적의 증거능력이 인정되므로 피의자신문조서에 대하여 보강증거가 될 뿐만 아니라 그 자체 독립된 비진술증거에 해당하기 때문에 수소법원은 甲에게 유죄를 선고할 수 있을 것이다. 반면에 통설에 따라 불온서적의 증거능력을 부정한다면 피고인에게 불리한 유일의 증거로서 피의자신문조서만이 있으므로 수소법원은 甲에게 유죄를 선고할 수 없다.

결국 사례에서 첫째 설문의 불온서적은 위법하게 수집된 진술조서에 기하여 압수·수색된 증거물로 영장주의를 침해한 위법이 있어 위법수집증거배제법칙에 의하여 증거능력이 부정되고, 甲의 동의도 불온서적의 증거능력에 영향을 미칠 수 없다. 둘째 피의자신문조서의 증거능력은 독수의 과실이론의 적용이 문제되는데, 그 자백이 자의에 의하여 행하여졌다고 볼 수 있고 다른 사유는 문제되지 않으므로 오염순화에 의한 예외이론에 따라 증거능력이 인정된다. 결국 통설에 따르면 불리한 유일의 증거로서 피의자신문조서만이 존재하므로 수소법원은 甲에게 유죄를 선고할 수 없을 것이다.

제6절 탄핵증거(彈劾證據)

I. 서 설

> **사 례**
>
> 1. 피고인 甲의 방화 피고사건의 공판기일에 증인 乙이 피고인 甲의 알리바이 주장에 부합하는 증언을 하자 검사는 증인 乙이 피고인 甲의 약혼녀라는 내용이 기재된 진술서를 법원에 증거로 제출하였다. 피고인 甲의 친척인 丙이 작성한 위 진술서의 증거능력이 없는 경우 그 진술서를 증인 乙의 증언의 증명력을 다투기 위한 증거로 사용할 수 있는가?
> 2. 피고인 甲이 공판정에서 공소사실을 부인하고 검사가 증거로 제출한 일체의 수사서류에 대해서 증거로 함에 부동의한 경우 피고인 甲의 수사단계에서의 자백이 기재된 다음과 같은 피의자신문조서를 피고인 甲의 공판정진술(부인진술)의 증명력을 탄핵하기 위한 증거로 사용할 수 있는가?
> ① 검사작성 피의자신문조서에 기재된 자백의 임의성이 없는 경우
> ② 검사작성 피의자신문조서에 피의자 甲의 서명·날인이 없는 경우
> ③ 피고인 甲이 공판기일에 수사경찰관이 작성한 피의자신문조서의 내용을 부인한 경우

1. 의   의

탄핵증거란 **진술의 증명력을 다투기 위한 증거**를 말한다. 형사소송법 제318조의2 제1항도 「제312조부터 제316조까지의 규정에 따라 증거로 할 수 없는 서류나 진술이라도 공판준비 또는 공판기일에서의 피고인 또는 피고인이 아닌 자(공소제기 전에 피고인을 피의자로 조사하였거나 그 조사에 참여하였던 자를 포함한다. 이하 이 조에서 같다)의 진술의 증명력을 다투기 위하여 증거로 할 수 있다」고 규정하고 있다.

이는 탄핵증거가 범죄사실을 인정하는 증거가 아니므로 소송법상 엄격한 증거능력을 요하지 아니하며 전문법칙에 의하여 증거능력이 없는 전문증거라 할지라도 증거로 사용될 수 있다는 것을 의미한다. 예컨대 살인사건에 관하여 증인 X가 공판정에서 '甲이 乙을 향하여 권총을 쏘았다'는 것을 보았다고 증언한 경우에 '총소리를 듣고 달려가보니 乙이 쓰러져 있었으며 범인은 보지 못하였다'는 말을 그 사건직후에 X로부터 들었다는 증인 Y의 전문증언은 원진술자인 X가 공판기일에 출석하고 있으므로 즉, 필요성이 없으므로 제316조 제2항에 의하여 증거능력이 없으나, X의 증언의 증명력을 다투기 위한 증거로는 사용될 수 있다는 것을 말한다.

2. 존재이유

탄핵증거가 적극적으로 요증사실의 존부를 증명하는 데 사용되는 것이 아니라 단순한 증명력을 다투는 데 이용되므로 이를 인정하여도 증거능력 있는 증거만을 사용하도록 하는 엄격한 증명의 법리에 저촉되지 않으며, 반증에 의한 번잡한 절차를 거치지 않게 하여 소송경제에 도움이 될 뿐만 아니라 오히려 당사자의 반대신문권을 효과적으로 보장할 수 있다는 점에 있다.

3. 연   혁

직업법관 위주의 대륙법계에서는 직권심리주의, 실체적 진실발견주의를 기초로 하므로 위법수집증거 등 별개의 법리에 따라 아예 증거로 사용하지 못하는 증거가 아닌 한 모든 증거를 사용할 수 있는 것이 원칙이고, 그 증거를 공소사실을 입증하는 증거로 사용하건, 탄핵용으로 사용하건 그것은 증명력의 문제로서 법관의 자유심증에 따르면 된다. 반면에 배심제를 전제로 하여 증거능력에 제한을 가하는 영미법계에서는 탄핵증거와 본증은 증거능력에 있어 차이가 있으므로 큰 의미를 가진다. 즉 법률전문가가 아닌 배심원들이 부적절한 증거에 의하여 부당한 심증을 형성하는 것을 방지하기 위하여 직업법관이 미리 배심원이 증거로 사용하여도 좋은지 여부를 가려 부적절한 경우는 아예 배심원앞에 현출되지 못하게 한 대신, 이렇게 증거능력을 제한하더라도 탄핵의 목적으로는 배심원들 앞에 현출될 수 있도록 한다는 것이 탄핵증거를 구분하는 이유이다. 이 경우 직업법관인 재판장은 배심원들에게 배심원들의 평의전에 배심원 지시설명(jury instruction)을 통하여 그 증거는 탄핵용이니 공소사실 자체를 인정하는 증거로 사용해서는 안 된다는 점을 설명해야만 한다.

4. 증명력을 다투는 방법

증명력을 다투는 방법으로는 ㉠ 상대방이 제출한 증거에 대하여 **반대신문**을 통하여 그 신빙성을 감쇄하는 방법, 예컨대 증인·감정인 등에 대한 반대신문을 통하여 그 진술의 모순·부정을 폭로하고 그 학식·경험의 부족, 편견·나쁜 성격 등을 공격하여 그의 증언의 증명력을 감쇄하거나, 또 서증·물증에 대하여도 그 형성·내용 등의 미비점을 공격하여 그 신빙성을 감쇄시키거나, ㉡ 상대방 증거에 의하여 증명되는 사실과 모순되는 사실을 증명하는 증거, 즉 **반증**을 제출하는 방법, 예컨대 甲증인이 신호등이 적색이었다고 증언하는 경우에 이것을 다투기 위하여 乙증인에게 신호등이 청색이었다고 증언시키거나, ㉢ 상대방 증거 그 자체의 신빙성을 감쇄하기 위한 증거를 제출하는 방법, 예컨대 甲증인이 법정에서 행한 증언과 모순되는 진술을 법정외에서 하였다는 증거를 제출할 수 있는데, ㉢의 방법이 형사소송법 제318조의2가 규정하고 있는 소위 **탄핵증거**의 원칙적인 모습이지만, ㉡에 있어서 乙의 직접증언도 甲의 증언을 탄핵하는 용도로 사용되는 한 탄핵증거의 범주에 포함된다. 따라서 탄핵증거와 공소사실을 입증하는 증거는 증거 자체로 구별되는 것이 아니라 어떤 증거를 탄핵의 용도로 사용하느냐 아니면 공소사실을 입증하기 위한 증거로 사용하느냐에 따라 구별되는 개념인 것이다.

II. 탄핵증거의 성질

1. 탄핵증거와 전문법칙

탄핵증거가 전문법칙의 예외인가 또는 전문법칙의 적용이 없는 경우인가에 대하여 학설은 일치하여 전문법칙이 적용되지 않는다고 본다. 그 근거로 전문법칙이 적용되는 것은 전문진술을 요증사실인 원진술자의 진술내용의 진실성을 설명하는 증거인 경우에 문제되는 바, 탄핵증거는 '원진술내용의 진실성을 설명하는 것이 아니라' 단순히 증인이 공판정외에서 공판정에서의 진술과 모순되는 진술 등을 했다는 사실을 증명하는 데 지나지 아니하므로 원래 전문증거가 아니어서 전문법칙의 적용이 없는 경우를 주의적으로 규정한 것에 불과하기 때문이라는 것이다. 따라서 전문증거가 탄핵증거로 사용될 수 있는 경우가 있고, 그런 경우에는 전문증거와 탄핵증거가 교차될 것이다.

2. 탄핵증거와 자유심증주의

자유심증주의는 증거능력있는 증거의 증명력 판단을 법관의 자유로운 심증에 일임하는 제도이므로 증거능력이 없는 증거를 사용하는 탄핵증거는 자유심증주의의 예외인 것처럼 보이나, 탄핵증거에 의하여 다투어지는 증거의 증명력도 법관의 자유판단에 일임되어 있고, 탄핵증거는 단지 그 증거의 증명력을 다투기 위한 것에 불과하므로 탄핵증거제도는 자유심증주의의 예외가 아니고 오히려 자유심증주의를 보강하는 의미를 가진 제도라고 할 수 있다.

Ⅲ. 탄핵증거의 허용범위

탄핵을 위한 사실에는 원진술자가 공판정 외에서 모순되는 진술을 한 사실이 있다거나, 증인의 증언에 반대되는 사실(예컨대 증인 甲이 공판정에서 사고장소의 신호등이 적색이었다고 증언했는데 같은 장소에 있었던 다른 증인 丙이 나와 신호등이 청색이었다고 증언하는 경우) 혹은 증인의 이해관계·평판·편견·전과사실 등이 제시될 수 있는데, 이러한 사실들을 입증하는 증거로 증거능력이 없는 전문증거가 어디까지 사용될 수 있는지 문제된다.

1. 학 설

동일인의 공판정에서의 진술과 상치되는 공판정외에서의 진술, 즉 자기모순의 진술 또는 그 진술을 기재한 서면에 한정된다는 **한정설**, 제318조의2가 자기모순의 진술로 한정하지 않으므로 해석상 '진술의 증명력을 다투기' 위한 증거에 제한을 둘 필요가 없다는 **비한정설**, 탄핵증거를 자기모순의 진술에 한정할 필요는 없지만 증명력을 다투기 위한 것이라 하더라도 주요사실이나 간접사실이 아닌 '증인의 신빙성에 대한 순수한 보조사실의 입증'을 위해서만 전문증거를 사용할 수 있다는 **절충설**, 검사는 피고인에 비하여 강력한 수사망 및 수사지휘권을 보유하고 있으므로 자기모순의 진술만을 탄핵증거로 제출할 수 있으나, 피고인은 무죄입증을 위하여 모든 전문증거를 제출할 수 있다는 **중간설**(이원설)이 대립하고 있다.

☞ 학설의 차이는 동일인이 이전에 다르게 말했다는 진술의 증명력(예컨대 甲이 증인으로서 공판정에서 신호등이 적색이었다고 진술했는데 공판정외에서 乙에게 신호등이 청색이었다고 진술한 경우에 이 청색이었다는 진술)을 감쇄하는 방법으로, 동일인이 다르게 말했다는 그 사실 자체를 문제로 삼는 경우에는 어느 진술이 진실이고 어느 진술이 거짓인가 하는 것이 문제가 되지 않지만, 다른 진술로 감쇄하는 경우에는 반대신문도 거치지 않은 다른 사람(예컨대 위의 예에서 동일 장소, 동일 시각에 丙이 丁에게 공판정외에서 그 신호등이 청색이었다고 진술한 경우에 그 丙의 진술서 또는 丙으로부터 그 진술을 전문한 丁의 증인으로서의 진술)의 다른 말(위의 예에서 丙의 진술)이 진실이라는 것을 전제로 하는 것이기 때문이다. 이에 따라 한정설은 자기모순의 진술로 제한하려는 입장인 반면, 비한정설은 전문법칙은 범죄사실을 인정하는 증거(요증사실)에 제한되는 것이지 단순히 진술의 증명력을 다투기 위한 증거에는 적용되지 않는다는 입장이며, 절충설은 '증인의 신용성에 관한 보조사실'과 '그 외의 사실'을 구분하여 주요사실이나 간접사실이 아닌 증인의 신용성에 대한 순수한 보조사실의 입증을 위해서만 전문증거를 제출할 수 있다는 입장이고, 중간설은 증거의 수집·보존, 신문기술 등 형사소송의 모든 영역에 걸쳐서 검사는 피고인보다 우월한 위치에 있으므로 피고인의 이러

한 열세를 보강하여 실질적인 당사자주의를 구현하기 위해서는 피고인에게 불이익한 증거는 자기모순의 증거에 제한되어야 하지만, 피고인의 무죄입증은 검사의 유죄입증에 대한 탄핵으로서의 성질을 가지므로 탄핵증거에 제한을 둘 필요가 없다는 입장이다.

2. 판 례

탄핵증거의 허용범위에 관해서 어느 입장을 취하고 있는가에 관한 명백한 판례는 없지만, 피고인측이 제출하거나 피고인측에 유리하게 적용한 사안에서 「유죄의 자료가 되는 것으로 제출된 증거의 반대증거인 서류 및 진술에 대하여는 그것이 유죄사실을 인정하는 증거가 아니므로 그 진정성립이 증명되지 아니하거나 전문증거로서 상대방이 증거로 함에 동의를 한 바 없었다고 하여도 증거능력을 다투기 위한 자료로 삼을 수는 있다」(대판 1981.12.22, 80도1547)고 하거나, 「형사소송법 제318조의2에 규정된 탄핵증거는 범죄사실을 인정하는 증거가 아니므로 그것이 증거서류이든 진술이든 간에 유죄증거에 관한 소송법상의 엄격한 증거능력을 요하지 아니한다」(대판 1985.5.14, 85도441)고 판시하여 피고인제출의 탄핵증거에 대하여는 어떤 제한을 두고 있는 것 같지는 않다.

반면에 검사측과 관련해서는 「사법경찰리 작성의 피고인에 대한 피의자신문조서와 피고인이 작성한 자술서들은 모두 검사가 유죄의 자료로 제출한 증거들로서 피고인이 각 그 내용을 부인하는 이상 증거능력이 없으나 그러한 증거라 하더라도 그것이 임의로 작성된 것이 아니라고 의심할 만한 사정이 없는 한 피고인의 법정에서의 진술을 탄핵하기 위한 반대증거로 사용할 수 있다」(대판 1998.9.8, 98도1271; 대판 2005.8.19, 2005도2617)거나, 「피의자의 진술을 기재한 서류가 수사기관의 조사과정에서 작성된 것이라면, 그것이 '진술조서'라는 형식을 취하였다고 하더라도 피의자신문조서와 달리 볼 수 없고, 검사가 유죄의 자료로 제출한 사법경찰리 작성의 피고인에 대한 피의자신문조서는 … 피고인의 법정에서의 진술을 탄핵하기 위한 반대증거로 사용할 수 있는바, 문자전송내역이 첨부된 피고인에 대한 경찰 진술조서를 피고인의 법정진술의 증명력을 다투기 위한 탄핵증거로 사용할 수 있다」(대판 2014.3.13, 2013도12507)고 판시한 이외에는 다른 판례가 없다는 점에서 피고인의 진술을 탄핵하는 경우에는 원칙적으로 자기모순의 진술에 한정하고 있는 것으로 보인다.

3. 검 토

한정설은 제318조의2 조문 내용을 도외시하여 해석론의 한계를 넘어서고 있으며, 비한정설은 진술의 증명력을 다툰다는 명목으로 전문증거가 무제한으로 법정에 현출되므로 전문법칙의 존재의의가 사라질 우려가 있는 반면, 중간설은 검사와 피고인을 구분하여 탄핵증거의 범위를 정하는 이론적 근거나 법적 근거가 없을 뿐만 아니라, 직권에 의한 증거조사의 경우에는 기준이 될 수 없다는 점에서 비판을 받고 있다.

생각건대 증거능력이 없는 전문증거를 어디까지 탄핵증거로 허용할 것인지 문제는 요증사실과의 관계상, 진술내용 자체의 진실여부를 위한 증거가 아니므로 전문법칙의 적용대상인 전문증거의 개념에 포함되지 않는다. 따라서 자기모순의 진술에 한정할 필요 없이, 증인의 신빙성과 관련된 순수한 보조사실도 탄핵증거로 허용된다고 보는 것이 타당할 것이다. 예컨대 증인의 편견(bias)이나 이익(interest)의 입증, 증인의 성격(character)의 공격(전과기록, 이전의 위법행동, 평판 등을 증거로 제시), 증인의 인식이나 지각능력의 불완전성 입증, 증인의 정신적인 질병이나 결함의 입증 등을 통해서 진술의 증명력을 다툴 수 있는 것이다. 형사소송규칙(제77조제2항)도 증언의 증명력을 다투기 위한 신문내용으로 '증인의 경험, 기억 또는 표현의 정확성 등 증언의 신빙성에 관한 사항 및 증인의 이해관계, 편견 또는 예단 등 증인의 신용성에 관한 사항'으로 한정하고 있다. 결국 증거능력이 없는 전문증거가 어디까지 탄핵증거로 허용될 수 있는가의 문제는 절충설에 따라 판단하는 것이 타당하다고 본다.

IV. 탄핵의 범위와 대상

1. 탄핵의 범위

(1) 증명력의 감쇄에 한정

처음부터 증명력을 지지·보강하기 위하여 탄핵증거를 제출할 수는 없다. 다만 탄핵할 수 있는 범위가 증명력을 떨어뜨리는 것에 한정된다고 할지라도, 부대적인 외부증거(extrinsic evidence)로 증인을 탄핵하는 것까지 허용되는 것은 아니다. 이는 증거가 부대적인 문제와 관계될 경우, 혼란과 시간낭비를 막기 위해서다. 예컨대 집에 가는 길에 범죄사건을 목격하였다고 증언한 증인이 사실은 포커게임을 하러 가는 길이었던 경우, 증인이 집에 가는 길이었다고 증언한 것이 거짓이라는 외부적인 증거(예컨대 포커게임을 함께 한 동료를 불러 물어보는 등)는 허용되지 않는다. 왜냐하면 증인이 소송과 관계없는 사항에 관하여 부정확한 증언을 하였는지 문제된 경우, 증인이 집에 가는 길이었는지, 포커게임을 하러 가는 길이었는지와 같은 부대적인 이슈에 대하여 무한정 외부증거의 제출을 허용할 경우에는 재판의 쟁점이 증인의 신용성에 관한 것으로 변질될 뿐만 아니라 시간낭비에 불과하기 때문이다.

(2) 감쇄된 증명력의 회복포함 여부

감쇄된 증명력의 회복증거는 실질적으로 보강입증에 해당하므로 이를 허용하면 증거능력이 없는 증거에 의하여 범죄사실을 증명하게 되어 전문법칙에 반한다는 점 등을 근거로 상대방 증거의 증명력을 감쇄하는 경우만을 의미한다는 **부정설**도 있으나, 상대방 증거의 증명력을 감쇄하는 경우에 한하지 아니하고 상대방이 다투어서 자기측 증거의 증명력이 감쇄된 경우 그 감쇄된 증명력을 회복하기 위한 경우는 포함하나 처음부터 증명력을 지지·보강하는 경우는 포함하지 아니한다는 **긍정설**(통설)이 타당하다고 본다. 왜냐하면 증거를 제출하는 당사자는 그 증거의 증명력이 반대당사자에 의하여 감쇄된 경우에 그것을 회복하기 위한 기회를 부여받는 것이 공평하고 또 이러한 회복증거가 탄핵되기 이전의 증명력을 회복하기 위한 것이라면 그 자체가 범죄사실을 전문증거에 의하여 입증하는 것이 아니라는 점에서 이를 제외할 필요는 없기 때문이다.

2. 탄핵의 대상

(1) 피고인 또는 피고인 아닌 자의 진술

① **진술증거:** 진술에 구두진술외에 진술기재서면도 포함되므로 공판준비 또는 공판기일에서의 진술 뿐만 아니라 공판정외의 진술도 서면의 형식으로 증거가 된 경우에는 탄핵의 대상이 된다.

② **피고인의 진술:** 종래 공판정에서의 부인진술을 공판정외에서의 자백조서로 탄핵할 수 있다고 하면 자백편중의 수사를 조장할 우려가 있으므로 피고인보호의 목적상 목적론적인 축소해석이 필요하다는 **소극설**과 제318조의2의 명문규정이 있을 뿐만 아니라 공판정에서 행한 피고인의 진술에 증거능력이 인정되므로 이러한 피고인진술의 증명력을 다툴 필요성이 인정되므로 긍정된다는 **적극설**이 있었으며, 판례는 앞에서 언급한 것처럼 적극설을 따르고 있으면서도(대판 1998.2.27, 97도1770), 위 피의자신문조서를 피고인의 법정진술에 대한 탄핵증거로 사용할 수 있다 하더라도 이로써 공소사실을 부인하는 피고인의 법정진술의 증명력이 감쇄됐다고 볼 수 없다(대판 2005.8.19, 2005도2617)는 입장이다.

이는 종래 성립의 진정 내지 특신정황이 증명되지 않은 검사작성의 피의자신문조서나 내용이 부인된 사법경찰관작성의 피의자신문조서 등에서 문제되었는데, 현행법이 '공소제기 전에 피고인을 피의자로 조사하였거나 그 조사에 참여하였던 자'의 증언(제316조 제1항)을 허용하고 있으므로 이제 자백이 기재된 피의자신문조서를 공판정에서 피고인의 부인진술을 탄핵하기 위한 증거로 사용하는 문제는 실무상 별로 발생하지 않을 것이다. 왜냐하면 조사자 내지 조사참여자가 증언을 통하여 피의자신문조서상의 진술이 실제로 있었음을 입증하면 그 진술이 아예 본증이 되므로, 수사상 조서는 이러한 진술이 있었는지를 확인하는 과정에서 하나의 참고자료에 불과할 것이기 때문이다.

☞ 영미법의 경우도 피고인의 수사단계에서의 자백진술은 전문법칙의 배제 내지 예외로서 증거능력이 인정되므로 피고인이 공판정에서 부인한다고 하여도 그 자백을 본증으로 사용하면 되고, 따라서 이는 본증으로서의 수사단계 자백과 공판정 부인 중에서 어느 것을 믿느냐의 문제가 될 뿐 수사단계 자백을 공판정 부인에 대한 탄핵증거로 사용하느냐의 문제는 발생하지 않는다. 결국 탄핵은 증인에 대한 탄핵이 있을 뿐이지, 피고인에 대한 탄핵은 없는 것이다.

③ **피고인이 아닌 자:** 현행법이 수사절차에서 피의자를 조사한 조사자·조사참여자의 법정증언을 허용함에 따라, 이를 반영하여 증거능력이 없는 서류나 진술로써 그의 법정증언을 탄핵할 수 있도록 그 대상에 포함시켰다.

(2) 자기측 증인의 탄핵

증인을 신청한 당사자의 기대에 반하여 증언하는 경우, 불리한 내용을 증언하는 경우에는 탄핵할 수 있다(통설). 다만 이 경우 자기측 증인이 "나는 모른다" 또는 "기억이 나지 않는다"라고 증언하는 것만으로는 충분하지 아니하고, 증인의 증언이 적극적으로 불리해야 할 것이다.

(3) 탄핵증인의 탄핵

증인의 진술을 탄핵하기 위하여 다른 증인으로 그 증인의 신용력을 탄핵할 수 있는지 문제되는데, 탄핵증인의 탄핵을 허용하면 이를 무제한으로 인정하는 결과가 되며 이렇게 되면 사안의 쟁점 자체를 혼란하게 할 우려가 있으므로 이를 금하는 것이 타당하며, 그 대신에 반대신문이나 서증의 방법을 취해야만 할 것이다.

V. 증거로 할 수 있는 범위

1. 임의성없는 자백이나 진술의 경우

자백의 임의성법칙에서 언급한 것처럼 임의성없는 자백이나 진술은 절대적으로 배제되어야 하므로 탄핵증거로도 사용할 수 없다(통설). 판례도 임의로 작성된 것이 아니라고 의심할 만한 사정이 없는 한 피고인의 법정에서의 진술을 탄핵하기 위한 반대증거로 사용할 수 있다(대판 1998.2.27, 97도1770)고 판시하고 있다.

2. 재전문진술인 경우

판례는 재전문증거로서 증거능력이 없는 진술조서도 공판정에서 전후 모순된 진술을 하는 경우에는 그 진술의 증명력을 탄핵하기 위한 증거로 사용하는 것이 가능하다(대판 1998.2.27, 97도1770)는 입장이다.

3. 탄핵증거로 제출된 진술기재서류의 성립의 진정의 필요성 여부

통설은 전문서류에 서명·날인이 없다면 이중의 전문 또는 이중의 오류이며, 따라서 그러한 서류는 진술내용의 진실성과 정확성이 모두 인정되지 않으므로 탄핵증거로 사용될 수 없다는 (형식적)진정성립필요설을 취하고 있다. 이에 대하여 판례는 일관하여 「유죄의 자료가 되는 것으로 제출된 증거의 반대증거에 대하여는 그것이 유죄사실을 인정하는 증거가 되는 것이 아닌 이상 반드시 그 진정성립이 증명되지 아니하거나 이를 증거로 함에 있어서의 상대방의 동의가 없다고 하더라도 증거판단의 자료로 할 수 있다」(대판 1994.11.11, 94도1159; 대판 1981.12.22, 80도1547)고 판시하여 성립의 진정이 불요하다고 판시할 뿐, 형식적 진정성립인 서명·날인까지 불요한가에 대하여는 언급하고 있지 않다.

생각건대 ⊙ 현행법 제318조의2가 '제312조부터 제316조까지의 규정에 따라 증거로 할 수 없는 서류나 진술'로 규정하고 있고, 제312조가 적법한 절차와 방식에 따라 작성된 경우에만 증거능력을 인정하고 있으므로 이러한 방식을 따르지 않은 경우인 서명·날인이 없는 경우도 탄핵증거로 사용할 수 있다고 보아야 하며, ⓒ 서명·날인이 없는 경우까지 위법수집증거에서 말하는 중대한 위법으로 볼 수 없다는 점에서 서명·날인이 없다고 하더라도 탄핵증거로 허용하는 것이 타당하다고 본다.

4. 공판정에서의 진술 이후에 이루어진 자기모순의 진술

공판기일에 선서·반대신문 등을 거쳐 행하여진 증언의 증명력을 비공개적·직권적인 진술조서로 탄핵한다는 것은 공판중심주의의 취지에 어긋날 뿐만 아니라 이러한 모순진술은 탄핵에 필요한 최소한의 요건도 결여하고 있으므로 허용되지 않는다는 **소극설**이 통설이다. 그러나 형사소송법 제318조의2가 자기모순의 진술이 이루어진 시기에 관하여 공판기일의 진술의 전후를 불문할 뿐만 아니라 자기모순의 진술이 이루어진 사정에 대한 피고인의 반대신문권은 필수적인 것이 아니므로 탄핵증거로 사용할 수 있다는 **적극설**이 타당하다고 본다. 왜냐하면 탄핵증거란 원래 증거능력이 없는 증거를 탄핵목적으로 사용하는 것이므로 임의성이 부정되지 않는 한, 증거조사단계에서 상대방에게 반대신문의 기회를 보장하는 등의 절차를 거쳤다면 탄핵증거로 사용하는 것을 제한할 이유가 없기 때문이다.

VI. 탄핵증거의 조사방법

1. 제출시기

탄핵증거는 그 성질상 그것에 의하여 증명력이 다투어질 진술이 행하여진 후가 아니면 사용할 수 없으므로, 증인의 경우에는 그 신문 중 또는 신문의 종료후에, 피고인의 경우는 증거조사절차에서 증거능력이 있는 증거에 의하여 할 수 있는 한도의 증명력 감쇄를 행한 후에 제출해야 할 것이다.

2. 제출방법

입증취지, 즉 탄핵증거의 어느 부분에 의하여 진술의 어느 부분을 다투려고 하는지를 구체적으로 명시하여야 한다(^{규 제132조} _{제1항}). 판례도 동일한 입장이다(^{대판 2005.8.19,} _{2005도2617}).

3. 조사방식

공판정에서의 조사는 거쳐야 하지만, 탄핵증거는 범죄사실을 인정하는 증거가 아니므로 엄격한 증거조사를 거칠 필요는 없다(통설·판례). 다만, 증거신청의 방식을 규정하고 있는 형사소송규칙 제132조 제1항의 취지에 비추어 볼 때, 그 증거와 증명하고자 하는 사실과의 관계 및 입증취지 등을 미리 구체적으로 명시하여 증거의 어느 부분에 의하여 진술의 어느 부분을 다투려고 한다는 것을 사전에 상대방에게 알림으로써, 상대방이 공격방어의 수단을 강구할 수 있는 기회를 부여해야 할 것이다(대판 2005.8.19, 2005도2617).

Ⅶ. 관련문제 − 기억환기를 위한 증거제시

1. 법 규정

형사소송법 제318조의2 제2항은 「제1항에도 불구하고 피고인 또는 피고인이 아닌 자의 진술을 내용으로 하는 영상녹화물은 공판준비 또는 공판기일에 피고인 또는 피고인이 아닌 자가 진술함에 있어서 기억이 명백하지 아니한 사항에 관하여 기억을 환기시켜야 할 필요가 있다고 인정되는 때에 한하여 피고인 또는 피고인이 아닌 자에게 재생하여 시청하게 할 수 있다」고 규정하고 있다.

이는 수사과정에서 사실대로 진술한 피고인이 기억불명을 이유로 공판정에서 제대로 진술하지 못하거나 증인이 증언할 때 기억이 명백하지 아니한 사항이 있어 기억을 환기시켜야 할 필요가 있는 경우에 영상녹화물의 재생을 통하여 증인의 기억을 되살려 주기 위한 것이다.

2. 영상녹화물의 탄핵증거 사용여부

영상녹화물을 탄핵증거로 사용할 수 있는지 문제되는데, 다수설은 법 제318조의2 제2항이 '제1항(탄핵증거는 반드시 증거능력이 있는 증거이어야 하는 것은 아님을 규정)에도 불구하고'라고 규정하고 있으므로 '제1항에 불구하고'는 '탄핵증거의 예외적 허용규정에도 불구하고'라는 의미이므로 영상녹화물의 탄핵증거 사용은 불가하다는 입장이다.

그러나 ㉠ 제318조의2 제1항은 탄핵증거 규정인 반면, 동조 제2항은 기억환기용(신문수단으로서의 증거사용) 규정으로서 전혀 상관없는 별개의 성격을 갖는 조문이며,[1] ㉡ 본래 탄핵증거란 전문증거에 해당하여 증거능력이 없는 증거라도 진술의 증명력을 다투기 위하여 사용할 수 있는 증거이므로 영상녹화물에 한정하여 탄핵증거의 사용을 제한할 이유가 없다는 점에서 영상녹화물의 탄핵증거 사용은 당연히 가능하다고 보아야 할 것이다.

---

[1] 이는 형사소송규칙 제77조에서는 "증언을 증명력을 다투기 위하여 필요한 사항의 신문"이라는 제목하에 탄핵증거에 대한 내용을 담고 있는 반면, 제83조에서는 "기억의 환기가 필요한 경우"를 규정하여 탄핵증거와 별도로 다루고 있는 것을 보면 잘 알 수 있다.

설문을 살펴보면, 첫째, 설문 (1)에 대하여 한정설에 의하면 丙이 작성한 진술서는 증인 乙의 증언이 자기모순의 진술임을 입증하는 증거가 아니므로 증인 乙의 증언의 증명력을 탄핵하는 증거로 사용할 수 없다. 반면에 절충설에 의하면 증인 乙이 피고인 甲의 약혼녀라는 사실은 증인의 신빙성에 관한 보조사실이므로 병이 작성한 진술서는 증인 乙의 증언의 증명력을 탄핵하는 증거로 사용할 수 있다. 비한정설에 의한 경우에도 동일한 결론에 이른다. 둘째, 설문 (2)와 관련하여 ⅰ) 자백의 임의성없는 검사 작성 피의자신문조서를 살펴보면, 임의성없는 수사상 자백에 의해서 공판정에서의 피고인의 부인진술의 증명력을 탄핵한다는 것은 불합리하며 피고인의 공판기일에서의 탄핵은 증거능력이 없는 자백에 의한 증명력탄핵의 대상으로 되지 아니하므로 검사 작성 피의자신문조서에 기재된 甲의 자백은 피고인 甲의 공판정에서의 부인진술의 증명력을 탄핵하는 증거로 허용되지 아니한다고 해석해야 한다. ⅱ) 피의자 甲의 서명·날인이 없는 검사 작성 피의자신문조서를 살펴보면, 진술자인 피의자 甲의 서명·날인이 없는 피의자신문조서에 기재된 자백에 의해서 피고인 甲의 공판정에서의 부인진술의 증명력을 탄핵하는 것을 허용한다는 것은 증명력판단의 합리성을 도모하려는 탄핵증거제도의 목적과 배치되며 피고인의 공판기일에서의 진술은 증거능력이 없는 자백에 의한 증명력판단의 대상이 되지 아니하므로 검사 작성 피의자신문조서에 기재된 甲의 자백은 피고인 甲의 공판정에서의 부인진술의 증명력을 탄핵하는 증거로 허용되지 않는다(통설). ⅲ) 내용이 부인된 수사경찰관 작성의 피의자신문조서를 살펴보면, 학설은 자백편중의 수사를 조장할 우려가 있으므로 피고인보호의 목적상 목적론적인 축소해석이 필요하다는 소극설과 제318조의2의 명문규정이 있을 뿐만 아니라 공판정에서 행한 피고인의 진술에 증거능력이 인정되므로 이러한 피고인진술의 증명력을 다툴 필요성이 인정되므로 긍정된다는 적극설로 나뉘어 있으며, 이에 대하여 판례는 적극설을 따르고 있다. 그러나 현행법은 조사자의 증언을 허용하고 있으므로 이제 자백이 기재된 피의자신문조서를 공판정에서 피고인의 부인진술을 탄핵하기 위한 증거로 사용하는 문제는 실무상 별로 발생하지 않을 것이다. 왜냐하면 조사자 내지 조사참여자가 증언을 통하여 피의자신문조서상의 진술이 실제로 있었음을 입증하면, 그 진술이 아예 본증이 되므로 수사상 조서는 이러한 진술이 있었는지를 확인하는 과정에서 하나의 참고자료에 불과할 것이기 때문이다.

제1절 총 설

'증명력'이란 어떠한 사실을 증명할 수 있는 증거의 실질적 가치를 말한다. 형사소송법 제308조는 자유심증주의를 선언하고 있으며, 이러한 자유심증주의는 증거재판주의와 함께 현행 형사증거법의 양대 지주를 이루고 있다. 한편 자유심증주의에 대한 예외로서 자백의 증명력을 제한하는 자백의 보강법칙($\frac{제310}{조}$)과 공판조서의 증명력에 관한 규정($\frac{제56}{조}$)이 있다.

제2절 자유심증주의(自由心證主義)

Ⅰ. 서 설

1. 의 의

자유심증주의라 함은 증거의 증명력을 적극적 또는 소극적으로 규정하지 아니하고 전적으로 법관의 자유로운 판단에 맡기는 주의를 말한다($\frac{제308}{조}$). 이에 대해서 증거의 증명력을 적극적 또는 소극적으로 법률로써 정하는 주의를 법정증거주의(法定證據主義)라고 한다. 법정증거주의는 법관의 자의에 의한 사실인정을 배제하여 법적 안정성을 도모하고 공정한 재판을 달성하는 데 그 이념이 있었으나, 천차만별한 증거의 증명력을 획일적으로 규정하는 것은 구체적 사건에 있어서 실체적 진실을 발견하는 데 부당한 결과를 초래하였을 뿐만 아니라 법정증거주의하에서는 자백에 과중한 증거가치를 인정함으로써 자백을 얻기 위한 잔혹한 고문이 성행하여 법정증거주의의 문제점이 밝혀지게 되었다. 따라서 실체적 진실발견을 위해서는 자유심증주의가 원칙적으로 타당하지만, 자유심증주의가 법관의 자의적인 증거판단과 사실인정을 의미하는 것이 아니라 법관의 합리적인 자유심증에 따른 사실인정과정을 의미하는 것이므로, 법관의 올바른 자유심증을 위하여는 당사자가 절차의 주체가 되어 자유롭게 각자에게 유리한 모든 증거를 제출하여 활발한 입증활동을 하는 가운데 법관도 객관적인 입장에서 증거를 자유롭게 평가할 수 있는 여건이 갖추어질 것을 전제로 한다고 볼 것이다.

2. 연 혁

근대 초기의 형사절차에서는 법정증거주의를 채택하고 「自白은 증거의 王」으로 군림하여 자백을 얻기 위한 고문이 자행되었고, 이 과정에서 형사재판이 절대왕권을 유지하기 위한 권력의 도구로 전락하였다. 그 후 자백과 고문으로 상징되는 규문절차가 프랑스혁명에 의하여 구체제와 함께 붕괴되면서 형사재판의 민주화와 사실판단의 합리화를 위한 형사절차의 개혁이 요구되었고, 그 과정에서 자유심증주의가 이른바 개혁된 형사소송법(治罪法)의 기본원칙으로 자리잡게 되었다.

II. 자유심증주의의 내용

1. 자유판단의 주체

증거의 증명력을 판단하는 주체는 법관이다. 합의체의 법원에 있어서는 각 법관의 자유심증의 결과에 기하여 합의하는 방법에 의한다. 따라서 그 결과 어느 법관의 심증에 반대되는 결론이 합의되는 경우도 있을 수 있으나, 이는 합의의 필연적인 결과이므로 자유심증주의에 위반되는 것은 아니다.[1]

2. 자유판단의 대상

(1) 증거의 증명력

자유판단의 대상은 증거의 증명력, 즉 증거의 실질적인 가치이다. 이에는 요증사실과의 관계를 떠나 그 증거를 신용할 수 있는가 하는 증거의 신용성과 어느 정도 사실을 증명할 수 있는 가치가 있는가 하는 순수한 증명력(협의의 증명력)의 양자를 포함한다. 다만 형사소송에 있어서 민사소송에서와 같은 '변론의 전취지'(민소법 제202조)를 참작할 수 있는지에 관하여 통설은 이를 부정한다. 그러나 변론의 전취지는 예컨대 증인의 표정이나 피고인의 반응 등과 같이 증거자료의 신빙성을 판단할 수 있는 살아 있는 정보의 총체를 가리키는 것이므로 직접 사실인정의 기초로 삼을 수는 없지만, 실제로 증거의 증명력을 판단함에 있어서는 변론의 전취지도 고려될 수 있다고 보아야 할 것이다.

(2) 증거공통의 원칙

증거의 증명력은 자유심증주의의 원칙상 증거를 제출한 자나 증거조사를 신청한 자의 입증취지에 관계없이 유리하게도 혹은 불리하게도 작용할 수 있다. 이를 증거공통의 원칙이라고 한다.

이에 대하여 판례는 「증거공통의 원칙이란 증거의 증명력은 그 제출자나 신청자의 입증취지에 구

---

1) 합의방법에 관하여는 법원조직법 제66조 제1항, 제2항 참조.

속되지 않는다는 것을 의미하고 증서의 증거능력이나 증거에 관한 조사절차를 불필요하게 할 수 있는 힘은 없으므로 피고인이나 변호인이 무죄에 관한 자료로 제출한 서증 가운데 도리어 유죄임을 뒷받침하는 내용이 있다 하여도 법원은 상대방의 원용(동의)이 없는 한 그 서류의 진정성립 여부 등을 조사하고 아울러 그 서류에 대한 피고인이나 변호인의 의견과 변명의 기회를 준 다음이 아니면 그 서증을 유죄인정의 증거로 쓸 수 없다고 보아야 한다」(대판 1989.10.10, 87도966)고 본 반면, 「검사가 유죄의 자료로 제출한 증거들이 그 진정성립이 인정되지 아니하고 이를 증거로 함에 상대방의 동의가 없더라도, 이는 유죄사실을 인정하는 증거로 사용하는 것이 아닌 이상 공소사실과 양립할 수 없는 사실을 인정하는 자료로 쓸 수 있다고 보아야 한다」(대판 1994.11.11, 94도1159)고 판시한 바 있다.

3. 자유판단의 의미

자유판단이란 증명력 판단에 있어서 법관이 법률적 제한을 받지 않는다는 것을 의미한다. 즉, 어떤 증거가 있어야 사실이 증명되고 어느 증거에 어떤 가치가 있는가를 결정하는 기준이나 법칙이 없으므로 증거의 취사선택은 법관의 자유판단에 맡겨지며, 모순되는 증거가 있는 경우에 어느 증거를 믿는가도 법관의 자유판단에 속한다. 그러나 자유심증주의에 있어서의 자유가 자의(恣意)를 의미할 수는 없으므로 자유판단도 객관적이고 합리적일 것을 요하고, 논리칙과 경험칙에 합치하여야 한다. 이러한 의미에서 자유심증주의를 합리적 심증주의 또는 과학적 심증주의라고 한다.

참조판례 「형사소송법 제307조 제1항, 제308조는 증거에 의하여 사실을 인정하되 증거의 증명력은 법관의 자유판단에 의하도록 규정하고 있는데, 이는 법관이 증거능력 있는 증거 중 필요한 증거를 채택·사용하고 증거의 실질적인 가치를 평가하여 사실을 인정하는 것은 법관의 자유심증에 속한다는 것을 의미한다. 따라서 충분한 증명력이 있는 증거를 합리적인 근거 없이 배척하거나 반대로 객관적인 사실에 명백히 반하는 증거를 아무런 합리적인 근거 없이 채택·사용하는 등으로 논리와 경험의 법칙에 어긋나는 것이 아닌 이상, 법관은 자유심증으로 증거를 채택하여 사실을 인정할 수 있다」(대판(전합) 2015.8.20, 2013도11650).

(1) 인적 증거

① **피고인의 진술:** 증인의 증언이나 다른 물적 증거보다 피고인의 진술을 신뢰할 수 있고, 그 반대의 경우도 가능하다. 다만, 성범죄 피해 지적장애인의 진술의 신빙성을 판단함에 있어 그들의 정신연령이나 사회적 연령을 고려했을 때, 성범죄 피해아동의 진술 신빙성 판단기준에 따르는 것이 타당하다고 본다. 판례도 「지적장애가 있어 정신연령이나 사회적 연령이 아동에 해당하는 성인이 수사기관과 법정에서 한 진술이 신빙성이 있는지를 판단할 경우에도 아동의 경우와 동일하게 적용한다」(대판 2014.7.24, 2014도2918)고 판시한 바 있다. 그러나 피고인은 허위의 자백을 하는 경우가 많으므로 신중한 판단이 요구되며 이에 대한 제한으로 자백의 보강법칙을 인정하고 있다.

참조판례 「자백의 진술내용 자체가 객관적인 합리성을 띠고 있는가, 자백의 동기나 이유 및 자백

734 제5편 증 거

에 이르게 된 경위는 어떠한가, 자백 외의 정황증거 중 자백과 저촉되거나 모순되는 것이 없는가 하는 점 등을 고려하여 그 신빙성 여부를 판단하여야 할 것이다」(대판 2003.8.22, 2003도3247)라고 판시하면서, 「구속적부심문조서의 증명력은 다른 증거와 마찬가지로 법관의 자유판단에 맡겨져 있으나, 피의자는 구속적부심에서의 자백의 의미나 자백이 수사절차나 공판절차에서 가지는 중요성을 제대로 헤아리지 못한 나머지 허위자백을 하고라도 자유를 얻으려는 유혹을 받을 수가 있으므로, 법관은 구속적부심문조서의 자백의 기재에 관한 증명력을 평가함에 있어 이러한 점에 각별히 유의를 하여야 한다」(대판 2004.1.16, 2003도5693).

② **증인의 증언:** 증인의 성년여부, 책임능력여부 등은 법관의 자유심증에 영향을 미치지 않으므로 증언의 신빙력은 증인의 입장, 이해관계 및 그 내용을 다른 증거와 구체적으로 비교·검토하여 합리적으로 판단하여야 한다. 다만, 판례는 제1심이 증인신문을 거쳐 신빙성을 인정한 성폭력범죄 피해자의 진술 등에 대하여 원심이 추가 증거조사 없이 '피해자다움'이 나타나지 않는다는 등의 사정을 들어 신빙성을 배척하는 것은 타당하지 않다(대판 2020.8.20, 2020도6965)는 입장이다.

> [참조판례] 「성폭행 피해자의 대처 양상은 피해자의 성정이나 가해자와의 관계 및 구체적인 상황에 따라 다르게 나타날 수밖에 없다. 따라서 개별적, 구체적인 사건에서 성폭행 등의 피해자가 처하여 있는 특별한 사정을 충분히 고려하지 않은 채 피해자 진술의 증명력을 가볍게 배척하는 것은 정의와 형평의 이념에 입각하여 논리와 경험의 법칙에 따른 증거판단이라고 볼 수 없다. 범행 후 피해자의 태도 중 '마땅히 그러한 반응을 보여야만 하는 피해자'로 보이지 않는 사정이 존재한다는 이유만으로 피해자 진술의 신빙성을 함부로 배척할 수 없다」(대판 2020.10.29, 2019도4047).

③ **감정인의 의견:** 법원은 감정인의 의견에 구속되지 않으므로 감정결과에 반하는 사실의 인정 내지 소수의견의 채택 등도 가능하다. 다만 대법원은 향정신성의약품관리법위반 사건의 피고인 모발에서 메스암페타민 성분이 검출되었다는 국립과학수사연구소장의 사실조회회보가 있는 경우, 다른 특별한 사정이 없는 한 논리와 경험의 법칙상 피고인은 감정의 대상이 된 모발을 채취하기 이전 언젠가에 메스암페타민을 투약한 사실이 있다고 인정하여야 할 것이고(대판 1994.12.9, 94도1680), 필적감정결과는 고도의 개연성이 있는 것으로, 의문점에 대하여 원래의 감정인에게 물어 보거나 다른 감정인으로 하여금 다시 감정하게 하는 등의 조치를 취하지 아니한 채 육안으로 보아 일부 자획에 대하여 상이한 점이 보인다고 하여 전문가의 감정결과에 대하여 의심을 품고 이를 배척하는 것은 합리적이라 할 수 없다(대판 1994.9.13, 94도1335)고 판시하고 있다.

④ **진단서:** 상처를 진단한 의사의 진술이나 진단서의 기재는 폭행·상해 등의 사실 자체에 대한 직접증거가 되는 것은 아니고 다른 증거에 의하여 폭행·상해의 가해행위가 인정되는 경우에 그에 대한 상해의 부위나 정도의 점에 대한 증거가 되며, 진단서의 기재만으로는 상해가 피고인의 행위에 기인한 것이라는 점에 대한 증거가 될 수 없지만(대판 1984.4.24, 84도421), 그 상해에 대한 진단일자 및 상해진단서 작성일자가 상해 발생시점과 시간상으로 근접하고 상해

진단서 발급 경위에 특별히 신빙성을 의심할 만한 사정이 없으며 거기에 기재된 상해의 부위와 정도가 피해자가 주장하는 상해의 원인 내지 경위와 일치하는 경우에는, 그 무렵 피해자가 제3자로부터 폭행을 당하는 등으로 달리 상해를 입을 만한 정황이 발견되거나 의사가 허위로 진단서를 작성한 사실이 밝혀지는 등의 특별한 사정이 없는 한, 그 상해진단서는 피해자의 진술과 더불어 피고인의 상해사실에 대한 유력한 증거가 되고, 합리적인 근거 없이 그 증명력을 함부로 배척할 수 없다고 할 것이다(대판 2007.5.10, 2007도136).

⑤ 범인식별절차

범인식별절차와 관련하여, 판례는「용의자의 인상착의 등에 의한 범인식별절차에 있어 **용의자 한 사람을 단독으로 목격자와 대질시키거나 용의자의 사진 한 장만을 목격자에게 제시하여 범인여부를 확인하게 하는 것**은 사람의 기억력의 한계 및 부정확성과 구체적인 상황하에서 용의자나 그 사진상의 인물이 범인으로 의심받고 있다는 무의식적 암시를 목격자에게 줄 수 있는 가능성으로 인하여, 그러한 방식에 의한 범인식별절차에서의 목격자의 진술은, 그 용의자가 종전에 피해자와 안면이 있는 사람이라든가 피해자의 진술 외에도 그 용의자를 범인으로 의심할 만한 다른 정황이 존재한다든가 하는 등의 **부가적인 사정이 없는 한 그 신빙성이 낮다고 보아야 한다**」고 판시하면서, 「범인식별절차에 있어 목격자의 진술의 신빙성을 높게 평가할 수 있게 하려면, 범인의 인상착의 등에 관한 목격자의 진술 내지 묘사를 사전에 상세히 기록화한 다음, 용의자를 포함하여 그와 인상착의가 비슷한 여러 사람을 동시에 목격자와 대면시켜 범인을 지목하도록 하여야 하고, 용의자와 목격자 및 비교대상자들이 상호 사전에 접촉하지 못하도록 하여야 하며, 사후에 증거가치를 평가할 수 있도록 대질 과정과 결과를 문자와 사진 등으로 서면화하는 등의 조치를 취하여야 할 것이고, **사진제시에 의한 범인식별절차에 있어서도 기본적으로 이러한 원칙에 따라야 한다**」(대판 2007.5.10, 2007도1950; 대판 2004.2.27, 2003도7033)는 입장을 취하고 있다.

(2) 증거서류

서증의 증명력에 대한 판단도 법관의 자유심증에 의한다. 따라서 공판조서의 내용이 공판정외에서 작성된 조서보다 반드시 우월한 것도 아니다. 공판정에서의 피고인의 진술보다 조서에 기재된 진술을 신뢰할 수도 있다.

판례는 처분문서의 기재내용과 다른 약정이 인정될 경우, 그 처분문서의 증명력과 관련하여「처분문서의 진정성립이 인정되는 이상 법원은 반증이 없는 한 그 문서의 기재내용에 따른 의사표시의 존재 및 내용을 인정하여야 하고, 합리적인 이유설시도 없이 이를 배척하여서는 아니되나, 처분문서라 할지라도 그 기재내용과 다른 명시적, 묵시적 약정이 있는 사실이 인정될 경우에는 그 기재내용과 다른 사실을 인정할 수 있고, 작성자의 법률행위를 해석함에 있어서도 경험법칙과 논리법칙에 어긋나지 않는 범위 내에서 자유로운 심증으로 판단할 수 있다」(대판 1996.9.10, 95누7239)고 판시하고 있다.

(3) 동일증거의 일부와 종합증거

단독으로는 증명력이 없는 다수의 증거가 결합되어 증명력을 가지는 증거에 있어서 증거의 일부만을 채택할 수도 있으며 다수의 증거의 종합적 판단도 가능하다. 따라서 진술조서의 기재 중 일부분을 믿고 다른 부분을 믿지 아니하여도 부당하다고 할 수 없으며, 공동피고인 중 1인이 다른 공동피고인들과 공동하여 범행을 하였다고 자백한 경우, 반드시 그 자백을 전부 믿어 공동피고인들 전부에 대하여 유죄를 인정하거나 그 전부를 배척하여야 하는 것은 아니고, 자유심증주의의 원칙상 법원으로서는 자백한 피고인 자신의 범행에 관한 부분만을 취신하고, 다른 공동피고인들이 범행에 관여하였다는 부분을 배척할 수 있다 (대판 1995.12.8, 95도2043).

(4) 간접증거

형사재판에 있어서 유죄의 인정을 위한 심증은 반드시 직접증거에 의하여 형성되어야만 하는 것은 아니고 경험칙과 논리법칙에 위반되지 아니하는 간접증거에 의하여 형성되어도 관계없으며, 간접증거가 개별적으로는 범죄사실에 대한 완전한 증명력을 가지지 못하더라도 전체증거를 상호관련하에 종합적으로 고찰할 경우 그 단독으로는 가지지 못하는 종합적 증명력이 있는 것으로 판단되면 그에 의하여도 범죄사실을 인정할 수 있다. 따라서 간접증거는 이를 개별적·고립적으로 평가하여서는 아니되고 모든 관점에서 빠짐없이 상호 관련시켜 종합적으로 평가하고, 치밀하고 모순 없는 논증을 거쳐야 하며, 직접증거를 뒷받침할 수 있는 간접 또는 정황증거가 있는 경우에 그 직접증거를 배척하려면 이를 배척할 수 있는 상당한 합리적 이유가 있어야 한다(대판 1986.3.25, 85도1572).

> **참조판례** 「법원이 성폭행이나 성희롱 사건의 심리를 할 때에는 그 사건이 발생한 맥락에서 성차별 문제를 이해하고 양성평등을 실현할 수 있도록 '성인지 감수성'을 잃지 않도록 유의하여야 한다 (양성평등기본법 제5조 제1항). 우리 사회의 가해자 중심의 문화와 인식, 구조 등으로 인하여 성폭행이나 성희롱 피해자가 피해사실을 알리고 문제를 삼는 과정에서 오히려 피해자가 부정적인 여론이나 불이익한 처우 및 신분 노출의 피해 등을 입기도 하여 온 점 등에 비추어 보면, 성폭행 피해자의 대처 양상은 피해자의 성정이나 가해자와의 관계 및 구체적인 상황에 따라 다르게 나타날 수밖에 없다. 따라서 개별적, 구체적인 사건에서 성폭행 등의 피해자가 처하여 있는 특별한 사정을 충분히 고려하지 않은 채 피해자 진술의 증명력을 가볍게 배척하는 것은 정의와 형평의 이념에 입각하여 논리와 경험의 법칙에 따른 증거판단이라고 볼 수 없다」고 판시하면서, 「강간죄에서 공소사실을 인정할 증거로 사실상 피해자의 진술이 유일한 경우에 피고인의 진술이 경험칙상 합리성이 없고 그 자체로 모순되어 믿을 수 없다고 하여 그것이 공소사실을 인정하는 직접증거가 되는 것은 아니지만, 이러한 사정은 법관의 자유판단에 따라 피해자 진술의 신빙성을 뒷받침하거나 직접증거인 피해자 진술과 결합하여 공소사실을 뒷받침하는 간접정황이 될 수 있다」(대판 2018.10.25, 2018도7709).

(5) 과학적 증거

판례는 과학적 증거방법이 사실인정에서 상당한 정도의 구속력을 갖기 위한 요건으로 「**공소사실을 뒷받침하는 과학적 증거방법은 전제로 하는 사실이 모두 진실인 것이 입증되고 추론의 방법이 과학적으로 정당하여 오류 가능성이 전혀 없거나 무시할 정도로 극소한 것으로 인정되는 경우라야 법관이 사실인정을 하는 데 상당한 정도로 구속력을 가진다** 할 것인데, 이를 위해서는 그 증거방법이 전문적인 지식·기술·경험을 가진 감정인에 의하여 공인된 표준 검사기법으로 분석을 거쳐 법원에 제출된 것이어야 할 뿐만 아니라, 채취·보관·분석 등 모든 과정에서 자료의 동일성이 인정되고 인위적인 조작·훼손·첨가가 없었다는 것이 담보되어야 한다」(대판 2011.5.26, 2011도1902)고 보면서, 「과학적 증거방법이 당해 범죄에 관한 적극적 사실과 이에 반하는 소극적 사실 모두에 존재하는 경우에는 각 증거방법에 의한 분석결과에 발생할 수 있는 오류가능성 및 그 정도, 그 증거방법에 의하여 증명되는 사실의 내용 등을 종합적으로 고려하여 범죄의 유무 등을 판단하여야 하고, 여러 가지 변수로 인하여 반증의 여지가 있는 소극적 사실에 관한 증거로써 과학적 증거방법에 의하여 증명되는 적극적 사실을 쉽사리 뒤집어서는 안 된다」(대판 2009.3.12, 2008도8486)고 판시하고 있다. 결국 판례는 '과학적 증거방법은 전제사실의 진실이 입증되고, 추론방법의 오류가능성이 극소하여야 법관에 대하여 구속력이 있고, 이를 위해서는 ㉠ 감정인의 전문성, ㉡ 공인된 검사기법, ㉢ 자료의 동일성 및 무결성이 담보되어야 한다'는 입장으로 정리할 수 있을 것이다.

(6) 관련 형사사건 확정판결에서 인정된 사실의 경우

판례는 「형사재판에서 이와 관련된 다른 형사사건의 확정판결에서 인정된 사실은 특별한 사정이 없는 한 유력한 증거자료가 되는 것이나, 당해 형사재판에서 제출된 다른 증거내용에 비추어 관련 형사사건 확정판결의 사실판단을 그대로 채택하기 어렵다고 인정될 경우에는 이를 배척할 수 있다」(대판 2012.6.14, 2011도15653)고 판시하고 있다.

4. 심증의 정도

제308조는 증거의 증명력은 법관의 자유판단에 의한다라고 규정할 뿐 사실판단을 위한 심증형성의 정도에 관하여는 언급하고 있지 않다. 그러나 민사재판에 있어서 증거의 우월로서 족한 것과는 달리 형사재판에 있어서 유죄의 사실인정을 하려면 법관이 증거의 증명력을 자유롭게 판단하여 얻은 심증형성이 '합리적 의심의 여지가 없는 증명'의 정도에 이르러야 한다는 점에 대하여 견해가 일치하고 있다. 판례도 형사재판에 있어서 유죄의 인정은, 단지 우월적 증명력을 가진 정도로서는 부족하고, 법관으로 하여금 합리적인 의심을 할 여지가 없을 정도로 공소사실이 진실한 것이라는 확신을 가지게 할 수 있는 증명력을 가진 증거에 의하여야 하고, 이러한 정도의 심증을 형성하는 증거가 없다면 설령 피고인에게 유죄의 의심이 간다 하더라도 피고인의 이익으로 판단할 수밖에 없다(대판 1996.4.12, 94도3309; 대판 1996.3.8, 95도3081)고 판시하고 있다.

Ⅲ. 증명력판단의 합리성보장

1. 증거요지의 명시

유죄판결의 이유에 증거의 요지를 명시할 것을 요구하고(제323조 제1항), 증거의 요지를 명시하지 아니한 경우를 절대적 항소이유로 규정하고 있다(제361조의5 제11호). 이는 판결서의 작성과정에서 증거의 판단에 대한 고찰의 기회를 갖게 한다는 의미에서 증명력판단의 합리성을 보장하고 자유심증주의에 대한 절차적 제약을 가하는 것이다.

2. 상소에 의한 구제

증거의 취사선택에 있어서 논리법칙과 경험법칙을 어긴 경우에는 채증법칙에 위반되는 것으로 '사실의 오인이 있어 판결에 영향을 미친 때'($\frac{제361조의5}{제14호}$)에 해당되어 절대적 항소이유가 되며, 그러한 증거에 따른 사실인정이 불합리할 때에는 '판결이유에 모순이 있는 때'($\frac{제361조의5}{제11호}$)의 항소이유에 해당되므로 증명력 평가의 오류는 항소에 의하여 구제된다. 사형, 무기 또는 10년 이상의 징역이나 금고가 선고된 사건에 있어서 중대한 사실의 오인이 있어 판결에 영향을 미친 때에는 상고이유로도 된다($\frac{제383조}{제4호}$). 다만 제1심이 신빙성이 없다고 한 증인의 증언을 항소심에서 증인을 다시 신문하지 아니하고 그 신빙성이 있다고 할 수는 없다($\frac{대판\ 2008.1.31,}{2007도10869}$).

3. 증거능력의 제한

증거능력이 없는 증거는 엄격한 증명을 요하는 범죄사실 기타 이에 관련된 사실의 인정에 관하여 그 심증형성의 자료로서 사용할 수 없을 뿐만 아니라 공판정에 증거로 제출하여 증거조사를 하는 것도 허용되지 아니한다. 이러한 증거능력의 제한은 증명력 평가의 합리성을 보장하는 기능을 한다. 다만 판례는 제1심이 검찰자백의 신빙성을 판단함에 있어서 검찰의 자백진술에 표출되지 아니한 상세한 부분에 대하여는 경찰에서의 자백진술을 원용하여 판단하더라도 정당하다($\frac{대판\ 1985.2.26,}{82도2413}$)는 입장을 취하고 있다.

4. 탄핵증거 및 반대신문권의 보장

현행법은 증명력판단의 합리성을 보장하기 위하여 증거의 증명력을 탄핵하는 탄핵증거제도를 채택하고 있으며($\frac{제318조}{의2}$), 반대신문권($\frac{제161조}{의2}$)을 보장하고 있다.

5. 논리와 경험법칙

자유심증주의도 실체적 진실발견에 필요한 한도에서만 허용되는 것으로, 자유판단도 객관적이고 합리적일 것을 요한다. 즉, 사실인정은 통상인이면 어느 누구도 의심하지 않을 정도로 보편타당성을 가져야 하므로 법관의 사실인정은 논리와 경험법칙에 합치하여야 한다.

판례도「형사재판에 있어서도 증거의 증명력은 법관의 자유판단에 맡겨져 있으나 그 판단은 논리와 경험칙에 합치하여야 하고, 형사재판에 있어서 유죄로 인정하기 위한 심증형성의 정도는 합리적인 의심을 할 여지가 없을 정도이어야 하나 합리성이 없는 모든 가능한 의심을 배제할 정도에 이를 것까지 요구하는 것은 아니며, 증명력이 있는 것으로 인정되는 증거를 합리적인 근거가 없이 의심하여 이를 배척하는 것은 자유심증주의의 한계를 벗어나는 것으로 허용되지 아니한다」

(대판 1998.11.13,)고 보면서, 「특히 유전자검사나 혈액형검사 등 과학적 증거방법은 그 전제로 하는 사
실이 모두 진실임이 입증되고 그 추론의 방법이 과학적으로 정당하여 오류의 가능성이 전무하거나
무시할 정도로 극소한 것으로 인정되는 경우에는 법관이 사실인정을 함에 있어 상당한 정도로 구
속력을 가진다 할 것이므로, 비록 사실의 인정이 사실심의 전권이라 하더라도 아무런 합리적 근거
없이 함부로 이를 배척하는 것은 자유심증주의의 한계를 벗어나는 것으로서 허용될 수 없다」
(대판 2007.5.10,)고 판시하여 동일한 입장을 보이고 있다.

6. 증거조사결과에 대한 피고인의 의견 개진에 의한 보장

형사소송법 제293조는 재판장은 피고인에게 각 증거조사의 결과에 대한 의견을 묻고 권
리를 보호함에 필요한 증거조사를 신청할 수 있음을 고지하도록 규정하고 있다. 이는 증거
조사에 있어 피고인에게 진술의 기회, 반증의 기회를 보장하려는 데 그 목적이 있다. 따라
서 재판장으로부터 이 고지를 받은 피고인이 증거조사 결과 중 증명력에 대한 의견이 있는
때에는 법관은 그 의견을 듣고 증거의 증명력 판단을 하여야 하므로 이 한도에서 법관의 자
유심증은 간접적으로 절차적 제한을 받게 되어 그 합리성을 보장하는 방도로 될 수 있다.

Ⅳ. 자유심증주의의 예외

1. 자백의 증명력 제한

피고인의 자백이 임의성이 있고 위법하게 수집되지 않았으며 또 전문법칙인 경우 그 예
외요건을 갖추었다해도 그 자백의 진실성을 보강할 다른 증거가 없으면 그 범죄사실을 유
죄의 증거로 인정할 수 없는바(제310조), 이는 자유심증주의의 예외에 해당한다.

2. 소송절차에 관한 공판조서의 절대적 증명력

공판기일의 소송절차로서 공판조서에 기재되지 않는 것에 대해서는 자유심증주의가 적용
되지만, 공판조서에 기재된 것은 법관의 심증여하를 불문하고 그 기재된 대로 인정되어야
한다는 점에서 자유심증주의의 예외로 인정된다(제56조).

3. 피고인의 진술거부권의 행사

피고인이 진술거부권을 행사하는 경우 이를 피고인에게 불리한 정황증거로 삼아 심증을
형성할 수 있다면 피고인은 불이익한 판단을 피하기 위하여 사실상 진술을 강요당하는 결
과가 되어 진술거부권의 보장이 무의미하게 되므로 이를 부정하여야 할 것이다. 이 범위에
서 자유심증주의의 예외가 된다(통설).

V. 자유심증주의와 in dubio pro reo의 원칙

자유심증주의에 의한 증거평가의 결과 법관이 확신을 가질 수 없어 범죄사실이 증명되지 아니한 때에 적용되는 원칙이 바로 '의심스러운 때에는 피고인의 이익으로'라는 원칙이다. 이는 법관에게 가능하면 피고인에게 유리한 사실인정을 하도록 하는 증거법칙이 아니라 법치국가적 요청에서 만들어진 실체법상의 원칙에 지나지 않는다. 판례도 동일한 입장이다(대판 1987.3.24, 86도2783).

제 3 절 자백과 보강법칙(補强法則)

> **사 례**
>
> 甲·乙은 절도를 공모한 후 금은방에 들어가서 귀금속을 절취하였다는 혐의로 공소제기되어 병합심리를 받고 있다. 공판정에서 甲은 범행 일체를 부인하였으나 乙은 공동범행을 자백하였으며, 다른 증거는 없었다.
> (1) 甲, 乙에 대하여 유죄판결을 할 수 있는가?
> (2) 甲을 유죄로 하기 위하여 乙에 대하여 변론을 분리하고 증인으로 신문하여야 하는가?

I. 서 설

1. 법 규정

형사소송법 제310조(피고인의 자백이 그 피고인에게 불이익한 유일의 증거인 때에는 이를 유죄의 증거로 하지 못한다) 및 헌법 제12조 제7항 후단(정식재판에 있어서 피고인의 자백이 그에게 불리한 유일한 증거일 때에는 이를 유죄의 증거로 삼거나 이를 이유로 처벌할 수 없다)은 보강법칙을 규정하고 있다. 이는 법관에게 피고인이 임의로 한 증거능력과 신용성이 있는 자백에 의하여 유죄의 심증을 얻게 되었다고 할지라도 그 자백이 다른 증거에 의하여 보강되지 않는 유일한 증거일 때에는 유죄를 인정할 수 없다는 점을 밝힌 것이다. 이처럼 형사소송법이 보강법칙에 의하여 증명력을 규제하여 자백에 의한 유죄판결에 제재장치를 마련하고 있다는 점에서, 자백의 보강법칙은 자유심증주의에 대한 예외가 된다.

2. 자백의 보강증거의 근거

(1) 오판의 방지(자백의 진실성 담보)

자백이 허위인 경우에는 오판의 위험성이 있게 된다. 이러한 허위자백은 중한 범죄를 은

닉하기 위하여 경미한 범죄를 자백하거나, 특히 조직범죄에서 영웅심이나 조직 우두머리의
대리처벌을 위한 방편인 경우도 있다. 이러한 경우에 오직 자백만에 의하여 재판이 이루어
진다면 실체적 진실과 부합하지 않게 될 수 있으므로 보강법칙은 자백의 진실성을 담보함
으로써 오판을 방지하고자 하는데 그 근거가 있다.

(2) 인권침해의 방지

자백에 대하여 절대적 증명력을 인정하는 규문주의 형사절차에서는 자백을 얻기 위한 고
문이 성행하지 않을 수 없었으므로, 이에 대한 제도적 반성으로 임의성없는 자백의 증거능
력을 부정하는 한편, 자백의 보강법칙을 채택하여 피고인의 인권침해를 방지하려는 데 그
목적이 있다.

II. 보강법칙의 적용범위

1. 형사사건

자백의 보강법칙은 정식재판, 즉 일반 형사소송절차에 적용된다. 형사사건인 이상 간이공
판절차는 물론 약식명령절차도 형사사건이므로 자백의 보강법칙이 적용된다.

2. 배제되는 경우

즉결심판에 관한 절차법의 적용을 받는 즉결심판($\frac{즉심법}{제10조}$)과 소년법의 적용을 받는 소년보호
사건($\frac{대결 1982.10.15,}{82모36}$)에는 보강법칙이 적용되지 않으므로 자백만으로 사실을 인정하여도 위법이
아니다.

III. 보강을 필요로 하는 자백

1. 피고인의 자백

보강법칙은 피고인의 자백에 관하여 적용된다. 피고인의 자백이란 반드시 피고인이 피고
인의 지위에서 한 자백에 한하지 않는다. 피의자의 지위에서 수사기관에 대하여 한 자백이
나 참고인 또는 증인으로서 한 자백도 그가 후에 피고인이 되었을 때에는 피고인의 자백이
된다. 수사기관 이외의 사인에 대하여 한 자백도 포함되며 구두에 의한 자백이나 서면에 기
재한 진술서나 일기장, 수첩 등도 포함된다.

2. 공판정의 자백

통설은 허위자백의 위험성이 공판정의 자백에도 존재하며, 공판정에서의 자백에 임의성이 있다는 것과 보강증거를 필요로 하는 이유와는 별개의 문제라는 점을 근거로 공판정에서의 자백에도 자백의 보강법칙을 적용하고 있다. 판례도 같은 입장이다(대판 1978.6.27, 78도743).

3. 공범자의 자백

공범자 자백의 증명력의 문제는 형사소송법 제310조의 '피고인의 자백'속에 '공범자의 자백'이 포함되는가 라는 문제를 중심으로 논의되고 있다. 예컨대 절도범(甲)과 장물범(乙)을 공범자로서 재판하는 경우에 절도범은 자신의 범죄사실을 부인하고, 장물범은 자백하면서 이 사건 장물은 甲이 모년(某年) 모월(某月)경 어디쯤에서 절취한 것이라고 진술하는 경우, 이러한 乙의 수사절차 또는 공판절차에서의 자백을 유일한 증거로 하여 甲에게 유죄를 인정할 수 있느냐, 아니면 乙의 자백에 보강증거를 요한다고 보아야 하느냐 문제이다.

(1) 학 설

① **보강증거불요설:** 공범자의 자백은 피고인의 자백에 포함되지 않으므로 보강증거가 없어도 부인하는 피고인에 대하여 유죄인정이 가능하다는 견해이다. 공범자가 공동피고인인가 여부, 그 자백이 공판정에서의 자백인가 여부는 불문한다. 그 근거로 ㉠ 피고인의 자백에 공범자의 자백을 포함시키는 것은 제310조의 문리해석에 반하고, ㉡ 공범자의 자백은 피고인에 대하여는 결국 제3자의 진술로서 증언적 요소가 강하며, ㉢ 공범자의 자백에 대하여는 피고인의 반대신문권이 보장되어 있어, 반대신문을 생각할 수 없는 피고인의 자백과는 그 성질을 전혀 달리 하는 것이고, ㉣ 자백한 공범자의 무죄인정은 보강법칙의 당연한 결과에 지나지 않고, 부인한 피고인의 유죄인정은 공범자의 자백이 있기 때문에 법관의 자유로운 심증형성에 기인한 것이므로 불합리하다고 할 수 없다는 점 등을 들고 있다.

그러나 보강증거불요설을 따르는 한, 범행을 부인하는 피고인을 공범자의 법정진술이 아니라 수사단계에서의 공범자의 자백을 이유로 유죄로 인정하면 자백에 의존하려는 수사관행을 방지하고자 하는 자백의 보강법칙의 근본취지가 몰각될 우려가 있으며, 이 경우 공범자의 법정진술과 달리 피고인의 반대신문권은 어디에서 보장되는지 문제되지 않을 수 없다.

② **보강증거필요설:** 공범자의 자백은 피고인의 자백에 포함되므로 공범자의 자백에 별도의 보강증거가 필요하다는 견해이다. 그 근거로 ㉠ 공범자들은 다른 범죄자에 대한 책임전가의 경향이 있어 오판의 위험이 있을 뿐만 아니라 그에 대하여 피고인이 반대신문을 하더라도 진술거부권을 행사할 수도 있기 때문에 사실상 효과를 얻기가 곤란하므로 공범의 자백만으로 피고인을 유죄로 인정하는 것은 극히 위험하고, ㉡ 공범자의 자백에 보강증거가

필요없다면 자백한 자는 무죄가 되고 부인한 자는 유죄가 되는 불합리한 결과를 초래하며, ㉢ 공범자의 자백을 그 자신의 자백과 다른 피고인에 대한 진술로 분리하여 파악하기는 곤란하다는 점 등을 들고 있다.

그러나 형사소송법 제310조에 한정하여 '피고인의 자백'에 '공범자의 자백'을 포함시켜서 확장해석하는 것은 논리적 근거가 없을 뿐만 아니라, 자백한 공범자가 1인인 경우와는 달리 수인인 경우(예컨대 3인의 공범 중 2인이 자백하고 1인이 부인한 경우)에 상호보강증거를 부정할 수 있는지도 의문이다.

③ **공판정자백 기준설(제한적 필요설):** 공범자의 자백이 공판정에서 행해진 것인가 아닌가를 기준으로 하여 공판정 외에서의 공범자의 자백에만 보강증거를 요한다고 보는 견해이다. 그 근거로 현행법상 공동피고인의 공판정자백은 증거조사가 이미 종료된 이후에 이루어지게 되어 사실상 그 의미가 크지 않다는 점에서 보강증거의 필요성이 없지만, 공범자가 피고사건의 수사절차나 또는 별개의 사건에서 자백진술을 행한 경우에는 이러한 보완장치가 없으므로 법관의 심증형성은 보강증거를 통하여 신중히 하여야 한다는 점을 들고 있다.

그러나 공범자 甲이 '나는 乙과 공동하여 살인하였다'라고 공판정 내지 공판정 외에서 진술한 경우, 그 진술에 따라 부인하는 乙이 유죄가 될 수 있고, 무죄도 될 수 있다는 것은 타당하지 않다.

④ **이원설(자백과 부인 분리설):** 피고인도 자백하고, 공범자도 자백한 경우(㉠)와 피고인은 부인하고 공범자만 자백한 경우(㉡)를 나누어서 ㉠의 경우에는 오판이나 반대신문권의 문제가 발생하지 않으므로 보강증거불요설이 타당하지만, ㉡의 경우에는 이러한 문제 이외에 공범자의 자백은 보강증거가 아니라(피고인의 부인진술은 유죄에 대한 직접증거가 될 수 없으므로) 그 자체가 직접증거에 해당한다는 점에서 별도의 보강증거가 필요하다는 견해이다. 그 근거로 피고인은 범행을 부인하고 있고 공범자의 자백이 유일한 증거인 경우 그것만으로 피고인을 유죄로 인정할 수 있느냐 아니면 다른 보강증거가 있어야 하느냐의 '공범자 자백의 보강증거 요부의 문제'와 피고인과 공범자가 모두 자백하는 경우 '공범자의 자백으로 피고인의 자백을 보강하여 그 두 개의 자백으로 피고인을 유죄로 인정할 수 있느냐의 문제'는 별개의 문제로서 반드시 논리필연적인 연관관계에 있는 것은 아니며, 다만 공범자의 자백에도 보강법칙을 적용하려는 입장에서 그 실정법적 근거를 찾다보니 위 조문(형사소송법 제310조)에 포함되느냐의 형식으로 논의되었을 뿐이라는 것이다. 이러한 이원설에 대한 비판으로 피고인의 자백을 전제로 한다는 점을 들고 있으나, "보강증거가 없는 경우에 공범의 자백으로 '부인하는 피고인'이 유죄로 되는 것은 법관의 자유심증주의에 따른 증명력평가"라 하는 것 자체가 논리모순으로 보인다.

(2) 판   례

대법원은 「**형사소송법 제310조의 피고인의 자백에는 공범인 공동피고인의 진술은 포함되지 않으며, 이러한 공동피고인의 진술에 대하여는 피고인의 반대신문권이 보장되어 있어 독립한 증거능력이 있다는** 것이 당원의 일관된 판례이므로, 원심이 피고인의 범죄사실을 인정함에 있어서 공범인 다른 피고인들의 진술을 증거로 삼았다고 하여 이를 위법이라고 탓할 수 없다」(대판 1992.7.28, 92도917; 대판 1986.10.26, 86도1773) 고 하여 보강증거불요설의 입장을 취하고 있다.

(3) 검   토

공범자의 자백이 피고인의 자백에 포함되느냐에 따라 판단하는 보강증거불요설 내지 보강증거필요설은 전제부터 잘못되어 있다. 왜냐하면 공범자의 자백에도 보강증거가 필요하느냐의 문제는 본래 공범자의 자백이 보강법칙의 요청에서 볼 때 피고인의 자백과 같은 성질의 것으로 볼 수 있느냐의 문제이지 제310조의 '피고인'에 '공범자'가 포함되느냐의 문제는 아니기 때문이다. 이러한 기준에서 볼 때, 피고인과 공범자가 모두 자백하는 경우에는 대체로 그 자백은 진실일 가능성이 많고, 보다 신뢰할 수 있다 할 것이며, 또 그 경우에는 공범자의 자백에 대한 피고인의 반대신문이 문제가 될 염려도 없으므로 그 증거능력에 특별한 제한을 가하는 법칙을 만들 필요가 없다. 그러고도 남는 위험은 어떤 증거에나 있는 기본적인 것이고, 그것이야말로 법관의 자유심증의 고유한 활동영역에 속하는 것으로 보아야 하기 때문이다. 결국 이원설에 따라 판단하는 것이 타당하다고 본다.

Ⅳ. 보강증거의 자격

1. 증거능력

보강증거도 증거인 이상 증거능력을 갖추고 있어야 한다. 따라서 자백배제법칙이나 위법수집증거배제법칙에 의하여 증거능력이 인정되지 않는 증거는 보강증거가 될 수 없다. 전문증거도 전문법칙의 예외에 해당하지 않는 한 보강증거가 될 수 없다.

2. 독립증거

자백을 보강하는 증거는 자백과는 독립된 증거이어야 한다. 따라서 피고인의 자백은 수사기관에서의 진술이든 공판정에서의 자백이든 어느 것이나 독립하여 유죄의 증거로 될 수 없고 위 자백을 합쳐 보아도 그것만으로는 유죄의 판결을 할 수 없고(대판(전합) 1966.7.26, 66도634), 피고인이 범행을 자인하는 것을 들었다는 피고인 아닌 자의 진술내용은 제310조의 피고인의 자백에는 포함되지 아니하나 이와 같은 진술기재 내용을 피고인의 자백의 보강증거로 삼는다면 결국 피고인의 자백을 피고인의 자백으로서 보강하는 결과가 되어 아무런 보강도 하는 바 없으므로 보강증거가 되지 못하며(대판 2008.2.14, 2007도10937) 피고인이 범행장면을 재연하는 것도 실연(實演) 에 의한 자백에 불과하여 보강증거가 될 수 없다.

그러나 자백 이외의 독립된 증거인 이상 인증, 물증, 서증 등 그 형태를 불문한다. 다만 피고인이 범죄의 혐의를 받기 전에 작성한 상업장부, 일기장, 수첩, 메모 등이 피고인의 진술을 내용으로 하는 것일 경우에 보강증거가 될 수 있는지 여부가 문제된다.

(1) 학 설

상업장부가 업무의 통상과정에서 기계적·연속적으로 작성되는 이상 비록 그 속에 범죄 사실을 인정하는 기초자료가 포함되어 있다고 하더라도 문서의 개성이 후퇴하여 누구든지 그 상황에서 동일한 내용을 기재할 것으로 예상되므로 자백 이외의 독립증거로 보아야 한 다는 견해와 피고인이 범인으로 검거되기 전에 범죄혐의와 무관하게 작성한 일기장·수첩· 자술서·메모 또는 상업장부 등이 피고인의 진술을 내용으로 하는 이상 자백에 해당되어 보 강증거가 될 수 없다는 견해가 있다.

(2) 판 례

대법원은 피고인이 작성한 상업장부·항해일지·진료일지·금전출납부 등 사무 내역을 기재한 문서 의 증거력 및 그 기재 내용 중 공소사실에 부합되는 부분이 자백문서에 해당하는지 여부에 관하여 「상업장부나 항해일지, 진료일지 또는 이와 유사한 금전출납부 등과 같이 **범죄사실의 인정여부와는 관 계없이 자기에게 맡겨진 사무를 처리한 사무내역을 그때그때 계속적, 기계적으로 기재한 문서 등의 경우는 사무처 리내역을 증명하기 위하여 존재하는 문서로서 그 존재 자체 및 기재가 그러한 내용의 사무가 처리되었음의 여부를 판단할 수 있는 별개의 독립된 증거자료이고,** 설사 그 문서가 우연히 피고인이 작성하였고 그 문서의 내 용 중 피고인의 범죄사실의 존재를 추론해 낼 수 있는, 즉 공소사실에 일부 부합되는 사실의 기재 가 있었다고 하더라도, 이를 일컬어 피고인이 범죄사실을 자백하는 문서라고 볼 수 없다」고 판시하 여 소극설의 입장을 취한 다음, 피고인이 업무추진과정에서 지출한 자금 내역을 기록한 수첩의 기 재내용이 자백에 대한 독립한 보강증거가 될 수 있는지 여부에 관하여는 「피고인이 뇌물공여 혐의 를 받기 전에 이와는 관계없이 준설공사에 필요한 각종 인·허가 등의 업무를 위임받아 이를 추진 하는 과정에서 그 업무수행에 필요한 자금을 지출하면서, 스스로 그 지출한 자금내역을 자료로 남 겨두기 위하여 **뇌물자금과 기타 자금을 구별하지 아니하고 그 지출 일시, 금액, 상대방 등 내역을 그때그때 계속 적, 기계적으로 기입한 수첩의 기재 내용은, 피고인이 자신의 범죄사실을 시인하는 자백이라고 볼 수 없으므로,** 증 거능력이 있는 한 피고인의 금전출납을 증명할 수 있는 별개의 증거라고 할 것인즉, 피고인의 검찰 에서의 자백에 대한 보강증거가 될 수 있다」(대판(전합) 1996.10.17, 94도2865)고 하여 적극설의 입장을 취하고 있다.

(3) 검 토

판례는 보강증거로서의 자격 내지 적격성에 대한 요건으로 ㉠ 상업장부나 항해일지, 진 료일지 또는 이와 유사한 금전출납부 등과 같이, 범죄사실의 인정여부와는 관계없이(범죄의 혐의를 받기 전에 기재한 것), ㉡ 자기에게 맡겨진 사무를 처리한 사무 내역을(자기의 비망(備忘)

을 위하여 기재한 것), ⓒ 그때그때 계속적·기계적으로 기재한 문서를 들고 있다고 볼 수 있다. 그런데 판례에서 언급한 수첩을 살펴볼 때, 본 수첩에는 뇌물자금뿐만 아니라 기타 자금에 관하여도 기재되어 있으므로 상업장부나 이와 유사한 금전출납부의 성격을 가지고 있다고 볼 수 있으며, 범죄의 혐의를 받기 전에 기재되어 있고, 자기의 비망(기억)을 위하여, 그 지출일시·금액·상대방 등 내역을 그때그때 기계적·계속적으로 기재한 것이므로 위의 요건을 모두 갖추고 있다. 따라서 본 수첩은 피고인이 작성한 일지, 일기장, 편지 등과는 달리 자백의 보강증거가 될 수 있다.

그러나 수첩메모내용이 수사기관의 범죄혐의와 관계없이 작성된 것이라 할지라도 검사 앞에서 행한 자백과 그 내용은 실질적으로 같다. 즉 수첩메모는 법형식논리적으로 피고인의 자백이 아니라고 보는 경우에도 피의자신문조서인 자백조서에 대해 독립된 증거가치를 가진 것으로 볼 수는 없다.

3. 정황증거

자백에 대한 보강증거는 반드시 직접 범죄사실을 증명하는 직접증거에 한하지 않고 간접증거 내지 정황증거로도 족하다(통설·판례). 다만 간접증거 내지 정황증거로 족하다고 할지라도 새로운 간접사실이 범죄사실에 부수되는 경우(부수적 간접사실)로는 족하지 않고, 이와는 독립된 간접사실(독립적 보강간접사실)에 해당되어야 할 것이다.

☞ 구체적으로 판례를 살펴보면, ㉠ 위조신분증을 제시·행사하였다는 자백에 대한 그 신분증의 현존(대판 1983.2.22, 82도3107), ㉡ 메스암페타민을 투약하였다는 자백에 대하여 메스암페타민 성분이 검출된 소변검사결과(대판 2002.1.18, 2001도1897), ㉢ 피고인의 무면허운전에 대한 오토바이의 시동을 걸려는 것을 보고 그를 즉시 체포하면서 그로부터 오토바이를 압수하였다는 사법경찰리 작성의 압수조서기재(대판 1994.9.30, 94도1146), ㉣ 뇌물공여자의 자백에 대한 상대방인 공무원의 뇌물을 수수한 사실은 부인하면서도 그 일시경에 뇌물공여자를 만났던 사실 및 공무에 관한 청탁을 받기도 한 사실자체의 시인(대판 1995.6.30, 94도993), ㉤ 피고인이 그 차량을 운전하였다는 사실의 자백 부분 및 결과적으로 피고인의 무면허운전이라는 전체 범죄사실에 대한 자동차등록증에 그 차량의 소유자로 등록·기재된 것(대판 2000.9.26, 2000도2365), ㉥ 메스암페타민 투약사실에 관한 피고인 甲의 자백에 대한 메스암페타민을 甲에게 매도하였다는 乙의 진술(대판 2008.11.27, 2008도7883) 등은 자백을 보강하는 간접증거 내지 정황증거가 된다는 입장이다.

4. 공범자의 자백

피고인이 자백하고 있는 경우에 공범자의 자백을 보강증거로 삼아 유죄판결을 할 수 있는지가 공범자의 자백의 보강증거적격과 관련하여 문제된다.

(1) 학   설

공범자의 자백을 형사소송법 제310조의 '피고인의 자백'에 해당하지 않는다고 보는 보강증거불요설의 입장에서는 공범자의 자백은 독립증거로서 당연히 보강증거로 사용할 수 있다고 보는 반면, 보강증거필요설을 취하는 견해에서는 다시 긍정설과 부정설로 대립되는데, 전자는 공범자백의 보강증거 요부의 문제와 피고인과 공범자가 모두 자백하는 경우 그 두 개의 자백으로 피고인을 유죄로 인정할 수 있느냐의 문제는 별개의 문제영역이므로 상호보강증거가 될 수 있다는 입장인 반면, 후자는 ㉠ 공범자의 자백을 제310조 '피고인의 자백'으로 보면서 공범자의 자백이 피고인의 자백을 보강하는 독립된 증거라고 하는 것은 논리적으로 모순이며, ㉡ 공동피고인의 자백은 피고인의 자백과 실질적으로 독립된 증거이기 때문에 보강증거로 사용할 수 있다는 견해는 자백 이외의 증거가 없는 상황에서 다수인이 참여하는 범죄를 빠짐없이 처벌하려는 형사정책적 고려에 기인한 것이라는 비판 아래, 보강증거가 될 수 없다는 견해가 있다.

(2) 판   례

대법원은 일관하여 보강증거불요설의 입장에서 공범자의 자백(대판 1983.6.28, 83도1111,)이나 공범자인 공동피고인의 자백은 보강증거가 될 수 있고(대판 1987.12.22, 87도1020,), 공범자 전원이 자백한 경우뿐만 아니라, 공동피고인의 일부가 부인한 경우에도 자백한 공동피고인의 자백은 피고인의 자백에 대하여 보강증거가 될 수 있다(대판 1968.3.19, 68도43,)고 판시하고 있다.

(3) 검   토

피고인이 자백하고 있지 않은 경우에 공범자의 자백만으로 피고인을 유죄로 인정할 수 있느냐의 공범자의 진술에 대한 **보강증거 요부의 문제**와 피고인이 자백하는 경우 공범자의 자백을 보강증거로 사용하여 유죄로 할 수 있느냐의 공범자의 자백에 대한 **보강증거 적격의 문제**는 별개의 문제로서 반드시 논리필연적인 연관관계에 있는 것은 아니다. 따라서 보강증거 요부에 관한 학설에 따라 이를 일률적으로 긍정 내지 부정하는 것이 타당하지 않으며, 양자가 별개의 문제임을 인정하는 이상 공범 자백의 보강증거 적격의 문제는 그 자체의 문제상황에 따라, 그 보강증거 적격을 인정하는 것이 합리적이냐 아니냐를 판단하여 결정해야 할 것이다. 따라서 피고인이 자백하고 있는 경우, 공범자의 자백을 보강증거로 사용하여 유죄판결을 할 수 있다고 보아야 한다.

V. 보강증거의 범위

1. 의   의

보강증거가 어느 범위까지 자백을 보강해야 하는가를 보강증거의 범위의 문제라고 한다.

자백한 범죄사실의 전부에 대하여 보강증거를 필요로 하는 것은 사실상 불가능할 뿐만 아니라 자백의 증거가치를 완전히 부정하는 결과가 되므로 보강증거는 범죄사실의 전부에 대한 증거임을 요하지 않고 그 일부에 대한 증거로도 족하다. 반대로 보강증거가 어떤 증거라도 있기만 하면 족하다고 해석할 때에는 자백의 보강법칙은 무의미하게 된다. 그러므로 자백에 대하여 보강증거를 필요로 하는 범위를 명백히 할 필요가 있다.

2. 학설 및 판례

범죄의 개별 구성부분인 죄체(body of the crime)에 보강증거가 필요하다는 **죄체설**도 있으나, 자백의 진실성이 담보된다면 오판의 위험은 없으므로 자백의 진실성을 담보할 수 있는 정도면 족하다는 **진실성담보설**(실질설)이 타당하다고 본다(통설). 판례도「자백에 대한 보강증거는 범죄사실의 전부 또는 중요부분을 인정할 수 있는 정도가 되지 아니하더라도 피고인의 자백이 가공적인 것이 아닌 진실한 것임을 인정할 수 있는 정도만 되면 족하다」(대판 2004.5.14, 2004도1066; 대판 2000.9.26, 2000도2365)고 판시하여 진실성담보설의 입장이다.

3. 구체적 고찰

(1) 범죄구성요건요소

통설은 범죄의 객관적 구성요건요소에는 원칙적으로 보강증거가 필요하지만, 고의·과실, 장물죄의 지정(知情), 공범자간의 의사연락, 목적 등과 같은 주관적 구성요건요소는 보강증거 없이 피고인의 자백만으로 인정할 수 있다고 한다. 그 근거로 범죄의 주관적 요소에 대하여까지 보강증거를 요하는 것은 무리일 뿐만 아니라 자백의 증명력을 무시하는 결과를 초래할 가능성이 있다는 점을 들고 있다. 그러나 범죄의 객관적 구성요건요소이건 주관적 구성요건요소이건 피고인의 자백만이 존재할 경우에는 진범임을 보강할 만한 증거가 필요하다고 보아야 할 것이다.

(2) 범죄구성요건요소 이외의 사실

객관적 처벌조건, 누범가중, 전과, 정상 등에 관한 사실은 범죄사실이 아니므로 보강증거 없이 자백만으로 인정할 수 있다. 판례도 전과(대판 1981.6.9, 81도1353)나 확정판결(대판 1983.8.23, 83도820) 등은 엄격한 의미의 범죄사실과는 구별되므로 피고인의 자백만으로 그 존부를 인정할 수 있다고 판시하고 있다.

(3) 범인과 피고인의 동일성

목격증인이 없는 강력사건에서 피고인의 수사기관에서의 자백 이외에 다른 증거가 없어서 범인과 피고인의 동일성 여부가 문제되는 경우, 동일성을 확인할 수 있는 증거수집은 사실상 불가능하며, 이를 요구한다면 자백의 증명력을 부인하는 결과를 초래하므로 이를 요하지 않는다는 견해도 있으나, 동일성여부는 공소사실의 핵심이므로 수사단계에서의 자백만이 있는 경우에는 당연히 진범임을 보강할 만한 사정의 존재가 필요하다고 보아야 할 것이다.

(4) 죄수와 보강증거

① **경 합 범:** 수죄이므로 각각의 범죄에 대하여 보강증거가 필요하다(통설·판례). 다만 서로 다른 보강증거를 요한다고 하여 반드시 증거방법을 달리할 필요는 없고 하나의 보강증거가 각 죄의 긴밀성때문에 각 죄에 공통된 보강증거로 사용될 수 있다. 예컨대 칼을 들이대고 10회 강도범행을 한 자가 자백하고 범행에 공통적으로 제공된 칼이 압수된 경우가 여기에 해당한다.

② **상상적 경합:** 실체법상 수죄이지만 소송법상으로는 일죄이므로 가장 중한 죄에 대한 보강증거가 있으면 족하다는 견해와 실체법상 수죄인 이상 각각의 범죄에 대한 보강증거가 필요하다는 견해가 있다. 상상적 경합관계에 있는 한, 한 죄에 대한 보강증거는 통상 다른 죄에 대해서도 보강증거로 사용될 것이므로 학설상의 실천적인 차이는 없다.

③ **포괄적 일죄:** 범죄의 포괄성 내지 집합성을 인정할 수 있는 범위에서 보강증거가 있으면 족하다는 견해, 각각의 범죄에 대한 보강증거가 필요하다는 견해 등이 있으나, 각 행위가 독립된 의미가 없는 경우이면 보강증거를 필요로 하지 않지만, 구성요건상 독립된 의미를 가지는 경우(상습범, 연속범)에는 보강증거를 필요로 하는 견해가 타당하다고 본다(통설).

판례도 「소변검사 결과는 1995. 1. 17.자 투약행위로 인한 것일 뿐 그 이전의 4회에 걸친 투약행위와는 무관하고, 압수된 약물도 이전의 투약행위에 사용되고 남은 것이 아니므로, 위 소변검사 결과와 압수된 약물은 결국 피고인이 투약습성이 있다는 점에 관한 정황증거에 불과하다 할 것인바, 피고인의 습벽을 범죄구성요건으로 하며 포괄1죄인 상습범에 있어서도 이를 구성하는 각 행위에 관하여 개별적으로 보강증거를 요구하고 있는 점에 비추어 보면 투약습성에 관한 정황증거만으로 향정신성의약품관리법위반죄의 객관적 구성요건인 각 투약행위가 있었다는 점에 관한 보강증거로 삼을 수는 없다」(대판 1996.2.13, 95도1794)는 입장이다.

VI. 보강증거의 증명력

보강증거의 증명력의 정도는 보강증거가 그 자체만으로 범죄의 객관적 구성요건의 전부에 대하여 심증을 얻게 할 정도의 증명력을 가져야 하는가(절대설), 아니면 자백과 종합하여 심증을 얻을 정도의 증명력을 가지면 족한가(상대설)에 관한 문제이다. 이에 대하여 죄체설을 충실히 따른다면 보강증거가 범죄사실 그 자체를 상당한 정도로 추측케 하는 힘이 있을 것을 필요로 하지만, 진실성담보설을 따른다면 보강증거가 그 자체만으로는 객관적 구성요건을 인정할 수 없다 하더라도 자백과 종합하여 범죄사실을 인정할 수 있는 정도의 증명력을 가지고 있으면 족하다고 본다(통설). 판례도 동일한 입장이다(대판 1967.12.18, 67도1084).

VII. 위반의 효과

1. 보강법칙에 위배된 경우

제310조에 위반하여 자백을 유일한 증거로 하여 유죄판결을 한 때에는 항소이유($^{제361조의5}_{제1호}$) 또는 상고이유($^{제383조}_{제1호}$)가 된다.

2. 유죄판결이 확정된 경우

비상상고이유($^{제441}_{조}$)가 되지만, 새로 무죄의 증거가 발견된 경우가 아니므로 재심사유($^{제420조}_{제5호}$)는 아니라고 본다.

사례해설 _____

설문 (1)은 공범자의 자백만이 있고 보강증거가 없는 경우에 피고인에게 유죄판결을 할 수 있는지, 즉 공범자의 자백에도 보강증거가 있어야 하는가의 문제이고, 설문 (2)는 공동피고인의 증인적격과 관련하여 공동피고인의 진술이 증거능력을 가지는가의 문제이다.

첫째, 자백의 보강법칙과 관련하여 자백의 보강법칙은 피고인의 자백인 이상 공판정에서의 자백은 물론 공판정외에서의 자백에 대하여도 적용된다고 보는 것이 통설과 판례의 태도이다. 따라서 설문 (1)의 경우 다른 증거가 없는 경우에 자백을 한 乙에 대하여는 자백의 보강법칙에 의하여 유죄로 인정할 수 없게 된다. 반면에 공범자의 자백과 보강법칙에 관하여 학설상 대립이 있으나, 판례인 보강증거불요설에 의한다면 甲은 법원의 자유심증에 의하여 乙의 자백만으로 유죄판결을 받을 수 있을 것이다.

둘째, 공동피고인의 진술의 증거능력과 관련하여 공동피고인의 증인적격에 관하여 학설은 긍정설, 부정설, 절충설이 있는데, 이와 관련하여 공동피고인의 진술의 증거능력을 살펴보면, 乙은 공범자인 공동피고인이다. 따라서 부정설은 물론 절충설에 의하는 경우에도 乙에게는 변론을 분리하지 않는 한 증인적격이 인정되지 않는다. 따라서 乙을 증인으로 신문하기 위해서는 변론을 분리해야 하는 것은 물론이다. 그러나 공동피고인으로서의 乙의 진술은 다른 공범자에게 반대신문의 기회가 보장될 수 있으므로 공범자인 다른 피고인에 대한 관계에서도 증거능력을 가진다고 해야 한다. 따라서 이 경우 乙의 진술을 증거로 하기 위하여 별도로 乙을 증인으로 신문할 필요는 없을 것이다.

CHAPTER 04 공판조서의 증거능력과 증명력

Ⅰ. 서 설

1. 공판조서의 의의

공판조서란 공판기일의 소송절차에 관하여 공판에 참여한 법원사무관 등이 형사소송법의 규정에 따라 작성한 조서를 의미한다(제51조제1항). 이러한 공판조서를 작성하는 이유는 궁극적으로 공판절차의 공정을 담보하고 후에 발생할지도 모르는 분쟁을 방지하기 위한 자료로 보전하기 위하여 필요하기 때문이다.

2. 공판조서의 정확성 보장

공판조서의 정확성을 담보하기 위하여 공판조서는 공판에 참여한 법원사무관 등이 작성하고 재판장의 서명·날인 이외에 법원사무관 등이 서명·날인하여 정확성을 인증하도록 하고 있다(제53조). 또 변호인에게 공판조서를 열람·등사할 수 있게 하고(제35조), 공판기일에 있어서는 피고인에게 공판조서열람권을 인정할 뿐만 아니라(제55조), 전회(前回)의 공판심리에 관한 주요사항의 요지를 조서에 의하여 고지하게 하고, 검사·피고인 또는 변호인에게 공판조서에 대한 이의진술을 인정하고 있는 것도(제54조) 모두 공판조서의 정확성을 보장하기 위한 제도이다.

Ⅱ. 공판조서의 증거능력

1. 무조건 증거능력의 인정

공판준비 또는 공판기일에 피고인이나 피고인 아닌 자의 진술을 기재한 조서는 증거로 할 수 있다(제311조). 즉 공판조서는 무조건 증거능력이 인정되는 것이다. 왜냐하면 위에서 언급한 것처럼 공판조서는 공판조서의 정확성을 보장하는 제도적 장치가 마련되어 있을 뿐만 아니라, 법원 또는 법관의 면전에서 작성된 것이므로 그 진정성립이 당연히 추정되어 신용성의 정황적 보장이 높으며, 공판기일에는 당사자에게 반대신문의 기회가 충분히 부여되어 있어 다시 반대신문을 인정할 필요가 없기 때문이다. 따라서 공판조서에 기재된 피고인·증인의 진술, 공판정에서의 검증결과 등은 당연히 증거능력이 인정된다. 다만 무조건 증거능력이 인정되는 것은 당해 피고사건에 관한 공판조서이며, 다른 피고사건의 공판조서는 제315조 제3호의 특히 신용할 만한 정황에 의하여 작성된 문서로서 증거능력이 인정된다(통설).

2. 피고인 아닌 자의 진술기재조서

공판조서는 다른 공동피고인의 공소사실에 관해서도 원칙적으로 증거능력이 있다. 그러나 공동피고인이라도 전혀 별개의 사건으로 기소된 경우에는 증인신문절차에 의하여 신문하여야 하며 공판조서에 기재된 공동피고인의 진술만으로는 피고인을 유죄로 인정할 수 없다.

III. 공판조서의 증명력

> **사 례**
>
> 피고인 甲은 제1심의 공판절차가 공판의 공개에 관한 규정을 위반하였다는 항소이유를 입증하기 위하여 피고인 甲의 제1심 변호인 乙에 대한 증인신문을 신청하였다.
> 1. 법원측의 실수로 피고인 甲에 관한 제1심 공판조서가 멸실된 경우 항소법원은 피고인 甲의 증인신문신청에 대하여 어떠한 증거결정을 하여야 하는가?
> 2. 그 공판조서가 무효인 경우 항소법원은 피고인 甲의 증인신문신청에 대하여 어떠한 증거결정을 하여야 하는가?

1. 의 의

공판기일의 소송절차로서 공판조서에 기재된 것은 그 조서만으로써 증명한다(제56조). 공판조서만으로써 증명한다는 것은 다른 증거를 참작하거나 반증을 허용하지 않고 공판조서에 기재된 대로 인정한다는 것을 의미한다. 이는 공판기일의 소송절차에 법령 위반이 있는가를 상소심에서 심판하는 경우, 원심의 법관이나 법원사무관 등을 증인으로 신문하는 것은 소송절차가 불필요하게 지연될 뿐만 아니라 번잡을 초래할 우려가 있다. 따라서 이러한 고려하에 공판조서에 관하여 사전에 정확성을 보장하는 한편, 상소심의 판단자료를 공판조서에 한정하여 상소심에서의 심사의 편의를 도모하기 위한 것으로 볼 수 있다.

2. 배타적 증명력이 인정되는 범위

(1) 공판기일의 소송절차

공판조서만에 의하여 증명할 수 있는 것은 공판기일의 절차에 한한다. 예컨대 필요적 변호사건에 있어서 변호인의 출석여부(대판 1996.4.6,), 진술거부권의 고지여부(제283조의2), 피고인의 모두진술여부(제286조), 증거동의여부(대판 2008.4.24,), 변호인 및 피고인에 대한 최종의견 진술기회의 고지여부(제303조), 판결선고의 유무 및 일자(대판 1996.9.10,) 등이 여기에 해당한다. 그러나 소송절차라 하더라도 공판기일에서의 소송절차가 아닌 예컨대, 공판기일외에서의 증인신문 또는 검증 등의 절차에서 작성된 조서는 배타적 증명력이 인정되지 않는다. 또 공판기일의 소송절차에 한하여 배타적 증명력이 인정되므로, 공판기일의 절차라 하더라도 실체적 사항에 관해서는 절대적 증명력이 인정되지 아니한다. 즉 증인의 증언내용과 같은 실체적 사항에 대해서는 배타적 증명력이 없고, 제311조에 의해서 증거능력이 인정될 뿐이다.

(2) 공판조서에 기재된 소송절차

① **기재된 사항의 증명:** 공판조서의 배타적 증명력은 공판기일의 소송절차에 관한 것 중에서 공판조서에 기재된 것에 한정된다. 그 절차가 필요적 기재사항인지 여부는 문제되지 않는다. 다만 공판조서는 위조, 변조 또는 허위작성되었음이 다른 형사절차에 의하여 증명되는 경우에는 공판조서의 배타적 증명력이 부인될 수 있을 것이다.

② **기재되지 않은 사항의 증명:** 공판조서에 기재되지 아니한 소송절차라 하더라도 그 존재가 부인되는 것은 아니며, 이에 대하여는 다른 자료에 의하여 증명할 수 있다. 다만 이는 소송법적 사실에 속하므로 자유로운 증명으로 족하다.

③ **기재가 불분명한 사항의 증명:** 기재사항이 불명확하거나 전후 모순된 기재인 경우, 조서기재의 정황성에 이의신청(제54조)이 방해된 경우 등에는 그 공판조서의 배타적 증명력을 인정할 수 없을 것이다. 다만 판례는 기재내용이 서로 다른 공판조서에 대한 증명력에 관하여「동일한 사항에 관하여 두 개의 서로 다른 내용이 기재된 공판조서가 병존하는 경우 양자는 동일한 증명력을 가지는 것으로서 그 증명력에 우열이 있을 수 없다고 보아야 할 것이므로 그 중 어느 쪽이 진실한 것으로 볼 것인지는 공판조서의 증명력을 판단하는 문제로서 법관의 자유로운 심증에 따를 수밖에 없다」(대판 1988.11.8,)고 판시하고 있다.

④ **명백한 오기의 기재:** 공판조서의 기재에 명백한 오기가 있는 경우에는 올바른 내용에 따라 판단할 수 있다(대판 1995.4.14,). 이러한 명백한 오기를 판단함에 있어 공판조서만을 기초로 삼을 것인지 아니면 다른 자료도 참고할 수 있는지 논란이 있다. 이에 공판조서의 배타적 증명력이 기재내용의 진실성판단에 대해서까지 미친다고 할 수 없다는 점을 들어 다른 자료도 참고할 수 있다는 견해가 있으나, 공판조서에 배타적 증명력을 부여하는 이유가 피고사건의 실체와 관련없는 분쟁의 파생을 방지하려는 점에 있다고 볼 때, 오기인가의 여부를 판단함에 있어서 다른 자료의 개입을 허용하는 것은 제56조의 취지에 반한다고 보아야 할 것이다. 다만 속기록이나 영상녹화물이 있는 경우에는 예외적으로 이 자료를 이용하여 공판조서의 명백한 오기를 판단할 수 있다고 보아야 한다.

(3) 당해 사건에 관한 소송절차

여기서 공판조서는 당해 사건의 공판조서만을 의미하고, 당해 사건에 관한 절차이면 상소심의 절차이건 원심의 절차이건 배타적 증명력이 인정된다. 그러므로 당해 사건과의 관계에서 상소심이 심사하는 경우에 있어서만 효력을 가지는 것이고, 다른 사건과의 관계에서 배타적 증명력을 가지는 것은 아니다. 따라서 甲사건에서 증언한 증인이 위증죄로 재판을 받는 경우에 선서하였는가를 판단함에 있어서 甲사건의 공판조서가 배타적 증명력을 가지는 것은 아니다.

3. 배타적 증명력이 있는 공판조서

(1) 유효한 공판조서의 존재

공판조서의 배타적 증명력은 유효한 공판조서가 존재할 것을 전제로 한다. 따라서 공판조서가 작성되지 않았기 때문에 존재하지 않거나 도중에 멸실된 경우 또는 공판기일에 열석하지 아니한 판사가 재판장으로 서명·날인한 경우처럼 중대한 방식위반으로 인하여 공판조서가 무효인 경우(대판 1983.2.8. 82도2940)에는 배타적 증명력이 인정되지 않는다.

(2) 공판조서의 멸실·무효인 경우

위에서 언급한 것처럼 공판조서의 불작성, 서명·날인의 부존재 등 처음부터 무효인 경우에는 배타적 증명력이 인정되지 않는다. 다만 작성은 되었으나 멸실 내지 무효인 경우 상소심에서 다른 자료로 다툴 수 있는지 문제되는데, 종래 판례는「본건 기록이 분실되어 현존치 아니하매 원심판결은 결국 그 기초되는 사실심리 및 증거조사 없었음에 귀하므로 다시 이를 실시키 위하여 원판결을 파훼하고 사건을 원심에 환송시킴이 타당하다」(대판 1950.12.4. 4283형상9)고 판시하여 소극적인 입장을 취한 바 있다. 그러나 공판조서가 멸실 내지 무효인 경우에는 공판조서에 기재가 없는 경우와 동일하다고 볼 수 있으므로 다른 자료에 의한 사실인정을 허용하는 것이 타당하다고 본다(통설). 왜냐하면 공판조서의 증명력은 유효한 공판조서를 전제로 할 뿐만 아니라 형사소송법이 항소심의 심판에 대하여 파기자판을 원칙으로 하고 있는데, 이를 이유로 사건을 원심법원에 환송하는 것은 소송경제에 반하기 때문이다.

사례해설

설문은 원심의 공판조서가 멸실되거나 무효인 경우에 항소심에서 원심공판절차의 존부 또는 적법여부에 관한 증거조사 내지 증명이 허용되는가가 문제된다. 먼저 설문 (1)을 살펴보면, 공판조서가 멸실되었으므로 제1심의 공판이 공개되었는가 여부에 관해서는 항소심에서 증거조사가 허용되며 제1심의 공판이 공개되었는가 여부를 판단하기 위해서는 피고인 甲의 제1심 변호인 乙에 대한 증인신문이 필요하므로 항소법원은 피고인 甲의 증인신문신청을 받아들이는 증거결정을 하여야 한다(적극설). 둘째 설문 (2)를 살펴보면, 공판조서가 무효인 경우 원심의 공판절차의 적법 여부에 관하여 항소심에서 증거조사가 허용되며 제1심의 공판이 공개되었는가 여부를 판단하기 위해서는 피고인 甲의 제1심 변호인 乙에 대한 증인신문이 필요하므로 항소법원은 피고인 甲의 증인신문신청을 채택하는 증거결정을 하여야 한다(적극설).

제6편
재판

06

CHAPTER 01 재판 일반론

제 1 절 재판의 기초개념

I. 재판의 의의와 종류

1. 재판의 의의

재판이란 고유한 의미(협의)에 있어서는 사건에 법령을 적용하여 이를 공권적으로 해결하는 법원의 의사표시를 말하지만, 광의로는 널리 법원 또는 법관의 의사표시적 소송행위 일체를 말한다. 이와 같이 재판은 법원 또는 법관의 소송행위라는 점에서 법관 이외의 사법기관인 법원사무관이나 검사의 소송행위와 구별되고, 또 법률행위적 소송행위라는 점에서 재판기관이 행하는 사실행위적 소송행위(증거조사 등)와도 구별된다.

2. 재판의 종류

(1) 종국재판과 종국 전 재판

종국재판이란 당해 소송을 그 심급에서 종결시키는 재판을 말하며, 유·무죄의 재판 및 관할위반·공소기각·면소재판이 여기에 해당한다. 종국재판에는 법적 안정성의 원리가 적용되므로 재판을 한 법원이 취소 또는 변경할 수 없으나, 원칙적으로 상소는 허용된다. 종국 전 재판이란 피고사건의 소송을 계속 진행시키기 위하여 절차상의 문제를 해결하는 재판을 말하고, 결정과 명령의 대부분이 여기에 해당한다. 종국 전 재판에는 합목적성의 원리가 지배되므로 그 재판을 한 법원이 취소·변경할 수 있으나, 원칙적으로 상소는 허용되지 않는다(제403조).

(2) 판결·결정·명령

판결과 결정은 법원이 행하는 재판이고, 명령은 법관(재판장, 수명법관, 수탁판사)이 행하는 재판으로 형사소송법에 명령이라고 규정되어 있지 않더라도 재판장 또는 법관 1인이 하는 재판은 모두 명령에 해당한다. 다만 수명법관, 수탁판사가 행하는 직무집행에 관하여 법원의 직무를 행할 수 있도록 되어 있는 경우(제136조 제3항, 제145조, 제167조 제3항, 제177조 등)에는 수명법관, 수탁판사도 결정을 할 수 있는 경우가 있다. 법원이 행하는 재판 중 판결과 결정은 법의 규정에 따라 사유가 구별되는바, 종국재판의 원칙적 형식은 판결사항으로 되고, 종국 전 재판의 원칙적 형식은 결정사항이다. 다만 종국재판도 결정으로 하는 경우가 있다(공소기각의 결정).

판결은 법률에 다른 규정이 없으면 구두변론에 의하여야 하고($^{제37조}_{제1항}$), 이유를 명시하여 선고하여야 한다($^{제39}_{조}$). 이에 대하여 결정·명령은 구두변론에 의하지 않을 수 있고($^{제37조}_{제2항}$), 상소할 수 없는 결정 또는 명령인 때는 이유를 명시할 필요가 없으며($^{제39조}_{단서}$) 적당한 방법으로 고지하면 된다. 또 불복의 방법에 있어서도 판결에 대하여는 항소 또는 상고이고, 결정에 대하여는 항고 또는 재항고이며, 명령에 대하여는 일반적으로 상소의 방법이 없으나, 특수한 경우에 이의신청($^{제304}_{조}$) 또는 준항고($^{제416}_{조}$)가 허용될 뿐이다.

표 6-1 판결·결정·명령의 구별

구 분	판 결	결 정	명 령
형 식	종국재판	종국 전 재판/ 종국재판(공소기각결정 등)	종국 전 재판
선고기관	법 원	법 원	법 관 (재판장/수명법관/수탁판사)
방 식	재판서 작성	조서에만 기재 가능	조서에만 기재 가능
심 리	구두변론 원칙	구두변론 X 필요한 경우 사실조사 O	구두변론 X 필요한 경우 사실조사 O
재판이유	명 시	명시(상소불허결정 제외)	명 시 X
상 소	항소/상고	항고/재항고	일반적 상소방법 X (예외적으로 이의신청/준항고)

(3) 실체재판과 형식재판

실체재판이란 피고사건의 실체적 법률관계(소송의 객체인 구체적 형벌권의 존부)를 판단하는 재판으로, 유죄판결과 무죄판결이 여기에 해당된다. 실체재판은 모두 종국재판이며 판결의 형식에 의한다. 반면에 형식재판이란 사건의 실체에 대하여 판단하지 않고 절차상 이유로 사건을 종결시키는 재판인데, 종국재판 가운데 관할위반·공소기각 및 면소판결이 여기에 해당한다. 종국전의 재판은 모두 형식재판이다. 종국전의 재판을 '중간재판'이라고 부르기도 한다.

Ⅱ. 재판의 성립

1. 내부적 성립

재판의 내부적 성립이란 재판의 의사표시적 내용이 당해 사건의 심리에 관여한 재판기관의 내부에서 결정되는 것을 말한다. 따라서 심리에 관여하지 아니한 법관이 재판의 내부적 성립에 관여하는 것은 허용되지 아니하므로 이 경우에는 공판절차를 갱신하여야 하고, 만약 사건의 심리에 관여하지 아니한 판사가 그 재판의 내부적 성립에 관여한 때에는 절대적 항소이유가 된다(제361조의5 제8호). 다만 재판이 내부적으로 성립한 후 선고만 하는 경우에는 공판절차를 갱신할 필요가 없다(제301조).

(1) 합의제의 경우

합의제의 재판은 그 구성원인 법관의 합의에 의하여 내부적으로 성립한다. 재판의 합의는 헌법 및 법률에 다른 규정이 없으면 과반수로 결정하며(법조법 제66조 제1항), 합의에 관한 의견이 3설 이상 분립하여 각각 과반수에 달하지 못하는 때에는 과반수에 달할 때까지 피고인에게 가장 불리한 의견의 수에 순차 유리한 의견의 수를 더하여 그 중 가장 유리한 의견을 재판의 내용으로 한다(동법 제66조 제2항 제2호). 심판의 합의는 원칙적으로 이를 공개하지 아니한다(동법 제65조). 다만 대법원의 재판서에는 합의에 관여한 모든 대법관의 의견을 표시하여야 하므로(동법 제15조) 대법원의 재판서에는 소수의견이 표시된다.

(2) 단독제의 경우

단독판사가 하는 재판에는 합의라는 단계가 없으므로 재판의 내부적 성립의 시기를 어떻게 정할 것인지 문제된다. 통설은 재판서 작성후에는 판사의 경질이 있더라도 절차갱신의 필요가 없다는 점을 근거로 재판서 작성의 시기를 내부적 성립의 시기로 보고 있다. 따라서 재판서를 작성하지 않는 재판에 있어서는 재판의 선고 또는 고지와 동시에 내부적 성립이 있다고 보아야 할 것이다.

2. 외부적 성립

(1) 성립시기

재판의 외부적 성립이란 재판의 의사표시적 내용이 재판을 받는 자에게 인식될 수 있는 상태에 이른 것을 말한다. 따라서 재판은 선고 또는 고지에 의하여 외부적으로 성립하여 공표된다. 여기서 선고란 재판의 내용을 구술로 선언하는 행위이고, 고지란 선고외의 적당한 방법으로 재판내용을 관계인에게 알려주는 행위를 말하는데, 형사소송법은 재판 중 가장 중요한 유형인 판결에 대해서는 반드시 **선고**를 거쳐 공표하도록 하고 있다. 결정과 명령은 **고지**의 방법에 의한다.

(2) 선고 및 고지의 내용

재판의 선고 또는 고지는 재판장이 행하며, 판결을 선고함에는 주문을 낭독하고 이유의 요지를 설명하여야 한다(제43조). 이러한 재판의 선고 또는 고지는 이미 내부적으로 성립한 재판을 대외적으로 공표하는 방법에 불과하므로 반드시 재판의 내부적 성립에 관여한 법관에 의하여 행할 필요는 없다. 따라서 재판의 내부적 성립에 관여하지 아니하였던 판사가 재판을 선고하여도 재판의 외부적 성립에는 영향이 없다($\frac{제301}{조}$).

참조판례 「형사소송법은 재판장이 판결을 선고함에는 주문을 낭독하고 이유의 요지를 설명하여야 하고($\frac{제43조}{2후문}$), 형을 선고하는 경우에는 피고인에게 상소할 기간과 상소할 법원을 고지하여야 한다고 정한다($\frac{제324}{조}$). 형사소송규칙은 재판장은 판결을 선고할 때 피고인에게 이유의 요지를 말이나 판결서 등본 또는 판결서 초본의 교부 등 적절한 방법으로 설명하고, 판결을 선고하면서 피고인에게 적절한 훈계를 할 수 있으며($\frac{제147}{조}$), 재판장은 판결을 선고하면서 피고인에게 형법 제59조의2, 형법 제62조의2의 규정에 의하여 보호관찰, 사회봉사 또는 수강을 명하는 경우에는 그 취지 및 필요하다고 인정하는 사항이 적힌 서면을 교부하여야 한다고 정한다($\frac{제147조의2}{제1항}$). 이러한 규정 내용에 비추어 보면, 판결 선고는 전체적으로 하나의 절차로서 재판장이 판결의 주문을 낭독하고 이유의 요지를 설명한 다음 피고인에게 상소기간 등을 고지하고, 필요한 경우 훈계, 보호관찰 등 관련 서면의 교부까지 마치는 등 선고절차를 마쳤을 때에 비로소 종료된다. 재판장이 주문을 낭독한 이후라도 선고가 종료되기 전까지는 일단 낭독한 주문의 내용을 정정하여 다시 선고할 수 있다. 그러나 판결 선고절차가 종료되기 전이라도 변경 선고가 무제한 허용된다고 할 수는 없다. 재판장이 일단 주문을 낭독하여 선고 내용이 외부적으로 표시된 이상 재판서에 기재된 주문과 이유를 잘못 낭독하거나 설명하는 등 실수가 있거나 판결 내용에 잘못이 있음이 발견된 경우와 같이 특별한 사정이 있는 경우에 변경 선고가 허용된다」($\frac{대결 2012.5.13.}{2017도3884}$).

참조판례 「제1심 재판장이 선고기일에 법정에서 '피고인을 징역 1년에 처한다.'는 주문을 낭독한 뒤 상소기간 등에 관한 고지를 하던 중 피고인이 '재판이 개판이야, 재판이 뭐 이 따위야.' 등의 말과 욕설을 하면서 난동을 부려 교도관이 피고인을 제압하여 구치감으로 끌고 갔는데, 제1심 재판장은 그 과정에서 피고인에게 원래 선고를 듣던 자리로 돌아올 것을 명하였고, 법정경위가 구치감으로 따라 들어가 피고인을 다시 법정으로 데리고 나오자, 제1심 재판장이 피고인에게 '선고가 아직 끝난 것이 아니고 선고가 최종적으로 마무리되기까지 이 법정에서 나타난 사정 등을 종합하여 선고형을 정정한다.'는 취지로 말하며 징역 3년을 선고한 사안에서, 위 변경 선고는 최초 낭독한 주문 내용에 잘못이 있다거나 재판서에 기재된 주문과 이유를 잘못 낭독하거나 설명하는 등 변경 선고가 정당하다고 볼 만한 특별한 사정이 발견되지 않으므로 위법하고, 피고인이 난동을 부린 것은 제1심 재판장이 징역 1년의 주문을 낭독한 이후의 사정이며, 제1심 재판장은 선고절차 중 피고인의 행동을 양형에 반영해야 한다는 이유로 이미 주문으로 낭독한 형의 3배에 해당하는 징역 3년으로 선고형을 변경하였는데, 선고기일에 피고인의 변호인이 출석하지 않았고, 피고인은 자신의 행동이 양형에 불리하게 반영되는 과정에서 어떠한 방어권도 행사하지 못하였다는 이유로, 이와 달리 보아 제1심 선고절차에 아무런 위법이 없다고 판단한 원심판결에 판결 선고절차와 변경 선고의 한계에 관한 법리오해의 잘못이 있다」($\frac{대판 2022.5.13.}{2017도3884}$).

(3) 외부적 성립의 효력

종국재판이 외부적으로 성립한 후에는 법적 안정성의 요청에 의하여 그 재판을 한 당해 법원은 재판 자체를 변경하거나 철회할 수 없다. 이를 **재판의 구속력**이라고 한다. 다만 상고 법원(대법원)은 그 판결의 내용에 오류가 있음을 발견한 때에는 직권 또는 검사·상고인이나 변호인의 신청에 의하여 판결로써 정정할 수 있다(제400조제1항). 종국전의 재판에 있어서는 합목적성의 원리가 지배하므로 널리 철회와 변경이 인정된다. 상소의 제기기간은 재판을 선고 또는 고지한 날로부터 진행된다(제343조제2항).

제 2 절 　 종국재판

Ⅰ. 서　　설

피고사건에 대한 소송절차는 종국재판에 의하여 종결된다. 종국재판에는 사건의 실체에 대한 재판인 유·무죄의 실체재판과 소송조건의 흠결을 이유로 사건의 실체 그 자체를 판단하지 않고 소송절차를 종결시키는 형식재판이 있다. 형식재판에는 관할위반의 판결, 공소기각의 판결과 결정, 면소의 판결이 포함된다.

Ⅱ. 형식재판

1. 관할위반의 판결

(1) 의　　의

관할위반의 판결이란 피고사건이 법원의 관할에 속하지 아니한 때에 선고하는 판결을 말한다(제319조). 관할에는 토지관할과 사물관할을 포함한다. 관할위반의 판결은 형식재판이므로 확정되어도 기판력은 발생하지 않으나, 종국재판이므로 그 판결이 선고되면 형식적 확정력이 발생하여 소송은 당해 심급에서 종결된다. 다만 관할위반의 판결이 선고되더라도 구속영장의 효력은 상실되지 않으며(제331조), 관할법원에 재기소하는 데 아무런 지장이 없다.

(2) 관할권유무의 기준

관할권의 유무는 공소장에 기재된 공소사실을 기준으로 결정하며, 공소장이 변경된 경우에는 변경된 공소사실에 의한다. 공소사실이 예비적으로 기재된 경우에는 본위적 공소사실을 기준으로 하고, 택일적으로 기재된 경우에는 형이 가장 중한 공소사실을 기준으로 사물관할을 결정한다.

(3) 관할권의 기준시

토지관할은 공소제기시에 존재하는 것으로 족하다. 다만 사물관할은 공소제기시뿐만 아니라 재판시에도 존재할 것을 요한다. 따라서 단독판사의 관할사건이 공소장변경에 의하여 합의부 관할사건으로 변경된 경우에는 법원은 결정으로 관할권있는 법원에 이송한다($\frac{M8조}{M2항}$).

(4) 토지관할 위반의 경우

법원은 피고인의 신청이 없으면 토지관할에 관하여 관할위반의 선고를 하지 못하며, 관할위반의 신청은 피고사건에 대한 진술전에 하여야 한다($\frac{M320}{조}$). 이는 토지관할이 주로 피고인의 편의를 위하여 인정된 것이기 때문이다. 공소제기 당시 피고사건에 대한 관할권이 없었다고 하더라도 피고인이 관할위반의 신청을 하지 아니하고 피고사건에 대하여 진술을 하면 토지관할 위반의 하자는 치유된다.

2. 공소기각의 재판

(1) 의   의

공소기각의 재판이란 피고사건에 대하여 관할권 이외의 형식적 소송조건이 결여된 경우에 절차상 하자를 이유로 공소를 부적법하다고 인정하여 사건의 실체에 대한 심리를 하지 않고 소송을 종결시키는 형식재판을 말한다. 이러한 공소기각의 재판에는 공소기각의 결정($\frac{M328}{조}$)과 공소기각의 판결($\frac{M327}{조}$)이 있다. 이의 구별은 절차적 하자의 대·소에 의하여 구분되는 것으로, 전자의 하자가 후자의 하자보다 더 중대하고 명백한 경우이다. 왜냐하면 결정의 재판형식은 구두변론을 거치지 않고 할 수 있기 때문이다($\frac{M37조}{M2항}$).

(2) 공소기각의 결정

① **공소가 취소되었을 때(제1호):** 적법하게 공소가 취소된 경우로서, 공소취소후 그 범죄사실에 대한 다른 중요한 증거를 발견한 경우에 한하여 다시 공소를 제기할 수 있다($\frac{M329}{조}$).

② **피고인이 사망하거나 피고인인 법인이 존속하지 아니하게 되었을 때(제2호):** 공소제기후 당사자능력이 상실된 경우를 말한다. 따라서 처음부터 당사자가 능력이 없는 경우에는 공소기각결정설과 공소기각판결설이 대립하고 있다(당사자능력 부분 참조).

③ **관할권의 경합으로 인하여 재판할 수 없을 때(제3호):** 동일사건이 사물관할을 달리하는 수개의 법원에 계속된 때에는 법원 합의부가 심판하고($\frac{M12}{조}$), 동일사건이 사물관할을 같이하는 수개의 법원에 계속된 때에는 먼저 공소를 받은 법원이 심판하지만 각 법원에 공통되는 직근 상급법원은 검사 또는 피고인의 신청에 의하여 결정으로 뒤에 공소를 받은 법원으로 하여금 심판하게 할 수 있다($\frac{M13}{조}$). 이와 같이 관할의 경합으로 인하여 재판을 할 수 없게 된 법원은 공소기각의 결정을 하여야 한다.

④ **공소장에 기재된 사실이 진실하다고 하더라도 범죄가 될 만한 사실이 포함되지 아니한 때(제4호):** 공소장의 기재사실 자체에 대한 판단으로도 그 사실 자체가 죄가 되지 않는 것이 명백하여 공소장변경의 절차에 의하더라도 공소가 유지될 수 없는 경우를 말한다. 따라서 범죄를 구성하는가에 의문이 있는 경우에는 실체에 대한 심리를 거쳐 유·무죄의 실체판결

을 하여야 할 것이다.

(3) 공소기각의 판결

① **피고인에 대하여 재판권이 없는 때(제1호):** 공소제기후 재판권이 없게 된 경우를 말한다. 판례는 피고인이 군에 입대한 경우에는 입대로 인하여 일반법원은 피고인에 대한 재판관할권을 상실하였다 할 것이므로 그 입대후에 선고된 항소심 판결은 물론 그 입대전에 선고되었으나 미확정 중인 제1심판결까지도 재판권이 없는 자에 대한 재판으로 보고 있다 (대판 1970.5.26, 70도117). 공소제기전에 재판권이 없는 경우에는 제327조 제2호에 해당한다.

② **공소제기의 절차가 법률의 규정에 위반하여 무효인 때(제2호):** 권한없는 자에 의한 공소제기, 공소장일본주의에 위반한 때, 친고죄에 있어서 고소가 당초부터 없었거나 공소제기 전에 취소된 경우, 세무공무원의 고발이 없는 조세포탈죄의 기소, 공소사실이 특정되지 않은 경우(대판 1987.6.9, 87도941), 성명모용에 의하여 피고인이 특정되지 않은 경우(대판 1985.6.11, 85도756), 국회의원의 면책특권에 속하는 행위에 대하여 기소된 경우(대판 2011.5.13, 2009도14442) 등이 여기에 해당한다.

제2호는 다른 형식재판의 사유가 구체적으로 규정되어 있는 것과는 달리 공소기각판결의 사유로 일반조항의 성격을 가진다. 다만 대법원은 수사의 위법이 공소제기에 영향을 미치는가에 대하여 소극적인 입장이었으나, 최근 위법한 함정수사에 따른 공소제기에 대하여 공소기각판결을 해야 한다(대판 2005.10.28, 2005도1247)고 판시하였다(공소권남용이론 부분 참조).

> 판례는「경범죄 처벌법상 범칙금제도는 범칙행위에 대하여 형사절차에 앞서 경찰서장의 통고처분에 따라 범칙금을 납부할 경우 이를 납부하는 사람에 대하여는 기소를 하지 않는 처벌의 특례를 마련해 둔 것으로 법원의 재판절차와는 제도적 취지와 법적 성질에서 차이가 있다. 또한 범칙자가 통고처분을 불이행하였더라도 기소독점주의의 예외를 인정하여 경찰서장의 즉결심판청구를 통하여 공판절차를 거치지 않고 사건을 간이하고 신속·적정하게 처리함으로써 소송경제를 도모하되, 즉결심판 선고 전까지 범칙금을 납부하면 형사처벌을 면할 수 있도록 함으로써 범칙자에 대하여 형사소추와 형사처벌을 면제받을 기회를 부여하고 있다. 따라서 경찰서장이 범칙행위에 대하여 통고처분을 한 이상, 범칙자의 위와 같은 절차적 지위를 보장하기 위하여 통고처분에서 정한 범칙금 납부기간까지는 원칙적으로 경찰서장은 즉결심판을 청구할 수 없고, 검사도 동일한 범칙행위에 대하여 공소를 제기할 수 없다고 보아야 한다」(대판 2020.4.29, 2017도13409)고 판시하면서, 이러한 공소제기는 법률의 규정에 위반되어 무효인 때에 해당하므로 공소를 기각해야 한다는 입장이다.

③ **공소가 제기된 사건에 대하여 다시 공소가 제기되었을 때(제3호):** 동일 법원에 동일사건이 다시 기소된 경우, 뒤에 기소된 사건에 관하여 판결선고가 있었다 하더라도 확정되기 전에는 먼저 기소된 사건을 심판하여야 하고 뒤에 기소된 사건에 대하여는 공소기각의 판결을 하여야 하나, 다시 별개의 공소장에 의해 공소제기된 것이 아니고 하나의 공소장에 범죄사실이 이중으로 중복기재된 경우는 이중기소가 아니라 단순한 공소장기재의 착오라 할 것이므로 主文에서 별도로 공소기각의 판결을 할 필요는 없다(대판 1983.5.24, 82도1199). 여기서 이중기소란 토지관할 및 사물관할을 같이 하는 동일 법원에 이중기소된 경우만을 의미하고, 다른 법원

에 이중기소된 경우에는 제12조와 제13조에 의하여 심판할 법원이 정해지므로 그 밖의 법원은 공소기각의 결정을 하여야 한다.

④ **공소취소후 다른 중요한 증거를 발견하지 않았음에도 불구하고 공소가 제기되었을 때(제4호):** 여기서 말하는 '다른 중요한 증거'라 함은 공소취소 전의 증거만으로써는 증거불충분으로 무죄가 선고될 가능성이 있으나 새로 발견된 증거를 추가하면 충분히 유죄의 확신을 가지게 될 정도의 증거를 말한다(대판 1977.12.27, 77도1308). 따라서 다른 중요한 증거가 발견되지 않았음에도 불구하고 공소가 제기된 때에는 공소기각의 판결로 소송계속을 종결해야 할 것이다. 이는 단순일죄인 범죄사실에 대하여 공소가 제기되었다가 공소취소에 의한 공소기각결정이 확정된 후 다시 종전 범죄사실 그대로 재기소하는 경우뿐만 아니라 범죄의 태양, 수단, 피해의 정도, 범죄로 얻은 이익 등 범죄사실의 내용을 추가 변경하여 재기소하는 경우에도 마찬가지로 적용된다(대판 2009.8.20, 2008도9634).

⑤ **친고죄에 있어서 고소의 취소가 있은 때(제5호):** 고소인이 직접 고소를 취소한 경우뿐만 아니라 고소취소로 간주되는 경우(제229조 제2항)에도 여기에 해당한다. 공소제기 전에 고소취소가 있는 경우에는 제327조 제2호가 적용된다. 고소취소는 제1심판결 선고 전까지만 가능하므로, 제1심판결 선고 후에 고소취소가 이루어졌다고 하더라도 고소취소는 효력이 없다(대판 2012.2.23, 2011도17264).

⑥ **반의사불벌죄에 대하여 처벌을 희망하지 아니하는 의사표시가 있거나 처벌을 희망하는 의사표시가 철회되었을 때(제6호):** 처음부터 처벌희망의 의사표시가 부존재하면 형사소송법 제327조 제2호에 의해 공소기각의 판결을 할 것이고, 공소제기 후에 처벌을 원하지 않는 행동이 있는 경우에만 본 호에 의하여 공소기각의 판결을 하여야 한다. 부정수표단속법위반 사건에서 부정수표가 회수된 경우 공소를 제기할 수 없도록 하는 취지는 부정수표가 회수된 경우에는 수표소지인이 부정수표 발행자 또는 작성자의 처벌을 희망하지 아니하는 것과 마찬가지로 보아 반의사불벌죄로 규정한 것이므로 부도수표 회수나 수표소지인의 처벌을 희망하지 아니하는 의사표시가 제1심판결 선고 이전까지 이루어지는 경우에는 공소기각의 판결을 선고하여야 한다(대판 2009.12.10, 2009도9939). 이는 부정수표가 공범에 의하여 회수된 경우에도 마찬가지이다(대판 2005.10.7, 2005도4435).

(4) 제한적 열거사유인지 여부

제327조와 제328조는 한정적인 열거라고 보아야 할 것이므로 그 사유에 해당하지 않을 경우에는 공소기각의 재판을 할 수 없다는 **제한적 열거설**과 제327조 제2항은 소송조건 전반에 대한 일반조항이므로 현저한 소송지연, 함정수사의 경우에 적용할 수 있다는 **일반적 열거설**이 있다. 판례는 종래「공소기각의 재판은 절차상의 하자를 이유로 공소를 부적법하다고 할 때 하는 형식적 재판이며 형식적 소송조건이 흠결한 경우로서 형사소송법 제327조, 제328조에 그 사유들을 규정하고 있고 이 사유들은 한정적으로 열거된 것」(대판 1986.9.23, 86도1547)이라는 입장이었으나, 앞에서 언급한 것처럼 위법한 함정수사에 따른 공소제기에 대하여 공소기각의 판결을

한 바 있다($\frac{대판 2005.10.28,}{2005도1247}$). 생각건대 형사소송절차를 규율하는 효력규정의 실효성을 확보하기 위하여 제327조 제2항의 광범위한 활용이 요구된다는 점에서 일반적 열거설이 타당하다.

(5) 공소기각의 재판과 상소

검사는 공소기각의 재판에 대해서 상소할 수 있다. 다만, 공소기각판결에 대한 상소는 항소와 상고이지만($\frac{제357조,}{제371조}$), 공소기각결정에 대한 상소는 즉시항고이다($\frac{제328조}{제2항}$). 피고인이 공소기각의 재판에 대하여 무죄를 주장하여 상소할 수 있는지에 관해서는 적극설과 소극설이 대립하고 있고, 후자에는 다시 상소의 이익이 없기 때문이라는 상소이익결여설과 피고사건에 대하여 소송조건이 없기 때문이라는 소송요건흠결설이 있다(후술).

3. 면소의 판결

(1) 의   의

면소판결이란 피고사건의 공소범죄사실에 대하여 확정판결 또는 사면이 있거나, 공소시효가 완성되거나 범죄후 법령의 개폐로 형이 폐지되었을 경우에 내리는 종국재판을 말한다($\frac{제326}{조}$). 이러한 면소판결은 형식재판이면서도 일사부재리의 효력이 인정된다. 또 정지된 공소시효가 다시 진행되지 않으며, 소송비용부담이나 재심사유의 판단에서는 무죄판결과 유사한 취급을 하여 실체판결의 성격을 지니고 있다. 이처럼 면소판결에 일사부재리의 효력이 인정되므로 그 본질을 실체재판으로 볼 것인가, 형식재판으로 볼 것인가 아니면 제3의 형태의 재판유형으로 파악할 것인가에 관하여 견해가 대립하고 있다. 이러한 면소판결의 본질론은 공소권이론, 소송조건이론 및 기판력이론에 직접적인 영향을 미칠 뿐만 아니라 형사소송의 기초이론과도 깊은 관계를 갖고 있다.

(2) 본   질

① **학   설**[1]: 면소판결은 실체적 소송조건이 흠결하는 경우에 선고되는 실체관계적 형식재판이라는 **실체관계적 형식재판설**도 주장되고 있으나, 면소판결은 실체에 관한 심리를 하지 않고 형식적으로 소송을 종결시키는 형식재판이라는 **형식재판설**이 타당하다(다수설). 즉, 면소판결의 첫째 사유인 '확정판결이 있는 때'는 전후 모순되는 판결을 방지하려는 소송법적 목적하에 기판력이 인정되므로 피고사건에 대한 실체심리를 행할 필요가 없고, 두 번째 사유인 '사면이 있는 때'의 요건에 대해서는 사면에 의하여 범죄사실의 존부 자체에 대한 심리가 금지되고, 세 번째 사유인 '공소의 시효가 완성되었을 때'의 요건에 대해서는 증거의 산일과 멸실로 인한 소송추행의 곤란으로 인하여 면소판결을 하게 된 것이며, 마지막 사

---

[1] 종래 일본에서는 면소판결을 유·무죄의 판결과 같이 실체적 재판의 일종으로 이해하여 일단 발생한 형벌권의 소멸을 확인하는 실체재판설 및 형사소송법 제326조 제1호에 의한 면소판결(확정판결이 있는 경우)은 형식재판이지만, 제326조 제2호 이하의 면소판결(사면·공소시효의 완성·형의 폐지를 이유로 하는 경우)은 실체재판이라고 하는 이분설 등의 이론이 있었으나, 현재 우리나라에서 이 설을 주장하는 학자가 없으므로 이 학설들은 학설사적 의미만 가질 뿐이다.

유인 '범죄후의 법령개폐로 형이 폐지되었을 때'의 요건에 대해서는 설사 범죄사실이 인정
된다 하더라도 형이 폐지되어 형벌부과가 불가능해지기 때문에 처음부터 면소판결을 행하
는 것이므로 어느 경우나 실체심리를 하여 그 존부를 확인하는 것이 부적당하다는 점에 공
통점을 가진다. 따라서 면소사유가 밝혀진 때에는 피고인은 무죄를 주장하여 상소할 수 없
다고 보아야 한다.

> 실체관계적 형식재판설은 면소판결이 실체관계의 심리를 유·무죄의 실체재판과 달리 끝까지 진행
> 시키지 않고 중도에서 종결시키는 점에서는 형식재판이지만, 그 심리를 중도에서 종결시키는 사유,
> 즉 소송조건을 결여하는 사유가 실체면을 근거로 하기 때문에 필연적으로 어느 정도까지 사건의
> 실체에 들어갈 필요가 있게 되어 형식재판임에도 불구하고 기판력이 인정되고, 피고인은 무죄를
> 주장하여 상소할 이익이 있다는 입장이다. 그러나 ㉠ 무죄의 확정판결에 대하여 다시 소가 제기된
> 경우 범죄사실이 존재하지 않기 때문에 무죄판결을 해야 하므로 형사소송법이 면소판결로 형사절
> 차를 종결시키도록 한 취지를 설명하지 못하는 흠이 있고, ㉡ 실체관계적과 실체 자체와의 구별이
> 불분명할 뿐더러 실체관계적이라는 것이 실체 자체를 판단한 것은 아니므로 이에 대하여 일사부재
> 리의 효력을 인정해야 할 근거가 명백하지 않다.

② 판 례: 대법원은 「무죄의 판결은 실체적 공소권이 없다는 이유로서 하는 실체적
재판임에 반하여 면소의 판결은 공소권의 소멸을 이유로 하여 소송을 종결시키는 형식적
재판으로서 공소사실의 유무에 관하여 실체적 심리를 하여 그 사실이 인정되는 경우에 한하
여 면소판결을 하는 것이 아니고 공소장에 기재되어 있는 범죄사실에 관하여 같은 법 제326
조 각 호의 사유가 있으면 실체적 심리를 할 필요없이 면소판결을 하여야 한다」(대판 1964.3.31, 64도64)
고 하여 형식재판설을 따르고 있다.

③ 구체적 고찰: 실체관계적 형식재판설은 위에서 언급한 것처럼 무죄판결, 공소기각의
재판 및 면소판결을 명확하게 구별하지 못하는 흠이 있으므로 형식재판설이 타당하다. 그리
고 면소사유도 소추를 금지할 우월적 이익이 있는 경우를 법이 명문으로 규정한 것으로 제
한적으로 해석해야 할 것이다(통설). 다만 이하에서는 종래의 다수설인 실체관계적 형식재판
설과 비교하여 검토하기로 한다.

가) 면소판결에 관한 상소: 검사는 면소판결에 대해서 상소할 수 있다. 즉 면소판결의 법령
위반은 상소에 의해서 구제되는데, 이 경우 항소심에서 면소판결을 파기한 때에는 자판을
하여야 하며(제364조 제6항), 상고심에서 면소판결을 파기하는 때에는 환송 또는 이송을 하는 것이
원칙이다(제397조). 문제는 피고인이 무죄를 주장하여 상소할 수 있는가이다.

실체관계적 형식재판설은 유죄도 무죄도 아닌 형식재판보다는 무죄의 실체재판을 받는 것이
기판력의 확보라는 점에서 유리할 뿐만 아니라, 형사보상도 받을 수 있다는 점을 들어 형식
재판에 대한 피고인의 상소이익을 긍정한다. 반면에 **형식재판설**은 면소판결에 대한 피고인의
상소이익을 부정하지만, 그 근거에 관해서 면소사유가 있는 이상 실체법상의 유·무죄를 불
문하고 면소판결에 의하여 피고인을 신속히 절차에서 해방시켜야 하므로 피고인이 무죄를

주장하여 상소할 수 없다는 **상소이익흠결설**과 무죄판결은 소송조건의 존재를 전제로 한다는 점을 고려할 때 피고사건에 대하여 실체적 소송조건이 흠결된 경우에는 상소심에서도 무죄 판결이 허용될 수 없으므로 피고인이 무죄를 주장하여 상소할 수 없다는 **실체판결청구권결여 설**이 대립하고 있다.

판례는 원칙적으로 면소판결에 대하여는 무죄를 주장하며 실체판결을 구하는 상고를 할 수 없으나 (대판 1984.11.27, 84도2106; 대판
 2005.9.29, 2005도4738), 면소판결 자체가 위법한 경우에는 피고인의 주장이 받아들여진다면 피고인 에게 무죄의 선고를 하여야 하고, 다만 유죄로 인정된 경우에도 피고인만이 상고하였다면 불이익 변경금지의 원칙상 다시 면소의 선고를 할 수밖에 없다고(대판 2004.9.24,
 2004도3532)고 한다. 또한 형벌에 관한 법 령이 재심판결 당시 폐지되었다 하더라도 그 '폐지'가 당초부터 헌법에 위배되어 효력이 없는 법령 에 대한 것이었다면 동법 제325조 전단이 규정하는 '범죄로 되지 아니한 때'의 무죄사유에 해당하 는 것이지, 동법 제326조 제4호의 면소사유에 해당한다고 할 수 없으므로, 면소판결에 대하여 무죄 판결인 실체판결이 선고되어야 한다고 주장하면서 상고할 수 없는 것이 원칙이지만, 위와 같은 경 우에는 면소를 할 수 없고 피고인에게 무죄의 선고를 하여야 하므로 면소를 선고한 판결에 대하여 상고가 가능하다(대판(전합) 2010.12.16,
 2010도5986)는 입장이다.

생각건대 ㉠ 면소판결은 유죄판결이 아니고, ㉡ 사회적인 평가의 측면에서 무죄판결이 더 유리하더라도 이는 구제할 법익이 아닐 뿐만 아니라, ㉢ 면소판결에 일사부재리의 효력을 인정하면 무죄판결에 비하여서도 불리한 판결이 아니라는 점을 고려할 때, 형식재판설 중 상소이익흠결설이 타당하다고 본다.

나) 면소판결과 기판력: 실체관계적 형식재판설은 이를 당연히 긍정하며, 형식재판설도 이 를 인정하지만 그 근거에 대하여 면소판결은 형식적 본안재판으로서 당해 사건에 대하여 실질적인 종국처리를 하는 재판이므로 일사부재리의 효력을 인정할 수 있다는 형식적 본안 판결설도 있으나, 공소기각은 공소기각의 사유가 된 소송조건을 구비하면 재소가 가능한 반 면 면소판결의 경우에는 그 성격상 소송조건의 흠을 보완할 수 없을 뿐 아니라 절차적 조건 의 보완이 있어도 같은 공소사실로는 다시 소추하지 못한다는 것을 명백히 한 경우이므로 피고인의 기득의 권리를 보호하기 위하여 일사부재리의 효력이 인정된다는 **소송추행이익흠결 설**이 타당하다(통설). 왜냐하면 면소판결을 형식재판으로 보는 한 형식적 본안재판설은 타당 하지 않고, 이는 면소사유가 단순히 절차적 하자를 이유로 하는 것이 아니라 소송추행의 이 익이 인정될 수 없는 본질적인 사유로 인하여 기판력이 인정된다고 보아야 하기 때문이다.

(3) 면소판결의 사유

① **확정판결이 있을 때(제1호):** 확정판결에는 유·무죄의 실체판결뿐만 아니라 면소판결도 포함된다. 약식명령 또는 즉결심판에서 선고된 것도 포함되며, 판례는 부정적이나 소년법 제53조의 규정은 확정판결에 준하는 효력을 인정한 것으로 보아야 하므로 소년에 대한 보 호처분이 있는 경우도 여기에 해당한다.

참조판례 「소년법의 보호처분은 확정판결이 아니고 따라서 기판력도 없으므로 이에 대하여 면소판결을 할 것이 아니라 공소제기절차가 법률의 규정에 위배하여 무효인 때에 해당한 경우이므로 공소기각의 판결을 하여야 한다」(대판 1985.5.28, 85도21).

경범죄처벌법(제8조 제3항)과 도로교통법(제164조 제3항)에 따른 범칙금납부도 확정판결에 준하는 효력을 인정하고 있으므로 이에 포함된다(대판 2002.11.22, 2001도849). 다만 행정벌에 지나지 않는 과태료의 부과처분이나 외국판결이 확정된 경우(대판 1983.10.25, 83도2366)는 여기에 해당하지 않는다. 공소기각과 관할위반의 형식재판이 여기에 포함되지 않는 것은 당연하다. 검사의 불기소처분도 확정판결이 아니다(대판 1988.3.22, 87도2678). 다만 면소판결을 할 수 있는 범위는 확정판결의 기판력이 미치는 범위와 일치하므로, 시간적으로는 사실심리의 가능성이 있는 최후의 시점인 사실심판결선고시까지 범하여진 것임을 요하며(대판 1983.4.26, 82도2829), 물적으로는 공소사실과 동일성이 인정되어야 할 것이다(대판 1996.6.28, 95도1270).

참조판례 「범칙금의 납부에 따라 확정판결에 준하는 효력이 인정되는 범위는 범칙금 통고의 이유에 기재된 당해 범칙행위 자체 및 범칙행위와 동일성이 인정되는 범칙행위에 한정된다. 따라서 범칙행위와 같은 시간과 장소에서 이루어진 행위라 하더라도 범칙행위의 동일성을 벗어난 형사범죄행위에 대하여는 범칙금의 납부에 따라 확정판결에 준하는 일사부재리의 효력이 미치지 아니한다」(대판 2012.9.13, 2012도6612).

② **사면¹⁾이 있은 때(제2호):** 특별사면은 형의 선고를 받은 자에 대한 형의 집행을 면제하는 데 불과하므로(사면법 제5조 제1항 제2호) 형의 선고를 받지 않은 자에 대하여 공소권을 소멸시키는 일반사면만을 의미한다(대판 2000.2.11, 99도2983).

③ **공소시효가 완성되었을 때(제3호):** 공소가 제기되면 시효의 진행이 정지되므로 면소판결을 하는 것은 원칙적으로 공소제기시에 공소시효가 완성된 경우를 말한다. 공소장변경에 의하여 공소사실이 변경된 경우에도 공소제기 당시를 기준으로 변경된 공소사실에 대한 공소시효의 완성여부를 판단해야 한다(시효 부분 참조). 그러나 공소가 제기된 범죄가 판결의 확정없이 공소를 제기한 때로부터 25년을 경과하면 공소시효가 완성된 것으로 간주되므로(제249조 제2항) 이 경우에도 면소판결을 선고하여야 한다.

④ **범죄후의 법령개폐로 형이 폐지되었을 때(제4호):** 형의 폐지는 명문으로 벌칙을 폐지한 경우뿐만 아니라 법령에 정해진 유효기간의 경과, 전·후법의 저촉에 의하여 실질상 벌칙의 효력이 상실된 경우를 포함한다. 이와 관련하여 판례는 동기설의 입장에서 면소사유에 해당하는 법령개폐는 법령제정의 이유가 된 법률이념의 변경에 따라 종래의 처벌 자체가 부당하였거나 또는 과중하였다는 반성적 고려에서 법령을 개폐하였을 경우에 제한된다(대판 1978.2.28, 77도1280)고 보고 있다. 그러나 법률이념의 변경과 단순한 사실관계의 변경을 구별하는 것은 곤란할 뿐만 아니라 이제는 완전히 합법화된 행위에 대하여 단순히 처벌만을 추급하는 것은 문제

---

1) 사면은 일반사면과 특별사면으로 구분되고(사면법 제2조), 일반사면은 죄를 범한 자에 대하여 형을 선고받은 경우에는 그 선고의 효력이 상실되고, 형을 선고받지 아니한 경우에는 공소권이 상실되는 반면, 특별사면은 형을 선고받은 자에 대하여 특별한 사정이 없는 한 그 형의 집행만을 면제시켜 준다(동법 제3조, 제5조)는 점에서 차이가 있다.

가 있으므로 법률의 개폐로 형이 폐지되면 모두 면소판결을 내려야 할 것이다.

(4) 일죄의 일부에 면소사유가 있는 경우

과형상의 일죄 또는 포괄일죄의 일부에 면소사유가 있고 나머지 부분에 실체재판을 한 때에는 주문에는 유·무죄의 판단만 표시하고, 일부의 면소판결은 판결이유에서 설시한다. 판례도 「상상적 경합관계에 있는 두 죄 중 하나의 죄는 사면되어 면소판결의 대상이고, 나머지 죄는 무죄일 경우 주문에서 따로 면소의 선고를 하지 않는다」(대판 1996.4.12, 95도2312)는 입장이다.

4. 심리상 특칙

피고인이 출석하지 아니한 때에는 원칙적으로 공판을 개정하지 못한다(제276조). 그러나 공소 기각의 재판이나 면소의 판결을 할 것이 명백한 사건에 관하여는 피고인의 출석을 요하지 아니한다. 다만 피고인은 대리인을 출석하게 할 수 있다(제277조). 또 피고인이 사물의 변별 또는 의사의 결정을 할 능력이 없거나 질병으로 인하여 출정할 수 없는 때에는 공판절차를 정지하여야 하나, 피고사건에 대하여 공소기각의 재판 또는 면소의 판결을 할 것이 명백한 때에는 피고인의 출정없이 재판할 수 있다(제306조 제4항).

5. 형식재판의 효력

형식재판도 종국재판이므로 형식재판이 선고·고지되면 소송은 그 심급에서 종결되며, 구속력이 발생하고, 상소권이 발생한다. 이러한 형식재판이 확정되면 형식적 확정력과 내용적 확정력이 발생하며, 그 대외적 효과로서 동일한 사정하에서는 동일한 사정에 관하여 전의 재판과 다른 재판을 할 수 없는 내용적 구속력이 발생한다. 다만 면소판결을 제외하고는 실체적 확정력이 발생하지 아니하므로 형식재판이 확정된 후에도 소송조건을 보완하여 다시 공소를 제기할 수 있다(재판의 효력 부분 참조).

III. 유죄의 판결

사 례

서울지방법원은 2022. 12. 12. 피고인 甲에게 형법상 특수강도죄를 적용하여 유죄판결을 하면서, 판결문에 적용법조를 형법 제334조로만 기술하였을 뿐 구체적인 조항을 명기하지 않았으며, 범죄사실의 적시에도 구체적인 일시를 명기하지 않은 채 "甲은 2021년 여름날 밤 칼을 들고 乙의 집 문고리를 부수고 침입하여 시가 100만 원 상당의 보석 및 현금을 강취하였다"라고만 적시하였다. 아울러 이러한 범죄사실의 입증에 사용된 증거의 요지 설시에 있어서도 "피고인의 법정 진술과 적법하게 채택되어 조사된 증거들에 의해 입증된다"고 하였을 뿐 구체적인 증거내용을 적시하지 않았으며, 甲이 공판정에서 주장한 중지미수 및 자수의 형 감면사유에 대해서도 별도로 판단하지 않았다.

 피고사건의 실체에 관하여 범죄의 증명이 있는 때에 선고하는 재판을 유죄판결이라고 하며, 이에는 형선고의 판결, 형면제의 판결 및 선고유예의 판결이 포함된다(제321조 제1항). 형의 집행유예, 판결전 구금의 산입일수, 노역장유치기간은 물론 재산형의 가납판결도 형의 선고와 동시에 판결로써 선고하여야 한다(제321조 제2항, 제334조). 여기서 **피고사건의 실체**란 공소장에 특정되어 명시된 공소범죄사실을 의미하며, **범죄의 증명이 있는 때**란 공판정에서 조사한 적법한 증거에 의하여 법관이 범죄사실의 존재에 대하여 충분한 심증(확신)을 얻는 것을 말한다.

1. 유죄판결에 명시할 이유

 형의 선고를 하는 때에는 판결이유에 범죄될 사실, 증거의 요지와 법령의 적용을 명시하여야 하며(제323조 제1항), 법률상 범죄의 성립을 조각하는 이유 또는 형의 가중, 감면의 이유되는 사실의 진술이 있은 때에는 이에 대한 판단을 명시하여야 한다(동조 제2항).

 이처럼 유죄판결에 이유를 명시하도록 하는 것은 제39조(재판의 이유)의 취지, 즉 법의 공정한 집행보장, 상소여부결정의 기초자료제공, 상소법원의 사후심사자료제공, 일사부재리 효력범위의 확정자료, 형집행시 처우자료의 단서제공을 더욱 엄격히 실현하기 위한 것이다. 따라서 그 범위는 제323조에 규정된 명시사항 이외에 구체적 사안에 따라 제39조의 취지에 비추어 필요하다고 인정되는 사항에 관하여는 별도로 이유를 설명하는 것이 필요하다고 본다.

(1) 범죄될 사실

 범죄될 사실이란 심판의 대상으로서 공소장에 기재된 특정 구성요건에 해당하는 위법·유책한 구체적 사실을 말한다. 이처럼 유죄판결의 이유에 범죄될 사실을 명시하도록 한 것은 그것이 법적 평가의 사실상 기초가 되고, 기판력의 범위를 명확히 하는 기능을 가지기 때문이다. 따라서 범죄될 사실은 공소사실과 단일성 및 동일성이 인정되고 실체법의 적용을 수긍함에 족할 정도로 구성요건에 해당하는 구체적 사실을 기재할 것을 요함에 반하여(실체형성 결과의 표시), 엄격한 증명을 요하는 사실(제307조)은 증명의 과정에서 합리적 의심의 여지가 없기까지 구체화되어야 하는 사실로서 고도의 구체성이 요구된다(실체형성자체의 표시)는 점에서 차이가 있다.

① 범 위

가) 구성요건 해당사실: 객관적 구성요건의 요소가 되는 행위의 주체와 객체, 행위와 결과 및 인과관계는 범죄될 사실에 해당한다. 따라서 공문서위조의 수단이나 방법(대판 1979.11.13, 79도1782), 증뢰죄에 있어서 공무원의 직무범위(대판 1982.9.28, 80도2309), 상해죄에 있어서 상해의 부위와 정도(대판 1982.12.28, 82도2588)에 관한 기재가 없는 경우에는 범죄사실을 명시하였다고 볼 수 없다. 또한 주관적 구성요건의

요소가 되는 고의·과실도 범죄사실에 해당한다. 다만 고의는 객관적 구성요건요소의 존재에 의하여 인정되는 것이므로 특히 이를 명시할 필요는 없지만, 구성요건 해당사실만으로 고의가 인정되지 않는 경우에는 고의도 명시해야 할 것이다. 목적범에 있어서의 목적, 재산죄의 불법영득의 의사도 구성요건 해당사실이므로 명시할 것을 요한다.

구성요건 해당사실은 기본적 구성요건에 해당하는 경우뿐만 아니라 그 수정형식인 예비·미수, 공범 등에 해당하는 경우도 포함된다. 특히 공범에 대하여는 공동정범과 교사범 및 방조범의 해당여부를 명확히 해야 한다. 공모공동정범에 있어서 공모도 범죄사실에 해당한다.

나) 위법성과 책임: 범죄될 사실은 구성요건에 해당하는 위법·유책한 행위이지만, 구성요건해당성은 위법성과 책임을 징표하므로 구성요건에 해당하는 때에는 위법성과 책임이 사실상 추정되어 특별한 판단을 요하지 않는다.

다) 처벌조건: 처벌조건인 사실(형법 제129조 제2항의 '공무원 또는 중재인이 될 것' 등)은 구성요건에 해당하는 사실이 아니지만, 형벌권의 존부를 좌우하는 범죄될 사실에 해당하므로 판결이유에서 명시해야 한다.

라) 형의 가중·감면사유: 누범의 전과와 같은 법률상 형의 가중사유나 심신미약이나 심신상실과 같은 법률상 형의 감면사유는 판결이유에 명시해야 할 것이다(통설). 반면에 양형사유인 정상에 관한 사실(자수 등)은 명시할 필요가 없다(대판 1980.6.24, 80도905). 그러나 사형선고(대판 2000.7.6, 2000도1507)나 대법원 양형위원회의 양형기준을 벗어나는 이례적 양형을 선고하는 경우에는 이를 표시해야 할 것이다.

② 명시방법: 범죄될 사실은 구성요건과의 관계에서 구체적으로 명시할 것을 요한다. 범죄의 일시와 장소가 '범죄될 사실'에 해당하는지 논란이 있으나, 범죄의 일시와 장소는 그것이 구성요건요소로 되어 있는 경우(예컨대 일출 전 또는 야간이 문제되는 경우)를 제외하고는 범죄사실 그 자체라고 할 수는 없고 범죄사실을 특정하기 위한 요소에 지나지 않으므로 필요한 범위에서 명시하면 족하다고 본다. 판례도 「범죄의 일시는 형벌법규가 개정된 경우 그 적용법령을 결정하고 행위자의 책임능력을 명확히 하며 공소시효의 완성여부를 명확히 할 수 있는 정도로 판시하면 된다」(대판 1971.3.9, 70도2536)는 입장이다.

한편 범죄사실을 명시할 것을 요구하고 있고, 법원의 심판범위도 공소장에 기재된 공소사실에 제한하고 있는 현행법상 특별한 사정이 없는 한 유죄판결의 이유에 명시하여야 할 범죄될 사실을 택일적으로 기재하는 것은 허용되지 않는다(대판 1993.5.25, 93도558). 다만 기수와 미수같이 大가 小를 포함하고 있는 경우에는 미수로 인정하는 것은 허용된다고 볼 수 있을 것이다.

③ 죄수의 경우: 경합범은 수죄이므로 각개의 범죄사실을 구체적으로 특정하여 판시하여야 한다. 상상적 경합도 사실상 수죄이므로 각개의 범죄사실을 구체적으로 판시할 것을 요한다. 다만 포괄일죄의 경우에는 전체범행의 시기와 종기, 범행방법, 범행회수, 피해액의 합계 등을 포괄적으로 명시하면 족하다.

(2) 증거의 요지

증거의 요지란 범죄될 사실을 인정하는 자료가 된 증거의 요지를 말한다. 이처럼 판결이유에 증거의 요지를 기재할 것을 요구하는 것은 법관의 사실인정(자유심증)의 합리성을 담보하고, 상소심에 있어서 원판결의 당부에 관한 심사자료를 제공하는 이외에 소송경제와의 조화도 고려한 것으로 볼 수 있다.

① **증거적시의 범위:** 증거의 요지를 적시할 것을 요하는 것은 범죄사실의 내용을 이루는 사실에 제한된다. 따라서 범죄사실을 인정하는 적극적 증거를 적시하면 충분하고, 이에 배치되는 소극적 증거에 대한 판단까지 필요하지는 않다. 따라서 피고인이 주장하는 알리바이에 대하여 판단을 요하지 않으며(대판 1982.9.28, 82도1798), 범죄원인·동기·일시·장소도 범죄사실이 아니므로 증거적시를 요하지 않는다. 또 고의는 범죄사실의 내용을 이루지만 객관적 구성요건요소에 의하여 그 존재가 인정될 수 있으므로 이를 인정하기 위한 증거적시가 필요없다. 다만 간접사실에 의하여 고의를 인정하는 경우에는 간접사실에 대한 증거요지의 명시가 필요하다고 본다. 소송비용 부담 및 미결구금일수산입 내지 자백의 임의성이나 신빙성 또는 소송조건에 대한 사실에 대해서도 증거적시를 요하지 않는다. 반면에 누범전과는 범죄사실에 준하는 사실이므로 증거적시를 요한다.

② **증거적시의 방법:** 어떤 증거로부터 어떤 사실을 인정하였는가를 알 수 있도록 당해 증거를 구체적·개별적으로 표시해야 한다. 진술은 각자별로, 서증은 각통별로, 물증은 그 물건을 표시한다. 반드시 범죄사실을 인정한 모든 증거를 나열할 필요는 없으며, 어떤 증거에 의하여 어떤 범죄사실을 인정하였는가를 알아볼 수 있을 정도로 증거의 중요부분을 표시하면 족하다(대판 1971.2.23, 70도2529). 이 경우 적시한 증거는 적법한 증거조사를 거친 증거능력있는 증거에 한한다.

그러나 이러한 증거를 적시하면 족하고, 증거에 의한 사실을 인정한 이유나 증거를 취사·배척한 이유를 설명할 필요는 없다. 항소법원의 재판서에는 항소이유에 대한 판단을 기재하여야 하며, 원심판결에 기재한 사실과 증거의 요지를 인용할 수 있다(제369조). 다만, 원심판결을 파기하고 유죄의 선고를 하는 경우에는 범죄사실, 증거의 요지와 법령의 적용을 명시하여야 한다(제370조, 제323조 제1항). 따라서 피고인의 자백이 그 피고인에게 불이익한 유일의 증거인 때에는 이를 유죄의 증거로 하지 못하는 것이므로, "피고인의 법정 진술과 적법하게 채택되어 조사된 증거들"로만 기재된 제1심판결의 증거의 요지를 그대로 인용한 항소심판결은 증거 없이 그 범죄사실을 인정하였거나 제323조 제1항을 위반한 위법을 저지른 것이라고 아니할 수 없다(대판 2000.3.10, 99도5312).

(3) 법령의 적용

법령의 적용이란 인정된 범죄사실에 대하여 실체형벌법규를 적용하는 것을 말한다. 법령

적용의 명시를 요구하는 것은 죄형법정주의의 원칙에 따라 인정된 범죄사실에 실체법이 올바르게 적용되고 정당한 형벌이 과하여졌는가를 알 수 있는 판결주문의 형에 대한 근거를 명확히 하려는 취지이다. 따라서 형법각칙의 각 본조와 처벌에 관한 규정을 명시해야 한다. 다만 각 본조의 항을 기재하지 않았다고 하여 그것만으로 위법하다고 할 수는 없다는 것이 판례의 입장이지만(대판 1971.8.21, 71도1334), 피고인의 상소제기여부를 결정하는 기준으로 형벌의 근거법령이 중요한 의미를 가진다는 점에서 본조의 항까지 명시하는 것이 타당하다(통설).

형법총칙의 규정도 형사책임의 기초를 명백히 하기 위하여 중요한 의미를 가진 규정은 명시해야 한다. 따라서 누범·심신장애 등의 형의 가중·감면사유, 경합범, 상상적 경합에 관한 규정, 중지미수와 불능미수, 공범에 관한 규정 등을 명시해야 할 것이다.

> **참조판례** 「공동정범의 성립을 인정한 이상 형법 제30조를 적시하지 않은 잘못만으로 위법이라 할 수는 없다」(대판 1983.10.11, 83도1943).

판례는 부가형인 몰수와 부수처분인 압수장물의 환부를 선고하였음에도 불구하고 그 이유에 있어서 적용법조를 표시하지 않았다고 하더라도 구체적인 범죄사실에 적용해야 할 실체법규 이외의 법규에 관해서는 판결문상 그 규정을 적용한 취지가 인정되면 족하다(대판 1971.4.30, 71도510)는 입장이지만, 피고인의 재산권행사에 중요한 영향을 미친다는 점에서 그 적용법령을 명시하는 것이 타당할 것이다. 그러나 법령적용은 반드시 공소장에 기재된 적용법조의 구속을 받지 않으므로 공소장변경의 필요성이 없는 범위에서 법원은 공소장에 기재된 적용법조와 다른 법령을 적용할 수 있고(대판 1972.2.22, 71도2099), 공소장에 기재된 적용법조가 명백한 오기인 경우 그와 다른 법조를 적용하여 처벌할 수 있다(대판 1995.12.12, 95도1893)고 보아야 한다.

(4) 소송관계인의 주장에 대한 판단

유죄판결의 이유에 소송관계인의 주장에 대한 판단을 명시할 것(제323조 제2항)을 요구하는 것은 법원이 당사자의 주장을 무시하지 않고 명백히 판단하였음을 표시하는 당사자주의의 표현일 뿐만 아니라, 이에 의하여 재판의 객관적 공정성을 담보하는 데 그 취지가 있다. 다만 이러한 사유에 대한 소송관계인의 주장이 인정된 때에는 무죄의 판결을 하거나 제1항에 의하여 판결이유에서 기재될 것이므로 제2항은 그 주장이 배척된 경우에만 의미를 가진다. 이와 관련하여 소송관계인의 주장에 대한 판단에 있어서 법원이 주장채부의 결론만을 표시하면 족하다는 견해도 있으나, 제2항을 특별히 규정한 취지에 비추어 볼 때 이유를 들어 판단하는 것이 타당하다(통설). 이 경우 증거를 들어 설명할 것을 요하는지에 대하여 부정하는 견해도 있으나, 피고인의 주장이 증거에 입각하고 있는 한 그 주장을 배척하는 법원의 판단에는 증거가 제시·설명되어야 할 것이다.

① **법률상 범죄의 성립을 조각하는 이유되는 사실의 주장:** 구성요건해당성조각사유의 진술은 범죄의 부인에 불과하므로 제외해야 한다는 견해와 포함된다는 견해가 있으나, 도박죄에 있어서 피고인이 일시적 오락성을 주장하는 경우처럼 구성요건상의 제외사유를 주장하는 경우에는 단순한 범죄의 부인과 구별하여 그 판단을 명시할 필요가 있다고 본다.

판례는「공정증서원본불실기재 및 동행사죄로 공소가 제기된 경우 피고인이 시효취득으로 당해 등기가 실체적 권리관계에 부합하는 유효한 등기라고 주장하는 것은 **공소사실에 대한 적극부인에 해당할 뿐, 법률상 범죄의 성립을 조각하는 사유에 관한 주장이라고는 볼 수 없으므로** 그 주장이 받아들여져 무죄가 선고되는 경우와는 달리 그 주장이 받아들여지지 아니하는 경우에는 그대로 유죄의 선고를 함으로써 족하고 반드시 그에 대한 판단을 판결이유 중에 명시하여야만 하는 것은 아니다」(대판 1990.9.28, 90도427)라고 판시하여 부정적인 입장이다. 그러나 범죄의 단순한 부인(대판 1997.7.11, 97도1180) 및 고의 또는 과실이 없다는 주장은 판단의 대상이 되지 않는다고 볼 것이다.

정당행위·정당방위(대판 1970.9.17, 70도1431)·긴급피난처럼 위법성조각사유에 해당하는 사실의 진술이나 형사미성년자·심신상실(대판 1990.2.13, 89도2364)·강요된 행위처럼 책임조각사유에 해당하는 사실의 진술은 당연히 여기에 해당하지만, 공소시효가 완성되어 공소권이 소멸되었다는 주장은 범죄의 성립을 조각하는 이유되는 사실의 진술로 볼 수 없다(대판 1954.3.2, 4286형상186). 이와 관련하여 법률의 착오가 문제되는데 판례는 법률의 착오는 범죄의 성립을 조각하는 것이 아니므로 이에 대한 판단을 요하지 않는다는 입장이지만(대판 1965.11.23, 65도876), 법률의 착오에 관하여 책임설을 따르는 한 책임조각사유가 되므로 이에 대한 판단이 필요하다고 본다.

② **법률상 형의 가중·감면의 이유되는 사실의 진술:** 누범·심신장애·중지미수의 경우와 같은 필요적 가중·감면만을 의미한다는 견해와 과잉피난·자수·작량감경사유와 같은 임의적 가중·감면도 포함한다는 견해가 있다. 이에 대하여 판례는「'형의 가중, 감면의 이유되는 사실'이란 형의 필요적 가중, 감면의 이유되는 사실을 말하고 형의 감면이 법원의 재량에 맡겨진 경우, 즉 임의적 감면사유는 이에 해당하지 않는다. 따라서 피해회복에 관한 주장이 있었더라도 이는 작량감경 사유에 해당하여 형의 양정에 영향을 미칠 수 있을지언정 유죄판결에 반드시 명시하여야 하는 것은 아니다」(대판 2017.11.9, 2017도14769)라고 판시하여 전자의 입장을 따르고 있다. 생각건대 임의적 감면사유는 필요적 감면사유와 달리 감면여부가 법원의 재량에 속하다는 점에서 전자의 견해가 타당하다고 본다.

(5) 이유불비의 효과

① **제323조 제1항의 경우:** 제323조 제1항의 유죄판결에 명시할 이유는 유죄판결을 기초지우는 이유이므로 그 위반은 이른바 이유불비로서 절대적 항소이유(제361조의5 제11호)가 된다.

② **제323조 제2항의 경우:** 제323조 제2항의 위반은 그 판단사항이 이유 자체는 아니므로 단순한 소송절차의 법령위반(동조 제1호)에 불과하다는 **상대적 항소이유설**과 피고인의 방어권보장에 특별히 중요한 사실에 관한 이유설시의무를 규정한 것이므로 그 위반은 이른바 이유불비로서 절대적 항소이유(제361조의5 제11호)가 된다는 **절대적 항소이유설**이 대립하고 있다. 생각건대 본조 제1항은 유죄판결의 기초를 명확히 하여 법원의 의사결정의 직접적인 근거를 밝히는 것을 목적으로 하는 반면에 제2항은 법원의 의사결정의 과정에서 당사자의 주장을 고려하였음을 밝히는 것으로, 이러한 차이는 각 규정을 위반한 경우에 법적 효과의 차이로 나타난

다는 점에서 전자의 견해가 타당하다고 본다.

> **사례해설** _____
>
> 첫째, 설문 (1)과 관련하여 첫째, 범행일시가 구체적으로 명시되어야 하는지, 둘째, 적용법령의 명시에서 항까지 적시해야 하는지, 셋째, 증거요지의 명시는 어디까지 해야 하는지, 넷째, 임의적 감면사유도 형감면사유로서 그 판단을 명시해야 하는지 여부가 문제된다. 그런데 구체적인 일시를 명기하지 않은 채 '甲은 2021년 여름날 밤 칼을 들고 乙의 집 문고리를 부수고 침입하여 시가 100만 원 상당의 보석 및 현금을 강취하였다'라고 기재한 경우에 위법이 있다고 볼 수 없고, 피고인 甲이 임의적 감면사유인 자수의 주장을 하더라도 법원은 이에 대한 판단을 명시할 필요가 없다. 그러나 특수강도죄에 대하여 형법 제334조만 기재하고 구체적인 조항을 명시하지 않았으므로 위법하고(판례는 반대), "피고인의 법정 진술과 적법하게 채택되어 조사된 증거들에 의해 입증된다"고만 하였을 뿐 구체적인 증거내용을 적시하지 않았으므로, 명시의무를 다하지 못한 위법이 있으며, 필요적 감면사유인 중지미수에 대한 판단을 명시하지 않은 위법이 인정된다. 결국 위 판결에는 이유 불비의 위법이 인정된다.
>
> 설문 (2)와 관련하여 이유 불비의 위법이 인정되는 경우, 甲은 법령적용의 명시의무와 증거요지의 명시의무 및 중지미수에 대한 판단을 명시하지 않은 위법을 근거로 항소할 수 있다. 다만, 이 경우 전자는 절대적 항소이유에 해당하지만, 후자의 경우에는 상대적 항소이유에 불과하다.

IV. 무죄의 판결

1. 의   의

무죄판결이란 피고사건에 대하여 형벌권의 부존재를 확인하는 판결을 말한다. 피고사건이 범죄로 되지 않거나 범죄사실의 증명이 없는 때에는 판결로써 무죄의 선고를 하여야 한다(제325조). 무죄판결의 주문은 '**피고인은 무죄**'라는 형식을 취한다.

2. 무죄판결의 유형

(1) 피고사건이 범죄로 되지 않은 경우

피고사건이 범죄로 되지 않는 경우란 실체심리를 거친 후 공소사실은 인정되지만, 법률상의 이유로 범죄를 구성하지 않거나 위법성조각사유·책임조각사유가 존재하는 경우를 말한다. 이 점에서 실체심리를 거치지 않고 '공소장에 기재된 사실이 진실하다 하더라도 범죄가 될 만한 사실이 포함되지 아니한 때'에 내리는 공소기각의 결정(제328조 제1항 제4호)과 구별된다.

> **참조판례** 「형벌에 관한 법령이 헌법재판소의 위헌결정으로 소급하여 효력을 상실하거나 법원에서 위헌·무효로 선언된 경우에는 당해 법령을 적용하여 공소가 제기된 피고사건도 범죄로 되지 아니하는 때에 해당하고, 재심이 개시된 사건에서 형벌에 관한 법령이 재심판결 당시에 이미 폐지된 경우라도 그 폐지가 당초부터 헌법에 위배되어 효력이 없는 법령에 대한 것이었다면 이에 해당하게

된다」(대판(전합) 2013.5.16, 2011도2631,). 「헌법재판소가 법률조항에 대하여 헌법불합치결정을 선고하면서 개정시한을 정하여 입법개선을 촉하였는데도 그 시한까지 법률 개정이 이루어지지 않은 경우, 그 법률조항은 소급하여 효력을 상실하므로 이를 적용하여 공소가 제기된 피고사건은 범죄로 되지 아니하는 때에 해당한다」(대판(전합) 2011.6.23, 2008도7562,).

(2) 범죄사실의 증명이 없는 경우

범죄사실의 증명이 없는 경우란 공소사실의 부존재가 적극적으로 증명된 경우뿐만 아니라 공소사실의 존재에 대하여 증거가 불충분하여 법관이 충분한 심증을 얻지 못한 경우를 모두 포함한다. 따라서 피고인의 자백에 의하여 법관이 유죄의 심증을 얻은 경우라도 보강증거가 없는 경우(제310조)도 여기에 해당한다.

3. 무죄판결의 판시방법

(1) 주 문

무죄판결의 주문은 **피고인은 무죄**라는 형식을 취한다. 일죄의 경우에는 하나의 주문만 있으므로 이를 분리하여 일부유죄, 일부무죄라는 두 개의 주문으로 판시할 수 없다. 따라서 일죄의 일부만 무죄인 경우에는 주문에는 유죄판결만 명시하고 무죄부분은 판결이유에서 판단하면 된다. 즉 유죄부분과 상상적 경합관계 또는 포괄일죄의 관계에 있는 부분사실이 무죄에 해당하더라도 판결의 이유에서 그 취지의 판단을 하면 되고 주문에서 따로 무죄를 선고하지 아니한다(대판 1993.10.12, 93도1512,). 상상적 경합범이나 포괄일죄의 일부가 무죄, 나머지가 면소 또는 공소기각에 해당하는 경우에는 피고인에게 유리한 실체재판인 무죄를 주문에서 표시하여야 하고, 면소 부분이나 공소기각 부분은 판결이유에서 설명하면 족하다(대판 1977.7.12, 77도1320,).

경합범에 해당하는 수개의 공소사실이 모두 무죄인 경우에는 일죄의 경우와 동일하게 '피고인은 무죄'라고 기재한다. 수개의 공소사실 중 일부가 무죄인 경우에는 유죄판단과 함께 이를 주문에 명시하여야 한다(대판 1978.9.26, 78도1787,).

(2) 이 유

피고인에 대하여 무죄판결을 선고하는 경우에 공소사실에 부합하는 증거를 배척하는 이유까지 일일이 설시할 필요는 없다고 하더라도, 그 증거들을 배척한 취지를 합리적인 범위 내에서 기재하여야 한다(대판 1987.4.28, 86도2779,). 따라서 만일 주문에서 무죄를 선고하고도 그 판결이유에 이에 관한 아무런 판단을 기재하지 아니하였다면, 절대적 항소이유(제361조의5 제11호) 또는 상대적 상고이유(제383조 제1호)에 해당한다(대판 2014.11.13, 2014도6341,).

4. 무죄판결과 비용보상

형사소송법 제194조의2는 무죄판결이 확정된 경우 당해 사건의 피고인이었던 자에 대하여 그 재판에 소요된 비용을 보상하여야 한다고 규정하면서, 다만 ㉠ 피고인이었던 자가 수사 또는 재판을 그르칠 목적으로 허위의 자백을 하거나 다른 유죄의 증거를 만들어 기소된 것으로 인정된 경우, ㉡ 1개의 재판으로써 경합범의 일부에 대하여 무죄판결이 확정되고 다른 부분에 대하여 유죄판결이 확정된 경우, ㉢ 형법 제9조 및 제10조 제1항의 사유에 의한 무죄판결이 확정된 경우, ㉣ 그 비용이 피고인이었던 자에게 책임지울 사유로 발생한 경우의 어느 하나에 해당하는 경우에는 비용의 전부 또는 일부를 보상하지 아니할 수 있는 예외를 인정하고 있다. 이러한 비용의 보상은 피고인이었던 자의 청구에 따라 무죄판결을 선고한 법원의 합의부에서 결정으로 하며(제194조의 3 제1항), 이러한 청구는 무죄판결이 확정된 날로부터 6개월 이내에 하여야 한다(동조 제2항). 이 결정에 대하여는 즉시 즉시항고를 할 수 있다(동조 제3항). 재판에 소요된 비용 자체에 대한 보상이라는 점에서 구금이나 형집행에 대한 보상인 형사보상(형사보상및명예회복에관한법률 제5조)과 구별된다.

> **참조판례** 「비용보상제도는 국가의 잘못된 형사사법권 행사로 인하여 피고인이 무죄를 선고받기 위하여 부득이 변호사 보수 등을 지출한 경우, 국가로 하여금 피고인에게 그 재판에 소요된 비용을 보상하도록 함으로써 국가의 형사사법작용에 내재한 위험성 때문에 불가피하게 비용을 지출한 비용보상청구권자의 방어권 및 재산권을 보장하려는 데 목적이 있으므로 이러한 입법 취지와 규정의 내용 등에 비추어 볼 때 판결 주문에서 무죄가 선고된 경우뿐만 아니라 판결 이유에서 무죄로 판단된 경우에도 재판에 소요된 비용 가운데 무죄로 판단된 부분의 방어권 행사에 필요하였다고 인정된 부분에 관하여는 보상을 청구할 수 있으며, 다만 법원은 이러한 경우 형사소송법 제194조의2 제2항 제2호를 유추적용하여 재량으로 보상청구의 전부 또는 일부를 기각할 수 있다」(대결 2019.7.5, 2018모906).

V. 종국재판의 부수효과

1. 구속영장의 실효

무죄, 면소, 형의 면제, 형의 선고유예, 형의 집행유예, 공소기각 또는 벌금이나 과료를 과하는 판결이 선고된 때에는 구속영장의 효력이 상실된다(제331조). 따라서 피고인은 즉시 석방되고 보석보증금은 환부된다(제104조).

2. 압수물의 처분

압수한 서류 또는 물품에 대하여 몰수의 선고가 없는 때에는 압수를 해제한 것으로 간주한다(제332조). 압수한 장물로서 피해자에게 환부할 이유가 명백한 것은 판결로써 피해자에게 환부하는 선고를 하여야 한다(제333조 제1항). 이 경우에 장물을 처분하였을 때에는 판결로써 그 대가로 취득한 것을 피해자에게 교부하는 선고를 하여야 하며(동조 제2항), 가환부한 장물에 대하여 별단의 선고가 없는 때에는 환부의 선고가 있는 것으로 간주한다(제3항). 이러한 경우에 이해관계인이 민사소송절차에 의하여 그 권리를 주장함에 영향을 미치지 아니한다(동조).

3. 가납의 재판

법원은 벌금, 과료 또는 추징의 선고를 하는 경우에 판결의 확정후에는 집행할 수 없거나 집행하기 곤란할 염려가 있다고 인정한 때에는 직권 또는 검사의 청구에 의하여 피고인에게 벌금, 과료 또는 추징에 상당한 금액의 가납을 명할 수 있다(제334조 제1항). 가납재판은 형의 선고와 동시에 판결로써 선고하여야 하며(동조 제2항), 이 판결은 즉시 집행할 수 있다(동조 제3항). 이러한 가납명령은 상소에 의하여 정지되지 않으며, 약식명령에 대해서도 가납명령을 할 수 있고(제448조), 벌금 또는과료를 선고하는 즉결심판에도 가납명령을 할 수 있다(즉심법 제17조 제3항).

4. 형사재판 확정기록 등의 열람·등사

(1) 재판확정기록의 열람·등사

누구든지 권리구제·학술연구 또는 공익적 목적으로 재판이 확정된 사건의 소송기록을 보관하고 있는 검찰청에 그 소송기록의 열람 또는 등사를 신청할 수 있다(제59조의 2 제1항). 다만 검사는 심리가 비공개로 진행된 경우 등 일정한 사유가 있는 때에는 소송기록의 전부 또는 일부의 열람 또는 등사를 제한할 수 있으나, 소송관계인이나 이해관계 있는 제3자가 열람 또는 등사에 관하여 정당한 사유가 있다고 인정되는 경우에는 그러하지 아니하다(동조 제2항). 검사가 제2항에 따라 소송기록의 열람 또는 등사를 제한하는 경우에는 신청인에게 그 사유를 명시하여 통지하여야 하며(동조 제3항), 소송기록의 보존을 위하여 필요하다고 인정하는 경우, 원본의 열람 또는 등사가 필요한 경우를 제외하고는 그 소송기록의 등본을 열람 또는 등사하게 할 수 있다(동조 제4항).

한편 소송기록을 열람 또는 등사한 자는 열람 또는 등사에 의하여 알게 된 사항을 이용하여 공공의 질서 또는 선량한 풍속을 해하거나 피고인의 개선 및 갱생을 방해하거나 사건관계인의 명예 또는 생활의 평온을 해하는 행위를 하여서는 아니되며(동조 제5항), 다만 제1항에 따라 소송기록의 열람 또는 등사를 신청한 자는 열람 또는 등사에 관한 검사의 처분에 불복하는 경우에는 당해 기록을 보관하고 있는 검찰청에 대응한 법원에 그 처분의 취소 또는 변경을 신청할 수 있는데(동조 제6항), 이 경우 제418조(준항고의 방식) 및 제419조(준용규정)를 준용한다(동조 제7항). 이처럼 확정사건의 소송기록에 대한 열람·등사를 허용한 것은 헌법에 규정된 재판공개의 원칙(헌법 제27조 제3항)을 실질적으로 구현하고, 형사사법 영역에서 국민의 알 권리를 충분히 보장하기 위해서는 재판 확정기록에 대한 일반 국민의 접근을 제도적으로 보장하기 위함이다. 제59조의2 및 제59조의3은 「공공기관의 정보공개에 관한 법률」의 특칙에 해당하므로, 형사재판 확정기록의 공개에 관하여는 위 법률의 적용이 배제되고, 제59조의2 및 제59조의3이 우선적으로 적용된다. 한편, 검사의 기록 열람·등사 거부처분에 대해서는 당해 기록을 보관하고 있는 검찰청에 대응하는 법원에 그 처분의 취소 또는 변경을 신청할 수 있도록 불복절차를 두었다. 이 불복절차에서는 형사재판 기록의 특수성을 고려하고 권리구제의 신속성을 보장하기 위하여 형사신청 절차의 일종으로 형사소송법의 준항고 규정을 준용하기로 하였다.

(2) 확정 판결서 등의 열람·등사

누구든지 판결이 확정된 사건의 판결서 또는 그 등본, 증거목록 또는 그 등본, 그 밖에 검사나 피고인 또는 변호인이 법원에 제출한 서류·물건의 명칭·목록 또는 이에 해당하는 정보(이하 "판결서등"이라 한다)를 보관하는 법원에서 열람 및 등사(인터넷 그 밖의 전산정보처리시스템을 통한 전자적 방법을 포함한다. 이하 이 조에서 같다)할 수 있다. 다만, ㉠ 심리가 비공개로 진행된 경우, ㉡ 소년법 제2조에 따른 소년에 관한 사건인 경우, ㉢ 공범관계에 있는 자 등의 증거인멸 또는 도주를 용이하게 하거나 관련 사건의 재판에 중대한 영향을 초래할 우려가 있는 경우, ㉣ 국가의 안전보장을 현저히 해할 우려가 명백하게 있는 경우, ㉤ 제59조의2 제2항 제3호(소송기록의 공개로 인하여 사건관계인의 명예나 사생활의 비밀 또는 생명·신체의 안전이나 생활의 평온을 현저히 해할 우려가 있는 경우) 또는 제6호(소송기록의 공개로 인하여 사건관계인의 영업비밀이 현저하게 침해될 우려가 있는 경우의 사유가 있는 경우)의 사유로서 소송관계인의 신청이 있는 경우 등의 어느 하나에 해당하는 경우에는 판결서 등의 열람 및 등사를 제한할 수 있다(제59조의3 제1항). 법원사무관 등이나 그 밖의 법원공무원은 제1항에 따른 열람 및 등사에 앞서 판결서등에 기재된 성명 등 개인정보가 공개되지 아니하도록 대법원규칙으로 정하는 보호조치를 하여야 하며(동조 제2항), 이에 따른 개인정보 보호조치를 한 법원사무관 등이나 그 밖의 법원공무원은 고의 또는 중대한 과실로 인한 것이 아니면 제1항에 따른 열람 및 등사와 관련하여 민사·형사상 책임을 지지 아니한다(동조 제3항). 이는 법원사무관 등이나 그 밖의 법원공무원이 개인정보 유출로 인한 책임 등으로 인하여 확정 판결서 등의 열람·등사에 소극적으로 행동하는 것을 방지하기 위한 것으로, 여기서 '고의 또는 중대한 과실'의 의미에 대하여는 앞으로 판례를 통하여 구체화될 것으로 보인다.

다만 열람 및 등사에 관하여 정당한 사유가 있는 소송관계인이나 이해관계 있는 제3자는 제1항 단서에도 불구하고 제1항에 따른 법원사무관 등이나 그 밖의 법원공무원에게 판결서 등의 열람 및 등사를 신청할 수 있으며, 이 경우 법원사무관 등이나 그 밖의 법원공무원의 열람 및 등사에 관한 처분에 불복하는 경우에는 제1항에 따른 법원에 처분의 취소 또는 변경을 신청할 수 있고(동조 제4항), 이러한 불복신청에 대하여는 제417조(준항고)와 제418조(준항고의 방식)를 준용한다(동조 제5항). 기타 판결서등의 열람 및 등사의 방법과 절차, 개인정보 보호조치의 방법과 절차, 그 밖에 필요한 사항은 대법원규칙으로 정한다(동조 제6항).

제 3 절 재판의 효력

표 6-2 재판의 효력

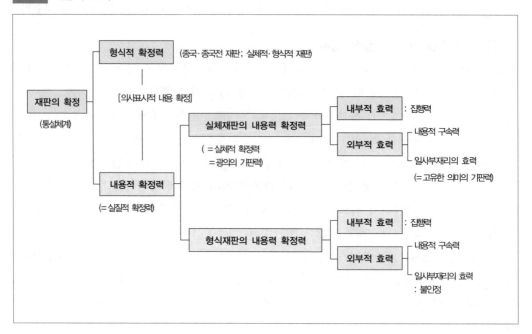

I. 서   설

재판의 본래적 효력은 재판의 확정에 의하여 발생한다. 이와 같은 재판의 본래적 효력을 재판의 확정력이라고 한다. 그렇지만 재판의 확정 이전에도 일정한 효과가 발생한다. 즉 재판이 선고 또는 고지에 의하여 외부적으로 성립하면, 확정되기 이전에도 비록 그 재판을 한 법원조차 그것을 원칙적으로 철회하거나 내용을 변경할 수 없게 되는데 이를 재판의 구속력(또는 기속력)이라고 한다.

II. 재판의 확정

1. 의   의

재판의 확정이란 재판이 통상의 불복방법에 의하여 소송관계인이 다툴 수 없는 상태에 이르는 것을 말하는데, 이러한 상태에 있는 재판을 확정재판이라고 한다. 재판이 확정되면 법원과 소송관계인은 그 형식적 존재를 변경할 수 없게 되고(형식적 확정력), 또한 그 재판의 내용, 즉 의사표시적 내용도 확정된다(내용적 확정력).

2. 제도적 기능

재판의 확정은 형사재판에서 서로 충돌하는 두 이념, 즉 정의와 법적 안정성을 조화시키는 기능을 한다. 즉 상소제도에 의하여 진실발견 내지 정의를 추구하면서도, 다른 한편으로 비록 정의에 반하는 재판이라 할지라도 일정한 기간이 지난 후에는 그 재판에 대해 다툴 수 없게 함으로써 법적 안정성과 법적 평온을 도모하는 것이다.

3. 재판확정의 시기

(1) 불복신청이 허용되지 않는 재판

① **확정시기:** 불복신청을 할 수 없는 재판은 선고 또는 고지와 동시에 확정되는 것이 원칙이다. 예컨대 법원의 관할 또는 판결전의 소송절차에 관한 결정($\frac{제403}{조}$)과 항고법원 또는 고등법원의 결정($\frac{제415}{조}$)에 대하여는 즉시항고를 할 수 있는 경우 외에는 항고가 허용되지 아니하므로 이러한 결정은 선고와 동시에 확정된다. 대법원의 결정도 이에 대한 정정의 신청제도가 없기 때문에 고지와 동시에 확정된다.

② **대법원판결의 경우:** 대법원판결에 대하여도 판결의 정정이 허용되므로($\substack{제400조,\\제401조}$) 정정신청기간의 경과, 정정판결 또는 신청기각의 결정에 의하여 확정된다는 견해가 있으나, 대법원판결의 확정시기에 대하여는 선고와 동시에 확정된다는 견해가 타당하다(통설). 왜냐하면 판결의 정정은 예외적인 경우에 오기 내지 위산(違算)과 같은 오류를 정정하는 데 불과하기 때문이다. 판례도 「대법원판결은 그 선고로써 확정되는 것이고 본법 제400조 소정의 판결정정신청기간을 기다릴 필요가 없다」는 입장이다($\substack{대판 1967.6.2,\\67초22}$).

(2) 불복신청이 허용되는 재판

불복신청을 할 수 있는 재판에 있어서는 상소기간($\substack{제343조, 제358조,\\제374조}$) 기타 불복신청기간($\substack{제405조, 제416조,\\제453조}$)의 도과, 상소 기타 불복신청의 포기 또는 취하($\substack{제349조,\\제454조}$), 불복신청을 기각하는 재판($\substack{제360조, 제376조, 제362조,\\제381조, 제407조}$)이 확정될 때에 그 불복신청의 대상인 재판도 확정된다($\substack{대판 2005.3.24,\\2004도8651}$). 즉시항고할 수 있는 결정 또는 명령의 경우에도 동일하지만, 통상항고에는 항고기간의 제한이 없으므로 원심판결을 취소하여도 실익이 없게 된 때에 확정된다($\frac{제404}{조}$).

4. 재판의 확정력

(1) 형식적 확정력

재판이 통상의 불복방법에 의하여 다툴 수 없는 상태에 이른 것을 형식적 확정이라고 하고, 재판의 형식적 확정에 의한 불가쟁적 효력을 형식적 확정력이라고 한다(통설). 이러한 형식적 확정력의 불가쟁적(不可爭的) 효력은 소송관계인의 입장에서 재판에 대한 불복이 불가능함을 의미하지만, 판결을 한 법원 자신도 이에 구속되며 스스로 판결을 철회하거나 변경하는 것이 허용되지 않는데, 이를 특히 불가변적(不可變的) 효력이라고도 한다. 이러한 형식적 확정력은 소송절차가 확정적으로 종결되는 소송의 절차면에서의 효력이므로 종국재판이건 종국전의 재판이건, 실체재판이건 형식재판이건 불문하고 모든 재판에 대하여 발생한다.

종국재판의 경우에는 소송계속이 종결되므로 확정시점이 재판집행의 기준시점이 된다($^{제459}_{조}$). 또 자격정지 이상의 형을 선고한 재판이 확정되면 수형인명부에 기재되며, 유죄판결의 형식적 확정은 누범가중, 선고유예의 실효, 집행유예의 실효의 기준시점이 된다. 이러한 형식적 확정력은 재판의 내용적 확정력 발생의 전제가 된다.

(2) 내용적 확정력

재판이 형식적으로 확정되어 그 의사표시적 내용이 확정되는 것을 내용적 확정이라고 하고, 재판의 내용적 확정에 의하여 그 판단내용인 일정한 법률관계를 확정하게 하는 효력을 내용적 확정력 또는 실질적 확정력이라고 한다. 이러한 내용적 확정력은 실체재판이건 형식재판이건 불문하고 발생한다. 특히 유·무죄의 실체재판이 확정되면 이에 따라 형벌권의 존부와 범위가 확정되는데 이러한 실체재판의 내용적 확정력을 실체적 확정력이라고 한다. 실체적 확정력을 사건의 측면에서 볼 때에 이를 **광의의 기판력**이라고도 한다.

내용적 확정력은 대내적으로 실체재판·형식재판을 불문하고 집행을 요하는 재판에 한하여 집행력이 발생한다. 특히 실체재판의 경우에는 당해 사건에 대한 구체적 형벌권의 존부와 범위가 확정된다. 다만 무죄판결은 실체재판이지만 집행력이 발생하지 않으며, 보석허가결정이나 구속영장발부는 형식재판이지만 집행력이 인정된다. 대외적으로는 동일사정하에서 동일한 사정에 대하여 원래의 재판과 상이한 판단을 할 수 없도록 하는 확정판결의 후소에 대한 불가변적 효력이 발생하는데, 이에는 **내용적 구속력**과 **일사부재리의 효력**이 인정된다.

III. 내용적 구속력

사 례

뇌물죄로 기소된 피고인 乙은 구속집행정지로 석방된 후, 사망하였다는 사실이 기재된 호적등본을 수소법원에 제출하였다. 수소법원은 이러한 위장사망사실을 간파하지 못하고 공소기각결정(제328조 제1항 제2호)을 선고하여 위 결정이 확정되었다. 그 후 피고인 乙의 생존사실이 확인되자 검사가 동일한 범죄사실로 재기소하였는바, 후소법원은 어떠한 재판을 하여야 하는가?

1. 의   의

내용적 구속력이란 재판이 확정되면 다른 법원에서도 동일한 사정에서 동일사항에 대하여는 다른 판단을 할 수 없는 효력을 말한다. 재판의 내용적 구속력은 유·무죄의 실체재판뿐만 아니라 공소기각과 관할위반 및 면소의 재판과 같은 형식재판에도 인정된다.

2. 형식재판의 내용적 구속력

(1) 내용적 구속력의 작용

후소의 수소법원에 대하여 동일사항에 대한 판단을 금지시킨다고 보는 차단효과설이 통설이다. 이에 따르면 관할위반의 판결이 선고된 사건에 대하여 동일 법원에 다시 공소가 제기된 경우에는 공소기각의 판결을 선고해야 할 것이다($\frac{제327조}{제2호}$).

(2) 내용적 구속력이 미치는 범위

① **원   칙:** 재판의 내용적 구속력은 법원이 현실적으로 심판한 사건의 범위내에서만 발생한다는 점에서 실체재판과 형식재판에 있어서 차이가 없다. 따라서 형식재판에 있어서도 내용적 구속력은 판단된 사항에 대하여만 미치므로 사정변경이 있는 경우에는 내용적 구속력이 미치지 않는다.

② **문제되는 경우:** 친고죄에 있어서 고소가 없거나 고소가 무효임을 이유로 한 공소기각의 판결이 확정된 경우에 고소가 있다거나 유효하다는 주장을 하는 재소는 허용되지 않는다. 그러나 후에 유효한 고소가 있는 경우에 공소를 제기하는 것은 허용된다. 관할위반의 판결이 확정된 때에도 동일법원에 동일사건을 재소하는 것은 허용되지 않지만, 관할권있는 다른 법원에 공소를 제기하는 것은 가능하다.

☞ 문제는 피고인의 사망을 이유로 한 공소기각의 결정($\frac{제328조}{제2호}$)이 확정된 후에 피고인의 생존사실이 판명된 경우와 같이 재판내용의 오류가 명백하고 그것이 피고인의 적극적인 기망행위로 인한 경우에도 내용적 구속력을 인정할 것인가이다. 이에 대하여 ㉠ 재판의 내용이 오류임이 객관적으로 명백하고 그 오류가 피고인측의 적극적인 기망행위에 기인한 경우에는 피고인에게 구속력을 요구할 자격이 없다는 이유로 내용적 구속력이 배제된다고 보는 **재기소긍정설**(다수설)과 ㉡ 재판의 오류가 있는가를 불문하고 전소의 확정력에 의하여 당해 소송에 관한 한 피고인의 사망은 확정되었다고 볼 것이므로 내용적 구속력이 배제되지 않는다고 보는 **재기소부정설**이 대립하고 있다. 생각건대 피고인이 법원을 기망한 경우에 재기소를 부정한다면 이는 피고인의 부당한 행위를 사실상 허용하는 것이 되어 일반인의 법감정에 반하고 또 진실발견의 요청을 저해하게 된다는 문제점을 단적으로 부정하기는 어려울 것이다. 그러나 내용적 구속력은 재판의 오류유무에 관계없이 발생하고, 피고인의 생존사실은 소송조건이고, 이러한 소송조건의 존부는 법원의 직권조사사항인데 재판의 오류를 사전에 충분히 해명하지 못한 책임을 피고인의 귀책사유로 돌리는 것은 사실상 해석에 의하여 피고인에게 불이익한 재심을 허용하는 것과 동일한 결과를 초래하므로 재기소를 부정하는 것

이 타당하다고 본다.

3. 실체재판의 내용적 구속력

기판력을 실체적 확정력의 대외적 효과인 일사부재리의 효력이라고 해석하는 통설은 실체재판에는 일사부재리의 효력이 인정되므로, 재판의 내용적 구속력은 주로 형식재판에서만 문제된다고 해석한다. 이에 대하여 확정재판에서 무죄판결이 선고된 경우, 이에 기초하여 다른 사실을 재판하는 경우(가령 형사보상판결)에도 피고인의 법적 안정성을 보호하기 위해서는 내용적 구속력을 인정할 필요가 있으므로 실체재판에도 내용적 구속력을 인정하는 것이 타당하다는 견해가 있다. 그러나 통설도 기판력의 범위에 내용적 구속력을 포함시키지 않을 뿐이지, 실체재판의 대외적 효력으로 내용적 구속력을 인정하고 있으므로 양설은 실제에 있어서 차이가 없다고 본다.

사례해설

피고인 乙이 실제로 생존하고 있다고 하는 자료는 새롭게 발견된 것이지만 피고인은 실제로 계속 살아있었고 일단 사망한 피고인이 다시 살아난 것이 아니므로 이것을 가지고 재판후에 사정변경이 있었다고 할 수는 없다. 따라서 재기소부정설을 따르는 한 내용적 구속력은 후소법원에도 미치므로 후소법원은 재기소에 대하여 공소제기의 위법·무효를 이유로 공소기각의 판결(제327조 제2호)을 해야 할 것이다. 반면에 재기소긍정설에 따르면 재판의 내용이 오류임이 객관적으로 명백하고 그 오류가 피고인 乙의 적극적인 기망행위에 기인한 것이어서 검사의 재기소는 적법·유효하므로 후소법원은 실체심리를 통하여 乙에 대한 유·무죄의 판결을 선고해야 할 것이다.

Ⅳ. 기판력(일사부재리의 효력)

1. 의   의

기판력이란 유·무죄의 실체판결이나 면소판결이 확정된 경우, 동일사건에 대하여 다시 심리·판단하는 것이 허용되지 않는다는 효력을 말한다. 즉 실체판결이 형식적으로 확정되면 판결에 대한 법적 안정성의 요구에 따라 그 사건에 관하여는 재차 공소제기가 허용되지 않으며, 만일 검사가 잘못하여 다시 공소를 제기하더라도 실체적 소송조건이 부존재한다하여 면소판결을 선고하는 효력을 말한다.

기판력 내지 일사부재리의 효력을 인정하는 이유로 첫째, 정부가 우월한 공권력을 바탕으로 무고한 시민을 유죄로 만드는 것을 방지하는 것, 둘째, 중복적인 기소로 피고인에게 발생하는 경제적·정신적·사회적 고통을 줄이는 것, 셋째, 검사가 판결 결과에 불만을 가질 때마다 재기소를 하는 것을 방지함으로써 형사판결의 종국성과 고결성을 증진시키는 것, 넷째, 검사의 기소독점권을 제한하는 것, 다섯째, 사법부로 하여금 중복적인 처벌을 하지 못하게 하는 것 등을 들 수 있다.

2. 기판력과 일사부재리의 효력과의 관계

(1) 실체적 확정력설(일치설)

실체재판의 내용적 확정력을 광의의 기판력이라고 하고, 유·무죄의 실체판결과 면소판결이 확정된 경우에 동일사건에 대하여 재차의 심리·재판이 허용되지 않는 효력(재소금지의 효력)을 고유한 의미의 기판력(협의 기판력), 즉 일사부재리의 효력이라고 하는 견해이다(다수설). 그러나 피고인의 법적 지위와 피고인보호를 위한 이중위험의 법리를 일사부재리의 효력으로 인정하지 않는 한, 법원의 현실적 심판의 범위를 공소장에 기재된 공소사실에 한정하고 있는 형사소송법의 해석에 있어서 동시심판이 불가능하여 현실적으로 심판되지 않는 사실에 대하여도 일사부재리의 효력이 미치는 점을 충분히 설명할 수 없다는 비판이 있다.

(2) 이중위험금지설(구별설)

기판력이란 재판의 내용적 확정력 중 대외적 효과를 의미하는 소송법적 개념이지만, 일사부재리의 효력은 형사절차에 수반하는 피고인의 불안정상태를 제거하고자 하는 이중위험금지의 법리(double jeopardy)에서 유래하는 것으로 기판력 또는 재판의 효력과는 전혀 관계가 없는 개념이라는 견해이다. 그러나 대륙법계의 기판력과 영미법계의 일사부재리의 효력(이중위험금지의 법리)은 피고인보호의 원칙이라는 점에서 동일하므로 기판력과 일사부재리의 효력을 개념적으로 완전히 분리하는 것은 불가능하다는 점에서 타당하지 않다.

(3) 포 함 설

실체재판·형식재판을 불문하고 재판의 내용적 확정력 중 대외적 효과를 기판력이라고 하고, 이에는 내용적 구속력과 일사부재리의 효력이 포함되어 있다는 견해이다. 그리고 이러한 일사부재리의 효력속에는 영미법상의 이중위험의 금지가 포함되어 있는 넓은 의미의 이중위험금지를 의미한다고 한다. 그러나 이중위험금지의 법리는 유·무죄의 실체재판을 전제로 하지 않고서도 논의될 수 있는 개념이므로 유·무죄의 실체재판이 확정됨을 전제로 하는 현행법체계에 그대로 수용하는 것은 무리가 있을 뿐만 아니라, 기판력의 범위에 내용적 구속력을 포함시키는 것도 타당하지 않다.

(4) 검   토

실체재판의 내용적 확정력 중 대외적 효력을 나타내는 개념으로서, 고유한 의미의 기판력과 일사부재리의 효력을 동일한 의미로 사용하는 일치설이 타당하다고 본다.

3. 기판력의 본질

기판력의 본질을 확정재판에 의하여 실체법률관계를 형성·변경하는 효력으로 이해하는 **실체법설**, 국가가 소송에서 공권적 판단인 판결을 통하여 일반적·추상적 규범인 실체법을 구체적·개별적 법률관계로 실현하는 당해 사건에 대한 구체적 실체법이 기판력이라는 **구체적 규범설** 등이 주장되고 있으나, 기판력은 실체법률관계에는 아무런 영향을 미치지 아니하고, 단지 전후 법원의 모순되는 판단으로 인한 재판의 권위손상과 피고인의 법적 안정성의 견지에서 후소법원의 실체심리를 차단하는 소송법적 효력에 불과하다는 **소송법설**이 타당하다(통설).

실체법설에 따라 잘못된 판결이라도 판단의 대상인 실체법상의 법률관계가 이미 그 판결의 결과대로 변동되었으므로 기판력에 의하여 판결내용과 같은 실체법률관계가 형성된다고 볼 수는 없으며(예컨대 절도범이 아닌 자가 절도죄로 유죄판결이 확정되었다고 하여 절도죄를 범한 것으로 할 수 없음), 구체적 규범설은 법원이 구체적으로 심판한 범위를 넘어 공소사실과 동일성이 인정되는 사실에 대하여까지 기판력이 미치는 이유 및 앞의 법원이 재판에 의하여 구체적 법규범을 창설한다면 왜 다른 법원은 구체적 법규범을 창설할 수 없는가를 설명하지 못하기 때문이다.

4. 기판력이 발생하는 재판

(1) 유·무죄의 실체재판

유·무죄의 실체재판에 기판력이 인정된다는 것은 당연하다. 약식명령과 즉결심판도 확정되면 유죄판결과 동일한 효력을 가지므로 일사부재리의 효력이 생긴다. 또 경범죄처벌법상(동법 제8조 제3항)의 경범죄나 도로교통법상(동법 제164조 제3항)의 도로교통법위반행위의 경우에도 범칙금을 납부하면 일사부재리의 효력이 인정된다. 다만 일사부재리의 효력은 형사재판에 대하여만 인정되는 것이므로, 행정법상의 징계처분이나 관세법상의 통고처분에는 인정되지 않는다. 가정폭력범죄의 처벌 등에 관한 특례법상 보호처분도 형사소송절차와는 내용과 성질을 달리하여 형사소송절차와 동일하다고 보기 어려우므로, 동법에 따른 보호처분의 결정 또는 불처분결정에 형사판결에 준하는 효력을 인정할 수 없다.

> **참조판례** 「가정폭력처벌법에 따른 보호처분의 결정이 확정된 경우에는 원칙적으로 가정폭력행위자에 대하여 같은 범죄사실로 다시 공소를 제기할 수 없으나(가정폭력처벌법 제16조), **보호처분은 확정판결이 아니고 따라서 기판력도 없으므로, 보호처분을 받은 사건과 동일한 사건에 대하여 다시 공소제기가 되었다면 이에 대해서는 면소판결을 할 것이 아니라 공소제기의 절차가 법률의 규정에 위배하여 무효인 때에 해당한 경우이므로 형사소송법 제327조 제2호의 규정에 의하여 공소기각의 판결을 하여야 한다.** 그러나 가정폭력처벌법은 불처분결정에 대해서는 그와 같은 규정을 두고 있지 않을 뿐만 아니라, 가정폭력범죄에 대한 공소시효에 관하여 불처분결정이 확정된 때에는 그때부터 공소시효가 진행된다고 규정하고 있으므로(가정폭력처벌법 제17조 제1항), 가정폭력처벌법은 불처분결정이 확정된 가정폭력범죄라 하더라도 일정한 경우 공소가 제기될 수 있음을 전제로 하고 있다. 따라서 **가정폭력처벌법 제37조 제1항 제1호의 불처분결정이 확정된 후에 검사가 동일한 범죄사실에 대하여 다시 공소를 제기하였다거나 법원이 이에 대하여 유죄판결을 선고하였더라**

도 이중처벌금지의 원칙 내지 일사부재리의 원칙에 위배된다고 할 수 없다」(대판 2017.8.23, 2016도5423).

(2) 형식재판

일사부재리의 효력은 본안재판에 수반되는 효력이므로 공소기각과 관할위반의 형식재판에 대하여는 일사부재리의 효력이 생기지 않는다. 그러나 면소판결은 형식재판이라도 일사부재리의 효력이 인정되는데, 그 근거에 관해서는 실체관계적 형식재판이라는 이유로 이를 인정하는 견해도 있으나, 소송추행의 이익이 없기 때문에 다시 소추하는 것을 금지하는 점에 있다고 보아야 한다(면소판결 부분 참조).

(3) 당연무효의 판결

당연무효의 판결이란 판결로 성립은 하였으나 중대한 하자가 있어 상소 등의 불복을 하지 않아도 재판의 본래적 효력이 발생하지 않는 판결을 말한다. 예컨대 동일사건에 대한 이중의 실체판결 등이 확정된 경우, 사자(死者)에 대하여 형을 선고한 경우, 법률상 인정되지 않는 형벌을 선고한 판결 등이 여기에 해당한다. 이에 대하여 당연무효의 판결은 형식적 확정력이 있어도 실체적 확정력이 없으므로 기판력을 인정할 수 없다는 **부정설**도 있으나, 법원이 심리를 종결하여 최종적 판단을 한 것이므로 피고인보호의 취지상 기판력이 인정된다는 **긍정설**이 타당하다고 본다(통설). 왜냐하면 이 경우에도 법원은 피고사건에 대하여 최종적 판단을 행한 것이므로, 그 절차에서 처벌의 위험에 노출된 피고인을 재차의 심판으로부터 보호해야 할 필요성이 있기 때문이다.

5. 기판력이 미치는 범위

사 례

피고인 甲은 2022. 9. 25. 14:00경 방배동에서 A의 신용카드로 물건을 구입하려다가 체포되었다. 甲은 A에 대한 절도죄의 범인으로 추궁받았으나 완강히 범행을 부인하면서 신용카드를 소지하게 된 경위에 관해서는 2022. 9. 24. 02:00경 방배동 골목길에서 우연히 친구 乙을 만났는데, 乙이 구로동에서 술에 취한 A로부터 강취한 카드라고 하면서 주길래 이를 장물인 정을 알면서도 교부받아 이를 취득한 것에 불과하다고 주장하였다. 당시 乙의 소재는 불명이었고 A역시 당시 상황을 잘 기억하지 못하고 있어서 검사는 그 변명대로 甲을 장물취득죄로 기소하여 그대로 유죄판결이 확정되었다. 한편 그 후에 乙이 체포되어 조사한 결과, 甲과 乙이 2022. 9. 23. 23:40경 구로동에서 술에 취한 A를 구타하여 상해를 가한 후 신용카드와 현금을 강취하고 다음날 새벽 2시경 방배동에서 이를 분배하였다는 것이다. 그러자 검사는 甲을 A에 대한 강도상해죄로 다시 기소하였다. 이에 대하여 甲은 강도상해의 공소사실에 대하여 장물취득죄의 확정판결이 있으므로 면소판결을 해야 한다고 주장하고 있다. 법원은 어떠한 판단을 하여야 하는가?

(1) 객관적 범위

① **원   칙:** 기판력이 미치는 객관적 범위는 법률의 현실적 심판의 대상인 당해 공소사실은 물론 그 공소사실과 단일하고 동일한 관계에 있는 사실의 전부에 미친다((다수설)·판례). 다만 그 이론적 근거에 대해서는 견해가 대립하고 있다.

② **이론적 근거:** 피고인의 법적 지위의 인정과 피고인보호를 위하여 이중위험을 금지하는 일사부재리의 원칙에 비추어 공소사실의 동일성이 인정되는 범위에서는 위험이 미치기 때문이라는 **이중위험금지설,** 제248조 제2항의 공소불가분의 원칙상 법원의 현실적 심판대상은 범죄사실의 전부에 미치므로 기판력이 범죄사실의 전부에 미치는 것은 공소불가분의 원칙의 당연한 귀결이라는 **공소불가분의 원칙설** 등이 주장되고 있으나, 공소사실의 동일성이 인정되는 범위내의 전부에 대하여 공소제기의 효력이 미치고 그 전부가 법원의 잠재적 심판의 대상이 되었으므로 그 범위내의 전부에 대하여 기판력이 미친다는 **잠재적 심판대상설**(다수설)이 타당하다. 왜냐하면 미국에서 주장되는 이중위험기준설은 공소사실을 비교하는 것이 아니라 소인(count)을 중심으로 동일성(Identity)을 비교하는 기술적인 개념에 불과하며, 형사소송법이 공소취소 뒤의 재기소제도($\frac{제329}{조}$) 및 검사의 상소를 인정하고 있다는 점에서 영미법상의 이중위험금지의 법리를 현행법에 그대로 수용하는 것은 무리가 있으며, 공소불가분의 원칙설도 현행법상의 공소장변경제도를 무의미하게 할 뿐만 아니라 공소제기의 효력이 미치는 범위내에서 기판력의 효력이 당연히 미친다고 보는 것은 논리의 비약이기 때문이다.

③ **구체적 범위**

가) 공소사실의 동일성이 있는 범죄: 공소사실의 동일성이 인정되는 한 기판력이 인정된다.

> [참조판례] 「과실로 교통사고를 발생시켰다는 각 '교통사고처리 특례법 위반죄'와 고의로 교통사고를 낸 뒤 보험금을 청구하여 수령하거나 미수에 그쳤다는 '사기 및 사기미수죄'는 서로 행위 태양이 전혀 다르고, 각 교통사고처리 특례법 위반죄의 피해자는 교통사고로 사망한 사람들이나, 사기 및 사기미수죄의 피해자는 피고인과 운전자보험계약을 체결한 보험회사들로서 역시 서로 다르며, 따라서 위 각 교통사고처리 특례법 위반죄와 사기 및 사기미수죄는 그 기본적 사실관계가 동일하다고 볼 수 없으므로, 위 전자에 관한 확정판결의 기판력이 후자에 미친다고 할 수 없다」($\frac{대판\ 2010.2.25,}{2009도14263}$).

이러한 공소사실의 동일성을 판단하는 기준으로 죄질동일설, 구성요건공통설, 소인공통설 등이 있으나, 다수설은 기본적 사실동일설이다(심판의 대상 부분 참조).

다만 기본적 사실관계의 동일성여부를 판단함에 있어서 규범적 요소를 고려할 수 있는가에 대하여, **대법원 다수의견은** 「공소사실이나 범죄사실의 동일성은 형사소송법상의 개념이므로 이것이 형사소송절차에서 가지는 의의나 소송법적 기능을 고려하여야 할 것이고, 따라서 두 죄의 기본적 사실관계가 동일한가의 여부는 그 규범적 요소를 전적으로 배제한 채 순수하게 사회적·전법률적인 관점에서만 파악할 수는 없고, 그 자연적·사회적 사실관계나 피고인의 행위가 동일한 것인가 외에 그 규범적 요소도 기본적 사실관계 동일성의 실질적 내용의 일부를 이루는 것이라고 보는 것이 상당하다」고 본 반면, **소수의견은** 「기본적 사실관계동일설을 취하는 경우에는 그 사실의 기초가 되는 사회적 사실관계가 기본적인 점에서 동일한가의 여부를 구체적 사실에 관하여 개별적으로 판단하여 결정하여야 하는 것으로서 기본적 사실관계의 동일성여부를 판단함에 있어서는 일체의 법률적 관점을 배제하고 순수하게 자연적, 전법률적 관점에서 범죄사실의 동일성을 판단하고자 하는 것이고 규범적 요소는 고려되지 아니함이 원칙이다」 ^{(대판(전합) 1994.3.22, 93도2080)}라고 판시하여 반대입장을 취하고 있다.

생각건대 본 사안에서 대법원의 다수의견이 확정판결이 있었던 장물취득죄의 기판력이 강도상해죄에 미치지 않는다고 본 근본적인 이유는 장물취득죄와 강도상해죄는 피해법익·죄질 등에 있어 현저한 차이가 나서, 장물취득죄의 기판력이 강도상해죄에 미친다고 하는 것은 우리의 정의관념에 반할 뿐만 아니라 국가의 형벌권을 본질적으로 침해한다는 점을 고려한 것으로 보인다.

그러나 기판력 내지 일사부재리의 효력은 피고인이 동일한 행위로 인하여 다시 처벌받아서는 안 된다는 것을 피고인의 기본권으로 보호하는 것이므로, 그것은 처벌의 정당성이나 불법내용이라는 규범적 요소에 의하여 좌우될 수 있는 성질이 아니다.

더욱이 판례의 다수의견에 의하면 공소장변경의 한계가 되는 동일성과 기판력이 미치는 범위를 정하는 동일성의 범위가 달라지는 문제가 생기는데, 양자가 동일해야만 피고인의 이익(법적 안정성)과 형벌권의 실현(정의)의 이념이 조화될 수 있다는 점에서 공소사실의 동일성은 전법률적·자연적 관점에서 파악하는 것이 타당하다고 본다. 이에 대해서는 동일성의 범위가 지나치게 확대되고 기본적 사실의 동일성의 개념이 불분명하다는 비판이 있으나, 규범적 요소를 도입한다고 하여 동일성이 반드시 축소된다고 볼 수도 없으며, 양 공소사실이 시간적·장소적으로 밀접한 관계에 있거나(밀접관계), 서로 양립할 수 없는 관계에 있을 때(택일관계)에는 기본적 사실의 동일성을 인정할 수 있으므로 기준이 불명확하다고 볼 수는 없다. 결국 장물보관죄의 확정판결의 기판력은 강도상해죄에 대하여도 미친다고 해야 할 것이다.

나) 포괄일죄: 포괄일죄의 일부에 대한 기판력은 실제로 심리대상이 되지 않는 부분에까지 미친다. 예컨대 상습범, 연속범 등이 여기에 해당한다. 판례도 동일한 입장이다(^{대판 2000.2.11, 99도4797}).

다만 상습범으로서 포괄적 일죄의 관계에 있는 여러 개의 범죄사실 중 일부에 대하여 유죄판결이 확정된 경우, 그 확정판결의 사실심판결 선고 전에 저질러진 나머지 범죄에 대하여 면소판결을 선고하기 위한 요건에 대하여 **대법원 다수의견**은 「이러한 법리가 적용되기 위해서는 전의 확정판결에서 당해 피고인이 **상습범으로 기소되어 처단되었을 것을 필요로 하는 것**이고, 상습범 아닌 기본 구성요건의 범죄로 처단되는 데 그친 경우에는, 가사 뒤에 기소된 사건에서 비로소 드러났거나 새로 저질러진 범죄사실과 전의 판결에서 이미 유죄로 확정된 범죄사실 등을 종합하여 비로소 그 **모두가 상습범으로서의 포괄적 일죄에 해당하는 것으로 판단된다** 하더라도 뒤늦게 앞서의 확정판결을 상습범의 일부에 대한 확정판결이라고 **보아 그 기판력이 그 사실심판결 선고전의 나머지 범죄에 미친다고 보아서는 아니된다**」고 본 반면, 소수의견은 「포괄일죄인 상습사기죄의 일부에 관하여 유죄의 확정판결이 있더라도 단순사기죄로 처벌된 것인가, 상습사기죄로 처벌된 것인가에 따라 기판력에 미치는 범위가 달라진다고 하는 다수의견은 ㉠ 공소불가분의 원칙을 규정하고 있는 형사소송법 제247조 제2항과 일사부재리의 원칙을 규정하고 있는 헌법 제13조 제1항 후단 및 형사소송법 제326조 제1호에 반하는 것으로 다수의견이 기존에 확립된 판례를 변경하는 것은 법령의 해석·적용에 관하여 선택할 수 있는 여러 견해 중 하나를 선택하는 차원의 범위를 넘어선 것이고, ⓛ 후에 공소제기된 사건에 관하여 확정판결이 있었는지 여부는 그 사건의 공소사실의 전부 또는 일부에 대하여 이미 판결이 있었는지 여부의 문제이고, 이는 전의 확정 판결의 죄명이나 판단내용에 의하여 좌우되는 것이 아니며, ⓒ 다수의견이 기판력이 미치는 범위를 기본적으로 공소장 기재사실을 한도로 하는 것은 소인개념을 채택하고 있지 아니하는 현행법상으로는 무리한 해석」이라는 입장을 취하고 있다(대판(전합) 2004.9.16, 2001도3206).

그러나 공소제기된 범죄사실과 추가로 발견된 범죄사실 사이에 그 범죄사실들과 동일성이 인정되는 또 다른 범죄사실에 대한 유죄의 확정판결이 있는 때에는, 추가로 발견된 확정판결 후의 범죄사실은 공소제기된 범죄사실과 분단되어 동일성이 없는 별개의 범죄가 된다. 따라서 이때 검사는 공소장변경절차에 의하여 확정판결 후의 범죄사실을 공소사실로 추가할 수는 없고 별개의 독립된 범죄로 공소를 제기하여야 한다(대판 2017.4.28, 2016도21342).

다) 과형상 일죄: 과형상 일죄의 부분사실에 대한 확정판결의 기판력은 나머지 부분에 대해서도 미친다. 판례도 공소사실 중 명예훼손죄가, 확정판결의 범죄사실 중 업무방해죄와 상상적 경합관계에 있다고 보아 이미 확정된 위 확정판결의 기판력이 명예훼손죄에 대하여도 미친다(대판 2007.2.23, 2005도10233)는 이유로 면소판결을 선고해야 한다고 보고 있다.

라) 판결확정후 사건의 내용이 변화한 경우: 확정판결후 변경된 부분에 대해서도 기판력이 미친다. 예컨대 상해죄로 기소되어 판결이 확정된 후 피해자가 상해가 원인이 되어 사망한 경우가 여기에 해당한다. 판례도 상해치사의 소송사실이 즉결심판으로 확정된 경범죄처벌법 위반의 범죄사실(동일한 피고인이 동일한 일시, 장소에서 술에 취하여 그 주점의 손님들에게 시비를 걸고 행패를 부린 사실에 관한 것임)과 기본적 사실관계에 있어서 동일하다(대판 1990.3.9, 89도1046)고 하여 면소판결을 선고한 바 있다.

마) 공소제기되지 아니한 여죄사실에 대하여 실질적으로 심리가 행해지고 그 여죄가 양형자료로 되는 경우: 공소사실의 동일성이 인정되지 않으므로 여죄사실에 대해서는 기판력이 인정되지 않는다.

바) 재심판결: 판례는 상습범으로 유죄의 확정판결을 받은 사람이 그 후 동일한 습벽에 의해 범행을 저질렀는데 유죄의 확정판결에 대하여 재심이 개시된 경우, 동일한 습벽에 의한 후행범죄가 재심대상판결에 대한 재심판결 선고 전에 저질러진 범죄라 하더라도 재심판결의 기판력이 후행범죄에 미치지 않는다는 입장이다.

참조판례 「상습범으로 유죄의 확정판결(이하 앞서 저질러 재심의 대상이 된 범죄를 '선행범죄'라 한다)을 받은 사람이 그 후 동일한 습벽에 의해 범행을 저질렀는데(이하 뒤에 저지른 범죄를 '후행범죄'라 한다) 유죄의 확정판결에 대하여 재심이 개시된 경우, 동일한 습벽에 의한 후행범죄가 재심대상판결에 대한 재심판결 선고 전에 저질러진 범죄라 하더라도 재심판결의 기판력이 후행범죄에 미치지 않는다. 재심심판절차에서 선행범죄, 즉 재심대상판결의 공소사실에 후행범죄를 추가하는 내용으로 공소장을 변경하거나 추가로 공소를 제기한 후 이를 재심대상사건에 병합하여 심리하는 것이 허용되지 않으므로 재심심판절차에서는 후행범죄에 대하여 사실심리를 할 가능성이 없다. 또한 재심심판절차에서 재심개시결정의 확정만으로는 재심대상판결의 효력이 상실되지 않으므로 재심대상판결은 확정판결로서 유효하게 존재하고 있고, 따라서 재심대상판결을 전후하여 범한 선행범죄와 후행범죄의 일죄성은 재심대상판결에 의하여 분단되어 동일성이 없는 별개의 상습범이 된다. 그러므로 선행범죄에 대한 공소제기의 효력은 후행범죄에 미치지 않고 선행범죄에 대한 재심판결의 기판력은 후행범죄에 미치지 않는다. 만약 재심판결의 기판력이 재심판결의 선고 전에 선행범죄와 동일한 습벽에 의해 저질러진 모든 범죄에 미친다고 하면, 선행범죄에 대한 재심대상판결의 선고 이후 재심판결 선고 시까지 저지른 범죄는 동시에 심리할 가능성이 없었음에도 모두 처벌할 수 없다는 결론에 이르게 되는데, 이는 처벌의 공백을 초래하고 형평에 반한다」(대판(전합) 2019.6.20., 2018도20698).

④ **보충소송의 문제:** 판결이 행위의 불법내용을 모두 판단하지 않은 경우에 일사부재리의 원칙의 예외로 보충소송을 허용할 것인지 여부가 문제된다. 예컨대 일죄의 일부가 친고죄이고 고소가 없어 판결이 확정된 후 고소를 제기한 때 등이다. 생각건대 보충소송은 일사부재리의 원칙을 규정한 헌법정신에 반할 뿐만 아니라 공소불가분의 원칙 및 피고인에게 불리한 재심은 허용되지 않는 형사소송법에 비추어 볼 때 허용되지 않는다고 보아야 할 것이다(통설).

사례해설

본 사안은 甲에 대한 장물취득죄에 관한 확정판결의 기판력이 강도상해의 공소사실에도 미치는지 여부와 관련된 문제이다. 그런데 형사재판에 있어서 확정판결의 기판력은 공소사실의 동일성이 인정되는 범위내에서는 모두 미치므로 먼저 장물취득죄와 강도상해죄 간의 공소사실의 동일성여부를 살펴보아야 하는데, 이와 관련하여 자연적·전법률적 측면만을 고려할 것인지 아니면 규범적인 측면도 고려할 것인지 문제된다.

먼저 공소사실의 동일성의 인정여부를 살펴보면, 공소사실의 인정기준에 관하여 기본적 사실동일설, 죄질동일설, 구성요건공통설, 소인공통설, 범죄행위동일설 등이 주장되고 있으나, 통설은 기본적 사실동일설을 따르고 있다. 반면에 대법원의 다수의견은 기본적 사실동일설의 입장에 서면서도 규범적 요소를 고려하여 위 사안에서 장물취득죄와 강도상해죄간의 공소사실간의 동일성을 부인하고 있다. 그러나 기본적 사실동일설은 일체의 규범적 요소를 배제하고 순수한 자연적·사회적 관점을 취한다는 데에 그 특징이 있는바, 본 사안 역시 그러한 관점에서 파악해 볼 때, 공범들이 함께 금품을 강취하고 2-3시간후 이동된 장소에서 이를 분배하는 행위는 자연적·사회적 관점에서 볼 때 하나의 사실관계로 파악되므로 공소사실의 동일성이 인정된다고 할 것이다. 이에 반하여 공소사실의 동일성여부를 판단함에 있어서는 종래의 기본적 사실관계동일설이 주장하는 것처럼 전법률적이고 사실적인 관점에서만 파악할 것이 아니라 규범적인 면도 고려하지 않을 수 없고, 그러한 규범적인 면으로서 가장 중요한 것 중 하나는 피침해법익이 동일한가의 여부인데, 장물취득죄(방조범)와 강도상해죄(정범)는 그 죄질에 현저한 차이가 있으므로 양자 사이에 공소사실의 동일성을 인정하는 것은 실질적 정의에 반한다는 견해도 있다. 그러나 기판력의 문제는 단순히 소송법상의 개념에 그치는 것이 아니라 모든 국민은 동일한 범죄에 대하여 거듭 처벌받지 아니한다고 천명한 헌법규정(제13조 제1항 후단)을 구체화한 개념으로 받아들여지고 있다는 점을 유념해 볼 때, 본 사건처럼 금품을 강취한 후 그 장물을 분배하는 일련의 범죄행위는 이를 생활의 한 단면으로 보아야 할 것이고, 위와 같은 생활의 한 단면내의 어느 한 행위(장물죄)에 대하여 재판절차를 마친 이상 피고인에게는 그 단면내의 모든 행위에 대하여 소추·재판의 위험이 따랐다고 하여야 할 것이다. 따라서 실제로 소추·재판된 행위(장물죄)가 같은 단면내의 다른 행위(강도죄)와 비교하여 피해법익에 있어서 완전히 겹쳐지지 않는 부분이 있다는 이유만으로 그 다른 행위(강도죄)에 대해 다시 기소할 수 있다고 보는 것은 방대한 조직과 법률지식을 갖춘 국가기관이 형사소추를 거듭 행함으로써 무용의 절차를 되풀이 하면서(다수의견에 따르면 강도죄와 장물죄 사이에 공소장변경이 허용되지 않음에 따라 재판절차 진행중에는 그중 어느 한 죄에 대하여 공소를 취소하거나 무죄의 판결을 함과 아울러 다른 죄에 대하여 다시 소추할 수밖에 없을 것이다) 국민에 대해 정신적·물질적 고통을 주게 하는 것이며, 한편으로는 수사기관으로 하여금 사건을 1회에 완전히 해결하려 하지 않게 함과 아울러 이를 악용하게 할 소지마저 있다.

결국 강도상해사건에 대한 법원의 조치를 살펴보면, 판례와 같이 장물죄와 강도상해죄 사이에 공소사실의 동일성을 인정하지 않을 때에는 법원은 甲에 대하여 유죄 또는 무죄의 실체판결을 해야 한다. 그러나 양자가 기본적 사실관계를 같이 하는 동일한 사실이라고 해석할 때에는 확정판결의 기판력에 근거하여 甲에 대하여 면소판결을 선고해야 할 것이다.

(2) 주관적 범위

기판력이 미치는 주관적 범위는 공소가 제기된 피고인에 대해서만 발생하므로 공동피고인의 경우에도 피고인에 대한 판결의 효력은 다른 피고인에게 미치지 않는다. 다만 공범자인 1인에 대한 무죄판결은 다른 공범자에게는 유리한 증거자료로 사용될 수 있다. 피고인이 성명을 모용한 경우에도 판결의 효력은 피모용자에게는 미치지 않는다. 그러나 위장출석한 피고인에 대하여는 판결의 효력이 미친다.

(3) 시간적 범위(판결의 확정력의 시적 한계)

기판력이 미치는 시간적 범위는 포괄일죄 특히 일정한 기간에 걸쳐 반복되는 영업범, 직업범, 상습범 등이 확정판결 전후에 걸쳐서 행하여진 경우에 어느 시점까지 판결의 확정력이 미치는지와 관련하여 문제된다.

① **기판력의 표준시**: 학설은 변론종결시설, 판결확정시설, 판결선고시설 등이 있다. 반면 판례는 「공소의 효력과 판결의 기판력의 기준시점은 사실심리의 가능성이 있는 최후의 시점인 판결선고시라고 할 것이나, 항소된 경우 그 시점은 현행 항소심의 구조에 비추어 **항소심판결선고시**라고 함이 타당하고, 그것은 파기자판한 경우든 항소기각된 경우든 다를 바 없다」(대판 1983.4.26, 82도2829,)고 보면서, 「항소이유서를 제출하지 아니하여 결정으로 항소가 기각된 경우에도 형사소송법 제361조의4 제1항에 의하면 피고인이 항소한 때에는 법정기간내에 항소이유서를 제출하지 아니하였다 하더라도 판결에 영향을 미친 사실오인이 있는 등 직권조사사유가 있으면 항소법원이 직권으로 심판하여 제1심판결을 파기하고 다시 판결할 수도 있으므로 사실심리의 가능성이 있는 최후시점은 **항소기각결정시이다**」(대판(전합) 2019.6.20, 2018도20698,)라고 판시하고 있다.

판결확정시설은 사실심리가 마쳐진 후의 사실에까지 기판력을 미치게 한다는 점에서 의문이 있고, 변론종결시설은 현행법하에서 종결한 변론은 법원이 언제든지 재개할 수 있고 당사자도 변론의 재개를 신청할 수 있으므로($제305조$), 결국 기판력의 표준시는 사실심리의 가능성이 있는 최후의 시점인 '사실심판결선고시설'이 타당하다고 본다(통설). 이에 따르면 판결선고에 의하여 판결선고 전후의 포괄일죄는 2개의 범죄로 나누어지는 결과가 되므로 각각의 주문을 선고하여야 할 것이다. 물론 포괄일죄의 중간에 동일성이 인정되지 않는 다른 범행에 대한 확정판결이 있는 경우에는 포괄일죄가 확정판결에 의하여 분리되지 않는다.

② **약식명령의 시간적 범위:** 약식명령의 시간적 범위에 관하여 고지시설도 있으나, 판결절차와 달리 보아야 할 이유가 없으므로 **발령시설**이 타당하다(통설). 판례도 동일한 입장이다 (대판 1984.7.24, 84도1129).

6. 기판력의 효과 및 배제

(1) 기판력의 효과

① **소극적 소송요건:** 형사사건에 대한 기판력의 발생은 소극적 소송요건이다. 따라서 유·무죄, 면소의 판결이 확정된 후 그 범죄사실과 동일성이 인정되는 범죄사실에 관하여 공소가 제기된 때에는 법원은 소송조건의 결여를 이유로 면소판결로 소송을 종결하여야 한다($제326조 제1항$).

② **수사의 조건:** 피의사건에 대하여 기판력이 발생한 경우에는 검사는 공소권이 없음을 이유로 불기소처분을 하여야 한다.

③ **상소이유:** 기판력 있는 사건에 대하여 실체판결을 선고한 경우에는 상소이유가 된다 (제361조의5, 제383조 제1호).

(2) 기판력의 배제

재판의 확정력, 특히 일사부재리의 효력은 법적 안정성의 요구와 피고인의 지위를 보호하기 위하여 인정되는 것이므로 이러한 요청을 실질적으로 해하지 않는 범위에서 확정판결의 명백한 오류가 있는 경우에는 예외적으로 확정력을 배제할 필요가 있다. 형사소송법은 확정력을 배제하기 위한 제도로 상소권의 회복, 재심 및 비상상고를 인정하고 있는데, 확정력의 배제시기와 관련하여 상소권회복의 경우에는 상소권 회복결정의 확정시이며($제347조$), 재심의 경우에는 재심개시의 결정이 확정된 때이고($제435조$), 비상상고의 경우에는 원판결을 파기하는 판결선고시이다.

제4절 소송비용

I. 서 설

1. 의 의

소송비용이란 소송절차의 진행중에 발생한 비용으로서 「형사소송비용법」에 의하여 특히 소송비용으로 규정된 비용을 말한다. 형사소송법은 형사소송에 관한 모든 비용은 국고에서 일단 지출하고 그중 일정 범위내의 비용만을 소송비용으로 정하여 특정의 요건하에서 그 전부나 일부를 피고인 또는 제3자(고소인)에게 부담시킨다(제186조)는 규정을 두고 있다.

2. 성 격

학설은 피고인에 대한 소송비용부담은 재산적 이익의 박탈이라는 점에서 벌금형과 유사한 성격을 가지고, 피고인이 아닌 자에 대한 소송비용부담은 부당한 고소·고발이나 상소·재심의 청구에 대한 제재로서의 성질을 가지고 있다는 견해도 있으나, 형벌이나 사법행정상의 제재로서의 성격을 완전히 부정할 수는 없다고 하더라도 원칙적으로 국가가 부담한 소송비용 중의 일정한 부분에 대하여 행위유발자에게 최소한의 비용을 징수하는 것으로 보아야 할 것이다. 판례도 「소송비용의 부담은 형이 아니고 실질적인 의미에서 형에 준하여 평가되어야 할 것도 아니므로 불이익변경금지원칙의 적용이 없다」(대판 2008.3.14, 2008도488)는 입장이다.

II. 소송비용부담자

1. 피 고 인

형의 선고를 하는 때에는 소송비용의 전부 또는 일부를 피고인에게 부담하게 하여야 한다. 다만 피고인의 경제적 사정으로 소송비용을 납부할 수 없는 때에는 그러하지 아니하다(제186조 제1항). '형의 선고를 하는 때'에는 형의 집행유예가 포함되지만(제321조 제2항), 형의 면제나 형의 선고유예에는 여기에 해당하지 않는다(제322조). 그러나 형의 선고 없이 소송비용만을 부담하게 할 수는 없다. 다만 형의 선고를 하지 않을 때라도(무죄, 선고유예 등) 피고인에게 책임있는 사유로 발생된 비용(피고인 불출석으로 증인 여비가 이중지출된 때 등)의 경우에는 예외이다(동조 제2항). 공범의 소송비용은 공범인에게 연대부담하게 할 수 있다(제187조). 검사만이 상소 또는 재심의 청구를 한 경우에 상소 또는 재심의 청구가 기각되거나 취하된 때에는 그 소송비용을 피고인에게 부담하게 하지 못한다(제189조).

2. 고소인·고발인

고소 또는 고발에 의하여 공소를 제기한 사건에 관하여 피고인이 무죄나 면소판결을 받은 경우에 고소인 또는 고발인에게 고의 또는 중대한 과실이 있는 때에는 그 자에게 소송비용의 전부 또는 일부를 부담하게 할 수 있다(제188조). 따라서 형의 면제, 형의 선고유예, 공소기각판결이나 공소기각결정의 경우에는 소송비용을 부담시키지 못한다.

3. 상소 또는 재심청구자

검사 아닌 자가 상소 또는 재심청구를 한 경우에 상소 또는 재심의 청구가 기각되거나 취하된 때에는 그 자에게 그 소송비용을 부담하게 할 수 있다(제190조 제1항). 피고인 아닌 자가 피고인이 제기한 상소 또는 재심의 청구를 취하한 경우에도 같다(동조 제2항). 그러나 변호인이 피고인을 대리하여 상소 또는 재심의 청구를 취하한 때에는 피고인을 대리한 것이므로 변호인에게 소송비용을 부담하게 할 수 없다.

III. 소송비용의 부담절차

1. 재판으로 소송절차가 종료되는 경우

(1) 피고인에게 부담시키는 경우

종국재판으로 소송절차가 종료되는 경우에 피고인에게 소송비용을 부담하게 하는 때에는 직권으로 재판하여야 한다(제191조 제1항). 이 재판에 대하여는 본안의 재판에 관하여 상소하는 경우에 한하여 불복할 수 있다(동조 제2항). 여기서 본안의 재판이란 피고사건에 관한 불복재판을 의미하므로 실체재판인가 또는 형식재판인가를 불문한다.

(2) 피고인 아닌 자에게 부담시키는 경우

종국재판으로 소송절차가 종료되는 경우에 제3자에게 소송비용을 부담시키려면 직권으로 별도의 결정에 의하여 재판하여야 한다(제192조 제1항). 그 결정에 대하여는 즉시항고를 할 수 있다(동조 제2항).

2. 재판에 의하지 않고 소송절차가 종료되는 경우

종국재판에 의하지 않고 소송절차가 종료된 경우(상소의 취하 등)에는 피고인에게 부담시키든 제3자에게 부담시키든 언제나 사건의 최종계속법원이 직권으로 독립한 결정을 하여야 한다(제193조 제1항). 이 결정에 대하여는 즉시항고를 할 수 있다(동조 제2항). 여기서 재판에 의하지 아니하고 종료되는 경우란 상소·재심 또는 정식재판의 청구를 취하하는 때를 말한다.

3. 소송비용부담액의 산정

소송비용의 부담액을 재판에 의하여 구체적으로 명시할 것을 요하지 않는다. 소송비용의 부담을 명하는 재판에 그 금액을 표시하지 아니한 때에는 집행을 지휘하는 검사가 산정한다($^{제194}_{조}$). 산정에 이의가 있는 때에는 법원에 이의신청을 할 수 있다($^{제489}_{조}$).

4. 소송비용부담재판의 집행

검사의 지휘에 의하여 집행한다($^{제460조}_{제1항}$). 소송비용부담의 재판을 받은 자가 빈곤으로 인하여 이를 완납할 수 없는 때에는 그 재판의 확정후 10일 이내에 재판을 선고한 법원에 소송비용의 전부 또는 일부에 대한 집행면제를 신청할 수 있다($^{제487}_{조}$). 소송비용부담재판의 집행을 받은 자 또는 그 법정대리인이나 배우자는 집행에 관한 검사의 처분이 부당함을 이유로 재판을 선고한 법원에 이의신청을 할 수 있으며($^{제489}_{조}$), 법원은 이의신청에 대하여 결정을 하여야 하고, 이 결정에 대하여 즉시항고를 할 수 있다($^{제491}_{조}$).

제1절 총 설

Ⅰ. 상소의 의의와 종류

1. 상소의 의의

상소란 미확정의 재판에 대하여 상급법원에 구제 내지 시정을 구하는 불복신청제도를 말한다. 따라서 확정판결에 대한 비상구제제도인 재심이나 비상상고는 물론 위헌제청신청기각결정에 대한 헌법소원($\frac{헌재법 제68조}{제2항}$)은 상소가 아니며, 동일 또는 동급법원에 대한 불복신청인 이의신청이나 정식재판청구도 상소가 아니다. 준항고도 재판을 한 법관이 소속된 법원에 불복을 신청하는 제도이므로 상소가 아니지만, 상소(항고)에 준하는 성질이 있으므로 상소(항고)의 절차를 준용하도록 하고 있을 뿐이다($\frac{제419}{조}$).

2. 상소제도의 필요성

법관도 인간인 이상 그 판단에 오류가 있을 수 있다. 따라서 재판의 권위와 법적 안정성을 강조하여 잘못이 있는 판결을 유지한다면 구체적 타당성을 해하지 않을 수 없다. 따라서 재판에 의하여 불이익을 받은 당사자에게 다른 법관에 의하여 이를 시정할 기회를 주어 분쟁해결의 적정을 기하는 것은 당사자의 권리구제와 재판에 대한 국민의 신뢰유지를 위하여 필요하다. 또 각 법원마다 법령해석이 달라지면 국민은 어떤 법원의 법령해석을 따라야 할 것인지 당혹하게 될 것이므로 최고법원이 정점에서 법령해석의 통일을 기할 필요가 있다. 이와 같이 오판으로부터 당사자의 구제를 보장함과 동시에 하급심에서의 법운영의 혼선방지 및 법령해석·적용의 통일을 위하여 마련된 것이 상소제도이다. 다만 상소가 가지는 위의 두 가지 기능, 즉 당사자의 구제와 법령해석·적용의 통일 가운데 후자에 중점을 둔 것이 상고라고 한다면 항소의 주된 목적은 당사자의 구제에 있다.

3. 상소의 종류

상소에는 항소·상고 및 항고가 있다. 항소는 제1심판결에 대한 상소($\frac{제357}{조}$)이며, 상고는 제2심판결에 대한 상소(제371)이다. 예외적으로 제1심 판결에 대하여 항소를 제기하지 않고 바로 대법원에 상고가 허용되는 '비약적 상고'가 있다(제372). 법원의 결정에 대한 상소를 항고라고 하는데 항고에는 일반항고와 재항고(특별항고)가 있으며, 일반항고는 다시 보통항고와 즉시항고로 나누어진다. 재항고(특별항고)는 항고법원이나 고등법원의 결정에 대한 상소인데, 일정한 경우에 예외적으로 대법원에의 즉시항고가 허용되고 있다. 이러한 재항고는 모두 즉시항고이다(제415). 그리고 항고가 유사한 것으로 준항고가 있는데, 재판장 또는 수명법관의 재판에 대한 준항고(제416)와 검사 또는 사법경찰관의 구금 등에 관한 처분에 대한 준항고(제417)가 있다.

제2절 상소의 일반요건

Ⅰ. 상 소 권

1. 상소권자

(1) 고유의 상소권자

① **검사와 피고인:** 검사와 피고인은 당사자로서 당연히 상소권이 있다(제338조 제1항). 소송의 당사자가 아닌 형사피해자에게는 상소권이 인정되지 않는데, 그렇다고 하더라도 위 조항이 입법재량의 한계를 벗어난 것이 아니므로 헌법위반이 아니다(헌재 1998.10.29, 97헌마17).

② **피고인 이외의 자로서 결정을 받은 자:** 검사 또는 피고인 아닌 자가 결정을 받은 때에는 항고를 할 수 있다(제339). 과태료, 비용배상의 재판을 받은 증인 또는 감정인(제151조, 제161, 제177조), 소송비용부담의 재판을 받은 피고인 이외의 자(제190), 보석보증금몰수결정(제102조 제2항)이 있는 경우 보증금 납부자(보석청구인) 등이 이에 해당된다.

(2) 상소의 대리권자

피고인의 법정대리인은 피고인의 명시한 의사에 반하여도 피고인을 위하여 상소할 수 있다(제340). 피고인의 배우자·직계친족·형제자매 또는 원심의 대리인이나 변호인은 피고인의 명시한 의사에 반하지 않는 한 피고인을 위하여 상소할 수 있다(제341). 이들의 대리권은 고유권이 아니라 **독립대리권**이므로 피고인의 상소권이 소멸하면 이들의 상소권도 소멸한다(대판 1992.4.14, 92감도10).

2. 상소권의 발생·소멸

(1) 상소권의 발생

상소권은 재판의 선고 또는 고지에 의하여 발생한다. 그러나 상소가 허용되지 않는 재판

(결정)은 고지되더라도 상소권이 발생하지 않는다.

(2) 상소권의 소멸

상소권은 상소제기기간의 경과, 상소의 포기 또는 취하에 의하여 소멸한다.

① **상소제기기간:** 상소의 제기기간은 재판의 종류에 따라 다르다. 항소와 상고는 판결선고일로부터 7일($^{제358조,}_{제374조}$), 즉시항고 및 준항고는 재판고지일로부터 7일이다($^{제405조}_{제416조 제3항}$). 보통항고는 기간의 제한이 없으며 항고의 이익이 있는 한 보통항고를 할 수 있다($^{제404}_{조}$). 상소제기기간의 경과 후에 제기한 상소는 부적법·무효이므로 원심법원 또는 상소법원은 결정으로 상소를 기각하여야 한다($^{제360조, 제376조, 제381조,}_{제362조, 제407조, 제413조}$).

② **상소의 포기·취하:** 상소권은 상소기간내에 상소권을 포기하거나 일단 제기한 상소를 취하함에 의하여 소멸된다. 그러므로 상소를 포기·취하한 자는 그 사건에 관하여는 다시 상소하지 못한다($^{제354}_{조}$). 단, 피고인 또는 상소대리권자($^{법}_{제341조}$)는 사형 또는 무기징역이나 무기금고가 선고된 판결에 대하여는 상소의 포기를 할 수 없다. 이는 중형이 선고된 경우에 경솔하게 상소를 포기하는 것을 방지하여 피고인의 이익을 보호하기 위한 것이다.

3. 상소권의 회복

(1) 의   의

상소권의 회복이란 상소권자에게 책임질 수 없는 사유로 인하여 상소기간이 경과한 후에 법원이 구체적 타당성을 고려하여 소멸한 상소권을 회복시키는 제도를 말한다. 약식명령에 대한 정식재판청구권도 회복이 허용된다($^{제458}_{조}$). 이러한 상소권의 회복은 자기 또는 대리인이 책임질 수 없는 사유로 인하여 상소제기기간 내에 상소를 하지 못한 사람이 이를 청구하는 것인 반면, 형사소송규칙 제154조의 규정에 의한 상소절차속행신청은 상소가 제기된 후 피고인 등이 상소를 포기하거나 취하하는 내용의 서면을 제출하거나 또는 공판정에서 같은 내용의 진술을 하였다는 이유로 재판없이 상소절차가 종결처리된 경우에 상소포기 또는 취하의 부존재 또는 무효를 주장하여 구제받을 수 있도록 한 제도란 점에서 구별된다($^{대결 1999.4.}_{26, 99모10}$). 따라서 피고인이 상고를 포기한 후 상고를 제기한 경우에는 피고인으로서는 그 상고에 의하여 계속된 상고절차나 원심법원의 상고기각결정에 대한 즉시항고절차 등에서 피고인의 상고포기가 부존재하거나 무효임을 주장하여 구제받을 수 있으므로, 형사소송규칙 제154조의 규정에 의한 상소절차속행신청을 할 수는 없다($^{대결 1999.5.18,}_{99모40}$).

> 참조판례 「항소심판결이 선고되면 제1심판결에 대한 항소권이 소멸되어 제1심판결에 대한 항소권 회복청구와 항소는 적법하다고 볼 수 없다. 이는 제1심 재판 또는 항소심 재판이 소송촉진 등에 관한 특례법이나 형사소송법 등에 따라 피고인이 출석하지 않은 가운데 불출석 재판으로 진행된 경우에도 마찬가지이다. 따라서 **제1심판결에 대하여 검사의 항소에 의한 항소심판결이 선고된 후 피고인이 동일한 제1심판결에 대하여 항소권 회복청구를 하는 경우 이는 적법하다고 볼 수 없어 형사소송법 제347조 제1항에**

따라 결정으로 이를 기각하여야 한다」($^{대결\ 2017.3.30,}_{2016모2874}$).

(2) 상소권회복의 사유

상소권자 또는 대리인이 책임질 수 없는 사유로 인하여 상소제기기간내에 상소하지 못한 때이다($^{제345}_{조}$).

① **상소권자 또는 대리인:** '대리인'은 원심의 대리인($^{제340조,}_{제341조}$)을 말하는 것이 아니라 상소권자의 보조기관으로서 상소에 필요한 사실행위를 대행한 자를 말한다. 판례도 제345조에서 말하는 대리인 중에는 본인의 보조인으로서 본인의 부탁을 받아 상소에 관한 서면을 작성하여 이를 제출하는 등 본인의 상소에 필요한 사실행위를 대행하는 자를 포함한다($^{대결\ 1986.9.17,}_{86모46}$)는 입장이다. 다만 판례는 교도소장은 피고인을 대리하여 결정정본을 수령할 수 있을 뿐이고 상소권 행사를 돕거나 대신할 수 있는 자가 아니어서 이에 포함되지 아니하므로, 만일 교도소장이 결정정본을 송달받고 1주일이 지난 뒤에 그 사실을 피고인에게 알렸기 때문에 피고인이나 그 배우자가 소정 기간 내에 항고장을 제출할 수 없게 된 것이라면 상소권회복신청은 인용할 여지가 있다($^{대결\ 1991.5.6,}_{91모32}$)는 입장이다.

② **책임질 수 없는 사유:** 상소권자 본인 또는 대리인의 고의 또는 과실에 기하지 않은 것을 말한다($^{제345}_{조}$).

‖ **상소권회복의 사유에 해당한다고 본 판례사안** ‖

㉠ 요건이 미비되었음에도 불구하고 공시송달의 방법으로 판결절차가 진행되어 항소제기기간안에 항소하지 못한 경우($^{대결\ 1986.2.27,}_{85모6}$)

㉡ 소송촉진등에관한특례법에 따라 피고인이 불출석한 상태에서 재판이 진행되어 유죄판결이 선고된 것을 모른 채 상소기간이 도과된 경우($^{대결\ 1986.2.12,}_{86모3}$)

㉢ 피고인이 소송이 계속된 사실을 알면서 법원에 거주지 변경 신고를 하지 않은 잘못을 저질렀다고 하더라도, 위법한 공시송달에 터 잡아 피고인의 진술 없이 공판이 진행되고 피고인이 출석하지 않은 기일에 판결이 선고된 경우($^{대결\ 2006.2.8,}_{2005모507}$)

㉣ 피고인이 소송 계속 중인 사실을 알면서도 법원에 거주지 변경 신고를 하지 않았으나, 잘못된 공시송달에 터 잡아 피고인의 진술 없이 공판이 진행되고 피고인이 출석하지 않은 기일에 판결이 선고된 경우($^{대결\ 2014.10.16,}_{2014모1557}$)

‖ **상소권회복의 사유에 해당하지 않는다고 본 판례사안** ‖

㉠ 공시송달한 판결선고사실을 피고인이 알지 못하였으나 그 공시송달이 적법한 경우($^{대결\ 1973.10.20,}_{73모68}$)

㉡ 피고인의 구속 또는 질병으로 인하여 상소를 하지 못한 경우($^{대결\ 1986.9.17,}_{86모46}$)

㉢ 징역형의 실형이 선고되었으나 피고인이 집행유예를 선고받은 것으로 판결주문을 잘못 알아듣고 항소를 하지 아니한 경우($^{대결\ 2000.6.15,}_{2000모85}$)

㉣ 재판계속중인 형사피고인이 자기의 새로운 주소지에 대한 신고 등의 조치를 취하지 않음으로써 소송서류 등이 송달되지 않아 공판기일에 출석하지 못하거나 판결선고 사실을 알지 못한 경우($^{대결\ 2008.3.10,}_{2007모795}$)

(3) 상소권회복의 절차

① **청구권자:** 고유의 상소권자와 상소의 대리권자는 상소권회복의 청구를 할 수 있다($\frac{제345}{조}$). 판례는 상소권을 포기한 자가 상소제기기간이 도과한 후에 상소포기의 효력을 다투는 경우, 상소제기와 함께 상소권회복청구를 할 수 있다는 입장이다.

> **참조판례** 「상소권회복은 자기 또는 대리인이 책임질 수 없는 사유로 인하여 상소제기기간 내에 상소를 하지 못한 사람이 이를 청구하는 것이므로, 상소권을 포기한 후 상소제기기간이 도과하기 전에 상소포기의 효력을 다투면서 상소를 제기한 자는 원심 또는 상소심에서 그 상소의 적법 여부에 대한 판단을 받으면 되고, 별도로 상소권회복청구를 할 여지는 없다고 할 것이나, 상소권을 포기한 후 상소제기기간이 도과한 다음에 상소포기의 효력을 다투는 한편, 자기 또는 대리인이 책임질 수 없는 사유로 인하여 상소제기기간 내에 상소를 하지 못하였다고 주장하는 사람은 상소를 제기함과 동시에 상소권회복청구를 할 수 있고, 그 경우 상소포기가 부존재 또는 무효라고 인정되지 아니하거나 자기 또는 대리인이 책임질 수 없는 사유로 인하여 상소제기기간을 준수하지 못하였다고 인정되지 아니한다면 상소권회복청구를 받은 원심으로서는 상소권회복청구를 기각함과 동시에 상소기각결정을 하여야 한다」($\frac{대결 2004.1.13,}{2003모451}$).

② **청구방식:** 상소권회복의 청구는 사유가 종지한 날로부터 상소의 제기기간에 상당한 기간내에 서면으로 **원심법원**에 제출하여야 한다. 상소권의 회복을 청구한 자는 그 청구와 동시에 상소를 제기하여야 한다($\frac{제346}{조}$). 상소권회복의 청구가 있는 때에는 법원은 지체없이 상대방에게 그 사유를 통지하여야 한다($\frac{제356}{조}$).

③ **청구에 대한 법원결정:** 상소권회복의 청구를 받은 법원은 청구의 허부에 관한 결정을 하여야 하며, 이 결정에 대하여는 즉시항고를 할 수 있다($\frac{제347}{조}$). 법원은 결정시까지 재판의 집행을 정지하는 결정을 할 수 있으며, 집행정지의 결정을 한 경우에는 피고인의 구금을 요하는 때에는 구속사유가 구비된 때에 한하여 구속영장을 발부하여야 한다($\frac{제348}{조}$). 이처럼 현행법이 상소권회복청구시 재판의 집행을 정지하는 필요적 규정을 임의적 규정으로 변경한 이유는 벌금미납으로 노역장 유치집행 중인 자가 정식재판청구권 회복청구를 하여 법원의 형집행정지 결정으로 석방된 후 도주하거나, 궐석재판으로 실형이 확정된 자가 나중에 붙잡혀 형이 집행될 경우 상소권 회복을 청구하여 법원의 형집행정지로 석방된 후 도주하는 사례가 빈발하므로 이를 입법적으로 해결할 필요성이 제기되었기 때문이다.

Ⅱ. 상소의 이익

사 례

검사 甲은 피고인 乙을 「지하철에서 선반위에 놓여있는 타인의 가방을 피해자가 조는 틈을 이용하여 이를 집어들고 하차하여 절취하였다」는 혐의로 기소하였다. 공판심리중 검사 甲은 점유이탈물횡령의 공소사실과 적용법조를 예비적으로 추가하는 내용의 공소장변경을 신청하였고, 수소법원은 이를 허가하였다. 변론종결후 수소법원은 점유이탈물횡령의 유죄를 인정하여 피고인에게 벌금 100만 원의 형을 선고하였다. 이에 검사는 절도죄의 유죄를 선고하여야 함에도 불구하고 사실오인으로 점유이탈물횡령죄를 선고하였다는 이유로 항소하였다.
1. 검사의 항소에는 항소의 이익이 있는가?
2. 원심에서 피고인 乙이 심신상실을 이유로 무죄판결을 받았다면 피고인 乙은 공소사실의 부존재를 이유로 항소할 수 있는가?
3. 원심에서 벌금형을 선고받은 피고인 乙은 징역형의 집행유예를 구하는 항소를 신청할 수 있는가?
4. 원심에서 절도의 유죄판결을 받은 피고인 乙은 업무상횡령을 주장하는 항소를 제기할 수 있는가?

1. 의   의

피고인 또는 피고인의 상소대리권자(제340조; 제341조)는 피고인의 이익을 위해서만 상소가 허용되며, 피고인에게 불이익한 상소는 허용되지 아니한다. 그러므로 상소의 이익이란 상소가 상소권자에게 이익이 되는가를 판단하는 문제로서, 상소권자가 상소를 하기 위하여는 상소의 이익이 있어야 한다. 이러한 상소의 이익은 상소제기의 적법요건이므로 상소의 이익이 없는 경우에는 그 상소를 기각하여야 한다.

2. 상소이유와 구별

상소이유는 원심재판에 사실인정, 법령적용, 양형 등의 구체적인 오류가 있는가의 문제로서 상소의 이익과는 구별된다. 그러나 상소의 이익도 상소이유의 고려를 통하여 판단된다는 점에서 양자는 심사에 있어서 상호 밀접한 관련이 있다.

3. 근   거

통설은 상소가 재판에 대한 불복신청이므로 그 재판이 자기에게 불이익할 것을 전제로 하는 것은 당연하다고 한다. 즉 피고인의 상소는 재판에 대한 불복신청이므로 피고인에게 이익되는 상소만이 허용된다는 것이다. 다만 실정법적 근거에 대하여, ㉠ 상소의 이익에 대한 실정법적 근거로 제368조의 불익변경금지의 원칙을 드는 견해, ㉡ 이론상 인정된 개념으로 현행 형사소송법상 실정법적 근거는 없다는 견해 등이 있으나, ㉢ 항소·상고·항고의 제기에 관한 규정에 '불복이 있으면'(제357조, 제371조; 제402조)이라는 부분에서 실정법적 근거를 찾는 견해(다수설)가 타당하다. 왜냐하면 상소의 이익과 불이익변경금지의 원칙은 이론적 근거 및 그 내용이 다르며, 상소의 이익은 상소제기의 적법요건이나 불이익변경금지의 원칙은 상소제기의 요건에 관한 원칙이 아니고 상소심의 판결에 대한 원칙이기 때문이다.

4. 검사의 상소이익

(1) 의   의

검사의 상소이익을 인정하는 견해(다수설)도 있으나, 검사의 상소가 검사에게 불이익한 경우는 없으며, 검사에게는 공익의 대표자로서 법령의 정당한 적용을 청구할 객관의무가 인정되므로 피고인의 이익·불이익을 불문하고 그것이 위법일 때에는 위법을 시정하기 위하여 상소할 수 있다는 점 등을 고려할 때 상소의 이익은 피고인의 경우에만 문제된다고 보아야 한다. 이에 대하여 판례는 「비록 검사만이 제1심판결의 피고사건에 대하여만 양형부당을 이유로 항소하였더라도, 검사는 **피고인에게 불이익한 상소만이 아니라 피고인의 이익을 위한 상소도 가능하므로 위 치료감호사건에 대한 항소의 이익이 없다고 할 수 없다**」($^{대판\ 2011.8.25,}_{2011도6705}$)라고 판시하고 있는데, 이는 검사의 상소이익을 인정하고 있는 것으로 보인다.[1]

(2) 피고인에게 불이익한 상소

검사는 피고인과 대립되는 당사자로서 피고인에게 불리한 상소를 제기할 수 있다(통설). 따라서 무죄판결뿐만 아니라 유죄판결에 대해서도 중한 범죄나 중형을 구하는 상소를 제기할 수 있다. 다만 그 근거에 대하여 피고인과 대립되는 검사의 당사자적 지위에서 근거를 구하는 견해도 있으나, 공익의 대표자로서 정당한 법령의 적용을 청구하여야 할 검사의 기본적 직무(객관의무)에서 구하는 견해가 타당하다.

(3) 피고인의 이익을 위한 상소

검사는 공익의 대표자이므로 피고인의 이익을 위하여도 상소할 수 있다(통설·판례). 문제는 검사가 피고인을 위하여 상소하는 경우, 그 법적 성격이 피고인의 상소에서 요구되는 상소제기의 적법요건인 상소의 이익과 구별되는 개념으로 볼 것인가이다. 이러한 논의의 배경은 검사의 상소이익을 인정하는 전제하에서, 동일하다고 보는 견해에 따르면 검사가 피고인을 위한 상소를 할 때에도 불이익 변경금지의 원칙이 적용된다고 보는 반면, 구별된다고 보는 견해에 따르면 검사의 상소이익은 국가가 상소제도를 둔 목적에 합치되고 상소이유에 해당하면 인정되는 것이므로 피고인의 이익을 위한 검사의 상소에는 불이익변경금지의 원칙이 적용되지 않는다고 본다.

생각건대 상소의 이익은 피고인의 경우에만 문제될 뿐 검사에게 요구되는 것은 아니므로

---

[1] 한미행정협정 제22조 제9항에 관한 합의의사록에 의하면, 검사는 피고인에 대한 무죄판결이나 기타 형식재판에 대하여 상소하지 못하고, 다만, 법령의 착오를 이유로 하는 경우에만 상소가 가능하다.

논리필연적으로 상소제기의 적법요건인 검사의 상소이익의 인정여부와 상소심 판결의 원칙인 불이익변경금지의 원칙을 연결시킬 필요는 없으며, 검사가 공익의 대표자로서 원판결의 잘못을 시정하고 피고인의 정당한 이익을 보호하기 위하여 상소를 제기한 경우에 상소심법원이 불이익변경금지원칙의 적용을 부정하는 것은 피고인에 대한 법원의 후견적 기능에 비추어 볼 때 타당하지 않다. 결국 검사의 상소이익의 인정여부와 관계없이 검사가 피고인의 이익을 위하여 상소하는 경우에는 불이익변경금지의 원칙이 적용된다고 보아야 할 것이다.

5. 피고인의 상소이익

피고인은 자기에게 불이익한 상소를 할 수 없으며 이익인 재판을 구하는 경우에 한하여 상소를 할 수 있다. 그러나 어떠한 경우에 상소의 이익을 인정할 것인가에 대하여는 학설이 대립되어 있다. 이에 대하여, 사회윤리적 입장에서 사회통념(예컨대 파렴치범죄인가, 비파렴치범죄인가의 여부 등)을 기준으로 하여 판단하는 것이 형사재판의 본질에 합치한다는 견해도 있으나, 파렴치범죄와 비파렴치범죄의 구별이 명백하지 않을 뿐만 아니라, 이러한 잘못을 시정하는 것은 공익에 관계되는 범위에서 검사의 상소에 맡기면 족하기 때문에 법익박탈의 대소라는 법률적·객관적 기준으로 판단하는 견해(객관설)가 타당하다(통설). 이 경우 그 기준으로 형의 경중을 정한 형법 제50조 및 불이익변경금지의 원칙에 있어서의 이익과 불이익의 판단에 따르면 족할 것이다.

6. 상소이익의 구체적 고찰

(1) 유죄판결에 대한 상소

① **유죄판결과 상소의 이익:** 유죄판결은 피고인에게 가장 불이익한 재판이므로 유죄판결에 대하여 무죄를 주장하거나 경한 죄를 선고할 것을 주장하여 상소하는 경우에는 당연히 상소의 이익이 있다. 그러나 유죄판결에 대한 상소취지가 피고인에게 이익이 되지 않거나 불이익한 경우에는 상소의 이익이 없으므로 부적법한 상소가 된다. 예컨대 ㉠ 벌금의 실형에 대하여 징역형의 집행유예를 구하는 경우, ㉡ 원판결이 인정한 죄보다 중한 죄에 해당한다고 주장하는 경우, ㉢ 과형상 일죄로 처단한 사건에 대하여 경합범을 주장하는 경우에는 상소의 이익이 없다고 보아야 할 것이다. 형면제의 판결은 유죄판결의 일종이므로 피고인은 무죄를 주장하여 상소할 수 있다.

② **제3자의 소유물을 몰수하는 재판에 대한 상소:** 피고인의 유죄판결에 부가형으로 제3자의 소유물에 대한 몰수가 선고된 경우, 이는 피고인에 대한 부가형이며, 점유상실로 인한 피고인의 권리행사에 지장을 초래할 뿐만 아니라, 제3자로부터 배상청구를 받을 위험이 있다는 점 등을 고려할 때 상소의 이익이 인정된다고 본다(통설).

(2) 무죄판결에 대한 상소

무죄판결은 피고인에게 가장 이익이 되는 재판이므로 무죄의 원심판결에 대하여 피고인은 상소할 수 없다. 따라서 무죄판결에 대하여 유죄판결을 구하는 상소는 물론 면소·공소기각 또는 관할위반의 재판을 구하는 상소도 허용되지 않는다. 다만 **무죄판결의 이유**(예컨대 피고인에게 심신상실을 이유로 무죄판결이 선고된 경우)만을 대상으로 하는 상소가 가능한지 여부와 관련하여, ㉠ 기본권이 침해될 수 있는 한 무죄판결의 이유에 대한 상소가 허용된다는 **긍정설**, ㉡ 증거불충분에 의한 무죄와 무죄의 증명에 의한 무죄는 양자 모두 법률적으로 동일한 의미를 가지므로 상소이익이 없으나 심신상실의 경우에 치료감호가 선고된 경우에는 상소가 가능하지만, 치료감호의 선고없이 단순히 무죄판결만 선고된 경우에는 상소할 수 없다는 **제한적 긍정설**도 있으나, ㉢ 판결이유만의 상소는 허용되지 않으며 피고인의 법익박탈이 없을 뿐만 아니라 법원의 업무가 가중된다는 점에서 이를 부정하는 **부정설**(다수설)이 타당하다. 판례도 「불복은 재판의 주문에 관한 것이어야 하고 재판의 이유만을 다투기 위하여 상소하는 것은 허용되지 않는다」고 판시하여 부정설을 취하고 있다(대판 1998.11.10, 98두11915).

(3) 공소기각·관할위반 및 면소재판에 대한 상소

① **학　설:** 공소기각과 관할위반의 재판이 형식재판이라는 점에는 이론(異論)이 없다. 면소판결의 본질에 관하여는 실체관계적 형식재판이라고 해석하는 견해도 있으나, 실체심리를 하지 않고 소송을 종결시키는 형식재판이라고 보아야 한다. 따라서 형식재판에 대하여 무죄를 주장하여 상소하는 경우에 상소의 이익을 인정할 수 있는지 문제되는데, 이에 대하여 학설은 ㉠ 유죄도 무죄도 아닌 재판보다는 무죄판결이 객관적으로 피고인에게 유리하고, 무죄판결이 확정되면 기판력이 발생하며, 또 형사보상을 받을 수 있는 법률상의 이익도 있을 수 있으므로 상소가 허용된다는 **적극설**(종래의 다수설), ㉡ 공소기각판결에 비하여 무죄판결은 피고인에게 사회적 평판의 측면에서 이익이 있을 뿐만 아니라 일사부재리의 효과가 발생하고 형사보상사유가 되는 등 법적으로도 유리하므로 상소이익을 인정할 수 있지만, 면소판결은 유죄판결이 아닐 뿐만 아니라 일사부재리의 효력을 발생시킨다는 점에서 무죄판결에 비해 피고인의 법적 이익을 더 침해하는 것이 없다는 점을 근거로 공소기각판결은 가능하나 면소판결은 불가능하다는 **구체적 고찰설**, ㉢ 형사절차에서 피고인의 조속한 해방 및 형식재판에도 형사보상청구권이 인정된다는 점을 근거로 상소가 부정된다는 **소극설**(다수설)이 대립하고 있다. 그리고 소극설은 다시 그 근거에 관해서 **상소이익결여설**과 **실체판결청구권결여설**(소송요건흠결설)로 나누어진다.

② **판　례:** 대법원은 공소기각의 판결에 대하여 「피고인을 위한 상소는 피고인에게 불이익한 재판을 시정하여 이익된 재판을 청구함을 그 본질로 하는 것이므로 피고인은 재판이 자기에게 불이익하지 아니하면 이에 대한 상소권이 없다. 공소기각의 재판이 있으면 피

고인은 유죄판결의 위험으로부터 벗어나는 것이므로 그 재판은 피고인에게 불이익한 재판이라고 할 수 없어서 이에 대하여 피고인은 상소권이 없다」($\binom{대판 2008.5.15,}{2007도6793}$)고 판시하여 상소의 이익이 없다는 이유로 피고인이 무죄를 주장하여 상소할 수 없다고 보는 반면(상소이익결여설), 면소판결에 대하여는 「피고인에게는 실체판결청구권이 없는 것이므로 원심의 면소판결에 대하여 실체판결을 구하여 상소할 수 없다」($\binom{대판 1986.12.9,}{86도1976}$)라고 판시하여 피고인에게 실체판결청구권이 없다는 이유로 상소가 허용되지 않는다는 입장이다(실체판결청구권결여설).

> 참조판례 「교통사고처리 특례법 제3조 제1항, 제2항 단서, 형법 제268조를 적용하여 공소가 제기된 사건에서, 심리 결과 교통사고처리 특례법 제3조 제2항 단서에서 정한 사유가 없고 같은 법 제3조 제2항 본문이나 제4조 제1항 본문의 사유로 공소를 제기할 수 없는 경우에 해당하면 공소기각의 판결을 하는 것이 원칙이다. 그런데 사건의 실체에 관한 심리가 이미 완료되어 교통사고처리 특례법 제3조 제2항 단서에서 정한 사유가 없는 것으로 판명되고 달리 피고인이 같은 법 제3조 제1항의 죄를 범하였다고 인정되지 않는 경우, 같은 법 제3조 제2항 본문이나 제4조 제1항 본문의 사유가 있더라도, 사실심법원이 피고인의 이익을 위하여 교통사고처리특례법 위반의 공소사실에 대하여 무죄의 실체판결을 선고하였다면, 이를 위법이라고 볼 수는 없다」($\binom{대판 2015.5.14,}{2012도11431}$).

③ **검   토**: 적극설은 형식재판보다 무죄판결이 유리하다는 점을 전제로 하고 있다는 점에서, 구체적 고찰설은 공소기각의 재판과 면소판결의 구별실익을 일사부재리의 효과 및 법외적인 이익(사회적 평판)의 관점에서 찾고 있으나, 공소기각의 경우에도 동일사항에 대한 판단을 금지하는 내용적 구속력이 인정되며, 사회적 평판이라는 법외적인 이익은 형사법이 구제할 법익이 아니라는 점에서 타당하지 않다.

소극설 중 실체판결청구권설은 공소권의 본질이 실체적 판결청구권이고 소송조건은 공소권의 조건이자 실체적 심판의 조건인데, 피고사건에 대하여 소송조건이 결여되면 상소의 이익·불이익을 논할 여지가 없다는 점에서 상소의 이익의 측면에서 접근하는 것은 형사재판의 논리적 구조를 몰각하고 있다고 비판한다. 그러나 상소 자체에 대한 적법성유무를 검토한 후에 피고사건의 소송조건의 구비를 확인하는 것이 논리적 순서이므로 형식재판에 대하여 피고인이 상소를 제기할 때에는 상소이익의 결여를 이유로 원심법원 또는 상소법원이 상소기각의 결정을 하는 것이 타당하다고 본다.

(4) 항소기각판결에 대한 상소

항소기각판결에 대하여 항소인에게 당연히 상고의 이익이 있다. 그러나 제1심의 유죄판결에 대하여 피고인이 항소를 포기하고 검사만 양형이 부당하다는 이유로 항소하였다가 이유없다는 이유로 기각된 항소심판결은 피고인에게 불이익한 판결이라고 할 수 없으므로 항소기각판결에 대하여 피고인은 상고의 이익이 없다($\binom{대판 1991.12.24,}{91도1796}$). 또 양형부당만을 이유로 한 피고인의 항소를 기각한 항소심판결에 대하여 채증법칙위배로 인한 사실오인을 이유로 상고할 수 없다($\binom{대판 1995.12.12,}{95도2072}$).

7. 상소이익이 없는 경우의 재판

(1) 상소의 적법요건

① **상소의 이유없음이 상소장의 기재에 의하여 명백한 경우:** 무죄·면소·공소기각·관할위반의 재판에 대한 상소와 같이 상소제기 자체에 의하여 상소의 이익이 없음이 명백한 경우에는 상소기각의 결정을 하여야 한다. 이 경우에 상소의 제기가 법률상의 방식에 위배되었다는 이유로 상소기각의 결정을 해야 한다는 견해도 있으나, 원심판결의 선고에 의하여 피고인의 상소권은 소멸되었으므로 상소권의 소멸을 이유로 상소기각의 결정을 해야 할 것이다.

> **참조판례** 「피고인이 공소를 기각한 제1심판결에 대해 무죄를 주장하며 항소하자, 원심이 항소를 기각하지 않고 제1심판결을 파기하여 제1심법원으로 환송한 사안에서, 공소기각 판결에 대하여 피고인에게 상소권이 인정되지 않으므로 위 항소는 법률상의 방식에 위반한 것이 명백한 때에 해당한다고 보아 원심판결을 파기하고 항소기각한다」(대판 2008.5.15, 2007도6793).

② **상소이유서에 기재된 상소이유에 의하여 밝혀지는 경우:** 유죄에 대한 상소의 경우와 같이 상소의 이익이 없다는 것이 상소이유에 비로소 밝혀지는 경우에는 상소의 이유가 없다는 이유로 상소기각의 판결을 하여야 한다(통설).

(2) 유죄판결에 대한 상소기각

유죄판결에 대한 상소는 상소이유를 검토하여야 비로소 상소의 이익여부가 규정되므로 판결로써 기각한다. 항소심에서는 변론없이 기각하는 경우에 해당한다(제364조 제5항). 왜냐하면 유죄판결에 대한 상소처럼 상소이익의 결여가 상소이유를 검토하는 과정에서 비로소 밝혀지는 경우에는 상소이익이 상소제기의 적법요건임에도 불구하고 상소이유의 실질적 검토가 행해졌기 때문에 상소이유 없음을 이유로 하는 상소기각의 판결을 해야 하지만, 항소심에서 항소이익 없음이 명백하게 밝혀진 경우에는 항소이유 없음이 명백한 경우에 포함되어 항소장, 항소이유서 기타의 소송기록에 의하여 변론없이 판결로서 항소를 기각할 수 있기 때문이다.

사례해설

설문 (1)은 법정형이 낮은 검사의 예비적 청구가 인정된 경우에 법정형이 높은 주위적(본위적) 청구의 인정을 요구하는 검사의 상소에 상소의 이익이 있는가의 문제이다. 학설은 소극설, 적극설, 절충설이 대립하고 있으며, 판례는 절충설을 취하고 있다. 설문에서 절충설에 따르는 경우, 검사 甲이 판단하기에 본위적 공소사실인 절도죄가 인정되어야 함에도 불구하고 예비적 청구인 점유이탈물횡령죄가 선고되었다면 검사의 상소의 이익이 인정된다고 보아야 할 것이다.

설문 (2)는 무죄판결의 이유를 다투는 상소의 허용여부와 관련된 문제이다. 이에는 피고인의 사회적 명예를 위하여 상소를 허용하자는 적극설, 심신상실을 이유로 무죄판결을 받은 피고인의 불이익은 법률적 이익의 박탈이 아니므로 허용될 수 없다는 소극설, 심신상실을 이유로 무죄판결을 하면서 치료감호를 함께 선고한 경우에 한하여 상소를 허용하자는 제한적 허용설 등이 있다. 판례는 불복은 재판의 주문에 관한 것이어야 하고 재판의 이유만을 다투기 위하여 상소하는 것은 허용되지 않는다는 입장이다. 생각건대 상소는 판결의 주문에 대하여 허용되어야 하고 판결이유만을 대상으로 할 수 없으므로 소극설 및 판례의 태도가 타당하다고 본다. 이에 따르면 설문의 경우 피고인 乙의 상소는 허용될 수 없을 것이다.

설문 (3)은 유죄판결에 대한 상소취지가 피고인에게 이익이 되지 않거나 불이익한 경우에 상소를 인정할 수 있는지와 관련된 문제이다. 이 경우 상소의 이익을 인정할 수 없으므로 부적법한 상소가 된다. 그런데 설문의 경우 벌금의 실형에 대해 징역형의 집행유예를 구하는 것이므로 유죄판결에 대한 상소취지가 피고인에게 이익이 되지 않거나 불이익한 경우에 해당한다고 볼 수 있다. 따라서 상소의 이익을 인정할 수 없으므로 피고인 乙의 상소는 부적법한 상소가 된다.

설문 (4)는 절도죄에 대하여 업무상 횡령죄를 인정할 수 있는가와 관련된 문제이다. 상소의 이익의 판단기준에는 주관설, 객관설, 사회통념설이 대립하고 있으나, 형법 제50조와 불이익변경금지원칙에 의한 객관설이 타당하다고 본다. 이에 따르면 업무상횡령의 유죄를 주장하는 상소는 상소의 이익이 없으므로 허용될 수 없을 것이다.

III. 상소의 제기 및 포기·취하

1. 상소의 제기

(1) 상소의 제기방식

상소는 상소의 제기기간내에 상소장을 원심법원에 제출하여야 하며($^{제343조 제1항,}_{제359조, 제406조}$), 상소장이 원심법원에 제출된 때에 상소제기의 효력이 발생한다. 다만 교도소·구치소에 있는 피고인이 상소의 제기기간내에 상소장을 교도소장 내지 구치소장 또는 그 직무를 대리하는 자에게 제출한 때에는 상소의 제기기간내에 상소한 것으로 간주되며($^{제344}_{조}$), 법원은 지체없이 그 사유를 상대방에게 통지하여야 한다($^{제356}_{조}$).

(2) 상소제기의 효과

① **재판확정·집행정지의 효력:** 상소가 제기되면 재판의 확정과 집행이 정지된다. 다만 집행정지의 효력에 대한 예외로 항고는 즉시항고를 제외하고는 집행정지의 효력이 없으며($^{제409}_{조}$), 재산형의 가납재판의 집행은 즉시 집행할 수 있으므로 상소에 의하여 정지되지 않는다($^{제334조}_{제3항}$).

② **이심의 효력:** 상소의 제기로 소송계속이 원심을 떠나 상소심으로 옮겨지는 것을 의미한다. 따라서 이심의 효력이 발생하면 원심법원은 상소기각 등의 재판을 할 수 없는데, 이러한 이심의 효력발생시점과 관련하여 견해가 대립하고 있다.

가) 소송기록송부기준설: 상소장·증거물·소송기록을 상소법원에 송부한 때에 발생한다는 견해이다. 그 근거로 항소·상고가 법률상의 방식위반 또는 상소권소멸후인 것이 명백한 때에는 원심법원이 결정으로 상소기각결정을 내려야 하고($^{제360조, 제376조,}_{제407조 제1항}$), 소송기록이 상소법원

에 도달할 때까지는 피고인의 구속·구속기간갱신·보석·구속의 취소·구속집행정지와 그 정지의 취소에 대한 결정을 소송기록이 있는 원심법원에서 내려야 한다는 점을 들고 있다.

나) 상소제기기준설: 원심법원에 상소장을 제출하여 상소를 제기하는 시기에 상소법원에 대한 소송계속이 발생한다는 견해이다. 그 근거로 이심의 효력을 소송기록송달의 신속 또는 지연이라는 우연한 사정에 맡기는 것은 부당하며, 최고 3차의 구속기간의 갱신($\frac{제92조\ 제1항,}{규\ 제57조\ 제1항}$)으로 인한 인신구속의 장기화를 방지할 필요성이 있다는 점을 들고 있다. 즉 소송기록이 상소법원에 도달하기 전에 원심법원이 불가피하게 제3차의 구속기간갱신을 하는 경우에도, 소송기록송부기준설에 의하면 이것은 원심법원의 갱신이 되므로 상소법원은 다시 2차에 걸쳐 갱신을 할 수 있게 되는데, 상소제기기준설에 의하면 이것은 상소법원의 갱신결정을 원심법원이 대행한 것이 되므로 상소법원은 1회만 더 구속기간갱신을 할 수 있다는 점을 들고 있다.

다) 검   토: 소송기록송부기준설에 따르면 원심법원의 갱신으로 구속기간이 더 늘어나는 효과를 부인할 수 없으므로 피고인의 인신구속을 제한하고자 하는 상소제기기준설의 입장도 타당한 면이 있다. 판례도 「형사사건에 있어 항소법원의 소송계속은 제1심판결에 대한 항소에 의하여 사건이 이심된 때로부터 그 법원의 판결에 대하여 상고가 제기되거나 그 판결이 확정되는 때까지 유지된다」고 하여 상소제기기준설을 따르고 있다($\frac{대결\ 1985.7.23,}{85모12}$).

그러나 이에 따르면 원심법원이 상소제기의 부적법을 이유로 상소기각의 결정을 하는 경우를 합리적으로 설명하는 것이 불가능할 뿐만 아니라 민사소송법의 경우 상소가 제기되면 그 소송사건 전체가 원심법원을 떠나 상소심으로 이전하여 계속되게 되는 시점을 이심의 효력발생시점으로 보고 있는데($\frac{민소법}{제400조}$), 형사소송의 경우에만 원심법원이 상소법원으로 송부하기 전에 상소법원의 권한을 대행하여 구속기간을 갱신한다고 하여 이론상 사건이 상소법원에 이심된 것으로 본다는 것은 무리한 해석이므로 소송기록송부기준설이 타당하다.

2. 상소의 포기·취하

(1) 의   의

상소의 포기란 상소권자가 상소제기기간내에 상소권을 스스로 소멸시키는 소송행위를 말한다. 이는 법원에 대하여 상소하지 않는다는 적극적인 의사표시로서 상소제기 이전의 소송행위이며 단순한 상소권의 불행사와는 구별된다. 상소의 취하는 일단 제기한 상소를 철회하는 것으로서 상소제기 이후의 소송행위이다.

(2) 상소의 포기·취하권자

고유의 상소권자는 상소의 포기 또는 취하를 할 수 있다. 다만 피고인 또는 상소권의 대리행사자는 사형 또는 무기징역이나 무기금고가 선고된 판결에 대하여는 상소의 포기를 할 수 없다($제349조$). 그러나 이 경우에도 상소의 제기가 강제되는 것은 아니라고 할 수 있다. 법정대리인이 있는 경우에는 사망 기타의 사유로 동의를 얻을 수 없는 경우 이외에는 그의 동의를 얻어야 한다($제350조$). 그러므로 미성년자인 피고인이 법정대리인의 동의없이 한 상소의 포기나 취하는 효력이 없다($^{대판 1983.9.13,}_{83도1774}$). 한편 피고인의 법정대리인 또는 상소권의 대리행사자는 피고인의 동의를 얻어 상소를 취하할 수 있다($제351조$). 그러므로 피고인이 상소를 포기·취하하면 변호인은 상소하지 못하며, 또한 변호인이 상소한 후에 피고인이 상소권을 포기하면 변호인이 낸 상소는 취하의 효력이 발생한다($^{대판 1974.4.23,}_{74도762}$).

> **참조판례** 「미성년자인 피고인이 항소취하서를 제출하였고, 피고인의 법정대리인 중 어머니가 항소취하 동의서를 제출하였어도 아버지가 항소취하 동의서를 제출하지 않았다면 피고인의 항소취하의 효력이 없다」($^{대판 2019.7.10,}_{2019도4221}$).

(3) 상소포기·취하의 방법

상소의 포기 또는 취하는 서면으로 하여야 한다. 다만 공판정에서는 구술로써 할 수 있으나 그 사유를 조서에 기재하여야 한다($제352조$). 상소의 포기는 **원심법원**에, 상소의 취하는 **상소법원**에 하여야 한다. 다만 소송기록이 상소법원에 송부되지 아니한 때에는 상소의 취하도 원심법원에 할 수 있다($제353조$). 교도소 또는 구치소에 있는 피고인이 상소의 포기나 취하를 하는 경우에는 교도소장 또는 구치소장 또는 그 직무를 대리하는 자에게 제출할 수 있다($제355조$).

한편, 변호인이 상소취하를 할 때 원칙적으로 피고인은 이에 동의하는 취지의 서면을 제출하여야 하나($^{규 제153조}_{제2항}$), 피고인은 공판정에서 구술로써 상소취하를 할 수 있으므로($^{제352조}_{제1항 단서}$), 변호인의 상소취하에 대한 피고인의 동의도 공판정에서 구술로써 할 수 있다. 다만 상소를 취하하거나 상소의 취하에 동의한 자는 다시 상소를 하지 못하는 제한을 받게 되므로($제354조$), 상소취하에 대한 피고인의 구술 동의는 명시적으로 이루어져야만 한다($^{대판 2015.9.10,}_{2015도7821}$).

(4) 상소포기·취하의 시기

상소의 포기는 상소기간 안에 언제나 할 수 있으며, 상소의 취하는 상소심의 확정판결시까지 가능하다.

(5) 상소포기·취하의 효과

상소의 포기 또는 취하가 있으면 상소권은 소멸하고 상대방의 상소권도 소멸하면 원심재판은 확정된다. 상소를 포기한 자 또는 상소의 포기나 취하에 동의한 자는 그 사건에 대하여 다시 상소를 하지 못한다($제354조$). 제1심 판결에 대하여 피고인은 항소하지 아니하고 검사만이 그 양형이 부당하게 가볍다는 이유로 항소하였으나 항소심이 검사의 항소를 이유없다고 기각한 경우, 판례는 항소심판결이 피고인에게 불이익한 판결이라고 할 수 없다는 점을 이유로 부정적인 입장이지만($^{대판 1981.8.25,}_{81도2110}$), 상소의 포기 또는 취하에 의한 상소권소멸은 당해 심급의 상소권에 국한되므로 긍정하는 것이 타당하다고 본다.

(6) 상소절차속행의 신청

상소절차속행신청이란 상소가 제기된 후 피고인 등이 상소를 포기하거나 취하하여 상소절차가 종결된 경우에 상소포기 또는 상소취하의 부존재 또는 무효를 주장하여 구제받을 수 있는 제도를 말한다(규제154조). 이러한 상소절차속행신청은 일단 상소가 제기되었다가 상소포기나 상소취하가 있었다는 이유로 재판없이 상소절차가 종결된 경우의 구제방법인 점에서, 상소제기 기간내에 상소제기가 없다는 이유로 상소제기가 되지 않은 경우의 구제방법인 상소권회복의 청구와 구별된다. 따라서 상소절차가 아직 개시되지 않은 상태에서는 상소절차속행의 신청을 할 수 없으며, 원심재판 선고 후에 상소를 포기하였다가 상소를 제기한 경우에도 피고인은 그 상소절차나 원심법원의 상소기각결정에 대한 즉시항고절차 등에서 피고인의 상소포기가 부존재하거나 무효임을 주장하여 구제받을 수 있으므로 상소절차속행의 신청을 할 수 없다(대결 1990.5.18, 99모40).

상소의 포기 또는 취하가 부존재 또는 무효임을 주장하는 자는 그 포기 또는 취하 당시 소송기록이 있었던 법원에 절차속행의 신청을 할 수 있는데(규 제154조 제1항), 신청을 받은 법원은 신청이 이유있다고 인정하는 때에는 신청을 인용하는 결정을 하고 절차를 속행하여야 하며(규 동조 제2항), 신청이 이유없다고 인정하는 때에는 결정으로 신청을 기각하여야 한다. 신청기각결정에 대하여는 즉시항고를 할 수 있다(규 동조 제3항).

Ⅳ. 일부상소(一部上訴)

사 례

甲은 윤락가 포주인 공소외 乙에게 금 500만 원을 지급하고 그로부터 윤락녀인 丙(당시 만 18세)을 넘겨받아 약 13개월동안 丙에게 윤락행위를 시켰다. 이에 검사 X는 甲을 형법상의 인신매매죄(형법 제289조 제1항) 및 윤락행위등방지법위반으로 기소하였다. 제1심법원은 피고인 甲에 대하여 인신매매죄 및 윤락행위등방지법위반의 공소사실을 전부 유죄로 인정하여 징역 1년의 실형을 선고하였다. 이에 피고인만이 항소하였고, 항소법원은 윤락행위등방지법위반의 공소사실에 대해서는 유죄를 인정하여 징역 1년에 집행유예 3년을 선고하고 인신매매죄에 대해서는 무죄를 선고하였다. 이에 대하여 피고인은 상고하지 아니하였고 검사 X는 무죄가 선고된 인신매매죄에 대해서만 상고하였다.
1. 대법원은 심리결과 인신매매죄의 공소사실을 유죄로 판단한다면 윤락행위등방지법위반의 공소사실까지 모두 파기하여야 하는가? 또한 파기환송받은 원심법원은 어떤 판결을 해야 하는가?
2. 만일 피고인만 윤락행위등방지법위반의 공소사실에 대하여 상고하여 대법원이 증거능력이 없는 증거에 의한 사실인정을 이유로 파기환송하였으나, 파기환송 후에 검사가 범죄사실에 대한 새로운 증거를 제출하여 이를 근거로 원심이 징역 1년에 집행유예 3년의 유죄판결을 선고하였다면 이는 적법한가?

1. 의　　의

일부상소란 재판의 일부에 대하여 상소하는 것을 말한다(제342조제1항). 여기서 재판의 일부란 한 개 사건의 일부를 말하는 것이 아니라 수개의 사건이 병합·심판된 경우의 재판의 일부를 의미한다(통설). 즉 재판의 객관적 범위의 일부를 의미하며, 주관적 범위의 경우인 공동피고인의 일부가 상소하는 경우는 포함되지 않는다.

2. 개별적인 상소이유와의 구별

개별적인 상소이유와 일부상소는 개념적으로 구별하여야 한다. 상소이유는 재판에 대한 불복이유로서 한 개의 재판에도 여러 개의 불복의 이유(예컨대 사실오인, 양형부당, 법령적용위반, 판결이유의 모순)가 있을 수 있다. 이러한 이유의 일부에 대한 불복은 상소이유서에 의한 심판대상의 제한일 뿐 일부상소에 의한 심판대상의 제한은 아니다. 효과면에 있어서도 일부상소는 불복하지 않은 부분이 기판력을 갖게 되는 반면, 상소이유에 대한 심판대상의 제한은 상소심의 소송경제적 측면의 고려에 의한 제한으로서 불복하지 않은 이유부분이 먼저 확정되는 것은 아니다.

3. 일부상소의 범위

(1) 재판의 가분성의 판단

일부상소가 허용되기 위해서는 원심법원의 재판이 분할·가능하여야 한다. 즉, 수개의 범죄가 경합범의 관계에 있어야 한다. 실무관행은 이외에 판결주문의 분할가능성여부도 고려하고 있다. 따라서 일부상소부분이 다른 부분과 논리적 연관성이 있거나 양형상 상호작용을 하는 경우에는 일부상소가 허용되지 않으며, 불가분인 재판의 일부에 대한 상소는 그 전부에 대하여 효력이 미친다(제343조제2항). 일부 상소가 허용되는 경우에는 그 일부에 대한 포기 또는 취하도 가능하다.

(2) 일부상소의 허용범위

① 원　　칙

가) 일부유죄·일부무죄 등의 경우: 경합범관계에 있는 수개의 공소사실의 일부에 대하여 유죄, 다른 부분에 대하여 무죄·면소·공소기각·관할위반 또는 형의 면제의 판결이 선고된 경우 피고인이 유죄부분만을 상소하거나 검사가 무죄부분만을 상소하는 것은 허용된다.

나) 수개의 형이 선고된 경우: 경합범의 각 부분에 관하여 일부는 징역형, 다른 일부는 벌금형이 선고된 경우처럼 주문에서 2개 이상의 다른 형이 병과된 경우와 수개의 공소사실이 확정판결 전후에 범한 죄(형법 제37조 후단의 사후적 경합범)이기 때문에 수개의 형이 선고된 때

에도 일부상소가 허용된다.

다) 전부 무죄인 경우: 경합범의 관계에 있는 공소사실의 전부에 대하여 무죄가 선고된 경우에도 일부만을 특정하여 상소할 수 있다.

② 제 한

가) 일죄의 일부: 단순일죄, 포괄일죄, 과형상 일죄의 경우에는 일부상소가 허용되지 않는다. 따라서 단순일죄의 관계에 있는 공소사실의 일부에 대하여만 유죄를 인정한 경우에 피고인이 유죄부분을 상소하거나 검사가 무죄부분만을 상소하여도 그 상소는 일죄의 전부에 미친다(대판 2001.2.9, 2000도5000).

> **참조판례** 대법원은 **포괄일죄**에 대하여, 「환송전 원심에서 포괄일죄의 일부분만이 유죄로 인정된 경우 그 **유죄부분에 대하여 피고인만이 상고하였을 뿐 무죄부분에 대하여 검사가 상고를 하지 않았다면** 상소불가분의 원칙상 무죄부분도 상고심에 이심되어 그 심판의 대상이 되지만, 그 부분은 이미 당사자간의 공격방어의 대상으로부터도 벗어나게 되어 상고심으로서도 그 무죄부분에까지 나아가 판단할 수 없는 것이고, 따라서 상고심으로부터 위 유죄부분에 대한 항소심 판결이 잘못되었다는 이유로 사건을 파기환송받은 항소심은 그 무죄부분에 대하여 다시 심리판단하여 유죄를 선고할 수 없다」(대판 1991.3.12, 90도2820)고 한 반면, 「포괄적 일죄의 관계있는 **공소사실 중 일부유죄, 나머지 무죄의 판결에 대하여 검사만이 무죄부분에 대한 상고를 하고 피고인은 상고하지 아니하더라도** 상소불가분의 원칙상 검사의 상고는 그 판결의 유죄부분과 무죄부분 전부에 미치는 것이므로 유죄부분은 상고심에 이심되어 그 심리대상이 된다」(대판 1989.4.11, 86도1629)고 판시하고 있다. 다만 항소심에서 상상적 경합의 관계에 있는 수 죄 전부를 유죄로 인정하였으나 그 중 일부가 무죄인 경우, 상고심이 항소심판결 전부를 파기하여야 하는지 여부에 관하여 최근 판례는 「상상적 경합범의 관계에 있는 수 죄 중 일부만이 유죄로 인정된 경우와 그 전부가 유죄로 인정된 경우와는 형법 제51조에 규정된 양형의 조건이 달라 선고형을 정함에 있어서 차이가 있을 수 있으므로 그와 같은 원심판결의 위법은 판결의 결과에 영향을 미친 것이라고 할 것이다」(대판 2004.6.25, 2004도1751)라고 하여 전부를 파기해야 한다는 입장을 취하고 있다.

이러한 판례의 태도에 대하여, 포괄일죄와 상상적 경합관계에 있는 상소불가분의 원칙의 적용범위를 제한하여 사실상 일부상소의 효과를 인정하는 것은 피고인의 실질적인 이익을 고려하여 타당하다는 **긍정설**과 상소심에서의 소송계속을 인정하면서도 심판대상에서 제외시키는 것은 논리적으로 모순일 뿐만 아니라 검사와 피고인 중에 누가 상소하였는지에 따라 상소의 효과가 미치는 범위를 달리 볼 수는 없다는 이유로 반대하는 **부정설**이 대립하고 있다. 생각건대 포괄일죄나 상상적 경합관계에서 상소되지 않은 무죄부분이나 공소기각부분은 상소심에 이심은 되지만 심판대상이 되지 않는다는 **당사자 간의 공격방어의 대상**(이른바 공방대상론)에 관한 판례의 태도는 피고인의 이익을 보호하기 위한 것이지만, 상소심으로 이심된다면 당연히 심판대상이 된다고 보는 것이 타당할 것이다.

나) 한 개의 형이 선고된 경합범: 경합범의 전부에 대하여 한 개의 형이 선고된 때에도 일부상소는 허용되지 않는다. 그 근거는 판결주문의 분할불가분성 또는 공소사실의 상호관계에 의한 불가분성에 기인한다.

다) 주형과 일체가 된 부가형: 주형과 일체가 되어 있는 부가형, 환형처분, 집행유예 등도 주형과 분리하여 상소할 수 없다. 판례도 압수물의 환부(대판 1959.10.16, 4292형상209)나 추징(대판 1984.12.11, 84도1502)에 대한 독립상소는 허용되지 않으며, 따라서 '몰수 또는 추징에 관한 부분만을 불복대상으로 삼아 상소가 제기되었다 하더라도, 상소심으로서는 이를 적법한 상소제기로 다루어야 하고, 그 부분에 대한 상소의 효력은 그 부분과 불가분의 관계에 있는 본안에 관한 판단 부분에까지 미쳐 그 전부가 상소심으로 이심된다'(대판(전합) 2008.11.20, 2008도5596)는 입장이다. 다만 배상명령에 대하여는 독립하여 즉시항고가 허용된다(소촉법 제33조 제5항). 소송비용부담의 재판은 본안의 재판에 관하여 상소하는 때에 한하여 불복할 수 있다(제191조 제2항).

4. 일부상소의 방식

(1) 상소장기준의 원칙

일부상소를 하는 경우에는 일부상소를 한다는 취지를 명시하고 불복부분을 특정하여야 한다. 일부상소 여부의 판단은 상소장의 기재에 의하여 판단하여야 하며 상소이유를 참작해서는 안 된다. 왜냐하면 상소이유를 참작하여 판단하는 경우, 상소이유서 제출기간까지 재판의 확정여부가 불명확한 상태에 놓이게 되는 불합리한 점이 발생하기 때문이다. 이에 대하여 판례는「비록 항소장에 경합범으로서 2개의 형이 선고된 죄 중 일죄에 대한 형만을 기재하고 나머지 일죄에 대한 형을 기재하지 아니하였다 하더라도 항소이유서에서 그 나머지 일죄에 대하여도 항소이유를 개진한 경우에는 판결 전부에 대한 항소로 봄이 상당하다」(대판 2004.12.10, 2004도3515)고 판시하여, 상소이유서를 고려하여 판단할 수 있다는 입장이다.

(2) 불복부분 불특정의 효과

불복부분을 특정하지 아니한 상소는 전부상소로 보아야 한다(대판 2004.9.23, 2004도4727). 다만 일부무죄, 일부유죄의 판결에 대하여 피고인이 상소한 때에는 무죄판결에 대하여는 피고인에게 상소이익이 없으므로 유죄부분에 대한 상소로 해석하여야 하며, 검사가 일부상소를 한 때에는 무죄부분에 대한 상소로 보아야 할 것이다(대판 1959.9.18, 4292형상142). 다만 검사가 불복부분을 특정하지 않고 양형을 다투어 상소한 경우에는 항소장의 불복의 범위란에 재판의 일부에 대하여서만 상소한다는 기재가 없는 한 검사의 청구대로 되지 아니한 판결전부에 대하여 상소한 것이라고 보아야 할 것이다(대판 1991.11.26, 91도1937).

5. 일부상소의 효력

(1) 상소심의 심판범위

일부상소의 경우에 상소심의 심판범위는 상소를 제기한 범위에만 미치므로 상소가 없는 부분의 재판은 확정된다. 따라서 상소법원은 일부상소된 부분에 한하여 심판하여야 하며,

상고심의 파기환송에 의하여 사건을 환송받은 법원도 일부상소된 사건에 대하여만 심판해야 하고 확정된 사건을 심판할 수는 없다.

(2) 구체적 고찰

① **유죄부분에 대해서만 상소가 있는 경우:** 일부무죄 · 일부유죄가 선고된 판결에 대하여 피고인만이 유죄부분에 대해서 상소한 경우 유죄판결부분에 대한 사건만이 상소심에 이심되므로 무죄부분은 분리 · 확정된다(통설 · 판례).

② **무죄부분에 대해서만 상소가 있는 경우:** 일부무죄 · 일부유죄가 선고된 판결에 대하여 검사만이 무죄부분을 상소한 경우(유죄부분은 상소기간의 경과로 확정), 상고의 이유가 인정되어 대법원이 이를 파기환송할 때 유죄부분은 확정되었으므로 무죄부분만을 파기환송할 것인지 아니면 경합범이므로 1개의 형을 선고하기 위하여 전부를 파기환송해야 하는지 논란이 있다.

이에 대하여 종래 피고인은 형법 제37조 후단과 제39조 제1항에 따라 2개의 유죄판결을 받게 되어 불리할 뿐만 아니라 원심판결의 유죄부분에 상당한 이유도 없이 불복하여 상소한 피고인과 동일한 유죄부분에 승복하고 반성하는 뜻으로 상소하지 아니한 피고인과의 사이에 결과적으로 양형의 불균형을 초래하게 된다는 점 등을 근거로 원심판결 전부를 파기해야 한다는 전부파기설과 과형상의 불이익이라는 불합리가 있는 것은 사실이지만, 이러한 불합리는 검사가 경합범의 관계에 있는 수죄를 따로따로 기소하여 각 별로 절차를 진행하는 경우에도 그러한 결과는 동일하다는 점 등을 근거로 무죄부분만을 파기해야 한다는 일부파기설의 대립이 있었으나, 현행 형법은 「경합범 중 판결을 받지 아니한 죄가 있는 때에는 그 죄와 판결이 확정된 죄를 동시에 판결할 경우와 형평을 고려하여 그 죄에 대하여 형을 선고」하도록 규정(제39조 제1항) 하고 있으므로 이제는 학설상의 차이가 큰 의미가 없게 되었다. 판례는 전부파기설을 취한 경우도 있으나, 그 후 일관되게 일부파기설의 입장을 취하고 있다.

> 참조판례 「경합범 중 일부에 대하여 무죄, 일부에 대하여 유죄를 선고한 항소심판결에 대하여 검사만이 무죄 부분에 대하여 상고를 한 경우 피고인과 검사가 상고하지 아니한 유죄판결 부분은 상고기간이 지남으로써 확정되어 상고심에 계속된 사건은 무죄판결 부분에 대한 공소뿐이라 할 것이므로 상고심에서 이를 파기할 때에는 무죄부분만을 파기할 수밖에 없다」(대판(전합) 1992.1.21, 91도1402; 대판 2001.6.1, 2001도70).

③ **유죄부분, 무죄부분 전부에 대하여 상소가 있는 경우:** 유죄판결 및 무죄판결의 전부에 대하여 판결의 확정이 차단되고 상소심에 이심되므로, 수개의 범죄사실에 대하여 항소심이 일부는 유죄, 일부는 무죄의 판결을 하고, 그 판결에 대하여 피고인 및 검사 쌍방이 상고를 제기하였으나, 유죄부분에 대한 피고인의 상고는 이유없고 무죄부분에 대한 검사의 상고만 이유있는 경우, 항소심이 유죄로 인정한 죄와 무죄로 인정한 죄가 형법 제37조 전단의 경합범 관계에 있다면 항소심판결의 유죄부분도 무죄부분과 함께 파기되어야 한다(통설 · 판례).

④ **주형과 일체가 되어 있는 부가형의 경우:** 판례는 「몰수 또는 추징은 주형 등에 부가하여 한 번에 선고되고 이와 일체를 이루어 동시에 확정되어야 하고 본안에 관한 주형 등과 분리되어 이심되어서는 아니 되는 것이 원칙이므로 상소심에서 원심의 주형 부분을 파기하

는 경우 부가형인 몰수 또는 추징 부분도 함께 파기하여야 하고, 몰수 또는 추징을 제외한 나머지 주형 부분만을 파기할 수는 없다」(^{대판 2009.6.25,} ^{2009도2807})는 입장이다.

⑤ **상상적 경합관계의 경우:** 판례는 「환송 전 원심에서 상상적 경합 관계에 있는 수죄에 대하여 모두 무죄가 선고되었고, 이에 검사가 무죄 부분 전부에 대하여 상고하였으나 그중 일부 무죄 부분(A)에 대하여는 이를 상고이유로 삼지 않은 경우, 비록 상고이유로 삼지 아니한 무죄 부분(A)도 상고심에 이심되지만 그 부분은 이미 당사자 간의 공격방어의 대상으로부터 벗어나 사실상 심판대상에서 이탈하게 되므로, 상고심으로서도 그 무죄 부분에까지 나아가 판단할 수 없다. 따라서 상고심으로부터 다른 무죄 부분(B)에 대한 원심판결이 잘못되었다는 이유로 사건을 파기환송 받은 원심은 그 무죄 부분(A)에 대하여 다시 심리·판단하여 유죄를 선고할 수 없다」(^{대판 2008.12.11,} ^{2008도8922})는 입장이다.

(3) 경합범이 상소심에서 일죄로 판명된 경우

원심법원이 甲, 乙 두 개의 공소사실을 경합범 관계에 있다고 인정하여 甲에 대하여 유죄, 乙에 대하여 무죄를 선고하였는데 피고인이 甲사실에 대하여만 상소를 제기하여 乙사실은 확정되었으나, 상소심의 심리결과 양 사실이 단순일죄 또는 과형상의 판명된 경우에 상소심은 어떠한 재판을 할 것인지 문제된다. 검사만 무죄부분에 대하여 상소한 경우에도 동일한 문제가 발생한다.

학설은 ㉠ 상소불가분의 원칙에 의해 甲·乙사실이 모두 상소심에 계속된다는 견해(전부이심설), ㉡ 검사가 상소한 경우에는 전부가 심판의 대상이 되지만 피고인만 상소한 경우에는 상소한 부분만 상소심의 심판범위가 된다는 견해(이원설) 등이 있으나, ㉢ 무죄부분이 확정됨으로써 유죄부분인 甲사실과 무죄부분인 乙사실은 이미 소송법적으로 두 개의 사건으로 분할되어서 유죄부분만 상소심의 심판대상이 된다는 견해(일부이심설, 다수설)가 타당하다고 본다. 이에 대하여 피고인만 유죄부분에 상소한 사안의 판례는 없고, 검사만 무죄부분에 대하여 상소한 사안에서, 대법원은 「원심이 두 개의 죄를 경합범으로 보고 한 죄는 유죄, 다른 죄는 무죄를 선고하자, 검사가 무죄부분에 한해 불복상고하였더라도 무죄가 상상적 경합관계에 있다면 유죄부분도 상고심 심판대상이 된다」(^{대판(전합)} ^{1980.12.9, 80도384})고 판시한 바 있다.

설문 (1)은 경합범에 있어서 제1심에서는 전부 유죄가 선고되었고, 항소심에서 경합범관계에 있는 수죄에 대하여 일부는 유죄, 일부는 무죄를 선고하였는데 일부 무죄부분만을 검사가 상고한 경우이다. 따라서 ⅰ) 경합범에 있어서 단일주문으로 선고된 경우에 항소심에서는 경합범의 범죄사실과 관련하여 일부 유죄, 일부 무죄의 선고를 할 수 있는가, ⅱ) 일부 유죄, 일부 무죄의 경우에 일부에 대해서만 상고를 할 수 있는가, ⅲ) 만일 할 수 있다면 이심의 범위는 어디까지인가, ⅳ) 피고인이 항소는 했지만 상고를 하지 않았다면 상소에 있어서 형의 불이익변경금지의 원칙은 어떻게 적용되는가 등이 문제된다. 설문 (2)는 항소심에서 경합범관계에 있는 수죄에 대하여 일부는 유죄, 일부는 무죄를 선고

하였는데 일부 무죄부분만을 피고인이 상고한 경우이다. 그런데 원심법원이 새로운 증거에 의하여 사실인정을 하고 있으므로, 이것이 파기판결의 구속력에 배치되는지 문제된다.

첫째, 검사 X의 일부상소의 허용여부와 관련하여 검사 X의 상고가 제342조 제1항의 '재판의 일부에 대한 상소'일 경우에는 상고심은 인신매매에 대한 무죄부분만을 심판의 대상으로 삼을 수 있다. 반면에 검사 X의 상고가 제342조 제2항의 '일부에 대한 상소'에 해당할 때에는 상고심은 인신매매에 대한 무죄부분뿐만 아니라 윤락행위방지법 위반에 대한 유죄부분에 대해서도 심판이 가능하다. 따라서 일부상소(제342조 제1항)와 상소불가분의 원칙(제342조 제2항)의 적용기준을 살펴보면, 재판의 일부에 대한 상소에서 그 일부와 상소하지 않은 나머지 부분 사이에 '불가분의 관계'란 원심판결이 실체법상 하나의 범죄를 대상으로 한 경우를 말한다. 이와 관련하여 단순일죄뿐만 아니라 포괄일죄도 하나의 범죄로 취급되지만, 실체법상 수개의 범죄는 원래 서로 별개의 범죄로서 원칙적으로는 별개의 형사절차에서 심리될 수 있는 경우이므로, 실체법상 수개의 범죄를 심판한 경우 그 일부만을 분할하여 상소할 수 있다는 것은 논리적으로 당연하다고 할 것이다. 결국 사안의 경우 검사의 상고는 인신매매죄의 무죄부분만을 특정하여 상고한 것으로 일부상소에 해당하는데, 항소심에서 일부 유죄, 일부 무죄로 판결이 이루어져 주문이 둘로 나누어져 있으므로 당연히 일부상소가 가능하다.

둘째, 상고심의 판단과 관련하여, 사안의 경우가 일부상소로서 허용된다고 하더라도 이심의 효력범위 및 상고의 이유가 인정되어 대법원이 이를 파기환송할 때 유죄부분은 확정되었으므로 무죄부분만을 파기환송할 것인지 아니면 경합범이므로 1개의 형을 선고하기 위하여 전부를 파기환송할 것인지 문제가 발생한다. 이는 일부상소가 인정되므로 경합범 중 일부의 분리확정을 인정할 것인가 아니면 상소불가분의 원칙을 우선시할 것인가의 대립이라 할 것이다. 이에 대해서는 전부파기설과 일부파기설이 대립하고 있으나, 판례는 일부파기설을 따르고 있다. 생각건대 일부파기설이 제342조의 일부상소와 상소불가분원칙에 충실한 것으로 보이며, 다만 형법 제39조가 적용되어 두 개의 형이 선고되는 불이익은 불이익변경금지의 원칙의 철저한 준수로 제거될 수 있다고 본다.

셋째, 항소심의 판단과 관련하여 (1) 전부파기설을 따를 경우에는 1년 징역에 3년 집행유예의 판결은 무효가 되고 새로이 항소심이 형법 제38조에 의하여 하나의 주문으로 선고하면 된다. 다만 불이익변경금지의 원칙의 제한으로 1년 징역보다 불리한 선고를 할 수 없다. 반면에 (2) 일부파기설을 따를 경우에는 이미 1년 징역에 3년 집행유예의 선고가 확정되었으므로, 다시 유죄판결로써 어떠한 형의 선고를 할 수 있는가는 불이익변경금지의 원칙상 문제가 생긴다. 따라서 원심법원은 파기환송된 인신매매죄에 대하여 상고심의 취지에 따라 유죄임을 선고하여야 하지만 불이익금지의 원칙의 제한으로 형을 선고할 수 없게 되고, 유죄임을 선고하는 판결을 할 뿐이다. 즉 예외적으로 유죄판결인데도 형의 선고가 없어 집행력이 없는 경우가 된다.

넷째, 파기판결의 구속력을 살펴보면, 파기판결의 구속력은 법률판단뿐만 아니라 사실판단에 대하여도 구속력이 미친다(판례). 그러나 환송후에 새로운 사실과 증거에 의하여 사실관계가 변경된 경우에는 파기판결의 구속력은 배제된다. 따라서 하급심에서 환송 전후의 증거를 종합하여 환송전의 판단을 유지한 경우에는 환송판결에 반하는 것이라고 할 수 없다. 다만 상소심이 원심판결을 파기하고 환송한 경우 환송받은 법원에 있어서도 종전의 원판결과의 사이에 불이익변경금지의 원칙이 적용된다고 할 것이다(통설·판례). 결국 사안의 경우 새로운 증거에 의한 사실인정은 파기판결의 구속력에 위반한 것이 아니며, 또한 상고심의 대상이 된 판결과 동일한 형을 선고하였으므로 불이익변경금지의 원칙에 위반한 것도 아니다. 결국 환송후의 항소심판결은 적법하다고 볼 수 있다.

V. 불이익변경금지의 원칙

1. 의 의

불이익변경금지의 원칙이란 피고인이 상소한 사건과 피고인을 위하여 상소한 사건에 대하여 상소심은 원심판결의 형보다 중한 형을 선고하지 못한다는 원칙을 말한다(제368조,제396조). 이처럼 불이익변경금지의 원칙에서 금지되는 형은 중형변경뿐이므로, 형을 중하게 변경하지 않는 한 원심판결보다 중한 사실을 인정하거나 중한 법률을 적용하는 것은 무방하다.

2. 근 거

㉠ 불이익변경금지의 원칙의 근거는 피고인이 중형을 받을 우려 때문에 상소제기를 단념하는 것을 방지함으로써 피고인의 상소권을 보장하려는 정책적 이유에 있다는 **정책적 배려설**, ㉡ 피고인이 중형변경의 위험을 벗어나 충분히 상소권을 행사할 수 있도록 하기 위한 법적 장치로서 헌법상의 적법절차원칙의 구체적 표현이라는 **적법절차설**, ㉢ 정책적 배려설과 적법절차설을 종합하자는 **종합설** 등이 있다. 이에 대하여 판례는 「불이익 변경금지의 원칙은 피고인측의 상소결과 오히려 피고인에 불이익한 결과를 받게 되어서는 피고인측의 상고권행사에 지장이 있을 것이라는 데 그 이유가 있다」(대판 1999.11.26, 99도3776)고 판시하여 정책적 배려설을 따르고 있다. 생각건대 불이익변경금지의 원칙이 소송구조를 불문하고 각국의 형사소송에서 확립되어 있는 원칙이라는 점에서 당사자주의귀결설은 근본적인 문제점이 있으며, 적법절차설은 그 내용이 실질적으로 정책적 배려설과 차이가 없다는 점에서 정책적 배려설이 타당하다고 본다(다수설).

3. 적용범위

(1) 피고인이 상소한 사건

① **피고인만 상소한 사건:** 피고인이 제338조 제1항에 의하여 상소한 사건에 대하여 적용된다. 피고인만 상소한 사건을 뜻하므로 검사만 상소한 사건이나 검사와 피고인 쌍방이 상소한 사건에 대하여는 적용되지 않는다. 다만 한미행정협정사건에 있어서는 검사가 상소한 사건이나, 검사와 피고인 쌍방이 상소한 사건에 대하여도 불이익변경금지의 원칙이 적용된다(합의의사록 제22조).

② **피고인만 항소한 제2심판결에 대해 검사가 상고한 때:** 항소심의 잘못때문에 항소한 피고인이 불이익을 받는다는 것은 피고인의 상소권을 보장한다는 이 원칙에 반하므로 상고심에서는 제1심판결의 형보다 중한 형을 선고할 수 없다(대판 1957.10.4, 4290형비상1)고 해야 한다. 왜냐하면 만일 상고심이 자판하지 않고 제2심판결을 파기환송한 경우라면 제2심은 당초에 검사항고가 없는 사건이므로 당연히 불이익변경금지의 원칙이 적용될 것인 바 대법원태도(환송여부)에 따라 피고인의 이해가 좌우되는 결과를 초래하여 공평에 반하기 때문이다.

③ **검사와 피고인 쌍방이 상소한 사건에 대하여 검사의 상소가 기각된 때:** 피고인만 상소한

경우와 같으므로 이 원칙이 적용된다. 대법원도 같은 취지로 판시하고 있다(^{대판 1969.3.31.}_{68도1870}).

(2) 피고인을 위하여 상소한 사건

피고인을 위하여 상소한 사건이란 형사소송법 제340조와 제341조가 규정하는 당사자 이외의 상소권자가 상소한 사건을 말한다. 이와 관련하여 검사가 피고인의 이익을 위하여 상소한 경우도 여기에 해당하는지 문제되는데, ㉠ 검사는 피고인의 정당한 이익을 보호하는 공익의 대표자로서 피고인의 이익을 위한다는 취지를 표시한 경우에는 이 원칙이 적용된다는 **적극설**(다수설)과 ㉡ 검사의 공익적 지위에서의 행위에 불과하므로 피고인의 상소권보장과 무관하다는 **소극설**이 대립하고 있다. 이에 대하여 판례는「검사의 항소가 특히 피고인의 이익을 위하여 한 취지라고 볼 수 없다면 항소심에서 중한 형을 선고할 수 있다」(^{대판 1971.5.24.}_{71도574})고 하여 적극설을 따르고 있다.

생각건대 상소의 이익에서 언급한 것처럼 검사의 상소이익의 인정여부와 관계없이 검사가 피고인의 이익을 위하여 상소하는 경우에는 불이익변경금지의 원칙이 적용된다고 보아야 할 것이다.

(3) 상소한 사건

불이익변경금지의 원칙은 피고인이 또는 피고인을 위하여 상소한 사건에 대하여 적용된다(^{제368조,}_{제396조 제2항}). 한편 상소한 자가 원심판결에 대하여 어떠한 상소이유로든 상소하면 충분하며 상소의 이유가 오직 양형부당을 이유로 할 것을 요하지는 않는다. 이 원칙의 적용범위와 관련하여 몇 가지 문제가 제기된다.

① **항고사건:** ㉠ 예외적으로 형의 선고에 준하는 경우(집행유예의 취소·실효결정에 대한 항고, 선고유예의 실효결정에 대한 항고)에는 적용된다는 **적극설**과 ㉡ 본 원칙은 형의 선고에 관한 것이며, 이를 인정하는 명문규정도 없다는 **소극설**(다수설)이 대립하고 있다. 생각건대 형사소송법 제368조는 상고에 준용되지만(^{제399}_조), 상소의 일종인 항고에 대해서는 그 준용규정이 없다. 이것은 항고에 있어서는 고유의 의미로서의 '형'이 문제될 여지가 없으므로 그와 같은 준용규정이 필요없다는 의미로 보아야 할 것이다.

② **파기환송 또는 파기이송:** 파기환송·파기이송을 받은 법원은 원판결을 계속 심리하므로 상소법원이라고 볼 수는 없지만, 불이익변경금지의 원칙이 적용되는 파기자판과 구별할 필요가 없을 뿐더러 피고인의 상소권보장이라는 측면에서 긍정하는 것이 타당하다고 본다(통설·판례).

③ **정식재판의 청구:** 정식재판의 청구는 상소는 아니지만 종전에는 피고인의 정식재판청구권을 보장하기 위하여 이 경우에도 불이익변경의 원칙이 적용된다고 보았다. 그러나 정식재판청구 사건에 대한 불이익변경금지의 원칙이 도입된 후에 정식재판 과정에서 피해자가 사망하는 등 피해가 확대된 경우와 같이 공판 과정에서 새로운 사실이 밝혀진 경우, 피

고인이 피해자를 회유하거나 증거를 조작하여 약식명령을 받은 사실이 밝혀진 경우 또는 벌금 집행의 지연이나 불법 영업을 계속하기 위하여 정식재판청구를 남용하는 경우 등에도 불이익변경금지의 원칙으로 인하여 죄질이나 국민의 법감정에 맞지 아니한 가벼운 벌금형을 선고할 수밖에 없어 정식재판청구가 범죄자에 대한 형벌 상한 보증제도로 전락하였다는 문제점이 지적되었다. 또한 불이익변경금지의 원칙의 적용으로 서류재판인 약식명령의 결정이 공판절차를 거치는 정식재판 판결보다 우선하게 되는 결과를 가져옴에 따라 실체적 진실에 부합하는 처벌을 할 수 없는 등 사법 정의에 반하는 결과를 가져오게 되었다는 점이 부작용으로 지적되기도 하였다.

이에 따라 약식명령에 대한 정식재판청구 사건에서 불이익변경금지의 원칙을 폐지하고, 제457조의2(형종 상향의 금지)에서 피고인이 정식재판을 청구한 사건에 대하여는 약식명령의 형보다 중한 종류의 형을 선고하지 못하는데, 피고인이 정식재판을 청구한 사건에 대하여 약식명령의 형보다 중한 형을 선고하는 경우에는 판결서에 양형의 이유를 적어야 한다.

④ **공소장변경의 경우:** 항소심에서 공소장변경(제298조)에 의하여 공소사실이 추가·철회·변경된 경우에도 이 원칙이 적용된다. 판례도 「피고인의 상고에 의하여 상고심에서 원심판결을 파기하고 사건을 항소심에 환송한 경우에 환송후의 원심에서 적법한 공소장 변경이 있어 이에 따라 그 항소심이 새로운 범죄사실을 유죄로 인정한 때에도 그 파기된 항소심판결의 형보다 중한 형을 선고할 수 없다」(대판 1980.3.25,\ 79도2105)고 판시하면서, 다만 항소심이 새로운 범죄사실을 유죄로 인정하면서 환송전 원심에서 정한 선고형과 동일한 형을 선고하였다고 하여 불이익변경금지원칙에 위배된다고 할 수 없고, 이는 법정형이 가벼운 죄로 공소사실의 변경이 이루어진 경우라 하여 달리 볼 것은 아니다(대판 2001.3.9,\ 2001도192)라고 판시하고 있다.

⑤ **병합사건:** 상소심에서 다른 사건이 병합되어 경합범으로 처단되는 경우에는 상소사건이 아니므로 이 원칙이 적용되지 않는다. 따라서 항소심이 제1심에서 별개의 사건으로 따로 두 개의 형을 선고받고 항소한 피고인에 대하여 사건을 병합 심리한 후 경합범으로 처단하면서 제1심의 각 형량보다 중한 형을 선고하더라도 불이익변경금지의 원칙에 어긋나지 아니한다(대판 2001.9.18,\ 2001도3448). 마찬가지로 피고인이 약식명령에 대하여 정식재판을 청구한 사건과 공소가 제기된 다른 사건을 병합하여 심리한 결과 형법 제37조 전단의 경합범 관계에 있어 하나의 벌금형으로 처단하는 경우에는 약식명령에서 정한 벌금형보다 중한 벌금형을 선고하더라도 불이익변경금지의 원칙에 어긋나는 것이 아니다(대판 2004.8.20,\ 2003도4732).

판례는 벌금 150만 원의 약식명령을 고지받고 정식재판을 청구한 '당해 사건'과 정식 기소된 '다른 사건'을 병합·심리한 후 두 사건을 경합범으로 처단하여 벌금 900만 원을 선고한 제1심판결에 대해, 피고인만이 항소한 원심에서 다른 사건의 공소사실 전부와 당해 사건의 공소사실 일부에 대하여 무죄를 선고하고 '당해 사건'의 나머지 공소사실은 유죄로 인정하면서 그에 대하여 벌금 300만 원을 선고한 사안에서, 「피고인이 정식재판을 청구한 당해 사건이 다른 사건과 병합·심리된 후 경합범으로 처단되는 경우에는 당해 사건에 대하여 고지받은 약식명령의 형과 병합·심리되어 선고받은 형을 단순 비교할 것이 아니라, 병합된 다른 사건에 대한 법정형, 선고형 등 피고인의 법률상 지위를 결정하는 객관적 사정을 전체적·실질적으로 고찰하여 병합·심판된 선고형이 불이익한 변경에 해당하는지를 판단하여야 한다. 다만 그 병합·심리 결과 다른 사건에 대하여 무죄가 선고됨으로써 당해 사건과 다른 사건이 경합범으로 처단되지 않고 당해 사건에 대하여만 형이 선고된 경우에는, 다른 사건에 대한 법정형, 선고형 등 피고인의 법률상 지위를 결정하는 객관적 사정까지 고려할 필요는 없으므로 원래대로 돌아가 당해 사건에 대하여 고지받은 약식명령의 형과 그 선고받은 형만 전체적으로 비교하여 피고인에게 실질적으로 불이익한 변경이 있었는지 여부를 판단하면 된다」($^{\text{대판 2009.12.24,}}_{\text{2009도10754}}$)고 판시하면서, 원심판결은 당해 사건에 대하여 당초 피고인이 고지받은 약식명령의 형보다 중한 형을 선고하였음이 명백하므로, 형사소송법 제457조의2에서 규정한 불이익변경금지의 원칙을 위반한 위법이 있다고 보았다.

4. 내　　용

(1) 불이익변경금지의 대상

① **중형변경의 금지:** 불이익변경이 금지되는 것은 형의 선고에 한한다. 즉 상소심에서 피고사건에 대하여 형을 선고하는 경우에 한하여 적용되며, 파기자판에 의하여 무죄·면소·공소기각 등의 재판을 하는 경우에는 이 원칙의 적용이 없다. 따라서 선고한 형이 중하게 변경되지 않는 한 원심이 인정한 형보다 중한 죄를 인정하거나 원심에서 일죄로 인정한 것을 경합범으로 바꾸는 등 법령적용을 불이익하게 변경하는 것은 이 원칙에 반하지 않는다 ($^{\text{대판 1999.2.5,}}_{\text{98도4534}}$). 따라서 피고인만이 항소한 사건에서 제1심이 인정한 범죄사실의 일부가 제2심에서 무죄로 되었음에도 제2심이 제1심과 동일한 형을 선고하였다고 하더라도 그것이 불이익변경금지의 원칙에 위배되는 것은 아니다($^{\text{대판 1995.9.29,}}_{\text{95도1577}}$).

② **형의 범위:** 본 원칙에서의 형은 형법 제41조의 형의 종류에 제한되지 않으므로 피고인에게 실질적으로 형벌과 같은 불이익을 주는 처분은 모두 포함된다. 따라서 추징, 미결구금일수의 통산, 노역장유치, 형의 집행유예기간 등도 여기에 해당한다.

(2) 불이익변경의 판단기준

불이익변경의 여부를 판단하는 데는 원칙적으로 법정형의 경중을 규정하고 있는 형법 제50조가 기준이 되지만, 형법 제50조는 추상적인 법정형 상호간의 경중을 규정함에 지나지 아니하므로 구체적인 선고형의 경중을 정하는 경우에 충분한 기준이 될 수 없다. 따라서 불이익변경을 판단함에 있어서는 형법 제50조를 기준으로 하면서, 원심판결과 상소심판결의 주문을 전체적·종합적으로 고찰하여 어느 형이 실질적으로 피고인에게 불리한가를 기준으로 판단해야 할 것이다(실질설). 판례도 동일한 입장이다($^{\text{대판(전합) 1998.3.26,}}_{\text{97도1716}}$).

5. 구체적 고찰

(1) 형의 추가와 종류의 변경

① **징역형과 금고형:** 형법 제50조에 따라 해결하면 족하다. 따라서 징역형을 금고형으로 변경하면서 형기를 인상하는 것은 허용되지 않지만, 금고형을 징역형으로 변경하면서 형기를 단축하는 것은 가능하다. 다만 형기가 동일한 때에는 금고를 징역으로 변경하는 것은 허용되지 않는다.

② **자유형과 벌금형**

가) 원   칙: 자유형을 벌금형으로 변경하는 것은 원칙적으로 허용되나, 반대의 경우는 불이익변경이 된다. 이와 관련하여 판례는 주형이 감경되었다고 하더라도 제1심에서 그 형 자체가 없었던 몰수(추징), 자격정지, 벌금 등 새로운 형을 추가하여 선고하는 것은 원칙적으로 불이익변경금지원칙에 저촉되는 것으로 판단하고 있다(대판 1993.12.10, 93도2711; 대판 1985.6.11, 84도1598).

> **참조판례** 판례는 제1심이 뇌물수수죄를 인정하여 피고인에게 징역 1년 6월 및 추징 26,150,000원을 선고한 데 대해 피고인만이 항소하였는데, 원심이 제1심이 누락한 필요적 벌금형 병과규정인 특정범죄 가중처벌 등에 관한 법률(2008. 12. 26. 법률 제9169호로 개정된 것) 제2조 제2항을 적용하여 피고인에게 징역 1년 6월에 집행유예 3년, 추징 26,150,000원 및 벌금 50,000,000원을 선고한 사안에서, 「집행유예의 실효나 취소가능성, 벌금 미납 시 노역장 유치 가능성과 그 기간 등을 전체적·실질적으로 고찰할 때 원심이 선고한 형은 제1심이 선고한 형보다 무거워 피고인에게 불이익하다」(대판 2013.12.12, 2012도7198)고 판시한 바 있다.

나) 자유형을 벌금형으로 변경하는 경우에 벌금형에 대한 노역장유치기간이 자유형을 초과하는 때: 노역장유치는 피고인에게 자유형과 동일한 불이익을 주므로 불이익변경이 된다는 견해도 있으나, 이는 벌금형의 특수한 집행방법에 불과하므로 전체적으로 볼 때에는 불이익변경이 아니라고 보아야 한다(판례·다수설).

다) 벌금형이 감경되면서 환형유치기간만 길어진 경우: 불이익한 변경이라는 견해도 있으나, 전체적으로 형이 불이익하게 변경되었다고 볼 수 없으므로 부정하는 견해가 타당하다(다수설). 판례도 동일한 입장이다(대판 2000.11.24, 2000도3945).

> **참조판례** 「[1] 피고인에 대한 벌금형이 제1심보다 감경되었다면 비록 그 벌금형에 대한 노역장유치기간이 제1심보다 더 길어졌다고 하더라도 전체적으로 보아 형이 불이익하게 변경되었다고 할 수는 없다 할 것이고, 피고인에 대한 벌금형이 제1심보다 감경되었을 뿐만 아니라 그 벌금형에 대한 노역장유치기간도 줄어든 경우라면 노역장유치 환산의 기준 금액이 제1심의 그것보다 낮아졌다 하여도 형이 불이익하게 변경되었다고 할 수는 없다.
> [2] 벌금형에 대한 노역장유치기간의 산정에는 형법 제69조 제2항에 따른 제한이 있을 뿐 그 밖의 다른 제한이 없으므로, 징역형과 벌금형 가운데서 벌금형을 선택하여 선고하면서 그에 대한 노역

장유치기간을 환산한 결과 선택형의 하나로 되어 있는 징역형의 장기보다 유치기간이 더 길 수 있게 되었다 하더라도 이를 위법이라고 할 수는 없다(대판 2000.11.24, 2000도3945).

라) 벌금형의 환형유치기간보다 더 긴 구류형을 선고한 경우: 판례는 구류형이 벌금형보다 경한 형이므로 불이익변경금지의 원칙에 위배되지 않는다는 입장이다(대판 2002.5.28, 2001도5131).

③ 부정기형과 정기형: 소년인 피고인이 상소심에서 성년으로 된 경우 부정기형을 정기형으로 변경하는 경우에 부정기형의 무엇을 기준으로 하여 형의 경중을 정할 것인가에 대하여 장기표준설, 중간표준설, 단기표준설 등이 있다. 부정기형을 선고받은 때에는 단기가 경과하면 석방될 가능성이 있다는 이유로 단기표준설이 다수설이다. 종래 판례는 단기표준설의 입장(대판 1969.3.18, 69도114)이었으나, 부정기형과 실질적으로 동등하다고 평가될 수 있는 정기형은 부정기형의 장기와 단기의 정중앙에 해당하는 형이라고 봄이 적절하다는 중간표준설로 입장을 변경하였다(대판(전합) 2020.10.22, 2020도4140).

> **참조판례** 제1심판결 시 소년에 해당하여 부정기형을 선고받은 피고인만이 항소한 항소심에서 피고인이 성년에 이르러 항소심이 제1심판결을 파기하고 정기형을 선고하여야 하는 경우, 항소심은 불이익변경금지의 원칙에 따라 제1심에서 선고한 부정기형보다 중한 정기형을 선고할 수 없는데, 이때 항소심이 선고할 수 있는 정기형의 상한을 어떻게 정할 것인지 여부와 관련하여, 판례는 「이러한 경우 부정기형과 실질적으로 동등하다고 평가될 수 있는 정기형으로서 항소심이 선고할 수 있는 정기형의 상한은 부정기형의 장기와 단기의 정중앙에 해당하는 중간형이므로 중간형을 기준으로 삼아 불이익변경금지 원칙 위반 여부를 판단해야 하고, 그렇다면 원심은 징역 11년(= 장기 15년 + 단기 7년 / 2)까지를 선고할 수 있었다는 이유로 원심에 불이익변경금지 원칙에 대한 법리를 오해하여 판결에 영향을 미친 잘못이 있다」(대판 2020.10.22, 2020도4140)고 판단하였다.

(2) 집행유예와 선고유예

① 집행유예와 형의 경중

가) 불이익변경에 해당하는 경우: 형의 집행유예는 형식적으로는 형이 아니지만 실질적으로 피고인에게 미치는 이해관계는 형의 내용을 좌우하는 것이므로 형의 경중을 비교하는 중요한 요소가 된다. 따라서 집행유예가 선고된 자유형판결에 대해서 집행유예만 없애거나 유예기간만을 연장하는 경우(대판 1983.10.11, 83도2034), 자유형의 형기를 축소하면서 집행유예를 박탈하는 경우(대결 1986.3.25, 86모2), 재심대상사건에서 징역형의 집행유예를 선고하였음에도 재심사건에서 원판결보다 주형을 경하게 하고, 집행유예를 없앤 경우(대판 2016.3.24, 2016도1131), 자유형에 집행유예를 붙이면서 벌금형을 병과하는 경우(대판 1970.5.26, 70도638), 금고형을 징역형으로 변경하면서 집행유예를 선고한 경우(대판 1976.1.27, 75도1543)에는 불이익변경에 해당한다.

나) 징역형의 형기를 늘리면서 집행유예를 붙인 경우: 형의 경중을 판단함에 있어서 집행유예가 실효·취소되는 경우도 고려해야 하므로 불이익변경에 해당한다(통설·판례).

다) 집행유예를 붙인 자유형판결에 대하여 형기를 단축하면서 유예기간을 늘리는 경우: 주형 자

체가 가벼우므로 불이익변경이 아니라고 보아야 한다 (통설).

② **집행유예·선고유예와 벌금형의 경중:** 자유형에 대한 집행유예판결을 벌금형으로 변경하는 것은 불이익변경이 될 수 없다. 그러나 자유형에 대한 선고유예를 벌금형으로 변경하는 것은 불이익변경이 된다($^{대판\ 1999.11.26,}_{99도3776}$). 다만 항소심에서 1심의 징역형에 대하여는 집행유예를 하고 1심에서 선고를 유예한 벌금형을 병과한 것은 피고인에게 불이익하다고 할 수 없다($^{대판\ 1976.10.12,}_{74도1785}$).

③ **집행유예와 집행면제:** 형의 집행면제의 판결을 집행유예로 변경하는 것은 불이익변경에 해당하지 않는다($^{대판\ 1985.9.24,}_{84도2972}$). 집행유예는 유예기간이 경과한 때에 형의 선고의 효력이 상실되나, 전자의 경우에는 그 형의 집행만을 면제하는 것이기 때문이다.

(3) 몰수·추징

① **주형을 그대로 두고 몰수나 추징을 부가하거나 증가한 경우:** 원심의 자유형을 그대로 두고 새로이 몰수나 추징을 추가하거나, 원심보다 무거운 추징을 병과하는 것은 불이익변경에 해당한다.

② **주형을 가볍게 하고 몰수나 추징을 부가하거나 증가한 경우:** 논란이 있으나, 피고인에 대한 실질적 불이익을 기준으로 하여 징역형을 줄이면서 몰수·추징을 일부 추가한 것은 불이익변경이 아니지만, 자유형의 형기나 벌금액이 줄어도 추징액이 현저하게 추가되거나 증가한 경우에는 불이익변경이 된다고 보아야 한다. 판례도 주형을 감경하였다면 추징을 새로이 추가하였다고 하더라도 전체적·실질적으로 볼 때 불이익변경으로 볼 수 없다($^{대판(전합)\ 1998.3.26,}_{97도1716}$)는 입장이다.

③ **자유형의 형기를 단축하고 원판결에서 선고되지 않은 압수장물환부선고를 한 경우:** 압수물환부는 형의 종류가 아니므로 불이익변경이 아니다($^{대판\ 1990.10.10,}_{90도16}$).

④ **추징을 몰수로 변경하는 경우:** 판례는 추징은 몰수할 물건의 전부 또는 일부를 몰수하지 못할 때 몰수에 갈음하여 그 가액의 납부를 명하는 처분으로서, 실질적으로 볼 때 몰수와 표리관계에 있어 차이가 없는 것이므로 이를 두고 형이 불이익하게 변경된 것으로 볼 수 없다($^{대판\ 2005.10.28,}_{2005도5822}$)는 입장이다.

(4) 소송비용

재산형과 유사한 불이익을 준다는 이유에서 긍정하는 견해도 있으나, 소송비용의 부담은 형이 아니고 실질적인 의미에서 형에 준하여 평가되어야 할 것도 아니므로 불이익변경금지원칙의 적용이 없다고 보아야 할 것이다(다수설). 판례도 제1심법원이 소송비용의 부담을 명하는 재판을 하지 않았음에도 항소심법원이 제1심의 소송비용에 관하여 피고인에게 부담하도록 재판을 한 경우, 불이익변경금지원칙에 위배되지 않는다($^{대판\ 2001.4.24,}_{2001도872}$)고 보고 있다.

「형사소송법 제186조 제1항은 "형의 선고를 하는 때에는 피고인에게 소송비용의 전부 또는 일부를 부담하게 하여야 한다."고 규정하고 있고, 같은 법 제191조 제1항은 "재판으로 소송절차가 종료되는 경우에 피고인에게 소송비용을 부담하게 하는 때에는 직권으로 재판하여야 한다."고 규정하고 있는바, 소송비용의 부담은 형이 아니고 실질적인 의미에서 형에 준하여 평가되어야 할 것도 아니므로 불이익변경금지원칙의 적용이 없다」(대판 2001.4.24, 2001도872).

(5) 형과 치료감호 내지 부착명령

원심에서 치료감호만 선고되었는데 피고인만 항소한 경우 항소심이 치료감호를 징역형으로 변경하는 것은 불이익변경이 된다(대판 1983.6.14, 83도765). 그러나 아동·청소년 대상 성폭력범죄의 피고인에게 '징역 15년 및 5년 동안의 위치추적 전자장치 부착명령'을 선고한 판결에 대하여 '징역 9년, 5년 동안의 공개명령 및 6년 동안의 위치추적 전자장치 부착명령'을 선고한 것은 불이익변경금지원칙에 위배되지 않는다(대판 2011.4.4, 2010도16939).

(6) 수강명령 또는 이수명령

성폭력범죄의 처벌 등에 관한 특례법에 따라 병과하는 수강명령 또는 이수명령은 이른바 범죄인에 대한 사회내 처우의 한 유형으로서 형벌 자체가 아니라 보안처분의 성격을 가지는 것이지만, 의무적 강의 수강 또는 성폭력 치료프로그램의 의무적 이수를 받도록 함으로써 실질적으로는 신체적 자유를 제한하는 것이 되므로, 원심이 제1심판결에서 정한 형과 동일한 형을 선고하면서 새로 수강명령 또는 이수명령을 병과하는 것은 전체적·실질적으로 볼 때 피고인에게 불이익하게 변경한 것이므로 허용되지 않는다(대판 2018.10.4, 2016도15961).

6. 위반의 효과

(1) 항소심의 판결이 위반한 경우

항소심의 판결이 불이익변경금지의 원칙(제368조)을 위반한 경우에는 판결내용의 법률위반으로 상고이유(제383조 제1호)가 된다.

(2) 상고심판결이 위반한 경우

상고심판결이 불이익변경금지의 원칙을 위반한 경우에는 비상상고의 이유(제441조)가 된다. 이 경우 원판결의 내용이 법률에 위반하였고 원판결이 피고인에게 불이익함이 명백하므로 대법원은 원판결을 파기하고 다시 판결을 하여야 한다(제446조 제1항).

VI. 파기판결의 구속력(기속력)

1. 의 의

파기판결의 구속력 내지 기속력이란 상소심에서 원판결을 파기하여 환송 또는 이송한 경우에 상급심의 판단이 환송 또는 이송받은 하급심을 구속 내지 기속하는 효력을 말한다. 법원조직법 제8조도 「상급법원의 재판에 있어서의 판단은 당해 사건에 관하여 하급심을 기속한다」고 하여 이를 명문으로 규정하고 있다.

2. 제도적 취지

파기판결의 구속력을 인정하는 이유는 심급제도의 본질에서 유래하는 것으로 파기판결의 구속력을 인정하지 않을 때에는 하급심이 자기판단을 고집하여 상급심의 판단에 따르지 않을 경우, 그 사건이 상급법원과 하급법원 사이에 끝없이 왕복하게 되어 종국적인 해결이 불가능하게 되므로 결국은 심급제도가 그 기능을 잃어버린다는 정책적 이유에 있다(통설).

3. 법적 성질

파기판결의 구속력을 상급심의 환송·이송판결이 확정될 때 발생하는 확정판결의 기판력의 일종이라고 보는 확정력설로 보는 견해도 있으나, 파기판결의 구속력은 심급제도를 합리적으로 유지하기 위하여 정책적으로 인정되는 특수한 효력이라는 견해(특수효력설)가 통설이다. 생각건대 ㉠ 기판력은 실체법상의 법률관계에 대한 판단이지만 파기판결의 구속력은 사실관계에 대한 판단도 포함하며, ㉡ 기판력이 후소에 대한 전소의 효력인 반면, 파기판결의 구속력은 동일소송에 있어서의 심급간의 효력이므로 본질적으로 상이할 뿐만 아니라, ㉢ 무죄판결의 기판력은 새로운 증거가 발견되어도 유지되는 반면, 파기판결의 구속력은 배제될 수 있다는 점에서 통설이 타당하다고 본다.

4. 구속력의 범위

(1) 구속력이 미치는 법원

① **하급법원**: 당해 사건의 하급심이 파기판결에 구속된다는 점은 법원조직법 제8조에 의하여 명백하다. 그러므로 상고심에서 제2심을 파기하면서 제1심에 환송하여 제1심이 환송된 사건을 재판하였으나, 그에 불복하여 항소된 경우에도 항소법원은 당해 사건에 관해서는 여전히 하급심이므로 상고심의 판단에 구속되는 것은 당연하다.

② **파기한 상급심**: 구속력이 발생하는 재판은 상소심의 파기판결이다. 상고심의 파기판결은 물론 항소심의 파기판결도 구속력이 생기며 파기환송판결이냐, 파기이송판결이냐를 불문하며 파기판결을 한 상급심 자신도 구속된다. 상급법원의 판단에 따라 이루어진 하급법원

의 판결을 상급법원이 다시 변경하는 것을 허용한다면 불필요한 절차만 반복되어 파기판결의 구속력을 인정한 취지가 무의미해지기 때문이다.

그러나 예외적으로 대법원이 전원합의체 판결로서 자신이 내린 파기환송판결의 법률상 판단을 변경하는 경우에는 종전의 파기판결의 구속력이 미치지 않는다. 판례도 「대법원의 전원합의체는 종전에 대법원에서 판시한 법령의 해석적용에 관한 의견을 스스로 변경할 수 있는 것인바(법조법 제7조), 환송판결이 파기이유로 한 법률상 판단도 여기에서 말하는 '대법원에서 판시한 법령의 해석적용에 관한 의견'에 포함되는 것이므로, 대법원의 전원합의체가 파기판결의 법률상 판단을 변경할 필요가 있다고 인정하는 경우에는 그에 기속되지 아니하고 통상적인 법령의 해석적용에 관한 의견의 변경절차에 따라 이를 변경할 수 있다」(대판(전합) 2001.3.15, 98도15597)는 입장이다.

③ **상급법원**: 확정력설에 따르면 상급심도 파기판결에 구속된다고 본다. 그러나 항소심의 파기판결에 상고심이 구속된다는 것은 법령해석의 통일을 위한 상고심의 기능에 반하고 사법의 경직을 초래하는 것이므로 이를 부정하는 것이 타당하다(통설).

(2) 구속력이 미치는 판단

① **법률판단과 사실판단**: 법률판단에 대하여 파기판결의 구속력이 미친다는 점에는 의문이 없다. 그러나 파기판결의 구속력이 사실적 판단에도 미치느냐가 문제된다. 이에 대하여 ㉠ 원심법원의 사실오인에 대한 상고심의 판단은 독자적인 증거조사에 의한 새로운 심증형성이 아니고 소송기록을 검토한 후 원심법원이 사실인정에 대한 규범적 하자유무를 확인하는 것이며, 자유심증주의와 진실발견의 관점에서 제한적으로 해석하여야 한다는 점을 근거로 사실인정에 있어서는 규범적 하자에 대한 판단에 국한된다는 견해도 있으나, 법원조직법 제8조가 법률적 판단에 제한하지 않고 있으며, 중대한 사실오인 및 현저한 양형부당을 상소이유로 인정하고 있다는 점을 근거로 파기판결의 구속력은 법률적 판단이냐 사실적 판단이냐를 불문한다고 보아야 할 것이다(통설·판례).

② **적극적·긍정적 판단**: 구속력이 파기판결의 직접적 이유인 소극적·부정적 판단에만 미치느냐 또는 적극적·긍정적 판단에도 미치느냐가 문제된다. 이에 대하여 사실판단에 있어서 부정적 판단과 긍정적 판단은 일체불가분의 관계에 있으므로 직접적 파기이유와 불가분의 관계에 있거나 논리적 전제관계에 있는 때에는 구속력이 미친다는 **긍정설**도 있으나, 상고심은 사후심이 원칙이며 대법원이 파기자판하는 경우에도 원심법원 및 제1심법원이 조사한 증거와 소송기록만을 기초로 한다는 **부정설**이 타당하다고 본다.

판례도 「환송판결의 하급심에 대한 구속은 파기의 이유가 된 원판결의 사실상 및 법률상의 판단이 정당하지 않다는 소극적인 면에서만 발생하는 것이므로, 환송후의 심리과정에서 새로운 사실과 증거가 제시되어 기속적 판단의 기초가 된 사실관계에 변동이 있었다면 그 구속력은 이에 미치지 아니하고 따라서 파기이유가 된 잘못된 판단을 피하면 새로운 사실과 증거에 따라 다른 가능한 견해에 의하여 환송전의 판결과 동일한 결론을 낸다고 하여도 환송판결의 기속에 관한 법원조직법 제7조의2에 위반한 위법이 있다고 할 수 없다」(대판 2004.4.9, 2004도340)라고 판시하여 부정적인 입장을 취하고 있다.

(3) 구속력의 배제

① **상소심이 판단을 하지 않은 부분:** 피고인들이 상소이유로 삼지 않은 관계로, 상소심에서 파기판결을 하면서 이유 없다는 판단을 하지 않은 부분은 파기판결의 구속력이 미치지 않는다. 따라서 상소심에서 판단을 하지 않았다면, 파기판결의 선고로 그 부분에 대한 유죄판단이 실체적으로 확정되는 것이 아니므로 환송받은 법원은 그 부분에 대하여 다시 판단할 수 있다(대판 2009.8.20, 2007도7042).

② **사실관계의 변동:** 환송후에 새로운 사실과 증거에 의하여 사실관계가 변경된 경우에는 파기판결의 구속력이 배제된다(대판 1987.8.18, 87누64). 따라서 하급심에서 환송전후의 증거를 종합하여 환송전의 판단을 유지한 경우에는 환송판결의 판단에 반하는 것이 아니다.

③ **법령과 판례의 변경:** 파기판결 후에 법령이 변경되거나 판례가 변경된 경우에도 구속력은 배제된다고 보는 것이 통설이다.

5. 구속력의 효과

하급심판결이 파기판결의 구속력을 무시한 재판을 하는 경우에는 그 판결은 법령위반으로 항소이유 또는 상고이유에 해당하며 그 판결이 확정된 경우에는 비상상고의 이유에 해당한다.

제3절 항   소

Ⅰ. 총   설

항소란 제1심의 종국판결에 대하여 다시 유리한 판결을 구하기 위하여 그 직근의 상급법원에 하는 불복신청을 말한다. 항소는 앞에서 본 상소제도의 목적 가운데서, 특히 오판으로 인하여 불이익을 받는 당사자의 권리구제를 목적으로 한다. 이처럼 항소는 제1심판결에 대한 상소이므로 결정이나 명령에 대하여는 항소할 수 없다. 제1심판결에 대한 제2심법원에의 상소만을 항소라고 하므로 제1심판결에 대하여 대법원에 상소하는 것(비약적 상고)은 항소가 아니다.

II. 항소심의 구조

1. 항소심구조에 관한 입법주의

(1) 복 심 제

복심제란 원심의 심리 및 판결과 관계없이 항소심이 피고사건 자체에 대하여 독자적으로 처음부터 다시 심판하는 구조로서 **제2의 제1심**이라고 볼 수 있다. 이처럼 복심제는 심리의 철저화로 진실발견 및 피고인의 이익보호에 유리한 장점이 있지만, 제1심을 경시하게 되어 심리의 중점이 상소심으로 이행될 뿐만 아니라 항소심의 업무부담이 가중되고, 남상소로 인한 소송지연을 초래할 위험이 있다. 이에 따르면, ㉠ 항소심의 심판대상은 피고사건 자체이며, ㉡ 항소인은 원판결에 불복한다는 취지로 항소하면 족하고, 항소이유서를 제출할 필요나 항소이유에 제한이 없으며, ㉢ 항소심의 심리는 모두절차에서 다시 시작하고 심판의 범위도 제한되지 않고 사실심리와 증거조사에도 제한이 없으며, ㉣ 기판력의 시적 범위는 항소심판결선고시가 기준이 된다.

(2) 속 심 제

속심제란 제1심의 심리를 전제로 하여 심리를 속행하는 구조, 즉 제1심변론이 재개되는 것으로 보는 구조이다. 즉 항소심이 제1심에서 수집한 자료를 기초로 하여 심리를 속행하되 여기에 새로운 자료를 첨부하여 제1심판결의 당부를 재심사하는 복심제와 사후심제의 중간형태를 말한다. 속심제는 제1심의 심리절차를 전면적으로 반복하지 아니하고 이를 승계하여 심리를 속행하므로 소송경제에 합당하지만, 원심의 소송자료에 대한 심증을 이어받을 수 있으므로 구두변론주의와 직접주의에 위반될 뿐만 아니라 소송지연과 남상소의 가능성은 여전히 남아 있다. 이에 따르면, ㉠ 항소심의 심판대상은 피고사건의 실체이며, ㉡ 제1심판결후에 발생한 사실이나 새로 발견한 증거도 항소심판결의 자료가 되고, ㉢ 항소이유에 제한이 없으며, ㉣ 항소심에서도 공소장변경이 허용되고, ㉤ 기판력의 시적 범위는 항소심판결선고시가 기준이 되며, ㉥ 판결주문의 형식은 원칙적으로 파기자판의 형식을 띤다.

(3) 사후심제

사후심제란 원심법원에서 나타난 소송자료를 기초로 하여 원판결의 당부를 사후적으로 재심사하는 구조이다. 사후심제는 소송경제와 신속한 재판의 이념에 부합하는 반면, 제1심에서 사실심리가 철저히 이루어지지 못하였을 때에는 실체적 진실발견과 피고인의 권리구제에 충분하지 못하게 된다. 이에 따르면, ㉠ 심판대상은 피고사건의 실체가 아니라 원판결의 당부이며, ㉡ 항소이유가 제한되고 항소인은 항소이유서를 제출해야 하며, ㉢ 항소심의 심판범위도 항소이유서에 기재된 것에 제한되며, ㉣ 원판결 후에 발생한 자료나 증거는 사용할 수 없고, ㉤ 항소심에서는 공소장변경이 허용되지 않으며, ㉥ 기판력의 시적 범위는 원심판결선고시가 기준이 되고, Ⓐ 판결주문은 파기환송 또는 항소기각이 원칙이다.

2. 현행법상 항소심의 구조

(1) 학　설

① **사후심설:** 사후심으로 보는 견해와 원칙적으로 사후심이나 파기자판하는 경우에는 속심이 된다는 견해로 나뉜다. 그 근거로 연혁적 측면에서 현행 형사소송법이 1963년 이전의 형사소송법보다 제1심절차에서 피고인과 증인신문방식을 개정하고 전문법칙과 탄핵증거제도 등을 채택하여 공판중심주의·구두변론주의·직접주의가 강화되었으므로 항소심에서 반복하여 심리하는 것은 불필요하고 소송경제의 이념에 반한다는 점 이외에도 다음과 같은 실정법적 근거를 들고 있다. ㉠ 항소이유가 원판결의 법령위반(제361조의5 제1, 3, 4호)과 이유불비 모순(동조 제11호)·사실오인(동조 제14호) 및 양형부당(동조 제15호)으로 제한되어 있고, ㉡ 제1심에서 증거로 할 수 있었던 증거는 항소법원에서도 증거로 할 수 있으며(제364조 제3항), ㉢ 항소심의 심판범위를 원칙적으로 항소이유서에 기재된 항소이유로 제한하고 있고(제364조 제1항), ㉣ 항소이유가 인정되는 경우에는 원심판결을 파기하도록 하고 있는 점(동조 제6항) 등이다.

② **원칙적 속심설:** 항소심은 속심인 것이 원칙이고, 사후심적 성격을 지닌 규정들은 남상소의 폐단을 억제하고 소송경제상의 필요에 의하여 속심적 성격에 대하여 제한을 가한 것에 불과하다고 본다(통설). 그 근거는 다음과 같다. ㉠ 항소이유 중 제1심 판결후의 형의 폐지나 변경 또는 사면이 있는 때(제361조의5 제2항)와 재심청구의 사유가 있을 때(동조 제13호)는 명백히 속심적 성격을 띤 항소이유이고, 형사소송법이 인정하고 있는 가장 중요한 항소이유인 사실오인(동조 제14호) 및 양형부당(동조 제15호)은 순수한 사후심에서는 찾아보기 어려운 항소이유이며, ㉡ 제1심에서 증거로 할 수 있었던 증거는 항소법원에서도 증거로 할 수 있다고 규정(제364조 제3항)하여 항소심에서 원심의 심리를 인수할 수 있게 하였을 뿐, 원심법원에 제출하였거나 제출할 수 있었던 자료에 대하여만 심리를 제한하는 규정이 없으며, 항소심은 제1심 판결선고 후에 나타난 자료에 대하여도 자유롭게 사실심리와 증거조사를 할 수 있고, ㉢ 항소법원은 판결에 영향을 미친 사유에 관하여 항소이유에 포함되지 아니한 경우에도 직권으로 심판할 수 있고(제364조 제2항), ㉣ 제1심 공판에 관한 규정을 항소심의 심리에 준용하는 규정(제370조)을 두고 있고, 항소이유가 없다고 인정한 때에는 항소를 기각해야 하며(제364조 제4항), 항소이유가 있다고 인정한 때에는 원심판결을 파기하고 파기자판을 하도록 규정(동조 제6항)하고 있는 점 등이다.

(2) 판　례

대법원은 「현행 형사소송법상 항소심은 기본적으로 실체적 진실을 추구하는 면에서 속심적 기능이 강조되고 있고 다만 사후심적 요소를 도입한 형사소송법의 조문들이 남상소의 폐단을 억제하고, 항소법원의 부담을 감소시킨다는 소송경제상의 필요에서 항소심의 속심적 성격에 제한을 가한 것에 불과하다」(대판 1983.4.26, 82도2829)고 하여 항소심은 속심이라는 입장을 명확히 하고 있다.

(3) 검   토

제1심 공판절차에서 간이공판절차가 광범위하게 이용되고, 구술주의 및 직접주의가 일탈 운용되는 현실을 고려한다면 항소심의 진실발견과 피고인의 권리구제기능이 강화될 필요가 있다는 점에서 항소심을 속심구조로 이해하는 것이 타당하다고 본다. 다만 이를 지나치게 강조하면 당사자는 제1심에서 자료의 제출에 충실한 노력을 등한시하게 되어 심리의 중점이 항소심으로 넘어가게 되고, 증거방법과 시간적·지리적으로 떨어져 있는 항소심의 구조상 소송을 지연시킬 뿐만 아니라 실체적 진실발견도 곤란하게 하므로 어디까지나 보충적으로 항소심을 운영해야 할 것이다. 2007년 개정된 형사소송규칙은 항소심의 공판기일은 '항소이유를 중심으로 심리를 진행'하도록 요구하고 있으며(규 제156조의3 내지 제156조의7), 항소심에서의 '증인신청의 원칙적 제한'을 규정(규 제156조의5 제2항)함으로써 항소심의 사후심적 성격을 강화하고 있다.

3. 관련문제

(1) 항소심에서의 공소장변경

㉠ 항소심을 사후심으로 이해하여 일단 범죄사실에 대하여 심판이 행하여진 원심판결을 전제로 하여 그 판결의 적법성을 검토하는 과정이 항소심이므로 원심판결의 심판범위 자체의 변경을 초래하는 공소장변경은 항소심에서도 허용되지 않는다는 **전면적 부정설**, ㉡ 항소심을 사후심으로 보더라도 항소심에서 원판결을 파기하는 경우 또는 항소심에서 사실조사가 행하여 질 때에는 속심이 되므로 허용된다는 **제한적 허용설** 등이 있으나, ㉢ 항소심은 증거조사가 행하여지는 속심일 뿐만 아니라, 항소심의 공판절차에도 제298조가 준용되므로(제370조) 공소장변경이 전면적으로 허용된다는 **전면적 허용설**이 타당하다고 본다(통설). 왜냐하면 전면적 부정설은 형사소송법이 실체진실의 발견을 위하여 새로이 발견되는 증거를 항소심에서 고려할 수 있도록 하는 등 속심적 성격을 띠고 있다는 점에서 타당하지 않으며, 제한적 허용설은 공소장변경이 파기판결에 선행하는 절차임에도 불구하고 거꾸로 파기여부에 따라 공소장변경의 허용여부를 결정한다는 점에서 논리적 모순을 범하고 있기 때문이다.

판례도 「변경된 공소사실이 당초의 공소사실과 기본적 사실관계에서 동일하다고 보는 이상 설사 그것이 주장과 같이 새로운 공소의 추가적 제기와 다를 바 없다고 하더라도, 현행법상 형사항소심의 구조가 오로지 사후심으로서의 성격만을 가지고 있는 것은 아니어서 공소장의 변경은 항소심에서도 할 수 있는 것이므로 이를 허가한 원심의 조치에 피고인의 제1심판결을 받을 기회를 박탈하여 헌법 제27조 제1항의 법률에 의한 재판을 받을 권리를 침해한 위법이 있다고 할 수 없다」(대판 1995.2.17, 94도3297)고 판시한 바 있으며, 파기환송 후 항소심에서의 공소장변경에 대해서도 「현행법상 형사항소심의 구조가 사후심으로서의 성격만을 가지는 것은 아니므로, 피고인의 상고에 의하여 상고심에서 원심판결을 파기하고 사건을 항소심에 환송한 경우에도 공소사실의 동일성이 인정되면 공소장변경을 허용하여 심판대상으로 삼을 수 있다」($\frac{\text{대판 2004.7.22,}}{\text{2003도8153}}$)는 입장을 취하고 있다.

(2) 기판력의 시적 범위

항소심을 속심으로 본다면, 항소심판결선고시를 기준으로 하여야 한다. 따라서 제1심판결당시 미성년이어서 부정기형이 선고되었다고 하여도 항소심 계속중에 성년이 되었다면 원판결을 파기하고 정기형을 선고해야 할 것이다.

(3) 필요적 변호사건에서 제1심 절차가 변호인 없이 이루어진 경우

판례는 「형사소송법 제282조에 규정된 필요적 변호사건에 해당하는 사건에서 제1심의 공판절차가 변호인 없이 이루어져 증거조사와 피고인신문 등 심리가 이루어졌다면, 그와 같은 위법한 공판절차에서 이루어진 증거조사와 피고인신문 등 일체의 소송행위는 모두 무효이므로, 이러한 경우 **항소심으로서는 변호인이 있는 상태에서 소송행위를 새로이 한 후 위법한 제1심판결을 파기하고, 항소심에서의 증거조사 및 진술 등 심리결과에 기하여 다시 판결하여야 한다**」($\frac{\text{대판 2011.9.8,}}{\text{2011도6325}}$)는 입장이다.

III. 항소이유

> **사 례**
>
> 1. 제1심법원은 살인죄로 기소된 피고인 乙에 대하여 변호인을 출석시키지 아니한 채 심리하여 유죄판결을 선고하였다. 이 제1심판결에는 어떠한 항소이유가 있는가?
> 2. 모욕죄로 1심법원에서 징역 1년을 선고받은 피고인 甲은 항소를 제기한 후 항소이유서에서 고소의 무효를 주장하면서 공소기각의 판결을 구하였다. 항소법원이 1심판결의 소송기록을 검토한 결과 고소가 무효임이 명백하므로 항소법원은 공판심리를 거치지 아니하고 피고인 甲에 대하여 공소기각의 판결을 선고하였다. 이 항소심판결에는 어떠한 상고이유가 있는가?

1. 의   의

항소이유란 항소권자가 원판결의 잘못을 지적하여 적법하게 항소를 제기할 수 있는 법률상의 이유를 말한다. 항소이유는 법률에 유형적으로 규정되어 있으며($\frac{\text{제361조의5 제1호}}{\text{내지 제15호}}$), 법률에 규정된 항소이유 이외의 사유는 적법한 항소이유가 될 수 없다.

2. 항소이유의 분류

(1) 법령위반과 그 이외의 항소이유

항소이유는 그 내용에 따라 법령위반을 이유로 하는 것과 법령위반 이외의 사유를 이유로 하는 것으로 나눌 수 있다. 현행법상의 항소이유($^{제361조}_{의5}$) 중에서 동조 제2호를 제외한 제1호 내지 제11호가 법령위반을 이유로 하는 항소이유이며, 동조 제2호와 제13호 내지 제15호가 법령위반 이외의 항소이유이다. 항소이유 중 법령위반을 이유로 하는 것은 원칙적으로 상대적 항소이유이다. 그러나 법령위반 중에서 판결에 대한 영향이 현저하거나 또는 그 입증이 곤란한 경우는 절대적 항소이유가 된다.

(2) 절대적 항소이유와 상대적 항소이유

일정한 객관적 사유가 있으면 항소이유가 되는 것을 절대적 항소이유라고 하며, 일정한 객관적 사유의 존재가 판결에 영향을 미친 경우에 한하여 항소이유로 되는 것을 상대적 항소이유라고 한다. 현행법상 항소이유 중 법령위반과 사실오인($^{동조\ 제1호,}_{제14호}$)은 상대적 항소이유이며, 나머지는 절대적 항소이유($^{동조\ 제2호\ 내지}_{제13호,\ 제15호}$)이다.

3. 법령위반

(1) 상대적 항소이유

판결에 영향을 미친 헌법·법률·명령·규칙의 위반이 있는 경우이다($^{제361조의5}_{제1호}$). '판결에 영향을 미친 때'라 함은 만약 법령위반이 없었더라면 원판결과 다른 판결이 행하여질 개연성이 있다는 것을 의미한다. 이러한 법령위반은 위반의 원인을 기준으로 법령해석의 착오와 법령적용의 착오로 나누어지는데, 전자는 법령의 효력의 시간적·장소적 제한의 오해나 법규의 취지·내용의 부정확한 이해가 있는 경우를 말하며, 후자는 법령의 해석에 대해서는 잘못이 없어도 구체적인 사건이 법규의 구성요건에 해당하는지 여부를 그르친 경우를 말한다. 또 법령위반의 형태를 기준으로 판단상의 착오와 절차상의 착오로 나누어지는데, 전자는 원판결 중의 법률판단이 부당하여 청구의 당부판단의 잘못을 초래하게 될 경우로서 주로 실체법위반의 경우에 문제되지만, 후자는 절차법규를 위배한 절차가 있는 경우를 말한다. 예컨대 필요적 변호사건에서 변호인이 없는 상태에서 심리를 진행한 경우($^{대판\ 2006.1.13,}_{2005도5925}$), 불고불리의 원칙에 반하여 공소제기가 되지 않은 범죄사실에 대하여 판결한 경우($^{대판\ 2001.12.27,}_{2001도5304}$), 보강증거가 없이 피고인의 자백만을 근거로 유죄판결을 선고한 경우($^{대판\ 2007.11.29,}_{2007도7835}$) 등이 후자에 해당한다.

(2) 절대적 항소이유

① **관할규정의 위반:** 관할 또는 관할위반의 인정이 법률에 위반한 때이다($^{동조}_{제3호}$). 관할에는 토지관할과 사물관할을 포함한다. 그러나 심급관할은 여기서 문제되지 않는다. 관할의 인정

이 법률에 위반한 때라 함은 관할위반의 판결을 해야 할 것임에도 불구하고 실체에 대하여 재판한 경우를 말하고, 관할위반의 인정이 법률에 위반한 때라 함은 관할권이 있거나 관할 위반의 선고를 할 것이 아님에도 불구하고 관할위반의 판결을 한 때를 의미한다.

② 법원구성의 위반

가) 판결법원의 구성이 법률에 위반한 때(제4호): 판결법원의 구성이 법 원조직법 및 형사소송법을 따르지 않은 경우이다. 예컨대 합의법원이 구성원을 충족하지 못하거나 결격사유 있는 법관이 구성원이 된 경우가 여기에 해당한다.

나) 법률상 그 재판에 관여하지 못할 판사가 그 사건의 심판에 관여한 때(제7호): 재판에 관여하지 못할 판사란 제척원인있는 판사, 기피신청이 이유있다고 인정된 판사를 말한다. 심판에 관여한 때란 재판의 내부적 성립에 관여한 것을 말한다.

다) 사건의 심리에 관여하지 아니한 판사가 그 사건의 판결에 관여한 때(제8호): 공판심리 도중에 판사의 경질이 있음에도 불구하고 공판절차를 갱신하지 않고 판결을 한 경우가 여기에 해당한다. 판결에 관여한 때도 판결의 내부적 성립에 관여한 때를 말하므로 판결의 선고에만 관여한 때는 여기에 속하지 않는다.

③ 공판공개에 관한 규정위반: 재판의 공개에 관한 헌법 제109조와 법원조직법 제57조에 위반하여 판결의 기본이 되는 심판을 공개하지 않은 경우를 말한다(제9호).

④ 이유불비와 이유모순: 판결에 이유를 붙이지 아니하거나 이유에 모순이 있는 때이다(제11호). 이유를 붙이지 아니한 때란 이유를 붙이지 않았거나 불충분한 경우를 말하는데, 구체적으로 보면, ㉠ 판결주문에 관한 이유불비로서는 주문(主文)의 불명확(불특정), 주문과 이유와의 불일치, ㉡ 구체적 사실확정에 관한 이유불비로서는 확정사실에 대해 어떠한 증거에 의하였는가를 표시한 경우이다. ㉢ 법령적용에 관한 이유불비로서는 구체적으로 당해 사건에 대해 수긍할 만한 이유를 설시하지 않거나, 인정사실만으로 그와 같은 법률효과가 발생되지 않은 경우 등을 들 수 있다. 이유에 모순이 있는 때는 판결이유의 문맥에 있어서 모순이 있어 일관성이 없고, 이유로서 체제를 갖추지 못한 것을 말한다. 즉 법원이 어떻게 사실을 인정하고 법규를 해석·적용하여 주문과 같은 결론에 이른 경위가 불명확한 경우이다. 다만 중요사항에 대한 이유가 맞지 않은 경우를 가리키는 것이므로, 판결이유의 기재에 모순이 있는 경우라도 그것이 사족에 지나지 않은 것일 때에는 이유모순에 해당되지 않으며, 단순한 증거의 채택과정에 있어서 이유의 불충분·불명료도 이에 해당되지 않는다.

4. 법령위반 이외의 항소이유

(1) 상대적 항소이유

사실의 오인이 있어 판결에 영향을 미친 경우를 의미한다(제14호). 여기서 사실 오인이란 인정된 사실과 객관적 사실 사이에 차이가 있는 것으로, 사실오인에 의하여 판결의 주문에 영향을 미쳤을 경우와 범죄에 대한 구성요건적 평가에 직접 또는 간접으로 영향을 미쳤을 경우를 말한다(대판 1996.9.20, 96도1665). 따라서 여기서 사실이란 범죄성립사실이나 처벌조건사실, 형의 가중·감면사실 등 엄격한 증명을 요하는 사실에 한정되고, 소송법적 사실이나 정상관계사실은 포함되지 않는다고 보아야 할 것이다.

(2) 절대적 항소이유

① **판결후 형의 폐지·변경·사면:** 판결후 형의 폐지나 변경 또는 사면이 있는 때이다(동조 제2호). 형의 폐지 또는 사면이 있은 때에는 면소판결을 하여야 하고(제326조), 형이 경하게 변경된 때에는 경한 형을 선고해야 한다는 점(형법 제1조 제2항)을 고려하여 항소이유로 한 것이다. 따라서 형의 변경은 경한 형만을 의미한다.

② **재심청구의 사유:** 판결의 확정전에 재심사유가 있는 경우에 소송경제상 인정되는 경우이다(동조 제13호). 다만 여기의 재심청구사유에 피고인에게 이익인 경우 뿐만 아니라 불이익한 경우도 포함되는지 문제된다. 이에 대하여 현행법은 피고인에게 불이익한 검사의 항소를 허용하고 있다는 긍정설도 있으나, 재심은 피고인의 이익을 위하여만 인정된다는 점에서 피고인에게 불이익한 경우까지 별도로 규정할 필요가 없다는 부정설이 타당하다.

③ **양형부당:** 형의 양정이 부당하다고 인정할 사유가 있는 때이다(동조 제15호). 처단형의 범위에서 선고한 형이 지나치게 무겁거나 가벼운 경우를 말한다. 양형이 법원의 자유재량에 속하는 것이 아니라는 점을 명백히 한 것이라고 할 수 있다. 여기의 형에는 주형뿐만 아니라 부가형·환형유치 또는 집행유예의 여부까지 포함한다. 양형부당은 처단형의 범위내에서 형의 양정이 부당한 경우를 의미하므로 법정형 또는 처단형의 범위를 넘어서 형을 선고한 경우 또는 형의 필요적 가중·감면을 하지 아니한 경우는 양형부당이 아니라 판결의 법령위반(동조 제1호)이다.

통상 양형부당 여부를 판단함에 있어서는 대법원의 양형위원회가 설정한 **양형기준**이 중요한 지침이 될 수 있다. 양형기준이 법적 구속력을 갖지는 않는다고 하더라도 법관이 형의 종류를 선택하고 형량을 정함에 있어서 이를 존중하도록 규정되어 있을 뿐만 아니라 약식절차 또는 즉결심판절차에 따라 심판하는 경우를 제외하고는 법관이 양형기준을 벗어난 판결을 하는 경우에는 판결서에 양형의 이유를 기재해야 하기 때문이다(동법 제81조의7). 다만, 이러한 양형부당의 사유는 법령위반이나 사실오인의 사유에 비하여 부차적 지위를 갖는다. 따라서 제1심 판결에 대하여 피고인이 양형부당만을 이유로 항소한 경우에는 법령적용이나 사실인정에 대해서는 불복하지 않는다는 것이므로 이에 따른 항소심의 판결에 대하여 판결위반이나 사실오인을 주장하여 상고할 수 없으며(대판 2006.10.26, 2005도9825), 제1심 판결에 대하여 검사만이 양형부당을 이유로 항소한 경우에도 항소심 판결에 대하여 피고인이 법령위반이나 사실오인을 주장하여 상고할 수는 없다(대판 2009.5.28, 2009도579).

참조판례 「양형은 법정형을 기초로 하여 형법 제51조에서 정한 양형의 조건이 되는 사항을 두루 참작하여 합리적이고 적정한 범위 내에서 이루어지는 재량 판단으로서, 공판중심주의와 직접주의를 취하고 있는 우리 형사소송법에서는 양형판단에 관하여도 제1심의 고유한 영역이 존재한다. 이러한 사정들과 아울러 항소심의 사후심적 성격 등에 비추어 보면, 제1심과 비교하여 양형의 조건에 변화가 없고 제1심의 양형이 재량의 합리적인 범위를 벗어나지 아니하는 경우에는 이를 존중함이 타당하며, 제1심의 형량이 재량의 합리적인 범위 내에 속함에도 항소심의 견해와 다소 다르다는 이유만으로 제1심판결을 파기하여 제1심과 별로 차이 없는 형을 선고하는 것은 자제함이 바람직하다. 그렇지만 제1심의 양형심리 과정에서 나타난 양형의 조건이 되는 사항과 양형기준 등을 종합하여 볼 때에 제1심의 양형판단이 재량의 합리적인 한계를 벗어났다고 평가되거나, 항소심의 양형심리 과정에서 새로이 현출된 자료를 종합하면 제1심의 양형판단을 그대로 유지하는 것이 부당하다고 인정되는 등의 사정이 있는 경우에는, 항소심은 형의 양정이 부당한 제1심판결을 파기하여야 한다(대판(전합) 2015.7.23, 2015도3260).

사례해설

1. 살인사건은 필요적 변호사건(제282조)이므로 필요적 변호사건을 변호인의 출석없이 심리하여 유죄판결을 선고한 것이 소송절차의 법률위반이고 그 법률위반은 판결에 영향을 미친 위법에 해당하는지 여부가 문제된다. 이러한 소송절차의 법령위반은 판결전 소송절차의 법령위반과 판결절차의 법령위반으로 구분할 수 있는데, 필요적 변호사건을 변호인의 출석없이 심판한 경우는 판결전 소송절차가 법령에 위반한 것으로 보아야 한다. 또 소송절차가 법령에 위반한 경우는 절대적 항소이유로 규정된 경우(제361조의5 제3호 내지 제11호)를 제외하고는 그 법령위반이 판결에 영향을 미친 때에 한하여 항소이유가 된다(동조 제1호). 그런데 살인사건은 필요적 변호사건(제282조)이므로 변호인의 출석없이 심리하였다면, 이는 판결전 소송절차가 형사소송법 제282조의 규정에 위반한 경우에 해당하며 또한 피고인 乙에게 유죄판결을 선고하였으므로 그 법률위반은 판결에 영향을 미친 법률위반에 해당한다. 결국 설문(1)은 소송절차가 법률에 위반한 경우, 즉 형사소송법 제361조의5 제1호의 항소이유에 해당한다.
2. 항소심에서 파기자판을 하는 경우에 구두변론주의의 예외가 인정되는지 여부와 관련된 문제이다. 이에는 원심의 소송기록에 의해서 소송조건의 부존재가 명백히 인정되는 경우나 원심의 인정사실을 전제로 하더라도 원판결의 법령위반이 명백한 경우와 같이 원판결의 하자가 원심의 소송기록에 의해서 명백한 경우에는 구두변론없이도 자판을 할 수 있다는 적극설과 이 경우에도 반드시 공판심리를 거쳐야 하며 구두변론을 거치지 아니하고 파기자판을 하는 것은 허용되지 않는다는 소극설이 대립하고 있다. 대법원은 공판심리의 예외를 인정하는 명문규정이 없다는 이유로 소극설을 취하고 있다(대판 1981.7.28, 81도1482). 생각건대 법률에 다른 규정이 없으면 구두변론에 의거해야 하는데(제37조 제1항), 항소심에서 파기자판을 하는 경우에 공판심리의 예외를 인정하는 명문규정이 없으므로 소극설이 타당하다. 따라서 항소법원이 공판심리를 거치지 아니하고 서면심리만으로 공소기각의 판결을 한 것은 소송절차의 법률위반(제37조 제1항)이며 그 법률위반은 판결에 영향을 미쳤으므로 형사소송법 제383조 제1호(소송절차의 법률위반)의 상고이유가 있다.

Ⅳ. 항소심의 절차

표 6-3 항소심의 절차

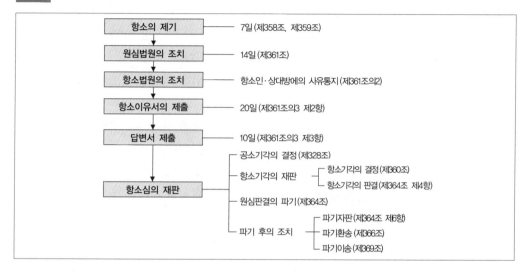

1. 항소의 제기

(1) 항소제기의 방식

항소를 함에는 7일의 항소제기기간 이내에 항소장을 원심법원에 제출하여야 한다($_{제359조}^{제358조,}$). 7일의 기산일은 형의 선고시부터 계산된다($_{조}^{제324}$). 항소장에는 일반적으로 원심법원, 사건번호, 선고연월일, 판결주문, 항소를 한다는 취지와 항소의 대상인 판결을 기재하면 충분하며, 항소이유의 기재는 필요하지 않다. 다만, 항소장에 항소이유의 기재가 있는 때에는 별도로 항소이유서를 제출하지 않아도 된다($_{단서}^{제361조의4}$).

(2) 원심법원과 항소법원의 조치

① **원심법원의 조치:** 원심법원은 항소장을 심사하여 항소의 제기가 법률상의 방식에 위반하거나(예컨대 전보에 의한 항소 등) 항소권이 소멸된 후인 것이 명백한 때에는 항소를 기각하여야 한다. 이 결정에 대하여는 즉시항고를 할 수 있다($_{조}^{제360}$). 항소기각의 결정을 하는 경우 이외에는 항소장을 받은 날로부터 14일 이내에 소송기록과 증거물을 항소법원에 송부하여야 한다. 피고인이 교도소 또는 구치소에 있는 경우에는 원심법원에 대응한 검찰청 검사는 소송기록 접수의 통지를 받은 날로부터 14일 이내에 피고인을 항소법원 소재지의 교도소 또는 구치소에 이송하여야 한다($_{조}^{제361}$).

② **불구속피고인의 구속 가능여부:** 형사소송법 제105조는 "구속기간의 갱신, 구속의 취소, 보석, 구속의 집행정지와 그 정지의 취소에 대한 결정은 원심법원이 하여야 한다"라고 규정

하고 있는 반면, 동 규칙 제57조 제1항은 "피고인의 구속, 구속기간의 갱신, 구속취소, 보석, 보석의 취소, 구속의 집행정지와 그 정지의 취소에 대한 결정은 원심법원이 이를 하여야 한다"라고 규정하여 형사소송법과 달리 '피고인의 구속'은 물론 '보석의 취소'도 원심법원의 권한으로 규정하고 있다. 따라서 원심법원이 불구속상태로 공판심리를 진행해 온 피고인에 대하여 실형을 선고한 후, 상소기간 중 또는 소송기록 등이 상소법원에 도달하기까지 그 피고인을 새로 구속할 수 있는 것인지 아니면 원심법원이 피고인을 구속할 수 있도록 규정한 동 규칙 제57조 제1항이 대법원의 규칙제정권의 범위를 넘어선 것으로 법률위반에 해당하는 것인지 논란이 있다.

생각건대 ㉠ 형사소송법 제70조의 규정에 비추어 소송계속 중인 수소법원이 피고인을 구속할 권한을 가지고 있으므로 소송계속이 있는 한 판결 후에도 그 권한에 변동이 없다고 보아야 하며, ㉡ 상소의 제기에 따른 이심의 효력발생시점에 대하여 소송기록송부기준설을 따르는 한, 상소 중에도 구속의 필요성이 있는 경우 원심법원이 이러한 권한을 행사하는 것은 당연하며, ㉢ 형사소송법 제105조는 이미 구속되어 있는 피고인의 신병처리에 관한 확인규정에 불과한 것이지 (불구속)피고인을 구속할 수 있는가의 권한규정이 아니라는 점에서, 피고인구속에 관한 원칙규정인 형사소송법 제70조에 따라 **원심법원**이 (불구속)피고인을 구속할 수 있다고 보아야 할 것이다. 판례도 동일한 입장이다(대결 2007.7.10, 2007모460,).

③ **항소법원의 조치:** 항소법원이 기록의 송부를 받은 때에는 즉시 항소인과 상대방에게 그 사유를 통지하여야 한다. 기록접수통지전에 변호인의 선임이 있는 때에는 변호인에게도 통지하여야 한다(제361조의2). 물론 피고인에게 소송기록접수통지를 한 후 변호인이 선임된 경우에는 변호인에게 다시 같은 통지를 할 필요가 없다(대판(전합) 2018.11.22, 2015도10651). 이와 관련하여 판례는「형사소송법 제282조에 규정된 필요적 변호사건에 해당하는 사건에서 제1심의 공판절차가 변호인 없이 이루어져 증거조사와 피고인신문 등 심리가 이루어졌다면, 그와 같은 위법한 공판절차에서 이루어진 증거조사와 피고인신문 등 일체의 소송행위는 모두 무효이므로, 이러한 경우 항소심으로서는 변호인이 있는 상태에서 소송행위를 새로이 한 후 위법한 제1심판결을 파기하고, 항소심에서의 증거조사 및 진술 등 심리 결과에 기하여 다시 판결하여야 한다」(대판 2011.9.8, 2011도6325,)는 입장이다.

(3) 항소이유서와 답변서의 제출

① 항소이유서의 제출

가) 항소이유서 제출권자: 항소이유서의 제출권자는 검사, 피고인 또는 변호인이다. 다만 친족 등 피고인을 위해 항소를 제기한 자 및 원심 변호인 등에게도 항소이유서의 제출권을 인정하는 견해도 있다.[1)]

---

1) 법원실무제요(형사), 577면.

나) 제출기간: 항소인 또는 변호인은 항소법원의 소송기록의 접수통지를 받은 날로부터 20일 이내에 항소이유서를 항소법원에 제출하여야 한다($^{제361조의3}_{제1항}$). 판례는 항소이유서 제출기간의 말일이 임시공휴일인지 여부는 '관공서의 공휴일에 관한 규정' 제2조 각호에 해당하는지에 따라 결정되고, 동조 제11호가 정한 '기타 정부에서 수시 지정하는 날'인 임시공휴일 역시 공휴일에 해당한다는 입장이다.

> **참조판례** 「형사소송법 제361조의2와 제361조의3 제1항에 의하면, 항소법원이 기록의 송부를 받은 때에는 즉시 항소인과 그 상대방에게 통지하여야 하고, 이 통지 전에 변호인의 선임이 있는 때에는 변호인에게도 통지를 하여야 하며, 항소인 또는 변호인은 이 통지를 받은 날로부터 20일 이내에 항소이유서를 제출하도록 되어 있다. 그리고 같은 법 제66조 제3항에 의하면, 시효와 구속의 기간을 제외하고는 기간의 말일이 공휴일 또는 토요일에 해당하는 날은 항소이유서 제출기간에 산입하지 아니하도록 되어 있다. 이때 기간의 말일이 공휴일인지 여부는 '공휴일'에 관하여 규정하고 있는 '관공서의 공휴일에 관한 규정' 제2조 각호에 해당하는지에 따라 결정되고, 같은 조 제11호가 정한 '기타 정부에서 수시 지정하는 날'인 임시공휴일 역시 공휴일에 해당한다」($^{대결\ 2021.1.14,}_{2020모3694}$).

한편, 항소심의 구조는 피고인 또는 변호인이 법정기간 내에 제출한 항소이유서에 의하여 심판되는 것이고, 이미 항소이유서를 제출하였더라도 항소이유를 추가·변경·철회할 수 있으므로, 항소이유서 제출기간의 경과를 기다리지 않고는 항소사건을 심판할 수 없다고 본다. 따라서 항소이유서 제출기간 내에 변론이 종결되었는데 그 후 위 제출기간 내에 항소이유서가 제출되었다면, 특별한 사정이 없는 한 항소심법원으로서는 변론을 재개하여 항소이유의 주장에 대해서도 심리를 해 보아야 할 것이다($^{대판\ 2015.4.9,}_{2015도1466}$). 다만 변호인의 항소이유서 제출기간은 변호인이 통지를 받은 날로부터 계산하여야 하며($^{대판\ 1996.9.6,}_{96도166}$), 필요적 변호사건에서 형사소송법 제33조 제2항의 국선변호인 선정청구에 따라 항소법원이 변호인을 선정한 경우($^{대판\ 2011.2.10,}_{2008도4558}$)는 물론 법원이 정당한 이유없이 국선변호인을 선정하지 않고 있는 사이에 피고인 스스로 변호인을 선임하였으나 그 때는 이미 피고인에 대한 항소이유서 제출기간이 도과해버린 후이어서 그 변호인이 피고인을 위하여 항소이유서를 작성·제출할 시간적 여유가 없는 경우($^{대판\ 2009.2.12,}_{2008도11486}$)에도 동일하게 보아야 할 것이다. 따라서 피고인과 국선변호인이 모두 법정기간 내에 항소이유서를 제출하지 아니하였더라도, 국선변호인이 항소이유서를 제출하지 아니한 데 대하여 피고인에게 귀책사유가 있음이 특별히 밝혀지지 않는 한, 항소법원은 종전 국선변호인의 선정을 취소하고 새로운 국선변호인을 선정하여 다시 소송기록 접수통지를 함으로써 새로운 국선변호인으로 하여금 그 통지를 받은 때로부터 동 기간 내에 피고인을 위하여 항소이유서를 제출하도록 하여야 한다($^{대결(전합)\ 2012.2.16,}_{2009모1044}$).

> **참조판례** 「[1] 형사소송법 제361조의2 제1항에 따라 항소법원이 피고인에게 소송기록 접수통지를 함에 있어 2회에 걸쳐 그 통지서를 송달하였다고 하더라도, 항소이유서 제출기간의 기산일은 최초 송달의 효력이 발생한 날의 다음날부터라고 보아야 한다.
> [2] 국선변호인에게 소송기록 접수통지를 하지 아니함으로써 항소이유서 제출기회를 주지 아니한

채 판결을 선고하는 것은 위법하다. 한편, 국선변호인 선정의 효력은 선정 이후 병합된 다른 사건에도 미치는 것이므로, 항소심에서 국선변호인이 선정된 이후 변호인이 없는 다른 사건이 병합된경우에는 형사소송법 제361조의2, 형사소송규칙 제156조의2의 규정에 따라 항소법원은 지체 없이국선변호인에게 병합된 사건에 관한 소송기록 접수통지를 함으로써 국선변호인이 통지를 받은 날로부터 기산한 소정의 기간 내에 피고인을 위하여 항소이유서를 작성·제출할 수 있도록 하여 변호인의 조력을 받을 피고인의 권리를 보호하여야 한다」(대판 2010.5.27, 2010도3377,).

한편 재소자의 상소이유서의 제출기간과 관련하여, 판례는 「형사소송법 제355조에서 재소자에 대한 특칙규정이 준용되는 경우 중에 상소이유서 제출의 경우를 빠뜨리고 있다고하더라도 제344조 제1항의 재소자에 대한 특칙규정의 취지와 그 준용을 규정한 제355조의법리에 비추어 상소이유서 제출에 관하여도 위 재소자에 대한 특칙 규정이 준용되는 것으로 해석함이 상당하다」(대판(전합) 2006.3.16, 2005도9729)는 입장을 취하고 있다.

다) 항소이유서 미제출의 효과: 항소인 또는 변호인이 20일 이내에 항소이유서를 제출하지아니한 때에는 항소법원은 직권조사사유가 존재하거나 항소장에 항소이유가 기재된 경우를제외하고는 항소기각의 결정을 한다(제361조의4). 이처럼 항소이유서 부제출을 이유로 항소기각의 결정을 하기 위해서는 항소인이 적법한 소송기록접수통지서를 받고서도 정당한 이유 없이 20일 이내에 항소이유서를 제출하지 아니하였어야 한다(대결 2017.11.7, 2017모2162).

> 참조판례 ① 필요적 변호사건에서 변호인이 없는 경우
> 「사건이 사형, 무기 또는 단기 3년 이상의 징역이나 금고에 해당하는 소위 필요적 변호 사건의 경우, 항소심은 항소심에 준용되는 형사소송법 제282조, 제283조, 형사소송규칙 제16조 제1항, 제17조 제1항에 의하여 피고인에게 변호인이 없는 때에는 국선변호인을 선정하여 그 국선변호인으로하여금 항소이유서를 작성, 제출하도록 하여야 하는 것이고, 피고인이 항소이유서 제출기간 이내에항소이유서를 제출하지 않고, 항소장에도 항소이유를 기재하지 않았다고 하더라도, 피고인에게 변호인이 없는 때에는 국선변호인을 선정하지 않은 채 형사소송법 제361조의4 제1항에 의하여 결정으로 피고인의 항소를 기각할 수는 없다」(대결 1996.11.28, 96모100,).
>
> ② 필요적 변호사건에서 항소법원이 국선변호인을 선정하고 피고인과 그 변호인에게 소송기록접수통지를 한 다음 피고인이 사선변호인을 선임함에 따라 항소법원이 국선변호인의 선정을 취소한 경우
> 「형사소송법은 항소법원이 항소인인 피고인에게 소송기록접수통지를 하기 전에 변호인의 선임이있는 때에는 변호인에게도 소송기록접수통지를 하도록 정하고 있으므로(제361조의2 제2항), 피고인에게 소송기록접수통지를 한 다음에 변호인이 선임된 경우에는 변호인에게 다시 같은 통지를 할 필요가없다. 이는 필요적 변호사건에서 항소법원이 국선변호인을 선정하고 피고인과 그 변호인에게 소송기록접수통지를 한 다음 피고인이 사선변호인을 선임함에 따라 항소법원이 국선변호인의 선정을취소한 경우에도 마찬가지이다. 이러한 경우 항소이유서 제출기간은 국선변호인 또는 피고인이 소송기록접수통지를 받은 날부터 계산하여야 한다. 한편 형사소송규칙 제156조의2 제3항은 항소이유서 제출기간 내에 피고인이 책임질 수 없는 사유로 국선변호인이 변경되면 그 국선변호인에게도소송기록접수통지를 하여야 한다고 정하고 있는데, 이 규정을 새로 선임된 사선변호인의 경우까지확대해서 적용하거나 유추적용할 수는 없다. 결국, 형사소송법이나 그 규칙을 개정하여 명시적인

근거규정을 두지 않는 이상 현행 법규의 해석론으로는 필요적 변호사건에서 항소법원이 국선변호인을 선정하고 피고인과 국선변호인에게 소송기록접수통지를 한 다음 피고인이 사선변호인을 선임함에 따라 국선변호인의 선정을 취소한 경우 항소법원은 사선변호인에게 다시 소송기록접수통지를 할 의무가 없다고 보아야 한다」(대판(전합) 2018.11.22, 2015도10651).

③ 필요적 변호사건이 아니고 형사소송법 제33조 제3항에 의하여 국선변호인을 선정하여야 하는 경우도 아닌 사건의 경우

「필요적 변호사건이 아니고 형사소송법 제33조 제3항에 의하여 국선변호인을 선정하여야 하는 경우도 아닌 사건에 있어서 피고인이 항소이유서 제출기간이 도과한 후에야 비로소 형사소송법 제33조 제2항의 규정에 따른 국선변호인 선정청구를 하고 법원이 국선변호인 선정결정을 한 경우에는 그 국선변호인에게 소송기록접수통지를 할 필요가 없고, 이러한 경우 설령 국선변호인에게 같은 통지를 하였다고 하더라도 국선변호인의 항소이유서 제출기간은 피고인이 소송기록접수통지를 받은 날로부터 계산된다고 할 것이다」(대판 2013.6.27, 2013도4114).

② **답변서의 제출:** 항소이유서의 제출을 받은 항소법원은 지체없이 그 부본 또는 등본을 상대방에게 송달하여야 하며(동조 제2항), 상대방은 그 송달을 받은 날로부터 10일 이내에 답변서를 항소법원에 제출하여야 한다(동조 제3항).

③ **항소이유서 또는 답변서의 내용:** 항소이유서 또는 답변서의 내용은 구체적으로 간결하게 명시하여야 하며(규 제155조), 상대방의 수에 2를 더한 수의 부본을 첨부하여야 한다(규 제156조). 법원은 항소이유와 답변서에 터잡아 해당 사건의 사실상·법률상 쟁점을 정리하여 밝히고 그 증명되어야 하는 사실을 명확히 하여야 한다(규 제156조의4).

> 참조판례 「검사가 제1심 유죄판결 또는 일부 유죄, 일부 무죄로 판단한 제1심판결 전부에 대하여 항소하면서, 항소장이나 항소이유서에 단순히 '양형부당'이라는 문구만 기재하였을 뿐 그 구체적인 이유를 기재하지 않았다면, 이는 적법한 항소이유의 기재라고 볼 수 없다. 한편 검사가 항소한 경우 양형부당의 사유는 직권조사사유나 직권심판사항에 해당하지도 않는다. 그러므로 위와 같은 경우 항소심은 검사의 항소에 의해서든 직권에 의해서든 제1심판결의 양형이 부당한지 여부에 관하여 심리·판단할 수 없고, 따라서 제1심판결의 유죄 부분의 형이 너무 가볍다는 이유로 파기하고 그보다 무거운 형을 선고하는 것은 허용되지 않는다」(대판 2020.7.9, 2020도2795).

2. 항소심의 심리

(1) 항소법원의 심판범위

항소법원은 항소이유에 포함된 사유에 관하여 심판하여야 한다(제364조 제1항). 그러나 판결에 영향을 미친 사유에 관하여는 항소이유서에 포함되지 아니한 경우에도 직권으로 심판할 수 있다(동조 제2항). 이는 실체적 진실발견과 형벌법규의 공정한 실현을 위하여 법원이 판결에 영향을 미친 사유에 대하여 항소이유서에 포함되지 않은 경우라도 직권으로 심판함으로써 판결의 적정과 당사자의 이익을 보호하기 위한 것이다. 판례도 동일한 입장이다.

참조판례 「항소법원은 제1심의 형량이 너무 가벼워서 부당하다는 검사의 항소이유에 대한 판단에 앞서 직권으로 제1심판결에 양형이 부당하다고 인정할 사유가 있는지 여부를 심판할 수 있고, 그러한 사유가 있는 때에는 제1심판결을 파기하고 제1심의 양형보다 가벼운 형을 정하여 선고할 수 있다」(대판 2010.12.9, 2008도1092).

다만, 현행 법규상 항소장에 불복의 범위를 명시하라는 규정이 없을 뿐더러 상소는 재판의 전부에 대하여 하는 것이 원칙이므로 항소장에 경합범으로서 2개의 형이 선고된 죄 중 일죄에 대한 형만을 기재하고 나머지 일죄에 대한 형을 기재하지 아니하였다 하더라도 항소이유서에서 그 나머지 일죄에 대하여 항소이유를 개진하였다면 판결 전부에 대한 항소로 보고, 항소법원은 그 전부에 대하여 심판을 해야 할 것이다(대판 2004.12.10, 2004도3515).

참조판례 「[1] 검사가 공판정에서 구두변론을 통해 항소이유를 주장하지 않았고 피고인도 그에 대한 적절한 방어권을 행사하지 못하는 등 검사의 항소이유가 실질적으로 구두변론을 거쳐 심리되지 않았다고 평가될 경우, 항소심법원이 검사의 항소이유 주장을 받아들여 피고인에게 불리하게 제1심판결을 변경하는 것은 허용되지 않는다.
[2] 검사가 일부 유죄, 일부 무죄가 선고된 제1심판결 전부에 대하여 항소하면서 유죄 부분에 대하여는 아무런 항소이유도 주장하지 않은 경우에는, 유죄 부분에 대하여 법정기간 내에 항소이유서를 제출하지 않은 것이 되고, 그 경우 설령 제1심의 양형이 가벼워 부당하다 하더라도 그와 같은 사유는 형사소송법 제361조의4 제1항 단서의 직권조사사유나 같은 법 제364조 제2항의 직권심판 사항에 해당하지 않으므로, 항소심이 제1심판결의 형보다 중한 형을 선고하는 것은 허용되지 않는데, 이러한 법리는 검사가 유죄 부분에 대하여 아무런 항소이유를 주장하지 않은 경우뿐만 아니라 검사가 항소장이나 법정기간 내에 제출된 항소이유서에서 유죄 부분에 대하여 양형부당 주장을 하였으나, 항소이유 주장이 실질적으로 구두변론을 거쳐 심리되지 아니한 경우에도 마찬가지로 적용된다」(대판 2015.12.10, 2015도11696).

(2) 심리의 특칙

원칙적으로 제1심 공판절차의 규정이 준용되지만, 다음과 같은 특칙이 인정되고 있다.

① **피고인의 출정:** 피고인이 공판기일에 출정하지 아니한 때에는 다시 기일을 정하여야 한다. 피고인이 정당한 사유없이 다시 정한 기일에도 출정하지 아니한 때에는 피고인의 진술없이 판결을 할 수 있다(제365조). 따라서 위 규정에 따라 항소심 공판기일에 2회 불출석한 책임을 피고인에게 귀속시키려면 그가 2회에 걸쳐 적법한 소환을 받고도 정당한 사유 없이 공판기일에 출정하지 아니하였어야 한다.

판례는 피고인이 제1심에서 도로교통법 위반(음주운전)죄로 유죄판결을 받고 항소한 후 원심 제1회, 제2회 공판기일에 출석하였고, 제3회 공판기일에 변호인만이 출석하고 피고인은 건강상 이유를 들어 출석하지 않았으나, 제4회 공판기일에 변호인과 함께 출석하자 원심은 변론을 종결하고 제5회 공판기일인 선고기일을 지정하여 고지하였는데, 피고인과 변호인이 모두 제5회 공판기일에 출석하지 아니하자 원심이 피고인의 출석 없이 공판기일을 개정하여 피고인의 항소를 기각하는 판결을 선고한 사안에서, 「피고인이 고지된 선고기일인 제5회 공판기일에 출석하지 않았더라도 제4회

공판기일에 출석한 이상 2회 연속으로 정당한 이유 없이 출정하지 않은 경우에 해당하지 않아 형
사소송법 제365조 제2항에 따라 제5회 공판기일을 개정할 수 없는데도 불구하고 피고인의 출석 없
이 제5회 공판기일을 개정하여 판결을 선고한 원심의 조치는 소송절차에 관한 형사소송법 제365조
에 반하여 판결에 영향을 미친 잘못이 있다」(대판 2019.10.31, 2019도5426)는 입장이다.

> **참조판례** 피고인이 지정된 공판기일에 코로나바이러스감염증-19 검사를 받을 예정으로 출석하지
> 못한다는 취지의 불출석 사유서를 제출한 채 출석하지 아니하여 이후 공판기일을 지정하였다가 피
> 고인의 선고기일 연기 신청을 받아들여 다시 변경하였으나 피고인은 위 변경명령을 송달받고도 지
> 정된 공판기일에 출석하지 않은 사안에서, 「피고인이 코로나바이러스감염증-19 우려를 내세우며
> 공판기일에 출석하지 않은 것은 선고를 늦추기 위한 구실에 불과한 것으로 보일 뿐 정당한 사유를
> 인정하기 어려워 피고인의 출석 없이 공판기일을 개정하여 피고인의 항소를 기각하는 판결을 선고
> 한 원심 소송절차에 법령위반 등의 위법이 없다」(대판 2020.10.29, 2020도9475).

② **증거에 대한 특칙:** 제1심법원에서 증거로 할 수 있었던 증거는 항소심에서도 증거로
할 수 있다(제364조 제3항). 즉 항소심에서도 증거능력이 그대로 유지되어 심판의 기초가 될 수 있고
다시 증거조사를 할 필요는 없다. 항소심에서 새로운 증거를 조사할 수 있는지 여부가 문제
되지만, 항소심을 속심으로 본다면 원심판결후에 발생한 새로운 증거에 대한 증거조사가 가
능하다고 볼 것이다.

③ **피고인신문:** 검사 또는 변호인은 항소심의 증거조사가 종료한 후 항소이유의 당부를
판단함에 필요한 사항에 한하여 피고인을 신문할 수 있으며(규 제156조의6 제1항), 재판장은 피고인신문
을 실시하는 경우에도 제1심의 피고인신문과 중복되거나 항소이유의 당부를 판단하는데 필
요없다고 인정하는 때에는 그 신문의 전부 또는 일부를 제한할 수 있다(동조 제2항). 재판장은 필
요하다고 인정하는 때에는 피고인을 신문할 수 있다(동조 제3항).

> **참조판례** 「재판장은 검사 또는 변호인이 항소심에서 피고인신문을 실시하는 경우 제1심의 피고인
> 신문과 중복되거나 항소이유의 당부를 판단하는 데 필요 없다고 인정하는 때에는 그 신문의 전부
> 또는 일부를 제한할 수 있으나(형사소송규칙 제156조의6 제2항) 변호인의 본질적 권리를 해할 수는 없다(형사소송법 제370조, 제299조 참조).
> 따라서 재판장은 변호인이 피고인을 신문하겠다는 의사를 표시한 때에는 피고인을 신문할 수 있도
> 록 조치하여야 하고, 변호인이 피고인을 신문하겠다는 의사를 표시하였음에도 변호인에게 일체의
> 피고인신문을 허용하지 않은 것은 변호인의 피고인신문권에 관한 본질적 권리를 해하는 것으로서
> 소송절차의 법령위반에 해당한다」(대판 2020.12.24, 2020도10778).

3. 항소심의 재판

(1) 공소기각의 결정

공소기각의 결정(제328조)에 해당하는 사유가 있을 때에는 항소법원은 결정으로 공소를 기각
하여야 한다. 이 결정에 대하여는 즉시항고가 가능하다(제363조).

(2) 항소기각의 재판

① **항소기각의 결정:** 항소의 제기가 법률상의 방식에 위반하거나 항소권 소멸 후인 것이 명백한 때에 원심법원이 항소기각의 결정(제360조)을 하지 아니한 때에는 항소법원은 결정으로 항소를 기각하여야 한다. 이 결정에 대하여는 즉시항고가 가능하다(제362조).

항소인이나 변호인이 항소이유서제출기간 내에 항소이유서를 제출하지 아니한 때에는 결정으로 항소를 기각하여야 한다. 이러한 항소이유서가 제출되지 않음을 이유로 항소기각결정을 하기 위해서는 항소인이 적법한 소송기록접수통지서를 받고서도 정당한 이유없이 20일 이내에 항소이유서를 제출하지 않았어야 한다. 따라서 피고인의 항소대리권자인 배우자가 피고인을 위하여 항소한 경우(제341조)에도 소송기록접수통지는 항소인인 피고인에게 하여야 하는데(제361조의2), 피고인이 적법하게 소송기록접수통지서를 받지 못하였다면 항소이유서 제출기간이 지났다는 이유로 항소기각결정을 하는 것은 위법하다(대결 2018.3.29, 2018모642).

> 참조판례 「검사가 일부 유죄, 일부 무죄가 선고된 제1심판결 전부에 대하여 항소하면서 유죄 부분에 대하여는 아무런 항소이유도 주장하지 않은 경우에는 유죄 부분에 대하여 법정기간 내에 항소이유서를 제출하지 않은 것이 되고, 그 경우 설령 제1심의 양형이 가벼워 부당하다 하더라도 그와 같은 사유는 형사소송법 제361조의4 제1항 단서의 직권조사사유나 같은 법 제364조 제2항의 직권심판사항에 해당하지 않는다」(대판 2014.7.10, 2014도5503).

> 참조판례 「[1] 검사가 제출한 제1심 무죄판결에 대한 항소장의 '항소의 이유'란에 '사실오인 및 법리오해'라는 문구만 기재되어 있을 뿐 다른 구체적인 항소이유가 명시되어 있지 않은 경우, 위와 같은 항소장의 기재는 적법한 항소이유의 기재에 해당하지 않는다.
> [2] 검사가 제출한 항소이유서에 제1심판결에 대하여 불복하는 사유로서 형사소송법 제361조의5에서 정하는 항소이유를 구체적으로 명시하지 않고, 단지 항소심에서 공소장변경을 한다는 취지와 변경된 공소사실에 대하여 유죄의 증명이 충분하다는 취지의 주장만 한 경우, 적법한 항소이유의 기재라고 볼 수 없다.
> [3] 형사소송법 제361조의4 제1항 단서 소정의 '직권조사사유'라 함은 법령적용이나 법령해석의 착오 여부 등 당사자가 주장하지 아니하는 경우에도 법원이 직권으로 조사하여야 할 사유를 말한다.
> [4] 형사소송법 제361조의4 제1항은 항소인이나 변호인이 같은 법 제361조의3 제1항의 기간 내에 항소이유서를 제출하지 아니한 때에는 직권조사사유가 있거나 항소장에 항소이유의 기재가 있는 경우를 제외하고 결정으로 항소를 기각하여야 한다고 규정하고 있으므로, 항소인이나 변호인이 항소이유서에 항소이유를 특정하여 구체적으로 명시하지 아니하였다고 하더라도 항소이유서가 법정의 기간 내에 적법하게 제출된 경우에는 이를 항소이유서가 법정의 기간 내에 제출되지 아니한 것과 같이 보아 형사소송법 제361조의4 제1항에 의하여 결정으로 항소를 기각할 수는 없다」(대결 2006.3.30, 2005모564).

② **항소기각의 판결:** 항소이유가 없다고 인정한 때에 하는 판결로써 항소를 기각하여야 한다(제364조 4항). 더욱이 항소이유가 없음이 명백한 때에는 항소장, 항소이유서 기타의 소송기록에 의하여 변론없이 판결로써 항소를 기각할 수 있다(제364조 5항). 이를 **'무변론기각'**(無辯論棄却)이라고도 한다.

(3) 원심판결파기의 판결

항소이유가 있다고 인정한 때에는 원심판결을 파기하여야 한다($\substack{제364조 \\ 제6항}$). 피고인을 위하여 원심판결을 파기하는 경우에 파기의 이유가 항소한 공동피고인에게 공통되는 때에는 그 공동피고인에 대하여도 원심판결을 파기하여야 한다($\substack{제364조 \\ 의2}$). 이는 항소를 제기한 공동피고인 상호간에 공평을 도모하려는 취지이다. 여기서 공동피고인의 의미에 대하여 항소심에서의 공동피고인을 의미한다는 견해도 있으나, 원심에서의 공동피고인을 말하며, 항소심에서의 병합심리여부를 불문한다고 보아야 한다(통설).

(4) 파기후의 조치

① **파기자판:** 원심판결을 파기하면 사건은 원심판결전의 상태로 항소심에 계속되는데 형사소송법은 파기자판을 원칙으로 하고 있다($\substack{제364조 \\ 제6항}$). 자판하는 판결에는 유·무죄의 실체판결과 공소기각과 면소판결이 포함되며, 형을 선고하는 경우에는 불이익변경금지의 원칙이 적용된다($\substack{제368 \\ 조}$). 구두변론을 요하는가에 대하여 원심이 소송조건의 불비를 간과하여 실체판결을 한 경우 또는 원심의 인정사실을 전제로 하더라도 원판결의 법령위반이 명백한 경우와 같이 원판결의 하자가 원심의 소송기록에 의해서 명백히 인정되는 경우에는 구두변론 없이 바로 자판할 수 있다는 견해도 있으나 항소심에서 자판하는 경우에는 제37조 제1항에 의하여 변론이 필요하다고 본다(통설). 대법원도 소극설의 태도를 취하고 있다($\substack{대판 1981.7.28, \\ 81도1481}$). 따라서 소송기록에 의해서 소송조건의 부존재가 명백히 인정되는 경우에도 서면심리에 의한 항소기각판결은 허용되지 아니한다.

② **파기환송 또는 파기이송의 예외적 허용:** 공소기각 또는 관할위반의 재판이 법률에 위반함을 이유로 원심판결을 파기하는 경우에는 판결로써 사건을 원심법원에 환송하여야 한다($\substack{제366 \\ 조}$). 항소심에서 원심판결을 파기하는 경우 그 사유에 따라 사건을 원심법원에 환송할 것인가 또는 자판할 것인가는 입법재량의 문제이므로 항소심에서 파기환송의 사유를 제한하고 있다고 하더라도 헌법위반이라고 볼 수 없다($\substack{헌재 2010.2.25, \\ 2008헌바67}$). 관할의 인정이 법률에 위반됨을 이유로 원심판결을 파기하는 때에는 판결로써 사건을 관할법원에 이송하여야 한다($\substack{제367 \\ 조}$).

(5) 재판서의 기재방식

항소법원의 재판서에는 항소이유에 대한 판단을 기재하여야 하며, 원심판결에 기재한 사실과 증거를 인용할 수 있다($\substack{제369 \\ 조}$). 검사와 피고인 쌍방이 항소한 경우에 쌍방의 항소이유가 없으면 항소이유의 전부를 판단하여야 한다. 그러나 수 개의 항소이유 중에서 일부를 이유로 파기하는 경우에는 나머지의 이유에 대한 판단은 필요하지 않다. 항소를 기각하는 경우에는 항소이유에 대한 판단으로 족하며, 범죄될 사실과 증거의 요지를 기재할 것을 요하지 않는다. 대법원도 양형부당의 항소를 기각하는 경우에는 이유없다고만 기재한 판결도 적법하다(^{대판 2008.7.24,}_{2007도6721})고 보고 있다.

제4절 상 고

Ⅰ. 서 설

1. 상고의 의의

상고란 제2심의 종국판결에 대한 대법원에의 상소를 말한다(^{제371}_조). 예외적으로 제1심판결에 대한 상고가 허용되는 경우가 있으며 이를 비약적 상고라고 한다(^{제372}_조).

2. 상고제도의 기능

(1) 법령해석의 통일

상고심의 주된 기능은 법령해석의 통일에 있다. 판결에 영향을 미친 헌법·법률·명령·규칙의 위반이 있는 때가 가장 중요한 상고이유(^{제383}_조)가 될 뿐만 아니라, 상고심인 대법원에게는 명령·규칙심사권이 부여되어 있고(^{헌 제107조}_{제2항}), 상고심의 판결이 당해 사건에 관하여 하급심을 기속하는 효력을 가지고 있는 것은 상고가 가지는 법령해석의 통일기능을 명백히 한 것이다.

(2) 당사자의 권리구제

상고도 상소의 일종으로서 오판을 시정함에 의하여 원판결에 의하여 침해된 당사자의 권리를 구제하는 기능도 가지고 있다. 형사소송법이 일정한 범위안에서 사실오인과 양형부당을 상고이유로 규정하고 있는 이유도 여기에 있다.

3. 상고심의 구조

(1) 원칙적 법률심

상고심은 원판결의 당부를 법률적인 측면에서만 심사하므로 파기환송이 원칙이다(^{제393조, 제395조,}_{제397조}). 그러나 사실오인과 양형부당을 상고이유로 하고 있고(^{제383조}_{4호}), 파기자판을 할 수도 있으므로 (^{제396}_조) 예외적으로 사실심의 성격도 지니고 있다고 볼 수 있다. 다만 사실인정의 당부에 대한 심사를 직접증거를 조사하는 방법에 의하지 않고, 원심의 기록을 심사하는 방법에 의한다는 점에서 사실심인 하급심과 구별된다.

(2) 원칙적 사후심

상고심은 스스로 사건의 사실인정을 하지 않고 원심의 사실인정을 전제로 재판한다. 이처럼 상고심이 원칙적인 사후심이라는 근거는 상고이유가 법령위반으로 엄격히 제한되어 있고($\frac{제383}{조}$), 변론없이 서면심리에 의하여 판결할 수 있으며($\frac{제390}{조}$), 원심판결을 파기하는 때에는 파기환송 또는 파기이송하여야 하고 예외적으로 재판의 신속을 위하여 필요한 때에만 파기자판을 할 수 있도록 하고 있기 때문이다($\frac{제397}{조}$). 그러므로 상고심에서는 새로운 증거제출 및 증거조사가 허용되지 않고, 공소장변경도 허용되지 않으며, 원판결의 당부는 상고심 판결시점이 아니라 원판결시점이다. 그러나 판결후 형의 폐지나 변경 또는 사면이 있는 경우($\frac{제383조}{제2호}$)와 원심판결 후에 재심청구사유가 판명된 경우($\frac{동조}{제3호}$)에는 원심판결후에 발생한 사실이나 증거가 판단대상이 되므로 예외적으로 속심의 성격을 지니게 된다.

II. 상고이유

1. 법령위반

판결에 영향을 미친 헌법·법률·명령 또는 규칙의 위반이 있는 때로서 상대적 상고이유이다($\frac{제383조}{제1호}$). 따라서 판결내용 자체가 아니고, 피고인의 신병확보를 위한 구속 등 조치와 공판기일의 통지, 재판의 공개 등 소송절차가 법령에 위반되었음에 지나지 아니한 경우에는, 그로 인하여 피고인의 방어권 내지 변호인의 변호권이 본질적으로 침해되고 판결의 정당성마저 인정하기 어렵다고 보여지는 정도에 이르지 아니하는 한, 그것 자체만으로는 판결에 영향을 미친 위법이 있다고 볼 수 없다($^{대판\ 2005.5.26,}_{2004도1925}$). 또한 제1심판결에 대하여 양형부당만을 항소이유로 내세워 항소하였다가 항소기각된 경우, 항소심판결에 대하여 법리오해나 사실오인의 위법이 있다는 것을 상고이유로 삼을 수 없으며($^{대판\ 2005.9.30,}_{2005도3345}$), 상고심은 항소법원의 판결에 대한 사후심이므로 항소심에서 심판대상이 되지 않은 사항은 상고심의 심판범위에 들지 않는 것이어서 피고인이 항소심에서 항소이유로 주장하지 아니하거나 항소심이 직권으로 심판대상으로 삼은 사항 이외의 사유인 사실오인 및 법리오해에 대하여는 항소를 하지 아니한 경우와 마찬가지로 원심판결에 대한 상고이유로 삼을 수 없다($^{대판\ 2009.2.12,}_{2008도8661}$). 이를 '**상고이유 제한에 관한 법리**'라고 한다.

> (참조판례) 「상고이유 제한 법리는 피고인이 항소하지 않거나 양형부당만을 이유로 항소함으로써 항소심의 심판대상이 되지 않았던 법령위반 등 새로운 사항에 대해서는 피고인이 이를 상고이유로 삼아 상고하더라도 부적법한 것으로 취급함으로써 상고심의 심판대상을 제한하고 있다. 이는 심급제도의 운영에 관한 여러 가지 선택 가능한 형태 중에서 현행 제도가 사후심제 및 법률심의 방식을 선택한 입법적 결단에 따른 결과이다. 특히 모든 사건의 제1심 형사재판절차에서 법관에 의한 사실적·법률적 심리검토의 기회가 주어지고 피고인이 제1심판결에 대해 항소할 기회가 부여되어 있음에도 항소심에서 적극적으로 이를 다투지 아니한 사정 등을 감안하여 개개 사건에서 재판의 적정, 피고인의 구제 또는 방어권 보장과 조화되는 범위 내에서 재판의 신속 및 소송경제를 도모하고 심급제도의 효율적인 운영을 실현하기 위하여 마련된 실정법상의 제약으로서 그 합리성도 인정된다」($^{대판(전합)\ 2019.3.21,}_{2017도16593-1}$).

2. 법령위반 이외의 상고이유

판결후 형의 폐지나 변경 또는 사면이 있은 때(§조), 재심청구의 사유가 있는 때(§조), 형의 양정이 심히 부당하다고 인정할 현저한 사유가 있는 때(§조제4호)로서 절대적 상고이유이다. 판례는 원심판결 선고 후 반의사불벌죄로 법률이 개정된 경우에도 형사소송법 제383조 제2호 소정의 "판결 후 형의 변경이 있는 때"에 준하는 사유가 있다(대판 2005.8.25, 2005도4355)고 보고 있다. 반면에 사형, 무기 또는 10년 이상의 징역이나 금고가 선고된 사건에 있어서 중대한 사실의 오인이 있어 판결에 영향을 미친 때(§조제4호)는 상대적 상고이유로 볼 수 있다. 하나의 사건에서 징역형이나 금고형이 여럿 선고된 경우에는 이를 모두 합산한 형기가 10년 이상이면 위 규정에서 정하는 '10년 이상의 징역이나 금고의 형을 선고한 경우'에 해당한다(대판 2010.1.28, 2009도13411). 특히 동조 제4호는 중한 형이 선고된 사건에 있어서 중대한 사실오인과 심히 부당한 형의 양정이 있는 경우의 피고인의 구제를 상고심에 맡긴 것이므로 피고인이 상고한 경우에만 적용된다고 보아야 한다. 따라서 검사는 사실오인(대판 1969.5.13, 69도472) 또는 양형부당(대판 2005.9.15, 2005도1952)을 이유로 상고할 수 없다.

III. 상고심의 절차

표 6-4 상고심의 절차

1. 상고의 제기

(1) 상고제기의 방식

상고를 함에는 7일의 상고제기기간 이내에 상고장을 원심법원에 제출하여야 한다(제375조). 상고법원은 대법원이며(제371조), 상고기간은 7일이다(제374조).

(2) 원심법원의 조치

원심법원은 상고장을 심사하여 상고의 제기가 법률상의 방식에 위반하거나 상고권이 소멸된 후인 것이 명백한 때에는 결정으로 상고를 기각하여야 한다. 이 결정에 대하여는 즉시항고를 할 수 있다(제376조). 상고기각의 결정을 하는 경우 이외에는 상고장을 받은 날로부터 14일 이내에 소송기록을 상고법원에 송부하여야 한다(제377조).

(3) 상고법원의 조치

상고법원이 기록의 송부를 받은 때에는 즉시 상고인과 상대방에게 그 사유를 통지하여야 한다. 기록접수통지전에 변호인의 선임이 있는 때에는 변호인에게도 통지하여야 한다(제378조).

(4) 상고이유서의 제출

상고인 또는 변호인은 소송기록의 접수통지를 받은 날로부터 20일 이내에 상고이유서를 상고법원에 제출하여야 한다(제379조). 이러한 상고이유서에는 소송기록과 원심법원의 증거조사에 표현된 사실을 인용하여 그 이유를 명시하여야 하므로, 원심 변호인의 변론요지서에 기재된 주장을 그대로 원용하는 것은 적법한 상고이유가 될 수 없다(대판 2005.2.18, 2004도6795).

(5) 답변서의 제출

상고이유서의 제출을 받은 상고법원은 지체없이 그 부본 또는 등본을 상대방에게 송달하여야 하며, 상대방은 그 송달을 받은 날로부터 10일 이내에 답변서를 상고법원에 제출하여야 한다(제379조).

2. 상고심의 심리

항소심의 규정은 특별한 규정이 없는 한 상고심의 심판에 준용된다(제399조). 그러나 상고심은 법률심이라는 점에서 여러 가지 특칙이 인정된다.

(1) 상고심의 변론

① **변호인에 의한 변론:** 상고심은 법률문제를 주로 다루므로 변호인 아닌 자를 변호인으로 선임하지 못하며(제386조), 변호인이 아니면 피고인을 위하여 변론하지 못한다(제387조). 피고인 자신은 변론을 할 수 없다. 따라서 피고인에게 공판기일통지서를 송달하여야 하나(규 제161조 제1항),

상고심의 공판기일에 소환할 필요는 없다($^{제389조}_{의2}$).

② **상고이유서에 의한 변론:** 검사와 변호인은 상고이유서에 의하여 변론하여야 한다(^{제388조}). 변호인의 선임이 없거나 출정하지 아니한 경우에는 필요적 변호사건외에는 검사의 진술만을 듣고 판결을 할 수 있으며, 적법한 상고이유서의 제출이 있으면 그 진술이 있는 것으로 간주한다(^{제389조}).

③ **참고인의 진술을 위한 변론:** 상고법원은 필요한 경우에는 특정한 사항에 관하여 변론을 열어 참고인의 진술을 들을 수 있다($^{제390조}_{제2항}$). 상고법원의 판단에 필요한 전문가의 의견을 듣기 위한 제도로서, 절차에 관하여는 「대법원에서의 변론에 관한 규칙」에서 규정하고 있다.

(2) 상고심의 심판범위

① **원   칙:** 상고심은 상고이유서에 포함된 사유에 관하여 심판하여야 한다. 그러나 제383조 제1호 내지 제3호의 경우에는 상고이유서에 포함되지 않은 경우에도 직권으로 심판할 수 있다(^{제384조}). 다만 판례는 1심이 일부 공소사실에 대하여 유죄판결을 하면서, 일부 공소사실에 대하여 공소기각의 판단을 누락하였고, 항소심에서도 이를 간과한 경우에는 1심판결과 항소심판결을 전부 파기하고 자판할 수 있다는 입장이다($^{대판\ 2005.10.7,}_{2004도8672}$).

② **사실오인, 양형부당에 대한 직권심판 여부:** 사실오인, 양형부당에 관하여 직권으로 심판할 수 있는지 문제되는데, ㉠ 피고인이 상고한 경우로서, ㉡ 원판결이 오판임이 원심기록에 의해 명백하고, ㉢ 원판결의 파기가 피고인에게 이익이 되는 경우에는 상고법원이 예외적으로 직권심판할 수 있다는 견해도 있으나, 사실오인이나 양형부당($^{제383조}_{제4호}$)은 상고이유서에 포함되지 않는 한 직권으로도 심판할 수 없다고 본다.

③ **상상적 경합의 경우:** 판례는 「상상적 경합관계의 일부에 대해 무죄가 선고되어 검사만이 상고한 경우 상고심은 무죄부분의 유무죄 여하에 따라 처단할 죄목과 양형이 다르므로 유죄부분도 함께 판단대상에 해당한다」($^{대판\ 2005.1.27,}_{2004도7488}$)고 보면서, 「환송 전 원심에서 상상적 경합 관계에 있는 수죄에 대하여 모두 무죄가 선고되었고, 이에 검사가 무죄 부분 전부에 대하여 상고하였으나 그 중 일부 무죄 부분(A)에 대하여는 이를 상고이유로 삼지 않은 경우, 비록 상고이유로 삼지 아니한 무죄 부분(A)도 상고심에 이심되지만 그 부분은 이미 당사자 간의 공격방어의 대상으로부터 벗어나 사실상 심판대상에서 이탈하게 되므로, 상고심으로서도 그 무죄 부분에까지 나아가 판단할 수 없다. 따라서 상고심으로부터 다른 무죄 부분(B)에 대한 원심판결이 잘못되었다는 이유로 사건을 파기환송 받은 원심은 그 무죄 부분(A)에 대하여 다시 심리 · 판단하여 유죄를 선고할 수 없다」($^{대판\ 2008.12.11,}_{2008도8922}$)는 입장이다.

(3) 서면심리주의

상고법원은 상고장 · 상고이유서 기타의 소송기록에 의하여 변론없이 판결할 수 있다($^{제390조}_{제1항}$). 서면심리주의는 상고기각의 경우뿐만 아니라 원심판결을 파기하는 경우에도 적용된다. 상고법원은 필요한 경우에는 특정한 사항에 관하여 변론을 열어 참고인의 진술을 들을 수 있다($\frac{같은조}{제2항}$). 이는 개정법에서 신설된 것으로, 향후 상고법원에서도 중요한 쟁점에 관하여 참고인의 구두변론을 들을 수 있는 근거를 마련한 것이다.

3. 상고심의 재판

(1) 공소기각의 결정

공소가 취소되었을 때 또는 피고인이 사망하거나 피고인인 법인이 존속하지 아니하게 되었을 때에는 결정으로 공소를 기각하여야 한다($\frac{제382}{조}$).

(2) 상고기각의 재판

① **상고기각의 결정:** 상고의 제기가 법률상의 방식에 위반하거나 상고권 소멸후인 것이 명백한 때에 원심법원이 상고기각의 결정을 하지 아니한 때에는 상고법원은 결정으로 상고를 기각하여야 한다($\frac{제381}{조}$). 상고인이나 변호인이 상고이유서 제출기간내에 상고이유서를 제출하지 아니한 때에는 결정으로 상고를 기각하여야 한다. 단 상고장에 이유의 기재가 있는 때에는 예외로 한다($\frac{제380조}{제1항}$). 상고장 및 상고이유서에 기재된 상고이유의 주장이 상고이유의 어느 하나의 사유에 해당하지 아니함이 명백한 경우에도 결정으로 상고를 기각하여야 한다($\frac{제380조}{제2항}$). 이는 상고이유서에 적법한 상고이유를 기재하도록 촉구함과 동시에 상고의 남용을 방지하기 위하여 2014년 형사소송법 개정으로 신설된 규정이다. 다만 상고법원은 제383조 제1호 내지 제3호의 사유에 관하여는 상고이유서에 포함되지 아니한 때에도 직권으로 심판할 수 있으므로($\frac{제384조}{단서}$), 원심판결에 이에 해당하는 사유가 있는 때에는 상고법원은 판결로 그 사유에 관하여 심판할 수 있을 것이다.

> 판례는 피고인이 제출한 '상고장'에 상고이유의 기재가 없고, '상고이유서'에는 벌금을 감액하여 달라는 뜻이 기재되어 있을 뿐이어서 형사소송법 제383조 각 호에 규정된 사유의 어느 것에도 해당하지 아니함이 명백하고, 달리 원심판결에 직권으로 심판할 수 있는 사유가 있다고도 인정되지 아니한 사안에서, 「형사소송법 제380조에서 말하는 '상고이유서'라 함은 같은 법 제383조 각 호에 규정한 상고이유를 포함하고 있는 사면을 의미하는 것으로 보아야 한다. 따라서 상고인이나 변호인이 '상고이유서'라는 제목의 사면을 제출하였다고 하더라도 위 법조에서 상고이유로 들고 있는 어느 하나에라도 해당하는 사유를 포함하고 있지 않은 때에는 적법한 상고이유서를 제출한 것이라고 할 수 없고, 이 경우 상고법원은 같은 법 제380조에 의하여 결정으로 상고를 기각할 수 있다고 할 것이다. 다만, 상고법원은 같은 법 제383조 제1호 내지 제3호의 사유에 관하여는 상고이유서에 포함되지 아니한 때에도 직권으로 이를 심판할 수 있으므로($\frac{같은 법}{단서}$ 제384조). 원심판결에 이에 해당하는 사유가 있는 때에는 상고법원은 판결로 그 사유에 관하여 심판할 수 있다고 할 것이다」($\frac{대결(전합) 2020.4.20.}{2010도759}$)라고 판시하면서, 동법 제380조에 의하여 결정으로 상고를 기각하였다.

② **상고기각의 판결:** 상고이유가 없다고 인정한 때에는 판결로써 상고를 기각하여야 한다($\frac{제399조,}{제364조 제4항}$). 앞에서 언급한 것처럼, 제1심판결에 대하여 피고인이 양형부당만을 이유로 항

소한 경우에는 이에 따른 항소심의 판결에 대하여 법령위반이나 사실오인을 주장하여 상고할 수 없으므로 이 경우에도 상고기각판결을 선고해야 할 것이다.

(3) 원심판결파기의 판결

상고이유가 있는 때에는 원심판결을 파기하여야 한다(제391조). 피고인의 이익을 위하여 원심판결을 파기하는 경우에 파기의 이유가 상고한 공동피고인에 공통되는 때에는 그 공동피고인에 대하여도 원심판결을 파기하여야 한다(제392조). 그러나 이 규정은 상고가 법률상 방식에 위반하거나 상고권 소멸 후인 것이 명백한 공동피고인에게는 이를 적용할 수 없다(대판 2004.7.22, 2003도6412).

(4) 파기 후의 조치

① **파기환송:** 적법한 공소를 기각하였다는 이유로 원심판결 또는 제1심판결을 파기하는 경우에는 판결로써 사건을 원심법원 또는 제1심법원에 환송하여야 한다(제393조). 관할위반의 인정이 법률에 위반됨을 이유로 원심판결 또는 제1심판결을 파기하는 경우에는 판결로써 사건을 원심법원 또는 제1심법원에 환송하여야 한다(제395조). 이 이외의 이유로 원심판결을 파기하는 때에도 자판하는 경우 이외에는 환송 또는 이송하여야 한다(제397조).

② **파기이송:** 관할의 인정이 법률에 위반됨을 이유로 원심판결 또는 제1심판결을 파기하는 경우에는 판결로써 사건을 관할있는 법원에 이송하여야 한다(제394조).

③ **파기자판의 예외적 허용:** 상고법원은 원심판결을 파기한 경우에는 그 소송기록과 원심법원과 제1심법원이 조사한 증거에 의하여 판결하기 충분하다고 인정한 때에는 피고사건에 대하여 직접 판결을 할 수 있다. 이 경우에는 불이익변경금지의 원칙이 적용된다(제396조).

(5) 재판서의 기재방식

상고법원의 재판서에는 재판서의 일반적 기재사항 이외에 상고의 이유에 관한 판단을 기재하여야 하며(제398조), 합의에 관여한 대법관의 의견도 기재할 것을 요한다(법조별 제15조).

Ⅳ. 비약적 상고

1. 의   의

비약적 상고란 법령해석의 통일에 신속을 기하고 피고인의 이익을 조기에 회복하기 위하여 법령위반이 있는 제1심판결에 대하여 항소를 제기하지 않고 곧바로 대법원에 상고하게 하는 것을 말한다.

2. 비약적 상고의 이유

다음 경우에는 제1심판결에 대하여 상고할 수 있다($^{제372}_{조}$). 따라서 제1심법원의 결정에 대하여는 비약적 상고를 할 수 없다($^{대결 1984.4.16,}_{84모18}$).

(1) 원심판결이 인정한 사실에 대하여 법령을 적용하지 아니하였거나 법령의 적용에 착오가 있는 때($^{동조}_{제1호}$)

원심법원이 인정한 사실에 대하여 실체법을 적용하지 않았거나 잘못 적용한 경우를 말한다. 법령적용에 착오가 있는 때란 제1심판결이 인정한 사실을 일응 전제로 하여 놓고 그에 대한 법령의 적용을 잘못한 경우를 뜻한다($^{대판 1994.5.13,}_{94도458}$). 따라서 채증법칙의 위배($^{대판 1983.12.27,}_{83도2792}$) 내지 중대한 사실오인($^{대판 1984.2.14,}_{83도3231}$) 또는 양형의 과중($^{대판 1984.2.14,}_{83도3236}$)은 비약적 상고의 이유가 되지 않는다.

(2) 원심판결이 있은 후 형의 폐지나 변경 또는 사면이 있는 때($^{동조}_{제2호}$)

항소이유의 경우와 동일하지만($^{제361조의5}_{제2호}$), 항소심절차를 생략하고 바로 상고심을 통해 신속하게 판결을 확정할 수 있도록 비약적 상고의 사유로 한 것이다.

3. 제   한

제1심 판결에 대한 상고는 그 사건에 대한 항소가 제기된 때에는 그 효력을 잃는다($^{제373조}_{본문}$). 비약적 상고가 제기되면 상고심절차에 따라 재판이 진행되므로 상대방은 심급의 이익을 잃게 될 우려가 있기 때문이다. 판례는「검사의 비약적 상고는 피고인의 항소제기가 있으면 상고로서의 효력은 물론 항소로서의 효력도 유지할 수 없다」($^{대판 1971.2.9,}_{71도28}$)는 입장이었으나,「비약적 상고가 항소기간 준수 등 항소로서의 적법요건을 모두 갖추었고, 비약적 상고에 제1심판결을 다툴 의사가 없었다고 볼 만한 특별한 사정이 없다면, 비약적 상고에 항소로서의 효력이 인정된다고 보아야 한다」($^{대판(전합) 2022.5.19,}_{2021도17131}$)고 견해를 변경하였다. 다만, 항소의 취하 또는 항소기각의 결정이 있는 때에는 예외로 한다($^{제373조}_{단서}$). 즉, 상대방이 항소를 취하하거나 또는 그 항소에 대하여 항소기각의 결정이 있는 때에는 비약적 상고가 다시 효력을 가지게 된다.

V. 상고심판결의 정정

1. 판결정정의 의의

판결정정이란 상고심판결에 대한 명백한 오류가 존재하는 경우에 이를 시정하는 것을 말한다($^{제400조}_{제1항}$). 상고심판결은 선고와 동시에 확정되고 최종심이므로 이에 대한 정정은 허용되지 않는 것이 원칙이나 정의의 요청상 자체적 시정제도를 두고 있는 것이다.

2. 판결정정의 사유

판결내용에 대한 오류의 발견이 판결정정의 사유이다. 예컨대 위산(違算), 오기(誤記), 미결구금일수의 불산입 기타 이와 유사한 명백한 잘못이 존재하는 경우이다. 이처럼 오류의 정정에 한정되므로 결론의 부당이 인정된다고 하더라도 시정할 수는 없으며, 단순한 오자의 정정은 판결서의 경정에 의하여야 하고, 정정판결에 의할 수 없다.

3. 판결정정의 절차

상고법원은 직권 또는 검사·상고인이나 변호인의 신청에 의하여 판결을 정정할 수 있다(제400조 제1항). 신청은 판결의 선고가 있은 날로부터 10일 이내에 신청의 이유를 기재한 서면으로 하여야 한다(동조 제2항, 제3항). 정정의 판결은 변론없이 할 수 있지만, 정정할 필요가 없다고 인정한 때에는 지체없이 결정으로 신청을 기각하여야 한다(제401조).

4. 판결정정의 경우 상고심판결의 확정시기

선고후 10일을 경과하거나 정정신청에 대한 기각결정을 한 때라는 견해도 있으나, 판결은 선고와 동시에 확정된다는 견해가 타당하다고 본다(통설).

제5절 항 고

Ⅰ. 서 설

1. 항고의 의의

항고란 법원의 결정에 대한 상소를 말하며(제402조 제403조), 여기서의 '법원'은 수소법원을 말한다. 원래 결정은 판결에 이르는 과정에서 절차상의 사항에 관한 종국전의 재판에 불과하다. 따라서 판결에 대한 상소는 모두 허용할 필요가 있으나, 결정에 대한 상소는 법이 특히 필요하다고 인정하는 일정한 경우에 한하여 허용할 필요가 있다.

2. 항고의 종류

항고에는 일반항고와 재항고(특별항고)가 있다. 소송법에 의하여 대법원에 즉시항고할 수 있다고 명문으로 규정되어 있는 것을 재항고(특별항고)라고 하며, 그 이외의 항고를 일반항고라고 한다. 일반항고는 다시 보통항고와 즉시항고로 나누어진다. 보통항고는 항고기간의 제한이 없는 반면에 집행정지의 효력도 없으나($\substack{제402 \\ 조}$), 즉시항고는 항고기간의 제한이 있는 반면에 집행정지의 효력이 있다($\substack{제405 \\ 조}$)는 점에서 차이가 있다.

표 6-5 보통항고와 즉시항고의 구별

	보통항고	즉시항고
항고기간	제한 X	7일
집행정지	효력 X	효력 O
명문규정	불요	필요
법원의 관할 또는 판결 전의 소송절차	항고 X (단, 구금, 보석, 압수나 압수물의 환부, 피고인 감정유치에 관한 결정 가능)	즉시항고만 가능

(1) 일반항고

① **보통항고:** 법원의 결정에 대하여 불복이 있으면 항고할 수 있다. 단 형사소송법에 특별한 규정이 있는 때에는 보통항고가 허용되지 않는다($\substack{제402 \\ 조}$). 보통항고가 허용되지 않는 경우는 다음과 같다.

가) 법원의 관할 또는 판결전 소송절차에 대한 결정: 법원의 관할 또는 판결전의 소송절차에 관한 결정에 대하여는 특히 즉시항고를 할 수 있는 경우 이외에는 항고를 하지 못한다($\substack{제403조 \\ 제1항}$). 이러한 결정은 원래 판결을 목표로 하는 절차의 일부이기 때문에 종국판결에 대하여 상소를 허용하면 충분하고 개개의 결정에 대하여 독립한 상소를 인정할 필요가 없기 때문이다. 따라서 위헌제청신청을 기각하는 하급심의 결정($\substack{대결 1986.7.18, \\ 85모49}$), 국선변호인선임청구를 기각하는 결정($\substack{대결 1986.9.5, \\ 86모40}$), 공소장변경허가결정($\substack{대결 1987.3.28, \\ 87모17}$)은 판결전 소송절차에 관한 것이므로 독립하여 항고할 수 없다. 다만 구속적부심사청구에 대한 청구기각결정 또는 구속된 피의자의 석방을 명하는 결정에 대하여는 항고할 수 없으나($\substack{제214조의2 \\ 제4항}$), 종국재판에 대한 상소의 실효를 거둘 수 없는 구금·보석·압수나 압수물의 환부에 관한 결정 내지 감정하기 위한 피고인의 유치에 관한 결정에 대하여는 보통항고를 할 수 있다($\substack{동조 \\ 제2항}$).

나) 성질상 항고가 허용되지 않는 결정: 대법원의 결정은 최종심이므로 대법원의 결정에 대하여는 성질상 항고가 허용되지 않는다($\substack{대결 1987.1.30, \\ 87도4}$). 항고법원 또는 고등법원의 결정에 대하여도 보통항고를 할 수 없다($\substack{제415 \\ 조}$).

② **즉시항고:** 즉시항고를 할 수 있다는 명문의 규정이 있는 때에만 허용되는 것으로 제기기간은 7일로 제한되어 있다($\substack{제405 \\ 조}$).[1] 제기기간내에 항고의 제기가 있는 때에는 재판의 집

---

1) 종전에는 즉시항고 제기기간이 '3일'로 규정되어 있었으나 헌법불합치 결정(헌재 2018.12.27, 2015헌바77)에 따라

행이 정지되는 효력을 가진 항고를 말한다($^{제410}_{조}$). 예컨대 공소기각의 결정($^{제328조}_{제2항}$), 상소기각
의 결정($^{제360조 제2항, 제362조}_{제2항, 제376조}$)과 같은 종국재판인 결정이나 기피신청기각결정($^{제23}_{조}$), 보석허가결정
($^{제97}_{조}$), 구속의 취소와 집행정지결정($^{제97조 제3항,}_{제101조 제3항}$), 보석조건을 위반한 피고인에 대한 과태료부
과결정 및 감치처분결정($^{제102}_{조}$), 보석에 있어 출석보증인에 대한 과태료부과결정($^{제100조의}_{2}$), 증
인, 감정인, 통역인, 번역인에 대한 과태료부과결정($^{제161조,}_{제177조, 제183조}$), 소송비용부담결정($^{제192}_{조}$), 무
죄판결에 따른 비용보상결정($^{제194조의}_{3}$), 재정신청기각결정($^{제262조}_{제4항}$), 집행유예취소결정($^{제335}_{조}$), 형
의 소멸신청 각하결정($^{제337}_{조}$), 상소권회복청구에 관한 결정($^{제347}_{조}$), 재심청구기각결정 및 재심
개시결정($^{제437}_{조}$), 재판집행에 대한 이의신청에 관한 결정($^{제491}_{조}$), 소송비집행면제결정($^{제491}_{조}$), 국
민참여재판 배제결정($^{국민참여재판법}_{제9조}$)과 같이 신속한 구제를 요하는 결정에 허용된다.

(2) 재 항 고

항고법원 또는 고등법원의 결정에 대한 항고를 재항고라고 한다. 여기서 항고법원의 결
정이란 지방법원본원합의부가 항고심으로서 한 결정, 즉 지방법원본원합의부(항소부)의 제2
심 결정을 말한다($^{법조법 제32조}_{제2항 제2호}$). 원칙적으로 항고법원이나 고등법원의 결정에 대하여는 항고할
수 없다. 다만 재판에 영향을 미친 헌법·법률·명령 또는 규칙의 위반이 있을 때에 한하여
대법원에 즉시항고를 할 수 있다($^{제415}_{조}$). 재항고는 즉시항고이므로 재항고의 절차는 즉시항
고의 경우와 동일하다. 재항고심의 절차와 관련하여, 판례는「형사소송법 제415조에 규정된
재항고 절차에 관하여는 법에 아무런 규정을 두고 있지 아니하므로 성질상 상고에 관한 규
정을 준용하여야 하고, 한편 상고에 관한 법 제376조 제1항에 의하면 상고의 제기가 법률상
의 방식에 위반하거나 상고권 소멸 후인 것이 명백한 때에는 원심법원은 결정으로 상고를
기각하여야 하는데, 재항고의 대상이 아닌 공소제기의 결정에 대하여 재항고가 제기된 경우
에는 재항고의 제기가 법률상의 방식에 위반한 것이 명백한 때에 해당하므로 원심법원은
결정으로 이를 기각하여야 한다」($^{대결 2012.10.29.,}_{2012모1090}$)는 입장이다.

Ⅱ. 항고심의 절차

1. 항고의 제기

(1) 항고의 제기기간

항고는 원심법원에 제출하여야 하며($^{제406}_{조}$), 즉시항고의 제기기간은 7일이다($^{제405}_{조}$). 보통항
고는 기간의 제한이 없으므로 언제든지 할 수 있다. 단 원심결정을 취소하여도 실익이 없게
된 때에는 예외로 한다($^{제404}_{조}$).

2019. 12. 31. '7일'로 개정되었다.

(2) 원심법원의 조치

① **항고기각결정:** 원심법원은 항고의 제기가 법률상의 방식에 위반하거나 항고권 소멸후인 것이 명백한 때에는 결정으로 항고를 기각하여야 하며, 이에 대하여는 즉시항고를 할 수 있다(제407조).

② **경정결정:** 원심법원은 항고가 이유 있다고 인정한 때에는 결정을 경정하여야 한다(제408조제1항). '경정결정'이란 원결정 자체를 취소하거나 변경하는 것을 말한다. 이와 같이 항고절차에서는 원심법원이 스스로 원결정을 고칠 수 있도록 하여 상소절차에서는 원심법원이 고칠 수 없고, 항소기각결정(제360조)이나 상고기각결정(제376조)만을 할 수 있는 것과 구별된다. 그러나 항고의 전부 또는 일부가 이유없다고 인정한 때에는 항고장을 받은 날로부터 3일 이내에 의견서를 첨부하여 항고법원에 송부하여야 한다(동조제2항).

③ **소송기록의 송부요구:** 원심법원이 필요하다고 인정한 때에는 소송기록과 증거물을 항고법원에 송부하여야 하며(제411조제1항), 원심법원이 소송기록을 송부해 오지 않은 경우 항고법원은 소송기록과 증거물의 송부를 요구할 수 있다(동조제2항).

④ **소송기록의 접수통지:** 원심이 소송기록을 송부한 경우(제411조제1항)와 항고법원이 원심법원에 소송기록의 송부를 요구한 경우(동조제2항)에 항고법원은 소송기록과 증거물의 송부를 받은 날로부터 5일 이내에 당사자에게 그 사유를 통지하여야 한다(동조제3항). 여기서 '당사자'란 항고인과 그 상대방을 가리킨다. 이러한 소송기록 접수통지는 항고인에게 항고이유서 제출의무를 발생시키지 않는다. 그러나 당사자에게 통지를 요하는 것은 당사자에게 항고이유서를 제출하거나 의견을 진술하고 유리한 증거를 제출할 기회를 부여하기 위한 것이므로, 소송기록접수통지를 하지 않거나(대결 2018.6.22,2018모1698,) 소송기록접수통지가 송달된 날(대결 2008.1.2,2007모601,) 또는 다음 날(대결 2006.7.25,2006모389,) 곧바로 항고기각결정을 하는 것은 위법하다고 보아야 한다. 다만 판례는 「피고인의 변호인이 항고심에서 검사의 항고에 대하여 의견진술을 하였다면 피고인에게 방어의 기회가 있었으므로 항고법원이 소송기록접수통지를 하지 않았다고 하여도 원심결정에 영향을 미친 위법이 있다고 할 수는 없다」(대결 1973.10.25,73모69,)는 입장이다.

2. 항고심의 심판

항고법원은 사실과 법률을 모두 심사할 수 있으며 심사범위도 항고이유에 한정되지 않는다. 검사는 항고사건에 대하여 의견을 진술할 수 있다(제412조). 항고의 제기가 법률상의 방식에 위반하였거나 항고권 소멸후인 것이 명백한 경우에 원심법원이 항고기각의 결정을 하지 아니한 때에는 항고법원은 결정으로 항고를 기각하여야 한다(제413조). 항고가 이유없다고 인정한 때에는 결정으로 항고를 기각하여야 하며(제414조제1항), 이유있다고 인정한 때에는 결정으로 원심판결을 취소하고 필요한 경우에는 항고사건에 대하여 직접 재판을 하여야 한다(동조제2항).

III. 준 항 고

1. 의   의

준항고란 수소법원이 아닌 법관(재판장 또는 수명법관)의 재판 또는 검사나 사법경찰관의 처분에 대하여 그 소속법원 또는 관할법원에 취소 또는 변경을 청구하는 불복신청방법을 말한다($\substack{제416조,\\제417조}$).

2. 법적 성질

준항고는 상급법원에 구제를 신청하는 것이 아니므로 상소는 아니다. 또한 법관의 재판, 수사기관의 처분에 불복하는 것이므로 법원의 결정에 대한 상소인 항고와 구별된다. 다만 재판이나 수사기관의 처분의 취소·변경을 구하는 점에서 항고에 준하는 성질이 있으므로 항고의 장에 규정하여 항고에 관한 규정 일부를 준용하도록 하고 있다($\substack{제419\\조}$).

3. 준항고의 구조 및 심리

(1) 준항고의 구조

준항고심은 사실문제와 법률문제의 전반에 걸쳐서 원재판·원처분의 위법뿐만 아니라 당부까지도 비판·판단함을 임무로 하는 사후심을 원칙적 구조로 한다. 다만 예외적으로 준항고심에서 사실조사가 허용되고($\substack{제37조\\제3항}$), 원재판후에 발생한 사실이 원재판의 당부를 심사하는 자료가 된다는 점을 고려할 때 속심적 요소도 있다고 볼 수 있다.

(2) 준항고의 심리

일반항고심이 사실심이라는 것이 우리나라와 일본의 통설이고, 준항고에 대하여는 항고에 관한 규정이 준용되므로($\substack{제419\\조}$) 준항고도 사실심이라는 데 이론(異論)이 없다. 따라서 준항고심에서는 준항고장에 기재된 불복이유만이 심리 의 범위가 되는 것이 아니고 그 이외의 이유에 관해서도 직권으로 조사할 수 있다.

4. 준항고의 대상

(1) 재판장 또는 수명법관의 재판

재판장 또는 수명법관의 재판에 한해서 준항고의 대상으로 된다($\substack{제416조\\제1항}$). 따라서 수임판사의 증거보전절차나 증인신문절차에 대해서는 준항고가 허용되지 않는다. 다만 현행법은 전자에 한하여 항고의 대상으로 규정하고 있다($\substack{제184조\\제4항}$). 따라서 독립된 재판주체인 단독판사의 결정은 준항고의 대상이 아니라 항고($\substack{제402조,\\제403조}$)의 대상이고, 단독판사가 재판장으로 행하는 명령은 준항고의 대상이 된다. 수탁판사의 재판에 대하여 준항고를 허용하지 않는 현행법의

태도는 입법론상 재검토를 요한다.[1]

① **수명법관이 기피신청의 부적법을 이유로 기피신청을 기각한 재판**(제416조 제1항 제1호): 수명법관이 기피신청의 부적법을 이유로 기피신청을 기각하는 재판(제20조제1항)을 말한다. 현행법상 재판장은 기피신청을 기각하는 재판을 할 권한이 없고(제21조제1항), 기피신청을 기각하는 법원의 결정은 즉시항고의 대상으로 된다(제23조).

② **구금·보석에 관한 재판**: 재판장 또는 수명법관이 급속을 요하여 구속영장을 발부하는 것을 말한다(제80조). 보석에 관한 재판을 준항고의 대상으로 규정하고 있으나, 현행법상 보석에 관한 재판은 수소법원의 권한이고(제75조, 제96조), 재판장·수명법관에게는 그러한 권한이 없으므로 보석에 관한 재판은 준항고의 재판에서 제외된다고 보아야 한다. 구속기간의 연장을 허가하지 아니하는 판사의 결정(대결 1997.6.16. 97모1)이나 구속영장을 기각한 판사의 결정(대결 2006.12.18. 2006모646)도 준항고의 대상이 되지 아니한다.

③ **압수·압수물환부에 관한 재판**: 수명법관이 형사소송법 제136조에 의하여 압수·수색영장을 발부하는 것을 말한다. 따라서 지방법원 판사가 한 압수영장발부의 재판에 대하여는 준항고로 불복할 수 없다(대결 1997.9.29. 97모66). 압수물의 환부에 관한 재판에는 압수물의 가환부에 관한 재판이 포함되며, 환부청구·가환부청구를 기각하는 재판에 대해서도 준항고가 허용된다.

④ **감정하기 위하여 피고인의 유치를 명한 재판**: 피고인의 감정유치를 명하는 재판은 재판장 또는 수명법관의 권한이 아니고 수소법원의 권한(제172조제3항)이므로 준항고의 대상이 아니라는 부정설도 있으나, 재판장 또는 수명법관도 급속한 경우에는 피고인에 대한 감정유치를 명할 수 있다고 해석되므로 이 경우의 감정유치는 준항고의 대상이 된다고 보아야 할 것이다.

⑤ **증인, 감정인, 통역인 또는 번역인에 대하여 과태료 또는 비용의 배상을 명한 재판**: 수명법관이 증인심문·감정·통역·번역을 하는 경우에는 법원의 권한에 속한 처분을 할 수 있으므로(제167조 제3항, 제177조, 제183조), 수명법관은 증인·감정인·통역인·번역인에 대하여 과태료 또는 비용배상을 명하는 재판을 할 수 있다(제151조, 제161조).

⑥ **유치명령**: 즉결심판절차에서 판사가 발하는 5일 이내의 유치명령(즉심법 제7조 제1항)도 준항고의 대상이 된다. 이론상 재판부로서의 단독판사, 즉 법원이 하는 구금에 관한 재판이므로 보통항고의 대상이라 할 것이나, 보통항고에 의할 경우 의견서 작성 및 기록송부 등을 하는 사이에 이미 유치기간이 도과될 것이므로 불복의 실익을 고려하여 실무상 준항고를 허용하고 있다.

(2) 수사기관의 처분

① **구금에 관한 처분**: 수사기관의 구금에 관한 처분에는 영장에 의하지 아니한 구금(대결 2003.11.11. 2003모402), 검사 또는 사법경찰관이 구금된 피의자를 신문할 때 피의자 또는 변호인으로

---

1) 일본에서는 준항고의 대상을 재판관의 재판이라고 규정하고 있으므로, 수탁판사의 재판은 준항고의 대상에 포함된다.

부터 보호장비를 해제해 달라는 요구를 받고도 거부한 조치($^{대결\ 2020.3.17,}_{2015모2357,}$), 접견금지처분 등이 이에 해당한다.

② **압수에 관한 처분:** 압수에 관한 처분에는 압수·수색영장의 집행처분이 포함된다. 예컨대 형사소송법 제120조, 제127조의 처분에 대해서는 준항고가 허용된다. 검사가 압수·수색영장의 청구 등 강제처분을 위한 조치를 취하지 아니한 것은 압수에 관한 처분이 아니므로 준항고로 불복할 수 없다($^{대결\ 2007.5.25,}_{2007모82}$).

③ **압수물의 환부에 관한 처분:** 압수물의 환부에 관한 처분에는 압수물의 가환부에 관한 처분이 포함되고, 압수물의 환부처분 또는 가환부처분를 기각하는 처분에 대해서도 준항고가 허용된다. 다만 검사에게 압수물의 환부에 관하여 처분할 권한이 있는 경우에 가능하므로, 검사에게 당연히 환부의무가 발생한 경우에는 준항고를 할 수 없다. 판례도 「형사소송법 제417조의 규정은 검사 또는 사법경찰관이 수사단계에서 압수물의 환부에 관하여 처분을 할 권한을 가지고 있을 경우에 그 처분에 불복이 있으면 준항고를 허용하는 취지라고 보는 것이 상당하므로 형사소송법 제332조의 규정에 의하여 압수가 해제된 것으로 되었음에도 불구하고 검사가 그 해제된 압수물의 인도를 거부하는 조치에 대해서는 형사소송법 제417조가 규정하는 준항고로 불복할 대상이 될 수 없다」($^{대결\ 1984.2.6,}_{84모3}$)는 입장이다.

④ **피의자신문시 변호인의 참여 등에 관한 처분:** 변호인의 신문참여 등에 관한 현행법 제243조의2가 신설됨에 따라 그에 관한 검사 등의 처분에 대하여 불복할 수 있다. 따라서 수사기관이 피의자와 변호인의 접견교통권을 제한하거나 변호인의 피의자신문참여권을 제한하는 경우에는 준항고의 대상이 된다. 접견신청일이 경과하도록 접견이 이루어지지 아니한 것도 실질적으로 접견불허가처분이 있는 것과 동일시된다($^{대결\ 1991.3.28,}_{91모24}$).

5. 준항고의 절차

(1) 준항고의 방식

준항고의 청구는 서면으로 관할법원에 제출하여야 한다($제418조$). 준항고장을 원재판을 한 법관에게 제출하지 아니한다는 점에서 항고제기의 방식($제406조$)과 다르다. 이 경우 준항고장에 불복신청의 이유를 명시해야 하는가에 대하여 논란이 있으나, 이를 요한다면 준항고인에게 불리하므로 부정하는 것이 타당하다고 본다. 법관의 재판에 대한 준항고의 청구는 재판의 고지가 있는 날로부터 3일 이내에 하여야 하고($^{제416조}_{제3항}$) 그 기간이 경과하면 준항고권이 소멸한다. 다만, 수사기관의 처분에 대한 준항고는 제기기간의 제한이 없다.

(2) 집행정지의 효력

준항고는 원칙적으로 집행정지의 효력이 없으나($^{제419조}_{제409조}$), 과태료·비용배상을 명하는 재판에 대한 준항고는 집행정지의 효력이 있다($^{제416조}_{제4항}$).

(3) 관할법원

재판장·수명법관의 재판에 대한 준항고사건은 그 법관소속의 법원의 관할에 속하고($^{제416조}_{제1항}$), 지방법원의 경우에는 합의부의 사물관할에 속한다($^{동조}_{제2항}$). 수사기관의 처분에 대한 준항고사건은 그 직무집행지의 관할법원 또는 검사의 소속검찰청에 대응한 법원의 관할에 속하는데 ($^{제417}_{조}$), 명문규정이 없으므로 제416조 제2항의 반대해석상 단독판사가 관할한다고 보아야 할 것이다.

6. 준항고의 재판

(1) 준항고의 기각

준항고의 청구가 부적법하거나 이유없다고 인정되는 경우에는 결정으로 준항고를 기각하여야 한다($^{제419조, 제413조,}_{제414조}$). 준항고를 한 후에 원재판 또는 원처분을 취소할 실익이 없게 된 때에도 준항고의 부적법을 이유로 준항고를 기각하여야 한다.

(2) 준항고의 인용

준항고가 이유있다고 인정되는 때에는 준항고의 대상인 재판 또는 처분을 취소하거나 변경하여야 하며 필요한 경우에는 준항고사건에 대하여 직접 재판을 하여야 한다($^{제419조,}_{제414조}$).

(3) 준항고에 대한 재항고

준항고에 관한 결정에 대하여는 재판에 영향을 미친 헌법, 법률, 명령, 규칙의 위반이 있음을 이유로 하는 때에 한하여 대법원에 즉시항고할 수 있는바, 이는 재항고에 해당한다 ($^{제419조,}_{제415조}$). 따라서 법관의 재판에 대한 소속 합의부의 결정 또는 수사기관의 처분에 대한 법원 (단독판사)의 결정은 그 결정에 대한 별도의 항고를 거쳐 재항고를 할 수 있는 것이 아니고, 그 자체가 바로 재항고의 대상이 된다. 준항고절차는 당사자주의에 입각한 소송절차와는 달리 대립되는 양 당사자의 관여를 필요로 하는 것이 아니므로 상대방표시를 잘못하였다고 하더라도 재항고이유에 해당하지 않는다($^{대결 1991.3.28,}_{91모24}$).

CHAPTER 03

비상구제절차

제1절 재 심

I. 서 설

1. 의 의

재심이란 확정된 유죄판결에 대하여 중대한 사실오인 등 일정한 사유가 있는 경우에 유죄판결을 받은 자의 이익을 위하여 판결의 부당함을 시정하는 비상구제절차를 말한다. 따라서 미확정재판에 대한 구제절차인 상소와 구별되고 확정판결의 법령위반을 시정하기 위한 구제절차인 비상상고와도 구별된다.

2. 제도적 취지

원래 판결이 확정되면 법적 안정성의 요청에 의해서 기판력(일사부재리의 효력)이 발생하나, 확정판결에 현저한 하자가 있는 경우에는 확정판결의 오류를 시정하여 확정판결에 의하여 침해된 피고인의 불이익을 구제하는 것이 요청된다. 재심제도는 이러한 확정판결에 있어서의 사실인정의 과오를 시정함으로써 그 확정판결에 의해서 불이익을 받은 피고인을 구제하려는 데 그 목적이 있다.

3. 입 법 례

프랑스에서는 피고인의 이익을 위한 재심만을 인정하고 상고법원이 관할권을 가짐에 대하여, 독일에서는 불이익재심도 인정하고 원판결법원이 관할권을 가진다. 따라서 현행 형사소송법이 재심을 원판결법원의 관할로 한 점에서 재심의 절차에 관하여는 독일 입법례를 취하고, 피고인의 이익재심만을 인정한 점에서는 프랑스 입법례를 취한 절충적 구조를 택하고 있다고 볼 수 있다.

4. 재심제도의 목적

현행 재심제도는 확정판결을 받은 자에게 불이익한 재심을 인정하고 있지 않는데 그 목적 내지 근거에 관하여, 법적 안정성(3심제도, 확정력)을 침해하지 않는 한도 내에서 유죄판결이 확정된 자를 구제하려는 실질적 정의의 요청상 인정된 제도가 재심이라는 **입법정책설**(조화설)과 재심은 무고한 자의 구제에 그 기본목적이 있으므로, 공정한 재판을 받을 권리와 이중위험금지의 법리를 보장하는 헌법상의 적법절차 조항(^{헌 제12조}_{제1항})에 근거한 제도로 파악하는 **헌법적 근거설**(적법절차설)이 대립하고 있다. 전자가 재심제도를 법적 안정성을 중시하여 피고인의 구제를 예외적인 정의의 요청으로 보는 입장이라면, 후자는 죄없는 시민의 구제라는 인권보장적 측면을 강조하므로 재심의 적용범위를 확대하자는 입장이다.

양 설은 재심에 대하여도 'in dubio pro reo'의 원칙을 적용하여 무죄 등의 판결을 받을 명백한 증거의 의미를 확정판결의 사실인정에 의심을 일으킬 정도의 증거로 족하다고 해석할 수 있는지, 명백성의 판단방법으로 신증거 뿐만 아니라 구증거까지 종합평가해야 하고(총합평가설) 구증거의 증명력도 재평가하여(재평가설) 판단할 수 있는지 등에서 차이를 나타낸다. 왜냐하면 법적 안정성을 중시하여 확정판결이 사후적으로 판명된 사실에 의하여 정의감정에 감당할 수 없는 정도의 오류가 인정되는 경우에 한해서 확정력을 후퇴시킬 것을 강조하는 입법정책설과 무고한 자의 구제를 위하여 재심범위의 확대를 주장하는 헌법적 근거설은 증거의 명백성에 대한 판단방법이 다를 수밖에 없기 때문이다.

생각건대 재심제도가 유죄판결을 받은 자의 이익을 위하여 판결의 부당함을 시정하는 비상구제절차인 점을 감안하면, 기본적으로 법적 안정성을 침해하지 않는 한도 내에서 실질적 정의를 실현하는 것이 타당하므로 재심에 대하여 'in dubio pro reo'의 원칙을 적용하는 것은 문제가 있다. 다만 입법정책설을 취한다고 하여 증거의 명백성에 대한 판단방법까지 엄격하게 해석할 필요는 없으므로 총합평가설 및 재평가설의 입장과 모순되는 것은 아니다. 입법정책설이 타당하다.

II. 재심절차의 구조 및 대상

1. 재심절차의 구조

재심절차는 재심청구사건에 대하여 재심사유의 유무를 심사하여 재차 심판할 것인가의 여부를 결정하는 재심개시절차(재심청구절차)와 사건 자체에 대하여 재차 심판하는 재심심판절차(재심공판절차)의 2단계로 구분되는데, 후자는 통상의 공판절차와 동일하다. 따라서 형사소송법상 재심규정의 내용은 재심청구의 이유 유무를 심사하여 다시 심판할 것인가를 정하는 재심개시절차가 중요한 의미를 가질 수밖에 없다.

2. 재심의 대상

(1) 유죄의 확정판결

재심은 유죄의 확정판결에 대하여 일정한 사유가 있는 경우에 인정되는 비상구제절차로서, 무죄(대결 1983.3.24,/83모5) · 면소(대결 2018.5.2,/2016모3243) · 공소기각의 판결(대판 2013.6.27,/2011도7931) 등은 그 판결에 중대한 사실오인이 있는 경우에도 재심의 대상이 되지 않는다(제420조). 여기서 말하는 유죄의 확정판결에는 ㉠ 제1심법원이 선고한 유죄의 확정판결, ㉡ 항소심 · 상고심이 파기자판하여 선고한 유죄의 확정판결, ㉢ 확정판결과 동일한 효력이 있는 약식명령과 즉결심판이 포함된다(대판 1986.2.25,/85도2664). ㉣ 특별사면으로 형 선고의 효력이 상실된 유죄의 확정판결도 제420조의 '유죄의 확정판결'에 해당하여 재심청구의 대상이 되지만, 면소판결 사유인 제326조 제2호의 '사면'은 일반사면을 의미할 뿐 형을 선고받아 확정된 자를 상대로 이루어지는 특별사면은 이에 해당하지 아니하므로, 특별사면으로 형 선고의 효력이 상실된 유죄의 확정판결을 대상으로 재심이 청구되어 재심개시결정이 확정된 경우, 재심심판절차를 진행하는 법원으로서는 특별사면이 있음을 들어 면소판결을 할 것이 아니고 그 심급에 따라 다시 심판하여 실체에 관한 유 · 무죄 등의 판단을 하여야 한다(대판(전합) 2015.5.21,/2011도1932). 다만 ㉤ 재심의 대상은 확정판결에 제한되므로 공소기각의 결정(대판 2013.6.27,/2011도7931), 항고기각의 결정, 재정신청기각의 결정(대결 1986.10.29,/86모38) 등에 대한 재심청구는 허용되지 않는다.

(2) 유죄판결에 대한 상소를 기각한 확정판결

확정된 항소기각의 판결 또는 상고기각의 판결도 재심의 대상으로 된다(제421조 제1항). 여기서 항소 또는 상고기각의 판결이라 함은 상소기각판결에 의해 확정된 하급심판결을 의미하는 것이 아니라 항소기각판결 또는 상고기각판결 그 자체를 말한다(대결 1984.7.27,/84모48). 상소기각의 판결은 유죄판결 그 자체는 아니지만 그 확정에 의하여 원심의 유죄판결도 확정된다는 점에서 재심의 대상으로 한 것이다. 다만 판례는 재항고 기각결정은 유죄의 확정판결이 아니고 이로 인하여 유죄의 판결이 확정되는 것도 아니므로 재심청구의 대상이 되지 않는다(대결 1986.10.29,/86모38)고 본다.

III. 재심이유

사 례

甲에 대한 살인피고사건에서 목격자 乙은 '피고인 甲이 사건 당일 살해현장에서 피해자를 칼로 찌르는 것을 보았다'고 증언하였고, 이에 따라 제1심법원은 甲에게 징역 3년을 선고하였다. 甲의 변호인 丙이 항소하였으나 항소심에서도 항소가 기각되어 판결이 확정되었다. 그 후 乙이 甲의 변호인 丙에게 찾아가 "사실은 사법경찰관의 강요로 甲이 살해되는 현장을 본 것처럼 증언한 것이다"라고 말하면서 용서를 구하였다. 이러한 증거를 이유로 甲의 변호인 丙은 재심을 청구할 수 있는가?

1. 유죄의 확정판결에 대한 재심사유

(1) 의   의

유죄의 확정판결에 대한 재심사유는 형사소송법상 재심사유와 헌법재판소법상 재심사유 그리고 소송촉진등에관한특례법상 재심사유로 분류되는데, 형사소송법 제420조는 유죄의 확정판결에 대한 재심청구의 사유로 일곱 가지의 경우를 규정하고 있다.

(2) 형사소송법상 재심사유의 유형

형사소송법상 재심사유는 확정판결의 사실오인에 있으므로 허위증거에 의한 재심사유 (falsa형의 재심사유)와 신증거에 의한 재심사유(nova형의 재심사유)로 나눌 수 있다. 그런데 제 420조 제1호, 제2호, 제3호 및 제7호가 falsa형의 재심사유이고, 제5호가 nova형의 재심사유 라는 점에는 견해가 일치하고 있으나, 제4호와 제6호의 재심사유에 관하여는 이를 nova형의 재심사유로 보는 견해와 falsa형의 재심사유로 보는 견해로 나누어져 있다. 전자의 견해는 본 규정을 원판결의 기초가 되었던 재판 또는 권리가 확정재판 또는 심결에 의하여 잘못이 있음이 확정되었다는 것 그 자체를 새로운 증거로 삼아 재심을 인정하는 것으로 보는 반면, 후자의 견해는 새로운 증거가 발견된 경우에 대비하여 사실인정의 기초가 된 증거의 허위로 인하여 사실오인이 있는 것을 규정하고 있다고 본다.

(3) 허위증거에 의한 재심사유

허위증거에 의한 재심사유는 확정판결에 의하여 증명되어야 한다. 확정판결은 제4호(원판결의 증거된 재판의 변경)의 경우 이외에는 형사확정판결에 제한되는데, 형사확정판결이란 반드시 유죄판결임을 요하지 않고 구성요건에 해당하는 사실이 증명된 때에는 위법성 또는 책임이 조각된다는 이유로 무죄판결이 선고된 경우도 포함된다고 보아야 한다. 다만 확정판결에 의하여 증명될 것을 요하므로 증인에 대한 위증고소사건이 수사중에 있다는 사실만으로는 재심사유가 될 수 없다(대판 1972.10.31, 72도1914).

① **원판결의 증거된 서류 또는 증거물의 위조, 변조의 증명(제1호):** 원판결의 증거된 서류 또는 증거물이라 함은 판결에서 그 서류 또는 증거물을 채택하여 판결주문을 유지하는 근거가 된 사실인정의 자료로 삼은 경우를 말하므로, 법관의 심증에 영향을 주었을 것이라고 추측되는 서류 또는 증거물이라도 그것이 사실인정의 자료로 채택되지 않았다면 여기에 해당하지 않는다고 보아야 할 것이다. 여기서 원판결의 증거된 서류 또는 증거물은 범죄사실의 인정을 위하여 증거로 된 경우뿐만 아니라 범죄사실의 인정을 위한 증거가 진술증거인 경우에는 그 증거능력을 결정하기 위한 증거도 포함한다고 보아야 한다(통설).

② **원판결의 증거된 증언, 감정 등의 허위의 증명(제2호):** '원판결의 증거된 증언'이란 원판결의 이유 중에서 증거로 채택되어 '죄로 되는 사실'(범죄사실)을 인정하는 데 인용된 증언을

뜻하므로, 원판결의 이유에서 증거로 인용된 증언이 '죄로 되는 사실'과 직접 혹은 간접적으로 관련된 내용의 것이라면 '원판결의 증거된 증언'에 해당한다(대결 1997.1.16, 95모38). 그러나 단순히 증거조사의 대상이 되었을 뿐 범죄사실을 인정하는 증거로 사용되지 않은 증언은 위의 '증거된 증언'에 포함되지 않는다(대판 2005.4.14, 2003도1080). 증언이란 법률에 의하여 선서한 증인의 증언을 말하고, 공동피고인의 공판정에서의 진술은 증언에 해당되지 않는다.

> **참조판례** 「원판결의 증거된 증언, 감정, 통역 또는 번역이 확정판결에 의하여 허위인 것이 증명된 때라 함은 그 증인, 감정인, 통역인 또는 번역인이 위증 또는 허위의 감정, 통역 또는 번역을 하여 그 죄에 의하여 처벌되어 그 판결이 확정된 경우를 말한다」(대판 1971.12.30, 70소3)고 보면서, 형사소송법 제420조 제2호 소정의 '원판결의 증거된 증언'이 나중에 확정판결에 의하여 허위인 것이 증명된 이상, 그 허위증언 부분을 제외하고서도 다른 증거에 의하여 그 '죄로 되는 사실'이 유죄로 인정될 것인지 여부에 관계없이 형사소송법 제420조 제2호의 재심사유가 있는 것으로 보아야 한다(대판 2010.9.30, 2008도11481)는 입장이다. 그러나 원판결의 증거된 증언을 한 자가 그 재판과정에서 자신의 증언과 반대되는 취지의 증언을 한 다른 증인을 위증죄로 고소하였다가 그 고소가 허위임이 밝혀져 무고죄로 유죄의 확정판결을 받은 경우에는 위 재심사유에 포함되지 아니한다(대판 2005.4.14, 2003도1080).

③ **무고죄의 성립(제3호):** 무고로 인하여 유죄의 선고를 받은 경우란 고소장 또는 고소조서의 기재가 원판결의 증거가 된 경우는 물론 무고의 진술이 증거로 된 경우도 포함된다(통설).

④ **원판결의 증거된 재판의 변경(제4호):** 재판은 형사재판에 한정되지 않으며, 민사재판도 무방하다.

⑤ **침해한 권리의 무효의 확정(제6호):** 권리무효의 심결이나 판결이 확정된 때에는 그 권리는 처음부터 존재하지 아니한 것으로 인정되므로 재심사유로 규정한 것이다.

⑥ **직무범죄가 있었던 때(제7호):** 직무에 관한 죄의 범위에 관하여 형법상의 공무원의 직무에 관한 죄에 한정하는 견해도 있으나, 직무상 범죄를 특별형법으로 규정할 수도 있으므로 반드시 형법상의 공무원의 직무에 관한 죄(뇌물수수, 폭행, 가혹행위의 죄)로 한정할 이유는 없다고 본다. 한편 유죄의 선고를 받은 자가 법관·검사 또는 사법경찰관에 대하여 그 직무상 죄를 범하게 한 경우에는 그 직무상 범죄를 이유로 재심을 청구할 수 없다(제425조).

(4) 신증거에 의한 재심사유

① **의 의:** 유죄의 선고를 받은 자에 대하여 무죄 또는 면소를, 형의 선고를 받은 자에 대하여 형의 면제 또는 원판결이 인정한 죄보다 경한 죄를 인정할 명백한 증거가 발견된 경우를 말한다(제420조 제5호). 전형적인 nova형의 재심사유를 규정한 것으로, 판결확정후의 증거변화에 따른 사실인정의 오류사유에 한정된다. 판례도 법률적용의 오류사유, 즉 판결의 확정후 법령개폐나 대법원의 법률해석의 변경은 재심사유가 아니라는 입장이다(대판 1991.2.26, 90모15).

② **이익재심의 제한**

가) 유죄의 선고를 받은 자에게 무죄 또는 면소를 인정할 경우: 유죄의 선고를 받은 자에 대하

여 무죄 또는 면소를 선고할 경우에 제한하고 있으므로 공소기각의 판결을 선고할 경우는 포함되지 않는다고 보아야 할 것이다. 판례도 '공소기각을 선고받을 수 있는 경우에는 제 420조 제5호의 재심사유에 해당하지 않는다'(대결 1997.1.13, 96모51)는 입장이다.

나) 형의 선고를 받은 자에 대하여 형의 면제 또는 경한 죄를 인정할 경우: 형의 면제란 형의 필요적 면제만을 포함하며, 자수·자복 등의 임의적 면제는 제외된다. 경한 죄란 원판결이 인정한 죄와는 별개의 죄로서, 그 법정형이 가벼운 죄를 말하는 것이므로 양형의 변동자료 는 여기에 포함되지 않는다(대판 2017.11.9, 2017도14769). 따라서 심신미약이나 종범과 같은 형의 감경사유가 인정될 뿐인 경우는 물론, 자수사실을 인정하지 않았다는 것만으로는 여기에 해당하지 않는 다(대결 1967.9.26, 66모50). 그리고 전체의 행위가 포괄하여 1개의 죄에 해당하는 경우에는 새로 발견된 명백한 증거로 인하여 피고인의 일정한 행위부분이 무죄로 인정되는 경우라 하더라도 이것 은 피고인의 행위가 원판결이 인정한 죄보다 경한 죄에 해당하는 경우라고 할 수 없으므로 재심요건에 해당하지 않는다고 본다. 동일한 죄에 대하여 공소기각을 받을 수 있는 경우도 여기에 해당되지 않는다는 것이 판례이지만(대결 1997.1.13, 96모51), 후술하는 것처럼 증거의 신규성에 대하여 완화설을 취하는 한, 긍정하는 것이 타당하다고 본다.

③ 증거능력의 제한문제: 증거에 대하여 증거능력있는 증거만을 의미한다는 **제한설**, 형사 소송법은 이익재심만을 허용하고 있다는 점과 이익재심을 확대운영하기 위해서는 증거능력 의 제한을 부정하는 것이 타당하다는 **무제한설** 등이 있으나, 엄격한 증명을 필요로 하는 사 실에 관한 증거는 증거능력있는 증거임을 요하지만 자유로운 증명으로 족한 사실에 관한 증거는 증거능력있는 증거임을 요하지 않는다는 **이원설**이 타당하다(다수설).

④ 증거의 신규성: 증거의 신규성이란 증거가 새로 발견되었을 것을 말한다. 증거의 신규 성과 관련하여 몇 가지 이론적인 대립이 있는데, 첫째 증거방법으로서 새로운 경우에 한하 는가 아니면 증거자료로서 새로운 경우도 포함되는가, 둘째 새로운 증거의 발생시점을 언제 로 볼 것인가, 셋째 증거의 신규성은 누구를 기준으로 판단할 것인가 등이다.

가) 증 거: 확정판결의 사실인정의 오류도 증거에 근거하여 이루어지므로 재심에서 이 러한 사실인정의 오류를 극복하기 위하여 증거의 신규성을 요구하지만, 재심에서는 증거 자 체가 근본적인 의미를 지니는 것이 아니고 그것이 새로운 사실을 증명할 만한 것인지의 여 부가 중요하다고 볼 수 있다. 따라서 여기서 말하는 증거는 사실인정의 자료로 되는 일체의 새로운 증거를 말하므로 형사소송법 제420조 제5호의 증거란 증거방법 뿐만 아니라 증거자 료도 포함된다고 본다.

나) 새로운 증거의 발생시점: 일반적으로 원판결당시 이미 존재하고 있었으나 후에 새로 발견된 경우 뿐만 아니라 원판결후에 새로 생긴 증거 및 원판결당시에 그 증거의 존재를 알 았으나 제출이나 조사가 불가능하였던 증거로서 그 후 제출이나 증거조사가 가능하게 된 경우를 모두 포함한다(대결 1993.5.17, 93모33).

다) 새로운 증거의 판단기준: 증거가 법원에 대하여 신규일 것을 요한다는 점에는 이론(異論)이 없다. 그러나 법원 이외에 재심청구인에게도 신규일 것을 요하는가에 대해서는 견해가 대립하고 있다.

이에는 ㉠ 허위진술을 한 자에게 재심을 인정하는 것은 형평과 금반언의 원칙에 반하므로 당사자에게도 증거의 신규성이 있을 것을 요건으로 하며 청구인의 귀책사유가 없을 것을 요구하는 **엄격설**(필요설), ㉡ 재심은 제재가 아니라 무고한 사람을 구제하여 정의를 회복하기 위한 제도이므로 법원에 대하여 증거의 신규성이 있으면 족하고 재심청구인이 증거의 존재를 알았는가 하는 점은 고려할 필요가 없다는 **완화설**(불필요설), ㉢ 증거의 신규성은 법원에 대하여 새로운 것이면 족하므로 재심청구인에게는 원칙적으로 신규성을 요구하지 않으나 고의 또는 과실 등 귀책사유로 인하여 증거를 제출하지 않은 경우에는 재심을 허용할 수 없다는 **중간설**(절충설)이 있다.

대법원은 「증거의 신규성을 누구를 기준으로 판단할 것인지에 대하여 위 조항이 그 범위를 제한하고 있지 않으므로 그 대상을 법원으로 한정할 것은 아니다. 그러나 재심은 당해 심급에서 또는 상소를 통한 신중한 사실심리를 거쳐 확정된 사실관계를 재심사하는 예외적인 비상구제절차이므로, 피고인이 판결확정 전 소송절차에서 제출할 수 있었던 증거까지 거기에 포함된다고 보게 되면, 판결의 확정력이 피고인이 선택한 증거제출시기에 따라 손쉽게 부인될 수 있게 되어 형사재판의 법적 안정성을 해치고, 헌법이 대법원을 최종심으로 규정한 취지에 반하여 제4심으로서의 재심을 허용하는 결과를 초래할 수 있다. 따라서 **피고인이 재심을 청구한 경우 재심대상이 되는 확정판결의 소송절차 중에 그러한 증거를 제출하지 못한 데 과실이 있는 경우에는 그 증거는 위 조항에서의 '증거가 새로 발견된 때'에서 제외된다고 해석함이 상당하다**」라고 판시하여 중간설을 따르고 있다(대결(전합) 2009.7.16, 2005모472).

생각건대 재심의 이념이 판결의 오류로 인하여 무고하게 유죄로 된 자의 구제를 위한 인권보장에 있다는 점에 비추어 볼 때, 형평의 정신과 금반언의 원칙이라는 미명아래 재심청구를 어렵게 하는 엄격설과 중간설은 문제가 있다. 왜냐하면 본조는 재심청구의 요건이지만 동시에 재심개시의 요건도 되므로 '새로 발견된 때'의 문언을 '재심청구인에게 새로 발견된 때'로 한정해석을 해야 할 적극적인 이유는 없으며, 재심제도가 확정된 유죄판결의 잘못된 사실인정에 대한 구제제도라고 본다면, 이를 피고인의 주체성에 기초한 구제에 한정시킬 적극적 이유도 없기 때문이다. 더욱이 청구인의 과실 유무를 문제로 삼는다면 여죄의 발각이 두려워 알리바이 주장을 하지 않았던 경우에도 신규성을 부정해야 하므로 피고인의 심리적 입장을 부당하게 경시하는 결과를 초래할 것이다. 따라서 법원에 대하여 증거상의 기초변경이 있다면 신규성을 긍정하는 완화설이 가장 타당하다고 본다.

라) 종전의 자백이나 증언을 번복하는 진술: 완화설의 입장을 취하면서도 번복진술은 원판결에서 실질적 판단을 거친 증거와 동질의 증거이므로 형사소송법 제420조 제2호에 의하여 증언이 허위임이 증명되지 않는 한 신규성을 부정하는 견해도 있으나, 증거자료의 신규성을 인정하는 한, 동일한 증인이라도 전혀 다른 내용의 진술을 하는 경우에는 신규성을 인정하

는 것이 타당하다고 본다. 이에 대하여 판례는 「확정판결의 소송절차에서 이미 증거로 조사
채택된 증인이 판결확정후 이전의 진술내용을 번복하는 것은 새로운 증거에 해당하지 않는
다」(대결 1984.2.20, 84모2)고 판시하고 있다.

마) 공범자간의 모순된 판결: ㉠ 증명력평가의 차이에서 기인하는 결과로 간주하는 소극
설, ㉡ 형벌법규의 해석의 차이로 인한 것이 아니라 사실인정에 관하여 결론을 달리한 때에
는 모순판결을 명백한 증거로 보아야 한다는 적극설, ㉢ 무죄판결이 법령개폐·새로운 법률
해석에 기인한 경우에는 부정되지만, 무죄판결에 사용된 증거가 먼저 확정된 다른 유죄판결
을 파기할 만한 개연성이 존재하는 경우에는 긍정된다는 **이분설**, ㉣ 무죄판결의 기초가 된
증거가 유죄판결에서 사용하지 못한 새로운 증거로서 유죄판결을 파기할 만한 명백한 증거
인 경우에 한하여 재심이유가 된다는 **절충설**이 있다.

☞ 대법원은 「당해 사건의 증거가 아니고 공범자 중 1인에 대하여는 무죄, 다른 1인에 대하여는 유
죄의 확정판결이 있는 경우에 무죄확정 판결의 증거자료를 자기의 증거자료로 하지 못하였고 또
새로 발견된 것이 아닌 한 무죄확정판결 자체만으로는 유죄확정판결에 대한 새로운 증거로서의 재
심사유에 해당한다고 할 수 없다」(대결 1984.4.13, 84모14)고 판시한 바 있는데, 이 판례에 대하여 적극설을 따
른 판례라는 견해와 사실인정에 관련될 때에만 긍정하고 법령개폐나 법률해석의 변화는 부정한다
는 이분설을 따른 판례라는 견해로 대립되어 있다.

생각건대 재심청구인이 무죄확정 판결의 증거자료를 자기의 증거자료로 이용하지 못하였
을 뿐만 아니라 또 새로 발견된 것이라면, 이익재심을 인정하는 취지상 새로운 증거로서의
재심사유에 해당한다고 보아야 할 것이다.

⑤ 증거의 명백성: 명백한 증거라 함은 새로운 증거가 확정판결을 파기할 정도로 고도의
가능성 내지 개연성이 인정되는 것을 말한다(통설). 즉 신증거의 존재가 본안판결의 전후를
불문하고 판결법원에 현출되지 아니한 당해 사건의 증거자료로서, 증거가치가 다른 증거에
비하여 객관적으로 우월성이 인정될 것을 요한다. 따라서 법관의 자유심증에 의한 증거가치
판단의 대상에 지나지 않는 것은 이에 해당하지 않는다. 이러한 의미에서 진술서 또는 증언
확인서를 제출하거나 증인신문을 구하는 것은 증거의 명백성이 인정되지 않는다.

가) 명백성의 판단방법: 증거의 명백성은 신증거에 의하여만 판단할 것이 아니라 기존의
구증거를 포함하여 종합적으로 판단해야 한다(총합평가설).

참조판례 「형사소송법 제420조 제5호에 정한 '무죄 등을 인정할 명백한 증거'에 해당하는지 여부
를 판단할 때에는 법원으로서는 새로 발견된 증거만을 독립적·고립적으로 고찰하여 그 증거가치
만으로 재심의 개시여부를 판단할 것이 아니라, 재심대상이 되는 확정판결을 선고한 법원이 사실
인정의 기초로 삼은 증거들 가운데 새로 발견된 증거와 유기적으로 밀접하게 관련되고 모순되는
것들은 함께 고려하여 평가하여야 하고, 그 결과 단순히 재심대상이 되는 유죄의 확정판결에 대하
여 그 정당성이 의심되는 수준을 넘어 그 판결을 그대로 유지할 수 없을 정도로 고도의 개연성이
인정되는 경우라면 그 새로운 증거는 위 조항의 '명백한 증거'에 해당한다」(대결(전합) 2009.7.16, 2005모472).

나) 심증인계여부: 총합평가설을 받아들여 명백성의 유무를 새로운 증거와 기존의 구증거를 종합하여 판단하는 경우에 구증거의 증거가치가 미치는 범위가 문제되는데, 이에 대하여 원판결법원이 평가한 구증거에 대한 심증을 인계하지 않고, 재심법원에 의한 구증거의 재평가를 인정하는 **재평가설**이 통설이다.

다) '의심스러울 때는 피고인의 이익으로'라는 원칙의 적용여부: 현행 형사소송법은 명백성의 정도에 대해서 '무죄를 인정할 명백한 정도'라고만 규정하고 있으며, 이 명백성이 어느 정도인지에 대해서는 구체적으로 언급하지 않고 있다. 이와 관련하여 '의심스러울 때는 피고인의 이익으로'라는 원칙이 재심심판절차에 적용된다는 점에서 이론(異論)이 없지만, 재심개시절차에서도 이 원칙이 적용되는가에 대해서는 견해가 대립한다. 특히 유죄심증과 무죄심증이 거의 비슷하여 어느 쪽으로도 결론을 내리기 곤란한 경우에 이 원칙의 적용유무에 따라 재심개시절차가 결정된다는 점에서, 이 원칙의 적용문제는 중요한 의미를 지니고 있다.

이에 대하여, 장래의 재심심판절차에 이 원칙이 적용되어 무죄로 될지 모르는 재심청구를 그 재심개시절차에서 미리 저지하는 것은 무고한 피고인의 구제와 인권보장을 위한 재심의 2단계 구조를 사실상 붕괴시킨다는 점을 근거로 재심개시절차에서도 통상의 공판절차와 마찬가지로 '의심스러울 때는 피고인의 이익으로'라는 원칙이 적용되어야 한다는 **적용긍정설**, 확정판결의 사실인정에 대해 무제한 적용될 수는 없지만 '진지한 의문'이 제기될 수 있는 경우에는 적용된다는 절충설 등이 있으나, '의심스러울 때는 피고인의 이익으로'라는 원칙이 재심에는 적용될 수 없다는 **적용부정설**이 타당하다(다수설). 왜냐하면 재심개시절차에서는 죄책의 존부를 결정하는 사실의 증명과 확정은 행해지지 않으며, 다만 예측의 문제로서 다시 행할 필요, 즉 재심심판의 필요 또는 불필요에 대한 개연성 판단만이 문제가 되는데, '의심스러울 때는 피고인의 이익으로'라는 원칙은 죄책의 존부에 관계되는 사실인정을 위한 원칙으로서 심증의 정도(가능성, 개연성, 고도의 개연성, 확실성)에는 적용되지 않으며, 재심사유를 완화하여 피해자 구제의 길을 넓힌다는 취지는 이해할 수 있다고 하더라도, 재심개시절차에서 '의심스러울 때에는 피고인의 이익으로'라는 원칙을 적용하는 것은 법적 안정성을 지나치게 동요시켜 형사사법에 위험을 초래할 뿐만 아니라 실질적으로는 재심의 이름으로 무제한의 불복신청의 기회를 허용함으로써 재심제도가 제4심으로 기능할 가능성도 있기 때문이다.

☞ 판례도 '모든 증거 중에서도 어떠한 특정증거가 특별히 신빙성이 객관적으로 두드러지게 뛰어날 정도'(대결 1962.3.24, 62모1), '이미 확정된 판결에서 사실인정자료로 적시된 증거의 증명력보다 경험법칙이나 논리법칙에 따라 객관적으로 우월한 증거가치가 있는 정도'(대판 1965.10.26, 65도710), '단순히 재심대상이 되는 유죄의 확정판결에 대하여 그 정당성이 의심되는 수준을 넘어 그 판결을 그대로 유지할 수 없을 정도로 고도의 개연성이 인정되는 경우'(대결(전합) 2009.7.16, 2005모472)로 판시하여, 부정적인 입장을 취하고 있는 것으로 보인다.

⑥ **폐지된 형벌 관련법령이 당초부터 위헌·무효인 경우:** 판례는 형사소송법 제420조 제5

호의 재심사유에서 무죄 등을 인정할 '증거가 새로 발견된 때'란 재심대상이 되는 확정판결의 소송절차에서 발견되지 못하였거나 또는 발견되었다 하더라도 제출할 수 없었던 증거로서 이를 새로 발견하였거나 비로소 제출할 수 있게 된 때는 물론이고, 형벌에 관한 법령이 당초부터 헌법에 위배되어 법원에서 위헌·무효라고 선언한 때에도 역시 이에 해당하므로 ($\binom{대결 2013.4.18,}{2010모363}$), 「형벌에 관한 법령이 헌법재판소의 위헌결정으로 인하여 소급하여 그 효력을 상실하였거나 법원에서 위헌·무효로 선언된 경우, 당해 법령을 적용하여 공소가 제기된 피고사건에 대하여는 형사소송법 제325조에 따라 무죄를 선고하여야 한다. 나아가 재심이 개시된 사건에서 형벌에 관한 법령이 재심판결 당시 폐지되었다 하더라도 그 폐지가 당초부터 헌법에 위배되어 효력이 없는 법령에 대한 것이었다면 형사소송법 제325조 전단이 규정하는 '범죄로 되지 아니한 때'의 무죄사유에 해당하는 것이지, 형사소송법 제326조 제4호에서 정한 면소사유에 해당한다고 할 수 없다」($\binom{대판(전합) 2013.5.16,}{2011도2631}$)는 입장이다.

(5) 헌법재판소법상 재심사유

형사법률에 관하여 헌법재판소의 위헌결정이 있는 경우에 그 법률을 적용받아 유죄의 확정판결을 받은 자는 재심을 청구할 수 있다($\binom{헌재법 제47조}{제3항, 제4항}$), 즉 위헌으로 결정된 형벌에 관한 법률 또는 법률의 조항은 소급하여 그 효력을 상실하게 되므로, 이때 위헌으로 결정된 법률 또는 법률의 조항에 근거한 유죄의 확정판결에 대하여 재심을 청구할 수 있도록 한 것이다. 헌법재판소법 제68조 제2항의 규정에 의한 헌법소원에 관하여 헌법재판소가 법률에 대한 위헌무효의 결정을 한 경우에도 같다($\binom{헌재법 제75조}{제7항, 제8항}$).

> **참조판례** 「헌법재판소법 제47조 제4항에 따라 재심을 청구할 수 있는 '위헌으로 결정된 법률 또는 법률의 조항에 근거한 유죄의 확정판결'이란 헌법재판소의 위헌결정으로 인하여 같은 조 제3항의 규정에 의하여 소급하여 효력을 상실하는 법률 또는 법률의 조항을 적용한 유죄의 확정판결을 의미한다. 따라서 위헌으로 결정된 법률 또는 법률의 조항이 같은 조 제3항 단서에 의하여 종전의 합헌결정이 있는 날의 다음 날로 소급하여 효력을 상실하는 경우 합헌결정이 있는 날의 다음 날 이후에 유죄판결이 선고되어 확정되었다면, 비록 범죄행위가 그 이전에 행하여졌더라도 그 판결은 위헌결정으로 인하여 소급하여 효력을 상실한 법률 또는 법률의 조항을 적용한 것으로서 '위헌으로 결정된 법률 또는 법률의 조항에 근거한 유죄의 확정판결'에 해당하므로 이에 대하여 재심을 청구할 수 있다」($\binom{대결 2016.11.10,}{2015모1475}$).

(6) 소송촉진 등에 관한 특례법상 재심사유

「소송촉진등에관한특례법」은 피고인의 소재불명으로 인하여 공시송달의 방법으로 재판이 진행되어 유죄판결이 확정되었지만, 유죄의 선고를 받은 자가 책임을 질 수 없는 사유로 공판절차에 출석할 수 없었던 경우에는 재심청구권자가 그 판결이 있었던 사실을 안 날로부터 14일 이내(재심청구인이 책임을 질 수 없는 사유로 위 기간내에 재심청구를 하지 못한 때에는 그 사유가 없어진 날로부터 14일 이내)에 재심을 청구할 수 있다($\binom{소촉법}{제23조의2}$)고 규정하고 있다.

판례는 「특례규정 제23조에 따라 진행된 제1심의 불출석 재판에 대하여 검사만 항소하고 항소심도 불출석 재판으로 진행한 후에 제1심판결을 파기하고 새로 또는 다시 유죄판결을 선고하여 유죄판결이 확정된 경우에도 재심규정을 유추 적용하여 귀책사유 없이 제1심과 항소심의 공판절차에 출석할 수 없었던 피고인은 재심규정이 정한 기간 내에 항소심 법원에 유죄판결에 대한 재심을 청구할 수 있다」고 보면서, 「피고인이 재심을 청구하지 않고 상고권회복에 의한 상고를 제기하여 위 사유를 상고이유로 주장한다면, 이는 형사소송법 제383조 제3호에서 상고이유로 정한 원심판결에 '재심청구의 사유가 있는 때'에 해당한다고 볼 수 있으므로 원심판결에 대한 파기사유가 될 수 있다. 나아가 위 사유로 파기되는 사건을 환송받아 다시 항소심 절차를 진행하는 원심으로서는 피고인의 귀책사유 없이 특례규정에 의하여 제1심이 진행되었다는 파기환송 판결 취지에 따라, 제1심판결에 형사소송법 제361조의5 제13호의 항소이유에 해당하는 재심규정에 의한 재심청구의 사유가 있어 직권 파기사유에 해당한다고 보고, 다시 공소장 부본 등을 송달하는 등 새로 소송절차를 진행한 다음 새로운 심리 결과에 따라 다시 판결을 하여야 한다」(^{대판(전합) 2015.6.25,
2014도17252})는 입장이다.

2. 상소기각의 확정판결에 대한 재심이유

항소 또는 상고의 기각판결에 대해서는 ① 원판결의 증거된 서류 또는 증거물이 확정판결에 의하여 위조 또는 변조된 것이 증명된 때(^{제420조
제1호}), ② 원판결의 증거된 증언, 감정, 통역 또는 번역이 확정판결에 의하여 허위인 것이 증명된 때(^{동조
제2호}), ③ 원판결, 전심판결 또는 그 판결의 기초된 조사에 관여한 법관, 공소의 제기 또는 그 공소의 기초된 수사에 관여한 검사나 사법경찰관이 그 직무에 관한 죄를 범한 것이 확정판결에 의하여 증명된 때(^{동조
제7호})의 세 가지 경우에 한하여 그 선고를 받은 자의 이익을 위하여 재심을 청구할 수 있다(^{제421조
제1항}). 단 ③의 사유에 있어서 원판결의 선고 전에 법관, 검사 또는 사법경찰관에 대하여 공소의 제기가 있는 경우에는 원판결의 법원이 그 사유를 알지 못하여야 한다(^{제420조
제7호 단서}). 제1심 확정판결에 대한 재심청구사건의 판결이 있은 후에는 항소기각판결에 대하여 다시 재심을 청구하지 못하며(^{제421조
제2항}), 제1심 또는 제2심의 확정판결에 대한 재심청구사건의 판결이 있은 후에는 상고기각판결에 대하여 다시 재심을 청구하지 못한다(^{동조
제3항}). 여기서 '재심청구사건의 판결'이란 재심청구절차에 의한 재심개시결정(^{제435조
제1항})이나 재심청구기각결정(^{제433조, 제434조
제1항})을 말하는 것이 아니라, 재심개시결정에 의하여 진행된 재심공판절차에서 내려진 판결을 의미한다.

3. 확정판결에 대신하는 증명

형사소송법 제420조 및 제421조에 의하여 확정판결로써 범죄가 증명됨을 재심청구의 이유로 할 경우에 그 확정판결을 얻을 수 없는 때에는 그 사실을 증명하여 재심의 청구를 할 수 있다. 단 증거가 없다는 이유로 확정판결을 얻을 수 없는 때에는 예외로 한다(^{제422
조}). 여기서 '확정판결을 얻을 수 없을 때'란 유죄판결을 할 수 없는 사실상 또는 법률상의 장애가 있는 경우로서, 예컨대 범인의 사망, 공소시효의 완성, 검사의 불기소처분 등이 이에 해당한다. 다만 검사의 불기소처분의 경우에는 범죄사실의 존재가 적극적으로 입증되어야 할 것이다(대결 1994.7.14, 93모66).

본 사안은 증인의 증언번복이 재심사유가 될 수 있는지 여부와 관련된 재심청구의 이유에 관한 문제이다. 이는 먼저 제420조 제2호와 제7호에 해당하는지 여부가 문제되는데, 동조 제2호가 적용되기 위해서는 증언을 한 증인이 위증죄로 소추되어 그 유죄판결이 확정되어야 하고, 동조 제7호가 적용되기 위해서도 사법경찰관이 증언을 강요한 사실이 인정되어 형법 제125조의 가혹행위죄에 대한 유죄판결이 확정되어야 하는데, 본 사례에서는 그러한 사실이 나타나 있지 않다. 따라서 여기서 문제가 되는 것은 제420조 제5호라고 볼 수 있는데 과연 증인이 증언을 번복한 경우가 '무죄를 인정할 명백한 증거가 새로 발견된 때'에 해당하는가 하는 점이다.

첫째, 증거의 신규성을 살펴보면, 원심법원의 실질적 판단을 거친 증거와 동질의 증거는 신규성이 인정되지 않는다. 여기서 신규성이란 증거방법이 새로운 경우는 물론이고 증거자료가 새로운 경우도 포함한다. 따라서 원판결에서 증인신문을 거쳐 증인과 동일한 내용을 증언할 다른 증인을 신청한 경우에는 신규성이 인정되지 않지만 동일한 증인이라도 전혀 다른 내용의 진술을 하는 경우, 예컨대 증인이나 공동피고인이 유죄의 확정판결을 받은 자에 대해 유리하게 진술내용을 변경한 경우에는 신규성을 인정해야 할 것이다. 다만 이 경우에 증거의 명백성도 인정되는가는 별개의 문제이다. 또한 그 증거가 원판결전에 존재하고 있었는가 여부도 문제되지 않는다. 원판결 당시에 존재하였으나 후에 발견된 증거뿐만 아니라 원판결후에 생긴 증거 및 원판결 당시에 그 존재를 알았으나 증거조사가 불가능하였던 증거도 여기에 포함되기 때문이다. 이와 관련하여 증거의 신규성에 대하여 누구를 기준으로 판단해야 하는지 여부에 대하여 문제된다. 이에는 ㉠ 법원 및 당사자에게도 신규성을 요한다는 긍정설, ㉡ 법원에 대해 신규성이 있으면 족하다는 부정설, ㉢ 당사자에 대하여 신규임을 요하지는 않지만 당사자가 고의나 과실로 제출하지 않은 증거는 신규성을 인정할 수 없다는 절충설(판례)이 있다.

둘째, 증거의 명백성을 살펴보면, 명백한 증거라 함은 새로운 증거가 확정판결을 파기할 고도의 가능성 내지 개연성이 인정되는 것을 말하고, 새로운 증거의 증거가치가 확정판결이 사실인정의 기초로 한 것보다 경험칙이나 논리칙상 객관적으로 우위에 있다고 인정될 것을 요한다고 한다(다수설·판례). 그 근거로 재심개시절차는 사실인정을 위한 절차가 아니라 단지 절차를 반복할 필요성에 대한 심증을 형성하는데 불과하다는 점을 들고 있다. 따라서 이에 따르게 되면 재심개시절차에서는 '의심스러운 때에는 피고인의 이익으로' 원칙이 적용될 여지가 없게 된다. 그러므로 사안의 경우 증인이 증언내용을 번복한 것은 증언내용에 실질적인 차이가 존재하므로 일응 증거의 신규성은 인정되지만, 증언내용의 반복만으로는 '무죄를 인정할 명백한 증거'에 해당한다고 볼 수 없을 것이다. 판례도 동일한 증인이 원판결의 증인신문절차에서 행한 증언과 다른 내용의 진술을 한 경우나 공동피고인이 확정판결후에 앞서의 진술내용을 번복한 경우에도 당해 증거가 다른 증거에 비하여 객관적으로 우위성이 인정되는 증거라고 할 수 없고, 법관의 자유심증에 의해 증거가치가 좌우되는 증거에 불과하다고 하여 증거의 명백성을 부정하고 있다.

결국 위 사안에서 목격자가 증언을 번복한 경우에는 그로 인하여 목격자를 위증죄로 처벌하는 확정판결이 없는 이상(이 경우에는 제420조 제2호에 의하여 재심이유에 해당한다) 증거의 명백성이 부정되어 제420조 제5호의 재심사유에 해당하지 않고, 따라서 이러한 사유로 재심청구를 한 경우에는 재심청구가 이유없다고 인정되므로 제434조에 따라 법원은 결정으로 재심의 청구를 기각해야 할 것이다.

IV. 재심개시절차

사 례

경찰관 甲은 자동차 운전면허증 발급과 관련하여 알선해 달라는 청탁을 받고 乙, 丙, 丁으로부터 수고비 명목으로 각 1000만원씩을 교부받은 공소사실(특가법 제3조 위반)로 기소되었다. 수소법원은 甲에게 세 개의 알선수재사실에 대하여 유죄를 인정하고 전체형으로 징역 1년, 추징 3000만원을 선고하였고, 이 판결은 확정되었다. 그런데 乙이 甲에게 1,000만원을 공여했다는 사실에 대하여 증언을 한 증인 X가 그 증언을 이유로 위증죄의 유죄판결이 확정되자, 甲은 乙사건에 대해 재심청구를 하였다. 甲이 재심청구를 하자, 원심법원은 乙, 丙, 丁의 사건 모두에 대하여 재심개시결정을 내리고, 乙·丙의 알선수재의 점에 대하여는 무죄를 선고하였으나, 丁사건에 대하여는 원판결후의 정황 등을 고려하여 甲에게 징역 1년 6개월, 추징 1000만원을 선고하였다. 원심의 판결은 정당한가?

1. 재심의 관할

재심의 청구는 원판결의 법원이 관할한다($\frac{제423}{조}$). 여기에서 원판결이란 재심청구인이 재심이 이유있음을 주장하여 재심청구의 대상으로 삼은 판결을 말한다. 따라서 제1심판결을 재심청구의 대상으로 하는 경우에는 제1심법원이, 상소기각판결을 대상으로 하는 경우에는 상소법원이 재심청구사건을 관할한다. 그러나 항소심에서 파기되어버린 제1심판결은 '원판결'이 아니므로 그 제1심법원은 관할법원이 되지 못한다($\frac{대결\ 2004.2.13,}{2003모464}$). 대법원이 제2심판결을 파기하고 자판한 경우에도 재심관할법원은 파기된 판결의 선고법원이 아니라 원판결을 선고한 대법원이 된다($\frac{대결\ 1961.12.4,}{4294형항20}$).

2. 재심의 청구

(1) 청구권자

재심을 청구할 수 있는 자는 검사, 유죄의 선고를 받은 자 및 그 법정대리인, 유죄의 선고를 받은 자가 사망하거나 심신장애상태가 있는 경우에는 그 배우자, 직계친족 또는 형제자매이다($\frac{제424}{조}$). 법관, 검사 또는 사법경찰관의 직무상 범죄를 재심이유로 하는 경우에는 검사가 아니면 재심의 청구를 할 수 없다($\frac{제425}{조}$). 검사 이외의 자가 재심청구를 하는 경우에는 변호인을 선임할 수 있으며($\frac{제426조}{제1항}$), 변호인의 선임은 재심의 판결이 있을 때까지 그 효력이 있다($\frac{동조}{제2항}$). 이 경우에 변호인도 그 대리권에 기하여 재심을 청구할 수 있다($\frac{대결\ 1956.4.27,}{4289형재항10}$).

(2) 재심청구의 시기

재심의 청구는 형의 집행을 종료하거나 형의 집행을 받지 아니하게 된 때에도 할 수 있으므로($\frac{제427}{조}$), 재심청구의 시기에는 제한이 없다. 따라서 유죄의 선고를 받은 자가 사망한 때에도 재심청구를 할 수 있다. 이 경우에도 명예회복의 이익이 있고 재심에서 무죄의 판결을 받으면 판결의 공시(^{제440}_조), 형사보상, 기타 몰수 또는 추징된 물건이나 금전의 환부 등 유죄판결에 수반되는 부수효과를 제거할 수 있는 법률적 이익이 있기 때문이다. 다만 재심청구인이 재심청구를 한 후 청구에 대한 결정이 확정되기 전에 사망한 경우에는 절차를 속행하는 규정이 없으므로 재심청구절차는 재심청구인의 사망으로 당연히 종료하게 된다(^{대결 2014.5.30,}_{2014모739}).

(3) 재심청구의 방식

재심의 청구를 함에는 재심청구서에 재심청구의 취지와 재심청구의 이유를 구체적으로 기재하고, 여기에 원판결의 등본 및 증거자료를 첨부하여 관할법원에 제출하여야 한다(^규_{제166조}). 따라서 구술신청은 허용되지 않는다. 판례는 증거보전신청이 제1심 공판기일전에 한하여 허용된다는 점을 이유로, 재심청구사건에서 증거보전절차가 허용되지 않는다(^{대결 1984.3.29,}_{84모15})는 입장이다.

(4) 재심청구의 효과

재심의 청구는 형의 집행을 정지하는 효력이 없다. 다만 관할법원에 대응한 검찰청 검사는 재심청구에 대한 재판이 있을 때까지 형의 집행을 정지할 수 있다(^{제428}_조). 그러나 재심개시의 결정을 할 때에는 법원은 결정으로 형의 집행을 정지할 수 있다(^{제435조}_{제2항}). 다만 '소송촉진 등에 관한 특례법' 제23조의2에 의한 재심의 청구가 있는 경우에는 법원은 재판의 집행을 정지하는 결정을 하여야 하며(^{동조}_{제2항}), 이 경우에 피고인을 구속할 사유가 있으면 구속영장을 발부하여야 한다(^{동조}_{제3항}).

(5) 재심청구의 취하

① **취하의 방식**: 재심의 청구는 취하할 수 있다(^{제429조}_{제1항}). 재심청구의 취하는 서면에 의하여야 하며, 다만 공판정에서는 구술로 할 수 있다(^규_{제167조}). 교도소 또는 구치소에 수감된 자가 재심청구를 취하하는 경우에는 상소에 관한 특칙이 준용되므로(^{제430조,}_{규 제168조}), 재소자가 교도소장에게 취하서를 제출한 때에 재심청구를 취하한 것으로 간주한다.

② **취하의 시기**: 재심청구를 취하할 수 있는 시기에 대하여 재심개시결정이 있을 때까지라는 견해도 있으나, ㉠ 재심청구의 시기를 공소취소의 시기와 구별할 이유가 없고 ㉡ 재심개시결정 이후에도 청구를 취하할 실익이 있으며, ㉢ 재심선고에 법률상의 효과(^{제421조 제2항·제3항,}_{제436조})가 인정되는 점에 비추어 볼 때 재심에 대한 제1심 판결선고시까지로 보아야 할 것이다(통설).

③ **취하의 효과**: 재심의 청구를 취하한 자는 동일한 사유로써 다시 재심을 청구하지 못한다(^{제429조}_{제2항}). 따라서 다른 이유로는 다시 청구할 수 있다.

3. 재심청구에 대한 심판

(1) 재심청구의 심리

① **심리절차의 구조 및 사실조사:** 재심청구에 대한 심리는 결정으로 하므로 구두변론에 의할 필요가 없고 절차를 공개할 필요도 없다. 다만 법원은 재심청구의 이유의 유무를 판단함에 필요하다고 인정할 때에는 사실조사를 할 수 있으며, 이를 합의부원에게 명하거나 다른 법원의 판사에게 촉탁할 수 있다(제431조제1항). 사실조사의 범위는 재심청구자가 재심청구의 이유로 주장한 사실의 유무에 한한다는 것이 통설이다. 판례도「형사소송법상 재심절차는 재심개시절차와 재심심판절차로 구별되는 것이므로, 재심개시절차에서는 형사소송법을 규정하고 있는 재심사유가 있는지 여부만을 판단하여야 하고, 나아가 재심사유가 재심대상판결에 영향을 미칠 가능성이 있는가의 실체적 사유는 고려하여서는 아니된다」(대결 2008.4.24, 2008모77.)는 입장이다. 그리고 방법에 있어서 사실조사가 재심청구의 이유유무를 판단하기 위한 것이어서 소송범죄사실의 존부를 판단하는 것과는 다르기 때문에 반드시 엄격한 증명을 필요로 하는 것은 아니라고 보아야 할 것이다.

② **당사자의 의견청취:** 재심의 청구에 대하여 결정을 함에는 청구한 자와 상대방의 의견을 들어야 하며, 유죄선고를 받은 자의 법정대리인이 재심을 청구한 경우에는 유죄선고를 받은 자의 의견도 들어야 한다(제432조). 위의 의견을 듣지 아니하였거나, 의견진술의 기회를 주지 아니하고 재심청구에 대한 기각결정을 한 경우에는 결정에 영향을 미치는 중대한 위법에 해당하므로 즉시항고의 이유가 된다(대결 1983.12.20, 83모43). 그러나 청구한 자와 상대방에게 의견진술의 기회를 주면 족하며, 반드시 의견진술이 있을 것을 요하는 것은 아니다(대결 1982.11.25, 82모11).

③ **국선변호인의 선정불요**(제33조,제282조): 명문규정이 없으므로 원사건이 필요적 변호사건에 해당하더라도 국선변호인을 선정할 필요는 없다. 다만 재심개시결정을 한 후에는 일반 공판절차에 들어가므로 국선변호인을 선정하여야 할 것이다.

④ **법령적용의 시기:** 재심이 개시된 사건에서 범죄사실에 대하여 적용하여야 할 법령은 재심판결 당시의 법령이고, 재심대상판결 당시의 법령이 변경된 경우 법원은 그 범죄사실에 대하여 재심판결 당시의 법령을 적용하여야 한다(대판(전합) 2011.1.20, 2008재도11).

(2) 재심청구에 대한 재판

① **청구기각의 결정:** 재심의 청구가 법률상의 방식에 위반하거나 청구권의 소멸후인 것이 명백하여 부적합하거나(제433조) 재심의 청구가 이유없는 경우에는 청구기각의 결정을 하여야 하며(제434조), 동일한 사건에 대한 상소기각의 확정판결과 그 판결에 의하여 확정된 하급심판결에 대하여 재심청구가 경합되는 경우에 하급법원이 재심의 판결을 한 때에는 상소기각의 판결을 한 법원은 재심청구를 기각하여야 한다(제436조).

☞ 판례는 원심이 항소심에서 파기된 제1심판결을 대상으로 하는 재심청구가 법률상의 방식에 위반한 경우에 해당함에도 형사소송법 제433조에 따라 재심청구를 기각하지 아니하고 재심청구의 사유가 없다는 이유를 들어 같은 법 제434조 제1항에 따라 재심청구기각결정을 하였더라도 모두 재심청구를 기각한다는 결정을 하는 점에서는 주문의 내용에 차이가 없으므로 이러한 원심결정의 위법이 재판에 영향을 미치지 아니한다(^{대결 2004.2.13,}_{2003모464})는 입장이다.

② **재심개시결정:** 재심의 청구가 이유있다고 인정한 때에는 재심개시의 결정을 하여야 하며(^{제435조}_{제1항}), 이 경우에는 결정으로 형의 집행을 정지할 수 있다(^{동조}_{제2항}). 원판결에 오류가 있을 가능성을 인정하여 재심개시의 결정을 한 것이므로 그 판결에 의하여 형의 선고를 받은 자를 위하여 형의 집행을 정지할 수 있도록 한 것이다.

문제는 경합범의 일부에 대해 재심청구가 이유있는 경우, 예컨대 甲 사실과 乙 사실이 경합범으로 1개의 형이 선고되어 판결이 확정된 후 甲 사실에 대하여만 재심사유가 인정되는 경우에 재심법원이 '재심개시결정을 할 범위'와 그 '심판범위'에 대하여 별도의 규정이 없다는 점이다. 여기서 재심개시결정은 재심사유있는 사건에 대하여만 하여야 하는지, 아니면 전체 사건에 대하여 하는지, 또 재심사유있는 사실에 대하여만 심리할 수 있는지, 아니면 경합범인 사건 전부에 대하여 심리할 수 있는지 그리고 만약 후자의 경우라면 재심사유없는 죄에 대하여도 양형조건 이외에 사실인정에 대하여도 심리할 수 있는가 등을 둘러싸고 견해가 대립하고 있다.

가) 학　설: 재심사유가 있고 재심청구된 부분에 대해서만 재심개시결정을 하고 재판심리(재심심판)의 대상도 역시 그 부분에 한한다는 **일부재심설**, 경합범의 경우에 1개의 형이 선고되면 재심청구가 없는 부분도 양형에서 재심사유가 인정된 부분과 불가분의 관계를 이루게 되므로 경합범 전체에 대해 재심개시결정을 하여야 하고 재심이 개시된 이상 전체 범죄사실(재심심판의 대상)에 대하여 다시 심리해야 한다는 **전부재심설**, 재심개시결정은 심판대상의 전부에 대하여 해야 하지만, 재심사유가 없는 사실에 대하여는 재심개시결정으로 형식적으로 재판심리(재심심판)의 대상에 포함되는 것에 불과하므로 재심법원은 재심사유가 없는 사실에 대하여 유죄인정을 파기할 수는 없고 다만 그 양형에 관하여 필요한 조사를 할 수 있다는 **절충설**이 대립하고 있다.

학설의 차이는 전부재심설에 따르면 재심개시결정 및 사실심리를 전체사건에 해야 하고, 절충설에 따르면 재심개시결정은 전체사건에 하지만 재심사유가 없는 사실은 양형에서 고려될 뿐이며, 일부재심설은 재심개시결정 및 사실심리를 재심사유가 있는 사건에 한정하므로 형의 분리절차를 별도로 진행하여야 하고, 양형고려사유도 '원판결시'를 기준으로 하며 원판결 이후의 사정은 고려하지 않는다.

나) 판　례

대법원은 「경합범의 관계에 있는 수개의 범죄사실을 유죄로 인정하여 한 개의 형을 선고한 확정판결에서 그 중 일부의 범죄사실에 대하여만 재심청구의 이유가 있는 것으로 인정되는 경우에는 형식적으로 1개의 형이 선고된 판결에 대한 것이어서 그 판결 전부에 대하여 재심개시결정을 할 수밖에 없지만, 비상구제수단인 재심제도의 본질상 재심사유가 없는 범죄사실에 대하여는 **재심개시결정의 효력이 그 부분을 형식적으로 심판의 대상에 포함시키는 데 그치므로 재심법원은 그 부분에 대하여는 이를 다시 심리하여 유죄인정을 파기할 수 없고, 다만 그 부분에 관하여 새로이 양형을 하여야 하므로 양형을 위하여 필요한 범위에 한하여만 심리를 할 수 있을 뿐이다**(대판(전합) 2011.1.20, 2008재도11)라고 판시하면서, 양형시점에 관해서도 「재심사유가 없는 범죄사실에 관한 법령이 재심대상 판결후 개정 폐지된 경우에는 그 범죄사실에 관하여도 재심판결당시의 법률을 적용하여야 하고 양형조건에 관하여도 재심대상 판결후 재심판결까지의 새로운 정상도 참작하여야 하며, 재심사유 있는 사실에 관하여 심리 결과 만일 다시 유죄로 인정되는 경우에는 재심사유없는 범죄사실과 경합범으로 처리하여 한 개의 형을 선고하여야 한다」(대판 1996.6.14, 96도477)고 판시하여 재심판결시점을 기준으로 삼고 있다(절충설).

다) 검   토: 일부재심설은 ㉠ 재심대상판결이 경합범에 대하여 하나의 형을 선고하였음에도 甲 사실에 대하여만 재심개시결정을 하고 이 부분만 재심대상이 된다고 하는 것은 경합범의 성질에 반하고, ㉡ 재심사유가 있는 甲 사실이 무죄로 인정될 경우에도 형을 분리하여 두 개의 주문을 선고하는 것은 경합범의 경우 1개의 형을 선고하도록 규정하고 있는 형법 제37조의 취지에 반한다. 반면에 전부재심설은 재심사유가 없는 乙 사실에 대하여 다시 심리를 하도록 요구하는 것이므로 비상구제절차인 재심의 본질과 입법취지에 반하며, ㉡ 재심사유가 없는 乙 사실의 경우 이미 판결이 확정되었음에도 재심사유가 있는 甲 사실과 경합하여 한 개의 형으로 처벌되었다는 우연한 사정으로 인하여 사실관계를 다시 심리하는 것은 甲, 乙 사실이 별개의 형으로 처벌된 경우와 비교하여 형평에 맞지 않는다. 따라서 경합범의 경우 1개의 형을 선고함을 원칙으로 하는 형법 제37조 및 제39조의 입법취지를 고려할 때, 절충설이 타당하다.

절충설에 대하여 ㉠ 乙 사실에 대하여 재심사유가 없음에도 불구하고 비록 양형에 한정되기는 하지만 새로운 조사를 하여 확정판결 이후의 사정을 고려하여 확정판결 후 개폐된 법령에 따라 양형을 판단함은 재심제도의 취지에 반하고, ㉡ 재심판결에서 집행유예를 선고할 경우 재심대상판결의 확정시부터 기산되는 일부재심설에 비하여 재심판결 확정시부터 기산되므로 피고인에게 불리하다는 비판이 있다. 그러나 ㉠ 비판과 관련하여, 乙 사실에 대하여 새로 형을 정하는 것이 불가피하고 그렇다면 재심판결 선고당시의 양형조건을 따르는 것이 오히려 법감정에 맞을 뿐만 아니라 피고인에게도 유리하므로 재심제도의 본질에 부합하며, ㉡ 비판과 관련하여, 만일 원판결이 실형인 경우라면 절충설에 따라 재심대상 판결확정후의 유리한 정상까지 고려하여 재심판결에서 집행유예를 선고하는 것이므로 유예기간이 재심판결 확정시부터 기산된다고 하여 피고인에게 불리하지 않다. 원판결이 집행유예인 경우에도 형사소송법 제439조의 불이익변경금지의 입법취지를 고려할 때, 유예기간의 기산점이 원판결 확정시부터 재심판결 확정시로 변경되는 것은 실질적으로 불이익한 것이어서 절충설에 의하더라도 원판결 확정시부터 기산하도록 주문을 선고할 것이므로 문제가 없다.

③ 결정에 대한 불복: 재심신청기각결정과 재심개시결정에 대해서는 즉시항고를 할 수 있다(제437조). 이에 대하여 판례는 「재심개시결정에 대하여는 형사소송법 제437조에 규정되어 있는 즉시항고에 의하여 불복할 수 있고, 이러한 불복이 없이 확정된 재심개시결정의 효력

에 대하여는 더 이상 다툴 수 없으므로, 설령 재심개시결정이 부당하더라도 이미 확정되었다면 법원은 더 이상 재심사유의 존부에 대하여 살펴 볼 필요 없이 형사소송법 제436조의 경우가 아닌 한 그 심급에 따라 다시 심판을 하여야 한다」($^{\text{대판 2004.9.24,}}_{\text{2004도2154}}$)는 입장이다.

사례해설

사안은 항소심법원이 ① 재심개시결정과 ② 乙, 丙, 丁의 사건에 대해 각각 새로운 판결을 했으므로 양자에 존재하는 위법을 검토해야 한다. ①과 관련하여 ⅰ) 재심청구의 적법 ⅱ) 재심사유의 존재 ⅲ) 재심개시결정의 범위 등에 대한 각각의 요건을 검토해야 하며, ②와 관련하여 丙사건에 무죄를 인정한 점, 丁사건에 대해 형량을 1년에서 1년 6개월로 향상시킨 점(이는 원판결 이후의 사유를 고려한 것임)이 문제된다. 따라서 재심심판의 범위 및 재심에서의 불이익변경금지의 원칙($^{\text{제439}}_{\text{조}}$)의 위배여부를 검토해야 한다.

첫째, 재심개시결정에서의 위법여부와 관련하여 (1) 재심청구의 위법을 살펴보면, 甲의 재심청구는 법률상의 방식에 위반하거나 청구권의 소멸후인 것이 명백한 때에 해당하지 않아야 한다($^{\text{제433}}_{\text{조}}$). 그런데 사안에서는 이 점에 관하여 불명하므로 이 요건은 충족한 것으로 전제한다. (2) 재심사유의 존부를 살펴보면 제435조의 재심청구가 이유가 있기 위해서는 제420조의 사유 중 하나가 있어야 한다. 그런데 사안을 살펴보면, 乙사건에 관하여 증언을 행한 증인 X가 그 증언을 이유로 위증죄로 처벌받았기 때문에 제420조 제2호에 해당된다. (3) 재심개시결정범위의 문제를 살펴보면, 설문의 경우 乙사건에만 재심사유가 있지만 乙·丙·丁 사건이 모두 유죄이고 하나의 전체형이 선고된 특수성이 있으므로 만약 乙사건이 무죄로 된다면 전체형을 파기하고 다시 형을 정할 필요가 있다. 따라서 전부재심설에 따르면 사안의 경우 乙·丙·丁 전부에 대해 양형 및 유·무죄에 대하여 다시 심리가 가능하며, 일부재심설에 따르면 재심사유가 없는 丙·丁사건에 대해서는 심판을 할 수 없을 것이다(유죄). 다만 재심대상인 확정판결이 乙·丙·丁 사실에 대하여 한 개의 형을 선고하였기 때문에 乙·丙·丁 사실에 관한 형의 분리절차를 시행하여야 하며, 이 경우 乙사건이 무죄가 되었으므로 乙부분에 대한 양형을 제거해야 할 것이다. 이때 양형 고려사유는 원판결시를 기준으로 하며 원판결 이후의 사정은 고려하지 않는다. 반면에 절충설에 따르면 심판범위는 乙사건만이 가능하고 丙사건과 丁사건은 양형심리만을 한다. 결국 이 견해는 丙과 丁사건에 대한 유·무죄심리를 금지함이 전부재심설과 다르고, 양형시점을 재심판결시점을 기준으로 한다는 점에서 일부재심설과 다르다고 볼 수 있다. 판례는 절충설을 따르고 있다. 결국 사안의 경우 재심개시결정이 乙·丙·丁 전체사건에 있으므로 전부재심설과 절충설에 의하면 적법하나, 일부재심설에 의하면 丙과 丁사건에 대한 결정은 위법하다.

둘째, 재심법원의 판결의 위법여부와 관련하여 (1) 재심법원의 심판범위를 살펴보면, 전부재심설에 따르면 적법하고, 일부재심설에 따르면 丙사실에 대한 무죄선고는 위법할 뿐만 아니라 丁사건에 대한 새로운 양형고려도 위법하다. 반면에 절충설에 따르면 丙사건에 대한 무죄선고는 위법하나, 丁사건에 대한 새로운 양형고려는 적법하다. 생각건대 재심제도의 법적 안정성 및 재심제도의 확대운영의 필요성을 고려할 때 절충설이 타당하다고 본다. (2) 제439조의 위반여부를 살펴보면, 사안은 전부재심설에 따를 경우에는 불이익변경금지의 원칙($^{\text{제439}}_{\text{조}}$) 위반의 위법이 있으며, 일부재심설에 따를 경우에는 불이익변경금지의 원칙($^{\text{제439}}_{\text{조}}$) 위반의 위법 이외에 제435조 제1항 및 제438조 제1항 위반의 위법이, 절충설에 따를 경우에는 불이익변경금지의 원칙($^{\text{제439}}_{\text{조}}$) 위반의 위법 이외에 제438조 제1항 위반의 위법도 있다. 왜냐하면 제438조 제1항에 의하면 재심법원은 "재심개시의 결정이 확정된 사건에 대하여는 …… 그 심급에 따라 심판하여야 한다"고 규정되어 있는데, 여기서 사건의 범위는 "재심의 청구가 이유있다고 인정(제435조제1항)되는 범위와 반드시 일치하지 않기 때문이다. 즉 전부재심설과 일부재심설은 재심개시결정의 범위와 재심심판범위인 사건의 범위를 같은 것으로 보지만, 절충설(판례)은 사건의 전부를 대상으로 하지만 재심심판을 두 가지 경우로 나누어 재심청구가 있는 사건에 대해서는 유·무죄 및 양형심리의 대상으로 삼고, 그 사건과 함께 1개의 형이 선고된 다른 사건은 양형심리의 대상으로만 삼고 있기 때문에 재심개시결정의 범위가 잘못된 경우에는 제435조 제1항의 위반이 인정되는 것이고, 재심의 심판범위가 잘못된 경우에는 제438조 제1항의 위반이 인정되는 것이다. 따라서 본 사안에서 전부재심설에 따르면 乙사건 이외에 丙, 丁사건에 대하여도 실체심리를 행하고 丁사건에 대한 양형을 다시 하는 것은 모두 재심의 심판범위에 속한다고 볼 수 있으므로 재심법원의 丙, 丁사건부분에 대한 파기는 제438조 제1항을 위반한 것으로 볼 수 없지만, 일부재심설에 따르면 재심법원은 재심청구한 乙사건만 심판을 하여야 하고 丙, 丁사건에 대하여는 양형심리만을 할 수 있으므로 재심법원이 丙사건부분에 대하여 재심개시결정을 한 것은 제435조 제1항을 위반한 것이고 또한 丙사건부분에 대한 유죄인정을 파기하여 심판을 한 것은 물론 丁사건에 대한 양형에서도 원판결 이후의 사정을 참작하여 징역형을 상향시킨 것은 제438조 제1항을 위반한 것으로 볼 수 있다. 절충설에 따르면 본 사안에서 乙사건만이 실질적인 심판대상이 되며, 丙, 丁사건은 형식적으로만 재심의 심판대상, 즉 양형심리에 한하여 재심의 심판대상이 되므로 재심법원이 丁사건에 대한 양형을 다시 한 점과 양형에서 원판결 이후의 사정을 참작하여 징역형을 상향시킨 것은 재심의 심판범위를 벗어난 것이 아니지만 불이익변경금지의 원칙(제439)에 위배되며, 丙사건에 대한 유죄인정을 파기한 것은 재심의 심판범위를 벗어난 제438조 제1항에 위반한 것으로 볼 수 있다. 결국 원심판결이 丁사건에 대하여 징역형을 상향시킨 것은 불이익변경금지의 원칙(법제439조)에 위배되며, 丙사건에 대하여 무죄를 선고한 것은 형사소송법 제438조 제1항에 위반한 것으로 부적법하다.

V. 재심심판절차

1. 재심의 공판절차

재심개시의 결정이 확정된 사건에 대하여는 법원은 그 심급에 따라 다시 심판을 하여야 한다(제438조제1항). 다만 하급심에서 이미 재심의 판결이 있어 상급심에서 경합한 청구를 기각해야 할 경우는 그러하지 아니한다. 여기서 '심급에 따라'란 제1심의 확정판결에 대한 재심의 경우에는 제1심의 공판절차에 따라, 항소기각 또는 상고기각의 확정판결에 대하여는 항소심 또는 상고심의 절차에 따라서 심판한다는 것을 의미한다. 또한 '다시' 심판한다는 것은 재심대상판결의 당부를 심사하는 것이 아니라 피고 사건 자체를 처음부터 새로 심판하는 것을 의미하므로(대판(전합) 2019.6.20., 2018도20698), 재심대상판결이 상소심을 거쳐 확정되었더라도 재심사건에서는 재심대상판결의 기초가 된 증거와 재심사건의 심리과정에서 제출된 증거를 모두 종합하여 공소사실이 인정되는지를 새로이 판단하여야 한다. 따라서 새로 심판한 결과가 원판결과 동일한 결론에 도달하더라도 피고사건에 대하여 다시 판결을 선고하여야 하고, 재심의 판결에 대하여는 일반원칙에 따라 상소가 허용된다. 이 경우 재심사건의 공소사실에 관한 증거

취사와 이에 근거한 사실인정은 다른 사건과 마찬가지로 그것이 논리와 경험의 법칙을 위반하거나 자유심증주의의 한계를 벗어나지 아니하는 한, 사실심으로서 재심사건을 심리하는 법원의 전권에 속한다(대판 2015.5.14, 2014도2946).

2. 재심심판절차의 특칙

(1) 공판절차의 정지와 공소기각의 결정

사망자 또는 회복할 수 없는 심신장애자를 위한 재심청구가 있거나 유죄선고를 받은 자가 재심판결전에 사망하거나 회복할 수 없는 심신장애자로 된 때에는 공판절차의 정지나 공소기각결정을 할 수 없다(제438조 제2항). 이 경우 피고인이 출정하지 아니하여도 심판을 할 수 있지만, 변호인이 출정하지 않으면 개정하지 못한다(동조 제3항).

(2) 공소취소

재심사건은 이미 확정된 원심재판을 전제로 하므로 재심개시절차에서는 공소취소가 불가능하다(대판 1976.12.28, 76도3203).

(3) 공소장변경의 허용여부

재심의 경우에도 불이익변경금지의 원칙이 적용되고 있으므로 공소장변경의 허용범위를 제한할 필요가 없다는 전면적 허용설도 있으나, 이익재심이므로 중한 죄를 인정하기 위한 공소사실의 추가·변경은 허용되지 않는다는 제한적 허용설이 타당하다(다수설).

판례도 「재심의 취지와 특성, 형사소송법의 이익재심 원칙과 재심심판절차에 관한 특칙 등에 비추어 보면, 재심심판절차에서는 특별한 사정이 없는 한 검사가 재심대상사건과 별개의 공소사실을 추가하는 내용으로 공소장을 변경하는 것은 허용되지 않고, 재심대상사건에 일반 절차로 진행 중인 별개의 형사사건을 병합하여 심리하는 것도 허용되지 않는다」(대판(전합) 2019.6.20, 2018도20698)고 판시하여, 부정적인 입장이다.

3. 재심의 재판

(1) 불이익변경의 금지

재심에는 원판결의 형보다 중한 형을 선고하지 못하며(제439조), 검사가 재심을 청구한 경우에도 불이익변경이 금지된다. 이는 유죄의 선고를 받은 자의 이익을 위해서만 허용되는 재심제도의 본질상 당연한 것이다(이익재심). 다만, 재심은 피고인의 법적 안정성을 해치지 않는 범위 내에서 이루어져야 한다. 왜냐하면 단순히 재심절차에서 전의 판결보다 무거운 형을 선고할 수 없다는 원칙만을 의미하고 있는 것이 아니라, 피고인이 원판결 이후에 형 선고의 효력을 상실하게 하는 특별사면을 받아 형사처벌의 위험에서 벗어나 있는 경우라면, 재심절차에서 형을 다시 선고함으로써 특별사면에 따라 발생한 피고인의 법적 지위를 상실하게 하여서는 안 된다는 의미도 포함되어 있기 때문이다. 따라서 특별사면으로 형 선고의 효력이 상실된 유죄의 확정판결에 대하여 재심개시결정이 이루어져 재심심판법원이 심급에 따라 다시 심판한 결과 무죄로 인정되는 경우라면 무죄를 선고하여야 하겠지만, 그와 달리 유죄로 인정되는 경우에는, 피고인에 대하여 다시 형을 선고하거나 피고인의 항소를 기각하여 제1심판결을 유지시키는 것은 이미 형 선고의 효력을 상실하게 하는 특별사면을 받은 피고인의 법적 지위를 해치는 결과가 되어 이익재심과 불이익변경금지의 원칙에 반하게 되므로, 재심심판법원으로서는 '피고인에 대하여 형을 선고하지 아니한다'는 주문을 선고할 수밖에 없을 것이다(대판 2018.2.28, 2015도15782).

(2) 무효판결의 필요적 공고

재심에서 무죄의 선고를 한 때에는 그 판결을 관보와 그 법원소재지의 신문지에 기재하여 공고하여야 한다. 다만 피고인 등 재심을 청구한 사람이 원하지 아니하는 의사를 표시한 경우에는 그러하지 아니하다(제440조). 종래 재심에서 무죄판결을 선고받은 피고인의 명예회복을 위한 조치로 재심무죄판결을 필요적으로 공고하도록 규정하고 있었으나, 그로 인해 오히려 무죄판결을 선고받은 피고인의 사생활이 침해되거나, 인격·명예가 훼손되는 경우가 발생한다는 비판이 제기되자, 2016. 5. 개정된 형사소송법은 피고인 등 재심을 청구한 사람이 원하지 아니하는 경우에는 재심무죄판결을 공시하지 아니할 수 있도록 규정한 것이다.

여기서 '무죄의 선고를 한 때'의 의미에 대하여, ⊙ 형사소송법 제440조의 문언상 선고가 있으면 충분하고 그 판결이 확정될 필요는 없다는 **선고시설**과 ⓛ 상소심에서 유죄판결로 변경될 가능성도 있으므로 무죄판결이 확정된 때로 보아야 한다는 **확정시설**이 있다. 생각건대 피고인의 명예를 조속히 회복시키기 위한 목적론적 관점에서 볼 때, 선고시설이 보다 타당하다고 본다.

(3) 재심판결과 원판결의 효력

재심판결이 확정된 때에는 원판결은 당연히 효력을 잃는다. 따라서 재심대상판결에 따른 형집행의 전력은 누범가중사유(형법 제35조)에 해당되지 않으며, 재심판결에서도 집행유예가 확정된 경우 그 집행유예 기간의 시기(始期)는 재심판결의 확정일이 된다(대판 2019.2.28, 2018도13382). 다만, 재심판결이 확정되었다고 하여 원판결에 의한 형의 집행까지 무효로 되는 것은 아니다. 원판결에 의한 형의 집행은 어디까지나 유죄의 확정판결에 의하여 적법하게 행하여진 것이기 때문이다. 따라서 원판결에 의한 자유형의 집행은 재심판결의 자유형에 통산되고, 재심판결에서 벌금형이 확정된 경우 이미 집행된 재심대상판결의 징역형은 판결선고 전의 구금일수와 마찬가지이므로 재심판결의 벌금형에 대한 노역장유치기간에 산입된다(대판 2014.11.13, 2014도10193).

참조판례 「원판결이 선고한 집행유예가 실효 또는 취소됨이 없이 유예기간이 지난 후에 새로운 형을 정한 재심판결이 선고되는 경우에도, 그 유예기간 경과로 인하여 원판결의 형 선고 효력이 상실되는 것은 원판결이 선고한 집행유예 자체의 법률적 효과로서 재심판결이 확정되면 당연히 실효될 원판결 본래의 효력일 뿐이므로, 이를 형의 집행과 같이 볼 수는 없고, 재심판결의 확정에 따라 원판결이 효력을 잃게 되는 결과 그 집행유예의 법률적 효과까지 없어진다 하더라도 재심판결의 형이 원판결의 형보다 중하지 않다면 불이익변경금지의 원칙이나 이익재심의 원칙에 반한다고 볼 수 없다」(대판 2018.2.28, 2015도15782).

(4) 재심판결의 기판력이 미치는 시간적 범위

판례는「상습범으로 유죄의 확정판결을 받은 사람이 그 후 동일한 습벽에 의해 후행범죄를 저질렀는데 유죄의 확정판결에 대하여 재심이 개시된 경우, 동일한 습벽에 의한 후행범죄가 재심대상판결에 대한 재심판결 선고 전에 범하여졌다 하더라도 재심판결의 기판력이 후행범죄에 미치지 않는다」(대판(전합) 2019.6.20, 2018도20698)고 하면서, 금고 이상의 형에 처한 재심판결이 확정된 죄와 그 재심판결 확정 전에 범한 죄 사이에 형법 제37조 후단 경합범이 성립하는지 여부에 대하여, 판례는「유죄의 확정판결을 받은 사람이 그 후 별개의 후행범죄를 저질렀는데 유죄의 확정판결에 대하여 재심이 개시된 경우, 후행범죄와 선행범죄는 동시에 판결할 수 없는 경우에 해당하므로 후행범죄가 그 재심대상판결에 대한 재심판결 확정 전에 범하여졌다 하더라도 아직 판결을 받지 아니한 후행범죄와 재심판결이 확정된 선행범죄 사이에는 경합범 관계가 성립하지 않는다」(대판 2019.7.25, 2016도5479)고 판시하여 재심판결 확정에 따른 시간적 범위를 제한하고 있는데, 이는 재심의 목적 내지 재심절차의 특수성을 고려한 결과로 보인다.

제 2 절 비상상고(非常上告)

사 례

1. 소송촉진등에관한특별법에 의해 피고인 甲이 불출석한 상태에서 공시송달로 공판이 진행되어 유죄판결이 선고·확정되었으나, 피고인이 사회복무요원으로 소집되어 위 판결선고당시 군복무중이었던 사실이 인정되는 경우 이를 이유로 비상상고가 허용되는가?
2. 甲은 피해자 A를 협박(형법 제283조 제1항)한 사실로 공소제기되었다. 제1심 재판 계속 중에 A의 고소취소장이 법원에 제출되었음에도 불구하고 법원이 이를 간과한 채 甲에게 징역 6월에 집행유예 2년을 선고하여 판결이 확정되었다. 이 판결을 시정하기 위한 소송법상의 방법과 그 효과가 무엇인지 설명하시오.

Ⅰ. 서   설

1. 의   의

비상상고란 확정판결의 심판(심리절차 및 재판)에 대하여 법령위반이 있는 것으로 판명된 경우에 법령의 해석·적용의 통일을 주목적으로 그 법령위반을 시정하기 위하여 행하여지는 비상구제절차를 말한다.

2. 재심과의 구별

표 6-6 재심과 비상상고의 구별

구 분	재 심	비상상고
대 상	유죄의 확정판결	모든 확정판결
청구사유	사실오인	법령위반(법령의 해석·적용)
청구권자	검사, 유죄선고 받은 자 등	검찰총장
청구시기	제한 X	제한 X
관할법원	원판결법원	대법원
판결효력	피고인 O	원칙적으로 피고인 X
판결공시	O(무죄판결 선고시)	공시 X

3. 비상상고의 대상

(1) 확정판결

비상상고의 대상은 모든 확정판결이다($\frac{제441}{조}$). 재심의 경우와 달리 유죄의 확정판결에 한하지 않고 무죄, 공소기각, 관할위반, 면소의 재판도 비상상고의 대상이 된다. 약식명령($\frac{제457}{조}$), 즉결심판($\frac{즉심법}{제16조}$), 경범죄처벌법($\frac{제7조}{제3항}$) 및 도로교통법($\frac{제119조}{제3항}$)의 범칙금납부 등도 확정되면 확정판결과 동일한 효력을 가지므로 비상상고의 대상이 된다.

(2) 상소기각의 결정

항소기각의 결정, 상고기각의 결정 등은 판결이 아니지만, 당해 사건에 대한 종국재판이므로 비상상고의 대상이 된다($\frac{대판 1963.1.10,}{62오4}$).

(3) 당연무효의 판결

판결이 당연무효라 할지라도 판결은 확정되어 존재하므로 비상상고에 의하여 당연무효를 확인할 필요가 있기 때문에 비상상고의 대상이 된다고 보아야 한다(통설).

II. 비상상고의 이유

1. 심판의 법령위반

비상상고의 이유는 사건의 심판이 법령에 위반한 때이다. 여기서의 심판은 심리 및 판결을 의미하므로 판결의 법령위반뿐만 아니라 판결전 소송절차의 법령위반도 비상상고의 이유로 된다. 판결의 법령위반은 다시 판결내용의 법령위반과 판결절차의 법령위반으로 나눌 수 있다. 또 '법령위반'이라 함은 실체법의 위반과 소송법의 위반 모두를 포함하나, 의의(疑義)가 없을 정도로 명백한 경우에 한하므로 법령해석에 의의가 있고 당해 문제의 법해석에 관하여 학설의 대립이 있는 경우에 그 결론을 구하기 위하여 비상상고를 하는 것은 허용되지 않는다.

2. 판결의 법령위반과 판결전 소송절차의 법령위반

(1) 문 제 점

판결의 법령위반과 소송절차의 법령위반을 구별하는 실익은 전자의 경우에는 원판결을 파기하고 자판할 수 있지만, 후자에 있어서는 위반된 절차를 파기함에 그친다는 점에 있다($\frac{제446}{조}$). 그런데 ㉠ 구류형에 대하여 선고유예를 선고한 경우($\frac{대판\ 1993.6.22,}{93오1}$), ㉡ 형면제를 선고할 근거나 형면제의 사유가 없는데도 형면제의 판결을 선고한 경우($\frac{대판\ 1994.10.14,}{94오1}$), ㉢ 장물로 인정하면서도 피해자에게 환부하지 않고 몰수한 경우($\frac{대판\ 1960.12.21,}{4293비상1}$), ㉣ '특정 범죄자에 대한 위치추적 전자장치 부착 등에 관한 법률'에 따르면 법원이 특정범죄를 범한 자에 대하여 형의 집행을 유예하면서 보호관찰을 받을 것을 명하는 때에만 전자장치를 부착할 것을 명할 수 있음에도 불구하고 성폭력범죄를 범한 피고인에게 형의 집행을 유예하면서 보호관찰을 받을 것을 명하지 않은 채 위치추적 전자장치 부착을 명한 경우($\frac{대판\ 2011.2.24,}{2010오1}$)처럼 '법령적용의 위법'이 판결의 법령위반이며, '판결전 소송절차의 법령위반'(증인선서를 결한 증인신문이나 형을 선고하면서 상소할 기간과 상소할 법원을 고지하지 않은 경우 등)이 소송절차의 법령위반이라는 점에 이론(異論)이 없다.

> 제446조(파기의 판결) 비상상고가 이유 있다고 인정한 때에는 다음의 구별에 따라 판결을 하여야 한다.
> 1. 원판결이 법령에 위반한 때에는 그 위반된 부분을 파기하여야 한다. 단, 원판결이 피고인에게 불이익한 때에는 원판결을 파기하고 피고사건에 대하여 다시 판결을 한다.
> 2. 원심소송절차가 법령에 위반한 때에는 그 위반된 절차를 파기한다.

문제는 ㉠ '실체적·형식적 소송조건'이 구비되지 아니하여 면소·공소기각·관할위반 등의 재판을 하여야 함에도 불구하고 실체재판을 한 경우 또는 ㉡ 공판개정의 위법($\frac{제276조}{위반}$) 내지 피고인이 불출석한 때에 판결이 선고되거나 상소권을 고지하지 아니하고 형을 선고한 경우($\frac{제324조}{위반}$)와 같이 **판결절차에 위법**이 있는 경우에 **판결의 법령위반**에 해당하는가 아니면 **소송**

절차의 법령위반에 해당하는가라는 점이다. 왜냐하면 **소송조건**은 전체로서의 형사절차가 생성·유지·존속하기 위한 기본조건으로서 형사절차의 전과정에 존재할 것이 요구된다는 점에서 구체적·가시적으로 진행되는 형사절차의 개별적 부분절차(ⓒ)와는 성질상 구별되기 때문이다. 여기서 소송조건을 소송절차에 관한 사항으로 볼 것인지 아니면 소송절차 이외의 사항, 즉 원판결 자체에 관한 것으로 볼 것인지 문제가 생기며, 특히 소송조건 중에서도 특수한 지위를 차지하는 면소판결 사유의 오인과 관련하여 견해가 대립하고 있다.

(2) 학   설

형사소송법 제446조 제1호에 규정된 '원판결이 법령에 위반된 때'란 판결내용의 법령위반과 소송조건에 관한 법령위반(ⓐ)을 의미하며, 제446조 제2호에 규정된 '원심소송절차가 법령에 위반한 때'란 판결전 소송절차(ⓒ)와 판결절차 자체(ⓑ)가 법령에 위반되는 경우를 의미한다는 **소송조건 포함설**과 형사소송법 제446조 제1호에 규정된 '원판결이 법령에 위반된 때'란 판결내용에 직접 영향을 미치는 법령위반(법령적용의 위반과 소송조건의 오인)을 의미하며, 제446조 제2호에 규정된 '원심소송절차가 법령에 위반한 때'란 판결내용에 영향을 미치지 않는 소송절차의 법령위반만을 의미한다는 **판결영향설**이 대립하고 있다. 두 학설 모두 '소송조건의 존부에 대한 오인'을 제446조 제1호에 포함시킨다는 점에서는 차이가 없으나, **판결내용에 영향을 미친 소송조건이 아닌 판결절차의 법령위반**의 경우 후자는 제446조 제1호에 포함된다고 보는 반면, 전자는 제외된다는 입장이다.

> 참조판례 「적법한 증거조사의 절차를 거치지 않고 증거능력이 없는 증거를 유죄의 증거로 채택하였음은 법령에 위반한 것으로서 배상상고의 이유가 되나 원판결 거시의 다른 증거자료를 종합하여서도 피고인에 대한 범죄사실을 인정할 수 있는 이상 위 적법한 증거조사절차를 거치지 않고 각 증거를 원판결이유에 부분만을 파기한다」(대판 1964.6.16, 64오2).

(3) 판   례

판례는 공소시효가 완성된 사실을 간과한 채 피고인에 대하여 약식명령을 발령한 사안에서, 「원판결은 법령을 위반한 잘못이 있고 또한 피고인에게 불이익하므로 형사소송법 제446조 제1호 단서에 의하여 원판결을 파기하고, 피고사건에 대하여 다시 판결을 하기로 한다」(대판 2006.10.13, 2006오2)고 판시하여 면소판결(제326조 제3호)의 경우는 물론, 원판결 선고 전에 피해자가 처벌을 원하지 않는 고소취소장을 제출하였음에도 불구하고 공소기각의 판결(제327조 제6호)을 선고하지 아니하고 위 공소사실에 대하여 유죄를 선고한 사안에서, 「원판결에는 형사소송법 제441조에서 정한 법령위반의 사유가 있으며, 이러한 원판결은 피고인에게 불이익한 때에 해당하므로 형사소송법 제446조 제1호 단서에 의하여 원판결을 파기하고, 피고사건에 관하여 다시 판결을 한다」(대판 2010.1.28, 2009오1)고 하여, 공소기각의 경우에도 파기자판을 한다는 점에서 소송조건포함설을 따르고 있는 것 같다.

(4) 검 토

'판결에의 영향 유무'라는 기준은 형사소송법 제446조로부터 도출될 수 없는 전혀 무관한 것이어서 실정법적 근거를 찾기 어려울 뿐만 아니라, 면소사유나 공소기각의 사유가 있음에도 불구하고 유죄판결을 선고한 경우에 판결내용에 영향을 미친 법령위반인지 여부를 어떻게 평가할 것인지 명확한 기준이 없다는 점에서 판결영향설은 문제가 있다. 소송조건포함설이 타당하다.

3. 사실오인과 비상상고

(1) 문 제 점

심판의 법령위반은 확정판결에서 인정한 사실을 변경하지 아니함을 전제로 한 것이므로 사실오인은 비상상고의 대상으로 될 수 없다. 그런데 전제사실(前提事實)을 오인하여 법령위반이 생긴 경우에 그 법령위반이 비상상고의 이유로 될 수 있는지 견해가 대립하고 있다.

(2) 학 설

전제사실의 오인은 재심제도로 시정하여도 충분하므로 실체법적 사실인가 소송법적 사실인가를 불문하고 법령위반이 사실오인으로 인한 때에는 비상상고를 할 수 없다는 **전면부정설**, 대법원은 사실심이 아니므로 사실오인이 기록의 조사에 의하여 용이하게 인정될 수 있는 사항에 한하여 법령위반의 전제가 된 사실오인이 소송법적 사실인 경우뿐만 아니라 실체법적 사실인 때에도 비상상고를 할 수 있다는 **전면허용설** 등이 주장되고 있으나, 소송법적 사실과 실체법적 사실을 구별하여 법령위반이 소송법적 사실의 오인으로 인한 때에는 비상상고로, 실체법적 사실의 오인으로 인한 때에는 재심으로 구제되어야 한다는 **절충설**이 타당하다고 본다. 왜냐하면 ㉠ 실체법적 사실은 엄격한 증명에 의하여 인정되므로 그것이 인정되면 비상상고에 있어서도 원판결의 판단에 구속되지만 소송법적 사실에 관하여는 그 사실인정이 판결이유 중에 명시되지 않으므로 소송법의 위반이 사실오인에 기한 것인가, 해석적용의 오인에 기한 것인가를 식별하는 것은 사실상 곤란하고, ㉡ 소송법적 사실의 오인으로 인하여 법령의 위반이 있는 것을 명시하는 것은 하급법원의 장래 소송에 대한 경고로서의 의미를 가지며, ㉢ 현행 형사소송법이 소송법적 사실에 한하여 사실조사를 인정하고 있기 때문이다(제444조 제2항).

(3) 판 례

대법원은 「'그 사건의 심판이 법령에 위반한 것'이라고 함은 확정판결에서 인정한 사실을 변경하지 아니하고 이를 전제로 한 실체법의 적용에 관한 위법 또는 그 사건에 있어서의 절차법상의 위배가 있음을 뜻하는 것이므로, **단순히 그 법령 적용의 전제사실을 오인함에 따라 법령**

위반의 결과를 초래한 것과 같은 경우는 법령의 해석적용을 통일한다는 목적에 유용하지 않으므로 그 사건의 심판이 법령에 위반한 것에 해당하지 않는다고 해석함이 상당하다」고 보면서, 「법원이 원판결의 선고 전에 피고인이 이미 사망한 사실을 알지 못하여 공소기각의 결정을 하지 않고 실체판결에 나아감으로써 법령위반의 결과를 초래하였다고 하더라도, 이는 형사소송법 제441조에 정한 '그 심판이 법령에 위반한 것'에 해당한다고 볼 수 없다」(대판 2005.3.11, 2004오2)는 입장이다. 즉, 피고인의 사망을 간과한 유죄의 실체판결은 "확정판결에서 인정한 사실을 변경하지 아니하고 이를 전제로 한 실체법의 적용에 관한 위법 또는 그 사건에 있어서의 절차법상의 위배가 있음"에 해당하지 않는다는 것으로, 어떠한 사실을 오인하여 결과적으로 법령을 위반하는 오류가 발생한 경우(즉 판결 자체만으로는 피고인의 사망 여부가 나타나지 않기 때문에 판결 자체에 법령 위반이 있다고 볼 수 없는 경우)는 '그 심판에 법령위반이 없다'고 판시하고 있는 것이므로, 이는 전면부정설(절충설로 해석도 가능)을 취한 입장으로 보인다.

(4) 구체적 고찰

① **성년의 오인**: 소년의 연령은 실체법적 사실의 성질이 강하지만 그 사실은 기록에 의하여 명백히 인정될 수 있으므로 비상상고가 가능하다는 견해와 비상상고를 부정하는 견해가 대립하고 있다. 생각건대 피고인의 성년여부는 정기형·부정기형을 선고하는 기준으로서 실체법적 사실인 동시에 소송법적 사실이기 때문에 비상상고를 인정하는 것이 타당할 것이다. 판례도 소년에 대하여 성년으로 오인하여 정기형을 선고한 경우(대판 1963.4.4, 63오1)에 비상상고가 적법하다고 판시하고 있다.

② **누범전과의 오인**: 누범가중의 전과는 실체법적 사실이지만 사실조사를 하지 않아도 인정할 수 있는 잘못이므로 비상상고가 가능하다는 견해도 있으나, 누범전과는 공소범죄사실에 준하는 실체법적 사실이므로 비상상고는 허용되지 않고 피고인에게 유리한 재심으로 해결하는 것이 타당하다고 본다. 판례도 동일한 입장이다(대판 1962.9.27, 62오1).

③ **이중의 확정판결**: 동일한 사건에 관한 확정판결의 존재는 소송법적 사실이기 때문에 동일 사건에 대하여 2개의 판결이 확정된 경우는 비상상고가 허용된다(통설).

Ⅲ. 비상상고의 절차

1. 비상상고의 신청

(1) 신청권자와 관할법원

비상상고의 신청권자는 검찰총장이며, 관할법원은 대법원이다(제441조).

(2) 신청의 방식

신청에는 기간의 제한이 없으며, 비상상고를 함에는 그 이유를 기재한 신청서를 대법원에 제출하여야 한다($제442조$). 상고의 경우에는 상고기한의 제한($제374조$)이 있으므로 상고장의 제출과 상고이유서의 제출을 시기적으로 분리하고 있으나, 비상상고의 경우에는 신청기간의 제한이 없으므로 신청과 이유의 주장을 분리할 필요가 없다. 따라서 공소시효, 형의 시효에 구애되지 않고 비상상고의 신청을 할 수 있다.

2. 비상상고의 심리

(1) 공판의 개정

비상상고사건을 심리하기 위해서는 반드시 공판기일을 열어야 한다. 공판기일을 열지 않고 신청서만을 검토하여 비상상고에 대한 판결을 할 수 없다. 그러나 비상상고의 절차에는 제1심의 공판절차에 관한 규정이 준용되지 않을 뿐더러 보통의 상고사건에서도 피고인을 소환하지 않으므로 공판기일에 피고인을 소환할 필요는 없다. 이와 관련하여 피고인이 변호사인 변호인을 선임하여 공판기일에서 의견을 진술하는 것이 현행법상 불가능하다는 견해도 있으나, 부정해야 할 실질적인 이유가 없을 뿐만 아니라 비상상고에 대한 판결의 결과는 피고인이었던 자의 이해에 직접적인 영향을 미치므로 법률적 의견을 들을 필요가 있다는 점을 고려해 볼 때 긍정하는 것이 타당하다고 본다.

(2) 사실조사

대법원은 신청서에 포함된 이유에 한하여 조사하여야 한다($\frac{제444조}{제1항}$). 사실의 조사를 할 수 있는 범위는 법원의 관할, 공소의 수리 및 소송절차에 관한 것에 한한다($\frac{동조}{제2항}$). 왜냐하면 비상상고에는 법원의 직권조사사항이 없으므로 그 이외의 사항에 관하여는 조사할 권한도 의무도 없기 때문이다.

3. 비상상고의 판결

(1) 기각판결

비상상고가 이유없다고 인정한 때에는 판결로써 이를 기각하여야 한다($제445조$). 비상상고의 신청이 부적법한 경우에도 기각판결을 하여야 한다.

(2) 파기자판

비상상고가 이유 있다고 인정한 때에는 다음의 구별에 따라 판결을 하여야 한다($제446조$).
① **판결의 법령위반:** 원판결이 법령에 위반한 경우 그 원판결이 피고인에게 불이익한 때에는 원판결을 파기하고 그 피고사건에 대하여 다시 판결을 하여야 한다($\frac{제446조}{제1호}$). '원판결이

피고인에게 불이익한 때'라 함은 사건에 대하여 새로 하는 판결이 원판결보다 이익된다는 것이 법률상 명백한 경우를 말한다. 예컨대 사면된 범죄에 대하여 사면된 것을 간과하고 상고기각의 결정을 하거나(대판 1963.1.10, 62오4), 반의사불벌죄에 있어서 처벌을 희망하지 아니하는 피해자의 의사표시가 있었음에도 불구하고 이를 간과한 채 유죄판결을 한 경우(대판 2010.1.28, 2009오1)가 여기에 해당한다.

한편 피고인의 이익을 위하여 파기하는 경우이므로 파기환송 또는 파기이송을 긍정하는 견해도 있으나, 비상상고제도는 법령해석·적용의 통일을 주목적으로 하므로 파기자판만이 허용되고, 파기환송 또는 파기이송은 원칙적으로 허용되지 않는다고 보아야 할 것이다(통설). 이 점에서 상고심판결이 원판결을 파기하는 경우 원칙적으로 환송 또는 이송하고(제397조), 예외적으로 자판하는 경우(제396조)와 구별된다.

② **소송절차의 법령위반:** 원심소송절차가 법령에 위반한 때에는 그 위반된 절차를 파기한다(제446조 제2호). 이 경우에는 원판결을 파기하지 않는다. 절차의 법령위반이 판결에 영향을 미쳤는가는 문제되지 않는다.

③ **파기자판의 표준시:** 재심과는 성격을 달리하는 비상상고제도의 취지상 파기자판을 하는 경우에는 원판결시의 법령을 기준으로 해야 할 것이다(원판결시표준설). 자판하는 판결에는 유·무죄의 실체판결은 물론 면소·공소기각의 판결이 포함된다.

4. 비상상고의 판결의 효력

비상상고심의 판결은 파기자판의 경우를 제외하고는 파기판결이냐, 기각판결이냐를 불문하고 그 효력이 피고인에게 미치지 않는다(제447조). 즉 판결의 위법부분이 파기된 경우에도 원판결의 주문은 그대로 효력을 가지며, 소송절차만이 파기된 경우도 원판결의 주문에 영향을 미치지 아니함은 물론 그 사건의 소송계속이 부활되지 아니한다. 이러한 의미에서 비상상고의 판결의 효력을 '이론적 효력'이라고 한다. 따라서 비상상고에 의하여 법령에 위반한 소송절차만이 파기된 경우에는 그 판결의 확정력에 아무런 영향이 없으므로 그 판결은 재심청구의 대상이 된다. 그러나 파기자판(제446조 제1호 단서)의 판결이 선고되면 원판결은 당연히 효력을 잃는다.

사례해설

1. 피고인의 소재불명으로 법원이 소송촉진등에관한특례법에 의해 공시송달로 공판을 진행하여 피고인이 불출석한 상태에서 유죄판결을 선고하고, 그 판결이 항소기간의 도과로 확정되었으나, 피고인이 사회복무요원으로 소집되어 위 판결선고당시 군복무 중이었던 사실이 인정된다면 군사법원법 제2조 제2항에 의하여 일반법원에는 신분적 재판권이 없어 위 법원으로서는 형사소송법 제16조의2에 의하여 사건을 군사정권에 이송하였어야 함에도 피고인에 대하여 재판권을 행사하였음은 위법하다 할 것이므로 이를 이유로 한 비상상고가 허용될 것이다. 판례도 동일한 입장이다(대판 1991.3.29, 90오1).

2. 피해자의 불처벌의사표시(반의사불벌죄)의 형사소송법상 효력(형사소송법 제327조 제6호; 이하 '법'이라고 함)과 비상상고(제441조)의 인정여부 및 동법 제446조 제1호 단서(파기의 판결)에 해당여부가 문제된다. 사안에서 甲에 대하여 확정된 유죄의 선고는 판결의 법령위반에 해당하는 경우로서, 형사소송법 제446조 제1호 단서조항에 근거하여 파기자판해야 한다. 따라서 대법원은 형사소송법 제327조 제6호에 의하여 원판결법원이 선고한 협박의 공소사실에 대하여 공소기각의 판결을 선고해야 할 것이다.

CHAPTER 04　특별절차

제1절　약식절차(略式節次)

Ⅰ. 서　　설

1. 의　　의

약식절차란 지방법원의 관할에 속한 사건에 대하여 검사의 청구가 있는 때에 공판절차 없이 검사가 제출한 자료만을 조사하여 약식명령으로 피고인에게 벌금·과료 또는 몰수의 형을 과하는 간이한 재판절차를 말한다(제448조). 약식절차에 의하여 형을 선고하는 재판을 약식명령이라고 한다.

2. 제도적 취지

약식절차는 벌금 또는 과료에 처할 경미한 형사사건의 신속을 기하는 동시에 공개재판에 따르는 피고인의 사회적·심리적 부담을 덜어주고 공판정에의 출석을 위한 불필요한 시간과 노력을 피할 수 있다는 점에 그 존재이유가 있다. 약식절차는 피고인에게 정식재판청구권이 보장되어 있으므로 헌법에 위반되지 않는다.

3. 즉결심판절차와 구별

(1) 유 사 점

경미사건에 적용되며, 확정판결과 동일한 효력이 인정된다. 또 간이절차에 의하는 것이 적당하지 않고 정식재판에 의하는 것이 타당하다고 인정되는 경우에는 법관이 사건을 정식재판에 회부할 수 있을 뿐만 아니라, 피고인에게 정식재판청구권이 인정된다는 점 등에서 유사하다.

(2) 차 이 점

표 6-7 약식절차와 즉결심판절차의 구별

	약식절차	즉결심판절차
청구권자	검 사	경찰서장
법원의 심사	서면심리의 원칙	판사가 공개된 법정에서 직접 신문
관할법원	지방법원(지원) 합의부 또는 단독판사	지방법원(지원) 또는 시군법원 판사
형의 종류	구류 無	구류 有
불이익변경금지 원칙의 적용여부	적 용	적 용
무죄·면소·공소기각의 선고 가능여부	불가능	가 능

Ⅱ. 약식명령의 청구

1. 청구권자

약식명령은 청구권자는 검사이다. 즉결심판과 달리 경찰서장은 청구권이 없다. 실무에서는 검사직무대리가 약식사건을 담당하는 경우도 있다(검찰청법 제32조).

2. 청구의 대상

약식명령을 청구할 수 있는 사건은 지방법원의 관할에 속하는 벌금, 과료 또는 몰수에 처할 수 있는 사건에 한한다(제448조 제1항). 이처럼 벌금이나 과료가 법정형에 선택적으로 규정되어 있음을 요하므로, 법정형이 징역이나 금고 등의 자유형만으로 규정되어 있거나 필요적 병과형으로 규정된 경우에는 약식명령을 청구할 수 없다.

3. 청구의 방식

(1) 약식명령의 청구와 공소의 제기

약식명령의 청구는 검사가 공소제기와 동시에 서면으로 하여야 하는데, 이때 검사는 약식명령의 청구와 동시에 약식명령을 하는데 필요한 증거서류 및 증거물을 법원에 제출하여야 한다(제449조, 규 제170조). 따라서 공소장일본주의는 적용되지 않는다.

(2) 약식명령의 취소와 공소취소와의 관계

공소의 취소가 있으면 약식명령도 취소된다. 그런데 약식명령의 취소가 공소취소를 수반하는가, 즉 공소를 취소하지 않고 약식명령의 청구만을 취소할 수 있는가에 대하여 논란이 있다. 이에 대하여 양자는 별개의 소송행위이므로 상호종속관계에 있다고 볼 수 없으며, 재기소의 불편을 방지한다는 점에서 약식명령의 청구만을 취소할 수 있다고 긍정하는 견해도 있으나, 이를 허용하는 명문의 규정이 없을 뿐만 아니라 보통의 공판절차에 의할 것인가의 판단은 법원에 맡기면 족하므로 이를 인정할 실익도 없다는 점에서 부정하는 것이 타당하다고 본다.

4. 구속영장의 효력

피의자의 구속상태를 유지하면서 벌금이나 과료에 처해줄 것을 법원에 요구하는 것은 부당하므로, 구속된 피의자에 대하여 약식명령을 청구하는 경우에는 피의자에 대한 구속을 취소하고 피의자를 석방하여야 한다(검사규 제65조 제3항).

III. 약식절차의 심판

1. 법원의 심사

(1) 서면심리의 원칙

약식절차는 서면심사를 원칙으로 하므로 공판절차의 심판절차나 이를 전제로 한 규정은 적용되지 않는다. 따라서 공개주의는 물론 정식재판절차를 전제로 하는 직접주의나 전문법칙(제310조의2)은 약식절차에 적용되지 않는다. 그러나 자백의 임의성법칙(제309조)이나 자백의 보강법칙(제310조)은 공판정이나 공판기일의 심리와 무관하고 위법수사를 배제하기 위한 법적 장치이므로 여기에 적용된다고 보아야 할 것이다.

(2) 사실조사의 한계

약식절차는 심판을 간이·신속·비공개로 행하는 점에 특색이 있으므로 사실조사가 허용된다고 하더라도 이러한 특징을 고려한 범위내에서 인정하여야 한다. 따라서 감정서에 기재된 학술용어의 의미를 감정인심문에 의하여 확인하는 경우 또는 피해변상을 확인하기 위하여 피의자를 신문하는 경우처럼 약식절차의 본질을 침해하지 않는 한도내에서 사실조사가 허용된다. 증인신문·검증·감정 등 통상의 증거조사나 강제처분 등이 필요한 경우에는 통상의 공판절차에서 심리하는 것이 타당할 것이다. 공소장변경은 공판절차를 전제로 하는 것이므로 약식절차에서는 허용될 수 없다(통설). 검사가 약식명령을 청구한 후 공소장변경을 신청하는 경우에는 공판절차에 회부하여 심리한다.

2. 공판절차에의 이행

(1) 이행사유

법원은 약식명령의 청구가 있는 경우에 그 사건이 약식명령으로 할 수 없거나 약식명령으로 하는 것이 적당하지 아니하다고 인정한 때에는 공판절차에 의하여 심판하여야 한다(제450조). 약식명령을 할 수 없는 경우란 법정형에 벌금이나 과료가 규정되어 있지 않거나 병과형으로 규정되어 있는 경우, 소송조건이 결여되어 면소·공소기각·관할위반 등의 재판을 하여야 할 경우는 물론 형의 면제나 무죄의 판결을 하여야 할 경우를 말한다. 반면에 약식명령을 하는 것이 부적당한 경우란 법률상으로는 약식명령을 하는 것이 가능하나, 사건의 성질상 공판절차에 의한 신중한 심리가 상당하다고 인정되는 경우를 말한다.

(2) 이행 후의 절차

법원은 약식명령의 청구가 있는 사건을 공판절차에 의하여 심판하기로 한 때에는 즉시 그 취지를 검사에게 통지하여야 하며, 통지를 받은 검사는 5일 이내에 피고인 수에 상응한 공소장부본을 법원에 제출하여야 하고, 법원은 이 공소장부본을 지체없이 피고인 또는 변호인에게 송달하여야 한다(규제172조). 이 경우 공소장일본주의의 취지에 비추어 검사가 제출한 증거서류와 증거물은 다시 검사에게 반환해야 한다고 보아야 할 것이다(통설).

3. 약식명령

(1) 약식명령의 방식

① **약식명령의 고지:** 법원은 심사의 결과 공판절차에 이행할 경우가 아니면 약식명령을 하여야 하는데, 약식명령은 그 청구가 있은 날로부터 14일 이내에 하여야 한다(소촉법 제22조, 규 제171조). 훈시규정이므로 청구가 있은 후 14일 경과 후 약식명령이 발령되었다고 하더라도 효력에는 영향이 없다. 약식명령에는 범죄사실·적용법조·주형·부수처분과 약식명령의 고지를 받은 날로부터 7일 이내에 정식재판을 청구할 수 있음을 명시하여야 하며(제451조), 약식명령의 고지는 검사와 피고인에 대한 재판서의 송달에 의하여 한다(제452조).

② **벌금에 대한 선고유예의 가능여부:** 선고유예가 벌금의 선고보다 피고인에 유리하다는 점에서 긍정하는 견해와 서면심리만으로는 정황의 고려가 곤란하다는 점에서 부정하는 견해가 대립하고 있으나, 피고인이 선고유예에 불복하는 경우에는 정식재판청구권이 보장되어 있으므로 이를 부정할 필요는 없을 것이다.

(2) 약식명령의 효력

약식명령은 정식재판의 청구기간이 경과하거나 그 청구의 취하 또는 청구기각의 결정이 확정된 때에는 확정판결과 동일한 효력이 있다(제457조). 따라서 기판력과 집행력이 발생하며, 재심 또는 비상상고의 대상이 될 수 있다. 이 경우 기판력의 시적 범위에 관해서는 약식명령의 발령시를 기준으로 해야 할 것이다(판례).

Ⅳ. 정식재판의 청구

1. 청구권자

정식재판의 청구권자는 검사와 피고인이다(제453조제1항). 피고인은 정식재판의 청구를 포기할 수 없으나(동조단서제1항), 검사는 포기가 가능하다고 해석된다. 피고인의 법정대리인은 피고인의 의사와 관계없이, 피고인의 배우자·직계친족·형제자매·원심의 대리인이나 변호인은 피고인의 명시의 의사에 반하지 않는 한 독립하여 정식재판을 청구할 수 있다(제458조, 제340조, 제341조). 검사의 과형의견대로 약식명령이 발령되었다고 하더라도 법의 적정한 집행을 청구하는 검사는 공익의 대표자로서 피고인의 이익을 위하여 정식재판을 청구할 수 있다.

2. 정식재판청구의 절차

정식재판의 청구는 약식명령의 고지를 받은 날로부터 7일 이내에 약식명령을 한 법원에 서면으로 제출하여야 하며, 정식재판의 청구가 있는 때에는 법원은 지체없이 검사 또는 피고인에게 그 사유를 통지하여야 한다(제453조). 상소권회복에 관한 규정은 정식재판의 청구에 준용된다(제458조). 따라서 7일의 기간 내에 정식재판의 청구를 하지 못한 때에는 정식재판청구권회복의 청구를 할 수 있으며(제345조), 법원은 정식재판청구권회복의 청구가 있는 때에는 그 결정을 할 때까지 재판의 집행을 정지하는 결정을 할 수 있다(제348조).

3. 정식재판청구의 취하

정식재판의 청구는 제1심판결선고 전까지 취하할 수 있다(제454조). 따라서 법정대리인이 있는 피고인은 법정대리인의 동의를 얻어 취하할 수 있고(법정대리인의 사망 기타 사유로 인하여 그 동의를 얻을 수 없는 때에는 예외), 피고인의 법정대리인 또는 피고인의 정식재판청구를 할 수 있는 자는 피고인의 동의를 얻어 취하할 수 있다(제350조, 제351조). 정식재판청구를 취하한 자는 다시 정식재판을 청구하지 못한다(제458조, 제354조).

4. 정식재판청구에 대한 재판

(1) 기각결정

정식재판의 청구가 법령상의 방식에 위반하거나 청구권의 소멸후인 것이 명백한 때에는 결정으로 기각하여야 한다(제455조). 이에 대하여 불복이 있으면 즉시항고를 할 수 있다(홍조).

(2) 공판절차에 의한 심판

정식재판의 청구가 적법한 때에는 공판절차에 의하여 심판하여야 한다(제455조). 이 경우에 법원은 약식명령에 구속되지 않고 사실인정·법령적용에 관하여 자유롭게 판단할 수 있다. 이 경우 약식명령의 기재사항에 범죄사실과 적용법조가 기재되어 있으므로 공소장의 부본을 송달할 필요는 없지만, 국선변호인의 선정을 위한 고지(규조)는 하여야 한다. 법원은 피고인이 정식재판을 청구한 사건에 대하여는 약식명령의 형보다 중한 종류의 형을 선고하지 못하며(제457조의2), 피고인이 정식재판을 청구한 사건에 대하여 약식명령의 형보다 중한 형을 선고하는 경우에는 판결서에 양형의 이유를 적어야 한다(홍조). 따라서 죄명이나 적용법조가 약식명령의 경우보다 불이익하게 변경되었다고 하더라도 선고한 형이 약식명령과 같거나 약식명령보다 가벼운 경우에는 불이익변경금지의 원칙에 위배된 조치라고 할 수 없으나 (대판 2013.2.28, 2011도14986), 위 형종 상향 금지의 원칙은 피고인이 정식재판을 청구한 사건과 다른 사건이 병합·심리된 후 경합범으로 처단되는 경우에도 정식재판을 청구한 사건에 대하여 그대로 적용된다(대판 2020.1.9, 2019도15700). 다만, 피고인뿐만 아니라 검사가 피고인에 대한 약식명령에 불복하여 정식재판을 청구한 사건에 있어서는 **'형종 상향의 금지 원칙'**이 적용되지 않는다고 할 것이다. 판례도 동일한 입장이다.

> 참조판례 「피고인뿐만 아니라 검사가 피고인에 대한 약식명령에 불복하여 정식재판을 청구한 사건에 있어서는 형사소송법 제457조의2에서 정한 '약식명령의 형보다 중한 종류의 형을 선고하지 못한다.'는 형종 상향의 금지 원칙이 적용되지 않는다. 따라서 원심이 검사가 정식재판을 청구한 이 사건에서 형종 상향의 금지 원칙을 적용하지 않고 징역형을 선택한 제1심판결을 그대로 유지한 데에 어떠한 잘못이 있다고 할 수 없다」(대판 2020.12.10, 2020도13700).

약식명령에 대하여 정식재판을 청구한 피고인이 공판기일에 2회 불출석한 경우에는 피고인의 진술없이 판결을 할 수 있다(제458조).

(3) 약식명령의 실효

약식명령은 정식재판의 청구에 의한 판결이 있는 때에는 효력을 잃는다(제456조). 정식재판의 청구가 부적법할지라도 그 청구에 의하여 확정판결이 있는 때에는 약식명령은 실효한다. 따라서 정식재판청구권회복결정이 부당하더라도 이미 그 결정이 확정되었다면 정식재판청구사건을 처리하는 법원으로서는 정식재판청구권회복청구가 적법한 기간 내에 제기되었는지 여부나 그 회복사유의 존부 등에 대하여는 살펴 볼 필요 없이 통상의 공판절차를 진행하여 본안에 관하여 심판하여야 할 것이며(대결 2005.1.17, 2004모351), 만일 재심을 청구하려면 약식명령이 아니라 확정판결을 대상으로 해야 할 것이다(대판 2013.4.11, 2011도10626).

제 2 절   즉결심판절차(即決審判節次)

I. 서   설

1. 즉결심판의 의의

즉결심판이란 범증이 명백하고 죄질이 경미한 범죄사건에 대하여 통상의 형사소송절차가 아닌 간단하고 신속한 즉결심판절차에 의하여 20만원 이하의 벌금, 구류 또는 과료의 경미한 형을 선고하는 절차를 말한다.

2. 제도적 취지

즉결심판절차의 존재이유는 격증하는 경범사건에 신속하고 적절하게 대처하는 동시에 경미한 형사사건의 피의자 또는 피고인의 시간적·정신적 부담을 덜어 준다는 고려에서 기인한다. 그러나 기판력이 인정되는 결과 여타 범죄를 처벌할 수 없는 경우도 있으므로 전담검사(부검사제도)를 도입하여 기소독점주의의 회복을 도모하는 것이 타당할 것이다.

3. 즉결심판절차의 성질

즉결심판절차는 직권주의 소송구조를 원칙으로 하는 점에 특색이 있다. 즉 소송당사자인 피고인만이 심판을 받을 뿐 기소권자는 법정에 출석하지 않으며 그나마 피고인의 출석없이도 개정이 가능하므로 당사자주의적 소송구조는 찾아 볼 여지가 없다(즉심법 제8조의2). 또 즉결심판은 통상의 공판절차에 행하는 절차가 아니라 공판전 절차로 보아야 한다. 왜냐하면 즉결심판은 약식절차와 마찬가지로 피고인의 정식재판청구에 의하여 공판절차로 이행되고, 특히 판사의 기각결정이 있을 때에는 검사에게 송치함에 그치기 때문이다.

> **참조판례** 「경범죄 처벌법상 범칙금제도는 범칙행위에 대하여 형사절차에 앞서 경찰서장의 통고처분에 따라 범칙금을 납부할 경우 이를 납부하는 사람에 대하여는 기소를 하지 않는 처벌의 특례를 마련해 둔 것으로 법원의 재판절차와는 제도적 취지와 법적 성질에서 차이가 있다. 또한 범칙자가 통고처분을 불이행하였더라도 기소독점주의의 예외를 인정하여 경찰서장의 즉결심판 청구를 통하여 공판절차를 거치지 않고 사건을 간이하고 신속·적정하게 처리함으로써 소송경제를 도모하되, 즉결심판 선고 전까지 범칙금을 납부하면 형사처벌을 면할 수 있도록 함으로써 범칙자에 대하여 형사소추와 형사처벌을 면제받을 기회를 부여하고 있다. 따라서 경찰서장이 범칙행위에 대하여 통고처분을 한 이상, 범칙자의 위와 같은 절차적 지위를 보장하기 위하여 통고처분에서 정한 범칙금 납부기간까지는 원칙적으로 경찰서장은 즉결심판을 청구할 수 없고, 검사도 동일한 범칙행위에 대하여 공소를 제기할 수 없다고 보아야 한다」(대판 2020.4.29, 2017도13409).

Ⅱ. 즉결심판의 청구

1. 청구권자

즉결심판의 청구권자는 경찰서장으로 관할경찰서장과 관할해양경비안전서장이 있다($\substack{즉결법 제3조 \\ 제1항}$). 이와 같이 경찰서장이 즉결심판청구권을 갖는 입법례는 유사한 제도를 두고 있는 다른 나라에 비해 매우 독창적인 것으로서 이는 검사의 기소독점주의에 대한 예외에 해당한다.

2. 청구의 방식

즉결심판을 청구함에는 즉결심판청구서를 관할법원에 제출하여야 하며, 이의 필요적 기재사항은 공소장의 필요적 기재사항과 같다($\substack{즉심법 동조 \\ 제2항}$). 즉결심판의 청구가 있는 때에는 즉시 심판을 하여야 하므로 즉결심판청구서에는 부본을 첨부하지 않는다. 또한 일단 청구한 즉결심판은 일반사건에 있어서 검사의 공소취소와는 달리 취소할 수 없다고 보아야 한다.

경찰서장은 즉결심판의 청구와 동시에 즉결심판에 필요한 서류 또는 증거물을 판사에게 제출하여야 한다($\substack{즉심법 \\ 제4조}$). 이는 이론상 공소장일본주의에 반할 여지가 있으나, 즉결심판의 청구가 있으면 판사는 기각결정을 하지 않는 한 즉시 심판을 하므로 판사가 예단을 가지고 심판에 임할 시간적 여유조차 없는 이와 같은 상황에서는 공소장일본주의의 위반은 아니라고 보아야 할 것이다. 판례도 범증이 명백하고 죄질이 경미한 범죄사건을 신속·적정하게 심판하기 위한 입법적 고려에서 공소장일본주의를 배제한 것이라는 입장이다($\substack{대판 2011.1.27. \\ 2008도7375}$).

3. 관할법원

즉결심판의 관할법원은 지방법원, 지원 또는 시·군의 법원이다($\substack{법조법 \\ 제33조}$). 그러나 즉결심판법에서는 지방법원장의 명령을 받아 소속법원의 관할사무와 관계없이 즉결심판청구사건을 처리하도록 되어 있으므로($\substack{즉심법 \\ 제3조의2}$) 관할위반문제는 논의될 여지가 없을 것이다.

Ⅲ. 즉결심판청구사건의 심리

1. 청구기각의 결정

(1) 경찰서장의 송치

판사는 사건을 심사하여 즉결심판을 할 수 없거나 즉결심판절차에 의하여 심판함이 적당하지 않다고 인정할 때에는 결정으로 즉결심판의 청구를 기각하여야 한다($\substack{즉심법 제5조 \\ 제1항}$). 이러한 판사의 기각결정은 단순히 즉결심판의 당부뿐만 아니라 본안에 대한 구체적인 내용까지도 포함하여 심사한 후 내려야 한다. 약식명령의 경우에는 별도의 판단을 요하지 않고 바로 공판절차로 이행하는 것이 가능하지만($^{제450}_{조}$), 즉결심판의 경우에는 판사로 하여금 청구기각의 재판을 하도록 하고 있는 점이 다르다. 청구기각의 결정이 있으면 경찰서장은 지체없이 사건을 관할지방검찰청 또는 지청의 장에게 송치하여야 한다($^{즉심법 동조}_{제2항}$).

(2) 검사의 처분

송치된 사건은 정식입건되어 일반사건과 동일하게 취급되기 때문에 검사가 불기소처분이나 공소제기를 할 수 있다. 왜냐하면 청구기각은 단순히 사건을 즉결심판청구 이전의 상태로 되돌리는 것에 불과하므로 검사의 불기소처분이 가능하다고 볼 수 있기 때문이다(통설). 따라서 검사가 공소제기여부를 결정하여 공소를 제기하는 경우 반드시 공소장을 제출해야 하므로, 법원이 경찰서장의 즉결심판 청구를 기각하여 경찰서장이 사건을 관할 지방검찰청으로 송치하였으나 검사가 이를 즉결심판에 대한 피고인의 정식재판청구가 있은 사건으로 오인하여 그 사건기록을 법원에 송부하였다면 공소제기의 본질적 요소라고 할 수 있는 검사에 의한 공소장의 제출이 없는 이상 기록을 법원에 송부한 사실만으로 공소제기가 성립되었다고 볼 수는 없다($^{대판\ 2003.11.14,}_{2003도2735}$).

2. 심리상의 특칙

(1) 즉시심판

즉결심판청구가 있으면 청구를 기각하는 결정이 있는 경우를 제외하고는 즉시 심판을 하여야 한다($^{즉심법}_{제6조}$). 즉결심판의 청구가 있은 즉시에 심판이 행해진다는 점에 즉결심판절차의 특칙이 있다. 따라서 공소장부본의 송달($^{제266}_{조}$), 제1회 공판기일의 유예기간($^{제269}_{조}$) 등과 같이 통상의 공판절차에서 요구되는 준비절차들은 생략된다.

(2) 심리장소

약식절차와 달리 즉결심판절차에 의한 심리 및 재판의 선고는 공개된 장소에서 행하되 경찰서 이외의 장소임을 요한다($^{즉심법\ 제7조}_{제1항}$). 이는 즉결심판도 공개주의원칙에 따라야 하나, 경찰서 이외의 장소이면 굳이 법원일 필요는 없다는 의미이다.

(3) 결석재판의 허용

피고인의 출석이 개정의 요건이나($^{즉심법}_{제8조}$), 다만 벌금 또는 과료를 선고하는 경우에는 피고인의 출석없이도 심판할 수 있다($^{즉심법\ 제8조의2}_{제1항}$). 따라서 경찰서장이나 변호인의 출석은 개정의 요건이 아니므로 출석을 요하지 아니한다. 피고인 또는 즉결심판출석통지서를 받은 자는 법원에 불출석심판을 청구할 수 있고, 법원이 이를 허가한 때에는 피고인이 출석하지 아니하더라도 심판할 수 있다($^{동법\ 제8조의2}_{제2항}$).

(4) 서면심리(불개정심판)

판사는 구류에 처하는 경우를 제외하고는 상당한 이유가 있는 경우에는 개정없이 피고인의 진술서와 경찰서장이 즉결심판의 청구와 동시에 제출한 서류 또는 증거물에 의하여 심판할 수 있다(즉심법제7조제3항). 이를 서면심리 또는 불개정심판이라고 한다. 물론 서면심리의 경우에도 심판서의 등본은 당연히 피고인에게 송달이 되어야 정식재판청구의사의 여부를 밝힐 수 있다.

(5) 증거조사

판사는 필요하다고 인정한 때에는 적당한 방법에 의하여 재정하는 증거에 한하여 조사할 수 있으며(즉심법제9조 2항), 변호인은 기일에 출석하여 증거조사에 참여하여 의견을 진술할 수 있으며(즉심법 동조제3항), 피고인은 최종변론권을 갖는다(즉심법제19조).

증거는 재정하는 증거에 한하므로 법정에서 피고인이나 변호인이 증거조사신청을 할 수는 없다. 즉 신속한 심리를 위하여 형사소송법상의 증거법칙이 배제되는 부분이다. 그러나 재정하는 증거라는 개념을 경찰측 증거 뿐만 아니라 피고인측 증거도 포함되는 것으로 해석한다면, 피고인의 증거조사신청권이 침해된다고 볼 수는 없을 것이다.

3. 증거에 대한 특칙

(1) 증거능력에 관한 특칙

경미한 형을 신속하게 과하는 즉결심판사건에서는 형사소송법 제312조 제3항, 제313조의 규정이 적용되지 않으므로(즉심법제10조), 피고인이 법정에서 사법경찰관이 작성한 피의자신문조서나 사법경찰관의 요구에 의하여 작성한 자백진술서의 내용을 부인하더라도 그 자백의 임의성과 조서의 진정성립이 인정되면 이를 유죄의 증거로 사용할 수 있다. 그러나 그 밖의 점에 대하여는 형사소송법이 준용되므로(즉심법제19조) 자백배제법칙(제309조)이나 위법수집증거배제법칙(제308조의2) 등은 즉결심판에도 적용된다.

(2) 보강법칙의 배제

형사소송법 제310조가 적용되지 않으므로(즉심법제10조) 피고인의 경찰자백을 유일의 증거로 하여 유죄를 선고할 수 있다. 이 점은 위헌의 소지가 있으나, 현행 헌법 제12조 제7항에서 「정식재판에 있어서 피고인의 자백이 그에게 불리한 유일한 증거일 때에는 유죄의 증거로 삼거나 이를 이유로 처벌할 수 없다」라는 규정에 따라 정식재판이 아닌 즉결심판에서는 자백에 보강증거가 없어도 무방하다는 의미로 반대해석할 수 있을 것이다.

Ⅳ. 즉결심판청구사건의 재판

1. 청구기각의 재판

즉결심판의 청구가 있는 경우, 판사는 먼저 사건이 즉결심판을 함에 적당한지 여부를 심사하여야 한다. 심사결과 사건이 즉결심판을 함에 부적당하다고 인정될 때에는 결정으로 즉결심판의 청구를 기각하여야 한다(즉심법 제5조).

2. 즉결심판의 선고

(1) 선고의 방식

즉결심판을 선고할 때에는 형, 범죄사실과 적용법령을 명시하고 피고인은 7일 이내에 정식재판을 청구할 수 있다는 것을 고지하여야 한다(즉심법 제11조).

(2) 선고할 수 있는 형

즉결심판절차에서는 유죄의 선고뿐만 아니라 무죄, 면소 또는 공소기각의 선고를 할 수 있다(즉심법 제11조 제5항). 즉결심판절차에서 가능한 형의 선고는 20만원 이하의 벌금·구류 또는 과료에 처할 사건으로(동법 제2조), 법정형이 아닌 **선고형**을 기준으로 하고 있다. 따라서 그 범위내에서는 적용할 법조를 청구한 것과 달리 변경하여 심판할 수 있는지 문제되는데(특히 경범죄처벌법위반죄로 청구된 사안에서 구류형은 적당치 않고 과료형은 너무 경미하여 벌금을 선고할 수 있는 형법 소정의 죄로 처벌하는 경우가 그 대표적인 예이다), 이는 형사소송법상의 공소장변경의 한계에 관한 문제와 연결되나, 실무상으로는 양형의 적정을 위하여 범죄사실의 동일성이 유지된다면 적용법조를 변경하여 심판하고 있다.

(3) 유치명령과 가납명령

판사가 구류를 선고할 때에 피고인이 일정한 주거가 없거나 도망할 염려가 있는 경우에는 5일을 초과하지 않는 기간동안 경찰서유치장에 유치할 것을 명령할 수 있다(즉심법 제17조 제1항, 제2항). 유치명령을 받은 경우는 설사 피고인이 정식재판을 청구하여도 그 효력이 유지된다. 한편 형사소송법 제334조의 가납판결 규정은 즉결심판에서 벌금이나 과료를 선고할 때에도 준용된다(동조 제3항). 가납명령은 형을 확보하는 데 취지가 있으므로 선고와 동시에 집행력이 발생하며, 피고인이 정식재판을 청구하더라도 가납명령의 효력은 정지하지 않는다.

3. 즉결심판의 효력

정식재판의 청구기간의 경과, 정식재판청구권의 포기 또는 그 청구의 취하에 의하여 확정된 때에는 확정판결과 동일한 효력이 있다(즉심법 제16조). 즉 집행력과 기판력이 인정된다. 즉결심판에 기판력이 발생하면 사건의 동일성과 단일성이 인정되는 범위내에서는 재차 심리나 판결이 허용될 수 없다(대판 1990.3.9, 89도1046).

4. 형의 집행

즉결심판에 대한 형의 집행은 경찰서장이 하는 것이 원칙이다. 구류는 대체로 경찰서 유치장에서 집행하나, 구치소나 교도소에서 집행할 때에는 검사가 지휘한다. 벌금, 과료, 몰수는 그 집행을 하면 지체없이 검사에게 이를 인계하여야 하며, 다만 즉결심판 확정후 상당기간내에 집행할 수 없을 때에는 검사에게 통지하여야 한다(즉심법 제18조).

V. 정식재판의 청구

1. 청구절차

피고인과 경찰서장은 즉결심판에 대해 불복이 있으면 정식재판을 청구할 수 있다. 피고인이 정식재판을 청구하는 경우는 대체로 무죄를 주장하거나 양형의 부당을 이유로 한다. 이에 반해 경찰서장은 양형부당을 이유로 청구할 수 없으나, 무죄·면소·공소기각이 선고된 경우에 검사의 승인을 얻어 정식재판을 청구할 수 있다(즉심법 제14조 제2항). 피고인이 정식재판을 청구할 때에는 청구서를 경찰서장에게 제출하여야 하며 경찰서장은 지체없이 이를 판사에게 송부하여야 한다(동조 제1항).

2. 판사·경찰서장·검사의 처리

정식재판청구서를 받은 판사는 7일 이내에 사건기록과 증거물을 경찰서장에게 송부하고, 경찰서장은 이를 지체없이 관할 검찰청 또는 지청의 장에게 송부하여야 하며, 그 검찰청 또는 지청의 장은 지체없이 관할법원에 이를 송부하여야 한다(즉심법 제14조 제3항). 다만 공판개시전에 사건기록과 증거물을 미리 관할법원에 보내는 것은 예단배제의 원칙에 어긋나고 공소장일본주의에 위배되므로 사건기록과 증거물은 공판기일의 증거조사단계에서 법원에 제출하는 것이 타당할 것이다(통설).

3. 청구의 효과

정식재판청구의 효과에 관하여는 약식절차에 관한 규정이 준용된다(즉심법 제19조). 따라서 청구가 법령상의 방식에 위배하거나 청구권의 소멸후인 것이 명백한 때에는 청구를 기각하여야 하며, 청구가 적법한 때에는 공판절차에 의하여 심판하여야 한다(제455조). 다만 즉결심판과 정식재판청구후의 공판절차에서의 재판 사이에는 불이익변경금지의 원칙이 적용되므로(제457조 의2), 피고인이 정식재판을 청구한 사건에 대하여는 즉결심판의 형보다 중한 형을 선고하지 못한다.

제 3 절 배상명령절차(賠償命令節次)

I. 서 설

배상명령제도란 형사사건의 대상이 된 범죄행위로 인하여 재산상의 이익을 침해당한 피해자가 그 배상청구권을 당해 형사재판절차에 부대(附帶)하여 행사하는 제도를 말한다. 이러한 배상명령절차의 제도적 취지는 범죄행위로 발생한 민사상의 손해배상청구권을 형사절차에서 함께 판단하도록 함으로써 절차의 번잡을 피하고 효과적인 피해자구제를 도모하기 위한 것이다. 이러한 배상명령제도는 1981. 1. 29. '소송촉진 등에 관한 특례법'의 제정으로 도입되었고, 현재 '소송촉진 등에 관한 특례규칙'과 '배상신청에 관한 예규'에서 배상명령사건의 처리절차 등에 관하여 규정하고 있다.

다만, 소촉법이 포괄적이고 추상적인 필요적 각하사유를 두는 등 소극적인 입장에서 배상명령제도를 규정하고 있다는 점, 현실적으로 가해자인 피고인에게 범죄로 인한 손해를 배상할 수 있는 자력이 없는 경우가 많다는 점, 배상명령제도에 대한 홍보 및 인식 부족과 피해자에 대한 통지절차가 흠결되어 있다는 점, 구속기간 제한으로 법관이 배상명령에 대한 심리를 할 시간적 여유가 없다는 점 등이 배상명령제도의 활성화를 저해하는 현실적인 요인으로 지목되고 있다.

II. 배상명령의 요건

1. 배상명령의 대상

배상명령은 일정한 유형의 범죄에 의하여 유죄판결을 선고하는 경우에 한하여 인정된다. 즉, ㉠ 형법상의 상해죄·중상해죄·상해치사와 폭행치사상 및 과실치사상의 죄, 강간과 추행의 죄, 절도와 강도의 죄, 사기와 공갈의 죄, 횡령과 배임의 죄, 손괴의 죄 및 위 죄를 가중처벌하는 죄와 그 죄의 미수범을 처벌하는 경우 미수의 죄, ㉡ 「성폭력범죄의 처벌 등에 관한 특례법」 제10조부터 제13조까지, 제14조(제3조부터 제9조까지의 미수범은 제외), ㉢ 「아동·청소년의 성보호에 관한 법률」 제9조, 제11조에 규정된 죄 등이 여기에 해당한다 (소촉법 제25조 제1항).[1] 따라서 피고사건에 대하여 무죄, 면소 또는 공소기각판결이나 공소기각결정을 하는 경우에는 배상명령을 할 수 없다. 법원은 위에서 열거한 일정한 유형의 죄 및 그 외의 죄에 대한 피고사건에서 피고인과 피해자 사이에 합의된 손해배상액에 관하여도 배상을 명

---

[1] 성매매알선 등 행위의 처벌에 관한 특례법 제11조(외국여성에 대한 특례), 가정폭력범죄의 처벌 등에 관한 특례법 제56조(배상신청) 등 일부 특별법도 관련사건에 대한 배상명령을 허용하고 있다.

할 수 있다($^{동법\ 제25조}_{제2항}$).

2. 배상명령의 범위

배상명령을 할 수 있는 채권은 성질상 금전채권에 제한된다. 이와 관련하여 「소송촉진 등에 관한 특례법」은 피고사건의 범죄행위로 인하여 발생한 '직접적인 물적 피해와 치료비손해 및 위자료의 배상'을 명할 수 있다고 규정하고 있다($^{제25조}_{제1항}$). 따라서 간접적인 손해는 배상명령의 대상이 되지 않는다.

3. 배상명령의 예외사유

법원은 ㉠ 피해자의 성명·주소가 분명하지 아니한 때, ㉡ 피해금액이 특정되지 아니한 때, ㉢ 피고인의 배상책임의 유무 또는 그 범위가 명백하지 아니한 때, ㉣ 배상명령으로 인하여 공판절차가 현저히 지연될 우려가 있거나 형사소송절차에서 배상명령을 함이 상당하지 아니하다고 인정한 때에는 배상명령을 하여서는 아니된다($^{소촉법\ 제25조}_{제3항}$). 이처럼 소촉법은 필요적 각하사유를 광범위하게 규정하고 있으나, 피해자는 법원의 배상신청 각하결정에 불복할 수 없으므로($^{제32조}_{제3항}$) 다시 별도의 민사소송을 제기할 수밖에 없는 관계로 민사소송을 통한 구제를 포기할 가능성도 있을 뿐만 아니라 구체적인 각하사유를 고지받지 못한 피해자는 법원이 피해자의 배상청구권을 부정한 (실체적)판단을 한 것으로 오해할 소지도 있으므로 제도적 보완이 필요하다고 본다.

III. 배상명령의 절차

1. 배상명령의 신청

(1) 배상신청권자와 상대방

배상명령은 법원의 직권, 피해자 또는 상속인의 신청에 의하여 한다($^{소촉법}_{제25조\ 제1항}$). 피해자는 법원의 허가를 받아 그 배우자·직계혈족·형제자매에게 배상신청에 관하여 소송행위를 대리하게 할 수 있다. 그 상대방은 형사공판절차의 피고인이므로, 기소되지 아니한 다른 공범자나 약식명령이 청구된 피고인을 상대방으로 하여 배상신청을 할 수는 없다.

(2) 신청의 방식

배상신청은 제1심 또는 항소심공판의 변론종결시까지 사건이 계속된 법원에 신청할 수 있으나, 상고심에서는 허용되지 않는다. 피해자가 배상신청을 함에는 신청서와 상대방인 피고인의 수에 상응한 신청서부본을 제출하여야 한다($^{소촉법\ 제26조}_{제1항\ 내지\ 제3항}$).

(3) 신청의 효과

배상신청은 민사소송에 있어서의 소의 제기와 동일한 효력이 있다($\frac{소촉법}{제8항}$). 따라서 피해자는 피해사건의 범죄행위로 인하여 발생한 피해에 관하여 다른 절차에 의한 손해배상청구가 법원에 계속중인 때에는 배상신청을 할 수 없다($\frac{소촉법}{제3항}$). 여기에서 '다른 절차에 따른 손해배상청구'는 피고사건의 범죄행위로 인하여 발생한 피해에 관하여 불법행위를 원인으로 손해배상청구를 하는 경우를 가리킨다($\frac{대판\ 2022.7.28,}{2020도12279}$).

2. 배상명령절차의 심리

배상신청이 있으면 신청인에게 공판기일을 통지하여야 하며, 통지를 받고도 출석하지 않은 경우에는 신청인의 진술없이 재판할 수 있다($\frac{소촉법\ 제29조}{제2항}$). 신청인과 그 대리인은 공판절차를 현저히 지연시키지 않는 범위안에서 재판장의 허가를 받아 소송기록의 열람, 피고인 또는 증인의 신문, 기타 필요한 증거를 제출할 수 있다($\frac{소촉법\ 제30조}{제1항}$). 불허하는 재판에 대해서는 불복을 신청하지 못한다($\frac{소촉법}{제3항}$). 법원은 필요한 때에는 언제든지 피고인의 배상책임유무와 그 범위를 인정함에 필요한 증거를 조사할 수 있으며, 피고사건의 범죄사실에 관한 증거를 조사할 경우 피고인의 배상책임유무와 그 범위에 관련된 사실을 조사할 수 있다($\frac{소촉법\ 시행규칙}{제24조}$).

3. 배상명령의 재판

(1) 배상신청의 각하

배상신청이 부적법한 때 또는 그 신청이 이유없거나 배상명령을 함이 상당하지 아니하다고 인정될 때에는 형사소송의 어느 단계에서든지 각하결정을 하여야 한다($\frac{소촉법\ 제32조}{제1항}$).

(2) 배상명령의 선고

배상명령은 유죄판결의 선고와 동시에 하여야 한다($\frac{소촉법\ 제31조}{제1항}$). 배상명령은 일정액의 금전지급을 명함으로써 하고, 배상의 대상과 금액을 유죄판결의 주문에 표시하여야 한다. 배상명령의 절차비용은 특히 그 부담할 자를 정한 경우를 제외하고는 국고의 부담으로 한다($\frac{소촉법}{제35조}$).

(3) 배상명령에 대한 불복

신청인은 신청이 각하되거나 일부인용된 재판에 대해서 불복할 수 없지만($\frac{소촉법\ 제32조}{제3항}$), 민사소송에 의한 청구는 가능하다. 다만 피고인은 피고사건에 대한 상소와 배상명령 자체에 대한 즉시항고에 의하여 불복할 수 있다.

유죄판결에 대한 상소제기가 있으면 그 상소가 피고인이 한 것이든 검사가 한 것이든 가리지 않고 배상명령에 대한 불복이 없더라도 배상명령의 확정은 차단되고 피고사건과 함께 상소심에 이심된다($\frac{소촉법\ 제33조}{제1항}$). 그러나 상소심에서 원심판결을 유지하고 배상명령만을 취소하거나 변경하는 것은 가능하다. 유죄판결에 대해서는 상소를 제기함이 없이 배상명령에 대하여만 즉시항고를 할 수 있다(소촉법 제33조 제5항 본문). 이 즉시항고는 그 제기기간이 3일내(제405조)가 아니라 상소제기기간과 같은 7일내인 점 및 소송기록과 증거물의 항고법원에 대한 송부가 임의적·예외적인 것(제411조)이 아니라 필요적인 점(소촉법 제25조)을 제외하고는 형사소송법 중 즉시항고에 관한 규정이 모두 적용되므로 일반 형사항고사건과 동일하게 처리된다.

Ⅳ. 배상명령의 효력

확정된 배상명령 또는 가집행선고 있는 배상명령이 기재된 유죄판결의 정본은 민사소송법에 의한 강제집행에 관하여는 집행력있는 민사판결의 정본과 동일한 효력이 있다(소촉법 제34조 제1항). 배상명령이 확정된 때에는 그 인용금액 범위안에서는 피해자는 다른 절차에 의한 손해배상을 청구할 수 없으나(동조 제2항), 인용금액을 넘어선 부분에 대하여는 다른 소를 제기할 수 있고, 청구에 대한 이의의 주장에 관하여는 그 원인이 변론종결전에 생긴 때에도 할 수 있다(동조 제4항).

제 1 절   재판집행의 일반원리

Ⅰ. 서   설

1. 재판집행의 의의

재판의 집행이란 국가권력이 재판의 의사표시내용을 강제적으로 실현하는 것을 말한다. 이에는 가장 중요한 유죄판결의 집행인 형의 집행 이외에 부수처분(추징, 소송비용), 과태료·보증금의 몰수, 강제처분을 위한 영장집행 등도 포함된다. 그러나 무죄판결이나 공소기각의 재판의 경우에는 그 재판의 내용을 강제적으로 실현할 수 없으므로 재판의 집행이 문제되지 않는다.

2. 재판집행의 기본원칙

(1) 재판집행의 시기

① **즉시집행의 원리:** 재판은 형사소송법에 특별한 규정이 없으면 확정한 후에 집행하며, 확정된 후 즉시 집행하는 것이 원칙이다($^{제459}_{조}$). 검사의 집행지휘를 요하는 재판은 재판서 또는 재판을 기재한 조서의 등본 또는 초본을 재판의 선고 또는 고지한 때로부터 10일 이내에 검사에게 송부하여야 한다. 단 법률에 다른 규정이 있는 때에는 예외로 한다($^{제44}_{조}$).

② **예   외**

가) 미확정재판의 집행: 재판의 확정전에 집행할 수 있는 경우는 ㉠ 즉시항고나 일부의 준항고($^{제416조 제4항,}_{제419조}$)의 경우를 제외한 결정과 명령(이에 대한 불복은 집행정지의 효력이 없으므로), ㉡ 벌금·과료 또는 추징의 가납명령이며 즉시 집행할 수 있다($^{제334}_{조}$).

나) 확정후 일정한 기간의 경과를 필요로 하는 경우: ㉠ 소송비용부담의 재판은 소송비용집행면제 신청기간내 또는 그 신청에 대한 재판이 확정된 후에 집행할 수 있고($^{제472}_{조}$), ㉡ 노역장유치의 집행은 벌금 또는 과료의 재판이 확정된 후 30일 이내에는 집행할 수 없으며($^{형법 제69조}_{제1항}$), ㉢ 사형은 법무부장관의 명령이 있어야만 집행할 수 있고($^{제463}_{조}$), ㉣ 보석허가결정은 보석금을 납부한 후에 집행할 수 있으며($^{제100조}_{제1항}$), ㉤ 사형선고를 받은 자와 자유형선고를 받은 자가 심신장애로 의사능력이 없는 상태에 있는 때 및 사형선고를 받은 자가 잉태중인

때에는 심신장애가 회복되거나 출산할 때까지 형집행을 정지한다(제469조 제1항, 제470조 제1항).

(2) 재판집행의 지휘

① **원칙(검사주의):** 재판의 집행은 검사가 지휘, 감독하는 것이 원칙이며(검찰청법 제4조 제4호), 그 재판을 한 법원에 대응한 검찰청 검사가 지휘한다(제460조 제1항).

② **예외(법원·법관주의):** 재판의 성질상 또는 명문규정에 의하여 법원이나 법관이 지휘할 경우가 있다(제460조 제1항 단서). 전자의 예로는 ㉠ 공판절차에서의 구속영장의 집행 중 급속을 요하는 경우(제81조 제1항 단서), ㉡ 공판절차에서의 압수·수색영장의 집행(제115조 제1항 단서)이 있으며, 후자의 예로는 ㉠ 법원에서 보관하고 있는 압수장물의 환부·매각·보관(제333조), ㉡ 법정경찰권에 의한 퇴정명령(제281조 제2항) 등을 들 수 있다.

(3) 재판집행의 지휘방식

재판의 집행은 재판서 또는 재판을 기재한 조서의 등본 또는 초본을 첨부한 서면에 의하여 지휘한다. 이러한 서면을 재판집행지휘서라고 한다. 다만 형의 집행을 지휘하는 경우 외에는 재판서의 원본·등본이나 초본 또는 조서의 등본이나 초본에 인정하는 날인으로 할 수 있다(제461조). 이와 관련하여 대법원은 「천재지변 등으로 재판서원본이 멸실되어 등본 등의 작성이 불능할 경우에는 형의 종류 및 범위를 구체적으로 명확히 하기에 족한 타의 증명자료를 첨부하여 재판집행지휘를 할 수 있다」(대결 1961.1.27. 4293형항20)고 판시하고 있다.

(4) 형집행을 위한 소환

검사는 형을 집행하기 위하여 사형·징역·금고 또는 구류의 선고를 받은 자가 구금되지 아니한 때에는 소환하여야 하며(제473조 제1항), 소환에 응하지 아니한 때에는 형집행장을 발부하여 구인하여야 한다(동조 제2항). 형의 집행은 검사의 임무이고, 또한 확정된 형의 집행을 위한 절차까지 법관의 영장에 의하도록 하는 것은 절차의 번잡을 초래한다는 고려에서 검사의 형집행장에 의하여 구인할 수 있도록 한 것이다. 형의 선고를 받은 자가 도망하거나 도망할 염려가 있는 때 또는 현재지를 알 수 없는 때에는 소환함이 없이 형집행장을 발부하여 구인할 수 있다(동조 제3항). 형집행장의 집행에는 피고인의 구속에 관한 규정이 준용된다(제475조).

II. 형의 집행

1. 형집행의 순서

(1) 중형우선의 원칙

형의 집행은 사형, 자유형, 자격형, 재산형의 집행으로 구분한다. 2개 이상의 형의 집행은 자격상실, 자격정지, 벌금, 과료와 몰수 외에는 중한 형을 먼저 집행한다. 형의 경중은 형법 제41조 및 제50조에 의하여 결정한다.

(2) 집행순서의 변경

검사는 소속장관의 허가를 얻어 중한 형의 집행을 정지하고 다른 형의 집행을 할 수 있다(제462조). 이러한 집행순서의 변경을 허용한 취지는 가석방의 요건을 빨리 갖추도록 하기 위함이다. 한편 경한 형인 노역장 유치집행에서 징역형으로 형집행순서를 변경하는 것이 가능한지 여부에 대하여는 명문의 규정이 없다. 판례는「벌금형 시효중단 목적으로 노역장 유치집행으로 형집행순서 변경을 한 이후, 다시 징역형으로 형집행순서변경을 하는 것은 중한 형 우선 집행의 원칙으로 복귀하는 것에 불과하고, 명문의 규정을 두고 있지 않다고 해서 이를 금지하는 것으로 해석할 수는 없다」(대판 2014.11.13, 2014두10806)는 입장이다.

2. 사형의 집행

(1) 집행의 절차

사형은 법무부장관의 명령에 의하여 집행한다(제463조). 사형집행의 명령은 판결이 확정된 날로부터 6월 이내에 집행하여야 하지만, 상소권회복의 청구, 재심의 청구 또는 비상상고의 신청이 있는 때에는 그 절차가 종료할 때까지의 기간은 이 기간에 산입하지 아니한다(제465조).

(2) 집행의 방법

사형은 교도소 또는 구치소내에서 교수하여 집행한다(형법 제66조). 군형법의 적용을 받는 사건의 경우에는 국방부장관의 명령에 따라 군사법원의 관할관 등이 지정한 장소에서 총살로서 집행한다(군사법원법 제506조, 군형법 제3조).

(3) 사형의 집행정지

사형의 선고를 받은 자가 심신의 장애로 의사능력이 없는 상태에 있거나 잉태중에 있는 여자인 때에는 법무부장관의 명령으로 집행을 정지한다(제469조 제1항). 사형의 집행을 정지한 때에는 심신장애의 회복 또는 출산후 법무부장관의 명령에 의하여 형을 집행한다(동조 제2항).

3. 자유형의 집행

(1) 집행의 방법

자유형, 즉 징역·금고와 구류의 집행은 검사가 형집행지휘서에 의하여 지휘하며(제460조, 검찰규 제4조), 교도소에 구치하여 집행한다(형법 제67조, 제68조).

(2) 형기의 계산

형기는 판결이 확정된 날로부터 기산한다(형법 제84조 제1항). 그러나 불구속중인 자의 경우는 형집행지휘서에 의하여 수감된 날이 형기의 기산일이다. 형집행의 초일은 시간을 계산함이 없이 1일로 산정한다(동법 제85조). 석방은 형기종료일에 하여야 한다(동법 제86조).

(3) 미결구금일수의 산입

① **법정통산:** 자유형의 집행에는 미결구금일수가 산입된다. 미결구금일수란 구금당한 날로부터 판결확정일까지 실제로 구금된 일수를 말한다. 미결구금일수의 통산에 있어서 구금일수의 1일은 징역, 금고, 벌금이나 과료에 의한 유치 또는 구류의 기간의 1일로 계산한다(형법 제57조 제2항). 이러한 미결구금일수의 산입에는 법정통산과 재정통산이 있었으나, 재정통산(형법 제57조)에 대하여 헌법재판소가 위헌결정(헌재 2009.6.25, 2007헌바25)을 하였으므로 이제는 법정통산만이 남게 되었다. 법정통산이란 법률규정에 의하여 미결구금일수가 집행시에 당연히 본형의 집행일수에 산입되는 것을 말한다(제482조). 따라서 법정통산은 판결의 선고에 있어서 미결구금일수에 대한 산입의 선고를 필요로 하지 않으며(대판 1983.12.27, 83도2378), 법원의 재량도 인정되지 않으므로 법원이 잘못하여 법정통산일수보다 적은 일수를 산입한다는 판단을 판결주문에서 선고하더라도 아무런 법적 효과가 발생하지 않는다.

② **산입의 내용:** 판결선고 후 판결확정 전 구금일수(판결선고 당일의 구금일수를 포함한다)는 전부를 본형에 산입하며(제482조 제1항), 상소기각 결정 시에 송달기간이나 즉시항고기간 중의 미결구금일수는 전부를 본형에 산입한다(동조 제2항). 위의 경우 구금일수의 1일을 형기의 1일 또는 벌금이나 과료에 관한 유치기간의 1일로 계산한다(동조 제3항).

(4) 자유형의 집행정지

① **필요적 집행정지:** 자유형의 선고를 받은 자가 심신장애로 의사능력이 없는 상태에 있는 때에는 심신장애가 회복될 때까지 형의 집행을 정지하며, 감호의무자나 지방공공단체에 인도하여 병원 기타 적당한 장소에 수용하게 할 수 있다. 형의 집행이 정지된 자는 위의 처분이 있을 때까지 교도소 또는 구치소에 구치하고 그 기간을 형기에 산입한다(제470조).

② **임의적 집행정지:** 자유형의 선고를 받은 자에게 ㉠ 형집행으로 인하여 현저히 건강을 해하거나 생명을 보전할 수 없을 염려가 있는 때, ㉡ 연령 70세 이상인 때, ㉢ 잉태후 6월 이상인 때, ㉣ 출산후 60일을 경과하지 아니한 때, ㉤ 직계존속이 연령 70세 이상 또는 중병이나 불구자로 보호할 다른 친족이 없는 때, ㉥ 직계비속이 유년으로 보호할 다른 친족이 없는 때, ㉦ 기타 중대한 사유가 있는 때 등의 사유 중 어느 하나라도 해당되는 경우에는 형을 선고한 법원에 대응한 검찰청검사 또는 형의 선고를 받은 자의 현재지를 관할하는 검찰청검사의 지휘에 의하여 형의 집행을 정지할 수 있다(제471조 제1항). 이 경우 소속검찰청검사장

의 허가를 얻어 검사가 형의 집행정지를 지휘한다($\frac{\S조}{제2항}$).

> **참조판례** 「형사소송법 제471조 제1항 제1호에서 정하고 있는 형집행정지의 요건인 '형의 집행으로 인하여 현저히 건강을 해할 염려가 있는 때'에 해당하는지에 대한 판단은 검사가 직권으로 하는 것이고, 그러한 판단 과정에 의사가 진단서 등으로 어떠한 의견을 제시하였더라도 검사는 그 의견에 구애받지 아니하며, 검사의 책임하에 규범적으로 형집행정지 여부의 판단이 이루어진다. 그렇지만 이 경우에 의사가 환자의 수형(受刑)생활 또는 수감(收監)생활의 가능 여부에 관하여 기재한 의견이 환자의 건강상태에 기초한 향후 치료 소견의 일부로서 의료적 판단을 기재한 것으로 볼 수 있다면, 이는 환자의 건강상태를 나타내고 있다는 점에서 허위진단서 작성의 대상이 될 수 있다」($\frac{대판 2017.11.9,}{2014도15129}$).

4. 자격형의 집행

자격정지 또는 자격상실의 선고를 받은 자에 대하여는 이를 수형자원부에 기재하고 지체없이 그 등본을 형의 선고를 받은 자의 등록기준지와 주거지의 시·구·읍·면장에게 송부하여야 한다($\frac{제476}{조}$). 수형자원부란 형의실효등에관한법률이 규정하고 있는 수형인명부를 말한다.

5. 재산형의 집행

(1) 집행명령과 그 효력

벌금·과료·몰수·추징·과태료·소송비용·비용배상 또는 가납의 재판은 검사의 명령에 의하여 집행하며($\frac{제477조}{제1항}$), 이러한 명령은 집행력있는 채무명의와 동일한 효력이 인정된다($\frac{\S조}{제2항}$). 이에는 민사소송법상의 집행에 관한 규정이 준용되지만($\frac{\S조}{제3항}$), 검사는 '국세징수법'에 따른 국세체납처분의 예에 의하여 집행할 수도 있다($\frac{\S조}{제4항}$). 재판집행비용은 집행을 받은 자의 부담으로 하고, 민사소송법의 규정에 준하여 집행과 동시에 징수하여야 한다($\frac{제493}{조}$).

(2) 집행의 대상

재산형은 그 재판을 선고받은 수형자 본인의 재산에 대해서만 집행되는 것이 원칙이다. 다만 몰수 또는 조세·전매 기타 공과에 관한 법령에 의하여 재판한 벌금 또는 추징은 그 재판을 받은 자가 재판확정후 사망한 경우에는 그 상속재산에 대하여 집행할 수 있으며($\frac{제478}{조}$), 법인에 대하여 벌금·과료·몰수·추징·소송비용 또는 비용배상을 명한 경우에 그 법인이 그 재판확정후 합병에 의하여 소멸한 때에는 합병후 존속한 법인 또는 합병에 의하여 설립된 법인에 대하여 집행할 수 있다($\frac{제479}{조}$).

(3) 가납재판의 집행

제1심 가납의 재판을 집행한 후에 제2심 가납의 재판이 있는 때에는 제1심재판의 집행은 제2심 가납금액의 한도에서 제2심재판의 집행으로 간주한다($\frac{제480}{조}$). 가납의 재판을 집행한 후 벌금·과료 또는 추징의 재판이 확정된 때에는 그 금액의 한도에서 형의 집행이 된 것으로 간주한다(제481조). 따라서 가납금액이 확정재판의 금액을 초과하면 환부하여야 하고, 상소심에서 원심판결이 파기되어 무죄나 자유형을 선고한 판결이 확정된 경우에는 가납재판에 의하여 집행된 금액을 전부 환부하여야 한다.

(4) 노역장유치의 집행

벌금 또는 과료를 선고할 때에는 납입하지 아니하는 경우의 유치기간을 정하여 동시에 선고하여야 한다. 선고하는 벌금이 1억 원 이상 5억 원 미만인 경우에는 300일 이상, 5억 원 이상 50억 원 미만인 경우에는 500일 이상, 50억 원 이상인 경우에는 1,000일 이상의 유치기간을 정하여야 한다(형법 제70조). 벌금 또는 과료를 완납하지 못한 자에 대한 노역장유치의 집행에는 형의 집행에 관한 규정이 준용되는바(제492조), 재판집행의 일반원칙(제459조, 제460조) 및 자유형의 집행에 관한 규정이 그것이다.

> **참조판례** 「형집행장을 소지하지 아니한 경우에 급속을 요하는 때에는 상대방에 대하여 형집행 사유와 형집행장이 발부되었음을 고하고 집행할 수 있고(제85조 제3항), 여기서 형집행장의 제시 없이 구인할 수 있는 '급속을 요하는 때'란 애초 사법경찰관리가 적법하게 발부된 형집행장을 소지할 여유가 없이 형집행의 상대방을 조우한 경우 등을 가리킨다. 이때 사법경찰관리가 벌금 미납으로 인한 노역장 유치의 집행의 상대방에게 형집행 사유와 더불어 벌금 미납으로 인한 지명수배 사실을 고지하였더라도 특별한 사정이 없는 한 그러한 고지를 형집행장이 발부되어 있는 사실도 고지한 것이라거나 형집행장이 발부되어 있는 사실까지도 포함하여 고지한 것이라고 볼 수 없으므로, 이와 같은 사법경찰관리의 직무집행은 적법한 직무집행에 해당한다고 할 수 없다」(대판 2017.9.26, 2017도9458).

6. 몰수와 압수물의 처분

(1) 몰수물의 처분 및 교부

검사가 몰수물을 처분함으로써 집행한다(제483조). 처분방법은 국고납입처분, 인계처분, 폐기처분 등이다. 몰수를 집행한 후 3월 이내에 그 몰수물에 대하여 정당한 권리있는 자가 몰수물의 교부를 청구한 경우에는 검사는 파괴 또는 폐기할 것이 아니면 이를 교부하여야 하며, 이미 처분한 후에 교부의 청구가 있는 경우에는 검사는 공매(公賣)에 의하여 취득한 대가를 교부하여야 한다(제484조).

(2) 압수물의 처분

압수한 서류 또는 물품에 대하여 몰수의 선고가 없는 때에는 압수를 해제한 것으로 간주하며(제332조), 정당한 권리자에게 환부하여야 한다. 만일 그 서류나 물품이 변조 또는 위조된 물건인 경우에는 그 물건의 전부 또는 일부에 위조나 변조인 것을 표시하여야 하며, 위조 또는 변조한 물건이 압수되지 아니한 경우에는 그 물건을 제출하게 하여 위의 처분을 하여야 한다. 다만 그 물건이 공무소에 속한 것인 때에는 위조나 변조의 사유를 공무소에 통지하여 적당한 처분을 하게 하여야 한다(제485조). 압수물을 환부하는 경우에 환부를 받을 자의 소재가 불명하거나 기타 사유로 인하여 환부를 할 수 없는 경우에는 검사는 그 사유를 관보에 공고하여야 하며, 공고한 후 3월 이내에 환부의 청구가 없는 때에는 그 물건은 국고에 귀속한다. 이 기간내에도 가치없는 물건은 폐기할 수 있고, 보관하기 어려운 물건은 공매하여 그 대가를 보관할 수 있다(제486조).

III. 재판집행에 대한 구제

1. 재판의 해석에 대한 의의신청(疑義申請)

형의 선고를 받은 자는 집행에 관하여 재판의 해석에 관한 의의(疑義)가 있는 때에는 재판을 선고한 법원에 의의신청을 할 수 있다(제488조).[1] 이러한 의의신청은 판결주문의 취지가 명확하지 아니하여 그 주문의 해석에 의문이 있는 경우에 적용되므로(대결 1987.8.20, 87초42) 판결이유의 모순 또는 부당을 주장하는 의의신청은 허용되지 않는다. 신청권자는 형의 선고를 받은 자 본인으로 제한되며, 그 법정대리인이나 검사는 신청권이 없다. 관할법원은 형을 선고한 법원이며, 따라서 상소기각의 경우에는 원심법원이 관할법원이 된다(대결 1968.2.28, 67초23). 의의신청은 법원의 결정이 있을 때까지 취하할 수 있다(제490조 제1항). 의의신청이 있는 경우 법원은 결정을 하여야 하며, 이 결정에 대해서는 즉시항고를 할 수 있다(제491조). 의의신청과 취하에 대하여는 재소자에 대한 특칙이 적용된다(제490조 제2항, 제344조).

2. 재판의 집행에 대한 이의신청(異議申請)

재판의 집행을 받은 자 또는 그 법정대리인이나 배우자는 집행에 관한 검사의 처분이 부당함을 이유로 재판을 선고한 법원에 이의신청을 할 수 있다(제489조). 이의신청은 검사의 처분에 대하여 허용되는 것으로 교도소장의 처분에 대하여는 이의신청을 할 수 없다(대결 1983.7.5, 83초20). 이의신청은 재판의 확정전에도 가능하지만, 집행종료후의 이의신청은 실익이 없으므로 허용되지 않는다.

> 참조판례 「형사소송법 제488조의 의의신청은, 판결의 취지가 명료하지 않아 그 해석에 대한 의의가 있는 경우에 적용되는 것이고, 같은 법 제489조의 이의신청은 재판의 집행에 관한 검사의 처분이 부당함을 이유로 하는 경우에 적용되는 것이므로 재판의 내용 자체를 부당하다고 주장하는 것은 이에 해당되지 아니한다」(대결 1987.8.20, 87초42).

---

1) 일본 형사소송법 제501조에서는 해석의 신청이라고 기재하고 있다.

절차는 의의신청(疑義申請)과 동일하다. 여기서 재판을 선고한 법원이란 피고인에게 형을 선고한 법원을 의미하므로 그 형을 선고한 판결에 대한 상소를 기각한 법원은 포함되지 않는다(대결 1996.3.28. 96초76).

3. 소송비용집행면제의 신청

소송비용부담의 재판을 받은 자가 빈곤으로 인하여 이를 완납할 수 없는 때에는 그 재판의 확정후 10일 이내에 재판을 선고한 법원에 소송비용의 전부 또는 일부에 대한 재판의 집행면제를 신청할 수 있다(제487조). 이러한 신청이 확정될 때까지 소송비용부담의 집행이 정지된다(제472조).

제 2 절   형사보상(刑事補償)과 명예회복

I. 서   설

1. 의   의

형사보상이란 국가형벌권의 과오에 의하여 구속되었거나 확정판결에 의하여 형의 집행을 받은 자에 대하여 국가가 그 손해를 보상하여 주는 제도를 말한다. 헌법 제28조도 「형사피의자 또는 형사피고인으로서 구금되었던 자가 법률이 정하는 불기소처분을 받거나 무죄판결을 받은 때에는 법률이 정하는 바에 의하여 국가에 상당한 보상을 청구할 수 있다」고 규정하여 형사보상을 국민의 기본권으로 보장하고 있으며, 2007년 개정 형사소송법도 무죄판결과 관련된 비용보상제도를 새로이 도입하였다(제194조 의2 이하).

2. 본   질

형사보상의 본질과 관련하여, ㉠ 국가의 구속처분 또는 형집행처분이 객관적·사후적으로 위법하기 때문에 이에 대한 법률적 의무로서 국가가 형사보상을 해야 한다는 **법률의무설**과 ㉡ 형사보상은 법률의무설이 주장하는 엄격한 의무에 근거한 것이 아니라 공평의 견지에서 국가가 행하는 조절보상이라는 **공평설**이 있다. 생각건대 형사보상은 비록 관계 공무원에게 고의나 과실이 없을지라도 부당한 구속이나 판결이라는 객관적 위법행위가 있는 이상 국가적 견지에서 이를 배상하여 주는 무과실손해배상이라고 할 수 있다는 점에서 형사보상을 공법상의 손해배상으로 파악하는 법률의무설이 타당하다고 본다.

3. 국가배상과의 관계

형사보상은 공무원의 고의·과실을 요건으로 하지 않는 일종의 손실보상청구권으로서 손해의 입증도 필요가 없으므로 국가배상과는 그 성격이 다르다. 그러므로 형사보상의 청구는 국가배상 등 다른 법률의 규정에 의한 손해배상청구를 금하는 것은 아니다(형보법 제5조 제1항). 그러나 동일한 원인에 대하여 이미 다른 법률의 규정에 의하여 손해배상을 받았을 경우에는 그 손해배상의 액수가 형사보상금의 액수와 같거나 이를 초과할 때에는 보상하지 아니하고, 그 손해배상의 액수가 형사보상금의 액수보다 적을 때에는 이를 공제하고 그 차액만을 보상한다(동조 제2항).

> **참조판례** 「소송촉진등에관한특례법 제25조 제1항의 규정에 의한 배상명령은 피고인의 범죄행위로 피해자가 입은 직접적인 재산상 손해에 대하여 그 피해금액이 특정되고, 피고인의 배상책임의 범위가 명백한 경우에 한하여 피고인에게 그 배상을 명함으로써 간편하고 신속하게 피해자의 피해회복을 도모하고자 하는 제도로서, 같은 조 제3항 제3호의 규정에 의하면, 피고인의 배상책임의 유무 또는 그 범위가 명백하지 아니한 때에는 배상명령을 하여서는 아니되고, 그와 같은 경우에는 같은 법 제32조 제1항이 정하는 바에 따라 법원은 결정으로 배상명령 신청을 각하하여야 한다(대판 1996.6.11, 96도945)」.

Ⅱ. 형사보상의 요건

1. 적극적 요건

(1) 피고인 보상

형사소송법에 따른 일반 절차 또는 재심이나 비상상고 절차에서 무죄재판을 받아 확정된 사건의 피고인이 미결구금(미결구금)을 당하였을 때에는 「형사보상 및 명예회복에 관한 법률」에 따라 국가에 대하여 그 구금에 대한 보상을 청구할 수 있다(동법 제2조 제1항). 상소권회복에 의한 상소, 재심 또는 비상상고의 절차에서 무죄재판을 받아 확정된 사건의 피고인이 원판결에 의하여 구금되거나 형 집행을 받았을 때에도 구금 또는 형의 집행에 대한 보상을 청구할 수 있다(동조 제2항). 이 경우 형집행정지에 따른 구치(제470조 제3항)와 형집행장의 집행(제473조 내지 제475조)에 따른 구속은 구금 또는 형의 집행으로 본다(동법 제2조 제3항).

또한, 형사소송법에 따라 면소 또는 공소기각의 재판을 받아 확정된 피고인이 면소 또는 공소기각의 재판을 할 만한 사유가 없었더라면 무죄재판을 받을 만한 현저한 사유가 있었을 경우나 치료감호법 제7조에 따라 치료감호의 독립 청구를 받은 피치료감호청구인의 치료감호사건이 범죄로 되지 아니하거나 범죄사실의 증명이 없는 때에 해당되어 청구기각의 판결을 받아 확정된 경우 무죄재판을 받아 확정된 사건의 피고인에 대한 보상에 관한 규정을 준용한다(_{동법}
제26조).

> **참조판례** 「형사보상법 조항은 입법 취지와 목적 및 내용 등에 비추어 재판에 의하여 무죄의 판단을 받은 자가 재판에 이르기까지 억울하게 미결구금을 당한 경우 보상을 청구할 수 있도록 하기 위한 것이므로, 판결 주문에서 무죄가 선고된 경우뿐만 아니라 판결 이유에서 무죄로 판단된 경우에도 미결구금 가운데 무죄로 판단된 부분의 수사와 심리에 필요하였다고 인정된 부분에 관하여는 보상을 청구할 수 있고, 다만 형사보상법 제4조 제3호를 유추적용하여 법원의 재량으로 보상청구의 전부 또는 일부를 기각할 수 있을 뿐이다」(_{대결 2016.3.11,}
2014모2521).

(2) 피의자 보상

피의자로서 구금되었던 자 중 검사로부터 공소를 제기하지 아니하는 처분을 받은 자는 국가에 대하여 구금에 대한 보상을 청구할 수 있다(_{형사보상 및 명예회복에 관한}
법률 제27조 제1항 본문). 다만, 구금된 이후 공소를 제기하지 아니하는 처분을 할 사유가 있는 경우와 공소를 제기하지 아니하는 처분이 종국적인 처분이 아니거나 기소유예처분을 받은 경우에는 피의자보상이 허용되지 않는다(_{동조 제1항}
단서).

2. 소극적 요건(보상배제사유)

(1) 피고인 보상

㉠ 형사책임능력이 없음을 이유로 무죄판결을 받은 경우, ㉡ 본인이 수사 또는 심판을 그르칠 목적으로 허위의 자백을 하거나 또는 다른 유죄의 증거를 만듦으로써 기소, 미결구금 또는 유죄판결을 받게 된 것으로 인정된 경우, ㉢ 1개의 재판으로써 경합범의 일부에 대하여 무죄판결을 받고 다른 부분에 대하여는 유죄판결을 받은 경우에는 법원은 재량에 의하여 보상청구의 전부 또는 일부를 기각할 수 있다(_{동법}
제4조). 여기서 '수사 또는 심판을 그르칠 목적'은 헌법 제28조가 보장하는 형사보상청구권을 제한하는 예외적인 사유임을 감안할 때 신중하게 인정하여야 하고, 형사보상청구권을 제한하고자 하는 측에서 입증하여야 한다. 수사기관의 추궁과 수사 상황 등에 비추어 볼 때 본인이 범행을 부인하여도 형사처벌을 면하기 어려울 것이라는 생각으로 부득이 자백에 이르게 된 것이라면 '수사 또는 심판을 그르칠 목적'이 있었다고 섣불리 단정할 수 없다(_{대결 208.10.28,}
2008모577).

> **참조판례** 「판결 주문에서 경합범의 일부에 대하여 유죄가 선고되더라도 다른 부분에 대하여 무죄가 선고되었다면 형사보상을 청구할 수 있다. 그러나 그 경우라도 **미결구금 일수의 전부 또는 일부가 유죄에 대한 본형에 산입되는 것으로 확정되었다면, 그 본형이 실형이든 집행유예가 부가된 형이든 불문하고 그 산입된 미결구금 일수는 형사보상의 대상이 되지 않는다.** 그 미결구금은 유죄에 대한 본형에 산입되는 것으로 확정된 이상 형의 집행과 동일시되므로, 형사보상할 미결구금 자체가 아닌 셈이기 때문이다. 한편 판결 주문에서 무죄가 선고되지 아니하고 판결 이유에서만 무죄로 판단된 경우에도 미결구금 가운데 무죄로 판단된 부분의 수사와 심리에 필요하였다고 인정된 부분에 관하여는 판결 주문에서 무죄가 선고된 경우와 마찬가지로 보상을 청구할 수 있다. 그러나 앞서 본 법리 역시 그대로 적용되어 미결구금 일수의 전부 또는 일부가 선고된 형에 산입되는 것으로 확정되었다면, 그 산입된 미

결구금 일수는 형사보상의 대상이 되지 않는다」($^{대결\ 2017.11.28,}_{\ \ 2017모1980}$).

(2) 피의자 보상

㉠ 본인이 수사 또는 재판을 그르칠 목적으로 거짓 자백을 하거나 다른 유죄의 증거를 만듦으로써 구금된 것으로 인정되는 경우, ㉡ 구금기간 중에 다른 사실에 대하여 수사가 이루어지고 그 사실에 관하여 범죄가 성립한 경우, ㉢ 보상을 하는 것이 선량한 풍속이나 그 밖에 사회질서에 위배된다고 인정할 특별한 사정이 있는 경우의 어느 하나에 해당하는 경우에는 피의자보상의 전부 또는 일부를 지급하지 아니할 수 있다($^{동법\ 제27조}_{제2항}$).

Ⅲ. 형사보상의 절차

1. 보상의 청구

(1) 청구권자

형사보상의 청구권자는 무죄·면소 또는 공소기각의 재판을 받은 본인 또는 기소유예처분 이외의 불기소처분을 받은 피의자이다($^{형보법\ 제2조,}_{제26조,\ 제27조}$). 단 본인이 보상청구를 하지 않고 사망한 때에는 상속인이 이를 청구할 수 있다($^{동법\ 제3조}_{제1항}$). 또 사망한 자에 대하여 재심 또는 비상상고의 절차에서 무죄판결이 있었을 때에는 보상의 청구에 있어서는 사망한 때에 무죄판결이 있었던 것으로 본다($^{동조}_{제2항}$).

(2) 청구의 시기

피고인보상의 청구는 무죄재판이 확정된 사실을 안 날부터 3년, 무죄재판이 확정된 때부터 5년 이내에 하여야 하고($^{동법}_{제8조}$), 피의자보상의 청구는 검사로부터 공소를 제기하지 아니하는 처분의 고지 또는 통지를 받은 날로부터 3년 이내에 하여야 한다($^{동조\ 제28조}_{제3항}$).

2. 피고인 보상

(1) 관할법원

보상청구의 관할법원은 무죄판결을 한 법원이며($^{형보별}_{제7조}$), 심급의 여하를 묻지 아니한다. 여기서의 법원은 소송법상의 의미가 아니라 조직법상 의미의 법원이며, 원판결의 사물관할에 관계없이 항상 합의부에서 재판한다($^{동법\ 제14조}_{제1항}$).

(2) 보상청구사건의 심리

보상의 청구에 대하여 법원은 검사와 청구인의 의견을 들은 후 결정을 하여야 한다. 보상청구의 원인된 사실인 구금일수 또는 형집행의 내용에 관하여는 법원은 직권으로 이를 조사하여야 한다($\substack{\text{형보법}\\\text{제15조}}$).

(3) 법원의 결정

① **청구각하의 결정:** 보상청구의 절차가 법령상의 방식에 위반하여 보정할 수 없거나 청구인이 법원의 보정명령에 응하지 아니할 때 또는 청구기간 경과후에 보상을 청구하였을 때에는 이를 각하하는 결정을 하여야 한다($\substack{\text{형보법}\\\text{제16조}}$).

② **보상결정과 청구기각결정:** 보상의 청구가 이유있을 때에는 보상의 결정을 하여야 하며 이유없을 때에는 청구기각의 결정을 하여야 한다($\substack{\text{형보법}\\\text{제17조}}$). 보상결정이 확정되었을 때에는 법원은 2주일 이내에 보상결정의 요지를 관보에 게재하여 공시하여야 한다.

③ **불복방법:** 청구액의 전부보상이든 일부보상이든 보상의 결정에 대하여는 불복을 신청할 수 없다($\substack{\text{형보법 제20조}\\\text{제1항}}$). 그러나 보상의 청구를 기각한 결정에 대하여는 형사소송법에 따라 즉시항고를 할 수 있다($\substack{\text{동법 제20조}\\\text{제2항}}$).

(4) 지급청구의 시기와 방식

보상의 지급을 청구하고자 하는 자는 보상을 결정한 법원에 대응한 검찰청에 보상지급청구서를 제출하여야 한다. 보상결정이 송달된 후 2년 이내에 보상청구를 하지 아니할 때에는 권리를 상실한다($\substack{\text{형보법}\\\text{제21조}}$).

(5) 보상지급의 효과

보상의 지급을 받을 수 있는 자가 수인인 경우에는 그 중 1인에 대한 보상의 지급은 그 전원에 대하여 효력이 발생한다($\substack{\text{형보법}\\\text{제22조}}$).

3. 피의자보상

피의자보상에 관한 사항은 지방검찰청에 둔 피의자보상심의회에서 심사·결정하며($\substack{\text{형보법}\\\text{제27조 제3항}}$), 심의회는 법무부장관의 지휘·감독을 받는다($\substack{\text{동조}\\\text{제4항}}$). 피의자보상에 대한 심의회의 결정에 대하여는 법무부장관의 재결을 거쳐 행정소송을 제기할 수 있다($\substack{\text{동법 제28조}\\\text{제4항}}$). 심의회의 보상결정이 송달(제4항의 심판을 청구하거나 소송을 제기한 경우에는 그 재결 또는 판결에 따른 심의회의 보상결정이 송달된 때를 말한다)된 후 2년 이내에 보상금 지급청구를 하지 아니할 때에는 그 권리를 상실한다($\substack{\text{동법 제28조}\\\text{제5항}}$).

Ⅳ. 무죄재판 등의 확정과 명예회복

1. 입법취지

무죄재판을 받아 확정된 사건(이하 "무죄재판사건"이라 한다)의 피고인은 무죄재판이 확정된 때부터 3년 이내에 확정된 무죄재판사건의 재판서(이하 "무죄재판서"라 한다)를 법무부 인터넷 홈페이지에 게재하도록 해당 사건을 기소한 검사가 소속된 지방검찰청(지방검찰청 지청을 포함한다)에 청구할 수 있다(^{형보법}_{제30조}). 동법은 피고인에게 청구권이 부여되어 있지 않은 형법상의 무죄판결의 공시(^{형법 제58조}_{제2항})와 달리 피고인에게 청구권을 부여하는 한편, 공지의 실효성을 높이기 위하여 인터넷을 이용하도록 한 점에 특징이 있다.

2. 무죄재판서 등의 게재 절차

형사보상 및 명예회복에 관한 법률 제32조(청구에 대한 조치) ① 제30조에 따른 청구가 있을 때에는 그 청구를 받은 날부터 1개월 이내에 무죄재판서를 법무부 인터넷 홈페이지에 게재하여야 한다. 다만, 청구를 받은 때에 무죄재판사건의 확정재판기록이 해당 지방검찰청에 송부되지 아니한 경우에는 무죄재판사건의 확정재판기록이 해당 지방검찰청에 송부된 날부터 1개월 이내에 게재하여야 한다.
② 다음 각 호의 어느 하나에 해당할 때에는 무죄재판서의 일부를 삭제하여 게재할 수 있다.
1. 청구인이 무죄재판서 중 일부 내용의 삭제를 원하는 의사를 명시적으로 밝힌 경우
2. 무죄재판서의 공개로 인하여 사건 관계인의 명예나 사생활의 비밀 또는 생명·신체의 안전이나 생활의 평온을 현저히 해칠 우려가 있는 경우
③ 제2항제1호의 경우에는 청구인의 의사를 서면으로 확인하여야 한다. 다만, 소재불명 등으로 청구인의 의사를 확인할 수 없을 때에는 「민법」 제779조에 따른 가족 중 1명의 의사를 서면으로 확인하는 것으로 대신할 수 있다.
④ 제1항에 따른 무죄재판서의 게재기간은 1년으로 한다.

한편, 형사소송법에 따라 면소 또는 공소기각의 재판을 받아 확정된 피고인이 면소 또는 공소기각의 재판을 할 만한 사유가 없었더라면 무죄재판을 받을 만한 현저한 사유가 있었을 경우 또는 치료감호법 제7조에 따라 치료감호의 독립 청구를 받은 피치료감호청구인의 치료감호사건이 범죄로 되지 아니하거나 범죄사실의 증명이 없는 때에 해당되어 청구기각의 판결을 받아 확정된 경우에 해당하는 자도 확정된 사건의 재판서를 게재하도록 청구할 수 있다(^{동법 제34조}_{제1항}). 이 경우 무죄재판사건 피고인의 무죄재판서 게재 청구에 관한 규정을 준용한다(^{동조}_{제2항}).

[표-1 상급법원의 토지관할]

각급 법원의 설치와 관할구역에 관한 법률

제1조(목적) 이 법은 「법원조직법」 제3조제3항에 따라 각급 법원의 설치와 관할구역을 정함을 목적으로 한다. [전문개정 2011.4.5]

제2조(설치) ① 고등법원, 특허법원, 지방법원, 가정법원, 행정법원, 회생법원과 지방법원의 지원(支院) 및 가정법원의 지원을 별표 1과 같이 설치한다.

② 시법원 또는 군법원(이하 "시·군법원"이라 한다)을 별표 2와 같이 설치한다. [전문개정 2011.4.5]

제3조(합의부지원) 지방법원의 지원 및 가정법원의 지원에 합의부를 둔다. 다만, 대법원규칙으로 정하는 지원에는 두지 아니한다. [전문개정 2011.4.5]

제4조(관할구역) 각급 법원의 관할구역은 다음 각 호의 구분에 따라 정한다. 다만, 지방법원 또는 그 지원의 관할구역에 시·군법원을 둔 경우 「법원조직법」 제34조제1항제1호 및 제2호의 사건에 관하여는 지방법원 또는 그 지원의 관할구역에서 해당 시·군법원의 관할구역을 제외한다.

1. 각 고등법원·지방법원과 그 지원의 관할구역: 별표 3
2. 특허법원의 관할구역: 별표 4
3. 각 가정법원과 그 지원의 관할구역: 별표 5
4. 행정법원의 관할구역: 별표 6
5. 각 시·군법원의 관할구역: 별표 7
6. 항소사건(抗訴事件) 또는 항고사건(抗告事件)을 심판하는 지방법원 본원 합의부 및 지방법원 지원 합의부의 관할구역: 별표 8
7. 행정사건을 심판하는 춘천지방법원 및 춘천지방법원 강릉지원의 관할구역: 별표 9
8. 회생법원의 관할구역: 별표 10

[전문개정 2011. 4. 5.]

제5조(행정구역 등의 변경과 관할구역) ① 법원의 관할구역의 기준이 되는 행정구역이 변경된 경우에는 이 법에 따라 법원의 관할구역이 정하여질 때까지 정부와 협의하여 그 변경으로 인한 관할구역을 대법원규칙으로 정할 수 있다.

② 인구 및 사건 수 등의 변동으로 인하여 시·군법원의 관할구역을 조정할 필요가 있다고 인정되는 경우에는 이 법에 따라 관할구역이 정하여질 때까지 그 관할구역의 변경을 대법원규칙으로 정할 수 있다.

[전문개정 2011. 4. 5.]

[별표 3] <개정 2014.12.30.> [시행일:2022. 3. 1.] 의정부지방법원 남양주지원 설치에 관한 사항

고등법원·지방법원과 그 지원의 관할구역

고등 법원	지방 법원	지원	관할구역
서울	서울 중앙		서울특별시 종로구·중구·강남구·서초구·관악구·동작구
	서울 동부		서울특별시 성동구·광진구·강동구·송파구
	서울 남부		서울특별시 영등포구·강서구·양천구·구로구·금천구
	서울 북부		서울특별시 동대문구·중랑구·성북구·도봉구·강북구·노원구
	서울 서부		서울특별시 서대문구·마포구·은평구·용산구
	의정부		의정부시·동두천시·양주시·연천군·포천시, 강원도 철원군. 다만, 소년보호사건은 앞의 시·군 외에 고양시·파주시·남양주시·구리시·가평군
		고 양	고양시·파주시
		남양주	남양주시·구리시·가평군
	인천		인천광역시
		부천	부천시·김포시
	춘천		춘천시·화천군·양구군·인제군·홍천군. 다만, 소년보호사건은 철원군을 제외한 강원도
		강릉	강릉시·동해시·삼척시
		원주	원주시·횡성군
		속초	속초시·양양군·고성군
		영월	태백시·영월군·정선군·평창군

부 록 **927**

대전	대전		대전광역시 · 세종특별자치시 · 금산군
		홍성	보령시 · 홍성군 · 예산군 · 서천군
		공주	공주시 · 청양군
		논산	논산시 · 계룡시 · 부여군
		서산	서산시 · 당진시 · 태안군
		천안	천안시 · 아산시
	청주		청주시 · 진천군 · 보은군 · 괴산군 · 증평군. 다만, 소년보호사건은 충청북도
		충주	충주시 · 음성군
		제천	제천시 · 단양군
		영동	영동군 · 옥천군
대구	대구		대구광역시 중구 · 동구 · 남구 · 북구 · 수성구 · 영천시 · 경산시 · 칠곡군 · 청도군
		서부	대구광역시 서구 · 달서구 · 달성군, 성주군 · 고령군
		안동	안동시 · 영주시 · 봉화군
		경주	경주시
		포항	포항시 · 울릉군
		김천	김천시 · 구미시
		상주	상주시 · 문경시 · 예천군
		의성	의성군 · 군위군 · 청송군
		영덕	영덕군 · 영양군 · 울진군
부산	부산		부산광역시 중구 · 동구 · 영도구 · 부산진구 · 동래구 · 연제구 · 금정구
		동부	부산광역시 해운대구 · 남구 · 수영구 · 기장군
		서부	부산광역시 서구 · 북구 · 사상구 · 사하구 · 강서구
	울산		울산광역시 · 양산시
	창원		창원시 의창구 · 성산구 · 진해구, 김해시. 다만, 소년보호사건은 양산시를 제외한 경상남도
		마산	창원시 마산합포구 · 마산회원구, 함안군 · 의령군
		통영	통영시 · 거제시 · 고성군
		밀양	밀양시 · 창녕군
		거창	거창군 · 함양군 · 합천군
		진주	진주시 · 사천시 · 남해군 · 하동군 · 산청군

광주	광주		광주광역시 · 나주시 · 화순군 · 장성군 · 담양군 · 곡성군 · 영광군
		목포	목포시 · 무안군 · 신안군 · 함평군 · 영암군
		장흥	장흥군 · 강진군
		순천	순천시 · 여수시 · 광양시 · 구례군 · 고흥군 · 보성군
		해남	해남군 · 완도군 · 진도군
	전주		전주시 · 김제시 · 완주군 · 임실군 · 진안군 · 무주군. 다만, 소년보호사건은 전라북도
		군산	군산시 · 익산시
		정읍	정읍시 · 부안군 · 고창군
		남원	남원시 · 장수군 · 순창군
	제주		제주시 · 서귀포시
수원	수원		수원시 · 오산시 · 용인시 · 화성시. 다만, 소년보호사건은 앞의 시 외에 성남시 · 하남시 · 평택시 · 이천시 · 안산시 · 광명시 · 시흥시 · 안성시 · 광주시 · 안양시 · 과천시 · 의왕시 · 군포시 · 여주시 · 양평군
		성남	성남시 · 하남시 · 광주시
		여주	이천시 · 여주시 · 양평군
		평택	평택시 · 안성시
		안산	안산시 · 광명시 · 시흥시
		안양	안양시 · 과천시 · 의왕시 · 군포시

[표-2 폭행죄 고소장 작성례]

고 소 장

고 소 인   홍 길 동
　　　　　서울시 성북구 이하 생략 (전화번호 : ○○○ － ○○○)
　　　　　주민등록번호 : 111111 － 1111111
　　　　　직업 :

피고소인　　김 백 수
　　　　　서울시 성북구 이하 생략 (전화번호 : ○○○ － ○○○)
　　　　　주민등록번호 : 111111 － 1111111
　　　　　직업 :

고소인은 피고소인에 대하여 다음과 같이 고소하오니 철저히 조사하여 법에 따라서 처벌하여
주시기 바랍니다.

다 음

피고소인은 일정한 직업이 없는 자로서 2022. 9. 1. 23:00경 서울 성북구 정릉1동 114번지 소
재 고소인이 경영하는 '한국음식점'에 들어와서 공연히 종업원에게 시비를 걸어 욕설을 하면
서 행패를 부리는 것을 고소인이 말리자 피고소인은 고소인에게 너도 똑같은 놈이라며 뺨을
때리고 머리채를 잡아 흔드는 등 폭행을 가한 사실이 있어 고소하오니 조사하여 엄벌하여 주
시기 바랍니다.

첨 부 서 류

　　1. 진단서　　　　　　　　　　1통
　　2. 목격자 진술서　　　　　　　1통

2022년 9월 5일
위 고소인 홍 길 동 (인)

[표-3 합의서 작성례]

합 의 서

가해자 성명 : 김백수
　　　　주소 : (생략)

피해자 성명 : 홍길동
　　　　주소 : (생략)

피해자는 2022. 9. 1. 08:00경 서울 성북구 정릉1동 114에 있는 'S고등학교' 앞 길 횡단보도에서 가해자가 운전하는 12가3456호 쏘나타 승용차에 부딪혀 약 4주간의 치료가 필요한 왼쪽 다리 골절 등의 상해를 입었습니다. 피해자는 가해자에게서 치료비 등 일체의 손해를 배상받고 합의하였습니다. 이에 피해자는 가해자의 처벌을 원하지 아니하고, 이후 민형사상 일체의 이의를 제기하지 않을 것을 확인합니다.

2022. 12. 16.

피해자　홍길동　(인)

첨부 : 인감증명 1통(생략)

[표-4 실황조사서 작성례]

교통사고보고
(실황조사서)

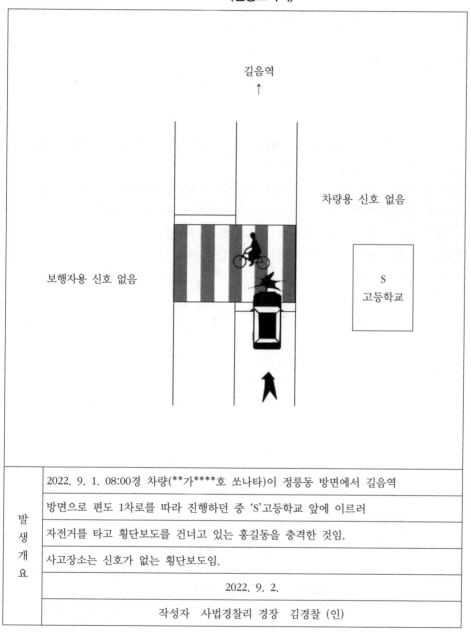

발생개요	2022. 9. 1. 08:00경 차량(**가****호 쏘나타)이 정릉동 방면에서 길음역
	방면으로 편도 1차로를 따라 진행하던 중 'S'고등학교 앞에 이르러
	자전거를 타고 횡단보도를 건너고 있는 홍길동을 충격한 것임.
	사고장소는 신호가 없는 횡단보도임.
	2022. 9. 2.
	작성자 사법경찰리 경장 김경찰 (인)

[표-5 진술서 작성례]

진 술 서

성 명 홍길동(****** ― *******)

주 소 서울 성북구 이하 생략

1. 저는 2022. 9. 1. 08:00경 서울 성북구 정릉1동 114 'S고등학교' 정문 앞 횡단보도에서 교통사고를 당한 사실이 있습니다.
1. 제가 자전거를 타고 신호등이 없는 횡단보도를 건너는데 **가****호 쏘나타 승용차가 저와 자전거 왼쪽을 들이받아 길바닥에 넘어지면서 다리가 골절되는 등 상해를 입었습니다.
1. 가해자 차량은 종합보험에 가입되지 않은 것으로 알고 있습니다.
1. 아직 가해자가 피해를 배상하지 아니하여 처벌을 원합니다.
1. 진단서를 제출하겠습니다.

첨부 : 진단서(생략)

2022. 9. 3.

진술자 홍 길 동 (인)

[표-6 약식명령]

춘천지방법원 강릉지원
약 식 명 령

사   건   2022고약692 상습사기
(2022년형제3577호)

피 고 인   김백수 (****** – *******), 무직
주소   서울 성북구 정릉2동 125
등록기준지 (생략)

2022. 12. 17. 확정
검찰주사보 황참여 (인)

주 형 과   피고인을 벌금 3,000,000(삼백만)원에 처한다.
부수처분   피고인이 위 벌금을 납입하지 아니하는 경우 금 50,000(오만)원을 1일로 환산한
기간 피고인을 노역장에 유치한다.

범죄사실   피고인은 2020. 10. 30. 서울중앙지방법원에서 상습사기죄로 벌금 3,000,000원의
약식명령을 받는 등 동종전력 3회가 있는 자로서, 상습으로, 수중에 현금이나 신
용카드 등 다른 대금지급 수단이 없어 술값 등을 지급할 의사나 능력이 없었음
에도, 2022. 10. 25. 23:00경 강릉시 영흥동 113에 있는 피해자 이미자가 운영
하는 '영흥' 유흥주점에서 마치 술값 등을 제대로 지급할 것처럼 행세하며 술 등
을 주문하여 이에 속은 피해자로부터 80만 원에 해당하는 술과 서비스를 제공받
았다.

적용법령   형법 제351조, 제347조 제1항(벌금형 선택), 제70조, 제69조 제2항

검사 또는 피고인은 이 명령등본을 송달받은 날부터 7일 이내에 정식재판의 청구를 할 수 있
습니다.

2022. 11. 20.

판사 정 직 한 (인)
춘 천 지 방 법 원 강 릉 지 원

[표-7 공소장 작성례]

서 울 중 앙 지 방 검 찰 청

2022. 11. 16.

사건번호 2022년 형제53874호
수 신 자 서울중앙지방법원
제   목 공소장

    검사 명석한은 아래와 같이 공소를 제기합니다.

Ⅰ. 피고인 관련사항

  1. 피 고 인   김사기 (******－*******), 50세
              직업 건설업체 사장, **－****－****
              주거 서울특별시 강남구 개포1동 낭비아파트 101동 1007호
              등록기준지 (생략)

     죄   명   특수강도교사
     적용법조   형법 제334조 제2항, 제1항, 제333조, 제31조 제1항
     구속여부   불구속
     변 호 인   변호사 김 무 명

  2. 피 고 인   김백수 (******－*******), 40세
              직업 무직, ***－****－****
              주거 서울특별시 성북구 정릉2동 125
              등록기준지 (생략)

     죄   명   특수강도, 성폭력범죄의처벌등에관한특례법위반(주거침입강간등), 사기, 횡
              령, 교통사고처리특례법위반
     적용법조   형법 제334조 제2항, 제1항, 제333조, 성폭력범죄의처벌등에관한특례법 제
              15조, 제3조 제1항, 형법 제319조 제1항, 제297조, 제347조 제1항, 제355
              조 제1항, 교통사고처리 특례법 제3조 제1항, 제2항 단서 제6호, 형법 제
              268조, 제37조, 제38조
     구속여부   2020. 11. 4. 구속 (2011. 11. 2. 체포)

Ⅱ. 공소사실

    피고인 김사기는 서울 강남구 개포1동 10에 있는 'D건설'을 운영하는 사람이고, 피고인 김
백수는 피고인 김사기의 고향 후배로서 일정한 직업이 없는 사람이다.

1. 피고인들의 범행

    피고인 김사기는 피해자 김프로(55세)에게 1억 원을 빌려주었다가 돌려받지 못하고 있었다.
피고인 김백수가 피고인 김사기에게 3,000만 원을 빌려달라고 부탁하자, 피고인 김사기는 피

고인 김백수에게 피해자가 빌려 간 돈 1억 원을 받아 오면 그 중 3,000만 원을 빌려주겠다고 하였다. 이에 피고인 김백수는 피해자에게 가서 채무변제를 여러 번 독촉하였다.

가. 피고인 김사기

피고인은 2022. 10. 31. 15:00경 인천국제공항에서 서울로 가는 10허1234호 에쿠스 승용차 안에서 김백수에게 "김프로가 어제 아니면 오늘 공사 기성금을 받은 것으로 알고 있다. 순순히 말해서는 주지 않을 것이니 확실히 받아 와라. 돈을 받아 오면 그 중 일부를 빌려주겠다." 라고 말하면서 흉기인 주방용 식칼(칼날 길이 15cm, 손잡이 길이 10cm)이 든 봉투를 건네주어 김백수로 하여금 피해자로부터 금원을 강취할 것을 마음먹게 하였다.

김백수는 그 다음 날인 2022. 11. 1. 09:00경 서울 서초구 서초2동 250에 있는 피해자의 집을 찾아가 1억 원의 변제를 독촉하였으나 피해자가 돈이 없다고 거절하였다. 김백수는 집 안을 둘러보다가 안방 화장대 위에 있던 5,000만 원이 든 봉투를 발견하였다. 피해자가 돈 봉투를 집어 가슴에 품은 채 지급을 거절하자, 김백수는 미리 가지고 간 위 식칼을 피해자의 목에 들이대어 반항을 억압한 다음 돈 봉투를 빼앗아 가지고 나왔다.

이로써 피고인은 김백수로 하여금 위와 같이 피해자로부터 5,000만 원을 빼앗게 함으로써 특수강도를 교사하였다.

나. 피고인 김백수

피고인은 위 김사기의 교사에 따라 2022. 11. 1. 09:00경 서울 서초구 서초2동 250에 있는 피해자의 집에서 전항과 같이 피해자로부터 5,000만 원을 빼앗아 강취하였다.

2. 피고인 김백수

가. 횡령

피고인은 2021. 10. 1.경 서울 강남구 개포1동 10에 있는 위 'D건설' 사무실에서 피해자 김사기로부터 'H건설 주식회사' 계약담당이사 최소심에게 가져다주라는 지시와 함께 현금 4,000만 원을 교부받아 피해자를 위하여 보관하였다. 피고인은 같은 날 위 4,000만 원을 피고인의 개인 채무 변제에 임의로 사용하여 횡령하였다.

나. 성폭력범죄의처벌등에관한특례법위반(주거침입강간등)

피고인은 2022. 6. 1. 23:00경 서울 서초구 서초3동 130에 있는 피해자 장미화(여, 27세)의 집에 이르러 잠겨 있지 아니한 문간방 창문을 통하여 집 안으로 침입하였다. 피고인은 안방에서 잠들어 있는 피해자를 발견하고 피해자를 간음하기 위하여 피해자의 하의를 벗겼다. 그때 피해자가 깨어나자 피고인은 한 손으로 피해자의 입을 막고 몸으로 피해자를 눌러 반항을 억압한 다음 자신의 바지를 내리고 피해자를 간음하려 하였으나 피해자가 소리치며 격렬히 저항하는 바람에 간음하지 못하고 집 밖으로 도망쳐 나왔다.

이로써 피고인은 주거에 침입하여 피해자를 강간하려다가 미수에 그쳤다.

다. 교통사고처리특례법위반

피고인은 2022. 9. 1. 08:00경 12가3456호 쏘나타 승용차를 운전하고 서울 성북구 정릉1동 114에 있는 'S고등학교' 앞길을 정릉동 쪽에서 길음역 쪽으로 진행하고 있었다. 그곳은 전방에 횡단보도가 설치되어 있으므로 이러한 경우 운전업무에 종사하는 피고인으로서는 횡단보도

앞에서 일시정지 하는 등 필요한 조치를 취함으로써 보행자를 보호하여야 할 업무상 주의의무가 있었다. 그럼에도 불구하고 피고인은 그 주의의무를 게을리 한 채 만연히 진행한 업무상 과실로 때마침 자전거를 타고 횡단보도를 건너던 피해자 홍길동(22세)의 다리 부분을 위 승용차 앞 범퍼 부분으로 들이받아 그 충격으로 피해자로 하여금 약 4주간의 치료가 필요한 왼쪽 다리 골절 등의 상해를 입게 하였다.

라. 사기

피고인은 2022. 10. 10. 23:00경 서울 서초구 서초2동 119에 있는 피해자 장희빈이 운영하는 'SKY' 유흥주점에서 마치 술값 등을 제대로 지급할 것처럼 행세하며 술 등을 주문하여 이에 속은 피해자로부터 100만 원에 해당하는 술과 서비스 등을 제공받았다. 그러나 피고인은 현금 2만 원만 가지고 있어 그 대금을 지급할 의사나 능력이 없었다.

Ⅲ. 첨부서류
  1. 긴급체포서 1통(생략)
  2. 구속영장(체포된 피의자용) 1통(생략)
  3. 변호인선임신고서 2통(생략)
  4. 피의자수용증명 1통(생략)

[표-8 압수조서 작성례]

압 수 조 서

피의자 김백수에 대한 특수강도 등 피의사건에 관하여 2022년 11월 2일 17시 00분경 서울 성북구 정릉2동 125 김백수의 집에서 성북경찰서 형사과 형사팀 사법경찰관 경위 김경찰은 사법경찰리 경장 강직한을 참여하게 하고 별지 목록의 물건을 다음과 같이 압수하다.

압 수 경 위

2022. 11. 2. 04:00 피의자 김백수를 특수강도 혐의로 긴급체포하여 서울성북경찰서 형사과 형사팀 사무실로 인치하였는데, 피의자의 인상착의가 당서에서 수사 중인 2022. 6. 1.자 주거 침입 강간미수사건의 용의자와 유사하여 피해자 장미화를 당서로 불러 피의자를 보여준 결과 범인이 맞다고 하다. 이에 피의자의 주거지를 수색한 결과 용의자의 신발자국과 유사한 신발 을 발견하고 형사소송법 제217조 제1항에 따라 긴급체포한 지 24시간 이내에 압수하다.

참여인	성 명	주민등록번호	주　소	서명 또는 날인
	이숙자 (동거녀)	(생략)	피의자와 동일	(생략)

2022년 11월 2일

서울성북경찰서

사법경찰관 경위 김 경 찰 (인)

사법경찰리 경장 강 직 한 (인)

[표-9 압수목록 작성례]

압 수 목 록								
번호	품 종	수량	피 압 수 자 주 거 성 명				소 유 자 주거 · 성명	비고
			1	2	3	4		
			유류자	보관자	소지자	소유자		
1	나이키 신발	1켤레	서울 성북구 정릉2동 125 김백수				김백수	

[표-10 조회회보서]

조회회보서

제2011-5231호

2020. 11. 2.

□ 조회대상자

성 명	김백수	주민등록번호	******-*******	성 명	남
지문번호	*****-75***	주민지문번호	*****-758***	일련번호	*******
주 소	서울 성북구 정릉2동 125					
등록기준지	(생략)					

□ 주민정보 - (생략)

□ 범죄경력자료

연번	입건일	입건관서	작성번호	송치번호	형제번호
	처분일	죄 명		처분관서	처분결과
1	2009. 9. 2.	서울강동경찰서	003323	2009-131	***-***-****
	2010. 1. 22.	성폭력범죄의처벌및피해자보호등에관한법률위반(주거침입강간등)		서울지방법원 동부지원	징역 3년 집행유예 5년
2	2015. 3. 26.	서울강남경찰서	003421	2015-3877	***-***-****
	2015. 5. 21.	사기		서울중앙지방법원	벌금 100만 원
3	2016. 9. 2.	서울강남경찰서	004323	2016-9900	***-***-****
	2016.11.22.	상습사기		서울중앙지방법원	벌금 200만 원
4	2018. 9. 2.	서울강남경찰서	004357	2018-9999	***-***-****
	2018.10.30.	상습사기		서울중앙지방법원	벌금 300만 원

□ 수사경력자료(생략)   □ 지명수배내역(생략)

위와 같이 조회 결과를 통보합니다.

조 회 용 도 : 접수번호 2020-**** 수사

조회의뢰자 : 형사팀 경위 홍반장

작 성 자 : 형사팀 경사 김주용

서울성북경찰서장 ㉑

[표-11 감정의뢰회보서]

국립과학수사연구원

1. 형사과—8342호 (1122—165)(2020—M—46804 경장 정직한)와 관련된 것입니다.
2. 위 건에 대한 감정결과를 회보합니다.
3. 문서처리자는 각 담당자에게 열람을 요청합니다.
4. 비밀번호 조회는 http://pwd.nisi.go.kr에서 로그인 후 확인 바랍니다.

감정결과 : 창문 턱에 있는 신발자국과 피의자 김백수의 나이키 신발의 바닥 무늬와 크기가
　　　　　 일치함. 끝.

국 립 과 학 수 사 연 구 원

수신자
━━━

　　　　　　　　　　　　　　　　　　　　전결 11/6
○○연구관　　　정○○　　　　　○○분석과장　　　　홍○○
협조자
시행　○○분석과—5229(2011.11.3)　　　　　접수　　　(2020.11.3)
우 158—707　　서울 양천구 신월7동 국립과학수사연구원　/ http://www.mopas.go.kr
전화　02—2600—****　　　전송　02—2600—****　　　/****@****.**.**　　/비공개

[표-12 공판조서 작성례]

서 울 중 앙 지 방 법 원
공 판 조 서

제 1 회

사　　　　건	2022고합1234　특수강조교사 등		
재판장 판사	배일도	기　　　일 :	2022. 12. 14. 10:00
판사	김 석	장　　　소 :	제418호 법정
판사	문현주	공개 여부 :	공개
법원사무관	국영수	고 지 된	
		다음기일 :	2022. 12. 28. 14:00
피 고 인	1. 김사기 2. 김백수		각 출석
검　　　사	강선주		출석
변 호 인	변호사 김무명 (피고인 1을 위하여)		출석
	변호사 이사랑 (피고인 2를 위하여)		출석

재판장

　　피고인들은 진술을 하지 아니하거나 각개의 물음에 대하여 진술을 거부할 수 있고, 이익 되는 사실을 진술할 수 있음을 고지

재판장의 인정신문

　　성　　　　명 : 1. 김사기　　　2. 김백수

　　주민등록번호 : 각 공소장 기재와 같음.

　　직　　　　업 :　　　　　〃

　　주　　　　거 :　　　　　〃

　　등록기준지 :　　　　　〃

재판장

　　피고인들에 대하여

　　주소가 변경될 경우에는 이를 법원에 보고할 것을 명하고, 소재가 확인되지 않을 때에는 그 진술 없이 재판할 경우가 있음을 경고

검　　사

　　공소장에 의하여 공소사실, 죄명, 적용법조 낭독

피고인 김사기

　　　피고인 김백수에게 강도를 교사한 사실이 없다고 진술

피고인 김백수

　　　피고인 장미화에 대한 공소사실은 인정할 수 없고, 나머지 공소사실은 인정한다고 진술

피고인 김사기의 변호인 변호사 김무명

　　　피고인 김사기가 피고인 김백수에게 피해자 김프로가 빌려 간 돈을 받아 오면 그 돈을
　　　빌려주겠다고 말한 사실과, 피해자 김프로가 공사 기성금을 받아 돈을 갖고 있을 것이라
　　　고 알려 준 사실은 있으나, 칼을 주면서 강도를 교사하지는 않았다고 진술

피고인 김백수의 변호인 변호사 이사랑

　　　피고인 김백수는 피해자 장미화를 알지 못한다고 진술

재판장

　　　증거조사를 하겠다고 고지

증거관계 별지와 같음(검사, 변호인)

재판장

　　　각 증거조사 결과에 대하여 의견을 묻고 권리를 보호하는 데에 필요한 증거조사를 신청
　　　할 수 있음을 고지

소송관계인

　　　별 의견 없다고 각각 진술

재판장

　　　변론속행

　　　　　　　　　　　　　　　2022. 12. 14.

　　　　　　　　　　법 원 사 무 관　　　국영수 ⑩

　　　　　　　　　　재판장 판 사　　　　배일도 ⑩

[표-13 증거목록 작성례]

<table>
<tr><td colspan="14" align="center">증거목록(증거서류 등)
2022고합1234</td></tr>
<tr><td colspan="5">2022형제53874호</td><td colspan="9" align="right">신 청 인 : 검사</td></tr>
<tr>
<td rowspan="3">순
번</td>
<td rowspan="3">작성</td>
<td rowspan="3">쪽수
(수)</td>
<td rowspan="3">쪽수
(증)</td>
<td rowspan="3">증거명칭</td>
<td rowspan="3">성명</td>
<td rowspan="3">참조사
항등</td>
<td rowspan="3">신
청
기
일</td>
<td colspan="4">증거결정</td>
<td rowspan="3">증거
조사
기일</td>
<td rowspan="3">비
고</td>
</tr>
<tr>
<td rowspan="2">기
일</td>
<td rowspan="2">내
용</td>
<td rowspan="2">기
일</td>
<td rowspan="2">내
용</td>
</tr>
<tr></tr>
<tr><td>1</td><td>검사</td><td>(생략)</td><td></td><td>피의자신문조서</td><td>김백수</td><td></td><td></td><td></td><td></td><td></td><td></td><td></td><td></td></tr>
<tr><td>2</td><td>〃</td><td>(생략)</td><td></td><td>피의자신문조서</td><td>김사기</td><td></td><td></td><td></td><td></td><td></td><td></td><td></td><td></td></tr>
<tr><td>3</td><td>사경</td><td>28</td><td></td><td>진술조서</td><td>김프로</td><td></td><td></td><td></td><td></td><td></td><td></td><td></td><td></td></tr>
<tr><td>4</td><td>〃</td><td>30</td><td></td><td>피의자신문조서</td><td>김백수</td><td></td><td></td><td></td><td></td><td></td><td></td><td></td><td></td></tr>
<tr><td>5</td><td>〃</td><td>33</td><td></td><td>진술조서</td><td>장미화</td><td></td><td></td><td></td><td></td><td></td><td></td><td></td><td></td></tr>
<tr><td>6</td><td>〃</td><td>35</td><td></td><td>진술조서(제2회)</td><td>장미화</td><td></td><td></td><td></td><td></td><td></td><td></td><td></td><td></td></tr>
<tr><td>7</td><td>〃</td><td>37</td><td></td><td>압수조서 및
압수목록(신발)</td><td></td><td></td><td></td><td></td><td></td><td></td><td></td><td></td><td></td></tr>
<tr><td>8</td><td>〃</td><td></td><td></td><td>나이키 신발</td><td>김백수</td><td></td><td></td><td></td><td></td><td></td><td></td><td></td><td></td></tr>
<tr><td>9</td><td>〃</td><td>39</td><td></td><td>교통사고보호
(실황조사서)</td><td></td><td></td><td></td><td></td><td></td><td></td><td></td><td></td><td></td></tr>
<tr><td>10</td><td>〃</td><td>40</td><td></td><td>진술서</td><td>홍길동</td><td></td><td></td><td></td><td></td><td></td><td></td><td></td><td></td></tr>
<tr><td>11</td><td>〃</td><td>(생략)</td><td></td><td>진단서</td><td>홍길동</td><td></td><td></td><td></td><td></td><td></td><td></td><td></td><td></td></tr>
<tr><td>12</td><td>〃</td><td>41</td><td></td><td>진술서</td><td>장희빈</td><td></td><td></td><td></td><td></td><td></td><td></td><td></td><td></td></tr>
<tr><td>13</td><td>〃</td><td>(생략)</td><td></td><td>영수증</td><td></td><td></td><td></td><td></td><td></td><td></td><td></td><td></td><td></td></tr>
<tr><td>14</td><td>〃</td><td>42</td><td></td><td>피의자신문조서</td><td>김사기</td><td></td><td></td><td></td><td></td><td></td><td></td><td></td><td></td></tr>
<tr><td>15</td><td>〃</td><td>45</td><td></td><td>피의자신문조서
(제2회)</td><td>김백수</td><td></td><td></td><td></td><td></td><td></td><td></td><td></td><td></td></tr>
<tr><td>16</td><td>〃</td><td>48</td><td></td><td>감정서(신발)</td><td></td><td></td><td></td><td></td><td></td><td></td><td></td><td></td><td></td></tr>
<tr><td>17</td><td>〃</td><td>49</td><td></td><td>조회보고서</td><td>김백수</td><td></td><td></td><td></td><td></td><td></td><td></td><td></td><td></td></tr>
<tr><td>18</td><td>〃</td><td>(생략)</td><td></td><td>조회보고서</td><td>김사기</td><td></td><td></td><td></td><td></td><td></td><td></td><td></td><td></td></tr>
</table>

[표-14 진술조서 작성례]

진 술 조 서

성   명 : 김프로

주민등록번호 : ******_*******   55세

직   업 : K건설 운영

주   거 : 서울특별시 강남구 서초2동 250

등 록 기 준 치 : (생략)

직 장 주 소 : (생략)

연   락   처 : (자택전화) (생략)   (휴대전화) (생략)

　　　　　　　 (직장전호) (생략)   (전자우편) (생략)

　위의 사람은 피의자 김백수에 대한 특수강도 피의사건에 관하여 2022. 11. 1. 서울서초경찰서 형사팀 사무실에 임의 출석하여 다음과 같이 진술하다.

1. 피의자와의 관계

　피의자는 저와 아무런 관계가 없습니다.

2. 피의사실과의 관계

　저는 피의자에게 5,000만 원을 빼앗긴 사실과 관련하여 피해자 자격으로 출석하였습니다.

이때 사법경찰리는 진술인 김프로를 상대로 다음과 같이 문답하다.

문　진술인은 오늘 진술인의 집에서 피의자 김백수에게 5,000만 원을 빼앗겼다고 하였지요.

답　예, 그렇습니다.

문　그 경위에 대하여 자세히 진술하시오.

답　오늘 2022. 11. 1. 09:00경 서울 강남구 서초2동 250에 있는 저의 집으로 김백수가 찾아왔습니다. 제가 약 3년 전에 동종의 건설업체를 운영하는 김사기로부터 1억 원을 빌려 갚지 못하고 있었는데, 최근 김백수가 김사기 대신 저를 찾아와 돈을 갚을 것을 요구하여 김백수를 알게 되었습니다.

　　김백수는 집 안으로 들어오더니 다짜고짜 "기성금을 받았다는데 돈을 갚아야 할 것이 아니냐."라고 하였습니다. 제가 어제 기성금 2억 원을 받은 것은 사실이나 이미 1억 5,000만 원은 하도급 업체에 공사대금으로 지급하였고, 딸의 전세보증금 지급을 위하여 5,000만 원(100만 원권 자기앞수표 50장)만 봉투에 담아 안방 화장대 위에 놓아두고 있었습니다.

제가 "이미 돈을 다 써버려 갚을 돈이 없다."라고 하자 김백수가 돈을 찾는지 집안을 둘러보다 안방에 있는 봉투를 쳐다보았습니다. 저는 순간 봉투를 집어 가슴에 품었고, "이건 딸의 전세보증금이니 줄 수 없다."라고 하였습니다. 그러자 김백수는 칼을 저의 목에 들이대면서 봉투를 빼앗아 갔습니다.

문 김백수의 처벌을 원하는가요.

답 엄한 처벌을 원합니다.

문 이상의 진술은 사실인가요.

답 예, 사실입니다. (무인)

위의 조서를 진술자에게 열람하게 하였던바, 진술한 대로 오기나 증감·변경할 것이 전혀 없다고 말하므로 간인한 후 서명무인하게 하다.

진술자 김 프 로 (무인)

2022. 11. 1.

서울강남경찰서

사법경찰리 경사 정 직 한 ㉑

[표-15 피의자신문조서 작성례]

피의자신문조서

피의자 김백수에 대한 특수강도 피의사건에 관하여 2022. 11. 2. 서울성북경찰서 형사과 형사팀 사무실에서 사법경찰관 경위 홍반장은 사법경찰리 경사 정직한을 참여하게 하고, 아래와 같이 피의자임에 틀림없음을 확인하다.

문 피의자의 성명, 주민등록번호, 직업, 주거, 등록기준지 등을 말하십시오.
답 성명   김백수(李達洙)

　　　주민등록번호는 ****** – *******　　　직업은 무직

　　　주거는　　　　　　　　　서울 성북구 정릉2동 125

　　　등록기준지는　　　　　　(생략)

　　　직장 주소는　　　　　　없음

　　　연락처는　　　　　　　　자택전화(생략)　휴대전화(생략)

　　　　　　　　　　　　　　　직장전화 없음　전자우편(e-mail) (생략)입니다.

　　사법경찰관은 피의사건의 요지를 설명하고 사법경찰관의 신문에 대하여 「형사소송법」 제244조의3에 따라 진술을 거부할 수 있는 권리 및 변호인의 참여 등 조력을 받을 권리가 있음을 피의자에게 알려주고 이를 행사할 것인지 그 의사를 확인하다.

진술거부권 및 변호인 조력권 고지 등 확인

> 1. 귀하는 일체의 진술을 하지 아니하거나 개개의 질문에 대하여 진술을 하지 아니할 수 있습니다.
> 2. 귀하가 진술을 하지 아니하더라도 불이익을 받지 아니합니다.
> 3. 귀하가 진술을 거부할 권리를 포기하고 행한 진술은 법정에서 유죄의 증거로 사용될 수 있습니다.
> 4. 귀하가 신문을 받을 때에는 변호인을 참여하게 하는 등 변호인의 조력을 받을 수 있습니다.

문 피의자는 위와 같은 권리들이 있음을 고지받았는가요.
답
문 피의자는 진술거부권을 행사할 것인가요.
답
문 피의자는 변호인의 조력을 받을 권리를 행사할 것인가요.
답

이에 사법경찰관은 피의사실에 관하여 다음과 같이 피의자를 신문하다.

[피의자의 범죄전력, 경력, 학력, 가족·재산 관계 등은 생략]

문 피의자는 김프로로부터 5,000만 원을 빼앗은 사실이 있는가요.

답 예, 그런 사실이 있습니다.

문 언제, 어디에서인가요.

답 2022. 11. 1. 09:00경 서울 강남구 서초2동 250에 있는 피해자의 집에서입니다.

문 그 경위는 어떠한가요.

답 저의 고향선배 김사기가 'D건설'을 운영하는데 김프로에게 1억 원을 빌려주고 돌려받지 못하고 있었습니다. 제가 김사기에게 3,000만 원을 빌려달라고 부탁하였는데 처음에는 거절하다가 김프로가 빌려 간 돈을 대신 받아 오면 그 돈을 빌려주겠다는 것입니다. 그래서 몇 번 김프로를 찾아갔는데 번번이 돈이 없다는 것입니다.

그런데 2022. 10. 31. 오전에 김사기가 전화하여 지금 일본에서 한국으로 들어가고 있는데 자신의 에쿠스 승용차(**허****호)를 가지고 14:00까지 인천국제공항으로 마중 나오라고 하였습니다. 인천국제공항에서 김사기를 마중하여 서울로 오는 차 안에서 김사기가 "김프로가 어제 아니면 오늘 공사 기성금을 받은 것으로 알고 있다. 순순히 말해서는 주지 않을 것이니 확실히 받아 와라. 돈을 받아 오면 그 중 일부를 빌려주겠다."라고 말하였습니다. 그때 휴대용 서류 가방에서 봉투를 꺼내 주었는데 그 속에 주방용 식칼이 들어 있었습니다.

다음날 09:00경 서울 서초구 서초2동 250에 있는 김프로의 집에 찾아가 김프로에게 1억 원을 갚으라고 하였더니 돈이 없다는 것입니다. 그래서 돈을 숨겨놓지 않았나 집 안을 둘러보던 중 안방 화장대 위에 봉투가 놓여 있어 살펴보려고 하니 김프로가 먼저 봉투를 집어 가슴에 품으면서 딸의 전세보증금이라는 것입니다. 김프로가 너무 완강해 보여 그냥 받을 수 없을 것 같아 제가 미리 점퍼 안주머니에 넣어 둔 주방용 식칼을 꺼내어 김프로의 목에 들이대면서 봉투를 빼앗았습니다. 그 후 바로 김사기의 사무실로 가서 봉투 안에 든 5,000만 원 중에서 3,000만 원을 빌리고 2,000만 원을 김사기에게 주었습니다.

문 그 칼은 지금 어디에 있는가요.

답 김프로 집을 나온 뒤 길거리에서 버렸는데 어디에 버렸는지는 정확히 기억나지 않습니다.

문 그 칼은 어떻게 생겼는가요.

답 주방용 식칼인데 손잡이는 검고, 칼날은 25cm, 손잡이는 10cm 정도입니다.

문 김사기가 돈을 어떻게 받아 왔는지 묻지 않았는가요.

답 김사기가 묻지 않아서 굳이 설명하지 않았습니다.

문 피의자가 가져간 3,000만 원은 어떻게 하였는가요.

답 바로 사채를 갚았습니다.

문 피의자는 어떻게 체포되었는가요.

답 신고된 사실을 알고 도망가기 위하여 옷가지라도 챙기러 집에 들어가려다가 새벽 4:00경 긴급체포 되었습니다.

문 이상의 진술내용에 대하여 이의나 의견이 있는가요.

답 없습니다. (무인)

위의 조서를 진술자에게 열람하게 하였던바, 진술한 대로 오기나 증감·변경할 것이 전혀 없다고 하므로 간인한 후 서명무인하게 하다.

진술자   김 백 수 (무인)

2022. 11. 2.

서울성북경찰서

사법경찰리 경위   홍 반 장 ㉔

사법경찰리 경사   정 직 한 ㉔

사항색인

저자 약력

정웅석
· 연세대학교 법과대학 졸업
· 연세대학교 대학원 수료(법학박사)
· 한국형사소송법학회 회장
· 4차산업혁명융합법학회 수석부회장
· 한국의료분쟁조정중재원 비상임위원
· 법무부 형사소송법개정 특별위원회 위원
· (전) 한국법학교수회 수석부회장
· (전) 한국법학원 부원장
· 사법고시 및 입법고시 출제위원
· (현) 서경대학교 인문/사회대 학장

저 서
· 형법총/각론(공저)
· 사례 형사소송법
· 수사지휘에 관한 연구

최창호
· 서울대학교 법과대학 사법학과 졸업
· 서울대학교 법과대학원 박사과정 수료
· 서울중앙, 수원, 청주, 여주, 법무부 검사
· 헌법재판소 헌법연구관, 대구 부부장검사
· 법무부 국가송무과장, 서울남부 부장검사
· 충주지청장, 대구서부 차장검사
· 서울고검, 대전고검, 서울중앙 중경단 부장검사
· 서울서부 중경단장
· 사법시험, 변호사시험 출제위원
  한양대학교 겸임교수
· (현) 변호사

저 서
· 형법총/각론(공저)
· 주석 형사소송법(공저)
· 미국형사절차 실무와 절차(공저)

김한균
· 고려대학교 법과대학 졸업
· 영국 케임브리지대학교 대학원(형사정책석사)
· 서울대학교 대학원(법학박사)
· (전) 대법원 양형위원회 전문위원
· 법원 전문심리위원
· 대검찰청 디지털수사자문위원
· 서울중앙지방검찰청 형사상고심의위원
· 한국디지털포렌식학회 부회장
· 연세대학교 법무대학원 겸임교수
· (현) 한국형사·법무정책연구원 선임연구위원

저 서
· 아동성폭력전담검사의 증언(R.Sax, W미디어)
· 미국형사사법의 위기(W.Stunz, W미디어)
· 형사소송법 핵심판례 130선(공저, 박영사)

제2판
신형사소송법

초판발행	2021년 2월 26일
제2판발행	2023년 3월 10일

지은이	정웅석 · 최창호 · 김한균
펴낸이	안종만 · 안상준

편 집	장유나
기획/마케팅	손준호
디자인	이영경
제 작	고철민 · 조영환

펴낸곳	(주) **박영사**
	서울특별시 금천구 가산디지털2로 53, 210호(가산동, 한라시그마밸리)
	등록 1959. 3. 11. 제300-1959-1호(倫)
전 화	02)733-6771
f a x	02)736-4818
e-mail	pys@pybook.co.kr
homepage	www.pybook.co.kr
ISBN	979-11-303-4406-5 93360

정 가   54,000원